KB270549

복음의 핵심은 심오한 교리나 정교한 의식이 아니라 생명을 창조하는 하나님의 능력이다(롬 1:16; 고전 1:18, 24). 이것이 유일한 복음의 기준이다. 율법은 생명을 주지 못하기에 구원의 수단이 아니다. 믿음이 구원하는 것은 믿음으로 성령을 주시기 때문이다(갈 2:2-5, 14). 이 믿음은 바로 죽은 자를 살리시는 하나님을 믿는 믿음이다(롬 4:17-25). 스스로 성령의 사람이고자 했던 저자 고든 피는 바울 서신을 치밀하게 읽으며 이 진리를 힘 있게 증거한다. 패배주의적 자위가 믿음인 양 유통되는 시대에, 이 책은 능력 있는 하나님의 임재를 바라보게 함으로써 우리의 약한 믿음을 일깨운다. 가벼운 책은 아니지만, 정독하는 독자들에게는 큰 깨달음이 있을 것임을 확신한다.

권연경 숭실대학교 기독교학과 신약학 교수

가슴에 성령의 '불'을 품은 성서학자가 집필한 이 책은 바울 성령론의 보물 창고와 같다. 독자들은 이 책을 통해 바울 서신에 나오는 성령에 관한 본문들이 가르치는 바를 알 수 있고, 성령의 인격과 사역과 은사에 관한 균형 잡힌 통찰과 이해를 얻을 수 있을 것이다. 성령에 대한 사도 바울의 관점을 회복하여 생명력 넘치는 삼위일체 하나님의 교회를 세우고자 하는 모든 목회자들과 교인들에게 이 책을 적극 추천한다.

길성남 고려신학대학원 신약학 교수

지금까지 나온 바울의 성령론에 관한 책들 중 최대·최고의 역작이다! 고든 피는 본서에서 바울 서신에 나오는 성령론에 관한 모든 구절을 주석했을 뿐만 아니라 그 신학적 의미를 신중하게 파헤쳐 바울 성령론의 진수를 보여주고 있다. 단지 한 시대의 조류에 편승하는 책이 아니라 연구자가 바울 성령론을 논할 때마다 사전이나 주석처럼 늘 옆에 놓고 보아야 할 표준서다. 다른 모든 바울 성령론 책을 팔아서라도 구입해야 할 필독서 중 필독서다.

김동수 평택대학교 신학과 신약학 교수

고든 피의 이 책은 제1부에서 바울 서신에서 성령이 언급된 모든 구절을 한 절 한 절 주의 깊게 주석할 뿐만 아니라, 제2부에서는 그 모든 내용을 통합하여 바울이 성령에 대해 무엇을 가르치는지를 종합적으로 보여주는 매우 뛰어난 연구서다. 이렇게 좋은 대작을 번역하여 출판한 새물결플러스에 고마운 마음을 전하며 성령에 대한 성경적인 가르침에 관심을 갖고 있는 모든 목회자, 평신도, 신학생들에게 이 책을 적극 추천한다.

김칠홍 침례회신학대학교 신약학 교수

성령을 "우리에게 능력 주시는 하나님의 임재"로 고백하는 고든 피는 서신의 철저한 주해에 근거하여 바울의 성령신학을 총망라한다. 현학적인 토론에 치중하지 않는 저자의 성서신학적 신중함은 바울이 현장에서 인격적으로 체험한 성령을 적확하게 드러내준다. 본서는 경도된 신학적 사유방식에 갇혀버린 바울 신학에 대한 협소한 논의를 해체(解體)시켜 바울이 복음 메시지를 힘껏 외칠 수 있었던 근거가 성령의 강한 임재였으며, 바울 신학에 대한 바른 이해는 성령에 대한 그의 체험을 긍정할 때 가능하다는 점을 조목조목 밝혀준다. 모든 설교자와 신학도들이 함께 읽고 새 힘을 얻을 이 귀중한 책을 전심으로 추천한다.

윤철원 서울신학대학교 신학전문대학원 신약학 교수

고든 피는 현대 오순절 운동에서 나온 최초의 성서학자로 근 40여 년을 성경의 성령론과 체험을 연구해온, 가히 성령론의 최고봉이라 할 만한 대학자다. 그러나 피 자신은 스스로를 오순절 신학자라고 생각하는 것이 아니라, 다만 자신이 오순절 교회 분위기에서 평생 살아온 '성서학자'라고 여기며 탐구를 진행한다. 따라서 이 책에 담긴 바울 서신의 성령론은 오순절 계열 신학과 개혁주의 신학 사이의 경도된 선택이 아니라 오로지 성서 본문에 근거한다. 그래서 이 책은 오순절 운동과 개혁주의 성령론 사이에서 성서의 균형 잡힌 시각을 보여준다.

이민규 한국성서대학교 신학부 신약학 교수

이 책은 바울 서신의 성령론 이해를 위해 일점일획의 증거까지 추적하려는 의욕이, 성실하고도 균형 잡힌 학문적인 통찰로 성육화한 대작이다. 오밀조밀하게 골짜기를 샅샅이 훑어나가는 신학적 사냥법은 전체의 지형을 넓게 조망하는 망원경의 안목을 놓치기 쉽고, 굵직한 흐름을 거시적으로 포괄하는 섭렵의 투시망은 현미경의 촘촘한 그물망을 배제하기 일쑤다. 그런데 고든 피의 이 저작에서는 현미경의 분석이 망원경의 해석으로 퍼져나가고 성령에 대한 '신학'의 체계가 다시 임재 "체험"의 현장으로 되먹여지길 반복한다. 이러한 튼실한 내용을 갖춘 백과사전적 대작은 오로지 고갈과 탕진의 무모함을 무릅쓰고 탈 대로 다 타려는 열정이 성숙한 계몽의 지식으로 영글어진 자리에서 생성될 수 있다. 부나방처럼 덤벼대는 신비주의적 열정에서 성령을 체제의 겁박 속에 갈무리하려는 교권의 횡포에 이르기까지 혼선과 파탄을 거듭하는 이 시대 이 땅의 성령론의 행방을 교정하기 위해 신학도와 목회자는 물론 지혜로운 그리스도인 신자들이 참조하고 점검할 지침서로 늘 곁에 두고 오래 동행해야 할 책이다.

차정식 한일장신대학교 신학부 교수

고든 피 교수는 스톤하우스(N. B. Stonehouse), 브루스(F. F. Bruce)를 이어 권위 있는 국제복음주의주석(NIC) 시리즈 신약편집장을 맡았던 저명한 주석가이며 본문비평학자다. 이번에 한국어로 번역 출판된 이 책은 바울 서신에 나타난 성령에 관한 교훈을 주석적으로 집대성한 것으로, 우리는 이 책을 통하여 성령에 관한 바울의 사상이 개개 바울 서신을 구성하는 데는 물론이고 바울 신학 형성에 지대한 영향을 미쳤다는 것을 발견하게 된다. 바울의 성령론에 관심을 가진 이들에게 이 책은 반드시 읽어야 할 필수적인 교과서다. 성령의 역사를 고대하는 모든 신학도들과 목회자들에게 일독을 권한다.

최갑종 백석대학교 총장, 신약학 교수

한 가지 신학 주제를 진지하고 철저한 주해 분석을 토대로 이렇게 견고하면서도 만족스럽게 다룬 책은 쉬이 찾을 수가 없다. 피 교수는 이 신약 연구서에서 바울이 그의 삶과 교회의 삶 속에서 우리에게 능력을 부어주시는 영의 임재라는 실재를 체험한 사실을 진지하게 인식하고 받아들인다. 방대한 범위를 아우르는 이 학술서는 학자들은 물론이요 목회자들과 학생들, 교회 지도자들을 독자로 삼고 쓴 책으로 모두에게 막대한 유익을 줄 역작이다!

고(故) 브루스 메츠거 †2007년, 전 프린스턴 신학대학원 명예교수

피 교수가 쓴 이 책은 근래 바울 신학 연구자들로부터 충분한 주목을 받아온 주제인 바울의 성령 이해를 가능한 범위에서 가장 폭넓게 다룬 책이다. 피 교수의 방법은 귀감이 될 만하다. 그는 먼저 바울이 각 서신에서 영과 관련하여 한 말들을 분석한 다음, 바울의 성령론을 통틀어 종합하는 내용으로 옮겨간다. 이로써 저자는 깊이 있는 주해를 통해 바울 서신이 지닌 특수성은 물론이요 영이 그리스도인 공동체의 삶 속에서 하는 역할을 바라보는 바울의 시각이 지닌 근본적 통일성을 제대로 밝혀낸다. 무엇보다 중요한 것은 성령을 교회 안에 살아 거하시는 임재로 체험해야 함을 피 교수가 역설한다는 점이다. 이런 목소리는 바울이 하는 말을 충실히 대변한 것이자, 우리 시대 신앙 공동체가 절실히 새겨들어야 할 음성이다.

리처드 헤이스 듀크 대학교 신학대학원 신약학 교수

고든 피의 저작을 생각하면 에너지와 꼼꼼함이 그 대표적 특징으로 떠오른다. 그는 여기에서도 그런 에너지와 꼼꼼함을 쏟아부어 바울 연구에 존재해온 커다란 간극을 메워준다. 성령에 관한 이야기를 반가워하는 이들은 물론이요 그런 이야기를 흔쾌히 구석으로 밀쳐버리는 사람들도 이 책에서 가르침을 얻을 것이다. 피 교수는 학계의 주해 전통 및 교회의 절박한 요구들과 대화를 나누며 바울 서신을 꼼꼼히 검토했다는 점에서 큰 기여를 했다.

베벌리 거벤타 프린스턴 신학대학원 신약학 및 주해 교수

바울 서신과 신학을 연구하는 학생들은 바울이 성령을 어떻게 다루었는지 연구한 전문 학술서를 오랫동안 기다려왔다. 고든 피 교수는 그의 탁월한 주석인 고린도전서 주석에서 보여주었던 것과 마찬가지의 높은 학문 역량과 능숙한 소통 솜씨를 바탕으로 그런 연구서를 제공해주었다. 아울러 그는 이런 연구서를 제시하면서도 지금 교회 안에서 성령이 행하시는 일에 새롭게 일고 있는 관심에도 줄곧 시선을 떼지 않았다. 그런 점에서 우리는 고든 피 교수에게 이중으로 빚을 졌다. 고든 피 교수는 철저하고 건실한 주해와 바울이 한 영 체험 및 그가 영에 보인 관심을 종말론과 삼위일체 관점에서 살펴본 활력이 넘치는 신학 성찰을 탁월하게 결합하여 우리가 진작 알았어야 할 것, 즉 성령이 바울의 사상에서 대다수 바울 해석자들이 인식하는 것보다 훨씬 더 중심 역할을 한다는 것을 한다는 것을 일깨워준다. 방대한 범위를 망라하고 있으며 큰 도전을 던지는 피 교수의 이 새 연구서는 바울 해석 전문가들은 물론이요 성경이 제공하는 영적 갱신의 자원에 진지한 관심을 가진 모든 사람으로부터 인정을 받을 것이다.
앤드루 링컨 영국 글로스터셔 대학교 인문학부 신약학 교수

피 교수는 본문비평가로서, 주해가로서, 방대한 주석의 저자이자 편집자로서, 복음주의 진영의 가장 탁월한 바울 해석자로서 그가 가진 전문 능력을 평생 오순절주의자들(이번 세기에 하나님의 섭리에 따라 우리 가운데서 이루어진 하나님의 영의 역사를 증언한 이들) 가운데서 보낸 그의 삶 및 사역과 출중하게 결합해놓았다. 피 교수의 저작은 바울의 성령론을 주해하여 제공한, 영원한 생명력을 지닌 백과사전이요, 다음 번 주일 설교를 준비할 때 쉽게 참고할 수 있는 책이면서도, 바울의 복음을 진지하게 해석하는 이들이 가까이해야 할 필독서로서 조지 래드의 『신약신학』 옆에 놓아둘 만한 훌륭한 내용이 담긴 책이다. 피 교수의 저작은 주해가로서 그가 가진 탁월한 이력이 녹아든 신학의 왕관이다.
러셀 스피틀러 전 풀러 신학대학원 신약학 교수

우리가 바울 서신 안에서 성령을 인식하고 파악하는 데에는—학계는 물론이요 주요 교단 안에서도—철저한 주해와 신학 분석이 그 바탕을 이루게 해야 할 오랜 필요가 있었다. 고든 피 교수는 성령과 관련된 바울 서신의 모든 본문을 꼼꼼히 검토하는 데 초점을 맞춤으로써 그 간극을 메우는 데 큰 기여를 해주었다.
조엘 그린 풀러 신학대학원 신약학 교수

GOD'S EMPOWERING PRESENCE

The Holy Spirit in the Letters of Paul

Gordon D. Fee

이 도서는 강명준·김미애·강한별 님의 번역료 후원으로 출판되었습니다.
출판 사역을 위한 기도와 후원에 깊이 감사드립니다.

성령

하나님의 능력 주시는 임재

바울 서신의 성령론

하권

고든 D. 피 지음

박규태 옮김

Holy
WavePlus

옮긴이 일러두기

1. 번역에 쓴 원서는 미국 헨드릭슨(Hendrickson) 출판사에서 펴낸 *God's Empowering Presence*의 6쇄본(2005년 4월 출간)이다. 원서 초판은 1994년에 헨드릭슨 출판사에서 펴냈으나, 2009년부터 미국 베이커 아카데믹(Baker Academic)이 재출간하여 판매하고 있다. 두 출판사 판본은 책 크기와 책표지 형태(헨드릭슨판은 양장, 베이커판은 무선 제책)만 달라졌을 뿐, 책 구성과 내용은 전혀 변함이 없다.

2. 이 책을 번역할 때, 원문을 정확하게 옮기면서도 우리 독자들이 편하게 읽어갈 수 있도록 가다듬어 번역하는 것을 원칙으로 했다. 저자가 수동형으로 기록한 말이라도 문맥에 비추어 충분히 능동형으로 바꿔 쓸 수 있는 말은 (새번역 성경의 번역처럼) 능동형으로 옮기는 것을 원칙으로 했다(가령, *experienced* realities는 "**체험된** 실재들"이 아니라 "**체험한** 실재들"로 옮겼다). 또 가능한 한 대명사는 대명사 그대로 옮기지 않고 그것이 가리키는 말을 정확히 살려 옮겨놓았다.

3. 원서 제1부 분석 부분에는 저자가 스스로 번역한 본문이 실려 있다. 이 사역(私譯) 본문이 개역개정판(4판)과 차이를 보일 때에는 저자가 번역한 본문을 우리말로 옮기되, 개역개정판과 차이가 없을 때에는 개역개정판을 그대로 옮겨놓았다. 제1부 이외의 부분에서도 같은 원칙을 따랐다. 또 영어 원문과 한글 역문(譯文)의 어순(語順)이 달라 저자가 붙인 각주 번호 순서가 바뀐 경우도 있다(가령 제1부 데살로니가전서 4:8 부분의 경우, 역서에 각주 53, 54, 55로 나와 있는 것이 원서에는 각주 55, 53, 54로 나와 있다). 그러나 각주 내용은 변함이 없다.

4. 저자가 영(spirit)을 성령을 지칭하는 말로 보아 the Spirit으로 기록한 경우에는 문맥에 따라 "성령" 또는 "영"으로 번역했는데, "영"으로 옮긴 경우에는 굵은 글씨인 "**영**"으로 표기했다. 그러나 저자가 the Spirit의 full name이 the Holy Spirit임을 밝히며 둘을 분명히 구별하여 쓴다는 점을 고려하여 the Spirit은 가능한 한 **영**으로 옮겼다. 또 πνευματικός 같은 말도 영역(英譯) 성경은 spiritual로 번역했지만, 저자는 이것을 "성령의／성령에 속한／성령의 사람들"로 번역해야 한다고 보기 때문에, 저자가 비록 spiritual로 적었더라도 저자의 견해에 비추어 그 의미가 "성령의／성령에 속한／성령의 사람들"인 경우에는 "**영**의, **영**에 속한, **영**의 사람들"로 옮겼다(예: 고전 2:6-3:4 본문 주해 부분).

5. 저자가 기록한 내용에 따로 설명이 필요한 경우에는 옮긴이 주를 덧붙였다. 아울러 저자가 제시한 본문을 독자들이 쉽게 이해할 수 있도록 옮긴이가 간략한 설명을 본문에 첨가한 것이 있는데, 그 경우는 (—옮긴이) 식으로 기록해놓았다.

6. 저자가 인용한 그리스어 본문은 독일성서공회에서 출간한 Nestle-Aland, *Novum Testamentum Graece*, 27차 개정판과 거의 일치하나, 일치하지 않는 경우도 많다.

7. 저자가 인용한 참고 문헌이 우리말로 번역되어 있으면, 역서 제목과 출판사를 [역서 제목／역서 출판사] 형태로 그 참고 문헌 옆에 적어놓았다. 단, 이런 사항은 본문의 지면 사정을 고려하여 이 책 뒷부분에 있는 참고 문헌에 모두 기록해놓았다.

8. 옮긴이 주에서 그리스어 본문을 인용할 때는 독일성서공회에서 1999년에 출간한 Nestle-Aland, *Novum Testamentum Graece*, 27차 개정판(6쇄; NA²⁷로 약칭)을 사용했으며, 그리스어를 설명할 때는 Horst Balz／Gerhard Schneider, *Exegetisches Wörterbuch zum Neuen Testament* I／II／III (Stuttgart: W. Kohlhammer, 1980／1981／1983; EWNT I／II／III으로 약칭)와 W. Bauer, W. F. Arndt, F. W. Gingrich, and F. W. Danker. *Greek-English Lexicon of the New Testament and Other Early Christian Literature*. 3rd ed. (Chicago: University of Chicago Press, 2000; BDAG로 약칭)을 사용했다.

9. 옮긴이 주에서 히브리어／아람어 본문을 인용할 때는 역시 독일성서공회에서 1997년에 출간한 *Biblia Hebraica Stuttgartensia*, 5차 개정판(BHS로 약칭)을 사용했다. 히브리어／아람어 설명에는 *Wilhelm Gesenius' Hebräisches und Aramäisches Handwörterbuch über das Alte Testament*, 17판(Leipzig: F. C. W. Vogel, 1921; WGH로 약칭)과 Koehler／Baumgartner, *The Hebrew & Aramaic Lexicon of the Old Testament* I／II (Leiden: Brill, 2001; KB I／II로 약칭)을 사용했다.

10. 참고문헌은 상·하권 모두에 수록했고, 현대 저자 색인, 주제 색인, 성경 및 고대 문헌 색인은 편집상의 이유로 하권에 수록했다. 색인 중 상권 부분은 정자체로 표기하고 하권 부분은 서체를 기울여 표기했다.

이 책이 탄생하도록 터를 마련해준
칼과 벳시, 마이클과 로즈메리, 피터와 도나, 폴과 게일, 그리고 모딘에게
감사하는 마음을 담아 이 책을 바칩니다.
하나님의 능력 주시는 임재가 그대들의 분깃이 되기를 기원하며.

| 차례 |

약어

AB	Anchor Bible
ACNT	Augsburg Commentary on the New Testament
ACQ	*American Church Quarterly*
AGJU	Arbeiten zur Geschichte des antiken Judentums und des Urchristentums
AnBib	Analecta biblica
ASV	American Standard Version
ATR	*Anglican Theological Review*
AusBR	*Australian Biblical Review*
AUSSDS	Andrews University Seminary Studies Dissertation Series
BAGD	W. Bauer, W. F. Arndt, F. W. Gingrich, and F. W. Danker, *Greek-English Lexicon of the New Testament and Other Early Christian Literature*
BAR	*Biblical Archaeology Review*
BBC	Broadman Bible Commentary
BDF	F. Blass, A. Debrunner, and R. W. Funk, *A Greek Grammar of the New Testament and Other Early Christian Literature*
BETL	Bibliotheca Ephemeridium Theologicarum Lovaniensium
BETS	*Bulletin of the Evangelical Theological Society* (아울러 *JETS*도 보라)
Bib	*Biblica*
BJS	Brown Judaic Studies
BNTC	Black's New Testament Commentaries
BSac	*Bibliotheca Sacra*
BT	*The Bible Translator*
BZ	*Biblische Zeitschrift*
BZNW	Beihilfe zur *ZNW*

CBC	Cambridge Bible Commentary
CBQ	*Catholic Biblical Quarterly*
CBSC	The Cambridge Bible for Schools and Colleges
CGTC	Cambridge Greek Testament Commentaries
CGTSC	Cambridge Greek Testament for Schools and Colleges
CJT	*Canadian Journal of Theology*
CNT	Commentaire du Nouveau Testament
CQR	*Church Quarterly Review*
CTM	*Concordia Theological Monthly*
DPL	G. F. Hawthorne, et al. (eds.), *Dictionary of Paul and His Letters*
EB	*Etudes Bibliques*
EBC	Expositor's Bible Commentary
EDNT	Exegetical Dictionary of the New Testament
EGT	Expositor's Greek Testament
EKKNT	Evangelisch-Katholischer Kommentar zum Neuen Testament
ET	English Translation
ETL	*Ephemerides theologicae Lovanienses*
EvQ	*Evangelical Quarterly*
EvT	Evangelische Theologie
Exp	*Expositor*
ExpT	*Expository Times*
GNB	Good News Bible
GTJ	*Grace Theological Journal*
Herm	Hermeneia
HNT	Handbuch zum Neuen Testament
HNTC	Harper's New Testament Commentaries
HTKNT	Herders theologischer Kommentar zum Neuen Testament
HTR	*Harvard Theological Review*
IB	Interpreter's Bible
IBS	*Irish Biblical Studies*
ICC	International Critical Commentary
IKZ	*Internationale Kirchliche Zeitschrift*
Int	*Interpretation*
JB	Jerusalem Bible
JBL	*Journal of Biblical Literature*
JBR	*Journal of Bible and Religion*

JETS	*Journal of the Evangelical Theological Society*
JJS	*Journal of Jewish Studies*
JSNT	*Journal for the Study of the New Testament*
JSNTSup	Journal for the Study of the New Testament Supplement Series
JSOT	*Journal for the Study of the Old Testament*
JTS	*Journal of Theological Studies*
KJV	King James Version
Knox	R. Knox, *The Holy Bible: A Translation from the Latin Vulgate in the Light of the Hebrew and Greek Originals*
Louw and Nida	J. P. Louw and E. A. Nida, *Greek-English Lexicon of the New Testament: Based on Semantic Domains*
LSJ	H. G. Liddell, R. Scott, and H. S. Jones, *A Greek-English Lexicon*
LTP	*Laval théologique et philosophique*
LWC	Living Word Commentary
LXX	Septuagint
MajT	Majority Text (=the Byzantine texttype)
MeyerK	H. A. W. Meyer, *Kritisch-exegetischer Kommentar über das Neue Testament*
MHT	J. H. Moulton, W. F. Howard, and N. Turner, *Grammar of New Testament Greek*
MM	J. H. Moulton and G. Milligan, *The Vocabulary of the Greek Testament*
MNTC	Moffatt New Testament Commentary
Moffatt	J. Moffatt, *The New Testament: A New Translation*
MS(S)	Manuscript(s)
MT	Masoretic Text
NA^{26}	E. Nestle, K. Aland, *Novum Testamentum Graece* (26th ed.)
NAB	New American Bible
NASB	New American Standard Bible
NCB	New Century Bible
NCBC	New Century Bible Commentary
NClarB	New Clarendon Bible
NEB	New English Bible
Neot	*Neotestamentica*
NIBC	New International Biblical Commentary
NICNT	New International Commentary on the New Testament
NIDNTT	Colin Brown (ed.), *The New International Dictionary of New Testament Theology*

NIGTC	New International Greek Testament Commentary
NIV	New International Version
NJB	New Jerusalem Bible
NouvRT	*Nouvelle Revue Theologique*
NovT	*Novum Testamentum*
NovTSup	Novum Testamentum, Supplements
NRSV	New Revised Standard Version
NT	New Testament
NTD	Das Neue Testament Deutsch
NTM	New Testament Message
NTS	*New Testament Studies*
OL	Old Latin
OT	Old Testament
OTP	J. H. Charlesworth (ed.), *The Old Testament Pseudepigrapha*
PE	Pastoral Epistles
PNTC	Pelican New Testament Commentaries
RB	*Revue Biblique*
REB	Revised English Bible
ResQ	*Restoration Quarterly*
RevExp	*Review and Expositor*
RevistB	*Revista biblica*
Robertson, Grammar	A. T. Robertson, *A Grammar of the Greek New Testament in the Light of Historical Research*
RSR	*Recherches de science religieuse*
RSV	Revised Standard Version
RThR	*Reformed Theological Review*
RV	Revised Version
SBLDS	Society of Biblical Literature Dissertation Series
SBT	Studies in Biblical Theology
SD	Studies and Documents
SE	*Studia Evangelica*
SEÅ	*Svensk Exegetisk Årsbok*
SecCent	*Second Century*
SH	W. Sanday and A. C. Headlam, *Romans*, ICC
SJT	*Scottish Journal of Theology*
SJTOP	Scottish Journal of Theology Occasional Papers

SNTSMS	Society for New Testament Studies Monograph Series
StBibT	*Studia Biblica et Theologica*
SWJT	*Southwestern Journal of Theology*
TBC	Torch Bible Commentary
TCNT	Twentieth Century New Testament
TDNT	G. Kittel and G. Friedrich (eds.) *Theological Dictionary of the New Testament*
Textual Commentary	B. M. Metzger, *A Textual Commentary on the Greek New Testament*
Th	*Theology*
THKNT	Theologischer Handkommentar zum Neuen Testament
TLZ	*Theologische Literaturzeitung*
TNTC	Tyndale New Testament Commentaries
TR	Textus Receptus
TRev	*Theologische Revue*
TrinJ	*Trinity Journal*
TS	*Theological Studies*
TynB	*Tyndale Bulletin*
TZ	*Theologische Zeitschrift*
UBS[4]	United Bible Societies Greek New Testament (4th ed.)
VoxEv	*Vox Evangelica*
VoxR	*Vox Reformata*
WBC	Word Biblical Commentary
WC	Westminster Commentaries
WEC	Wycliffe Exegetical Commentary
WMANT	Wissenschaftliche Monographien zum Alten und Neuen Testament
WPC	Westminster Pelican Commentaries
WTJ	Westminster Theological Journal
WUNT	Wissenschaftliche Untersuchungen zum Neuen Testament
ZAW	*Zeitschrift für die alttestamentliche Wissenschaft*
ZNW	*Zeitschrift für die neutestamentliche Wissenschaft*
ZTK	*Zeitschrift für Theologie und Kirche*

제7장

로마서

주석:[1] P. J. **Achtemeier** (Interp, 1985); C. K. **Barrett** (BNTC, 1957); K. **Barth** (1933); M. **Black** (NCB, 1973); F. F. **Bruce** (TNTC, 1985^2); J. **Calvin** (ET, 1961); C. E. B. **Cranfield** (ICC, 1975); idem (1985); J. **Denney** (EGT, 1900); C. H. **Dodd** (MNTC, 1959); J. D. G. **Dunn** (WBC, 1988); F. **Godet** (ET, 1883); R. **Haldane** (1839); E. F. **Harrison** (EBC, 1976); C. **Hodge** (1864); E. Käsemann (ET, 1980); F. J. **Leenhardt** (ET, 1957); R. C. H. **Lenski** (1945); H. P. **Liddon** (1899); H. **Lietzmann** (1933); J. B. **Lightfoot** (1895); H. A. W. **Meyer** (MeyerK, 1881); O. **Michel** (MeyerK, 1966^4); D. J. **Moo** (WEC, 1991); L. **Morris** (1988); J. **Murray** (NIC, 1959, 1965); A. **Nygren** (1949); W. **Sanday** and W. **Headlam** (=SH, ICC, 1896); T. **Zahn** (1910); J. **Ziesler** (1989).

고린도전서를 제외하면, 바울 서신에서 **영**을 다룬 내용이 가장 많이 들어 있는 서신은 바울이 로마 교회에 보낸 서신이다. 바울은 적어도 31회(어쩌면 33회)[2]에 걸쳐 **영**을 분명하게 언급하며, 그중 20회는 8장에서 등장한다.

---

1) 다음 주석은 이 장에서 저자의 성(姓)으로만 언급하겠다.

형용사인 πνευματικός(영의, 영에 속한) 역시 3회 등장하며, χάρισμα(은사)는 6회 등장한다(그중 2회는 **영**의 활동을 가리킨다). 또 **은사**(charisma) 중 하나인 예언도 한 번 등장한다.

8장에서는 **영**이라는 말이 아주 빈번하게 등장하기 때문에, 사람들은 **영**이 이 서신의 주장에서 긴요한 역할을 한다는 것을 오래전부터 인정해왔다. 그러나 또한 8장 때문에 **영**의 긴요한 역할과 **영**이 신자의 성화(聖化) 과정에서 그리스도의 정당한 "승계자"로 일하신다는 점을 관련지어 볼 때가 아주 많았다. 또 (당신을 믿는 자들을 – 옮긴이) 의롭다 하시는 그리스도의 사역은 이 서신이 가장 큰 관심을 기울이는 문제다. 하지만 그리스도인의 삶에서 **영**이 하는 역할에 관한 바울의 이해와 로마서 전체에 비춰볼 때, 예로부터 내려온 이런 해석은 너무 성급하고 안이한 해석으로 보는 것이 여러 면에서 합당하다. 따라서 이 서신이 **영**을 다룬 내용을 어떻게 이해하는가는 이 서신 자체, 이 서신의 목적, 이 서신이 제기하는 주장의 전개를 대체로 어떻게 이해하느냐에 따라 상당한 영향을 받을 것이다.

그러나 로마서를 주해할 때 정말 염두에 두어야 할 큰 핵심 문제는 여기에 있다. 로마서의 목표는 무엇인가, 또 로마서의 주장은 그 목표를 어떻게 달성하는가가 그런 핵심 문제다. 이 문제는 하도 복잡하여 결국 이 문제를 다룬 큰 단행본[3]이 나오게 되었고, 그에 더하여 『로마서 논쟁』(The Romans Debate)[4]이라는 제목을 단 큰 연구 논문집이 나오게 되었다. 나는 내가 실제로 이렇게 복잡한 문제를 해결했다는 환상을 갖고 있지 않다. 하지만 이 문제들을 다룰 때 몇 가지 전제들을 가정하지 않으면 이 서신을

---

2) 1:4, 9(간접 언급); 2:29; 5:5; 7:6; 8:2, 4, 5(2회), 6, 9(3회), 10, 11(2회), 13, 14, 15(2회), 16(2회), 23, 26(2회), 27; 9:1; 12:11(?); 14:17; 15:13, 16, 19, 30. TR 8:1에서 한 번 더 등장한다. 뒤의 주133을 보라.

3) A. J. M. Wedderburn, *The Reasons for Romans* (Edinburgh: T. & T. Clark, 1988).

4) Karl Donfried가 편집했다(rev. and expanded ed.; Peabody, Mass.: Hendrickson, 1991). 10개 논문을 수록해놓은 첫 논문집(Minneapolis: Augsburg, 1977)을 증보하여 13개 논문을 더 실어놓았다.

주해할 수 없다.[5] 그래서 나는 여기서 내가 이해하는 로마서의 전모를 간략히 이야기하고 더불어 로마서가 제시하는 주장을 내가 어떻게 이해하는 가도 간략하게 언급하고 넘어가겠다.

내가 보기에 로마서는 온통 복음을 향한 바울의 열정으로 가득하다. 복음의 목표는—구속을 통해—유대인과 이방인 모두로부터 하나님의 이름을 위한 단일 백성을 창조해내는 것이다. 바울이 로마서에서 제시하는 주장에 시종일관 원동력을 제공해주는 관심사는 바로 그런 단일 백성을 만들어내는 것이다. 이 서신의 역동성은 다음 두 가지 사실에서 연유한다. (1) 로마 교회는 뒤섞이고 복잡한(어쩌면 분열된) 공동체였다. 이 공동체는 유대인과 이방인을 하나님의 한 백성으로 통합하는 데 어려움을 겪고 있었다. (2) 바울은 지금 한 공동체의 상황을 놓고 이야기하려 하지만, 이 공동체는 그가 관할하는 공동체가 아니라 단지 그가 자신의 서방 선교를 후원해줄 근거지를 마련할 목적으로 이른 시일 내에 방문하길 소망하는 공동체일 뿐이다. 로마의 문제를 일으킨 이들은 분명 유대인 쪽이었다. 유대인들은 이방인 신자들, 그리고 특히 이 이방인 신자들과 토라의 관계에 관심을 갖고 있었다.[6]

이 서신의 실제 목표는 서신을 맺으며 제시한 주장이 담긴 14:1-15:13

---

5) 모든 사람은 주석들을 읽고 이것이 과연 그런지 확인해 봐야 한다. 자신들은 그런 전제들이 없이 이 로마서에 다가가고 있다고 생각하는 사람일수록 더더욱 그리해야 한다. 뚜렷이 표명하지는 않지만 그들 역시 전제들을 가졌으며, 이런 전제들이 그들이 거의 모든 본문을 어떻게 이해할지 결정한다. 나는 이를 분명히 증명해주는 증거를 주로 복음주의 배경을 갖고 그 삶이 대부분 종교개혁이 표방한 기본 시각에 노출되어 있었던 학생들을 상대로 로마서 수업을 이끌어갈 때 확인한다. 어떤 의미에서 내 수업 목표는 그들이 로마서를 마치 종교개혁이 일어나지 않았던 것처럼 생각하고 읽을 수 있게 도와주는 것이다(정말 큰 과업이다!). 그렇다고 이 말이 종교개혁자들의 견해가 틀렸다는 뜻은 아니다. 다만 그들의 견해가 너무 편협하여 설명하지 못한 것들이 아주 많다는 뜻일 뿐이다.

6) 이것을 증명해주는 주요 증거가 대담자(interlocuter)의 출현이다. 대담자는 로마서 전체에서 등장하는데, 주로 유대계 그리스도인 진영이 품고 있던 의문들을 제기하는 것으로 보인다. 이들이 던지는 질문들은 대개 토라 준수에 대한 관심에서 비롯된 것들이다. 이 점을 일부 인정하면서도 유대인들의 이방인 배척을 원동력으로 보는 견해를 살펴보려면, Wright, *Climax*, 234-35을 보라.

에서 발견할 수 있다. 바울은 이 주장에서 음식 규례를 따르는 사람들과 따르지 않는 사람들에게 "서로 용납하라/반가이 맞아들이라"라고 호소한다(15:7; 참고. 14:1; 15:1-2). 바울은 이 주장의 모든 내용을 먼저 15:5-6의 축도로 끝맺으면서, 하나님이 유대인과 이방인인 그들이 "그리스도 예수를 본받아 **서로 화합하며** 살아가게 해주심으로써 너희가 **함께 한목소리로** 하나님 곧 우리 주 예수 그리스도의 아버지께 영광을 돌릴 수" 있게 해주시길 기도한다. 이것이 이 서신의 궁극 목표임은 이어지는 호소(7-12절)가 확증해주는 것 같다. 즉 그들이 서로 받아들여야 하는 이유는, 죄인을 의롭다 하시는 그리스도의 사역이 유대인과 이방인에게 똑같이 효력을 미침으로써 이방인들이 유일한 하나님이신 이스라엘의 하나님께 영광을 돌릴 것이라는 **구약의** 약속들이 이루어졌기 때문이다. 이 모든 내용은 바울이 이 서신을 시작하며 하는 말, 곧 긴 서문(인사와 감사/기도)과 크게 일치한다. 이 서문에서 바울은 자신을 "하나님의 복음을 위하여 구별 받은" 사람으로 규정하면서(1:1), 이 복음을 하나님이 "모든 이방인들 가운데서 믿음의 순종을 만들어내시고자"(5절) 선지자들을 통해 약속하신 것(2절)이라고 규정한다.

만일 그것이 이 서신의 목표요 이 서신에서 일관되게 제시하는 증거가 줄곧 이 방향을 가리킨다면,[7] 그 목표에 이르는 방법은 갈라디아서가 제시하는 주장과 다르지 않다. 곧 바울은, 의인(=토라를 지키는 자)이 아니라 죄인(=토라를 가진 자든 가지지 않은 자든)을 의롭다 하시는 하나님을 믿을 때, 이들을 의롭다 하시는 그리스도 사역의 효과가 유대인과 이방인에게 차별 없이 미친다고 주장한다.[8] **영**은 이 주장에서도 주된 역할을 한다. 이 역

---

7) 다만 유의할 점은, 가령 앞서 제시한 논의를 끝맺음과 동시에 나머지 주장에 시동을 거는 것으로 보이는 3:27-31의 수사 의문문든 같은 경우, 질문 자체가 이방인 및 토라와 관련 있다는 점에서, 유대인과 이방인이 하나님의 한 백성이라는 데 주로 관심을 기울인다는 것이다. 그러기에 바울은 "자랑할 데가 어디 있느냐?"(=너희가 토라를 근거로 하나님 앞에서 자랑하겠다는 말이냐?), "하나님이 오직 유대인의 하나님이시고 이방인의 하나님은 아니시란 말이냐?", "그러면 우리가 믿음을 통해 율법을 폐하느냐?"라고 묻는 것이다.

시 갈라디아서와 비슷하다. 바울이 **영**의 이런 역할을 생각할 때 일차로 염두에 두는 것은 칭의 뒤에 이어지는 성화 문제도 아니요, 그의 권고9)가 말하는 능력을 부어주심이라는 차원도 아니다. 그보다 바울은 그가 다른 곳에서 표명하는 신학과 동일한 연장선상에서 **영**을 하나님이 약속하신 새 언약의 완성으로 본다(7:5-6). 이렇게 새 언약이 완성됨으로 말미암아 이제는 **영**으로 행하는 사람들 안에서 토라가 "이루어진다"(8:4).10) 갈라디아서에서와 마찬가지로, 바울은 토라와 절연하는 것이 결국은 불의로 이어지리라는 두려움에 대응하여 **영**이 그리스도인의 삶에서 중심 역할을 한다는 점을 자신의 독자들에게 되새겨준다. 실제로 이 서신이 **영**을 분명하게 언급하는 부분 중 대다수는 어떤 식으로든 이 서신의 중심 관심사, 곧 **영**이 그리스도의 죽음 및 부활과 함께 새 언약 아래에서 토라를 "이룰" 능력을 부어주심으로 유대인과 이방인이 똑같이 하나님 백성이 될 길을 여시고 토라와 상관없이 하나님의 의를 소유하고 행하게 하심으로써 토라 준수를 끝내셨다는 것과 관련 있다. 이 외에 **영**을 언급한 말은 대부분 바울이 **영**에 감동받아 행한 자신의 사역을 언급하는 본문들에서 등장한다. 바울은 이 사역을 통해 "이방인들이 거룩하게 되었다"(15:16)라고 말한다.

로마서는 바울 서신의 표준 형식에 맞는 부분들을 갖추었다. 로마서는 서문(인사와 감사)이 좀 길다(1:1-15).[17] 이 서문에 이어 서신 본문(몸통)이 뒤따른다. 로마서는 이 본문도 유달리 길다(1:18-15:13). 바울은 본문에서 그리스도의 사역과 **영**이라는 선물을 토대로 삼아 하나님의 백성은 유대인과 이방인을 불문하고 그리스도 예수를 믿는 믿음이라는 공통 근거 위

---

8) 갈라디아서와 달리 여기 로마서에서 새로 나타난 것은 1:18-3:20에 있는 상세한 주장이다. 즉 바울은 토라가 없는 자들도 토라를 가진 자들과 마찬가지로 의롭게 살 수 있을 뿐 아니라, 토라를 가진 자들이 토라를 가지지 않은 자들과 마찬가지로 모든 면에서 죄인임을 드러냈기 때문에 토라가 아무에게도 유익이 없다고 주장한다.
9) 결국 사람들은 갈 5:13-6:10과 대비하여 이 서신의 12:1-15:13에는 **영**을 분명히 언급한 부분이 적다는 점에 흥미를 느낀다(물론 앞으로 이 부분을 다루면서 논증하겠지만, 로마서의 이 권고 대목 전체에도 **영**이 그 배경에 자리해 있다고 이해해야 한다).
10) 이와 관련하여 갈 5:13-15, 16-18을 다룬 부분을 보라.

에 형성된 오직 한 백성만이 있을 뿐이라고 주장한다. 그 다음 바울은 자신의 사역과 로마를 방문하고 싶어했던 자신의 오랜 바람과 관련하여 몇 마디 사사로운 말을 기록한다. 그는 자신의 오랜 소망이 기필코 이루어지길 소망한다(15:14-33). 이어 바울은 이 서신을 갖고 가는 뵈뵈를 추천하는 말을 적고(16:1-2), 이전부터 그의 친밀한 벗들이요 지인들인 로마 공동체의 여러 지체에게 안부 인사를 전한다(16:3-16). 바울은 맺음말의 표준 메뉴인 마지막 권면과 인사와 축도로 이 서신을 맺는다(16:17-27). **영**은 이 가운데 거의 모든 부분에서 주된 역할을 하는데, 바울이 제시하는 주장은 물론이요 그 주장 주위에 있는 개인 문제에서는 특히 더 그러하다.

바울이 제시하는 주장의 논리는 결국 "하나님의 의"와 관련 있으며, 이 논리를 쉽게 추적해갈 수 있다. 물론 주장의 세부 내용은 풀어야 할 매듭이 많아 쉽지 않다. 바울은 먼저 토라가—사람이 하나님 앞에서 가지는 지위라는 차원에서 그리고 의로운 행위라는 차원에서—의를 만들어내는 데 실패했다고 말한다. 따라서 토라는 유대인들에게 아무런 유익도 안겨주지 못했다(1:18-3:20). **영**은 2:29에서 처음으로 등장한다. 여기서 바울은 **영**을 새 언약이 "마음의 할례"를 통해 진짜 "유대인"(=하나님의 사람)을 만들어냄으로써 토라와 할례에 주는 답변이라고 말한다. 이어 바울은 그리스도가 이런 의를 십자가를 통해 이루셨다고 강조하면서, 유대인과 이방인을 불문하고 모든 사람이 믿음을 통해 이 의를 받는다고 역설한다(3:21-31). 더 나아가 바울은 아브라함이 믿음으로 순종하여—유대인과 이방인을 포함한—모든 사람의 조상이 되었으므로, 아브라함이 하나님이 늘 믿음에 근거하여 당신 이름을 위할 백성을 만들어내려 하신 것을 증명해주는 으뜸가는 증인이라고 주장한다(4:1-25). 그는 이 주장을 "**율법**을 지지하는" 그 나름의 방법으로 활용한다. 이어 바울은 신앙고백 성격을 띠고 전후 문맥을 이어주는 5:1-11 본문에서 이 연결 부분까지 자신이 제시한 수장을 끝맺고 다음 주장(5:12-8:39)을 시작한다. 바울은 5:1-11 본문에서 화목을 이뤄내신 그리스도의 긴요한 역할을 지적하고 **영**이 그리스도 안에서 나타난 하나님의 사랑을 신자에게 적용하심으로써 신자가 현재 고난 중에도 소망을 품고 살아가게 되었다고 지적한다. 6:1-8:30은 대부분 의라는 문제를 행위와 관련지어 이야기하는 데 몰두한다. 설령 어떤 사람이 토라와 별개로 살더라도, 그가 의와 무관한 삶을 사는 것은 아니다. 그리스도의 죽음과 부활 그리고 **영**이라는 선물은 사람들을 이끌어 토라를 "온전히 이루는" 길로 행하게 한다. 바울은 하나님의 신실하심과 유대인의 불순종이라는 문제를 다룬 뒤(9-11장; 이 서신의 핵심 부분이지만, 이 부분에서 논하는 내용은 **영**을 언급하지 않는다), 토라가 없는(아니 "토라가 온전히 이루어진") 새 의(義), **영**이 이뤄내시는 새 의의 특성을 다룬다(12:1-15:13). 바울은 우선 이런 의를 서술한 뒤(12장), 이 의가 몇몇 일반 상황에서 어떤 모양으로 나타나는지 설명한다(13장). 마지막으로 바울은 음식 규례라는 문제를 활용하여 토라 없이 **영**의 인도를 받는 의를 설명하면서 이 의에 호소한다(14:1-15:13). 여기서도 **영**이 핵심 역할을 하는 것으로 보인다 [14:17; 하나님 나라는 "먹는 것 및 마시는 것"과 상관이 없고 "성령 안에 있는/성령으로 말미암은 ─ 평강(화평)과 희락 그리고 ─ 의와 관련 있다]. 따라서 비록 바울이 충분히 이해할 수 있는 이유로 8장에서 **영**이라는 언어에 더 집중하긴 하지만, 그래도 그는 자신이 제시하는 주장에서 줄기차게 하나님이 유대인과 이방인에게 똑같이 의를 이뤄주실 때 **영**이 행하는 역할을 거듭 언급한다.

서문과 (15:14부터 시작하는) 맺음말에서 다루는 내용들에서도 **영**이 중심 역할을 하기는 마찬가지다. 이 맺음말 부분은 바울이 이 서신을 보냄이 정당함을 밝히고[11] 가능하면 곧 이루어지길 소망하는 자신의 로마 방문

---

11) 바울이 16:3-16에서 문안을 받을 사람들을 좀 길게 열거해놓은 이유를 이것으로 가장 잘 설명할 수 있다. 바울은 일일이 이름을 열거하며 안부를 물을 수 있을 정도로 로마 교회에 아는 사람이 아주 많다. 이런 사실은 바울이 이 서신을 통해 로마 교회 신자들 가운데로 들어갈 수 있게 해주는 일종의 뒷문 역할을 한다. 즉 바울은 이미 그들 가운데 자신을 아는 이가 아주 많기 때문에, 이 교회에 이런 편지를 보내면서도 자신이 세우지 않은 교회에 쓰는 것처럼 행동하지 않는다.

을 예비할 목적으로 써놓은 것이다. 여기서도 **영**이 특별히 바울 자신의 사역, 이 사역과 복음의 관계, 그리고 이방인도 하나님 백성 속에 포함시키는 것과 관련하여 주된 역할을 한다.

결국 다른 모든 바울 서신에서도 그러하듯이 여기 로마서에서도 바울 "신학"이 완벽하게 묘사해놓은 **영**의 인격과 사역을 볼 수 있다. **영**은 그리스도의 **영**이요 하나님의 **영**이시다. 하나님은 이 **영**을 신자들의 마음속에 보내셔서 당신의 사랑을 그들에게 부어주시고 그들의 마음에 할례를 베푸시며 그들을 거룩하게 하셨다. 뿐만 아니라, 이 마지막 때의 **영**은 우리가 하나님께 속해 있음을 확실하게 일러주시는 증거요 우리가 마지막 날에 얻을 영광의 "첫 열매"다. 또 **영**은 우리에게 능력을 부으셔서 지금도 풍성한 소망을 갖게 하시고, 약함 가운데 있는 우리를 위하여 중보하신다. 이렇게 하여 **영**은 옛 언약을 완전히 이루심으로써 이제는 신자가, 토라가 묘사했던 삶을 **영**의 능력으로 살아가게 하신다. 그러므로 **영**은 새 "법"(곧 그리스도 예수가 주신 생명의 법)을 상징한다. **영**은 신자가 확실한 미래를 기다리는 이때에 사랑과 희락과 화평을 공급해주는 원천이시다. 마지막으로 **영**은 개인과 공동체가 영위하는 삶의 전 영역에 능력을 공급해주심은 물론이요 섬김(사역)을 행할 능력을 주신다. 늘 그렇듯이, 바울은 여기서도 **영**을 우리에게 능력을 주시는 하나님의 임재로, 하나님이 임재하사 새 언약 아래서 당신 백성을 만들어내시고 그들에게 능력을 주시는 방법으로 묘사한다.

로마서 1 : 1-15

로마서는, 특히 길고 내용 면에서도 놀라움을 안겨주는 서문으로 시작한다. 바울은 이 서문에서 그가 으레 쓰는 인사와 감사/기도 보고를 쓰면서도 이를 자신의 사역 및 자신과 로마 교회의 관계와 관련지어 상세하게 기록해놓았다.

인사(1-7절)는 대체로 "하나님의 복음을 위하여 구별 받았다"(1절)라는 문구를 길게 설명해놓은 것이다. 여기서 바울은 다음 세 가지를 강조한다. 첫째, 복음은 이제 완성된 약속이 된 옛 언약과 연속성을 갖는다[그리스도는 다윗 왕의 혈통에서 나신 분이다(2-3절)]. 둘째, 복음의 내용은 무엇보다 기독론과 연계되어 있으며, 그리스도의 지상 사역 그리고 그분이 지금은 능력으로 높이 올림을 받으셨다는 사실과 관련 있다(3-4절). 셋째, 마지막으로 바울 자신이 부르심을 받고 "구별함"을 받아 사도로 세움을 받은 것은 "모든 이방인 가운데서 믿음의 순종을" 만들어내시려는 하나님의 목적 때문이다(5-6절). 바울이 감사 부분에서 유일하게 강조하는 것은 로마에 가고 싶어하는 그의 바람이다. 그는 로마를 방문하여 자신이 이제 이 서신에서 쓰려고 하는 내용을 직접 그들에게 이야기할 수 있기를 소망한다.[12] 그러나 이 감사 부분의 강조점은 이내 뒤따르는 기도 보고(8-17절) 속에 묻혀버린다.[13] 이 서문이 유례없는 길이와 놀라운 내용을 갖게 된 것은 십중팔구 서문의 내용과 관련 있다. 로마 교회는 상당히 오랫동안 존속해왔으나 바울 자신이 세운 교회가 아니다. 그래서 바울은 특별히 자신이 이 서신을 쓰는 게 정당함을 증명해야 할 압박감을 느낀다. 동시에 그는 이 서신이 속히 이루어지길 소망하는 로마 방문 길을 열어주리라고 기대한다.

---

12) 바울이 실제로 이 서신에서 자신을 어떻게 표현하는가를 고려할 때, 이것은 거꾸로 말한 것이다. 즉 바울은 지금 로마에 가서 **영이라는 선물을 나눠줄** 수 없는 처지다. 바로 이 점 때문에 그는 대신 이 서신을 쓴다. 물론 바울은 이 서신이 바울 자신이 아니라 신자들에게 하나님이 나누어주신 **영이라는 선물**을 대신하는 기능을 해주길 소망한다. 뒤에서 11절을 다룬 내용을 보라.

13) 16-17절은 뒤이은 주장에서 다룰 주제들을 제시할 목적으로 쓴 것 같다. 하지만 구문(構文)을 기준으로 할 때, 이 두 구절은 9b절에서 시작하는 기도 보고에 속한다. 이 기도 보고 자체는 한 가지 관심사(로마로 가 다른 곳에서 펼친 것처럼 로마 사람들 속에서도 효과 있는 사역을 펼치고 싶어하는 바울의 소망)를 상세히 서술하는 일에만 치중하다가 시야에서 거의 사라지고 만다. 결국 16-17절은 사사로운 소망을 표현한 이런 내용을 적절히 매듭짓고 이어지는 주장이 문제 삼는 주관심사를 소개하는 역할을 한다.

서문에서는 **영**을 다룬 내용이 조금은 우연히 등장하곤 한다. 서문의 이런 내용은 바울이 쓴 서신들에 들어 있는 **영** 관련 내용 중에서는 상당히 모호한 축에 속한다. 그러나 우리 주해가 옳다면, **영**은 무엇보다 부활하신 주님이 이 종말의 때에 존재하시는 영역(sphere)이다. 아울러 **영**은 바울이 부활하신 주님을 섬기는 영역이기도 하다. 그리고 마지막으로 **영**은 바울이 장차 어느 날 로마 신자들 가운데 이를 때에(그리고 지금은 서신으로 그들에게 이를 때에) 갖고 가길 소망하는 선물의 근원이시다.

● 로마서 1:2

(하나님이) 당신의 선지자들을 통해 성경에서 미리 약속하신 것이다.

이 본문이 말하는 "선지자들"은 구약의 선지자들을 가리킨다. 여기서 이 본문을 언급하는 이유는 "선지자들"과 "성경"을 나란히 적어놓았다는 사실이 성경을 **영**에 감동된 책으로 보는 바울의 견해를 얼마간 드러내주기 때문이다.[14] 아울러 이 사실은 바울이 디모데후서 3:16에서 더 분명하게 이야기할 내용을 미리 귀띔해준다. 바울이 말하려는 요지는 장황한 설명

---

14) H. Schlier (다음 주를 보라)는 이 조합(="선지자들"과 "성경")이 바울의 것이 아니며, 이는 결국 이 조합이 3-4절이 인용한 전승으로서 바울 이전의 것으로 추정되는 전승에 속한다는 것을 일러준다고 주장한다. 뒤의 주16을 보라. 그러나 이것은 바울 이전의 전승이라는 문제를 상식의 테두리 밖으로 끌어내는 것으로서 주해도 아무 쓸모가 없다는 주해 허무주의로 인도하는 결과를 낳을 뿐이다. 두 가지 관찰 결과를 제시해본다. (1) 바울은 여기서 자신이 뭔가를 인용한다는 것을 시사하지 않는다. 그가 뭔가를 인용한다는 것은 우리가 발견한 것이지 바울 자신이 밝힌 것은 아니다. (2) 이 문장은 지금 이 모습 이대로 바울의 문장으로서 더디오(테르티우스, Tertius)[1]가 **받아 적은** 것이다. 그래도 바울의 의도는 로마 사람들이 이 문장을 바울 자신이 쓴 문장과 다름없는 문장으로 받아들이게 하는 것이었으리라고 짐작할 수 있다. 따라서 그가 전승의 내용을 사용했든 혹은 사용하지 않았든(나는 후자를 지지한다), 현재 본문 문장은 바울이 구성한 것이다. 바울은 그 전승을 이 본문에 **병합하여** 전승의 소유권(이 전승 전체의 소유권)을 취득했다. 그러므로 우리가 이 본문을 활용하여 바울의 시각을 발견하는 것은 방법론상 적절한 일이다. 참고. Moo, 49: "방법론 측면에서 볼 때, 바울이 무엇을 인용했든 바울 자신이 강조하며 주장하는 것을 적어도 그대로 유지할 필요가 있다."

이 필요 없지만, 연관관계는 확실해 보인다. 바울이 구약의 선지자들(선지서)을 어떻게 이해했든, 바울 자신이 섬긴 교회들과 그가 쓴 서신들 속에서 볼 수 있는 **영**과 예언 사이의 연관관계는 이와 똑같은 관계가 이미 구약의 선지자들에게도 존재했다는 것을 증명해준다. 고대 이스라엘이나 오늘날 교회에서 선지자들(예언하는 자들)은 **영**으로 말미암아 말한다. 이런 점에서 보면 바울은 그의 영성(영적 생활)에 자양분을 공급해주었던 유대교와 똑같다. 바울은 "선지자들"이 이제 "성경 안에" 존재한다고 말한다. 이는 성경이 "**영**의 감동"으로 기록되었다는 것이 그가 지닌 전제임을 일러준다. 그러나 바울은 이 전제를 현존하는 그의 서신에서 단 한 번만 천명한다.

▪ 로마서 1:3-4[15]

³그의 아들에 관하여 말하면, 그는 육을 따라 다윗의 씨로부터 나오셨고, ⁴죽은 자들로부터 부활하심으로 거룩함의 **영**을 따라 능력 있는 하나님의 아들로 선포

---

15) 참고 문헌: P. **Beasley-Murray**, "Romans 1:3f: An Early Confession of Faith in the Lordship of Jesus," *TynB* 31 (1980), 147-54; M.-E. **Boismard**, "Constitué Fils de Dieu(Rom. 1,4)," *RevistB* 60 (1953), 5-17; J. D. G. **Dunn**, "Jesus—Flesh and Spirit: An Exposition of Romans 1:3-4," *JTS* 24 (1973), 40-68; N. Q. **Hamilton**, *The Holy Spirit and Eschatology in Paul* (SJTOP 6; Edinburgh: Oliver and Boyd, 1957), 12-15; R. **Jewett**, "The Redaction and Use of an Early Christian Confession in Romans 1:3-4," in *The Living Text: Essays in Honor of Ernest W. Saunders* (ed. D. E. Groh and R. Jewett; Lanham, Md.: University Press of America, 1985), 99-122; P.-E. **Langevin**, "Une confession prépauliniennes de la 'Seigneurie' du Christ. Exégèse de Romains 1,3-4," in *Le Christ hier, aujourd'hui, et demain* (ed. R. Laflamme and M. Gervais; Quebec: Université Laval, 1976), 298-305; R. P. **Menzies**, *The Development of Early Christian Pneumatology*, 287-95; V. S. **Poythress**, "Is Romans 1⟨3-4⟩ a Pauline Confession After All?" *ExpT* 87 (1975-76), 180-83; H. **Schlier**, "Eine christologische Credo-Formel der römischen Gemeinde, Zu Röm 1:3f," in *Neues Testament und Geschichte* (Festschrift O. Cullmann; ed. H. Baltensweiler and B. Reicke; Zürich: Theologischer, 1972), 207-18; B. **Schneider**, "κατὰ πνεῦμα ἁγιωσύνης (Romans 1,4)," *Bib* 48 (1967), 359-87; E. **Schweizer**, "Röm 1:3f. und der Gegensatz von Fleisch und Geist vor und bei Paulus," *EvT* 15 (1955), 563-71; J. M. **Scott**, *Adoption*, 223-44.

되셨으니, 곧 예수 그리스도 우리 주시니라.

영을 처음으로 언급한 이 부분은 주해하기 어려운 문제들이 가득한 구절에서 등장한다.[16] 이 부분은 이 서신에서도 상당히 어려운 **영** 본문에 속한다. 바울은 로마서 서문에서 두 번에 걸쳐 복음의 내용을 제시하는데, 이 절이 그중 하나다. 다른 한 번은 16-17절인데, 이 두 구절은 엄밀히 말해 구원론을 이야기하고 이 서신의 주장이 논하는 주제들을 제시한다. 이 서신의 주장이 다루는 문제도 결국은 구원론이다. 하지만 이 본문에서 천명하는 복음의 내용은 분명 기독론과 관련 있다. 바울이 서두부터 이런 말을 쓴 것은 그의 글을 읽을 유대계 그리스도인 독자들에게 그리스도를 그 첫 번째 주제로 삼는 복음이 하나님이 구약에서 주셨던 약속들의 완성이요(2절) 그리스도가 바로 유대인들이 품었던 메시아 대망을 이뤄주신 분임을(3절) 강조하려는 목적 때문인 것 같다. 물론 그 약속들에는 하나님이 이방인들에게 베풀어주신 복이 포함되어 있는데, 이 서신이 결국 문제 삼는 것은 바로 이 복이다.

바울은 기독론을 다룬 이 본문에서 두 가지 점을 강조하는데, 이 둘은 서로 대조를 이룬다. 첫째, 바울은 그리스도의 지상 생애를 이야기하면서 그리스도가 "다윗의 씨"에서 나심으로 유대인들이 품었던 메시아 대망을 이루셨다고 말한다. 둘째, 그리스도는 지상 생애에 이어 이제는 죽은

---

16) 바울 서신에는 살전 1:9-10에서 시작하여 이후에도 계속 신앙고백 혹은 준(準)신앙고백 형태로 등장하는 본문이 많다. 이곳은 그 많은 본문 가운데 한 사례다. 그런 본문들이 하도 많다 보니, 그러면서도 그 많은 본문들 가운데 똑같은 본문이 하나도 없다 보니(심지어 언어와 구조면에서도 유사한 본문이 하나도 없다) 우리는 바울이 여기서 초기 교회가 공통으로 가졌던 신앙고백들 속에 몸을 담고 있는 것인지, 아니면 그런 신앙고백(혹은 신앙고백에 준하는) 본문들이 복음의 기본 진리를 이런 종류의 신앙고백 형태로 표현하는 바울 자신의 경향을 반영하는 것인지 알아낼 수 없다. 대다수 학자들은 전자로 추정한다(그러나 Poythress는 이 다수설에 의문을 표시하며, Scott, *Adoption*, 227-36은 상당한 비판을 제시한다). 어쨌든 늘 그랬듯이 여기서도 우리는 **바울이 써놓은 문장을 현재 표현된 형태 그대로 다룬다.** 따라서 문장 배열에서도 바울에게 저작권이 있다고 추정해야 한다(앞의 주14를 보라). 참고. 갈 4:4-6(찾아보라).

자들 가운데서 부활하심으로 말미암아 "능력 있는 하나님의 아들"[17]의 지위로 높이 올림을 받으셨다. 결국 쌍둥이 전치사구[ἐκ σπέρματος Δαυὶδ / ἐξ ἀναστάσεως νεκρῶν(다윗의 씨로부터 / 죽은 자들 가운데서 부활하심으로); κατὰ σάρκα / κατὰ πνεῦμα ἁγιωσύνης(육을 따라 / 거룩함의 **영**을 따라)]는 두 절을 수식한다. 바울은 이런 표현을 통해 셈어 특유의 평행법을 구사하려고, 다시 말해 시(詩)처럼 균형이 잡혀 있고 그 구조를 쉽게 풀어 제시할 수 있는 대조를[18] 구사하려고 한 것 같다(본문 전체는 결국 다음과 같은 한 쌍의 교차 대구 구조로 나타난다).

περὶ τοῦ υἱοῦ αὐτοῦ   A

   τοῦ γενομένου   B

     ἐκ σπέρματος Δαυὶδ   C

     κατὰ σάρκα   D

   τοῦ ὁρισθέντος υἱοῦ θεοῦ ἐν δυνάμει   B

     κατὰ πνεῦμα ἁγιωσύνης   D

     ἐξ ἀναστάσεως νεκρῶν,   C

Ἰησοῦ Χριστοῦ τοῦ κυρίου ἡμῶν   A

---

17) 대다수 주석들(가령 Cranfield, Dunn, Morris, Moo) 및 역본들(NIV, NRSV)처럼, 나는 ἐν δυνάμει ("능력 있는")라는 문구를 불변화사인 ὁρισθέντος (선언된 / 지명된, SH가 그 예다; "선언하다, 지명하다"를 뜻하는 ὁρίζω의 남성 소유격 단수 부정과거 수동태 분사다 ― 옮긴이)가 아니라 "하나님의 아들"을 수식하는 말로 받아들인다. 바울은 분명 예수 그리스도가 성육신하신 동안에는 "약함 가운데" 계신 하나님의 아들이셨지만 이제는 부활에 근거하여(혹은 부활 때로부터) 하나님으로부터 **능력 있는** 하나님의 아들로 "지명"받으셨다는 사실을 대조하여 말하는 것 같다.

18) 물론 바울이 이 "대조"를 통해 반드시 이것들이 "서로 대립하는 명제"임을 나타내려 한 것은 아니다(이 경우에 이 둘은 분명 서로 대립하는 명제가 아니다). Dunn, "Jesus," 49 외 여러 곳은 견해를 달리한다.

그의 아들에 관하여

   그는 나셨으며

      다윗의 씨로부터

      육을 따라

   그는 능력 있는 하나님의 아들로 선포되셨으니

      거룩함의 **영**을 따라

      죽은 자들로부터 부활하심으로

예수 그리스도 **우리 주**

여기 **영** 문구는 세 가지 난제를 안고 있다. 첫째, 우선 바울 서신에서만 독특하게 나타나는 문구[19]인 κατὰ πνεῦμα ἁγιωσύνης의 의미가 문제다["거룩함의 **영**(영?)을 따라"]. 둘째, 이 문구를 3절에서 등장하는 κατὰ σάρκα("육을 따라")와 관련하여 어떻게 이해해야 하는가가 난제다. 둘은 분명 어떤 대조를 이룬다. 셋째, 이 문구와 이 문구가 속한 절에 있는 다른 말들 사이의 관계 그리고 이 문구가 그 다른 말들에 어떤 의미를 갖는가가 문제이며, 그런 점에서 이 문구가 이 문장 속에서 가지는 "의미"가 난제로 등장한다. 더 나아가 첫 번째 절(3절)은 예수의 지상 생애를 상당히 직설적으로 표명한다는 것, 그리고 그런 점 때문에 모든 문제들이 두 번째 절에서 등장한다는 것을 유념해두어야 한다. 두 번째 절은 예수 그리스도가

---

19) 실제로 거의 모든 그리스어 문헌을 뒤져봐도 오직 여기와 「레위의 유언」[2] 18:11 (καὶ πνεῦμα ἁγιωσύνης ἔσται ἐπ' αὐτοῖς, "그러면 거룩함의 **영**이 너희 위에 있으리라"), 그리고 유대인이 썼던 한 호부[護符; Erik Peterson, "Das Amulett von Acre," in *Frühkirche, Judentum und Gnosis: Studien und Untersuchungen* (Rome: Herder, 1959), 346-54 (351-52)을 보라]에서만 볼 수 있다. 이 문구는 히브리어 **루아흐 카도쉬**(rûaḥ qādosh)를 문자 그대로 옮긴 것인데, 이 히브리어 문구는 구약의 시 50[51]:11과 사 63:10, 11에서 등장한다(참고 1QS 4:21; 8:16; 9:3; 1QH 7:6, 7; 9:32). 칠십인경은 각 경우에 이를 τὸ πνεῦμα τὸ ἅγιον (거룩한 **영**)으로 번역해놓았다. 이 문구는 특이한 셈어의 풍취를 두드러지게 풍긴다. 이런 풍취는 이 문구가 이미 바울 이전부터 존재했다는 것을 지지하는 상당히 강력한 논거 중 하나다. 그러나 Poythress, "Romans 1〈3-4〉," 181을 보라. 그는 여기서도 몇 가지 난제를 지적한다.

이제는 이 땅에서 보내신 삶을 마치시고 높이 올림을 받으신 것과 관련하여 그분이 하나님의 아들이심을 분명하게 말하려고 하는 것 같다. 결국 두 번째 절이 구사하는 표현 방식이 우리가 지닌 난제들을 만들어낸 셈이다.

우선 첫 두 문제를 함께 살펴보자. 곧 $\kappa\alpha\tau\grave{\alpha}$ $\pi\nu\epsilon\hat{\upsilon}\mu\alpha$ $\dot{\alpha}\gamma\iota\omega\sigma\acute{\upsilon}\nu\eta\varsigma$(거룩함의 **영**을 따라)라는 문구의 의미를 살펴보되, 바울이 이 문구와 3절을 일부러 서로 대조되는 말로 제시하려 한다는 점을 염두에 두고 살펴보도록 하자. 먼저 바울이 3절과 4절 두 절을 서로 대조를 이루는 말로 제시하려 했다는 점은 의심할 여지가 없다. 마찬가지로 바울이 첫째 절(3절)에서는 예수의 지상 생애를 **적극적으로** 이야기하려 한다는 점도 의심할 여지가 없다. 바울은 복음이 하나님의 아들에 관한 것이라고 말한다. 이 하나님의 아들은, 그가 인간으로서 사셨던 삶을 놓고 보면($\kappa\alpha\tau\grave{\alpha}$ $\sigma\acute{\alpha}\rho\kappa\alpha$), 이 땅에 오셔서 2절이 언급한 예언의 말씀을 이루신 분이었다(다윗 왕의 혈통에서 나신 분이었다). 따라서 비록 바울이 다른 곳에서는 "육"과 "**영**"을 늘 서로 대립하는 의미로 강하게 대조하지만, 여기는 분명 그런 경우에 해당하지 않는다.[20] 신학의 관점에서 볼 때 여기의 "육"은 기본적으로 중립적 개념

---

20) Dunn은 견해를 달리한다(앞의 주18을 보라). Dunn은 이런 자기 입장을 그가 쓴 주석(13쪽)에서는 단지 조금 완화했다. Menzies, *Development*, 291-94이 Dunn의 이런 견해를 따른다. 만일 독자반응비평을 의미 있게 생각한다면, 또 이 경우에는 대다수 로마 사람들이 바울의 육성을 직접 들어본 적이 없었기 때문에 분명 그런 독자반응비평이 의미를 가질 수밖에 없다고 한다면, 당시 로마 사람들이 Dunn이 제시하는 것처럼 바울의 주장을 이해했을 것이라고 상상하기가 힘들다. Dunn이 바울 서신에 나타난 $\sigma\acute{\alpha}\rho\xi$의 쓰임새를 널리 살펴본 내용은, 그런 점만 아니면, 유익한 글이다. Dunn은 3-4절에서 나타나는 $\sigma\acute{\alpha}\rho\xi$ / $\pi\nu\epsilon\hat{\upsilon}\mu\alpha$ 대조를 무엇보다 바울의 신학 노선이 더 두드러지게 나타난 것으로 이해해야 한다며 그 글을 맺는다[그러기 때문에 Dunn은 바울이 여기서 그리스도를 두고 "$\kappa\alpha\tau\grave{\alpha}$ $\sigma\acute{\alpha}\rho\kappa\alpha$ (육을 따라) 다윗의 씨에서 나오신 분"으로 말하는 것은 결국 경멸이라고 본다]. 그리스도가 이렇게 육을 따라 나심으로 "연약하고 불충분한 인간 조건이 그를 구속하고 그의 삶을 결정하게 되었으며, **세상의 가치들(세속적 고려 사항들)이 그의 행위를 결정하게 되었다**(고든 피의 강조). 그는 단지 다윗의 아들이었을 뿐 그 이상 어떤 존재도 아니었다 —그는 정녕 메시아이긴 했으나, 실망스럽고 무능하며 진짜 메시아와 거리가 먼 메시아였다"(57쪽). 따라서 여기서 바울이 구사하는 문장은 "하나님이 그의 선지자들을 통하여 성경에서 미리 약속하신 하나님의 복음"이라는 말로 시작한다["그(하나님)의 아들에 관하여"라는 말이 빠져 있다 — 옮긴이]. 로마 사람들이 과연 $\kappa\alpha\tau\grave{\alpha}$ $\sigma\acute{\alpha}\rho\kappa\alpha$를 Dunn이 말하는 의미로 이해했을지 의문이다.

이다.[21] 또 전치사 κατά는 "어떤 것에 대한 관계"(="…에 관하여, …과 관련하여")를 가리킨다.[22] 바울이 반복하는 또 다른 전치사(ἐκ) 역시 두 절에서 대체로 같은 의미를 가진다.[23] 때문에 두 κατά 문구들도 모든 면에서 볼 때 똑같이 이해해야 한다.[24] 그렇다면 κατὰ πνεῦμα ἁγιωσύνης는 얼추 "거룩함의 **영**을 따라, 또는 거룩함의 **영**과 관련하여"를 뜻하는 셈이다. 이처럼 "육"이라는 말이 "예수 그리스도가 인간으로서 지내신 삶의 범주"와 관련 있다면, "**영**"이라는 말은 십중팔구 "**영**의 삶이라는 범주"와 관련 있을 것이다. 바울 서신에서는 이 "**영**의 삶"이라는 말이 우리가 마지막 날에 갖게

---

21) 즉 바울이 자주 구사하는 용례를 보면, σάρξ는 타락 상태에 있고 하나님을 적대시하는 인간을 상징한다. 지금 여기서 구사한 용례는 구약의 뿌리를 반영한 것으로서 인간이 피조물임을, 따라서 그 "약함"을 강조하지만, 인간의 타락 상태를 강조하지는 않는다(참고. Käsemann, 110).

22) BAGD II.6도 그러하다.

23) 그리스어로 ἐκ (ἐξ)다. 이 말의 기본 의미 중 하나는 "기원, 원인, 동기, 이유를 가리키는 것"(BAGD 3)이다. 이 경우에 첫 절(3절)은 "기원으로서 가족, 민족 등등"을 의미한다(BAGD 3b). 그리고 둘째 절은 "효과(능력) 있는 원인이나 이유"를 가리킨다(BAGD 3ἐφ). 그리하여 예수는 "다윗의 혈통**으로부터** 나셨다." 그리고 그는 "죽은 자들 가운데서 부활함**으로부터**(부활함으로 말미암아; 부활함에 근거하여) 능력 있는 하나님의 아들로 선언되었다." 이것이 다수설은 아니다. 많은 사람들은 여기에 있는 ἐκ (ἐξ)를 시간을 가리키는 말로 본다(=부활하신 때부터). 이런 견해를 가진 이들이 많지만 그중에서도 Barrett, 20; Cranfield 1.62; Käsemann, 12; Scott, *Adoption*, 240을 보라. 그러나 Morris, 47은 여기서 이 전치사가 지닌 의미를 확실히 올바르게 이야기한다. "물론 시간을 가리키는 의미도 일부 담겨 있다. 그러나 그것이 주된 의미는 아니다. 오히려 바울이 강조하는 것은 부활이 그리스도를 능력 가운데 계신 하나님의 아들로 보게 된 계기라는 사실이다." 대다수 주석들도 같은 견해다.

24) Hendriksen, 43; Menzies, *Development*, 288n1; Scott, *Adoption*, 240은 견해를 달리한다. 이들은 여기 있는 κατά를 도구의 의미로 보려 한다["**영**으로"(by the Spirit)]. Hendriksen이 이렇게 보는 이유는 **영**이 그리스도를 부활시키신 분이라고 믿기 때문이다. Menzies가 이렇게 보는 이유는 그가 제시하는 전체 논지에 비춰볼 때 이런 견해를 취할 수밖에 없기 때문이다. Scott가 이렇게 보는 이유는 그가 이것을 "입양 문언"으로 보기 때문이다. Scott는 이 문언이 삼하 7:14을 반영한 것이며 하나님이 우리를 "아들들'로 입양하실 때" **영**이 하는 역할을 나타낸다고 본다(8:16을 다룬 부분을 보라). 그러나 κατά가 Hendriksen과 Scott가 생각하는 것처럼 정말 액면 그대로 도구의 의미를 지닌 말로서 ἐν과 정확히 일치하는 말인지 의심스럽다. 심지어 가장 널리 알려져 있는 보기인 고전 12:0에서도 κατά 문구는 그 본문 속에서 함께 등장하는 ἐν 문구 및 διά 문구와 같은 말이 아니라, 도리어 이 κατά가 가지는 기본 의미인 관계의 의미를 확장한 표현으로서 "같은 **영**(의 사역)을 따라"를 뜻한다. 바울이 **영**이 그리스도를 부활시키셨다고 믿었다는 것은 전혀 주해의 지지를 받지 못하는 견해다. 이 문제와 관련하여 특히 롬 8:11을 다룬 부분과 이 책 제12장에 있는 논의를 보라.

될 종말의 실존이라는 범주를 가리키는 또 다른 표현이다. 이 실존은 지극히 탁월한 **영**의 삶이 될 것이다. 결국 이 두 문구는, 디모데전서 3:16(찾아보라)에 있는 그리스도 송가(頌歌)의 첫 두 줄과 아주 흡사하게, 두 가지 실존의 표현 형태, 곧 이 땅의 실존과 하늘의 실존이 지닌 절대적 특징을 묘사해놓은 것이다. 그러나 이 로마서 본문 같은 경우는 우주론과 관련된 의미가 아니라 시간/종말론과 관련된 의미로 묘사해놓았다. 한 실존은 κατὰ σάρκα("육을 따른") 것으로서 진정 인간의 실존이요 지나가는 현세에 속해 있다. 다른 한 실존은 κατὰ πνεῦμα("**영**을 따른") 것으로서 그리스도의 부활과 **영**의 강림을 통해 시작된 종말의 시대에 속해 있다.[25] 이 한 절(4절)을 보면, 그리스도는 현재 능력 가운데 계신 하나님의 아들로 높이 올림을 받으셨다. 이는 그리스도가 우리의 "육", 우리 미력한 인생이 지닌 연약함 속에서 수욕(羞辱)을 당하시던 때와 대조를 이룬다. 서로 대조를 이루는 이 두 모습은 결국 종말의 실재인 두 실재(그리스도의 부활과 **영**)와 관련 있다.[26]

만일 바울이 이런 대조를 구사한 의도가 그것이라면, 또 바울이 다른 곳에서 구사하는 용례도 그런 방향으로 나아가고 있다면,[27] 이 문구(κατὰ πνεῦμα ἁγιωσύνης) 자체가 지닌 의미와 관련하여 몇 가지 결론을 도출해낼 수 있다. 분명 일부 학자들은 다른 견해를 주장했다. 이들은 여기서 말하는 **영**이 그리스도가 인간으로서 가지신 영(그러나 탁월하게 거룩한 영),[28] 또

---

25) Dunn, "Jesus," 57은 κατὰ πνεῦμα ἁγιωσύνης가 역시(특히) 예수의 지상 생애와 관련 있다고 주장한다("바울은 성령이 예수가 이 땅에서 사시는 동안 그를 아들로 세워주셨다고 본다"). 예수가 지상에 계실 때 **영**이 그를 아들로 세워주셨다고 보는 것은 분명 누가의 견해다. 이 때문에 바울도 이런 시각을 가졌으리라고 추정할 만하다. 하지만 바울은 어디에서도 그런 말을 하지 않는다. 더욱이 Dunn이 이 논문에서 이런 결론에 이를 때 사용한 이런 우회적 방법으로는 바울이 그런 시각을 갖고 있었다는 주장이 참이라고 주장할 수 없다.
26) 때문에 일부 학자들은 **영**을 언급한 이 문구를 높이 올림을 받으신 하나님의 아들이 당신이 높이 올림을 받으셨음을 증명하는 증거로서 높이 들림 이후에 **영**을 부어주신 일을 가리키는 말로 보려고 한다.
27) 특히 앞에서 고전 15:42-46을 논한 내용과 뒤에서 딤전 3:16을 논한 내용을 보라.

는 그가 가지신 신성[神性; 이와 반대로 κατὰ σάρκα는 그의 인성(人性)을 가리킨다고 본다],[29] 또는 "태도" 혹은 "성향"과 의미상 유사한 "영"[30]이라고 주장했다. 그러나 이런 견해들은 거의 극복할 수 없는 이런 난제들에 부닥친다. 첫째, 앞의 두 견해는 3절의 κατὰ σάρκα를 제대로 이해하지 못한 데서 비롯된 결과물이다. 3절의 κατὰ σάρκα는 그리스도의 육신을 가리킨다기보다 오히려 그리스도가 "인간으로서 보내신 삶"의 총체를 가리키는 말이다.[31] 그리스도가 인간으로서 가지신 "영"(spirit)이나 그가 가지신 신적 "본성"은 이 (올바른) 이해와 결코 모순되지 않는다. 둘째, 디모데전서 3:16에서 등장하는 표현(=ὃς ἐφανερώθη ἐν σαρκί, "그는 육신으로 나타나셨다"─옮긴이)도 이와 유사한 언급일 수 있다.[32] 이런 가능성을 제외한다면, 바울이 그리스도의 지상 실존과 높이 올림을 받으신 실존을 그리스도의 "육" 및 "영"과 관련지어 생각했다고 일러주는 단서는 전혀 없다. 셋째, "거룩함의 영을 따라"라는 문구가 그리스도가 인간으로서 가지신 영을 가리킨다 할 때, 특히 성육신하신 그의 육신과 대조를 이루는 말이라 할 때, 그 문구가 과연 무슨 의미를 가질 수 있는지 결정하기가 어쨌든 어렵다. 그리고 마지막 견해(="영"을 태도나 성향으로 보는 견해─옮긴이) 역시 단지 바울의 용례만 살펴봐도 불가능한 견해인 것 같다. 바울 서신에서는 "영"을 그런 의미로 사용한 경우를 발견하기가 힘들다. 더욱이 그 문구(κατὰ πνεῦμα ἁγιωσύνης)를 그리스도의 지상 생애와 대조를 이루는 말로 보기는 더더욱 힘들다.

---

28) 가령 Meyer, 46-47; SH, 9.

29) 가령 Haldane, 27; Hodge, 20.

30) NRSV도 이런 견해를 염두에 두고 있는 것 같다: "according to the spirit of holiness"; 참고. NIV〈mg〉: "who as to his spirit of holiness."

31) 같은 문구를 사용하는 고전 10:18(이스라엘을 κατὰ σάρκα 생각해보라=이스라엘을 말 그대로 역사적 삶의 측면에서 생각해보라), 롬 4:1(κατὰ σάρκα 우리 조상인 아브라함=우리 인간의 혈통을 놓고 볼 때 우리 조상인 아브라함), 엡 6:5(너희 κατὰ σάρκα 주인들=이 현세의 삶 속에서 너희 주인인 자들)을 참고하라. Dunn, "Jesus"는 심지어 이런 문구들까지 도덕적·경멸적 표현으로 보려고 시도하지만, 설득력이 없다. 그는 자기 논리를 관철하려고 증거를 왜곡하는 것 같기 때문이다.

32) 우리가 그 가능성이 아주 희박하다고 결론을 내린 것이다. 이 책 제11장에 있는 논의를 보라.

따라서 바울은 보통 이런 대조를 사용할 때처럼 여기서도 πνεῦμα를 성령을 가리키는 말로 사용했을 가능성이 아주 높다. 하지만 그렇다 해도 ἁγιωσύνης("거룩함의")가 무슨 의미이며 이 말을 덧붙여놓은 이유가 무엇인지 확실히 밝혀내야 할 난제는 여전히 남아 있다. 가장 그럴듯한 답변이 두 가지 있다. (1) 우선 πνεῦμα ἁγιωσύνης를 "성령"을 완곡하게 가리키는 말로 보는 견해다. 이 경우 소유격인 ἁγιωσύνης는 특질을 설명하거나 묘사하는 말이 된다. 그렇게 본다면, πνεῦμα ἁγιωσύνης라는 문구는 얼추 "거룩함이 그 특질인 **영**"이나 "거룩함으로 규정할 수 있는 **영**"이라는 뜻이 된다.[33] 그러나 만일 그렇다면, 바울은 왜 이런 특이한 명칭을, 그것도 특히 여기서, 사용한 걸까? 정녕 바울이 성령을 말하고자 했다면, 단순하게 "성령"이라고 말하지 않은 이유가 뭘까?[34] 이 첫째 견해의 대안으로 나온 것이 두 번째 견해다. (2) 이 견해는 ἁγιωσύνης라는 소유격을 **영**의 역동성을 시사하는 의미로(=거룩함을 부여하는/제공하는 **영**) 받아들여야 한다고 본다.[35] 아울러 이 견해는 이 소유격이 이 서신의 나머지 부분이 제시하는 주장 중 많은 부분을 귀띔하는 말이며,[36] 15:16이 이방인 신자들을 "성령

---

33) Swete, *Holy Spirit*, 212도 같은 견해다.
34) 일부 학자들은 이 본문이 바울 이전에 존재했던 신앙고백 문언을 바울이 가져다가 쓴 것이라면 이런 질문이 미해결로 남게 된다고 주장하곤 했다. 그렇게 가져다 쓴 것이라면, 바울은 단지 그가 참고한 자료로부터 이 말을 가져다 썼을 뿐이지, 이 말에 특별히 무슨 "의미"를 부여하지 않았을 가능성이 있기 때문이다. 따라서 이 문구는 순전히 성령을 가리킬 뿐이다. 그러나 그런 주장은 너무 섣부른 것일지도 모른다. 가령 이 문구는 그리스어를 사용하던 환경으로부터 유래했을 수도 있지 않은가?(많은 학자들은 하나님의 아들이라는 말 때문에 그렇게 추정한다) 그러나 이 문구의 기원이 아람어를 사용했던 환경이라면(다른 학자들은 그렇게 주장한다), 왜 번역자는 구약성경에서 이 문구가 등장했을 때 칠십인경이 사용한 번역어[즉 τὸ πνεῦμα τὸ ἅγιον (거룩한 **영**) – 옮긴이]로 번역하지 않고 이렇게 문자대로 번역하는 쪽[즉 πνεῦμα ἁγιωσύνης (거룩함의 **영**) – 옮긴이]을 택했을까? 특히 당시 그리스도인 집단들에서는 칠십인경이 사용한 번역어가 **영**을 가리키는 **이름**이 되었는데도, 왜 이렇게 문자대로 번역했을까? "왜"라는 질문은 대단히 자주 쓰는 것이기 때문에, 우선 이 질문을 바울에게 적용하는 것이 당연할 수도 있겠다. 요컨대 바울은 πνεῦμα ἁγιωσύνης (거룩함의 **영**)라는 말을 사용했다. 만일 이 문언이 전승이었다면, 바울은 이 문언을 "거룩한 **영**"(성령)으로 "번역"하지 **않**는 쪽을 택한 셈이다. 결국 우리는 다시 원래 질문으로 되돌아가게 된다. 바울은 왜 **이런** 언어를 **여기서** 사용했을까?
35) Schneider, "κατὰ πνεῦμα," 381도 이런 견해다.

으로 거룩하게 된"(ἠγιασμένη ἐν πνεύματι ἁγίῳ) 자들로 묘사한 말까지 아우른다고 본다. 모든 것을 고려해볼 때, 특히 이 말의 배경이 되는 구약의 내용을 고려할 때, 나는 이 두 번째 견해를 선호한다. 물론 바울이 여기서 높이 올림을 받으신 그리스도를 묘사하면서 **왜** 이런 명칭을 사용했는지 그 이유는 여전히 풀리지 않은 난제로 남아 있다. 이 문구의 의미는 결국 이 문구가 자리한 절에서 이 문구가 가지는 전반적 의미와 관련지어 말할 수밖에 없을 것 같다.

이것(=거룩함을 제공하는 **영**)이 κατὰ πνεῦμα ἁγιωσύνης라는 문구의 올바른 의미요 이 문구와 3절에 있는 "그리스도의 지상 강림에 관하여"가 이루는 대조의 올바른 의미라고 한다면, 우리는 이 문구의 요점을 어떻게 이해해야 하는가? 바울은 왜 높이 올림을 받으신 그리스도의 현재 위치를 이런 식으로 표현했을까? 물론 바울은 이 문구를 쓰면서 그가 앞서 제시한 내용을 넘어 이 문구에 달리 더 어떤 "의미"를 부여하려고 하지 않았을 수도 있다. 즉 바울은, 그리스도의 지상 강림과 달리, "능력 있는 하나님의 아들"로서 현재 하늘에 계신 그리스도의 실존을 마지막 때에 모든 종말의 실존을 규정하시는 마지막 때의 **영**과 관련지어 이해해야 한다는 말을 하고 있는지도 모른다. 동시에 바울은 **영**을 "그 성품이 거룩하시며 그러기에 거룩함을 공급해주시는 **영**"으로 규정함으로써 이 서신의 관심사들을 처음부터 구별하여 제시하고 있는지도 모른다. 만일 그리스도가 복음의 내용이요 근원으로서 "하나님의 의"를 당신 뜻대로 당신을 믿는 모든 사람들에게 제공해주시는 분이라면, 이제 "능력 있는 하나님의 아들"로서 높이 올림을 받으신 그분이 계시는 영역인 **영**은 단순히 **거룩한 영**(성령)이 아니라, **거룩함 그 자체의 영**(the Spirit *of holiness itself*)이시다. 곧 유대인과 이방인을 모두 아우르는 신앙 공동체의 삶 속에서 "하나님의 의"를

---

36) Jewett, "Redaction," 117도 같은 생각이다. 그러나 나는 그가 정교하게 재구성하고 결국 그의 이런 해석을 낳게 만든 체계에 도통 확신이 가지 않는다.

이뤄내시되, 그들이 개인 차원에서 하는 행위와 공동체 차원에서 하는 행위에서 "하나님의 의"를 이뤄내시는 분이다.

아울러 우리는 바울이 이 서신 벽두부터 현재 로마 교회 신자들의 실존을 그리스도와 관련지어 "이미" 그러나 "아직 아니"라는 틀 속에 배치해둔 점을 주목해야 한다. 바울은 이 틀을 나중에 5:1-5과 8:18-30에 가서 로마 교회 신자들이 직접 **영** 안의 삶을 체험한 일에 비추어 상당히 상세하게 이야기할 것이다. 그리스도가 이제 높이 올림을 받으신 것은 κατὰ πνεῦμα ἁγιωσύνης,("거룩함의 **영**을 따라") 이루어진 것이다. 마찬가지로 로마 신자들 역시 지금 κατὰ πνεῦμα("**영**을 따라") 사는 이들로서, 그리스도와 함께 영광을 누리기로 예정된 자들이요 그의 모양을 닮아가는 자들이다.[37]

우리가 다만 한 가지 더 언급해두어야 할 게 있다. 우리가 지금 보는 본문은 **영**을 아들과 밀접하게 연결하면서도(실제로 8:9-11은 **영**을 "그리스도의 **영**"이라고 선언한다) 그리스도와 분명하게 구별하여 말한다. 이 본문은 일부 사람들이 주장하는 "**영** 기독론"[38]을 지지하지 않는다. 이 본문은 그리스도가 이제 **영**의 실존을 취하셨다고 말하지 **않는다**. 더욱이 우리가 보는 본문은 **영**을 하나님이 그리스도를 죽은 자들 가운데서 부활시키실 때 사용하신 "수단"으로 암시하지도 않는다.[39] 바울은 하나님이 몸소 그리스도를 죽은 자들 가운데서 부활시키셨지만, 당신의 **영**을 통해 그리하셨다고 말하지는 않는다. 이는 바울이 그가 쓴 서신들에서 늘 일관되게 표명하는 견해다. 오히려 이 본문의 **영**은 십중팔구 종말에 하늘에서 누리게 될 삶의 영역과 관련 있는 것 같다. 그리스도는 이제 부활을 통해 이 삶의 영역으로 들어가셨으며, 그분의 소유가 된 모든 사람도 종국에는 그 영역 안으

---

37) 참고. Leenhardt, 37.

38) 가령 Hamilton, *Holy Spirit*, 12-15을 보라.

39) 이런 견해를 살펴보려면, Hamilton, ibid.; Hendriksen, 44; Scott, *Adoption*, 240을 보라; 참고. 어떤 학자들은 바울이 롬 8:11에서 그런 말을 했다고 추정하지만, 사실 바울은 거기서 그런 말을 하지도 않고 암시하지도 않는다(뒤의 논의를 보라. 아울러 고전 6:14을 다룬 부분을 보라).

로 들어갈 것이다.

그렇다면 참으로 이 본문은 이 서신에서 **영**을 이야기하는 본문이다. 이 본문은 **영**을 그리스도가 미래는 물론이요 현재도 자리해 계신 종말론적 실존의 영역으로 제시한다. 따라서 이 본문은 우리의 경우에도 **영**이 우리가 미래에 자리할 영역이요 현재 자리한 영역임을 암시해주는 셈이다. 그리스도가 곧 능력 있는 하나님의 아들이시라는 "선언"이 거룩함의 **영**과 관련 있다면, 현재 그리스도 안에 있는 우리의 종말론적 실존은 "거룩함을 주시는 **영**"과 더더욱 관련 있지 않겠는가?

▪ 로마서 1:9

이는 하나님이 내 증인이시기 때문이니, 나는 그를(하나님을) 그의 아들의 복음 안에서 내 **영** / 영으로 섬기느니라.

영이라는 말은 감사 / 기도 보고 부분에서 두 번 등장한다(여기와 11절). 그러나 이곳은 바울 서신에서 상당히 복잡한 πνεῦμα 용례들 가운데 하나다. 이 본문이 주로 말하는 것이 인간론과 관련 있음은 의심할 여지가 거의 없다. 아울러 바울이 지금 그 자신의 영을 그가 하나님을 섬기는 장소 내지 방편으로 이야기한다는 것 역시 의심할 여지가 거의 없다. 하지만 다음 몇 가지 요소는 이 본문이 바울 자신의 영 안에서 역사하시는 하나님의 **영**도 함께 언급하는 본문임을 일러준다.[40]

첫째, 바울 서신의 다른 어느 곳을 봐도 이 본문을 닮은 본문이 없다. 바울은 그가 구사하는 용례가 인간론과 관련 있는 곳들에서 "내 / 그의 / 너희 영이 다시 새로워졌다"(고전 16:18; 고후 7:13) 또는 그의 "영이 쉼을

---

40) Meyer, 58; Godet, 87; Leenhardt, 43; Ziesler, 66; Schweizer, *TDNT* 6.435도 이런 견해다; Dunn, 29는 견해를 달리한다.

누리지 못한다"(고후 2:13)라고 말한다. 이런 용례들은 그 내면의 인격 속에 존재하는 근심/쉼에 대한 관심을 반영한 것이며, 한 사례(고후 2:13)는 육체가 쉼을 누리지 못하는 것(7:5)과 대조를 이루게끔 제시해놓은 것이다. 그런가 하면 바울은 πνεῦμα를 다른 인간론 용어들과 결합하여 한 인간 존재의 총체를 가리키는 말로 사용하기도 한다(살전 5:23; 고전 7:34). 앞으로 언급할 본문들을 보면, 인간의 영과 하나님의 **영**이 분명하게 만나는 교차점이 존재한다(참고. 롬 8:16). 그런 본문들을 제외하면 바울이 현재 구사하는 용례와 가장 가까운 사례가 하나님의 은혜를 간구하는 네 축도들이다. 이 네 축도에서 바울은 "우리 주 예수 그리스도의 은혜가 너희 영들과 함께 있기를" 기도한다(갈 6:18; 몬 25절; 빌 4:23; 딤후 4:22).

그러나 바울이 다른 곳에서 "영적" 삶[41]을 이야기하다가 자신의 πνεῦμα를 언급할 때(고전 14:14-15; 고전 5:4) 그가 생각하는 πνεῦμα의 의미는 지금 여기서 제시하는 번역과 얼추 같다. 바울은 실제로 자신의 영으로 하나님을 섬긴다. 그러나 그가 그리하는 것은 그의 영이 하나님의 **영**에게 복종하기 때문이다. 이 사실은 늘 변함이 없다. **영**은 바울 자신의 영을 통해 기도하시거나 노래하신다(고전 14:15). 마찬가지로 **영**은 바울이 그의 영을 통해 하나님을 섬기게 하는 근원이다. 따라서 나는 "나는 그를 내 **영**/영으로 섬기느니라"로 번역했다.

둘째, 이 요소는 첫째 요소와 밀접하게 관련 있다. 바울이 실제로 하나님의 **영**을 최소한 간접적으로나마 언급하려는 의도를 갖고 있지 않았다면, 그가 굳이 이 아주 특이한 말로 하나님 섬김을 표현할 이유가 무엇인가 하는 의문이 둘째 요소다. 다시 말하면 이 문구가 지닌 **독특함**(비단 문구의 내용뿐 아니라 문구의 내용도 독특하다)은 설명이 필요하다. 여기서 바울이 말할 법한 "표준" 표현은 "나는 그분을(하나님을) 그의 아들의 복음

---

41) 이제 여기서는 "영적"(spiritual)이라는 말을 현대의 뉘앙스에 더 가까운 뜻으로, 특히 예배와 봉사와 기도 등등처럼 "신앙적 의무/활동"을 가리키는 말로 사용했다.

안에서 섬기느니라"일 것이다. 그런데 왜 바울은 "내 πνεῦμα로"라는 수식어를 붙여놨을까? 만일 그가 간접적이나마 성령을 염두에 두지 않았다면, 왜 굳이 그의 영만을 뽑아 써놓았을까? 그의 몸은 배제하려고 이런 표현을 쓴 것일까?

그 답을 추측할 수 있는 가장 좋은 실마리는 그가 λατρεύω라는 동사를 썼다는 점이다. 성경은 이 말을 오로지 "사람들이 종교적 의무들, 특히 제의의 성질을 가진 의무들을 이행하다"(BAGD)라는 뜻으로 사용한다. 바울은 이 말을 네 번 사용했는데, 두 번은 바울 자신과 관련하여 사용했고 (여기와 딤후 1:3; 딤후 1:3에서는 이곳과 아주 흡사한 절에서 사용했다), 한 번은 우상을 섬기는 자들과 관련하여(롬 1:25), 그리고 한 번은 신자들과 할례에 굴복함으로써 하나님을 잘못 섬기는 자들을 대조할 때(빌 3:3, 찾아보라) 사용했다. 빌립보서 3:3 본문은 특히 가르침을 주는 면이 많다. 이 로마서 본문과 유사한 언어를 쓰고 문맥 역시 대체로 유사하기 때문이다. 바울은 이 빌립보서 본문에서 그리스도를 믿는 자들을 "하나님의 **영**으로 섬기며 육을 전혀 신뢰하지 않는 사람들"로 묘사한다. 바울은 외면과 내면을 대조하는 게 아니라, 이전 언약, 이전 세대에 속한 것과 **영**의 사역으로 말미암아 현재의 언약, 현 시대에 속하게 된 것을 대조한다. 고린도후서 3:3-11에서도 말했듯이, 새 언약인 **영**의 언약이 옛 언약을 제거했다.

눈에 띄는 것은 바울이 여기 로마서 본문에서 현저히 유사한 언어를 사용한 점이다. 바울은 "내 **영**/영으로" 하나님을 섬긴다. 바울이 이런 사실을 지적한 이유는 이 서신의 문맥을 살펴보면 가장 잘 이해할 수 있다. 이 서신 문맥을 보면, **영** 안에서 살아가는 삶, 곧 "하나님께 올리는 새 섬김(예배)"(참고. 12:1)과 이전의 모든 "섬김" 방식들, 특히 **율법**의 시대와 관련된 모든 방식들을 대조한다. 하나님을 섬기는 일은 이제 사람이 **영**을 통하여 그의 "영"으로 행한다. 이는 토라를 순수하는 방법을 통해 육으로 하나님을 섬기던 것과 완전히 다른 모습이다.

셋째, 이 요소는 특히 중요하다. 바울은 이 문제들을 15:14-33에서 다시 다룬다. 이때 이 감사/기도 보고에서 다룬 것과 똑같은 관심사 두 가지를 다시 끄집어낸다. 하나는 바울 자신이 이방인들 가운데서 펼친 사역이요, 다른 하나는 이 사역이 로마에 가고 싶어하는 자신의 바람과 연관되어 있다는 점이다. 바울은 앞의 15장 본문에서, 그중에서도 특히 15:16(찾아보라)에서 자신의 사역을 묘사할 때 철저히 제사장이 구사할 법한 언어를 사용한다. 바울은 이 경우에 "하나님이 그(바울)에게 주신 은혜"(15절; 바울은 자신이 행한 사역을 거듭 이런 말로 표현한다)[42]를 바로 제사장이 구사하는 네 용어를 사용하여 표현한다. 그 네 용어 가운데 마지막 용어는 이방인을 "성령으로 거룩히 구별하여 드린 제물"이라고 묘사한다. 더욱이 이 본문은 바울의 모든 사역을 **영**의 활동과 관련지어 서술한다(15:18-19).

로마서 1:9은 겉보기에 그 표현이 간단명료하기 때문에, 내가 지금까지 말한 모든 내용이 조금 이해하기 힘든 말로 들릴지도 모르겠다. 그렇게 들린다면, 다만 이 "내 **영**/영으로"라는 수식어가 지극히 특이한 표현임을 재차 유념해야 한다. 아울러 내가 제시한 해석이 바울이 다른 곳에서 구사하는 용례 및 이 서신의 문맥 전반과 일치한다는 점도 거듭 유념해야 한다. 이 서신의 문맥 전반은 이 서문이 가진 몇 가지 독특한 특징들과 대단히 일치한다.

말이 나온 김에 하나 더 언급해두어야겠다. 만일 내 이런 이해가 옳다면, 우리는 한 번 더 우연히 "삼위일체"를 이야기하는 본문과 맞닥뜨리는 셈이다. 빌립보서 3:3이 말하는 것처럼, 우리는 그리스도가 이전에 행하신 일 때문에 **영**으로 하나님을 "섬긴다"(빌 3:3에서는 "육"과 대비하여 "그리스도 예수 안에서 자랑하라"라는 말로 표현하는데, 여기서는 바울이 "그의 아들의 복음"을 선포함으로 "하나님을 섬긴다"라고 표현한다).

---

42) 참고. 고전 3:10; 15:10; 갈 2:9; 엡 3:2, 7; 참고. 골 1:25.

■ **로마서 1:11**

이는 내가 너희 보기를 간절히 원하기 때문이니, 이를 통해 내가 너희와 어떤 **영**의 선물(은사)을 나눠 가짐으로써 너희가 강해지게 하려 함이라.

독특하게도 χάρισμα("은사")와 πνευματικόν("**영의**")을 나란히 적어놓은 이 문장은 8절에서 시작하는 감사/기도 보고의 연장선에서 등장한다. 인사말과 마찬가지로 이 본문 내용 역시 바울 서신에서 유일무이하게 나타나는 것이요 놀라운 점들이 가득하다. 바울은 보통 기도 보고를 쓰면 그 안에 그 공동체와 관련하여 자신이 염려하는 것들을 포함시킨다. 그러나 이 기도 보고를 보면, 비록 자신이 그들을 위하여 기도한다는 말을 하긴 하지만(9절), 그래도 바울은 이 "기도 보고"를 무엇보다 로마, 그중에서도 특히 거기 있는 그리스도인 공동체를 방문하고 싶어하는 자신의 오랜 바람을 표명하는 기회로 활용한다. 분명 이 문제는 바울이 상당 기간 마음속에 품어왔던 것이었다. 따라서 그가 제시하는 기도 내용도 "내가 어떻게 하든지 결국에는 하나님의 뜻 안에서 너희에게 가는 데 성공할 것"(10절)과 관련 있다. 바로 이런 표현 방식("내가 어떻게 하든지 결국에는 성공할 것") 덕분에 바울의 기도 보고에서 시작한 움직임은 로마 신자들을 방문하고자 하는 그의 관심사를 표명하는 쪽으로 이어진다. 우리가 보는 이 11절 문장은 이유를 설명하는 γάρ를 통해 이런 추이를 완성시켜준다. 결국 11-15절 본문은 모두 바울이 아직 이루지 못한 바람, 곧 로마에 가서 그 신자들을 만나고 싶어하는 바람을 다루며, 이 본문의 마지막 구절(14-15절)은 (또 한 번 이유를 설명하는 γάρ를 사용하여) 바울이 이 서신의 주제를 천명할 수 있게 해주는 도약판 역할을 한다.

이 모든 점을 고려할 때, 우리는 이 서신이 데살로니가전서 및 고린도전서와 아주 흡사한 기능을 하도록, 다시 말해 바울의 직접 방문을 대신하는 차선책 기능을 하도록 써 보낸 서신이라는 점을 진지하게 받아들여야 한다. 자신이 지금 로마에 갈 수 없기 때문에(15:25-29), 바울은 이 서신을 써서 그가 로마 교회 신자들 가운데 있을 수 있다면 말했을 법한 것들을 표명한다. 이 점을 볼 때, 우리는 **바울이 장차 로마 신자들에게 가고 싶어하는 이유로 제시한 것들이 곧 현재 이 서신을 쓰는 분명한 이유들임을** 역시 진지하게 받아들여야 한다. 따라서 그가 비록 12절에서는 달리 말하긴 하지만, 그래도 바울은 무려 세 번에 걸쳐 자신이 로마 신자들에게 가고 싶어하는 이유를 이렇게 천명한다.

> 11절: 내가 너희와 어떤 **영**의 선물(은사)을 나눠 가짐으로써
>
>   너희가 강해지게 하려고.
>
> 13b절: 내가 너희 가운데서 열매를 거두려고.
>
> 15절: 내가 로마에 있는 너희에게도 복음을 전하려고.

바울은 이 셋 중 두 번째와 세 번째 경우에는 더 일반적인 말을 사용하여 방문하려는 이유를 표현했다. 이 이유는 그가 모든 곳에서 이방인들을 상대로 펼친 사역과 관련 있지만, 그래도 로마를 방문하고 싶어하는 그의 바람에 초점을 맞춘다. 그러나 우리가 지금 보는 첫 번째 본문은 바울이 뭔가를 되새겨주는 방편으로서 이 서신을 쓰고 있다는 것을 일러준다. 이는 15:15과 일치하는 점이다. 뿐만 아니라, 이 첫째 본문은 늘 그랬듯이 지금도 이방인들에게 복음을 전하는 것이 바울의 관심사임을 일러준다.

로마를 방문하려는 목적을 제시한 이 구절들은 바울이 비록 로마 교회의 사정을 아무리 많이 알고 있어도 그 교회 상황을 실제로 마주한 채 그 신자들을 상대로 이야기하고 싶어한다는 것을 일러준다. 바울은 단지 로마 신자들에게 "자신의 속내를 남김없이 내보임"으로써 그들이 그가 계획하는 서반아(西班牙) 선교를 후원하게 하려고 이 서신을 쓰는 게 아니다. 갈라디아서와 다른 곳들(고후 3장; 빌 3장)에서도 그랬지만, 이 서신 전체의 취지는 이스라엘에게 주어진 언약의 약속들을 유대인과 똑같이 완전하게 받은 이방인들과 관련 있다(그렇다 해도 이 언약의 약속에서 이스라엘을

배제하지는 않는다). 이것이 이 서신의 취지이며, 만일 바울이 지금 로마에 직접 가 있다면 "나눠주고" 싶어하는 내용이다. 때문에 우리가 독특하게 χάρισμα와 πνευματικόν을 나란히 적어놓은 이 구절을 가장 잘 이해할 수 있는 길도 역시 방금 말한 이 서신의 취지대로 이해하는 것임이 확실하다.

첫째, χάρισμα 및 πνευματικόν과 관련하여 한 마디 해두고자 한다(참고. 이 책 제2장). 바울은 이 두 말을 나란히 적어놓았다. 이것은 곧 χάρισμα라는 말 자체는 "**영**의 은사들"을 가리키는 말이 아님을 바울 서신에서 가장 확실하게 일러주는 증거다.[43] 이미 제2장에서 말했듯이, χάρισμα라는 명사는 χάρις(은혜)로부터 만들어진 말로서 주로 "은혜가 구체적으로 나타난 것"을 뜻한다. 때문에 바울은 이 서신에서 χάρισμα라는 말을 영생이라는 선물을 가리키는 말로(5:15-16; 6:23), 이스라엘이 받은 다양한 특권들을 가리키는 말로(11:29; 9:4-5을 언급함), 그 공동체의 개개 지체들이 그들이 받은 하나님의 은혜를 다른 이들에게 표현하는 여러 가지 방법을 가리키는 말로(12:6) 사용한다. 12:6 같은 경우, 목록이 "예언"으로 시작하기 때문에 χάρισμα라는 말은 고린도전서에서 볼 수 있는 독특한 용례를 향해 나아가는 말이기도 하다. 고린도전서 1:7과 12:4, 31을 보면, 이 말이 특별하고 비상(非常)한 **영**의 선물들을 가리킨다. 바울은 이런 선물들을 고린도전서 12:7에서 "**영**의 나타나심들"(영의 표현 양상들)이라고 부른다. "**영**의 선물"은 χάρισμα의 첫 번째 의미가 아니다. 바로 이런 이유 때문에 바울은

---

43) Käsemann, 19은 견해를 달리한다. 그는 "**영**의 선물"이라는 말을 아주 특이한 결합으로 본다. 그는 "고전 12:3이하에 따르면, 모든 은사들은 πνευματικά (=**영**의 선물들)이기 때문이다"라고 결론짓기 때문이다(그러나 그른 결론이다). 그러나 이런 주장은 순전히 강변일 뿐이며, 바울 서신이 제시하는 데이터와 들어맞지도 않는다. 아울러 Barrett, 25; Morris, 60 ["그 명사(=χάρισμα) 속에는 이미 그 개념(=은혜라는 개념)이 들어 있다"]; 그리고 Schatzmann, *Theology* 14-15 (외관상 분명하다)을 참고하라 이 용례가 말하두이 은사가 곧 **영**의 선물은 아니다. 로마서의 다른 용례들은 이를 분명하게 일러준다. "**영**의"라는 수식어가 없는데도 로마 신자들이 χάρισμα가 "**영**의 선물"을 뜻한다는 것을 어떻게 알아들을 수 있었을지 의문이다. 따라서 바울이 그 신자들을 생각하여 이런 수식어를 붙여놓았다는 사실은 그가 χάρισμα라는 말에는 본디 **영**의 선물이라는 개념이 담겨 있지 않다는 것을 알았다는 증거다.

여기서 χάρισμα라는 말을 πνευματικόν이라는 형용사로 수식함으로써, 이 경우에 그가 로마 신자들과 "공유하길" 또는 그들에게 "나눠주길"[44] 원하는 "은사"가 특별한 **영**의 선물임을 분명히 밝힌 것이다.[45]

그렇다면 χάρισμα의 의미와 이 본문의 문맥을 고려할 때 바울이 로마 신자들과 공유하길 원하는 "**영**의 선물"은 무엇일까? 물론 바울은 자신이 고린도전서 12:8-10이나 로마서 12:6-8에서 열거하는 것들과 같은 **영**의 선물을 염두에 두었을 수 있다.[46] 그러나 만일 그렇다면, 우리는 바울이 특히 어떤 **영**의 선물을 염두에 두었는지 도통 알 수가 없다. 오히려 통설이 제시하는 이런 해석은 문맥을 완전히 도외시한 채 이 용어의 의미를 정의하는 견해를 대변하는 것일 가능성이 훨씬 더 높다. 현재 이 본문의 문맥을 살펴볼 때, 또 특히 이 서신 전체에 비춰볼 때, 바울이 로마 신자들과 공유하길 원하는 "**영**의 선물"은 십중팔구 그가 가진 복음 이해, 곧 하나님이 그리스도 예수 안에서 유대인과 이방인들을 토라와 상관없이 당신을 위하는 한 백성으로 만드셨다는 내용일 가능성이 아주 높다. 이것이 바로 바울이 그들을 방문할 경우 그들이 "힘을 얻을" 수 있는 길이요, 이것이 분명 바울이 그들을 방문했을 때 그들 가운데서 얻기를 원하는 "열매"다(13절).[47] 만일 그렇다면, 우리가 현재 보는 이 서신은 실제로 바울이 그들에게 나눠주는 "**영**의 선물" 역할을 하는 셈이다.[48] 이것이 그가 직접 로마에 가 있다면 그들에게 나눠줄 선물이다. 바울은 이제 이 서신을 그들과 "공유한다." 그는 지금 로마에 갈 수 없기 때문이다. 바울은 데살로니가

---

44) 그리스어로 μεταδῶ다(μεταδίδωμι의 1인칭 단수 부정과거 능동태 가정법 형태다 ─ 옮긴이). 이 말은 "누군가에게 무언가를 나눠주다 혹은 누군가와 무언가를 공유하다"라는 뜻이다; 참고. 살전 2:8; 엡 4:28.

45) **영**의 소유격 형용사인 πνευματικόν의 뜻을 알아보려면, 이 책 제2장을 보라.

46) SH, 21과 다른 이들이 이런 견해를 주장한다.

47) Käsemann, 19은 여기서 이 "**영**의 선물"이 "설교(복음 전파)와 함께 임하는 복"을 가리킨다고 주장한다.

48) 참고. Denny, 588: "실질을 놓고 보면, 분명 바울은 이 서신을 통하여 그가 받은 **영**의 선물을 나눠준다."

전서 3:9-10에서 데살로니가 사람들과 함께 있어 그들에게 "부족한 것을 보충해줄" 수 있기를 기도한다. 그러나 그는 당시 그들에게 돌아갈 수 없었다. 때문에 그는 대신 우리가 지금 보는 데살로니가전서를 써 보냈다. 이 경우도 그와 마찬가지다.

이제 곧 뵈뵈가 로마로 가려 한다. 또 바울의 오랜 동지인 브리스가와 아굴라[3](분명 그들이 그들의 가정 교회와 더불어 이 서신을 처음으로 받은 이들이다, 16:3-5)가 로마로 돌아가 있다. 때문에 바울은 이 "**영**의 선물"을 뵈뵈와 함께 보내면서 이 선물이 지금 그가 그들 가운데서 "열매를 거두는" 수단이 되리라고 믿는다. 바울은 다른 모든 이방인 가운데서도 그렇게 열매를 거두었다(1:13).

만일 이것이 여기서 바울이 쓴 "**영**의 선물"이라는 말을 올바로 이해한 것이라면, 우리는 고린도전서 5:3-5 같은 본문들과 함께 이 본문에서도 그 자신을 선지자(예언하는 자)로 여겼던 바울이(참고. 고전 14:37) 역시 그가 쓴 서신도 **영**이 주시는 예언의 말에 가까운 역할을 하는 것으로 여겼다는 것을 증명해주는 강력한 증거를 확보한 셈이다. 바울이 쓴 서신이 공동체가 모인 자리에서 낭독되었을 때, 그 구성원들은 틀림없이 그 서신을 그렇게 이해했을 것이다(바로 그 자리가 마지막 때를 살아가는 신앙 공동체 속에서 **영**이 임재하시는 자리였다).

■ **로마서 2:29**[49]

[28]이는 외면이 유대인인 자가 유대인이 아니고 또한 할례는 육에 행하는 외면의 문제가 아니며, [29]도리어 내면이 유대인인 자가 유대인이요 할례는 문자가 아니라 **영**으로 마음에 하는 것이기 때문이다. 그 사람이 받는 칭찬은 사람들이 아니라 하나님으로부터 나오는 것이니라.

---

49) 바울 서신에서 등장하는 "**영**과 문자"를 논한 참고 문헌을 보려면, 이 책 제5장의 주71을 보라.

영에 대한 이 언급은 문맥으로 보든지 이 문장 내에서 보든지 즉석에서 급히 만들어낸 말로 보이며, 조금은 놀랍게 다가온다. 바울이 제시하는 주장에서, 영이 처음 등장하는 곳은 5:5이다. 5:5 본문은 영이라는 실재를 그리스도인의 삶에 핵심이 되는 존재로 제시하고자 처음에 기록한 것 같다. 5:5의 용례는 이후 바울이 6:1-7:6에서 제시하는 논지의 기초가 되고 8장에서 제시하는 충실한 논의를 미리 귀띔해주기도 한다. 영을 언급하는 이 2:28-29 본문 뒤편에도 5:5처럼 영을 그 그림자만 미리 보여주듯이 제시하는 용법이 자리해 있을 가능성이 아주 높다. 바울은 여기서 말하는 것을 7:1-6에서 제시하는 주장, 특히 5-6절에서 제시하는 주장에 가서 다시 강조하고 상세히 설명한다.

따라서 비록 바울이 이 주장에서 제시한 영의 역할에는 다소 우연인 면이 있더라도, 영이 옛 언약과 새 언약에 관한 바울의 이해에서 행하는 역할은, 그가 이 의미심장한 문구로 표현해놓은 것처럼 아주 중요하다(이는 영과 문자라는 말이 처음 등장하는 고후 3:6의 경우와 일치한다). 고린도후서 3:6처럼 상세히 말하지 않지만, 그래도 여기서도 새 언약을 옛 언약을 능가하고 옛 언약을 대체한 언약으로 보았던 신학이 이 문구의 전제를 이루는 것으로 보인다.[50] 복음은, **하나님이 주셨던 약속들이 다 이루어지되**(1:2), 다윗의 자손인 그분 안에서(1:3) 이루어진 것을 말한다. 이 다윗의 자손은 부활을 통해 **영을 따라** 능력 있는 하나님의 아들로 지명 받으셨다(1:4). 이제 **영**은 믿는 사람들의 삶 속에서 그 언약(새 언약)을 이뤄내는 핵심 역할을 담당한다.

바울은 주장의 서두에서 우선 복음이 유대인과 이방인을 포함하여 **모든** 믿는 자에게 하나님의 능력이요 구원임을 강조한다. 아울러 그는 복음

---

50) 바울 서신에 나타난 **"영"**과 **"문자"**를 다룬 Westerholm, "'Letter and Spirit'"은 유익한 점도 있지만 몇 가지 약점이 있다. 약점들 가운데 하나는 그가 **영**과 문자에 관한 논의를 이 로마서 본문보다 앞선 고후 3장에서 시작하지 않고 이 로마서 본문에서 시작한다는 점이다. 나는 고후 3장이 이 로마서 본문에 주해와 신학의 실마리를 제공해주지, 거꾸로 이 로마서 본문이 고후 3장에 그런 실마리를 제공해주는 것은 아님을 강조해두고 싶다.

안에서 믿음을 가진 모든 사람이 하나님의 의를 얻을 수 있게 되었다고 강조한다. "의인은 하나님을 신실히 믿음으로 말미암아 살 것"이기 때문이다(1:16-17). 바울은 그런 의라는 선물이 **모든** 믿는 이들에게 주어졌다는 점을 확실히 해두고자, 우선 그런 의가 유대인은 물론이요 이방인에게도 주어졌음을 설명해야 할 필요성을 절박하게 느낀다(1:18-3:20). 요컨대 바울이 맨 먼저 말하고자 하는 것은 모든 사람에게 하나님의 의가 필요하다는 것[바울도 이를 당연하게 여기며 몇 군데에서는 이를 천명하기도 한다(3:19-20, 23-26; 5:12-21)]이 아니라, 유대인도 역시(특히 유대인은?) 그리스도를 믿는 믿음을 통해 하나님과 연결되는 것이지 토라를 갖거나/지키거나 할례를 받았다 하여 이방인보다 앞서 혜택을 받는 것은 아니라는 것이다. 결국 바울이 1:18부터 3:20에 이르는 본문에서 다루는 관심사는 모든 사람이 믿음으로 살 수밖에 없다는 것을 제시하는 것이다. 이는 모든 사람이 (이방인은 물론이요 유대인도) 똑같이 죄로 말미암아 불행한 처지에 있기 때문이다. 이를 달리 말하면, 바울은 하나님이 베푸시는 구원이 **유대인은 물론이요 이방인에게도** 미친다는 것을 설명하려 하기 때문에, **이방인은 물론이요 유대인도 믿음으로** 구원을 받는다는 것을 먼저 설명해야 했다고 말할 수 있겠다. 바울의 동포인 유대인들은 필시 전자, 곧 구원이 궁극에는 유대인은 물론이요 이방인에게도 미친다는 점에 동의했을 것이다. 그러나 그들은 후자는 받아들이려 하지 않았을 것이다. 만일 바울이 말하는 "믿음으로"라는 말이 유대인과 이방인에게 똑같이 그런 "믿음"이 필요하다는 뜻이라면, 혹은 이방인들은 할례를 받거나 토라를 지킴으로써 언약(=옛 언약)의 증거들을 받을 필요가 없다는 뜻이라면, 유대인들은 이에 동의할 수 없었을 것이다.

바울은 자신이 제시하려는 논지에 이르고자 대체로 두 가지 주장을 펼쳐간다. 첫째, 그는 1:18-2:11에서 공평하신 하나님의 성품을 근거로 삼아 사악하고 경건하지 않은(그리고 그들의 악한 행실로 진리를 억압한) 모든 자들이 용서를 받지 못한 채 결국 다 똑같이 하나님의 진노 아래 있다고 주장한다. 하나님은 절대 공평하시다. 이는 곧 이방인과 유대인이 그들을 똑같이 심판하실 하나님 앞에서 어떤 변명도 내세우지 못한다는 것을 의미한다. 둘째, 바울은 역시 하나님의 공평하심을 근거로 삼아 2:12-27에서 주장을 더 전개해간다. 이 대목이 우리가 지금 보는 본문이 등장하는 곳이다. 여기서 바울은 유대인들이 토라를 가졌어도 그것이 그들에게 결코 이익이 아니라고 주장한다. 유대인들도 이방인들과 마찬가지로 죄를 짓기 때문이다(한쪽은 토라를 가졌고 다른 한쪽은 갖지 않았지만, 둘 다 죄를 짓기는 매한가지다). 이 모든 주장의 목표점은 바울이 3:19-20에서 내리는 결론이다. 바울은 여기서 토라가 모든 사람을 죄 아래 가둔 채 아무 도움도 주지 않는다고 결론짓는다. 토라는 단지 죄를 드러낼 뿐이기 때문이다. 바울은 유대인이 토라를 가진 게 결코 이점이 아님을 강조하고자, 유대인이 **율법**을 가졌어도 죄인인 것처럼 이방인이 **율법**을 가지지 않았어도 의를 드러낼 수 있다는 주장을 논리 있게 설파한다. 결국 유대인들은 죄를 지음으로 "할례를 무할례로 바꾸어버리고", 이방인들은 토라가 요구하는 것을 지킴으로 "무할례자이나 할례를 받은 자같이 여김을 받을 수 있다"는 것이다. 하지만 바울이 관심을 갖는 문제는 이방인들의 "의"가 아니라 유대인들의 "죄"(죄로 가득한 상태, sinfulness)다.

우리가 다룰 본문이 등장하는 곳이 바로 이 연결 부분이다. 이 부분이 우선 하는 역할은 26-27절을 상세히 설명하는 것이다. 바울은 26-27절에서 이방인들이 **율법**의 의로운 요구들을[51] 지키는 것이 이방인들 자신에겐 할례와 같은 역할을 한다고 말한다. 더불어 그들이 비록 할례를 받지 않았어도 이렇게 토라를 지키면, 이 토라를 지킴이 "기록된 규정"(γράμμα)과 할례를 갖고 있는데도 **율법**을 어긴 자들을 심판하는 기능을 할 것이라고 말한다. 바울은 이제 이런 말로 설명을 진행해간다. "이는 참된 할례가 기

---

51) 그리스어로 τὰ δικαιώματα τοῦ νόμου다; 참고. 8:4. 이 구절에서는 "**영**으로 행하는 우리"를 "τὸ δικαίωμα τοῦ νόμου를 이루는" 사람들로 부른다.

록된 율법에 근거하여(γράμματι) 문자를 따라 육에(ἐν σαρκί) 받는 할례가 아니기 때문이다." 오히려 참된 할례는, 하나님이 이미 모세를 통하여 말씀하셨듯이(신 10:16; 30:6), 마음에 받는 것이다. 때문에 그처럼 "마음에 할례를 받은" 사람은 기꺼이 하나님의 길로 행하며 하나님의 "칭찬"을 받을 것이나, 이방인들이 문자에 따른 할례를 받는 것은 결국 "사람으로부터 칭찬을 듣는" 데 사용될 뿐이라는 것이 바울의 설명이다.

바울은 이 점을 강조하면서 대조법을 잇달아 사용하여 무엇이 "진짜 유대인"(=진정으로 하나님의 백성에 속한 사람)을 구성하는 요소인지 제시한다. 그런 "유대인"은 (1) "내면"이(ἐν τῷ κρυπτῷ) 유대인이지 "외면"이(ἐν τῷ φανερῷ) 유대인이 아니다. 즉 (2) 그들이 받은 할례는 "육에"(문자를 따라, 그리고 바울이 보기에는, 신학 차원에서)[52] 받은 것이 아니라 "마음에" 받은 것이다. 곧이어 바울은 "마음에" 할례를 받았다는 말을 (3) γράμματι("문자"로="기록된 율법"으로)가 아니라 ἐν πνεύματι(**영**으로) 받았다는 말이라고 해석한다. 그 결과, (4) 같은 사람이 아니라 하나님으로부터 칭찬을 듣게 되었다고 바울은 말한다. 우리가 특히 관심을 갖는 것은 (3)이다. 바울이 "내면"과 "마음에"를 **영**과 관련지어 해석하고, "외면"과 "육에"를 "문자"와 관련지어 해석하기 때문이다.

첫째, 우선 바울이 구사하는 용례 전반, 현재 문맥, 그리고 이 주장의 배경이 되는 구약 부분은 NRSV와 같은 번역("it is spiritual and not literal")을 철저히 배제하는 것으로 보인다는 점에 유의해야 한다. 이런 번역은 특히 오해를 일으킨다. **"영"**과 "문자"를 단지 "내면"과 "외면"을 달리 표현한 말쯤으로 일러주기 때문이다.[53] 그러나 **"영"**과 "문자"는 결코 그

---

52) 즉 갈 3:3과 마찬가지로 여기서도 ἐν σαρκί는 무엇보다 문자 그대로 할례를 받은 육을 가리킨다. 그러나 이 말은 동시에 온갖 종류의 신학적 의미를 함축한 말이다. 바울은 토라를 근거로 살아가는 것을 여전히 "육 안에서" 살아감으로써 하나님의 은혜가 아니라 인간이 이룬 공로를 "자랑하는" 것으로 보기 때문이요, 더 나아가 육 안에서 살아가는 것을 토라가 도저히 치유하지 못하는 온갖 죄를 계속하여 행하는 것으로 보기 때문이다.
53) 어쩌면 이것이 Swete, *Holy Spirit*이 이 본문을 완전히 빼버린 이유를 설명해줄지도 모르겠다.

런 말일 리가 없다. 이 말들은 분명 **해석해주는** 말이기 때문이다. 심지어 NRSV도 이 점을 인정한다. 이 해석은 단지 같은 말을 한 번 더 반복한 것에 불과한 게 아니다.[54] 오히려 **이 해석은 본문 전체를 이해하게 해주는 신학적 실마리**이며 바울이 여기서 아주 대담하게 말한 것을 앞으로 어떻게 이끌어갈 수 있을지 설명해준다.

따라서 여기서 바울이 하는 말을 알아들을 수 있으려면, 이 말의 배경이 되는 구약의 내용을 몇 마디 짚고 넘어가야 한다. 그 구약의 내용이 바울이 지금 말하는 내용을 이해할 수 있는 열쇠이기 때문이다.[55] "마음에 받는 할례"라는 개념은 신명기의 시각에서 근본을 이루는 개념이다. 이 말은 신명기 10:16에서 처음으로 나타나는데, 여기서는 이 말이 그 땅(가나안 땅)에 들어갈 사람들에게 주어진 명령으로 등장한다. 신명기 10:16은 하나님 백성이 진정 하나님의 길로 행하고 그 마음을 다해 하나님을 사랑한다면 반드시 마음에 할례를 받아야 한다고 본다. 이 말이 두 번째로 등장하는 곳은 신명기 30:6이다. 이 본문이 자리한 문맥을 보면, 하나님이 당신 백성과 언약을 맺으시지만(29:12), 이때 하나님은 당신 백성이 첫 언약을 깨뜨림으로 말미암아 끌려갔던 포로 신세에서 돌아오면 돌아온 이들과 새 언약을 맺으시리라는 것을 귀띔해주신다(30:1-5). 여기서 신명기 본문은 앞서 내린 명령을 약속으로 바꾸며 "하나님이 너희 마음에 할례를 베푸실 것이다"[4]라고 말한다(30:6). 더불어 본문은 이 할례로 말미암아

이런 이해는 많은 주석들도 따르는 것이요(가령 Haldane, Dodd, Barrett, Black), 근래에는 Sanders, *PLJP*, 127; Ervin, *Conversion-Initiation*, 112-13이 따르는 것이다. Morris도 그럴 가능성을 인정한다. 그러나 바울의 용례가 가진 의미를 인정한다면, 이런 견해는 불가능한 견해다. 바울 서신에서는 πνεῦμα를 여기서 시사하는 의미인 "내면"이나 "영적"(spiritual)이라는 뜻으로 사용한 적이 없다. 그런 의미는 πνεῦμα의 본래 의미와 아주 동떨어진 것이다. 어쨌든 바울이 앞서 고후 3:1-6에서 구사한 용례가 여기서도 결정적 의미를 갖는다고 봐야 한다. 이 고린도후서 본문에서 πνεῦμα는 오직 성령만을 가리킬 수 있을 뿐이다.

54) 참고. Murray, 88; Cranfield 1.175. 그러나 이들은 꼭 이런 식으로 말하지는 않는다.

55) "내면"과 "외면"이라는 말이 같은 신명기 본문에서도 등장한다는 점은 주목할 만한 일이다 [신 29:29, 이 본문에서는 "내면에 있는 것"(개역개정: 감추어진 일)을 "하나님께 속한 것"이라고 말한다].

    성령: 하나님의 능력 주시는 임재

결국 마음으로부터 우러나온 사랑과 순종이 있으리라고 말한다. 정녕 "율법은 너희에게 아주 가까이 있다. 너희 입에 있고 너희 마음에 있어서 너희가 지킬 수 있다"(30:14).[56] 바울은 신명기 30:14 본문을 로마서 10:5-10에서 사용한다. 이를 볼 때, 바울이 이 신명기 본문을 자신이 그리스도인으로서 살아가는 데 자양분으로 삼았다는 주장도 가능하다. 또 바울이 고린도후서 3장에서 제시하는 주장을 볼 때, 그가 이 본문을 예레미야의 글[31:31-34(칠십인경 38:31-34)]과 에스겔의 글(11:19; 36:26-27; 37:1-14)에 비추어 읽었다는 것도 분명하게 알 수 있다. 이 두 선지자의 글은 신명기 30장이 제시하는 약속들을 이미 새 언약과 관련지어 이야기했는데, 이때 **영**을 "마음의 순종"을 가능케 하는 열쇠로 제시했다. 바울은 이 모든 것이 "새 언약인 **영**의 언약" 안에서 이루어졌다고 본다. 이제 이 언약은 그리스도를 믿는 모든 사람들이(이방인과 유대인이 함께) 적용을 받을 수 있게 되었다(앞에서 고후 3:1-18을 다룬 부분을 보라).

따라서 바울이 이미 고린도후서 3:6에서 자신의 신학에 도움이 되게 "**영**"과 "문자"를 대조하여 사용한 점을 생각한다면, 그가 해석하는 말로 삽입해놓은 "문자가 아니라 **영**으로"라는 조그만 문구는 무엇보다 언약의 약속들을 이뤄주시는 **영**과 관련지어 이해해야 한다. **영**은 "마음에 할례"를 행하셨다. 이 할례가 사람을 내면이 유대인인 진정한 유대인으로 만든다. "토라가 요구하는 의"는 **영**으로 행하는 사람이 이루기 때문이다(8:4).

그러나 "**영**으로"와 대조를 이루는 "문자"는 무슨 뜻인가? 로마서 본문이 제시하는 네 가지 내용은 바울이 말하는 "문자"가 무엇보다 토라의 기록된 글들로 나타나는 **율법**의 요구를 가리킨다는 것을 일러준다.[57] 첫째, 바울은 이미 27절에서 이 "문자"라는 말을 토라라는 기록된 말 형태로 나타난 **율법**의 요구들을 가리키는 말로 사용했다. 둘째, "**영**"과 "문자"는 "내

---

56) 롬 10:4-13이 제시하는 주장에서 핵심 역할을 하는 본문임을 유념해야 한다.
57) Käsemann, 76은 바울이 말하는 "문자"가 "가르침(교훈)인 토라"(the Torah as instruction)를 뜻한다고 주장한다.

면"과 "외면"을 **해석할** 목적으로 집어넣은 말이기 때문에, "문자"라는 말의 의미도 글로 기록된 토라의 요구들을 지키는 한 형태인 할례를 가리키는 의미로 고정시켜놓은 것 같다. 셋째, "문자"라는 말 자체와 대조를 이루는 것은 단순히 "내면"이 아니라 **영**이다. 바울이 다른 곳에서 구사하는 용례를 보면, **영**은 토라를 이루심으로써 "순종을 요구하는 법규"인 토라에 마침표를 찍으시는 분이다. 그리고 마지막 넷째, 바울은 이 "문자"라는 말을 7:5-6에서 다시 *끄집어낸다*. 이때 문자는 분명 그리스도의 죽음과 **영**의 오심으로 말미암아 밀려나게 된 **율법**을 가리킨다.

결국 이 모든 내용을 볼 때, 여기서 말하는 **영**은 당신이 주신 새 언약을 이루시고자 당신의 길을 걸어가실 하나님이 이제 당신 이름을 위할 백성을 창조하시는 방법인 셈이다. 더불어 **영**과 대립하는 "문자"는 글로 기록된 토라의 요구들을 가리킨다. 유대계 그리스도인들은 이 토라의 요구들이 그리스도를 믿게 된 이방인들을 포함하여 하나님 백성을 아직도 구속한다고 이해한다. 그러나 바울은 여기는 물론이요 다른 곳에서도 그렇지 않다고 말한다. 하나님은 이스라엘의 실패를 보시고 새 언약을 맺기로 결정하셨다. 이 언약은 토라의 목표를 "이룸"으로써 결국 "준수"를 요구하는 토라 규정들을 제거해버린 **영**의 언약이었다. 유대인의 정체성을 나타내는 경계표를 고수함으로써 하나님 백성이 되는 길은 이제 더 이상 존재하지 않는다. 이제 하나님 백성은 그리스도와 **영**에 근거하여 존재할 뿐이다. 이처럼 이 조그만 삽입문구 속에는 이 서신이 앞으로 아주 유익하게 사용할 신학 요소가 가득하다.

■ 로마서 5:5

또 소망은 결국 부끄러움을 낳지 않으리니[58] 하나님의 사랑이 우리에게 주신 성

---

58) 표준 그리스어 본문은 현재 시제인 καταισχύνει로 기록해놓았다("부끄럽게 하다, 실망시키다"

령을 통하여 우리 마음속에 부어졌기 때문이라.

이곳은 로마서가 제시하는 주장에서 **영**을 두 번째로 언급하는 곳이다.[59] 이곳은 이 서신에서 정점을 이루는 몇몇 부분 중 하나인 이 대목에서 경첩과 같은 역할을 하며[60] 등장한다. 이곳에서 주장이 신앙고백과 예배(이 경우에는 1-11절)로 바뀐다. 로마서에는 이곳 외에 정점인 부분들이 세 곳 더 있는데, 이 세 부분들은 주장의 주요 대목을 끝맺는 "결론"으로서 등장한다(8:31-39; 11:33-36; 15:5-13). 이런 사실은 여기도 똑같다는 것을 시사한다. 그러나 이 경우에 이 문단은 (이곳까지 이어온 주장의 결론이자 — 옮긴이) 다음 단락의 주장이 발진하는 출발점이기도 하다. 다음 단락의 주장은 이곳과 비슷하게 신앙고백을 제시하며 8:31-39에서 "끝을 맺을" 것이다. 하나님이 그리스도를 통해 사랑을 베푸셨다는 모티프가 이 본문을 지배하는데, 이 모티프는 8:31-39에서도 그 본문을 지배할 것이다.[61]

를 뜻하는 καταισχύνω의 3인칭 단수 현재 능동태 직설법 형태다 — 옮긴이). 그러나 이는 제멋대로 선택한 독법으로서, 이 본문은 물론이요 바울이 다른 곳에서 이 개념을 사용한 사례가 내포하는 종말론적 의미를 놓쳐버리기 십상이다. 따라서 이 말은 미래 시제로 보는 것이 더 합당하며 강세도 καταισχυνεῖ로 바꿔야 한다(Moo, 312도 같은 견해다). 그 의미를 살펴보려면, 뒤의 주67을 보라.

59) 참고. 앞의 2:29; 1:4, [9], 11이 **영**을 언급한 내용들은 이 서신 서문에 속한다. 바울은 여기 서문에서 다룬 관심사들을 15:14-33에서 다시 끄집어낸다. 이때 그는 **영**이라는 말을 풍성하게 사용한다.

60) Godet, 189도 같은 견해다. 그는 이 구절을 "전체 본문의 중심이 되는 말"이라고 부른다.

61) 이것이 이 주장에서 5:1-11이 차지하는 자리 그리고 이 주장에서 주된 단락이 끝나는 곳이 여기인가 아니면 6:1인가를 둘러싸고 결말을 짓지 못한 채 오랫동안 끌어온 논쟁에 가장 좋은 답이 될 것 같다. 5:1-11이 앞서 말한 내용을 매듭짓는 부분임은 거의 확실하다[접속사 οὖν ("그러므로")은 그 뒤에 이어지는 "믿음으로 의롭다 하심을 받았다"라는 부정과거 수동태 분사(=Δικαιωθέντες ἐκ πίστεως; δικαιωθέντες는 "의롭다 하다"를 뜻하는 δικαιόω의 남성 주격 복수 부정과거 수동 분사다 — 옮긴이) 정도 되는 말을 더 요구하는 것 같다]. 사실 이 전체 단락(1-11절)은 4:24-25로부터 직접 흘러나온 부분이다. 4:24-25은 "아브라함의 믿음이 인정받았던 임"이 아브라함처럼 죽은 자들을 부활시키시는 하나님을(이 경우에는 "우리 죄 때문에 죽음에 넘겨졌다가 우리를 의롭다 하시기 위하여 부활하신 우리 주 예수 그리스도를") 믿은 "우리"에게도 적용된다고 말한다. 이는 이제는 우리를 향한 하나님의 사랑의 관점에서 정확하게 5:1-2이 재확증하는 것이며, 5:6-11이 분명하게 밝히는 것이다.

동시에 5:1-11과 8:31-39은 분명 봉투 구조(봉투의 양쪽 끝부분)를 형성한다. 이 두 본 바울 서신에는 우리의 장황한 말이 그 본문의 장엄함과 힘을 손상시킬까 봐 아주 많은 말을 사용하기가 겁나는 경이로운 본문들이 많다. 여기도 그런 본문 가운데 하나다. 그럼에도 이 본문은 바울 서신은 물론이요 이 로마서에도 아주 중요한 **영** 관련 본문이기 때문에 그 전체 구조를 살펴보고 얻어낸 몇 가지 관찰 결과를 제시하면 이 본문을 더 잘 이해하는 데 도움이 될 것 같다.

이 본문에서는 네 가지 특징이[62] 두드러지게 나타난다. 첫째, 이 본문은 **본질상 신앙고백**이다. 이 본문에서는 1인칭 복수 대명사나 동사 형태가 무려 18회나 나타난다. 바울은 분명 주장으로부터 찬미에 가까운 적용으로 옮겨갔다. 둘째, 이 본문은 **종말론을 지향**한다. 여기서도 "이미 그러나 아직 아니"라는 바울의 시각이 그의 생각을 지배한다. 이 본문은 시종일관 현재의 확실한 실재인 구원과 미래에 이루어질 구원의 완성(마지막 날에 하나님이 주실 영광을 얻으리라는 우리의 소망) 사이를 왕복한다. 미래에 이루어질 구원의 완성은 확실한 사실이다. 마지막 때의 **영**이 우리 마음에 부어 주신 하나님의 사랑이 그 근거이기 때문이다. 셋째, 이는 방금 말한 둘째와 관련된 것인데, 이 본문은 **현재의 고난과 미래의 영광을 나란히 배치해 놓았다.** 여기는 종말의 때를 살아가는 우리의 실존에 관한 바울의 이해에서 핵심이 되는 부분이다. 이 경우에는 바울이 삶에 적용하라며 거듭 제

___

문 모두 그리스도의 죽음과 부활이 하나님의 사랑을 완전하게 드러낸 표현이자 신자에게 주어진 절대 보증의 표현임을 깊이 성찰하기 때문이다. 이런 점을 고려할 때, 이 본문이 5:12과 6:1에서 진지하게 제시할 주장의 출발점 역할도 함께 한다는 확신을 피하기가 힘들다. 이런 생각을 뒷받침하는 몇 가지 현상이 더 있다. (1) 1-2절에서 나타나는 "의롭다 하심"과 "믿음"이라는 언어가 9장까지 이어지는 주장에서는 이제 나타나지 않는다. (2) 그리스도의 죽음과 부활이 현재는 물론이요 미래에도 하나님의 사랑을 증명하는 증거이며 우리가 받을 구원을 보장한다는 내용이 6:1-23의 주된 요지가 된다. (3) 바울은 5:12-8:39에서 제시하는 주장의 수면 바로 아래 늘 자리한 유대인-이방인에 얽힌 관심사들을 9장에 이르기까지 특별하게 언급하지 않는다. 반면 이 단락에서 제시한 새 강조점들(서로 대조를 이루는 죄와 의, 죽음과 생명, **영**과 토라, **영**과 육)을 여기(1-11절)와 5:12-21에서 이야기하기 시작하는데, 5:12-21을 12절에 있는 διὰ τοῦτο ("바로 이런 이유로")를 통해 그 앞 단락인 5:1-11과 묶어놓았다.

62) 이 설명 가운데 몇 가지는 1-11절 본문 전체에서 볼 수 있는 특징이다. 그러나 현재 우리가 관심을 갖는 것들은 기본적으로 1-5절을 구성하는 두 문장에 한정된다.

시하는 명령문들로서 1-5절의 핵심을 이루는 내용들("하나님의 영광을 누릴 우리의 소망을 자랑하자"뿐만 아니라 "우리가 당하는 고난들을 자랑하자")이 바울의 그런 이해를 한데 묶어준다. 넷째, 이 본문은 **삼위일체 구조**를 가졌다. 바울이 진정 장엄하게 구원론을 설파하는 이런 부분들에서 아주 빈번히 말하는 것이지만, 구원은 삼위 하나님이 이루시는 일이다. 이 구원은 그 궁극적 기초인 하나님의 사랑에 근거한다. 또 이 구원은 역사 속에서 그리스도의 죽음으로 말미암아 이루어졌다. 여기서는 그리스도의 죽음이 역사 속에서 나타난 하나님의 사랑임을 분명히 밝힌다. 또 이 구원은 **영**이라는 선물을 통해 체험을 거쳐 우리 소유가 된다. 하나님은 **영**을 우리에게 선물로 주셨으며, 우리는 **영**을 통해 그리스도 안에서 나타난 하나님의 사랑을 실현한다.

바울은 **영**을 5설에서 단 한 번만 언급하면서 그리스도 안에서 나타난 하나님 사랑의 확실한 실현이라고 말한다. 그러나 그가 이후에 제시하는 주장에서도(8:14-17, 23, 26-27) **영**이 두세 가지 사항을 이해하는 데 중요한 실마리 역할을 한다는 점을 유념해야 한다.[63] 따라서 **영**을 언급한 이 구절은, 얼핏 보면 범상하게 보일지 모르지만, 바울이 그리스도 안에 있는 우리의 새 실존을 어떻게 이해하는지 그 이해의 핵심 내용을 일러주는 구석이 많다.[64] 그러므로 이 구절 역시 2:29처럼 이 서신이 앞으로 **영**에 관하

---

63) 실제로 바울 서신의 다른 곳에서는 1-5절이 말하는 내용 중 많은 부분을 그리스도인의 삶에서 **영**이 행하시는 유효한 사역으로 표현한다. 이때 **영**이 그리스도인의 삶에서 일하신다는 말은 그런 삶을 보장하신다는 말이 아니라, 그런 삶을 실현하고 체험케 하신다는 뜻이다. 따라서 그리스도로 말미암아 가능하게 된 "하나님과 누리는 화평"은 곧 적대 행위를 그침을 뜻하는데(10-11절이 제시하는 테마인 화목이 이를 분명하게 일러준다), 14:17에서는 이런 화평이 음식 규례와 관련하여 유대인과 이방인 사이에 "화목"을 이뤄내시는 **영**의 활동을 가리킨다. 또 2절은 하나님께 "나아감"(προσαγωγή)을 말하는데(이 장면은 벌을 받아 마땅한 죄인이 자비를 베푸는 왕 앞에 나아가 자비를 간청하는 장면과 같다), 엡 2:18은 이렇게 하나님께 나아가게 해주시는 것을 **영**의 사역이라고 말한다. **영**은 유대인과 이방인이 그리스도의 죽음을 통해 피차 적대 행위를 그침을 토대로 이 둘을 함께 하나님이 계신 바로 그곳으로 나아가게 (προσαγωγή) 한다.

64) 참고. Käsemann, 135-36.

여 이야기할 많은 내용을 미리 귀띔해주는 본문이다.[65]

우리가 지금 관심을 가지는 첫 다섯 구절(1-5절)은 두 문장 형태로 등장하는데, 이 두 문장을 하나로 묶어주는 것이 2절과 3절에 있는 καυχώμεθα("자랑하자")[66][5]라는 동사다(우리가 자랑할 것은 첫째는 마지막 날에 하나님의 영광을 얻으리라는 우리의 소망이요, 둘째는 우리가 현재 당하는 고난이다). 바울이 첫 번째 "자랑하자"라는 말을 하는 이유는 그리스도의 구속 사역이 가져온 효과 때문이다("믿음으로 의롭다 하심을 얻었다"). 바울은 이 효과를 근거로 첫 번째 권면을 제시한다("그리스도를 통하여 하나님과 화평을 즐기자. 그리스도로 말미암아 우리도 하나님께 나아감을 얻었느니라"). 결

---

65) Bruce, 117; Harrison, 58도 같은 견해다.

66) 이 번역은 1절의 원문이 ἔχωμεν (א* A B* C D K L 33 81 630 1175 pm lat bo; Marcion — 증거를 한 줄로 늘어놔도 정말 상당히 길다!)이지, 그 증거가 빈약한 후대 그리스어 전승의 ἔχομεν (F G P 104 365 1241 1739 1881 pm)이 아니라는 확신을 토대로 한 것이다[ἔχομεν은 "가지다"를 뜻하는 ἔχω의 1인칭 복수 현재 능동 직설법 형태, ἔχωμεν은 1인칭 복수 현재 능동 가정법 형태("다 함께…하자"는 의미)다 — 옮긴이]. 보통 ἔχομεν을 선호하는 이유는 (1) 신약성경 본문의 역사를 보면 오메가(ω)와 오미크론(o)을 서로 바꿔 쓰는 경우가 빈번하다는 (잘못된) 근거 때문이요(사실 그런 경우는 빈번히 나타나지 않는다. 심지어 그런 경우가 나타나리라고 충분히 예상한 곳들에서도 나타나지 않는다. **본문의 의미가 가정법 아니면 직설법을 명확하게 구별하여 사용할 것을 요구하는 곳들에서는 거의 나타나지 않는다**), (2) 문맥이 직설법을 요구한다는 (추정에 불과한) 근거 때문이다. 문맥이 직설법을 요구한다는 말은 학자들이 바울과 자신들의 주장이 다름을 믿기 힘들다는 뜻을 정중히 표현한 말로 보인다(모든 사본 전승은 어쨌든 바울이 의도한 것은 가정법이라는 점을 토대로 가정법으로 기록해놓았다. 그런데도 Lietzmann은 이 경우에도 아주 대담하게 직설법을 택하려 한다). (이런 주장을 살펴보려면, 특히 Metzger, *Textual Commentary*, 511을 보라; 참고. Lietzmann, Barrett, Cranfield.) 무게 있는 외부 증거도 가정법을 지지한다. 뿐만 아니라, 가정법이 초기 교회에서 거의 공통으로 나타났던 현상이다(사람들은 가정법이 "원문"인 직설법을 그토록 철저하게 억누르려면 가정법과 직설법을 서로 바꾸어 사용하는 일이 얼마나 많이 일어났어야 하는지 궁금해한다). 후대 그리스어 전승은 대체로 하나같이 직설법을 지지한다. 이 사실은 다만 후대 필사자들이 후대 학자들처럼 직설법을 쓸 때 이 본문을 더 잘 이해할 수 있는 것으로 믿었다는 것을 시사한다. 그러나 바울의 의도를 따르는 쪽이 훨씬 더 낫다. 여기서 바울이 사용한 가정법은 더 멀리 떨어져 볼 때는 일종의 "명령문" 역할을 한다. 실제로 바울이 구사하는 이런 가정법들은 대부분 그 앞에 있는 직설법을 **당연한 것처럼 전제**하고 이 직설법을 권면의 일부로 포함한다(Murray, 161n5도 이렇게 주장하는데, 옳은 주장이다). 바울의 강조점은 순전히 적용이다. "그리스도가 이런 일을 하셨으니, 우리는 그 혜택을 누리자. 이제 하나님과 더불어 화평을 누리고 우리가 하나님이 마지막 날에 주실 영광을 유업으로 받게 되었음을 '자랑'하자"는 것이 바울의 강조점이다.

국 바울은 그리스도가 행하신 일에 근거하여 이런 권면을 제시한다.

하나님과 화평을 즐기자
    그리고
하나님의 영광을 누릴 우리의 소망을 자랑하자.

뿐만 아니라, 바울은 여기에 이런 말을 덧붙인다.

우리 고난들도 자랑하자.

따라서 이 두 번째 문장의 나머지 부분은 고난으로부터 소망으로 이어지는 길(곧 인내와 성품)을 제시함으로써 두 자랑 사이의 거리를 이어주는 다리 역할을 한다. 나아가 바울은 소망이 단지 이루어지지 않을 것을 막연히 바라는 게 아니요, 우리가 결국 부끄러움만을 당하는[67] 결과로 이어지지도 않을 것이라고 결론짓는다. 반대로 소망은 확실한 일이다. 하나님 바로 그분의 사랑에 근거하기 때문이다. 이 하나님의 사랑은 우리에게 이를 적용해주시는 **영**의 사역을 통해 우리가 체험하는 사랑이요("우리 마음에 부어진"), 그리스도가 우리에게 실증해주시고 우리를 위해 이뤄주신 사랑이다(6-8절).

이처럼 **영**은 바울 "신학"에서, 곧 그와 그가 섬기는 교회들이 **하나님이 베푸신 구원의 은혜를 체험한 사건**에서 아주 중요한 역할을 한다. 바울은 "하나님의 사랑"을 더 이상 추상명사로 여기지 않는다. 하나님의 사랑은 하나님의 성품에서도 지극히 본질적인 실체이며 우리 실존의 절대 기초다.

---

67) 성경이 말하는 이 말의 의미를 살펴보면, 시편 기자의 글에서 대단히 자주 나타나듯이, 하나님을 믿은 자는 그 믿음으로 말미암아 부끄러움이나 치욕을 당하지 않을 것이라는 뜻이다. 따라서 이 말은 "부끄러움을 당하다"라는 뜻이 아니라, 마지막 날에 마치 하나님을 향한 믿음이 아무 근거가 없는 것처럼 여겨져 부끄러움을 당하는 일이 벌어지지 않으리라는 것을 뜻한다(참고. Käsemann, 115). 이 문제를 살펴보려면, 뒤의 빌 1:19-20을 다룬 부분을 보라.

이 사랑을 역사 속에서 가장 풍성하고 광대하게 드러내 증명해 보인 사건이 바로 그리스도가 당신 원수들을 위하여 죽으신 일이다(6-8절, 그러므로 그리스도의 죽음은 우리가 "하나님과 누리는 화평"의 기초이며 하나님의 은혜로운 임재로 "나아가는 데" 기초가 된다). 그러나 그런 사랑은 단지 역사 속에서 일어난 객관적 사건에 그치지 않는다. 그리스도 안에서 완전하게 나타난 하나님의 사랑은 신자가 **영**의 임재로 말미암아 마음속에서 체험하는 실재다.[68] **영**이 아주 풍성하게 "우리 마음에 부어주신" 것이 바로 **이 하나님의 사랑**이다. 이 중요한 순간에 하나님 바로 그분께 사로잡히지 않는 사람은 다른 모든 것도 잃어버린다. 그는 하나님과 화평을 누리지 못하고 하나님 앞에 비굴하게 굴복하며 실상 소망이 없는 삶을 살아간다. 그래서 그가 지금 체험하는 고난들은 "자랑"의 이유가 아니라 불평과 절망을 안겨주는 원인이 된다. 우리를 위하여 이 모든 것을 바로잡아주는 것은 단순히 하나님의 사랑이라는 **사실**(물론 어떤 면에서는 분명 그 사랑만으로도 충분할 것이다)이 아니라, 그 하나님의 사랑이 신자의 체험을 통해 유효하게 실현되었다는 점이다.[69] 하나님은 우리를 향한 당신의 사랑을, 역시 하나님이 우리 마음에 풍성히 부어주신 성령(딛 3:6을 다룬 부분을 보라)[70]의 임재를

---

68) 참고. Murray, 164-65: "(이 절은) 몇 개 단어로 객관적 근거들과 신자의 소망이라는 주관적 확신을 조합해놓은 놀라운 사례다."

69) 일부 학자들(가령 Leenhardt, 135)은 이 본문이 이야기하는 체험의 차원을 평가절하고 인식의 차원(영이 하나님의 사랑을 계시하신다)에 더 무게를 두는 경향이 있다. 그러나 이 본문 안에는 그런 차원을 일러주는 것이 전혀 없다. 또 이 본문에 들어 있는 모든 요소[사랑이라는 말, ἐκκέχυται (풍성하고 풍부한 체험을 암시하는 오순절 진영의 언어)라는 동사("붓다"를 뜻하는 ἐκχέω의 3인칭 단수 완료 수동태 직설법 형태다 – 옮긴이), **영**을 언급하는 점, "우리 마음에"라는 장소]도 그런 인식의 차원과 일치하지 않는다. 분명 Dunn, 252-54, 265은 이 체험의 차원과 관련하여 이 본문이, 갈 3:2-5의 경우와 똑같이, 생생한 체험을 통해 **영** 안의 삶으로 들어감(**영** 안의 삶을 시작함)을 보여준다고 옳게 지적한다. Dunn은 바울이 덕분에 그런 체험을 거쳐 **영** 안의 삶을 시작하는 것을 보편 현상으로 호소할 수 있다고 본다.

70) 나를 길러준 오순절 전통에 관한 내 모든 기억들을 되새겨보니(내가 자라난 오순절 전통은 오늘날의 오순절 전통과 대단히 다른 점이 많다), "오순절 경건(신앙)"이라는 이 특별한 표현이 내 의식 속에 지극히 깊은 인상을 남겼다는 생각이 든다. 과거 오순절 전통 안에는 "성령 세례" 때 **영**을 체험함으로써 하나님의 사랑과 그들 자신이 미래에 얻게 될 영광을 확신하게 된 사람들이 있었다(그들은 가난한 이들이 많았고, 종종 고난을 당하는 이들도 있었다). 나

통해 우리가 풍성하게 체험하는 실체로 "부어주셨다."[71]

이 모든 것에서 핵심이 되는 것은, 우리가 그리스도를 통해 증명된 하나님의 사랑(6-8절)을 깨달을 때는 물론이요 우리가 지금 우리가 지닌 소망과 우리가 당하는 고난을 기뻐하며 "두 시대 사이에" 자리한 실존으로 살아갈 때도 **영**이 중심 역할을 한다는 사실이다. 바울이 8:14-27에서 더 상세히 이야기할 터이지만, **영**은 고통과 약함 속에서도 이런 소망이 결국 실현될 마지막 날을 기다리는 우리를 지탱하고 도와주시는 분이자 우리가 미래에 영광스러운 유업을 받으리라는 것을 보장해주시는 분으로서 일하신다. 하나님의 은혜를 간구하는 고린도후서 13:13[14]의 축도가 말하는 그대로, 하나님의 사랑은 기초이며, 그리스도의 은혜는 그 사랑을 유효하고 훌륭하게 실현한다. 아울러 "성령에 참여함"은 그런 하나님의 사랑과 그리스도의 은혜가 이뤄주신 구원을 우리 것으로 실현하는 수단이다.

결국 이 단락(5:1-11)을 주해할 때 중요한 질문은 "전체 주장 속에서 이 단락이 제시하는 강조점은 무엇인가?"다. 이런 질문을 던질 경우, 그 답은 십중팔구 두 가지일 것이며, 두 경우에 모두 **영**이 핵심 역할을 할 것이다. 첫째, 여기에 이르기까지 바울이 제시해온 주장에 비춰볼 때, 특히 로마서 4장에 비춰볼 때, 여기는 은혜를 이야기하는 부분이다. 이 은혜는 모든 토라 준수, 유대인의 정체성을 나타내는 다른 모든 상징들을 능가한다. 그리스도가 꼼짝없이 죽을 수밖에 없는 자들을[모든 죄인(유대인과 이방인을 똑

를 자라게 한 밑받침이 되었던 복음 성가들은 이런 실재를 끊임없이 확인해주고 또 확인해주었다. 외부인들이 볼 때, 우리는 "하늘에 있는 파이"나 열망하고 이 땅에서는 도피주의자로 살아가는 사람들처럼 보였을지도 모른다[참고. Robert Mapes Anderson, *Vision of the Disinherited* (reprint Peabody, Mass.: Hendrickson, ⟨1979⟩ 1992)]. 설령 그렇다 해도, 사실 우리는 단지 바울과 그가 섬긴 교회들도 역시 체험했다고 우리가 믿었던 것(하나님은 우리 외모에도 불구하고 우리를 사랑하신다)을 표현했을 뿐이었다. 또 그것이 우리가 한 성령 체험이었다. 성령은 이런 하나님의 사랑을 우리 마음속에 부어주셨다. 이런 성령 체험으로 말미암아 우리는 이런 확신을 갖게 되었다.

71) 동사 ἐκχέω를 살펴보려면 뒤에서 딛 3:6을 다룬 부분을 참고하라. 이 용례의 배경이 되는 구약 본문이 욜 2:28과 말 3:10 같은 본문이다. 이 본문들은 하나님이 당신의 **영**/복을 당신 백성에게 "부어주실" 것이라고 말한다.

같이 아우르는 말)을] 위하여 죽으셨다는 것은 하나님이 유대인과 이방인에게 공평하시다는 것을 증명해준다. 모든 사람이 하나님의 원수였다. 그러나 모든 사람이 똑같이 하나님의 사랑을 받는다. **영**을 체험한다는 말은 그런 사랑이 현실로 이루어진다는 말이다. 둘째, 또 이 단락은 사람들에게, 그중에서도 특히 토라에 붙어 있음과 그들 및 하나님 사이의 관계를 함께 묶어 생각하는 사람들에게 확실한 보증을 제공하는 위대한 말씀이다. 바울은 여기서 사실은 이방인들이 토라를 준수할 의무 아래로 들어가지 않아서 하나님과 위태로운 관계에 빠진 것은 아니라고 말하는 것 같다. 그리스도의 죽음과 **영**이라는 선물은 하나님이 친히 우리를 향한 당신의 사랑이 결코 흔들리지 않는다는 것을 확증해주시는 보증들이다. 이 때문에 우리는 현재와 미래에 관하여 확신을 가진다.

마지막으로 한 가지 더 유념해야 할 점은 바울이 **영**을 또다시 "선물"이라는 말로 이야기한다는 점이다. 동사가 부정과거이기 때문에,[6] 이 선물은 필시 회심 체험을 가리킬 것이다.[72] 그러나 이 본문보다 앞서 성령이 "너희 마음에" 주어졌다고 말했던 본문들[73]과 달리, 여기서 **영**은 단지 하나님의 선물일 뿐이다. 그 선물이 있는 곳이 사람의 마음임은 안에 들어와 사시는 **영**이 "우리 마음에 하나님의 사랑을 부어주신다"는 사실이 증명해준다. **영**이 그리하심은 바로 **영**이 우리 마음 안에 사시기 때문이다. 여기서도 바울이 구사하는 언어는 **영**이 인격으로 임재하사 능력을 부어주시는 하나님이심을 재차 전제한다.

---

72) 학자들이 자주 주장하는 세례가 아니다(가령 Barrett, Black, Käsemann이 세례라고 주장한다). Dunn, 254이 옳게 주장했듯이, 그런 견해는 교회 안에서 **영** 체험이 너무 드물어져서 알려진 "체험"이라곤 그저 세례 정도에 그치는 시대로부터 흘러나온 것이다. 그러나 바울 자신은 세례를 "체험"으로 강조하지도 않을뿐더러, **영**의 오심과 세례를 직접 연결 짓지도 않는다. 여기와 다른 곳에서 바울이 호소하는 것은 **영**의 오심이 신자가 생생히 체험할 수 있는 차원을 가졌다는 점이다. **영**의 임재가 가지는 그런 역동성 때문에 바울은 **영**을 이런 식으로 이야기할 수 있는 것이다. 특히 갈 3:2-5을 다룬 부분을 보라.

73) 가령 고후 1:22; 갈 4:6을 보라. 참고. 살전 4:8; 고전 6:19.

● 로마서 5:15-16

¹⁵그러나 다만 그 범죄와 같지 않고 이처럼 또한 은사이니, 이는 만일 많은 사람이 한 사람의 범죄 때문에 죽었다면, 한 사람 그리스도 예수의 은혜를 통해 하나님의 은혜와 그 선물이 더더욱 많은 사람에게 넘쳤기 때문이 아니겠느냐? ¹⁶또 그 선물은 한 사람의 범죄로 말미암은 것과 같지 않으니, 이는 한편으로 심판이 한 사람으로부터 (나와) 정죄에 이르렀으나, 다른 한편으로 은사가 많은 범죄들에 근거하여 (나와) 의롭다 하심에 이르기 때문이라.

여러 모로 복잡한 이 단락(12-21절)의 주장을 속속들이 살펴보지 않더라도, 이 본문에서 두 번 등장하는 χάρισμα("은사")는 짚고 넘어갈 필요가 있다. 여기는 χάρισμα라는 말이 무엇보다 "**영**의 선물"을 뜻하지 않고 사실은 "은혜의 구체적 표현"인 "은사"와 관련 있음을 증명해주는 확실한 증거다(이 책 제2장에 있는 논의를 보라). 15b절은 "은혜"와 "선물"을 결합시켜놓았는데, 그리스어 본문에서는 이 결합이 분명하게 드러난다. 바울이 여기서 χάρισμα를 사용한 것은 필시 그의 수사법에서 연유한 결과일 것이다. 이 말의 반대말로서 아담이 저지른 행위를 가리키는 παράπτωμα가 "죄의 구체적 표현"을 뜻하기 때문이다. 그래서 바울은 여기서 그리스도의 행위를 χάρισμα라 부르는데, 이것도 역시 "은혜의 구체적 표현"을 뜻한다. 이런 용례에서는 **영**을 전혀 발견할 수 없다.

<h1 style="text-align:center">로마서 6:1-8:39</h1>

로마서의 구조, 특히 5장에 들어 있는 두 개의 수요 단락이 로마서가 제시하는 전체 주장 속에서 하는 역할을 놓고 상당한 논쟁이 있다. 그러나 6:1-8:39이 이 서신을 구성하는 주요 단락이며, 기본적으로 6:1, 15이 죄

와 관련하여 제기하는 두 가지 질문과 7:7, 13이 **율법**과 관련하여 제기하는 두 가지 관련 질문들에 답변을 제시하는 본문임은 의심할 여지가 없다. 문제는 여전히 "의"다. 그러나 이제 바울은 "의"라는 문제를 행위와 관련지어, 그리고 1-5장에서 제시한 주장과 직접 연계하여 다룬다. 바울은 1-5장에서 철저히 실제적인 목적들을 내세워 토라를 완전히 제거했다(물론 3:1-2, 31에서는 달리 말한다). 바울과 대담하는 유대계 그리스도인의 시각에서 보면 분명 의문이 생긴다. 사람이 토라 없이 살아간다면, 의(=의로운 삶)에는 무슨 일이 벌어질까? 이 부분이 시종일관 붙들고 씨름하는 기본 문제가 바로 그것이다. 물론 바울은 (토라를 배제하면서도—옮긴이) 동시에 토라를 변호해야 한다는 압박을 느낀다. 그 자신이 한 말이 자칫하면 토라는 결코 선물이 아니었고(3:1-8) 도리어 하나님의 옛 백성 위에 지워진 불행한 짐이었다는 결론으로 이어질 수 있기 때문이었다.

첫 번째 질문은 만일 토라를 제거한다면 의에는 무슨 일이 벌어지는가, 혹은 우리는 죄를 어떻게 처리해야 하는가다. 바울은 6:1-7:6과 8:1-30에서 이 질문에 대답한다. 첫 대답(6:1-7:6)에서는 그리스도의 사역과 관련지어 대답하고 두 번째 대답(8:1-30)에서는 **영**의 사역과 관련지어 대답한다. 물론 바울은 유대인과 이방인을 가리지 않고 모든 사람이 **율법**과 상관없이 그리스도의 죽음과 부활 그리고 **영**이라는 선물을 통해 그런 의를 소유할 수 있게 되었다고 말한다. 이는 이 서신 전체의 기본 관심사와 궤를 같이하는 것이다. 따라서 바울은 의라는 선물을 단지 하나님과 의로운 관계에 서 있는가라는 차원의 문제뿐 아니라, 이 의로우신 하나님의 삶(the life of the righteous God)을 현세에서 살아내는 차원의 문제로도 받아들인다. 결국 이 단락의 주장은 하나님이 미리 아신 자들을 또한 당신 아들의 형상을 닮을 자로 예정하시고 이 아들을 많은 "형제자매들" 가운데 첫 아들로 지명하셨다는 말로 끝을 맺는다.

그렇게 삶으로 살아내는 의에서 분명한 핵심이 되는 존재가 **영**이라는 선물이다. 이것이 곧 바울이 자신의 주장을 확장하여 제시한 8:1-30의 요점이다. 그런 점에서 바울이 신자와 죄의 관계를 제법 상세히 다룬 6:1-23의 주장에서 **영**을 일체 언급하지 않는 점은 주목할 만하다. 이런 점이 특이하게 보이는 이유는 우리가 결국 7:5-6과 8:1-30에 이르러 **영**이라는 언어를 만나게 되면 언어 면에서 온갖 종류의 일치점들을 발견하게 되는데, 이런 일치점들은 6:1-23이 말하는 내용 중에도 **영**을 전제로 한 내용이 많다는 것을 일러주기 때문이다. 가령 이 서신에서 처음으로 등장하는 명령문인 6:4을 보면,[74] 바울은 "또한 **생명**의 **새로움** 안에서 **행하자**"라고 독려하는데, 그가 여기서 구사한 말은 **영**을 이야기한 7:6(**영**의 **새로움** 안에서), 8:2(**생명**의 **영** = 생명을 주시는 **영**), 8:4[**영**을 따라 **행하는** (우리)]에서 다시 메아리친다. 이와 비슷하게 6:5-11에서는 새로운 의의 삶을 신자들이 그리스도의 죽음과 부활 안에서 그리스도와 연합하는 것과 연계한다. 바울은 8:10-11에서 이런 개념들을 그리스도의 **영**을 통해, 그리고 "의로 말미암아" 하나로 결합한다. 바울은 또 6:12-14에서 우리의 죽을 몸을 다스리는 죄를 이야기하면서 8:13("**영**으로 몸의 행위들을 죽이다")과 조금 다른 언어를 동원한다.

이런 언어 현상들은 우연이 아니기 때문에 계속하여 이런 질문이 남는다. 그렇다면 왜 바울은 6:1-23에서 **영**을 직접 언급하지 않고 앞으로 **영**이 등장하리라는 것을 미리 귀띔하는 이런 언어들만 사용했을까? 그 대답은 현세의 삶을 철저하게 (경륜 차원의) 삼위일체와 관련지어 바라보는 바울의 견해 속에 들어 있는 것 같다. 바울은 의를 이해할 수 있는 실마리를 그리스도의 사역과 **영**의 사역에서 발견할 수 있다고 본다. 그런 의를 **율법**과 상관없이 하나님 백성에게 가져다주실 때 그리스도가 하시는 역할은, 이 백성이 그리스도의 죽음과 부활 안에서 그리스도와 하나가 된다는 데 있다. 따라서 6:1-7:6이 제시하는 모든 주장은 그리스도의 사역에 근거한다. 그

---

74) 5:1-3에 있는 권고 가정법 문장들을 명령이 아니라 권면의 의도가 담긴 말로 볼 경우에 6:4이 첫 명령문이 될 것이다.

리스도의 죽음과 부활은 하나님의 백성에게 의를 가져다주었다. 다시 말해 그 죽음과 부활은 그들이 하나님과 올바른 관계에 설 수 있게 해주고 삶으로 의를 살아내게 해주었다. 그런가 하면 8:1-30이 제시하는 모든 주장은 영이 신자들의 삶 속에서 이런 의를 이뤄내시는 역할을 한다는 점에 근거한다. 특이한 것은 첫 번째 주장의 결론 부분(7:6)이 영을 신자의 삶 속에서 이런 의를 만들어내는 데 필요한 요소로 제시한다는 점이다. 그런가 하면 두 번째 주장의 서두 부분은 그리스도를 모든 사람이 그런 삶을 누릴 수 있게 해주신 첫 번째 초석으로 거듭 제시한다(8:1, 2, 3).

이 대목(6:1-8:39)의 구조에서 나타나는 이런 현상들 때문에 이런 연구를 하는 사람은 마치 6:1-7:6이 결국 8:1-30이 상세히 설명해놓은 영의 삶을 전제한 것처럼 생각하여 6:1-7:6 전체를 샅샅이 살펴보고픈 유혹을 받는다. 하지만 나는 그런 유혹에 굴복하기보다 여기서는 그 주장의 주요 단락들만을 내가 인식한 그대로 대강 살펴보고, 이 주요 단락들에서 제시하는 관심사들과 언어 가운데 8장의 그것과 일치하는 것들로서 8장에서 다시 등장하는 것들을 지적하도록 하겠다.

6:1-7:6의 주된 요점은 그리스도의 죽음을 하나님의 의(하나님과 올바른 관계에 섬)를 얻는 길로 믿는 것이 실상 행위 차원의 불의(*unrighteousness*)를 낳는 것은 아님을 주장하는 것이다[당시 일부 유대계 그리스도인들은 그런 믿음이 행위 차원의 불의를 낳는다고 분명하게 주장했다(1절)]. 이런 주장과 정반대로 바울은 그리스도의 죽음이 단지 "죄인을 의롭다 하시는" 차원을 넘어선 의미를 가진다고 주장한다. 이는 죄인을 의롭다 하시는 하나님의 행위가 그리스도의 죽음과 부활을 본질상 하나로 묶어주기 때문이다(5:6-11은 이를 분명하게 일러준다). 이로 말미암아 믿음으로 그리스도와 연합한 자는 동시에 그리스도의 죽음 및 부활과 연합한 자가 된다. 이런 연합을 증명해주는 증거가 바로 세례다. 이런 연합의 의미를 실제 행동으로 재현해주기 때문이다. 따라서 그리스도를 믿는다는 것은 단순히 그 믿음으로 하나님께 용서를 받았다는 것을 믿는 게 아니다. 그리스도를 믿

는 믿음에는 애초부터 신실함, 곧 하나님과 신자의 새롭고도 믿음이 충만한 관계가 내재되어 있다. 이런 관계는 "생명(삶)의 새로움" 속에서(=새 생명/삶의 길로— 옮긴이) 행함을 뜻한다. 바울은 이런 요점을 다음과 같이 세 부분으로 나누어볼 수 있는 주장 속에서(이제는 간간이 명령문들을 동원하여) 강조한다. (1) 첫째 부분은 6:1-14이다. 바울은 여기서 세례 체험이라는 이미지를 활용하여 죽음과 부활이 생명의 새로움(=새 생명)으로 이어지고 이를 통해 이전에 죄의 종이었던 사람이 해방을 얻는다고 주장한다. (2) 둘째 부분은 6:15-23이다. 여기서 바울은 12-14절에서 다루었던 주제들을 가져다가 이제 종살이와 자유라는 이미지를 활용하여 그리스도 안에 있는 사람들은 죄에 매인 종이 아니라 하나님께 매인 종이므로 죄**로부터** 자유를 누리고 의를 **향해** 자유를 누린다는 사실을 상세히 설명한다. (3) 셋째 부분은 7:1-6이다. 바울은 여기서 혼인한 자가 배우자와 사별하는 은유를 사용하여 다시 토라를 끄집어낸 뒤, 우리가 그리스도의 죽음으로 말미암아 우리가 이전에 올렸던 "혼인"의 **총체**(죄, 죄의 작동 통로가 되는 육, 육 안에서 죄를 일으키는 토라)에 대하여 죽었다고 주장한다.

바울은 특히 이 마지막 주장에서 이제 **영**을 중대한 요소로 제시한다. 바울은 제법 길지만 그래도 아주 중요한 여담을 통해 토라와 육과 죄의 관계를 설명한 뒤, 8:1에 가서 다시 **영**을 이야기한다. 물론 우리는 신학 면에서 좀더 깔끔하고 명쾌한 것들을 원하는 경향이 있다.[75] 그러나 바울 자신이 제시한 강조점들을 고려할 때, 그가 7:5-6까지 **영**을 언급하지 않아도 이는 놀라운 일이 아니다. 우리는 다만 바울이 그 주장에서 주로 **영**의 사역을 다루는 대목(8:1-30)에 이르렀을 때에 사실은 그가 6장으로 돌아가 6장에서 구사했던 일부 중요한 언어를 **영**과 관련지어 고쳐 쓴다는 점을 유념해둘 필요가 있다. 그 결과, 바울은 자신이 6:5-11에서 *그리스도의*

---

75) 물론 이것은 바울이 더 나은 우리 자신들과 좀더 같아질 수도 있었을 텐데 왜 그리하지 못했는가라는 질문을 달리 표현한 말이다.

사역(특히 그리스도의 죽음과 부활이라는 이미지)을 언급할 때 사용했던 모든 종류의 언어와 모티프들을 8:9-11에서 **영**과 관련지어 그대로 되풀이한다. 마찬가지로 그는 6:15-23에서 그리스도와 관련지어 표현했던 종살이와 자유와 "아들(의 지위)"이라는 언어를 앞의 사례와 비슷하게 8:12-15에서 **영**과 관련지어 되풀이한다.

이 모든 것은 무엇보다 우리가 다른 곳에서 자주 언급했던 것들을 일러준다. 첫째, 하나님이 당신 백성을 위하여 행하신 구원 사역은 그리스도와 **영**을 통해 이루어졌다. 그리스도가 그 구원 사역이 효력을 갖게 하시고, **영**은 그 사역을 신자의 삶에 적용하신다. 둘째, 바울이 로마서에서 제시하는 주장을 보면, 그는 그리스도의 사역과 **영**의 사역을 엄격히 구분한다. 그러면서도 그는 분명 이 각각의 사역이 같은 것이라고 본다(하나님이 당신 이름을 위하여 사람들을 구속하시기 때문이다). 그리스도의 시각에서 보든, **영**의 시각에서 보든, 이루어지는 결과는 똑같다. 그리스도의 죽음과 부활은 신자를 죄로부터 해방시킨다. **영**이 신자 안에 들어와 사심도 신자를 죄로부터 해방시킨다. 바울은 언제나 변함없이 그리스도가 이루신 일을 분명 중심적 실체로 본다. 그러나 **영**의 사역이 없으면 그리스도가 하신 일도 아무 소용이 없다. 이 모든 점은 우리가 이 서신이 제시하는 주장을 통틀어 올바로 이해하려면 삼위일체를 염두에 두고 이 서신을 읽어야 함을 뜻한다.

● 로마서 6:4

그러므로[76] 우리가 세례를 통해 그의 죽으심과 연합함으로 그와 함께 장사되었나니, 이는 그리스도가 아버지의 영광으로 말미암아 죽은 자들로부터 일으키심

---

76) OL 역본과 오리게네스는 οὖν으로 기록해놓은 나머지 역본들과 달리 γάρ로 기록해놓은 본문을 제시한다. 이것은 이 문장과 3절의 연관관계를 더 잘 이해해보려는 시도를 반영한 독법이지만, 후대의 독법일 뿐이다.

을 받은 것처럼, 우리 자신도 생명의 새로움 안에서 행하게 하려 함이라.

이 문장 자체는 **영**을 다룬 본문이 아니다. 그러나 여기서 이 본문을 언급하는 두 가지 이유가 있다. 첫째, "아버지의 영광으로 말미암아"라는 문구는 은연중에 **영**을 가리키는 말이므로 여기서는 **영**을 그리스도의 부활을 중개한 분으로 봐야 한다는 주장이 있었다.[77] 이 문구가 특이하다는 점은 인정할 수 있다. 그러나 이 서신의 수신자인 로마 신자들은 바울의 신학을 안다고 해도 기껏해야 한 다리 건너 전해 들은 풍월로 알았을 사람들이다. 이런 로마 신자들이 이 문구를 **영**을 가리키는 말로 알아들었을 것이라고 상상하기는 힘든 일이다. 바울이나 우리가 알고 있는 다른 어떤 사람도 이 문구와 **영**을 연결하여 이해할 언어학적 근거나 신학적 근거를 제시한 일이 없다. 그런데 무슨 근거로 로마 신자들이 이 문구와 **영**을 결합시켜 이해할 수 있었겠는가?

둘째—그리고 이 연구서의 목적과 더 많은 관련성을 지닌 것으로—"생명의 새로움 안에서 행하다"[78]라는 말은 7:6의 용례를 내다보는 말이다. 바울은 7:6에서 토라와 **영**을 대조하면서 이 둘을 "**영**의 새로움"(혹은 **영**이라는 새것)과 "문자의 낡음"(혹은 문자라는 옛것)이라는 말로 표현해놓았다. 바울은 8:1-4에 가서 이 주장을 다시 끄집어낼 때 "**영**의 새로움"을 "생명"

---

77) 가령 Hamilton, *Holy Spirit*, 14을 보라. 여기서는 바울이 그리스도가 성령을 매개로 죽은 자들로부터 일으키심을 받았다고 이해했다는 것을 도저히 증명할 수 없을 것 같다. 그런데도 Hamilton은 이 점을 증명하는 데 특히 열심을 낸다. 그리하여 그는 이렇게 (증명이 아니라) 강변한다. "영광은 그리스도가 높이 올림을 받으셨을 때 얻으신 상태를 가리킨다. 이 상태 뒤에는 **영**이 계신다. 그렇다면 우리는 바로 그 **영**이 그리스도를 일으키신 영광 뒤에서 일하신 중개자라고 결론지을 수 있다." 이것은 철저히 근거 없는 사색으로 보이며 의심스러울 뿐이다.

78) 사람들은 이 소유격 구문("생명의 새로움 안에서"=그리스어 본문은 ἐν καινότητι ζωῆς다 — 옮긴이)의 강조점을 "새로움"에 두느냐 아니면 "생명"에 두느냐에 따라 이 소유격을 목적어 ("생명으로 이어지는 새로움"; Moo, 383)나 수식어["생명이라는 특징을 지닌 새로움"; MHT 3.213 (하지만 Turner는 이를 이와 다른 방향으로 받아들인다)]나 설명보어(부가 병렬어="생명에 존재하는 새로움"; Murray, 227)로 다양하게 인식해왔다. 이 구문이 가장 강조하는 말은 "새로움"일 가능성이 아주 높다. 바울은 7:6에서 이 새로움을 **영**이 주시는 능력에 힘입은 새로움으로 제시한다. 따라서 이 소유격 구문의 소유격은 필시 수식어일 것이다.

의 근원이신 **영**의 관점에서(8:2), 그리고 이제 신자들이 따라 "행함"으로 토라의 목표[행위 차원의 의(righteousness in terms of behavior)]를 이루게 해주시는[79] 분인 **영**의 관점에서 표현한다. 따라서 비록 이 본문이 **영**을 뚜렷이 언급하지는 않지만, 그래도 바울이 일단 그리스도의 죽음과 부활이 이런 "생명의 새로움"을 만들어내는 역할을 한다는 것을 충실히 거론한 이상, 이 본문이 구사하는 언어 뒤편에도 바울이 앞으로 상세히 설명할 **영**의 생명이 있다는 점은 의심할 수가 없다.[80]

● 로마서 6:23

이는 죄의 삯은 죽음이나 하나님의 은사는 예수 그리스도 우리 주 안에 안에 있는 영생이기 때문이라.

여기서도 χάρισμα("은사")라는 말이 재차 등장한다. 이곳 역시 이 말의 일차 의미는 "**영**이 주시는 선물"이 아니라 "은혜의 구체적 표현"임을 일러주는 또 다른 증거다(이 경우에도 **영**을 일체 언급하지 않는다). 바울은 8:10, 13에서 **영**을 이런 생명의 근원으로 지목한다. 그러나 이 경우에 바울은 χάρισμα를 생명의 근원이나 생명의 훌륭한 중개자라는 차원에서 생각하지 않고 생명의 내용과 관련지어 생각한다. 여기서는 "은사"가 하나님이 당신을 믿는 사람들에게 "은혜로 거저 주신 것"으로서, "수고하여 번" 죄의 "삯"과 대립한다.

---

79) Dunn, 315이 말하듯이, "이는 우리가 생명의 새로움 안에서 행하게 하려 함이라"라는 이 ἵνα 절(목적절)은 "1절에서 제시했던 그릇되고 하나님을 모독하는 ἵνα에 제시하는 답변이다."
80) Moo, 383도 같은 견해다. 대다수 주석들은 이 "생명의 새로움"과 그리스도의 죽음 및 부활 사이에 명백한(?) 연관성이 있음을 밝히지 않는다.

• **로마서 7:4-6**

[4]결국 그렇다면, 형제자매들아, 너희 자신도 그리스도의 몸을 통해 **율법**에 대하여[81] 죽었으니, 이는 너희가 죽은 자들로부터 일으키심을 받은 또 다른 이에게 속하여 우리가 하나님을 향해 열매를 맺게 하려 함이라. [5]이는 우리가 육 안에 있었을 때는 **율법**을 통해 (일어난)[82] 죄의 욕망들이 우리 지체들 안에서 역사하여 죽음을 향해 열매를 맺게 하곤 했기 때문이라. [6]그러나 이제 죽어,[83] 우리가 우리를 묶어놓았던 **율법**으로부터 풀려났으니, 이는 우리가 문자의 묵음(낡음)이 아니라 **영**의 새로움으로 섬기게 하려 함이라.

바울은 이 말들을 사용하여, 그리고 17-22절에서 "이전과 이후"라는 형태로 제시했던 논지를 가져다가, 자신이 1-3절에서 사용했던 유비를 지금 이 주장에 적용한다. 적용이라고 해도 특별히 팽팽한 긴장을 낳는 내용은 아니다(말 그대로 그릇된 "인격"이 죽는다는 내용일 뿐이다).[84] 그러나 바울이

---

81) 평행 본문인 갈 2:19과 마찬가지로 여기의 τῷ νόμῳ도 기준을 나타내는 여격이다. 따라서 이 말은 "너희가 **율법**에 관한 한 죽었다"라는 뜻이다.

82) 이 말은 그리스어 본문에 없다. 이는 이 말을 보충하지 않으면 거친 전치사구에 불과한 바울의 표현을 가장 잘 이해할 목적으로 7-12절로부터 가져온 것이다[NA²⁷이 제시한 그리스어 본문은 τὰ παθήματα τῶν ἁμαρτιῶν τὰ διὰ τοῦ νόμου인데, 이를 직역하면 "율법을 통하여(통한) 죄들의 욕망들"이 된다 — 옮긴이].

83) 주로 서방 사본인 몇몇 사본들(D F G it vg^cl Ambrosiaster Or^mss)은 이 본문을 8:2을 좇아 ἀπὸ τοῦ νόμου ἀποθανόντες ("율법으로부터, 죽어")로부터 ἀπὸ τοῦ νόμου τοῦ θανάτου ("죽음의 율법으로부터")로 바꿔놓았다. 그러나 이렇게 바꾸면 바울이 1-3절에서 제시했던 은유를 이제 적용하는 인접 문맥을 놓쳐버린다.

84) 물론 이것 때문에 우리가 이 본문을 읽으면 혼란이 생긴다. 기준점들은 분명해 보인다(그러나 다른 견해를 살펴보려면, Wright, *Climax*, 196을 보라).

(1) 아내	(2) 남편	(2A) 남편이 죽다	(1B) 아내는 자유롭다
=	=	=	=
(1) "신자"	(2) 토라	(1A) "신자"가 죽다	(1B) 신자는 자유롭다

구속은 "죽음"이 있을 때 깨진다. 그런데 이미 제시한 기준점들에 따르면, "죽어야" 할 것은 **율법** 자체다. 그러나 **율법**은 이제 아무 의미가 없다. 앞서 주장한 것처럼, 신자가 그리스도와 함께 죽었기 때문이다. 바울은 이제 4절과 6절에서 바로 그 유비(=신자의 죽음)를 "적용한다." 어쨌든 바울의 의도는 확실해 보인다. 신자들은 그리스도의 죽음 안에서 그리스도와 하나가 되었다. 이를 통해 신자들은 그 남편이 죽은 아내와 마찬가지로 더 이상 **율법**에 매이지

제시하는 강조점은 아주 명쾌하다. 남편이 죽으면 아내는 혼인에 따른 구속으로부터 벗어나 재혼할 수 있게 된다. 마찬가지로 (신자들이 그리스도 안에서) 죽으면 사람들(이제는 신자들)은—죄와 육은 말할 것도 없고—토라의 구속으로부터도 벗어난다. 바울이 적용하는 내용이 분명하게 일러주듯이, 여기서 그의 관심사는 말 그대로 오로지 이것뿐이다.[85] 동시에 그의 이런 적용은 현재 그가 제시하는 주장을 끝맺는 말이기도 하다(아울러 이어질 내용을 미리 귀띔하는 말이기도 하다). 실제로 5-6절은 흡사 다음 두 단락(7:7-25과 8:1-17)의 주제가 되는 명제를 제시하는 역할을 한다.[86]

여기서 중요한 것은 바울이 **율법**을 죄 및 육과 결합시킨다는 점이다. 이 문장들은 이 관계와 관련하여 두 가지 것을 강조한다. 첫째, 바울이 이미 갈라디아서 5:13-24에서 주장했듯이, **율법**과 육은 과거에, 곧 종말의 실재들인 그리스도와 **영**이 오시기 전 시대에 속해 있다.[87] 그리스도의 죽음과 **영**이라는 선물은 토라 준수를 끝냈다. 마찬가지로 이 둘은 사람들이 이전에 따랐던 삶의 방식 전체에 치명타를 날렸다. 바울은 이런 삶의 방식을 이제 많은 의미를 함축한 신학 용어인 "육"으로 규정한다. 둘째, 바울은 토라가 우리 육 안에서 "늘 역사하곤 했던"[88] 죄의 욕망들을 이루어주는 중

않는다. **율법**은 오직 신자들이 살아 있었을 때만(=그리스도가 오시기 전에만) 신자들을 위하여 존재하던 것이었다.

85) 즉 바울이 제시하는 요점은 사람과 **율법**의 관계를 단절시키는 죽음과 관련 있지, 기준점들의 정체를 정확히 확인하는 것과 관련된 게 **아니다**. Denney, 637의 말을 빌려 표현하면 이렇다. "결론은 보기가 아니라 원리로부터 이끌어낸 것이다." 사람들이 이 본문을 용인할 수 있는 범위를 훨씬 넘어 엉망으로 만들어버린 것도 그 점을 놓쳐버렸기 때문이다. (불필요한) 논박은 일만 더 망쳐놓을 뿐이다.

86) 참고. Leenhardt, 179.

87) 참고. Sanders, *PLJP*, 72; Cranfield 1.331은 견해를 달리한다. Cranfield는 신자들이 "율법"에 대하여 죽었다는 말은 단지 "율법의 정죄"에 대하여 죽었다는 말이라고 주장한다. 그러나 이런 주장은 이 언어 중 많은 부분이 그 성격상 종말론 및 언약과 관련 있음을 간과한 것이요, 바울이 말하지도 않고 암시하지도 않은 것을 본문에서 읽어내는 것이다.

88) 그리스어로 ἐνηργεῖτο다("일하다, 만들어내다"를 뜻하는 ἐνεργέω의 3인칭 단수 미완료 중간 태 직설법 형태다—옮긴이). 이 미완료는 7:14-25에 있는 현재 시제를 둘러싼 논쟁에서는 거의 늘 시야에서 사라져버린다(뒤이어 7:14, 18을 논한 내용을 보라).

개자 역할을 했다고 선언한다. 바울이 갈라디아서에서 제시한 주장은 이와 다르지만, 그가 로마서에서 줄기차게 이야기해왔던 것은[89] 이 선언과 궤를 같이한다. 결국 바울이 반복한 모티프는 설명이 필요했을 것이다. 토라, 죄, 육과 **영** 사이의 관계도 역시 설명이 필요했을 것이다. 토라, 죄, 육은 신자의 과거에 속한 것이요, **영**은 현재 "생명의 새로움"을 이뤄내시는 능동적 중개자시다. 그리하여 바울은 7-25절에서 5절에서도 강조했던 전자의 관계를(즉 토라와 죄, 육, 죽음 사이의 관계를) 설명하고, 8:1-17에서는 6절에서 이야기했던 후자의 관계를(즉 **영**과 토라, 육 사이의 관계를) 설명할 것이다.

다른 곳에서도 그랬지만, 이 본문에서 우리가 관심을 갖는 대상은 특히 이 본문이 바울의 **영** 이해와 관련하여 우리에게 일러주는 내용이지, 이 본문의 다양한 세부 내용 전체가 우리의 관심사는 아니다.

4절 바울은 자신이 윤리에 합당한 삶에 적용한 "죽음"과 "부활"이라는 테마(6:1-11)를 다시 끄집어내어[90] 이제 그 "죽음"이 죄의 지배는 물론이요(6:1-23) 토라의 지배를 끝장냈다고 말한다.[91] 이전에도 말했지만, 죽음 뒤에는 부활이 따른다. 이는 그리스도께 속한 "우리"[92]가 하나님이 애초에

---

89) 3:20("토라를 통하여 죄를 앎"); 4:15("토라는 죽음을 만들어낸다. 그리고 토라가 없는 곳에는 범죄도 없다"); 5:13-14("토라가 없었을 때는 죄를 죄로 여기지 않았다"); 5:20("토라가 들어온 것은 범죄를 더하게 하려 함이다"); 6:14("**죄**가 너희를 다스리지 못하리니, 너희가 **토라 아래 있지 않기** 때문이다")을 보라. 이것이 갈라디아서와 다르다는 점을 살펴보려면, Sanders, *PLJP*, 70-72을 참고하라.

90) 특히 갈 2:19-20의 언어가 명확하게 메아리친다는 점도 주목해야 한다.

91) 일부 사람들은(가령 Ziesler, 174) 어떻게 바울이 이방인 신자가 대다수를 차지하는 교회에 서신을 보내면서 "너희 자신이(καὶ ὑμεῖς='너희도') 율법에 대하여 죽었다"라는 말을 쓸 수 있는지 의문을 제기했다. 그 답은 바울과 대담하는 유대인을 전제한 더 큰 맥락 속에 들어 있다. 바울은 이 유대인 대담자에게 에둘러 대답하면서 이방인들은 두 가지 의미를 함축한 의(하나님과 올바른 관계에 서 있다는 차원의 의와 행위 차원의 의 — 옮긴이)를 얻고자 토라 아래로 들어갈 필요가 없다고 말한다. 때문에 바울은 이방인들에게도 "그리스도 안에서 **너희 역시** 토라에 대하여 죽었다. 그러므로 너희는 토라의 통치 아래 들어갈 필요가 없다"라고 확신 있게 말할 수 있는 것이다.

우리에게 토라를 주실 때 가지셨던 목표("하나님을 향해 열매를 맺음")[93]를
이룰 수 있게 하려는 목적 때문이다. 바울은 여전히 6:1에서 등장했던 신
성모독조의 비판에 답변한다. 이를 통해 바울은 토라로부터 누리는 자유
가 의로부터 누리는 자유를 뜻하지는 않는다는 8:4-13의 경고를 미리 귀
띔한다. 동시에 바울은 이 언어를 통해 확연히 **영**의 삶을 향해 나아간다.
그는 갈라디아서 5:22에서 그런 열매를 만들어내시는 분이 바로 **영**이라고
말했다. 따라서 이 문장 속에 들어 있는 두 목적절은[94] 바울이 이곳까지
제시해온 주장이 다룬 두 가지 관심사에 초점을 맞춘다. 첫째, 그리스도의
죽음은 신자들과 토라의 관계에 마침표를 찍음으로써 결국 신자들이 부
활하신 그리스도와 관계를 맺게 해주었다. 이제 신자들은 그리스도께 "속
해 있다." 신자들은 그리스도로 말미암아 이 서신이 말하는 첫 번째 의미
의 의, 곧 그들이 하나님과 올바른 관계에 서게 해주는 의를 하나님으로부
터 선물로 받았다. 이 때문에 바울은 "이는 너희가 죽은 자들로부터 일으
키심을 받은 또 다른 이에게 속하여"라고 말하는 것이다. 둘째, 신자들이
하나님과 갖게 된 올바른 관계의 궁극적 목표는[95] 두 번째 의미의 의를 이
뤄내는 것이다. 다시 말해 신자가 원한다면(이런 바람은 신자의 삶 속에서 성
령이 만들어내시는 것이다), 하나님의 성품(곧 하나님 바로 그분의 의)과 일치

---

92) 이렇게 **너희**(복수)를 **우리**로 바꿈으로써 결국 바울 자신도 하나님의 은혜로운 행위의 대상에
포함시키는 수사를 더 살펴보려면, 앞에서 갈 4:4-6을 다룬 부분을 보라.

93) 이 언어는 6:21-22[τὸν καρπὸν ὑμῶν εἰς ἁγιασμόν, (너희가) 거룩함에 이르는 너희 열매
를 (가졌다)]을 아주 생생하게 되울려준다. 때문에 어떻게 그토록 많은 이들이(가령 Meyer,
Godet, SH, Barrett, Black) 여기서 바울이 구사하는 혼인 은유를 이야기하면서 이 열매가
마치 "새 혼인"에 따른 "자식"인 것처럼 말할 수 있었는지 의문이 든다[이 유비 자체가 자식
을 전혀 시사하지 않기 때문에(1-3절; 참고. Moo, 442) 특히 더 그런 의문이 든다]. 동시에 이
언어는 갈 5:22을 되울려주는 말이기도 하다. 갈 5:22에서는 이 본문이 요구하는 의를 "**영**의
열매"라 부르기 때문이다. 그러나 로마 사람들 자신은 이런 사실을 몰랐을 수도 있다.

94) 이 경우는 갈 3:14 및 4:5에 있는 목적절들(찾아보라)과 대조를 이룬다. 그 내용과 접속사의
변화가 확인해주듯이, 갈 4:5은 3:14에 의존한다. 따라서 εἰς τό는 (문법상) 부차 목적을 표현
하며, ἵνα가 궁극 목적을 표현한다.

95) 적어도 이 문장이 구사한 문법에서는 그러하다; 아울러 8:29-30을 보라. 8:29-30에서는 "아
들의 형상을 닮는 것"의 궁극 목적이 영광(하나님의 영광)이다.

하는 행위를 행하게 하는 것이다. 이 때문에 바울은 "우리가 하나님을 향해 열매를 맺게 하려 함이라"라고 말한다.

5절 이 문장 서두의 "이는"은 바울이 방금 전 4절에서 강조했던 것을 상세히 설명하려 한다는 것을 일러준다. 바울은 이제 "열매를 맺다"라는 동사를 동원하여 이 동사와 그리스도 **이전의** 삶을 강하게 대조하여 제시한다 (4절과 5절에서 "열매를 맺다"라는 말로 모두 동사 καρποφορέω를 사용했다 — 옮긴이). **율법**은 결국 의로 인도하기는커녕 죄와 죽음으로 이어지는 "열매를 맺었다." 이 문장에서 특히 중요한 것은 "육 안의 삶"이 우리가 살아가는 종말론적 현재가 아니라 우리의 과거에 속해 있다는 점이다. 이는 갈라디아서 5:24(찾아보라)을 떠올리게 한다. "우리가 육 안에 **있었을 때**"라는 말보다 우리의 과거를 더 명확하게 표현할 수 있는 말은 없다. "육 안에"라는 말은 이 땅에 있는 우리 실존을 가리키는 말이 아니라,[96] 우리가 이전에 따랐던 삶의 방식(길)을 가리키는 말이다. 이 길은 하나님과 반대였고 죄로 가득했다.[97] 이 땅에 있는 우리 실존을 의미하는 "육 안에"가 동시에 우리가 이전에 따랐던 삶의 방식을 가리키는 "육 안에"를 의미한다는 주장은 아주 복잡한 추론을 거칠 때나 가능한 주장이다.[98] 갈라디아서 5:13-24은 물론이요 이 본문과 이 본문을 더 상세히 설명해놓은 8:1-17을 보면, 분명 바울은 신자들이 "육 안에" 있지 않다는 말을 이제는 역사

---

96) 고후 10:2과 같다(찾아보라). 이 고후 10:2에서 바울은 "육 안에" 있다(=현재 이 땅에 있는 우리의 실존)라는 말과 "육을 따라" 살아가다(=역사 뒤편으로 사라져가는 이전 시대의 가치와 시각에 근거하여 살아가다)라는 말로 언어유희를 구사한다. 참고. Ziesler, 176; Moo, 442.

97) 또 8:5-8이 분명하게 이야기할 터이지만, 그런 삶의 방식은 정녕 **영**이 없는 사람들이 따르는 방식이다. 이런 사람들은 "육의 것들에 마음에 쏠려 있기 때문에" 하나님의 법에 복종하지도 않고 복종할 수노 없으므로 결국 하나님을 기쁘시게 하지 못한다.

98) 이것이 바로 Dunn, "Jesus," 43-48이 실제로 주장하는 것이다. 그는 그의 주석에서도(363) 이런 견해를 고수한다. 그가 이리하는 이유는, 8:5-8을 **영** 안에서 살아가는 삶과 육의 삶이 신자들 내면에서 벌이는 투쟁을 반영한 본문으로 (잘못) 이해하기 때문이다. 그의 이런 견해는 그 본문의 언어와 맥락에 전혀 들어맞지 않는 것 같다.

뒤편으로 사라져가는 이전 시대의 가치와 시각을 좇아 살지 않는다는 의미로 본다.[99] 물론 이것이 죄 자체가 과거사가 되었다거나 이제는 정녕 육의 욕망이 문제되지 않는다는 의미는 아니다. 도리어 이 말은 이제 신자가 "육의 삶"이라는 범주 안에서 살아가지도 않고 토라를 지키며 살아가지도 않는다는 것을 뜻한다. 5절 서두의 과거 시제[그리스어로 ὅτε ἦμεν ἐν τῇ σαρκί다("너희가 육 안에 있었을 때"). ἦμεν은 "…이 있다, …이다"를 뜻하는 εἰμί의 1인칭 복수 미완료 능동 직설법 형태다—옮긴이]는 6절 서두의 "그러나 이제"라는 말과 대조를 이루는데, 이는 방금 말한 내용이 바울의 의도임을 확실하게 일러준다.

이 문장은 어떤 의미에서는 바울이 율법에 관하여 말한 것을 요약 반복한 말이다. 그러나 이 문장은 특히 설명을 요구하는 몇 가지 것들을 특히 토라 → 육 → 죄 → 죽음이라는 순서로 제시하여 새롭게 결합해놓은 것이다. 우리가 설령 7-25절에서 정교한 설명을 듣지 못했다 할지라도, 이 문장만 있으면 이들 사이의 관계를 충분히 이해할 수 있다. **토라**는 사람의 **육** 안에 머무는 "**죄**의 욕망"을 불러일으킨다. 그리고 이 "**죄**의 욕망"은 결국 **죽음**으로 이어진다. 바울이 8:2-4에서 아주 자신 있게 천명하듯이, 그리스도의 죽음과 **영**의 임재는 인간을 공격하는 네 가지 것 전체(**율법**, 육, 죄, 죽음)를 훌륭하게 끝장내고 동시에 미래의 삶을 열어놓았다. 이 미래의 삶은 **영**의 능력으로 말미암아 살아가는 삶이요, 토라의 목표가 이루어지는 삶이다. 그러나 이 8:2-4 문장은 다만 이미 7:6에서 강조한 것을 상세히 설명하는 데 그칠 것이다. 이어질 6절은 바울이 5절에서 제시한 과거의 삶의 방식과 첨예한 대조를 이룬다.

---

99) 이 물음 전체와 바울의 시각을 살펴보려면, 앞에서 고후 5:14-17과 갈 5:16-18을 다룬 부분을 보라. 참고. Moo, 442-43. Moo 역시 여기서 말하는 "육 안에"와 NIV가 말하는 "죄로 가득한 본성"(the sinful nature)은 같은 말일 수 없다고 올바른 견해를 피력한다. 물론 육이라는 말은 인간으로부터 나온 말이다. 그러나 바울은 이 말을 인간론과 관련된 용어라기보다 종말론과 관련된 용어로 이해한다.

6절 바울은 "그러나 이제"[100]라는 말을 써서 독자들을 그들이 유대교나 우상숭배에 몸담았던 과거로부터 그리스도 안에서 살아가는 현재의 삶으로 옮겨놓는다. 그러나 바울은 지금까지 이 서신에서 제시했던 주장의 흐름을 따라 오로지 토라에 초점을 맞춘다. 그는 다음 단락에서 토라와 죄의 관계를 이야기할 것이다. 그러나 지금은 처음과 동일하게 1절에서 제시했던 유비를 여전히 문제 삼는다. 사람이 토라로부터 풀려남으로써 결국 나타난 결과(토라로부터 풀려난 이유?)는[101] 이제 그 사람이 **영**으로 말미암아 자유로이 "섬기게" 되었다는 것이다. 이처럼 바울은 이 문장을 시작하며 다시 한 번 그 유비의 강조점을 제시한다. 즉 그는 죽음(우리가 동참했던 그리스도의 죽음)이 "우리가 우리를 구속했던 **율법**으로부터 풀려났다"는 것을 뜻한다고 말한다. 바울은 이제 이 언어를 통해 1-3절에서 구사한 은유를 접고 6:12-23에서 구사한 은유를 다시 *끄집어낸다*. 그렇게 "풀려난" 결과, 우리는 더 이상 토라 아래에서 하나님을 "섬기지" 않고 **영**으로 하나님을 "섬긴다." 바울은 이 **영**으로 말미암아 토라의 목적이 우리 삶 속에서 이루어진다는 것을 8:4-13에서 설명할 것이다.

바울은 이런 점을 강조하고자 2:29에서 대조하며 언급했던 "문자"와 **영**을 다시 *끄집어내지만*, 이제는 이를 6:4의 언어로 표현한다("생명의 새로움"). 바울이 지금 강조하는 것은 두 문구 안에 있는 두 용어들이다.[102] "낡음"(묵은 것)과 "문자"는 과거에 속한다. 그리스도의 죽음은 이 관계("문자"에 대한 관계)를 끊어놓았다. 이것이 바로 부활을 통해 끝이 난 "낡음"이다. "새로움"과 "**영**"은 현재에 속한다. 하나님은 토라 준수를 **영**으로 효과 있게

---

100) 8:1의 경우처럼(찾아보라), 이 νυνὶ δέ는 적어도 (따라서 일차로) 때를 가리키는 말로서 (Cranfield 1.338도 같은 견해다) 5절과 6절이 말하는 이전과 이후를 강조한다. 이 말은 바로 그런 사실 때문에 "논리적" 의미도 가지지만, 그렇다고 5절과 6절이 논리상 선후관계에 있는 것은 아니다(Barrett, 137; Morris 275은 견해를 달리한다).

101) ὥστε (따라서, 그런 이유로)는 본디 결과절을 이끌지만, 이 말 뒤에는 "…한 이유는"이라는 개념이 자리해 있다.

102) 참고. Cranfield 1.339, 그리고 Dunn, 366 ("이중 반대 명제다.…반대 명제를 거푸 제시함으로 말미암아 강조의 의미가 훨씬 더 강해졌다").

바꿔놓으셨다. "새로움"은 "문자의 낡음"에서 유래한 죽음에 맞서는 생명과 관련 있다. 이처럼 바울은 그리스도의 오심을 기준으로 그 "이전"과 "이후"로 나누어 자신이 2:29에서 제시했던 대조를 훨씬 더 명확하게 설명한다. **이제**(그리스도의 죽음과 부활이 가져다준 현재 우리의 종말론적 실존 속에서) 우리는 하나님을 향한 "섬김"[103]을 **영**의 "새로움 안에서"[104](그리스도가 확인해주시고 **영**의 삶이라는 특징을 가진 새 언약 안에서)[105] 실천한다. 이렇게 새 것이 옛것, 곧 모세와 이스라엘이 시내 산에서 확인하고 "순종을 요구하는 성문 법규들"이라는 특징을 가졌던 것을 대체했다.[106]

고린도후서 3:3-18에서도 그랬듯이, 바울은 여기서도 **영**을 새 언약의 필수 요소이자 본질 요소로 본다. 바울은 이제 이 말(하나님 바로 그분의 **영**)[107]을 사용하여 로마서를 통해 제시하는 주장 속에 그리스도가 시작

---

103) 그리스어로 δουλεύειν이다("종살이하다, …에게 묶여 있다"를 뜻하는 δουλεύω의 현재 능동태 부정사다 ― 옮긴이). 죄를 "섬김"과 관련하여 6:6을, 그리스도를 "섬김"과 관련하여 12:11과 14:18을 참고하라. 갈 5:13에 있는 논의를 보라. 이 동사는 강한 말로서 바울이 제시하는 여러 역설 중 하나를 나타내는 말이다. 자유는 그리스도가 우리에게 가져다주신 것이다(8:2). 그러나 그런 영광스러운 자유는 동시에 "섬길" 의무를 가져다준다. 뒤에서 8:12을 다룬 내용을 더 읽어보라.

104) Cranfield 1.339은 이 두 소유격을 동격어로 본다(새로운 것, 곧 영). 그러나 이 두 말은 성격을 규정하는 말일 가능성이 더 높다(=**영**이 특징짓는 새로움). 6:4을 다룬 내용을 참고하라.

105) 2:29과 고후 3:6에서도 그랬지만, **영**과 "문자"를 대조한 것은 이 언어가 지닌 몇몇 대중적 의미들과 아무 상관이 없다. 즉 "영과 율법의 문자"를 대조한 경우나 "내면과 외면"을 대조한 경우나 "문자적인 것과 영적인 것"을 대조한 경우와 아무 상관이 없다는 말이다. 여기서 바울이 사용한 **영**과 문자라는 말은 종말론 및 언약과 관련된 언어다. "문자"는 그리스도와 **영**을 통해 막을 내린 옛 언약과 관련 있다. 고후 3:6이 분명하게 말하듯이, 새 언약은 **영**의 유효한 임재를 그 특징으로 삼는 언약이다. 참고. Bruce, 139; Käsemann, 190; Moo, 445-46. Cranfield는 더 철저한 신학적 견해를 제시하지만, 그의 견해는 바울이 6-8장에서 말하는 내용을 아주 많이 놓친 것처럼 보인다. 이런 일이 벌어진 것은 이 영과 문자라는 언어가 종말론과 언약의 요소를 가졌다는 것을 못 본 까닭도 있다.

106) Käsemann, 191은 이를 이런 의미심장한 말로 표현했다. "기독교는 그저 예수를 메시아로 믿는 유대교의 한 종파가 아니다. 기독교는 **영**이 주가 되시는 특징을 지닌 하나님의 신세계가 갑자기 시작된 것이다."

107) 바울이 이 본문과 중대한 평행관계를 이루는 고후 3:3-18에서 구사하는 용례에 비춰볼 때, 이 용어에는 모호한 구석이 있어서 여기서도 이 말이 인간의 영을 함께 가리키는 말일 수 있다고 주장하는 Dunn, 367, 373은 설득력이 없다. 적어도 여기서 바울이 하는 말은 모호하지 않다. 그가 가리키는 것은 순전히 **영**이다.

하신 새 시대의 삶이 지닌 그런 차원을 투사한다. 이 삶을 통해 모든 것이 효과 있게 이루어진다. 바울은 이것을 나머지 주장(8:1-30)은 물론이요 이 모든 내용을 로마 교회의 삶에 적용하는 12:1-15:13에서 설명할 것이다.

그러나 그에 앞서, 바울은 이곳에 이르기까지 토라에 강경한 태도를 취해왔고 토라 준수라는 문제를 마무리하려 하기 때문에,[108] 비록 수많은 사람들이 토라가 약속해주었다고 생각했던 그것(곧 하나님의 의; 물론 이 의는 하나님과 올바른 관계에 서 있다는 차원의 의와 삶 속에서 의로운 행위로 나타나는 의라는 두 가지 의미를 갖는다)을 확보해주는 데는 토라가 실패했지만, 그래도 토라 자체는 결백하다는 것을 증명해주어야 할 압박을 느낀다. 그리하여 바울이 7-25절에서 제시하는 "여담"은 오로지 토라가 선한 것임을 변호하는 데 관심을 기울인다. 물론 그렇다 해도 토라가 의를 확보하고 죄를 효과 있게 처리하는 데 실패했다는 사실은 변함이 없다.

■ **로마서 7:14, 18**[109]

[14]이는 우리가 율법이 **영**에 속한 줄 알면서도 내가 육에 속하여 죄 아래 팔렸기 때문이라.

---

108) 적어도 이 주장 자체를 놓고 보면 그러하다. 권고와 적용이 들어 있는 12:1-15:13에 가면, 이제는 쓸모없는 것이 되어버린 토라의 본질을 다시 이야기할 것이다(가령 13:8-10).

109) **참고 문헌**: P. **Althaus**, "Zur Auslegung von Röm 7:14ff," *TLZ* 77 (1952), 475-80; R. **Bultmann**, "Romans 7 and the Anthropology of Paul," in *Existence and Faith* [London: Hodder & Stoughton, 1960 (Ger. original 1932)], 173-85; **Dunn**, "Romans 7:14-25"; R. Y. K. **Fung**, "The Impotence of the Law: Toward a Fresh Understanding of Romans 7:14-15," in *Scripture, Tradition and Interpretation* (Festschrift E. F. Harrison; ed. W. W. Gasque and W. S. LaSor; Grand Rapids: Eerdmans, 1978), 34-48; **Jewett**, *Terms*, 391-401; M. J. **Karlberg**, "Israel's History Personified: Romans 7:7 13 in Relation to Paul's Teaching on the 'Old Man,'" *TrinJ* 7 (1986), 68-69; W. G. **Kümmel**, *Römer 7 und die Bekehrung des Paulus* (Leipzig: Hinrichs, 1929); J. **Lambrecht**, "Man before and without Christ: Romans 7 and Pauline Anthropology," *Louvain Studies* 5 (1974), 18-33; C. L. **Mitton**, "Romans 7 Reconsidered," *ExpT* 65 (1953/54), 78-81, 99-103, 132-35; D. J. **Moo**, "Israel and Paul in Romans 7:7-12,"

18나는 선이 내 안에, 곧 내 육 안에 거하지 않음을 아노라.

분명 이곳은 바울 서신이 πνευματικός라는 형용사를 상당히 놀랍게 사용한 곳 중 하나다. 우리는 바울이 이렇게 토라가 결백함을 증명하려고 시도하는 것을 보면서,[110] 그가 12절에서 **율법**을 거룩하다 말하고, 계명 역시 거룩하고 의롭고 선하다 말한 것을 이해할 수 있다. 결국 이 세 단어는 (거룩하다, 의롭다, 선하다 — 옮긴이) 바울과 바울이 물려받았던 전통이 하나님의 본질을 이루는 성품에 관하여 가졌던 이해를 반영한 것이다. **율법**은 거룩하시고 의로우시고 선하신 하나님으로부터 나왔다. 따라서 **율법** 역시 거룩하고 의롭고 선하다. 그러나 바울이 2:29과 7:6, 그리고 특히 고린도후서 3:3-18에서 율법과 **영**을 강하게 대조한 점을 생각하면, 우리는 그가 이렇게 **율법**을 긍정하면서 이 **율법**이 육이 아니라 **영**에 속해 있다고 말하는 것을 선뜻 수긍하기가 힘들다.

뿐만 아니라, 이 말에 이어 곧바로 이 서신에서 가장 논란이 많고 현재 우리가 관심을 가진 문제들과 관련된 몇몇 부분이 등장한다. 바울은 8절과 11절에서 죄를 사람에 빗대 이야기했는데, 이제는(14-25절) 이 죄를 **1인**

NTS 32 (1986), 122-35; J. I. **Packer**, "The 'Wretched Man' of Romans 7," SE II (1964), 621-27; E. P. **Sanders**, *PLJP*, 70-86; K. **Snodgrass**, "Spheres of Influence: A Possible Solution for the Problem of Paul and the Law," *JSNT* 32 (1988), 93-113; K. **Stendahl**, *Paul*, 92-92; D. **Wenham**, "Christian Life"; N. T. **Wright**, "The Vindication of the Law: Narrative Analysis and Romans 8:1-11," in *Climax*, 193-219. 더 많은 참고 문헌을 알아보려면, Dunn, 374-75을 보라.

110) 분명 바울은 토라가 결백함을 설명할 필요를 느꼈다. 바울 자신이 3:2에서는 토라를 아주 좋게 이야기해놓고("그들이 하나님의 바로 그 말씀을 맡았다"), 앞의 주88에서 언급한 구절들에서는 토라가 단지 죄 문제만을 증가시켜놓았다는 취지로 말함으로써, 토라를 바라보는 태도 사이에 명백한 긴장을 야기해놓았기 때문이다. 바울이 7절과 13절에서 (자신이 상상하는 유대인 대담자를 생각하여) 제시한 질문들에 비춰볼 때, 이것이 토라를 옹호하려는 시도임은 분명 옳은 것 같다. 우리는 Dunn, "Romans 7:14-25"이 이 본문과 이 본문이 바울 "신학"에서 차지하는 위치를 다룰 때 바울의 논의 속에서 율법이 차지하는 역할은 언급하지 않은 채 그저 주된 문제가 인간론인 것처럼 생각하며 모든 본문을 다룰 수 있다는 것이 의아하기만 하다.

칭 단수와 **현재 시제**를 동원하여 육에 뿌리를 내린 것으로 표현한다. 그러나 7:5과 8:3(참고. 8:9)에서는 육을 그리스도의 사역과 마지막 때의 **영**이 오심으로 말미암아 **과거 시제**가 되어버린 것으로 표현하고, 아울러 8:5-11에서는 육 안에 있는 자들과 **영**으로 행하는 신자들을 대조하여 제시한다. 따라서 바울이 과거로 보았던 육과 이제 깊은 감정을 실어 현재로 표현해놓은 육 사이에서 일부 사람들이 느끼는 긴장이 문제로 등장한다. 여기서 내 관심사는 두 가지다. 첫째, 14절이 말하는 "**영**에 속한"과 관련하여 간략히 한마디 해두고 넘어가는 것이다. 그리고 둘째, 7:7-25이 바울이 제시하는 주장 전체와 어떻게 들어맞는지 내가 인식한 내용을 대강 제시해보고 특별히 바울이 "육"과 관련하여 과거와 현재 시제를 사용한 점을 대강 살펴보는 것이다.

그러면 첫째, 14절에 있는 πνευματικός의 의미를 이야기해보자. 우리는 여기서 등장한 이 말에 깜짝 놀란다. 특히 이 말이 이 주장에서 등장한 점도 놀랍거니와, 바울 서신 전체에 비춰봐도 여기서 이 말이 등장한 점은 놀라운 일이다. 바울 서신의 다른 곳을 보면 율법과 **영**은 기본적으로 늘 서로 대립 관계다. 바울은 갈라디아서 5:18에서 "**영**의 인도를 받는" 것이 "토라 아래 있지 않음"을 뜻한다고 말한다. 이는 바울의 기본 태도를 아주 잘 요약해놓은 말이요, 앞서 로마서가 **영**을 언급한 첫 세 군데 가운데 두 곳(2:29과 7:6)이 제시하는 시각과 정확히 일치하는 말이다. **영**에 속해 있다는 것은 곧 율법과 관계가 끝났다는 뜻이다. 그런데 바울은 지금 율법이 **영**에 속해 있다고 말한다. 어떻게 이런 앞뒤가 맞지 않는 말을 할 수 있단 말인가?

그 답의 일부는 바울이 그의 모든 신학 작업을 표현해온 종말론의 기본 틀 안에 있고, 일부는 πνευματικός라는 형용사 자체의 의미 속에 들어 있다. 6절은 "**영**의 새로움"과 "문자의 낡음"을 대조하는데, 이는 주로 새 언약 아래 있는 삶과 옛 언약 아래 있는 삶을 대조한 것으로 이제는 종말론 차원에서 표현한 것이다(즉 그리스도가 당신의 죽음과 부활로 마침표를 찍으신 이전 시대의 실존과 바로 그 죽음과 부활로 그 막을 열어놓으신 새 시대의 실존을 대조한 것이다). 이전 시대의 삶을 표현하는 방법 중 하나가 "토라 아래 있다"는 것이다. 반면 새 시대의 삶을 규정하는 특징은 무엇보다 **영**이다. 따라서 6절이 대조하는 것은 선한 것과 악한 것도 아니요 좋은 것과 더 좋은 것도 아니다. 6절은 두 종류의 실존, 곧 그리스도 "이전의" 실존과 "이후의" 실존을 대조한다. 토라는 그리스도 "이전"에 속해 있다. 그래서 바울은 줄기차게 토라의 시대는 끝났다고 주장한다(이 서신에서도 이 점을 집요하게 주장한다). 유대인을 이방인과 구별하여 하나님의 백성으로 확인해주었던 표지가 끝을 맞았을 때에야 비로소 유대인과 이방인을 가리지 않고 모든 사람이 마지막 때에 하나님이 베푸시는 구원을 동일한 조건으로 누릴 수 있게 되었다.

하지만 이 말이 곧 토라가 나쁘다는 뜻은 아니다. 결국은 토라 자체가 하나님께 속한 백성으로 구별해주었던 바로 그 사람들에게 죽음을 가져다주었을지라도, 토라 자체는 나쁜 게 아니다. 오히려 토라도 하나님이 만들어주신 것이다(결국은 그것이 옛 언약이다). 바울이 토라가 거룩하며, 토라의 계명 역시 거룩하고 의로우며 선하다(12절)고 선언할 수 있는 이유도 바로 그 때문이다. 그뿐만이 아니다. 바울은 이제 더 나아가 아예 **율법**을 "**영**에 속한" 것으로 선언한다. 바울 서신에서는 늘 그렇듯이, 그리고 특별히 "**영**에 속함"을 "육에 속한" 상태와 대조하여 제시한 이 문맥에서는 πνευματικός가 말 그대로 "**영**에 딸린, **영**에 속한"을 의미할 수 있을 뿐이다. 그런데 어떻게 **율법**을 영에 속해 있다고 말할 수 있는가? 그 이유는 바울이 **율법**을 하나님이 숨[숨을 가리키는 히브리어 '루아흐'는 동시에 **영**을 가리키는 말이기도 하다(WGH, 748-750) — 옮긴이]을 불어넣으심으로써 **영**을 통해 만들어내신 성경에 속한 것으로 보기 때문이다. 이런 연유로 바울은 비록 **율법**을 받은 백성이 **영**을 함께 받지 못하여 옛 언약이 실패했다고 생각하면서도 **율법**을 결국 **영**에 속한 것으로 본다.[111] 문제는 **율법**이 본디 가지는 특질, 곧 하나님으로부터 왔고 그러기에 선하며 **영**에 속해 있는 특성에 있는 게 아니다. 우리가 이 본문에서 알게 되겠지만, 문제는 토라가 드러내고 자극하여 일으키는 고유한 죄 및 육과 관련 있다. 토라는 이 죄와 육 앞에서 철저히 무기력하다. 이는 다시 우리가 관심을 기울이는 두 번째 문제, 곧 7:7-25이 이 주장 속에서 하는 역할 그리고 "육에 속한"(14절)과 "내 육에"(18절)가 차지하는 자리라는 문제로 이어진다.

이 본문을 둘러싸고 사람들이 크게 다투는 문제들은 (1) 문맥 문제 그리고 (2) 서로 충돌하는 것으로 보이는 두 쟁점과 관련하여 우리가 결국 강조점을 두어야 할 곳은 어디인가라는 문제다. 즉 (2)번 문제의 경우, (a) "나", 현재 시제, 그리고 바울이 14-24절을 열정이 넘치는 태도로 표현하는 점을 결정적 강조점으로 봐야 하는지,[112] 아니면 (b) 바울 자신이 7절과 13절에서 제기하는 질문들 그리고 토라와 육이 모두 과거에 속해 있다고 양쪽에서(7:6과 8:2-4) 분명하게 천명한 말들을 결정적 강조점으로 봐야 하는지가 문제다. 하지만 역시 중요한 관건은 이 구절들이 전체 문맥 속에서 행하는 역할을 어떻게 인식할 것인가라는 문제다. 즉 이 구절들을 신자의 삶을 이야기하는 것으로 봐야 할지, 아니면 이 구절들을 그리스도 이전의 삶, 그리스도 밖에 있는 삶을 묘사한 것으로 봐야 할지가 문제다. 나는 14-25절이 구사하는 현재 시제를 제외하면 나머지 모든 것이(즉 6:1-7:6과 8:1-39이 말하는 내용, 이 본문들에서 다루는 문제, 그리고 이 본문들이 말하

---

111) 물론 이런 생각은 바울 자신도 여전히 속해 있다고 생각하는 유대 전승과 일치한다.

112) 가령 Dunn의 피상적인 독해 결과조차도("Romans 7:14-25") 이것이 진실임을 아주 많이 증명해준다. Dunn은 Kümmel을 반박한 이 논문에서 두 가지 주요 문제가 이 문제들을 둘러싼 문맥과 관련 있음을 밝히고 "나"와 현재 시제가 이 문맥과 어떻게 부합하는지 밝혀주었다. Dunn은 "토라의 결백을 증명하는" 문제는 그저 지나가는 말로 언급할 뿐이다. 이처럼 Dunn은 그 나름대로 논제를 제시하지만, 대다수 사람들이 중심 문제로 여기는 것을 다루는 데는 실패했다 — 즉 바울이 여기서 이런 주장을 펼치게 된 동인(動因)은 바울 자신의 체험이 아니라 토라 자체가 악한가라는 문제다(참고, Wright, *Climax*, 224n25, Wright는 이것을 바울의 심경을 바꿔놓은 기본 이슈로 보았다). Dunn이 자기 주석에서 이 단락에 붙여놓은 제목은 그의 출발점이 어디인지 확실하게 드러내 보여준다[**그러나 체험이 실증해주듯이 율법은 여전히 죄와 죽음에게 악용당한다**(고든 피의 강조)]. 이것은 바울이 제기하고 다룬 문제들로부터 훨씬 더 나아간 것 같다.

는 내용의 본질이)[113] 두 번째 견해를 지지한다고 본다.

바울은 여기서 그리스도 이전의 삶, 곧 그리스도 밖에 있는 삶을 묘사한다.[114] 하지만 이제는 자신이 그리스도 안에 있는 사람으로서 바로 그런 사람의 시각으로 그 삶을 묘사한다고 보는 견해를 확고하게 지지하는 것으로 보이는 사항이 세 가지가 있다. 첫째, 바울 자신이 제기하는 문제들과 이 문제들에 그가 제시하는 답변은 토라와 관련 있고 토라 아래 있는 삶과 관련 있지, 그가 **토라 아래 있지 않은** 삶이라고 단언하는 **그리스도 안에 있는 삶과 관련된 게 아니다.**[115] 나는 이것이 결정적 문제라고 본다.[116] 바울이 상상하는 대담자가 제기하는 질문은 다음 두 가지다. (1) 지금까지 바울이 주장한 모든 내용을 고려할 때, 특히 5절에서 "죄의 욕망들"이 **"율법을 통해"** 왔다고 주장한 것을 고려할 때, **어쨌든 율법 자체를 죄로 가**

---

113) 이 문제를 다룬 참고 문헌은 끝이 없는 것 같다. 학자들이 반드시 똑같은 식으로 말하거나 똑같은 점들을 강조하지는 않았어도 여기서 표명한 견해를 살펴보려면, 다른 학자들의 글과 주석도 있지만 그중에서도 Kümmel, Stendahl, Sanders, Wright가 쓴 글과 Käsemann, Moo가 쓴 주석들을 보라. 역시 꼭 똑같은 식으로 말하거나 똑같은 점들을 강조하지는 않아도 여기서 표명한 견해에 반대하는 견해를 살펴보려면, 무엇보다 Dunn, Packer가 쓴 글과 Cranfield, Dunn이 쓴 주석을 보라(Morris도 이 견해를 채택하지만, 지지하는 강도는 다르다). Dunn, "Romans 7:14-25," 51은 자기 견해를 "소수의 해석"으로 여긴다(학계만 놓고 보면 그의 평가가 십중팔구 옳을 것이다). 그러나 내 자신이 대중 서적과 교실과 교회에서 겪은 체험은 교회 전체의 판도와 학계의 판도는 다르다고 일러주는 것 같다(Moo, 471도 같은 견해다).

114) 참고. Sanders, *PLJP*, 76: "도저히 바울 자신의 내력을 설명한 것으로 볼 수 없는 명명백백한 주장이다."

115) 그런 시도가 빈번히 있었지만, ─ 우리가 토라 아래 있지 아니한데도 마치 바울은 여전히 토라를 문제 삼는 것처럼 여기며 ─ 바울의 관심사와 동떨어진 어떤 신학적 방법으로(통로로) 토라를 뒷문을 통해 슬그머니 끌어들이려는 시도는 아무 유익이 없을 것이다. 일부 사람들이 보기에는 토라가 여전히 신학적 의미를 지닌 것일지 몰라도, 그것이 곧 바울이 여기나 로마서의 다른 곳에서 제기하는 결정적 문제는 아니다. 이 때문에 Fung은 "율법이 그리스도인을 거룩하게 할 능력을 갖고 있지 않다는 것을 보여주는 것"이 바울의 목적이라고 주장한다("Impotence," 40). 그러나 Fung은 물론이요 다른 많은 이도 14-25절을 주해할 때 13절에서 제기하는 질문이 아예 제기되지 않은 것처럼 생각하고 주해한다는 것이 문제다.

116) 참고. Moo, 449-450: "이는 우리가 이 구절들의 중심 주제가 인간의 본성이나 인간론이 아니라 모세 율법임을 다시 강조해야 하기 때문이다. 이것이 옳기 때문에, 이 대목의 가장 중요한 가르침은, '나'의 정체를 어떻게 규정하든, 변함이 없다."

득한 것으로 **이해해야 하는가?** 이 물음에 바울이 부리나케 제시하는 답은 μὴ γένοιτο(결코 그렇지 않다)다(7절). KJV는 이 말의 분위기를 가장 잘 살려 "God forbid"("그런 말은 천벌을 받을 소리다"―옮긴이)로 표현해놓았다. 바울이 제시하는 설명은 유명하다. 바울은 우리 안에 들어와 사는 죄가 문제였다고 말하면서, 이제 이 죄를 사람에 빗대어, 이 죄가 **율법**이 와서 깨울 때까지 잠들어 있었다고 설명한다. 바울은 이리하여 본디 그 본질이 선했던 **율법**이 **율법** 아래 있는 사람들을 죽음으로 인도하는 데 관여하게 되었다고 설명한다.[117] 이 설명은 다시 두 번째 질문으로 이어진다. 두 번째 질문은 첫 번째 대답을 듣고 곧장 대응하는 형태를 띤다. (2) 그렇다면 **본디 선한 것인 이 율법도 "나를 죽인" 죄를 자극하여 깨운 이상 내 죽음에 책임이 있는가?** 바울은 이 질문에도 "그런 말을 하면 천벌을 받을 것"이라고 대답한다. 죽음을 야기한 책임은 오직 죄에 있을 뿐이다. 이것이 바로 바울이 우리에게 난제들을 안겨준 이 마지막 답변을 상세히 설명한 내용이다. 결국 이런 상세한 설명을 이해하는 실마리는 바울이 "법"(law)이라는 말로 구사하는 언어유희다. (선한) **율법**은 또 다른 법인 죄와 죽음의 법이 존재함을 증언해주었다. 이 죄와 사망의 법은 이미 내 타락 상태 안에, 곧 내 육에 자리해 있었다.[118] 그래서 선할 뿐 아니라 그 선함에 누구

---

117) 이 주장 속에 존재하는 긴장은 실상 현재의 삶과 관련된 게 아니라, 오히려 바울의 논증 형태와 관련 있다. 한편으로 보면, 이 여담은 토라 자체를 변호하고 그 결백을 증명하는 것을 분명한 **목표**로 삼는다. 바울은 분명 토라의 본질 및 특성과 관련지어 토라를 변호하고 그 결백함을 증명한다. 동시에 다른 한편으로 보면, 여기는 바울이 도저히 그냥 지나칠 수 없는 문제의 뿌리다. 토라가 죄를 불러일으키는 역할을 하기 때문이다(물론 사람을 죽음에 이르게 한 책임을 묻는다면, 오로지 죄만이 그 책임을 질 뿐이다). 이 때문에 주된 목표는 따로 있는데도 정작 그 다음 순위에 있는 문제, 곧 내 죽음에서 토라가 가진 의미가 더 큰 주목을 받는다.

118) 일부 학자들은 여기 있는 νόμος를 여전히 토라를 가리키는 말로 보면서 이에 반대한다 (Denney, 642; Dunn, 392; Snodgrass, "Spheres," 105-6; Wright, Climax, 198이 그런 예다). 이런 견해는 ἕτερος의 의미를 인정할 수 있는 범위를 초과하여 확장하는 것 같다(Moo, 491도 역시 그렇다). 사람들은 로마 신자들이 "나는 **내 지체들** 안에서 ἕτερον νόμον (또 다른 법을) 본다"(23절)라는 말을 이해할 수 있었을지, 이 또 다른 법이 바로 **율법**을 가리키는 내 마음의 법(=내가 마음으로 동의하는 하나님의 법)과 대립한다는 것을(실상은 "전쟁

나 흔쾌히 동의할 수 있는 **율법**은 더 강한 법이요 내 육 안에 들어와 살던 죄와 죽음의 법 앞에서 무기력함을 드러내고 말았다.[119] 이처럼 바울은 **율법**을 자신이 제기하고 답변하는 기본 문제들(**율법**이 죄인가? **율법**이 내 죽음의 원인인가?)과 관련지어 그 결백을 증명한다.[120] 바울은 그런 물음들에 아니라고 단호하게 대답한다. 그렇지만 율법은 우리 인생의 **더 중요한 지점**에서 실패하고 말았다. 즉 죄를 자극하여 깨워놓고도 처음부터 이 죄와 관련하여 아무것도 할 수 없었던 것이다. 그 결과, 24a절은 토라 아래 살아가면서 두 법 사이에 사로잡혀 있는 사람의 고통스러운 절규를 들려준다. 이

을 벌인다"는 것을) 이해할 수 있었을지 의문을 제기한다. 여기서 바울이 "법"으로 표현한 모든 말이 언어유희는 아니다. Wright도 모든 경우가 언어유희라는 데 반대하는데(Wright, "principle," 등등), 올바른 견해다. 그럴지라도 나는 이 난해한 부분을 이해할 수 있는 가장 좋은 길은 바울이 "법"이라는 말을 사용한 곳들에서 자주 언어유희를 구사하는 것으로 보는 것이라고 생각한다. Wright는 바울이 "그 '법'이란 말이 혼란을 일으킬 가능성이 아주 높을 때에" 언어유희를 구사하려 한다며 반대 견해를 피력하지만(199), 이 견해가 썩 도움이 되지는 않는다. 오히려 내가 보기에는 Wright 자신이 내놓은 해결책이 독자들을 훨씬 더 "혼란스럽게 만들기" 때문이다. 언어유희가 이루어지고 있다는 것은 여러 긴장들을 해소해 준다. 더욱이 여기서 바울이 언어유희를 구사한다고 일러주는 요인들이 두 가지 더 있는 것 같다. (1) 바울 자신이 22절에서 토라를 "하나님의 법"이라 규정함으로써 두 "법" 사이의 관계를 분명히 밝히려고 한다(바울은 25절에서도 "하나님의 법"이라는 말을 되풀이하는데, 이 곳이 바로 그가 두 "법"을 분명하게 구별하는 지점이다). "하나님의 법"이라는 명칭은 바울 서신의 다른 곳에서는 발견할 수 없다(8:7은 예외다. 8:7에서는 이곳에서 사용한 언어를 가져다 쓴다). (2) 바울은 8:2에서도 **영**과 관련하여 다시 똑같은 언어유희를 구사하려 한다. 바울은 죄와 **영**을 "죄의 '법'"과 "영의 '법'"이라는 말로 규정하는데, 바울 서신에서 오직 여기에만 이런 말이 나온다. 이것은 바울 자신의 상황은 물론이요 다른 상황에서도 바울이 결코 죄와 **영**을 이런 식으로 이야기하려 하지 않았다는 것을 시사하는 증거요, 여기서는 그가 νόμος라는 말로 언어유희를 구사하기 때문에 이런 이야기를 한다는 것을 시사한다. 이런 견해(바울이 "법"이라는 말을 사용한 곳들에서 자주 언어유희를 구사한다고 보는 견해—옮긴이)를 따를 경우에는 이 "법"이라는 말의 용례와 여기서 바울이 제시하는 주장도 이해할 수 있기 때문에, 이 견해가 더 훌륭해 보인다. 뒤에서 8:2을 다룬 부분을 보라.

119) 바울 서신은 그때그때 상황에 맞춰 임기응변식으로 써 보낸 특징을 갖고 있는데, 이는 바울이 이 답변과 갈 3:19-22이 제시하는 답변이 처음부터 야기하는 긴장들을 해결해야 한다는 압박을 결코 느끼지 않았으리라는 것을 뜻한다. 어쩌면 이것이야말로 우리가 유념해두어야 할 점일지도 모른다. 바울은 갈 3:19-22에서 토라가 "범죄 때문에" 존재하게 되었다고 말하는데, 이 경우에는 죄가 사람들을 그리스도가 오실 때까지 가두어두는 것을 의미했다.

120) 14-25절이 말하는 "나"의 체험이 아니라 이것이 7:7-25의 기본 쟁점이라고 보는 견해를 살펴보려면, Stendahl, *Paul*, 92-92 그리고 Wright, *Climax*, 196-200, 217-19을 보라. Wright는 이 "**율법** 옹호"를 8:1-11까지 확장하려고 한다.

두 법은 결국 사람을 죽음으로 인도한다. 두 법 중 하나는 죄의 법이다. 이 법이 죄를 저주하기 때문이다. 다른 하나는 토라다. 토라는 죄를 깨워놓고도 내가 육에 붙잡혀 죽음으로 끌려갈 때도 그저 무기력하게 지켜보고만 있기 때문이다.[121]

내가 말하고자 하는 요점은, 바울 자신이 이 본문 전체에서 제기하는 **유일한** 질문이 **토라**(토라가 선한가 악한가와 상관없이)와 관련 있다는 점, 그리고 또한 바울이 일단 긍정하는 대답을 제시한 이상, 이 선한 것(토라−옮긴이)이 어떻게 여전히 죽음과 연관되어 있는가 하는 점이라는 것이다. 따라서 그 개인적 차원은 **토라 아래 있는 삶**을 가리킨다. 토라 아래 있는 삶, 오직 이것만이 검토 대상일 뿐이다.[122] 로마서는 물론이요 다른 모든 바울 서신에서도 아주 분명히 드러나는 사실은 하나님의 새 백성이 **토라 아래 있지 않다**는 점이다. 새 백성은 그 실존의 기초를, 그리스도가 확증해주시고 생명을 주시는 **영**이 이뤄주신 새 언약에 둔다. 하나님의 새 백성은 토라에 대하여 죽었고, 토라에 갇힌 처지에서 풀려났으며, 이제는 **영**이라는 새 방법으로 하나님을 섬긴다(4-6절). 어쨌든 이 본문은 신자 내면에서 벌어지는 육과 **영**의 투쟁을 묘사하지 않는다. 오히려 이 본문은 죄와 육에 사로잡힌 채 **율법** 아래에서 살아가는 것이 어떤 모습인가를 묘사한다. 7:1-6과 8:1-4에 따르면, 신자가 보기에 죄와 육과 **율법**은 모두 과

---

121) 따라서 이 두 번째 질문에 대한 바울의 답변(14-25절)은 본질상 두 부분으로 나눠볼 수 있다. 첫째, 14-20절은 죄의 독재와 죄 앞에서 철저히 무기력한 우리의 상태를 표현한다. 둘째, 21-25절은 14-20절이 묘사하는 사람을 위하여 아무것도 해주지 못하는 토라의 무력함을 이야기한다. 이 두 가지가 결국 24a절에 있는 절망에 찬 절규를 낳는다. 으레 그렇듯이, 바울은 이 절규에 즉시 답변해야겠다는 절박함을 느낀다(25a절). 그러나 바울은 14-25절에서 제시한 주장을 아직 마무리하지 않았기 때문에 다시 그 주장으로 돌아가 25b절에서 간략하게 마무리한다. 우리 사고방식에 비춰보면, 바울의 이런 주장 전개가 깔끔하지 않을 수도 있다. 그러나 적어도 우리가 충분히 알아볼 수 있을 만큼 쉽게 설명해놓았다. Wright가 더 상세히 분석해놓은 내용을 참고하라(*Climax*, 217-19).

122) 내가 생각하는 것처럼, 이 본문을 바울 개인과 더 연계하여 바울을 그 자신과 대담하는 사람이 이제는 그리스도인의 시각으로 율법 아래 있는 삶을 살펴보도록 도와주는 그리스도인으로 보는 견해가 있는가 하면, Wright, *Climax*가 주장하는 것처럼, "나"는 이스라엘을 상징한다고 보는 견해가 있다. 어떤 견해든 검토 대상으로 삼는 것은 토라 아래 있는 삶이다.

거에 속한 것들이다.[123] 심지어 타락한 상태에서도 사람은 하나님이 요구하시는 것이 본질상 선하다는 점에 동의할 수 있다. 그러나 이것이 곧 로마서 8장이 제시하는 답이다. 즉 (첫째) 법(**율법**)은 인간을 그 타락 상태(더 강력한 "둘째" 법)로부터 구해낼 수 없었다.

둘째(이것은 첫째와 관련 있다), 바울은 이 본문에서 **영**을 전혀 언급하지 않는다(적어도 신자와 관련하여 **영**을 언급하지는 않는다).[124] 이 장면에 **영**이 없다는 것은 바울이 지금 새 언약 아래 있는 삶을 묘사하지 않는다는 것을 확증해준다. 여기서 묘사하는 **유일한** 싸움은 두 "법" 사이의 싸움이다. 이 싸움은 바울이 보기에 그리스도 이전에 속한 삶에 속해 있지, 그리스도 이후에 속해 있지 않다. 그리스도 "이후에" **셋째** "법", 곧 생명을 주시는 **영**의 법이 왔기 때문이다(8:2).

셋째, 이것이 이 본문을 옳게 바라본 견해임은 결국 이 본문 앞과 뒤에 있는 주장이 확증해준다.[125] 8:1-4은 7:5-6에서 주장한 내용을 다시 끄집어내어 자세히 설명하려고 적어놓은 구절이지만, 물론 지금은 중간에 끼

---

123) 특히 7:5을 주목하라: "우리가 육 안에 **있었을 때는** 율법을 통해 일어난 죄의 욕망들이 우리 지체들 안에서 **역사하곤 했다**(앞의 주89를 보라)." 오직 신학적 선험(a priori) 혹은 실존적 선험만이 이처럼 명확한 것을 피해갈 수 있다.

124) **영**과 육을 대조하여 유일하게 언급한 곳이 앞에서 말했던 14절이다. 그러나 그 구절도 그리스도인의 실존을 묘사하지 않는다. 오히려 바울은 철저한 역설을 구사하여 **영**을 율법과 같은 편에 놓아둔다. 사실 **율법**은 그리스도가 오시기 전의 것이요, **율법** 아래 있는 사람들은 여전히 육을 따라 사는 사람들인데도 그리한 것이다. 참고. 8:7-8. 여기서는 육 안에서 살아가는 사람들을 **영**을 가지지 못하여 결국 하나님의 법에 복종할 수 없는 사람들로 묘사한다. 각각의 경우에 바울은 **영**을 신자 안에 있는 존재로 묘사하지 않는다. "바울 안에 있어 육과 싸움을 벌이는 **영**"으로 묘사하지 않는다는 말이다(그러나 Dunn, "Romans 7:14-25," 55은 바울이 그렇게 묘사한다고 본다). 도리어 바울은 **영**을 "밖"에 있는 존재이자 육 안에 있는 사람의 반대편에 있는 존재로 본다(특히 7:14이 그렇다). 결국 이 본문에서는 **영**이 신자를 "돕지" 않는다. 따라서 Dunn이 그의 주석에서 제시한 견해(387), 곧 바울이 하나는 **율법** 안에 있고 다른 하나는 그 자신 안에 있는 "두 가지 이중성"이 있음을 강조하며 그의 주장을 시작한다고 보면서 결국은 이 두 가지 이중성이 서로 보완한다고 보는 견해도 가능성이 희박한 주장이다. Moo, 480이 더 제시한 비판을 보라.

125) Moo, 475은 이곳을 바울의 "자서전"으로 보는 견해를 취하면서, 바울이 (1) "죄 아래 팔림"(7:14)과 "죄로부터 해방됨"(6:18, 22), 그리고 (2) "죄의 능력에 사로잡힘"(7:23)과 "죄와 죽음의 법으로부터 해방됨"(8:2)을 예리하게 대조함으로써 야기된 긴장에 특히 초점을 맞춘다.

어든 내용처럼 기록해놓았다. 따라서 7:7-25은, 우리가 이미 묘사한 그대로, 일종의 여담 같은 기능을 하는 것 같다(그러나 바울이 제시하는 전체 주장에는 긴요한 본문이다). 뿐만 아니라, 바울이 결국 육과 **영**을 대조하여 제시한 8:5-8 역시 그리스도인의 가슴속에서 벌어지는 어떤 내면의 투쟁을 암시하지 않는다. 오히려 바울은 여기서 단지 서로 절대 공존할 수 없는 두 종류의 실존을, 다시 말해 "육을 따라 살아감으로써 하나님의 법에 순종할 수 없는 사람들"과 "영을 따라 살아감으로써 율법을 이루는 우리"를 묘사할 뿐이다(둘 사이의 다툼은 묘사하지 않는다).[126] 거듭 말하지만, 바울이 여기서 구사하는 언어와 제시하는 주장은 그가 가진 종말론의 기본 틀에 속한다. 바울은 신자들이 시험을 받는다는 것 혹은 신자들이 죄에 붙잡힐 수 있다는 것을 긍정하지도 부정하지도 않는다. 그 점은 바울이 여기서 다루는 문제가 아니다. 오히려 바울이 서술하는 것은 그리스도 이전의 삶과 이후의 삶이다. 그리스도 이전의 삶을 규정하는 특징은 육이다. 반면 그리스도 이후의 삶을 규정하는 특징은 **영**이다. 바울은 7:7-25에서 구사하는 언어나 내용을 8:1-4 본문에서 단 한 번만 넌지시 이야기한다. 그리고 8:7에 가서 육 안에 사는 사람은 하나님의 토라에 복종할 수 없다는 것을 재차 이야기한다. 하지만 "그러나 너희로 말하면"이라는 9절의 대조 문구가 확인해주듯이, 육 안에서 살아가는 사람들은 **그리스도 밖에 있는 사람들**이다.

마지막으로 8:12-13은 대뜸 8:5-8이 바울 자신이 육과 벌이는 투쟁을 묘사한 게 아니라고 확인해준다. 바울은 8:12-13에서 **영**으로 살아가야 할 의무를 가진 자 중에 자신도 포함시킨다(12절). 그러나 13절에서 경고와 확약을 제시할 때는 "우리"를 "너희"로 바꾼다. 만일 이 본문이 그리스도인으로서 바울 자신의 삶을 묘사한 글이라면, 또 자신의 내면에서 벌어지는 투쟁과 끝없이 이어지는 패배를 이야기한 본문이라면, 그를 포함시키

---

126) 참고. Sanders, *PLJP*, 74. 뒤에서 8:5-8을 다룬 부분을 보라.

는 편이(즉 "너희"보다 "우리"로 쓰는 쪽이 - 옮긴이) 아주 적절했을 법한 여기 13절에서 이렇게 갑자기 그 자신을 제외해버린 이유를 설명하기가 어렵다.

결국 우리가 갈라디아서 5:17을 논할 때 말했듯이, 이런 문제(즉 육과 **영**의 다툼을 개인의 내면에서 벌어지는 투쟁으로 보는 문제 - 옮긴이)는 주로 "서구인들이 생각하는 자기 내면 돌아보기식 양심"이라는 운동장에서 다툼의 대상이 되어왔다. 서구인들의 그런 양심은 그런 다툼을 통해 분명 신자들이 실제로 부닥치는 문제, 곧 신자들을 끈질기게 따라다니는 죄라는 문제를 다루었다. 그러나 실상 바울은 여기나 갈라디아서 5:17에서 그런 문제를 이야기하지 않는다.[127]

로마서 8 : 1-30[128]

바울은 이 단락에서 그가 7:5-6에서 이미 확증한 명제, 곧 **영**은 하나님이

---

127) 나는 일부러 내 반대편에 있는 사람들이 논의의 출발점으로 삼으며 그들의 주된 강조점으로 삼는 문제, 곧 "나"와 현재 시제 동사들이라는 문제를 건너뛰었다. 앞서 말했듯이, 이것들은 바울이 현재 그리스도 안에서 살아가는 삶을 묘사한다고 보는 견해를 뒷받침해줄 수 있는 두 가지 특징이다. 그러나 문맥과 바울이 실제 이야기하는 내용은 그런 견해와 아주 뚜렷이 어긋나는 것 같다. 때문에 "나"라는 1인칭과 현재 시제로부터 논의를 시작하려는 사람은 그것들을 설명하려고 애쓸 수밖에 없다. 다른 많은 이와 함께 나도 그 1인칭을 대표하는 말로 받아들이지만, 과연 무엇을 대표하는 말일까? 여기서 학계는 나뉘어 있다. 바울이 **율법**을 묘사한 말은 그가 그리스도를 만나고 **영**의 삶을 시작한 뒤에야 비로소 나올 수 있을 법한 말이다. 때문에 나는 그 말을 바울이 자신이 상정한 유대계 그리스도인 대담자를 자신의 주장으로 끌어들이는 고단수 방법으로 받아들인다. 이것은 한 그리스도인이 **영** 안에서 살아가는 삶의 시각에서 토라 아래 있는 삶을 되돌아보며 후자의 삶을 다른 그리스도인에게 이야기하는 것이다. 요컨대 불신자나 유대교 신자라면 바울이 지금 여기서 말하는 것처럼 그들 자신을 표현하지 못했을 것이요, 그런 문제에 눈곱만큼도 신경 쓰지 않았을 것이다. 이것은 바울이 분명 여전히 아주 예민하게 느끼는 문제를 확실히 그리스도인의 시각에서 이야기한 본문이다.

128) **참고 문헌**: E. **Fuchs**, "Der Anteil des Geistes am Glauben des Paulus: Ein Beitrag zum Verstuändnis von Röm 8," *ZTK* 72 (1975), 293-302; M. L. **Loane**, *The Hope of Glory:*

토라의 대안이자 육의 해독제로 주신 분임을 상세히 설명한다. 토라와 육은 모두 "그리스도 이전의" 것들에 속해 있기 때문이다. 따라서 **영**은 우리가 그리스도와 함께 영원한 영광을 물려받을 상속인인 자녀들로서 하나님과 갖게 된 새로운 관계를 해명해주는 열쇠다. 뿐만 아니라, **영**은 우리가 마지막 날에 얻게 될 영광을 기다리며 현재의 고난을 견뎌내는 데 없어서는 안 될 분이기도 하다. 그러나 우리는 이렇게 방대한 **영** 관련 내용을 좀 상세히 살펴보기 전에 이 모든 내용이 전체 주장과 어떻게 들어맞는지 미리 이해하고 넘어갈 필요가 있다.

우리는 이런 내용을 무턱대고 자신의 경우와 동일시하는 경향이 있기 때문에, 지극히 중요한 세 가지 관심사를 지닌 더 큰 문맥을 시야에서 쉽게 놓쳐버린다. 그 세 관심사는 이렇다. (1) 유대인과 이방인은 모두 똑같이 죄로 말미암아 죽을 수밖에 없었으나 그리스도로 말미암아 구원을 받아 하나님의 한 백성을 이룬다. 이는 곧 (2) 토라에는 아무 유익이 없을뿐더러, 그리스도가 오심으로 토라의 시대가 끝났다는 것을 의미한다. 그러나 (3) 그것이 의(義)도 끝났다는 뜻은 아니다. 오히려 반대로 **그리스도와 영은 율법이 자신보다 더 강한 죄 때문에 해내지 못했던 일을 이제 해내셨다.** 이 세 관심사 전체, 그중에서도 특히 첫째와 셋째 관심사가 여전히 이 주장을 지배한다. 우리는 이 단락이 셋째 관심사를 다룬다는 것을 더 쉽게 간파할 수 있다. 하지만 이 서신이 처음부터 끝까지 제시하는 모든 주장으로부터 유래한 첫째 관심사를 여기 이 단락이 말하는 많은 내용 속에서 인식해내지 않으면, 우리는 아주 많은 것을 놓쳐버리고 만다. 따라서 우리가 지금 다루는 내용은 이 서신 전체라는 맥락 속에서 일관되게 읽어나가야 한다. 바울이 9절에서 강조하며 선언한 말은 유대인과 이방인이 모두 육 안이 아니라 **영** 안에 있음을 뜻한다. 즉 그들이 모두 **영**의 인도를

An Exposition of Eighth Chapter in the Epistle to the Romans (London: Hodder & Stoughton, 1968); A. S. **Wood**, *Life by the Spirit* (Grand Rapids: Zondervan, 1963).

받음으로써 하나님의 자녀요 하나님의 영원한 상속인이 되었다는 뜻이다 (14-17절). 그들은 모두 하나님이 당신 목적을 이루실 요량으로 부르신 자들이요, 하나님이 미리 아신 자들이며 그리스도의 성품을 닮아갈 자로 미리 정해놓으신 자들이다. 또 그들은 모두 의롭다 하심을 받은 자들이요 (마지막 날에는 결국) 영광을 받을 자들이다. **영**은 이런 이들을 위하여 모든 일을 행하사 선을 이루신다(28-30절). 물론 현재에는 고난이 있다. 그렇다 할지라도 **영**에게 속한 이들을(유대인과 이방인을 아울러 모든 이들을) 어느 누구도 비방하지 못하며, 피조 세계에 속한 그 어떤 것도 이들을(유대인과 이방인을) 하나님의 사랑(성령이 그들 모든 이의 마음에 부어주신 사랑)으로부터 떼어놓지 못한다(31-39절).

따라서 이 단락은 1:18에서 시작한 주장이 갖는 구원론의 차원이 정점에 이른 대목이며, 어느 누구도 성령이 이 대목에서 행하는 긴요한 역할을 놓칠 수가 없다. 바울이 꼭 이런 식으로 말하지는 않지만, **영**은 이곳에 이르기까지 바울이 주장해온 모든 내용의 요체로서 체험할 수 있고 생명을 주시는 실재시다. **영**의 오심은 **율법**의 시대가 끝났음을 뜻한다(우리는 단지 낡은 "문자"가 아니라 새 **영**으로 하나님을 섬긴다). **영**은 유대인과 이방인을 모두 하나님의 자녀로 만들어줌으로써 이들을 마지막 날에 하나님의 영광을 받을 공동 상속인으로 만들어주신다. 동시에 **영**은 **율법**이 죄와 육으로 말미암아 약해지는 바람에 이룰 수 없었던 의를 이뤄내신다. 결국 **영**은 하나님이 마지막 때에 주신 보증금이요 미래를 보장해주시는 첫 열매다. **영**은 우리가 현재 가진 이 죽을 몸이 결국 부활하여 영화롭게 되리라는 것을 보장해주신다.

특히 주목할 점은 이 내용이 5:1-11, 6:1-7:6, 7:7-25의 언어와 관심사들을 아주 많이 나타내 보인다는 점이다(이제는 역순으로 나타내 보인다).[129] 그리하여 1-8절은 7:7-25에서 제시한 내용들, 곧 하나님이 그리스도와

---

129) 참고. Moo, 501 ["고리 모양 구조"(ring composition)].

  성령: 하나님의 능력 주시는 임재

영을 통하여 **율법**이 할 수 없었던 일을(즉 죄 하나하나가 아니라 죄 자체를 처리하는 일을) 행하셨다는 것을 이야기한다. 또 본질상 1-8절에 속하는 9-13절은 "생명의 **영**"이 하나님이 죄는 물론이요 "죽음의 법"에 주신 답변이라고 이야기한다. 여기서는 6:1-23이 다루었던 관심사들이 등장한다. 그 결과 이 단락에는 6:1-23에서 제시했던 주장이 언어라는 매개체를 타고 가득 메아리치지만, 이제는 **영** 안에서 살아가는 삶과 관련하여 이야기한다. 마지막으로 14-17절은 **영**으로 말미암아 이전에 죄와 율법의 종이었던 처지(참고. 6:6; 6:16-7:4)가 하나님 가족의 양자가 되어 하나님의 영광을 완전히 물려받을 상속인인 자녀로 바뀌었다고 이야기한다.

하지만 방금 한 마지막 말, 곧 완전한 상속인인 자녀로 입양되었다는 말을 수식해주는 것이 지금 이 시대의 현실(즉 "우리가 그리스도와 함께 고난을 당한다"는 현실)이다. 그리하여 바울은 18-30절과 31-39절에서 5:3-5에서 처음 제시했던 두 가지 주제, 곧 우리 안에 들어와 사시는 **영**이 심지어 우리가 현재 당하는 고난 속에서도 우리의 소망을 보장하는 보증인이 되신다는 것과 **영**이 이렇게 보증인이 되심은 그분이 우리 마음에 하나님의 사랑을 넣어주시기 때문이라는 것을 다시 이야기한다. **영**은 우리가 바로 하나님 백성으로서 존재할 수 있게 보장하신다. 하나님 백성은 다른 이들에게 책망받지도 않으며, 그 어떤 것도 이들을 하나님의 사랑에서 떼어 놓을 수 없다.

바울이 5:1-8:39에서 제시하는 주장을 보면, **영**은 오로지 서두 부분인 5:5에서만 언급하며(영을 우리가 가진 소망과 하나님의 사랑을 보장할 목적으로 하나님이 주신 분이라 말한다) 말미에서는 특별히 언급하지 않는다(8:31-39, 여기서는 우리와 그리스도 안에서 나타난 하나님의 사랑이 분리되는 일을 생각할 수 없는 일이라고 말한다). 그러나 **영**은 이 모든 것을 체험을 통해 깨닫게 해주시는 열쇠나. 하나님은 사랑 안에서 **율법**과 상관없이 당신 이름을 위할 백성을 창조해내신다. 이 백성은 유대인과 이방인으로 이루어져 있다. 이런 백성을 창조하는 일이 가능해지고 이루어질 수 있게 된 것은 그리스도의 죽음과 부활 덕분이다. 이 모든 일은 하나님이 주신 **영**으로 말미암아 교회 (그리고 물론 신자) 안에서 현실로 이루어진다.

물론 5:1-8:39에서는 **영**이 주된 내용은 아니다. 그렇다고 **영**이 가장 작은 문제도 아니다. 이 장들에서는 바울이 가진 삼위일체 전제들이 모든 곳에서 모습을 드러낸다. 하나님은 첫 번째 동자(動者, mover)이시며 만물 안에서 역사하시는 머리시다. 하나님은 당신 아들의 죽음과 부활을 통해 이 구원을 이뤄내셨고 당신 이름을 위할 새 백성을 지으셨다(8:3). 하나님은 당신 아들의 **영**이기도 한 당신의 거룩한 **영**을 선물로 주심으로써 이 모든 일을 실현하셨다.

바울이 지금 제시하는 주장은 쉽게 식별할 수 있는 세 부분, 곧 1-17절, 18-30절, 31-39절로 이루어져 있다. **영**을 이야기하는 내용 중 대부분은 1-17절 부분에 집중되어 있다. 특히 1-17절 부분은 더 작은 부분들로 나눠지기도 하는데, 하나같이 상당히 제멋대로 나눠지는 경향이 있다.[130] 1-17절은 계속 이어지는 대목이다. 이 대목을 보면, 주장과 호소가 뒤섞여 있으며, 다양한 "부분들"이 서로 다른 부분에 없어서는 안 될 역할을 한다. 그러나 나는 여기 1-17절에서 나타나는 생각의 흐름을 추적하고 편리를 도모하고자 이 부분을 더 작은 단위로 나누어 내용을 살펴보는 방향을 택했다. 따라서 이 더 작은 부분들이 서로 어떤 관계에 있는지 한마디 해둘 필요가 있겠다.

(a) 1-2절은 두 가지 기능을 한다. 우선 이 두 절은 7:7-25, 그리고 특히 25절의 두 부분에 직접 답변한 것이다. 그런가 하면 2절은 이어지는 내용을 이끌어 들이는 일종의 "도입부" 역할을 한다. 여기서 바울은 "셋째 법"인 **영**의 법을 소개한다. 이 법은 하나님의 백성을 둘째 법인 죄와 죽음

---

130) 가령 1-17절에서 첫 큰 문단을 12절에서 끊어야 하는가 아니면 14절에서 끊어야 하는가를 놓고 일부 논쟁이 있다. 그러나 이 두 경우(12-13절과 14-17절)는 1-17절 주장 안에서 조금은 새로운 방향으로 주장을 전개하긴 하지만, 그래도 본질상 그 앞에 있는 부분에 없어서는 안 될 것들이다.

의 법으로부터 해방시켜준다. 죄와 죽음으로부터 누리는 자유는 각각 3-8절과 9-11절에서 다룰 것이다.

(b) 3-4절은 그리스도와 **영**이 바로 하나님이 "첫째 법"인 토라에 대응하여 제시하신 새 길임을 주장함으로써 2절에 직접 답변한 구절들이다. 바울이 이미 7:14-25에서 주장했듯이, 토라는 "둘째 법"인 죄와 죽음 앞에서 철저히 무기력하다. 그러나 하나님은 당신의 아들을 보내심으로 육 안에 존재하는 죄를 심판하셨다. 뿐만 아니라, 하나님은 "셋째 법"인 **영**을 선물로 주심으로써 토라의 또 다른 실패를 효과 있게 처리하셨다(즉 참된 의를 만들어내셨다). 여기 본문에서는 이 참된 의를 "**영**을 따라 행함"으로써 "육을 따르는 삶"에 맞서는 것으로 묘사한다.

(c) 이어 5-8절은 각각 "육"과 "**영**"이라는 말로 특징지은 두 종류의 실존을 상세히 설명한다. 바울은 5-6절에서 완벽한 균형을 이룬 두 묶음의 절들을 AB, AB 패턴으로 제시하여 육과 **영**을 대조한다. 7-8절은 A 문장들을 상세히 설명하고 "육의 생각이 죽음인" 이유를 설명한다[육의 사람들은 하나님을 대적하여 하나님의 토라에 복종하지도 않고 복종할 수도 없기에(참고. 7:14-25), 하나님을 도무지 기쁘시게 해드릴 수 없다]. 토라는 이 문장에서 얼굴을 비춘 다음, 9:31에 이르기까지 바울이 제시하는 주장에서 그 모습을 감춘다.

(d) 9-11절은 이 단락에서 상당히 복잡한 문단이다. 이 문단은 적어도 세 가지 기능을 한다. 첫째, 가장 확연히 드러나는 기능인데, 이 구절들은 로마의 신자들을 7-8절이 육 안에서 살아가는 사람들로 제시했던 사람들 반대편에 있는 이들로 규정한다(5-6절의 B 문장들). 둘째, 아울러 이 구절들은 2절이 말했던 두 번째 내용, 곧 그리스도와 **영**이 하나님의 백성을 "둘째 법" 가운데 두 번째 측면인 "죽음의 법"으로부터 해방시켜주셨다고 이야기한다. 셋째, 바울은 이런 말을 하면서 그리스도 안에 있는 구원이 종말의 날에 가져올 마지막 결과에 초점을 맞춘다. 이 결과가 17절부터 끝까지 이어질 주장을 지배하는 주제가 될 것이다.

(e) 12-13절은 이곳까지 주장했던 내용을 로마 신자들에게 직접 적용한다. 로마 신자들은 더 이상 "육을 따라" 사는 사람들로 살아가서는 안 된다. 그 이유는 그리스도와 **영**이 하신 일 때문이다. 그들은 이제 육이 아니라 **영**에 "의무"를 지닌다. **영**은 그들에게 "몸의 행실"을 "죽이라"고 독촉하신다. 이 적용 부분은 이 주장에서 명령문에 가장 가까운 부분이다. 아울러 우리는 이제 이 주장에서 "육"이라는 말이 떨어져나간 점에 주목해야 한다. 육은 나중에 한 번만 더 그 모습을 드러낸다(13:14).

(f) 14-17절은 **영**의 삶을 "종의 신분"과 대립하는 "아들의 지위"라는 말로 묘사함으로써 12-13절이 제시한 호소를 상세히 설명한다. 이 말들은 갈라디아서 4:4-6이 구사한 언어와 은유를 되울려준다. 로마의 신자들은 **영**을 통해 "자녀들로 입양"되었다. 이를 증명하는 증거가 **영**에 감동받아 외치는 **압바**라는 말이다. **압바**라는 외침은 이 신자들이 그리스도 바로 그분과 함께 하나님의 영광을 유업으로 물려받을 자들임을 의미한다(물론 그 영광을 유업으로 받으려면 그 전제로서 지금 그리스도의 고난에 동참해야 한다).

17절에 있는 이 마지막 말은 바울이 여기서 제시하는 주장의 두 번째 부분인 18-30절로 이어진다. 이 두 번째 부분에서는 **영**이 현재 고난을 당하는 삶 속에서 하시는 역할로 급격히 주장의 요지가 바뀐다. 동시에 여기서는 **영**이 미래를 보장하는 보증인 역할을 하신다는 점도 이야기하는데, 이는 5:3-5을 떠올리게 한다. 이 18-30절은 세 부분으로 확연히 구분되는데, **영**은 특히 첫 두 부분에서 핵심 역할을 한다.

(a) 18-25절은 17절에서 이야기했던 현재의 고난이라는 주제를 가져다가 그 고난을 피조물이 부닥칠 수 있는 가장 광대한 맥락 속에 집어넣는다. 모든 피조물이 학수고대하는 것은 우리가 받을 마지막 구원이다. 이 구원을 상징하는 것이 바로 "우리 몸이 받는 구속(救贖)"이다. 우리는 신음하는 피조물과 더불어 신음한다. 우리가 그런 구속의 첫 열매이신 **영** 바로 그분을 받았기 때문이다. 그러나 우리는 이렇게 신음하는 가운데에서도

소망을 품고 살아간다. 그 이유는 **영**이 "첫 열매"로서 하나님이 마지막 때 있을 수확을 직접 보장해주신 보증이시기 때문이다.

(b) 26-27절은 (우리의 확실한 미래를 다룬 뒤에) 우리가 현재 신음한다는 주제로 되돌아가 그 와중에 **영**이 하시는 역할을 다룬다. 여기서 우리의 "신음"은 **영**이 우리를 대신하여 친히 중보하시는 형태로 나타난다.

(c) 이어 28-30절은 이렇게 현재와 미래를 성찰한 내용을 끝맺으면서, 모든 것을 하나님이 위에서 내려다보시며 설계하신 맥락 속에 배치한다. **영**은 우리 안에서 역사하사 선을 이뤄내신다. 이는 하나님의 부르심(이 부르심이 그리스도와 **영**을 통하여 우리에게 생명을 가져다주셨다)이 영원 전(eternity past)과 영원한 미래에 속한 하나님의 목적을 반영하기 때문이다. 영원 전에 속한 하나님의 목적은 우리가 "당신 아들의 형상을 닮은" 자들이 되게 하시는 것이요, 영원한 미래에 속한 하나님의 목적은 의롭다 하심을 받은 자들이 영광도 얻게 하시는 것이다. 의롭다 하심을 받은 자들이 영광도 얻으리라는 내용은 바울을 이런 내용이 시작되었던 17절로 다시 데려간다. 아울러 이 본문은 바울이 지금 제시하는 주장을 끝맺는다. 동시에 이 본문은 비록 바울이 18-25절에서 말했던 고난과 영광을 여기서 곱씹어보았지만 그래도 그의 관심사는 시종일관 **영**이 이뤄내시는 "의"라는 것을 우리에게 되새겨준다. **영**은 아들(예수 그리스도)의 **영**으로서 하나님을 위할 자녀들을 다시 만들어내신다. 이 자녀들은 **영**으로 말미암아 하나님의 맏아들이신 예수 그리스도의 모양을 닮게 된다. 이 때문에 이 자녀들도 맏아들이신 예수와 "공동 상속인"이 된다.

■ **로마서 8:1-2**[131]

[1]이제[132] 그러므로 그리스도 예수 안에 있는 자들에게는 정죄가 없다.[133] **2**이는

---

131) **참고 문헌**: C. E. B. **Cranfield**, "The Freedom of the Christian according to Rom 8:2,"

생명의 **영**의 "법"이 그리스도 예수 안에서 너를[134] 죄와 죽음의 "법"으로부터 해방하였기 때문이라.

바울은 이 본문에 앞서 육 안에서 살아가고 죄에 지배당하는 사람이 하

---

in *New Testament Christianity for Africa and the World* (Festschrift H. Sawyerr; ed. M. E. Glaswell and E. W. Fasholé-Luke; London: SPCK, 1974), 91-98; F. S. **Jones**, *"Freiheit" in den Briefen des Apostels Paulus* (Göttingen: Vandenhoeck & Ruprecht, 1987), 122-29; L. E. **Keck**, "The Law of 'The Law of Sin and Death'(Romans 8:1-4): Reflections on the Spirit and Ethics in Paul," in *The Divine Helmsman: Studies on God's Control of Human Events, presented to Lev. H. Silberman* (ed. J. L. Crenshaw and S. Sandmel; New York: KTAV, 1980), 41-57; E. **Lohse**, "ὁ νόμος τοῦ πνεύματος τῆς ζωῆς: Exegetische Anmerkungen zu Röm 8:2," in *Die Vielfalt des Neuen Testaments* (Göttingen: Vandenhoeck & Ruprecht, 1982), 128-36; S. **Lyonnet**, "Christian Freedom and the Law of the Spirit According to St Paul," in *The Christian Lives by the Spirit* (ed. I. de la Potterie and S. Lyonnet; trans. J. Morris; Staten Island: Alba House, 1971), 145-74; H. **Räisänen**, "Das 'Gesetz des Glauben'(Röm 3:27) und das 'Gesetz des Geistes' (Röm 8:2)," *NTS* 26 (1979/80), 101-17; K. **Stalder**, *Werk*, 387-487; N. T. **Wright**, *Climax*, 193-216.

132) D의 첫 번째 형태는(아울러 sy^p도) 이 특히 중요한 νῦν을 (으레) 생략해버렸다.

133) 후대의 필사 전통은 이해할 수 있는 이유들 때문에 4절의 첫 말인 "육을 따라 행하지 않는" (A D¹ Ψ 81 365 629 pc vg)에 말을 덧붙여 결국 "육을 따라 행하지 않고 **영**을 따라 행하는" 이라는 완전한 문구로 만들었다(MajT a sy^h). 이것은(=**영**을 따라 행하는) 부차적 의미를 지닌 추가어다. 이 말이 본디 원문에 있었다면, 이 말을 실수로 혹은 일부러 생략했을 법한 상황을 상상할 수 없기 때문이다.

134) 두 번째 단수형인 σε는 그리스어 본문과 다른 언어로 된 역본을 포함하여 대다수—그리고 분명 가장 훌륭한—초기 사본들에서 발견할 수 있다(ℵ B F G 1506* 1739* a b sy^p Tertullian Ambrosiaster); 1인칭 단수형인 με는 나머지 대부분에서 발견할 수 있다[A D MajT lat sy^h sa Clement (Ψ bo Epiphanius는 ἡμᾶς로 되어 있다)]. UBS⁴는 {B}를 따라 σε로 기록해놓았으나, 그보다 앞서 나온 UBS 판은 {D}를 따랐다(위원회가 {D}를 따른 근본 이유는 Metzger, *Textual Commentary*, 516을 보라). 어쨌든 학자들이 원문으로 선호하는 것은 2인칭 단수형인 σε다. 이 경우에 무심코 저지른 실수일 가능성[그 앞에 있는 동사 ἠλευθέρωσέν ("해방시켰다")의 -σεν을 되풀이하여 적었을 가능성]은 공상일 뿐이다[아주 이른 단계에서는 두 사본 전승(서방 전승과 동방 전승—옮긴이)을 가로질러 부주의가 있었다는 주장이 있으나, 초기 이집트 계열 사본들은 대체로 이런 종류의 부주의로부터 대단히 자유롭다]. 반면 σε는 모든 면에서 더 어려운 독법이다. 7:7-25이 제시하는 논지에 비춰볼 때, 필사자가 σε를 με에 일치시켰다고 상상할 수는 있지만, 거꾸로 με를 σε에 일치시켰다고 보는 것은 어떤 경우에도, 심지어 우연히 일어난 일로 보더라도, 설명이 불가능하다. Cranfield, 1.376-77도 같은 견해다. σε를 지지하는 이유로서 제시한 것을 살펴보려면, 뒤의 주158을 보라.

나님의 선하고 거룩한 법과 맞닥뜨렸을 때 느끼는 강렬한 무력감을 긴 호소문으로 묘사했다. 그 호소문에서 바울의 "나"는 이렇게 처절히 부르짖는다. "오 나는 곤고한 사람이로다. 누가 나를 이 '죽음의 몸'에서 건져낼 수 있으랴?"(7:24) 어쨌든 바울은 그의 "곤고한 사람"을 그냥 거기에 내버려둘 수 없었다. 그리하여 그는 그 절규의 말미에서 곧장 하나님이 주신 해결책을 제시해야 할 압박을 느낀다. "하나님께 감사하리로다. 우리 주 예수 그리스도를 통하여 (구원이 왔도다)"(7:25). 하지만 바울은 지극히 사사로운 이야기이면서도 여전히 주장 형태를 유지하는 7:14-23의 **주장**을 다 "마무리"하지 않았다. 때문에 바울은 하나님의 대응을 이야기한 25a절을 우리가 현재 보는 본문의 말로 즉시 뒤쫓아가기 전에, 우선 24절과 같은 절규가 나오게 만들었던 내용들을 요약하여[135] 제시한다(25b절). 결국 바울은 24-25절에서 우리가 보기에는 수수께끼 같은 생각의 흐름을 만들어낸 셈이다.[136] 우리 관심사에 비춰볼 때 중요한 것은 25a절이 22절과 23절이 말했던 두 "법", 곧 처음에 이 모든 논의를 만들어냈던 하나님의 법인 토라와 여전히 육 안에 있는 그리스도 이전의 사람들과 그리스도 밖의 사람들을 사로잡고 있는 "죄의 법"을 되풀이하여 말한다는 점이다. 바울은 8:1-13에서 이 두 "법"에 대응하는 답을 내놓는 셈이다.[137]

---

135) 이것이 14-24절의 요약임은 강한 추론의 의미를 지닌 접속사 "그러므로"($\mathring{α}ρα$ $ο\mathring{υ}ν$; 참고. 8:12)와 기본적으로 23절에서 말한 것을 되풀이하는 내용이 증명해준다. 새 요소인 "섬기다"라는 동사는 6:6("더 이상 죄를 섬기지 않는다")과 7:6("**영**의 새로움 안에서 하나님을 섬긴다")에서 구사한 언어를 가져온 것이다.

136) 바울 서신에 존재하는 이런 부류의 모든 난해한 논증 부분들처럼, 일부 학자들은[가령 Bultmann, "Glössen im Römerbrief," *TLZ* 72 (1949), 197-202; Käsemann, 211] 이 부분도 나중에 덧붙여 써넣은 곳들(25a, 25b절, 그리고 8:1)로 봄으로써 문제를 "해결"하려고 한다. 그러나 늘 그렇듯이 이런 견해는 많은 것을 해결해주지 못한다. 그런 견해는 바울을 실제 바울보다 더 깔끔한 글 솜씨를 가진 저자(혹은 "신학자")로 만들어버릴 수 있다. 그러나 그런 견해는 (바울이 아닌 옮긴이) 다른 누군가가 그런 추가 삽입문들을 만들어냄으로써 그 자신은 물론이요 다른 이들도 해결하기 힘든 많은 난제들을 만들어냈을 경우에는 그 경위를 결코 설명하지 못한다.

137) 이 두 절(22절과 23절)에서 등장하는 $νόμος$가 토라를 가리키는가라는 문제를 살펴보려면, 앞의 주118을 보라. 일부 학자들은 그 $νόμος$라는 말이 시종일관 토라를 가리킨다고 보는데

1절 바울은 **"이제**[138] 그러므로"라는 그의 답변을 시작하면서, 그가 6:17-23
과 7:4-6에서 제시한 논증에서 사용했던 "이전"과 "이후" 형식을 재차 활
용한다. 25b절의 동사들은 현재 시제다. 하지만 바울은 분열된 "나"를 "노
예 상태" 아래 있는 사람으로(즉 그리스도 이전의 삶과 그리스도 밖에 있는 삶
을 묘사하는 두 가지 형태의 "법"에 예속된 사람으로) 묘사한다. 14-25절이 묘
사하는 그 사람에게는 "그리스도 예수 안에" 있음에서 유래하는 자유가
없기 때문에 절망에 찬 절규가 터져 나올 수밖에 없었고, 바울은 이 절규
에 대응하여 곧바로 7:25a에서 "예수 그리스도 우리 주를 통해"라는 답변
을 제시할 수밖에 없었다. 이제 바울은 "예수 그리스도 우리 주를 통해"라
는 답변을 우선 이 문장으로, 그리고 이어 3절에서 더 상세하게 설명하려
고 한다.

그러나 그에 앞서 바울은 당장 두 가지 문제에 관심을 보인다. 첫째, 그
리스도가 행하신 일을 그 결과인 "정죄가 없음"[139]이라는 말로 서술하는

"기본적으로 아무런 문제가 없다"고 본다(Wright가 쓰는 말). 반면 나는 특히 그 νόμος를
수식하는 두 소유격에 비춰볼 때, 그 말을 토라로 읽는 것은 아주 부자연스럽다고 본다. 첫
말인 "하나님의 법"(22절)의 "하나님의"는 소유나 속성을 묘사한 말이며[즉 하나님의 법(**율
법**), 또는 하나님과 관련된 법], 분명 선하고 거룩한 토라를 죄와 구별하여 묘사할 목적으로
사용한 말이다(따라서 이 "하나님의"라는 말은 바울이 토라의 "결백을 옹호하는" 방편이 된
다). 두 번째 "법"(죄의 법; 23절)에 붙어 있는 소유격(아울러 강한 역접 접속사인 δέ를 주목
하라)은 동격어일 가능성이 아주 높다. 물론 이 소유격도 뭔가를 서술하는 소유격일 수 있
다(즉 죄 자체로 이루어진 "법"); 이 "법"은 사람들을 사로잡아 하나님의 법에 복종하지 못
하게 한다.

138) 그리스어로 νῦν이다. 5:9, 11; 6:19, 21; 11:30, 31에 있는 비슷한 용례를 참고하라(참고. 7:6
에서는 νυνὶ δέ가 등장한다). 각 경우에 νῦν은 분명 시간을 나타내는 의미이지, 논리적 추론
을 나타내는 말이 아니다. 여기서도 마찬가지다. 그러나 견해를 달리하는 이들도 일부 있다
(가령 Hodge, 249; Haldane, 311; Hendriksen, 245 — 이들은 거의 언제나 7:5-25과 8:1이
동시에 똑같은 사람을 가리킨다는 근거를 내세운다). 이 주장에서 이 νῦν을 시간을 가리키
는 의미 이외에 다른 의미로 보는 견해는 본문 문맥은 물론이요 이 서신이 분명하고 일관되
게 구사하는 이 부사의 용례에도 철저히 어긋나는 것이다. 다른 이들도 있지만, 그중에서도
Meyer, 40; Denney, 644; Leenhardt, 301; Dunn, 415; Morris, 300; Ziesler, 201을 참고
하라.

139) 그리스어로 κατάκριμα다. 이 말은 "심판" 과정이나 그 결과인 "정죄"를 가리키는 말일 수 있
다. 바울이 여기서 의도하는 의미가 "정죄"임은 그가 두 문장 뒤에서(즉 3절에서) 사용하는
동족 동사가 증명해준다(3절에서는 "정죄하다, 형을 선고하다"를 뜻하는 κατακρίνω의 3인

것이다. 정죄가 없는 이유는 바로 "우리 주 예수 그리스도를 통해 (온 구원)" 때문이다(25a절). **이제는 한때** 절망만을 알았던 사람들[140]에게 결코 정죄함이 없다. 하나님이 미래에 행하실 심판과 내리실 정죄는 우리 모든 사람이 마땅히 가차 없이 받아야 할 것이었지만, 이제는 우리의 과거에 속한 것이 되어 그리스도 예수에게 전가되었다(3절). 그 결과, 우리는 이전에 존재했던 두 "법", 곧 7:24의 절규로 표현했던 정죄를 불러온 두 "법"으로부터 해방되었다(2-3절). 둘째, 바울은 이제 자신의 다음 주장을 제시한다. 이 주장에서 바울은 자신이 이전에 "육 안에서" 살았던 우리의 삶과 지금 **"영 안에서"** 살아가는 삶을 대비하며 이야기했던 7:5-6의 말들을 끌어다 쓴다. 그는 이 두 관심사를 2절에서 하나로 통합하는데, 이제 2절에서는 **영**을 철저하게 논한다.

2절 이 문장이 "이는"이라는 말로 시작한다는 것은 바울이 그가 방금 전 1절에서 역설한 내용을 설명하려 한다는 것을 일러준다. 실제로 이미 앞에서 말했듯이, 이 문장은 "도입부"로서 2-30절 전체를 끌어내는 일종의 "명제 문장" 역할을 한다.[141] 그러나 여기서는 그보다 더 많은 것이 펼쳐진다. 그 "더 많은 것" 때문에 이 문장이 아주 복잡한 문장이 되어버렸다.[142]

칭 단수 부정과거 능동 직설법 형태인 κατέκριυεν을 사용했다 — 옮긴이). 3절에서 그 동사는 오로지 "정죄했다"라는 의미만을 가질 수 있을 뿐이다. 이 말이 심판 과정을 가리키든 아니면 심판의 결과를 가리키든, 우리는 이 말을 분명 종말론과 관련지어 마지막 때의 심판을 (그리고 그 심판에 따른 정죄를) 가리키는 말로 이해해야 한다. 이 심판은 그리스도 예수 안에서 신자의 미래로부터 제거되어 과거지사로 귀속되었다.

140) 바울이 현재 사실들로 옮겨갈 때는 1인칭 단수(25절)로부터 3인칭 복수(여기 1절)로 옮겨간다는 점을 유념하라. 이 3인칭 복수가 4절에 가서는 으레 그렇듯이 1인칭 복수로 바뀐다(이런 점 때문에 바울이 2절에서 2인칭 단수인 "너"를 썼다는 점이 아주 놀랍기만 하다).

141) 참고. Keck, "Law," 46: "이것은 곧 2절이 주제 문장 역할을 하며 3-30절이 그 주제를 설명하는 대목이라는 것을 시사한다."

142) 이 문장은 이어지는 주장 속에서 등장하는 문장들 가운데 바울의 의도가 충분히 분명하게 드러나는 것 같으면서도 아주 적은 단어로 아주 많은 논지를 아우르려고 시도하다 보니 문법이 엉망이 되어버렸거나 문장 자체가 너무 많은 짐을 짊어지게 된 몇몇 문장 중 첫 번째 문장이다. 뒤에서 3, 10, 15절을 다룬 내용을 보라.

(우리가 부닥친) 몇 가지 문제가 있다. "생명의 **영**의 법"은 무슨 뜻인가? 전 치사구인 "그리스도 예수 안에서"는 무엇을 수식하는가? 이 두 문구와 또 다른 법, 곧 죄와 죽음의 법으로부터 누리는 자유의 관계는 어떤 관계인가? 그리고 마지막으로 7:25b에 비춰볼 때, "죄와 죽음의 법"은 무엇을 가리키는가, 앞서 말한 두 "법"을 모두 가리키는가 아니면 그중 하나만 가리키는가? 우리가 이 문제를 해결할 수 있는 길은 특히 여기서 바울이 **영**과 관련하여 말하는 내용에 초점을 맞춰 이 문장이 가진 몇 가지 독특한 특징을 세심하게 살펴보는 것이다.

1. 우리가 논의를 시작할 곳은 우리에게 아주 많은 난제를 안겨준 문구인 "생명의 **영**의 법"이다. 이 문구는 분명 바울이 이 서신을 쓸 당시 상황에 맞춰 만들어낸 것으로,[143] "법"이라는 말을 활용한 언어유희에 기초한 것이다. 바울은 이미 7:22-23, 25b에서 이런 언어유희를 구사했다. 바울은 이전에 존재했던 두 "법"(죄와 토라)에 대응하여 하나님이 주신 해독제인 셋째 "법"이 있다고 선언한다! 이 용례는 바울이 죄 및 죽음과 관련하여 사용한 "법"이라는 말(7:22-23, 25)을 순수한 언어유희로 이해하는 우리 견해에 힘을 실어준다. 이런 수사 도구는 분명 가능하다. νόμος("법")가 "원리, 규칙, 또는 규범"과 가까운 무언가를 뜻할 수도 있기 때문이다. 그러나 "죄의 법"을 그런 말들(="원리, 규칙, 또는 규범" 같은 말들 — 옮긴이)을 사용하여 번역하는 것은[144] 이 "죄의 법"이라는 말을 죽이는 일이다. 이 말은 영어가 아니라 그리스어로 표현할 때 더 큰 효과를 발휘하는 언어유희다. 따라서 우리가 택할 수 있는 가장 좋은 방법은 이 "법"이라는 말이 토라가 아닌 다른 무언가를 가리킬 경우에 "법"이라는 말에 인용부호를 붙여보는 것이다. 애초에 바울이 "법"이라는 말로 언어유희를 처음 구사한 경

---

143) 말 그대로 바울 서신의 다른 곳에는 이와 같은 것이 없다. 바울 자신이 **영**의 활동을 가리키는 말로 이와 같은 언어를 사용했을 법한 상황들을 상상하기가 힘들다.

144) 이는 마치 바울이 말하려는 것이 "죄의 원리"나 그와 비슷한 것이라도 되는 것처럼 번역하는 셈이다. Louw and Nida, *Greek English Lexicon* §33.333을 보라.

우도 이 말이 토라가 아닌 다른 것을 가리키는 경우였다. 그러면 2절 문장
은 "생명의 **영**의 '법'이 그리스도 예수 안에서 우리를 죄와 죽음의 '법'으로
부터 해방하였다"[145]로 바꿔볼 수 있다. 중요한 것은 이 문장에서 *νόμος*가
결코 "법"을 뜻하지 않는다는 점이다. 여기서 말하는 법은 적어도 어떤 실
체를 가진 "법"을 뜻하지 않는다.[146] 오히려 이것은 놀라운 언어학적 조치
를 통해 자신이 제시하는 주장에 생동감을 불어넣으려는 바울의 수사법
이다.[147] 물론 바울이 말하고자 하는 것은 **생명의 영**이 토라 아래 있으면서
죄에게 사로잡힌 사람들의 "산 죽음"(living death)에 대응하여 하나님이 주
신 대답이라는 것이다.[148]

---

145) Moo, 502이 제시한 번역을 참고하라.

146) Wood, *Life*, 22은 바울이 "그리스도에게 왔을 때 속박을 내버리지 않았다. 그는 새 법에 복
종했다"라고 주장한다. 이 견해에 동의하는 사람이 있을 수도 있다. 그러나 바울이 이런 의
도를 품었을지 의심스럽다. 이 문장은 윤리가 아니라 구원과 관련 있다.

147) Sanders, *PLJP*, 98 역시 이를 "언어유희"라 부르며, Loane, *Hope*, 21도 "자기가 강조하는 요
점을 확실히 매듭지으려고 만들어낸 놀라운 역설을 담은 문구"라고 말한다. 물론 이것이 통
설은 아니다. 대다수 사람들은 이 용례를 "비유"라 부르면서(혹은 말 그대로 법을 표현한 것
은 아니라고 말하면서), 여기서 이 "법"이라는 말에 어떤 내용을 부여하는 쪽을 선호한다.
이들은 대개 이 "법"이 "능력", "내면의 원리", 혹은 "구속하는 권위"를 뜻한다고 본다[심지어
Moo, 507도 이렇게 본다. 그러나 그는 이 25절에서 등장하는 두 용례(하나님의 법, 죄의 법)
가 어떤 실질적 의미를 지닌 것이라기보다 수사에 더 가깝다고 본다]. 점점 더 많은 사람들
이 크리소스토무스의 뒤를 따라 여기서도 법이라는 말이 토라를 가리킨다고 보는 쪽을 선
호한다(다른 이들도 있지만 특히 Lohse; Snodgrass; Wright; Dunn, 416-17을 참고하라;
더 광범위한 참고 문헌을 알아보려면, Moo, 505n7과 Sanders, 15n26을 보라). 이 견해를 살
펴보려면, 앞의 주118과 137 그리고 다음 주에 있는 비판을 보라.

148) 참고. Käsemann, 215-16. 많은 사람이 다음과 같이 두 가지 근거를 내세워 이 견해에 반대
한다(앞의 주를 보라). (1) 바울은 로마서에서 종종 율법을 좋게 이야기한다[가령 3:1-2, 31;
4:16; 9:3-5; 10:4(어떤 시각에서 보면)]. 따라서 토라를 옹호하려고 시도하는 이 논의 전체
(7:7부터 이어진 논의)는 예로부터 개신교가 바라보려고 하는 시각보다 더 호의적인 시각으
로 바라봐야 한다. (2) 어쨌든 달리 생각해야 하는 자명한 이유들이 없다면 바울이 용어를
일관되게 사용했을 것이라고 생각해야 한다. 이곳은 더 큰 논의를 펼칠 자리는 아니다. 그러
나 나는 (1) 이 서신에서 바울이 *νόμον*를 언급한 모든 경우를 이쪽 아니면 저쪽으로 줄을
세우기보다 바울 자신이 이 서신에서 시종일관 나타내는 유동성(모호함)을 받아들이는 것
이 해결책이라고 본다. 바울의 글을 보면, 연속성이 있고 불연속성이 있다. 때로는 연속성에
강조점을 두려 한다(요컨대 바울은 "새 언약"이 왔다 하여 그것이 곧 이전 언약이 나빴다는
의미는 아니라고 본다). 실제로 옛 언약은 결코 "나쁘지" 않았다. 옛 언약의 내용과 목적은
시종일관 옳았다. 그러나 옛 언약에게는 죄를 효과 있게 처리할 능력과 생명을 줄 수 있는

2. 하지만 바울은 이 문장을 시작할 때 이렇게 흥미로운 언어유희를 문법상 주어로 삼는다. 이를 통해 그는 우리가 부닥치는 일부 다른 난제들, 그중에서도 특히 "그리스도 예수 안에서"라는 문구의 위치라는 문제를 살아 움직이는 문제로 만들었다. 이 문구는 바로 그 뒤에 있는 "생명의 **영의** 법"을 수식하는 말일 수 있다.[149] 이는 곧 이 문장의 문법상 주어이자 의미상 주어가 "법"임을 뜻할 것이다. 바울은 이 "법"이라는 말을 세 번에 걸쳐 수식한다. 우선 "법" 자체는 "**영의**"라는 말이 수식한다. 이어 이 "**영의**"는 "생명의"가 수식하며, 다시 이 말을 "그리스도 예수 안에서"가 수식한다. 이렇게 보는 것이 맞는다면, "생명의"는 십중팔구 특질을 나타내는 소유격이며(=생명이라는 특징을 지닌 **영**), "그리스도 예수 안에서"는 **영**을 특징짓는 생명의 근원을 가리킬 것이다.[150] 물론 이렇게 볼 수도 있지만, 이는

능력이 없었다. 그러나 그리스도는 토라가 죄 및 의(=사람이 하나님과 올바른 관계에 서다)와 관련하여 해내지 못했던 일을 행하셨으며, **영**도 생명 및 의(=순종)와 관련하여 토라가 못한 일을 행하셨다. 바로 그런 이유 때문에 불연속성도 존재한다. 나는 로마서가 불연속성을 더 크게 강조한다고 본다. 하지만 앞의 주에서 언급한 학자들은 로마서가 연속성을 더 강조한다고 본다. (2) 아울러 나는 바울이 줄곧 그때그때 상황에 따라 자신이 구사하는 언어를 융통성 있게 결정한다는 사실에서 해결책을 찾아야 한다고 본다. 바울이 언어 구사에서 융통성을 보이듯이, 그가 쓴 서신들에서도 같은 단어가 다른 뉘앙스들을 나타내며 이곳에서 구사하는 것과 같은 종류의 언어유희를 선보이는 경우가 아주 많다. 이런 사실 때문에 뭘 잘 모르는 사람에게는 일관성에 호소하는 주장이 먹혀들곤 한다. 뿐만 아니라, 이 경우에 분명 "죄"를 묘사하는 말로 "**또 다른** '법'"이라는 말을 쓰고 토라를 묘사하는 말로 "**하나님의** 법"이라는 말을 쓴 것은 물론, 25b절이 "법"을 분명 두 갈래로 나누어 썼다는 사실은 내가 보기에 (νόμος라는 말의 의미를 – 옮긴이) "달리 생각해야 하는 자명한 이유들"이다. 동시에 바울이 하나인 법을 두 가지 의미로 이해해야 한다는 취지에서 이 "법"이라는 말을 서로 다르게 사용했다고(통상 사용하는 "법"이라는 말로 서로 다른 두 "법"을 나타냈다고) 봐야 할 어떤 표지가 없다(만일 바울이 그런 취지를 표현하려 했다면 분명하고 확실하게 표현할 수 있었을 것이다). Räisänen, "Gesetz," 113-16에 있는 비판과 Moo, 505-6을 참고하라.
149) 가령 KJV, RSV, NRSV, NASB, Weymouth가 그런 예다. 참고. Godet, 296; Denney, 644; Michel, 189; Leenhardt, 252; Ziesler, 202; Wright, *Climax*, 209. 다수 학자들은(가령 Meyer, SH, Hendriksen, Cranfield, Dunn, Moo, Loane) 여기서 취하는 견해를 채택한다 (Murray, Harrison, Morris는 그 견해가 확실치 않다). Godet는 바울이 이런 경우라면 (지금 우리가 보는 그리스어 본문처럼 ἐν Χριστῷ Ἰησοῦ라 표현하지 않고 – 옮긴이) 대명사를 사용하여 ἐν αὐτῷ로 표현했을 것이라고 반대 견해를 제시한다. 그러나 이런 반대 견해는 실제 내용보다 수사법과 더 관련된 의견이다(결국 이 의견도 장단점이 있을 수 있다).
150) 참고. Weymouth가 제시한 번역: "**영**의 법 – 그리스도 예수 안에 있는 생명"(The Spirit's

아주 성가시게 본문을 읽어낸 것이다. 그러나 훨씬 더 우려스러운 것은 이렇게 본문을 읽을 경우 바울 자신이 강조하려는 점을 상당히 많이 놓치는 것 같다는 점이다.

바울은 "생명의 **영**의 법"이라는 특이한 주어로 이 문장을 시작하여 우리에게 난제를 안겨주었다. 우리는 이 문장에 알맞은 동사가 바울이 사용한 동사(ἠλευθέρωσεν, "해방했다"; "해방하다"라는 뜻을 가진 ἐλευθερόω의 3인칭 단수 부정과거 능동 직설법 형태다 — 옮긴이)임을 유의해야 한다.[151] 그러나 이런 단어 조합 때문에 바울이 만들어낸 문구는 신학 면에서 그리 정확하지 않다. 때문에 바울은 "그리스도 예수 안에서"(="그리스도가 하신 일로 말미암아")라는 전치사구를 동사 앞에 덧붙인다. 그 결과, 그가 써놓은 문장은 처음에 들으면 어색할지 몰라도 완벽하게 그 의미를 전달하게 되었다. 이제 그리스도 예수 안에 있는 사람들에게 (다른 두 "법"에도 불구하고) 정죄함이 없는 이유는 하나님이 — 우리를 **그리스도 예수를 통해** 둘째 법, 곧 죽음으로 이어지는 죄의 법으로부터 해방시켜주심으로 — 셋째 "법"인 생명의 **영**을 베풀어주셨기 때문이다. 결국 우리는 문장의 문법이 아니라 문장과 이 문장을 이루는 부분들의 논리에 비추어 이 문장의 의미를 이해해야 한다. **문법**을 기준으로 삼으면, 우리를 해방시킨 것은 "생명의 **영**의 법"이 된다. 그러나 **논리**를 기준으로 삼으면, (1) 그리스도 예수가 우리를 죄와 죽음으로부터 해방시키셨지만(3절은 이 점을 더 상세하게 설명할 것이다), (2) 현재 하나님이 죄와 죽음에 대응하여 계속 제공해주시는 치료약은 우리 안에 들어와 사시고 생명을 주시는 **영**이심을 알 수 있다.[152] 우리가 보는 문장은 아주 집약된 말로 이 점을 이야기한다.

---

law — life in Christ Jesus).

151) 적어도 두 가지 이유 때문이다. (1) 7:23은 "곤고한 사람"과 "죄의 법" 사이의 관계를 "사로잡힌 처지"로, 7:25b은 "노예처럼 섬기는 처지"로 표현하기 때문이다. 그러나 (2) 그 반대말인 "구속(속량)을 받았다"(갈 4:5)나 "풀려남"(롬 7:6)은 1절의 "정죄"에 적절히 답변하는 말이 아니기 때문이다.

152) 참고. Keck, "Law," 45.

3. "법"이라는 말로 언어유희를 구사한 첫 사례는 두 번째로 "법"을 언급한 부분도 해명해준다. 우선 지금 바울이 제시하는 주장은 그가 7:4-6에서 미처 마무리하지 못했던 것을 다시 이어가는 것이다. 또 바울은 앞서 4:15("토라는 진노를 이룬다; 토라가 없는 곳에는 범죄도 없다")과 같은 본문들에서 토라를 죄 및 죽음과 직접 연결했다.[153] 이런 점들 때문에 우리가 풀려난 "죄와 죽음의 '법'"에는 토라도 포함된다고 볼 수 있다. 즉 우리는 역시 죄와 죽음으로 이어지는 토라로부터 풀려나 자유를 얻은 것이다.[154] 그러나 마땅히 이와 달리 생각해야 할 두 가지 이유가 있다.[155]

첫째, 바울이 7:7-25을 쓸 때 품은 목적 중에는 적어도 **율법**이 죄 및 죽음과 가지는 관계와 관련하여 이전에 그가 말했던 내용들이 만들어냈을 수도 있는 그릇된 인상들을(그런 인상들을 받았다 해도 충분히 이해할 수 있는 일이다!) 모두 바로잡으려는 목적도 들어 있었다. 따라서 2절 문장을 이해하는 첫 번째 기준점은 7:23, 25의 용례가 될 수밖에 없다. 바울은 이 두 구절에서 사람 안에 들어와 사는 죄를 죄의 "법"이라 불렀다. 그는 이 "법"을 여기서도 "죽음의 법"으로 부르는데, 이는 그가 앞서 제시한 주장의 논리, 곧 죄는 오직 죽음으로 이어질 뿐이라는 논리에서 비롯된 결과요, (특히) 앞서 **영**을 "생명의 **영**"으로 규정한 결과다.

둘째, 내가 방금 전에 첫 번째 이유로 제시한 내용 자체가 설득력이 없다면, 이 두 번째 이유도 밀어붙이지 않을 것이다. 하지만 7:13에서 시작하는 "법" 이야기는 다음과 같이 일종의 교차대구 구조를 띠는 것 같다.

---

153) 앞의 주88을 보라.

154) 다른 이들도 있지만, Haldane, 317-18; Hodge, 250; Barrett, 155; Dunn, 418-49, 그리고 앞의 주118, 147, 148에서 언급한 사람들이 이렇게 본다.

155) 대다수 주석들이 이런 견해다(가령 Meyer, Godet, Liddon, Denney, SH, Hendriksen, Leenhardt, Harrison, Ziesler, Moo; 참고. Loane, *Hope*, 18).

A 7:13 (첫째) 법(율법)인 토라는 선하고 의로우며 거룩하다.

B 7:14-24, 25b 그러나 첫째 법은 다른 "법", 곧 죄에게 "이용"당했다.
이 죄는 다시 죽음으로 이어졌다.

C 8:2a 셋째 "법"인 생명의 **영**이 오셨다.

B′ 8:2b 셋째 "법"은 사람을 둘째 "법", 곧 죄**와** 죽음으로부터 해방시켜
주었다.

A′ 8:3-4 셋째 "법"은 첫째 법의 의도를 이룬다.
첫째 법은 죄를 다루지 못하여 의를 만들어낼 수 없었다.

우리 논지에 비춰볼 때 중요한 것은 바울이 이제 둘째 "법"을 "생명의 **영**"과 대비하여 "죄**와** 죽음의 '법'"으로 규정한다는 점이다. 앞서 제시한 주장에 비춰볼 때, "죄**와** 죽음의 '법'"이라는 말은 오로지 "죽음을 낳는 죄의 '법'"을 의미할 뿐이다. 바울은 **생명의 영**이 둘째 "법"이 가진 이 두 측면(= 죄와 죽음 ─ 옮긴이)으로부터 하나님의 백성을 해방시켜주었다고 역설한다. 바울은 이어지는 주장에서 이 점을 이야기한다. 우선 3-8절에서 바울은 **영**을 하나님이 죄의 "법"에 맞서 내놓으신 답변으로 제시한다. 또 9-11절에서는 생명의 **영**을 하나님이 죄가 낳은 죽음의 "법"에 맞서 내놓으신 답변으로도 제시한다. 따라서 2절은 이어질 주장이 다룰 주제를 제시하는 "명제 문장" 구실을 한다.

4. 이런 점은 다시 우리를 "생명의 **영**"이라는 문구로 인도한다. 어쩌면 이 말은 **영**을 규정하는 단일 호칭으로 바울 서신에서 가장 중요한 것일지도 모른다. **영**은 무엇보다 생명의 **영**이시다. 이는 바로 그분이 하나님의 **영**이시기 때문이다. 구약 시대 이스라엘은 하나님을 그분의 이름인 야웨로 이해했을 수 있지만, 그래도 이스라엘은 하나님을 늘 "살아 계신 하나님"으로 알았다. 이 말은 야웨를 다른 모든 신들과 구별해주는 말이다. 그분은 유일하게 **살아 계신** 신이요, 살아 있는 만물에게 생명의 근원이 되시는 분이다. 바울은 이런 용례를 그가 처음으로 한 이방인 공동체에게 써 보

낸 서신(데살로니가전서)에서 반영하여, 이 공동체를 우상들로부터 돌아와 "살아 계시고 참되신 하나님"을 섬기는 공동체라고 표현한다(살전 1:9-10). 이처럼 **영**은 하나님의 **영**이시기에, **영**은 또 **생명의 영**이시기도 하다.[156]

그러나 이 용어의 배경은 단지 바울이 지금 말하는 관심사, 곧 **영**이 그리스도 예수를 통해 하나님께 온 모든 이에게 생명의 근원이 되신다는 주장의 근거 역할을 할 뿐이다. 생명의 **영**은 생명을 주시는 **영**으로서 "죄의 법"으로부터 유래한 죽음에 맞서신다. **영**은 생명과 화평을 주시는 **영**으로서 육 안의 삶과 결합해 있는 죽음에 맞서신다(6절). 몸은 죽을지라도 그리스도의 **영**이 들어와 사신다면, 이는 곧 지금은 물론이요 영원히 이어질 생명을 뜻한다(10-11절). 따라서 하나님의 **영**은 믿는 자들에게 생명의 근원이 되시는 **영**이시다.

물론 이런 이해는 우리가 앞에서 말했던 "그리스도 예수 안에서"라는 문구를 올바로 주해했을 때 가능한 것이다. 3절과 10절이 분명하게 일러주듯이, 바울이 "그리스도 예수 안에서"라는 말을 이 문장 속에 집어넣는 데 관심을 갖긴 하지만, 이것이 곧 그리스도의 죽음이 신자들에게 생명을 공급해준다는 말은 아니다(물론 그리스도의 죽음이 생명을 공급해주긴 한다). 오히려 **영** 바로 그분이, 신자가 그리스도 안에서 자유를 **체험함**으로 말미암아 신자에게 생명의 근원이 되신다(이때 반드시 강조할 점은 **영**이 유대인과 이방인에게 똑같이 생명의 근원이 되신다는 점이다). 결국은 이것이 모든 내용의 요체이기 때문이다.

바울은 (갈 5:24에서 - 옮긴이) 십자가에 못 박음을 이야기한 뒤 5:25(찾아보라)에서 "우리가 **영으로** 산다"는 것을 강조한다. 그는 여기서도 "생명의 **영**"이라는 말을 **영**의 내주에서 직접 비롯된 결과로서 지금 신자들이 살아가는 삶을 가리키는 말로 사용하려 한다. 이는 또 고린도후서 3:6과 일치

---

156) 물론 이 견해는 "생명의"라는 소유격이 "법"이 아니라 "**영**"을 수식하는 통상의 용례를 근거로 한 주장이다(Moo, 530; Bruce, 160은 견해를 달리한다).

한다. 고린도후서 3:6에서는 새 언약이 옛 언약을 능가한다는 전제 아래 **영**을 "생명을 주시는 **영**"(개역개정: 살리는 영)이라 부르기 때문이다. 고린도후서 3:6을 다룰 때 말했듯이, 이 용례는 하나님의 **영**이 마른 뼈들에게 숨을 불어넣어 "살게" 하심을 이야기한 에스겔 37장을 반영한 것이다. **영**을 달리 이야기할 수도 있다. 그러나 바울은 무엇보다도 **영**을 생명을 주시는 **영**이요 결국 자신이 인도하시는 목적지인 생명의 근원이신 **영**으로 이해한다.

5. 마지막으로 한 가지 더 이야기하고자 한다. 우리가 이 문장에서 바울이 사용한 "법"이라는 말을 놓고 너무 논쟁에 몰두하다 보면 정작 이 문장의 요점을 놓칠 수도 있다. 바울은 지금 자신이 이미 6:1-23에서 상세히 설명했던 죄의 폭정으로부터 벗어나 누리는 구원/자유와 관련지어 **영**을 묘사한다. 바울은 갈라디아서에서 "자유"라는 말을 오로지 하나님의 자녀들이 이전에 토라 준수(그리고 더 나아가 "온 우주의 초보 영들")에 매여 "종노릇하던 처지"에서 벗어나 누리는 자유를 가리키는 말로 사용했다. 이와 달리 로마서에서는 "자유"라는 말이 주로 죄의 폭정으로부터 "구원받음"을 가리킨다. 바울은 이를 6:1-23에서 우리가 그리스도의 죽음 및 부활과 연합함으로써 얻게 될 유업으로 힘차게 주장했다. 이제 바울은 이 자유 안에서 **영**이 행하는 역할에 강조점을 두려 한다. 이 역할을 이해하는 열쇠는 "내주"(안에 들어와 사심)다. 바울은 7:17, 20에서 그리스도 밖에 있는 사람들을 억압하는 주인에 빗댄 죄를 가리켜 이 죄가 그런 사람 "안에 들어와 산다"라고 말한다. 이 죄와 죽음의 "법"으로부터 누리는 자유는 생명을 주시는 **영**의 "법"으로부터 나온다. 그리스도가 십자가에서 효과 있게 죄를 처리하신 뒤, 이 **영**은 이제 이전에 죄가 살았던 바로 그곳에 들어와 신자 "안에서 사신다."[157]

물론 죄로부터 구원을 받는다는 것이 죄를 싯시 않는나거나 "육의 욕

---

157) 참고. Keck, "Law," 50-51.

망"으로부터 자유를 누린다는 의미는 아니다. 그러나 죄로부터 누리는 구원은 죄가 폭군처럼 우리 삶을 휘어잡는 상태에서 구원을 받는다는 뜻이다. 그 결과, 우리는 더 이상 죄라는 폭군에게 팔린 노예처럼, 7:14-25이 말하는 "곤고한 사람"처럼, 죄에 사로잡혀 종노릇하지 않게 된다. 바울이 7:24a에서 외치듯이, 그런 사람은 "죽음 속에서 살아가는" 사람이다. 하나님은 이런 죄의 폭압에 맞서 그리스도의 사역과 **영**의 사역이라는 두 가지 대응책을 내놓으셨다. 바울이 3-4절에서 계속 설명하겠지만, 하나님은 그리스도를 궁극의 속죄 제물로 내어주심으로써 폭압을 일삼던 죄의 척추를 꺾어버리셨다. 그러나 그런 자유가 현실로 이루어진 것은 생명을 주시는 **영** 덕택이다. 이 본문에서는 이 **영**을 그리스도의 사역에 근거하여 우리를 결국 죽음에 이를 죄의 종노릇하던 처지에서 해방시켜주신 분으로 묘사한다. 그것이 바로 지금은 물론이요 결국 있게 될 몸의 부활 때에도 누리는 자유다. 바울은 이 자유를 이어질 주장에서 설명하려 한다. 그러나 그 이전에 바울은 신학을 조밀하게 압축시켜놓은 이 문장을 풀어놓아야 한다. 3-4절이 말하는 모든 내용이 바로 이런 압축을 풀어놓은 것이다.

따라서 9-11절에 대해서 마지막으로 꼭 중요하게 언급해둘 점이 있다. 바로 바울이 그리스도인의 삶 속에서 **영**이 하는 역할을 길게 논하려면 반드시 그 이전에 **영**의 역할이 그리스도의 사역과 분명히 그리고 도저히 떼려야 뗄 수 없게 결합되어 있다는 것을 확실히 해둘 수밖에 없다는 점이다. 그리스도의 **영**이 결국 **영**(성령)이시기 때문이다. 바울은 이렇게 **영**의 활동과 그리스도의 사역이 서로 교차하며 단단히 결합해 있다는 것을 3-4절에서 훨씬 더 분명히 밝히게 된다.[158]

---

158) 비록 이 연구서에서 우리가 다루는 관심사와 직접 연관된 것은 아니지만, 그래도 이 2절 문장에서 "해방했다"라는 동사의 목적어로 등장하는 특이한 2인칭 단수(=σε; "너를"—옮긴이)를 어떻게 이해할 것인지 한마디 해두고 넘어가는 것이 사리에 맞을 것 같다. 우선 바울은 이 말에 아무런 "의미"를 두지 않았을 수 있다. 즉 갈 4:7처럼, 바울은 이 2인칭 단수를 자기 독자들 한 사람 한 사람에게 하나님이 그들을 위하여 그리스도 예수 안에서 행하신 일을 설명하는 말로 사용했을 수 있다(참고. MHT 3.39). 그런가 하면 바울이 앞서 제시한 주

▪ 로마서 8:3-4[159]

³이는 **율법**이 육으로 말미암아 약해져 할 수 없는 것을 하나님이 당신 자신의 아들을 죄의 육의 모양으로 그리고 죄를 위하여 (속죄 제물로)[160] 보내셔서 그 육에 죄를 정하셨기 때문이니, ⁴이는 **율법**의 의로운 요구가 육을 따라 행하지 않고 **영**을 따라 행하는 우리 안에서 이루어지게 하려 함이라.

문법도 복잡하고[161] 신학 면에서도 의미심장한[162] 이 문장은 2절에 있는

장 그리고 대담자가 시종일관 줄기차게 등장한다는 점을 고려할 때, 이 2인칭 단수는 그 대담자를 가리키는 말일 수도 있다. 이 두 번째 견해가 특히 매력 있는 견해다. 롬 7:7, 13이 제시하는 질문들도 그 대담자를 전제한 것으로 추정할 수 있기 때문이다. 이 대담자는 유대계 그리스도인의 입장에서 질문들을 제기하는 사람으로, 특히 토라를 염려하고 바울이 그리스도의 사역을 내세워 토라를 한쪽으로 제쳐놓은 것을 우려하며 질문들을 제기하는 사람으로 이해하는 것이 가장 좋다. 그래서 바울은 여기서 그를 앞서 제시한 주장 속으로 끌어들이는 방법으로써 그 대담자에게 말을 걸곤 한다. 그 경우에 앞서 제시하는 주장 속의 "나"는 그 대담자가 토라를 향한 충성을 유지하려고 노력하다가 끝내 자신을 밀어 넣고 만 그 도저히 선망할 수 없는 자리(=토라의 종으로 살아가는 처지 — 옮긴이)를 시종일관 대변하는 말일 수도 있다. 결국 바울은 지금 그 대담자의 상황을 이야기하면서 단지 바울 자신을 통해 에둘러 이야기하는 셈이다. 한때는 바울 자신도 그 대담자의 자리에 있었기 때문이다. 그러나 지금 바울은 처지가 완전히 바뀌어 그리스도 안에서 자유를 누리게 되었다. 그리하여 이제 그는 그 대담자에게 직접 대놓고 이렇게 이야기한다. "생명의 **영**의 법이 그리스도 예수를 통해 너를 죄와 죽음의 법으로부터 해방하였다." 적어도 이렇게 보는 것이 타당한 견해인 듯하며 7장의 "나"와 이곳의 "너"를 모두 잘 이해할 수 있는 길인 것 같다.

159) 참고 문헌: V. P. **Branick**, "The Sinful Flesh of the Son of God (Rom. 8:3): A Key Image of Pauline Theology," *CBQ* 47 (1985), 246-62; F. M. **Gillman**, "Another Look at Romans 8:3: 'In the Likeness of Sinful Flesh,'" *CBQ* 49 (1987), 597-604; R. W. **Thompson**, "How Is the Law Fulfilled in Us? An Interpretation of Rom 8:4," *Louvain Studies* 11 (1986), 31-40; T. C. G. **Thornton**, "The Meaning of καὶ περὶ ἁμαρτίας in Romans viii.3," *JTS* 22 (1971), 515-17; N. T. **Wright**, "The Meaning of περὶ ἁμαρτίας in Romans 8:3," in *Climax*, 220-25; J. A. **Ziesler**, "The Just Requirement of the Law (Romans 8:4)," *AusBR* 35 (1987), 77-82.

160) 이 번역을 살펴보려면, 뒤의 논의를 보라: 두어 가지 사본은(1912 pc) 이 문구를 생략했는데, 동사문미(同似文尾) 현상 때문임이 거의 확실하다.

161) 내 번역에서는 이런 복잡한 것들을 다시 살려내려고 노력했다. 그래야 독자들이 내가 뒤이어 설명할 내용을 어느 정도 이해할 수 있기 때문이다. 이 문장은 이전 문장(2절)보다 훨씬 더, 필요한 세부 사항들을 모조리 이 문장 속에 집어넣으려는 바울의 욕심이 만들어낸 결과물인 것 같다.

162) 참고. Wright, *Climax*, 200. Wright는 이렇게 말한다. "3-4절은 문단 전체(1-11절)를 움직이는 동력원이다."

"명제 문장"을 상세히 설명하는 설명문 역할을 한다. 동시에 이 문장은 다시 토라를 끌어들여 묘사한다. 이리하여 바울은 7:5-6에서 다루었던 관심사들, 곧 그리스도로 말미암아 토라의 시대가 끝나고 이제 토라는 **영**으로 대체되었다는 주장으로 되돌아간다. 그러나 동시에 바울은 자신이 2절에서 제시했던 두 가지 주장, 곧 신자들이 그리스도 예수로 말미암아 죄와 죽음으로부터 자유를 얻었으며 생명을 주시는 **영**으로 말미암아 이 자유가 현실로 이루어졌다는 주장을 뒷받침할 신학적 근거들을(물론 이 근거들은 역사상의 근거들이요 체험에 따른 근거들이기도 하다) 제시한다. 바울은 이러면서 1절에서 사용했던 법정 언어로 되돌아가 우리가 받은 구원을 "정죄"의 반전과 관련지어(즉 이전에 우리가 마땅히 받아야 했던 정죄가 죄 자체, 우리 육 안에 사는 죄에게 옮겨졌다는 말로) 설명한다.[163] 앞에서 말했듯이, 바울은 **영**의 활동이 그리스도의 사역이라는 기초 위에 서 있음을 분명하고 단호하게 천명한 뒤에 비로소 **영**의 활동을 계속하여 이야기하려고 한다.[164] 그러나 우리는 바울이 지금 여기서 그리스도와 관련하여 말하는 내용에만 집중하다가 정작 이 주장의 **목표**를 잃어버리는 일이 생겨서는 안 된다. 이 주장의 목표는 바울이 이 주장을 2절에서 처음 시작했을 때와 똑같다. 즉 죄의 폭정으로부터 구원받은 것은 그리스도의 구속 사역으로 말미암아 이루어진 일이다. 그러나 신자들이 이 구원을 계속하여 현실로 체험하는 것은 신자 안에 들어와 사시고 생명을 주시는 **영**의 역사 때문이다.[165]

이 문장이 문법에 맞지 않은 특징을 갖게 된 것은 다음 두 가지 요인 때문일 가능성이 아주 높다. 첫째, 바울이 토라에 기울이는 관심 때문이다. 바울이 토라라는 문제를 먼저 다루게 된 것도 아무 효험이 없어서 이

---

163) 바울이 앞서 7:7-25에서 제시한 주장이 죄를 사람에 빗댄 점을 생각할 때, 가능한 심상이라고 말할 수밖에 없다.
164) 앞의 갈 5:24과 뒤의 10절을 보라
165) 이 문제 전체를 살펴보려면, 특히 Käsemann, 218을 보라.

제는 폐물이 되어버린 토라에 관심을 가졌기 때문이다. 그리고 둘째, 바울이 그리스도의 사역을 언급할 때면 이 사역에 초점을 맞추곤 하기 때문이다. 이 두 가지 관심사는 말 그대로 문법상 서로 충돌한다.[166] 그렇지만 이런 여러 가지 복잡한 것들에도 불구하고 바울의 의도는 제법 뚜렷하게 나타나며 다음과 같은 강조점들도 확연히 드러난다. (1) 토라의 시대는 지나갔다. 이는 (2) 그리스도가 행하신 일, 곧 (3) 죄와 육에게 행하신 일 때문이다. 아울러 (4) 이제는 토라의 목적 역시 **영**으로 말미암아 이루어진다. 결국 이것은 바울 서신에서 볼 수 있는, 심오하면서도 신앙고백과 유사한 구원론 관련 부분들 가운데 한 부분이다.[167] 이 가운데 어느 것도 다른 것과 대동소이한 것이 없다(이런 부분들이 하나같이 그때그때 상황에 맞춰 만들어낸 것이라 거기서 구사하는 언어도 그 고유한 정황에 맞춰 썼기 때문이다). 그러나 이런 부분들은 대개 삼위일체를 분명히 표현하거나 은연중에 암시한다. 여기 이 부분도 예외는 아니다.

우리의 주관심사는 4절이다. 4절에서 바울은 **영**이 "토라의 의로운 요구를 이룰 때" 하는 역할을 이야기하는데, 이때 그는 그가 2절에서 시작했던 테마로 되돌아간다. 이 관심사를 살펴보려면, 우선 그 이전에 토라와 그리

---

166) 이 문장을 시작하는 절은 필시 이 절을 이 문장의 목적어로 취할 수 있다고 단정하고 "하나님"을 그 주어로 삼는 문장의 목적어로 쓰고자[가령 "(하나님이 율법이 육으로 말미암아 약하여져 할 수 없는 것을) 행하셨다, 이루셨다, 만들어내셨다" 같은 문장을 만들어낼 요량으로] 기록해놓은 절일 것이다. 그렇게 본다면, 3절은 "율법이 할 수 없었던 것을 하나님은 그리스도를 통하여 행하셨다"와 같은 문장이 된다. 하지만 이 문장에서 일어난 현상을 살펴보면, 바울은 "하나님"이라는 주어를 구술한 뒤(로마서는 바울이 구술한 서신이다. 롬 16:22 참조 ─ 옮긴이) 동사를 제시하지 않고 곧장 자신의 궁극적 관심사를(곧 하나님이 율법이 할 수 없었던 것을 이루시는 방편이신 그리스도를) 이야기하기 시작한다. 바로 거기서 이 문장은 무너져버린다. 바울이 그리스도의 사역을 서술할 때 그 앞 문장과 주장에서 다른 관심사들(육과 죄)로 되돌아가기 때문이다. 결국 문제는 토라가 아니라 죄다. 토라는 죄를 상대로 아무것도 할 수 없다. 그러나 그리스도는 토라가 할 수 없었던 그것을 하셨다. 이 때문에 토라는 폐물이 되어버리고 만았다. 결국 바울은 일단 그리스도를 "하나님이 보내신 아들"로 언급한 뒤, 계속하여 그리스도가 무엇을 행하셨으며 어떻게 그 일을 행하셨는지 서술한다. 이리할 때, 바울은 이 문장을 시작하면서 서두의 절을 어중간한 상태로 놓아두었다. 깔끔한 문장은 아니지만, 그렇다고 이해할 수 없는 문장은 아니다. 참고. Moo, 506.

167) 이 책 제3장의 주39에서 제시한 목록을 보라.

스도의 역할 그리고 죄와 육의 문제와 관련하여 몇 가지 것을 살펴보고 가야 한다.

1. 바울이 여기서 다시 한 번 토라(이제는 폐물이 된 토라)에 관심을 보인 다는 점은 그가 이 문장을 시작하고 마치는 방식에서 분명하게 드러난다. 3절을 여는 절인 "**율법**이 육으로 말미암아 약해져 할 수 없는 것을"은 바울이 7:14-24에서 강조했던 점을 언어만 살짝 달리하여 다시 만들어낸 것이다. 바울이 이를 첫머리에 배치한 이유는 그가 이를 강조하고 싶어하기 때문이다. 이는 곧 그가 7:1에서 시작했던 주장을 완전히 끝내지 않았음을 뜻한다. 여기서 강조하는 점들은 앞서 제시한 주장에서 강조한 점들과 정확히 일치한다. 즉 **율법은** 그 자체만 놓고 보면 본질상 선하지만, 육을 다루는 데는 적절치 않았다(참고. 7:14). 실제로 **율법**은 육으로 말미암아 약해진 상태로 방치되어 있었다. 이는 곧 죄의 문제에서는 우리 "육"이 토라보다 강하다는 뜻이다.[168] 정녕 육은 토라가 무기력하여 "약해진 상태에 있음"을 증명했다. 물론 **율법**이 "약해진 상태" 때문에 할 수 없었던[169] 것은 사람 안에 들어와 살며 결국 죽음을 낳는[170] 죄라는 문제를 처리하는 일이었다.[171] 여기서 바울의 첫 관심사로 등장하는 이런 토라의 실패는 다시

---

168) 결국 바울은 7:14-25의 경우와 마찬가지로 이 문구("육으로 말미암아 약해져")를 통해 **율법**을 옹호하면서 동시에 **율법**의 실패를 지적한다. 참고. Cranfield 1.379.

169) τὸ ἀδύνατον ("힘이 없음, 능력이 없음" – 옮긴이)이 의미상 "능동"이냐 혹은 "수동"이냐를 놓고 상당한 논쟁이 있었다. 이는 각기 무언가를 할 수 없는 토라의 무능함이나 토라의 "무기력함"을 강조한다(Wright). 나는 다음 절에 비추어 이 말을 능동에 더 가까운 말로 생각하는 이들에 동조하는 편이다. 그러나 능동으로 이해하든 수동으로 이해하든, 결국 바울이 말하는 것은 똑같은 내용으로 나타나는 것 같다. 참고. Moo, 509.

170) 이것은 적어도 바울이 이 문장에서 실제로 말하는 내용에 비춰볼 때 추정할 수 있는 것이다(대다수 주석도 같은 견해다). Wright, *Climax*, 202과 다른 학자들은, **영**을 생명의 근원으로 강조하는 8:2, 6(참고. 7:12)을 근거로 삼아, 토라의 실패를 더 적극 표현하여 토라가 생명을 주는 데 실패했다고(참고. 갈 3:21) 표현하는 쪽을 선호한다. 물론 이것이 토라가 궁극적으로 실패한 일일 수 있다. 특히 고후 3:4-6이 구사하는 언약 언어도 그렇게 묘사한다. 그러나 설령 이 본문 속에도 토라가 생명을 주는 데 실패했다는 주장이 숨어 있을 수도 있지만, 어쨌든 이 본문에는 Wright가 강조하고 제시하는 많은 주장의 근거로 채택하는 내용이 현존하지는 않는 것 같다.

이 문장의 중심 초점, 곧 하나님이 죄와 육을 효과 있게 처리하시는 방편이 되신 그리스도로 이어진다.

토라는 우리가 첫 번째로 관심을 기울이는 이 문장 말미에서 재차 등장하는데, 7:12의 언어를 되울려주는 말을 사용하여 **"율법**의 의로운 요구"[172]로 표현해놓았다. 그리스도는 토라를 폐물로 만드시고 죄를 효과 있게 처리하심으로써 **영**이 토라가 이루려고 했으나 이뤄주지 못했던 목적(=의)을 "이룰" 길을 열어놓으셨다.[173] 결국 바울은 이 문장의 양끝에서(처음에는 그리스도의 사역을 통해, 그리고 마지막에는 **영**의 *끊임없는 사역을 통해*) 하나님이 **율법**의 시대에 마침표를 찍으셨다고 주장한다. 이는 바로 7:1-6이 강조한 점이기도 하다. 우리는 토라가 자체만 놓고 보면 하나님이 주신 선하고 거룩한 것임을 인식할 수 있다. 그렇다 해도 토라는 죄를 효과 있게 처리하지 못했으며, 그런 이유 때문에 본질상 끝을 맞게 된 것이다. 이제 그리스도의 효과 있는 사역은 "문자의 **낡음**"(=문자라는 **옛것**)을 "**영**의 **새로움**"(영이라는 **새것**)으로 바꿔놓았다.[174]

---

171) 바울이 시종일관 문제 삼는 것은 용서(죄 사함)라는 문제, 곧 "죄들"을 처리하는 문제가 아니라, 사람 안에 들어와 사는 죄의 폭군 같은 본성이다.

172) 그리스어로 τὸ δικαίωμα τοῦ νόμου다. 이 명사는 바울 서신 중 오직 이 서신에서만 발견할 수 있다[1:32; 2:26; 5:16, 18; 1:32과 2:26에서는 이 말을 "**율법**의"라는 수식어와 함께 쓴다; 그러나 저자의 말과 달리, 1:32은 τὸ δικαίωμα τοῦ θεοῦ (하나님의 정하심)로 기록해놓았다. 하지만 2:26은 τὰ δικαιώματα τοῦ νόμου (**율법**이 정해놓은 것들)로 기록해놓았다 — 옮긴이]. 아울러 이 명사는 -ma라는 접미어를 붙여 만든 구체화 명사(concretizing noun)의 또 한 가지 사례인 것 같다[앞의 5:15-16에서 χάρισμα와 παράπτωμα (범죄, 실족)를 다룬 내용을 보라]. 따라서 "**율법**의 의로운 요구"가 곧 "**율법**에서 발견하는 의"를 의미하지는 않는다. 물론 이 둘이 결국은 같은 지점에서 나온 것일 수도 있다. 그러나 현재 이 본문의 "**율법**의 의로운 요구"라는 문구가 강조하는 것은 **율법**이 요구하는 "의로운 행위를 표현하는 구체적 사례들"이다. 이 경우에 이 말은 7:12이 사용했던 형용사 δίκαιος도 떠올리게 하는 것 같다. 7:12에서 이 형용사는 실제로 "계명"을 수식한다.

173) 여기서 우리는 이 문장의 문법을 놓치지 말아야 한다. 이 문장은 이런 내용을 목적절 형태로 제시차면서, 토라가 행할 수 없었던 일 곧 죄를 효과 있게 처리하는 일을 그리스도가 행하신 이유를 일러준다. 이것은 또 토라의 진정한 실패는 생명을 제공해주지 못한 점이었다는 Wright, *Climax*, 202을 선뜻 받아들이기 힘든 이유를 제공해준다(앞의 주171을 보라).

174) 이와 함께 우리는 바울이 이 주장에서 토라 이야기를 기본적으로 마무리한다는 점을 유념해야 한다. 이 쟁점 전체는 9:31에서 다시 등장할 것이다. 그때 바울은 이스라엘이 신실

2. 그리스도의 사역은 분명 이 문장의 중심 관심사다. 아울러 그것은 이 본문이 가장 많은 분량을 할애하여 다루는 문제이기도 하다. 이 본문과 어느 정도 유사성을 지닌 갈라디아서 4:5에서도 그리했던 것처럼, 나는 여기서도 학자들이 제기하는 많은 쟁점들을 해결할 의향이 없다. 심지어 그 쟁점들을 샅샅이 논의할 생각도 없다. 다만 나는 바울이 그리스도의 선재(先在; 따라서 그의 성육신도) 그리고 그의 대속적 희생을 집약하여 이야기한다는 점만을 언급하고자 한다.

첫째, 먼저 그리스도의 선재와 성육신을 이야기해보자. 바울은 여기서 그리스도의 선재와 성육신 자체를 주장하지는 않는다. 또 그런 것들이 지금 그가 여기서 제시하는 강조점에 반드시 불가결한 전제도 아니다.[175] 그렇지만 바울이 구사하는 언어를 보면, 그런 사실들을 자연스럽게 **전제**하는 것 같다. 때로는 일부 반대자들이 있긴 하지만,[176] 바울이 "보내셨다", "당신 자신의 아들을", "죄 있는 육의 모양으로"라는 세 문구를 결합해놓은 것은 그리스도가 보내심을 받기 이전에는 "육"을 체험하시지 않았다는 사실을 전제한 표현으로서 그리스도의 선재와 성육신을 인정하는 신학적 시각을 나름대로 증언한 것이다.[177] 이 모든 것을 달리 표현한다면, 바울이 다른 본문에서 그리스도의 선재와 성육신을 믿는다고 밝힌 점을 고려할 때,[178] "보내셨다", "당신 자신의 아들을", "죄 있는 육의 모양으로"와

치 않음에도 불구하고 하나님은 신실하시다는 점을 논할 것이다(9-11장). 하지만 Wright, *Climax*, 201을 보라. Wright는 (1) 바울이 8:1-11에서 여전히 토라를 "옹호"하며, (2) 그러기에 7-8절은 7:7-25을 집약해놓은 이 부분에서 일종의 정점 역할을 한다고 주장한다.

175) 학자들이 종종 지적했던 점이다(가령 Käsemann, 217; Moo, 510-11).

176) 특히 Dunn, 420-21을 보라. Dunn은 이 언어 중 일부 속에 잠재해 있는 "아담 기독론"이 이런 견해를 인정할 수 없게 만든다고 생각한다. 이 점을 더 상세히 논한 그의 *Christology*, 38-40, 44-45을 참고하라. 그리스도를 성육신하신 분으로 이해하면 왜 아담 기독론을 가질 수 없다는 것인지 내겐 지금도 그것이 풀 수 없는 한 가지 수수께끼다.

177) 대다수 주석가들도 같은 견해다. 참고. Käsemann, 216: "선재하신 하나님 아들의 성육신을 이 세상을 구원한 사건으로 묘사하는 전례 문언."

178) 고후 8:9; 고전 8:6; 빌 2:6에서는 그런 믿음이 절대 확실하게 나타나는 것 같다(물론 일부 사람들은 빌 2:6에서는 그렇지 않다고 본다); 갈 4:5을 다룬 논의를 참고하라. 바울이 이런 견해를 가졌다는 데 반대하는 사람들의 논지를 보면, 본문 속에서 분명하게 작동하는 사실

같은 언어 뒤에는 그리스도와 선재와 성육신이 전제로 자리해 있다고 보는 것이 다른 견해보다 훨씬 더 이런 언어를 잘 이해할 수 있다.

둘째, 그리스도의 대속적 희생을 이야기해보자. 이 문장은 그리스도의 대속적 희생을 직접 언급하지 않는 것처럼 보일 수도 있다. 그러나 두 가지 내용에 비춰볼 때, 이 문장이 그것을 언급하고 있는 것으로 이해해야 한다. 앞에서도 말했고 뒤에서 더 충실히 논할 터이지만, 이 문장이 구사한 "그 육에 죄를 정하셨다"와 "속죄 제물로서"라는 말에는 **전제라는** 측면이 들어 있다. 더욱이 이 문장은 서신을 상당히 써내려간 뒤에 등장한다. 이제까지 이 서신을 읽어온 사람이라면 누구든지 대속이 그리스도의 죽음으로 말미암아 이루어졌다는 것을 상세한 설명이 없어도 충분히 이해했을 것이다.

물론 여기서 강조해둘 점은 바로 이런 이해 때문에 바울의 주장이 효과를 발휘한다는 점이다. 바울은 7:7-24에서 토라의 실패를 붙들고 씨름하면서 죄를 효과 있게 다룰 수 없었던 것이 바로 토라가 실패한 점이라고 지적했다. 그는 24절이 제시하는 절망에 찬 절규에 대응하여 하나님이 내놓으신 해결책을 "예수 그리스도 우리 주를 통해"라고 제시했다. 이제 우리는 인간의 절망에 대응하여 하나님이 내놓으신 성공한 해결책이 **어떻게** 이루어졌는지 본다. 다른 곳에서도 그러하듯이,[179] 바울은 토라 자체로부터 나온 말을 사용하여 그리스도가 오심으로 말미암아 토라가 폐물이 되어버린 경위를 이야기한다. 그리하여 (1) 그리스도는 처리되어야 할 바로 그것, 곧 죄 있는 육의 모양으로 오심으로써, 그리고 (2) 당신 자신이 몸소 "속죄 제물"이 되심으로 "육 안에 있는 죄"를 처리하심으로써(실제로 그 죄를 **정죄하심**[180]으로써) 토라가 단지 그 규범에 따른 속죄 제물들을 통해 일

을 "일부러 회피"하려 하는 형태를 띤 경우가 아주 많다. 이는 충격적인 일이다.

179) 특히 이와 관련하여 살 3:13-14을 보라.

180) 그리스어로 κατέκρινεν이다("정죄하다"를 뜻하는 κατακρίνω의 3인칭 단수 부정과거 능동 직설법 형태다 – 옮긴이). 1절은 분명 언어유희를 구사하며 이는 일부러 구사한 것 같다. 우리에게는 "정죄함"이 없다. 그리스도가 우리를 결국 정죄함으로 인도했을 바로 그것, 곧 죄 자체를 "정죄하셨기" 때문이다.

부분만 치유할 수 있었던 죄를 영원히 치유하는 치유책이 되셨다.

3. 이 문장의 그리스도 관련 내용이 우리에게 안겨주는 어려움 중 많은 부분은 바울이 그리스도의 사역을 서술하면서 육과 죄라는 언어를 사용하는 바람에 일어난 결과다. 바울 서신의 다른 곳에서도 이런 경우들을 만날 때가 있었는데, 그런 경우들처럼 여기서도 우리는 우리 스스로 몇 가지 난제들을 만들어냈다. 이런 난제들이 생겨난 까닭은 우리가 바울이 이런 언어를 구사하게 된 **이유**를 유일하게 알려주는 현재 이 본문의 문맥은 제쳐놓고 오로지 이 본문을 일종의 신학 선언문(theologumenon)으로 읽으려 하기 때문이다. 따라서 설령 우리가 "죄의 육의(죄 있는 육의) 모양으로", "그리고 죄를 위하여 (속죄 제물로)", "육에 죄를 정하셨다"라는 세 문구가 지닌 더 세밀한 뉘앙스를 확실히 알지 못한다 해도, 우리는 왜 바울이 이런 독특한 언어를 이 특이한 경우에 사용했는지 나름의 근거를 갖고 확신할 수 있다. 이 본문에서 볼 수 있는 "죄"와 "육"이라는 말은 모두 바울의 유일한 관심사, 곧 **그리스도가 행하신 일**과 **율법이 할 수 없었던 일**(즉 죄와 육을 효과 있게 다루는 일)을 일부러 대조하여 제시하려는 의도에서 직접 비롯된 것으로 볼 수 있다. 이런 관찰 결과는 분명 우리가 이 문구들을 다룰 때 적어도 평탄한 길을 열어줄 것이다. 바울은 앞에서 "법"이라는 말로 언어유희를 구사했다. 여기서도 "육"이라는 말은 바울이 강조하고 싶어 하는 모든 것을 담아내는 데 필요한 유연성을 그에게 제공해준다.

(a) "죄의 육의 모양으로"라는 첫 문구는 바울이 7:14에서 처음 구사했고("내가 **육**에 속하여 **죄** 아래 팔렸도다") 18-20절에서 다시 꺼내 썼던 죄와 육의 결합을 떠올리게 한다. 바울은 18절에서 "내 속에"라는 말을 "내 육 안에"라는 말로 정의했으며, 20절에서는 "**내 속에**(='내 육 안에') 사는 **죄**"라는 말로 표현한다. 이제 바울은 그리스도가 그런 죄 있는 육의 "**모양으로**" 오셨다고 말한다. 이는 그리스도가 어떤 면에서는 우리 "육"과 유사하지만 다른 면에서는 유사하지 않다는 것을 의미한다.[181] 이 경우에 유사성은 "육"이라는 말이 가진 유연성에서 발견할 수 있다. 바울은 이제 여기서

는 이 말을 7:14-20에서 의도했던 뉘앙스와 조금 다른 뉘앙스로 사용했다. 즉 그리스도는 분명 "육으로" 오셨다. 그런 점에서 보면, 비록 우리 육이 죄로 가득하다 할지라도, 그리스도는 우리와 같은 육, 우리의 인성(人性)을 가지셨다는 점에서 우리와 동일하다. 하지만 그리스도의 "육"은 죄로 점철된 육, 이제는 타락하여 하나님께 맞서는 것으로 이해되는 육이 아니었다. 그러기에 바울은 그리스도가 "**죄의** 육의 **모양**으로" 오셨다고 말한다. 이는 곧 그리스도가 우리와 같은 "육"을 가지셨지만, 단지 우리 "육"의 "모양"을 가지셨을 뿐이지 우리처럼 죄로 뒤덮인 육을 가지셨다는 뜻은 아니다.

(b) 바울은 "죄의 육의 모양으로"라는 문구에 곧바로 "그리고 죄를 위하여"라는 말을 덧붙인다. 이 말은 십중팔구 "그리고 속죄 제물로"라는 뜻이다. 즉 하나님은 당신 자신의 아들을 이렇게 우리처럼 죄로 가득한 "우리 육의 모양으로" 보내사 우리를 대신하여 속죄 제물이 되게 하셨다. 물론 이 "그리고 죄를 위하여"라는 문구 자체만 놓고 보면, 고린도전서 15:3처럼 그리스도의 죽음을 단순히 "우리 죄를 위한" 것으로 이해할 수 있을

---

181) 참고. BAGD [ὁμοίωμα (모양)를 설명하며]: "우리가 보는 이 단어를 (바울이) 사용한 모습을 보면 지상에서 사셨던 예수는 죄로 가득한 인간들과 유사하면서도 결코 이 인간들과 같지는 않으셨다는 것을 강조하는 게 안전하다." 근래 나온 주장들은 이에 반대하지만(가령 Branick, Gillman), 이 "모양"이라는 말의 용법을 볼 때, 그것이 이 단어를 쓸 때 바울이 품은 의도였음이 확실한 것 같다[이 말의 의미가 "모양"이나 "형태"(form)냐에 상관없이 그것이 바울의 의도임은 변함이 없다]. 바울이 죄 가운데 있는 우리와 그리스도를 더 완전히 동일시할 생각이었다면, 그는 틀림없이 그냥 "죄로 가득한 육으로"라고 말했을 것이다. 바울이 바로 앞서 제시한 주장에 비춰볼 때, 이 문구 속에 들어 있는 단어들은 모두 필요한 말이다(가령, "모양", "육", "죄의"). 그리스도가 효과 있게 죄를 처리하시려면, 당신이 몸소 "우리의 육"으로 오셔야 했지만(우리 같은 경우에는 육이 죄로 가득하다), 단지 죄 있는 육의 "모양"으로 오셔야 했다. 그분은 비록 "육으로" 오셨어도 죄 안에 계시지 않은 분이었기 때문이다(고후 5:21이 이를 분명히 일러준다). 그러므로 우리가 "죄로 가득한"(죄의, sinful)이라는 형용사를 사용하여 "죄의"라는 소유격을 번역했지만, 바울은 실상 이런 형용사를 사용한 게 아니라 단지 소유격 수식어를 사용했을 뿐이다. 바울은 지금 그리스도의 성육신을 이야기한다. 때문에 우리 같은 경우는 죄가 우리 "육"을 규정하는 말이지만, 그리스도의 경우는 그렇지 않다. 그러나 Cranfield 1.379-82을 보라. Cranfield는 정반대 견해를 주장한다. 즉 그리스도가 비록 하나님의 아들이시고 우리 인성을 공유하신 분이지만 그래도 그분은 하나님의 영원하신 아들이기를 결코 그만두시지 않았다고 주장한다.

것이다. 그러나 이 문구는 이 문구 자체로 끝나지 않는다. 이 문구의 그리스어 표현은(NA^{27}이 제시하는 그리스어 표현은 καὶ περὶ ἁμαρτίας다 – 옮긴이) 칠십인경이 "속죄 제물"을 가리키는 번역어로 거듭 제시하는 언어[182]와 정확히 일치하는 말이다. 바울이 여기서, 특히 그리스도를 토라가 이룰 수 없었던 것을 행하심으로써 토라의 목표를 "완전히 이루신" 분으로 보는 이 문맥에서 의도하는 의미는 바로 그것, 곧 그리스도가 속죄 제물이시라는 것일 가능성이 아주 높다.

(c) 마지막으로 하나님은 그리스도를 "죄의 육의 모양으로" 보내사 속죄 제물이 되게 하심으로써 "그 육에 죄를 정하셨다." 죄는 5:12부터 바울의 관심사를 절대 지배해왔다(토라는 이 죄를 상대로 아무런 일도 하지 못했을 뿐 아니라, 실제로 이 죄를 더 악화시켰다). 하나님은 그리스도를 속죄 제물로 내어주심으로 법정에서 우리와 대립하고 우리를 정죄했던 바로 그 죄를 심판하시고 정죄하셨다. 그렇다면 이 절에서 "그 육에"는 무엇을 가리키는가? 바울이 방금 언급했던 그리스도의 육, 곧 성육신하시고 십자가에 못 박히셨던 바로 그 육신을 가리키는가, 아니면 애초에 그리스도를 죽게 만든 원인이 된 우리의 육을 가리키는가? 결국 바울이 바로 앞서 제시한 "죄의 육의 모양으로"라는 문구에 비춰볼 때, "그 육에"의 **육**은 우선 그리스도 자신의 "육"을 가리킨다. 그리스도는 그 육을 통해 우리 죄를 십자가에 못 박으셨다. 그렇지만 바울이 제시하는 주장 전반을 고려하면, 그 육은 우리 육, 곧 죄가 자신의 거처로 삼았던 우리 안의 타락 상태를 가리키는 말이기도 하다.[183]

---

182) 레 5:8; 6:25, 30; 7:7; 9:7, 10, 22; 10:17, 19(2회); 14:13(2회), 19; 16:25; 민 29:11은 확실히 그러하며, 다른 많은 경우들도 그럴 가능성이 아주 높다(Wright, *Climax*, 222n12를 보라; 저자가 제시한 구절 표시는 우리 개역개정판과 일치하며 칠십인경을 기준으로 한 게 아니다. 가령 레 6:25은 칠십인경 레 6:18이다. 이 구절에서 περὶ τῆς ἁμαρτίας라는 문구가 등장한다 – 옮긴이). 이 문제를 살펴보려면, 이제 Wright, "Meaning"을 보라. Wright는 이 언어학 데이터에 이 구절들이 "무심코 저지른 죄"를 말하는 문맥이라는 점을 덧붙여 이야기한다. 구약의 "속죄제"를 보면, 이 경우들이 늘 무심코 저지른 죄에 해당한다는 말이 맞다. 이는 바울이 7:14-25에서 묘사한 "곤고한 사람"의 경우와 평행을 이룬다.

물론 바울의 관심사는 대속 이론과 관련된 게 아니라 대속 사실과 관련 있다. 하나님은 그리스도 안에서 죄와 육을 효과 있게 처리하셨지만, 분명 죄와 육을 뿌리 뽑는 방법이 아니라 그것들을 "정죄하심"으로(즉 그리스도 안에서 죄와 육이 유죄임을 선고하심으로) 처리하셨다. 그 결과, 이제 "죄는 너희를 다스릴 수 없게 되었고"(6:14), "육 안에" 있어서 "죄의 욕망"을 따르는 것을 과거지사라 말할 수 있게 되었다(7:5). **율법**은 본디 사람들을 의로 인도하는 것을 그 목적으로 삼았다. 하지만 **율법**은 그런 목적을 이루기는커녕 죄와 육도 효과 있게 처리하지 못했다. **율법**이 효용을 가지는 시대가 끝난 것도 이런 이유 때문이다. **율법**이 그리스도가 십자가에서 정죄하셨던 우리의 바로 그 육으로 말미암아 "약해지는" 바람에 행할 수 없었던 일을 그리스도가 해내셨기 때문이다. 이 구절은 2절을 상세히 설명할 목적으로 써놓은 것이다(γάρ가 이를 분명히 일러준다). 때문에 지금 바울이 염두에 두는 것은 죄로부터 누리는 자유다. 따라서 비록 이 본문의 **언어**가 주로 법정 언어의 색채를 띠기에 "정죄"라는 말이 하나님이 죄에게 내리시는 유죄 선고 형태를 띤다 할지라도, 그 "정죄"라는 말은 우리 인간의 삶을 옥죄었던 죄의 굴레가 부서졌음을 **뜻한다.**[184]

---

183) 그러나 이것은 분명 소수설임을 유념해야 한다. 대다수 학자들은 ἐν τῇ σαρκί (그 육에)가 "정했다"라는 동사(그리스어로 κατέκρινεν — 옮긴이)를 수식하지, τὴν ἁμαρτίαν (죄를)이라는 목적어를 수식하지 않는다고 주장한다. ἁμαρτίαν에 관사 τήν을 붙인 점을 고려하면, 다수설이 옳은 말이다. 바울이 말하려는 것이 "육 안에 있는 죄"였다면, (관사를 붙이지 않은 — 옮긴이) ἁμαρτίαν을 되풀이했을 것이다. 내가 강조하고자 하는 점은 모호함이 존재하는 부분이 현재 우리가 보는 이 전치사구(=ἐν τῇ σαρκί)가 아니라, 앞서 바울이 그리스도의 육을 우리의 육과 동일시했는데 7:14-25에서는 이 육을 죄의 분명한 거소로 지목한다는 점이다. 따라서 "우리 육 안에 있는 죄"도 역시 관련 있다고 말한다 할지라도, 이는 중복도 아니요 (앞서 주장한 것처럼) 제약도 아니다. 오히려 이는 다만 바울이 앞서 제시한 주장에서 말했던 강조점을 재차 제시한 것일 뿐이다.

184) Murray, 282 (이를 강조한다); Cranfield, 1.382-83; 그리고 대다수 주석들도 같은 견해다. 일부 학자들은 3-4절의 언어가 분명 법정 언어의 성질을 가진다는 것을 근거로 이런 측면을 철저히 무시하거나 배제해버린다(가령 Käsemann, 216; Moo, 513). 그러나 그런 견해는 이 본문이 아주 실제적인 문제에 관심을 기울인다는 점이나 이 본문이 2절을 설명하는 역할을 한다는 점을 고려하지 않은 것이다. 법정에서 죄를 심판해도 그것이 "자유"라는 결과로 이어지지 않는다면 별 의미가 없다. 죄로부터 누리는 자유야말로 죄라는 폭정의 척추를 꺾어버

4. 마침내 우리는 우리의 중심 관심사인 4절 내용을 다루게 되었다. 바울은 4절을 목적절로 표현해놓았으며, 이 목적절의 마지막 문구를 분사 "절"로(즉 "육을 따라 행하지 않고 **영**을 따라 행하는"이라는 말로) 수식해놓았다. 그리하여 4절은 이런 형태를 띤다.

이는…하려 함이라
의로운 요구가   이루어질 수 있게
     율법의   우리 안에서
          행하는
             육을 따르지 않고
             영을 따라

이 본문의 쟁점은 (1) 바울이 "우리 안에서 이루어지게"라는 말로 그리스도가 행하신 일을 재차 가리킴으로써 여기서도 오히려 더 순수하게 법정 용어 색채를 띤 언어를 동원하여 여전히 그리스도의 사역을 생각하고 있다고 봐야 하는가(즉 율법이 요구했던 일이 그리스도의 대속적 죽음을 통해 완전히 이루어졌으며 그 일이 우리가 "그리스도 안에" 있을 때 "우리 안에서도" 효력을 발휘하게 된다는 것을 생각하는 것인가),[185] 아니면 (2) 바울이 이미 그 분사 구조를(즉 "육을 따라 행하지 않고 **영**을 따라 행하는"을 ― 옮긴이) 내다보면서 갈라디아서 5:13-15과 비슷한 언어를 통하여 우리가 **영** 안에서 "행할" 때 **영**이 이뤄내시는 의의 측면, 곧 의로운 행위라는 쪽에 더 가까운 방향으로 움직이고 있다고 봐야 하는가다.[186] 요컨대 이 본문의 쟁점은

    리는 일이기 때문이다. 결국 이것이(우리 인생을 옥죄던 죄의 굴레가 부서지고 우리가 죄로부터 자유를 누리게 되었다 ― 옮긴이) 5:12에서 시작한 모든 주장의 요체다.

185) 다른 이들도 있지만, Calvin, 160; Haldane, 325-26; Hodge, 254; Leenhardt, 204-5; Morris, 304; Moo, 515-17; Loane (*Hope*, 27-28); Byrne ('*Sons*,' 93-95)에서 볼 수 있는 견해다.

186) 대다수 주석들이 이런 입장이다. 이들 중 많은 수는 이 의미를 다른 견해가 존재한다는 것

"이루어진" 일과 그 일이 "우리 안에서" 어떻게 이루어지는가다.[187]

우선 첫 번째 견해를 지지하는 주장이 많다. 그런 주장들은 언어와 신학을 그 근거로 내세우는데, 그 근거들을 들어보면 이렇다. (a) δικαίωμα("의로운 요구"; 주172를 보라)라는 말은 법정 용어로서, **율법**이 요구하는 행위의 구체적 표현들"을 집약한 형태로(단수임을 주목하라) 가리키는 말이다. (b) 수동태인 "이루어지게"(그리스어로 πληρωθῇ인데, 이는 "채우다, 이루다"를 뜻하는 πληρόω의 3인칭 단수 부정과거 수동태 가정법 형태다─옮긴이)와 "우리 안에서"라는 전치사구(그리스어로 ἐν ἡμῖν─옮긴이)에 강조점을 둔 것은 우리가 행하는 무언가를 암시하는 게 아니라, 하나님 바로 그분이 우리를 위하여 우리 안에서 행하신 무언가를 암시하는 것이다. 또 이루어진 것은 필시 이 문장 서두에 있는 "**율법**이 행할 수 없었던 것"과 같다고 보는 것이 적절하다. (c) **율법**의 "의로운 요구"를 이루는 것으로서 우리의 행위(물론 완전하지는 않다!)를 강조하는 것은 이 문장이 요구하는 "완전한 이룸"에 미치지 못하는 것으로 보이며, 하나님이 그리스도 안에서 행하신 일보다 도리어 우리가 하는 일에 더 강조점을 두는 것이다. 그러므로 결국 이 4절은 주로 법정 용어로 이루어진 절로서 우리를 대신하여 자신을 속죄 제물로 드리심으로 "**율법**의 의로운 요구를 완전히 이루신" 예수를 가리키는 본문이다.

반면 방금 말한 논지가 설득력이 있고 정당하긴 하지만, 그래도 바울 자신은 "이룸"이라는 것을 우리가 "**영**을 따라 행함"과 관련지어 지적하는 데 관심을 가진 것으로 보인다. 첫째, 이의(異議)가 있다. "이룸"이라는 모티프를 **영**의 사역을 가리키는 말로 보더라도 실상 강조점이 하나님의 행위로부터 우리의 행위로 옮겨가지는 않는다. 그렇게 보더라도 마치 우리 자

---

[*] 을 인식할 수 없을 만큼 아주 자연스러운 의미라고 본다.

187) 물론 여기서 바울의 관심사는 결국 기독론이냐 아니면 성령론이냐, 다시 말해 그의 관심사가 신학 쪽에 더 치우쳐 있느냐(기독론이 관심사라면) 아니면 실제에 더 치우쳐 있느냐(성령론이 관심사라면)가 쟁점이라는 주장도 가능하다.

신이 **영**을 따라 행함으로 토라의 의로운 요구를 완전히 이룬 것처럼 강조하는 것은 아니라는 말이다.[188] 바울의 신학 성향을 볼 때, 그는 결코 그렇게 아무 생각 없이 말을 내뱉을 사람이 아니다. 그가 강조하는 것은 여전히 그리고 늘 하나님의 주도권이요 하나님이 행하시는 일이다. 그렇지만 이 문장과 더 큰 문맥을 살펴보면, 바울이 그의 궁극적 관심사를 결국 이 목적절로 표현했다는 것을 알 수 있다. 이 목적절은 (그리스도의 사역을 통해 ― 옮긴이) "이루어진 토라"가 생명을 주시는 **영**이 "죄와 죽음의 법"으로부터 해방시켜준 사람들의 삶 속에서 **어떻게** 작동하는가에 강조점을 둔다.

이런 결론에 이른 이유는 세 가지 요인 때문이다. 첫째, 결국 이 주장의 요점은 생명을 주시는 **영**의 사역으로 말미암아 신자가 죄와 죽음으로부터 누리는 자유다. 즉 바울은 이미 2절에서부터 7:6에서 썼던 말을 가져다가 자신의 강조점을 그리스도의 사역으로부터 **영**의 사역으로 옮겨가기 시작했다. **생명의 영**은 우리를 죄와 죽음의 폭정으로부터 해방시켜주셨다. 그러나 우리가 앞에서 보았듯이, **생명의 영**이 우리를 죄와 죽음의 폭정으로부터 해방시켜주셨다는 이 말이 신학 면에서 아주 정확한 말은 아니기에, 바울은 그 해방에 따른 자유의 기초가 우리를 대신한 그리스도의 죽음이라는 것을 분명하게 지적해두어야겠다는 압박을 느꼈다. 즉 토라는 죄의 폭정을 보면서도 무기력하게 아무것도 하지 못했지만, 그리스도의 죽음은

---

188) Moo, 515이 특별히 표현하는 관심사다. Hendriksen이 한 말과 같은 말들에 비춰볼 때, Moo가 그런 관심을 가지는 것도 타당한 이유가 있다. Hendriksen은 이렇게 말했다(248). "그리스도의 구속 사역의 목적과 결과는 당신 백성이 그들의 마음과 삶 속에서 성령이 행하시는 활동을 통해 율법의 의로운 요구를 이루도록 노력하게 하고 늘 노력하게 하는 것이었다." 나는 지금 이 절이 **영**을 강조한다고 보는데, 만일 Hendriksen이 한 말이 그런 강조점을 해석할 수 있는 유일한 길이라면, 사람들이 그런 해석을 우려하는 것도 당연한 일이다. 여기서는 "노력"이라는 말이 전혀 등장하지 않는다. 또 우리가 **영**의 도우심을 힘입어 "율법의 의로운 요구들을 이루도록" 분투해야 한다는 것(이는 마치 우리와 토라의 관계가 실제로 과거지사가 아니라는 말과 같은 말이다)도 이 본문의 강조점이 아니다. Moo가 올바로 주장하듯이, 바울이 구사하는 언어는 순전히 서술(묘사)이다. 즉 "이룸"은 "**영**을 따라 행하는 우리 안에서" 일어난다. 그러나 그 이룸은 **영**으로 행하는 사람들 안에 존재하지, 그리스도가 올리신 완전한 제사 안에 존재하는 것이 아니다.

그 폭정을 이기셨다. 그러나 "의로운 요구"(여러분이 원한다면 토라의 **진짜 목표**라고 말할 수도 있겠다)는 이제 하나님이 당신의 **영**을 통해 우리 안에서 이루신다. 이를 증명해주는 증거가 우리가 육을 따라 행하지 않고 **영**을 따라 행한다는 사실이다.[189]

둘째, 이 목적절은 분명히 이 방향을 취하는 것처럼 보인다. 즉 바울은 바로 이 길을 따라 이 절을 만들어냈으며, 이 길을 따라 그리스도의 사역으로부터 **영**의 사역으로 옮겨간다. 바울은 죄라는 진짜 문제를 **영**이 아니라 그리스도가 처리하셨음을 아주 잘 안다[그러기에 그는 2절에서 "그리스도 예수로 말미암아"("그리스도 예수 안에서")라는 전치사구를 사용했다]. 이것이 곧 7:25a과 8:1, 2에 있는 전치사구를 상세히 설명하는 3절의 존재 이유다. 그러나 바울이 4절을 이런 식으로 구성한 덕분에, 그는 마지막 분사구문을 통해 그 나름대로 "이룸"을 정의할 수 있었다. 애초부터 모든 내용은 그가 제시하는 이 정의를 목표로 삼고 있었다.

셋째, 바울이 이와 비슷한 문맥들에서(갈 5:14과 6:2 그리고 나중에 다룰 이 서신의 13:8-10에서) "이룸"이라는 말을 사용한 사례 역시 내가 이제까지 말한 모든 내용을 확증해주는 것 같다. **영** 바로 그분은 토라를 대신하심으로 토라를 "이루신다." 또 **영**은 하나님 백성에게 능력을 주셔서 "토라 전체"(= 온 **율법**; 다른 문맥들에서는 이를 **영**의 첫 번째 열매인 사랑을 행하라는 계명으로 표현한다)[190]를 "이루게" 하심으로 토라를 이루신다. 하나님은 토라 시대를 끝내셨지만, 그렇다고 토라의 목적을 제거하시지는 않았다. 도리어 하나님은 **영**을 통해 토라의 목적이 열매를 맺게 하신다. 요컨대 바울

---

189) 내가 볼 때 2절과 이 본문의 관계가 문제를 매듭지어주는 것 같다. 바울은 2절에서 이미 영을 "죽음을 만들어내는 죄의 법"에 맞선 "생명의 **영**"으로 제시했다. 이 새 "법"은 그리스도 예수를 통해 우리를 이전의 "법"으로부터 해방시켜주었다. 영은 2절과 이 본문을 일종의 봉투 구조로 묶어준다. 그런 점에서 **영**은 이제 이 문장을 하나님이 "토라의 의로운 요구가 이루어지게" 제공해주신 길로 매듭지어주는 역할을 한다. 이제는 그리스도의 죽음이 죄와 육과 토라를 효과 있게 처리했기 때문이다. 참고. Cranfield, 1.383과 특히 Käsemann, 218.

190) 하지만 Ziesler, "Just Requirement"를 보라. 그는, 7:7에서 언급했듯이, 바울이 열 번째 계명을 문제 삼는다고 주장한다.

은 이제 토라를 "순종하라" 또는 "지키라" 또는 "행하라"라고 말하지 않는다(이런 말들이 통상 토라 준수를 표현하는 말이다). 오히려 그는 토라가 요구하는 것이 이제 **우리 안에서** "이루어진다"라고 말한다.[191]

갈라디아서 5:14에서도 그랬지만, 바울은 **영**을 토라의 목적 내지 목표를 "이룸"(이루시는 분)으로, 곧 의를 이뤄내시는 분으로 여긴다. 그리하여 여기서도 토라를 7:12을 떠올리게 하는 말로 묘사한다. 토라는 악하지 않다. 오히려 반대로 토라는 선하고 거룩하며 의로웠다. 그러나 토라는 그 자신이 요구했던 의를 이뤄낼 수 없는 무능함만을 드러냈다. 바로 그 때문에 **영**이 오셨다. **영**은 토라가 요구해놓고도 만들어내지 못했던 의를 "이룰" 목적으로 오셨다.[192] 하지만 **영**이 이루어가시는 것은 "토라 준수"가 아니다. "토라 준수"는 갈라디아서가 말하는 선동자들이 주장했던 것이요, 바울이 지금 그와 대담하는 유대계 그리스도인이 말하는 견해 뒤에 자리해 있다고 (분명하게) 추정하는 것이다. 토라의 "의로운 요구"는 "준수"와 거의 상관이 없거나 아무 상관이 없다는 것이 드러난다. 토라의 "의로운 요구"는 그리스도의 모양을 닮아가는 것(8:29), (영으로 말미암아) 그 마음을 새롭게 함으로써 선하고 하나님을 기쁘시게 하는 길을 알고 그 길대로 살아가는 것(12:1-2)과 철저하게 관련 있다. 때문에 바울은 12:1-15:13에서 세부 사항을 논할 때, "토라의 의로운 요구"를 이웃 사랑[이것이 "토라를 이룬다"(13:8)]이나 "성령 안에 있는 의와 평강과 희락"[이것은 음식 규례 자체와 아무 상관이 없다(14:17)]이라는 형태로 제시한다.

---

191) 그리스어로 ἐν ἡμῖν이다. 이 경우에는 전치사 ἐν이 십중팔구 도구 개념이기보다 장소를 나타내는 개념일 것이다(만일 바울의 도구 개념으로 사용했다면, 그는 틀림없이 이 πληρωθῇ라는 수동태 동사 뒤에 ὑπό+소유격을 사용했을 것이다). 하나님의 백성인 우리는 하나님이 이미 **율법**으로 제시하셨던 당신의 목적들을 당신의 **영**을 통해 이루신 영역이다. Stalder, *Werk*, 406은 "우리 안에서"라는 말이 신자 개인은 물론이요 (특히) 신앙 공동체를 가리키는 말이라고 (올바르게) 주장했다(이 경우에 나는 이 신앙 공동체가 유대인과 이방인으로 이루어진 공동체라는 점을 덧붙여두고 싶다). 바로 우리 안에서, 곧 유대인과 이방인으로 이루어진 신앙 공동체 안에서, 하나님은 당신 목적들을 이루어가신다.

192) 참고. Hübner, *Law*, 147.

갈라디아서 5:16에서도 말하듯이, "토라의 의로운 요구"는 "우리가 **영**을 따라 행할 때" "우리 안에서" 이루어진다. 갈라디아서에서는 πνεύματι ("**영** 안에서/**영**으로")로 표현하고 여기서는 κατὰ πνεῦμα ("**영**을 따라")로 표현하는데, 둘 사이의 차이는 미미하다. 갈라디아서 5:16이 강조하는 것은 **영**이 그런 행함의 근원(또는 그런 행함이 이루어지는 영역)이시라는 점이요, **영**이 "그렇게 행할 수 있는 능력을 주시는 분"이라는 점이다. 여기서 강조하는 것은 그런 행함이 대변하는 삶의 성격이다. 이는 갈라디아서 5:25b과 같다. 그런 삶은 **영을 따르는** 삶이다. 이는 곧 우리 삶이 더 이상 "육을 따르지" 않음을(그리스도의 죽음을 통해 심판받고 정죄당한 이전의 삶의 방식을 따르지 않음을) 뜻한다. 이것이 바울이 제시하는 강조점임은 이어지는 상세한 설명이 증명해준다. 바울은 이어지는 설명에서 행함의 "근원"에 강조점을 두는 것이 아니라 서로 다른 두 가지 삶의 방식을 특징짓는 것에 강조점을 둔다.

결국 갈라디아서 5:13-25과 마찬가지로, 현재 **영**의 삶과 이전의 삶의 방식은 극과 극의 대조를 이룬다. 이전의 삶의 방식은 그리스도 이전의 삶, 그리스도 밖에 있는 삶이라는 특징을 지닌다. 바울은 이 본문은 물론이요 갈라디아서에서도 신자의 삶 속에서 이 두 가지 삶의 방식을 놓고 벌어지는 어떤 내면 투쟁을 시사하지 않는다. 오히려 바울은 이미 7:5-6과 8:2-4에서 육과 **영**을 "이전"과 "이후"라는 관점에서 표현한 것을 토대로 이 둘을 서로 철저히 모순되고 양립할 수 없는 삶의 방식으로 제시한다. **영**의 사람들은 더 이상 육을 따라 행하지 않는다. 이와 달리 육 안에 있는 사람들은 **영**의 길을 따를 "생각"도 없고 토라를 통해 나타난 하나님의 뜻에 복종할 수도 없는 사람들이다. 바울은 이것을 단지 서로 철저히 배척하는 두 가지 삶의 방식을 서술한 내용으로 생각하지, 권면으로 생각하지 않는다.[193]

---

193) Dunn, 425은 이에 반대한다. 바울이 실제로 이 본문에서 말하는 내용은 권면이 아니라 서

물론 그렇다고 이것이 육은 더 이상 문제될 게 없다거나 신자들은 육의 "욕망"에 저항할 필요가 없다는 뜻은 아니다. 사실 신자들은 "두 시대 사이에서", 곧 역사 뒤편으로 사라져가는 "이 시대"와 이미 그리스도와 **영**이 그 막을 열어놓으신 "다가오는 시대" 사이에서 살아가기 때문에, "자신들을 죄에 관한 한 죽은 자로 **여겨야**" 한다(6:11). 또 그들은 "**영으로 몸의 행실을 죽임으로써**"(8:13) 자신들을 죄에 대하여 죽은 자로 여긴다. 그러나 바울은 이것을 싸움을 상징하는 것으로 받아들이지 않는다. 그에겐 이것이 신자들이 체험하는 실재들이다. 바울이 여기서 결정적으로 강조하는 것은 그런 일을 만들어내는 **영**의 사역이지, 신자들이 **영** 안의 삶과 육의 유혹 사이에서 견뎌내며 계속 이어가야 하는 어떤 줄다리기가 아니다.

그러나 그런 내용은 다음 문단에 속한다. 우리는 그 내용으로 넘어가기 전에 앞서 빈번히 그리했던 것처럼 구원론을 설파하는 이 부분이 가진 철저한 삼위일체적 성격에만 주의를 기울이면 될 것이다. 늘 그랬듯이, 하나님은 여기서도 다시 한 번 "구원이라는 동사"의 주어다. 그리스도는 하나님이 우리 인간 역사의 한 지점에서 객관적·역사적 사실인 구원을 이뤄내실 때 그 통로가 되셨다. 그리고 **영**은 하나님이 신자의 삶 속에서 구원을 효과 있게 이뤄내실 때 그 통로가 되시는 분이다. 여전히 이 현세를 따라 살아가는 사람들과 구별하여 하나님 백성의 정체를 규정해주시는 분이 바로 **영**이시다. 바로 이 **영**이 토라가 목표했으나 만들어내지 못했던 "의"를 이뤄내신다.

▪ 로마서 8:5-8

[5]이는 육을 따르는 자들은 육의 일들에 마음을 두나 **영**을 따르는 자들은 **영**의

<hr>

술을 지향하는데도, Dunn은 바울이 실제로 말하는 내용에 호소함이 없이 그저 반대 의견만을 역설한다.

일들에 마음을 두기 때문이라. ⁶이는 육의 생각은 죽음이나 **영**의 생각은 생명과 평강이기 때문이라. ⁷육의 생각은 하나님을 대적함을 뜻하나니, 이는 육의 생각이 하나님의 법에 굴복하지 아니하기 때문이요, 이는 굴복할 수도 없기 때문이라. ⁸또 육 안에 있는 자들은 하나님을 기쁘시게 할 수 없느니라.

바울이 이 문장 묶음을 시작하며 사용한 "이는"(그리스어로 γάρ — 옮긴이)은 이 묶음이 뭔가 새로운 것이 아니라 그가 4절에서 마지막으로 한 말, 곧 하나님 백성은 "육이 아니라 **영**을 따라 행한다"라는 말을 상세히 설명해놓은 것임을 일러준다(그 이유는 육이 그리스도의 죽음으로 말미암아 정죄를 받아서 죽었기 때문이요, **영**이 토라 자체는 이루지 못했던 토라의 의로운 요구를 가능하게 해주었기 때문이다). 현재 우리가 보는 내용이 2-4절에 필수불가결한 부분임은 육 안의 삶을 "죽음"으로 묘사하고 **영** 안의 삶을 "생명과 평강"으로 묘사한 것이 더 증명해준다. 아울러 바울은 7-8절에서 육을 따라 살아가는 삶을 7:14-23에 있는 말과 아주 비슷한 말로 규정한다. 바울은 7:14-23에서 육 안에 있는 사람은 "하나님의 토라"에 복종하지도 **않을 뿐더러** 복종할 **수도 없어서** 결국 하나님을 기쁘시게 해드릴 수 없다고 말한다.

하지만 이 내용은 바울이 3-4절에서 말하는 것을 뛰어넘어 이 주장 속에서 나름대로 독특한 기능을 한다. 바울의 당면 관심사는 두 가지로 보인다. 무엇보다 바울은 두 삶의 방식(육을 따르는 삶의 방식과 **영**을 따르는 삶의 방식 — 옮긴이)이 절대 양립할 수 없다고 말한다. 이는 신자들이 두 삶의 방식 사이에서 끊임없이 투쟁하기 때문이 아니라 그들이 한쪽에 속하면 마땅히 다른 쪽에 속한 사람들처럼 살아가서는 안 되기 때문이다. 12-13절이 제시하는 적용이 이를 분명하게 일러준다. 그러나 둘째, 바울이 현재 특히 관심을 기울이는 것은 "육의 삶"이다. 그리함으로써 로마 신자들이 육의 삶에 맞서는 **영**의 사람들이라는 것을 가능한 한 극명하게 대조하여 드러내 보일 수 있기 때문이다. 그리하여 바울은 "'육 안에' 있는 사람들은 하나님을 기쁘시게 해드릴 수 없다"라고 결론짓는다. 바울은 이 말에 대한 답변을 9-11절에서 이렇게 제시한다. "그러나 너희로 말하면, 너희는 '육 안에' 있지 **않고** '**영** 안에' 있느니라."

이 모든 내용을 통합시켜주는 모티프가 처음 등장한 곳은 2절의 "명제 문장"이다. 거기서 바울은 해방을 안겨주시는 **영**이 바로 생명을 주시는 **영**이라고 말했다. 바울은 이런 대조들을 통해 이제 오직 **영**의 사람들만이 생명을 소유하며(6, 10절) 영생을 누리게 되리라는 것(10-11절)을 보여준다. "육을 따르는" 사람들은 생명을 소유할 수 없다. 그들에게는 생명의 근원이신 **영** 바로 그분이 계시지 않기 때문이다. 그들의 마음은 죽음으로 인도하는 것에 기울어 있다. 이처럼 그들은 하나님 그리고 "토라의 의로운 요구"와 철저히 대립한다(7절).

현재 우리가 보는 내용은 두 부분으로 되어 있다. 첫째 부분(5-6절)은 두 가지 삶의 방식에서 기본이 되고 특징이 되는 것을 서술한다. 둘째 부분(7-8절)은 원인 내지 추론을 나타내는 절 형태를 띠는데, 육 안의 삶이 결국 죽음으로 이어지는 이유를 제시한다. 육 안의 삶은 그 본질상 하나님을 대적하는 것이 그 특징이기 때문이다. 따라서 여기서 볼 수 있는 생각의 흐름은 다음과 같은 구조로 쉽게 나타낼 수 있다.

A κατὰ σάρκα(육을 따르는) 자들은 "육의" 일들에 마음을 둔다.

  그러나

  B κατὰ πνεῦμα(영을 따르는) 자들은 "**영**의" 일들에 마음을 둔다.

  이는

A′ 육의 "생각"은 죽음을 뜻하기 때문이요

  그러나

  B′ **영**의 "생각"은 생명과 평강을 뜻하기 때문이다.

  그 이유는

  A¹ 육의 "생각"은 하나님을 대적하나니,

육의 생각이 하나님의 법에 굴복하지 않기 때문이요,

이는

굴복할 수도 없기 때문이라.

결국(δέ)

A² 육 안에 있는 자들은 하나님을 기쁘시게 할 수 없느니라.

이것은 서술이지 권면이 아니다. 이 본문의 의도는 그리스도 이전의 삶과 현재 **영** 안에서 살아가는 삶을 가능한 한 극명하게 구별함으로써 앞서 7:5에서 말했던 내용을 상세히 설명하는 것이다. 여기서 말한 내용을 명령을 통해 적용하는 일은 12-13절에 가서 이루어진다. 여기 본문에서는 신자 내면에서 이루어지는 투쟁을 언급하지도 않고 암시하지도 않는다.[194] 오히려 2-4절에 비춰볼 때, 바울은 지금 로마 신자들에게 그들의 과거에 속하는 "육"을 규정하는 특징과 그들의 현재에 속하는 "**영**"을 규정하는 특징을 되새겨준다. 현재 이 문단이 대체로 서술하는 내용을 보면, 육 안에 있는 삶이 곧 바울이 신자를 기본적으로 육 앞에서 무력한 존재로 본다는 뜻이거나(바울은 어디에서도 자신이 그렇게 본다고 시사하지 않는다) 이 주장 속에서 제시하는 주요 강조점이 여기에 있다는 뜻이 아님을 일러준다.[195] 바울이 말하려는 요점은 정반대다. 바울이 (6:1부터) 시종일관 견지하는 관심사는 "사람이 토라 준수를 제거할 때 의에 일어나는 일"과 관련 있다. 바울은 **영**이 하나님의 대답이라고 본다. 그러나 **영**은 단순히 "**율법**에 기초

---

194) 그러나 다수설은 반대다. 가령 Loane, *Hope*, 31은 이렇게 말한다. "결국 바울은 이 본문에서 육과 **영**을 인간 내면에서 주도권을 쥐려고 서로 다툼을 벌이는 두 적대 세력으로 묘사한다"(고든 피의 강조; 참고. Cranfield, Dunn). 그러나 이것은 본문에 아무 근거가 없는 강변이다. 바울은 육과 **영**이 주도권을 쥐고자 서로 전쟁을 벌인다거나 "애쓴다"는 것을 전혀 암시하시 않는다. 바울은 이미 이 문제를 그리스도가 정리해주셨다고 본다. 결국 바울이 강조하는 것은 "우리가 이전에는 육 안에 있었으나 이제는 **영**의 새로움 안에서 섬긴다"는 것이다(7:5-6).

195) Wright, *Climax*, 201이 말하려는 게 이것이다. 그리하여 그는 이 구절들을 한 번 더 **율법**을 "옹호"한 내용의 정점으로 본다.

한 의"에 주는 대답보다 훨씬 더 많은 의미를 지녔다. **영**은 하나님이 철저히 타락한 상태에 있던 인류를 괴롭힌 것(곧 기본적으로 하나님을 대적하며 그 본질상 하나님께 복종할 수 없는 육)에 대한 답변으로 내놓으신 것이다. 그러므로 바울이 묘사하는 것은 신자가 육에 맞서 벌이는 투쟁이 아니라 뿌리 깊은 타락 상태다. 이 타락 상태는 **영** 안에 있는 삶과 대립한다. 결국 바울의 이런 궁극적 관심사가 9-11절도 세워준다. 9-11절은 **영**을 6:1-7:6이 묘사한 것을 가능케 할 목적으로 하나님이 공급해주신 존재로 묘사한다.[196]

5절 바울은 이유를 설명하는 말인 "이는"을 사용하여 **영**의 삶과 육의 삶을 대비한다. 이 본문이 논증이나 권고가 아니라 "서술문"[197]이라는 것은 바울이 일관되게 사용하는 3인칭 복수형("…하는 자들")이 증명해준다. 아울러 이것은 바울이 지금 신자의 "내면생활"을 묘사하는 게 아님을 일러준다. 이것들은(=**영**의 삶과 육의 삶은 - 옮긴이) **서로 다른 두** 그룹들을("육"의 사람들과 **영**의 사람들, 곧 그리스도께 속한 사람들과 그렇지 않은 사람들을) 묘사한다.[198] **영**의 사람들은, 4절의 말을 빌리자면, "**영**으로 행하는 **우리**"인 "사람들"로 이해해야 한다. 그러나 바울은 여기서 신자의 삶 자체가 아니라 서로 상극인 두 종류의 실존을 이야기한다. 이 두 종류의 실존은 이제 그리스도와 **영**이 시작하신 종말의 실재들인 "이미 그러나 아직 아니" 속에서 서로 평행선을 그리며 공존한다. 유대인 신자는 물론 이방인 신자도 일단 한쪽에 속하면 더 이상 다른 쪽에는 속하지 않는다. 7:5과 8:9이

---

196) 대체로 예전에 나온 저작들 사이에서는 바울이 여기서 쓴 πνεῦμα가 사람의 영(분명 **영**으로부터 힘을 공급받는)을 가리키느냐 아니면 **영** 바로 그분을 가리키느냐를 놓고 다소 논쟁이 있었다. 그러나 바울이 제시하는 증거에 비춰볼 때, 이 본문에서는 그런 견해(즉 사람의 영을 가리킨다고 보는 견해 - 옮긴이)를 변호하려면 상당한 용기가 필요할 것이다.

197) 참고. Barrett, 157: "이 구절은 정의(定義)다."

198) 대다수 주석들은 이런 견해이지만, Dunn, 425은 견해를 달리한다. Dunn은 이 구절을 다룰 때 여기서 분명히 드러나는 것을 무시하느라 자기의 거의 모든 에너지를 허비한다.

이런 사실을 일러준다.

바울은 두 종류의 실존을 먼저 가장 적나라한 형태로 표현하여 서로 다른 두 삶의 방식"에 마음을 둠"[199]으로 묘사한다. 즉 "육을 따르는" 사람들은 무엇보다 육의 방식(길)에 마음을 둔 자들이요, 육의 방식에 철저히 헌신하는 자들이다. 그런 사람들은 항간에서 하는 말로 "생각도 육, 먹을 때도 육, 잘 때도 육뿐"이다. 이런 삶은 분명 "그리스도 예수 안에 있는" 삶과 아무 상관이 없다. 오히려 이런 사람은 철저히 그리스도 밖에 있는 자들을 묘사한 말이다.

이들 반대쪽에 신자들이 있다. 그들은 "**영**의 방식에 마음을 두었다." 때문에 이들은 말 그대로 육 안의 삶과 결코 양립할 수 없다. 따라서 바울의 인식을 따르자면, 그리스도인의 삶에서 절대 기본이 되는 것을 묘사하는 일은 행위 자체에서 시작하는 게 아니라, 삶과 행위를 아우르는 모든 것 뒤에 자리한 것으로부터[곧 하나님과 그분의 방식(길)에 고정해놓은 마음 그리고 **영**과 일치하는 것에 몰두하는 마음으로부터] 시작한다. 그러기에 바울이 12:2에서 제시하는 이 서신의 기본 명령문은 육의 삶을 지향하는 **이 시대**를 "본받지 말고", 도리어 "그 마음을 새롭게 함으로(이는 곧 '**영**으로'를 암시한다) 변화를 받음으로써" 하나님의 뜻을 분별할 수 있게 하라는 형태를 띤다.

6절 바울은 또 한 번 이유를 설명하는 "이는"을 써서 5절에서 묘사한 두 가지 "마음"(성향)이 낳는 결과를 묘사한다. 아울러 그는 자신이 **생명의 영**을 우리를 **죄와 죽음의 법**"으로부터 해방시켜주신 분으로 묘사했던 2절의 언어로 되돌아가 두 가지 "마음"(성향)이 낳는 결과를 묘사한다. 바울은

---

199) 그리스어로 φρονέω다. 이 동사는 단순히 "어떤 식으로 생각하다"라는 의미를 뛰어넘어 "무언가에 마음을 두다, 무언가를 하려고 하다"라는 의미와 관련 있는 동사다. 이 동사는 로마서의 나머지 부분에서도, 특히 12-15장에서 꾸준히 등장하며, 빌립보서가 대단히 많이 구사하는 동사다.

"육에 고정해둔 마음"[200]은 "죽음"을 뜻한다고 말한다. 여기 본문에서는 새로운 것이 없다. 이 내용 역시 바울이 5:12에서 처음으로 이 주제를 끄집어내고 7:14-25에서 이 주제를 상세히 설명한 이래 계속하여 이야기해온 것이다. 바울은 7:24에서 말했던 "곤고한 사람"을 "죽음 안에서 살아가는" 사람으로 표현한다. 본디 선하나 죄 앞에서 무기력한 토라가 불러일으킨 죄가 그 육 안에 존재하기 때문이다. 바울은 이 주제를 10절에서 살짝 바꿔 다시 끄집어낼 것이다. 죽음은 "죄의 육" 안에 사는(3절) 죄의 결과다.

이번에도 다시 반대편에는 "**영**에 고정해둔 마음"이 있다. 이런 마음의 성향은 생명과 평강을 낳는다. 물론 생명은 죽음의 반대말에서 더 나아가 **영**의 주된 특성을 가리킨다. 앞에서 2절을 살펴볼 때 말했듯이, **영**은 "생명의 **영**"이요 생명을 주시는 하나님의 **영**으로서 생명을 주시는 **영**이다. 그렇다면 바울은 왜 "그리고 평강"이라는 말을 덧붙인 걸까? 그 이유는 십중팔구 바울이 7절에서 이야기할 육 안의 삶을 규정하는 특징인 **적대감**을 미리 염두에 두었기 때문일 것이다. 결국 바울은 죄를 하나님을 향한 적대감으로 은유했던 5:1-11 내용을 되울려주는 셈이다.[201] 그리스도의 화해 사역은 적대감을 극복했고 하나님과 이전에 원수였던 자들이 "하나님과 화목을 이루게 했다."[202] 여기서 우리는 전혀 놀랍지 않은 것, 곧 바울이 평강의 근원을 **영** 바로 그분으로 본다는 사실을 배운다. 바울이 이렇게 우연히 **영**과 "평강"을 함께 언급한다는 것은 우리가 바울을 이해할 때 전제로 삼아야 할 것이 무엇인가를 증명해줄 뿐이다. 즉 바울은 **영**을 신자가 체험하는 삶의 모든 영역 속에, 또 그들과 하나님의 관계 그리고 그들

---

200) 그리스어로 τὸ φρόνημα τῆς σαρκός다. 이 명사구는 5절의 첫 절을 집약해놓은 것이다.

201) 참고. 14:17과 15:13. 이 본문의 문맥들을 보면, "평강"(화평)은 신앙 공동체 내부의 전일성(全一性, wholeness)과 관련 있다.

202) 아울러 Moo, 520을 참고하라. 많은 해석자들(가령 Morris, 306)은 이 말을 **영**이 주시는 생명을 받은 사람들에게 다가오는 주관적 안녕이나 "마음의 평강"을 가리키는 말로 본다. 나도 이 말에 이런 면이 있음을 의심하지 않는다. 그러나 이 말은 우선 하나님과 화목함을 의미한다. 객관적 시각에서 볼 때, 그들은 하나님과 하나가 된 자들이기 때문이다.

이 서로 가지는 관계 속에 현존하시는 분으로 생각할 때면, 이 **영**을 언제나 언급할 필요는 없다고 생각한다.

7-8절 이 두 문장은 "육에 고정해둔 마음"에 초점을 맞추고 이 마음이 왜 죽음을 낳는지 이유들을 제시함으로써 5절부터 지금까지 묘사해온 내용을 마무리한다. 물론 이 두 문장은 9-11절에서 말할 **영** 안의 삶과 대조를 이루는 삶을 제시하는 곳이기도 하다. 바울은 9-11절에서 우리 안에 들어와 사시는 **영**이 현재와 마지막 날에 우리에게 생명을 확실히 보장해주신다고 말한다. 여기서 바울은 이전 문장에서 말했던 주제이자 "**영**에 고정해둔 마음"을 규정하는 특징인 (하나님과 누리는) "평강"(화목)이라는 테마를 끄집어낸다. 바울은 "육의 마음" 배후에는 그가 이미 1:18-32에서 묘사했던 하나님을 향한 끊임없는 적대감이 자리해 있다고 주장한다. 이는 분명 그리스도인의 삶을 묘사한 말도 아니요 신자의 마음속에서 일어나는 어떤 근본적 투쟁을 묘사하는 말도 아니다. 바울 서신에서 이것은 늘 언제나 그리스도 밖에 있는 사람들을 묘사하는 말이다.

뿐만 아니라, 바울은 설명을 추가하고 마지막으로 한 번 더 자신이 7:14-25에서 제시했던 주장을 곱씹으면서, 그런 사람들은 하나님의 토라에 복종하지도 않고 복종할 수도 없다고 말한다. 이처럼 바울은 그리스도 밖에 있으면서 하나님을 대적하는 사람들이 살아가는 육 안의 삶과 자신이 7장에서 묘사하는 사람을 분명 나란히 놓아둔다. 이런 바울의 서술 태도는 결국 7:14-25이 신자의 삶 속에서 이루어지는 어떤 투쟁과 아무 상관이 없다는 우리 주장을 확실하게 지지해준다. 이 두 경우에 육 안에서 살아가는 사람들이 하나님의 토라에 복종할 수 없는 이유는 그들이 **영**을 떠나 살기 때문이다.

마지막으로 바울은 "육 안에" 있는 사람들은 바로 그런 이유 때문에 "하나님을 기쁘시게 해드리지 못한다"라고 결론짓는다. 바울은 이 마지막 문구를 **영** 안의 삶과 관련지어 곧바로 곱씹지는 않는다. 그러나 바울은

12:1-15:13에서 제시한 권고에서 **영** 안의 삶이 어떻게 밖으로 나타나는지 적용 문제를 상세히 이야기하기 시작할 때, "하나님을 기쁘시게 해드린다"라는 문구를 그 "명제 문장"(12:1)에서 **영** 안의 삶을 표현하는 첫 번째 말로 제시한다(=자기 몸을 하나님이 기뻐하시는 거룩한 산 제물로 드리는 삶─옮긴이). **영**으로 말미암아 그 "마음"이 새롭게 된 사람은 무엇보다도 하나님을 기쁘시게 해드리는 삶을 살려고 노력한다. 이런 일이 이루어질 수 있는 것은 우리에게 능력 주시는 **영**의 임재 덕분이다.

▪ 로마서 8:9-11

[9]그러나 너희로 말하면,[203)]너희는 육 안에 있지 않고 **영** 안에 있으니, 이는 정녕 너희 안에 하나님의 **영**이 계시기 때문이라. 이제 만일 누구든지 그리스도의 **영**을 갖지 않으면, 이 사람은 그리스도의 사람이 아니라. [10]그러나 만일 그리스도가 너희 안에 계시면, 죄로 말미암아 그 몸은 죽은 것이나, 의로 말미암아 **영**은 살아 있는 것이니라. [11]이제 만일 예수를 죽은 자들 가운데서 일으키신 이의 **영**이 너희 안에 계시면, 그리스도 예수를 죽은 자들로부터[204)]일으키신 분이 너희

---

203) 이 번역어는 바울이 제시한 강조어인 ὑμεῖς δέ를 살려보려고 시도한 것이다. 바울은 이 말을 강조할 목적으로 문장 첫머리에 기록하여 육 안에 있어서 하나님을 기쁘시게 해드리지 못하는 8절의 사람들과 분명하게 대비한다.

204) 이 지점에서 서로 다른 본문들이 어지럽게 무리를 짓고 있다. 이 본문들은 어순(語順) 그리고 Ἰησοῦν이라는 말의 추가/생략 여부와 관련 있다. 내 번역은 이집트 본문을 반영한 것이다[ℵ* A (C 81) 630 1506 1739 1881 pc]. 이 본문은 Ἰησοῦν을 "추가"해놓았을 뿐 아니라, 어순도 독특하게 ἐκ νεκρῶν Χριστὸν Ἰησοῦν으로 되어 있다(바울 서신 어디에서도 볼 수 없는 어순이다). 외부 증거(B는 분명 여기서 그 전승을 포기했다)와 전사 가능성(transcriptional probability)을 고려할 때(이 본문이 다른 본문이 어떻게 등장했는가도 설명해준다), 어쨌든 ἐκ νεκρῶν Χριστὸν Ἰησοῦν이 원문을 나타내는 것 같다. NA[26] / UBS[4] 편집자들은 Χριστὸν ἐκ νεκρῶν을 "가장 덜 만족스러운 본문"으로 여겨 채택하면서 [B F G MajT (Χριστόν 앞에 τόν을 덧붙여놓았다)도 같다], "예수"라는 말이 "추가"된 것을 바로 그 앞에 있는 절에 동화되어 빚어진 결과일 수 있다고 생각했다(Metzger, *Textual Commentary*, 516). 그러나 그런 견해는 이 독특한 어순을 설명하지 못할뿐더러, 만일 그런 동화가 일어났다면 "그리스도"를 "예수"로 간단히 바꿀 수 있는데도 왜 그런 바꿈이 일어나지 않았는지 설명하지 못한다. 그런 설명은 확신을 주기에 부족하다.

죽을 몸들에게도 생명을 주시리니, 이는[205] 너희 안에 계시는 그의 **영** 때문이라.

바울은 한편으로 강조어인 "그러나 너희로 말하면"을 사용하고 다른 한편으로 "육의 일들을 생각하는" 7-8절의 사람들과 생생히 대조하여 자신이

---

205) 이 주장의 논리(뒤의 논의에서 말하는 것을 보라)는 물론이요 외부 증거와 내부 증거의 무게(증명력)는 τὸ ἐνοικοῦν αὐτοῦ πνεῦμα라는 본문을 지지한다("너희 안에 계시는 그의 **영**으로 **말미암아** 살리라"; B D F G K Ψ 33 181 1241 1739 1881 lat MajT Origen이 이 본문을 취한다). 반면 ℵ A C 81 88 104 326 436 2495 pc NA[26]/UBS[3]은 τοῦ ἐνοικοῦντος αὐτοῦ πνεύματος로 기록해놓았다. UBS[3] 위원회는 수록 본문을 선택하면서 우선 B가 증언하는 본문을 배제하고("바울 서신에서는 B의 무게가 D G와 결합할 때 아주 많이 떨어진다") 이어 "알렉산드리아 본문(ℵ A D 81), 팔레스타인 본문(syr[pal] Cyril-Jerusalem), 그리고 서방 본문(it[61]? Hippolytus)을 포함한 본문 유형 조합에 근거하여" 그 소유격(=τοῦ ἐνοικοῦντος αὐτοῦ πνεύματος)을 지지하는 쪽을 선택했다(Metzger, *Textual Commentary*, 517). 그러나 이 경우에는 그런 조합에 근거한 선택이 타당하지 않다. 그와 똑같은 본문 유형 조합(즉 알렉산드리아 본문+팔레스타인 본문+서방 본문으로 이루어진 조합 – 옮긴이)인데도 UBS[3] 위원회가 택한 본문보다 다른 본문을 훨씬 더 강하게 지지하는 조합이 존재하기 때문이다 [=B 1739, 이들은 조합을 이룰 경우 다른 본문보다 "알렉산드리아" 본문을 대변하는 경우가 더 잦다; 일찍부터 그 우월성을 널리 인정받았던 서방 사본들; 그리고 몇몇 "팔레스타인" 교부들(Methodius, Origen, Theodoret)로 이루어진 조합]. 그러므로 이 문제는 전사 가능성 [여기의 전사(轉寫)는 저자가 앞서 고전 14:34-35의 진정성을 다룰 때 말했던 전사 개념(= 자리, 곧 위치 바꿔 적기)과 달리 **말** 자체를 바꿔 적는다는 개념으로 보아야 한다 – 옮긴이]에 근거하여 결정해야 한다. 본문 변형은 오로지 일부러 바꾸어놓았을 때만 가능하지 실수로 일어날 수는 없는 일이기 때문이다. 여기서는 증거가 모두 목적격 쪽에 힘을 실어준다. διά가 부활을 가리키는 동사를 수식할 때(참고. 6:4; 고전 6:14) 사람들은 διά 뒤에 목적격이 오리라고 예상하지 않기 때문이다(롬 6:4과 고전 6:14에서는 διά 뒤에 소유격이 왔다 – 옮긴이) – 매개체(중개자)가 누구인지 아주 완벽하게 잘 전달하려 할 때에는 더더욱 διά 뒤에 목적격을 사용하지 않는다[즉 그리스어 본문(가령 롬 6:4과 고전 6:14)이 "부활이…을 **통하여** 일어났다"라고 말할 때는 보통 "…을 통하여"를 διά+소유격 형태로 제시하기 마련인데, διά 뒤에 목적격이 왔다는 것은 일반 독자들이 예상하기 힘든 표현으로서 일부러 그렇게 썼다고 볼 수밖에 없는 것이므로 이 표현이 원문일 것이라는 게 저자의 주장이다 – 옮긴이]. Cranfield, 1.392은 반대로(그는 본디 소유격이었는데 10절에 있는 목적격에 근거하여 목적격으로 바뀌었을 수 있다고 주장한다) 실상 아주 자연스러운 소유격이 사람들이 훨씬 더 흔하게 쓰지 않았던 목적격으로 아주 일찍부터 자주 바뀌어 기록되었을 상황들을 상상할 수 없으며[롬 6:4에 비춰볼 때, 특히 그렇다. 롬 6:4을 보면, διὰ τῆς δόξης τοῦ πατρός (아버지의 영광으로 말미암아)기 비 옳의 평상시 언어 습관은 보여줄 뿐 아니라, 여기서 쓴 소유격을 목적격으로 바꾸라고 요청하는 것 자체가 아주 힘들다(목적격으로 바꾼다면 훨씬 더 의미가 잘 통하긴 할 것 같다)], 어느 누구도 그런 일을 하지 않았다고 주장한다. (여기서 Cranfield가 제시한 주장처럼) 본디 그럴 개연성(즉 애초부터 소유격만 썼을 개연성 – 옮긴이)만이 이런 결론에 힘을 더해줄 뿐이다.

1-2절에서 시작했던 주장을 일단 매듭짓는다. 그는 이제 더 일반적 표현인 5-8절의 "…하는 자들"로부터 2인칭 복수형으로 바꾸었다. 그리고 **"생명의 영"**이라는 새 "법"과 관련하여 **영**이 우리를 "죄의 법"은 물론이요(3-8절) "죽음의 법"으로부터도 해방시켜주셨다고 결론짓는다. 아울러 3-4절에서도 그랬듯이, 바울은 비록 여기서 "토라의 의로운 요구를 이룰" 목적으로 하나님이 공급해주시는 **영**의 생명을 다루지만, 이 두 문단에서(3-8, 9-11절) 그가 제시하는 것은 **그리스도의 사역 및 이와 결합된 영의 사역**이다. 이것은 우리가 현재 이 문단에서 부닥치는 몇 가지 난제들을 해결해줄 실마리가 되어줄 것이다.

사실 겉으로 보면 이 문단은 아주 혼란스러운(또 혼란을 일으키는) 문장 묶음처럼 보인다. 특히 영역(英譯) 본문은 더 그렇다.[206] 세 가지 요인이 이런 혼란을 만들어낸다. 첫째, 바울의 수사는 그가 말하는 것들을 받아 적게 한 경우가 빈번하다. 바울이 말한 것들은, 그 자체만 놓고 보면, 분명 그 표현이 더 명확했을 것이다. 이것은 특히 그가 균형 잡힌(평행을 이루는) 절들을 사용하고 때로는 짧거나 긴 교차대구 구조들을 사용하여 여러 항목을 대조하여 제시하는 경우를 보면 알 수 있다. 따라서 바울의 수사 스타일은 그가 말하는 이 모든 내용이 가정의(suppositional) 성질을 가지고 있다는 점과 10절에 있는 몇몇 어려운 표현들을 설명하는 데 도움을 준다. 둘째, 바울은 **영**의 사역과 그리스도의 사역을 결합하는 데 관심을 갖고 있다. 그래서 그는 이제 자신이 6:1-14에서 말했던 내용에 비추어 **영**을 어떤 때는 하나님의 **영**이라고 부르다가 또 어떤 때는 그리스도의 **영**이라고 부른다. 그런가 하면 한번은 그리스도의 **영**이라는 말 대신 아예 그리스도라는 말을 사용함으로써 독자에게 더 큰 당혹감을 안겨준다. 셋째, 바울은 앞으로 말할 18-30절의 내용을 미리 귀띔하듯 이제 **영**의 삶이 가진 종

---

206) 이런 혼란은 분명 "겉으로 나타나지 않은 이면"에서도 느낄 수 있다. 주석들, 특히 예전에 나온 주석들을 조심스럽게 읽어보면 그런 혼란이 드러난다.

말론의 차원을 *끄집어낸다.* 이 차원은 이제까지 그가 제시한 주장에서는 빠져 있었다. 이 모든 내용이 10절에서 갑작스럽게 바뀌다 보니, 독자들은 전혀 그 변화를 예상할 수가 없다.

따라서 특히 이 경우에 우리는 이 문단의 세부 내용들을 이해하려고 하기에 앞서 우선 문단 전체를 살펴봐야 한다. 문단 전체를 살펴볼 수 있는 가장 쉬운 방법은 그 구조를 도해하여 (좀 간략하게) 그 기본 주장을 밝혀보는 것이다.

⁹그러나 (너희로 말하면) 너희는　　　육 안에 있지 않고
　　　　　　　　　　　　　　　　　영 안에 있으니,

[A]　이는 정녕　　　하나님의 **영**이　　　너희 안에 계시기 때문이라.

　[B]　이제 만일　　누구든지 가지지 않은 사람은　　그리스도의 **영**을
　　　　　　이 사람은 그(그리스도)의 사람이 아니라.

[B′]　¹⁰그러나 만일 그리스도가 너희 안에 계시면,

　[C]　그것은 곧　μέν　그 몸은 **죽은 것이나**　　죄로 말미암아

　[D]　　　　　　δέ　　그 영은 **살아 있는 것이니**　의로 말미암아

[A′]　¹¹이제 만일　예수를 일으키신 그(하나님)의 **영**이　너희 안에 계시면,
　　　　　　그가(하나님이) (그리스도 예수를 죽은 자들로부터 일으키신)

　[(C)/D′]　　　　　너희 **죽을 몸들**에도 **생명**을 주시리니,
　　　　　　그의 **영**이 너희 안에 계시기 때문이라.

이 구조 도해는 이 간결하면서 치밀한 문장 묶음을 풀어헤치는 데 도움을 줄 몇 가지 관찰 결과들을 제공해준다.

1. 우리가 우선 발견하는 것은 이 문장 묶음이 논증 **형태**를 띤다는 점이다. 이 형태는 고린도전서 15:12 이하의 형태와 아주 비슷하다. 바울은 먼저 **"정녕 그렇다면**(이 실재가 과연 진실이라면; 즉 진실로 하나님의 **영**이 너희 안에 계시면 — 옮긴이), **너희는 … 이다"**[A]라는 말로 시작한다. 그러나 바울

은 이 실재가 낳는 좋은 결과들을 곧장 이야기하지 않고 도리어 이런 실재가 존재하지 **않을** 경우에 일어나는 결과를 설명하는 방향으로 나아간다("만일…하지 않다면, 결국 너희는…이 아니다")[B]. 이어 바울은 B와 반대로 그 실재를 긍정문을 통해 표현한다. 여기서 처음으로 주장(논증)이 이루어진다("너희가 이러하기 때문에, 여기 이런 결과가 존재한다")[B′]. 현재 바울이 여기서 제시하는 주장과 고린도전서 15장에서 제시하는 주장의 큰 차이점은 후자의 경우에 일부 고린도 사람들이 실제로 미래에 있을 몸의 부활을 부인했으며 이 때문에 그들의 (거짓) 가정들이 실제로 참이라면 무슨 결과들이 일어날지(즉 "만일…이 **아니라면,**…할 것이다") 이야기하는 데 강조점을 두었다는 점이다. 그러나 여기서는 가정들이 아주 다른 역할을 한다. 즉 여기서는 가정들이 실제로 존재하는 결과들, 곧 우리가 우리 안에 들어와 사시는 **영**이라는 실재를 통해 확인할 수 있는 결과들을 특히 강조하여 제시하는 역할을 한다.

2. 이것은 곧 이 주장의 **강조점**이 10절과 11절에 있는 두 "D"절이라는 뜻이다. 이 두 구절은 **영**이 우리 안에 들어와 사신다는 사실이 낳은 결과를 표현한다. 첫째(10절), **영**은 바로 그리스도의 **영**이시다. 이런 점에서—비록 우리 몸은 죄로 말미암아 죽을 수밖에 없지만(참고. 5:12, 21)—우리가 받은 "생명"은 **영**으로 신자 안에 들어와 사시는 그리스도가 이뤄내신 "의"가 직접 만들어낸 결과를 의미한다. 둘째(11절), 우리 안에 들어와 사시는 **영**은 바로 그리스도를 죽은 자들 가운데서 일으키신 하나님의 **영**이시다. 따라서 그 **영**은 그리스도가 일으키심을 받은 것처럼 우리 "죽을" 몸도 장차 부활을 통해 다시 살리라는 것을 하나님이 몸소 우리 삶에 확실히 새겨주신 보증이기도 하다.

3. 따라서 논지의 흐름을 쉽게 따라잡을 수 있다. 9절은 둘 중 하나를 택해야 하는 두 가지 기본 사실을 이야기한다. 이 둘은 육 안의 삶(=죽음)과 **영** 안의 삶(=생명과 평강)을 예리하게 대조했던 바로 앞의 주장(5-8절)에서 직접 유래한다. 우리는 **영**을 소유함으로써 그리스도께 속하든지, 아

니면 **영**을 소유하지 못하여 그리스도께 속하지 아니함으로 신자로서 살아가지 않는 쪽을 택하든지, 둘 중 하나를 택해야 한다. 이어 10절은 **영**을 가진 사람들이 부닥치는 첫 번째 결과를 제시한다. 이 첫 번째 경우가 강조하는 것은 그리스도의 사역과 그 사역의 직접적 결과인 "생명의 **영**"의 임재다. 그래서 바울은 **영**을 "그리스도의 **영**"이라고 부른다. 바울은 다시 이를 "그리스도가 너희 안에 계시면"이라는 형태로 줄여 표현하는데, 이는 곧 "만일 그리스도가 너희 안에 그의 **영**으로 계시면"이라는 뜻이다. 그리스도가 당신의 **영**으로 임재하심은 그가 당신 백성을 위하여 의를 확보해주신 구속 사역의 결과다. 그리스도가 이렇게 당신의 **영**으로 임재하신 결과, 우리는 "생명"(=이미 우리 것이 된 영생이라는 선물; 6:23)을 갖게 되었다. 이어 11절은 미래를 가리킨다. 더 나아가 바울은 자신이 10절에서 제시했던 두 가지 모티프(죄로 말미암아 "우리 몸은 죽게 되었으나", **영**을 통해 우리가 생명을 갖게 되었다)를 끌어다가, **영**의 임재가 우리의 부활을 보장해준다고 주장한다. 또 바울 신학에서는 늘 그렇듯이, 그리스도는 물론 우리를 부활시켜주시는 분은 하나님 바로 그분이다. 바울은 이제 **영**을 "하나님의 **영**"이라고 재차 규정한다.

4. 이제 마지막으로 바울이 이 지점에 이르기까지 제시하고 이후에 제시할 주장 속에서 이 문단이 하는 역할을 살펴보고 그 결과를 몇 가지로 요약하여 제시해보겠다.

a. 이 주장 전체(7:6부터 이어지는 주장; 바울은 7:6을 8:1-2에서 다시 *끄집어낸다*)와 이 문단 자체는 바울의 주관심사가 "토라와 상관없이 그리스도 예수를 믿음으로" 주어지는 "하나님의 의"에서(3:21-22) **영**이 하는 역할이라는 것, 그리고 이 경우에 바울이 분명하게 강조하는 것은 우리 안에 **들어와 사시는 영**의 역할/기능이라는 것을 일러준다. 바울은 2절에서 "**생명의 영**의 '법'이 우리를 죽음의 '법'으로부터 해방시켰나"라고 밀 했다. 이 문단은 바로 그 점을 상세히 설명한다.

b. 동시에 이 문단과 6:4-14은 언어 면에서 아주 확실하게 결합해 있다.[207]

그래서 바울이 6:4-14 본문에서 그리스도와 관련하여 말한 내용과 여기서 **영**과 관련하여 말한 내용을 일부러 결합시켰다는 결론을 피하기가 힘들다. 이 본문과 6:4-14 본문 사이에는 한 가지 차이점이 있다. 우선 6:4-14 본문이 제시하는 "죽음/부활" 모티프는 본질상 행위 차원의 죄 및 의와 관련 있었다. 그러나 이 본문은 미래에 있을 몸의 부활과 관련된 종말론과 (주로) 관련 있다.

c. 나아가 이 문단은 그 자체로 고유한 주장을 제시하기도 하지만, 아울러 이어질 내용으로 넘어가는 가교 역할을 하기도 한다. 우선 이 문단은 앞서 제시했던 "생명"과 "죽음"이라는 주제들을 끌어모아 이 주제들을 특별히 **영** 안에서 살아가는 삶과 연계한다. 그런가 하면 이 문단은 미래에 지향점을 두면서도 현재 "이미 그러나 아직 아니" 속에서 **영**으로 살아가는 삶이 가지는 긴장의 참된 본질을 통찰한다. **영** 안에서 살아가는 사람은 "육"과 **"영"** 사이에서 투쟁하는 게 아니라, 현재의 약함 및 고난("죄로 말미암아 죽을" 수밖에 없는 몸이 이 약함과 고난을 증명한다)과 미래의 영광(바로 그 "죽을 몸들"이 체험할 부활이 이 영광을 증명한다) 사이에서 투쟁한다. 따라서 이 문단은 이런 내용을 더 길게 논의할 18-30절의 내용을 미리 귀띔하는 역할도 한다.

이런 점에서 우리는 이 본문이 바울 서신에서 "이미"(우리 안에 들어와 사시는 하나님/그리스도의 **영**은 우리가 이미 **지금** 생명을 누림을 뜻한다. 이 생명은 그리스도가 공급해주신 의에 근거한다)와 "아직 아니"(비록 죄는 죽을

---

207) 이런 결합은 특히 10-11절의 귀결절에서 확인할 수 있다: (1) "몸은 죄로 말미암아 죽었다"라는 말은 6:6, 12에서 말했던 "죄의 몸"과 "우리 죽을 몸을 다스리는 죄"라는 말을 되울려준다. (2) "영은 의로 말미암아 살아 계심이라"는 말은 6:13을 되울려준다. 바울은 6:13에서 우리가 하나님을 위하여 우리 자신을 죽은 자들로부터 "살아난 자"로(이렇게 살아남은 우리가 믿음으로 그리스도의 죽음과 부활에 동참하기 때문이다) 드려야 하며 우리 지체를 "의" 도구로 드려야 한다고 말한다. (3) "그리스도를 죽은 자들로부터 일으키신 이가 우리 죽을 몸들도 살리시리라"라는 말은 6:4의 "그리스도가 아버지의 영광으로 말미암아 죽은 자들로부터 일으키심을 받았다"라는 말과 6:8의 "만일 우리가 그리스도와 함께 죽었으면 그와 함께 살리라"라는 말을 되울려준다.

몸들에게 죽음을 뜻하지만, 우리 안에 들어와 사시는 **영**은 부활을 통해 지금은 물론 영원히 누리게 될 생명을 뜻한다) 사이에 존재하는 종말론 차원의 긴장을 탁월하게 드러내 보이는 또 한 가지 사례임을 유념해야 한다. 결국 우리가 미래에 있을 부활을 보장받는 이유는 이미 지금 **영**이 임재하셨기 때문이다.[208]

이제 이 문단이 말하는 **영** 관련 내용을 요약할 차례가 되었다. 그러나 그에 앞서 바울이 여태까지 제시한 내용 속에서 추정한 세부 사항 중 좀 더 상세하게 설명할 필요가 있는 몇 가지를 살펴보고 넘어가야 한다.

9절 이 구절은 더 부연할 필요가 없다. 우리는 앞에서 9절이 주로 5-8절과 10-11절을 이어주는 다리 역할을 한다는 것, 이때 9절은 5-8절이 제시하는 대조들을 다시 끄집어내고 그 대조들이 대변하는 두 가지 가운데 하나만을 선택할 수 있다는(즉 그리스도 안에 있는 삶이 아니면 그리스도를 떠난 삶만을 선택할 수 있다는) 점을 이야기함으로써 그런 다리 역할을 수행한다고 말했다. 따라서 비록 9절에 들어 있는 두 문장이 가정의 성격을 띠었지만, 바울에게는 이 문장들이 결코 가정이 아니다. 로마에 있는 신자들을 포함하여 모든 신자는 실제로 **영** 안에 있다.[209] 하나님의 **영**이 실제로 **그들 안에 들어가 사시기** 때문이다.[210] 또 그리스도의 **영**을 가지지 않은 사람은

---

208) Nygren, 322은 이 문단의 기능을 그가 5-8절과 7:13-15의 관심사로 보았던 것을 되풀이하는 것으로 본다. 즉 신자는 죽음 아래 있지만 동시에 생명 아래 있으며, 그런 이유 때문에 겉사람(몸)은 죄로 말미암아 죽었지만 영(spirit)은 의로 말미암아 살리라는 취지를 반복하여 말하고 있다고 본다. 그러나 이 견해는 정작 바울의 관심사를 아주 많이 놓친 것 같다. 이는 Nygren의 주석이 신학적 관심사 쪽으로 철저히 기울어 있기 때문이다.

209) SH, 197은 바울이 9b절에서 부정어로 말하는 "만일 누구든지"로부터 자신의 독자들이 **영**을 가졌음을 긍정어로 말하며 추정하는 말로 감쪽같이 옮겨간다고 말한다.

210) 이렇게 그들이 "**영** 안에 있음"과 **영**이 "그들 안에 들어와 사심"으로부터 옮겨감은 단지 신자의 행위와 **영**이 행위 사이에서 일어난 강조점 이동을 반영한 것일 뿐이다. 어느 쪽이든, 바울은 신자를 "**영**으로 행하는" 자들로 인식한다. **영**이 신자 안에 들어와 사시기 때문이다. 이전 시대 해석자들이 보여준 특이점들 가운데 하나는 그들이 ἐν πνεύματι를 "(사람이) 그 자신의 영으로"(물론 **영**의 도우심을 받아)로 해석하려 했다는 점이다. 그들은 마치 4-8절이 표현하는 대조가 종말론이 아니라 인간론과 관련된 대조인 것처럼 보려 했다. 가령 SH, 196

바로 그런 상태로 말미암아 자신들이 여전히 "육 안에" 있으며 그리스도께 속한 자가 아니라는 사실을 그대로 드러낸다. 따라서 이 서두의 요지는 우리가 이 앞 문단을 살펴볼 때 바울이 거기서 신자의 삶 속에 존재하는 "육과 **영**"의 긴장을 다루는 게 아니라 두 종류의 실존(**영** 안의 삶과 육 안의 삶, 신자의 삶과 불신자의 삶)이 가지는 차이점을 가장 강한 형태로 천명한다고 보았던 우리 해석이 옳았음을 확증해주는 것 같다.[211]

아울러 우리는 바울이 "하나님의 **영**"으로부터 "그리스도의 **영**"으로 쉽게 옮겨간다는 점도 유념해야 한다. 이곳은 바울 서신에서 바울이 **영**을 "그리스도의 **영**"으로 부르는 두 번째 경우다.[212] 이것은, 그 자체만 놓고 볼 때, 바울의 고기독론(high Christology)을 뒷받침해주는 가장 강력한 증거다. 바울과 같이 철저하게 구약의 이해를 좇아 하나님의 **영**을 이해하는 사람은 자신이 그리스도인으로서 한 체험을 토대로 아주 쉽게 **영**을 그리스도의 **영**으로도 규정할 수밖에 없다. 우리는 이런 언어 변화(="하나님의 **영**"으로부터 "그리스도의 **영**"으로)가 일어난 **이유**를 이미 이야기했다. 즉 바울의 주장이 이제 잠시 그리스도의 사역, 그리고 이 사역과 **영**의 관계를 강조하는 쪽으로 되돌아가기 때문이다. 이 강조점이 바로 10절이 제시하는 강조점이 될 것이다. 바울이 특히 이 문장에서 강조하는 것은 그리스도를 믿는 자로서 존재하는 것, 곧 "그리스도께 속해 있다는 것"이다. 이런 이유 때문에 그는 신자가 그리스도께 속해 있음을 증명하는 증거로 신자가 그

을 보라. 이때 이들은 인간의 πνεῦμα와 하나님의 πνεῦμα를 구별하여 설명해야 할 압박을 느낀다.

211) Meyer, 2.54은 달리 보아, 이 앞 문단이 두 종류 그리스도인(곧 겉과 속이 모두 그리스도인인 자들과 겉만 그리스도인인 자들 – 옮긴이)의 삶이 지닌 차이점을 이야기한다고 본다: "바울이 **영**을 가지지 않은 사람들로 특징지은 자들은 비(非)그리스도인들이 아니라 **겉만** 그리스도인인 자들이다." 오직 신학에 치우쳐 이 본문을 바라볼 때만 이런 의미로 읽어낼 수 있을 것이다. Dunn이 논하는 내용(428)도 Meyer와 같은 것 같다. Dunn도 바울의 구별을 인정한다. 그러나 본문 자체나 문맥의 뒷받침이 없는데도 자신이 앞서 5-8절을 다룰 때 제시했던 견해에 본문을 꿰어 맞출 요량으로 본문과 전혀 상관이 없어 보이는 일련의 설명들을 자기 논의에 포함시켜놓았다.

212) 갈 4:6을 다룬 내용을 보라. 바울은 빌 1:19에서도 다시 그렇게 말할 것이다(찾아보라).

리스도의 **영**을 "가졌음"을 든다.[213]

바울은 **영**의 임재를 언급할 때 "가지다"라는 말을 자주 사용하지 않는다(여기와 23절 그리고 고전 6:19에서만 사용한다). 이 문맥과 고린도전서 6:19이 분명하게 사용하는 언어가 증명하듯이, 신자가 **영**을 "가지다"라고 말할 때 "가지다"는 단지 그 동사가 표현하는 가장 느슨한 의미를 시사할 뿐이다. 즉 이것은 항간에서 **영**이 신자 안에 들어와 사신다는 사실을 표현할 때 보통 쓰는 말을 반영한 형태일 뿐이다.

10절 속이 꽉 찬 이 문장이 우리가 이 문단에서 부닥치는 대다수 난제들을 만들어낸다. 다음 다섯 가지 사항이 그런 난제들을 만들어내는 요인이다. 첫째, 바울은 9절에서 "**그리스도의 영**을 가진다"라는 말을 썼는데, 이 구절에 들어와 그 말을 "**그리스도가 너희 안에 계신다**"라는 표현으로 바꾼다. 둘째, "몸은 죄로 말미암아 죽었다"라는 내용을 지닌 μέν("한편으로") 절이 바울이 "만일 그리스도가 너희 안에 계시면"이라고 말한 뒤에 등장한다는 사실은 이 말(="몸은 죄로 말미암아 죽었다") 역시 그리스도가 너희 안에 계신다는 말이 가지는 의미 중 일부임을 시사한다. 셋째, "몸은 죽었다"라는 말의 의미 역시 난제다. 넷째, 마지막 절에 있는 πνεῦμα의 의미 역시 난제다. 그리고 다섯째, 역시 마지막 절에 있는 전치사구 "의로 말미암아"(그리스어로 διὰ δικαιοσύνην이다 — 옮긴이)도 이 절 해석을 어렵게 만드는 요인이다.

1. 바울이 제시하는 주장과 본문 문맥이 말하는 모든 내용을 살펴보면, "그리스도가 너희 안에 계신다"라는 말은 단지 바울이 "그리스도의 **영**이 너희 안에 계신다"라는 말을 줄여 표현한 것임을 알 수 있다. 어쩌면 이 경우에는 "그리스도가 그의 **영**으로 너희 안에 계신다"[214]의 줄임말이라고

---

213) 따라서 여기서 강조하는 것은 정서상 "그리스도의 **영**을 가진" 신앙 **공동체**(Black, 116)라고 볼 수 있으나, 그게 아니라 그 공동체의 구성원으로서 직접 **영**을 받은 **개개** 신자들을 강조한다.

보는 편이 더 나을 수도 있겠다. 즉 바울이 부활하신 그리스도와 **영**을 어떤 식으로든 "동일시"했기 때문에 혼란이 일어났으며 이 언어는 그런 혼란을 반영한 것이라는 견해[215]나 바울이 어쨌든 그리스도와 **영**이 "나란히" 신자 안에 들어가 사신다고 보았다는 견해는 모두 의문이 드는 생각이다. 오히려 교회를 "하나님이 그 **영**으로 거하시는 곳"으로 보았던 에베소서 2:22처럼, 바울은 여기서도 신자를 그리스도가 역시 그 **영**으로 "거하시는 곳"으로 본다. 그리스도가 신자 "안에 들어와 사신다"라는 언어를 살펴보려면, 갈라디아서 2:20을 논한 내용을 보기 바란다.

바울이 이런 언어를 구사한 **이유**를 찾기는 어렵지 않다. 앞에서 언급했듯이, 바울은 10-11절에서 자신이 6:4-14에서 구사한 언어를 아주 많이 끌어다 쓴다. 이 사실은 그가 6:4-14에서 말했던 그리스도의 사역과 이 본문에서 말하는 **영**의 삶을 일부러 결합한다는 것을 일러준다. 바울은 여기서 잠시 — 앞의 2절과 3절에서 그랬던 것처럼 — 그리스도가 이루신 일을 강조한다. 그 결과, "내주"의 강조점도 그리스도가 신자의 삶 속에 임재하심으로 옮겨간다. 물론 바울은 이렇게 강조점을 옮기는 일을 "만일 그리스도의 **영**이 너희 안에 계시면"이라는 말을 반복함으로써 쉽게 마칠 수도 있었다. 그러나 그는 그렇게 하지 않았다. 그 이유는 십중팔구 귀결절이 구사한 μέν / δέ 대조, 그중에서도 특히 δέ절 때문일 것이다. 바울은 이 δέ절에서 **의로 말미암아** 생명을 가져다주시는 **영**에 관하여 말하려 한다. 즉 우리가 뒤에서 언급하겠지만, 그 마지막 전치사구(=의로 말미암아; 그리스어로 διὰ δικαιοσύνην이다 — 옮긴이)는 **영**이 아니라 그리스도가 **그 조건절**(=만일 그리스도가 너희 안에 계시면 — 옮긴이)의 주어라는 사실에서 그 의미를 발견한다. 바울은 이런 식으로 자신의 의도를 마지막 문구 속에서 시사한다.

---

214) Calvin, 165; Cranfield, 1,189도 같은 견해다. 그러나 Barrett, 159을 참고하라. Barrett는 "그리스도와 연합함"을 사전 근거로 생각하면서, 이 연합을 이제 **영**과 관련지어 이해한다.

215) 이 문제와 관련하여 내가 *Jesus of Nazareth*, 312-31에 "Christology and Pneumatology in Rom 8:9-11 — and Elsewhere: Some Reflections on Paul as a Trinitarian"이라는 제목으로 기고한 글을 보라.

결국 여기서 바울은 이런 말을 하는 셈이다. "만일 그리스도가 그 **영**으로 너희 안에 계시면, 그 **영**의 임재는 너희에게 생명을 의미하나니, 이는 바로 **그리스도**가 너희를 위하여 이루신 의 때문이니라."

2. 매끄럽지 못한 이 세 절(=만일 그리스도가 너희 안에 계시면/죄로 말미 암아 그 몸은 죽은 것이나/의로 말미암아 **영**은 살아 있는 것이라 — 옮긴이)의 순서 역시 쉽게 설명할 수 있다.[216] 서두에서도 언급했듯이, 바울의 수사 스타일은 때로 자신이 말하는 것을 그대로 받아 적게 한다. 그의 분명한 관심사는 그리스도가 그 **영**으로 임재하심이 지금과 미래에 신자에게 의미하는 것이 무엇인가다. 바울은 깔끔한 논리를 펼 요량으로 문장 순서를 "매끄럽게 다듬기"보다 자신의 수사를 좇아 조금은 매끄럽지 못한 구석을 그대로 놓아두었다. 그 결과, 첫째, "만일 그리스도가 너희 안에 계시면"이라는 조건절에 상응하는 진정한 귀결절은 오로지 D줄, 곧 "그렇다면 **영**은 의로 말미암아 살아 있는 것을 뜻하니라"다.[217] 동시에 바울은 **영** 안에서 살아가는 삶을 현재 몸을 지닌 실존과 예리하게 대조하면서도 이 둘을 밀접하게 연관 짓고 싶어했다. 그 때문에 바울이 이곳에서 $\mu\acute{\epsilon}\nu$ / $\delta\acute{\epsilon}$를 사용한 것이다. 그러나 이를 사용하는 바람에 마치 그리스도의 임재가 어떤 면에서는 "몸이 죄로 말미암아 죽게 한" 원인인 것처럼 되어 결국 매끄럽지 못한 논리를 만들어내는 결과를 빚고 말았다.[218] 그것은 말이 안 되는 이야기다. 또 바울도 말이 안 되는 말을 하려는 게 아니다. 요컨대 $\mu\acute{\epsilon}\nu$ / $\delta\acute{\epsilon}$ 대조는 그 조건절과 상관없이 그 자체로 존속한다(물론 우리는 $\delta\acute{\epsilon}$절을 분명 이 문장의 귀결절로 이해해야 한다). 이것은 곧 문맥상 $\mu\acute{\epsilon}\nu$절을 다루는 가장 훌륭한 방법은 이 $\mu\acute{\epsilon}\nu$절을 뒤따르는 절과 관련된 양보절로 삼아 이 문장을

---

216) 물론 일부 학자는 여기 어순이 매끄럽지 않다는 점을 부인하고 "몸이 죽은 것"을 죄가 아니라 그리스도가 이뤄내신 일로 해석한다. 이어지는 논의를 계속 읽어보라.

217) 참고. Bruce, 164: "조건절인 '만일 그리스도가 너희 안에 계시면'에 상응하는 진정한 귀결절은 '영은 의로 말미암아 살아 계심이니라'다."

218) 그렇긴 해도 아래에서 계속 논하는 내용을 보라. 실제로 일부 사람들은 그리스도의 임재 때문에 몸이 죄로 말미암아 죽게 된 것으로 받아들였다.

이렇게 해석하는 것이다. "만일 그리스도가 너희 안에 계시면, 그것은 **비록** 너희의 현재 실존 속에서는 몸이 죄로 말미암아 죽었다는 것을 의미하지만, 동시에 **영**의 임재는 너희가 의로 말미암아—지금과 영원히—생명을 가진다는 것을 의미하느니라."[219] 결국 "몸이 죽었다"라는 말은 5:12이 말하는 의미다. 죄가 아담을 통해 들어옴으로 말미암아, "죽음이 모든 사람에게 이르렀다. 모든 사람이 죄를 지었기 때문이다."[220] 바울은 이런 엄혹한 언어로 도저히 피할 수 없는 내용을 이렇게 선언한다. 즉 죄는 모든 사람에게 죽음이라는 결과를 가져왔다. 그 결과, 비록 어떤 의미에서는 살아 있다고도 할 수 있지만, 진정한 의미에서 보면 몸은 죽은 것이다. 그러므로 몸은 죽음에 굴복하며 죽을 수밖에 없다.

3. 바울이 실제로 "몸이 죄로 말미암아 죽은 것"을 그리스도가 신자 안에 들어와 사신 결과라고 의도했다는 것을 주장하려 했던 시도들이 몇 차례 있었다(그러나 그 시도들은 그리 성공을 거두진 못했다).[221] 이런 시도들 가운데 가장 훌륭한 견해는, 6:2-4이 말하는 세례를 근거로 삼아, 그리스도가 들어와 사시는 자들은 "죄와 관련하여 그 몸이 죽었다"라는 것이 바울이 말하려는 것이라고 주장한다.[222] 그러나 이런 해결책은 διά라는 전치사 때문에 무너지고 만다. "…과 관련하여"라는 뜻은 διά가 가질 수 있는 의미의 범주를 훨씬 넘어가기 때문이다.[223] 뿐만 아니라, 이런 견해는 바울 자신이 구사하는 말의 논리를 놓친 것이다. 즉 바울은 11절에서 동의어인

---

219) 참고. RSV, NRSV, NEB, Calvin, Bruce, Cranfield, Dunn, Moo.

220) 참고. 고후 5:14. 이 구절에서 바울은 그리스도가 모든 사람을 대신하여 죽었다는 것은 곧 모든 사람이 죽었다는 것을 뜻한다고 주장한다. 우리가 지금 보는 이 절에서도 그러하지만, 이것은 곧 이런 "죽은 몸" 안에서 살아가는 자들은 사망 선고를 받은 자들임을 뜻한다.

221) 그런 시도들을 열거해놓은 목록을 보려면, Meyer, 2.55-56(예전 해석자들이 시도한 내용을 열거함)과 Käsemann, 224(더 근래 해석자들이 시도한 내용을 열거함)을 보라.

222) 근래에는 Käsemann, 224; 참고. Barrett, 159("그 사람 자체가—죄를 향하여—죽은 것이다"); Ziesler, 211("이렇게 보는 것이 바울을 인도하는 테마와 일치하기 때문에" 이렇게 보는 쪽을 선호한다).

223) Murray, 289; Cranfield, 1.389; Michel, 193n1도 같은 견해다. 이 절과 관련하여 이런 입장을 취하는 사람들은 하나같이 이 해로운 문법 문제를 무시한다.

θνητά("죽음에 굴복한", 곧 "죽을 수밖에 없는"; 이 의미를 가진 형용사 θνητόν의 복수 목적격이다 – 옮긴이)를 사용하여 이 문구를 해석하는데,[224] 이런 견해는 이런 점을 포착하지 못한다. 따라서 바울이 말하는 "몸이 죄로 말미암아 죽었다"는 단지 "죄로 말미암아 몸이 이미 죽은 것으로 간주해야 한다"라는 의미일 뿐이다. 몸은 죄로 말미암아 죽을 수밖에 없는 운명이기 때문이다. 여기서 몸은 인간 전체(즉 전인)를 상징하는 말이 아니라,[225] 바울이 부활이 일어날 곳으로 바로 이 몸을 지목하기 때문에 선택된 말이다.

4. 학자들은 종종 μέν절의 "몸"과 분명한 대조를 이룬다는 점에서 역시 δέ절의 τὸ πνεῦμα도 인간을 구성하는 한 부분(즉 사람의 영 – 옮긴이)을 가리키는 말로 봐야 한다고 주장한다. 결국 바울이 죄로 말미암아 죽어야 할 몸과, 의(그리스도가 주신 선물로서 받은 의)로 말미암아 살게 될 (사람의) 영을 대조한다고 이해해야 한다는 것이다.[226] 그러나 11절에 비춰볼 때, 이 견해 역시 무너지고 만다. 바울은 11절에서 이 본문의 의미를 상세히 설명하면서 신자 안에 들어와 사시는 하나님의 **영**의 임재가 하나님이 "우리 죽을 몸"을 살려주시리라는 확신의 근거라고 역설한다. 즉 생명을 얻게 될 것은 죄로 말미암아 죽은 몸과 분리된 사람의 영이 아니라,[227] – 죄로 말미

---

224) 참고. Murray, 289; Moo, 524.

225) Bultmann이 주장하는 내용이다(*New Testament Theology*, 192-203). 이 문제와 관련하여 그는 폭넓은 영향을 끼쳤다(가령 앞의 주222에서 Barrett가 제시한 해석을 보라); 그러나 Gundry, *SOMA*를 보라. Gundry는 σῶμα가 바울 서신에서 과연 이런 의미를 가지는지 설득력 있는 의문을 제기했다.

226) 이 견해를 살펴보려면, 다른 이들도 있지만 SH, 198 ("분명하게" 이 견해를 피력함); Meyer, 2.99을 보라. 1959년까지만 해도 Murray, 289은 이를 "거의 통설과 다름없는 주해 의견" 이라고 부를 수 있었다. 그러나 이 견해는 현재 (타당한 이유로 말미암아) 시들어가고 있으며, 1960년 이후의 주석가들은 거의 모두 이 견해를 거부한다(가령 Michel, Cranfield, Harrison, Käsemann, Morris, Dunn, Moo; 그리니 놀랍게도 Wright, *Climax*, 202은 이 견해를 지지한다). Ziesler도 이 견해를 지지했으나(*Righteousness*, 204), 그가 쓴 주석에서는 완화된 지지 입장을 피력한다(212). 그러나 영역 성경들은 이런 흐름을 따라가는 데 더딘 행보를 보여왔다(참고. NIV, "your spirit is alive"; NASB도 마찬가지다; RSV, "your spirits"; 그러나 이제 NRSV를 보라, "the Spirit is life").

암아 죽을 수밖에 없다는 사실에도 불구하고 다시 살게 될—**죽을 몸 그 자체다.** 더욱이 바울 서신이 인간의 기본 구성 요소로서 "몸"과 "영"을 제시하는 경우는 단 두 번뿐이다(살전 5:23; 고전 7:34). 이 두 경우에 "몸"과 "영"은 인간이 존재하는 데 꼭 있어야 할 것으로서 함께 등장한다. 이 경우에 τὸ πνεῦμα를 사람의 영으로 보는 해석을 따르자면 바울이 사람의 "몸"과 "영"을 서로 대립하는 것으로 본다고 봐야 하는데, 바울은 그 어디에서도 이 둘을 서로 대립하는 것으로 제시하지 않는다.

따라서 우리는 바울이 여기서 μέν / δέ 대조를 구사하여 인간의 두 구성 부분이 아니라 "이미 그러나 아직 아니"라는 그리스도인의 실존을 이야기한다고 상당히 자신 있게 결론지을 수 있다. 이 경우 신자의 몸은 죽을 수밖에 없는 운명이지만, **영**은 "이미" 생명과 함께 현존하신다. 동시에 몸과 **영**은 "아직 아니"다. 몸은 부활과 관련하여 "아직 아니"요, **영**은 장차 실현되어야 할 미래의 모든 실재들을 지금 보장해주시는 분이라는 점에서 "아직 아니"다.

5. 이런 내용은 우리에게 더 어려운 문제를 안겨준다. 즉 내가 일관되게 "의로 말미암아"(의 때문에)로 번역해온 전치사구 διὰ δικαιοσύνην의 정확한 뉘앙스가 바로 그 난제다. 이 문제는 로마서에서 이 말이 어떤 의미를 가지는가라는 더 큰 문제와 연결되어 있다. 여기서 바울이 사용한 말은 가령 3:21-22에서 말하는 의미를 반영하는 것인가? 3:21-22에서는 "하나님의 의"라는 말이 무엇보다 그리스도의 죽음과 부활이 그리스도를 믿는 사람들에게 가져다주신 의라는 선물을 가리켰다. 아니면 여기서 쓴 말은 6:13-20의 용례를 반영하는 말인가? 6:13-20에서는 의가 그리스도를 믿음으로 말미암아 신자에게 주어지는 "하나님의 의"와 일치하는 행위와 관련 있었다. 즉 바울이 말하고자 하는 것은 "**영**은 그리스도가 제공해주신

---

227) 학자들이 종종 지적하는 것이지만(가령 Barrett, 159), 만일 바울이 사람의 영이 생명을 얻으리라고 말하려 했다면, 그는 "영은 살아 계심(생명)이니라"라고 쓰지 않고 τὸ πνεῦμα ζῇ ("영은 살아 있다")라고 썼을 것이다.

의로 말미암은 생명을 의미한다"라는 뜻인가 아니면 "**영**은 의로운 행위를 하게 할 목적으로(for the sake of righteous behavior) 주어지는 생명을 의미한다"라는 뜻인가?

이 경우에는 특히 후자가 매력 있는 견해다.[228] 특별히 4-8절이 "**영** 안에서 행함"으로 결국 토라의 "의로운 요구"를 이룬다는 점을 강조하는 점에 비춰봐도 후자가 더 설득력 있다. 이렇게 바울 서신에서 διά를 목적을 나타내는 의미로 해석할 수 있음은 4:25에서 볼 수 있는 놀라운 평행 문구가 실증해준다. 바울은 4:25에서 그리스도의 죽음이 "우리 범죄로 διά(말미암은)" 것이라고 주장하면서, 동시에 그가 "우리를 의롭다 하실 διά(목적으로)" 일으키심을 받았다고 주장한다. 하지만 이 견해도 결국은 두 가지 문제 때문에 기초부터 무너지고 만다. 첫째, 더 커다란 문맥에도 불구하고 이 본문과 더 가까운 문맥을 보면, 우선 바울이 조건절에서 특이하게 "그리스도가 너희 안에 계신다"라는 말로 옮겨가는데, 이는 **영**이 아닌 그리스도가 이 절이 표현하는 행위의 의미상 주어임을 나타내는 역할을 한다. 결국 그리스도가 너희 안에 계심은 **영** 안에서 살아가는 삶이 바로 **그리스도가 너희에게 가져다주신 의 때문**이라는 것을 의미한다. 둘째, 이 문단이 **영**과 관련하여 하는 말은 행위 자체와 거의 관련이 없거나 아예 상관이 없다. 오히려 그 말은 지금은 물론이요(비록 지금 죽을 몸을 갖고 존재하지만) 앞으로도 영원히 (**영**의 임재가 증명해주시는) 종말의 실존과 관련 있다.

결국 바울은 이 모든 내용을 한 문단 속에 압축하여 이렇게 촉구하는 셈이다. "만일 그리스도가 그의 **영**으로 너희 안에 계시면, 비록 너희 몸은 죄로 말미암아 죽을 수밖에 없는 운명이지만, 그래도 **영**의 임재는 (그가 '생명의 **영**'이시기 때문에) 너희가 지금은 물론이요 앞으로도 영원히 생명을

---

228) 특히 Käsemann, 224을 보라. 이 견해는 Ziesler도 선택했다(*Righteousness*, 168). 그는 이쪽으로 기울어 있으나, 그가 쓴 주석에서는 더 누그러진 입장을 취한다(212).

소유하리라는 것을 뜻하는 것인즉, 이는 곧 그리스도가 너희를 위하여 이
뤄주신 의 때문이니라."

11절 바울은 이제 이 문장으로 이 문단의 핵심에 이른다. 즉 우리 안에 들
어와 사시는 **영**의 임재는 우리가 미래에 부활할 것을 보장해주신다는 것
이 이 문단의 요점이다. 그때가 되면 이 죽을 몸에도 "생명이 주어진다."
이 문장과 관련하여 말해야 할 것은 이 문단의 큰 줄거리를 살펴볼 때 대
부분 이야기했기 때문에, 여기서는 몇 가지 문제만 상세히 살펴보면 될 것
이고, 그중 일부는 재차 강조하는 내용이 될 것이다.

첫째, 바울은 신자 안에 들어와 사시는 **영**이 누구이신지 확인해줄 요량
으로 "그리스도를 죽은 자들로부터 일으키신 그분(하나님)"이라는 말을 강
조하며 되풀이한다. 이는 필시 그리스도의 부활과 우리의 부활이 밀접한
관계에 있음을(바울이 고전 15장에서 아주 분명하게 이야기했듯이, 그리스도의
부활은 우리 부활의 근거가 된다) 일부러 다시 말해둘 요량으로 써놓은 말일
것이다. 이 경우에 "가정문"[=즉 "예수를 일으키신 그(하나님)의 **영**이 너희 안
에 계시면"]은 이야기, 곧 그리스도의 부활이 참이므로 우리 부활도 역시
참이라는 이야기를 들려주는 말이다.

둘째, 10절처럼 여기서도 바울의 강조점은 귀결절에 있다. 바울은 이 귀
결절을 통해 11절 문장과 10절 문장을 하나로 묶을 뿐 아니라, 10절 문장
을 상세히 설명한다. 아울러 바울은 이 귀결절로 10절을 해석한다. 이를
증명해주는 또 한 가지 증거가 바울이 우리의 부활을 특이하게 "우리 죽
을 몸에 생명을 주심(살리심)"으로 말하는 점이다. 바울은 그리스도의 부
활을 언급할 때와 마찬가지로 우리의 부활을 이야기할 때도 보통 "우리
가 죽은 자들로부터 일으키심을 받을 것"(고전 6:14; 15:12-58)이라 말한다.
"죽을 몸에 생명을 주시리라(살리시리라)"[229]라는 말이 존재하는 이유는 오

---

229) 바울이 자신이 하려는 말이 **죽을 몸**의 부활이라는 것을 이보다 더 분명하게 말할 수 없었을

　성령: 하나님의 능력 주시는 임재

로지 바울이 10절에서 말한 내용 때문이다. 죄로 말미암아 죽을 수밖에 없는 몸도 그리스도의 부활로 말미암아 일으키심을 받아서 생명을 얻게 될 것이다.[230]

셋째, 앞에서 언급했듯이(주205), 이 모든 일 속에서 **영**이 하는 역할은 중개자 역할이 아니라, 10절이 말하는 그대로 미래에 있을 우리의 부활을 확실히 보장해주시는 보증인 역할이다.[231] 이것이 바로 **영**이 "생명의 **영**"이신 또 한 가지 이유다. 이 "생명의 **영**"은 우리가 "생명의 새로움 안에서" 행하게 하시는 원동력이 되시는 분이요(참고. 7:6과 6:4), 현재 우리가 누리는 생명의 근원으로서 "죽은 몸"에 생명이 주어지리라는 것을 보증해주시는 분이다.

넷째 그리고 마지막으로, 바울은 하나님이 그리스도를 **영**을 통해 부활시키셨다고 말하지 않는다. 이 문장의 논리 역시 그런 결론을 요구하지 않는다.[232] 그러나 많은 학자들은 이와 반대 견해를 역설하거나 주장한다. 사실 그리스도인 집단들 속에서는 이런 개념(즉 하나님이 그리스도를 **영**을 통해 부활시키셨다는 개념 – 옮긴이)이 대세다.[233] 바울은 어디서도 그런 개념

것이다. Leenhardt, 210 (=6:12-23처럼 "여기서 일러주는 것은 죄의 폭정에서 해방시켜 주시는 **영**이 가진, 생명을 주시는 에너지다")과 Ziesler, 212 (="엄격히 몸의 부활에 한정된 의미라기보다 인간 전체를 가리킨다")의 견해는 바울의 의도와 동떨어진 것으로 보인다.

230) 특히 이와 관련하여 칠십인경 겔 37:1-14이 구사하는 언어를 참고하라. 이스라엘의 "마른 뼈들"은 일으키심을 받음으로(=부활함으로) 생명을 얻지 않고, 그들에게 불어넣어진 **영**으로 말미암아 생명을 얻는다.

231) 대다수 학자들은 이런 변형을 지지하는 외부 증거가 분열되어 있음에 주목하여 주저하는 태도로 소유격(즉 NA[27]이 제시하는 τοῦ ἐνοικοῦντος αὐτοῦ πνεύματος – 옮긴이)을 지지하는 쪽을 택한다. 그러면서도 "본디 어느 한 본문을 다른 본문보다 선호할 수 있는 것은 아니다"라고 결론짓는다(SH, 199; 참고. Käsemann, 225). 나는 이런 견해에 반대한다. 앞에서도 말했듯이(주205), 사본과 관련된 모든 근거에 비춰볼 때 목적격을 선호할 수 있다. 또 목적격이 우리 안에 들어와 사시는 **영**의 임재를 하나님이 우리 미래를 보장해주시는 보증인으로 보는 바울의 표준 종말론을 보여주기 때문에, 나는 목적격을 선택했다.

232) 학자들이 가끔씩 역설하는 내용이다; 가령 Scott, *Adoption*, 256을 보라. 참고. Dunn, "Jesus," 67.

233) 학술서든 대중서든 모든 종류의 문헌에서 그런 개념을 언급하는 내용을 발견할 수 있다. 불행한 일이지만, 이 개념은 Hamilton, *Holy Spirit*, 12-15과 Turner, "Significance of Spirit Endowment," 58-69 (64, 66)의 요지였다. Turner는 우리가 지금 보는 본문을 다루면서 "**영**

을 분명하게 시사하지 않는다. 종종 (이 본문을 포함하여) 몇몇 본문이 이런 개념을 암시한다고 말하는 견해가 있지만,[234] 과연 그런지 의문이 든다. 우리는 이 문장이 얼마든지 그런 식으로 잘못 읽어낼 수 있는 문장임을 이해할 수 있지만,[235] 그래도 그런 개념은 바울의 강조점과 동떨어진 것이다. 바울이 **영**을 "그리스도를 죽은 자들로부터 일으키신 분의 **영**"으로 규정하는 이유는 그리스도가 일으키심을 받을 때 **영**이 한 역할과 관련하여 무언가를 말하려는 게 아니라, 그리스도의 부활과 우리의 부활을 가능한 한 아주 가깝게 연계하려 하기 때문이다. 바울은 우리 삶 속에 죽은 자들을 일으키시는 하나님의 **영**이 임재하심을 중개 개념으로 받아들이기보다 오히려 우리 미래를 확실히 보장해주시는 것으로 받아들인다. 그는 그 근거로 부활하신 그리스도와 이미 와 계신 **영**을 제시한다. 결국 바울이 거듭하여 "너희 안에 들어와 계시는 분"을 이야기하고 특히 (11절에서) 두 번째 경우에는 "너희 안에 **들어와 사시는**[236] **영 때문이라**"라고 말하는 것도 **영**이 우리 미래를 확실히 보장해주심을 강조하려 하기 때문이다.

그렇다면 우리가 **영**과 관련하여 이 문단으로부터 배우는 것은 무엇인가? 이 문단이 우리에게 일러주는 것은 새로운 내용이 아니라 바울 서신의 다른 곳에서 발견할 수 있는 내용을 다른 말로 재강조하는 것이 많다.

1. 바울은 9절에서 우리가 고린도전서 2:6-16과 갈라디아서 3:1-4:7 같은 본문에서 알게 되었던 내용을 강조하며 선언하는 문장으로 적어놓

이 예수를 **일으키셨다**"라고 역설한다(64, 터너의 강조). 참고. Byrne, 'Sons,' 96; Menzies, *Development*, 288n1; Scott, *Adoption*, 256; A. W. D. Hui, "The Concept of the Holy Spirit in Ephesians and its Relation to the Pneumatologies of Luke and Paul"(Ph.D. diss., University of Aberdeen, 1992), 153, 161-69 (ch. 9, n1).

234) 다른 본문들은 고전 6:14(찾아보라); 엡 1:19-21(찾아보라); 빌 3:21이다. Hamilton, *Holy Spirit*, 14은 롬 6:4도 포함시키려 하나, 그의 주해는 억지스럽다(앞의 주77을 보라).

235) 이 문장의 주어는 "예수를 죽은 자들로부터 일으키신 그분의 **영**"이다. 그러나 **영**에 상응하는 술어는 "예수를 죽은 자들로부터 일으키셨다"가 아니라 "우리 안에 들어와 사신다"이다. 예수를 일으키신 분은 바로 하나님 바로 그분이다. 실제로 바울이 **영**을 예수를 일으키신 분으로 말하려 했다면, "그분의 **영**"의 "그분의"는 이해하기 어려운 말이 되어버린다.

236) 이 경우에 동사는 단순한 "살다"(οἰκεῖ)로부터 "안에 들어와 살다"(ἐνοικεῖ)로 바뀌었다.

았다. **영**의 임재와 부재는 그리스도께 속한 사람들과 그렇지 않은 사람들을 구별해주는 표지다.[237] **영**은 진정한 그리스도인을 구별해주는 유일한 표지로서 **율법**이라는 형태에 근거한 모든 "경계표"의 대척점에 자리해 있다. 그리스도인의 삶에 절대 필요한 존재가 바로 여기에 있다. 따라서 5-8절과 갈라디아서 5:16-25이 말하듯이, "육"은 그리스도인이 **영** 대신 선택할 수 있는 대상이 아니다. 육 안에서 살아가는 것은 철저히 그리스도 밖에서 살아가는 것이다.

2. 바울 서신의 다른 곳과 마찬가지로 여기 이 본문에서도 바울은 신자 "안에 들어와 사시는" **영**의 본질에 강조점을 둔다. **영**은 "생명이 없는 존재"(it)가 아니다. 외부로부터 사람에게 영향을 미치는 어떤 기운도 아니다. 오히려 **영**은 영원하신 하나님과 그분의 그리스도가 현재 우리에게 오신 방법이요, 인격으로 임재하신 분으로서 신자의 삶 속에 거주하시는 분이다.[238] 그리스도와 **영**이 그 막을 열어놓으신 종말론적 현재에는 하나님의 거소(居所)가 성전으로부터 당신의 새 성전, 곧 신자의 삶과 당신 백성이 한 몸이 되어 모인 공동체로 바뀌었다.

3. 5-8절이 신자가 "**영** 안에서" 행함을 현재 그 사람이 그리스도 안에 있음을 증명해주는 증거로 강조했다면, 이 본문은 "신자 안에 들어와 사시는 **영**"을 종말의 때를 살아가는 우리 실존의 기초로 강조한다. **영**은 "생명의 **영**"이시다. 이 **영**은 우리의 실존이 지금 여기에 존재해도 우리가 마지막 날에 실현될 다가올 시대의 삶 속에 이미 발을 들여놓았음을 하나님이 확실하게 보장해주시는 보증인이시다. 마지막 날에 실현될 삶은 부활을 통해 혹은 현재 몸을 가진 우리 실존의 변형을 통해 이루어질 것이다. 결국 **영**이라는 선물은 그리스도 및 그분의 부활과 더불어 우리가 소망을 가지

---

237) 참고. Ziesler, 210: "따라서 **영**은 기독교에서 아주 바람직스러운 엑스트라가 아니라 문제의 핵심이다."
238) 참고. Morris, 308: "**영**은 가끔씩 방문하는 분이 아니다. 그분은 하나님의 백성 가운데 거처를 정하고 사신다."

는 근거가 되신다.

4. 고린도후서 13:13[14] 및 다른 본문들에서도 그랬듯이, 바울이 이 모든 내용을 말하는 방식은 그가 "그리스도 안에 있는 구원"을 이야기할 때 철저히 삼위일체를 전제로 한다는 것을 증명해준다. 우선 11절의 용례는 다소 유동성을 띠는 것으로 볼 수도 있다. 그러나 바울은 삼위를 분명하게 구분한다. 이때 그는 삼위 하나님의 각위가 구원에서 행하시는 독특한 역할을 기준으로 삼위를 구분한다. 하나님은 만물의 근거이시며 죽은 자들을 일으키시는 분이다. 그리스도는 의를 가져오신 분이다. 그리고 **영**은 현재 하나님과 그리스도의 임재로서 지금도 생명을 주시고 미래에 주실 생명을 보장해주시는 분이다. 그런가 하면 바울은 하나님의 **영**과 그리스도의 **영**을 아주 쉽게 서로 바꿔 쓴다. 이 사실은 하나님의 **영**과 그리스도의 **영**이라는 호칭이 결국 하나님이신 한 분을 가리킨다는 것을 시사한다. 바울이 이렇게 바꿔 쓰는 것은 아버지(성부)와 아들(성자) 사이에 더 이상 가까울 수 없을 정도로 지극히 가까운 연관성(독자가 원하면, 존재론 차원의 연관성이라 말해도 좋다)이 있음을 일러준다.[239]

아울러 이 본문 전체는 부활하신 그리스도와 **영** 사이에 지극히 긴밀한 연관이 있음을 증명해주기도 하지만, 동시에 그리스도와 **영**을 구별함으로써 바울이 "**영** 기독론"을 전혀 모르고 있었음을 증명해준다. 우리가 지금 하나님을 체험하는 경우와 마찬가지로 우리가 지금 부활하신 그리스도를 체험하는 것도 우리 안에 들어와 사시는 **영**의 임재 때문에 가능한 일이다. 그렇다 해도 바울이 그리스도와 **영**을 놓고 혼란을 겪는다거나 바울이 그리스도와 **영**을 동일한 실체로 규정한다고 결론지을 수는 없다. 여기에는 혼란이 아니라 신비가 존재한다(바울이 말하는 것을 액면 그대로 살펴볼 때, 바울의 생각 속에는 적어도 혼란은 존재하지 않는다).

---

239) 참고. Calvin, 164.

■ 로마서 8:12-13

¹²그러므로 형제자매들아, 우리가 빚진 자들이나, 육에 빚져 육을 따라 사는 자들이 아니니, ¹³이는 만일 너희가 육을 따라 살면, 너희가 죽을 것이지만, 만일 너희가 **영**으로 몸[240]의 행실(행위들)을 죽게 하면, 너희가 살 것이기 때문이라.

우리 안에 들어와 사시는 **영**은 우리에겐 이제 그리고 영원히 생명을 의미하는 분이다. 또 이 **영**은 이제까지 알려지지 않았던 새로운 의의 가능성을 우리에게 열어주신다. 하나님은 토라를 주실 때 품으셨던 목적들을 우리 안에서 당신의 **영**으로 이루신다. 그러나 당신의 **영**으로 우리 안에 들어와 사시는 하나님은 우리에게 또 다른 의무를 안겨주신다. 즉 하나님의 새 백성은 **영**의 새로운 방식(길)으로 섬겨야 한다(7:6, 찾아보라).

바울은 이 말을 통해 자신이 1-11절에서 강조했던 내용을 로마 신자들의 삶에 적용한다. 이곳에 이르기까지 눈에 띄게 명령문(직접 명령하는 말이든 혹은 암시조로 명령하는 말이든)이 존재하지 않았다.[241] 그러나 이 문장들은 확실히 명령문을 암시한다.[242] 이 문장들 전체를 보면, 바울의 글에서 보통 볼 수 있는 양식을 따라 대조라는 방법을 통해 표현해놓았다. 아울러 4-9절의 모티프들이 이 문장들을 지배한다("육/영"; "죽음/생명"). 바울의 관심사는 확실하다. 또 바울은 더 이상 단지 서술만 하지 않는다. 바울은 로마 신자들이 **영**의 사람들로서 살아야 한다고 말한다. 즉 이미 그가 2-4절과 9-11절에서 서술해놓은 대로 그리스도와 **영**이 그들을 위하여 행하신 것을 따라 살아야 하며, 5-8절에서 말했던 "육 안에" 있는 사람들과 반대되는 삶을 살아야 한다. 정녕 로마 신자들은 그렇게 해야 할 "빚(의무)을 졌다."

---

240) 서방 사본들(D F G 630 pc latt)은 여기의 "몸"을 "육"으로 바꿔 기록해놓았는데, 이해할 수 있는 일이다.

241) 하지만 분명 일부 사람들은 5-8절과 9-11절 부분을 이렇게 읽었다. 앞의 5절을 보라.

242) 참고. Murray, 293; Käsemann, 225.

이 문장들의 일부 구조와 세부 사항들은 그리 명확하지 않지만, 그래도 방금 말한 모든 내용은 분명해 보인다. 이곳은 구조상 바울이 (분명하게) "…이 아니라/도리어"(not/but) 형태의 대조를 시작했다가 완결 짓지 못한 몇 곳 중 한 곳이다. 우리가 예상하는 구조이자 어쨌든 바울도 필시 암시하는 것으로 보이는 구조는 다음과 같다.[243]

그러므로 (형제자매들아)

우리가 빚진 자들이　　　**아니다**　육에게

　　　　　　　　　　　　　　　육을 따라 살게끔

　　　　　　도리어 (빚진 자들이다)

　　　　　　　　영에게

　　　　　　　　　　영을 따라 살게끔.

그러나 우리가 실제로 여기서 만나는 것은 "…이 아니라"(not)절을 설명할 목적으로 중간 지점에서 멈춰선 문장이다. 이 설명은 바울이 6절에서 구사했던 언어를 되울려주며 직접 경고 역할을 한다. 실제 사실을 이야기하는 조건문[first class (real) condition] 형태(즉 12절은 "우리가 빚진 자들이나 육에게 빚진 자들이 아니라면"이라는 뜻이므로 실제 사실을 이야기하는 조

---

243) 물론 우리는 고대 저자가 실제로 하지 않은 일과 관련하여 "그가 품었을 생각을 읽어"내려고 시도할 때는 마땅히 주의를 기울여야 한다. 그러나 이 경우에는 이 구조가 합당한 예상으로 보인다. 이는 다음 세 가지 이유 때문이다. 첫째, ὀφειλέται ἐσμέν οὐ ("debtors we are, not to…")의 어순이 "…에게 (빚진 게) 아니라 도리어…에게"(not to…but to…) 형태를 요구하는 것으로 보인다(참고. Cranfield, 394). 만일 바울이 단지 육에게 "빚지지" 않음만을 이야기할 생각이었다면, 이 어순은 분명 οὐ ὀφειλέται ἐσμέν ["우리는…에게 (더 이상) 빚을 지지 않았다"]이 되었을 것이다. 둘째, 바울은 4-9절에서 줄기차게 "육 안에 있는 자들"과 "영 안에 있는 자들"을 대조했다. 이를 고려할 때, "…이 아니라"(not)절 다음에는 마땅히 그와 대립하는 "도리어…"(but)절이 오리라고 예상할 수 있을 것 같다. 셋째, 이렇게 서로 대립하는 말이 깔끔하게 균형을 이루어 나란히 등장하는 것이 바울의 글에서 보통 볼 수 있는 전형이다. 갈 6:8이 그런 예다. 갈 6:8은 비록 구사하는 은유는 이 본문과 다르지만 그 관심사와 내용 면에서는 이 본문과 아주 유사하다.

건문이다 – 옮긴이)로 등장했던 그 문장(12절)은 이어 그에 대응하는 (그러면서도 제법 균형 잡힌) 반대 사실을 받아들이는 문장이지만, 바울은 더 이상 "…이 아니라/도리어" 대조를 구사하지 않는다. 오히려 바울은 12절에 대응하는 문장을 실제로 존재하지 않는 사실을 가정하는 조건문(second real condition) 형태로 표현한다[즉 만일 12절과 반대되는 조건이 지배한다면 (즉 "육을 따라 산다면" – 옮긴이), 역시 12절과 반대되는 결과가 나타난다(즉 "살지 않고 죽음" – 옮긴이)]. 이리하여 경고는 재강조하는 말로 바뀐다. 결국 바울이 12-13절에서 구사한 문장들은 이런 구조를 가진다.

그러므로 (형제자매들아)

우리가 빚진 자들이   아니다   육에게

　　　　　　　　　　　　　육을 따라 살게끔

　이는

　　만일　　**너희가**　육을 따라 살면

　　　　　　너희가　죽을 것이요,

　　　　　　　그러나

　　만일　　**너희가**　몸의 행실을 죽게 하면

　　　　　　너희가　살리라.

　생명과 죽음이라는 주제를 동원한 언어유희(2, 6, 10절)는 여기서도 철저하며 바울이 여기까지 말해온 것을 되풀이한다. 생명의 **영**은 그리스도께 속한 사람들에게 생명(지금뿐 아니라 미래에도 누릴 마지막 때의 생명)을 주신다. 그리스도를 알지 못하는 사람은 육 안에 있는 사람이기에 죽을 수밖에 없다. 바울이 말하려는 요점은 쉽고 명확하다. "**그러므로** 그의 독자들은 이제 육 안에 있지 않고 **영** 안에 있는 이상 (그리고 따라서 그늘은 죽시 않고 부활할 것인 이상) 그에 걸맞게 살아야 한다"는 것이 바로 그 요점이다. 바울이 이런 요점을 표현하는 **방법**이 우리 눈길을 잡아끈다. 바울은 이전

과 마찬가지로 여기서도 신자가 벌이는 어떤 끊임없는 투쟁을 시사하거나 전제하지 않는다. 여기서도 이 점이 5-8절과 9-11절만큼 똑똑하게 드러난다. 우선 신자들은 **영**의 사람들이다. 이는 그들이 지금도 살아 있으며 이후에도 생명을 약속받은 자들임을 뜻한다(10-11절). 그러므로 그들은 그런 사람답게 살아야 한다. 이것은 영혼의 **투쟁**을 표현하는 말이라기보다, 명령문(행위 차원의 명령)을 서술문(의라는 선물, 10절)에 대한 유일하고 합당한 응답으로 제시하는 바울의 독특한 표현 방식이다.

반면 갈라디아서 5:16-25에서도 이미 말했듯이, 비록 "**영**의 인도를 받는다"라는 수동태 문장이 뒤이어 14절에서 등장하긴 하지만, 바울 서신에는 승리주의를 시사하는 부분이 전혀 없다(이 본문 역시 그 점을 분명하게 보여준다). 신자들은 분명 **영**의 사람들이다. 그러나 그들이 **영**의 사람들이 된 것은 순수한 은혜의 행위로 말미암아 이루어진 일이다. 따라서 신자들은 몸의 행실을 죽여야 한다(참고. 13:12-14). 그들은 단지 수동적 입장에서 받아들이기만 하거나 방관하는 사람이 아니다. 가만히 앉아 있어도 저절로 이루어지는 일은 아무것도 없다. 신자들은 **영**의 삶을 살아가는 데 온 힘을 다 쏟아야 한다.

12절 이 문장은 성질상 적용이다. 이는 강한 추론을 나타내는 접속사인 "그러므로"(=결국 그렇다면)[244]와 "형제자매들아"라는 호격이 증명해준다. 문장 자체는 직설적이고 명쾌하다. 우리는 그리스도와 **영**을 통해 자유를 얻었다(2절). 그러나 우리는 "의무" 아래 있다. 여기서 말하고자 하는 의무는 분명 그리스도와 **영**에 대한 의무다. 이 의무는 바울이 방금 전에 9-11절에서 말한 내용에서 직접 비롯된 결과다. 그러나 바울은 그 의무를 이야기하려 하면서 "…이 아니라" 대조("not" contrast)로 말을 시작한다(그러나 이 대조를 마치지 않는다). 이때 그는 특히 5-8절에서 제시했던 대조들을 끌

---

244) 그리스어로 ἄρα οὖν이다; 앞의 7:25을 참고하라.

어다 쓴다. **우리는**[245] **영**의 사람들이다. 우리 안에는 그리스도의 **영**이 들어와 사시며 우리는 그 **영**으로 말미암아(그리스도가 주신 의라는 선물로 말미암아) 살아간다(10절). 바로 이런 이유 때문에 우리는 어쨌든 육에게 아무 빚도 지지 않았다. 그러므로 우리는 "육을 따라 살" 의무가 없다.[246]

우리에게 **영**이 주어졌다는 사실 말고도 우리가 이 문장에서 발견하는 놀라운 요소가 또 있다. 그건 바로 "의무" 개념이다. 이 개념은 바울이 제시하는 권고에서는 거의 나타나지 않는다[247][이는 어쩌면 바울이 "의무"는 토라 준수에 속하는 것이라고 느꼈기 때문일 것이다(참고. 4:4)]. 하지만 바울은 13:8에서 이 "의무"라는 말을 은유로 활용한다("물론 사랑할 '의무' 외에는 누구에게도 아무 **빚도 지지 말라**"). 이 용례는 십중팔구 이 말이 "육"과 관련되어 나타난다는 점과 관련 있을 것이다. κατὰ σάρκα(육을 따라) 살아가는 사람들은 육을 섬기는 사람들이기에 육에 의무를 진다. 이어 바울이 말하려는 요점이 등장한다. 즉 **영**의 사람들은 육에 어떤 종류의 의무도 지지 않는다. 이 잔인한 주인인 육이 요구하는 "삯"은 오로지 죽음뿐이다(참고. 6:23). 이제 이 **영**의 사람들은 그리스도와 **영**을 통해 이전에 그들을 옭아맸던 이 "의무"로부터 해방되었다(2절).

그러나 바울이 다른 한편으로 암시하는 내용 역시 명확하다. 요컨대 바울은 "빚진 자들"이라는 말을 강조하여 문장 서두에 내세웠다. 많은 바

---

245) 바울이 모든 신자에게 해당하는 진리를 성찰할 때 자신도 포함시킨다는 점을 재차 주목하라; 앞의 4절을 참고하라.

246) 바울은 5-8절과 9-11절에서 육과 **영**을 구분하면서 이들이 각각 마지막 때를 살아가는 불신자와 신자의 실존 영역임을 확인해준다. 이를 고려할 때, 우리는 이 본문이 "신자가 그리스도와 함께 십자가에 못 박혔음에도 불구하고 여전히 그 안에 죄로 가득한 본성을 지닌다는 것을 명명백백하게 가르친다"라는 사실을 알고 놀라게 된다(Harrison, 92). Dunn, 448도 근래 이 견해를 옹호했다. 하지만 이 본문은 그런 것을 결코 가르치지 않는다. 현세의 삶은 늘 현세의 사고방식을 따라 살 가능성을 갖고 있다. 바울도 이를 전제한다. 그러나 그런 가능성을 인정하는 것과 육을 "죄로 가득한 본성"으로 번역하고 이런 본문에서 육을 내면의 영역으로 만들어버리는 것은 전혀 다른 문제다. Moo, 527이 Dunn을 비판한 내용을 더 참고하라.

247) 그리스어로 ὀφειλέται다("빚진 자"를 뜻하는 ὀφειλέτης의 복수 주격 형태다 — 옮긴이); 참고. 13:8; 15:1.

울 해석자들의 견해와 달리, 바울은 의무라는 개념에 사로잡혀 있지 않다. 이 일련의 문장들에서도 볼 수 있듯이, 바울은 의무도 은혜에서 유래한다고 본다(의무는 은혜를 천명하는 것이기도 하지만, 동시에 은혜를 체험하는 것이기도 하다). "하나님께 빚을 갚을" 수 있는 사람은 아무도 없다. 자유와 생명은 신자 안에 들어와 사시는 하나님의 **영**이 가져다주신 결과다. 자유와 생명이 신자들에게 해방을 부여한 것은 그들이 구원받았던 바로 그곳으로 돌아가게 하려고 그리한 게 아니다. 도리어 신자들은 이제 그들에게 생명을 주신 **영**으로 살아갈 의무를 진다. 명령문이 서술문 뒤를 이어 등장한다. 그러나 이 명령은 상대를 강압하는 요구가 아니다. 이 새로운 "섬김"은 받은 은혜에 감사함에서, 곧 죄와 죽음으로부터 해방된 것에 감사함에서 흘러나온다.

13절 그러나 바울은 육을 다 이야기하지 않았다. 그리하여 그는 "**영**"이라는 대안을 12절이 말하는 "…이 아니라"에 대응하여 제시하지 않고, 대신 12절과 관련하여 "왜 그러면 안 되는가"(즉 "왜 육을 따라 살면 안 되는가"—옮긴이)를 신자들에게 더 되새겨준다. 그래서 그는 이유를 설명하는 "이는"으로 이 문장을 시작하면서, 실제 사실을 이야기하는 조건문 형태를 사용하여 자신이 6a절에서 말한 기본 내용을 되풀이한다. 동시에 바울은 신명기가 제시하는 반대 명제들(이 경우에는 신 30:11-20)을 곱씹어본다. 이 신명기의 반대 명제들은 바울 자신의 영성 생활 중 아주 많은 부분을 형성한 기초였다.[248] 물론 하나님의 백성 안에는 하나님의 **영**이 들어와 사시며 (11절) 바로 그 **영**이 이 백성을 주의 길로 인도한다(14절). 하지만 이 백성은 의무를 진다. 그리고 육을 따라 사는 것과 **영**을 따라 사는 것 중 하나를 선택해야 하는 문제도 늘 존재한다. 육을 택하여 "육을 따라" 사는 사람들은 죽을 수밖에 없다. 그러나 바울은 자신이 그리스도 밖에 있는 사

---

248) 앞에서 2:29을 다룬 부분을 보라.

람들을 묘사했던 5-8절과 달리 여기서는 그런 내용을 경고라는 형태로 로마 신자들에게 적용한다. 이 경고는 전형적 경고다. 이 경고는 어떤 이들이 실제로 이런 방식으로 살고 있다는 것을 일러주지도 않고 암시하지도 않는다. 오히려 이 경고는 12절을 설명하는 말의 형태를 띠면서도, 바울의 진정한 관심사, 곧 뒤따라 나올 반대 내용을 세워주는 역할을 한다. 그들은 **영**의 능력으로 말미암아 "생명을 선택"할 수밖에 없다. 그렇지만 바울이 마지막 구절에서 이를 제시하는 방식은 설명이 필요하다.

육 안에서 살아감으로 말미암아 이르게 된 죽음의 반대말은 **영**이 가져다주시는 생명이다(6b절과 같다). 여기서 말하는 생명은 마지막 날에 완성될 생명["너희가 **살리라**"(you *will* live)]을 가리킨다.[249] 그러나 바울이 이런 내용을 표현하는 방법은 아주 뜻밖이다. 바울이 여기서 구사하는 언어는 분명 생소하다. 그 이유는 바울이 첫째 절을 제시했던 방법과 관련 있다. 바울은 신자들이 "육을 따라 살" 의무를 지지 않았다고 말했다. 이제 그는 그 말을 상세히 설명하면서, "너희가 육을 따라 **살면**, 너희가 **죽으리라**"라고 말한다. 이 절에 있는 "살다"라는 말은 현재 사람이 영위하는 "삶의 방식"과 관련 있다. "죽다"라는 말은 종말론이 말하는 미래에 속해 있다. 그러나 이 문장의 정반대 명제로서 바울이 제시하는 문장은 그리 썩 훌륭하지가 않다(="만일 너희가 **영**을 따라 **살면**, 너희가 **살리라**"). 그리하여 바울은 더 나은 일을 행한다. 그는 귀결절에서는 정확히 종말론과 관련 있는 반대 명제를 유지한다("너희가 **살리라**"). 그가 관심을 가지는 곳이 여기이기 때문이다. 그러나 그는 조건절("만일…한다면"절)에서는 **반대말**(곧 "살다"의 반대말인 "죽다" — 옮긴이)**을 사용한 반대 명제**(*linguistic antithesis*)를 제시함으로써 그가 구사하는 은유를 풍성하게 만든다. 그리하여 바울은 단순히 "**영**을 따라 살면"이라 말하지 않고 로마 신자들에게 "**영으로**" "몸의 행실

---

249) 이 경우에는 이렇게 보는 것이 앞 절의 내용(그런 사람들은 죽을 것이다=마지막 날에 죽을 것이다) 및 바로 앞서 11절이 장차 신자들이 몸으로 부활하리라는 것을 강조한 점과 일치한다.

을 **죽게** 하라(put to death)"라고 촉구한다.[250]

이것은 순전히 은유다. 여기서 등장한 "죽음"은 앞 절에서 나온 "죽다"라는 말을 사용하여 언어유희를 구사한 것이다. 그들이 "죽음에 처해야" 할 것은—육이 아니라—"몸의 행실"이다. 신자들은 더 이상 "육 안에" 있지 않기 때문이다. 바울은 지금 육신이 죄의 거처라고 말하려는 게 아니다. 그는 갈라디아서 5:16-21에서도 "육"이라는 말을 죄의 거처를 나타내는 말로 사용하지 않았다. 이 언어는 사실 10절로부터 직접 유래한 것이다. "몸"은 죄로 말미암아 죽을 수밖에 없다. 이제 바울은 죄로 말미암아 죽을 수밖에 없다고 생각하는(10절에서도 그랬다) 몸과 관련된 행실을 죽이라고 다그친다. 어쨌든 오로지 "몸"만이 이 "죽이다"라는 동사에 합당한 목적어다. 따라서 비록 언어 면에서 보면 이 은유가 이상하게 보이지만, 그래도 바울의 의도는 분명해 보인다. 그는 지금 로마 신자들에게 "육 안의 삶"과 관련된 죄의 다양한 형태들을 제거해야 한다고 말하는 것이다.[251] 이것은 여전히 신학을 담은 주장이지 권고가 아니기 때문에, 바울이 여기서 말하는 것은 그런 "행위들"[252]이 아니다. 그러나 육의 삶은 그리스도 밖에 있는 행위들을 묘사하는 말이다. 그래서 바울은 지금 자기 독자들에게 7:7에서 자신이 말했던 탐심은 물론이요 1:28-30에서 자신이 열거했던 이방인의 "행위들"이나 2:21-23에서 열거했던 유대인의 "행위들"을 되새겨 주려고 이런 말을 썼을 가능성이 아주 높다.

바울 서신이 늘 이야기하듯이, 그런 행위들을 죽일 수 있는 능력은 신자 안에 들어와 사시는 **영**으로부터 나온다. 비록 구사하는 은유들이 다르

---

250) 이 때문에 바울은 결국 같은 뜻인데도 "죽이다"(kill)라는 말을 쓰지 않는다. "죽이다"라는 그리스어는 평행어가 아니기 때문이다("살해하다"는 그가 13절의 첫 조건문 귀결절에서 사용한 "죽다"와 평행을 이루지 않는다 — 옮긴이). 참고. 갈 5:24. 이 구절에서 바울은 "십자가에 못 박다"라는 동사를 사용한다.

251) 특히 13:11-14을 보라. 이 본문은 **영**을 그 본문에서 전제로 이해해야 한다는 것을 확인해 준다.

252) 그리스어로 τὰς πράξεις다(πράξεις는 "습관처럼 하는 행위, 행동"을 뜻하는 πρᾶξις의 복수 목적격 형태다 — 옮긴이)="습관처럼 하는 행위들"(참고. 골 3:9).

긴 하지만,[253] 바울은 다른 곳과 마찬가지로 여기서도 하나님 백성에게 죄를 제거하라고 요구한다. 하나님 백성은 심지어 죄와 싸움을 벌여서도 안 된다. **영**의 도우심을 받아 죄를 아예 죽여야 한다.[254] 물론 이 모든 일은 바울이 가진 "이미 그러나 아직 아니"라는 종말론적 시각의 틀 속에서 이해해야 한다. 하나님 백성은 이미 **영** 안에 있다. 그러나 그들은 아직 마지막 목적지에 이르지 않았다. 바울이 전개하는 신학 속에 죄와 벌이는 내면 투쟁이 분명 존재하지 않는다면, 승리주의 또한 존재하지 않는다. 유혹은 존재한다. 현세에 속한 사람들처럼 생각할 수 있는 가능성은 늘 존재한다(12:2). 옛 습관은 죽이기가 힘들다.[255] 그러나 하나님 백성은 **영**의 사람들이다. 그들은 신자들 안에 들어와 사시며 능력을 부어주시는 **영**에게 의지하여 그런 유혹에 맞서야 한다.

결국 하나님 백성이 "지금과 같은 하나님 백성이 된" 것은 **영**이 도우셨기 때문이다. 이제 바울은 14-17절에서 **그들이 지금 누구이며 어떤 사람이 되어야 하는가**를 이야기할 것이다. 이처럼 바울은 **영**을 주의 길로 "행할" 능력을 주시는 분으로서 경건한(=하나님을 닮은) 열매를 만들어내게 하시는 분으로 이해한다. 아울러 바울은 **영**을 죄에 맞서게 하시는 능동적 중개자로 이해하려 한다.

---

253) 가령 13:11-14과 골 3:5-11에서는 옷을 "벗듯이" 죄의 삶을 벗어버리라는 은유를 구사하기도 하고, 갈 6:8에서는 육을 위하여 "씨를 뿌리지 말라"라는 은유를 구사하기도 한다.

254) 물론 실제 현실을 더 생각하는 사람들에게는 이런 명령들이 큰 좌절을 일으킬 수도 있다. 그들은 이렇게 말한다. "좋다. 그렇다면 매일 매일의 삶과 관련지어 볼 때 죄를 죽이라는 말은 **무슨 의미인가?** 실제 삶 속에서 **어떻게** 죄를 죽이라는 말인가?" 불행한 일이지만, 바울은 이 물음에 직접 대답하지 않는다. 6절과 12:1-2이 제시하는 기본 요지에 비춰볼 때, 죄를 죽이라는 말은 적어도 "새로운 마음으로" 죄에 주의를 기울여야 한다는 뜻이다. 즉 죄를 죽이는 일에 초점을 맞추고 일부러 죄를 죽이려고 애써야 한다는 말이다.

255) Moo, 527이 12절의 "의무"와 관련하여 제시하는 유비를 참고하라. "해방된 노예는 심지어 '법'이나 '지위' 면에서 옛 주인들로부터 풀려난 뒤에도 몸에 밴 습관 때문에 자신들의 옛 주인에게 순종할 수 있다. 마찬가지로 그리스도인들 역시 여전히 우리 옛 주인인 육에 귀를 기울이고 그 음성에 주의를 집중할 수 있다." 물론 바울이 여기서 "**영으로**"라는 말을 강조한 이유도 바로 그런 이유에서다. 더 이상 육 안에 있지 않고 **영** 안에 있는 사람들은 **영**으로 이전에 따랐던 삶의 방식의 자취들을 죽여야 한다. 특히 12:1-2을 다룬 내용을 보라.

■ **로마서 8:14-17**

¹⁴이는 누구든지 하나님의 **영**으로부터 인도를 받는 한, 이들은 하나님의 그[256] "아들들"[257]이기 때문이라. ¹⁵이는 너희가 다시 두려워하는 노예의 **영**을 받지 않았고, 도리어 "아들들"로서 양자의 **영**을 받았기 때문이니, 이로 말미암아 우리가 "**압바, 아버지**"라 외치느니라. ¹⁶그[258] **영**이 몸소 우리 영들과 더불어 우리가 하나님의 자녀들임을 증언하시나니, ¹⁷또 만일 자녀들이면, 또한 상속인들, 곧 하나님의 상속인들이요 그리스도와 함께 공동 상속인들이니, 우리가 그와 함께 고난을 받는다면, 또한[259] 그와 함께 영광을 받을 수 있으리라.

바울은 자신이 1절에서 시작했던 주장을 이제 이 상당히 놀라운 결론으로 마무리한다. 이 본문이 놀라운 이유는 바울이 이곳까지 전혀 이야기하지 않아서 우리가 미처 예상하지 못한 내용이 여기서 등장하기 때문이다. 바울이 13절을 더 부연할 요량으로 14절에서 시작한 내용은 15-17절에 이르러 14절을 더 부연하는 내용으로 바뀌어, 결국 **영** 안의 삶을 더 묘사하는 내용이 된다. 바울이 여기서 구사하는 은유는 우리에게나 이 서신의 첫 수신자들에게나 전혀 새로운 게 아니다. 이 은유는 바울이 갈라디아서

---

256) 그리스어 본문을 보면 여기에 정관사가 없다. 그러나 원래 어순을 보면(B F G pc의 어순이든 혹은 ℵ C D 81 630 1506 1739 pc의 어순이든) 서술 명사가 동사 앞에 자리해 있다. 따라서 이는 "콜웰의 법칙"(Colwell's rule: 서술 명사가 동사 앞에 나오면, 설령 관사가 없더라도 그 명사는 한정의 의미를 갖는다)을 뒷받침하는 또 한 가지 증거다.

257) υἱοί를 이렇게 번역한 이유를 살펴보려면, 갈 4:4-7을 다룬 내용을 읽어보라. 바울이 의도하는 의미가 "자녀들"임은 그가 16-17절에서 이 말을 "자녀들"(τέκνα)로 바꾼 사실이 증명해 준다. 아울러 이것은 바울이 "아들들"이라는 말을 쓴 이유가 오로지 그가 15절에서 "아들들로 입양됨"(υἱοθεσία)이라는 은유를 구사하기 때문임을 일러준다. 이 경우에는 갈라디아서와 달리 "하나님의 아들"과 이 "아들들"이라는 말의 연관성이 전혀 나타나지 않기 때문이다.

258) Codex(책과 같은 형태를 지닌 성경 사본 — 옮긴이) D는 이 절과 앞서 나오는 내용의 관계를 분명히 밝히고자 이 절 서두에 ὥστε ("결국 그렇다면")를 덧붙여놓았다. 이것이 바울이 의도하는 관계의 뉘앙스인가는 지극히 의심스럽다.

259) 그리스어 사본들 가운데 유독 P⁴⁶은 이 καί를 생략해버렸다. 이는 필시 필사 과정에서 일어난 실수일 것이다. 어쨌든 이 말을 빼버리면 아주 많은 것을 놓쳐버린다. 바울은 "그리스도를 아는 것"을 그의 고난에 동참함과 그의 부활의 능력을 아는 것으로 보기 때문이다.

4:4-6에서 분명히 이야기했던 아버지-아들 은유를 더 상세하나 더 차분한 어조로 우리에게 설명해준다.[260] 이 서신의 첫 수신자들에겐 이 본문이 6:14-23에서 볼 수 있는 "종" 은유의 메아리이면서도 이제는 그 은유와 반대되는 은유를 제시하는 본문으로 다가온다.

생각의 흐름은 쉽게 추적할 수 있다. 바울이 14절을 시작하며 쓴 "이는"은 이어질 내용이 13절의 마지막 절을 더 부연 혹은 설명하는 것임을 일러준다. 이 점은 놓치기가 쉽다. 바울이 14절을 13절의 마지막 구절과 완전히 다른 언어로 표현해놓았기 때문이다. 그러나 바로 그런 사실 때문에 바울이 15-17절을 이어 말하는 것 같다. 바울 자신은 (분명) 자신이 "하나님의 아들"이라는 새 은유를 소개했으며 이 때문에 이 은유를 어느 정도 설명할 필요가 있음을 안다. 그리하여 15절에서는 그 은유를 염두에 두고 이야기한다. 그들이 **영**을 받았을 때 일어난 일은 "종의 신분"과 "두려움"(참고 6:14, 16)으로 돌아가는 게 아니라, "'아들들'로 입양을 받는 것"(참고. 갈 4:5, 찾아보라)이었다. 우리가 하나님의 양자가 되었다는 사실은 **영**이 우리가 저 유명한 "**압바**, 아버지"라는 말을 외칠 수 있게 해주신다는 점이 증명해준다. 바울은 이런 말을 계속 이어간다(16절). 바울은 **영** 바로 그분이 우리 자신의 영들과 함께, 14b절에서 바울 자신이 강조한 대로, 우리가 "하나님의 자녀들"이라는 것을 증언하신다고 말한다. 그게 전부가 아니다

---

260) Jewett (*Terms*, 198-99)는 Michel, 199n1과 다른 이들을 좇아 여기서 바울이 그가 앞서 갈 4:4-7에서 썼던 것과 똑같은 "전통적 권고 주장"을 사용한다고 주장한다. 그러나 다음과 같은 이유들 때문에 이런 추정의 배후에 자리한 방법론에 의문이 든다. (1) 두 본문 모두 오직 바울 서신에서만 발견할 수 있는 형태다. (2) 비록 이 두 본문이 일부 비슷한 언어를 사용하고 대체로 공통되는 패턴을 따르지만, 그래도 이 둘의 성격은 서로 상당히 다르다. (3) 만일 그렇다면, 바울은 둘 중 하나 혹은 둘 전체를 각각의 문맥에 맞게 뜯어고친 셈이다. 그렇다면 바울 이전에 손재했던 원문 내용을 어떻게 "발견"할 것인가? 갈 4:4-7과 이 본문의 형태 중 어느 것이 원형에 더 가까울까? 바울이 갈라디아서 본문을 하나로 결합해주는 기독론 요소를 이 본문에서는 아주 철저히 제거해버린 점을 어떻게 설명할까? 이 경우는 "만일 바울이 자료들을 사용했다면, 그는 그 자료들을 스스로 다 쓴 것이다"(Pierson Parker가 요한복음을 다룰 때 쓴 말을 내가 개작한 말이다)라는 말에 해당하는 경우를 분명하게 보여주는 것 같다.

(17절). "'아들들'로 입양됨"이라는 은유대로 자녀가 되었다면, 이는 곧 완전한 상속인이 되었다는 뜻이기도 하다. 이 경우에는 하나님의 상속인들이요 하나님의 아들이신 그리스도와 함께 공동 상속인이 되었다는 의미일 것이다. 우리가 보기에는 여기서 멈추는 것이 좋겠지만, 바울은 그렇게 생각하지 않는다. 분명 미래에는 영광이 있을 것이다. 그러나 우리가 그 영광을 기다리는 동안, "그리스도와 함께 고난을 받는" 일도 있을 것이다. 여기서 바울은 자신이 더 정교한 논리를 선보이는 부분들(18-30절)로 나아가기 시작한다. 바울은 18-30절에서 생생한 은유들을 동원하여 현재 신자들이 살아가는 **영**의 삶을 "이미 그러나 아직 아니"의 하나로 설명한다(이 삶은 장차 임할 영광을 고대하는 소망으로 가득하지만, 신자들은 그 소망을 열렬히 기다리는 동안 고난과 약함 가운데 살아간다).

따라서 바울의 생각이 어떻게 전개되어가는지 알아내기는 어렵지 않다. 그렇다면 이 모든 내용의 종착점(목표)은 무엇인가? 이 본문의 내용은 바울이 앞서 제시한 내용, 곧 그가 1-11절에서 강조한 내용 및 12-13절에서 암시한 권면과 어떤 관련이 있는가? 1-13절은 "의"라는 관심사가 본문 전체를 지배한다(바울이 늘 "의"라는 말로 표현하지는 않지만, 그래도 의가 주 관심사다). 이제 여기서는 그 관심사가 몇 발짝 정도 무대 뒤편으로 사라졌다. 그러나 (바울이 이 관심사를 12:1-15:13에 가서 세세하게 이야기하기 전에) 이 관심사가 현재 바울이 제시하는 주장 속에서 마지막으로 다시 등장할 때는 이 "아들"이라는 은유에 주로 초점을 맞춘다[즉 바울은 하나님이 우리를 위하여 미리 정해두신 목적으로 우리가 하나님의 자녀들인 많은 형제자매 가운데 맏아들이신 하나님 아들의 모양을 닮아가는 것을 제시한다(29절)].

그러나 지금 바울은 강조점을 확고한 주장과 격려로 옮겨간 것으로 보인다. 우리를 토라와 죄와 죽음으로부터 해방시켜주신 **영**(2절), 우리가 육으로 사는 자들(5-8, 12-13절)과 달리 토라의 의로운 요구를 이룰 수 있도록 당신을 따라 살게 하시는 **영**(4절), 우리를 (당신 이름을 위하여 의의 길로, 14b절) 인도하시는 **영**은 다른 분이 아니라 우리가 신자가 되게 하심

으로써 하나님 바로 그분의 자녀들이 되게 하신 바로 그 **영**이시다(14b-17
절). 바울이 14a절에 이르기까지 분명하게 혹은 은연중에 토라가 할 수 없
었던 일, 곧 "육"에 맞서 참 의를 "행함"을 "이루시는" 분인 **영**을 강조했다
면, 이 문단의 나머지 부분(14b-17절)에서 그가 강조하는 것은 존재(being)
와 관계다. 즉 참된 의는 행위를 규율하는 법규들에 순종하는 것이 아니
라, 하나님과 이루게 된 새 관계에 근거하여 살아가는 것이다[즉 하나님
의 "아들들"로서 그분의 **아들**(=그리스도)의 모양을 닮아가며 살아가는 것이다].
그러므로 비록 여기서는 아주 많은 말로 표현하지는 않았지만, 바울이 지
금 제시하는 주장의 문맥을 고려할 때, "그 아버지에 '그 아들(=예수 그리
스도)/아들(들)'"[like Father, like 'S/son(s)']이라는 개념이 상당히 선명하게
드러난다.

세부 사항들을 살펴보기 전에 두 가지 관찰 결과를 더 이야기하고 넘
어가겠다. 첫째, 14b-16절이 제시하는 이미지 중에는 갈라디아서 4:4-7이
제시하는 동일한 이미지를 바꿔놓은 것이 많다. 따라서 여기서는 갈라디
아서에서 논의한 내용 중 많은 부분은 단지 언급만 하고 넘어가겠다. 우리
가 관심을 갖는 것은 이 주장에 와서 바뀐 부분들로서 이 주장이 특히 강
조하는 것들이다. 그렇게 바뀐 부분 가운데 가장 두드러진 것은 갈라디아
서가 철저히 그리스도 중심의(그리고 삼위일체적 관점의) 구원론에 초점을
맞추었던 반면, 현재 이 본문에서는 오로지 **영**에 초점을 맞춘다는 점이다.
그러다 보니, 바울은 갈라디아서 4:5에서는 "'아들들'로 입양됨"을 **그리스
도**가 이뤄내신 일로 이야기했지만, 이제 여기서는 **영**이 하신 일로 이야기
하면서 **영**을 "'아들들로 입양됨'(곧 양자)의 **영**"이라고 부른다.

둘째, 16절에서 나타나 9:1까지 죽 이어지는 언어 현상이 있는데, 비록
완전히 설명할 수는 없더라도 이를 짚어보고 넘어가야 한다. 그건 바로 갑
자스럽게 빈복하여 등장하는 σύν-복합어("…과 함께"라는 뜻을 가진 그리
스어 전치사 σύν과 결합하여 새 단어를 형성하는 말들)다. 이 현상은 먼저 우
리 안에 들어와 사시는 **영**과 관련하여 나타난다. 바울은 이 **영**이 "우리

자신의 영들과 함께 증언하신다"(16절; "함께 증언하다"라는 뜻을 지닌 동사 συμμαρτυρέω를 썼다 ― 옮긴이)라고 말하며, 이 **영**이 "우리가 약할 때 우리와 함께 도움을 주신다"[26절; "(함께) 돕다"라는 말로 συναντιλαμβάνομαι를 썼다 ― 옮긴이]라고 말한다. 마찬가지로 모든 일을 합하여 선을 이루어주시는 분도 필시 **영**이실 것이다(28절). 바울은 9:1에서는 이를 거꾸로 뒤집어 언어유희를 구사하면서, 바울 자신의 양심이 **영**으로 말미암아 바울 자신과 함께 증언한다고 말한다. 그러나 이런 언어 현상은 신자와 그리스도의 관계에서도 똑같이 나타난다. 우리가 그리스도"와 함께 영광을 받을"("함께 영광을 받다"라는 말로 συνδοξάζω를 썼다 ― 옮긴이) 목적으로 그분과 "함께 고난을 받는다면"(17절; "함께 고난을 받다"라는 말로 συμπάσχω를 썼다 ― 옮긴이), 그리고 그분의 모양을 본받아 결국 "그분과 같은 형상을 갖게"(그분의 형상을 닮게; "같은 형상을 가진"이라는 형용사로서 σύμμορφος를 썼다 ― 옮긴이) 된다면(29절), 우리는 그리스도와 "함께 공동 상속인"("공동 상속인"이라는 말로 συγκληρονόμος를 썼다 ― 옮긴이)이다. 바울은 심지어 피조물에게도 이 복합어를 열심히 적용하여 피조물이 "함께 격심한 고통을 겪으며"("함께 고통을 겪다"라는 말로 συνωδίνω를 썼다 ― 옮긴이) "함께 탄식한다"("함께 탄식하다"라는 말로 συστενάζω를 썼다-옮긴이)라고 말한다(22절). 이 복합어는 바울 서신의 다른 곳에서도 단순히 일상 언어가 아니라 두 사람이나 물체 사이의 지밀(至密)한 관계를 강조하는 말로 사용하는 경향이 있다. 이것은 어쩌면 바울 자신도 의식하지 못하는 사이에 이 "주장"을 그 자체에 걸맞은 정점으로 이끌어가는 바울 나름의 방법이 아닐까?

14절 문장 서두의 γάρ("이는")는 이 문장과 바울이 13b절에서 (암시조로) 제시한 권면을 하나로 묶어준다. 이 γάρ는 바울이 14절을 13b절을 더 설명하거나 부연하는 문장으로 제시함으로써 이 둘을 지극히 긴밀한 관계로 연결하려 한다는 것을 일러준다. 이는 곧 "하나님의 **영**으로부터 인도를 받는 한"이라는 말을 "**영**으로 몸의 행실을 죽이는 한"이라는 적극적인 문장으로 바꿔 이해하는 것이 가장 좋다는 것을 의미한다. 즉 바울이 13절에서는 육 안의 삶과 대조하여 표현하려 했기 때문에 다소 부정적인 것처럼 보이는 접근법을 써서 "의"에 다가갔지만, 이제 여기서는 그 "의"를 같은 의미를 지니면서도 긍정적 인상을 주는 말로 바꿔 이해하는 것이 적절하다는 뜻이다. 신자들은 단지 "육을 따라" 살지 않는 사람, "몸의 행위들"을 행하지 않는 사람들에 그치지 않고, 더 나아가 사실은 하나님의 **영**으로부터 인도를 받는 사람들이다.[261] 바울은 여기서 더 나아가 그렇게 하나님의 **영**의 인도를 받는 모든 이들을 "하나님의 '아들들'"[262]이라고 말한다. 그러므로 바울은 **영** 안의 삶을 육에서 시작된 화재를 진압하는(=육을 그 열망 및 욕심과 함께 "죽이는") 끝없는 한판 싸움으로 이해하지 않는다. 오히려 **영** 안의 삶은 **영**의 인도를 받는 사람들이라는 뜻이다. 우리 논지에 비춰볼 때 두 가지 중요한 문제가 있다.

1. "**영**으로부터"(영에게)라는 수식어가 붙은 수동태 동사 "인도함을 받다"를 살펴보려면, 앞에서 갈라디아서 5:18을 다룬 부분을 보기 바란다 (NA[27]이 제시하는 본문은 πνεύματι θεοῦ ἄγονται다. ἄγονται는 "이끌다"를 뜻하는 ἄγω의 3인칭 복수 현재 수동태 직설법 형태다 — 옮긴이). 이 문구는 갈라디아서 5:18의 경우보다 훨씬 더 "황홀경"이나 "**영**이 사로잡음"[263] 같은

---

261) Cranfield, 1.395; Moo, 534도 같은 견해다; 참고. Byrne, 'Sons,' 98. Byrne은 이 절이 "이 절을 뛰어넘어 앞선 구절들(4, 5, 6, 9, 10, 11절)이 **영**의 삶을 묘사한 여러 표현들까지 미친다"라고 말한다.

262) 여기서 이 단어를 "자녀들"이 아니라 "아들들"로 번역한 연유를 살펴보려면, 갈 4:4-7을 다룬 부분에 있는 주115를 보라; 앞의 주257을 참고하라.

263) 예전에 학자들이 제시한 설명을 보려면, Godet, 309를 보라: "이것은 거룩한 폭력 같은 개념이다. 즉 **영**이 사람을 그 육이 순순히 가려 하지 않는 곳으로 끌어간다는 뜻이다." 근래 이를 더 강하게 표현한 것이 Käsemann, 226과 이를 따른 Dunn, 450이다. Käsemann은 이를 "**영**이 몰아치다"로 번역하면서(그러나 사전에는 이 번역을 지지하는 증거가 없다), 바울이 이런 표현을 통해 "고전 12:2에서 말하는 광신자들의 언어를 자기 것으로 가져다 썼다"라고 역설한다. 그러나 문맥을 봐도 그런 견해를 지지하는 증거가 없다(갈 4:6을 나누며 "외치다"라는 동사를 논한 내용을 보라). 때문에 로마 사람들이 과연 이 문구를 그런 견해가 말하는 것처럼 이해할 수 있었을지 의문이다. Dunn은 자기가 생각하는 의미를 "가장 자연스러운 의미"로 여긴다. 그러나 그가 자기를 지지하는 본문으로 내세우는 본문들(가령 딤후 3:6)은 전혀 그런 확신을 주지 않는다.

개념을 함축하지도 않고, **영**이 삶의 세부 사항까지 직접 도움을 주신다는 의미의[264] "지도"(guidance) 개념을 함축하지도 않는다. 바울 서신에서는 늘 그렇듯이, 그런 용례를 가져다 쓰는 주된 장소는 구약성경이다. 구약성경을 보면, 하나님이 하나님 백성을 하나님의 길로 "인도하신다"는 것을 아주 다양하게 이야기한다. 그리하여 가령 시편 23:3은 이렇게 말한다. "그가 나를 그의 이름을 위하여 의의 길로 인도하시는도다." 바울이 여기서 하고자 하는 말도 그것임이 거의 확실하다. 즉 **하나님의 영**(the Spirit of God)은 하나님 백성을 "하나님의 이름을 위하여 의의 길로" 인도하신다. 이를 통해 하나님 백성은 자신들이 **하나님의** 자녀들이라는 것을 증명해 보인다.[265] 이런 이해는 느닷없이 "**하나님의 영**"이라는 명칭이 등장하게 된 연유와 "**이들은 하나님의** 그 '아들들'이기 때문이라"라는 귀결절이 강조문이라는 특성을 가진다는 것을 가장 잘 설명해준다. 이런 사람들은 분명 "육을 따라" 살지 않지만, 그렇다고 그저 뒤로 물러나 "**영**이 그 일을 하시도록" 방관하지도 않는다. 이런 사람들은 **영**을 통해 "토라의 의로운 요구"를 이루시는 주의 길을 따라 행하는(걸어가는) 사람들이다(4절). 결국 항간에서 종종 이해하는 것과 달리, 이 본문은 "(영의) 지도"와 아무 상관이 없다. 도리어 문맥은 이 본문을 의, 곧 하나님 **영**의 인도를 받아 하나님의 길로 행하는 것과 관련지어 이해할 것을 요구한다.[266]

　2. "하나님의 **영**으로부터 인도를" 받음과 "하나님의 '아들들'이라는 것" 사이에 존재하는 긴밀한 연관성 역시 상당히 중요하다. 이 본문의 내용과 바울이 써놓은 문장이 제시하는 어순이 이런 긴밀한 연관성을 분명하게 나타낸다.

---

264) 사람들이 흔히 쓰는 "성령의 인도" 같은 말이 이런 경우다. 어떤 결정을 내렸을 때, 그 결정을 내린 사람이 알았느냐 여부와 상관없이, 그 결정을 **영**의 지도에 따른 결과로 돌리면서 쓰는 말이 "성령의 인도"이기 때문이다.

265) Godet, 308은 이것이 "더 진전된 단계의 그리스도인의 삶"을 가리킨다고 주장하면서, 아예 이 본문을 "너희가 너희 자신이 **영**의 인도를 받게 하면, 너희는 **아들들**이라는 칭호를 사용할 권리를 가진다"라고 바꿔 말한다. 그러나 이것은 전혀 말이 안 되는 주장이다.

266) Harrison, 92; Loane, *Hope*, 52도 같은 견해다.

누구든지　　　　하나님의 **영**으로부터　　　인도를 받다(받는 한),
이들은　　　　　하나님의 그 "아들들"　　　이다.

바울의 강조점은 뚜렷하다. 즉 (하나님의) "아들"임을 증명해주는 참된 증거는 토라 준수가 아니다. 우리가 아들임을 보여주는 표지는 **영**이 인도하시는 길을 따라가는 것이다. 하나님의 자녀들은 (본문이 암시하듯[267] 다른 사람들이 아니라) 바로 이런 사람들이다. 갈라디아서 3:1-5에서도 말하듯이, 오직 **영**만이 새 언약 아래 있는 하나님 백성의 정체를 규정해주신다. 따라서 이 문장은 **영**이 의와 관련하여 그리고 하나님 백성의 정체를 규정할 때 하는 역할을 강조한다. 바울은 하나님 백성이 가지는 이 새로운 정체성(신분)을 이제 가정이라는 이미지를 동원하여 표현한다(="하나님의 자녀들"). 이 이미지는, 바울이 줄곧 사용하는 "형제자매들아"라는 호격을 제외하면, 바울의 글에서 흔히 볼 수 없는 것이다. 그러나 바울은 이 이미지를 교회를 상징하는 근본 이미지로 제시한다. 이 이미지는 십중팔구 구약으로부터 나왔을 것이다. 구약에서는 (분명 자주 그렇지는 않지만)[268] 하나님이 이스라엘을 "당신 아들"로 부르시며 이스라엘 사람들을 당신의 "아들들(과 딸들)"로 부르신다.[269] 바울은 고린도후서 6:18-7:1에서 이 말을 하나님의 새 백성 안에서 완전히 이루어질 마지막 때의 "약속"으로 본다. 갈라디아서 3:26-4:7과 이 본문이 증명하듯이, 바울은 **영**의 언약인 새 언약

---

267) 참고. Meyer, 2.63: "그 대명사[14절 귀결절 첫머리에 있는 οὗτοι (이 사람들) — 옮긴이]가 강조하는 위치에 있다는 것은 배타적이고 다른 것과 대비되는 의미를 가진다"; 참고. Murray, 295n15. Godet는 이 견해를 거부하면서 바울의 강조점이 그리스도인의 삶 자체가 아니라 진전된 그리스도인의 삶과 관련 있다는 논거를 내세우는데, 타당성이 없는 논거다.
268) 이 복수형은 오로지 신 14:1; 사 43:6; 호 2:1 칠십인경(참고. 「지혜서」 5:5)에서만 나타난다. 이 밀은 나시 하나님이 이스라엘을 "내 아들"로 부르시며(출 4.22, 렘 31:9; 호 11:1) 당신 자신을 그들의 "아버지"로 부르신 일(신 32:6; 렘 3:19)에 그 근거를 둔다.
269) Moo, 534도 같은 견해다. 이와 관련하여 우리는 이스라엘을 하나님의 "아들" 혹은 "자녀들"로 부르는 구약의 몇몇 표현들이 곧 이스라엘이 하나님의 "인도를 받는다"는 개념과 연결되어 있다는 점에 아울러 유의해야 한다(렘 31:9; 호 11:1-4).

아래에 있는 하나님 백성을 이제 "하나님의 자녀들"로 규정한다.

15절 바울은 14b절에서 "아들들"이라는 이미지로 갑자기 전환했다. 이런 이미지 전환은 급작스럽고 예상치 못한 것이었다. 바울은 분명 이 이미지와 **영**이라는 선물의 관계를 설명해야 한다는 압박을 느낀다. 이 때문에 바울은 17절까지 이 관계를 내쳐 설명해간다. 동시에 그는 이 설명으로부터 이 "주장" 중 다음 부분임을 분명하게 알 수 있는 주장을 시작한다. 바울은 (죄에게) 종노릇한다는 이미지를 6:12-18로부터 끌어오지만, 사실은 그 자신이 갈라디아서 4:1-6에서 사용했던 이미지를 다시 고쳐 쓴다. 이러면서 그는 로마 신자들 자신이 신자로서 체험했던 **압바**라는 외침이 **영**으로부터 나온 것일 뿐 아니라 그들이 "양자로 입양되었다"는 증거라고 말한다. 로마 신자들은 과거에 "종의 신분"이었지만, 이제는 "하나님의 **영**이 그들을 인도해주신다." 이는 곧 그들이 결코 종이 **아님**을 의미한다. 반대로 **영**의 임재는 그들이 하나님과 완전히 새로운 관계를 맺게 해주었다. 이제 우리는 **영**으로 말미암아 "'아들들'로 입양됨"[270]으로써 하나님의 정당한 상속인들이 되었다.[271]

결국 갈라디아서에서도 그렇게 말했지만, **영**은 "아들"임을 증명해주시는 증거다. 그러나 갈라디아서와 달리, 여기서는 (우리가 가지는—옮긴이) "아들의 지위"와 하나님의 "아들"이신 그리스도 사이의 긴밀한 결합을 볼 수 없다. 바울은 이런 긴밀한 결합을 결국 17절에 가서야 에두른 말로 표현한다(하나님의 "자녀들"인 우리는 그리스도와 함께 "공동 상속인"이다). 그러

---

270) 이 말의 의미를 알아보려면, Scott, *Adoption*을 보라. Scott는 이 말이 삼하 7:14과 연관되어 있다고 주장한다. 어쨌든 이것은 "법률상" 아들을 상속인으로 입양했던 그리스-로마 시대의 관습을 염두에 둔 것이다. 특히 F. Lyall, "Roman Law in the Writings of Paul—Adoption," *JBL* 88 (1969), 458-66을 보라.

271) Ziesler, 214은 이 이미지의 강조점이 순종(아들들과 종들은 모두 순종한다)이나 친밀함이 아니라 "미래의 운명"(17절)이라고 말한다. 종들은 유업을 상속하지 않는다.[8] 그러나 자녀들은 상속한다.

나 지금 우리가 보는 본문에서는 실상 어디에서도 그리스도를 "아들"이라 말하지 않는다. "'아들들'로 입양됨"이라는 은유와 **압바**라는 외침 자체, 그리고 이런 본문과 관련하여 예배 때 개개 신자와 공동체 사이에 일어날 수 있는 긴장 문제를 살펴보려면, 갈라디아서 4:4-6을 다룬 내용을 읽어보기 바란다. 우리가 관심을 갖는 것은 이곳과 갈라디아서의 그 본문 사이의 차이점들이다. 이런 차이점들을 알고 나면, 우리가 이 주장 속에서 이 내용이 하는 역할을 더 잘 이해하는 데 도움이 될 것이다. 적어도 다음 네 가지 문제들이 중요한 의미를 갖는다.

1. 갈라디아서 본문에서는 "아들의 지위"라는 이미지가 "종의 신분"과 대조를 이루는 말로서 등장한다. 그러나 여기서는 "종의 신분"이라는 이미지가 갈라디아서와 다른 역할을 한다. 우선 바울이 이런 대조들을 제시하는 방법이 상당한 오해를 불러일으켰다. 대다수 역본들이 암시하는 것과 달리, "양자의 πνεῦμα"라는 말은 어떤 태도나 성향을 말하는 게 아니다.[272] 더욱이 그는 "종의 영"과 "아들의 **영**"이라는 두 종류의 "영들"이 있다는 말을 하는 것도 아니다. 오히려 이 문구는 당시 상황에 맞춰 만들어낸 말로서 바울 자신의 수사 스타일을 반영한 것이다.[273] 고린도전서 2:12(참고. 딤후 1:7)과 마찬가지로, 지금 바울은 자신이 **영**과 관련하여 말하려는 내용, 곧 **영**을 받았다는 것은 "아들들로 입양되었다"라는 뜻이라는 데 관심을 기울인다. 그러나 바울은 그 관심사를 다룰 요량으로 우선 로마 신자들이 이전에(=하나님의 자녀들로 입양되기 전에 — 옮긴이) 영위했던 삶의 방식과 이후의 삶의 방식을 부정어(否定語)를 사용하여 대조한다(바울이 통상 사용하는 전형적 대조다).[274] 이전에 로마 신자들은 "종들"로서 "두려움"

---

272) 가령 SH, 202-3이 그러하다.

273) Meyer, 263; Barrett, 163; Murray, 296-97; Cranfield, 1.396; Moo, 576; Loane, *Hope*, 55-56도 같은 생각이다.

274) 이것은 πάλιν ("다시")이 가지는 의미를 설명해준다. 영역 성경들은 이 말을 놓아둘 자리를 찾느라 어려운 시간을 보낸다. 바울이 제시한 그리스어 본문은 δουλείας πάλιν εἰς φόβον ("slavery again unto fear"; 종이 되어 다시 두려움에 빠지다)이다. 문제는 "다시 종이 되어"

속에 살았다. 그러다가 **영**이 그들에게 "아들의 지위"를 주시면서 그 두려움을 대체했다. 따라서 바울이 제시하는 요점은 이렇게 바꿔보는 것이 가장 적절하다. "너희가 **영**을 받음은 너희를 다시 종의 신분과 두려움으로 되돌리는 결과를 낳지 않고, 도리어 너희가 '아들들'로 입양되게 하는 결과를 낳았다."[275]

이 경우에 바울이 말하는 종의 신분이 어떤 형태인지 그리 분명하지는 않다. 이는 대체로 우리가 바울의 청중을 어떻게 인식하느냐에 따라 결정될 문제다.[276] 어쨌든 바울은 "종의 신분"을 토라가 깨운 죄의 폭정에 굴복하여 하나님을 두려워하는 유대인 혹은 하나님 없이 죄의 폭정에 굴복하여 소망도 없이 그저 두려움만 가득 안고 살아가는 이방인을 똑같이 묘사하는 말로 받아들인다. 바울이 말하는 요점은 간단하며, 2절에서 구사한 "자유"라는 은유를 끌어다 쓴 것이다. **영**의 사람들은 종살이와 두려움으로부터 자녀들이 누리는 자유로 옮겨갔다. 이런 자녀들이 로마 신자들 가운데 다수가 되었다.

2. 갈라디아서 4:5은 우리가 υἱοθεσία(='아들들'로 입양 받음)를 자기를 희생하신 그리스도의 죽음에서 직접 연유한 결과라고 말한다. 즉 하나님은 당신 아들을 보내서서 "**율법** 아래 있는 자들을 구속(속량)하사 우리가

[=재차 종이 되다(참고. NIV)]라고 번역할 것인가 아니면 "다시 두려움에 빠진"[=재차 두려움으로 이끌려가다(참고. NRSV, NASB, NAB, NJB, REB)]이라고 번역할 것인가다.

275) 참고. GNB. 내가 아는 한 이 역본이 바울이 말하는 의미를 제대로 포착해낸 유일한 영역 성경이다: "For the Spirit that God has given you does not make you slaves and cause you to be afraid; instead, the Spirit makes you God's children"(이는 하나님이 너희에게 주신 **영**이 너희를 종으로 만들지도 아니하고 너희에게 두려움을 안겨주지도 않는 대신, 도리어 너희를 하나님의 자녀들로 만들어주기 때문이라). 이 문체 패턴을 놓치는 바람에 마치 바울이 "종의 영"(the spirit of slavery)이라는 실체를 인정하는 것처럼 여기며 "종의 영"을 설명하려는 온갖 복잡한 시도들이 있어왔다(다른 이들도 있지만, Haldane, 353-54; Godet, 329; SH, 202-3을 보라).

276) 종의 신분을 갈라디아서처럼 오직 "토라의 노예인 처지"만 가리키는 말로 이해한 이들은 분명 이 점을 인식하지 못한다(가령 Loane, *Hope*, 56). 물론 이 견해의 난점은 이 서신이 특히 이방인이 다수를 차지하는 회중을 염두에 둔다는 점이다. 이 서신에는 어떤 사람들이 실제로 이 회중을 토라 아래로 인도하려 한다는 것을 일러주는 증거가 거의 없거나 전혀 없다.

'아들들'로 입양 받게 하셨다." 그러나 여기서는 그리스도를 더 이상 언급하지 않고 **영**에 주로 초점을 맞춘다. 그리하여 바울은 **영**을 "(아들들로) 입양시켜주시는(=양자의) **영**"이라고 부른다. 앞에서도 말했듯이, 이 말은 그 반대말인 "종의 **영**"에 맞서 만들어낸 문구다. 이 두 경우에 소유격(즉 "양자의"와 "종의"—옮긴이)은 술어 기능을 하면서, **영**의 임재가 가져온 **효과**를 일러준다.[277] **영**은 우리를 종살이로 이끄시는 분이 아니라, 실상 우리를 "'아들들'로 입양"시켜주시는 중개자시다. 우리는 여기서도 다시금 구원론을 바라보는 바울의 시각이 기본적으로 삼위일체와 관련 있음을 알 수 있다.[278] 갈라디아서는 우리에게 그런 양자의 지위를 확보해주신 분이 그리스도시라고 분명하게 말한다. 그러나 여기서는 그런 입양이 신자의 삶 속에서 **영**의 사역으로 말미암아 효력을 발휘하게 되었다고 말한다.

3. 신자가 한 **영** 체험을 가리키는 말은 "너희가 (영을) 받았다"다. 이 말은 바울이 그리스도인의 회심을 가리키는 표준 문구다.[279] 하지만 인접 문맥을 보면 바울은, 갈라디아서와 달리, 회심이 아니라 신자들이 하나님의 자녀들로서 하나님과 계속 이어가는 관계에 초점을 맞춘다. 그리하여 이

---

277) Meyer, 2.63은 반대 의견이다. 그는 갈 4:5-6을 근거로 이것을 거부한다. 그러나 이 경우에는 Meyer의 견해가 타당하지 않다. 바울은 분명 이 본문을 갈 4:5-6에 비추어 생각하지 않기 때문이다. 아울러 Barrett, 163도 반대 의견이다. 그는 23절을 근거로 이것이 미래를 가리킨다고 본다. 또 Scott, *Adoption*, 261n143도 견해를 달리한다(참고. Byrne, '*Sons*,' 100). Scott는 소유격을 내가 여기서 해석하는 것처럼 해석할 수 있는 "문법 범주(개념)"가 없다는 이유로 이 "양자의"와 "종의"라는 소유격을 성질을 나타내는 것으로 본다. 그러나 그는 15:13에 있는 "소망의 하나님"의 소유격인 "소망의"도 여기와 평행을 이룬다고 주장하지만, 이는 일부만 진실일 뿐이다. 하나님 바로 그분의 특질을 소망으로 가득한 분으로 규정할 수는 없다. 오히려 하나님이 "소망의 하나님"이신 이유는 그분이 우리의 소망을 보장하심으로써 당신 백성을 소망으로 가득 채워주시기 때문이다. 이런 종류의 용례를 보려면, John Beekman and John Callow, *Translating the Word of God* (Grand Rapids: Zondervan, 1974), 263을 보라.

278) 물론 이것이 로마 사람들에게는 파악하기 힘든 부분이라 효과가 없었을 것이다.

279) 앞에서 고전 2:12; 갈 3:2를 다룬 부문을 보라; 참고. 고후 11:4. 누가복음-사도행전에서는 이 말이 훨씬 더 빈번히 나타난다. 거기에서도 이 말은 주로 그리스도의 회심을 가리킨다. 참고. Dunn, 451. Ervin은 바울이 여기서 결국 **영**을 말하려 하지 않는다고 주장한다 (*Conversion-Initiation*, 87-88). 그러나 그의 견해는 수사상 특징의 본질이나 문맥을 제대로 파악하지 못한 결과다.

어지는 수식절을 보면, 바울은 과거 시제인 "너희가 (양자의 **영**을) 받았다"로부터(바울은 "받았다"라는 말로 "받다"를 뜻하는 λαμβάνω의 2인칭 복수 부정과거 능동 직설법 형태인 ἐλάβετε를 썼다 — 옮긴이) 현재 그들(그리고 바울 자신)에게 나타나는 양친자(養親子) 관계의 현실("그 양자의 **영**으로 말미암아 우리가 '**압바**, 아버지'라 외치느니라")로 옮겨간다(바울은 "우리가 외친다"라는 뜻으로 κράζω의 1인칭 복수 현재 능동 직설법 형태인 κράζομεν을 썼다 — 옮긴이). 바울은 이런 강조점을 다시 다음 문장으로 이어가 "**영**이 우리 영들과 함께 우리가 하나님의 자녀들**이라는**(εἰμί의 1인칭 복수 현재형인 ἐσμέν을 썼다 — 옮긴이) 것을 **증언하신다**(συμμαρτυρέω의 3인칭 단수 현재 능동 직설법 형태인 συμμαρτυρεῖ를 썼다 — 옮긴이)"라고 말한다. 물론 이런 변화는 철저히 강조점, 곧 **영**이 우리가 가진 "아들의 지위"와 의를 증언해주시고 이뤄주시는 현실과 관련 있다. 이처럼 바울은 로마 사람들의 회심을 단지 잠시만 "너희가 **영**을 받았다"라는 구절로 되새겨줄 뿐, 정작 관심은 계속 이어지는 **영**의 삶에 둔다. 이 **영**은 "이미 그러나 아직 아니"라는 종말론 차원의 긴장 속에서 살아가는 우리에게 우리가 하나님의 자녀이며 그분의 영광을 물려받을 상속인이라는 확신을 심어준다.

4. 바울은 갈라디아서 4:6에서 **영** 자신이 신자의 마음속으로부터 "**압바**, 아버지"라 외친다고 말한다. 그러나 여기서는 "**영**,…그분으로 말미암아[280] **우리가** 외친다"라고 말한다. 이것은 분명 "**압바**, 아버지"라는 외침이 어떻게 이루어지는가를 더 정확하게 표현한 말이다. 바울은 "선지자들의 **영**이 선지자들에게 복종한다"라는 말을 언제나 공식 명제로 받아들인다. 즉 우리는 **영**이 감동케 하시는 대로 말한다. 바울은 이 외침을 그 본질상 "**영**이 하시는 말"로 여기기보다 **영**이 우리 안에 들어와 사시며 우리에게 능력을

---

280) 그리스어로 ἐν ᾧ다. 바울은 다른 곳에서는 이 말을 "…라는 점에서"나 "…때문에"라는 뜻으로 사용하는 경향이 있다(참고. 8:3). 그러나 이런 경우에 대명사를 쓴 분명한 선례가 존재하기 때문에, 이 경우는 도구의 의미임이 분명하다. Moule, *Idiom Book*, 131과 대다수 주석들을 참고하라.

주시는 임재이심을 보여주는 증거로 본다. 이는 바울 서신에서도 아주 독특한 문장인 16절이 더욱더 확실하게 증명해준다. **영**은 우리 안에 들어와 사시는 하나님의 임재시다. 그러나 **영**은 우리 인격을 제거하시지 않는다. 도리어 **영**은 그 인격을 구속하시고 이제 이 인격을 통해 역사하신다.

16절 바울은 어떤 뉘앙스를 발산하는 불변화사나 접속사의 도움을 받지 않고[281] 자신이 방금 **영** 그리고 우리가 "'아들들'로 입양됨"과 관련하여 강조했던 내용을 더 풀어헤친다. 바울은 "**영** 바로 그분이 우리 자신의 영들[282]과 함께 우리가 하나님의 자녀들이라는 것을 증언하신다"라고 말한다. 즉 우리가 하나님을 "**압바**"라 부를 때, 우리가 하나님의 자녀라는 것을 완전히 인식하면서 그렇게 부른다는 것이다. 그러나 이때 우리는 우리보다 앞서 계시면서 우리를 낳으시고 이제는 우리가 그렇게 외치도록 자극하시는 **영**으로 말미암아 하나님을 "**압바**"라 부른다는 것도 역시 잘 안다. 바울은 이런 말을 할 때 그가 조상들로부터 물려받은 언어("두 증인의 입에서 나오는 말로")를 끌어다 쓰면서(신 19:15과 고후 13:1을 보라 – 옮긴이), 우리가 하나님과 갖게 된 이 새로운 관계를 **인식**하고 **확신**할 수 있게 된 것이 하나님의 **영**과 우리 자신의 영들이라는 두 증인 때문이라고 지적한다.

그렇다면 바울은 왜 여기서 이것을 강조하는가? 바울은 지금 십중팔구 어떤 잘못을 바로잡거나 어떤 교훈을 주려는 게 아니다. 즉 우리는 이런 문장을 읽을 때면 단순히 로마 신자들이 가진 어떤 그릇된 시각을 바로 잡을 요량으로 쓴 문장으로 보는 경우가 아주 많다. 그러나 바울은 지금 **영**과 로마 신자들 자신의 영들과 관련하여 그들에게 무언가를 "가르치

---

281) WH^mg의 구두점을 논박한 글을 보려면, Cranfield, 1.398을 보라. Denney, 648과 Barrett, 164는 WH^mg의 구두점을 수복하며, Moffatt와 RSV는 구두점을 채택했다(NRSV는 그대로 유지한다): "When we cry, 'Abba, Father!' it is the Spirit himself bearing witness with our spirit."
282) 그리스어로 τῷ πνεύματι ἡμῶν이다. 이는 배분 단수를 사용한 또 한 가지 사례다; 갈 6:18을 다룰 때 주341에서 논한 내용을 참고하라.

려고” 하지 않는다. 바울의 의도는 말 그대로 강조일 가능성이 아주 높다. “우리”는 우리가 하나님의 자녀임을 어떻게 아는가? 우리가 하나님의 자녀임을 아는 것은 하나님의 **영**이 우리를 감동하사 “**압바** 아버지”라 외치게 하심으로써 우리가 하나님의 자녀로서 하나님께 속해 있음을 우리(=우리 자신의 영들)와 함께 증언하시기 때문이다. 따라서 이 문장은 무엇보다 우리에게 더 확신을 심어주고 “두려움으로 이어지는 종살이”에 대응할 목적으로 써놓은 말이다.

방금 말한 점을 충분히 분명하게 알 수 있을 것 같지만, 모든 사람이 그렇게 생각하지는 않는다. 따라서 세 가지 문제를 더 다뤄볼 필요가 있다.

1. 바울은 하나님의 **영**이 우리 영들과 함께 증언하신다고 말함으로써 그가 인간을 바라보는 시각을 어느 정도 이야기해준다[즉 우리는 “영”을 “가지며”(우리는 “영”이며?) 이 “영”은 몸과 구분할 수 있다]. 이 “영”은 바울이 고린도후서 4:16에서 언급하는 “속사람”과 필시 같은 말일 것이다.[283] 이 점은 아주 분명해 보이고 아주 틀림없는 사실처럼 보인다. 때문에 바울이 사람의 영을 언급하는 다른 모든 πνεῦμα 본문들도 이 본문에 비추어 들어야 한다.[284] 이는 더 나아가 이 구절이 고린도전서 2:10-12(찾아보라)과 함께 바울의 인간론에서는 하나님의 **영**이 사람의 영을 대신한다거나 하나님의 **영**이 유일한 형태의 “영”이라고 말하는 모든 견해를 무효로 만들어버린다는 것을 뜻한다.[285]

2. 바울이 συμμαρτυρέω(“함께 증언하다”)라는 동사를 쓸 때 품은 의도

---

283) 참고. Dunn, 454.

284) 이 두 본문은 분명 고전 2:10-12과 더불어 이 논의의 **출발점** 역할을 한다.

285) 이 문제를 살펴보려면, 특히 Jewett, *Terms*, 167-200, 그리고 이 연구서가 살전 5:23과 갈 6:18을 다룬 내용을 읽어보라. Jewett는 빈약한 추정(=인간론 차원에서 바울이 알고 있는 유일한 영은 하나님으로부터 “나눠받은 **영**”이다)에 근거하여 논의를 전개해간다. 이 바람에 그는 변호하기가 거의 불가능할 것 같은 견해에 이른다(=영은 다만 그 자신을 변호할 뿐이다). 그러나 Käsemann, 228-29; Ziesler, 216 (모호한 입장); Schweizer, *TDNT* 6.436을 참고하라. 더 나은 방법론은 두 분명한 본문들(이 본문과 고전 2:10-12)을 바울의 인간론을 다루는 출발점으로 삼을 것과 다른 본문들 역시 이 두 본문에 비추어 해석할 것을 요구한다.

는 일부 사람들에게 난제들을 안겨주었다. 일부 학자들은 바울의 문장이 나타내는 것 같은 부적절한 신학에 당황했다. 그들의 눈에는 바울이 우리가 우리 자신이 하나님의 자녀임을 **영**과 상관없이 아는 것으로 인정하는 것처럼 보였기 때문이다. 이 때문에 이들은 συμμαρτυρέω라는 동사의 의미를 희석하거나(즉 "하나님의 **영**이 우리 영들에게 확신을 심어주신다"라고 해석하거나) 혹은 그 여격("우리 영들과"로 번역해놓은 그리스어 본문의 τῷ πνεύματι ἡμῶν을 말한다 — 옮긴이)을 간접목적어로 해석한다(즉 "하나님의 **영**이 우리 **영**에게 증언하신다"로 해석한다).[286] 그러나 이런 견해들은 그들이 이전부터 가져온 신학적 관심사로서 여기와 아무 상관이 없는 것을 지키느라 정작 바울이 구사한 용례를 포기하는 불필요한 편법들이다. 이런 반대 견해들은 이 본문이 그리스도인의 회심을 말한다고 추정하는 것 같다.[287] 그러나 앞에서도 지적했듯이, 바울이 15b절에서 현재 시제로 옮겨가는 점 그리고 이 본문이 자리한 더 큰 문맥은 바울이 지금 회심 순간을 이야기하기보다 신자들이 부닥치는 삶의 상황을 이야기함을 일러준다. 바로 이것이 하나님의 **영**으로 말미암아 이미 그 영들이 새롭게 된 사람들이 "증언"하는 것이다. 따라서 바울이 말하려는 요지는 이렇게 이해하는 것이 가장 좋을 것이다. "나는 '내가 하나님의 자녀임'을 증언한다. **영**이 이미 '너는 하나님의 자녀다'라고 증언해주셨기 때문이다. 또 내가 하나님 자녀임을 증명하는 증거는 내가 외치는 '**압바**'다. 그러나 나는 **영**이 이렇게 외치게 하시기에 이 말을 외친다."

이것은 곧 "**영**이 내면에서 하시는 증언"이라는 개념을 너무 중시하는 사람들은[288] 십중팔구 바울이 말하려는 요점을 놓쳤다는 뜻이기도 하다.

---

286) 가령 Godet, 311; Leenhardt, 215; Cranfield, 1.402-3 (분명 이 신학 명제를 염두에 두고 시작한 폭넓은 주장이다); Morris, 316 (Cranfield의 주장이 옳다고 확신한다).

287) 실제로 Cranfield는 "논리상" 15절과 16절의 순서가 뒤바뀌었음을 호소하면서, **영**이 우리 영들**에게** 하시는 증언(이는 회심을 암시한다)이 우리를 인도하여 "**압바**, 아버지"라 말하게 한다고 주장한다.

288) 가령 Harrison, 93; Wood, *Life*, 94-95이 이런 견해다.

우리는 결국 그런 "내면의 증언"이 있게 된다는 것을 의심할 필요는 없다. 그러나 바울은 지금 십중팔구 **영**이 우리 내면에서 그렇게 심오한 어떤 증언을 하신다는 것을 이야기하는 게 아니다. 오히려 이미 내가 시사했듯이, 바울은 단지 **압바**라는 외침이 가지는 의미, 곧 우리가 하나님을 향하여 **압바**라 외칠 때 **영**이 우리 영들과 함께 우리가 하나님의 자녀임을 증언하신다는 것을 상세히 설명할 뿐이다.[289]

3. 우리 목적에 비추어볼 때 더 중요한 것은 이 본문이 분명하게 말하는 취지다. 즉 이 본문은 **영**이 말 그대로 우리를 "넘겨받으셨으므로" 인간으로서 우리 자신이 져야 할 책임은 줄어든다는 말을 하지 않는다. 바울은 이런 취지를 26절에서 다시 꺼내 이야기할 것이다. 바울은 여기 16절에서 우리가 다른 곳에서 지나가는 말로 언급했던 것을 직설화법으로 이야기한다. 바울은 **영**의 오심을 **영**이 우리를 접수하거나 정복하신 것으로 받아들이지 않는다. 오히려 **영**은 토라가 이룰 수 없었던 일을 행하실 목적으로 오셨다(하나님 백성의 마음에 순종을 새겨 넣어 이 백성이 **영**으로부터 직접 도움을 받아 하나님의 길을 따르게 할 목적으로 오셨다). 그리스도인의 삶은 **영으로 말미암아**(*by the Spirit*) 이루어지는 삶이다. 그러나 아무리 사정이 그렇다 해도, **압바**라 외치거나 **영**으로 행하거나 우리 행위를 하나님의 기준에 맞춰가거나 하나님의 길을 따라가는 것은 결국 우리가 하는 일이다. 그러기에 **영**은 임재하시고 이 경우에 "증언하시지만", 이때 **영**은 우리 자신과 구별되는 실체로서 그리하신다. 우리는 **영**에게 복종하고 **영**의 인도를 따라가며 **영**이 주시는 감동으로 말한다.

결국 이 문장은 바울이 **영**을 철저히 인격적 존재로 이해한다는 것을 보여준다. 우리는 이 점을 유념해야 한다. 바울은 강조 대명사인 "**영 바로 그분**"(the Spirit *himself*)과 "증언하다"라는 동사를 사용하여 **영**이 인간과 구별되는 인격적 존재이심을 강조한다. 우리는 "영향력 자체"를 다른 사람

---

289) 참고. Murray, 297.

"과 함께 증언하다"라는 말로 표현하지 않는다. 이 본문은 뒤이어 등장하는 26-27절과 함께 우리가 결코 소홀히 여기지 말아야 할 **영**의 인격적 차원(영이 곧 인격적 존재라는 사실)을 우리에게 열어 보인다.

17절 이 마지막 문장은 **영**을 직접 언급하지는 않는다. 이 문장은 16절이 강조했던 내용, 곧 **영**의 임재가 우리가 실제로 하나님 자녀라는 것을 우리에게 확신시켜준다는 내용에서 파생한 결과를 이제는 종말론과 관련지어 더 상세하게 천명한다. 여기서 본문은 우리가 "'아들들'로 입양"된 결과, 마지막 날에 얻게 될 영광스러운 결과를 일러준다. 바울은 앞서 갈라디아서 4:4-7에서 말했던 취지와 순서를 여전히 따르지만, 이제 여기서는 우리가 하나님의 "자녀들"이라는 것이 결국 어떤 의미를 갖는지 소상하게 설명한다(즉 우리는 하나님의 "자녀들"이기에 하나님의 "상속인"이다). 이는 또 우리가 그리스도와 함께 "공동 상속인"이라는 뜻이다. 우리는 하나님의 영원한 영광을 모두 물려받을 상속인이다. 우리 이야기는 이 영광을 물려받음으로써 마지막 날 대단원의 막을 내린다. 이런 결말은 우리 상상력을 뒤흔들어 놓는다.

그러나 지금 이 연구서가 추구하는 목적을 생각할 때, 이 문장이 가지는 의미는 이 문장이 다음 단락인 18-30절로 곧장 이어진다는 점이다. 바울은 18-30절에서 **영** 안의 삶을 "이미 그러나 아직 아니"라는 그의 종말론 시각이 완전히 드러난 맥락에 담아 제시함으로써 자신이 5:1부터 이어온 주장을 마무리한다. 현재의 고난과 미래의 영광은 마지막 날에 있게 될 종말의 수확을 알려주는 첫 열매가 이미 존재한다는 점에서(곧 하나님의 **영** 바로 그분의 임재에서) 그 의미를 발견한다.

바울은 이 단락에서 주장의 방향을 상당히 바꾸지만 그의 전체 관심사는 변함없이 유지해간다. 이제 그는 자신이 17절에서 했던 마지막 말("실로 우리가 그의 고난에 동참하면, 또한 그의 영광에도 동참하리라")에 답변하고, 이어 우리를 그가 5:2-3에서 제시했던 두 권면들("우리가 가진 하나님의 영광의 소망을 자랑하자"/"또한 우리 고난을 자랑하자")로 다시 데려간다. 이 두 권면에서도 역시 **영**이 주된 역할을 했다. 그리하여 바울은 "영광의 소망"을 언급하는 말로 이 단락을 시작하고 마친다(18절, "우리 안에서 나타날 영광"; 30절, "그들을 또한 그가 영광스럽게 하셨느니라"). 그러나 이 두 구절 사이에 있는 내용은 현재 신자가 살아가는 삶을 다룬다. 신자들에게 현재는 "고난"(18절), "약함"(26절), "신음/한숨"(23, 25절; 참고. 22절), 그리고 "인내"(25절)의 때다. 하지만 동시에 현재는 장차 있을 영광을 "열렬히 기다리는" 때이기도 하다(23, 25절; 참고. 19절). 실제로 그 자체가 종노릇과 썩음(부패)에 굴복한 모든 피조 세계는 발끝으로 서서[290] "하나님 '아들들'의 나타남을 학수고대한다."

일부 갑작스러운 방향 전환이 있긴 하지만, 그래도 생각의 흐름은 대체로 쉽게 추적해갈 수 있다. 18절은 17절에 직접 답변하는 구절로서 우리가 현재 당하는 고난과 장래에 얻을 영광을 대조하는 전체 내용이 들어설 무대를 마련해준다. 현재의 고난은 장차 얻을 영광에 비하면 정녕 아무것도 아니다. 그러나 바울은 이 문장을 **"우리 안에서**[291] **나타날** 영광"이

---

290) 19절에 있는 ἀποκαραδοκία (열렬한 기대)의 의미를 살려보려고 이렇게 번역했다(바울은 분명 이 점을 설명할 필요가 있다고 느낀다). 그래서 그는 20-21절에 간략한 여담을 적어놓았다. 나는 Phillips가 이미 이 말을 이렇게 번역했다는 것을 들은 적이 있다.

291) 그리스어로 εἰς ἡμᾶς다. 문맥을 고려할 때, 이 말은 십중팔구 어떤 목적에 가까운 의미를 가진 것 같다. 즉 나타날 영광이 우리를 목표 내지 목적으로 삼는다는 말이다. 그러나 현재 문장으로는 그런 의미를 전달하기 힘들다. 현재 문장은 "우리"를 그런 영광이 나타날 "장소"로도 이야기하기 때문이다. 따라서 Cranfield, 1410과 마찬가지로, 나 역시 "우리 안에서"가 여전히 우리가 취할 수 있는 가장 좋은 번역이라고 생각한다.

라는 말로 끝맺은 뒤, 멈춰 서서 그 "나타남"을 기다리는 "증인", 곧 "열렬히 고대하는 피조물"을 잠시 곱씹어본다(19절). 19절 역시 설명이 필요하기에, 바울은 20-22절에서 19절의 내용을 설명한다. 모든 피조 세계[292]는 종노릇과 썩음에 굴복하였기에, 우리가 "구속"받을 때 이 피조 세계도 역시 "구속"받기를 고대한다. 뿐만 아니라, 이 피조 세계는 우리의 신음과 고통에 동참한다.[293] 이곳이 우리가 들어가는 곳이다(23-25절). 우리 역시 미래에 받을 영광의 첫 열매이신 **영** 바로 그분을 받은 자들로서 똑같은 "나타남"을 학수고대한다. 이제 바울은 이 "나타남"을 미래에 있을 υἱοθεσία("'아들들'로 입양 받음"; 참고. 15절)로 표현하는데, 이를 "우리 몸들의 구속(속량)"으로 해석함으로써 자신이 11절에서 사용했던 이 모티프를 되풀이한다. 그러나 그러는 동안에 우리는 피조 세계와 더불어 "신음한다." 바울은 이 모든 내용을 23절에서 말한다. 24-25절과 26-27절은 각각 우리가 미래를 "열렬히 기다림"과 우리가 현재 "신음함"이라는 두 주제를 다룬다. 이를 통해 바울은 우리가 확실히 맞이할 미래를 처음으로 재차 강조한다. 우리는 **소망** 가운데 구원받았다. 신약성경에서는 이 **소망**이라는 말이 단순한 바람을 뜻하지 않는다. 도리어 이 말에는 장차 있을 일을 완전히 확신한다

---

292) 그리스어로 πᾶσα ἡ κτίσις다. 대다수 주석가들과 마찬가지로 나는 이 말을 특히 인간이 아닌 피조물(특히 땅) 전체를 가리키는 말로 받아들인다. 이 피조물도 "썩음에 종노릇하며" 고난을 겪었는데, 이는 분명 타락 때 있었던 저주를 가리킨다(창 3:16). 이것은 사 55:12에서 볼 수 있는 견해와 유사한 견해를 반영한 것이다. 사 55:12은 이스라엘이 회복되면 "산과 언덕이 네 앞에서 노래를 터뜨릴 것이요 들판의 나무들이 손뼉을 칠 것이라"라고 말한다.

293) 그리스어로 συστενάζει καὶ συνωδίνει다(συστενάζει는 "…과 함께 탄식하다/신음하다"를 뜻하는 συστενάζω의 3인칭 단수 현재 능동 직설법 형태이고, συνωδίνει는 "함께 심한 고통을 겪다"를 뜻하는 συνωδίνω의 3인칭 단수 현재 능동 직설법 형태다 — 옮긴이). 참고. 칠십인경 창 3:16. 이 창세기 본문을 보면 여인이 받은 저주 가운데 출산 때 겪는 στεναγμός (고통스러운 신음)가 포함되어 있다. 이 경우에 "…과 함께"는 필시 피조 세계의 모든 부분이 서로 함께한다는 것을 가리킬 것이다. 이 단락에는 στενάζω / στεναγμός 어군이 세 번 등장하며(22, 23, 26절), 바울 서신의 다른 곳에서는 오직 고후 5:2, 4에서만 등장한다. 그 경우에도 역시 몸의 부활을 고대하며 현재 "신음한다"는 문맥에서 등장한다. 이 말은 칠십인경에 그 풍성한 배경을 갖고 있는데, 특히 욥기와 선지서와 애가에서 그런 배경을 발견할 수 있다. 이 말은 엄중한 상황에 짓눌려 신음하면서 구원을 열망하고 부르짖는 사람을 묘사한다.

는 뜻이 들어 있다. 그것은 말 그대로 틀림없이 "나타날" 일이다. 반면 바울은 26-27절에서는 "신음"이라는 주제로 되돌아간다. 이때 신음은 **영** 안에서 기도하는 형태로 등장한다. 아울러 이 신음 역시 소망으로 가득 차 있다(이는 **영**이 우리가 어떻게 기도해야 하는지도 모를 때 약함 가운데 있는 우리를 도와주시기 때문이요, 하나님이 바로 당신 자신의 **영**이 하시는 생각을 아시기 때문이다). 이 점 때문에 우리는 그런 기도가 "하나님을 따른" 기도요 "성도들을 위한" 것임을 확신한다. 바울은 28-30절에 이르러 이 모든 내용을 신학 차원에서 매듭짓는다. 바울은 여기서 **영**이 (필시) 하나님이 부르셔서 당신 아들의 모양을 닮아가도록 예정해두신 자들에게 유익이 되게 모든 일을 행하신다고 말한다.

결국 이곳은 바울이 자신이 가진 종말론의 기본 틀과 관련하여 가장 정교한 논리를 구사하는 곳 중 하나다. 바울은 여기서 "이미 그러나 아직 아니"를 말하면서, "아직 아니"가 절대 확실함을 강조하고 동시에 현재의 고난이 소망과 영광으로 가득함을 강조한다. 우리는 이 모든 내용에서도 **영**이 행하는 중심 역할을 놓칠 수 없다. 우선 **영**은 미래에 있을 수확의 첫 열매시다. **영**은 하나님이 마지막 때 있을 구속을 지금 보장해주는 보증이시다. 그런가 하면 **영**은 현재가 그 역할을 하게 해주시는 분이다. **영**은 우리가 마지막 구원을 기다리며 "신음할" 때 우리를 대신하여 중보하심으로 우리를 도와주시고, 결국에는 당신이 중보하시는 이들에게 유익이 되게 "모든 일을 행하신다."

마지막으로 유념해두어야 할 점은 이곳이 우리가 **영** 안에서 살아가는 삶과 관련하여 바울 서신에서 발견하는 유일한 "긴장" 부분이라는 점이다. 이 긴장은 분명 종말론 차원에서 현재의 우리와 미래의 우리 사이에 존재하는 긴장이지, 우리의 "육"과 **영**이 우리 내면에서 벌이며 보통 육이 이기곤 하는 실존 차원의 긴장이 아니다. 반대로 여기서 말하는 긴장은 현재 우리가 받은 "입양"과 미래에 우리가 받을 "입양" 사이에, 그리고 우리가 하나님 바로 그분의 백성이라는 점과 하나님 백성이 그들의 주님과 같은 종류의 고난을 당하는 세상에서 살아간다는 점 사이에 존재하는 긴장이다. 정녕 바울 신학에서는 "이미" 안에서 살아가는 삶은 그리스도가 당하신 고난에 동참함으로써 그리스도와 같아짐을 의미한다. 이를 통해 우리는 "아직 아니"가 임하는 그날, 그리스도가 현재 받으신 영광에 동참함으로써 그분과 같아질 것이다. 그렇게 그리스도와 같아지지 아니한 삶은 진정한 그리스도인의 삶이 아니다. 때문에 바울은 이런 긴장 속에서 "자랑"할 수 있다. 그가 이런 자랑과 다른 종류의 자랑을 했으리라고 생각할 수도 없을뿐더러, 실제로 바울 역시 다른 종류의 자랑을 암시하지 않는다. 이 모든 것을 이해할 수 있는 열쇠는 **영**이 그리스도인들의 삶과 공동체 안에 침투해 들어오시는 사건이 가지는 역동적·체험적 차원 속에 존재한다. 바울과 초기 교회는(이 경우에는 단순히 "바울과 그가 섬긴 교회들은" 이라고 말할 수가 없다) 성령을 단지 신앙고백 속에 존재하는 한 항목으로 여기지도 않았고, 사람들이 믿긴 믿지만 알지는 못하는 어떤 무능한 영향력쯤으로 여기지도 않았다. 오히려 바울이 고난을 당하면서도 자랑할 수 있는 이유는 **영**이 바로 그가 체험한 실재이셨기 때문이다. 그 체험은 그에게 능력을 주시는 하나님의 임재를, 그런 임재를 통해 영원한 임재를 보장하시는 하나님 바로 그분의 임재를 체험한 것이었다.

앞에서도 그랬듯이, 여기서도 전체를 모두 샅샅이 살펴보고 싶은 특별한 유혹이 있지만, 우리는 **영**을 이야기하는 두 본문만을 더 자세하게 살펴보도록 하겠다. 이 두 본문은, "**영**"과 "신음함"이 언어 면에서 서로 결합해 있다는 점이 증명해주듯이, 서로 연결되어 있다.

■ **로마서 8:22-23**[294]

²²이는 모든 피조물이 바로 이 시간까지 함께 신음하며 함께 격심한 고통을 겪

---

294) **참고 문헌**: P. Benoit, "We too groan inwardly as we wait for our bodies to be set

는다는 것을 우리가 알기 때문이라. [23]그뿐 아니라 우리 자신조차도, **영**의 첫 열매를 가졌는데도, 우리 자신 역시 속으로 신음하면서 "아들들"로 입양 받을 것,[295] 곧 우리 몸의 구속을 열렬히 기다리느니라.

이 주장이 자리한 더 큰 문맥과 이 주장의 본질은 18-27절이 말하는 모든 내용의 주된 강조점이 23절이라는 것을 일러준다. 주된 강조점이 좀 늦게 등장한 이유는 바울이 잠시 현재 종말론 질서 속에서 피조물이 하는 역할을 여담처럼 이야기하기 때문이다. 이 강조점에서 드러나듯이, 우리가 현재 가진 죽을 몸들도 다른 피조물들과 똑같이 썩음에 굴복한다. 모든 피조물은 바로 이 썩음으로부터 마지막 날에 얻게 될 자유를 고대한다. 따라서 피조 세계는 우리의 "나타남"을 학수고대할 뿐 아니라, "함께 신음하고 격심한 고통을 겪는다." 바울은 일단 이런 점을 강조한 다음, 그가 17c절과 18절에서 다루기 시작했던 두 가지 관심사로(즉 우리가 현재 당하는 고난과 미래의 영광으로) 다시 돌아간다. 바울은 피조 세계를 "신음함"과 "열렬히 기다림"이라는 말로 묘사한 뒤, 이제는 바로 그 말을 사용하여 현재 우리 자신의 실존을 묘사한다. 이 문장의 두어 가지 세부 내용은 의미가 아주 분명하지는 않지만, 그래도 말하려는 요점 자체는 아주 명확하다. 우리는 마지막 날에 있을 수확의 첫 열매이신 **영** 바로 그분을 받았다. 바로 그 이유 때문에, 비록 우리가 지금은 "신음하지만", 다른 피조물들이 우리가 "우리 몸의 구속"이라는 형태로 마지막 날 "아들들'로 입양 받을 것"을 확신하듯이 우리도 역시 그렇게 되리라고 확신한다. 바울은 우리가 가

free': Romans 8:23," in *Jesus and the Gospel* (trans. B. Weatherhead; London: Darton, Longman & Todd, 1974), 240-50; **Scott**, *Adoption*, 255-59; J. **Swetnam**, "On Romans 8:23 and the 'Expectation of Sonship,'" *Bib* 48 (1967), 102-8.

295) P[46(vid)] D F G 614 t Ambrst는 υἱοθεσίαν을 생략했는데, 이는 어떤 면에서 보더라도 그리 큰 중요성을 갖지 않는다(Benoit는 견해를 달리한다). 8:15에 비춰볼 때 누군가가 이 말을 생략했을 법한 이유는 쉽게 알 수 있지만, 누군가가 이 말을 이곳에 **덧붙여놓았을** 상황을 상상하기는 불가능하다.

진 소망을 간략히 말한 뒤, 26-27절에서 **영**이 현재 우리가 하는 신음 속에서 행하는 역할의 본질을 상세히 설명하고 이 단락을 맺는다.

"첫 열매"는 바울이 "이미" 그러나 "아직 아니"인 현재 우리의 실존 속에서 **영**이 차지하는 역할을 묘사할 목적으로 사용하는 세 번째 이미지다.[296] "**영**이라는 보증금"처럼, 이 소유격(23절의 τὴν ἀπαρχὴν τοῦ πνεύματος를 말한다. πνεύματος는 πνεῦμα의 소유격이다. 직역하면 "**영**의 첫 열매를"이다 ─ 옮긴이)도 동격어[297]로서 "첫 열매인 **영** 바로 그분"을 뜻한다. 바울은 종말론을 배경으로 한 고린도전서 15:20, 23에서도 바로 이 이미지를 사용하여 그리스도를 마지막 날에 있을 수확의(부활의) "첫 열매"라고 말한다. 그리스도 자신이 부활하신 사건이 마지막 날에 있을 그 수확을 보장해주었다. 여기서도 우리 안에 들어와 사시는 **영**의 임재는 하나님이 우리에게 우리가 "학수고대하는" 일을 보장해주는 보증 역할을 한다. 이것은 "보증금"이라는 이미지의 경우와 정확히 일치한다. 바울이 "보증금"이라는 이미지를 쓰지 않고 "첫 열매"라는 이미지를 쓴 이유는 현재 이 본문이 철저히 종말론을 배경으로 삼았기 때문이고, 또한 "수확"[298]이라는 종말론적 이미지를 이끌어내는 "첫 열매"가 "첫 번째 지불금"이라는 점에 우선 강조점을

---

296) 다른 두 이미지는 ἀρραβών ("보증금, 계약금"; 고후 1:21-22; 5:5; 엡 1:14을 다룬 부분을 보라)과 σφραγίζω ("인을 찍다"; 고후 1:21-22; 엡 1:13을 다룬 부분을 보라)다.

297) 일부 학자들은 이 소유격을 부분을 나타내는 소유격으로서, 현재는 다만 **영**의 일부만이 실현되었으나 마지막 날에는 **영**이 완전히 실현되리라는 것을 암시한다고 본다(가령 Gunkel, *Influence*, 43; Meyer; SH; Murray; Lietzmann; Delling, *TDNT* 1.486). 바울 신학에 비춰볼 때, 그리고 이 "첫 열매"라는 말이 분명 종말론 차원에서 "보증금"과 평행을 이룸을 생각할 때, 이런 견해는 거의 불가능한 견해인 것 같다.

298) Dunn, 473은 희생(희생 제물)이라고 주장하려 하지만, 희생은 아니다. 그런 견해를 거부하는 이유는 그런 이미지를 싫어하기 때문이 아니라, 다음과 같은 사실 때문이다. (1) 신약은 희생을 이런 이미지로 표현하지 않는다. (2) 현재 문맥 속에는 아주 먼발치에서나마 희생이라는 의미를 시사하는 내용이 전혀 없다. 더욱이 바울은 **영**을 희생이라는 이미지와 결합한 적이 한 번도 없다 ─그 이유는 희생이 말 그대로 제물로 바친 동물의 "몸"(시체)이기 때문이요, "영"(spirit)은 결코 이런 특별한 이미지 주위를 맴돈 적이 없기 때문이다. 이 점은 **영**을 언급할 수도 있었을 법한 12:1-2이 **영**을 분명하게 언급하지 않는 이유를 일부나마 설명해줄 수 있다.

두는 "보증금"보다 이 문맥에 더 정확히 들어맞기 때문이다.

이것은 바울이 **영**을 본질상 종말론적 실재로 받아들였다는 것을 거듭 확증해준다. 바울은, 그리고 그가 대변했던 유대교는 **영**이 부어지고 죽은 자들이 부활하는 것을 그들이 가진 종말론적 소망들의 핵심 요소들로 보았다. 바울을 포함한 초기 교회는 예수의 부활과 곧이어 종말의 **영**이 선물로 주어진 사건을, 미래가 이미 어느 정도 도래했음을 의미하는 표지로 받아들였다. 그러나 미래는 다만 "그 여명을 보여주었을" 뿐이다. 미래는 아직 완전히 실현되지 않았다. 우리는 이미 그리스도와 함께 "일으키심을 받았다"(골 3:1; 참고. 롬 6:4). 그러나 우리는 "우리 몸의 (마지막) 구원"을 기다린다. **영**이 우리에게 능력을 주셔서 하나님을 "**압바**, 아버지"라 부르게 하시는 일이 증명하듯이, 우리는 이미 "아들들"로 입양되었다. 그러나 우리는 마지막 날 "'아들들'로 입양 받을 것"을 기다린다.[299] 이 입양은 우리가 부활할 때(우리 몸이 마지막으로 구속받을 때) 이루어질 것이다.

결국 바울은 핵심 요소이며 현존하는 실재이신 **영**과 함께 자신이 앞서 제시한 주장이 지닌 몇 가지 특징들을[즉 구속(3:24), 몸의 부활(8:11; 참고. 6:8), "아들들'로 입양 받음"(8:15)을] 끌어모아, 이들을 모두 이 종말론적 긴장이라는 틀 속에 놓아둔다. 우리가 현재 받는 고난은 우리를 이 논의로 이끌어준다(17절). 하지만 여기까지 바울이 강조해온 것은 **확실한 미래**였다. 현재는 만물이 종노릇하며 약함 가운데 있지만, 그래도 지금 만물은 장차 전개될 일들을 학수고대한다. 이 때문에 바울은 자신이 이미 현존하는 일들을 가리키는 말로 사용했던 이미지들[구속(속량)과 입양]을 다시 사용하면서, 이제는 그것들이 "아직 아니"라는 의미도 가지고 있음을 일러준다.[300]

---

299) Barrett는 견해를 달리한다. 그는 이 본문을 근거로 15절의 "입양" 역시 미래에 있을 입양을 가리킨다고 본다.

300) 이것은 곧 "**영**(이라는 첫 열매)을 가진"이라는 분사(그리스어로 τὴν ἀπαρχὴν τοῦ πνεύματος ἔχοντες다. ἔχοντες는 "가지다"를 뜻하는 ἔχω의 남성 주격 복수 현재분사 능동 형태다 ― 옮긴이)의 주된 의미가, 비록 바울이 "우리가 **영**이라는 첫 열매를 가지고 있어도, 우리 역시 신

그러나 **영**이 "이미" 안에서 우리 미래가 확실함을 일러주는 증거이자 보증 역할을 한다면, 미래가 "아직 아니"라는 증거는 우리가 지금 고난을 당하고 구원을 앙망하며 한숨을 내쉰다는 사실 그리고 우리가 여전히 마지막 구속을 체험하지 않은 몸을 입고 살아간다는 사실에서 발견할 수 있다. 따라서 고린도후서 5:2, 4이 말하는 것처럼, 우리는 현재 "신음하면서", 부활 때에 실현될 마지막 구속을 앙망한다. 마지막 구속이 이루어지는 날, 죽어 썩어질 우리 몸은 죽지 않고 썩지 않을 몸으로 바뀔 것이다. 바울은 이런 "신음" 속에서 **영**이 하는 역할을 26-27절에서 뜻밖의 방식으로 이야기할 것이다. 이 이야기는 필시 ἐν ἑαυτοῖς의 의미에 얽힌 복잡한 문제를 푸는 실마리가 되어줄 것이다. 바울 서신에서는 ἐν ἑαυτοῖς라는 말이 보통 공동체를 가리키지만(="우리 자신 가운데"),[301] 여기서는 그보다 오히려 "우리 자신 안에서"를 더 의미하는 것 같다.[302] 하지만 그 말이 NRSV, NIV와 다른 이들이 말하는 것처럼 "내면에서"라는 의미인지는 의문이다. 물론 신음은 내면에 존재하는 것이요 따라서 **겉으로 나타나지 않는** 실재이긴 하지만, 그래도 그런 견해는 수긍이 가질 않는다. 학자들은 이런 견해를 자주 자신 있게 역설한다.[303] 그러나 그 문구는 평범하게 "소리가 나는"의 반대말로서 "들리지 않는"과 같은 말 역할을 하는 데 그치는 말이 아니다. ἐν ἑαυτοῖς를 말함을 가리키는 동사들과 함께 쓰면, 그 말소리를 들을 수 있느냐 없느냐와 상관없이, 보통 "다른 사람들에게" 말하는 게 아

음하느니라"라고 말할지라도, 양보의 의미가 아님을 일러준다(가령 Meyer, Godet도 같은 견해다). 양보의 의미로 보면, 바울조차도 26-27절에서 **영**의 삶이 가지는 좋은 측면으로 보려하는 것을 너무 좋지 않은 시각으로 보기가 쉽다. 오히려 이 분사가 뜻하는 것은 "부대 상황"이다(="우리는 **영**이라는 첫 열매를 가진 채, 기다리는 동안 신음한다"). 다수설은 이 분사를 이유로 해석한다는 점에 주목하라(=우리는 미래의 첫 열매인 **영**을 가졌기 **때문에**, 마지막 완성을 고대하며 신음한다).

301) 살전 5:13("ἐν ἑαυτοῖς 화목하라"); 고후 10:12을 보라; 참고. 롬 1:27. Käsemann, 237도 마찬가지다.

302) 고후 1:9도 그러하다.

303) Cranfield, 1.418; Dunn, 74; Morris, 324; Moo, 324; Loane, *Hope*, 89을 보라.

니라 "자신에게" 말한다는(즉 혼잣말을 한다는 - 옮긴이) 뜻이다. 따라서 이 문구는 필시 그런 신음이 밖으로 드러나느냐 마느냐를 가리키는 말이 아니라, 다른 사람들에게 드러나느냐 마느냐를 가리키는 말일 것이다. 이 신음도 고린도전서 14:28이 말하는 방언과 아주 비슷하게 십중팔구 "소리가 없는 말"이 아니라 "우리 자신과 하나님께 하는 말"일 것이다.

■ 로마서 8:26-27 [304]

[26]마찬가지로 또한 **영**도 우리의 약함 속에서[305] 우리를 도우시나니, 이는 우리가

---

304) **참고 문헌**: W. **Bieder**, "Gebetswirklichkeit und Gebetsmöglichkeit bei Paulus: das Beten des Geistes und das Beten im Geist," *TZ* 4 (1948), 22-40; A. **Dietzel**, "Beten im Geist: Eine religionsgeschichtliche Parallele aus den Hodajot zum paulinischen Beten in Geist," *TZ* 13 (1957), 12-32; G. D. **Fee**, "Some Reflections on Pauline Spirituality," in *Alive to God: Studies in Spirituality presented to James Houston* (ed. J. I. Packer and L. Wilkinson; Downers Grove: InterVarsity, 1992), 96-107; E. **Gaugler**, "Der Geist und das Gebet der schwachen Gemeinde," *IKZ* 51 (1961), 67-94; E. **Käsemann**, "The Cry for Liberty in the Worship of the Church," in *Perspectives on Paul* (London: SCM, 1971), 122-37; G. **MacRae**, "A Note on Romans 8:26-27," *HTR* 73 (1980), 227-30; K. **Niederwimmer**, "Das Gebet des Geistes," *TZ* 20 (1964), 252-65; E. A. **Obeng**, "The Spirit Intercession Motif in Romans 8:26," *NTS* 32 (1986), 621-32; J. **Schniewind**, "Das Seufzen des Geistes, Röm 8.26, 27," in *Nachgelassene Reden und Aufsätze* (Berlin: Töpelmann, 1952), 81-103; K. **Stendahl**, "Paul at Prayer," in *Meanings: The Bible as Document and as a Guide* (Philadelphia: Fortress, 1984), 151-61; A. J. M. **Wedderburn**, "Romans 8:26-Towards a Theology of Glossolalia," *SJT* 28 (1975), 369-77.

305) 그리스어로 τῇ ἀσθενείᾳ다(ἀσθενείᾳ는 "약함"을 뜻하는 ἀσθένεια의 단수 여격이다 - 옮긴이). 나는 이 말을 배분 단수로 받아들인다(뒤의 논의를 보라). 후대의 MajT 전승도 그렇게 받아들여 이 단수형을 복수형으로 바꿔놓았다(즉 NA[27]은 "우리의 약함 속에서"에 해당하는 그리스어 본문을 τῇ ἀσθενείᾳ ἡμῶν으로 제시한다. MajT는 이를 ἀσθένεια의 복수 여격을 써서 ταῖς ἀσθενείαις ἡμῶν으로 바꿔놓았다 - 옮긴이). 서방 사본 전승이 τῇ ἀσθενείᾳ를 τῆς δεήσεως (δεήσεως는 "기도, 간청"을 뜻하는 δέησις의 단수 소유격이다 - 옮긴이)로 바꾼 것 (F G)과 이 두 다른 문구를 융합시킨 형태(즉 τῇ ἀσθενείᾳ τῆς δεήσεως; it Ambrosiaster) 는 이 문장을 통해 뒤이어 다룰 기도라는 관심사를 더 곧장 이야기해보려고 시도한 것 으로서 그리 큰 의미가 없다. 영어 역본에서 볼 수 있는 본문인 "with our weakness in prayer"는 "약함"을 이런 식으로 이해했던 많은 이들이 초창기에 선보인 번역이다. 뒤의 논 의를 보라.

무엇을 위하여 기도해야[306] 하는지 알지 못하나 **영**이 분명하게 말로 표현할 수 없는 신음들로 (우리를 위하여)[307] 호소(간구)하시기 때문이라. **27**또 우리 마음을 살펴보시는 분이 **영**의 생각을 아시나니, 이는 그가(영이) 하나님을 따라 성도들을 위하여 기도하시기 때문이라.

바울이 이 문장들을 시작할 때 쓴 "마찬가지로 또한"[308]은 이 문장들과 바울이 이 앞에서 말한 내용을 결합해준다. 이 부사는 두 번째 내용이 그 앞에 있는 내용과 같다는 것을 일러준다. 또 24-25절은 이 본문의 내용을 전혀 반영하지 않으며 23절도 **영**이 **하시는** 일을 전혀 이야기하지 않는다. 이런 점들을 볼 때, 아마도 바울은 여기서 다시 16절을 언급함으로써 자신이 제시하는 주장을 더 큰 전체 논지 속으로 다시 끌고 가려는 것 같다.[309] 즉 바울은 16절에서 "**영**이 몸소 우리 자신의 영들과 함께 증언하

---

306) 그리스어로 τὸ γὰρ τί προσευξώμεθα다(προσευξώμεθα는 "기도하다"를 뜻하는 προσεύχομαι 의 1인칭 복수 부정과거 중간태 가정법 형태다 – 옮긴이). τὸ는 이 절의 나머지 부분을 이 동사(=προσευξώμεθα)의 목적어로 만든다. τί는 "우리가 마땅히 기도해야 할 것"을 가리키는 말로 이해하는 것이 옳을 것이다. 그러나 이 말은 "무엇을 위하여"라는 뜻일 수도 있다. 이는 간구의 목적이 되는 특정한 일들(사물들)을 뜻하는 게 아니라 기도의 내용 자체를 가리킨다. 또 이 불변화사 τί는 "어떻게"라는 의미일 수도 있다. "어떻게"라는 의미일 경우, 이는 기도 "방법"을 가리킨다기보다, 내가 번역해놓은 것처럼, "무엇을 위하여"라는 의미를 지닌 "어떻게"가 될 것이다.

307) ὑπερεντυγχάνει라는 복합어("간구하다, 중보하다"를 뜻하는 ὑπερεντυγχάνω의 3인칭 단수 현재 능동 직설법 형태다 – 옮긴이)에는 "우리를 위하여"라는 뜻도 담겨 있다. 초창기 역본들(라틴어, 시리아어, 콥트어 역본들)은 이미 일찍부터 이 "우리를 위하여"를 본문에서 제시한다. 번역과 관련된 바로 그런 이유들 때문에 나도 여기서 이 말을 괄호 속에 넣어 기록해놓았다. 그리하여 결국 그리스어 사본은 물론이요 MajT 본문(이미 C Ψ에서 발견할 수 있다)도 이 말을 기록해놓았다. ὑπὲρ ἡμῶν이 없는 본문은 모든 초기 그리스어 사본[א* A B D E F G 6 81 945 1506 1739 1881(P46은 이 말이 있는 곳이 비어 있으나, MS에서는 그런 공간이 나타나지 않는다)]과 itb다.

308) 그리스어로 ὡσαύτως δὲ καί다. 바울 서신의 다른 곳에서는 이 말이 오로지 주의 만찬이라는 제도에 관한 전승을 일러주는 말(고전 11:25)과 목회 서신(현재 용례에 해당하는 말을 보려면, 특히 딤전 2:9; 3:8, 11을 보라)에서만 등장한다.

309) 내가 발견할 수 있는 범위에서는 다른 학자들 가운데 이 부사를 이런 식으로 이해한 사람들이 아무도 없었다. 학자들 사이의 쟁점은 이 부사가 **개념상** 24-25절을 가리키느냐[가령 Moo, 559: (소망이 우리를 지탱해주는 것)과 마찬가지로] 아니면 23절의 **내용**을 가리키느

신다(συμμαρτυρεῖ)"라고 말했는데, 이 26절에서는 "마찬가지로 역시 **영**이 우리의 약함 속에서 우리를 도우신다(συναντιλαμβάνεται; '돕다'를 뜻하는 συναντιλαμβάνομαι의 3인칭 단수 현재 중간태 직설법 형태다 — 옮긴이)"라고 말하기 때문이다. 하지만 이 문장들의 내용을 보면, 이 문장들이 25절이 말하는 인내라는 문제에 직접 답변하는 것이자 현재 우리의 신음 속에서 **영**이 하는 역할을 일러준 23절 내용을 부연하는 것임을 알 수 있다. 결국 이 문장들은 바울이 1절부터 논하기 시작했지만 특히 18절부터 이야기해왔던 주제, 곧 **영**이 그리스도인의 삶 속에서 하는 역할에 관한 모든 논의를 마무리 짓는 셈이다.[310]

바울은 24-25절에서 확실하지만 아직 실현되지 않은 우리 소망의 특질을 조목조목 이야기했다. 이때 바울은 "기다림"이라는 음조(音調)를 되풀이하면서도 이제는 "인내를 통해"(개역개정: 참음으로)라는 말로 24-25절을 마무리함으로써, 그것이 우리가 "이미"를 살아가야 할 방식임을 시종 암시했다. 우리는 소망 가운데 살아간다. 그래서 바울은 그 소망이 실현되기를 "우리가 인내하며 기다린다"라고 말한다. 이는 다시 바울을 23절이 언급하는 **영**의 역할로 이끌어가지만, 이제는 특별히 우리가 "우리 소망을 인내함으로 기다릴" 때 **영**이 하는 역할로 이끌어간다. 우리는 **영**의 임재가 우리 미래의 소망을 보장해준다는 것을 안다(23절). 뿐만 아니라, 이제 **영**은 우리가 그 소망이 실현되기를 기다릴 때 기도하는 우리를 도우시고 우리

나(가령 Cranfield, Dunn, 그리고 다수 학자들)이다. 16절이 지금보다 26절에 더 가까이 있었으면, 모든 사람이 나처럼 이해했으리라는 말은 옳은 말이다. 얼핏 보면 16절과 26절이 아주 멀어서 별 연관이 없어 보일 수 있지만, 이 부사는 꼭 그렇게 가까이 있어야 하는 말이 아니다(이는 딤전 3:8, 11이 실증해준다). 그렇게 이 26절을 16절과 결합해보면, 이 주장 속에서 18-25절이 하는 역할은 물론이요 바울이 현재 제시하는 주장의 내부 구조를 설명하는 데도, 즉 19-22절은 어느 정도 여담에 가깝다는 것 그리고 이 주장의 핵심 문제는 현재 종말의 시대를 살아가는 우리 실존 속에서 **영**이 하는 역할(23절과 여기)이며 이는 17c절이 넌지시 일러주고 이 본문이 부연한다는 것을 설명하는 데도 도움이 된다.

310) 참고. Käsemann, *Perspectives*, 127, 135. 이 점을 놓치는 것은 이 구절들을 일종의 부록 정도로 전락시키거나(가령 Harrison, 95: "마침내 바울은 **영**의 마지막 사역에 이르렀다"!), 심지어 대체로 개인의 내면 경건을 다루는 것쯤으로 만들어버리는 사태까지 초래하는 것이다.

를 대신하여 하나님께 중보하심으로써 우리를 격려하시는 적극적 역할을 행하신다. 우리 기도는 그 본질상 현재 종말의 시대를 살아가는 우리 실존의 연약함 속에서 이루어진다. **영**은 우리를 대신하는 중보자로 우리의 그런 연약함 가운데 "오셔서 우리를 도우신다."

이렇게 보면, 바울이 하는 말은 아주 쉬워 보인다. 그러나 바울 자신의 영성, 바울과 관련을 맺었던 교회들의 영성은 물론이요 그들이 몸담았던 문화 전반과 우리 사이에는 먼 거리가 있다. 이 때문에 우리는 대체로 그들의 사정에 어두우며, 바로 그런 점 때문에 바울이 이 본문에서 서술하는 내용이 정확히 무엇인가를 둘러싸고 상당한 논란이 있어왔다.

그런 논의를 시작하기 전에(사실 내 견해는 다수설과 다르다)[311] 우선 바울이 여기서 실제로 말하는 것을 최소한의 해석만 첨가하여 서술해보도록 하자. 바울은 먼저 "**영**이 우리의 약함 속에서 우리를 도우신다"라고 말한다. 이 말에 이어 "…이 아니라/도리어"(not/but) 대조 형태를 가진 두 번째 문장이 이어지는데, 이 문장은 첫 문장을 상세히 설명할 목적으로 써놓은 것이다.[312] 이 두 번째 문장은 **영**이 우리의 약함 속에서 **어떻게** 우

---

311) 사람들은 어떤 본문이 다수 학자들이 믿는 것과 다른 것을 말하고 있다는 결론을 내리려 하면, 그 이전에 자신을(자기 견해가 과연 옳은 것인지) 열심히 살핀다. 특히 자신의 그런 결론이 자기 입장의 변화를 의미할 때는 더더욱 그러하다(Fee, "Pauline Literature," *Dictionary of Pentecostal and Charismatic Movements*, 680을 보라). 내가 이 본문에 다가갈 때 내가 따르는 오순절주의를 견지하며 다가가는 것도 가능한 일이다. 하지만 내가 볼 때 그런 접근 태도는 다른 사람들이 그들 나름의 교회 체험과 기도 체험을 갖고 이 본문에 다가가는 것과 매일반인 것 같다. 그러기에 나는 내 견해를 돌아보게 된다. 더욱이 여기서 나는 사람들이 예상했을 만한 것보다 훨씬 더 적은 열의를 품고 결론에 다가가는 내 자신을 발견한다. 여기서 제시한 이유들에 비춰볼 때, 나는 이 해석이 올바른 방향으로 움직이고 있다고 생각한다. 하지만 내 이런 해석이 틀림없이 옳을 것이라는 점을 강조할 요량으로 굳이 내게 어울리지 않는 허세를 부릴 필요는 없을 것이다. 다만 내가 꼭 덧붙여두고 싶은 말은 이 본문을 바라보는 어떤 "해석론 전통"도 내가 취하는 견해와 구별된다(다르나)는 점이다. 나는 이 대목을 쓴 뒤에 오순절 진영의 다양한 해석을 살펴보고 그 해석들이 둘로 나뉘어 있음을 말견했다. 요 근래 나온 두 작품을 더 예로 들어보면, R. W. Graves [*Praying in the Spirit* (Old Teppan, N. J.: Chosen, 1987), 42]는 이런 견해를 취하는 반면, D. Lim [*Spiritual Gifts: A Fresh Approach* (Springfield, Mo., 1991), 140n3]은 이런 견해를 거부한다.

312) 이유를 설명하는 γάρ ("이는")를 주목하라.

리를 도우시는지 설명한다. "…이 아니라"절은 필시 앞 문장에서 말한 "우리의 약함"을 이야기한 절로 이해하는 것이 가장 좋을 것이다. 현재 약함 가운데(비록 우리가 그 약함을 이해할 수 있다 할지라도) 우리는 우리가 마땅히 기도해야 할 것이 무엇인지도 알지 못한다. 일부 세부 사항은 여전히 해명이 필요하지만, 적어도 우리가 마땅히 기도해야 할 것이 무엇인지도 알지 못한다는 점만은 확실해 보인다. 결국 우리가 무엇을/어떻게 기도해야 할지 모르기 때문에, "**영**이 몸소 우리를 대신하여 간구하신다." 또 **영**이 그렇게 간구하실 때는 ἀλαλήτοις(이 말을 번역하지 않은 채로 남겨둔 것은 많은 난제들이 바로 여기서 생겨나기 때문이다─지은이; ἀλαλήτοις는 "표현하지 않은, 표현할 수 없는"을 뜻하는 ἀλάλητος의 복수 여격 형태다─옮긴이) "신음들"을 동반하신다. "신음"은 23절에서 구사한 언어를 가져다 쓴 것이다. 적어도 이 문구는 우리 안에 들어와 사시는 **영**이 우리를 대신하여 하시는 일종의 기도를 묘사한다. 바울은 분명 이 말들이 자신의 첫 독자들에게도 어려움을 가져다줄 수 있다는 것을 미리 알고 있었다. 그래서 그는 이런 "신음들"과 관련하여 확신을 심어주는 말로 문장을 맺는다. 우리 마음을 살펴보시는 하나님은 **영**의 생각도 아신다. 그러기에 **영**의 "간구"는 하나님과 일치하며(즉 하나님 뜻을 따라 이루어진 것이며) 우리를 위한 것이다. 바울은 여기서부터 우리가 우리를 위한 그런 기도의 결과로서 **알고 있는** 것을 이야기하기 시작한다. 즉 바울은 "하나님을 사랑하는 자들에게는, **영**이 모든 일을 이루실 때 그들에게 유익이 되게 하신다"라고 말한다(비록 겉모습은 그와 반대일지라도). 마지막으로 우리는 이 모든 내용이 사실을 그대로 이야기한 것임을 유념해두어야 할 것 같다. 분명 바울은 지금 무언가를 주장(논증)하는 게 아니다. 오히려 바울은 지금 그 자신과 그의 독자들이 공통된 기초로 삼는 어떤 것을 이야기하는 것 같다. 이 본문은 이것이 그들이 기도했던 유일한 방식이라고 일러주지 않는다. 그렇지만 또한 이 본문에는 바울이 뭔가 특이한 이야기를 한다는 것을 시사하는 자그마한 단서도 존재하지 않는다.

그러나 아직 몇 가지 것이 명확히 밝혀지지 않은 채 남아 있다. 이 경우에는 **영**이 기도하신다. 그렇다면 우리는 그 기도와 어떻게 관련되어 있는가? 즉 **영**이 우리를 위해(우리를 대신하여) 우리가 기도할 것들을 선별하여 그 선별된 기도들이 효과를 발휘할 수 있도록 해주시는가? **영**은 우리가 침묵을 지킬 때 기도하시는가, 아니면 우리가 기도할 때 우리를 통하여 기도하신다고 이해해야 하는가? 또 ἀλαλήτοις라는 말은 무슨 의미인가? 이런 질문을 하는 이유는 이 말 자체가(=말하지 않은) 본질상 특이하고, 그런 점 때문에 모호한 구석이 있기 때문이다. 이 말은 "표현할 말이 없는"(=그것을 딱히 나타낼 수 있는 말이 없는)이라는 뜻인가, 아니면 "침묵하는"(=전혀 소리를 내지 않는)이라는 뜻인가, 아니면 "무슨 말인지 알아들을 수 없는"(=우리가 알고 있는 말과 달라 그 의미를 식별할 수 없는 소리로)라는 뜻인가? 대다수 난제들이 이 ἀλαλήτοις라는 모호한 말을 둘러싸고 생겨난 것이다. 그러므로 우선 그 주변 문제부터 살펴보고, 이어서 바울이 지금 이 문구에서 언급하는 기독교 영성 표현이 어떤 것인지 판별해보도록 하겠다.

그렇다면 우리의 첫 번째 관심사는 "우리 약함 속에서 우리를 도우신다"[313]라는 말의 의미다. 특히 "우리의 약함(들)"[314]이 고린도후서 10:10-12:10이 말하는 것처럼 우리가 현재 당하는 고난과 관련된 약함을 말하

---

313) 그리스어로 συναντιλαμβάνεται다. 이 말은 이 본문이 구사하는 συν-복합어의 또 한 가지 사례이며, 신약성경의 다른 곳에서는 눅 10:40에서 발견할 수 있다. 이 본문을 보면, 마르다가 여동생인 마리아도 식사를 준비하는 자신을 "도와야" 한다며 예수에게 불평을 토로하는 대목에서 이 말을 사용했다. 이 말은 누군가에게 "와서 그를 도와주다"라는 뜻이다.

314) 복수 대명사인 "우리의"와 함께 쓴 단수 τῇ ἀσθενείᾳ는 십중팔구 배분 단수로서(앞의 주 305를 보라 — 옮긴이) 23절에 있는 τὴν ἀπολύτρωσιν τοῦ σώματος ἡμῶν ("우리 몸의 구속을")의 τοῦ σώματος ἡμῶν과 비슷하다(고전 6:19과 갈 6:18을 다룬 부분을 보라). 따라서 τῇ ἀσθενείᾳ는 신자들로서 우리가 가진 몸의 약함을 널리 가리킨다기보다, 각 신자가 현세에 당하는 고난과 관련하여 알고 있는 약함을 가리키는 말이다. Dunn, 477은 그가 가진 전반적 시각과 보조를 맞추어 이 말의 의미에 죄로 가득한 우리 본성("육의 타락한 속성")도 포함하려 한다. 물론 신학 차원에서는 Dunn의 이런 견해가 전혀 문제되지 않을 수 있다. 그러나 우리는 바울 자신이 그런 우리 본성과 이 말을 결코 결합하지 않는다는 점을 유념해야 한다. 도리어 바울은 이 말을 거의 항상 병 혹은 고난과 연계하거나 썩음에 굴복하는 몸을 지닌 현재 우리의 실존과 연계하여 사용한다.

는가, 아니면 기도에 약한 우리 모습 자체[315]를 말하는가가 문제다. 이 본문 문맥과 바울이 다른 곳에서 이 말을 사용한 문맥들을 살펴볼 때, 바울이 지금 말하는 "약함"은 지금 우리가 현세에 당하는 "고난"과 줄곧 결합하여 나타나곤 하는 약함일 가능성이 아주 높다.[316] 우리는 이 인내라는 맥락 속에 자리한 채, 소망 가운데 있으면서도 현재를 확신하지 못하며 살아간다. 바로 이런 맥락 속에서 우리는 언제나 끊임없이 "마땅히 무엇을 위하여 기도해야 할지도 모르는" 우리 자신을 발견한다.

따라서 방금 살펴본 이런 내용은 우리가 "마땅히 무엇을 위하여 기도해야 할지도 모른다는 것"이 우선 우리가 **어떻게** 기도해야 할지 모른다는 뜻이 아님을 일러준다. 즉 기도 방법 혹은 기도 방법과 기도 내용을 문제 삼는 말이 아니라는 것이다. 바울이 기도와 관련하여 다른 곳에서 하는 말에 비춰볼 때, 특히 그가 기도와 관련하여 제시하는 가르침들에 비춰볼 때, 지금 그가 하는 말은 도통 얼토당토않은 말 같다. 바울이 기도와 관련하여 다른 곳에서 말하거나 제시하는 가르침들은 하나같이 신자들은 이미 어떻게 기도해야 하는지 알고 있으므로 그들에게 기도에 관한 가르침은 필요하지 **않다**고 전제하기 때문이다.[317] 따라서 우리가 "마땅히 무엇을 위하여 기도해야 할지 모른다"라는 말은 오히려 우리가 기도할 때면 늘, 그리고 고난과 인내로 점철되어 있는 우리 현실에 비춰봐도, 우리의 알지 못함이 말 그대로 더 큰 그림, 곧 **무엇을** 기도해야 하는가?"라는 문제와 관련 있음을 암시한다.[318] 우리의 구원은 "이미 그러나 아직 아니" 가운

---

315) Käsemann, *Perspectives*, 128이 이렇게 주장한다; 참고. Denney, 651; SH, 213; Leenhardt; Hamilton, *Holy Spirit*, 36.

316) 물론 이 약함에는 앞서 말한 의미의 약함도 포함될 것이다. 그러나 이 약함은 오로지 알면서도 기도하지 못하는 우리의 무능함을 가리키지만은 않는다(오로지 그런 의미로 본다면, 이 본문 문맥과 바울의 용례를 너무 많이 놓쳐버리는 것 같다). Meyer, Godet, Murray, Harrison, Ziesler, Moo, Niederwimmer, "Gebet," 257-59도 같은 견해다.

317) 참고. Käsemann, *Perspectives*, 127. Käsemann은 이런 해석이 τί를 "약화"시켜 πῶς ("어떻게, 무슨 방법으로")로 만드는 해석이라고 말한다(옳은 말이다).

318) 이것이 분명 τί προσευξώμεθα (="우리가 무엇을 기도해야 하는가?")라는 간접 의문문이 암

데 있다. 우리에겐 소망이 가득하지만, 그래도 우리는 현재 고난을 당하며 인내한다. 그러다 보니 우리는 우리 자신의 약함이 거대하다는 느낌에 압도당하고 만다. 우리의 "모름"(알지 못함)은, 우리가 **장차 받게 될 구속**과 견주어볼 때, 곧 마지막 날에 신음하는 피조물들과 똑같이 썩음에 굴복하는 현재의 몸 대신 부활한 몸을 입고 하나님의 자녀들로서 나타날 일과 견주어볼 때, **현재** 우리가 지닌 **약함**과 관련 있다. **영**은 이런 영광스러운 미래의 첫 열매시지만, 현재 약함 가운데 있는 우리 안에 능력을 주시는 하나님의 임재로서 들어와 계신다. 때문에 바울은 **영** 자신이(영이 몸소)[319] "우리를 위하여 간구하신다"라는 확신을 우리에게 심어준다. 사람들은 종종 이 동사(그리스어로 ὑπερεντυγχάνει — 옮긴이)를 **영**이 "우리를 위하여 중보하신다"로 번역한다(옳은 번역이다). 그러나 이렇게 번역하면, 한 사람이 다른 사람을 위하여 하는 기도를 가리키는 말로 현대인들이 사용하는 "중보" 기도를 가리키는 말처럼 보일 수 있다는 게 문제다. 사실 여기서는 **영**이 우리를 위하여 그렇게 기도해주신다고 묘사한다. 그러나 우리가 **다른 사람들을 위하여** 어떻게 중보해야 할지 모르기 때문에 **영**이 우리가 그들을 위하여 중보할 수 있게 도와주신다는 뜻은 암시하지 않는다. 오히려 반대로 **영**은 **우리**를 위하여(대신하여) 하나님 앞에서 간구하신다. **영**이 우리를 위하여 하나님께 간구하시는 이유는 우리가 약함 가운데 있어서 우리 자신을 위해 어떻게 기도해야 하는지도 모르기 때문이다.

이어 우리는 다루기 힘든 문구인 "στεναγμοῖς ἀλαλήτοις로"(στεναγμοῖς

시하는 뜻이다. Käsemann, *Perspectives*, 127이 지적하듯이, 이 말에는 "우리가 마땅히 해야 하는 대로"와 "하나님(의 뜻)을 따라"라는 의미도 확실하게 함축되어 있다.

319) 그리스어로 αὐτὸ τὸ πνεῦμα다; 참고. 16절. 인칭대명사를 재귀용법으로 사용한 이 사례는 번역자들을 깜짝 놀라게 만들었다. 역사를 살펴보면, πνεῦμα는 중성이었고, "영"(spirit)을 인격이 없는 손재로 이해하였다. 때문에 KJV도 "the Spirit itself"로(즉 비인칭대명사의 재귀형으로 — 옮긴이) 번역했다. 그러나 이런 영어 표현은 만족스럽지가 않다. 이 그리스어 본문은 특히 **영**의 인격성을 암시하기 때문이다. NJB는 이 표현을 훌륭하게 다듬어 "the Spirit personally"로 번역하여 바울의 강조점과 보조를 맞추었다. 그러나 personally로 번역하여 남성 대명사가 가진 고유한 어려움을 제거해버렸다.

는 "신음, 탄식"을 뜻하는 στεναγμός의 복수 여격이다 – 옮긴이)를 만난다. "신음들"이라는 명사는 쉬워 보인다. 적어도 이 명사는 22절과 23절에서 등장한 동사(=동족 동사인 στενάζω – 옮긴이)의 의미를 최소한이나마 가져다 쓴 것이다. 이 신음이야말로 현재 "썩음에 종노릇하는" 시대를 살아가는 우리와 다른 피조물이 공통으로 소유한 것이다. 바울은 여기서 사람이 아닌 피조물도 사람처럼 묘사했다. 그러나 "신음"이라는 개념은 말이 없는(침묵하는) 것과 거리가 먼 개념이다.[320] 그러나 실상은 이 "신음"을 침묵하는 것으로 보는 것이 다수설이다. 이 견해의 밑바탕에는 한편으로 23절이 말하는 "우리 자신 안에서"(그리스어로 ἐν ἑαυτοῖς – 옮긴이)를 "속으로"(내면에서)를 뜻하는 말로 보는 이해가 깔려 있으며, 다른 한편으로 "신음들"에 뒤이어 나온 형용사 ἀλαλήτοις가 적어도 "말을 사용하지 않는"이라는, 곧 "말이 없는"이라는 의미를 가진 것처럼 생각하는 이해가 자리해 있다. 하지만 다수설은 이 "신음"을 말을 사용하지 않기에 우리 귀로 들을 수 없는 신음을 가리키는 말로 이해한다. 더 정확히 말하면, 대다수 학자들은 이 말을 "표현할 수 없는" 신음, 곧 말로 옮길 수 없는 신음을 뜻하는 말로 이해한다. 그 때문에 NRSV와 NASB도 "말로 옮기기에는 너무 심오한"(too deep for words;[321] 즉 어찌나 심오하고 깊은지 **영**마저도 표현하는 데 활용할 수 있는 말이 없는)으로 번역해놓았다.[9] 결국 이런 견해를 따르면, 이런 기도는 실상 "신음"이 아니라 단지 말이 없는 기도(묵도)인 것 같다.[322] 이런

---

320) Moo, 562은 22-23절의 용례를 근거로 이 용례를 시종일관 엄격하게 은유로 간주한다. 그러나 이런 견해는 바울이 구사하는 이런 언어의 첫 번째 "근원"이 되는 고후 5:2-4을 충분히 진지하게 고려하지 않은 것 같다. 이 경우에는 22절이 아니라 23절에서 이야기를 시작해야 한다. 22절은 실제로 은유이기 때문이다. 그러나 "몸의 구속"을 고대하는 하나님 백성에게는 이런 신음이 단지 은유가 아니다.

321) BAGD가 시사하는 의미다; 참고. NIV, "that words cannot express"; JB, "that could never be put into words"; NAB, "cannot be expressed in speech."

322) 학술 문헌에서 종종 등장하는 견해다(가령 Leenhardt, 229-30, "우리 내면생활의 정점"). Käsemann은 이런 견해가 우리 자신이 "현재 가진 신앙생활 습관"을 반영한 것이라고 인식하는데(*Perspectives*, 129), 올바른 생각이다.

견해를 더 뒷받침해주는 증거가 하나님이 "마음을 살펴보신다"라는 설명인 것 같다. 이는 우리가 하나님이 우리 마음속에서 보시는 것들을 말로 표현할 필요가 없음을 암시하기 때문이다. 이 시대 서구 그리스도인들 대다수는 사사로이 기도할 때면 이런 묵도를 한다. 그래서 바울 사도가 이런 기도를 염두에 두고 있다고 해도 지극히 자연스러워 보인다.

그러나 잠시 멈춰 서서 과연 그런지 생각해봐야 할 것들이 있다. 그것들 가운데 결코 간과할 수 없는 중요한 것이 있는데, 그건 바로 이 말을 십중팔구 이 본문의 핵심으로 이해해서는 안 된다는 것이다. 오히려 이 "στεναγμοῖς ἀλαλήτοις로"라는 말은 "우리가 마땅히 무엇을 위하여 기도해야 할지도 몰라서 **영**이 우리를 위하여 하나님 뜻을 따라 중보해주실" 때에 **어떤 방법**(*manner*)**으로** 그리해주시는지 일러주는 말이다. 따라서 몇몇 내용을 함께 고려해보면, 오리게네스가 가졌던 이해가 어쩌면 옳았을 수도 있음을 알 수 있다.[323] 즉 오리게네스는 이 문장들(26-27절) 전체와 특히 이 "στεναγμοῖς ἀλαλήτοις로"라는 문구가 방언으로 하는 사사로운 기도("혼자" 하는 기도) 같은 것을 일컫는다고 이해했다. 바울은 이미 고린도 공동체가 예배할 때 해석이 따르지 않은 방언을 말하던 습관을 바로잡으면서 그 시정 조치 중 한 부분으로 이런 사사로운 기도를 이야기했다.[324]

---

323) Origen, *De oratione* 2을 보라. 근래 이런 견해를 취했던 사람으로 Zahn, Hamilton (*Holy Spirit*, 36), Delling (*TDNT* 1.376), Stendahl ("Paul as Prayer," 155), 그리고 특히 Käsemann (*Perspectives*, 122-37; 그가 쓴 주석의 이 대목)이 있다. 이 견해에 반대하는 거의 모든 견해는 Käsemann이 그의 논문에서 힘차게 제시하는 견해를 그 표적으로 삼아왔다. 그가 쓴 논문의 강점은 이 현상을 (Käsemann 자신이 이해하는) 바울의 성령론이 보여주는 더 커다란 패턴과 현재 이 본문이 자리한 문맥 속에서 이해하려 했다는 점이다. 그러나 이 견해의 약점들은 해로울 정도다. 즉 이 견해는 로마에도 고린도와 같이 무언가에 탐닉하는 "광신"이 있었다고 추정한다. 그런가 하면 이 본문이 예배하는 공동체를 다루고 있다고 강변하면서, 바울이 지금 방언은 "영광"을 나타내는 게 아니라 약함을 나타내는 것이 되어야 한다고 여설함으로써 그릇된 방언 사용을 바로잡고 있다고 상변한다.

324) Käsemann은 "사사로운 기도"가 아니라며 이 견해에 극력 반대한다. 물론 그는 18절과 23-25절이 신자 개인을 다룬다는 것을 인정한다(*Perspectives*, 135). 그러나 그는 그 자신이 15-16절을 이해한 내용(의문이 가는 이해다)에 근거하여 이 구절들이 회중이 모인 자리에서 하는 방언을 다룬다고 강조한다[그래서 그는 그 문제에 완전히 다른 (신학적) "해결책"을

1. 이 말을 둘러싼 논의 중 많은 것들이 서구 문화의 맥락 속에서 생겨난 것들이다. 서구 문화에서는 대다수 사람들이 사사로이 기도할 때 크게 소리 내거나 "입을 벌려 말함"이 없이 묵도한다. 나는 고대 세계에서도 이런 묵도가 자주 있었는지 여전히 의문이 든다. 기도는 글을 읽는 것과 아주 비슷했다. 심지어 사사로이 기도할 때도 당시 사람들은 "소리 내어" 기도했다(물론 혼자서 자신에게만 들리는 소리로 기도하는 경우도 있었으나, 이 경우에도 "입을 벌려 말하며" 기도했다).[325] 마치 어린아이들이 그렇게 떠들어서는 안 된다고 "가르침을 받을" 때까지는 여전히 떠들어대는 것처럼 소리 내어 기도하는 것이 당시 사람들의 모습이었다. 당연히 신약성경에서도 이를 뒷받침하는 증거를 쉽게 만날 수 있다. 빌립이 에티오피아 환관이 이사야서를 "읽는" 소리를 "듣는" 장면이 그 증거다(행 8:30). 기도도 마찬가지였다. 다니엘 6장에 있는 내러티브를 보면, 다니엘이 혼자 기도할 때도 "소리 내어" 기도했음을 추정할 수 있다. 뿐만 아니라, 예수가 누가복음 18:9-14에서 말씀하시는 비유는 물론이요, 누가가 11:1에서 이야기하는 예수의 기도 내러티브, 그리고 예수가 잡히시던 날 밤에 동산에서 하신 기도를 기록한 공관복음의 내러티브 역시 "소리 내어" 기도하는 모습을 증언한다. 이 모든 경우를 보면, 내러티브 기록자는 사람들이 "소리 내어" 기도하는 문화, 다시 말해 기도하는 이들도 자기 기도를 알아들을 수 있을 만큼 또렷한 말로 기도하는 문화를 당연시한다.

제시한다]. 이 견해가 지지를 받을 수 없는 이유는 그가 자기 견해를 지지하는 근거로서 고전 14장에서 원용하는 증거이자 나 역시 이 본문을 이해하는 데 아주 중요하다고 생각하는 증거가 하나같이 오로지 바울이 공중 기도가 아니라 개인이 사사로이 방언으로 기도하는 것을 묘사한 부분에서만 발견할 수 있기 때문이다(2, 13-15, 19, 28절). 그러므로 Käsemann 처럼 25절의 신자로부터 26절의 예배 공동체로 갑자기 훌쩍 날아갈 이유가 전혀 없다.

325) 고전 시대는 본디 입으로 하는 말이 중심이었다는 점과 관련된 모든 문제, 그리고 당시에는 사람들이 혼자 책을 읽을 때도 보통 소리 내어 읽었다는 사실(그러나 기도할 때도 그리했다는 말은 하지 않지만)을 살펴보려면, P. Achtemeier, "*Omne Verbum sonat*: The New Testament and Oral Environment of Late Western Antiquity," *JBL* 109 (1990), 3-27 (특히 16-17)을 보라.

2. 사실 우리가 지금 보는 문장들은 바울이 다른 곳에서 "**영과 함께/영** 안에서 기도한다"(고전 14:14-15; 엡 6:18)라고 말하는 것과 현저히 일치한다.[326] 이런 일치점들은 대단히 의미심장한 두 곳에서 발견할 수 있다. (a) **영**이 "중보하다"라는 동사의 주어다. 즉 다름 아닌 **영** 그분을 우리 안에서 기도하시는 분으로 본다. (b) 관련자들은 **영**이 말씀하시는 것이 무엇인지(어쩌면 **영**은 아예 말씀하시지 않으실 수도 있다) 이해하지 못한다.

바울이 적어놓은 다양한 종류의 기도 기록들(이 기록들은 알아들을 수 있는 말로 기도함을 묘사한 것들이다) 외에 그가 기도와 관련하여, 그중에서도 특히 개인 기도와 관련하여 설명해놓은 다른 말들을 보면, 우리는 특히 그가 자신의 기도 생활을 묘사해놓은 내용을 고린도전서 14:14-15에서 만날 수 있다. 바울은 여기서 두 종류의 기도를 말하는데, 하나는 그의 마음으로 하는 기도요 다른 하나는 그의 **영**/영으로 하는 기도다. 이 본문은 너무 넌지시 이야기하고 있어서, 우리는 "그의 마음으로 하는 기도"가 무슨 뜻인지 확실히 알 수가 없다. 그러나 이 말이 자리한 문맥을 살펴보면, 이 기도가 "말이 없는 기도", 곧 들을 수 없는 기도가 아니라, 애초부터 **바울 자신의 마음(생각)에서 나온** 말로 하는 기도라 **자신이 기도할 때 하는 말을 이해할** 수 있는 기도임을 알 수 있다. 우리가 고린도전서 14:14-15을 논할 때 말했듯이, "**영** 안에서 하는 기도"는 문맥상 오로지 그가 2, 19, 28절에서 이야기하는 방언으로 하는 기도만을 의미할 수 있을 뿐이다[이 기도는 사사로이, 또렷한 말로 하는 기도이지만, 그 자신의 생각을 기준으로 하면 "또렷하지 않은" 기도요(즉 이 경우에는 **영**이 기도하시므로 그의 마음 자체는 열매를 맺지 못한다), "그 자신 그리고 하나님께" 하는 기도다]. 나아가 바울은 그가 이런 기도를 다른 모든 이보다 더 많이 한다고 강조하

---

326) 참고. Godet, 321. Godet는 여기서 방언을 거부한다. 하지만 그는 이 두 본문이 아주 유사하다는 점만은 인정한다. Käsemann도 마찬가지다. 그러나 Käsemann은 바울이 말했던 "**영** 안에서 하는 기도"를 공중이 모인 자리에서 하는 기도로 받아들임으로써 바울의 논지를 놓쳐버렸다. 바울은 그런 기도를 단호히 거부했다(고전 14:19).

면서(18절), 이렇게 기도하는 것이 이런 기도를 하는 이들에게 덕이 되므로(4절) 모든 이가 이런 기도를 하기를 바란다고 말한다(5절). 그러나 물론 바울은 회중이 모인 자리에서는 이런 기도를 하지 말라고 권면한다(19절). 이런 기도가 공동체 전체에게 덕이 되지 않기 때문이다(4절).

물론 아직도 여기에는―우리 모두 풀어야 할―몇 가지 수수께끼가 남아 있다. 하지만 두 번째 형태의 기도가 지닌 몇 가지 특징들은 우리가 현재 가진 목적에 비춰볼 때 주목할 가치가 있다. (a) 우선 바울 자신이 사사로이 기도할 때 해석 없이 말하는 방언과 공중 앞에서 하는 것이기에 해석이 필요한 방언을 구별한다(19절). (b) 그런가 하면 바울은 사사로이 "방언으로 하는 기도"에는 해석이 필요하지 않은데, 이는 그 기도가 "그 자신과 하나님을 상대로" 하기 때문이라고 일러준다(2, 28절). 결국 이런 기도를 할 때는 기도하는 자의 "생각"이 그 기도 자체 속으로 들어가지 않는다(13절). (c) 바울은 이런 기도를 특별히 **"영으로"** 하는 기도라고 말한다(2절). 또 14-15절에서는 "내 **영**/영이 기도한다"라고, 곧 **영**이 나를 통해 방언으로 기도하신다고 말한다. (d) 이렇게 **영**으로 하는 기도에서는 기도하는 사람이 **하나님께 "비밀들"을 말한다.** (e) 이런 기도는 "소리를 내어" 하긴 하지만 사람이 하는 말로 이루어지지 않는 경우가 대부분이다. "방언"으로 "말하면서" 어찌 "소리를 내지" 않겠는가? (f) 이런 기도는 사람이 하는 생각의 흐름을 따라 이루어지지 않는다. 그런데도 바울은 자신이 이런 기도에 몰두할 것이며(14-15절) 이런 기도를 하는 사람들은 그 자신에게 "덕을 세운다"라고 단호하게 주장한다(4절). 결국 이것이 바울 서신에서 특히 πνεύματι ("영으로") 하는 기도라고 말하는 유일한 기도 형태다. 또 바울은 모든 사람이 이렇게 기도하기를 원한다(5절). 때문에 비록 확실치는 않지만 바울이 에베소 사람들에게 **"영 안에서 기도하라"**(엡 6:18, 찾아보라)라고 독려할 때 말하려 했던 의미도 역시 그런 기도를 하라는 것이었으리라는 주장이 가능하다.

또 중요한 일치점들이 존재하는 부분을 들어보면, (a) **영**이 신자 안에서 기도하신다고 말하는 점, (b) **영**이 그렇게 기도하실 때 기도하는 사람이 이해할 수 없는 "말"로 기도하신다고 말하는 점을 들 수 있다.[327] 물론 고린도전서 14:2이 말하는 "**영**으로 비밀들을 말함"과 우리가 지금 보는 본문이 말하는 "**영**이 말로 표현하지 못할 신음들로 중보하심" 사이에도 또 한 번 일치점이 존재할 수 있다.[328]

3. 이런 일치점은 또 다른 난제를 설명하는 데 도움을 준다. 우선 모든 학자들은 26절에 있는 "신음"이라는 말이 23절에서 가져온 말이라고 인식한다. 그러나 23절에서는 **우리**가 신음하지만, 여기서는 **영**이 신음하며 중보하신다. 이런 종류의 "혼합된" 메시지는 우리가 고린도전서 14장에서 발견하는 것과 큰 차이가 없다. 고린도전서 14장에서도 2절의 "**영**으로"가 14절에서는 "내 **영** / 영이 기도한다"로 바뀌기 때문이다. **압바**라는 외침도 같은 경우다. 갈라디아서 4:6은 **영**이 이 말을 외치신다고 분명하게 말한다 ("**영**이 압바, 아버지라 외치시느니라"). 그러나 15절에서는 **영**으로 말미암아 **우리**가 "압바, 아버지"를 외친다고 말한다. 이 세 경우에 하나같이 바울이 말하려 하는 것은 십중팔구 **영**이 실제로 우리 자신의 "영들"을 통해, 우리 입들을 사용하셔서 기도하시고 외치신다는 사실일 것이다. 다만 어떤 때는 **영**에게 강조점을 두다가 다른 때는 우리가 그런 기도와 외침에 참여하는 데 강조점을 두었다는 차이만이 있을 뿐이다.

4. 이어 이제 ἀλάλητος라는 말 자체를 살펴보자. 이 말은 실상 "말하지 않은"(unspoken)이라는 뜻이지만, 동시에 "말이 없이"나 "말 없는"(BAGD)을 의미할 수 있다. 그러나 이 말이 꼭 "침묵하는, 고요한"(silent)과 같은 말로서 어떤 종류의 소리나 말소리도 없는 상태를 암시하는 것은 아니다. 어쨌든 여기서 이 ἀλάλητος라는 말을 꼭 표현할 말이 없는 어떤 것이나

---

327) Obeng은 이런 견해를 거부하면서 고전 14장이 제공하는 데이터의 중요성을 폭넓게 놓쳐버리는 것 같다("Spirit Intercession," 363).
328) Byrne, 'Sons,' 112-13은 바울의 유비를 고전 2:6-16에서 찾을 수 있다고 주장한다. 그러나 그가 제시하는 "평행 본문들"은 기껏해야 의심스러운 것들뿐이다.

여전히 말하지 않고 침묵을 지키는 어떤 것을 의미하는 말로 믿어야 할 특별한 이유가 애초부터 존재하지는 않는다. 만일 바울이 "표현할 수 없는"이라는 뜻을 나타내고자 했다면, 그는 왜 그런 의미를 확실하게 표현할 수 있는 적절한 말을 사용하지 않았을까?[329] 만일 그가 "침묵하는"이라는 뜻을 나타내고자 했다면, 간단하게 그런 표현을 쓰지 않은 이유가 뭘까? 본문에서 이 말은 "신음들"을 수식한다. 또 본문이 자리한 문맥은 기도를 이야기한다. 고대 세계에서는 심지어 사사로이 기도할 때에도 대개 말소리를 내어 기도했다는 점은 이미 이야기했다. 이런 점들을 고려할 때, 이 말은 "또렷하지 않은"(inarticulate)과 비슷한 의미를 가진 말로 생각하는 것이 합당하다. 즉 "침묵하는"이나 "표현할 수 없는"이라는 뜻이라기보다, 우리가 사용하는 말(곧 **우리가 우리 자신의 마음으로 이해하는 말**)이 갖춘 또렷한 발음이나 또박또박한 말 매무새를 갖추지 못했다는 뜻으로 받아들이는 것이 합당하다.[330]

5. 바울은 지금 이런 기도를 "신음"이라는 말로 묘사하는데, 이는 문맥에 맞춰 말을 고쳐 사용하는 바울의 전형적 수사다. 그가 앞서 22절과 23절에서 이 말을 사용하지 않았더라면, 여기서도 이 말을 사용하지 않았을 가능성이 높다. 반면 그가 이 말을 **영**으로 하는 기도를 가리키는 말로 사용한다는 사실은 이 기도가 알아들을 수 있는 성질을 가져야 함을 말하는 것 같다. 바울은 이제 **영**이 우리와 함께 신음하심으로써 우리를 위하여 친히 간구하신다고 묘사한다. 하지만 그가 여기서 구사하는 언어와 이 본문이 자리한 문맥에 비춰볼 때 이 간구가 단순히 "사사로이 침묵하며 하는 기도"를 묘사한 것이라고 보기에는 많은 의문이 생기는 것 같다.

6. 바울이 여기서 **영으로 하는 기도**라고 묘사하는 것은 그가 고린도

---

329) 그리스어로 ἀνεκλάλητος다. 벧전 1:8에서 그 예를 볼 수 있다(ἀνεκλάλητος의 단수 여격 형태인 ἀνεκλαλήτῳ를 사용했다 — 옮긴이); 참고. Polycarp, *Phil.* 1:3. 고대에는 이 말을 시종일관 "표현할 수 없는"(inexpressible)을 의미하는 말로 사용했다.
330) Wedderburn, "Rom 8.26"을 보라. 그는 이런 이해가 타당할 수 있다고 인정한다.

전서 14:14-15에서 "마음으로 하는 기도"라고 묘사하는 것과 다른 것이다. 이런 사실은 마지막에 등장하는 설명 문장이 확실하게 일러준다. 이 문장은 독자들에게 우리는 비록 **영**이 무엇을 "말하시는지" 모를지라도 하나님은 그것을 아신다는 확신을 다시금 심어주려 한다. 만일 바울이 묘사하는 것이 개인이 하는 사사로운 기도 형태라면, 이런 문장은 아무 쓸모가 없을 것이다. 우리가 사사로이 하는 기도에서는 **영**이 단지 우리 자신의 기도를 "도우실" 뿐이요, 우리도 우리가 하는 기도의 내용을 완전히 잘 알기 때문이다. 하나님은 우리를 위하여 간구하시는 **영**의 마음을 아신다. 이런 사실은, 비록 **영**이 "우리가 또렷하지 않은 신음들로" 중보하실지라도, 우리에게 확신을 심어준다.

7. 아울러 우리는 바울이 이 문장을 무엇보다 신학 논증으로 제시한 게 아님을 유념해야 한다. 오히려 바울은 그 자신과 다른 사람들이 날마다 보통 **체험**하는 기도를 이야기하는 것 같다. 동시에 바울은 그 체험을 우리를 위하여 "**영**이 중보해주심"으로 **해석한다**. 결국 이 문장은 (a) **영** 체험에서 나온 문장이며, (b) 바울은 지금 그 체험을 해석하는 셈이다.[331]

8. 마지막 문제는 해석학 차원의 문제다. 첫째, 바울 서신은 물론이요 초기 교회를 살펴봐도, 고린도전서 14장이 묘사하는 **영** 안의 기도(영 안에서 하는 기도)와 다른 종류의 기도이자 바울이 지금 아주 생생하게 묘사하는 기도를 훨씬 더 빼닮은 기도로서 우리에게 알려져 있는 기도 현상이 따로 더 존재하지 않는다.[332] 결국 대다수 해석자들이 이 본문에 이르러 발견하는 것은 초기 교회에서 그 존재 증거를 발견할 수도 없고 해석자들

---

331) 이 점 때문에 Obeng이 내놓은 두 논문(주304를 보라)이 타당한지 몇 가지 의문이 생긴다. 그는 이 본문의 기원들이 바울 자신의 체험이 아니라 바울의 신학 작업이라고 주장하는 것 같다

332) Käsemann, *Perspectives*, 127도 주장하는 점이다. 그러나 대다수 학자들은 그의 견해를 무시해왔다. 학자들은 (실제로 고전 14장과 연결되어 있지 않다면) 외톨이처럼 고립된 현상인 이 기도 현상을 일종의 일상사로 여기면서도, 정작 바울 서신에서 볼 수 있는 한 가지 "일상사"이자 현상 면에서 이 기도 현상과 아주 명백한 일치점을 가지는 것은 거부한다.

자신이 어떤 현상으로 묘사하는 데도 큰 어려움을 겪는 기도 형태다. 해석자들이 이런 기도 형태를 묘사하기가 어려운 이유는 오늘날 이런 기도가 널리 나타나지 않기 때문이다. 요컨대 바울은 대다수 해석자들이 주장하듯이 신자들이 보통 하는 체험을 묘사했지만, 이 해석자들은 그들이나 교회가 몰두하는 **어떤 알려진 현상**으로서 이것(=바울이 묘사하는 이 체험─옮긴이)과 비슷해 보이는 것을 **묘사해내지는 못하고 있다.** 그래서 우리는 늘 바울이 말하는 것("**영**이 우리가 이해하지 못하는 신음들을 내시며 중보하신다")으로부터 우리가 행하는 일, 곧 침묵하며 기도하는 가운데 벌이는 투쟁으로(그렇지만 우리는 **거의 늘 지금 우리가 무엇을 기도하는지 아주 잘 안다**) 살짝 옮겨간다. 이리하여 지금 현실에서는 바울이 실제로 묘사하는 것과 거의 정반대인 일이 벌어지며, 결국 우리가 이르는 종착지는 "내 마음으로" 묵도하는 일이 되어버린다. 바울의 시각으로 보면, 이런 묵도는 **영으로 하는 기도와 대립하는 것이다.** 물론 그렇다 하여 한 종류의 기도가 다른 종류의 기도보다 더 낫다는 말은 아니다(바울도 분명 그렇게 생각하지 않는다). 그러나 바울은 이 두 기도를 서로 다른 두 종류의 기도로 본다. 마음으로 하는 기도는, 그것이 설령 말하지 않는 기도라 할지라도, "말"의 형태를 가진다. 우리 중에는 우리가 하는 생각에 의미를 부여할 요량으로 사용하는 상징인 말과 분리하여 생각이란 것을 할 수 있는 사람이 거의 없기 때문이다. 그러나 바울이 지금 여기서 묘사하는 것은 "마음으로 하는 기도"가 **아니라 영으로 하는 기도다.** 이 **영**으로 하는 기도에서는 비록 기도하는 사람이 "스스로" 기도한다 할지라도 **영**이 하나님을 향하여, 그리고 "또렷하지 않은(우리에게) 신음/탄식"으로 기도하신다.

이것들은 바울이 고린도전서 14장에서 "방언으로 하는 기도"에 속하는 것으로 묘사한 것과 같은 현상들이다. 나는 바울이 여기 본문에서도 바로 이런 기도 현상을 염두에 두었다고 생각하고 싶다. 나는 지금까지 말한 내용이 내 이런 생각을 증명해주었다고 생각하지 않는다. 그러나 현재 이 본문과 바울이 영성을 이야기하는 더 큰 문맥은 나처럼 이해할 때 그 의미가 제대로 드러나는 것 같다. 그러나 이런 내 견해에 반대하는 이들은 두 가지 중요한 이유를 내세운다.[333] 그 두 이유는 (a) ἀλάλητος의 의미에 얽힌 어려움, 그리고 (b) 만일 바울이 여기서 방언을 말하려 했다면 분명 에둘러 이런 표현을 쓰지 않고 확실하게 이야기했을 터인데 그리하지 않은 이유가 무엇인가라는 점이다.[334] 이 문제들을 잠시 살펴보는 것이 합당하겠다. 물론 첫 번째 문제는 여전히 모든 해석자들이 부닥치는 난제다. 두 번째 문제는 문맥에 비추어 답할 수 있는 문제다. 우선 심지어 고린도전서 14장조차도 바울이 "방언으로 말함/기도함"이라는 개념을 이처럼 부사 형태로 사용하려 했다는 힌트를 전혀 제시하지 않는다(여기 로마서 본문을 보면, ἀλάλητος라는 말 자체는 형용사이지만, 바울은 이 말을 복수 여격 형태로 표현하여 부사처럼 사용했다 – 옮긴이). 즉 그는 늘 다른 방식으로 표현하여, 어떤 사람이 "**영으로**(*by the Spirit*) 방언을 말한다"라고 말한다. 그러나 바울은 "**영**이 **방언으로** 기도하신다"라는 말은 하지 않는다. 또 지금 우리가 보는 문장에서 문제가 되는 것은 수식어가 아니라 주어인 **영**이다. 그렇다면 바울은 십중팔구 "**영**이 방언이라는 방법을 써서 간구하신다"와 같은 파격 어법을 구사하려는 생각은 결코 하지 않았을 것이다.

결국 우리가 다루어야 할 것은 "방언으로 하는 기도"가 이 해석이 암시하는 것처럼 초기 교회들에 널리 퍼져 있던 현상이었는가 하는 점이다.[335]

---

333) 다른 반대 이유들은 거의 모두 별 내용이 없고 중요하지 않다. 그 반대 이유의 전제로서 내세우는 고전 12장과 14장에 관한 이해가 도통 의심스럽기 때문이다. 가령 이런 반대론을 펴는 이들은 "방언"을 오로지 몇몇 사람에게만 주어진 은사였다고 보는가 하면(뒤를 보라. 그리고 앞에서 고린도전서의 해당 본문들을 논한 내용을 보라), 방언을 찬미에 국한하거나(하나님께 "비밀들"을 말하는 것은 실상 찬미일 수 있다. 그러나 "비밀들"이라는 말은 찬미를 표현하는 말치곤 이상하다), 혹은 고전 14장이 말하는 방언을 말하는 자들이 방언을 말할 때 자신이 무엇을 말하는지 알았다고(이는 증거를 철저히 무시하는 것이다) 전제한다. Cranfield, 1.423을 보라; 참고. Obeng, "Spirit Intercession," 362. 실제로 이런 반대 이유들은 대다수 수석늘에서 이런저런 형태로 발견할 수 있다(두드러진 예외가 Dunn이다).

334) 참고. Dunn, 479: "만일 그(바울)가 자기 독자들이 방언을 생각하길 원했다면, 그는 필시 더 주의를 기울여 썼을 것이다."

335) 고전 12:29-30을 이에 반대하는 말을 하는 본문으로 잘못 사용한 경우를 보려면, 이 본문을 논한 내용과 함께 앞의 제4장에서 고전 14:23을 다룬 내용을 보라.

왜냐하면 내가 한 주장은 로마 신자들이 στεναγμοῖς ἀλαλήτοις라는 말을 이런 의미로(즉 "방언으로 하는 기도"로) 이해했으리라 추정하기 때문이다[요컨대 이 서신 낭독이 처음 이루어진 곳은 아굴라와 브리스길라(브리스가)의 집에서 모인 가정 교회였다; 16:3-5a — 지은이; 그들은 고린도에서 바울과 동역한 사람들이었다(행 18:1-3) — 옮긴이]. 물론 이 문제는 여전히 해결되지 않았다. 그러나 다른 바울 서신이, 적어도 "방언으로 말함"이라는 말이 등장하는 서신이 이 말("방언으로 하는 기도")과 관련하여 침묵한다는 것은 별다른 중요성을 갖지 않는다. 신약학자들 대다수는 비록 고린도 교회가 주의 만찬을 **오용**하긴 했어도 바울계 교회들이 이 만찬을 기념했다는 것을 기꺼이 믿을 것이다. 우리는 이 점에 주목해야 한다. 이 본문은 방언으로 말하는 것 역시 대체로 주의 만찬과 같았다고 일러주는 것 같다. 즉 방언으로 기도하는 것은 초기 교회들이 공통으로 매일 체험하는 일이었다. 우리가 이를 아는 주된 근거는 고린도에 있던 하나님 백성이 회중이 모인 자리에서 이 기도를 오용했다는 사실을 알기 때문이다. 바울은 이런 고린도 사람들보다 더 많이 방언으로 기도했다. 이런 사실은 방언으로 하는 기도가 늘 그 자신의 영성을 구성하는 일부분이었음을 시사한다. 대체로 현상학의 관점에서 신약성경이 시종일관 묘사하는 **영**의 임재에 접근한다면, 초기 교회에서 이런 기도를 하는 사람은 오직 바울뿐이었다고 상상하기는 힘들다.

마지막으로 바울이 **영**과 관련하여 마지막 절에서 하는 말, 곧 "우리 마음을 살펴보시는 분이 **영**의 생각을 아시나니, 이는 그가(영이) 하나님을 따라 성도들을 위하여 기도하시기 때문이라"와 관련하여 몇 마디 더 해두어야 할 말이 있다. 이렇게 **영**으로 하는 기도가 "두 시대 사이에" 있는 실존으로서 살아가는 "성도들을 위한" 것임은 바울이 줄곧 강조해온 점이다. 우리 목적에 비추어볼 때 중요한 것은 바울이 **영** 및 하나님과 관련하여 표현하는 관계다. 이 관계는 우리가 그런 기도에 몰두할 때 우리에게 확신을 준다.

첫째, 여기서 바울이 말하는 것은 그가 고린도전서 2:10-12에서 **영** 및 하나님과 관련하여 말한 것과 정확히 대응을 이루는 내용이다. 바울은 그 고린도전서 본문에서 우리가 십자가를 우리를 위한 하나님의 지혜로 어떻게 알게 되는지 그 경위를 설명하려고 노력했다. 우리가 십자가를 하나님의 지혜로 아는 것은 **영**이 그 사실을 우리에게 계시해주시기 때문이다. 이 때문에 바울은 잠시 궤도를 벗어나 **영**이 어떻게 그토록 완벽하게 "하나님의 생각"을 아실 수 있는가라는 관점에서 **영**과 하나님의 관계를 여담처럼 이야기한다. 바울이 구사하는 유비대로 우리 자신의 "영"만이 우리 생각을 안다. **영**도 마찬가지다. 하나님 자신의 **영**은 하나님이 무슨 생각을 하시는지 아신다. 그러나 바울은 이제 이를 거꾸로 이야기한다. 우리가 "(우리에겐) 또렷하지 않은 신음들로" 간구하시는 **영**을 통해 기도할 때 하나님이 이 기도를 들으신다는 것을 어떻게 확신할 수 있는가? 그건 바로 무엇보다 성경이 모든 이(우리 모든 사람을 뜻한다)의 마음을 아시는 분으로 묘사하는 하나님이 역시 "**영**의 생각(마음)"도 아시기 때문이다. 그래서 우리는 우리가 이해하지 못하는 것도 하나님은 이해하신다는 것을 확신할 수 있다. 설령 그 "신음들"이 "또렷하지 않아서" 우리 마음으로는 이해할 수 없는 것이라 할지라도 하나님께는 결코 그렇지 않기 때문이다. 바울은 이 점을 자기 독자들에게 재차 확언한다. 하나님은 **영**의 생각을 아신다.

이 본문의 내용은 "**영** 바로 그분"(the Spirit himself)이 마치 사람처럼 행동하신다고 전제한다. 또 바울은 뒤이어 등장할 몇몇 문장에서 하늘에 계신 그리스도도 마치 사람처럼 행동하시는 분으로 이야기하려 한다. 이는 바울이 **영**을 우리 삶에 미치는 어떤 영향력이나 힘이 아니라 "인격체"로 이해한다는 것을 지극히 강력하게 일러주는 증거다. 뿐만 아니라, **영**은 하나님이 아시는 "생각"을 가지셨다. 이런 언어는 또한 하나님과 **영**이 동일한 분이 아니라 구분되는 분임을 시사한다. 물론 우리는 바울이 그런 존재론 (존재와 관계에 관한 문제)에 별로 관심이 없다는 것을 기꺼이 인정할 수 있다. 그러나 이런 문장들은 장차 존재론을 둘러싼 모든 논의가 생겨나는 출발점이 된다. 비록 바울 자신은 여기서 삼위일체를 암시하는 말을 결코 천명하지 않았다 할지라도, 그가 하는 말에는 삼위일체라는 전제가 깔려 있다.[336]

둘째, 하나님은 **영**의 생각을 아실 때 거기서 더 나아가 **영**이 "하나님 바로 그분을 따라" 간구하신다는 것도 아신다. 즉 **영**의 간구는 우리 자신의 사사로운 기도 제목들로 오염될 성질의 것이 결코 아니다. **영**은 분명 "성도들을 위하여" 간구하신다. 그러나 **영**은 다름 아닌 하나님으로서 늘 하나님의 뜻과 하나님의 길을 좇아 간구하신다. 그러므로 바울은 우리를 하나님의 길로 인도하시며 우리가 정녕 하나님의 자녀임을 증명해주시는 이분을 하늘의 언어를 사용하여, 또 하늘의 뜻에 따라, 우리를 위해 간구하시는 분으로 묘사한다. 바울은 **영**으로 기도하는 것(원한다면 "방언으로 말함"이라 해도 좋다)을 일종의 생각 없는 행위로 여기지 않는다. 도리어 바울은 그것을 지극히 중요한 기도의 표현 형태로 본다. 신자는 이 기도를 통해 지금 백척간두의 상황 속에서도(약함과 고난과 인내로 점철되는 상황 속에서도) 특별한 격려를 얻을 수 있다. **영**이 하나님의 뜻을 따라 기도하시기 때문이요, "(우리에게는) 또렷하지 않지만" 하나님 자신은 잘 아시는 "신음들로" 기도하시기 때문이다. 하나님이 그런 신음들을 잘 아시는 이유는 **영**의 생각을 아시기 때문이다. 우리는 이 모든 일이 실제로 어떻게 벌어지는지 이해하지 못할 수도 있다. 그러나 적어도 바울은 이런 일을 **영**이라는 "첫 열매"가 주시는 강력한 격려로 여긴다.

■ **로마서 8:28-30**

28또 우리는 하나님을 사랑하는 자들에게 (영이)[337] 모든 것을 합하여 선을 이루

---

336) 참고. Dunn, 480: "유대교의 유일신론이 하나님의 편재성과 초월성을 함께 강조하는 지경까지 아우를 수 있었다는 것은 그리스도인들이 유일신론을 삼위일체를 인정하는 방향으로 체험할 수 있는 여지가 사람들이 보통 인식하는 것보다 더 컸다는 것을 일러준다."

시는 줄을 아노니, 곧 (하나님의) 목적을 따라 부르심을 받은 자들에게 (그리하시는 줄을 아느니라—옮긴이 추가). ²⁹이는 그(=하나님)가 미리 아신 자들을 또한 그 아들의 모양을 닮아가도록 예정하셨기 때문이니, 이를 통해 그(=그 아들)가 많은 형제자매들 가운데서 맏아들의 지위를 갖게 하려 하심이요, ³⁰또 당신이 예정하신 이들을 또한 부르시고, 또 부르신 이들을 또한 의롭다 하셨으며, 또 의롭다 하신 이들을 또한 영광스럽게 하셨느니라.

바울은 이 말로 자신이 6:1에서 시작했던 주장을, 그리고 더 자세히 말하면 7:6에서 처음 표명하고 8:1에서 재차 끄집어냈던 주장 부분을 끝맺는다. 이제는 오로지 적용 부분인 31-39절만이 남았다. 8:1부터 이어온 주장은 대체로, 토라 준수와 육의 열망이 그리스도 안에서 폐물이 되어버린 지금, 하나님이 새로 만들어내신 백성이 "**영**의 새로움 안에서 섬긴다"라는 것이 무슨 의미인지 설명하는 내용이다. 이 모든 내용을 지배하는 공식은 바울이 생각하는 종말론의 본질인 "이미" 그러나 "아직 아니"라는 틀이다. **영**은 이 틀에서 주된 역할을 한다. 우리는 그리스도를 통해 하나님의 자녀들이 되었고 **영**은 그 사실을 증언해주신다. 이제 우리는 하나님의 자녀들로서 그리스도와 함께 공동 상속인이 되었으며, "그리스도와 함께 고난을 받는다면"(17절) 또한 "그와 함께 영광도 받을" 것이다. 그리하여 바울은 18-27절에서 우리가 현재 "그리스도와 함께 당하는 고난" 속에서 **영**이

---

337) πάντα (P⁴⁶은 단수인 πᾶν으로 기록해놓았다)는 주격일 수도 있고 목적격일 수도 있기 때문에 바울이 이 문장에서 이 말을 목적어로 쓰려 했는지 아니면 주어로 쓰려 했는지 알아내기는 불가능하다. P⁴⁶ A B 81 sa는 ὁ θεός ("하나님이")를 덧붙임으로써 이 문제를 분명히 밝혀두었다. 그러나 이것은 분명 군더더기다. 바울이 만일 그런 분명한 주어를 자기가 구사한 이 문장에서 구술하여 받아 적게 했다면, 그 주어가 이런 모호함을 분명하게 해결해줄 터이요, 그런 주어를 (빌수로 혹은 일부러) 생략해버릴 이유를 상상할 수가 없기 때문이다. 참고. Metzger, *Textual Commentary*, 518; 그리고 C. D. Osburn, "The Interpretation of Romans 8:28," *WTJ* 44 (1982), 99-109 [109]; 반대 의견은 J. M. Ross, "*Panta sunergei*, Rom. VIII.28," *TZ* 34 (1978), 82-85. 바울의 의도였을 법한 것을 알아보려면, 뒤의 논의를 보라.

하는 역할을 이야기한다. 우리가 마지막 날에 얻을 구속의 첫 열매이신 **영**은 지금 우리에게 오셔서 또렷이 알 수 없는 신음들로 우리를 위해 중보하심으로써 우리를 도와주신다.

바울은 이제 이 대목을 맺으면서 하나님이 부르심으로 말미암아 하나님을 사랑하는 자들의 삶 속에서 현재와 미래에 이루시려는 목적들을 지적한다. 하나님은 우리에게 선을 이뤄주려 하신다. 이 선은 우리가 하나님 아들(=그리스도)의 형상으로 "닮아가는" 형태를 띤다(하나님은 이 목적 때문에 우리를 예정해두셨다). 우리가 그 아들의 형상을 닮아가는 일은 결국 마지막 날에 우리가 그 아들과 함께 영광을 받음으로 끝을 맺는다. 이리하여 17절에서 시작했던 이야기가 여기에 이르러 막을 내린다. 여기서 바울은 잠시 미래 속으로 걸어 들어가 우리와 하나님의 관계 전체를 되돌아본다. 이 관계는 하나님의 거룩하신 목적과 예지(미리 아심) 속에서 시작하여 우리가 그리스도와 함께 영광을 받음으로 끝을 맺는다. 이 주장 속에서 우리가 "그리스도의 모양을 닮아간다"라는 말이 차지하는 위치를 볼 때, 우리가 "그리스도의 모양을 닮아감"에는 비단 행위 차원에서 그리스도를 따라가는 것뿐 아니라 그리스도와 함께 고난을 당하는 것도 포함됨을 알 수 있다.

하지만 우리가 관심을 갖는 대상은 단순히 현재 이 주장의 결론 부분이자 **영**을 이야기하는 내용으로 가득한 이 구절들이 아니라, 특별히 28절에 있는 첫 번째 구절이 가지는 의미다. 이 문제와 관련하여 오랫동안 상당한 논쟁이 있었다. 그 증거가 바로 초기 이집트 계열 사본들이 "하나님이"라는 주어를 덧붙여놓은 일이다. 바울이 28절에서 말하려 하는 것은 "또 우리는 하나님을 사랑하는 자들에게 모든 것이 합력하여 선을 이루는 줄을 아노라"[338]인가, 아니면 "또 우리는 하나님을 사랑하는 자들에게

---

338) 불가타, KJV, RV, Williams, NRSV는 이렇게 번역해놓았다; 참고. Murray, Hendriksen, Barrett, Cranfield, Käsemann, Morris, Moo.

그가 모든 것을 합하여 선을 이루시는 줄을 아노라"[339]인가? 만일 후자가 바울이 말하려 하는 것이라면, 그가 의도하는 주어는 "하나님"인가 아니면 "영"[340]인가, 어느 쪽이 더 주어일 가능성이 높은가?[10] 바울과 우리 시대 사이에는 먼 간극이 있기 때문에 바울이 의도한 것이 이 셋 가운데 어느 쪽인지 누구나 만족할 정도로 증명할 수 있는 길은 없다. 그러나 바울이 의도한 주어가 28절의 앞 문장[27절, "그(영)가 하나님의 뜻을 따라 그들을 위하여 중보하심이라"]과 같다고 믿을 만한 여러 가지 타당한 이유가 있다. 이것은 말 그대로 "증거를 동원하여 증명"하는 차원을 넘어서는 일이기 때문에, 나는 다만 "영"을 주어로 삼는 것이 바울의 의도임을 믿을 수 있는 여러 가지 이유들을 제시해보겠다.

1. 이 용례가 지닌 몇 가지 요소는, 예로부터 내려온 독법으로서 KJV에서 볼 수 있고 최근에는 NRSV가 채택한 것과 들어맞지 않는다. 첫째, 바울 자신은 πάντα("모든 것들")라는 말을 능동 동사의 주어로 결코 사용하지 않는다.[341] 우선 πάντα라는 말이 사람이 주어인 동사의 목적어로서 등장하는 경우가 자주 있는데, 이럴 때는 이 말이 거의 늘 동사 앞에 나온다.[342] 이 본문의 경우도 그런 경우다. 뿐만 아니라, 바울이 이 동사("함께 일하다, 함께 작용하다"를 뜻하는 συνεργέω — 옮긴이)를 사용한 다른 두 경우[343] 에서

---

339) RSV, NIV ("in all things God works for the good"), TCNT, Goodspeed, NASB, JB, NJB, NAB는 이렇게 번역해놓았다; 참고. SH, Denney, Dodd, Harrison, Bruce.

340) NEB, REB가 영을 주어로 번역해놓았다; 참고. J. P. Wilson, "Romans viii.28: Text and Interpretation," *ExpT* 60 (1948/49); 그리고 Matthew Black, "The Interpretation of Rom viii 28," in *Neotestamentica et Patristica; eine Freundesgabe, Herrn Professor Dr. Oscar Cullmann zu seinem 60. Geburtstag überreicht* (NovTSupp 6; Leiden: Brill, 1962), 166-72. Pinnock, "Concept," 184-85도 이 견해를 따른다. Dunn은 이 견해를 따르길 주저하면서도 열린 입장을 보인다.

341) 유일한 예외가 "모든 것이 허용되었다"라는 슬로건에 제시한 답변이다. 이 답변에서 바울은 이 문구를 "그러나 모든 것이 유익하지는 않다 / 덕을 세우시는 않는다"라는 말을 사용하여 손대지 않고 그대로 놔두었다(고전 6:12; 10:23).

342) 살전 5:21; 고전 2:10; 9:12; 9:23; 9:25; 10:31; 11:2; 13:7(4회); 14:26; 15:27; 16:14; 고후 6:10; 7:14; 엡 1:22; 6:21. πάντα가 주어로서 "아주 자연스러운 의미를" 갖고 있다고 여기는 사람들이 이 용례의 문제를 언급하지 않는다는 점은 상당히 흥미로운 일이다.

도 이 동사는 인격을 주어로 취한다. 이 용례가 지닌 이런 요소들은 "모든 것이 함께 일하여(작용하여) 선을 이룬다"라는 전통적 독법에 그저 조종(弔鐘)을 울리는 것 같다. 물론 이런 독법이 다른 곳과 아주 똑같은 곳에서 등장한다는 주장이 가능할 수도 있다. 하지만 사실 바울 자신이 틀림없이 그렇게(즉 "모든 것이 함께 일하여 선을 이룬다"고 – 옮긴이) 말했다는 주장은 바울 자신이 줄곧 피력하는 신학 성향과 전혀 맞지 않는 것 같다.[344]

2. 그렇다면 이제 "함께 일한다"의 주어 역할을 하는 "그"보다 더 "자연스러운" 말이 "하나님"인가 아니면 **"영"**인가가 문제다. 바울이 최근에 언급한 인칭 명사가 하나님이라는 사실("하나님을 사랑하는 자들") 그리고 이 앞 문장에서 **"영"**이 하는 것과 똑같은 역할을 자연스럽게 수행하는 말은 하나님일 것이라는 사실을 고려하면, "하나님"을 주어로 보는 게 옳다. 하나님은 분명 뒤따르는 절들에서 등장하는 동사들의 주어(즉 부르시다, 미리 아시다 등등 – 옮긴이)다. 그래서 하나님이 현재 이 절에서도 이미 주어가 되었다고 추정하는 것이 타당하다.[345]

3. 하지만 앞의 내용을 제외한 다른 모든 내용은 **"영"**을 가장 자연스러운 주어로 지지하는 것 같다.

a. 문맥 자체가 **"영"**을 주어로 지지한다. **영**은 바울이 8:1부터 제시해온 주장 전체의 의미상 주어였다. 뿐만 아니라, 이 경우를 보면 **영**은 앞 절[즉 27절의 "그(**영**)가 하나님의 뜻을 따라 그들을 위하여 중보하심이라" – 옮긴이]에서도 문법상 주어다. **영**을 주어로 생각하지 말아야 할 다른 강력한 이유가 없다면, 이 본문을 더 자연스럽게 읽는 방법은 바울이 앞 문장과 같은

---

343) 모든 사람이 복음 안에서 "함께 수고한다"라고 말하는 고전 16:16과 바울 자신의 사역을 언급하는 고후 6:10이 그 두 곳이다.

344) 고전 5:7과 갈 4:9의 경우처럼, 신학의 부적절한 부분들을 바꾸는 한 사람이 그들 가운데서 무슨 말을 하려다가 급히 자제하는 모습을 보면, 특히 이런 생각이 든다.

345) Cranfield, Morris, Moo 등은 이렇게 생각한다. 이들은 문맥상 **"영"**이 주어로서 강점을 가진다는 것을 인정한다. 그러면서도 이들은 29절에서 또 다른 주어로 바뀌게 되면(즉 28절에서는 주어가 **영**이었다가 29절에서는 하나님으로 바뀌게 되면 – 옮긴이) 문법상 더 큰 하자가 생긴다고 생각하는데, 결국 이런 생각을 극복하지 못한다.

주어를 잇달아 쓰고 있다고 생각하는 쪽일 것이다.

b. 우리는 앞에서[346] 바울이 16절에 들어와 갑자기 그의 주장에서 σύν-복합어를 늘려 사용한다고 말했는데, 이 복합어는 9:1까지 계속 이어진다. 이 복합어들 가운데 몇몇 경우에는 **영**이 그 동사의 주어다. 이는 십중팔구 바울이 제시하는 주장의 구조를 해명해주는 열쇠 기능을 한다. 그리하여 바울은 16절에서 "**영**이 우리 영들과 함께 증언하신다(συμμαρτυρεῖ)"라고 말한다. **마찬가지로 역시** 그는 "**영**이 우리의 약함 속에서 우리를 도우신다(συναντιλαμβάνεται)"라고 말한다(26절). 이제 바울은 여기서 이런 말을 덧붙인다. "또 우리는 **영**이 모든 것을 합하여 선을 이루시는(συνεργεῖ; συνεργέω의 3인칭 단수 현재 능동 직설법 형태다 — 옮긴이) 줄을 아노라."

c. 이와 같은 언어가 「갓의 유언」(Testament of Gad)[11] 4.7에도 있다. 이 책 지은이는 증오와 반대인 사랑의 힘을 언급하면서, "사랑의 **영**(τὸ πνεῦμα)이 하나님의 법과 함께 일하셔서(συνεργεῖ) 백성을 구원하신다"라고 말한다. 바울이 이 본문을 알았든 몰랐든 간에, 이 본문은 πνεῦμα를 이 συνεργέω라는 동사와 함께 사용한 사례가 이미 바울이 몸담았던 유대교 시절부터 존재했다는 것을 일러준다.

d. **영**을 주어로 이해하면, 이 절이 "또 우리가…을 아노라"(οἴδαμεν δὲ ὅτι)로 시작하는 연유를 가장 잘 이해할 수 있다. 29-30절은 이 몇몇 절이 바울이 17절에서 시작한 주장을 끝맺을 요량으로 기록한 것임을 분명하게 일러준다. 그러나 만일 **영**을 주어로 여기지 않으면, 28절 첫머리에 있는 이 말들은 방해꾼 역할을 하여, 28절 전체를 이 맺음 부분에 갑자기 뛰어 들어온 문장으로 만들어버린다. 하지만 우리가 **영**을 이 문장의 자연스러운 주어로 받아들이면, 28절 첫머리에 있는 이 말들은 26절 서두에 있는 말(엄밀히 말하면 서두는 아니다 — 옮긴이), 곧 "우리는" 우리가 마땅히 무엇을 위하여 기도해야 하는지도 "알지 못한다"(οὐκ οἴδαμεν)라는 말에 직접 대

---

346) 14-17절을 논한 내용 중 서론 부분을 읽어보라.

응하는 말이 되어버린다. 이처럼 **영**은 우리를 위하여 기도하시며, 그 결과 "우리는" **영**이 모든 것을 합하여 우리에게 선을 이뤄주신다는 "것을 안다."

바울은 우리가 이렇게 이해한 이 문장으로 자신이 17절부터 주장해온 모든 것을 마무리한다. 우리는 현재 우리의 이 실존 속에서 그리스도와 함께 고난당할 때 장차 우리가 확실히 받게 될 구속의 첫 열매이신 **영**을 소유한다. 따라서 우리는 큰 소망을 품고 살아간다. 이렇게 살아가는 동안 **영**은 현재 우리의 약함 속에서 우리를 도와주시고, 우리가 마땅히 무엇을 위하여 기도해야 하는지도 모를 때에 하나님의 뜻을 좇아 우리를 위하여 간구하신다. 결국 우리가 **진정 아는** 것은 "**영**이 모든 것을 합하여 하나님을 사랑하는 자들에게 선을 이뤄주신다"라는 사실이다. 바로 이 앎 때문에 우리는 더 큰 확신을 가진다.

물론 모든 것을 합하여 선을 이뤄주시는 분이 "하나님"이시라 해도 우리는 똑같은 확신을 가졌을 것이다. 그러나 이 본문을 이런 문맥으로 읽게 되면, 바울이 마지막 결론 부분인 29-30절에서 자신이 17절에서 제시했던 종말론의 맥락으로 되돌아갈 때, 우리는 이 주어를 전제로 한 내용을 더 자연스럽게 29-30절로 이어갈 수 있다. **영**은 우리가 **영**으로 기도할 때 우리는 "또렷이 알지 못하나" 하나님은 잘 아시는 "신음들"로 우리를 위해 말씀하심으로써 우리를 도와주신다. 뿐만 아니라, 우리가 바로 그 **영**으로 말미암아 하나님 아들(=그리스도)의 모양을 닮아갈 때도 모든 것을 합하여 우리에게 궁극의 선을 이뤄주시는 **영**을 신뢰하도록 우리를 격려하신다.

바울은 **영**의 삶을 다룬 이 긴 논의를 이렇게 끝맺는다. 이제 이곳에서는 바울이 **영**과 관련하여 이번 장에서 제시한 여러 가지 강조점들을 일목요연하게 정리해보는 것이 적절할 것 같다.

1. 생명의 **영**이신 **영**은 그리스도의 사역을 토대로 우리를 죄와 죽음의 "법"으로부터 해방시켜주신다.

2. 우리가 **영** 안에서 행할 때, 토라의 의로운 요구가 우리 안에서 이루

어지고 이로 말미암아 토라가 쓸모를 가지던 시대도 막을 내린다.

3. **영**으로 살아가는 사람들은 삶의 내용이나 행위 면에서 육으로 살아가는 사람들과 다른 실존 양식을 나타낸다. 따라서 **영**의 임재 여부는 이 시대에 하나님 백성이 누구인지 구별해주는 유일한 "정체성 표지"다.

4. **영**은 "그리스도의 **영**"이자 "하나님의 **영**"이시다. **영**은 지금 이 시대에 신자 안에 들어와 사신다. 따라서 이런 **영**의 내주는 그리스도와 아버지(하나님)가 지금 하나님의 백성과 함께 거하시는 방법이다. 바울은 이 본문에서 철저하게 삼위일체를 암시한다.

5. 신자 안에 들어와 사시는 **영**은 이제 하나님 백성에게 생명을 주신다. 이 **영**은 미래를, 그중에서도 특히 미래에 이루어질 몸의 부활을 지금 보장해주는 보증인이시다.

6. 하나님 백성은 **영**의 사람들이다. 그러므로 이 사람들은 육을 좇아 살지 말아야 한다. 이는 곧 이들이 **영**으로 육의 행실을, 곧 그들의 과거에 속한 죄를 "죽이는" 것이다.

7. 바울은 하나님 백성을 "**영**의 인도를 받는" 사람들로 묘사한다. 이는 **영**이 이 백성을 토라를 이루는 의의 길로 인도하신다는 뜻이다.

8. **영**은 하나님 백성이 하나님의 자녀들임을 증명해주는 확실한 증거이시다. 이 자녀들은 **영**의 사역으로 말미암아 "자녀들로 입양"되었으며, **영**의 감동으로 말미암아 터져 나오는 **압바**라는 외침은 이들이 하나님 자녀임을 증명해주는 증거다. 실제로 **영**은 몸소 우리가 하나님의 자녀라는 것을 우리와 함께 증언하신다.

9. **영**은 마지막 날에 있을 수확의 "첫 열매"시다. **영**은 종말의 시대를 살아가는 삶의 본질 요소다. 이제 신자들의 삶 속에 **영**이 들어와 계심은 미래가 이미 시작되었다는 증거요 미래의 영광스러운 완성을 보장해주는 보증이다. 이 마지막 완성이 이르면, 하나님의 자녀들이 그 유업을 물려받을 일이 실현된다.

10. 그러나 그때까지 우리는 고난과 약함 가운데 살아간다. 그동안 **영**은

기도로 우리를 도우신다. 신자들은 **영**으로 기도함으로써 **영**이 하나님께 그들을 위하여 간구하실 뿐 아니라 하나님의 뜻과 길을 따라 간구하심으로 모든 것을 합하여 그들에게 선을 이뤄주신다는 확신을 갖는다.

11. 우리가 이렇게 기도할 때 가지는 확신은 **영**이 누구이신가라는 문제와 직접 관련 있다. **영**은 하나님 바로 그분의 **영**이시다. 하나님은 **영**의 생각을 아시기에 **영**이 우리를 통해 기도하시는 내용을 들으시고 이해하신다고 보증해주신다.

여기에 경이로운 은혜가 있다. 바울은 이 은혜에 감동하여 결국 31-39절에서 마지막 수사를 펼쳐놓기에 이른다[그는 하나님이 우리 모든 죄인들, 한때는 죽음으로 이어지는 육의 길을 따라 걸었으나 이제는 **영**으로 말미암아 그리스도 안에서 나타난 하나님의 사랑, 그 어떤 것도 우리를 거기서 떼어놓지 못하는 하나님의 사랑을 아는 이 죄인들을 위하여 이 모든 일을(그가 1-30절에서 말한 모든 내용을) 틀림없이 행하신다고 말한다]. 내 안에 있는 오순절파의 심령은 이런 말을 들으면 곧잘 이렇게 말하곤 한다. "할렐루야!"

■ **로마서 9:1**

내가 그리스도[347] 안에서 진실을 말하고, 거짓을 말하지 않노라. 내 양심이 나와 함께 성령으로…을 증언하노니.

바울은 이제 자신이 5:12-8:39에서 제시했던 주장으로부터 하나님이 당신의 옛 백성에게 보이신 신실하심이라는 더 큰 문제로 방향을 돌린다. 이 옛 백성(=유대인)은 지금 그리스도를 거부하고 있다. 하지만 바울은 첫머리부터 유대인들이 그리스도를 거부하는 바람에 자신이 겪는 극심한 인

---

347) 몇몇 서방 사본은(D G a vg^s) 여기서 바울이 사용하는 엄숙한 선서를 고려하여 그 엄숙함을 드높일 목적으로 그리스도에 Ἰησοῦ (예수)를 덧붙여놓았다. 몇 쪽 뒤의 4번 항목에서 논하는 내용을 보라.

간적 고통을 강조할 수밖에 없는 절박함을 느낀다(이는 특히 바울이 이곳에 이르기까지 제시한 주장이 유대인을 유대인으로 규정해주는 것들을 많든 적든 제거해버렸기 때문이다). 바울은 자신이 앞서 말한 것과 앞으로 말하려는 것을 염두에 두고서 이 선서 문구(oath formula)로 글을 시작한다. 이 선서 문구는 바울 서신에서 네 차례 등장하는 선서 문구들[348] 가운데 하나인데, 바울은 자신이 말하려 하는 내용이 중차대한 것이거나 독자들이 예상하지 못한 내용일 경우 이런 문구를 사용하면서 하나님을 자신의 증인으로 내세운다. 이 경우에도 바울은 이 선서 문구를 통해 자신이 말하려는 내용(2-3절)이 독자들에게는 뜻밖의 내용임을 확실하게 귀띔해주는 동시에, 이 내용이 이 서신에서 아주 중요한 의미를 가지는 이 대목의 서언으로서 특별한 중요성을 갖는다는 점을 강조한다. 바울은 이러면서 다소 뜻밖에도 **영**을 언급한다. 이는 바울이 진정 신자의 삶 속에 자리하신 **영**을 아주 풍성히 이해하고 있었다는 증거다.

바울은 앞서 두 차례 제시한 선서에서도(고후 11:31과 갈 1:20을 보라 — 옮긴이) "나는 지금 거짓을 말하지 않는다"라고 단호하게 선언하면서 하나님을 자신의 증인으로 세운다. 여기서 바울은, 첫째, 그가 말하는 진실이 "그리스도 예수 안에"[349] 있는 자로서 말하는 것이라고 주장한다. 이는 자신과 그리스도의 **연합**을 주장하여 거짓은 불가능함을 강조하는 말이거나, 바울 자신이 그리스도의 **임재** 안에 있으며 이 그리스도가 자신이 하는 말이 진실임을 증명해주시리라는 것을 강조하는 말이다.[350] 이어 둘째

---

348) 고후 11:31("하나님은 내가 거짓을 말하지 않음을 아시느니라"); 갈 1:20("나는 하나님 앞에서 거짓을 말하지 않노라"); 딤전 2:7("나는 진실을 말하고, 거짓을 말하지 않노라")을 보라. 참고. 고후 1:23; 롬 1:9; 빌 1:8(참고. 살전 2:5)에도 비슷한 말인 "하나님이 내 증인이시라"가 있다.

349) ἐν Χριστῷ (그리스도 안에서)가 "진실"이 아니라 "내가 말한다"리는 동시(그리스도 λέγω 다 — 옮긴이)를 수식한다는 견해가 학계에서 거의 통설처럼 되어 있다. 이와 관련한 논의를 살펴보려면, Cranfield, 2.451을 보라.

350) 대다수 주석은 앞의 입장을 취한다. 바울의 용례에 비춰볼 때, 이 견해가 더 가능성이 높아 보인다. 뒤의 입장은 Käsemann, 257이 주장한다. 어느 견해를 따르든, 여기서 이 문구는 "그

로, 바울은 이 선서에 더 힘을 보탤 요량으로 이 선서를 뒤집어, 자신이 진지한 진실을 말하려 하기 때문에 자신이 지금 하는 말은 결코 거짓이 아니라고 강조한다. 이때 바울은 그의 두 번째 증인으로 자신의 양심을 내세운다. 2:15에서도 보았듯이, 바울은 이 양심을 자기 내면에 있으면서도 자신으로부터 어느 정도 독립되어 있는 조정자(심판, arbiter)로 이해하는 것 같다.[351] 이 양심은 바울이 말할 때 그가 거짓을 말하지 않는다는 것을 바울 자신과 더불어 증언한다. 그러나 그런 증인 선정은 너무 바울 자신에게 유리한 증인만 내세운다는 인상을 풍긴다. 그래서 바울은 "성령으로"를 덧붙인다. 이는 그리스도가 바울 자신이 진실을 말한다는 것을 증명해주시듯이, **영**도 바울의 진실성을 그리스도와 별도로 증언해주심으로써 바울의 양심이 진실함을 증언해주신다는 뜻이다. 이 문장에서 우리가 관심을 가지는 것은 다음 네 가지 문제다.

1. 바울은 **영**이라는 문구를 거칠게 표현해놓았다.[352] 그러나 필시 바울은 자기 독자들이 8:16에 있는 이와 똑같은 언어("…과 함께 증언하다")의 메아리를 여기서 들어주기를 바라는 것 같다. 바울은 8:16에서 **영**이 우리가 하나님의 자녀라는 것을 우리 영들과 함께 증언하신다고 말했다. 물론 이 문장[12]에서는 "성령으로"라는 문구가 동사("…과 함께 증언하다")를 수식한다. 그러나 바울은 필시 이 경우에도 8:16처럼 **영**이 증언하시는 것으로 이해해야 한다는 의도를 드러내는 것 같다. 그렇게 본다면 이 경우에 **영**은 바울 자신이 진실을 말한다는 그의 양심의 "증언"이 진실임을 증언하시는 셈이다. 바울의 의도는 분명해 보인다. 바울은 이제 자신이 앞서 제시한 주장에서 아주 많이 이야기했던 바로 그 **영**을 실제 차원에서 그의

리스도인으로서"와 같은 의미일 수가 없다. 이런 의미로 보게 되면, 그리스도와 **영**을 증인으로 불러 세운다는 점을 놓쳐버린다.

351) 여기와 롬 2:15에서 바울이 구사하는 용례를 살펴보려면, 특히 Jewett, *Terms*, 441-46을 보라. 몇몇 주석가들도 양심이 본질상 어느 정도 독립성을 가진다는 것을 인정한다.

352) 바울이 말하는 것을 글자 그대로 옮겨보면, "그 자신의 양심"이 그 자신과 더불어, 그리고 **영**으로 증언한다는 것이다.

진실성을 증언해주시는 증인으로 내세운다. 만일 그의 양심이 이 문제와 관련하여 그 자신 안에서 분명하게 증언한다면, 그것은 바로 성령의 임재 때문이다. 성령은 이미 그[그리고 그들(로마 신자들)] 안에서 그들과 하나님의 관계를 증언해주셨다.

2. 로마 신자들은 이런 내용을 알아차리지 못했을 수도 있다. 그렇지만 우리는 바울이 이보다 앞서 선서한 사례들에서는 "내가 거짓말을 하지 않음을 아시는" **하나님 앞에서** 선서한다는 점에 주목해야 한다. 여기서는 그리스도와 **영**이 바로 그런 역할을 하신다. 로마 신자들 자신은 바울이 그렇게 다른 곳에서 하나님을 자신의 증인으로 내세워 이야기한 것을 몰랐을 수도 있다. 하지만 그들도 바울이 8:1-30에서 **영**을 이야기한 내용과 8:31-39에서 그리스도를 이야기한 내용을 읽었을 터이기에, 바울이 지금 그가 하려는 말의 진실성을 증언하는 증인으로 하나님을(엄밀히 밀하면 그리스도와 **영**을 – 옮긴이) 내세운다는 것을 간파하지 못했을 리가 없다. (하나님과 그리스도와 **영**을 결합해놓은 – 옮긴이) 이런 조합은 물론이요 바울이 보기에 하나님이 몸소 평상시에 행하시는 역할을 그리스도와 **영**이 그대로 행하신다는 점은 그리스도와 **영**에 관한 바울의 생각이 삼위일체를 암시하는 내용으로 가득하다는 것을 넌지시 일러준다.

3. 마찬가지로 두 개의 ἐν-문구("그리스도 안에서"와 "성령으로"=ἐν Χριστῷ와 ἐν πνεύματι ἁγίῳ)는 서로 구별되며 그 기능도 서로 다르다.[353] 이는 다이스만(Deissmann)이 제안하고[354] 다른 사람들이 따랐던[355] 주장, 곧

---

353) 즉 "그리스도 안에"라는 문구는 장소를 나타내는 말임이 거의 확실하다; 바울 자신은 "그리스도 안에" 있거나 "그리스도(의 임재) 안에" 서 있다. 반면 ἐν πνεύματι ἁγίῳ는 오로지 도구(방편)를 나타내는 말일 뿐이다. 비록 이 말을 "성령 안에서"로 번역하길 선호하는 사람들이 있긴 하지만, 그래도 마찬가지다. 이 경우에는 바울이 "성령 안에" 있는 것이 아니라, 성령이 "바울 안에" 계신다. 그러기에 성령이 바울의 진실성을 증언해주실 수 있는 것이다. **영**이 바울의 진실한 양심을 책임져주시기 때문이다.

354) 특히 *Die neutestamentliche Formel "in Christo Jesu"*를 보라. 영어권 독자들은 그의 견해를 A. Deissmann, *St. Paul: A Study in Social and Religious History*, 123-35에서 간결하게 살펴볼 수 있다.

모든 실제적 목적들에 비춰볼 때 (마치 바울이 "그리스도 안에서"와 "**영** 안에서"를 거의 서로 바꿔 쓸 수 있는 말로 본 것처럼 주장하며) 이 두 문구가 동일한 실체로서 기능한다고 말하는 주장이 거짓임을 일러주는 것 같다. 다이스만의 주장은 결코 옳지 않다. 실제로 바울은 이 문구("그리스도 안에서")를 어떤 사람이 "그리스도 안에" 있음을 암시하는 문구로 사용하는 그 어느 곳에서도, **영**과 관련하여 사용하지 않는다. 8:26-27, 34이 **영**의 중보와 그리스도의 중보를 구별하는 데서 볼 수 있듯이, 그리스도가 "계신 곳"은 하늘의 하나님 오른편이지만, **영**은 이 땅에서 하나님 백성 안에, 하나님 백성 가운데 들어와 사신다. 바울은 이런 구별을 이 문장이 구사하는 쌍둥이 문구[곧 "그리스도 안에서"와 "성령으로"(성령 안에서)]에서도 그대로 유지한다.

4. 바울은 다소 뜻밖에도[356] **영**의 완전한 이름을 사용하여 "**성령(거룩한 영)으로**"라 적어놓았다. 그러나 이는 그가 지금 말하는 것과 관련하여 특별한 의미나 연관성을 갖는 말은 아니며, 다만 그가 하는 선서의 무게를 반영한 표현일 뿐이다.[357] 이렇게 **영**이 거룩한 **영**이심을 강조하면 성령이 들어와 사시고 성령이 주시는 능력을 힘입어 살아가는 하나님 백성에게 윤리적 의미를 암시하는 경우가 대부분이다. 그러나 여기는 그런 사례일 가능성은 낮아 보인다.

따라서 우리가 여전히 주목해야 할 점은 바울이 지금 다른 곳에서 "하나님 앞에서"라는 말로 표현했던 것과 같은 종류의 문구를 사용하여 **영**

---

355) 가령 Wilhelm Bousset, *Kyrios Christos* (Göttingen: Vandenhoeck & Ruprecht, 1913); trans. by John E. Steely (Nashville: Abingdon Press, 1970), 160: "이 두 문구는 마음만 먹으면 얼마든지 바꿔 쓸 수 있을 정도로 아주 완벽하게 일치한다." 참고. David Hill, *Greek Words and Hebrew Meanings* (SNTSMS; Cambridge University Press, 1967), 276.

356) 통계치를 살펴보려면, 이 책 제2장을 보라.

357) 바울은 "그리스도 안에서"에는 똑같은 일을 하지 않았다(앞의 주353을 보라). 이는 필시 이 "그리스도 안에서"라는 문구 자체 때문일 것이다. 즉 "그리스도 안에서"의 경우는 강조점이 그리스도의 완전한 이름인 "우리 주 예수 그리스도"에 있는 것이 아니라, 바울 자신이 그리스도 안에 있으며 이 사실이 그의 진실성을 증명해준다는 것에 있기 때문이다.

이 바울 자신의 양심과 관련하여 행하시는 활동을 표현한다는 점이다. 이는 **영**이 바울 자신 안에 임재하사, 그의 양심을 인도하시고—그가 다른 곳에서 말하듯이(고전 4:4)—그의 양심에 거리낄 것이 아무것도 없다고 말할 수 있게 해주신다는 것을 암시한다. 아울러 바울이 그 자신의 삶 속에서 이루어지는 **영**의 활동을 이런 식으로 말하는 것은, 어떤 경우에나 어떤 이유로나, 그가 신자로서 생각하고 행하는 거의 모든 것을 그의 삶에 임재하신 **영**에게 귀속시킬 수 있었다는 것을 일러준다. 그러므로 우리가 단지 바울이 **영**을 분명하게 언급한 본문들을 살펴보았다는 이유만으로 바울 자신이 **영** 안의 삶과 관련하여 가졌던 이해를 속속들이 파악했다고 생각한다면, 이 책 같은 책은 어리석음만 나타내는 꼴이 될 것이다. 지금 살펴본 이 본문 같은 본문은 바울이 지닌 이해가 너무나 광대하여 우리가 단지 특정한 본문들을 모아서 살펴보는 것만으로 그가 가진 이해를 섭렵했다고 말하는 것 자체가 얼마나 우스운지 우리에게 일깨워준다.

● 로마서 11:8

"하나님이 그들에게 혼미의 영을 주셨다"라고 기록되었듯이….

이곳은 로마서에서 πνεῦμα가 분명 성령을 언급하지도 않고 암시하지도 않는 유일한 사례다. 바울은 단지 신명기 29:4을 인용하면서, 이사야 29:10이 구사하는 언어를 사용한다. 이 문구는 인용한 원문을 각색한 말로서, "혼미의 영"이라는 말을 통해 "혼미함"이 어떤 경로로 사람들에게 임하였는지 언급한다. 이 "…의 영"이라는 말은 철두철미하게 구약성경이 구사하는 관용어인데, 바울 자신이 때때로 구사하는 이런 용례 뒤에도 십중팔구 이런 구약의 관용어가 자리해 있는 것 같다. 더 자세한 내용은 이 책 제2장을 보기 바란다.

● 로마서 11:29

이는 하나님의 은사들과 부르심은 취소할(돌이킬) 수 없기 때문이라.

이곳에서 χαρίσματα("은사들")라는 말이 또 한 번 등장하는데, 이번에는
복수형이다. 이곳도 이 말의 기본 의미가 "**영**의 선물"과 아무 상관이 없다
는 증거를 제시해준다. 바울은 여기서 "은사들"이라 말한 것을 9:4-5에서
하나씩 열거한다.[358] 이 "은사들"은 그 본질상 "취소할 수 없다." 바울이 이
런 은사들을 **영**과 관련지어 생각했을지 특히 의심스럽다. 로마서에서 이런
용례를 살펴보려면, 12:3-8뿐 아니라, 1:11, 5:15-16, 6:23을 논한 내용을
보기 바란다.

로마서 12 : 1-15 : 13[359]

우리는 이제 이 서신이 제시하는 주장을 구성하는 네 번째 주요 단락에
이르렀다. 이 서신이 말하는 주된 취지는 유대인과 이방인이 토라와 상관
없이 그리스도 예수의 죽음 및 부활과 성령이 계속하시는 사역에 근거하
여 똑같이 하나님의 백성을 이룬다는 것이다. 바울은 이제 주요 관심사들
을 모두 다루었다. 우선 바울은 하나님의 의가 **율법**과 상관없이, 그리스도
로 말미암아, 믿음에 근거하여, 이방인과 유대인에게 똑같이 이르렀다는
점을 다루었다(1:18-5:11). 뒤이어 그는 그런 의가 의로운 삶을 포함한다고

---

358) 이 본문을 설명하는 대다수 주석도 그렇게 말한다. Denney, 684; Leenhardt, 294; Murray,
2.101; Michel, 283; Cranfield, 2.581; Harrison, 125; Käsemann, 316; Dunn, 686;
Morris, 424이 그 예다.

359) **참고 문헌**: V. P. **Furnish**, *Theology and Ethics in Paul* (Nashville: Abingdon, 1968), 98-
106; **Hemphill**, *Gifts*, 129-50; M. **Thompson**, *Clothed with Christ: The Example and
Teaching of Jesus in Romans 12.1-15.13* (JSNTS 59; Sheffield: JSOT Press, 1991).

이야기한다. 토라는 그런 의로운 삶을 요구했지만 이룰 수 없었다. 하지만 이제는 그리스도와 **영**이 그런 삶을 이루셨다(5:12-8:39). 또 바울은 비록 유대인들이 그리스도를 거부하고 또한 그리스도가 토라의 시대에 마침표를 찍으셨다는 것을 거부하지만, 그래도 하나님의 신실하심은 의심할 수 없다고 말한다. 하나님이 이방인에게 그러하시듯이 당신의 옛 백성(=유대인들)에게도 여전히 자비를 베풀려 하시기 때문이다(9:1-11:36). 이렇게 주요 관심사들을 다 다루었지만, 아직 한 가지 관심사가 더 남아 있다. 그것은 하나님의 동일한 백성인 유대인과 이방인이 한 신앙 공동체로서 세상 속에서 한데 어울려 살아갈 때, 지금까지 말한 모든 내용을 실제 실천 차원에서 행하게 하는 것이다. 그것이 바로 12:1-15:13이 말하는 내용이다.

어떤 의미에서 보면 이 서신 전체는 유대계 그리스도인들이 여전히 토라를 준수하고 이방인들은 그렇지 않은 상황에서 로마서 1-11장이 주장하는 "하나님의 의"를 어떻게 이뤄낼(행할) 것인가라는, 실제적이고 민감한 문제를 목표로 삼고 논의를 전개해왔다. 요컨대 바울의 관심사는, 그가 전체 주장의 결론 부분에서 표명하듯이, 그들이 **함께 한목소리로** 우리 주 예수 그리스도의 아버지이신 하나님께 영광을 돌리게 하는" 것이다. 이 목표를 이루는 방법은, 그리스도가 "하나님의 영광"을 위하여 그들을 받아주셨던 것처럼, "서로 받아들이는" 것이다(15:5-6).[360]

따라서 우리는 이 단락의 내용을 그저 권고 정도로 읽지 않도록 주의를 기울여야 한다. 이는 비록 이 단락에 명령문들(결국은 이 명령문들도 권면이다)이 가득 들어 있긴 하지만, 그중 대다수가 (12:9-21을 제외하면) 논증 형태로 등장하기 때문이다. 이 단락에는 앞 내용의 이유를 설명하는

---

360) 그리스도는 "유대인들의 종이 되셔서 하나님이 족장들에게 주신 약속을 확인해주시고 (그들에게 메꾸신) 낭신의 사비로 발미암아 이방인들이 하나님께 영광을 돌리게 하심"으로 "그들을 받아들이셨다"(7-9절). 이어 바울은 이방인들을 "하나님께 영광을 돌리는" 하나님 백성 가운데 포함시킴과 관련된 구약 본문들을 잇달아 제시하며 자신의 주장을 맺는다. 이 서신 전체를 살펴본 사람은 결국 모든 것이 "하나님의 영광"이라는 목적을 지향한다는 결론을 피하기 힘들다.

γάρ("이는")와 전후 문맥을 이어주는 언어("결국 그렇다면", "따라서")가 풍부한데, 바울 서신에서는 이런 말이 논증을 구성하는 재료가 된다. 실제로 이 단락의 내용이 가진 독특한 특징들 가운데 하나는 내용 대부분이[361] 명령문이 먼저 나오고 뒤이어 이 명령문을 설명하거나 뒷받침하는 논증이 등장하는 형태를 띤다는 것이다.[362] 바울이 제시하는 논증의 내용은 그들이 로마 주민으로서 함께 살아가는 삶과 관련 있지만[12:17-21(일부)과 13:1-7], 특히 그들이 유대인과 이방인으로 이루어진 신앙 공동체로서 함께 살아가는 삶과 관련 있다.

여기서도 생각의 흐름을 쉽게 추적해갈 수 있다.[363] 바울은 먼저 명령문(1-2절)과 주장(3-8절)으로 시작한다. 그는 이것들을 전체 단락의 "제목"으로 삼으려 하는 것 같다. 여기서 바울은 자신이 그런 명령(1-2절: 하나님의 자비가 우리에게 거듭난 마음으로 하나님을 기쁘시게 하는 것이 무엇인지 분별하며 하나님을 섬기도록 요구한다)을 내리는 신학적 기본 전제를 제시한다. 그런 다음 바울은 이어 제시하는 주장에서(3-8절) 이 모든 것이 기능하는 마당이 되는 신앙 공동체에 관한 신학적 기본 이해를 제시한다. 이어 바울은 잇달아 명령문들을 제시한다(12:9-21). 이 명령문들은 1-8절이 공동체의 삶 속에서 그리고 신자들과 세상의 관계 속에서 어떤 모습으로 나타나야 하는가를 다양하게 묘사한다. 이어 바울은 13:1-7에서 신자들과 세상

---

361) 순수하게 권고문인 12:9-21, 그리고 이 단락 전체의 "제목" 역할을 하는 서두의 명령문(12:1-2)은 예외다.

362) 그리하여 12:3-8을 보면, 서두에 명령문이 나오고(3절) 뒤이어 이를 뒷받침하는 주장과 설명이 나온다(4-8절). 또 13:1-7에서도 역시 서두에 명령문이 나오고(1a절) 뒤이어 주장이 따르며(1b-5절), 6-7절 역시 이 패턴을 되풀이한다. 13:8-10에서도 서두에 명령문이 등장하고(8a절) 이어 주장이 따른다(8b-10절). 13:11-14에서는 이런 순서가 뒤집어진다[즉 주장이 먼저 나오고(11-13절) 이어 명령문이 나온다(14절)]. 마지막으로 14:1-15:13을 보면, 명령과 권면(14:1, 13, 19; 15:7)이 논증과 함께 곳곳에 흩어져 있다.

363) 나는 여러 참고 문헌을 읽어본 뒤 이런 주장이 아주 쉽지만은 않을 수 있다는 생각을 했다. 대다수 주석은 "생각의 흐름"이란 것을 거의 모르거나 아예 모른다(가령 Leenhardt, 200; 참고. Furnish, *Theology*, 100-101; 대다수 주석들은 심지어 생각의 흐름을 묻는 질문조차 제기하지 않는다). 여기서 나타나는 "흐름"을 지은이와 조금 다르게 읽는 글을 보려면, Käsemann, 323-24과 Dunn, 705-6을 보라.

의 관계에 초점을 맞추면서, 특히 관원들을 대하는 태도와 조세라는 흥미로운 문제를 다룬다. 이어 등장하는 문단(13:8-10)은 갈라디아서 5:13-15과 마찬가지로 바울이 앞서 말한 내용과 이 문단에 이어 말할 내용을 결합해주는 연결고리 역할을 한다. 토라 준수는 끝났다. 사랑의 계명이 토라의 목표를 "이루기" 때문이다. 바울은 이어 마지막으로 "용을 죽인다"(육 안에서 살아가는 삶을 죽인다; 13:11-14). 이 문단은 이방인들에게 토라가 끝났다고 의도 끝난 것은 아님을 되새겨줄 필요가 있어서 써놓은 것이다. 이어 바울은 똑같이 하나님 백성인 유대인과 이방인에게 마지막으로 적용하는 말을 제시하며 이 단락을 끝맺는다(14:1-15:13). 바울이 토라 준수와 관련하여 직접 문제 삼는 것은 두 가지다. 하나는 음식법이요 다른 하나는 절기 준수다. 바울의 분명한 목표는 (유대인이나 이방인 중 — 옮긴이) **어느 한쪽의** 승리가 **아니라**, 오직 그리스도와 그의 나라가 승리하는 것뿐이다.

이 모든 내용에서 가장 두드러지게 나타나는 특징을 하나 꼽으라면 아마도 성령을 언급하는 말이 거의 없다는 점을 들 수 있을 것이다. 우선 여기는 성령을 언급하는 말들이 풍부하게 등장하리라고 기대할 만한 내용이 들어 있다. 그러나 성령을 분명하게 언급한 곳은 단 두 곳뿐이다.[364] 이 주장에서 중요한 계기를 이루는 14:17과 바울이 그때까지 주장한 모든 내용이 실현되기를 바라는 마지막 기도를 담은 15:13이 바로 그 두 곳이다. 그런가 하면 이처럼 이곳에 성령을 직접 언급하는 말이 없음을 알고 우리가 당황하는 것은 바울이 피력하는 그의 신학 때문이라기보다 단지 성령을 언급하는 말이 많으리라는 우리 예상과 다른 본문 모습 때문일 수 있다. 여기서 세 가지 문제를 더 관찰해보고 넘어가야 한다.

첫째, 비록 훨씬 더 간략한 내용이긴 하지만, 우리는 갈라디아서 5:13-6:10의 내용을 일종의 패턴으로 받아들일 수 있다. 바울은 의가 토

---

364) 12:11의 위치가 의심스럽다는 것을 이야기한 뒤의 내용을 보라.

라와 별개이면서도 토라의 목적을 이룬다는 것을 신학 차원에서 주장하는데, 이때 핵심이 되었던 것이 **영**이 계속 행하시는 사역이다(갈 5:16-25). 결국 **영**을 이야기하는 말이 그의 주장을 지배하는 셈이다. 그러나 바울은 이 모든 내용을 실제라는 차원에서 신자들의 삶에 적용할 때는(5:26-6:6) **영**을 거의 언급하지 않는다. 그 이유는 분명해 보인다. "실제와 관련된 권면들"이 모두 **영**이 중심 역할을 했던 앞의 주장을 **전제**하기 때문이다. 바울은 모든 곳에 **영**이라는 언어를 집어넣을 필요가 없었다. 그는 갈라디아 신자들이 그가 쓴 글을 읽을 때 πνεύματι("영으로")가 말 그대로 모든 동사를 수식하는 것처럼 읽을 것이라고 짐작한다. 여기서 제시하는 주장도 마찬가지다. 바울이 이미 로마서 8:1-30에서 말한 것도 모두 신학 차원에서 그리스도인의 삶을 **영** 안에서/**영**으로 살아가는 삶으로 제시한 내용이었다. 분명 바울은 로마 신자들이 그런 전제를 품고 이 모든 내용을 읽어가리라고 짐작한다.

둘째, 우리는 로마 신자들이 이 내용을 읽을 때 가졌을 시야를 뛰어넘어 더 많은 바울 서신을 읽어볼 수 있는 이점을 갖고 있다. 덕분에 우리는 바울이 여기서 말하는 내용 가운데 많은 것들을 다른 곳에서는 **영**이 하시는 일로 이야기한다는 것을 안다. 가령 바울은 그리스도의 몸인 교회도 **영**이 만들어내신 것으로 본다(고전 12:13). 또 예언도 **영**의 나타나심으로 이야기하며(고전 12:7-10), 사랑과 희락과 화평과 오래 참음도 **영**의 열매라고 말한다(갈 5:22-23). 결국 우리는 하려고 하면 그런 식으로 모든 내용을 쉽게 풀어갈 수 있으며(그러나 그렇게 하지는 않을 것이다), **영**이 이 모든 윤리 행위의 배후에 전제로서 자리 잡고 있다는 것을 증명해 보일 수 있다.

그러나 셋째, 이런 점 때문에 우리는 앞으로 언급할 몇몇 본문들을 살펴볼 것이다. 이 본문들을 보면, **영**이 본문이 제시한 언어의 표면에 아주 가까이 자리해 있어서 설명이 필요해 보인다. 특히 이 단락 서두에 있는 명령문과 뒤따르는 주장이 그러하다(1-2절과 3-8절). 우리는 이와 별도로, 또 πνεῦμα라는 언어가 등장하는 본문들(12:11; 14:17; 15:13)을 제외한 채,

특별히 토라를 "이루시는" **영**의 역할을 이야기한 8:4 및 이와 비슷한 본문인 갈라디아서 5:14에 비추어 13:8-10과 13:11-14을 간략히 짚어보도록 하겠다.

▪ 로마서 12:1-2[365]

[1]그러므로 형제자매들아, 내가 하나님의 자비하심들로 너희에게 호소하노니, 너희는 너희 몸들을 살아 있고 거룩하며 하나님이 받으실 수 있는 제물로 드릴지니, 이것이 너희의 "영적" 예배 행위니라. [2]또 이 세대를 본받지[366] 말고 마음을[367] 새롭게 함으로 변화를 받아 하나님의 뜻을, 곧 선하고, 받으실 만하고, 완전한 뜻을 분별할 수 있게 하라.

---

365) **참고 문헌**: H. D. **Betz**, "Das Problem der Grundlagen der paulinische Ethik (Röm 12:1-2)," *ZTK* 85 (1988), 199-218; C. F. **Evans**, "Romans 12:1-2. The 'True Worship,'" in *Dimensions de la vie chrétienne (Rom 12-13)* (ed. L. De Lorenzi; Rome: Abbaye de S. Paul, 1979), 7-33; E. **Käsemann**, "Worship in Everyday Life: A Note on Romans 12," in *New Testament Questions of Today* (London: SCM, 1969), 188-95. 더욱더 폭넓은 참고 문헌을 알아보려면, Dunn, 706-7을 보라; 더 제시한 이런 참고 문헌들은 대부분 현재 우리가 가진 관심사와 다른 것들에 관심을 보인다.

366) 서방 전승과 비잔틴 전승에 속한 사본 중 대다수는 이집트 전승에 속한 사본들(P⁴⁶ B* L P 104 365 1241 1739 pm)이 명령법으로(즉 "…의 형태를 본받다"라는 뜻을 지닌 동사 συσχηματίζω의 2인칭 복수 현재 중간/수동태 명령법 형태인 συσχηματίζεσθε로, 그리고 "…으로 변형되다"를 뜻하는 μεταμορφόω의 2인칭 복수 현재 수동태 명령법인 μεταμορφοῦσθε로—옮긴이) 기록해놓은 동사를 부정사인 συσχηματίζεσθαι로 (그리고 μεταμορφοῦσθαι로) 기록해놓았다. 이것이 의미심장한 차이는 아니지만, 이 2절의 부정사가 2절과 1절의 부정사 ("…을 바치다"를 뜻하는 παρίστημι의 부정과거 능동태 부정사인 παραστῆσαι를 사용했다—옮긴이)를 더 긴밀하게 결합해주는 점은 다른 점이다(1-2절; "나는 너희에게 너희 몸들을 바치고…을 본받지 말고 변화를 받기를 촉구하노라"). 이런 변형은 십중팔구 그리 큰 의미가 없다. 굳이 부정사 형태가 아니어도 본문의 의미를 완벽하게 이해할 수 있기 때문에, 이런 변형이 순전히 사고로 일어난 게 아니라 원래부터 부정사로 기록되어 있었다면(당시에는 ϵ와 αι가 같은 발음이었기 때문에), 왜 부정사로 기록해놓았는지 그 이유가 궁금할 뿐이다. 이런 경우는 얼마든지 ϵ로 쓸 수도 있고 αι로도 쓸 수 있는 경우였을 것이다.

367) 대다수 사본은(ℵ Ψ Maj latt sy) 관사가 인칭 대명사 역할을 하도록 하는 데 만족하지 않고 본문이 암시하는 ὑμῶν을 덧붙여놓았다. P⁴⁶ A B D* F G 6 630 1739 1881 pc; Clement Cyprian에는 이 ὑμῶν이 빠져 있다.

이 유명한 권면은 이 권면이 말하는 내용도 놀랍지만, 이 권면이 말하지 않는 내용도 놀라움을 안겨준다. 바울이 8장에서 제시한 주장에 비춰볼 때, 이 본문에 **영**을 직접 언급하는 말이 빠져 있다는 것은 놀라운 일이다. 하지만 바울은 모든 곳에서 **영**을 전제하며,[368] "마음을 새롭게 함으로 변화를 받으라"라는 명령문에서도 **영**이 수면 가까이 자리해 있다. 그러나 우리가 보통 "영적"(spiritual)[369]이라는 말로 번역하는 1절의 단어(우리가 "영적"이라 번역하지만, 1절이 본디 쓴 단어는 "합당한, 논리에 맞는"을 뜻하는 λογικός의 여성 단수 목적격인 λογικήν이다 — 옮긴이) 역시 좀 살펴볼 필요가 있다. 이 λογικός라는 그리스어는 πνεῦμα라는 단어 계열과 아무 상관이 없기 때문이다. 그러나 그 전에 전체 내용과 관련하여 두 가지 관찰 결과를 제시해보겠다.

첫째, 바울이 이 문장을 시작하며 사용한 "그러므로" 이외에도, 앞 주장과 이 본문을 연결해주는 고리들이 더 있다. 특히 (a) "하나님의 자비하심들"은 신학적 기초다. 이 말은 바울이 앞에서 제시한 주장 전체, 그중에서도 특히 비록 똑같은 언어를 구사하지는 않았지만 11:30-32을 끌어온 것이다. 그리고 (b) "너희 **몸들을 드리라**"라는 말도 연결고리 역할을 한다. 비록 여기서는 제물이라는 말 때문에 이런 말을 골라 썼지만, 이 말은 6:11-19을 직접 반영한 말이기도 하다.[370]

---

368) 예를 들어 "제물"을 수식하는 형용사 "거룩한"이 그 예다. 이 말은 성령의 임재로 말미암아 그리스도인이 사용하는 독특한 언어가 된 말이다. 뿐만 아니라, 이 경우에 특히 바울은 15:16에서 이와 비슷한 이미지를 사용하여 이방인들을 하나님께 드리는 "제물"로서 "성령으로 말미암아 거룩하게 된" 것이라고 지칭한다. Käsemann, 327은 "거룩한"이 윤리를 강조한 말이 아니라고 주장하는데, 이는 여기서 바울이 구사한 용례의 의미를 놓쳐버린 것 같다. 이 말이 제의와 관련된 은유("하나님께 구별하여 드린")에서 나온 말이라 할지라도, 바울이 이 말을 사용한 점과 이 말이 성령과 분명히 연관되어 있다는 점은 마땅히 중시해야 한다(살전 4:8을 논한 내용을 보라); 참고. Cranfield, 2.601n1.

369) ASV, RSV, NASB, NAB, NIV, NRSV를 보라.

370) 참고. 대다수 주석이 이런 견해다(가령 Leenhardt, 301; Murray, 2.111; Michel, 291; Harrison, 127; Käsemann, 327; Bruce, 235; Dunn, 708; Morris, 434; Ziesler, 292; 참고. Thompson, *Clothed*, 79). Cranfield, 2.598은 이에 반대한다. "드리다"라는 말이 여기서는 제의 제도에서 유래한 뉘앙스를 가지는데, 이런 뉘앙스를 6장에서는 볼 수 없다는 것이 그

둘째, 로마 신자들은 — 유대인이나 이방인이나 — 1절이 표현하는 제의
언어를 놓칠 수도 없고, 그 언어가 무슨 의미인지 알아듣지 못하는 일도
없었을 것이다. 바울은 제사 제도에서 나온 은유들을 널리 사용하지는 않
는다.[371] 여기서 바울이 사용한 제의 언어는 앞서 제시한 주장을 고려한
언어임이 거의 확실하다. 토라의 시대는 끝났다. 그러나 여기서 토라는 새
로운 형태를, 그것도 철저히 바뀐 형태를 띤다. 이제 우리는 동물의 시체들
("몸들")로 제사하지 말고 우리 자신을 "산 제물"(따라서 "몸들")[372]이라는 형
태로, 죽은 자들로부터 "살아난" 몸들로(6:11, 13) 온전히 하나님께 되돌려
드려야 한다.

이 문단을 지배하는 관심사는 두 가지다. (1) 우선 하나님과 하나님의
목적들이 절대 우위에 있다. 바울이 제시하는 호소는 하나님이 (앞서 베푸
신) 자비들을 근거로 삼는다. 제물이라는 은유는 자신을 — 터럭 하나도 빠
짐없이, 온전하게, 거룩하고 하나님이 기뻐하시는 제물로 — 하나님께 돌려
드림을 말하며, 2절에서 말하는 새롭게 된 마음은 하나님의 뜻을 시인함
으로써 그분을 기쁘게 해드리는 것과 관련 있다.[373]

이유다; 그러나 중요한 것은 6장이 여기서 바울이 구사하는 제의 언어를 똑같이 되풀이하
지는 않아도 그 언어가 함축한 의미를 "되울려준다"는 점이다.

371) 그러나 다른 서신보다 로마서에서는 그런 언어가 더 풍성하다. D. L. Olford, "Paul's Use of
Cultic Language in Romans. An Exegetical Study of Major Texts in Romans Which
Employ Cultic Language in a Non-literal Way"(Ph.D. diss., University of Sheffield,
1985)를 보라.

372) 따라서 이 경우에 Bultmann이 제기한 많은 논의(*NT Theology*, 1.192)는 이 본문을 대단히
오해한 결과인 것 같다. 그는 이 용례를 근거로 "몸"을 인간 전체를 가리키는 인간론 차원의
용어로 이해하는 것이 정당하다고 보기 때문이다. 이 본문에서는 "몸"이 결국 "인간 자신"
과 같은 말이라고 볼 수도 있다. 실제로 6:11-19과 12:1에서는 몸이 단순히 몸을 넘어 더 깊
은 의미를 가진다는 것을 발견할 수 있다. 죄로 말미암아 "죽었지만" 그래도 몸은 앞으로 부
활할 것이며, 우리가 지금 이 세상에서 영위하는 삶의 "처소"이기 때문이다. 그러나 여기서
바울이 몸을 이렇게 사용한 것은 주로 몸이 가지는 이미지 때문이다. "몸들"은 말 그대로 제
물로서 희생당하는 것들이다. 주석가들이 바울을 이해하는 데 전혀 도움이 되지 않는 다양
한 묘안들을 내놓은 것은 이런 점을 놓쳤기 때문이다(가령 Leenhardt, 302이 그 예다. 그는
"몸"이 "실존의 실체"를 가리키며, 바울이 이 말을 써서 "순수한 내면성"을 피한다고 주장한
다). 신학의 망령들을 담은 은유들이 세상에서 횡행한다. Jewett가 이 말에 얽힌 논의의 역
사를 제시한 내용은 특히 유익하다(*Terms*, 201-50).

(2) 이런 산 제물의 본질은 "새롭게 된"(거듭난) 마음이라는 형태를 띤다. 이 마음은 "이 세대"와 대립하기 때문에 마지막 때를 살아가는 삶으로서 8장이 묘사하는 삶을 전제한다. 이 "새롭게 된" 마음을 주시는 목적은 하나님의 뜻을 시험하여 시인할(δοκιμάζειν) 수 있게 하려는 데 있다. 물론 이 하나님의 뜻은 하나님의 길로 행하는 것과 관련 있다. "새롭게 된" 마음이 신앙 공동체 안에서 어떤 일을 하는지 밝힌 부분이 바로 3-8절이다.

이는 다시 우리가 특히 흥미를 가지는 두 가지 문제들로 이어진다. 첫째는 "영적 예배"라는 말의 의미요, 둘째는 "마음을 새롭게 함으로 변화를 받는다"라는 문구의 의미다.

1. λογικήν이라는 그리스어 단어는 우리에게 세 가지 난제를 안겨준다. 이 말의 정확한 뉘앙스를 밝혀내는 일, 바울이 이런 말을 쓴 이유를 알아내는 일, 그리고 이 말에 상응하는 적절한 번역어를 찾아내는 일이 바로 그 세 가지 난제다. 이 말 자체[374]는 **영**과 아무 상관이 없으며,[375] 칠십인경에서도 등장하지 않는다. 그러나 이 말은 그리스 철학자들이 남긴 글에서는 자주 등장한다. 이들이 쓴 글에서는 인간을 동물과 대비하여 자주 "이성을 가진" 존재로 이야기한다. 인간은 이성을 따라 생각할 수 있는 능력을 가졌는데, 이런 능력은 다른 동물들에서는 볼 수가 없다. 인간이 신들을 찬미하는 것도 필시 그 때문일 것이다.[376] 바울은 아마도 이런 용례를

---

373) 이 모든 내용은 2:18에 답변할 요량으로 일부러 이런 틀을 따라 제시한 것 같다. 바울은 2:18에서 토라를 자랑하는 사람은 이를 통해 자신이 "(하나님의) 뜻을 알고" 문제가 되는 일들을 올바로 "분간한다"(δοκιμάζεις)고 자랑하는 것이라고 말한다.

374) 더 완전한 논의를 보려면, Cranfield 2,602-4; Käsemann, 328-29; Dunn, 711-12; G. Kittel, TDNT 4,142-43을 보라.

375) 일부 사람들은 반대하는 주장을 한다. 가령 Leenhardt, 303은 우회로를 택하여 그리스 철학이 사용한 λογικός를 관찰했다. 이를 통해 그는 이 문구가 "독특한 반전으로서 성령이 감동케 하신 제의"를 의미한다고 본다; 참고. Ziesler, 293. 나는 바울이 결국 일종의 반전을 염두에 둔다는 점은 의심하지 않는다. 그러나 이 말이 과연 그런 무거운 짐을 지고 있는지 의문이 든다. Käsemann, 329은 이 문구와 벧전 2:2, 5이 연관되어 있다고 보나, 이 견해 역시 의심스럽다.

376) 가령 Epictetus, 1,16,20을 보라: "정녕 내가 나이팅게일이라면, 나이팅게일처럼 노래했으리라. 정녕 내가 백조라면, 백조와 같이 살았으리라. 그러나 나는 말 그대로 λογικός이니, 신을

반영한 것 같다.[377]

그렇다면 바울은 왜 제사 제도에서 연유한 은유들을 사용하여 윤리에 합당한 삶을 촉구하는 대목에서 **이** λογικός라는 단어를 사용했을까? 어쩌면 이 문제를 해결하는 가장 좋은 길은 이 말이 무슨 말의 반대말인지 물어보는 것일 것 같다. 이런 질문을 던지면, 사람들은 λογικός라는 단어의 의미를 "합리적"으로 보고 그 반대말로 "생각이 없는, 단지 의식(儀式)만 준수하는"을 이야기하거나,[378] 혹은 λογικός의 의미를 "영적"(내면적)으로 보면서 그 반대말로 "겉으로 나타난 의식"[379] 자체를 드는 경우가 아주 많다.[380] 예로부터 이런 식으로 이 문제를 제기해오곤 했는데, 이 문제를 이런 각도로 접근하면 이 문맥에서 바울이 생각하지도 않은 강조점들에 이르게 될 가능성이 아주 높다. 대체로 보아 다음 두 가지 요인이 이 말을 가장 잘 설명해주는 것 같다.

첫째, "산 제물"이라는 은유 자체만 놓고 보면, 이는 일종의 모순 어법을 구사한 은유다(제물은 결국 희생으로 바칠 제물의 죽음을 암시하기 때문이다). 그런 점에서 이 은유는 다른 종류의 하나님 "섬김"(예배), 곧 2절이 말하는

찬미하는 노래를 부를 수밖에 없도다."

377) 일부 사람들은 여기서 바울이 필론이 쓴 말을 고쳐 쓴다고 본다. 필론은 이 말을 자주 사용했는데, 가끔은 이런 의미로 사용했지만(Philo, *Spec. Leg*. 1.277), 겉만 그럴싸한 의식이 아니라 마음으로 드리는 예배를 참 예배로 보는 구약의 모티프와 일치하는 용례가 더 많았다. 이런 용례는, 나중에 *Hermetica*가 증명하듯이, 신비주의가 채택하기도 했다. 이런 후대 자료에서는 λογικὴν λατρείαν이라는 문구가 특히 "참된(='물질적/외면적'의 반대말인 '영적') 예배"를 표현하는 말로서 등장한다. 많은 사람들은 이 용례의 기원을 필론과 그리스 철학자들로 보곤 한다. 물론 이들 역시 희생 제사를 멸시하긴 했다. 그러나 이들은 λογικός와 λατρεία ("예배")를 결합한 적도 없고, λογικός라는 말을 희생 제사 자체와 대립하는 말로 사용하지도 않았다.

378) 참고. 가령 Murray, 2.112: "우리는 성경이 말하는 의미의 '영에 속한'(Spiritual) 사람은 아니다. 그러나 우리 몸을 일부러, 분별 있게, 거룩히 구별하여 하나님을 섬기는 일에 헌신하는 데 사용하는 경우는 예외다. 더욱이 이 표현(=λογικὴν λατρείαν이라는 표현 — 옮긴이)은 기계적인 외식주의에 반대하는 표현일 가능성이 아주 높다."

379) 참고. 가령 Bruce, 226: "('영적'이라는 말은 — 옮긴이) 이스라엘이 성전에서 올렸던 예배의 외식주의 특징들에 반대하는 말."

380) 이런 의견을 따르는 사람들은 바울이 이런 "예배"를 사람이 그 몸을 드림과 동일시하는 부분에 이르면 상당히 어려워한다.

종말론 차원의 사실들에 근거한 "섬김"을 요구한다. 이 새로운 종류의 "신성한 섬김"[381]은 "산 제물"로 드리는 예배이며, 이 예배가 λογικήν이다. 이는 곧 그리스도와 **영**이 시작하신 새로운 마지막 때의 실존에 속한 살아 있는 인간이 마땅히 하나님께 행해야 하는 예배다.[382] 바울은 이렇게 이 λογικήν이라는 말을 제물이라는 은유와 결합하여 새로운 형태의 "신성한 섬김"으로 제시한다. 이를 통해 바울은 이 말을 철학이라는 계류장으로부터 이미 풀어놓았다. 따라서 현재 바울이 구사하는 이 용례(곧 λογικός와 λατρεία의 목적격을 결합하여 제시한 λογικὴν λατρείαν이라는 문구 — 옮긴이)는 2절의 "새롭게 된 마음"을 내다보며 미리 귀띔한 말로 이해하는 것이 가장 좋다. 그런 의미에서 λογικήν은 "**영의**"(영에 속한)라는 뜻이다. 그러나 이 말은 새롭게 된 **마음**과 결합한 말이지, **영**이 이뤄내시는 거듭남 자체와 결합한 말은 아니다.

둘째, 이 본문과 바울이 1:18-32에서 (15:13까지 이어지는 — 옮긴이) 전체 주장을 시작하며 제시했던 무시무시한 그림을 결합해주는 언어상 연결고리들이 둘째 요인이다.[383] 이 본문은 바울이 1:18-32에 대해 제시하는 긍정의 답변이기도 하다. 이 둘째 요인은 방금 제시한 첫째 요인과 직접 연결되어 있다. 바울은 1:18-32에서 하나님의 형상으로 창조된 사람들이 하나님께 그들의 λογικὴν λατρείαν[새롭게 된 마음으로 드리는 신성한 섬김(예

---

381) 일부 사람들은 λατρείαν의 번역어로 "service"(섬김, 예배 의식)를 쓰는 데 반대하면서, 대신 "worship"(예배, 경배)을 더 좋아한다(특히 Cranfield, 2,601; Ziesler, 293을 보라). 그러나 영어에서 "worship"이라는 단어는 하나님을 공경하는 것과 관련된 말이며 사람들이 회중 모임 형태로 함께 모인 것을 가리키는 경향이 있다. 이 본문 문맥은 물론이요 바울이 다른 곳에서 동족 동사를 사용한 사례(1:9; "종교상 의무들을 행하여 섬기다"라는 뜻을 가진 λατρεύω를 썼다 — 옮긴이)가 보여주듯이, 이 말은 결국은 다른 사람들에게 사랑으로 관심을 보이는 형태로 나타나는 하나님 섬김과 관련 있다.

382) 참고. Hemphil, *Gifts*, 135-36. 그는 이 말을 "적절한 예배"(appropriate worship)로 번역한다.

383) 나는 이런 통찰을 Thompson, *Clothed*, 79-83으로부터 빌려왔다. 그는 이 점에 주목하는 학자들이 아주 드물다는 점을 올바르게 지적한다. 두 본문을 결합해주는 언어의 연결고리들은 철저하다. 이 본문이 1장에 대한 답변이 아니라면, λογικὴν이라는 말도 이상한 말이 되어버린다. 이 본문을 1장에 대한 답변으로 볼 때, 이 말의 의미를 아주 잘 이해할 수 있다.

배)]을 드리기는커녕 창조주 대신 피조물을 예배하고 섬겼다(ἐλάτρευσαν; "종교상 의무들을 행하여 섬기다"라는 뜻을 가진 λατρεύω의 3인칭 복수 부정과 거 능동 직설법 형태다 – 옮긴이)고 말했다. 그들은 그로써 "미련한 생각"과 "지각없는 마음"을 드러내 보였다(1:21). 그들의 소행이 그러하자, 하나님은 그들을 "가치 없는/천박한 마음"에(ἀδόκιμον νοῦν) 넘겨주셨다(28절). 그러나 이제 하나님은 그리스도와 **영**을 통해 그들에게 베푸신 자비하심들을 통하여 그들을 사랑하시고 당신 소유로 삼으셨다(5:1-11; 8:31-39). 그들이 이런 하나님께 드릴 대답은 하나님께 그들의 "λογικὴν 예배"를, 곧 하나님께 "살아 있고, 거룩하고, 하나님이 기뻐하시는 제물을" 드리는 것이다. 이 경우에 그런 예배는 바울이 1:18-32에서 묘사하는 타락상과 완전히 반대인 행위의 형태를 띨 것이다. 아울러 그들은 이런 예배를 드릴 때에 **영**으로 말미암아 새롭게 된 νοῦς(마음), 이전의 ἀδόκιμον νοῦν(하나님께 인정받을 수 없는 마음=가치 없고 천박한 마음)이 아니라 δοκιμάζειν 할 수 있는(하나님의 뜻을 분별하고 인정하는) 마음으로 드려야 한다.

그렇다면 우리는 이 λογικήν이라는 말을 어떻게 번역해야 하는가? 이 말은 십중팔구 "영적"(spiritual)으로 번역할 수 있는 말이 아니다.[384] 그런 "귀에 걸면 귀걸이, 코에 걸면 코걸이 식의 말"[385]은 성령으로도 해석할 수 있고 보통 "내면"을 의미하는 모호한 말일 수 있는 "영성"(spirituality)으로도 해석할 수 있어 철저히 오해만을 불러올 뿐이다. 이 가운데 어떤 개념도 이 말의 고유한 개념이 아니며, 현재 바울의 관심사를 반영하지도 않는다. 물론 여기서 바울은 여전히 제의 은유를 염두에 둔다. 하지만 의식이나 제의를 엄수하는 삶으로부터 **영**의 삶으로 옮겨간다는 것은 "외면"으로부터 "내면"으로 옮겨감을 뜻하는 게 아니라, (이제) 죽은 동물을 제

---

384) 이 시대의 대다수 역본들과 주석들은 이에 반대한다.
385) 즉 아주 유동적이거나 아주 모호하여, 연주자가 얼마나 많은 공기를 집어넣고 빼느냐에 따라 천양지차인 음을 내는 아코디언처럼, 그 의미가 어떤 때는 너무 컸다가 어떤 때는 너무 작아 종잡을 수 없는 말을 말한다.

물로 바치는 제사 제도를 가졌던 옛 언약으로부터 **영**으로 충만한 산 사람, 그들의 행위와 관계를 통해 새롭게 된 마음을 드러내는 사람을 제물로 바치는 일로 옮겨감을 뜻한다. 아울러 KJV와 다른 역본들이 사용한 "reasonable"이라는 말은 여전히 합리성에 강조점을 두지만, 마찬가지로 그런 이유 때문에 온갖 함정들을 가진다. λογικὴν은 바울이 2절에서 사용한 "새롭게 된 마음"을 미리 귀띔하는 말임이 거의 확실하다. 그래서 어쩌면 이 말은 에둘러 완곡하게 번역하는 것이[가령 "하나님의 형상으로 창조된 이성적 존재요 **영**으로 말미암아 새롭게 된 마음을 가진 존재가 드릴 수 있는 섬김(예배)"[386]으로 번역하는 것이] 그 의미를 가장 잘 포착할 수 있는 길일지도 모른다(이렇게 번역하면, 우리는 우리의 두 번째 관심사인 사실, 곧 바울이 하나님의 **영**을 직접 언급하지는 않지만 그래도 결국은 이 **영**이 이 본문 전체의 뒤편에 자리해 있다는 사실로 자연스럽게 넘어가게 된다).

2. 학자들은 줄곧 바울이 "마음을 새롭게 함으로 변화를 받다"라는 핵심 문구를 **영**의 특별한 역사를 가리키는 말로 받아들인다고 이야기해왔다(올바른 이야기다).[387] 첫째, 우리는 고린도전서 2:16과 7:40을 다루면서 "그리스도의 마음을 갖다"와 "하나님의 **영**을 갖다"가 서로 거의 바꿔 쓸 수 있는 개념이라고 말했다. 이는 곧 새롭게 된 마음을 가지는 것이 **영**을 가지는 것과 같다는 뜻이다. 더욱이 디도서 3:5은 ἀνακαινόω라는 동사(말 그대로 번역하면 "다시 새롭게 하다")를 특별히 **영**이 하시는 일로 이야기하는데(딛 3:5에서는 ἀνακαινόω의 명사형인 ἀνακαίνωσις의 단수 소유격 ἀνακαινώσεως를 사용했다 — 옮긴이), 특히 그리스도 안에서 살아가는 삶을 토라 준수와 대조하여 "**영**의 새로움 안에서"(7:6)라는 말로 묘사한 서신(= 로마서 — 옮긴이)에 속해 있는 여기서는 분명 그런 이해를 전제한다.[388] 뿐만

---

386) 내 아내 모딘(Maudine)은 "(그리스도께 속한 자들에게 어울리는) 의미를 가진 예배"라는 번역어를 제안했다. 결국은 이 말이 λογικήν의 의미를 "가장 잘 살리는" 번역일지도 모른다.
387) 가령 Harrison, 128: "이런 행위는 틀림없이 성령의 역사로 인정할 수밖에 없다"; 참고. 여러 사람들이 있지만 그중에서도 Cranfield, 2.607, 609; Bruce, 227; Dunn, 714; Morris, 435.

아니라, 바울이 새롭게 된 마음과 관련하여 사용한 동사("변화를 받다")는 바울 서신의 다른 곳에서도 한 번 더 발견할 수 있는데(고후 3:18), 거기서도 **영**이 우리를 하나님 바로 그분의 모양으로 "변화되게" 해주신다고 말한다. "새롭게 된 마음"은 "이 세대"와 대비되는 마지막 때의 실존을 상징하며, 이 주장 속에서 그런 실존이 차지하는 위치(8:1-30이 말하는)를 대변한다. 이런 사실 역시 **영**이 전제되어 있음을 일러주는 것 같다. 이 세대에 속한 채 육 안에서 살아감으로 하나님을 기쁘시게 해드리지 못하는 사람들(8:8)과 달리, **영**의 사람들은 하나님을 기쁘시게 해드리는 일이 무엇인지 분간할 수 있고 그런 일을 행한다. 이처럼 **영**은 이 "마음을 새롭게 함으로 변화를 받다"라는 말 속에서 다양한 방식으로 수면 가까이 떠 있다.

어떤 점에서 보면 바울이 **영** 안에서 살아가는 삶의 윤리를 새롭게 된 마음이라는 말로 이야기한다는 점이 놀랍기만 하다. 이 말 자체는 그가 방금 말한 "λογικήν 예배"가 무엇인지 대답하는 말이다. 그러나 신자가 볼 때 **영**으로 말미암아 새롭게 된 마음이 직접 문제 삼는 것은 인간의 합리성(사리 분별) 자체가 아니라 섬김(예배)의 종류다(이런 점 때문에 λογικήν 이라는 말을 번역하기가 아주 힘들다). 새롭게 된 마음은 두 방향으로 움직인다. 우선 **영**은 신자들을 "변화시키는" 활동을 하신다. 이런 **영**의 활동으로 말미암아 신자들은 더 이상 자신들이 그리스도의 죽음과 부활을 통해 구원받은 이 세대를 "본받아" 살지 않는다. **영**이 이런 "형태 변화"(transformation)[389]를 일으키시는 이유는 그리스도 바로 그분의 모양과 "형태를

---

388) Cranfield, 2,609도 역시 같은 견해다.

389) 그리스어로 μεταμορφοῦσθε다; 참고. 고후 3:18. 이 구절에서는 신자가 **영**으로 말미암아 하나님 아들의 "얼굴"에서 하나님의 영광을 볼 때에 이 신자를 하나님 바로 그분의 모양으로 "변화"시켜주시는 분으로 이야기한다. 아울러 갈 4:19을 참고하라. 여기서 바울은 간단한 동사(μορφόω)를 사용하여(μορφόω의 3인칭 단수 부정과거 수동태 가정법 형태인 μορφωθῇ를 썼다 ─ 옮긴이) 그리스도의 "형상이" 그 백성 속에서 "이루어져" 가는 이미지를 나타냈다. 아울러 롬 8:29을 보라. 여기서도 하나님이 당신 백성을 선택하신 궁극 목적을 표현하는 복합어 συμμόρφους ("같은 형상을 지닌"을 뜻하는 σύμμορφος의 복수 목적격이다 ─ 옮긴이)를 사용하여 같은 개념을(그의 아들의 형상과 "같은 형태를 이뤄가는" 것을) 나타냈다.

일치"(con-formation)[390] 시키려 하시기 때문이다. 따라서 신자들은 더 이상 이 세대와 "같은 형태"로(in "con-formity")[391] 살아가지 않는다. 신자들은 미래의 첫 열매인 **영**을 체험한 마지막 때의 사람들이다. 따라서 그들은 역사 뒤편으로 사라져가는 이 세대에 맞서 살아간다. 분명 "행위의 변화"는 이 모든 것이 지향하는 목표다. 그러나 그런 변화는 성령이 철저히 변화된 마음을 만들어내심에서, 성령이 모든 것을 완전히 새롭게 바라보는 시각을 만들어내심에서 직접 생겨나는 결과다.[392] 그래서 바울은 다른 언어로, 그리고 이제는 권면이라는 형식을 써서, 신자들에게 그가 6:1-7:6과 8:1-30에서 표현했던 그리스도와 **영** 안의 새로운 실존이 지시하는 모습에 맞게 살아가라고 요구한다. 현세는 십자가에서 정죄 받아 이제는 저물어간다. 이 현세는 육이 노는 운동장이다. 신자들은 **영**으로 말미암아 새롭게 된 마음을 가진 **영**의 사람들로서 이제는 하나님의 뜻이 무엇인지 분간할 수 있어야 한다. 다시 말해 그들이 그리스도의 모양을 지닌 사람답게 행하는 것이 선한 일이요 하나님을 기쁘시게 해드리는 일이라는 것을 분간할 수 있어야 한다는 말이다.

그런가 하면 **영**으로 말미암아 새롭게 된 마음은 바울이 뒤이어 명령문들과 이 명령문들을 뒷받침할 주장으로 촉구할 모든 공동체 관계들을 형성하는 열쇠가 된다. 바울은 이 모든 명령문과 주장을 시작하며 3절에서 "마음"이라는 말로 상당한 언어유희를 구사한다. 그러나 이를 살펴보기에 앞서 말이 나온 김에 두 가지 관찰 결과를 더 짚어보고 가도록 하자.

이 서신의 첫 독자들은 이 본문에서 하는 말이 11:33-36에 있는 송영(doxology)을 뒤쫓아 부리나케 등장한다는 점을 놓칠 수 없었을 것이다.

---

390) 앞의 주389를 보라.

391) 그리스어로 συσχηματίζεσθε다; μορφή (내면의 표현)와 σχῆμα (겉으로 나타난 형태)를 중시하는 견해는 더 이상 통설이 아니다(중시하지 않는 입장이 옳다). 그러나 바울은 고전 7:31에서 σχῆμα를 역사 뒤편으로 사라져가는 현세의 "형태"(외형)를 가리키는 말로 비꼬아 사용한다.

392) 결국 이 본문이 드러내는 종말론의 차원 역시 **영**이 전제임을 지지해준다.

어쩌면 우리는 이 점에 주목해야 할지도 모른다. 바울은 그 송영에서 하나님의 길을 "도저히 발견할 수 없는 것"이라고 묘사한다. 이 때문에 그는 결국 "주의 마음을 안 사람이 있었느냐?"(개역개정: "누가 주의 마음을 알았느냐?")라고 묻는다. 하나님이 유대인과 이방인을 다루신 신비들과 같은 더 커다란 문제들에는 바울의 이런 질문이 들어맞을 수 있다. 그러나 바울은 이제 **영**의 도우심으로 말미암아 새롭게 된 마음을 가진 사람들에게는 이런 질문이 들어맞지 않는다고 주장한다. 이런 사람들은 하나님 뜻이 무엇인지 "시험하고 인정할" 수 있다. 그러나 그들이 그리할 수 있는 것은 오로지 그들이 **영**을 가진 사람들이기 때문이다. 어느 쪽으로 보든 자만은 금물이다. 애초에 우리는 하나님 마음을 알 수 없기 때문이요, 우리가 알 수 있다 하더라도 그것은 오로지 **영**이 도와주신 덕분이기 때문이다. 바울이 3절에서 힘차게 주장히듯이. 새롭게 된 마음은 교민한 마음이 아니라, 지각 있고 분별력 있는 마음이다.

요컨대 바울은 8:4에서 이렇게 **영** 안에서 행하는 사람들은 토라의 의로운 요구를 "이룬다"라고 역설했다. 그는 13:8-10에서 토라가 제시하는 사랑의 계명과 관련지어 다시 그 말을 꺼낼 것이다. 이어질 내용은 **영**이 어떻게 그런 "이룸"을 만들어내시는지 이야기한다. 중요한 것은 **영**의 능력을 힘입은, **영**의 인도를 따른 그런 의가 실제로 토라 준수와 완전히 다르다는 점이다. 이는 새롭게 된 마음이 만들어낸 결과다. 이런 마음은 행위 규칙을 준수함이 아니라 하나님의 성품을 본받음으로 하나님께 순종하는 길을 걸어간다. 그런 의를 보여주는 "모범"이 가까이 계시니, 그가 바로 그리스도시다. 그것이 **영**의 삶이다. 때문에 바울은 신자들에게 그런 삶을 살라고 호소한다. 바울은 신자들에게 준수해야 할 "계명들"을 제시하지 않는다.[393] 주목할 만한 본문인 14:1-15:13은 이런 삶이 토라 준수라는 맥락

---

393) Leenhardt, 307은 이 모든 것이 "정언명령"(定言命令; 칸트가 썼던 말로 모든 사람이 언제나 지켜야 하는 도덕 규칙을 말한다 – 옮긴이)이라고 말하든데 옳은 말이다; 순종이 선택이 아

속에서 어떻게 나타나는지 이야기한다.

▪ 로마서 12:3-8

³이는 내게 주신 은혜로 말미암아 내가 너희 모든 사람에게 말하노니 마땅히 생각할 것보다 더 크게 너희 자신을 생각하지 말고, 도리어 하나님이 각 사람에게 나누어주신 믿음의 분량대로 생각하여 자신에 관하여 분별 있는 판단을 하게[394] 하려 하심이니라. ⁴이는 우리가 우리 한 몸에 많은 지체들을 가졌으나 또 모든 지체들이 같은 기능을 가지지 않았기 때문이니라. ⁵이렇게 (너희) 많은 사람이 그리스도 안에서 한 몸이요 또 서로 각 지체를 이루느니라. ⁶우리에게 주신 은혜대로 다른 은혜로운 선물들(은사들)을 가졌으니, 믿음의 분수를 따라 예언으로, ⁷혹은 섬김은(섬기는 자는) 섬기는 일로, 혹은 가르치는 자는 가르침으로, ⁸혹은 격려하는 자는 격려로, 베푸는 자는 통 큰 마음으로, (다른 사람들을) 돌보는 자는[395] 부지런함으로, 자비의 행위들을 행하는 자는 즐거움으로 (할 것이니라 ─ 옮긴이 첨가).

니라 필수이기 때문이다. 그러나 이 명령의 목표는 단순히 "지켜야 할 명령"의 차원을 넘어 그리스도를 닮아가는 것이다[그러기에 바울은 주장 말미에서(15:1-9) 그리스도를 "섬김"의 본보기로 제시해야 했던 것도 그런 이유 때문이다].

394) 여기서는 영어로 완전히 포착해낼 수 없는 상당한 언어유희가 펼쳐진다. 바울은 8:5-6로부터 φρονεῖν ("생각하다, 판단하다")이라는 말을 취하고 곧이어 "새롭게 된 마음"으로 말미암아 "의미를 갖게 된 섬김"을 이야기한 1-2절을 거친 다음, 이 본문에 와서 φρονεῖν이라는 동사를 네 번 사용한다(ὑπερφρονεῖν 하지 말고, 즉 적절한 φρονεῖν을 "넘어 생각하지" 말고, 도리어 φρονεῖν 할 때는 σωφρονεῖν 하라, 지혜롭고 분별 있게 생각하라). 어쩌면 이 말은 얼추 "자기 자신의 중요성을 과대평가하는 마음 자세를 갖지 말고, 도리어 분별 있게 자신을 평가하는 마음 자세를 가지라"와 같은 의미일 것이다. 하지만 이런 번역도 딱딱한 번역이 되어 이 언어유희를 온전히 포착하지 못한다.

395) 그리스어로 προϊστάμενος다("…를 다스리다, 보살피다"를 뜻하는 προϊστημι의 남성 주격 단수 현재분사 중간태 형태다 ─ 옮긴이). 이 동사의 의미는 "주다"와 "자비를 베풀다" 사이에 자리해 있는데, 바울 서신의 다른 용례들도 그러하지만 이 문맥에서도 바울이 강조하는 것은 "다른 사람들을 돌보는 것"으로서 지도자의 자리에 있는 사람이 나타내 보이는 돌봄이다. 살전 5:12과 특히 딤전 3:4-5을 보라. 딤전 3:4-5이 이 말을 그 동의어인 ἐπιμελέομαι ("돌보다")와 바꿔 쓴다는 것은 προϊστάμενος를 "다른 사람들을 돌보다"라는 의미로 해석할 수 있는 결정적 근거다.

3절에서 이유를 설명하는 말로 제시한 "이는" 그리고 바울이 "생각"이라는 말로 구사한 언어유희는(주394를 보라) 바울이 여기서 "새롭게 된 마음"이 어떻게 행동으로 나타나는지 설명하려 한다는 것을 일러준다. 여기서 바울은 선하고 하나님을 기쁘시게 해드리는 몇 가지 사례를 제시한다. 바울이 문제 삼는 것은 공동체 생활이다. 각 신자는 공동체의 이익을 염두에 두고 자신이 받은 은사를 진지하게 평가해야 한다. 바울은 앞에서 우리가 말했던 논증 형태를 따라 3절에서는 명령을 제시하고, 나머지 구절에서는 설명과 권면을 통해 자신이 제시한 명령을 부연한다. 바울은 4절에서 몸이라는 유비를 지극히 꾸밈없는 형태로 이야기한다(우리가 우리 한 몸에 많은 지체들을 가졌으나, 이 지체들은 각각 다른 기능을 가진다). 이어 5절에서는 이 몸이라는 유비를 그의 독자들에게 적용한다(그들 가운데 많은 이들이 그리스도의 한 몸을 이루며, 이들은 각각 그 몸의 많은 지체들을 구성한다). 그런 다음 6-8절에서는 5절을 설명하면서 교회를 "섬기는" 일곱 가지 방법을 열거하는데, 바울은 이 일곱 가지를 χαρίσματα(은사들)라고 부른다. 첫 네 가지는 주로 예배하러 모인 공동체를 반영한 은사들이다. 반면 마지막 세 가지는 공동체 내부에서 다양하게 "돌봄을 베푸는 자들"을 하나하나 열거한 것이다. 바울은 결국 독자들에게 이런 은사들이 가지는 다양성과 이 은사들이 각기 "새롭게 된 마음"의 결과로 공동체에 끼치는 기여들을 가치 있게 생각하라고 당부한다.

1-2절처럼 이 본문도 성령을 특별히 언급하지 않는다는 점이 이채롭다. 특별히 이 본문이 구사하는 말이나 개념 면에서 고린도전서 12:4-14(찾아보라)과 분명한 연관성을 보여주기 때문이다. 바울의 생각 속에서는 **영이** 몸이라는 이미지와 이런 부류의 권면들 바로 뒤편에 자리해 있다는 것을 의심할 여지가 없다. 그러나 고린도전서의 도움을 받지 않고도 그런 사실을 알아차린 로마 신자들이 얼마나 많았을지 의문이 든다.[396] 여기서 우리

---

396) Käsemann은 그의 주석 중 설득력이 떨어지는 한 대목에서(332-35) 이 단락(그리고 롬 12

가 흥미를 갖는 것은 세 가지 문제다(몸이라는 유비, 6-8절에서 말하는 활동들을 묘사하는 말로 χαρίσματα라는 말을 사용한 점, 그리고 예언을 언급한 점이 그 세 가지다). 이런 내용은 이미 이 책 제4장에서 다루었다. 때문에 여기서 내가 다룰 관심사는 다음 두 가지다. 첫째, 로마 신자들의 시각에서, 다시 말해 고린도전서의 도움을 **받지 않고** 이 본문을 들어보는(읽어보는) 일,[397] 둘째, 그러면서도 이 본문을 고린도전서에 나타난 바울의 시각으로, 특히 바울이 고린도전서에서 말하는 내용과 대조하며 살펴보는 일이다.

1. 바울이 여기서 말하는 것은 그가 고린도전서 12장에서 몸이라는 유비를 **써서** 말한 내용과 아주 비슷하지만, 이곳에서 제시하는 유비는 고린도전서보다 훨씬 더 간단한 형태를 띤다. 바울은 고린도전서 12장에서 "한 몸"의 문제를 말하려 했다.[398] 그러나 여기 본문에서는 고린도전서에서 한 몸과 관련하여 말한 내용이 전혀 등장하지 않는다.[399] 여기서는 오로지 신

장 전체)이 "광신을 논박한 것"이라고 주장했다. 그러나 이런 견해는 여기 본문에 전혀 존재하지 않는 많은 특징들을 이 본문에서 읽어낸 것이요, 특히 χαρίσματα를 고린도전서에 비추어 이해한 채 이 본문을 읽어낸 것으로서, 엄격히 검토해보면 결코 지지를 받지 못할 견해다(특히 로마서의 용례에 비춰보면, 이 견해가 지지를 받을 수 없음을 잘 알 수 있는데, Käsemann은 흥미롭게도 로마서의 용례에는 모호한 태도를 보인다). 뿐만 아니라, Käsemann은 그의 견해를 따를 경우 난관으로 등장하는 11절을 무시해버린다. 실제로 "광신"이 문제가 되었다면 바울은 한 번 더 그런 문제를 다룰 필요를 느꼈을 텐데, 바울은 그런 내색을 하지 않는다.

397) 이 본문 주해를 힘들게 만들곤 하는 잘못이 바로 고린도전서의 도움을 받는 것이다. 즉 고전 12:4을 염두에 두고 주해를 **시작하면서**, 이 고린도전서 본문과 여기 로마서 본문이 똑같이 몸이라는 이미지와 χαρίσματα라는 말을 쓴다는 이유로—로마 신자들이 과연 바울이 이전에 고린도전서 본문에서 제시했던 논증에 접근할 수 있었을지 잠시라도 물어보지 않은 채—무턱대고 여기서 바울이 고린도전서 본문에서 다루었던 문제를 부연하거나 다시 다룬다고 **추정하는** 경향이 있는데, 이런 경향 때문에 이 본문을 바로 주해하기가 힘들어진다.

398) Käsemann, 335 역시 고린도전서가 제시하는 기독론 차원의 강조점이 여기 로마서 본문으로 넘어왔다고 주장한다. 그러나 그 점은 특별히 단언하기가 힘들다. 바울 자신이 실제로 고린도전서에서 몸이라는 은유를 **적용할** 때 그 자신이 정말 그 은유에 고유하다고 여기는 것을 중시하지 않기 때문이다. 어쨌든 여기서는 기독론과 관련된 강조점을 찾아내야 할 필요가 없다.

399) Cranfield가 이 본문 그리고 특히 핵심 문구인 "믿음의 분량"(3절)과 "믿음의 분수"(6절)를 논한 내용이 가지는 큰 약점들 가운데 하나는, 결국 그가 표명하는 것처럼(2,614), 이 본문이 다루는 문제가 교회의 **통일성**이라고 추정한 것이다["그(바울)가 4절 이하에서 분명하게

자들이 "새롭게 된 마음"에 근거하여 자신을 올바르고 진지하게 평가하는 태도로 신앙 공동체 내부에서 다양한 "사역들"을 행해야 한다는 점에만 관심을 보일 뿐이다. 우리는 (이미 고린도전서를 읽었기 때문에) 이 몸이라는 유비 속에서 **영**이라는 말도 함께 울려 퍼짐을 알지만, 로마 신자들도 과연 그러했을지 특히 의문이 든다. 여기서 바울이 구사한 유비에는 애초부터 **영**을 떠올리게 하는 단서가 전혀 없기 때문이다.

2. 바울이 여기서 사용하는 χαρίσματα의 경우에도 똑같은 말을 할 수 있다. 바울은 이 말을 써서 하나님이 로마 신자들 각자에게 다른 사람들을 위하도록 다양한 모양으로 베풀어주신 하나님 은혜의 또 다른 표현을 묘사한다. 그렇다고 이것이 곧 로마 신자들이 6-8절에서 말하는 다양한 활동들을 **영**이 주신 것들로 인식했으리라는 말은 아니다. 바울이 앞서 8:1-30과 12:1-2에서 말한 내용을 고려한다면, 또 당시 모든 사람이 이 본문에서 은사들 가운데 첫 항목으로 제시하는 예언을 **영**이 베푸신 것 중 가장 뛰어난 것으로 이해했으리라는 점을 고려한다면, 그들이 6-8절에서 말하는 다양한 활동들을 **영**이 주신 것들로 인식하지 않았으리라고 생각하기가 오히려 힘들 것이다. 그렇긴 하지만, 그래도 로마 신자들이 6-8절을 "**영**의 은사들"을 열거한 목록으로 이해했다는 근거는 없는 것 같다. 6절의 인접 문맥과 로마서가 χάρισμα라는 말을 사용한 다른 모든 사례를 보면, 사실은 그 반대가 맞다. 즉 로마 신자들은 (바울의 색채가 아주 짙은)[400] 이 말을 **영**과 특별히 관련된 말이 아니라, 도리어

의도하는 목적은 로마에 있는 그리스도인들을 격려하여 그들이 형제로서 통일성을 손상시키지 않고 유지하는 방향으로 행동하게 하는 것이다"]. 그가 3절에 있는 동사 μερίζω ("나누어주다"; 3절에서는 이 동사의 3인칭 단수 부정과거 능동 직설법 형태인 ἐμέρισεν을 사용했다 — 옮긴이)를 포용하는 데 실패하고(뒤의 주411을 보라) 4절 전체가 표현하는 분명한 강조점("그러나 모든 부분이 같은 기능을 가지기 아니하였으니")을 간과한 것은 필시 그의 그런 추정 때문일 것이다.

400) 고대 세계의 문헌에서는 이 말이 특히 거의 나오지 않는다. 이 말이 처음 등장하는 곳이 바로 바울 서신이다. 이 점을 놓고 Käsemann, 333은 이렇게 말한다. "이것은 다른 모든 단어나 문구만큼 확실하게 말할 수는 없다."

하나님이 베푸신 선물들과 관련된 말로 생각했을 것이다.[401] 바울은 1:11
에서 πνευματικόν이라는 형용사를 취하여 이 말을 "**영**의 선물"로 바꾸었
다. 또 다른 모든 용례들은 하나님이 주신 선물과 관련 있다(5:15, 16; 6:23;
11:29). 더욱이 여기 문맥에서는 "너희에게 주신 χάριν(은혜를; '은혜'를 뜻하
는 χάρις의 단수 목적격이다 — 옮긴이) 따라"라는 말이 χαρίσματα를 직접 수
식하는데, 이 수식 문구는 χαρίσματα를 **영**이 아니라 하나님의 은혜와 연
결해준다.

이런 증거를 고려할 때, 비록 고린도전서 12:4이 χαρίσματα라는 말
을 써서 **영**이 자신을 나타내시는 양상들을 표현하긴 하지만, 바울조차도
χάρισμα를 "**영**의 선물"[402] 같은 의미로 사용하면서 마치 우리가 그런 **영**의
선물들을 하나의 목록으로 정렬해놓고 그것들을 그런 식으로 분석할 수
있는 것처럼 생각하지는 않는다고 말하는 것이 합당하다. 오히려 여기는
물론이요 다른 곳에서도 χάρισμα는 언제나 지금 이 본문이 제시하는 수
식어(6절에 있는 "너희에게 주신 은혜를 따라" — 옮긴이)가 가리키는 바로 그
것, 곧 "은혜의 구체적 표현"을 의미한다. 이런 구체적 표현은 특별한 **영**의
선물 내지 나타나심 같은 것으로 이해할 수도 있고 그렇게 이해하지 않을
수도 있다. 따라서 우리가 이 "목록"을 고린도전서 12-14장과 함께 사용하
여 "**영**의 선물들"을 논하는 신학을 전개한다면, 이는 십중팔구 정당한 주
해 범위를 훨씬 벗어나는 일이 될 것이다.[403]

하지만 그렇다 하여 바울이 여기서 열거하는 것들을 결국 **영**에게 귀속

---

401) 참고. Cranfield, 2,619.

402) Käsemann, 333은 이에 반대한다. Käsemann이 이 문단을 논한 모든 내용은 그가 이
χαρίσματα라는 말을 고전 12:4에 비추어 읽는 바람에 엉망이 되어버렸다. 그는 이 말이 기
본적으로 πνευματικά(그는 이 말이 "**영**의 은사들"을 뜻한다고 이해한다)와 같다고 이해한
다(잘못된 이해다). Käsemann의 고린도전서 이해도 의심스럽지만(이 책 제4장에서 논한
내용을 보라), 그처럼 이 본문에 무거운 짐을 지우게 되면 그가 생각한 것보다 훨씬 더 쉽고
단순했을 본문을(로마 신자들도 이 본문을 본문 그대로 알아들었을 것이다) 복잡하게 만들
어버리는 셈이다.

403) 가령 Käsemann, 333은 물론이요 대중 문헌들에서도 이런 표현들을 수없이 목격한다.

시키려 하지 않았다는 말은 아니다. 우리는 현존하는 그의 서신들에서 그가 정반대 주장을 펼친다는 것을 안다. 물론 χάρισμα는 "**영**의 선물"을 의미하지 않는다. 분명 그것은 **영**의 선물이 아니지만 하나님이 주시는 좋은 선물과 **영**의 활동 사이에는 겹치는 부분이 있기에, 바울은 틀림없이 6-8절이 말하는 모든 것을 로마 신자들이 영위하는 공동체 생활 속에서 **영**이 행하시는 일로 이해했을 것이다. "구원"이라는 선물만 해도 하나님이 만들어내시고, 그리스도가 당신의 희생을 통해 베푸신 "은혜"이며, **영**이 신자와 신앙 공동체의 삶 속에서 효과 있게 이뤄내시는 것이다. 바울이 χαρίσματα라 부르는 것들도 역시 마찬가지다. 이것들은 하나님이 당신의 은혜를 구체적으로 표현하신 것들이요, 각 사람의 삶 속에서 다른 사람들에게 유익이 되게 이뤄지는 것들이다. 그러나 바울은 이것들을 "**영**의 선물"이 아니라, **하나님이 주신 선물로서 영을 통해 공동체의 삶 속에 효과 있게 전달되는** 것들로 보려 한다.

3. 이제 우리는 마지막으로 바울이 언급한 "예언"을 다루게 되었다. 초기의 모든 교회처럼 바울도 이 예언을 **영**이 그들 가운데서 분명하게 나타나신 일로 보았다. 우리가 주목해야 할 것은 다음 두 가지 문제다.

a. 예언은 지금 이 목록에서 꼭대기에 자리해 있다. 바울 사도가 예언이 들어간 목록을 언급한 곳에서는 그런 경우가 아주 많다. 이는 바울이 예언을 **영**이 공동체가 모인 자리에서 자신을 나타내시는 **주된**(*primary*) 방법으로 보았다는 증거다. 우리는 고린도전서 11:4-5(찾아보라)을 다루면서 "기도"와 "예언"을 그리스도인의 예배를 구성하는 "말" 가운데 기본이 되는 것으로서 각각 하나님을 향한 말과 사람들을 향한 말로 보았다. 이런 우리 견해가 옳다면, 거기 고린도전서 본문뿐 아니라 다른 모든 곳과 마찬가지로 여기서도 예언은 그리스도인 공동체가 사람들을 향해 하는 말 가운데 주된 형태인 셈이다. 이 말의 의미를 알아보려면, 고린도전서 12:10을 다룬 내용과 이 책 제15장을 읽어보기 바란다.

b. 이 경우에 특히 흥미를 불러일으키고 상당한 논란거리가 되는 문제

는 이 은사에 붙어 있는 조건("믿음의 분수를 따라" – 옮긴이)의 본질이다. 바울은 예언[404]을 "τὴν ἀναλογίαν τῆς πίστεως 따라" 행해야 한다고[405] 강조한다. 이 문구와 관련된 것은 온통 난제뿐이다. 이 문구와 3절이 말하는 "믿음의 분량"의 관계, ἀναλογίαν이라는 말의 의미(이 말은 "올바른 관계, 비율"을 뜻하는 ἀναλογία의 단수 목적격이다 – 옮긴이), "믿음"이라는 말에 정관사를 붙여 사용한 점(= τῆς πίστεως; πίστεως는 "믿음"을 뜻하는 πίστις의 단수 소유격이다 – 옮긴이), "믿음"이라는 말의 의미, 목록 첫머리에 이런 수식어("믿음의 분수를 따라")를 제시한 이유가 그런 난제들이다. ἀναλογίαν 이라는 말은, 어원에 비춰볼 때, 어떤 것이 다른 어떤 것과 "일치함"(상응함)을 가리키는 말이다. 결국 이 말은 "…과 관계가 있는"이나 "…에 비례하는"을 뜻한다. 그렇다면 바울이 지금 말하려는 뜻은 "믿음과 관계가 있는 것과 일치하여"(in keeping with the analogy of faith)인가? 다시 말해 그가 지금 말하는 의미는 "복음과 일치하여", 혹은 어떤 사람이 받은 "믿음에 비례하여", 혹은 "(그리스도를 믿는) 믿음에 비례하여"라는 뜻인가? 이

---

404) 그리스어로 προφητεία다. 이 경우에 이 말은, 이 말의 수식어와 이 목록에 들어 있는 나머지 은사들이 증명하듯이, 예언으로 하는 말이 아니라 예언하는 행위와 관련 있다.

405) 이 지점에서 우리는 또 다른 난관을 대면할 수밖에 없다. 6절 전체를 5절의 "우리가…이다"(we are)를 더 수식해주는 말로 볼 수도 있다(내 "번역문"처럼). 참고. Dunn, 725. Dunn은 이런 입장을 지지하면서 6절 전체를 "서술문"으로 본다. 그러나 그렇다 할지라도 바울이 제시하는 6절 문장은 명령문을 담고 있는 것 같다. 이런 이유로 대다수 학자들은 바울이 구사한 문장을 (문법을 제대로 따르지 않은) 파격 문장(anacolouthon)이라고 추정한다. 즉 바울은 6절 문장을 "가졌으니"라는 분사로 시작하며(바울은 6절을 ἔχοντες라는 분사로 시작하는데, 이는 "가지다"를 뜻하는 ἔχω의 남성 복수 주격 현재분사 능동형이다 – 옮긴이), 이 분사는 몸이라는 유비를 제시할 때 쓴 동사로부터 가져온 것이다("우리가 우리 몸 안에 많은 지체들을 가졌으니"). 그는 이 절(분사구문)을 διάφορα ("다른"; διάφορον의 복수 목적격이다 – 옮긴이)라는 형용사로 끝맺은 다음, 곧바로 "이 다른 **은사들**"을 일곱 가지로 나누어 설명하기 시작한다. 결국 바울은 그가 구사하는 이 문장을 그 주동사(즉 "가지다")로 완결하지 않는다. 이렇게 보는 것이 옳다면, 나는 여기서 다급한 문제들을 발견하지 못한다. 따라서 우리는 바울이 이런 말을 하려 했다고 짐작할 수 있다. "(우리가) 서로 다른 은사들을 가졌으니, 서로 다른 은사대로 섬기자. 그것이 예언이든…." 어쨌든 이런 종류의 동사는 바울이 말하는 것에 비추어 이해해야 할 필요가 있는 것 같다. 어떤 이가 예언을 **가졌을** 수도 있다. 그러나 그는 어쨌든 그가 그 예언을 **표현하는** 공동체 안에서 그 은사를 가진 것이다. 난제는 바울이 의도하는 의미를 적절히 담아낼 동사를 찾아내는 일이다.

논의의 핵심에는 "믿음"이라는 말이 무슨 뜻인가라는 문제가 자리해 있다. 바울은 지금 우리 안에 있는 어떤 것(즉 "우리의 믿음")을 말하려는 것인가, 아니면 **우리 밖에 있는**(*extra nos*) 어떤 것(즉 "그 믿음"=복음)을 말하려는 것인가? 만일 바울이 말하려는 믿음이 전자라면, 그 믿음은 무슨 의미를 담고 있을까? 그리스도를 믿는 믿음이라는 뜻일까, 아니면 (6-8절이 묘사하는 것처럼) 다양한 사역들을 행하는 데 필요한 믿음이라는 선물을 뜻하는 말일까?[406]

이런 것들을 논의할 때 보통 홀대하는(또는 통째로 무시해버리는) 사항부터 이야기해보도록 하자. 그건 바로 3절에 있는 문구와 달리, 여기 6절에 있는 "믿음"에는 정관사가 붙어 있다는 점이다(바울은 3절 말미에 ὡς ὁ θεὸς ἐμέρισεν μέτρον πίστεως라고 기록해놓았는데, 이는 "하나님이 믿음의 분량을 나눠주신 대로"로 번역할 수 있다. 반면 6절은 κατὰ τὴν ἀναλογίαν τῆς πίστεως로 기록해놓았다 – 옮긴이). 우선 이 6절의 "믿음"은 단지 앞서 3절에서 언급한 믿음을 다시 가리키는 말일 수 있다. 그렇게 보면, 6절의 문구는 "각 사람이 분배받은 그(the) 믿음에 비례하여"라는 뜻이 된다. 또 이 경우에는 정관사를 인칭대명사로 바꿔 "그 믿음"을 "그의(his/her) 믿음"으로 번역할 수도 있다. 그런가 하면 정관사를 붙여놓았다는 것은 바울이 기독교 교리가 아니라 복음이나 복음의 내용을 가리키는 말로 사용한 "그 믿음"을 의

---

406) 이런 논의 중 일부는 예리함이 없이 아주 둔한 면모를 보여준다. 이는 이런 난제들이 얼마나 어려운가를 일러주는 증거다. 가령 Harrison은 3절이 말하는 "믿음의 분량"을 Cranfield를 따라 이해하면서 이렇게 말한다. "어떤 사람의 믿음(=그리스도를 믿는 믿음)은 그 자신을 참되게 평가하는 기초임이 분명하다. 그런 믿음은 그가 다른 신자들과 함께 하나님이 그리스도 안에서 베푸신 구원의 은혜에 의지한다는 것을 나타내기 때문이다." 그러면서도 Harrison은 또 이런 말로 자신의 주장을 맺는다. "우리가 덧붙여두어야 할 말은 이 본문에서 사용한 믿음이 구원하는 믿음(saving faith)을 뜻하는 게 아니라[!], 어떤 사람이 받은 영적 선물의 본질을 파악하고 이런 선물을 올바로 행할 수 있다는 확신을 가졌다는 의미의 믿음이라는 점이다." Harrison은 이처럼 앞뒤가 다른 말을 하는데, 그렇다면 대체 그가 하려는 말이 무엇인지 의아할 따름이다. 주석들을 읽는 독자들이 지은이가 무슨 말을 하는 것인지 혼란스럽다는 불평을 종종 털어놓는 것도 이상한 일이 아니다. 이런 불평을 듣는 사람이 Harrison뿐만이 아니라는 게 불행한 일이다.

미할 수도 있다.[407] 오직 관사가 있느냐 없느냐에 따라 의미가 좌지우지되
는 것은 아니다. 그래도 관사가 있다는 것은 바울이 예언을 특히 "시험"
(testing) 같은 말을 써서 한정하려 했을 가능성을 열어놓는다. 그랬다면 6절
의 이 κατὰ τὴν ἀναλογίαν τῆς πίστεως라는 문구는 "믿음, 곧 이 서신이
우리에게 자세히 설명해준 복음과 일치하는 내용을 따라"라는 뜻이 될 것
이다. 그렇다면 바울은 지금 예언이 아무 규제도 받지 않고 제멋대로 날뛰
는 것을 막는 데 관심을 보이는 셈이다. 결국 바울은 예언을 **영**의 순수한
역사요 신앙 공동체에 유익을 주는 것으로 이해할 수 있으려면 예언의 내
용이 복음과 늘 일치해야 한다고 말하는 셈이다.[408]

이 견해의 장점은 바울이 다른 곳에서 예언을 다루면서 예언을 **영**의
순수한 역사라 하여 무턱대고 받아들일 게 아니라 반드시 "시험"해봐야
한다고 말한 것과 궤를 같이한다는 점이다. 바울이 제시한 "규칙"은 그가
처음으로 쓴 서신에서 볼 수 있다(살전 5:20-21). 그는 거기서 "예언을 멸시
하지 말고 다만 모든 것을 시험해보라"라고 말한다. 바울이 여기서도 그런
규칙을 이어간다면, 우리는 그런 시험에 사용할 수 있는 실질적 기준을 또
하나 확보한 셈이다.[409] 즉 예언은 복음과 일치해야 한다. 하지만 이 경우에
는 달라진 점이 있다. 그건 바로 바울이 공동체더러 그렇게 시험해보도록
요구하지 않고 예언의 말을 하는 사람더러 그 예언의 말을 틀림없이 "그
믿음"(곧 복음의 내용 – 옮긴이)과 일치시키도록 요구한다는 점이다. 또 이
견해는, 6절의 이 문구가 3절의 "믿음의 분량"과 일치하지 않는다는 사실
외에도, 우리에게 또 다른 생각거리를 제시한다. 바울이 쓴 다른 서신들에
는 예언을 하는 자더러 자기가 한 예언을 "시험"해보라고 말한 대목이 사

---

407) 가령 고전 16:13과 갈 1:23이 그러하다. 14:1의 용례 역시 모호하다. 14:1에서 말하는 "τῇ
πίστει (믿음이) 약한" 자는 "그가 가진 믿음(=그리스도를 믿는 믿음)이 약한" 자를 뜻할 수
도 있지만, "복음을 믿는 믿음이 약한" 자를 가리키는 말일 가능성이 더 높다.

408) 다른 이들도 있지만, 그중에서도 Käsemann, 341-42; Bultmann, TDNT 6.213 ("어쩌면");
Schweizer, TDNT 6.427n630; Aune, Prophecy, 204-5이 이 견해를 지지한다.

409) 살전 5:19-22; 고전 12:10; 14:29-30을 다룬 내용을 보라.

실상 존재하지 않기 때문이다.

따라서 이 견해가 매력이 있긴 하지만, "τὴν ἀναλογίαν τῆς πίστεως 따라"라는 문구는 3절과 곧장 일치하는 말로서,[410] 하나님이 예언하는 은 사를 가진 사람들에게 나누어주신 믿음을 좇아 예언하는 것과 관련 있다. 3절에서 "믿음의 분량"이라는 문구는 바울이 강조하는 의미로 첫머리에 놓아둔 "각 사람에게"로 시작하는 구절에서 "하나님이 몫을 정해 나눠주 셨다(또는 배분해주셨다)"라는 동사[411]의 목적어 역할을 한다. 따라서 그 구 절 전체("각자에게 하나님이 몸소 믿음의 분량을 몫을 정하여 나눠주신 대로") 는 사람들이 새롭게 된 마음으로 그들 자신을 적절하면서도 분별 있게 바 라볼 수 있게 해주는 지반 역할을 한다. 바울은 4절을 시작하면서 이유를 설명할 때 쓰는 γάρ를 사용했다. 이는 곧 바울이 "각자에게 하나님이 몸 소 믿음의 분량을 몫을 정하여 나눠주신 대로"라는 절에서 표명한 관심사 를 상세히 설명할 목적으로 몸이라는 유비(4-5절)와 그 적용 부분(6-8절) 을 기록해놓았음을 일러준다. 아울러 바울은 자신의 강조점을 4b절("그러 나 모든 지체들이 같은 기능을 가지지 않았기 때문이니")을 통해, 그리고 6a절 에서 "다른"이라는 형용사를 강조하는 위치에 놓아둠으로써 분명하게 표 현한다. 따라서 이 모든 내용은 3b절의 강조점이 각 사람을 **구별하는** 것 과, 다시 말해 각 사람이 **서로 다른** χάρισμα(은사)를 가졌다는 점과 관련 있음을 일러준다. 결국 하나님이 나눠주신 "분량"은 틀림없이 "몫"에 가까

---

410) 이 때문에 몇몇 사람들은 시리아어 역본인 페쉬타가 3절의 "분량"과 6절의 이 말을 같은 시 리아어 단어로 번역해놓았다고 지적했다. 그렇다면 이런 이해가 적어도 이 페쉬타가 나온 주후 5세기까지 거슬러 올라가는 셈이다.

411) 그리스어로 ἐμέρισεν이다. 여기서 이 동사는 오직 능동의 의미를 가진다. 이를 살펴보려면, 고전 7:17과 (특히) 고후 10:13을 보라. 고후 10:13 역시 "분량"(그리스어로 μέτρον이다 — 옮긴이)이라는 단어를 갖고 있으나, "규칙, 잣대"라는 말을 그 뒤에 덧붙여(즉 "규칙, 잣대" 를 뜻하는 그리스어 κανών의 소유격을 그 뒤에 덧붙여 κατὰ τὸ μέτρον τοῦ κανόνος로 표 현했다 — 옮긴이) "기준"을 의미하는 말로 만들었다. 그러나 바울이 지금 언급하는 것은 그 가 하나님으로부터 두드러지게 "배분받은" 어떤 것임이 분명하다. 바울이 이 ἐμέρισεν이라 는 동사를 사용한다는 것은 특히 Cranfield가 주장하는 견해에 불리한 증거다(뒤의 주413 을 보라).

운 의미다. 즉 이는 양(量)을 뜻하는 말이 아니라, 하나님이 각 사람에게 주신 "믿음"의 "차이"[412] 혹은 독특성을 뜻하는 말이다.[413] 그렇다면 "믿음" 은 "구원하는 믿음"[414]이나 "그 믿음"을[415] 뜻하는 말일 수가 없고, 필경 하 나님이 각 사람에게 나눠주신 독특한 "은사"(χάρισμα)를 따라 신앙 공동체 를 섬기는 믿음이라는 선물을 가리키는 말임이 틀림없다.[416]

따라서 6절의 "믿음에 비례하여"는 예언을 하는 데 필요한 믿음의 "정 도"를 가리키는 말이 아니라, 하나님이 예언하는 자들에게 나누어주신 믿 음의 독특한 "표현"을 가리킨다. 신자들은 정확히 그들이 예언하도록 받은 "믿음"에 맞추어 예언한다.[417] 이렇게 보는 것이 맞다면, 그리고 6절의 이 문구와 이 문구가 들어 있는 문맥을 이렇게 이해하는 것이 그 의미를 제

---

412) 참고. Hemphill, *Gifts*, 140: "강조하는 것은 양이 아니라 몫이 가지는 개별성이다."

413) 따라서 바울이 제시하는 강조점은 Cranfield가 "μέτρον πίστεως in Romans xii.3," *NTS* 8 (1961 / 62), 345-51에서 강조하는 점과 정반대인 것 같다. Cranfield는 그의 견해를 자기 주 석에 잘 요약해놓았으며(2,613-16), Fitzmyer (*Jerome Bible*), Harrison, Morris, Ziesler 등 이 그의 견해를 따른다. Cranfield는 결국 이 유비가 목표하는 것은 몸의 **통일성**이므로(앞 의 주399를 보라), "분량"은 기준을 뜻하며, "믿음"은 이 서신에서 이 말이 아주 빈번히 의 미하는 대로 그리스도 예수를 믿는 믿음을 뜻한다고 주장한다. 이보다 더 흥미로운 점은 Cranfield가 자기 주석에서 네 쪽이나 할애하여 이 문구를 다루면서도 μερίζω라는 동사는 한 마디도 언급하지 않는다는 점이다. 이 말은 단순히 "주다"라는 의미일 수가 없는데도, 그 는 이 말을 "주다"로 번역한다(앞의 주411을 보라).

414) 가령 Dunn, 725은 이 "믿음"이 "구원하는 믿음"이 아니라는 데 반대한다. 그는 이 믿음이 "믿음=그리스도를 믿는 믿음"을 가리킨다고 주장할 뿐 아니라, 대담하게도 그런 믿음이 각 사람에게 **양을 달리하여** 배분되었다고 주장한다. 이런 견해는 그의 롬 7장 이해를 뒷받침하 는 견해이지만, 모두 타당해 보이지 않는다.

415) 이 "믿음"이 (고전 12:10과 13:2의 경우처럼) 기적들을 행하게 하는 믿음이라는 특별한 선 물을 뜻한다는 주장이 종종 있으나, 그런 뜻이 아니다; 또 특별히 이 "믿음"을 양을 나타 내는 수치와 관련된 말로 추정하는 다양한 주장들이 있으나, 역시 이런 뜻도 아니다; 가령 Ziesler, 299: "실제로 예언을 통하여 말씀하시는 분은 바로 하나님이시라는 확신을 벗어나 지 않는다."

416) 참고. Bruce, 227 ("각 그리스도인이 그에게 주어진 특별한 책임을 이행할 수 있게 그에게 주어진 영적 능력"); 참고. Käsemann, 335: "문맥에 따르면, 바울은 **영**의 분량이나 은혜의 분량을(Michel) 똑같이 칭송하는 것일 수도 있다. **영**과 믿음은 동전의 양면이다."

417) 따라서 Hemphill, *Gifts*, 141은 3절이 말하는 "믿음의 분량"이 자기가 받은 은사를 적절히 "분별하는 것"을 일컫는 반면, 6절의 "믿음의 몫을 따라"는 그 은사의 "활용"을 말하는 것이 라고 주장하는데, 옳은 주장이다.

대로 나타내는 것이라면, 이를 통해 우리는 뒤따라 등장하는 (특이한) 수식어들도(즉 "섬기는 자는 **섬김으로**, 가르치는 자는 **가르침으로**, 격려하는 자는 **격려로**"도) 설명할 수 있다. 이것이 바로 바울이 이 각각의 은사들과 관련하여 말하는 내용이다. 바울은 이런 은사들을 행할 때는 하나님이 각 사람에게 구별하여 나눠주신 "믿음의 분량(몫)"대로 행해야 한다고 말한다(예를 들면 가르치는 사람은 하나님이 가르침을 행하도록 그에게 나눠주신 믿음이라는 선물을 좇아 가르쳐야 한다. 예언도 마찬가지다. 예언을 할 때도 "예언하는 자가 받은 믿음의 몫을 따라" 예언해야 한다).

이것이 누구나 어렵다고 보는 이 문구의 의미를 대체로 가장 잘 이해하는 길인 것 같다. 이렇게 이해하는 것이 옳다면, 결국 바울이 지금 여기서 이야기하는 것은 교회 안에 존재하는 "사역들"이나 "직무들"이 아님을 지적해두어야 할 것이다. 바울은 그저 여기서 은사를 받은 사람들이 예배하러 모이는 공동체인 믿음의 공동체 안에서(예언함, 섬김, 가르침, 격려함), 또 다른 사람들이 필요로 하는 것을 다양한 방법으로 보살펴주는 믿음의 공동체 안에서[줌(베풂), 보살핌, 자비를 보임] 행하는 역할을 묘사할 뿐이다. 우리가 볼 때 바울이 이 본문에서 제시하는 강조점 사이에는 분명 어떤 긴장이 있다. 바울이 사람들더러 한편으로는 지각을 갖고 자신을 평가하라고 강조하면서도, 다른 한편으로는 그들이 공동체 안에서 하나님이 주신 은사를 따라 일한다고 강조하기 때문이다. 그런가 하면 사실 어느 한 사람이 이런 "은사들" 가운데 많은 것을 행할 수도 있지만(요컨대 이런 은사들 가운데에는 바울이 행하는 역할이 아주 많다), 그 어떤 은사도 "교회를 위해 어느 한 사람에게만 주어진 은사"로서 특정인만이 소유하는 은사가 아니라는 점 역시 서로 긴장 관계에 있는 사실들이다. 바울은 올바른 자기 평가 그리고 교회라는 몸이 제대로 작동하는 데 필요한 차이점들에 관심을 기울인다. 요컨대 그는 $\chi\alpha\rho\acute{\iota}\sigma\mu\alpha\tau\alpha$ 자체에는 관심이 없다. 여기서 열거하는 이런 은사들은 단지 방금 말한 그의 두 가지 관심사를 설명해줄 뿐이다.

이 본문이 말하는 예언과 관련하여 마지막 관찰 결과를 제시해보겠다. 바울은 예언을 가장 먼저 열거할 뿐 아니라, 로마 공동체(이 공동체는 바울과 직접 안면이 있는 공동체가 아니다)가 그 현상을 익히 안다는 것을 **전제한** 말로 이 예언이라는 은사를 수식한다. 이는 이 예언이라는 **영**의 나타나심이 초기 교회 안에 얼마나 넓게 퍼져 있었는지 일러주는 증거다.[418] 바울이 예언을 이런 식으로 표현한 것은 십중팔구 로마 신자들이 **영**을 무엇보다 마지막 때의 실재로 이해했기 때문일 것이다. 그들은 특히 요엘 2:28-29이 제시한 예언에 근거하여 **영**을 "마지막 때"가 이미 동텄음을 알려주는 증거요, 남녀노소를 불문하고 사람들에게 널리 주어진 예언의 은사가 "시대의 전환"을 증언한다는 것을 알려주는 증거로 이해하게 되었다.

■ **로마서 12:11**

열심을 내는 데 꾸물대지 말고, **영**/영에 열심을 내어, 주를 섬기라.

이곳은 바울 서신에서 주해를 통해 πνεῦμα의 의미를 확실히 결정하기가 상당히 힘든 곳 중 하나다. 바울이 말하는 τῷ πνεύματι ζέοντες(ζέοντες는 "펄펄 끓다"를 뜻하는 ζέω의 남성 주격 복수 현재분사 능동형이다―옮긴이)는 무슨 뜻일까? 주를 섬길 때에 "be aglow with the Spirit"(RSV; "**영**으로 달아올라라")라는 뜻인가 아니면 "be ardent in (one's own) spirit"[NRSV; (자신의) 영으로 열심을 내라]라는 뜻인가? 즉 바울은 지금 **영**이 섬김을 행하도록 공급해주시는 열심을 말하는 것인가, 아니면 신자가 그런 섬김을 행할 때 가져야 할 자세를 말하는 것인가? 문맥을 살펴보면 어느 쪽을 택하든 훌륭한 주장이 가능하다. 주석들과 영역(英譯) 성경들도 해석이 갈라지곤 한다.[419][13]

---

418) 참고. Dunn, 726.

첫째, 문맥을 살펴보자. 문맥을 살펴보면 어느 쪽으로 해석하든 조금이나마 실질적 도움을 얻기 때문이다. 이 내용(12:9-21)의 전체 구조는 딱 부러지게 말하기가 쉽지 않다. 나는 서두에 있는 말("사랑을 순수하게 할지니", 9절)을 나머지 부분을 아우르는 일종의 "제목"으로 본다. 바울은 이 제목에 이어 (13절까지) 로마 신자들이 함께 살아가고 그리스도를 섬기는 데 필요한 태도들과 미덕들을 주로 말하면서 이것들을 둘 혹은 셋씩 묶어 잇달아 제시한다. 우리가 문제 삼는 문구는 셋씩 묶어 제시한 첫 묶음의 중간 부분이다. 이 묶음에서 첫 두 가지는 세 번째 것(곧 "주를 섬김"—옮긴이)의 기초 역할을 하는 것 같다. 이런 문맥에서는 πνεύματι의 의미를 "영"으로 해석하든 "영"으로 해석하든 그 해석이 유효할 수 있다는 점을 인정해야 한다. 즉 바울은 신자들이 제대로 그리스도를 섬기려면 **영**의 불이 필요하다는 점을 처음부터 일깨워주는데, 이는 얼마든지 할 수 있는 말이다. 그러나 그는 방금 전 부정어(否定語)를 사용하여 "열심을 내는 데 꾸물거리지 말라"라고 말했기 때문에, 이제는 긍정문을 사용하여 영으로 열심을 내라고 당부한다면 방금 한 말과 적절한 평행을 이룰 것이다.[420] 따라서 우리가 여기서 문제 삼는 것은 결국 다른 근거들을 동원하여 해결해야 한다(정녕 해결할 수만 있다면).

"**영**으로 달아오르다"(aglow with the Spirit)를 지지하는 근거로 다음 네 가지를 들 수 있다.[421] ζέω와 πνεῦμα의 결합, πνεῦμα를 여격으로 사용

---

419) 본보기를 뽑아보면, 영역 성경들은 "spirit"을 선호하는 반면(KJV, NIV, NASB, NRSV, JB, NAB, GNB, NEB; "Spirit"은 RSV, Goodspeed), 주석들은 "Spirit"을 선호한다(Calvin, Barrett, Michel, Cranfield, Käsemann, Bruce, Dunn; "성령에 감동된 사람의 영"으로 해석하길 더 좋아하는 사람들은 Godet, SH, Leenhardt, Morris). 반면 Erdman, Murray, Harrison은 "spirit"을 선호한다.

420) **영**으로 보든 영으로 보든, 바울이 14:17까지 **영**을 달리 언급하지 않는다는 주장은 아무 쓸모가 없다. 바울이 이 모든 일 속에서 **영**이 하는 역할을 처음부터 로마 신자들에게 일깨워준다는 주장도 가능할 것이다. 마찬가지로 이 단락 전체를 볼 때 바울이 다른 곳에서는 **영**을 언급하지 않기 때문에 유독 이곳에서만 **영**을 언급한다고 볼 이유가 없다는 주장도 역시 가능할 것이다.

421) Käsemann, 346은 넷째 이유를 이렇게 덧붙인다. "강조의 의미를 지닌 분사는 오로지 하나

한 점, 이 구절과 다음 구절이 평행 관계일 수 있다는 점, 그리고 이 말과 로마서 8장이 유사하며 로마 신자들도 그렇게 들었으리라는 점이 그네 가지다. 첫째, ζέω라는 동사 자체는 "끓다" 혹은 "펄펄 끓다"를 뜻한다. "불"은 **영**과 흔히 결합하는 은유이며, 바울 서신에서도 **영**을 불로 은유한 경우가 두 차례 등장한다[살전 5:19과 딤후 1:6; 특히 딤후 1:6은 "그(영의) 은사를 부채질하여 불타오르게 하라"라고 말한다]. 이 동사와 "**영**으로"(πνεύματι)를 결합한 것은 **영**을 바라보는 바울의 시각에도 잘 들어맞았을 수 있다. 둘째, 이 여격(πνεύματι)은 바울 서신에서 대단히 자주 등장하는데, 항상 도구의 의미를 가지며 **영**의 활동을 나타낸다. 이 점은 내용들을 단단히 고정하는 역할을 한다. 셋째, <u>τῷ πνεύματι ζέοντες</u>와 <u>τῷ κυρίῳ δουλεύοντες</u>(δουλεύοντες는 "종으로서 섬기다"를 뜻하는 δουλεύω의 남성 주격 복수 현재분사 능동형이다 — 옮긴이)는 분명 평행을 이룬다. 이는 **영**(the Spirit)과 **주**(the Lord) 사이에도 어떤 연관이 있을 수 있음을 시사한다. 넷째, 로마서 8장에 비춰볼 때, 그리고 바울 자신이 여기서 "의도하는" 것이 무엇이든, 로마 신자들 자신은 이 말을 **영** 안에서 열심을 내라는 호소로 알아들었으리라고 쉽게 상상할 수 있다.

그러나 달리 생각할 이유도 역시 두 가지가 있으며, 이는 결국 "영으로 열심을 내다"(ardent in spirit)를 지지하는 견해인 것 같다. 첫째, 이 책 제2장에서도 지적했듯이, 이 여격과 확실하게 **영**을 가리키는 경우들의 차이점은 후자에 정관사가 없다는 점이다. 실제로 바울은 이 문제에 관한 한 일관성을 유지한다(물론 이 본문에서는 잠시 예외를 보여준다). 바울은 사람의 영을 말할 때면 늘 πνεῦμα에 정관사를 붙인다. 반면 성령을 가리킬 때면 정관사를 거의 사용하지 않는다(물론 이 문구에서는 정관사를 사용했다). 정관사를 사용하는 이유는 강조점 때문이나 문법상 이유 때문이다. 따라서 많은 사람들이 여기의 πνεῦμα가 성령을 가리킨다고 보면서 가장 강력

님의 **영**만을 가리킬 수 있을 뿐이다." 그러나 이 말이 옳다고 확신하는 사람은 아무도 없다.

한 근거로 제시하는 것(앞의 근거 중 세 번째 것 – 옮긴이)은 거의 도움이 되지 않는다는 것을 알 수 있다.

둘째, 이 문구에서는 ζέω라는 동사를 사용하는데, 우연일지 모르나 누가 역시 바로 이렇게 ζέω와 πνεῦμα를 결합한 형태를 사용하여 그리스도인이 되기 전의 아볼로를 묘사한다(행 18:25). 이 사도행전 구절에서는 이 말이 다만 "영으로 열심을 내다"나 "맹렬한 열심이 가득하다"[422]라는 의미만을 가질 수 있을 뿐이다. 누가의 용례가 지니는 의미가 바울의 용례가 지닌 의미를 결정한다는 법은 없다. 그러나 이는 분명 **영**의 사역에 민감했던 한 "바울계 저자"가 이 문구를 **영**을 가리키지 않는 말로 사용할 수 있었다는 것을 일러주는 증거다.

그렇다면 우리는 어떤 결론을 내려야 할까? 내 자신의 본능은 전자를 지지하려 하고 이 본문을 바울이 **영**을 이야기한 또 다른 본문으로 보고 싶어한다. 그러나 본능보다 더 우월한 내 지각은 바울이 구사하는 문법과 이런 문구의 용례로서 우리가 아는 것을 조합하여 살피는 쪽을 우선시해야 한다고 일러준다. 그렇긴 해도, 바울은 십중팔구 사람의 영을 염두에 둔 대다수 사례들에서도 **영**의 사역이 그리 멀리 떨어져 있다고 생각하지 않는다.[423] 아울러 로마 신자들이 여기 본문에서 바울이 말하는 내용을 어떻게 "들었을지" 짐작해볼 때(로마 신자들도 바울이 πνεῦμα에 관사를 사용한 것이 여러 미묘한 문제들을 낳는다는 것을 알았을까?) 나는 다시 한 번 중간 지대에 서고 싶다. 그래서 나는 세련된 표현은 아니어도 "**영**/영에 열심을 내다"라는 번역을 선택했다.

---

422) Käsemann, 346은 이 역시 하나님의 **영**을 가리키는 말이라고 주장하나, 분명 그른 말이다.
423) Leenhardt, 314; Morris, 446도 같은 견해다.

● 로마서 13:8-10

⁸아무에게 아무 빚도 지지 말고 오로지 서로 사랑할지니, 이는 다른 사람을 사랑하는 자는 **율법**을 온전히 이루었기 때문이라. ⁹이는 "너희는 간음하지 말라, 너희는 살인하지 말라, 너희는 도둑질하지 말라, 너희는 탐내지 말라"라는 계명들과 다른 계명들이 있다 해도 이 한 계명, "너희는 너희 이웃을 네 자신처럼 사랑하라" 속에 집약되어 있기 때문이라. ¹⁰사랑은 이웃에게 아무 악을 행하지 않나니, 그러므로 사랑은 **율법**의 이룸(완성)이니라.

이 문단은 **영**을 직접 언급하거나 암시하지 않는다. 내가 이 문단을 여기에 포함시킨 이유는 이 문단이 **영**을 언급하지 않으면서도 **영**을 전제하는 많은 본문들 가운데 하나이기 때문이다. 이 본문과 **영**의 연결점들은 분명하게 드러난다.[424] 바울은 8:4에서 "**영**으로 행하는" 사람들은 이를 통해 "**율법**의 의로운 요구"를 "온전히 이룬다"라고 주장했다. 바울은 "사랑은 성실해야 한다"라는 말로 여러 관계들을 다루는 일반 권고문을 시작한 다음(12:9), 이제 여기에 와서 다른 모든 계명들을 "집약한" 사랑의 계명으로 말미암아[425] "토라의 의로운 요구"가 "온전히 이루어진다"는 것을 신자들에게 이야기한다. 그리하여 14:15에서는 음식 문제로 형제나 자매를 무시하는 자는 "**사랑**으로 **행하지 않는**" 자라고 말한다. 뿐만 아니라, 갈라디아서 5:22에서는 토라를 "온전히 이루는" 사랑을 분명하게 "**영의 열매**"로 규정한다(참고. 롬 15:30).[426] 이런 **영**의 존재는 사람을 **율법**이 더 이상 상관하지 못하는 영역 속에 놓아둔다. 이 본문은 **영**을 언급하지 않는다. 하지만 여기서 **율법**을 "온전히 이루는" 사랑과 관련하여 이야기하는 내용은, 바

---

424) 참고. Harrison, 141. 그는 이와 같은 연결점들에 주목할 것을 요구한다.

425) 물론 이 경우에는 어떤 사람과 하나님의 관계를 생각하지 말고 오로지 어떤 사람과 다른 사람들의 관계를 생각해야 한다.

426) 사랑과 **영**의 열매를 연결하는 경우가 다른 경우보다 더 잦으리라 예상할 수 있다; 그러나 Nygren, 435; Harrison, 141; Dunn, 782-83; Morris, 469; Thompson, *Clothed*, 127을 보라.

울이 가진 이해에 비춰보면, 성령이 신자의 삶 속에서 직접 행하시는 활동이다.[427]

물론 중요한 것은 바울이 꼭 **영**을 언급해야만 **영**이 이런 본문의 신학적 전제임이 드러나는 것은 아니라는 점이다. 오히려 그가 꼭 언급해야 하는 말은 "온전히 이룸(완성)"(fulfillment)이다. 바울은 이 말을 종말론과 연결된 말로 받아들인다. 그리스도와 **영**은 종말의 시대를 살아가는 우리의 새로운 실존을 열어놓으셨다. 이 새 실존 속에서 **영**은 우리가 살아가는 영역이시자 우리에게 능력을 주시는 분이며, 그 자신이 새 언약의 "완성"이시다(고후 3:6). 또 이 **영**은 옛 언약인 토라의 언약을 대체하시되, 우리를 하나님 그분의 성품을 그대로 드러내는 사랑의 길로 인도하심으로써 토라의 목적을 "온전히 이루시는" 분이기도 하다. 이제 이런 내용에 반하는 토라는 존재하지 않는다.

어쩌면 바울은 이 문단이 그가 지금 제시하는 "주장" 속에서 일부 사람들이 생각하는 것보다 더 중요한 역할을 하게 하려고 일부러 이 문단을 여기에 배치해두었을지도 모른다. 바울은 앞서 신앙 공동체 안과 밖에서 신자들이 행하는 행위를 더 일반적인 용어를 써서 다루었다. 이제 그는 이 서신이 마지막으로 문제 삼는 것을 이야기하려 한다. 로마 신자들이 함께 살아가는 과정에서 부닥치는 토라 준수 문제들이 바로 그것이다. 그들은 이런 문제들을 놓고 공공연히 서로 다른 의견들을 표명했다. 그런 내용으로 접근하는 길이 바로 이 문단이다.[428] 이 문단은 바울이 8장에서 제시한 주장, 이 주장(12:1-15:13)의 도입부를 이루는 권고문인 12:1-21, 그리고 실제와 관련된 관심사를 마지막으로 다룬 14:1-15:13(14:15을 보라)을 하나

---

427) Thompson, *Clothed*, 122은 8절이 "의무"(빚)라는 말로 **영**과 이어지는 또 다른 연결점을 제시한다고 주장한다. 8절의 "의무"라는 말은 **영** 안에서 행해야 하는 우리 "의무"를 이야기한 8:12-13을 되울려준다.

428) 참고. Thompson, *Clothed*, 121. 그러나 Käsemann, 360을 보라. Käsemann은 이곳과 11-14절이 12:1-13:7의 요약문 역할을 한다고 생각한다. 맞는 말이다. 그러나 14:15이 시사하듯이, 이 본문은 이어질 내용의 도입부 구실을 하기도 한다.

로 묶어준다.[429] 이 마지막 내용은 특히 **신학 면에서 이방인들을 지지하려** 한다(그러나 실상을 들여다보면 유대인들을 지지한다). 그래서 바울은 마지막 내용으로 나아가기 전에, 이방인들이 알았던 예전의 삶의 방식에 마지막 일격을 가한 뒤, 그리스도와 **영**이 토라를 "온전히 이루셨다" 하여 그것이 곧 옛 삶의 방식으로 되돌아갈 문을 열어놓는 것은 아니라고 역설한다 (13:11-14).

● 로마서 13:11-14

[11]또 이것, 곧 때를 알지니, 너희가 잠에서 깰 때가 이미 이르렀도다. 이는 이제 우리 구원이 우리가 믿었던 것보다 더 가까워졌기 때문이라. [12]밤은 멀리 지나갔고 낮이 가까이 왔다. 그러므로 어둠의 행위들을 내버리고 빛의 무기들을 갖자. [13]낮에 하는 것처럼, 점잖게 행하며, 흥청거림과 술 취함으로, 난잡한 성생활과 음탕함으로, 싸움과 시기로 행하지 말고, [14]도리어 주 예수 그리스도로 옷 입으며 육의 욕망들을 이루기 위하여 육을 생각하는 일을 하지 말자.

이곳은 이 권고 부분에서 **영**을 언급하지 않은 또 다른 본문이다. 그러나 이 서신을 큰 소리로 낭독할 때 들었던 사람들은 바울이 이전에 8:12-13 에서 말했던 내용과 이곳이 연결되어 있다는 것을 짐작했을 것이다. 바울 은 여기서 밤과 낮이라는 종말론 차원의 이미지들을 동원하여 철저한 언 어유희를 구사한다. 이 이미지는 이전에 그가 이방인 회심자들에게 "낮"의 행실을 행하라고 독려하면서 사용했던 것이다(살전 5:1-11). 바울은 이런 언어유희를 통해 특별히 로마 신자들이 "**영**으로 죽여야" 할 "몸의 행위들" 을 이야기한다(8:13). 이 행위들은 마지막 날에 죽음으로 이어질(8:12) "육

---

429) 따라서 여기서는 **율법**을 논박하지 않는다는 Käsemann, 361이 맞다 해도, 이 서신이 제시 하는 더 큰 문맥과 특히 8:4에 비춰보면, **영**이 만들어내는 사랑은 토라의 의로운 요구를 완 전히 이루며, **영**은 신자의 삶 속에서 토라를 대체한다.

을 따른" 삶의 행위들로서 본보기로 골라 뽑은 것이다.

이 문단 전체를 놓고 보면 할 수 있는 말들이 많지만, 특히 언급해두어야 할 것은 "육"에 속한 죄들을 여러 쌍으로 제시해놓은 것들이다. 첫 두 쌍은 누가 봐도 "육"과 관련된 것들이다(흥청거림과 술 취함, 그리고 방탕하고 부도덕한 성생활). 물론 바울이 이것들을 여기서 처음으로 언급하는 이유는 그가 사용한 이미지 때문이다. 다른 것들이야 어찌되었든, 그리스-로마 문화에서는(다른 대다수 문화들에서도 마찬가지지만!) 이것들이 "밤에" 행하는 악들이었다. 때문에 바울이 시종일관 유지하는 이 이미지 속에[430] "싸움과 시기"를 포함시킨다는 점이 더더욱 놀랍기만 하다(아마도 바울은 자신이 순전히 더 기괴한 형태를 띠는 방탕한 행위들만 생각한다는 인상을 사람들에게 남기지 않으려고 일부러 "싸움과 시기"를 이 이미지 속에 포함시켰을 것이다).[431] 물론 중요한 것은 바울이 여기서 말하는 "육"이 육이라는 문자가 의미하는 것보다 훨씬 더 많은 것과 관련 있다는 점이다. 싸움은 옆으로 제쳐놓아야 하며, 원한다면 죽여야 한다. 부도덕한 성생활과 흥청거림은 단 한 조각이라도 죽음에 처해야 한다. 바울은 8:14에서 이 모든 행위를 해결할 해독제로 **영**의 인도를 받아 주의 길로 행하는 것을 든다.

로마서 14 : 1-15 : 13

이제 우리는 이 단락에 이르러 이 서신의 정점에 이르렀다. 어떤 의미에서

---

430) 바울의 평소 모습을 생각하면, 특이한 일이다. "점잖게 행하는 것"조차도 낮에 다닐 목적으로 단정히 옷 입는 것으로 표현한다. 따라서 전쟁을 대비하여 "무기"들을 갖춘다는 말도 다른 이미지(곧 전쟁 ─ 옮긴이)를 향해 나아가기 시작하는 말이지만, 현재 바울이 사용하는 낮이라는 이미지 속에 흡수되어버린다(즉 바울은 군인들이 출전하려고 무기들을 갖춘다는 이미지가 아니라 낮 동안에 행할 임무에 맞게 무기를 갖춘다는 이미지로 바꿔버린다).
431) 이 점과 관련하여 갈 5:19-21이 말하는 "육의 일들"을 참고하라.

보면 모든 것이 이 특정한 목표를 지향해온 셈이다. 바울은 토라의 시대가 끝났다고 말했다. 그렇다면 토라를 준수하는 유대계 그리스도인들과 준수하지 않는 이방인 그리스도인들이 한데 어울려 한 하나님 백성을 이룰 길이 있는가, 있다면 어떤 길인가? 여기서는 바로 이 껄끄러운 문제를 다룬다.[432] 이 대목에는 **영**을 이야기하는 부분이 많지 않다. 그러나 **영**을 이야기하는 곳 중 한 곳(14:17)은 바울이 여기서 제시하는 주장의 중심이다. 또 다른 한 곳(15:13)은 이 서신이 제시하는 주장의 마지막 말로서 **영**이 그리스도인의 믿음과 체험을 바라보는 바울의 이해에서 중심 역할을 함을 일러준다. 하지만 그에 앞서 특별히 여기서는 바울이 제시하는 주장 전체와 이 주장의 본질을 짚어봐야 한다. 그래야 방금 말한 두 본문을 이해할 수 있는 적절한 문맥을 제시할 수 있기 때문이다.

바울이 여기서 제시하는 주장은 아주 중요하며 흥미진진하다. 15:5-7은 이 주장의 **목표**를 하나님이 유대인과 이방인에게 은혜를 베푸셔서 똑같은 생각을 하게 하심으로 **하나가 되게** 하사, 그들이 **한 입으로** 하나님이요 우리 주 예수 그리스도의 아버지이신 분께 영광을 돌리게 하는 것이라

---

432) 이 점은 일부 사람들이 생각하는 것보다 더 자신 있게 말할 수 있다. 바울이 끝까지 유대인과 이방인을 언급하지 않기 때문이다(일부러 조심하여 그런 걸까?). 바울 자신이 사용하는 언어는 "믿음이/그들의 믿음이 약한 자들"(14:1-2)과 "(믿음이) 강한 자들"(15:1)이다. 많은 사람이 이 부분과 고전 8-10장 사이에 여러 연관이 있다고 보고, 문제가 된 음식이 고린도 서신의 본문들이 말하는 "우상에게 바친 고기"라고 주장한다(특히 Ziesler, 322-27을 보라). 그러나 이는 옳은 주장 같지 않다. 그 이유는 다음과 같다. (1) 고전 8:1-10:22은 우상을 섬기는 신전에 참배하는 것과 관련 있으며, 이슈가 되는 것도 음식이 아니라 우상숭배다. (2) 음식 문제 자체는 오직 10:23-11:1에서만 다룰 뿐이다. 거기서 바울은 그런 음식을 먹을 권리가 자신에게 있음을 힘차게 변호하면서도, 여러 문맥에서 자신의 숙소 밖에서는 그런 권리 행사를 자제하려 한다는 뜻을 피력한다. 그런가 하면 (3) 우상숭배는 여기서 언급하는 문제가 아니다. 여기서 다루는 이슈들(음식과 절기)은 곧 음식이 "정결"한가 아니면 "불결"한가라는 문제(14:14, 20)와 15:5-12에서 이야기하는 마지막 적용 문제다. 마지막 적용 부분은 유대인과 이방인들이 여기서 바울이 취하는 입장을 지지한다고 추정한다. 이것이 가장 많은 사람들이 지지하는 견해다(최근에는 Cranfield, 2.694-95; Dunn, 795; Thompson, *Clothed*, 233-34과 그 외 여러 곳이 이런 견해를 지지한다). Morris, 475은 이 문제가 상당한 논란거리임을 생각하여 모호한 태도를 취하길 선호하면서도, 이 주장의 많은 부분이 이야기하는 유대인 특유의 모습을 지나쳐버린다(가령 14:14, 20).

고 천명한다. 이 때문에 바울은 그들더러 "서로 받아들이라"고 촉구한다. 이런 내용들이 중요한 이유는 바로 하나님의 영광이 문제되고 있는 사항이기 때문이고, 복음이 어떤 의미를 가질 수 있으려면 이 복음이 실제 삶 속에서, 즉 그들 사이에 실제로 존재하는 차이점들이 이처럼 서로 교차하는 가운데 이루어져야 하기 때문이다.

바울이 여기서 제시하는 주장이 아주 흥미로운 이유는 바울이 이런 목표에 이르러가는 **방법**(과정, *how*) 때문이다. 여기서 다루는 문제 자체만 놓고 보면, 바울은 분명 이방인을 대변하는 입장을 취한다. 바울은 자신이 이미 다른 곳에서 강조했던 것, 곧 "그리스도 안에서는 할례도 무할례도 (음식도 절기도) 아무 의미가 없다"라는 입장을 견지한다. 하지만 바울이 제시하는 주장은 이방인들을 상대로 말하는 데 주안점을 둔다. 그는 이방인들에게 그들 자신이 누리는 자유를 유대인들에게 강요하지 않음으로써 유대인들에게 사랑을 보이라고 독려한다. 그러나 바울이 여기서 제시하는 주장이 신학 차원에서 함축한 본질을 살펴보면, 이야기가 또 달라진다. 비록 이 주장이 이방인들을 상대로 한 것이긴 하지만, 분명 바울은 **유대인**도 그리스도 및 **영**과 관련하여 유대인 자신이 표명하는 견해와 다른 견해를 받아들여야 한다는 의도를 내비치는 것 같기 때문이다. 그렇다면 이것은 바울 자신의 수사 전술인가?(즉 자신이 유대인들이 주장하는 견해를 논박하는 동안 이방인들에게는 뒤로 물러서 있으라고 요구한 것인가?) 우리는 바울이 이런 종류의 논증을 시종일관 행하는 모습을 볼 수 있다. 하지만 이런 논증 방식을 가장 쉽게 볼 수 있는 사례는 중요한 신학을 천명한 본문으로서 우리의 흥미를 잡아끄는 대목이다(14:16-18). 우리는 잠시 이 대목을 살펴볼 것이다.

바울이 여기서 제시하는 주장(14:1-15:13)은 네 부분으로 되어 있다.

(a) **14:1-12**은 이방인들에게 하는 말로 시작한다. 그러나 뒤이어 이방인과 유대인에게 호소하는 글이 등장한다. 여기서 문제 삼는 것은 "음식" (2-3, 6b절)과 "절기"(5-6a절)다. 하나님은 분명 사람들이 이런 것들을 준수

하느냐에 관심이 없으시다. 그러나 이런 것들을 지키는 사람들과 지키지 않는 사람들은 모두 오직 하나님께만 책임을 질 뿐이다. 그러므로 (지키는 자들이 내리는) 어떤 형태의 판단이나 (지키지 않는 자들이 표현하는) 어떤 형태의 경멸도 용납되지 않는다. 바울은 유대인과 이방인이 모두 하나님 앞에 나아가 심판을 받게 되리라고 말한다. 이는 양쪽에 던지는 경고이자 양쪽에 주는 확신 역할을 한다. 이 모든 내용의 목표는 다음 두 가지인 것 같다. 첫째, 이런 문제들을 진짜 의의 영역에서 제거하는 것이요(즉 이런 문제들은 의와 아무 상관이 없음을 밝히는 것이요—옮긴이), 둘째, 이런 문제들에서는 유대인과 이방인 모두 오직 하나님께만 책임을 진다는 것을 분명히 함으로써 이들이 서로 판단하거나 경멸하지 못하게 하는 것이다. 이를 통해 바울은 자신의 복음은 물론이요 다른 사람들에게 부당한 대접을 받는 이들을 함께 보호한다.

(b) 14:13-23은 주로 이방인에게 하는 말이다. 이방인이 사사로이 하나님 앞에서 어떤 행동을 하든지, 그들은 유대인을 사랑할 의무를 진다. 이방인은 유대인을 공격하거나 유대인이 넘어지게 하는 일을 하지 말아야 한다. 여기서 특히 주의할 점은 바울이 여기서 말하는 모든 내용이 **실제(실천) 차원에서 보면** 이방인을 상대로 한 것이지만, **신학 차원에서 보면** 사실상 이방인을 두둔함으로써 유대인이 주장하는 견해를 무너뜨린다는 점이다.

(c) 15:1-6은 이방인에게 제시하는 마지막 호소다. 바울은 그리스도의 사례에 호소함으로써 자신이 호소하는 내용을 뒷받침한다. 그러나 그는 동시에 마지막 기도라는 형식을 빌려 이 호소를 유대인에게도 적용한다.

(d) 15:7-13은 전체 주장을 맺는 결론 역할을 한다. 첫째, 이곳은 유대인과 이방인 양쪽에게 [마치 그리스도가 너희를(이 경우에 이 '너희'는 분명 유대인과 이방인을 모두 가리킨다) 받아주신 것처럼] 서로 상대방을 받아들이라고 호소하는 곳이다. 둘째, 이곳은 바울이 7절에서 제시하는 호소, 곧 유대인과 이방인을 모두 받아주신 그리스도가 유대교를 통해 그들을 받아

주셨지만 이는 실상 이방인들을 위하여 그리하신 것이라는 호소를 뒷받침하는 주장 역할을 한다. 그리고 셋째, 유대인과 이방인이 서로 받아들이게 되면 결국 이들은 한 하나님 백성이 되어 함께 하나님을 찬송하고 언약이 제시하는 약속들을 온전히 이루게 된다. 바울은 이 모든 내용을 마지막 기도로 끝맺는다.

바울은 προσλαμβάνεσθε("받아들이라/용납하라"; προσλαμβάνω의 2인칭 복수 중간태 명령법 형태다 — 옮긴이)라는 명령문을 되풀이하여 사용하는데, 이 말은 일종의 봉투 구조(inclusio)의 양끝 역할을 한다(이 명령문은 14:1-15:13의 첫 문단 서두인 14:1과 마지막 문단 서두인 15:7에서 등장한다 — 옮긴이). 이 점은 이 주장이 네 부분으로 된 구조로 이루어져 있음을 더 확증해준다. 즉 바울은 14:1에서 그들에게 믿음이 약한 자를 받아들이라고 명령한다. 그런가 하면 15:7에서는 그들더러 서로 받아들이라고 명령한다. 이 두 경우에 바울의 호소에 힘을 실어주는 것은 이들의 서로 받아들임과 비교해볼 수 있는 하나님의 "받아주시는" 행위다.

▪ 로마서 14:16-18

[16]그러므로 너희의[433] 선이 비방을 듣지 않게 하라. [17]이는 하나님의 나라가 음식과 음료의 문제가 아니라 성령 안에 있는 의와 평강과 희락의 문제이기 때문이요, [18]이는 그리스도를 이런 식으로[434] 섬기는 자가 하나님을 기쁘시게 하고 사람들에게 인정을 받기 때문이라.

---

433) 서방 전승을 따르는 사본들(D F G Ψ 1506 pc lat Clement Ambrosiaster)은 이 ὑμῶν (P46 ℵ A B C 048 Maj lat syh co)을 ἡμῶν으로 바꿔놓았다. 이렇게 바꿔버리면, 바울이 제시하는 주장이 — "너희가 선하게 여기는 것"(이렇게 쓰면 12:2을 떠올리게 한다)으로부터 "우리의 선"[이렇게 쓰면 복음(우리가 선히 여기는 것)이 모독당한다는 말이 되어버린다]으로 바뀜으로써 — 상당히 엉뚱한 주장이 되고 만다.

434) 후대에 나온 MajT는 이 단수를 복수로 바꿔(즉 ἐν τούτῳ를 ἐν τούτοις로 바꿔놓았다 — 옮긴이) "이런 일들로"로 기록해놓았다(이런 본문은 테르툴리아누스까지 거슬러 올라간다). 이 복수형은 필시 17절에 있는 의와 평강과 희락을 가리킬 것이다.

여기서 우리는 바울의 주장이 다루는 문제들의 핵심에 도달한다. 바울은 이방인들에게 유대인들이 준수하는 것들을 비방하지 말고 뒤로 물러서라 당부하며 유대인들에게도 하나님 나라의 본질적 성격과 관련하여 그들과 완전히 다른 견해가 있어도 이 견해를 용납하라고 당부하는데, 특히 17절은 바울의 **이 두 당부**가 신학 면에서 정당하다는 증거를 동시에 제공해준다. 바울이 주로 "강한" 자들(이방인)을 상대로 이야기한다는 것은 이 본문이 들어 있는 더 큰 문단(13-23절)의 구조와 내용이 증언해준다. 이 더 큰 문단은 형태상 교차대구 구조이며,[435] 우리가 지금 보는 본문은 이 문단에서 중심 역할을 함으로써 강조점 역할을 한다. 이 더 큰 문단 양끝에는 15절과 20절에 각각 두 명령문이 자리 잡고 있는데, 이 명령문들은 "음식"을 통해 다른 사람들을 "무너뜨리는" 일을 다룬다. 하지만 이 두 경우에 바울은 이런 명령문들을 그런 문제들 자체가 결코 중요하지 않다는 것을(즉 이런 문제들에 관한 한 이방인들이 옳다는 것을) 역설하는 문맥에 배치해두었다. 바울이 그리스도를 본보기로 삼아 호소하는 것도 이 때문인 것 같다. 삼가든 참여하든 간에 이런 문제들은 **율법**과 관련된 문제들일 **수 없다**. 그러나 이런 문제들은 다른 사람들을 생각하여 사랑으로 행할 것을(영 안에서 살아갈 것을) 요구받는 몸(교회라는 신앙 공동체) 안의 관계들과 관련된 문제들이다.

이 본문에서는 바로 이런 주장의 양면성에 특히 주목해야 한다. 16절은 이방인들을 향한 주장으로 끝맺는다. 바울은 이방인들에게 유대인 형제자매들을 대하는 그들의 태도로 말미암아(즉 그 형제자매들을 "비방함"으로써, 13절) 그 이방인들 자신이 가진 선(참고. 12:2!)[436]에 관한 이해가 욕을 얻어

---

435) 이 문제와 관련하여 특히 Thompson, *Clothed*, 201-4을 보라. 톰슨의 분석은 H. V. D. Paranuk, "Traditional Techniques in the Bible," *JBL* 102 (1983), 525-49 (536)보다 훨씬 더 선호할 만한 분석이다.

436) 참고. NIV: "Do not allow what you consider good to be spoken of as evil"(너희가 선하다 여기는 것이 악평을 듣지 않게 하라). 물론 우리는 ὑμῶν τὸ ἀγαθόν을 이렇게 해석하는 것이 옳은지 확신할 수 없다. 실제로 이 부분에서 상당한 논란이 있다. 많은 사람들

먹지[437] 않도록 해야 한다고 당부한다. 이어 바울은 17절에서 이방인들이 그렇게 견뎌야 하는 이유들을 15-16절에 비추어 제시한다. 이 구절도 여전히 이방인을 상대로 말한 것이다.[438] 바울이 제시하는 이유는 두 가지다. 첫째, 하나님 나라는 먹는 것 및 마시는 것과 아무 상관이 없다. 둘째, 참된 의와 평강과 희락은 성령 안에 있는 삶과 관련 있다. 이런 이유들 때문에 바울은 그들(이방인)이 "선"이라고 여기는 것 자체와 관련하여 쉽게 양보할 수 있을 것이라고 생각한다. 나아가 바울은 18절에서 **이런 식으로**(방금 전 17절에서 대강 이야기한 대로)[439] 그리스도를 섬기는 자들은 이를 통해 "하나님을 기쁘시게 해드리며"[440] 다른 사람들에게도 인정을 받는다고 말

은 이 ὑμῶν τὸ ἀγαθόν을 복음을 가리키는 말로 받아들인다(가령 Cranfield, Hendriksen, Morris; Thompson, *Clothed*, 203; 참고. Dunn, 821, "하나님이 언약을 통해 약속하신 모든 복들"). 그러나 다음과 같이 이 견해에 반대하는 몇몇 강력한 주장이 있다. (1) 바울은 다른 어느 곳에서도 복음을 이 말로 부르지 않는다. (2) 바울은 이 주장에서(12:1부터) 줄곧 "τὸ ἀγαθόν (선을) 행함"을 이야기했다(12:2, 9, 21; 13:3, 4; 15:2; 16:19). 따라서 왜 유독 여기서만 이 τὸ ἀγαθόν을 다른 뜻으로(즉 "선"이 아니라 "복음"으로 — 옮긴이) 받아들여야 하는지 의아할 뿐이다[Käsemann, 376은 8:28과 10:15을 지적한다. 그러나 이 둘은 모두 τὸ ἀγαθόν이 아니다(즉 관사가 붙어 있지 않다 — 옮긴이)]. (3) ὑμῶν τὸ ἀγαθόν처럼 소유격을 강조한 말은 바울 서신에서는 좀체 드문 말이다[가령 로마서에서는 오직 여기서만 나타난다(대다수 해석자들은 이 점을 간과한다)]. 이 말은 모든 신자들에게 "선"인 것을 강조하는 게 아니라, "강한" 자들이 "선"이라 여기는 것, 곧 **너희의 선**을 강조하는 말 같다(여러 사람이 이 견해를 지지하지만, 그중에서도 Godet, 461; SH, 391; Denney, 705; Barrett, 264; Murray, 2.193; Käsemann, 396이 이런 견해를 따른다). "그들의 선"을 강조함으로써 다른 사람들에게 해를 끼치는 "강한" 자들은 분명 결국에는 복음의 평판을 깎아내릴 것이다. 그러나 복음을 가리키는 말로 ὑμῶν τὸ ἀγαθόν을 썼다는 것은 아무리 생각해봐도 둔감한 것 같다.

437) 이 본문 해석에서 문제가 되는 것 중 하나는 이 "욕하는 자들"을 누구로 이해해야 하는가라는 문제와 관련 있다. 이 본문과 관련하여 앞에서 제시한 해석(앞의 주436을 보라)은, 우리가 그들을 그런 이방인들의 "믿음"으로 말미암아 특히 조롱을 받는 유대계 비그리스도인들로 볼 경우, 큰 추진력을 얻는다.

438) 혹자는 이 부분을 이 주장에서 중요한 지점으로 생각하려 하나, 주석들은 이곳에 그리 주목하지 않는다. 주석가들은 원리를 주장에 적용하는 것보다 원리 자체에 훨씬 더 많은 흥미를 기울인다(그러나 SH, 391-92; Murray, 2.193; Cranfield, 2.718을 보라).

439) Käsemann, 374; Dunn, 824; Thompson, *Clothed*, 204도 이렇게 생각한다; 달리 생각하는 사람들은 Black, 164; Cranfield, 2.719; Morris, 489 등이다. 이들은 "이런 식으로"를 16절이 말하는 성령 안의 의와 평강과 희락을 가리키는 말로 받아들인다. 이렇게 보면, 이 단수형을 복수형으로 바꿔놓았던 초기 해석(주434를 보라)과 일치하는 셈이다.

한다. 결국은 이것이 현세를 닮아가지 않고 마음을 새롭게 함으로 변화를
받음으로써 하나님의 뜻(선하고 하나님을 기쁘시게 해드리는 것)을 분간할 수
있다는 말의 의미이기도 하다.

동시에 이 말은, 14절이 보여주듯이, 유대계 그리스도인들에게 하는 말
이기도 하다. 그리스도가 몸소 이 문제를 말씀하셨다.[441] 바울이 그들에게
"본디 불결한[442] 것은 아무것도 없다"라고 되새겨줄 수 있는 것도 그 때문
이다. 이 문제와 관련하여 바울과 그의 주님은 한목소리를 낸다. 외형을
지닌 어떤 사물이나 물질에도 객관적 "불결함"은 존재하지 않는다. 하지
만 바울은 "다만"이라는 말이 이끄는 절을 덧붙이는데, 이 절은 그런 사물
이나 물질을 불결하다고 여기는 사람들이 보기에는 "주관적 불결함"이 있
을 수 있음을 인정하는 말이지만, 실상은 이방인들에게 이 문제와 관련하
여 유대계 그리스도인들을 친절히 대하라고 당부하는 말일 수 있다. 바울
이 비록 이런 말을 통해 유대인들이 주장하는 견해를 에둘러 무너뜨리긴
하지만, 그래도 유대계 그리스도인들은 바울이 이방인 그리스도인들에게
당부하는 말을 놓치지 않았을 것이다.[443] 17절도 마찬가지 경우다. 분명 이

---

440) 12:1이 사용했던 이 말을 요약하여 쓴다는 점 역시 방금 제시한 16-17절 해석에 힘을 보태
준다. 결국 "새롭게 된 마음"은 하나님의 뜻과 관련하여 "무엇이 선하고 하나님을 기쁘시게
해드리는 것인지" 분별할 수 있을 것이다. 바울이 말하려는 요점은 그런 분별이, 어떤 것이
"정결"한가 아닌가와 관련된 게 아니라(14절), 그것이 **영**으로부터 유래하는 의와 평강과 희
락을 촉진하는가 여부와 관련 있다는 것 같다.

441) 나는 "내가 주 예수 안에서/주 예수께 설복 당했다"(개역개정: 내가 주 예수 안에서 알고
확신하노니, 14절)라는 바울의 호소를 이렇게 받아들인다. 실제로 예수는 바로 이 문제를
말씀하셨다(적어도 초기 교회는 이 음식법 문제에 관한 예수의 입장을 이렇게 이해했다). 막
7:17-23이 그런 예수의 입장을 풍성히 분명하게 일러준다. 대다수 사람들은 "주 예수 안에
서"를 "그리스도인으로서"와 같은 말로 본다. 그러나 이런 견해는 바울이 "그리스도 안에서"
와 "예수 안에서"를 구별한다는 점을 진지하게 고려하지 않은 것이다. 이 문제를 살펴보려
면, 특히 Thompson, *Clothed*, 185-99을 보라.

442) 그리스어로 κοινόν이다(κοινός의 중성 형태다 — 옮긴이). 이 말은 "속된, 평범한"(common)
과 같은 말로서 **불결하여 종교 의식에 적합하지 않은**"이라는 뜻이다. 참고. 20절; 특히 마
15:11을 보라. 여기서는 동족 동사인 κοινόω가 "더럽게 하다"를 뜻한다; 참고. 행 10:14. 이
말은 여기서 쟁점이 "우상에게 바친 음식"이 아니라 음식 규례와 관련된 유대인/이방인의
견해 차이임을 일러주는 또 다른 증거다(앞의 주432를 보라). 참고. Cranfield, 2.695.

443) 아니면 혹 이렇게 생각하는 이도 있을 것이다: 교회에서 겪는 체험에 비춰볼 때, 이런 생각

구절은 이방인들을 향해 쓴 말로서, 다른 이들의 "약한 것들"을 참고 받아들이는 것이 신학 면에서 정당한 이유를 제시한다. 그러나 동시에 이 구절은 약한 자들(곧 유대인)이 제시하는 주장을 신학적 차원에서 뒤집어엎는 것이다. 하나님 나라는 그 어떤 경우에도 먹는 것이나 마시는 것과 상관이 없다. 비록 일부 사람들은 그것이 하나님을 섬기는 것처럼 생각하여 먹는 것과 마시는 것을 절제하지만, 그것은 하나님 나라와 무관하다!(6절)

결국 우리는 이 중요한 본문에서 두 가지 답변을 듣는다. 우선 바울은 실제 차원에서 일련의 본문을 통해 "강한" 자들(이방인들)더러—비록 토라의 시대가 끝났다 할지라도—여전히 토라를 준수하는 자들을 판단하지 말라고 당부한다. 바울은 이와 상당히 다른 문맥 속에 들어 있는 8:4에서 비록 토라가 그 수명을 다했어도 "토라의 의로운 요구"는 여전히 유효하며 이제 **영**으로 행하는 사람들이 이 요구를 온전히 이룬다고 주장했다. 그는 또 10:4에서 그리스도가 믿는 자들에게 토라의 "목표"가 되신다고 선언한다. 나는 이 말을 그리스도가 토라가 존재했던 이유를 처음으로 온전히 이루심으로써 토라의 시대에 마침표를 찍으셨다는 뜻으로 받아들인다. 이어 바울은 13:8-10에서 사랑의 계명에 순종하는 것이야말로 토라를 온전히 이루는 **길**, 또는 토라를 완성하는 **길**이라고 주장한다. 사랑은 "이웃에게 잘못을 범하지 않기 때문이다." 이제 바울은 15절에서 이런 문제로(즉 먹고 마시는 것과 절기를 지키는 문제로—옮긴이) 다른 사람들을 해치는 사람 역시 "사랑을 따라 행하는" 사람이 아니라고 재차 이야기한다. 우리에게 능력을 주셔서 그렇게 "사랑으로 행하게" 하시고 오로지 그런 "의"를 만들어

은 지나친 낙관이다. 경건주의 계열 그룹들 사이에서는 실로 놀라운 반대 해석들이 나타났는데, 그중 한 해석은 그들(유대인)이 이 본문을 마치 음식 규례를 지키는 자들은 "강하고" 지키지 않는 자들은 약한 지로 여겨지는 것처럼 읽었다고 본다. 그리하여 이 해서은 유대인들이 다른 사람들을 위하여 절제(즉 음식 규례를 좇아 불결한 음식을 피함—옮긴이)를 장려했으며, 이는 실상 이 "강한 자들"이 음식 규례를 지키지 않고 탐닉에 빠진 다른 사람들로부터 대단한 공격을 받았기 때문이라고 본다! 이런 사람들은 말 그대로 이런 본문들을 이렇게 거꾸로 뒤집어 읽는다.

내시는 **영**은 또한 "평강"(그리고 "희락")도 이뤄내신다.

이렇게 참고 절제하는 태도가 신학 면에서 정당한 이유는 간단하다. 바울은 이미 "할례나 무할례나 아무것도 아니다"라는 "규준"(canon)을 제시했다(갈 6:15). 이 로마서 본문도 그 규준과 함께 문제는 토라 준수 자체가 아님을 분명히 한다. 바울은 하나님이 이런 문제에 조금도 신경 쓰시지 않는다고 강조한다. 따라서 이 서신이 제시하는 주장(그리고 갈라디아서) 전체가 문제 삼는 것은 이방인들도 토라를 지키는 자가 되어야 한다고 역설함으로써 **토라 준수를 중시하는(토라 준수를 중대사로 만드는)** 태도다. 바울은 이 문제와 관련하여 물러서지 않고 싸운다. 그러나 유대인들이 오랜 세월 동안 그들을 유대인으로 규정해준 관습들을 계속 이어가야 하는가라는 문제에는 거의 관심을 보이지 않는다. 바울이 제시하는 첫 번째 신학 명제, 곧 "하나님 나라는 먹고 마시는 것과 아무 상관이 없다"가 나오게 된 것도 바로 그런 이유 때문이다. 결국 유대인들은 원한다면 그런 규례를 계속 지켜도 된다. 그러나 이방인들은 그리하지 말아야 한다. 그런 행위는 결국 토라 준수를 아직도 중요한 의미를 갖는 것으로 만들어버리기 때문이다.[444]

그러나 바울이 하는 말에는 그 규례를 지키는 자들이 귀를 기울이고 새겨들어야 할 또 다른 측면이 있다. 바울이 제시하는 신학적 강조점들은 이방인들이 참고 절제해야 할 이유들로 제시할 수 있는 것들이지만, 동시에 이런 강조점들은 신학 차원에서 볼 때 그런 규례를 지키는 것에 의미를 부여할 수 있는 가능성을 제거해버리는 역할을 한다.[445] 하나님은 그런 규례들에 아무 관심이 없고 유대인들도 마찬가지다. 설령 유대인들이 그런 규례를 계속하여 신실히 지킨다 할지라도 말이다. 하나님 나라[446]는 그

---

444) 이 문제와 관련하여 바울이 고전 7:17-24에서 이야기하는 "[무(無)]변화의 신학"을 살펴보라; Fee, *1 Corinthians*, 307-9을 보라.

445) 이런 점을 강조한 사람으로서 내가 아는 유일한 사람이 T. W. Manson이다. Black, 169은 Manson의 견해를 (지지하며) 인용한다.

런 것들과 아무 상관이 없다. 여기서 바울은 그들에게 그리스도가 이뤄내시는 의는 **영** 안의 삶[447]과 관련이 있을 뿐이며 유대인들이 준수하는 것들과 그 종류가 완전히 다르다는 점을 되새겨준다. **영** 안에서 살아가는 삶은 바울이 12:9-21에서 그들에게 촉구했던 것과 같은 것이다. 이 삶은 하나님의 자녀들이 그 삶 속에서 다시 만들어내고 나타내는 하나님의 성품과 관련 있다.

마지막으로 우리는 무엇보다 이방인 신자들을 생각하며 기록해놓은 이 본문이 **영**과 결합해놓은 세 가지 항목[448]에 주목해야 한다. 물론 의는 이 서신 전체가 관심을 갖는 주제다. 하나님이 토라와 상관없이 그리스도의 죽음과 부활을 통해 이뤄주신 선물인 의는 이제 하나님 백성이 **영**으로 행하여 토라의 "의로운 요구"를 온전히 이루는 그들의 삶 속에서(또는 삶을 통해—옮긴이) 명백히 나타난다.[449] 따라서 이 의는 "성령 안의 의",[450] 곧

---

446) 이 말은 바울이 자주 쓰는 말이 아니며, 보통 미래에 임할 나라를 가리킨다. 그러나 여기서 바울이 말하는 것은 고전 4:20(찾아보라)과 마찬가지로 현존하는 실체인 하나님 나라다.

447) 나는 여기서 **영** 안에서"를 주로 영역을 나타내는 처격(處格)으로 본다. 여기서 바울이 강조하는 것은 **영**이 능력을 부어주심으로 의와 평강과 희락을 만들어내시는 중개자 역할을 하신다는 점이 아니라, 이런 의와 평강과 희락이 나타나는 존재 영역이 되신다는 점이다. 이런 경우에도 ἐν이 가지는 도구의(instrumental) 의미(Cranfield, 1.318n5는 이 의미를 지지한다)를 완전히 배제하는 것은 아니다. 참고. Dodd, 218; Dunn, 824(Dunn은 ἐν이 영역과 도구의 의미를 모두 가진다고 주장한다).

448) 일부 학자들은(Meyer, Michel, Black, Cranfield; Thompson, *Clothed*, 204n1) 살전 1:6을 일부 근거로 삼아 "성령 안에서"가 오직 "희락"만을 수식한다고 주장했다. 가능한 주장이지만, 지극히 개연성이 낮은 주장이다. 평강과 희락은 15:13에서도 재차 함께 등장한다. 여기서는 **영**을 평강과 희락의 근원으로 추정한다. 또 갈 5:22에서는 평강(화평)과 희락이 모두 **영**의 열매로 등장한다. 뿐만 아니라, 바울이 되풀이하는 καί는 이 세 명사(=의와 평강과 희락)가 한 몸이며 모두 그 전치사구("성령 안에서", 그리스어로 ἐν πνεύματι ἁγίῳ다—옮긴이)가 수식하는 대상임을 일러준다(대다수 주석들도 같은 견해다; Dunn은 모호한 태도를 취한다).

449) 이것이 이 서신이 말하는 "의"의 의미 중 어느 것을 가리키느냐를 둘러싼 논란은 십중팔구 잘못된 논란인 것 같다. 많은 사람들은 이 의를 의라는 선물로 한정한다(Calvin, Hodge, Michel, Cranfield, Kasemann, Dunn). 다른 이들은 이 의를 윤리적 의로 본다(Meyer, Godet, SH, Barrett, Murray, Harrison). 두 견해 모두 아주 편협한 것 같다. 문맥을 살펴보면, 결국 이 의는 신앙 공동체가 삶으로 살아내는 윤리적 의를 가리키지만(결국 바울은 "먹고 마심"과 **영** 안의 삶을 대조하기 때문이다), 이 서신에서는 이런 윤리적 의가 의라는 선물로부터 흘러나온다. Denney, 795; Godet, 461-62; Morris, 489도 같은 견해다.

신자가 **영** 안에서 살아가는 삶으로 나타내는 의다.

이 의라는 첫째 항목은 쉽게 이해할 수 있을 것 같다. 두 번째 항목인 평강도 마찬가지다. 바울은 자신이 갈라디아서 5:22에서 **영**의 열매라 불렀던 것을 끌어다가, 하나님 나라는 "평강"과 관련이 있다고 역설한다. 우리는 갈라디아서에서 이 말을 논할 때 이 말이 우리 내면의 영이 누리는 평온과 아무 상관이 없다고 주장했었다. 또 여기서 말하는 평강은 5:1-2이 말하는 "하나님과 화목함"과 아무 상관이 없고,[451] 도리어 로마 신자들이 함께 어울려 살아가는 삶을 규정하는 **샬롬**과 관련 있다. 이 경우에 바울은 특히 다음 명령문에서(19절) 이런 샬롬을 재차 이방인들에게 당부하며 이렇게 말한다. "**평강 그리고 다른 사람들을 세워주는 일과 관련된 일들을 추구하자**"(개역개정: 그러므로 우리가 화평의 일과 서로 덕을 세우는 일을 힘쓰나니). 이 평강도 역시 **영**이 하시는 일이다. 그러나 신자들은 옆으로 물러난 채 "**영**이 평강을 이루실 자리만 내드리면" 저절로 평강이 이루어지는 게 아니다. 하나님 백성 사이에서 이루어지는 그런 **샬롬**은 이 백성이 **영**이 주시는 능력을 힘입어 그 샬롬을 열심히 "추구할" 때 이루어진다. 이는 곧 신자들이 다른 이들을 위하여 "자신의 선"을 포기해야 한다는 것을 뜻한다.

마지막으로 희락이라는 항목이 있다. 문맥에서 이것이 여기에 존재하는 이유를 찾아내기가 다른 항목보다 더 어렵다. 어떤 사람은 바울 자신이

---

450) 의가 본질상 행위와 연관되어 있다는 사실은 바울이 여기서 **영**의 정식 명칭인 성령(**거룩한 영**, *Holy* Spirit)을 사용한 점이 더 증명해준다. 바울 서신에서는 성령이라는 말이 좀 드문 말이며(이 책 제2장을 보라), 문맥상 **영**의 인격성에 특별한 비중 내지 강조점을 둘 때나(참고. 앞의 9:1), 아니면 여기처럼 "거룩한" 행위를 강조할 때(뒤의 15:16을 보라; 참고. 살전 4:8; 고전 6:19; 엡 4:30) 늘 등장하곤 한다.

451) Leenhardt, 355; Cranfield, 2.719; Dunn, 824-25이 "하나님과 화목함"과 관련이 있다고 주장한다. 바울이 19절에서 호소하는 호소는, Dunn도 지적하듯이, 결국 "하나님과 화목함"에 근거한다는 점을 부인할 수 없을 것이다. 그러나 이 문맥이 가장 먼저 말하고자 하는 것은 그것이 아닌 것 같다. 대다수 주석가들도 나와 같은 견해다; 참고. Thompson, *Clothed*, 204.

이 둘(평강과 희락)을 단순히 함께하는 것으로 이해하지 않았나 하고 생각한다. 이 둘이 15:13에 있는 기도에서도 재차 등장하기 때문이다. 따라서 하나님 백성 사이에 존재하는 평강은 그들의 희락 속에 반영되어 나타난다. 어쨌든 바울은 희락을 **영** 안에서 살아가는 삶의 주요 표지 가운데 하나로 이해했다. 더 상세한 내용은 데살로니가전서 1:6과 갈라디아서 5:22을 다룬 내용을 보기 바란다.

● **로마서 15:13**

또 소망의 하나님이 믿음/신뢰함 안에서 너희에게 모든 희락과 평강을 가득 채워주셔서,[452] 너희가 성령의 능력으로 말미암아 소망이 풍성하기를 원하노라.

바울은 이 말로 자신이 1:18에서 시작한 "주장"을 마무리한다. 물론 더 자세히 말하면, 이 말은 14:1에서 시작하는 주장의 마지막 단락을 마무리하는 말이다. 바울은 이 주장을 유대인과 이방인에게 주는 마지막 권면으로 매듭짓는다. 그는 한 하나님 백성을 함께 이룬 이들에게 "서로 받으라"라고 권면한다(15:7). 이어 바울은 그리스도를 예로 들어 자신이 마지막으로 호소한 내용에 힘을 실어준다. 그리스도는 "하나님의 **영광**을 위하여 너희를 받아주셨으며" "할례 받은 자들 가운데서 종"이 되심으로 그리하셨다. 이를 통해 그리스도는 (1) 하나님이 조상들에게 주셨던 약속들을 확증하셨으며 (2) "이방인들이 하나님이 베푸신 자비 때문에 하나님께 **영광을 돌리게** 하셨다." 이 말에 이어 바울은 구약 본문을 네 개나 잇달아 제시한

---

452) 이곳은 "믿다"(πιστεύω)라는 동사를 번역하기 아주 어려운 경우 가운데 하나다. 바울이 보기에 이 말은 이중 의미를 가진다. 그가 이 서신에서 대강 별명한 것처럼 이 말은 "복음을 믿음"이라는 의미를 갖지만, 동시에 그는 이런 "복음을 믿음"이 늘 신자들이 "믿는" 복음의 주인이신 그리스도를 신뢰함을 뜻한다고 보기 때문이다[D F G b m에서는 이 "믿음 안에서"라는 문구가 통째로 빠져 있는데, 이는 동사문미(homoeoteleuton) 때문임이 거의 확실하다. B 945 2495 pc에서 다음 문구가 빠져 있는 것도 같은 이유 때문이다].

다. 이 본문들은 모두 이방인들이 하나님이 주신 약속들에 동참함으로써 "하나님을 찬미하는 것"과 관련된 것들이다. 이 본문들 가운데 마지막 본문은 이사야 11:10에서 가져온 것인데, "그 안에(여기서 그는 이제 그리스도를 가리킨다) 이방인들이 소망을 두었다"라는 말로 끝맺는다. 바울은 이런 말로 주장을 마무리한다. 그러나 바울은 으레 그러하듯이 이 모든 일들이 실현되기를 바라는 기도 간구로 매듭짓는다.

그러나 그 기도는 일부 기도들처럼(!) 지금까지 말한 모든 내용을 요약하지 않는다. 오히려 이 기도는 네 가지 사실에 초점을 맞춘다. 즉 바울은 "소망의 하나님"(이 말은 방금 이사야서에서 인용한 본문의 마지막을 끌어온 것이다)이 (1) 그들(로마 신자들, 곧 똑같이 하나님 백성이 된 유대인과 이방인─옮긴이)이 계속하여 그리스도를 신뢰할 때에 (2) 하나님이 그들을 **영의 희락과 평강**으로 가득 채워주셔서, 그들이 계속하여 그리스도를 신뢰하고 그들이 (3) 성령이 주시는 능력을 받을 때에 (4) 그분(소망의 하나님)이 그들에게 **소망이 넘치게** 하시기를 기도한다. 이 기도가 이 주장의 마지막 말이 된 것은 다소 우연인 면도 있지만, 어쩌면 상징성을 함축하고 있을 수도 있다. 기술상 "성령으로"는 오직 마지막 절만을 수식한다.[14] 하지만 바울이 다른 곳에서 제시한 문장 구조와 언어는 성령을 그들이 그리스도를 신뢰할 경우 하나님이 그들을 희락과 평강으로 가득 채워주실 때 사용하시는 수단으로 이해해야 한다는 것을 일러준다. 즉 하나님은 그들이 계속하여 그리스도를 신뢰할 때 당신의 **영**을 통하여 그들에게 희락과 평강을 가득 채워주신다. 결국 하나님이 품으신 목적은 바로 그 성령으로 그들에게 소망이 넘치게 하시는 것이다.[453]

---

453) 참고. Black, 173과 Murray, 2.207. 이들은 모든 문장이 마지막 구절을 목표로 삼고 있다고 말한다. Dunn, 853은 견해를 달리한다. 그는 두 ἐν-문구들이 평행이며 이는 그들에게 희락과 평강이 가득한 이유가 그들의 신뢰 때문임을 일러준다고 주장하나 타당성이 없는 주장이다. 오히려 반대로 그들이 신뢰할 때에 희락과 평강이 **영**으로 말미암아 임한다고 보는 것이 옳다. 관사가 붙은 두 부정사구 "너희가 신뢰할 때"(믿음 안에서)와 "너희에게 넘치기를"(그리스어로 ἐν τῷ πιστεύειν과 εἰς τὸ περισσεύειν; πιστεύειν은 πιστεύω의 부정사이며,

이 셋(희락과 평강과 소망)은 바울이 친숙하게 사용하는 묶음은 아니다 (바울은 오히려 "믿음, 소망, 사랑"이라는 묶음을 더 많이 사용한다). 그러나 바울은 위대한 신앙고백 문언으로 1:18-4:25을 마무리한 5:1-5에서도 이미 이 셋을 함께 묶어 사용했다.[454] 그리하여 바울은 기도를 통해 그의 신학이 제시하는 종말론의 기본 틀로 되돌아간다. 하나님 백성은 그리스도를 신뢰함으로써 "이미" 희락과 평강을 알고, 이를 통해 "아직 아니"를 절대 확신하는 소망 가운데 살아간다. 물론 이 모든 것에서 핵심은 성령이시다. 성령은 현재를 살아가는 신자의 삶에 능력을 주시고 미래에 있을 생명의 완성을 보증해주신다[바로 이런 이유 때문에 바울은 **영**의 능력으로 말미암아[455] 그들에게 "소망이 넘치기를(!)" 기도한다]. 여기서 더 설명해야 할 세 가지 문제가 있다.

1. 바울은 이미(14:17에서) "희락"과 "평강"(화평)이 "**영** 안의" 삶에서 나온 결과임을 시사했다(참고. 갈 5:22). 결국 바울은 여기서 현재 하나님의 백성을 규정하는 언어임이 분명한 말로 되돌아가는 셈이다. "희락"과 "평강"을 살펴보려면, 갈라디아서 5:22과 로마서 14:17을 보기 바란다. 그 본문들이 말하는 "평강"처럼 여기서 말하는 "평강"도 필시 "내면의 평온"[456]이 아니라 14:1-15:12이 이야기하는 바로 그것과(즉 유대인과 이방인이 똑같이 하나님의 백성으로서 함께 하나님께 영광을 돌리는 것과) 관련된 말일 것이다. 이런 일이 일어나려면, 유대인과 이방인이 "평강과 관련된 일들을" 추

πϵρισσϵύϵιν은 "필요보다 더 많다, 넘치다"를 뜻하는 πϵρισσϵύω의 부정사다 — 옮긴이)은 평행은 아니나, 서로 조화를 이룬다.

454) 그 경우에는(롬 5:2-3) "희락"이 "자랑하다"(καυχάομαι)라는 동사 안에 애초부터 내재되어 있는 것으로 이해해야 한다. 이 때문에 많은 역본들은 실제로 이 동사를 "즐거워하다/기뻐하다"로 번역해놓았다(가령 RSV, KJV, ASV, TEV; 옮긴이 주5를 보라 — 옮긴이).

455) Dunn, 851은 견해를 달리한다. 그는 13절이 말하는 "성령의 능력 안에서"(ἐν δυνάμει πνεύματος ἁγίου)가 처격이지 도구의 의미를 가진다고 주장한다. 그러나 바울이 δυνάμει를 썼다는 것은 처격의 의미를 배제하는 것 같다. **영**의 능력은 우리가 소망을 풍성히 가질 수 있게 해주는 방편이다.

456) Käsemann, 387; Dunn, 851도 같은 견해다(Dunn은 양쪽 다 인정한다). 견해를 달리하는 사람은 W. Foerster, *TDNT* 2.417 ("확실하다"); Morris, 507이다.

구해야 한다(14:19). 또 그들 사이에서는 이런 "평강"이 "희락"으로 나타나야 한다. 이 "희락"은 그리스도인의 경건이 가지는 독특한 특징이요 **영**의 효과 있는 사역이 만들어내는 것이다. **영**은 그리스도의 구원 사역을 우리 삶에 적용하실 뿐 아니라, 우리가 현재 처한 여러 상황들의 본질에도 불구하고 우리에게 영광스러운 미래를 보장해주신다.

2. 하나님 백성은 **영**의 임재로 말미암아 소망 가운데 살아간다. 이 사실은 우리를 바울이 이 서신에서 이미 말한 내용(8:23-27)으로 다시 데려간다. 이런 소망은 **영**의 내주에서 직접 비롯된 결과요, 우리에게 보장된 미래의 첫 열매다. 그러나 이제 바울은 **영**이 그들에게 능력을 주심으로 그들에게 "소망이 풍성하기를" 기도한다. 혹자는 이 독특한 언어에 좀 놀라기도 한다. 우리도 "믿음"이나 "간절함"이나 "사랑" 같은 것이 "풍성"하거나 "넘침"을 말하는 개념(참고. 고후 8:7)에는 더 익숙하지만, 여기서 말하는 개념에는 덜 익숙하다. 그러나 바울은 그들이 **영** 안에서 살아갈 때에 그들에게 확실히 주어질 미래를 확신하는 마음이 넘쳐나기를 기도한다. 그렇게 "미래를 지향하는" 사람들은 현재를 살아가더라도 다른 이들과 다른 방식으로 살아간다(그렇다 해도 이런 사람들은 "온통 하늘의 일에만 마음이 있어서 땅의 것에는 도통 마음이 없는" 식으로 살아가는 게 아니라, 미래를 확신하기에 철저히 방종으로 가득한 현재 속에 자신을 쏟아 넣을지라도 희락과 평강이 가득한 삶을 살아갈 수 있다). 결국 현재 속에 존재하는 그 어떤 것도 이런 사람들을 이기지 못하기 때문이다. 이런 사람들은 그리스도를 믿는 믿음을 진정 매력 있는 대안으로 만드는 이들이다.

3. 마지막으로 바울은 주장 말미에서 **영**이라는 언어를 사용한다. 이 언어는 철저히 전제로서 이해해야 할 언어임이 거의 확실하다. 이제까지 바울이 사용한 모든 "**영**으로"라는 문구들은 아주 다양한 동사들을 수식해왔다(하나님이 당신 사랑을 부어주시다, 행하다, 인도함을 받다, 살다, 몸의 행실을 죽이다, 증언하다). 이 모든 것들은 성령의 **능력이** 이뤄내시는 것들임을 전제하고 이해해야 한다. 바울과 초기 교회는 **영**과 능력을 하나로 묶어서

보았다. 능력이 없는 **영**, **영**이 없는 능력은 상상할 수가 없다. 따라서 바울은 **영**과 능력이라는 말로 이 둘이 불가분 관계임을 따로 이야기하는 경우가 거의 없다. 그러나 여기서는 그 사실을 이야기하는데, 이는 **영**과 능력이 늘 불가분이라는 것을 되새겨주려고 그런 것이다.

바울은 잠시 뒤에 자신의 세계 선교 사역을 되돌아보면서(15:18-19) 이 언어를 다시 끄집어낼 것이다. 그는 자신의 선교 사역에 "표적과 기사의 능력"이 함께함으로 그 사역의 진정성을 증명해주었다고 말한 뒤, 이어 이 사역이 "하나님의 **영**의 능력으로 말미암아" 이루어졌다고 설명한다. 이런 본문에 비춰볼 때, 그리고 특히 이 본문이 "능력"을 반복하여 강조하는 점을 고려할 때, 우리는 능력을 특별히 이런 식으로[즉 **영**의 임재가 더 확연하게 그리고 더 비상(非常)하게(만일 원한다면 "기적으로"라고 표현해도 무방하리라) 나타난 일들로] 생각할 수 있는 덫에 쉬이 빠질 수 있다. 그러나 이 본문은 필시 그런 식으로 "한쪽에 치우친" 생각을 바로잡을 요량으로 기록해놓았을 것이다. 바울은 **영**의 임재가 늘 능력을 전제한다고 본다. 그러나 "희락과 평강"으로 가득함과 "소망으로 넘쳐남" 역시 "성령이 능력으로" 임재하실 때에 "함께 나타나는" 증거요 그런 임재를 "증언하는" 증거다.

바울이 이 서신에서 제시한 주장을 마무리하는 방법은 정말 사람의 이목을 확 잡아당긴다. 과연 우리도 마땅히 바울이 로마 신자들을 위해 한 기도가 오늘날 우리 교회의 삶 속에서도 더 진실하게 그리고 더 효과 있게 이루어지기를 기도해야 하지 않겠냐고 대범하게 제안하는 사람이 있을지 나는 확신이 서지 않는다. 오늘날 우리가 서로 맺은 관계들을 볼 때, 또 과연 우리가 세상에서 능력 있는 증인으로 살아가는지 생각해볼 때, 만일 우리 개인과 공동체가 희락과 평강으로 가득 차며 **영**의 능력으로 말미암아 "소망으로 넘쳐난다면", 과연 무슨 일이 벌어질지 궁금하기만 하다.

로마서 15:14-33

바울이 로마서에서 제시하는 주장은 15:13의 기도 간구로 끝났다. 그러나 바울은 자신이 이 서신을 써야 했던 이유들을 다 말하지 못했다는 생각이 들었는지 이 이유들을 더 이야기한 뒤에 서신을 마무리해야 한다고 느낀다. 이 이유들은 열성을 다해 선교를 펼쳤던 그의 삶 그리고 그의 복음의 맥락과 밀접하게 연결되어 있다. 때문에 이런 이유들은 특별히 그가 곧 로마 사람들과 형성하게 될 관계에도 해당하는 것들이다. 따라서 이 단락은 바울 개인과 관련된 사안들로 가득하다(로마서의 이 단락은 현존하는 대다수 바울 서신의 결론부에서 발견할 수 있는 것보다 훨씬 더 많이 바울 개인의 사안들을 기록해놓았다). 놀라운 점은 바울이 그 자신의 사역, 로마 신자들이 그리스도 안에서 살아가는 삶, 그리고 로마 신자들과 바울 자신의 관계와 관련하여 **영**을 빈번히 언급한다는 점이다. 우리에겐 놀라운 일이지만, 그리스도 안에서 살아가는 바울의 일상생활에서는 **영**의 이런 빈번한 등장이 필시 으레 있는 일이었을 것이다. 이 단락 본문들을 각각 차례로 살펴보기 전에, 이 단락에서 대체로 나타나는 생각의 흐름과 관련하여 한마디 해둘 필요가 있겠다. 이런 생각의 흐름을 알면, 우리는 이 단락 속의 각 본문과 그들이 자리한 문맥들을 더 쉽게 꿰어 맞출 수 있다.

이 단락의 본문 전체는 우선 서문에서 제기한 문제들(특히 1:9-15)을 다시 끄집어내는 부분으로 이해해야 하는 동시에, 바울이 오랫동안 방문하기를 바라왔고 이제 곧 방문하기를 소망하는 한 공동체에 체면 불구하고 이처럼 긴 서신을(결론에 이르고 보니 정말 긴 서신이다) 써 보낼 때 그가 가졌던 두 가지 관심사를 다시 끄집어내는 부분으로 이해해야 한다. 현재 우리가 보는 내용은, 그 본질을 따지자면, 결국 변증이요 정보를 알려주는 글이다. 바울은 두 방향으로 변증을 진행한다. (a) 즉 그는 자신이 **그들에게** 마치 그의 가르침이 필요한 것처럼 생각하여 이렇게 긴 서신을 써 보낼 수밖에 없었으며, (b) 과거에 그가 한 사역과 미래에 펼칠 사역(그들 가운데서 그리고 그보다 더 멀리 나아가 펼칠 사역)을 생각하여 이렇게 긴 서신을 써 보낼 수밖에 없었다고 말한다. 바울은 둘 중 후자에 지면을 대부분 할애한다. 이는 첫째, 그가 자신의 과거 사역과 현재 사역이 정당함을 변호할 필요를 느꼈기 때문이요, 둘째, 그가 지금은 로마에 갈 수 없는 이유를 설명함과 동시에, 그가 로마에 가게 되면 그들이 그를 따뜻이 맞아주고 그가 서쪽으로 선교하러 가는 데 도움을 주기를 소망하기 때문이다. 이 단락 전체는 계속되는 내러티브로 되어 있다. 따라서 이 단락을 더 작은 부분들로 쪼개는 것은 다소 독단인 감이 없지 않다. 하지만 우리는 이 내러티브의 여러 굽이굽이를 살펴보면서 이 내러티브를 따라가볼 수 있다.

바울은 우선(14절) 이렇게 긴 서신이 필요하지 않은 공동체에 이런 긴 서신을 써 보낸 연유를 설명한다. 그래서 그는 15절에서 자신의 낯 두꺼움을 설명하기 시작한다. 바울은 하나님이 그에게 특별히 "은혜를 베푸셔서" 복음을 이방인들에게 전하는 그리스도의 "일꾼"이 되게 하셨다고 말한다(15-16절, 이 본문에는 유대교 제의를 시사하는 말들이 가득하다). 이어 바울은 그가 하나님 앞에서 "자랑할" 거리들을 말한다(17-21절). 즉 자신이 세계 전역을 다니면서[예루살렘으로부터 일루리곤(일리리쿰)까지][457] 다른 이들은 가보지 못한 곳들에 들어가 이방인들 가운데서 **영**의 능력을 힘입어 사역한 이야기를 펼쳐놓는다[이어 그는 그의 로마 방문이 오랫동안 지연되었다는 점을 일부 이야기한다(22절)]. 그리하여 바울은 23-24절에서 자신의 로마 방문 계획을 천명하면서, 로마 신자들의 전송을 받아 아직 "발길이 닿지 않은" 이방인 지역(서반아)으로 전도 여행을 계속 이어가기를 바라는 마음을 밝힌다. 그러나 그 이전에 바울은 이방인 교회들이 예루살렘에 있는 유대인 신자들을 생각하여 마련해준 선물을 가지고 예루살렘으로 가야 한다(25-27절). 이것이야말로 이방인과 유대인이 똑같이 하나님 백성

---

457) 로마 신자들은 바울이 설명한 이런 지리 내용을 알아들었을 것이다. 달마티아 해안 다음에 갈 곳이 이탈리아다. 그러나 이탈리아에는 이미 복음이 전파되었기 때문에, 바울이 로마를 지나 다음에 갈 곳은 서반아(에스파냐)임이 분명하다.

임을 확실하게 표현하는 그 나름의 방법이다. 바울은 이 모든 내용을(22-27절) 28-29절에서 다시 요약 제시한다. 이어 바울은 그들의 기도를 요청하며 이 단락을 맺는다(30-32절). 여기서 바울은 그가 다음 목표로 삼는 두 곳(예루살렘과 로마)으로 가는 여정이 하나님의 뜻을 따라 성공할 수 있도록 기도해달라고 요청한다. 그런 다음 그는 그들을 위해 자신이 하는 기도로 마무리한다(33절).

이 단락에서는 **영**이 다양한 방법으로 등장한다. 직접 등장하기도 하고 에둘러 등장하기도 한다. 바울은 **영**이 에둘러 등장하는 14절에서 이 **영**을 로마 신자들에게 능력을 주시는 근원으로 지목한다. 또 삼위일체 요소를 담고 있는 또 다른 부분인 16절에서는 이방인 회심자들로 이루어진 "제물"을 거룩하게 하신 분으로 묘사한다. 18-19절에서는 바울의 사역에 능력을 공급해주시는 근원으로 묘사한다. 27절에서는 **영**을 에둘러 언급하면서 이 **영**을 유대인들이 이방인들에게 감당해야 할 "사명"의 본질을 반영하는 분으로 묘사한다. 그리고 마지막으로 30절에서는 **영**을 자신이 그들에게 후원 기도를 호소하는 근거가 되는 사랑의 근원으로 지목한다.

● 로마서 15:14

또 내 형제자매들아, 나 자신도 너희에 관하여 너희 자신이 선함으로 가득하고 모든 지식으로 가득하며 또한 서로 가르칠 능력을 받은 자들임을 확신하노라.

이 서두의 "변증"은 **영**을 직접 언급하지 않는다. 그러나 세 요소들을 함께 고려해보면, 바울이 대다수 언어 뒤편에서 **영**을 전제한다는 것을 알 수 있다. 그 셋 중 둘은 바울이 앞서 그들을 생각하며 한 기도로부터 직접 흘러나온다. 첫째, "…으로 가득하다"라는 말은 앞서 제시한 기도에서 말한 **영**의 활동을 직접 반영하는 말이다. 바울은 앞서 그들이 희락과 평강으로 가득하여 성령의 능력으로 말미암아 모두 소망이 풍성한 자가 되기를 기도했다. 이제 바울은 그들이 이미 "선함으로 가득하며 모든 지식으로 가득 차 있으리라" 확신한다고 선언한다. 둘째, 바울이 여기서 말하는 선함(양선)은 그가 **영**의 열매로 지목했던 것(갈 5:22)임을 주목해야 한다.[458] 아울러 고린도전서 12:8과 13:2, 그리고 13:8은 "모든 지식"을 직접 **영**의 활동으로 돌린다. 마지막으로, 바울은 그들이 또한 서로 가르칠 "능력을 받았다"라고 말한다(이 말에는 바울 자신의 가르침이 필요 없겠다는 뉘앙스가 숨어 있다). 여기서 "능력을 받다"(그리스어로 δυνάμενοι인데, 이는 "할 수 있다"를 뜻하는 δύναμαι의 남성 복수 주격 현재분사 중간태 형태다 — 옮긴이)라는 말은 비록 동사 형태이지만 바울이 앞 기도에서 성령과 결합시킨 "능력"과 같은 말이다.

로마 신자들이 이 내용을 모두 알아들었을지는 분명 미지수다. 그러나 바울이 나란히 배치해놓은 이 두 본문(롬 15:14과 15:13-옮긴이)이 들려주는 언어를 들어보면, 로마 사람들이 알아들었을 것도 같다. 어쨌든 여기서도 바울은 **영**의 이름을 언급하지 않는다. 그러나 바울이 다른 곳에서 하는 말에 비춰보면, 이 모든 내용 뒤에도 **영**이 계심을 추정할 수 있다.

▪ 로마서 15:16

이는 곧 내가 이방인들을 위해 그리스도 예수의 제사장 같은 일꾼이 되어 제사장과 같은 모양으로 하나님의 복음을 섬기게 하사, 이방인들로 이루어진 제물들이 성령으로 거룩하게 되어 받아들이실 수 있게 하려 함이라.

바울은 이 절에서 "하나님이 (바울에게) 베푸신 은혜", 곧 그가 앞에 있는 주절(15절)에서 밝혔던 은혜의 목표를 표현한다. 그는 이 목표를 두 목적절

---

458) 사실 이 "선함"이라는 말은 신약성경에서 드물게 나타나는 말로서 오직 바울만이 사용하는 말이다(이곳; 살후 1:11; 갈 5:22; 엡 5:9).

로 표현하는데, 둘째 절은 첫째 절에 의존한다. 즉 하나님은 바울이 복음을 "제사장처럼 섬기는 일"을 하게 하시려는 특별한 목표를 마음에 품으시고 그에게 "은혜를 베푸셨다." 이 일의 궁극 목표는 이방인 선교였으며, 바울은 이 이방인 선교에 자신의 생애를 바쳤다. 바울은 이 모든 내용을 철저히 제사장과 관련된 이미지를 동원하여 표현한다(나는 이 구절을 번역할 때 이런 이미지를 살려보려고 애썼다). 갑자기 풍성하게 등장하는 이런 이미지는, 12:1-2의 경우처럼, 바울 자신이 유대인과 이방인을 하나가 되게 하려고 사용한 일종의 간접 수단으로 보는 것이(다시 말해 유대인과 이방인을 통합시킬 요량으로 자신이 이방인들 가운데서 행한 사역을 이야기할 때 유대교 제사 언어를 활용했다고 보는 것이) 아마 가장 좋은 설명일 것이다.

우리가 특히 관심을 갖는 것은 바울이 이런 이미지를 놀랍게 활용한 모든 사례들이 아니라, 그가 이 이미지를 활용하여 제시한 마지막 표현이다. 이 표현에서 바울이 말한 "제물"은 바로 이방인들 자신임을 알 수 있다. 그들이 "제물"인 이유는 "성령으로 말미암아[459] 거룩하게 되었기 때문이다." 이곳은 필시 유대인들에게 "이방인들을 받아들이라"라고 말한 김에 마지막으로 덧붙여 한 말일 것이다(15:7). 이 이방인들은 이전에는 깨끗하지 않았으나 이제는 성령으로 말미암아 거룩하게 된 자들이다.[460] 이것은 "하나님이 깨끗하게 하신 것을 더럽다고 하지 말라"(행 10:15)라는 말을 바울 나름대로 표현한 말이다. 이방인들이 성령을 받은 일은 결국 이 이방인들을 "거룩히 구별된 제물"로 만들어내는 행위였다. 바울은 이제 이 이방인들을 자신이 하나님께 바치는 제물로 묘사한다. 고린도전서 1:2 및 6:11과 마찬가지로, 여기 있는 "거룩하게 되었다"(그리스어로 ἡγιασμένη인데, 이

---

459) 이런 여격(NA²⁷이 제시하는 그리스어 본문은 ἐν πνεύματι ἁγίῳ다. πνεύματι ἁγίῳ는 여격이다 — 옮긴이)의 경우에 자주 벌어지는 일이지만, 바울이 의도하는 것이 성령을 도구로 보는 것인지(대다수 사람들이 생각하듯이, **영**을 능력을 베푸시는 중개자로 보는지), 아니면 영역을 나타내는 처격인지(Lenski가 주장하듯이, "그들이 **영** 안에서 살아갈 때"라는 뜻으로 쓴 말인지) 확실히 밝혀낼 수 없다.

460) 참고. Bruce, 260; Morris, 511-12.

는 "거룩하게 하다, 거룩히 구별하다"를 뜻하는 ἁγιάζω의 여성 주격 단수 완료분사 수동형이다 – 옮긴이)라는 말도 회심을 은유한 말로 이해하는 것이 가장 좋을 것이다. 그러나 이것은 풍성한 은유이며, 이 은유가 지닌 의미들은 누구도 놓쳐서는 안 될 것들이다.

첫째, 여기서 "거룩하게 되었다"라는 말을 쓴 이유는 은유 때문이다. 바울이 "제사장처럼 섬기는 종"[461]으로서 하나님께 드리는 제물은, 마땅히 그래야 하듯이, "거룩히 구별된" 제물이요, 이 경우에는 성령이 "거룩히 구별해두신" 제물이다. 그러나 바울이 실제로 한 사역은 물론이요 특히 이방인들의 회심은 제사 제도와 아무 상관이 없다. 때문에 우리는 바울이 이 "거룩하게 되었다"라는 말을 통해 자신이 보통 하는 말처럼 이제는 그들이 "하나님의 거룩하신 목적들을 위하여 구별 받았다"라는 말을 하려 한다는 것을 확신할 수 있다. 또 바울은 이 말이 늘 경건함이라는 의미도 가진다고 생각한다. 여기서 경건함은 경건한 행위도 포함한다. 요컨대 하나님께 제사할 때는 오직 순수하고 흠이 없는 희생들만을 바칠 수 있다. 어쨌든 바울의 시각에서 보면, 육과 **영**은 섞일 수 없는 것이다. 그래서 바울의 선교 사역도 이방인들을 그들이 이전에 따랐던 삶의 방식, 곧 바울이 "육"이라 규정한 삶의 방식으로부터 구해주신 그리스도 예수의 사역이었다.[462]

여기는 바울 서신이 성령(**거룩한 영**)을 상당히 두드러지게 언급한 곳들 가운데 하나다. 여기서 핵심이 되는 말은 "거룩한"이다. 초기 그리스도인들은 이 말을 그들이 과거에 몸담았던 유대교 전통으로부터 넘겨받은 말로 생각했지만, 이제 그들이 겪은 하나님의 **거룩한 영**(the *Holy* Spirit of God) 체험은 이 말에 완전히 새로운 의미를 집어넣어주었다(참고. 1:4). 결국 그

---

461) 그리스어로 λειτουργός다. 이 말은 27절에서 유대인 신자들에게 이방인 "선교"를 묘사할 목적으로 쓴 λειτουργεῖν ("하나님을 섬김")을 행하는 사람을 가리키는 명사다(이방인 선교를 이야기하면서 제사 언어를 사용한 또 다른 사례다).

462) 앞에서 7:5-6; 8:5-8, 12-13을 다룬 내용을 보라; 참고. 13:11-14.

리스도와 **영**이 그 막을 열어놓으신 새 시대에 신자들의 정체를 규정하는 주된 방법은 바로 **영**, 바로 그 자체로 **거룩한 영**이다. **영**은 당신의 임재를 통해 당신 백성도 "거룩하게" 만드신다. 바울이 볼 때 이렇게 **영**이 거룩하게 만들어주신 하나님 백성이야말로 그가 하나님께 드릴 수 있는 궁극적 "제물"이다.

마지막으로, 이 본문 밑바닥에는 삼위일체가 자리해 있음을 간과해서는 안 된다.[463] 바울이 섬기는 좋은 소식의 근원은 하나님이시다. 바울은 이 소식을 이방인들에게 전달할 때, 이 좋은 소식의 내용이 되시는 그리스도 예수의 "제사장 같은 일꾼"으로서 전달한다. 이 좋은 소식을 이방인들의 삶 속에 효과 있게 적용하시는 것이 바로 성령이 하시는 일이다. 바울은 우리가 어느 곳에서나 발견할 수 있는 삼위일체 패턴을 그대로 유지한다. 다만 언어와 이미지만을 바꿔놓았을 뿐이다.

■ **로마서 15:18-19**

[18]이는 내가 대담하게[464] 아무것이나 말하지[465] 아니하고 오직 그리스도가 나를 통해 이방인들을 순종케[466] 하시려고, 말과 행위로, [19]표적들과 기사들의 능력

---

463) 참고. Barrett, 275 ("말 그대로 우연히"); Morris, 512.

464) Codex B는 특이하게 이 문장이 지닌 형태를 이탈하여 이 문장 속에 오로지 그 자신만이 가진 네 가지 독법을 기록해놓았다. (1) 여기 본문에 나온 부정과거 동사 $\tau o \lambda \mu \dot{\eta} \sigma \omega$를 현재 시제 동사로 바꿔놓았다[저자는 $\tau o \lambda \mu \dot{\eta} \sigma \omega$를 부정과거(aorist)라 기록해놓았는데, 이는 **부정과거가 아니라** "감히(대범하게)…하다"라는 뜻을 가진 $\tau o \lambda \mu \dot{\alpha} \omega$의 1인칭 단수 **미래** 능동태 직설법 형태다(BDAG, 1010) — 옮긴이]. (2) "나를 통해" 뒤에 $\lambda \acute{o} \gamma \omega \nu$을 덧붙여놓았다. 이 말은 여기서 "일들"을 뜻할 것이다["(오로지)…한 일들만"]. (3) $\dot{\upsilon} \pi \alpha \kappa o \acute{\eta} \nu$ ("순종")을 $\alpha \kappa o \acute{\eta} \nu$ ("청종")으로 바꿔놓았다. (4) 이 경우에 **영** 뒤에 있는 $\theta \epsilon o \hat{\upsilon}$를 생략해버렸다.

465) 이 $\tau \iota$ $\lambda \alpha \lambda \epsilon \hat{\iota} \nu$ ("어떤 것이나 말하다")이라는 조그만 문구는 석연치 않은 이유들 때문에 여러 사본들을 거치며 질곡의 역사를 걸어왔다. (1) $\tau \iota$를 빼버린 사본도 있다(P[46]). (2) 이 두 단어의 위치를 바꿔놓은 사본도 있다(MajT). (3) 동사 $\lambda \alpha \lambda \epsilon \hat{\iota} \nu$을 부정과거로 바꿔버린 사본들도 있다. 그러나 부정과거형도 서로 다른 두 가지 형태를 썼다($\epsilon \dot{\iota} \pi \epsilon \hat{\iota} \nu$ D F G; $\lambda \alpha \lambda \hat{\eta} \sigma \alpha \iota$ 1881 2495). 그래도 이 변화는 더 이해할 만한 변화다. 원문은 (필시) א A B C P 81 365 629 630 1506 1739 pc가 제시하는 본문일 것이다.

으로,[467] 하나님의 **영**의 능력으로 행하신 것만을 말하였기 때문이니, 그렇게 하여 예루살렘으로부터 일루리곤까지 두루 다니며 복음(을 설교하는 일)을 다 하였노라.

바울은 그가 행한 사역을 이 말로 로마 교회에게 소개함으로써 결국 그 자신을 소개한다. 물론 로마 교회 지체들은 이미 바울과 가까운 벗인 브리스길라와 아굴라를 통해 바울 및 그가 행한 일을 어느 정도 알고 있었다. 우리는 고린도후서 12:12은 물론이요 이 고린도후서 본문과 아주 비슷하게 거의 붓 가는 대로 써놓은 이 로마서 본문을 통해 바울이 펼친 사역이 어떤 것이었는지 발견한다. 이 두 본문이 없었다면, 우리가 바울이 행한 사역을 알 길은 오로지 사도행전뿐이었을 것이다.[468] 다음에 말하는 세 가지는 바울이 강조하는 점들과 함께 귀 기울여 들어봐야 할 것들이다.

첫째, 이 본문의 동사와 전체 절의 주어는 그리스도시다. 바울은 그리스도를 그 자신이 사도로 섬기며 한 "일"[469]을 실제로 행하신 분으로 이해

---

466) Codex B가 제시하는 본문을 알아보려면, 앞의 주464를 보라.

467) 몇몇 초기 사본들은(P⁴⁶ D* F G m) αὐτοῦ ("그의")를 덧붙여 첫 번째 경우는 그리스도의 능력으로 말미암은 것이요 두 번째 경우는 **영**의 능력으로 말미암은 것임을 분명히 하려 했다. 이는 분명 바울이 어설프게 반복해놓은 ἐν δυνάμει ("…의 능력으로")의 의미를 확실히 해두려는 시도일 것이다. 그러나 이 사본들은 그렇게 함으로 말미암아 σημείων καὶ τεράτων ("표적들과 기사들의")라는 말과 관련하여 훨씬 더 복잡한 상황을 만들어내고 말았다. P⁴⁶을 기록한 필사자는 "표적들" 뒤에 τε ("그리고")를 집어넣어 결국 "그의(그리스도의) 표적들뿐 아니라 기사들의 능력으로, 하나님의 **영**의 능력으로"라는 본문을 만들어냄으로써 문제를 더더욱 복잡하게 만들어버렸다.

468) 때문에 많은 학자들은 사도행전을 아주 의심스럽게 바라본다. 학자들은 누가를 "기사들"(wonders)에 큰 관심을 가진 1세기의 전형적 이야기꾼으로 보려한다. 자신들의 세계관으로 이런 기사들을 받아들이지 못하는 사람들이 아주 많기 때문에, 이런 사람들은 사도행전을 의심스러운 책으로 보곤 한다.

469) 그리스어로 κατειργάσατο다("이루다"를 뜻하는 κατεργάζομαι의 3인칭 단수 부정과거 중간태 직설법 형태다 ─ 옮긴이). 이 동사는 동사 ἐργάζομαι ("일하다")를 이용한 복합동사로서 효과 있게 일함, 곧 "이루다, 일을 완수하다, 해내다"라는 뜻을 가진다. 이와 비슷한 본문인 고후 12:12이 수동태 형태로 같은 동사를 사용한 사례를 보라.

한다. 따라서 이 본문 전체(14-33절)가 그리스도를 중심으로 삼는다는 것을 놓칠 수가 없다.[470]

둘째, 그리스도가 바울을 통해 이루신 일은 "이방인들이 순종케 하신 일"이다. 이 문구는 바울이 1:5에서 구사한 언어를 되울려준다. 물론 이것은 바울이 서신 첫머리부터 몰아치듯 서신을 써내려가게 만든 문제들 가운데 하나였으며(1:5-6을 보라), 그가 시종일관 주장해온 많은 논지들을 이끌어온 문제였다. 이 문제는 현재 본문을 지배하는 또 다른 음조(音調)이기도 하다.[471]

셋째, 그리스도가 바울을 통해 이런 일을 이루실 때 성령이 중개자가 되셨다. 이 부분이 바로 우리가 관심을 갖는 대목이다. 바울은 이곳에서 성령의 이런 역할을 그가 쓴 서신들에서 발견할 수 있는 가장 완전한 말로 이렇게 표현한다. "말과 행위로, 표적들과 기사들의 능력으로, 하나님의 **영**의 능력으로." 바울은 그의 사역이 유효하다는 것을 데살로니가전서 1:4-5, 고린도전서 2:5(참고. 4:19), 고린도후서 12:12에서 이곳과 비슷한 언어로 이미 이야기했다. 나는 이 본문들 가운데 두 곳에서(살전 1:4-5; 고전 2:5) 바울이 그의 사역이 유효함을 무엇보다 그 사역의 결과를 기준으로 삼아, 즉 데살로니가 사람들과 고린도 사람들의 회심을 기준으로 삼아 이야기한다고 주장했다. 이 두 본문의 경우에도 "능력"이라는 말이 바울이 여기서 "표적들과 기사들"이라 부르는 것을 가리키는지 확실치 않다. 그러나 고린도후서 12:12이 들려주는 증언은 분명하게 "표적들과 기사들"을 언급한다. 이 로마서 본문에서 독특한 점은 바울이 그의 사역에 **영**이 두 가지 차원에서(즉 말과 행위에서 — 옮긴이) 능력을 부어주신 일이 함께 따랐다고 주장한다는 점이다. 그리스도는 "말"(곧 바울의 복음 선포)과 "행위"(곧 표적들과 기사들)를 통해 바울 안에서 역사하셨다. 말과 행위는 모두 **영**

---

470) 이와 관련하여 14, 16, 17, 18, 19, 21, 29, 30절을 보라.
471) 앞에서 5:13을 다룬 내용을 참고하라; 여기서 15:16, 18, 19, 21, 24, 26-27절을 보라.

이 능력을 부어주신 결과요 **영**이 능력을 부어주심을 증명해주는 증거다.

이 문구는 다소 어설프긴 하지만, 그래도 전달하려는 요지는 분명해 보인다. 바울은 우선 그리스도가 바울 자신을 통해 효과 있게 역사하셨던 두 가지 수단을 "'말'과 '행위'로"라는 말로 지적한다. "말"은 분명 바울의 복음 선포를 가리킨다. 그러나 "행위"는 좀더 설명이 필요하기에, 바울은 즉시 "표적들과 기사들의 능력으로"[472]라는 말을 덧붙인다. 그러나 바울의 의도는 분명해 보이지만, 그래도 그가 하는 말은 이상하게 들린다. 바울의 관심사는 그가 말하는 "행위"가 무슨 뜻인지, 곧 그가 표적들과 기사들이라 말하는 것이 무슨 뜻인지 그 의미를 밝히는 것이다. 그러나 그가 말하는 내용에는 설명이 더 필요하기에, 바울은 즉시 "내가 '표적들과 기사들의 능력으로'라고 말한 것은 '하나님의 **영**의 능력으로'라는 뜻이다"라는 말을 덧붙인다. 이는 곧 첫째 수식어(="표적들과 기사들의 능력으로"—옮긴이)가 "표적들과 기사들을 통해 증명된 **영**의 능력으로"의 줄임말임을 일러준다. 그렇지만 설명하는 말로 덧붙인 마지막 수식어도 바울의 사역이 가진 두 차원, 곧 "말"과 "행위"를 재차 지목하며 밝힐 목적으로 쓴 말임을 일러준다. 그렇다면 결국 이 말들을 "길게 풀어쓰면" 이런 말이 된다. "(복음) 선포와 행위로, 곧 표적들과 기사들을 통해 (행하셨으니), 이 모든 일은 하나님의 **영**의 능력으로 말미암아 이루어졌느니라."[473] 우리는 앞에서 15:13을 논할 때 바울이 "능력"이라는 말을 비단 기적 같은 일에만 한정

---

472) Cranfield, 2.759 등은 견해를 달리한다. 이들은 ἔργον ("행위")이 바울이 선교사로서 행한 활동 가운데 복음 선포를 제외한 나머지 전부를 가리킨다고 주장한다.

473) Meyer, 2.348도 같은 견해다; 참고. Murray, 2.213. 표적과 기사들의 능력은 "행위"와 관련 있고 성령의 능력은 오로지 "말씀"과 관련 있는 것처럼 주장하면서 두 ἐν 문구들이(즉 19절 서두의 ἐν δυνάμει σημείων καὶ τεράτων, ἐν δυνάμει πνεύματος θεοῦ; "표적들과 기사들의 능력으로", "하나님의 **영**의 능력으로"—옮긴이) 말과 행위를 통해 하나의 교차대구 구조를 형성한다는 주장이 있는데, 이는 의심스럽다. 그런 주장을 하는 사람들은 Denney, 713 (주저하며 이런 주장을 한다); Michel, 361; Leenhardt, 369; Black, 175; Rengstorf, *TDNT* 7.259다(특히 Black은 "'표적들'은 사도들이 행하는 것이요, 말씀에 영감을 불어넣으시는 분은 **영**이시다"라고 대담하게 이야기한다.)

하여 사용하지 않는다고 말했다. "표적들과 기사들"이라는 말을 살펴보려면, 고린도후서 12:12을 논한 내용을 보기 바란다.

이 본문에 등장하는 **영**과 관련해 더 말해야 할 세 가지가 있다.

1. 바울 서신에서는 자주 나타나는 현상이지만, 우리는 다시금 이 본문에서도 삼위일체가 밑바탕에 자리해 있음을 본다. 바울은 17절에서 하나님과 관련된 일과 관련하여 바울 자신이 그리스도 예수 안에서 "자랑한다"라고 말했다. 바울은 우리가 지금 보는 본문에서 그리스도를 **영**으로 일을 이루시는 분이라 말하면서, 재차 "하나님의 아들"로 규정한다. 이 모든 말 뒤에는 삼위 하나님이 구원을 이루실 때 행하시는 삼중 사역이 자리해 있다.[474)]

2. 우리가 8:9-11을 논한 내용에 비추어볼 때, 우리는 이 본문이 표현한 그리스도와 **영**의 관계에도 주목해야 한다. 8:10처럼 여기서도 바울은 **영**을(이 경우에는 "하나님의 **영**"을) 그리스도가 이 시대에 당신의 일을 이루시는 수단으로 이해한다. 이는 바울이 그리스도와 **영**을 분명히 구분한다는 것을 보여주는 증거로서, 그가 **영** 기독론을 한마디로 거부한다는 증거다.

3. 마지막으로 우리는 우리가 고린도후서 12:12을 논하면서 말했던 것을, 즉 이 모든 내용이 정녕 사실이라는 것을 재차 강조해둔다. 바울이 "표적들과 기사들"로 이해한 것이 무엇이든(바울이 여기서 말하려 하는 것이 소위 기적들이라는 것을 부인하려면 특별히 배짱이 두둑해야 할 것 같다), 그는 "표적들과 기사들"을 이야기하면서 마치 사람들이 "물론, 좋아요. 하지만 당신은 뭘 더 기대하는 겁니까?"라는 말을 덧붙이리라 예상하고 이야기하는 것 같다. 현대인들이 이런 본문을 대할 때 어려움들을 느끼는 이유는 본문 주해를 통해 바울이 말하고자 하는 의미를 캐내기가 어렵기 때문이

---

474) 참고. Murray, 2.213. Murray는 "바울이 일부러 이 인격들(삼위 하나님)을 함께 엮어 제시했다고 보는 것은 옳지 않다. 오히려 바울의 의식 자체가 삼위 하나님을 믿는 믿음으로 형성되어 있고 그런 믿음을 지향하기 때문에, 그는 다만 이런 용어들로 표현할 수밖에 없다"라고 말하는데, 옳은 말이다.

아니라, 더 넓은 해석학적 관점에서 볼 때 우리가 이런 본문으로 우리 시대에 할 일이 무엇인지 알아내기가 쉽지 않기 때문이다.

우선 흥미로운 점은 복음주의 신앙을 표방하면서 오늘날의 시각으로 이 본문이 말하는 기적의 차원을 말 그대로 본문 속의 시대에나 있을 법한 일이라며 아주 쉽게 무시해버리는 분파(segment)가 있을 수 있다는 점이다. 그러나 이 경우에 이런 차원을 무시하는 것은 주해의 결과가 아니라 편견의 산물이다. **영**의 능력이 함께 따르는 "말씀"이 필요하다는 것을 오직 사도 시대에만 해당하는 이야기로 한정하려는 사람은 아무도 없을 것이다. 그러나 이 문장에서는 "말씀"과 "행위"를 떼어놓기가 쉽지 않다. 바울은 분명 이 둘을 함께 붙어 다니는 것으로 본다. 한 가지 더 유념해야 할 것은 사람들이 이 본문이 분명히 말하는 것을 회피하려 할 때 이 문장을 "바울이 사도로서 가지는 권위를 변호한 글"로 만들어버리는 책략을 자주 사용한다는 점이다. 이제 이런 책략은 더 이상 권위가 없다. 그러나 주해를 하면서 아무리 상상력을 발휘해봐도 이 문장을 자기의 사도직을 확고히 하려는 시도의 산물로 볼 수 없다. 대체 어떻게 하여 그런 주장이 나올 수 있는 걸까? 바울은 오히려 반대로 1:1부터 자신이 사도라는 사실 자체를 로마 회중에게 내세우지 않으려고 애썼다. 여기서도 바울은 자신의 권위를 은근슬쩍 내세움으로써 여기까지 지켜온 원칙을 깨는 일을 하지 않는다. 오히려 바울은 자신이 이방인들 가운데서 행한 사역을 아주 생생하게 묘사하면서도, 분명 이 이방인 공동체(=로마 교회)가 기본적으로 받아들일 수 있는 호소를 제시한다. 여기서 우리는 바울이 서술하는 내용이 그 자신이나 사도 시대에만 국한된 것이라고 일러주는 단서를 하나도 발견할 수 없다. 이 본문은 말 그대로 그리스도가 "이방인들을 순종케" 하시려고 행하신 일을 적어놓은 것이다. 여전히 그렇게 믿음의 순종에 이르러야 할 "이방인들"이 있는 한 바울이 했던 그런 사역이 계속되어야 한다고 주장하는 사람들은 이 본문을 해석학의 시각에서 더 제대로 읽어낸 것이다.

그런가 하면 이런 일은 그리스도가 당신의 **영**으로 행하시는 일이다. 따라서 이런 일은 사람이 자기 마음대로 다시 만들어낼 수 있는 사역이 아니다. 여기서 우리는 오늘날 서방 세계 전체보다 오히려 떠오르는 세계(즉 서구와 북미 국가 이외의 지역으로서 새로운 기독교 중심 지역으로 떠오르는 아시아, 중남미, 아프리카 지역을 말한다 – 옮긴이)에 더 잘 알려져 있는 방법들을 통해 **영** 안에서 행하는 길을 새롭게 배워갈 필요가 있는 것 같다. 우리는 하나님이 행하시는 이런 일들을 십중팔구 "이성을 통한 분석으로" 물리치려 한다. 우리는 지금 하나님이 우리 가운데서 행하실 수 있는 일을 규정해놓았으며, "하나님이 사람들에게 행하실 수 있는 길"로서 규정해놓은 이 길이 "정당함을 증명하려고" 애쓰느라 우리가 지닌 해석학적 에너지를 엄청나게 소모한다.

■ **로마서 15:27**

이는 그들이 그들에게 빚을 졌기에 기꺼이 그렇게 하였기 때문이니, 이는 만일 이방인들이 그들이(예루살렘에 있는 유대인 신자들이) 가진 **영**의 것들을 함께 가졌다면, 그들이(이방인들이) 그들이 가진 물질들로 그들을(예루살렘의 유대인 신자들을) 섬기는 것이 마땅하기 때문이라.

바울은 자신이 예루살렘에 연보를 가져갔을 때 나타나길 바라는 궁극의 결과들을 서술하면서, 다시 한 번 πνευματικός와 σαρκικός라는 말(참고. 고전 9:11, 찾아보라)을 사용하여 결국 복음을 전하는 사역을 책임진 자들과 자신들이 가진 물질들을 나누어준 자들의 상호관계를 묘사한다. 고린도 서신의 본문에서도 그러했지만, 여기서 바울이 말한 σαρκικός가 "물질"을 가리킨다는 점은 의심할 여지가 없다. 마찬가지로 그보다 앞서 말한 πνευματικός(영의 것들을) 나눠가짐도 본질상 복음의 메시지를 전하는 것과 관련된 말임이 확실하다.[475] 그러나 바울이 이런 단어들을 골라 받아 적게 한 것은 필시 이런 말이 **영**의 사역을 암시하는 의미를 함축하고 있는 것도 한 이유가 되었을 것이다. 따라서 앞에서도 그러했지만, 바울은 πνευματικοῖς(πνευματικός의 중성 복수 여격 형태다 – 옮긴이)를 "**영**과 관련된 것들"로 받아들인다.[476]

■ 로마서 15:30

형제자매들아, 이제 나는[477] 우리 주[478] 예수 그리스도를 통해 그리고 **영**의 사랑을 통해 너희를 권하노니, 너희가 나를 위해 하나님께 기도함에 나와 더불어 힘쓰기를 (권하노라 – 옮긴이 추가).[479]

이 서신이 **영**을 마지막으로 언급한 이 부분 역시 상당히 흥미로운 곳 가운데 하나다. "사랑" 뒤에 삼위 하나님 중 한 분을 가리키는 말의 소유격이

---

475) Michel, 371; Crnafield, 2.773도 같은 생각이다. 그러나 **영**을 언급하지는 않는다.

476) Meyer, 2.358을 보라. Meyer는 이런 연관성을 분명하게 간파했다; 참고. Denney, 715; Barrett, 279; Dunn, 876. 하지만 Dunn은 πνευματικός와 σαρκικός가 로마서에서 자주 등장하는 육/**영** 대조를 반영한 말로 보려 하는데, 이는 분명 새로운 해석 방식이다.

477) P⁴⁶과 B에는 이 호격이 빠져 있다. 우선 이렇게 빠진 본문이 원문일 가능성이 아주 높다. 이 호격은 상당한 무게를 갖기 때문에, 이 말이 원문이라면 사고로 그러든지 일부러 그러든지 이 말을 생략해버릴 합당한 이유가 없기 때문이다. 그런가 하면 이렇게 호격이 빠져 있는 변형은 이 두 사본만이 갖고 있는데, 이 사본들의 조상이 필사 과정에서 이 말을 생략해버렸을 수 있다. 생략한 이유는 사람들이 이런 관용어를 익히 잘 알고 있으므로 굳이 **선례**(*Vorlage*)를 따를 필요가 없다고 생각하여 호격을 무시해버린 탓일 것이다.

478) 그리 큰 중요성을 갖지 않은 몇몇 사본들(L 1881 pc)은 "주" 앞에 ὀνόματός μου라는 말을 덧붙여놓았다. 이는 필시 이 문구와 뒤 따르는 **영** 문구가 균형을 이루게 할 목적으로 그리했을 것이다. 이 말을 덧붙이면, "우리 주 예수 그리스도의 **이름**과 **영**의 **사랑**을 통해"가 된다.

479) 바울은 이 그리스어 문장에 그들이(로마 신자들이) 자신을 염려해주기를 바라는 소망을 가득 담아놓았다. 그러다 보니 이 그리스어 본문은 조잡해지고 말았다(μοι ἐν ταῖς προσευχαῖς ὑπὲρ ἐμοῦ πρὸς τὸν θεόν; 말 그대로 번역하면 "나와 함께 나를 위하여 하나님께 올리는 기도로"). 서방 전승을 따른 사본들은(F G d* m vg^cl) "나를 위하여"를 "너희의"로 바꿈으로써 "너희와 함께 하나님께 올리는 너희의 기도로"로 더 부드럽게 만듦으로써 본문의 조잡함을 개선했다. Codex D는 으레 그렇듯이 양자를 융합한 본문을 갖고 있다(ὑμῶν ὑπὲρ ἐμοῦ; "나를 위한 너희의 기도로"). 내 번역문의 "너희"는 이 독법을 반영한 게 아니라 오히려 ταῖς를 표현한 것이다.

뒤따르는데(즉 "**영**의 사랑을 통해"에 해당하는 그리스어 본문인 διὰ τῆς ἀγάπης τοῦ πνεύματος를 말한다. πνεύματος는 πνεῦμα의 소유격이다 – 옮긴이), 바울은 보통 이 사랑을 하나님 아버지(5:5; 8:39; 참고. 살후 3:5; 고후 13:13[14]; 엡 2:4)나 그리스도(8:35; 참고. 고후 5:14; 엡 3:19)와 연계하기 때문이다. 바울 서신에서 바울이 "**영**의 사랑"을 말하는 곳은 오직 이곳뿐이지만, 이 말이 암시하는 구체적 의미가 무엇인지 확실치 않다.

어떤 사람은 5:5을 근거로 이 본문을 "(그리스도의 죽음을 통해 나타나고) **영**이 우리 마음속에 부어주신 하나님 사랑"에 호소한 글로 보려고 한다. 그렇다면 "**영**의 사랑"은 방금 한 말의 줄임말이 되는 셈이다. 이럴 경우, 8:35이 말하는 "그리스도의 사랑"과 8:39이 말하는 "그리스도 예수 우리 주 안에 있는 하나님의 사랑"을 이 용례와 비교해볼 수 있을 것 같다. 만일 방금 한 말이 맞다면, 바울이 여기서 제시하는 호소는 그와 로마 신자들을 위한 삼위 하나님의 사역에 근거한 셈이다. 그렇다면 "우리 주 예수 그리스도를 통해"는 그들을 위하시는 그리스도의 "은혜"에 호소하는 말이요, 두 번째 절(곧 **영**의 사랑 – 옮긴이)은 "그들 마음속에 계신 **영**이 그들에게 알려주신 (하나님의) 사랑"을 가리키는 말이 된다.[480]

그러나 그렇게 이해하는 것도 매력이 있고 또 그렇게 이해하는 것이 이 서신에서는 적절할 수도 있겠으나, 바울이 되풀이하는 διά["···을 통해", 이 말은 "어떤 결과를 만들어내는 원인"을 가리킨다(BAGD)]는 바울의 호소가 두 가지 근거를 갖는다는 것을 일러주는 말일 가능성이 더 높다. 첫째, "우리 주 예수 그리스도를 통해"는 "이 서신의 주장이 이야기한 줄거리대로 그리스도가 우리 모든 이를 위하여 행하신 일에 근거하여"를 뜻한다. 둘째, "**영**의 사랑을 통해"는 "나 자신을 포함한 모든 성도들을 위하여 **영**이 만들어

---

480) Leenhardt, 376도 같은 견해이며(분명 그렇다), Barrett, 279도 마찬가지다. Murray, 2.221도 이 견해를 힘차게 지지하며(이 "**영**의 사랑" 문구가 그리스도 문구와 "평행"이라는 이유로), Harrison, 159도 이를 따른다. 그러나 이 견해는 말 그대로 소수설이며, 대다수 주석들은 심지어 이런 견해가 있다는 것조차 언급하지 않는다.

내시는 사랑에 근거하여"라는 뜻이다.[481] 결국 우리는 서로 사랑하는 그리스도인의 사랑이 우선 그리스도 예수 안에서 생생하게 나타난 하나님의 사랑에 근거하며, 두 번째로 성령의 사역을 통해 우리 삶 속에서 효과 있게 이뤄지는 하나님의 사랑에 근거한다는 것을 일러주는 본문을 또 하나 갖게 된 셈이다.[482]

중요한 것은 이 본문이 그리스도의 사역과 **영**의 사역을 아주 가깝게 배치하면서도 이들 자체는 본디 서로 구분되는 것으로 본다는 점이다.[483] 어쩌면 이 서신이 **영**을 마지막으로 언급한 이 부분에서도 바울이 실제로 하나님을 생각할 때 가지는 기본 전제가 삼위일체임을 다시 한 번 들여다볼 수 있다고 말하는 것이 적절할 것 같다.[484] 기도는 하나님께 한다. 그러나 바울은 그리스도와 **영**의 사역에 근거하여 이런 기도를 호소한다. 이런 본문은 **영** 기독론을 완전히 무너뜨릴 뿐 아니라, 그리스도의 사역과 **영**의 사역이 신자가 계속 이어가는 삶 속에서 함께 역사한다고 보았던 바울의 생각이 얼마나 철저했는지 일러준다. 모든 것은 그리스도가 먼저 행하신 일에 근거한다. 그러나 바울이 이런 호소를 하는 근거 중에는 사랑을 만들어내시는 **영**이 계속 행하시는 사역도 포함된다. **영**이 이런 사랑을 만들어내시기에, 로마 신자들은 바울이 그들에게 하는 이런 호소를 진지하게 받아들일 것이다.

말이 나온 김에 어쩌면 이 말도 덧붙여두어야 할 것 같다. 로마 신자들

---

481) Calvin, 317; Meyer, 2.360; Godet, 486; SH, 415; Denney, 716-17; Erdman, 152; Michel, 373; Cranfield, 2.776; Käsemann, 407; Bruce, 263; Dunn, 878 ("확실하게"); Morris, 523도 이런 견해다.

482) 이와 관련하여 특히 갈 5:13, 22; 골 1:8을 보라.

483) SH, 415이 언급하듯이, 그리스도와 평행을 이룬다는 것은 πνεῦμα가 인격체이심을 일러준다.

484) Barrett, 279도 같은 생각이다. 그는 이 현상을 "또 하나의 '의도하지 않은' 삼위일체 문구"라고 말한다; 참고. Morris, 523. Ziesler, 346은 견해를 달리한다. 그는 삼위일체라는 언어가 후대에 발전된 개념이라는 이유로 반대한다. 맞는 말이다. 하지만 이 말은 후대에 전개된 삼위일체 개념을 이끌어낸(정녕 그런 개념이 나올 수밖에 없도록 만든) 것이다. 바울 서신은 이런 개념을 철저히 관철하며, 고후 13:13[14]이 분명하게 보여주듯이, 이런 개념을 전제한다.

이 **영**이 이뤄내시는 사랑에 근거하여 그를 위해 기도해주기를 바라는 바울의 이런 마음은—그가 마지막으로 16장에서 추천하는 말과 인사말로 이 서신을 마무리하기 전에—다시 이 서신 자체를 출발점으로 되돌려놓는다. 바울이 이 서신 서두에 써놓은 말은 지극히 독특한 특징을 띠었다. 거기서 바울의 기도 보고는 그가 로마를 방문했으면 한다는 기도로 바뀌었는데(1:11을 다룬 내용을 보라), 이제 바울은 여기 말미에서도 로마 신자들에게 그를 위해 기도해줄 것을 요청하면서 이 소망을 재차 이야기한다. 물론 이 기도에서 엿볼 수 있는 바울의 첫 번째 관심사는 그의 예루살렘 방문이 애초 의도한 목적을 이루고 성공하는 것이다(그 목적은 연보 전달이었다). 이 연보의 밑바탕에는 유대인과 이방인을 똑같은 하나님의 백성으로 묶어줄 추진력이 깔려 있었다. 그러나 바울은 더 나아가 로마 신자들이 바울이—그의 목숨을 위협하곤 하는 자들로부터—"구함"을 받아 마침내 로마에 무사히 이르러 그가 이 서신에서 이미 이야기한 목적들을(1:10-15; 15:23-29) 이룰 수 있게 해달라고 기도해주기를 원한다.

결론

이번 장 말미에서 결론들을 요약하는 것은 불필요한 일이다. 사실 **영**은 바울 서신의 다른 어느 곳보다도 이 서신이 주장을 전개해가는 과정에서 더 자주 등장한다. 이 서신이 **영** 안의 삶이라는 영역을 다루지 않은 적은 거의 없었다. 따라서 마지막으로 두 가지 관찰 결과를 더 이야기하고 이번 장을 마쳐야겠다.

첫째, 대다수 학자들이 생각하는 대로 로마서가 바울이 쓴 다른 대다수 서신들보다 좀더 진지한 서신이라면, 우리는 바울의 체험과 신학에서 **영**이 정녕 절대 중요한 비중을 차지한다는 점을 아주 진지하게 받아들여야 한다. 바울은 사람들에게 믿음(15:18-19), 그들의 회심(가령 8:14-17), 윤리에 합당한 삶(8:12-13), 공동체의 여러 관계(14:17), 예배(12:3-8)를 이야기한다. 이 서신이 다루는 이런 그리스도인의 삶의 차원들을 보면, **영**이 필수불가결한 실재로서 자리하지 않은 곳이 하나도 없다. 뿐만 아니라, 바울 신학의 본질을 이루는 차원을 살펴봐도 **영**을 중심 요소로 언급하지 않는 곳은 하나도 없다[신론 자체는 말할 것도 없고 기독론, 구원론, 종말론, 교회론, 연속성/불연속성(언약)에 이르기까지]. 이것은 곧 바울 신학에서 **영**이 차지하는 역할에 진지한 관심을 기울이지 않는다면 바울 신학의 본령을 도저히 파악할 수 없다는 것을 확실하게 보여주는 증거다.

둘째, 바울은 **영**을 폭넓게 언급한다. 이런 폭넓은 내용들은 분명 사람들이 종종 생각하는 것보다 훨씬 더 통합적이고 균형 잡힌 시각으로 **영**의 삶을 바라볼 수 있게 해준다. 우선 **영**은 회심과 윤리를 포함하여 그리스도인의 삶을 이해할 수 있는 열쇠임이 분명하다. 우리는 **영**으로 말미암아 현세의 고난 속에서도 "자랑하며"(5:3-5; 8:23, 26-27), **영**의 능력으로 말미암아 "풍성한 소망을 가진다"(15:13). 그런가 하면 **영**이 비상하고 기적 같은 방법들로 일하신다는 것을 보여주는 증거가 있다. **영**은 신앙 공동체 안에서 이루어지는 예언에 영감을 불어넣으신다. 또 선포한 말씀(복음)에는 **영**이 능력을 부어주신 표적들과 기사들이 따른다. 후대 교회들은 **영**의 삶이 가진 이 두 차원을 서로 대립하는 것으로 보곤 하는데, 이런 경향은 분명 교회가 부닥친 여러 비극 가운데 하나다. **영**은 분명 우리 자신이 추구하는 목표들에다 연결시킬 만한 분이 아니다(사실 그럴 수도 없다). 이 서신을 볼 때 분명 **영**의 임재는 "두 차원을 모두" 의미하는 것이지, "한 차원은 배제하고 한 차원만 인정하는" 의미는 아니다.

마지막으로 우리는 바울이 이 서신에서 시종일관 **영**을 하나님이 당신백성 안에, 당신 백성 한가운데로 들어오셔서 그늘에게 능력을 부어주시는 하나님 바로 그분의 임재로 이해한다는 사실을 놓칠 수 없다. 바울의 이런 이해는 이 책의 주된 초점과 일치하는 것이기도 하다.

옮긴이 주

[1] 이 로마서를 바울이 불러주는 대로 받아 적은 인물이다(롬 16:22). 그는 눅 10:1에 나오는 70인 전도대(傳道隊) 중 한 사람으로 알려져 있다. 나중에 이고니온 주교를 지냈고 순교했다.

[2] 주후 2세기에 그리스어로 기록한 위경인 「열두 족장의 유언」 중 한 부분이다. 「열두 족장의 유언」은 야곱의 열두 아들이 남긴 유언을 기록해놓은 것인데, 「레위의 유언」이 가장 길다.

[3] 브리스가(프리스카) 혹은 브리스길라(프리스킬라)와 아굴라(아퀼라)는 부부로서 바울의 동역자였다. 본디 로마에 살았던 이들은 주후 49년에 있었던 클라우디우스 황제의 유대인 추방령 때문에 로마를 떠나 고린도로 갔다가 거기서 바울을 만나 그와 동업하며 복음 전도자로 동역하게 되었다(행 18:2-3). Bornkamm과 Bruce는 이 부부가 바울을 만나기 이전부터 틀림없이 그리스도인이었다고 말한다[G. Bornkamm, *Paulus* (Stuttgart: W. Kohlhammer, 1969), 86; F. F. Bruce, *Paul: Apostle of the Heart Set Free* (Grand Rapids: Eerdmans, 2000), 382]. Dunn은 바울이 브리스가를 남편인 아굴라보다 앞세우는 점으로 보아 아내가 남편보다 더 주된 역할을 했으며 가정 교회에서도 인도자 역할을 했을 것으로 본다[J. D. G. Dunn, *The Theology of Paul the Apostle* (Grand Rapids: Eerdmans, 1998), 587].

[4] 히브리어 본문을 보면, "너희 하나님 야웨가 너희 마음과 너희 자손의 마음을 베실 것이다"로 되어 있다. von Rad는 이 말이 들어 있는 신 30:1-10을 놓고 이렇게 말한다. "포로기 시대를 실제로 살아가는 이 30:1-10의 화자(話者) 뒤편에는 불순종과 심판의 시대가 있다. 그러나 화자는 바로 이 부분(6절)으로부터 시선을 미래로 돌려 하나님이 몸소 한 구원 행위를 통해 당신 백성에게 완전한 순종을 향한 전제 조건들을 만들어주시리라는 것을 이야기한다"[G. von Rad, *Das 5. Buch Mose Deuteronomium* (Göttingen: Vandenhoeck & Ruprecht, 1983), 131]. Dunn은 바울이 롬 2:29에서 마음에 할례를 받음을 언급한 것을 바울이 익숙하게 알고 있던 유대교의 인식을 반영한 결과물로 보면서, 그 할례가 미래에 이루어지리라는 소망(이를 다룬 각주에서 신 30:6을 언급한다) 역시 유대교의 인식을 반영한 것이라고 주장한다(Dunn, *The Theology of Paul the Apostle*, 422).

[5] 그러나 καυχώμεθα는, 형태만 놓고 보면, "자랑하다"라는 뜻을 가진 동사 καυχάομαι의 1인칭 복수 현재 중간태 "가정법"이자 "직설법" 형태다. 즉 1인칭 복수 현재 중간태 직설법 형태와 가정법 형태가 같은 꼴이다. 개역개정판은 이를 "즐거워하다"로 번역하면서 직설법으로 번역해놓았다. 새번역은 "자랑하다"로 번역하면서 직설법으로 번역해놓았고, 공동번역은 "기뻐하다"로 번역하면서 직설법으로 번역해놓았다.

[6] NA²⁷ 본문은 5절의 "우리에게 주신 성령을 통하여"를 διὰ πνεύματος ἁγίου τοῦ δοθέντος ἡμῖν으로 기록해놓았다. 여기서 δοθέντος는 "주다"를 뜻하는 δίδωμι의 중성 단수 소유격 부정과거 수동태 분사다.

[7] Hardy Hansen과 Gerald M. Quinn이 쓴 그리스어 교재를 보면, 그리스어에는 초보 단계의 가정법 형태만 따져도 여섯 가지나 존재하며, 아틱(Attic) 그리스어에서 발견할 수 있는 가정법 형태까지 따지면 그보다 숫자가 더 많다고 한다. 여기 12절과 13절에서 등장한 조건법은 방금 말한 여섯 가지 형태에 속하지 않는다[Hardy Hansen/Gerald M. Quinn, *Greek* (New York: Fordham University Press, 1992), 93-98].

[8] 엄밀히 말하면 이것은 완전히 옳은 말은 아니다. 로마에서는 노예도 유언을 통해 상속을 받을 수 있었다. 자기 노예를 상속인으로 지명할 경우에는 그 노예를 해방시켰으나, 다른 사람의 노예도 그 노예 주인의 허락을 얻어 상속인으로 지명할 수 있었다[조규창, 『로마법』(서울: 법문사, 1996), 1005]. 한편 고대 그리스-로마 사회에서 다른 집안의 양자가 된다는 것은 친가의 상속인이 될 자격을 잃음과 동시에 양자로 들어간 집안의 상속인이 된다는 뜻이었다[퓌스텔 드 쿨랑주, 『고대도시』(서울: 아카넷, 2002), 106-107].

[9] 루터가 번역한 독일어 성경(DBS, 1984 개정판)은 이 말을 unaussprechlich (말로 표현할 수 없는)로, La Sainte Bible (세계성서공회, 1992)은 inexprimable (형언할 수 없는)로 번역해놓았다. 불가타는 inenarrabilis로 번역해놓았는데, 이는 "묘사할 수 없는, 지성을 통해 알 수 없는"이라는 뜻이다.

[10] 개역개정판, 공동번역, 새번역은 모두 "모든 것이"를 주어로 제시해놓았다. 루터판 독일어 성경(DBS, 1984 개정판; "alle Dinge"), La Sainte Bible (세계성서공회, 1992; "toutes choses"), 라틴아메리카 성서공회판 스페인어 성경인 Santa Biblia ("todas las cosas"), SBBF판 이탈리아어 성경인 La Sacra Bibbia ("tutte le cose")도 모두 "모든 것이"를 주어로 제시해놓았다.

[11] 주후 2세기에 최종 형태로 완성된 그리스어 위경인 「열두 족장의 유언」 중 한 부분이다.

[12] NA[27]이 제시하는 그리스어 본문은 συμμαρτυρούσης μοι τῆς συνειδήσεώς μου ἐν πνεύματι ἁγίῳ로 되어 있다. 이는 그리스어 문법에서 말하는 독립소유격 분사구문(분사구문의 주어와 동사가 모두 소유격 형태를 취하는 형태)이다. 이 구문의 주어는 "내 양심"(τῆς συνειδήσεώς μου)이며 동사는 "…와 함께 증언하다"를 뜻하는 συμμαρτυρέω의 여성 단수 소유격 현재분사 능동형인 συμμαρτυρούσης다. 따라서 συμμαρτυρούσης μοι는 "나와 함께 증언한다"라는 뜻이 된다. 이 문장을 번역하면 "내 양심이 성령 안에서 나와 함께 증언한다"가 되겠다.

[13] 영역 성경 이외의 역본도 해석이 다양하다. 개역개정판은 "열심을 품고", 공동번역은 "열렬한 마음으로"로 번역한 반면, 새번역은 "성령으로 뜨거워진 마음을 가지고"로 번역해놓았다. 독일어 역본인 루터판은 "Seid brennend im Geist"(너희는 **영**으로 불타라)로 번역한 반면, La Sainte Bible은 "soyez fervents d'esprit"(너희는 영에 열심을 내라)로, SBBF판 이탈리아어 성경인 La Sacra Bibbia는 "siate ferventi nello spirito"(너희는 영으로 열심을 내라), 에스파냐어 성경인 Santa Biblia는 "fervientes en espíritu"(너희는 영으로 열심을 내며), 1951년 화란성서공회판 화란어 성경은 "vurig van geest"(영에 열심을 내며)로 번역해놓았다.

[14] 즉 바울이 13절 말미에서 제시한 본문은 εἰς τὸ περισσεύειν ὑμᾶς ἐν τῇ ἐλπίδι ἐν δυνάμει πνεύματος ἁγίου인데, 이는 "성령의 능력 안에서 너희를 소망으로 넘치게 하시기를"로 직역해볼 수 있다. 문장 구조상 이 말이 독립된 절로 되어 있기 때문에 ἐν δυνάμει πνεύματος ἁγίου(성령의 능력 안에서)가 수식하는 것은 εἰς τὸ περισσεύειν ὑμᾶς ἐν τῇ ἐλπίδι뿐이다.

제8장

옥중 서신: 빌레몬서와 골로새서

이제 우리는 바울이 옥고를 치를 때 기록했다는 공통점을 가진 네 서신에 이르렀다. 이 서신 중 셋(빌레몬서, 골로새서, 에베소서)은 분명 한 묶음이다. 이 서신들이 언급하는 사람들과 이 사람들의 활동이 공통될 뿐 아니라, 제시하는 개념들과 언어도 공통되기 때문이다. 에베소서에는 **영**을 언급하는 내용들이 아주 많기 때문에 그 서신은 따로 한 장을 할애하여 다루는 것이 합당하다. 마찬가지로 빌립보서 역시 따로 다루는 것이 옳다. 빌립보서에서는 다른 세 서신이 다루는 관심사들이나 사용하는 언어를 거의 볼 수 없기 때문이다. 더욱이 빌립보서는 상당 기간 이어진 감옥 생활과 그에 따른 고통을 되비쳐준다. 바울은 이런 옥고에서 곧 벗어나리라 생각하면서 자기에게 유리하게 상황이 호전되기를 소망하는 것 같다.

학자들은 바울이 이 옥고를(만일 빌립보서가 또 다른 옥중 생활에서 나온 서신이라면, 이런 옥고들을) 치른 곳이 어디인가를 놓고 상당한 논쟁을 벌여 왔다. 전승은 바울이 이 네 서신을 모두 로마에서 사도행전 28장이 말하는 옥고를 치르는 동안에 기록했다고 일러준다. 일부 학자들은 이런 전승을 거부하면서, 바울이 가이사랴에서 사도행전 23-26장이 말하는 옥고를 치르는 동안에 기록했다고 주장한다. 그런가 하면 또 다른 학자들은 에베소가 기록 장소라고 주장한다. 찬반양론이 제시하는 모든 이유들을 파헤칠 것 없이,[1] 나는 전승이 이 네 서신의 기록 장소를 더 잘 설명해준다고 확신한다(첫 세 서신은 앞서 옥고를 치를 동안에 기록한 것이며, 빌립보서는 상당한 시간이 흐른 뒤에 기록한 것이다).

빌레몬서

● 빌레몬서 25절

이 서신에서 유일하게 πνεῦμα라는 말이 등장하는 곳은 주의 은혜를 비는 25절의 축도다. 여기서 바울은 "주 예수의 은혜가 너희[2] 영(=영들)과 함께 있을지어다"라고 기도한다. 이 문구는 이미 갈라디아서 6:18(찾아보라)을 논할 때 다루었다. 결국 빌레몬서는 현존하는 바울 서신 가운데 어떤 식으로로든 성령을 전혀 언급하지도 않고 암시하지도 않는 유일한 서신인 셈이다.

골로새서

주석:[3] T. K. **Abbott** (ICC, 1897); R. G. **Bratcher** and E. A. **Nida** (1977); F. F. **Bruce** (NIC, ²1894); G. B. **Caird** (1976); H. M. **Carson** (TNTC, 1960); H. **Conzelmann** (NTD, 1965); M. **Dibelius** (HNT, 1953); J. **Eadie** (1856; repr. 1957); C. R. **Erdman** (1933); M. J. **Harris** (1991);

---

1) 이 책 제10장 주2를 보라.
2) 그리스어로 ὑμῶν이다. 이런 사사로운 서신에서, 마치 2절과 3절은 불충분한 것처럼, 이렇게 "배분 단수"를 썼다는 것은 초기 교회 공동체들이 아무리 "사사로운 서신들"이라도 공동체 차원의 문서로 여겼다는 것을 일러준다.
3) 다음 주석은 이 장에서 저자의 성(姓)으로만 언급하겠다.

W. **Hendriksen** (1964); J. B. **Lightfoot** (1890); E. **Lohmeyer** (MeyerK, 1964); E. **Lohse** (Herm, 1971); R. P. **Martin** (NCB, 1972); C. **Masson** (CNT, 1950); H. A. W. **Meyer** (MeyerK, 1875); P. T. **O'Brien** (WBC, 1982); A. S. **Peake** (EGT, 1903); P. **Pokorneý** (THNT, 1987); L. B. **Radford** (WC, 1931); A. T. **Robertson** (1928); E. **Schweizer** [1982 (Ger. original 1976)]; C. **Vaughan** (EBC, 1978); B. F. **Westcott** (1914); N. T. **Wright** (TNTC, 1986).

골로새서는 바울 서신 가운데 많은 신약학자들이 그 진정성을(=바울이 진짜 저자임을 – 옮긴이) 의심하는 서신 중 하나다.[4] 바울이 이 서신의 진정한 저자임을 부인하는 논거로서 자주 드는 것 중 하나는 "**영**을 언급하는 말

---

4) 나는 이것을 신약학계가 "확신하는 결과들" 가운데 상당히 난감한 결과 중 하나로 받아들인다. 골로새서와 소위 바울이 저자임을 인정하는 서신들 사이에는 분명 몇 가지 차이점이 있다. 그러나 그런 차이점들은 보통 이해하는 것만큼 그리 크지도 않을뿐더러, 바울 서신 중 한 서신과 다른 서신들 사이에 존재하는 차이점보다 더 크지도 않다(실제로 여기서 활용한 기준들을 근거로 판단하면, 다른 서신들과 비교할 때 로마서나 고린도전서도 바울이 쓴 서신이 아니라는 것을 쉽게 증명해 보일 수 있을 것이다). 어떤 사람의 삶 속에서 통상 일어나곤 하는 강조점들의 변천과 그에 따른 사용 어휘의 변화, 그리고 특히 바울이 몸담은 상황이 달라짐에 따라 그가 부닥친 반대의 종류도 여러 가지 차이점을 보인다는 점을 생각하면, 이런 차이점들을 아주 잘 이해할 수 있다. 오히려 이 서신을 바울의 이름을 빙자한 위작(僞作)으로 보게 되면, 이런 차이점들은 지극히 교묘한 솜씨로 꾸며낸 것들이라는 설명 외에 달리 설명하기가 거의 불가능하다.

   그런가 하면 바울이 이 서신을 썼다는 것을 부인하게 되면, 골로새서와 모든 사람들이 바울이 쓴 서신으로 인정하는 빌레몬서 사이에 특별한 관계가 존재한다는 사실 때문에 결국 거의 극복할 수 없는 난제들에 부닥치고 만다. 어떤 위경(僞經) 기록자가 빌레몬서 같은 서신에 접근한 다음, 빌레몬서 **단지 우연히 사람들과 그들의 움직임을 언급해놓은 것들을** 다른 바울 서신들과 위경 기록자 자신을 이어주는 하나의 분명한 연결고리로 활용했을 만한 역사 상황을 상상하기가 힘들다. 만일 골로새서가 바울이 쓴 서신임을 부인한다면 빌레몬서도 그리해야 하며, 그렇지 않을 경우에는 둘 다 바울이 쓴 서신으로 인정해야 할 것 같다. 역사를 살펴봐도 하나는 바울이 쓴 서신으로 받아들이면서 다른 하나는 받아들이지 않게 되면, 언어와 사상과 논증 형태면에서 몇몇 차이점들이 있음을 인정하면서도 두 서신을 모두 바울의 저작으로 인정하는 경우와 비교할 때, 더 많은 난점들이 나타난다. 이 문제를 살펴보려면, 특히 Luke T. Johnson, *The Writings of the New Testament: An Interpretation* (Philadelphia: Fortress, 1986), 357-59을 보라.

이 거의 없다"[5]라는 것이다. 골로새서가 다소 논박 성격을 가진 서신임을 생각할 때, 사람들은 **영**을 언급하는 말이 거의 없다는 점을 놀랍게 여긴다. 그러나 이런 주장은 두 가지 점에서 잘못된 주장이다.

첫째, 이런 주장은 이 서신의 논박과 다른 서신의 논박 사이에는 본질상 차이가 있다는 점을 진지하게 받아들이지 않는다. 즉 이 서신의 논박은 애초부터 **영**을 이야기할 필요가 없는 것이다. 그러나 다른 서신의 논박에서는 본질상 **영**이 주된(긴요한) 역할을 한다. 앞서 다룬 바울 서신으로서 **영**이 주된 역할을 하는 서신들을 보면(고린도전서, 갈라디아서, 로마서), 첫째 경우에는 고린도 사람들 자신이 참된 **영**성(Spirituality)을 구성하는 요소가 무엇인가라는 문제와 관련하여 몇 가지 쟁점을 불러일으켰지만, 둘째 경우에는 **영**을 받음이야말로 우리가 유대인의 정체성 표지들을 통해 그리스도를 "받아들이거나" 그 안에 "머무는" 것이 아님을 확실히 일러주는 증거라는 바울 자신의 주장이 역시 몇몇 쟁점을 야기했다. 결국 이 서신들에서 **영**이 핵심 역할을 하게 만든 요인은 바로 이런 쟁점들이다. 갈라디아서와 로마서는 어떻게 하여 우리가 그리스도를 믿는 자가 되고 그리스도를 믿는 자로 계속 남아 있을 수 있는가를 문제 삼았다(신자가 체험한 **영**은 그리스도를 믿음으로 말미암아 신자가 된다는 것을 증명해주는 증거다. 또 바로 그 **영**은 이후 신자가 그리스도 안에서 계속 살아가는 삶 전체를 인도해주는 열쇠이기도 하다). 반면 고린도전서는 **영**의 사람이라면 어떻게 살아야 하고 어떻게 예배해야 하는가를 문제 삼았다(이런 삶과 예배를 규정하는 이가 바로 십자가에 못 박히신 그분이며, **영**의 사람은 예배하는 공동체 안에서 알아들을 수 있는 말로 질서 있게 예배해야 한다).

이와 달리 골로새서가 문제 삼는 것은 거의 전부 기독론과 관련 있다(즉 그리스도의 본질 그리고 그리스도와 신앙 공동체의 관계를 문제 삼는다.) 자

---

5) Schweizer, 17. 최근에 나온 신약 서론으로 내가 내 책상에서 만나는 책 역시 이 말을 되풀이한다[E. D. Freed, *The New Testament: A Critical Introduction* (2nd ed.; Belmont, Calif.: Wadsworth Publishing Co., 1986), 305].

신의 벗들이 근래 보내준 선물에 감사하며 우정(과 권면)을 표현한 서신(빌립보서)에서도 그러하겠지만 이렇게 논박 성격이 강한 서신에서도 **영**을 이야기하는 내용을 아주 많이 기대해서는 안 된다.[6]

둘째, 방금 살펴본 내용을 고려할 때, 우리는 이 서신에서 나타나는 **영**이라는 말이 데살로니가전서와 빌립보서의 경우처럼 우연히 등장하지만 그래도 바울 서신의 다른 곳에서 등장하는 것과 같다는 점을 유념해야 한다. 실제로 이 서신이 **영**을 특정하여 언급한 곳은 단 한 곳뿐이다(1:8). 이 구절에서 바울은 "**영** 안에서/**영**으로" 그들이 그에게 베푼 사랑(그리고 그들이 서로 나누는 사랑?)을 이유로 하나님께 감사한다. 그러나 이곳 외에 **영**의 활동을 언급하는 곳이 네 곳 더 있는데, 이곳들에서도 바울의 색깔이 철저하게 나타난다. 네 곳 중 두 곳은(1:9; 3:16) 형용사 형태인 πνευματικός로 나타난다. 고린도전서에서도 그러했듯이, 이 두 곳은 각각 "**영**이 주신 이해"(하나님의 뜻을 헤아리는 통찰로서 **영**이 공급해주신 것; 참고. 고전 2:6-16)와 "**영**에 속한 노래들"(하나님이 그리스도 안에서 행하신 구원 행위에 **영**이 주신 감동을 따라 노래 형태로 응답하는 것; 참고. 고전 14:26)을 가리킨다. 다른 두 곳은 "능력"을 이야기하는 본문인데(1:11; 1:29), 이 두 곳은 데살로니가후서 1:11이나 고린도후서 6:7과 마찬가지로 필시 신자의 삶 속에 임재하사 능력을 부어주시는 **영**의 활동을 반영한 본문일 것이다(바울은 이 주제를 에베소서에서 더 철저하게 다룰 것이다).

---

6) Schweizer, 38은 다른 견해를 주장한다. 즉 그는 "바울이 늘 혹은 아주 빈번히 **영**과 결합하는 많은 문언들을 **영**을 언급하는 말이 없는 여기서도 발견한다"라고 주장한다. 그러나 이곳을 침묵을 통한 주장(argument from silence; **영**을 언급하지 않음으로써 **영**을 주장한 경우 − 옮긴이)으로 보기에는 특히 근거가 박약하다. Schweizer가 제시하는 설명들은 설득력이 떨어진다. 그런 식으로 주장한다면, 다른 모든 서신에서도 바울이 **영**과 결합한 문언들을 빌미 삼아 **영**을 이야기하지 않는 본문을 **영**을 이야기하는 본문으로 만들 수 있을 것이다. 이를테면 갈 5:22, 롬 5:5, 골 1:8을 근거로 삼아, **영**을 언급하지 않는 본문이라도 그리스도인 공동체 안의 사랑을 문제 삼는 본문이라면 모조리 **영**을 언급한 본문으로 규정해야 할 것이다. 바울이 이 서신의 진정한 저자임을 부인하는 주장을 펼치려면, 단지 "입증 자료"에 불과한 것이라 할지라도, 이것보다 "더 엄격한 자료"를 바탕으로 주장해야 할 것이다.

▪ 골로새서 1:7-8

7 이렇듯이[7] 너희가 우리의 사랑하는 동료 종 에바브라로부터 (그것을)[8] 알았나니, 그는 우리를[9] 대신하는 그리스도의 신실한 종(일꾼)이요, **8** 영 안에서 너희 사랑을 우리에게 알려준 자라.

이 절은 이 서신에서 감사 대목을 끝맺는 말이다. 바울이 감사를 표현한 문장들은 서신 자체의 내용을 미리 귀띔해주는 경우가 대부분이다. 그러나 이 경우에는 서신 전체의 내용을 미리 일러주는 말들이 뒤이어 등장하는 기도 보고(9-14절)에서 더 많이 나타난다. 여기서 볼 수 있는 감사는 바울이 직접 세우지 않은 교회에 보내는 서신에서 기대할 법한 말로서, 더 일반적인 감사문이다. 사실은 그런 감사가 이 마지막 절(7-8절)의 핵심이다(이 점은 바울이 이 서신을 썼다는 것을 증명해주는 증거이기도 하다). 바울은 앞서 더 일반적인 말로 감사를 표현할 때는 그가 통상 함께 묶어 쓰는 세 가지인 믿음과 소망과 사랑을 사용했다.[10] 이 경우에 바울은 이 세 미덕의 방향을 분명하게 이야기한다. 우선 믿음은 그리스도 예수를 믿음이요, 그리스도 예수로 말미암은 믿음이다. 사랑은 모든 성도를 향한 사랑이다. 그

---

7) MajT는 καθώς 뒤에 καί를 덧붙여놓았다. 이는 앞서 6절이 구사한 두 καθὼς καί 문구 패턴을 본받은 것이다. 그러나 6절의 두 καθὼς καί 문구는 균형을 이룬다("세상 속에서도 그러하다"; "너희 가운데서도 그러하다"). 반면 이곳의 καθώς는, 다른 감사 문구들에서 볼 수 있는 것처럼(가령 고전 1:6; 빌 1:7), 설명이나 이유를 제시하는 말로서 καθώς의 전형에 더 가까운 경우다.
8) 이 경우에 바울이 표현하지 않은 목적어는 그들이 알게 된 "하나님의 은혜"다(6절을 보라).
9) UBS 위원회의 견해와 달리(Metzger, *Textual Commentary*, 619-20을 보라), P46 ℵ* A B D G pc의 ἡμῶν을 ὑμῶν (C K 33 1739 Maj lat cop syr)보다 더 많이 선호해야 한다. Metzger는 앞에 나온 ἡμῶν 때문에 ὑμῶν이 ἡμῶν으로 바뀌었다고 주장하지만, 그보다는 몇몇 필사자들이 각기 따로 일찍부터 본디 ἡμῶν이었던 것을 그들이 더 좋아했던 의미를 표현하고자, 즉 감사의 방향과 에바브라의 복음 설교 대상이 "너희"(너희를 위하여)였음을 밝히고자, ὑμῶν으로 바꿔놓았을 가능성이 훨씬 더 높다. 그러니 바울이 감사를 표시하는 결론부에서 관심을 가지는 것은 그들(골로새 사람들)이 그들 가운데서 바울이 가지는 권위에 주목하게 하는 것이다. 특히 에바브라가 비록 그리스도의 종이긴 하지만 그래도 "바울을 대신하여" 그들 가운데 서 있다는 것을 그들에게 일깨워주는 것이 바울의 관심사다.
10) 바울이 가장 먼저 제시한 감사문언에서도 발견할 수 있다(살전 1:3).

리고 소망은 하늘의 처소에 쌓아두는 것이다. 7-8절의 마지막 구절에서 주목할 점은 사랑이 다른 둘과 동떨어져 있다는 점과 으레 그렇듯이 바울이 이 사랑의 근원을 다분히 붓 가는 대로 기록해놓았다는 점이다.

따라서 이 절이 말하는 **영** 언어는 그 모호함은 물론이요—그 형태와 구조를 봐도—특히 바울의 특징이 드러나는 말이다.[11] ἐν πνεύματι ("**영** 안에서/**영**으로")라는 여격은 바울 서신이 시종일관 사용하는 문구와 일치하며,[12] **영**과 사랑을 결합해놓은 점도 **영**의 활동에 관한 바울의 이해와 특히 일치한다.[13] 결국 모호한 부분은 바울이 여기서 **영**을 언급하느냐 여부가 아니라(실제로 바울은 **영**을 언급한다),[14] (1) 사랑의 **방향**(바울이 말하는 사랑이 공동체 내부의 사랑이냐, 아니면 바울을 향한 사랑이냐)과 (2) ἐν πνεύματι라는 여격의 **뉘앙스다**(이 여격이 처격으로서 "**영** 안에서"라는 뜻이냐, 아니면 도구의 의미를 가진 말로서 "**영**으로"라는 뜻이냐).

이 두 문제 중 첫째 문제는 문맥을 살펴봄으로써 거의 확실하게 해결할 수 있다. 바울은 이미 "너희가 모든 성도들을 향해 가진 사랑"을 이야기했다. 물론 이 말은 골로새 신자들끼리 서로 나누는 사랑을 가리키기도 하지만, 골로새 신자들이 골로새 공동체 밖의 신자들에게 베푼 사랑도 가리키는 말이다. 그러나 끝부분에 이르러 이 감사는 중대한 전환점을 맞는다. 여기서 바울은 자신이 그들의 믿음과 사랑과 소망에 관하여 알게 된 근원

---

11) 가령 Schweizer는 견해를 달리한다.

12) 롬 14:17에서 χαρὰ ἐν πνεύματι ἁγίῳ ("성령 안에 있는 기쁨/성령으로 말미암은 기쁨")를 다룬 내용을 보라. 로마서의 이 문구 역시 구조가 같으며 **영**의 열매를 일러주는 또 다른 본문으로서 사랑과 **영** 사이의 관계를 똑같이 표현한다. Schweizer, 38은 ἐν πνεύματι에 관사가 없으므로 "추정하건대 (이 문구가) 강조하는 것은 다만 영적 사랑과 순전히 세상에 속한 사랑을 구별해야 한다는 것일 뿐"이라고 주장한다. 그러나 이런 주장은 그가 바울 서신이 제시하는 증거를 상당히 잘못 읽어냈음을 보여준다. 바울이 πνεύματι에 관사를 붙이지 않은 용례를 알아보려면, 이 책 제2장을 보라.

13) 갈 5:22-23; 롬 5:5, 15:30을 다룬 내용을 보라.

14) 대다수 주석들이 이런 견해다(가령 Eadie, Meyer, Lightfoot, Abbott, Westcott, Robertson, Erdman, Radford, Carson, Hendriksen, Lohse, Martin, Vaughan, O'Brien, Bruce, Wright, Pokorný, Harris).

(그들의 소식을 알려준 사람 – 옮긴이)을 일러준다. 그가 바로 에바브라다. 이렇게 에바브라를 언급한 내용은 두 가지 관심사를 불러일으키는데, 이 관심사들은 바울이 이 서신에서 말하는 내용을 간파하는 데 아주 중요한 것들이다. 첫째, 바울은 골로새 사람들에게 에바브라가 비록 그리스도의 종(일꾼)이지만 사실은 바울과 함께 일하는 "종"이요 그들 가운데서 바울을 대신하여 일하는 사람이라는 것을 되새겨준다. 골로새 사람들의 "이단 행위"를 처리할 수 있는 바울 자신의 권위도 일부는 이 사실에 바탕을 두고 있다. 둘째, 에바브라는 이제 바울이 보기에 그들을 위한(대신하는) "일꾼"이기도 하다. 에바브라는 바울을 향한 그들의 사랑을 바울에게 보여주었다. 이 점 역시 앞으로 바울이 말할 내용에 중요한 사항이다. 바울은 골로새 사람들을 사사로이 알지 못한다. 그러나 바울은 골로새 사람들이 자신을 사랑한다는 것을 확신하기에 골로새 사람들의 현재 상황을 말을 돌리지 않고 기탄없이 이야기하려 한다. 결국 바울은 이미 4절에서 골로새 사람들이 "모든 성도들에게 사랑을 베푼다"라고 말했는데, 이제는 그 사랑을 특히 바울 자신에게도 베푸는 사랑으로 인정하는 셈이다.[15]

ἐν πνεύματι가 영역을 나타내는 처격이냐 아니면 도구의 의미를 가지는가는 결정하기가 더 어렵다.[16] 이 문구가 전치사를 갖지 않을 때는(즉 그냥 πνεύματι일 때 – 옮긴이) 분명 도구의 의미를 갖는다. 그러나 이 문구가 전치사를 가지는 경우에도 도구의 의미를 가질 때가 대부분이다. 이것은 아주 중요한 문제는 아니다. 골로새 사람들이 성도들에게 보인 사랑과 이제 바울에게 보여주는 사랑은 그들 가운데(그리고 그들 마음 안에) 계신 **영**의 활동에 따른 결과이기 때문이다. 하지만 이 용례가 바울이 다른 곳에

---

15) Chrisostom; Abbott, 201; Peake, 498; Robertson, 44; Erdman, 39; Martin, 50; O'Brien, 16도 같은 견해다. Westcott, 36; Radford, 155; Carson, 34; Hendriksen, 33; Lohse, 25; Bruce, 44; Wright, 56; Pokorný, 37은 견해를 달리한다. Vaughan과 Harris는 확실한 생각을 밝히지 않는다. Meyer, 261은 이것이 그들이 에바브라에게 베푼 사랑을 가리킨다고 말하지만, 이는 특히 전혀 옳지 않은 것 같다.

16) Eadie, 19은 사랑의 "근원과 영역"을 모두 가리킨다고 주장한다.

서 구사하는 용례와 일치한다면, 이 문구는 도구의 의미일 가능성이 아주 높다. 즉 골로새 사람들이 "**영** 안에" 있음으로 말미암아 사랑이 그들을 향해 흘러나오는 것이 아니라(물론 신학 차원에서 보면 아무도 이에 반대하는 주장은 할 수 없을 것이다), **영**이 그런 사랑의 구체적 근원 내지 원인이요 그런 사랑을 만들어내시는 분이라는 것이다.[17] 갈라디아서 5:22이 말하는 것처럼, 이것이 바로 "**영**의 열매"다(참고. 롬 15:30).

이처럼 바울은 그리스도인의 삶과 체험을 바라보는 자신의 이해가 철저히 **영**을 지향한다는 것을 다시 한 번 붓 가는 대로 드러낸다. 바울은 그가 섬기는 회중들을 구성하는 신자들이 사랑으로 가득하다는 것을 **영**이 그들 안에 그리고 그들 가운데 계심을 추정케 하는 사실이요 증거로 본다.

■ 골로새서 1:9-12

[9]이런 이유로 우리도 우리가 처음 (그리스도를 믿는 너희 믿음에 관하여) 들은 바로 그날부터 기도하기를 그치지 않고 너희를 위하여 간구하노니, 너희가 **영**의 모든 지혜와 이해 안에서 하나님의 뜻을 아는 충만한 지식으로 가득하여, [10]주께 합당히 행함으로 모든 일에 그를 기쁘시게 하되, 모든 선한 일에 열매를 맺고, 하나님을 아는 지식에서 자라가며, [11]모든 능력으로 능력을 받아, 그의 영광스러운 힘을 따라서, 모든 종류의 인내와 오래 참음에 이르러, [12]기쁨으로 너희를 빛 안에서 성도들과 함께 너희가 받을 유업 부분을 받을 자격을 가진 자로 인정해주신 아버지께 감사함으로 (그를 기쁘시게 하기를 간구하노라 — 옮긴이 첨가).

앞에서도 말했듯이, 바울은 감사를 표현한 부분보다 특히 이 기도 보고 부분에서[18] 자신이 이 서신에서 다루길 원하는 몇 가지 문제들을 미리 귀

---

17) Meyer, 261; Abbott, 201; Peake, 498; Carson, 34; Lohse, 23도 역시 같은 생각이다.
18) 하지만 데살로니가후서와 빌립보서에서는 이런 일이 감사와 기도 부분에서 이루어진다.

     성령: 하나님의 능력 주시는 임재

떰한다.[19] 여기서 바울의 관심사는 대체로 두 가지다.[20] (1) 우선 골로새 사람들이 하나님이 하시는 일이 무엇인지(그리고 하나님이 하시길 원하는 일이 무엇인지) 더 잘 파악하는 것이다(=즉 그들이 하나님의 뜻이 무엇인지 온전히 아는 지식을 갖는 것이다). 그리고 (2) 골로새 사람들이 더 온전히 하나님의 영광을 위하여 사는 것이다(사실은 이것이 바로 하나님 뜻이기 때문이다). 이것이 바로 두 목적절이 강조하는 점이다. 바울은 두 목적절 중 두 번째 절을["주께 합당히 행함으로(행하게 하려 함이라)"] 뒤따르는 네 분사구문으로 표현해놓았다. 결국 이 문장 전체의 기본 구조는 다음과 같이 쉽게 나타내볼 수 있다.

바울은 기도하노니,

(1) 너희가 가득하기를

　　　　하나님의 뜻을 아는 지식으로

　　　영의 지혜 등을 통하여

(2) 너희가 합당히 행함으로

　　　주께

　　　결국 모든 면에서 그를 기쁘시게 하되

---

19) 이 점 자체도 바울이 이 서신의 진정한 저자라는 데 특히 무게를 실어준다. 위경 기록자가 바울이 서신들을 쓸 때 감사를 표현하는 문장과 기도 보고로 시작하는 경우가 잦다는 것을 알았을 수도 있다(빌레몬서에서는 감사 문장과 기도 보고가 나타나지 않는다. 그러나 빌레몬서는 위경 기록사가 분명 볼 수 있었던 서신이다). 하지만 그 위경 기록자가 바울이 미처 다 드러내 보이지 않은 바울 자신의 의식 속으로 들어가 바울이 이 기도 보고에서 이야기하는 식으로 이 서신의 나머지 내용을 미리 귀띔해줄 수 있으려면, 바울이 지금 이 기도 보고 문장에서 간구하는 것과 같은 종류의 통찰이 필요할 것이다.

20) 빌립보서에서도 마찬가지다.

너희가

    (a) 모든 면에서 열매를 맺음으로

    (b) 하나님을 아는 지식에서 자라감으로

    (c) 능력을 받아 인내와 오래 참음에 이름으로

        모든 능력으로

        그의 힘을 따라서

    (d) 기쁨으로 아버지께 감사함으로

(그를 기쁘시게 하기를 간구하노라 – 옮긴이 첨가)

이 견해에 따르면 첫 번째 목적절은 부차적(副次的, penultimate) 목적(영의 지혜로 하나님 뜻을 앎)을 표현한 것이며, 이렇게 골로새 사람들이 하나님 뜻을 앎으로써 결국 두 번째 목적절에서 볼 수 있는 궁극의 목적(주께 합당히 행함)에 이르게 된다. 이것은 결국 바울이 이 기도에서 다루는 주 관심사는 골로새 사람들이 **신자로서 행하는 행위**이지, 그들이 그리스도를 믿는 믿음을 더 잘 이해함이 아니라는 것을 뜻한다. 바울은 골로새 사람들에게 온전한 신자가 되라고 독려한다. 그리스도를 믿는 그들의 믿음은 이런 믿음과 일치하는 변화된 삶, 오로지 이런 믿음에 근거하여 설명할 수 있는 삶을 만들어내야 한다.

이 긴 문장의 특징은 분사들이 복잡하게 얽혀 있다는 점이다. 이런 점은 바울이 표현하는 감사와 기도문에서 으레 볼 수 있다. 여기서 표명하는 관심사 자체도 바울의 특징을 그대로 보여준다. 결국은 골로새 사람들이 하나님의 뜻을 따라 – 열매를 맺고 인내하며 감사하는 삶을 – 살아가야 한다는 것이 바울의 관심사이기 때문이다. 적어도 앞선 시기에 나온 바울 서신에서는 바울다운 특색이 덜 나타나는 것이 있는데, 그것은 바로 언어로, 그중에서도 특히 "지식"과 "능력"이라는 언어가 그러하다. 바울 서신에서 볼 수 있는 용어의 변화(전환)는 보통 바울이 다루는 상황의 변화 때문인 경우가 대부분이다. 이 "지식"과 "능력"이라는 용어도 당시에 믿음에서 벗어나 "공허한 철학"에 빠진 이들이 사용한 언어를 반영한 말일 가능성이 아주 높다.

9절 우리가 여기서 관심을 가지는 문구는 "**영**의(Spiritual) 모든 지혜와 이해(또는 통찰)[21]로"다. 이 말은 그들(골로새 사람들)이 "하나님의 뜻을 아는 지식으로 가득함(가득하기를)"을 수식한다. 다음 몇몇 데이터는 여기서 바울이 하고자 하는 말이 "**영**의(*the Spirit's*) 지혜와 이해/통찰을 통해"[22]임을 확인해준다.

　(1) **바울이** πνευματικός[23]**를 사용한 사실**. 문맥 속에 강력한 반대 증거가 없다면, 이 말은 보통 "**영**"의 형용사로 이해해야 한다. 이는 마치 κυριακός("주의, 주께 속한")가 "주"의 고유한 형용사인 것과 마친가지다. κυριακός[24]와 마찬가지로 πνευματικός도 πνεῦμα의 "소유격"에 해당하는 의미를 가진다(본디 πνεῦμα의 "소유격"은 πνεύματος다 ─ 옮긴이). 어떤 것이 애초부터 본질상 **영**의 영역에 속해 있다면, 그것은 πνευματικός("**영**에 속한 것, **영**의 것")다.[25] 이 점은 어떤 당면한 문맥 내에서 πνευματικός와 **대비**되는 것으로 이해할 수 있는 것이 무엇인지 물어보면 더욱 확실해진다. 어떤 것을 πνευματικός로 묘사하는 것이 적절하다면, 그것의 반대말은 어떻게 표현하는 것이 좋을까? 여기서 암시하는 반대말은 "물질의"나 "땅의"(=

---

21) 그리스어로 σύνεσις다. 고전 1:19에 있는 칠십인경 인용문을 제외하면, 이 말은 오직 후기 바울 서신에서만 나타난다(골로새서, 에베소서, 디모데후서).

22) Eadie, 24; Meyer, 263; Lightfoot, 137; Abbott, 202; Peake, 499; Robertson, 49; Erdman, 41; Carson, 35; Hendriksen, 57; Lohse, 26-27; Martin, 51; Bruce, 46도 같은 견해다. O'Brien, 22과 Wright, 56은 견해를 달리한다. 이들은 이 지혜와 이해/통찰이 "영적 차원"의 것이라고 말하면서, 그 의미는 상세히 설명하지 않는다. Harris, 31은 확실한 생각을 밝히지 않는다.

23) 이 책 제2장에서 이 말을 논한 내용을 보라.

24) 이 말을 살펴보려면, Fee, *1 Corinthians*, 539-40에서 고전 11:20을 논한 내용을 보라.

25) Eadie, 24도 같은 견해다.

땅에 속한; earthly)나 "자연의"(거듭나지 않은; natural)가 아니라 "육의"(=육에 속한)다. 즉 단지 이 세상에 속한 지혜와 통찰로서 경멸과 타락의 의미가 담긴 "땅의" 지혜 내지 통찰인 "육의" 지혜 내지 통찰이[26] "**영**의 지혜와 이해/통찰"에 반대되는 말이다. 이것이 바로 2:8과 2:23이 골로새 사람들이 지금 사로잡혀 있는 "공허한 철학"을 두고 하는 말이다.[27] 바울은 골로새 사람들이 육의 지혜 내지 통찰이 아니라 **영**이 주시는 지혜를 통해 하나님의 길을 알아가기를 원한다. 따라서 고린도전서 2:13-3:3에서도 그러했듯이, 여기서도 πνευματικός는 **영**에 속한 것으로서 단지 ψυχικός("자연의, 거듭나지 못한 본성에 속한")나 σαρκικός("육에 속한")인 것과 대립하는 것을 가리킨다.

(2) **바울의 용례**. 다른 곳에서 바울이 여러 단어들을 조합하여 문구들을 만들어내면서 πᾶς("모든")가 그 단어들 가운데 하나(첫 번째 단어)를 수식하게 하고 또 다른 형용사가 두 번째 단어를 수식하게 한 사례를 보면, 두 형용사로 두 단어를 모두 수식하게 하는 것이 바울의 의도임을 읽어낼 수 있다.[28] 여기서도 바울은 십중팔구 똑같은 의도를 가졌다. 이는 곧 (9절의 ἐν πάσῃ σοφίᾳ καὶ συνέσει πνευματικῇ라는 문구에서 – 옮긴이) πᾶς와 πνευματικός가(πάσῃ와 πνευματικῇ는 모두 πᾶς와 πνευματικός의 여성 단수 여격 형태다 – 옮긴이) 함께 "지혜"와 "통찰"을(σοφίᾳ와 συνέσει는 σοφία와 σύνεσις의 단수 여격이다 – 옮긴이) 수식한다는 뜻이다.[29] 결국 바울은 두 가

---

26) 특히 고후 1:12을 보라. 이 본문에서는 하나님의 은혜에 맞서는 행위가 σοφίᾳ σαρκικῇ ("육의 지혜에") 근거한다고 말한다.

27) 2:8은 "이단"을 "공허한 철학"으로 묘사한다. 이것은 "단지 인간의 전승"에 근거하며, "우주의 초등 영들을 따른" 것이다. 2:23은 결국 금욕주의에 불과한 것을 "**지혜**를 과시"하지만 사실은 **육**을 진정으로 치료하지 못하는 것으로 묘사한다.

28) 참고. 가령 살후 2:17, ἐν παντὶ ἔργῳ καὶ λόγῳ ἀγαθῷ ("모든 선한 일과 말로").

29) Abbott, 202; Peake, 499; Erdman, 41; Hendriksen, 57; Lohse, 27; O'Brien, 22; Wright, 58; Harris, 31도 같은 견해다. 오래전에 나온 주석들은 이 말들("지혜"와 "통찰")을 따로 분리하여 받아들였을 뿐 아니라, 이 두 단어에서 각기 다른 뉘앙스를 발견하려고 애쓰곤 했다 (가령 Eadie, 23; Meyer, 263. Meyer는 "모든 지혜"를 더 일반적인 말로 보고 이 말을 더 구체적으로 표현한 말이 "영적 통찰"이라고 보았다). 칠십인경에서는 이 두 단어가 줄곧 함께 등

지 것("모든 지혜"와 "영에 속한 이해")을 말하는 게 아니라, 여러 가지 성질을 함께 갖춘 한 실재인 "영에 속한 모든 지혜와 이해"를 말하는 것이다. 이런 용례는 칠십인경을 반영한 것임이 거의 확실하다. 칠십인경은 이 두 단어를 한데 묶어 사용할 뿐 아니라, 하나님의 영과 결합하여 사용하기도 한다.[30] 바울이 이 "지혜"와 "이해"(통찰)를 다른 곳에서 영이 가지신 속성 내지 영이 베풀어주시는 선물로 이해한다는 점도 당연히 더 유념해두어야 할 점이다(참고. 고전 2:6-16; 7:40; 12:8).

(3) **이 구절과 에베소서 1:17**(찾아보라)**의 유사성.** 에베소서 1:17도 이곳과 똑같은 점을 강조한다. 다만 구사하는 언어만이 조금 다를 뿐이다(그래도 여전히 바울의 언어임은 분명하다) ― πνεῦμα σοφίας καὶ ἀποκαλύψεως("지혜와 계시의 영").[31] 이 두 경우가 제시하는 문구는 단지 σοφία καὶ σύνεσις τοῦ πνεύματος("영의 지혜와 통찰")를 뜻할 뿐이다.

(4) **바울 신학.** 고린도전서 2:6-16을 논할 때 말했듯이, 바울은 특히 하나님의 길과 마음을 이해하는 통찰을 영이 그리스도 예수를 믿게 된 사람들에게 주신 선물로 본다. 우리가 "그리스도의 마음"을 가진 것은 바로 우리가 영을 가졌기 때문이다. 따라서 우리는 단순히 인간의 시각으로 보기에는 미련한 것을 하나님의 지혜로 이해한다. 오직 영만이 하나님의 뜻을 계시해주실 수 있다.[32]

따라서 이 모든 내용을 볼 때, πνευματικός를 이중성을 지닌 개념으로

장한다(출 31:3; 35:31, 35; 사 10:13; 11:2). 이 점은 여기의 용례를 가장 잘 설명해준다.

30) 특히 출 31:3을 보라. 이 구절은 브살렐을 πνεῦμα θεῖον σοφίας καὶ συνέσεως ("하나님께 속한 지혜와 이해의 영"; 참고. 35:31)로 가득한 사람으로 묘사한다. 또 사 11:2은 메시아를 묘사하면서 그 위에 하나님의 영(πνεῦμα τοῦ θεοῦ), 지혜와 이해의 영(πνεῦμα σοφίας καὶ συνέσεως)이 임하리라고 말한다.

31) 바울은 특히 이 에베소서 본문에서 사 11:2(칠십인경)의 언어를 가져다쓴다. 이 이사야서 본문은 이 πνεῦμα가 "하나님의 영"이라고 **자세하게** 일러준다.

32) 이것은 살전 4:7-8과 비슷하다. 바울은 거기서 영이라는 선물이 통찰을 가져다주시고 거룩함에 이를 능력을 주신다고 말하면서, 이 거룩함에 이르는 것이 "너희를 향하신 하나님의 뜻"이라고 말한다.

(즉 하늘의 영역에 속하면서 땅의 영역과 대립하는 것으로) 이해하거나[33] 단지 물질이 아닌 무언가를 가리키는 모호한 개념 정도로 이해하여 이를 "영적"(spiritual; 개역개정: 신령한)이라는 말로 번역하는 것은 바울의 용례를 아주 많이 이해하지 못한 것이다. 오히려 반대로 바울은 골로새 사람들이 하나님의 뜻을 아는 지식으로 가득하길 기도하는데(참고. 4:12), 이런 지식은 **영**이 주시는 지혜와 이해를 통해 온다.[34] 데살로니가전서 4:1-3에서 말하듯이, 하나님의 뜻은 하나님의 길로 행하는 것이다. 이것이 바로 지금 이 기도가 계속하여 말하는 내용이다. 결국 바울은 이렇게 이 서신의 주 관심사들 가운데 하나를, 곧 골로새 사람들이 진짜 그리스도의 모양을 닮는다는 것이 무엇인지 알고 그 모양대로 삶을 살아내야 한다는 것을 미리 귀띔한다. 이런 삶의 길로 나아가려면 **영**이라는 선물을 통해 나아가야 한다. **영**은 우선 우리에게 하나님의 뜻이 무엇인지 이해시켜주신다. 그러나 동시에 **영**은 그런 삶을 살 수 있는 능력도 주신다. 11절의 "능력"이라는 언어가 들어맞는 자리가 바로 그 삶이라는 자리다.

11절 "주께 합당하게 행하다"라는 말을 수식하는 세 번째 분사는 골로새 사람들이 모든 면에서 열매를 맺고 하나님을 아는 온전한 지식에서 자라갈 수 있도록 능력을 부어주시는 차원을 표현한다.[35] 이 때문에 그들이 하나님 뜻에 순종하기를 바라는 바울의 기도에는 그들이 그렇게 순종할 수 있게 해주는 수단을 간구하는 내용, 곧 "모든 능력으로 능력을 받아,[36] 그의 영광스러운 힘을 따라서"도 함께 들어 있다. 바울은 여기서 **영**을 또렷

---

33) Schweizer, 38이 이렇게 이해한다.

34) 아울러 롬 12:1-2을 논한 내용을 보라. 여기서 바울은 "마음을 새롭게 함"으로 하나님의 뜻을 분간하라고 주장하면서, **영**의 사역이 마음을 새롭게 함의 기본 전제임을 밝힌다.

35) 이 서신에서는 이 두 개념이 함께 붙어 다닌다. 하나님을 온전히 아는 것은 그분의 성품을 알아 자신의 삶을 그 성품에 맞춰가는 것이다. 뒤에서 3:10을 논한 내용을 보라.

36) 다소 과장된 이 번역은 원문인 ἐν πάσῃ δυνάμει δυναμούμενοι에서(δυναμούμενοι는 "강하게 하다"를 뜻하는 δυναμόω의 남성 주격 복수 현재분사 수동태 형태다 — 옮긴이) 볼 수 있는 셈족(히브리 사람) 특유의 중복 표현을 살려보려는 시도의 산물이다.

하게 언급하지 않는다. 또 이 서신의 첫 수신자들이 이곳을 읽으며 **영**을 떠올렸으리라고 확신할 수도 없다. 그럴지라도 우리는 이렇게 "능력"을 이야기하는 많은 본문들과 마찬가지로 여기서도 **영**이 바울의 마음 표면 아주 가까운 곳에 자리해 있음을 확신할 수 있다. 여기서 그렇게 생각하는 것은 특별히 두 가지 이유 때문이다.

(1) 바울 서신에서는 "능력"이 하나님의 존재를 전제하는 말로서 추상 명사로 나타나는 경우가 가끔 있다. 그러나 이 경우에 바울은 그런 추상 개념을 그 다음 문구인 "그의 영광스러운 힘을 따라서"를 통해 구체적으로 표현한다. 따라서 "그의 영광스러운 힘을 따라서"라는 문구는 "힘"이나 "능력"을 하나님의 본질이 지닌 특질로 지목한다. 골로새 사람들에게는 이 특질이 그들이 "하나님의 능력으로 말미암아 능력을 받을 때"에 밝히 드러난다.

(2) 이 문맥에서 "능력"은 **영**이 능력을 부어주심을 가리킨다. 골로새서의 단짝 서신에 들어 있는 평행 본문은 그 사실을 분명하게 이야기한다(엡 3:16, 20, 찾아보라). 이 에베소서 본문에서도 바울은 자기 독자들을 위해 기도하면서, 그들이 "능력으로" 강하여짐으로써 그리스도의 사랑을 온전히 알게 되길 바란다. 에베소서 3:16 같은 경우, 바울은 "능력으로"에 "그의 **영**을 통해"(그리스어로 διὰ τοῦ πνεύματος αὐτοῦ인데, 개역개정판은 "그의 성령으로 말미암아"로 번역해놓았다 — 옮긴이)라는 말을 덧붙여 그 의미를 소상히 밝혀놓았다. 바울은 이 "능력"이라는 말을 맺음 부분에 있는 축도에서 다시 끄집어낸다(20절). 그러나 이번에는 오직 "능력"이라는 말만 한 번 더 쓸 뿐이다["너희 안에서(개역개정: 우리 가운데서) 역사하시는 그의 능력을 따라 능력을 부어주실 분에게"]. 결국 문맥을 살펴볼 때, 우리는 20절의 "능력"을 "성령의 능력"으로 이해해야 한다. 이 에베소서 본문은 사용하는 언어나 관심사가 우리가 지금 보는 골로새서 본문과 아주 비슷하다. 그러므로 우리는 여기서도 **영**이 능력의 근원이시라고 유추함이 마땅하다.

하지만 **영**을 특별히 언급하지 않은 채 능력이라는 말만 등장하는 본문들에서는 늘 그렇듯이, 바울이 강조하는 것은 능력이라는 말이지, **영**의 임재 자체가 아니다. 따라서 우리는 **영**을 이 능력이라는 말의 전제로 이해해야지, 능력이 직접 가리키는 분(direct reference point)으로 이해해서는 안 된다. 능력을 부어주시는 주체는 분명 하나님이시다. 바울 서신에 들어 있는 온갖 종류의 본문들을 살펴볼 때, 우리는 이 "능력으로"라는 말이 "하나님의 성령(거룩한 **영**)의 능력으로"를 뜻한다고 추정할 수 있다.

이 점은 ("모든 능력으로 능력을 받아, 그의 영광스러운 힘을 따라서"의—옮긴이) 인접 문맥에서 발견할 수 있는 다른 두 가지 특징도 일러준다. 첫째, 이렇게 능력을 부어주시는 목표는 "모든 종류의 인내와 오래 참음에 이르게 하는 것"이다. 바울은 갈라디아서 5:22에서 "오래 참음"을 **영**의 열매 중 하나로 열거한다. 둘째, "모든 종류의 인내와 오래 참음에 이르러"라는 문구 뒤에 곧바로 이어지는 분사 문구는 골로새 사람들이 주께 합당히 행한다는 것을 마지막으로 드러내는 증거가 "기쁨으로 감사함"임을 일러준다. 이것 역시 **영**이 그들의 삶 속에서 "열매를 맺게 하시는" 활동을 행하심을 보여주는 또 한 가지 증거다.[37]

결국 이 본문은 **영**을 에둘러 언급하는 또 하나의 본문임이 거의 확실하다. 우리는 이 본문을 마땅히 "**영**의 모든 능력으로 능력을 받고, 그의 영광스러운 힘을 따라, 모든 종류의 인내와 오래 참음에 이르러"라는 뜻으로 이해해야 한다. 어쩌면 우리는 능력을 부어주심을 말하는 이 본문이 "표적들 및 기사들"과 아무 상관이 없고 도리어 현세의 고난 속에서 인내하고 참아내는 것과 철저히 관련 있다는 점에 주목해야 할지도 모른다. 따라서 바울 서신이 말하는 **영**의 능력은 그리스도인의 삶을 철저히 "이미" 그러나 "아직 아니"로 바라보는 바울의 이해를 반영한다. 이 능력에는 기적도 포함되지만, 반면에 고초 속에서도 끈질기게 참아내는 것도 포함된다. 바울은 능력을 부어주심이 이처럼 두 종류로(즉 하나는 기적으로,

---

37) 이와 관련하여 특히 살전 5:16-18을 논한 내용을 보라; 참고. 갈 5:22; 롬 14:17.

또 하나는 인내로—옮긴이) 나타나도 이 둘이 결코 서로 대립한다고 보지
않는다.

• 골로새서 1:29

이 목적을 위하여 나도 내 안에서 능력으로 일하시는 그의(하나님의) 일하심을
따라 경쟁하듯 힘쓰며[38] 수고하노라.

이 말은 이 서신의 1:24에서 시작하여 2:5에서 끝나는 단락의 첫 문단 결
론 부분에 해당하는 말이다. 바울은 이 단락에서 (a) 우선 그 자신과 그
의 사역을 이 신자들에게 "소개한다"(1:24-29). 이 신자들은 바울과 그들에
게 모두 친구가 되는 에바브라가 아니었으면 바울을 몰랐을 사람들이었다.
그리고 바울은 (b) 그가 오랫동안 목회자로서 이 신자들에게 가져왔던 관
심을 표명한다(2:1-5). 이 두 대목에서는 본질상 분명 그리스도가 중심을
차지한다. 골로새의 문제도 분명 여기에, 곧 골로새 사람들이 그리스도와
그리스도의 사역과 관련하여 갖고 있던 이해에(다시 말해 그들이 이들을 제
대로 이해하지 못한 점에) 있었다.

이 결론 구절(29절)은 바울다운 표현이 가득하다. 우선 바울은 "수고하
다"라는 동사를 사용하여 그의 사역을 묘사한다. 또 운동 경기와 관련된
은유인 "힘쓰다/경쟁하다"를 사용하여 그가 사역하며 겪은 고초를 표현
한다. 또 그가 이런 임무를 감당할 "능력"(에너지)을 바로 하나님 바로 그분
으로부터 받았다는 사실도 말한다.[39] 그리고 하나님의 "에너지"가 그 안에

---

38) 그리스어로 ἀγωνιζόμενος다("운동 경기에 참가하여 겨루다, 싸우다"를 뜻하는 ἀγωνίζομαι의
　　남성 주격 단수 현재분사 중간태 형태다—옮긴이) 운동 경기에 참가하는 선수에 빗댄 이런
　　은유는 여기처럼 바울이 자신의 사도 사역을 언급하는 문맥에서 자주 등장한다.
39) 앞에서 보았던 1:9과 마찬가지로, 이곳 역시 셈어 특유의 중복 표현이 또 등장하는 곳이
　　다(κατὰ τὴν ἐνέργειαν αὐτοῦ τὴν ἐνεργουμένην; ἐνέργειαν은 "일하심, 역사"를 뜻하는
　　ἐνέργεια의 여성 단수 목적격이며, ἐνεργουμένην은 "일하다, 역사하다"를 뜻하는 ἐνεργέω의

서 "능력으로" 역사한다는 사실도 공개한다.

여기서 우리가 관심을 갖는 곳은 이 마지막 문구다. 바울은 "능력"을 이야기한 이 본문에서 비록 표현하지는 않았어도 성령을 능력의 전제로 제시한다.[40] 앞서 논의한 내용이 있느니만큼(1:11을 다룬 내용), 우리는 여기서 이 점을 장황하게 다루지는 않겠다. 다만 바울 서신에서는 바울이 이 $\acute{\epsilon}\nu$ $\delta\upsilon\nu\acute{\alpha}\mu\epsilon\iota$ ("능력으로")라는 문구를 그가 사도로서 사역하는 동안 그 안에서 **영**이 행하신 일과 관련지어 말하는 경우가 아주 많다는 점만을(살전 1:5; 고후 1:4-5, 6:7; 롬 15:18-19) 언급해두도록 하겠다. 비록 뚜렷하게 말하지는 않았지만, 여기서도 바울이 그 점을 이야기하는 것만은 확실하다. 그러기에 바울은 "그의 **영**의 능력으로 내 안에서 일하시는 그의(하나님의) 일하심을 따라"[41]라고 말하는 것이다.

거듭 말하지만, 바울 사도는, 이 모든 본문들은 물론이고 여기서도 자신의 "수고"를 요구하고 운동선수처럼 시종일관 치열하게 분투해야 했던 그의 사역이 결국은 그 안에서 **영**으로 역사하시는 하나님이 주신 능력에 힘입은 것이었다는 절대 확신을 표현한다. 바울은 이 문단을 시작할 때는 자신이 겪은 고난들에 초점을 맞추었다(24절). 그러나 바울은 그런 고난들을 겪을 때도 기뻐한다. 바울이 보기에는 하나님이 당신의 **영**으로 임재하사 그 안에서 능력으로 역사하심으로 그에게 맡기신 일을 다 행하게 하신다는 것이 더 위대한 사실이기 때문이다. 바울이 이방인 세계를 두루 다니며 거둔 결과들은 그런 사실을 완전히 증명해주었다.

여성 단수 목적격 현재분사 중간태 형태다 – 옮긴이). 이렇게 "일하심"과 "능력"을 결합한 형태는 옥중 서신에서만 독특하게 나타난다(엡 1:19; 3:7; 3:20; 빌 3:21). 이 동사를 바울 안에서 역사하여 선교 일을 하게 하시거나(갈 2:8) 널리 그리스도인으로서 삶을 살아가게 하시는(살전 2:13; 고전 12:6, 11; 갈 5:6; 빌 2:13) 하나님의 "에너지"를 표현하는 말로 사용하는 경우는 신약성경에서도 오직 바울 서신에서만 독특하게 볼 수 있다.

40) Westcott, 86; Hendriksen, 94; Wright, 93도 같은 견해다.

41) 이것이 이 문구를 단지 부사로(즉 "강하게"로) 보는 Meyer, 335; O'Brien, 91; Harris, 74보다 훨씬 더 설득력이 있어 보인다.

■ **골로새서 2:5**

이는 내가 정녕 육으로(=몸으로) 떠나 있다 할지라도, 내가 **영**/영으로 너희와 함께 있어 너희가 질서를 잘 지킴과 그리스도를 향한 너희 믿음의 견고함을 기뻐하며 보기 때문이라.

조금은 복잡한 이 용례를 살펴보려면, 이 본문과 같은 본문인 고린도전서 5:3을 다룬 내용을 보기 바란다. 이 경우에 고린도전서 5:3과 크게 다른 점이 있다면, 바울이 그가 **영**/영으로 그들과 함께 있다는 것과 대비되는 말로 "몸" 대신 "육"(살)을 쓴다는 점이다.[1] 그러나 이런 사실에 큰 비중을 둘 수는 없다.[42] 그 이유는 (1) 고린도전서 5:3이나 골로새서 2:5이나 바울이 대조하는 것은 영(spirit)/몸이나 영/육이 아니라, "그 자신이" 거기에 있지 않다는 점과 그가 **영**/영으로 거기에 있다는 사실 때문이요,[43] (2) 바울 서신에서는 어떤 사람이 직접 몸으로 어딘가에 있음을 말할 경우 인간론에서 사용하는 두 용어(몸/육)를 얼마든지 서로 바꿔 쓸 수 있기 때문이다.

그렇다면 이 수수께끼 같은 문구는 무슨 뜻인가? 통설은 고린도전서 5:3에서도 그랬듯이 여기서도 바울 자신이 비록 골로새에 있지 않지만 그**의 생각 속에는** 골로새 신자들이 자리해 있다는 뜻으로 받아들인다.[44] 하지만 이는 설득력이 극히 낮은 견해다. 바울 혹은 어떤 1세기 사람이 이런 내용을 이야기하면서 이런 대조를 사용하여 그런 뜻을 표현했을지 심히 의심스럽다. 어쨌든 바울은 자신이 늘 자기 독자들을 생각한다는 것을 말하

---

42) Schweizer, 119-20은 견해를 달리한다.

43) 그러므로 Harris, 87이 **영**을 언급하는 것에 반대한 것은 여기서 바울이 제시하는 강조점을 놓친 것 같다.

44) 가령 Eadie, 120; Meyer, 346; Radford, 218; Hendriksen, 106; Vaughan, 196 ["spiritual oneness with them"(영적 차원에서 그들과 하나임)]을 보라. Erdman, 63은 이 견해의 난점을 인정하면서, 이 견해 대신 "vividly imagining himself present"(그 자신이 거기에 있는 것으로 생생히 상상함)을 제시한다.

고자 할 때는 쉬운 말을 사용한다. 그가 쓴 서신들에서 볼 수 있는 많은 기도 보고들이 이를 증명해준다. 결국 바울 입장에서는 그가 어떤 사람을 "늘 기억하며" 하나님께 감사한다고 말하는 것과, 여기 본문과 고린도전서 5:3처럼, 그 자신이 실제로 그들과 ἐν τῷ πνεύματι["그의 영으로"(영 안에서) 또는 "**영**으로"(영 안에서); 바울이 실제로 쓴 그리스어 표현은 τῷ πνεύματι다 — 옮긴이] 함께 있는 것으로 여긴다고 말하는 것은 완전히 다른 말을 하는 것이다.[45]

이 모든 내용을 이해하는 열쇠는 바울이 쓴 서신들을 일부러 하나님 백성이 예배하러 모였을 때 읽게 할 목적으로 기록한 서신이라는 점을 더욱더 진지하게 받아들이는 것이다. 따라서 여기서도 바울은 고린도전서 5:3의 의미에 아주 가까운 무언가를 염두에 두었을 가능성이 아주 높다. 바울은 그 고린도전서 본문에서 고린도 신자들이 **영**의 임재와 능력 안에서 그가 써 보낸 서신을 읽으려고 모여 있을 때 자신이 정말로 **영**을 통해 그 신자들과 함께 있는 것으로 여긴다. 결국 바울은 "**영**/영으로 함께 있으면서" 하나님이 그들 가운데서 행하신 일을 "기뻐하고" 또 "목격한다."

● 골로새서 3:10

[9]너희가 옛 사람과 그 행위들(습관들)을 벗어버리고 [10]새 사람을 입었으니, 이는 늘 새롭게 만들어져 새 사람을 지으신 분의 형상을 따라 온전한 지식에 이른 사람이니라.

---

45) 참고. Westcott, 95; Lohse, 83; Martin, 76; O'Brien, 98; Pokorný, 91. Schweizer도 이 견해를 받아들인다(*TDNT* 6.436). 그러나 그가 나중에 쓴 주석에서는 이 견해를 거부했다(119-20). Schweizer는 고전 5:3의 의미를 올바로 파악하는 것처럼 보이는 극소수 신약학자들 가운데 한 사람이다. 그가 여기서는 같은 견해를 거부한 것은, 그의 주장이 분명히 말하듯이, 이 본문이 실제로 말하는 내용 때문이 아니라 골로새서가 바울이 쓴 서신이 아니라고 보는 그의 선입견 때문이다. 그는 이 본문이 골로새 사람들이 믿음을 견지한다는 소식을 듣고 "사도"가 보인 "심령의 반응"을 표현한 것이라고 본다. 이런 수수께끼 같은 설명은 어쩌면 통설을 다른 방식으로 표명한 것일 수 있겠지만, 그래도 이런 그의 견해는 특히 말도 안 되는 소리 같다.

이 책에 이 본문을 포함시킨 이유는 ἀνακαινόω("새롭게 하다"; 이 본문에서는 이 동사의 남성 목적격 단수 현재분사 수동태 형태인 ἀνακαινούμενον을 사용했다 – 옮긴이)라는 동사가 등장하기 때문이다. 바울은 다른 곳에서 이 동사와 **영**을 아주 긴밀하게 결합한다. 뿐만 아니라, 이 본문과 언어상 평행을 이루는 에베소서의 한 본문(엡 3:16)은 실제로 성령의 능력이 "속사람을" 강하게 한다고 말한다.

그리하여 바울은 디도서 3:5에서 그리스도인의 회심을 거듭남, 곧 성령이 "새롭게 하심"이라고 부른다. 마찬가지로 비록 여기서 바울이 분명하게 언급하지는 않지만, 고린도후서 4:16과 로마서 12:2(찾아보라)에서 이 동사를 사용할 때는 **영**이 아주 가까운 곳에 자리해 있다. 이 본문이 구사한 이 동사(ἀνακαινούμενον)는 바울 서신에서 볼 수 있는 "신성 수동태"(divine passive)의 또 다른 사례다. 이런 수동태에서는 하나님이 주어임을 표현하지 않았어도 하나님을 주어로 이해해야 한다. 이처럼 바울이 구사하는 이 언어는 **영**의 활동에 속한다. 따라서 십중팔구는 이 "다시 새롭게 하는" 활동 뒤에도 언제나 하나님이신 성령이 자리해 있다.[46]

"벗음"과 "입음"이라는 말은 필시 세례와 관련된 이미지를 반영한 말일 것이다. 그러나 이 관심사 자체는 바울 복음의 핵심에 자리해 있으며, 세례가 아니라 **영**의 사역과 관련 있다. 그리스도의 소유가 된 사람들은 그 행위도 그리스도의 모양을 가져야 한다. 그러기에 바울은, 비록 여기서는 다른 이미지를 사용하여 말하지만 결국 갈라디아서 5:13-26에서도 말한 것처럼, 골로새 신자들이 매일매일 삶 속에서 처음으로 새 사람을 지어내셨던 그분의 성품과 일치하는 행위를 나타내 보여야 한다는 것에 관심을 기울인다. 신자들은 자신들을, 성령으로 말미암아 계속하여[47] 새로워져 감으

---

46) 참고. Meyer, 432; Westcott, 146; Hendriksen, 150; Harris, 152 (그러나 하나의 기능/성으로 이야기한다).

47) 현재 시제인 이 분사(ἀνακαινούμενον)는 부정과거 시제인 앞뒤의 분사들[2]과 대조를 이룬다. 신자들은 회심할 때 새 사람을 "입는다." 즉 하나님이 몸소 새 사람들로 "지으신다." 신자들이 일단 이렇게 새 사람을 입으면, 이제는 **영**이 일하시면서 그 사람들을 창조주의 형상으로 계속

로 결국 ("하나님을"; 본문이 암시하는 목적어다) "온전히 아는 지식"으로 들어가야 할 사람들로 이해해야 한다. 이런 지식은 그리스도의 모양을 가진 사람들이 그분의 성품과 일치하는 삶을 살아갈 때 여실히 드러난다. 바울은 이를 특히 12-15절에서 이야기할 것이다.

● 골로새서 3:15

또 그리스도의 평강이 너희 마음을 주장하게 할지니, 너희는 또 평강을 위하여 한 몸으로 부르심을 받았느니라.

여기도 이 서신에서 **영**을 언급하지는 않았지만 **영**을 주장한 본문으로 볼 수 있는 또 한 가지 사례다. 즉 이 본문과 평행을 이루는 에베소서 4:3-4(찾아보라)과 다른 곳에서(특히 고전 12:13) 바울이 천명하는 신학은 이 본문에서도 그가 **영**을 표현하지는 않았지만 한 몸으로 "부르심"을 **영**이 이뤄내신 일로 이해한다는 것을 확실하게 일러준다. 이 견해에 더욱더 큰 힘을 실어주는 것이 뒤따르는 16절이다. 16절에서 바울은 **영**을 모든 것의 확실한 전제로 제시한다. 그러나 앞에 나온 본문들에서도 그랬듯이, 바울이 이 본문에서 **영**을 언급하지 않은 이유는 그가 이 **영**을 단지 전제로 여기기 때문이다. 이 본문에서 바울이 강조하고 관심을 갖는 대상은 따로 있다. 그건 바로 그들이 모두 한 몸을 이루도록 부르심을 받았다는 사실이다. 결론 부분에 있는 이 말은 바울이 앞서 제시한 모든 권고를 함께 묶어준다.

하여 새롭게 만들어가신다. 이는 바울이 그리스도 안에서 이루어진 구속의 목표를 잃어버린 하나님의 형상을 회복하는 것으로 이해한다는 것을 분명하게 보여준다. 하나님의 형상은 타락으로 말미암아 진창으로 굴러 떨어졌다. 참고. 고후 3:18; 롬 8:29.

- **골로새서 3:16** [48]

너희 가운데 그리스도의[49] 말씀이 풍성히 거하여 모든 지혜로 서로 가르치며 권면하고 시들,[50] 찬송들, **영적(영의)** 노래들(songs spiritual)로 은혜/감사를 담아[51] 너희 마음으로 하나님께[52] 노래하게 하라.

참고. 에베소서 5:18-19 [53]

[18]다만 **영**으로 가득하여, [19]시들, 찬송들, 그리고 **영**의 노래들(Spirit songs)로 서

---

48) 여기서 쉼표들을 빼버림은 물론 거의 불가능한 "번역"을 제시한 것은 독자들이 이 그리스어 본문이 지닌 난점들을 알 수 있게 도와주려고 시도한 것이다. 여기서 제시한 번역문의 어순은 가능한 한 원문의 어순을 그대로 따랐다(한글 번역문도 마찬가지다 – 옮긴이). 이 본문의 주해와 관련된 여러 문제들을 살펴보려면, 내가 논한 내용을 보라.

49) 올바른 본문은 θεοῦ ("하나님의"; A C* 33 451 1241 1984 pc)나 κυρίου ("주의"; ℵ* I 2127 Clement pc)가 아니라, 분명 Χριστοῦ다. Χριστοῦ가 모든 지역에서 그리고 아주 일찍부터 등장한 대다수 사본들이 제시하는 본문이자, 그 독특함 때문에(신약성경에서 "그리스도의 말씀"이라는 말이 등장하는 곳은 이곳뿐이다) 더 어려운 독법에 해당하는 본문이다. 이와 다른 여러 본문들은 필사자들이 Χριστοῦ로부터 더 흔한 표현으로 바꿔놓은 것이다.

50) MajT는 잇달아 계속되는 세 단어들 사이에 καί를 추가하여 엡 5:19과 일치시켰다.

51) 여기에는 서로 관련된 두 난점이 있다. 바울은 ἐν χάριτι (ℵ* A C D² Maj)로 기록했을까 아니면 ἐν τῇ χάριτι (P⁴⁶ ℵ² B D* F G Ψ 6 1739 pc)로 기록했을까? 후자가 틀림없다. 초창기에 나온 가장 훌륭한 사본들이 후자를 지지한다. τῇ가 생략된 것은 바울의 스타일에 맞추려는 필사자들의 시도라는 말로 쉽게 설명할 수 있다. 반면 이를 추가했다고 볼 경우에는 추가한 연유를 설명하기가 힘들다(4:6을 보라; 이 구절에서는 어느 것도 τῇ를 덧붙이지 않았다). ἐν τῇ χάριτι가 바울이 기록한 본문이라면, "τῇ χάριτι"(그 은혜를 담아/그 은혜로)는 무슨 뜻인가? 내가 논한 내용을 보라.

52) 나는 Metzger가 한 말(*Textual Commentary*, 625)을 모두 인용하여 이 말과 관련된 사본 문제를 제시해본다: "그리스어 표준 본문(Textus Receptus)은 엡 5:19에 있는 평행 문구의 영향을 받아(이 구절에서는 사본들 사이에 변형이 없다) 초기에 나온 다양한 사본들(P⁴⁶vid ℵ A B C* D* G Ψᶜ 33 81 1739 it^{d.g.86} vg syr^{p.h} cop^{sa.bo} arm Clement Speculum 등)이 강력히 지지하는 θεῷ 대신 κυρίῳ로 바꿔놓았으며, C² Dᶜ K Ψ* 614 *Byz Lect* it⁶¹ goth 등이 이를 따른다."

53) 나는 이곳에서 이 에베소서 본문을 완전히 논할 생각이 없다. 그 일은 다음 장의 더 적절한 장소로 미뤄놓겠다. 이 경우에 이 에베소서 본문과 골로새서 본문의 평행 관계는 아주 긴밀하지만, 바울은 이 두 본문을 조금 다르게 표현해놓았다. 때문에 우리가 이 골로새서 본문에 들어 있는 몇몇 난점들을 해결하려면, 이런 평행 관계를 십중팔구 언급할 수밖에 없다. 그러므로 우리가 지금 이 골로새서 본문을 해결할 길을 생각할 때는 에베소서 본문도 함께 살펴보는 것이 유익할 것 같다. 앞서 제시한 골로새서 번역문과 마찬가지로, 이 에베소서 "번역"도 아주 딱딱하며 구두점이 거의 없다.

로 말하고 너희 마음으로 주께 노래하며 음악을 만들어 올리라.

이 골로새서 본문은 12절에서 시작한 권고의 결론을 향해 나아가는 말이다. 이 권고 전체는 공동체의 삶을 염두에 둔 내용이다. 그리하여 12-15절은 주로 공동체 내부의 **관계들을** 이야기하고, 15절에서 그들이 "한 몸"이 되도록 부르심을 받았다는 것을 일깨워주면서 끝을 맺는다. 우리가 지금 보는 본문은 이런 관심사들을 거론하면서 그들이 **한 몸이 되어 드리는 예배**에 초점을 맞춘다. 이 예배야말로 그들이 하나님을 찬미하고 각자가 서로 다른 지체들에게 짊어진 의무들을 되새기는 자리다.

여기는 바울계 교회들이 올리는 예배와 관련하여 흥미로운 정보가 가득한 본문이다. 뿐만 아니라, 이 본문에는 주해를 할 때 그 의미가 불확실한 부분들이 예상외로 많으며, 그런 부분들은 대부분 "모든 지혜로"에서 시작하는 몇몇 수식어들을 어떻게 이해해야 하는가라는 문제와 관련 있다. 그러나 그 문제를 살펴보기 전에 이 본문 서두의 절("너희 가운데 그리스도의 말씀이 풍성히 거하게 하라")을 미리 살펴본 관찰 결과들을 이야기해보겠다. 이 관찰 결과들은 이 본문 연구에 상당히 중요한 내용이다.

첫째, 인접 문맥과 관련된 모든 것, 그리고 특히 이 본문의 언어는 바울이 지금 그리스도인 공동체를 곱씹어본다는 것을 일러준다. 바울이 여기서 하는 말은 신자 개인을 상대로 하는 말이 아니라,[54] 하나님의 백성으로서 서로 관계를 맺고 있는 신자들을 상대로 하는 말이다. 바울이 제시하는 권고는 그리스도 안에 있는 "새 사람"의 특성을 제법 상세히 설명한 12절에서 시작하며, 모두 공동체와 관련된 형태를 띤다. 바울은 모든 것을 "서로"라는 말을 염두에 두고 또 이 말에 비추어 이야기한다. 그리하여 현재 우리가 보는 본문이 따른 패턴을 제시한 직전 권면(15절)에서는 그리스도의 **살**

---

54) Peake, 541; Robertson, 167; Schweizer, 209은 견해를 달리한다(이들은 마치 바울이 골로새 사람들 개개인을 상대로 그리스도의 말씀이 그들 안에 풍성히 거하게 함으로써 그들이 다른 사람들을 돕고 하나님께 감사함으로 노래할 수 있게 하라고 촉구하는 것처럼 주장한다).

롬(**평강**)이 그들의 마음을 주장하게 하라고 권면한다. 그들은 이 평강을 이루고자 한 몸으로 부르심을 받았기 때문이다. 우리가 보는 본문은 이런 관계들을 예배에 모인 하나님의 백성이라는 맥락 속에서 바라본다. 이런 자리에 모인 하나님 백성은 그리스도의 말씀이 "그들 안에" 풍성히 거하게 하는 한 방편으로서 **서로** 가르치고 권면해야 한다. 이는 곧 ἐν ὑμῖν("너희 안에/가운데")이라는 전치사구가 "거하다"[55]라는 동사를 수식하고 보통은 "너희 안에"라는 뜻을 갖지만, 여기서는 "너희 가운데"라는 의미일 수밖에 없다는 것을 뜻한다.[56] 따라서 신자들 가운데 들어와 거하시는 "그리스도의 말씀"은 "서로 가르치고 권면함"이라는 형태와 "하나님께 노래함"이라는 형태를 띠며, 이 말씀은 예배하러 모인 교회와 관련 있다.

둘째, 첫째와 같은 맥락에서, 분사들을 결합해놓은 말인 "가르침과 권면함"(그리스어로 διδάσκοντες καὶ νουθετοῦντες인데, 전자는 "가르치다"를 뜻하는 διδάσκω의, 후자는 "권면하다, 경고하다"를 뜻하는 νουθετέω의 남성 주격 복수 현재분사 능동형이다 ─ 옮긴이)은 바울이 1:28에서 자신의 사역을 묘사하는 말로 사용한 바로 그 두 가지임을 유념하는 게 중요하다. 그렇다면 이곳은 바울이 "사역"(봉사)이라는 것을 사도들이나 직무를 맡은 자들만이 담당하는 특별한 영역으로 여기지 않았다는 것을 분명하게 일러주는 증거인 셈이다.[57] 바울이 제일 먼저 쓴 서신에서도 말하듯이(살전 5:14), 그리스

---

55) 그리스어로 ἐνοικείτω다("살다, 거하다"를 뜻하는 ἐνοικέω의 3인칭 단수 현재 능동태 명령법 형태다 ─ 옮긴이). 이 말은 신약성경에서 바울만이 사용하는 복합어다[고후 6:16(칠십인경 부분); 롬 8:11; 딤후 1:5, 14]; 롬 8:11과 딤후 1:14에서는 이 말이 특히 내주하시는 **영**을 가리킨다.

56) 가령 Eadie, 250; Peake, 541은 이에 반대하면서, ἐνοικέω와 함께 쓴 ἐν ὑμῖν을 "너희 가운데"로 번역하는 것에 반대한다. 그러나 문맥을 볼 때, 이와 아주 흡사한 말로 번역할 수밖에 없다. 만일 이 말이 "너희 안에"라면, Meyer, 448이 올바로 지적하듯이, "너희 교회 안에"라는 뜻이 되어버린다. 따라서 이 말은 "너희 가운데"로 번역하는 쪽이 더 낫다. 참고. G. Delling, *TDNT* 8.498n63; Radford, 282; Hendriksen, 160; Lohse, 150; O'Brien, 207; Bruce, 157 (가설로서 주장). Harris, 167, 172은 "너희 안에"와 "너희 가운데"를 다 취한다.

57) 혹자는 바로 이런 사실이 이 본문을 예배가 아니라 널리 그리스도인의 삶 전반을 다룬 말로 보았던 초기의 해석 전통 뒤에 자리한 것은 아닌지 의심하지만, 그렇다고 확신하지는 못한다. 오직 "직무를 맡은 자들"만이 교회에서 그런 일들을 했을 것이다! 어쩌면 그런 "가르침과 권

도인 공동체 안에서 이루어지는 이런 종류의 활동들은 모든 지체가 책임져야 할 일이다.[58] 이것은 고린도전서 14:26(찾아보라)에서도 등장하는 모습과 일치한다.

셋째, 바울의 권면에서 주관심사는 "그리스도의 말씀", 곧 그리스도께 중심 초점을 맞춘 복음의 메시지다.[59] 요컨대 그리스도는 하나님이 육신이 되신 분이요 모든 것에 족하신 분이요 창조주이시며 구속주이시라는 것이 바로 이 서신 전체가 말하는 내용이다. 바울은 이제 자신이 일부나마 1:15-23에서 이미 조목조목 이야기했던 이 "그리스도의 말씀"을 풍성히 "그들 가운데 거하게 하라"고 촉구한다. 그들이 그리스도의 말씀이 그들 가운데 풍성히 거하게 할 때에 그들이 하는 행위 중 일부는 다른 지체들을 향하며("서로 가르치고 권면함") 일부는 하나님을 향한다("너희 마음으로 하나님께 노래함"). 이리하여 복음의 "풍성함"이 그들 가운데 아주 "풍성히" 존재하게 된다. 이 문장 전체의 구조는 온갖 종류의 노래가 그 풍성함

면" 행위는 여성들도 했을 것이라는 말을 덧붙이는 이들이 있을지도 모르겠다. 요컨대 그런 특별한 사람 중 하나로 바울이 드는 사람이 눔바다(4:15). 이 눔바의 집에서 교회가 모였다. [후대에 나온 사본들(D F G MajT)은 후대의 편견을 토대로 여자인 눔바를 남자로 바꿔놓았다. 사본 필사자들은 그녀의 집에서 교회가 모인다는 사실이 함축하는 의미들을 분명하게 인식했다.]

58) Hendriksen, 161; O'Brien, 208; Wright, 144도 같은 견해다. Meyer, 449은 이런 함의들을 인식하고, 이런 행위를 교회가 한 몸으로 드리는 예배에서 떼어다가 신자들이 더불어 살아가는 삶 속에 옮겨놓는다. 앞의 주를 보라.

59) 이것은 소유격인 τοῦ Χριστοῦ ("그리스도의")를 일부 사람들처럼 주격으로 보는 게 아니라 [주격으로 보는 이는 Abbott (이 견해 지지자로서 가장 유명한 사람); Radford, 282; Bruce, 157n148], 그 "말씀"의 내용을 표현한 목적격으로 보는 것이다(Lohse, 150; Martin, 115; O'Brien, 206-7; Wright, 144도 같은 견해다).[3] 이 소유격을 목적격으로 보는 견해만이 이 서신 전체를 온전하게 보존해주는 것 같다. 대다수 학자들은 그리스도와 그리스도의 사역에 철저히 초점을 맞춘 1:15-18을 초기 그리스도인들이 부른 찬송에서 나온 것으로 본다. 그리스도와 그의 사역이 바로 노래를 통해 가르친 것이었다. 그런 점은 이 서신에서도 일관되게 이어진다. 따라서 바울이 여기서 관심을 갖는 것은 골로새 사람들이 모였을 때 그리스도가 그들에게 말씀하심(물론 이런 일도 예언의 말을 통해 일어났을 수 있다)이나 그리스도의 가르침이 아니라, 그들이 이 서신 전체의 관심사인 복음의 메시지, 곧 그리스도와 그의 사역에 온전히 초점을 맞춘 복음의 메시지가 그들이 공동체로 살아가는 삶 속에 풍성히 거하게 하는 것이다.

속에서 중요한 역할을 해야 한다는 것을 일러준다.

넷째, 에베소서에 있는 이 본문의 평행 본문이 분명히 일러주듯이, 바울은 이 모든 행위를 그들이 **영**으로 가득해진 결과로 본다.[60] 따라서 우리가 πνευματικός("**영적**")라는 말을 노래의 다양한 표현 형태들과 관련지어 이해해야 한다 하더라도, **영**의 노래들은 오로지 **영**의 임재를 표현할 뿐이다. **영**의 "충만"은 몇 가지 표현 형태들(가령 시, 찬송 등 ― 옮긴이)을 지닌 예배 전체를 인도하며 예배 전체에 영감을 불어넣어줄 것이다.

이런 내용만큼은 적어도 확실한 것 같다. 그러나 우리가 나머지 문구들을 어떻게 이해해야 하며 이 문구들 사이의 관계들을 어떻게 이해해야 할지 확실치 않다. 물론 일부 문구들은 다른 문구들보다 더 수월하게 그 의미를 결정할 수 있긴 하다. 난제는 다음 여섯 가지다.

1. "모든 지혜로"는 무슨 뜻이며 무엇을 수식하는가?
2. 세 종류의 노래(곧 시들과 찬송들과 **영적** 노래들 ― 옮긴이)는 "가르침과 권면함"을 수식하는가 아니면 "노래함"을 수식하는가?
3. πνευματικός("**영적**")는 무슨 뜻이며 무엇을 수식하는가?
   이와 관련하여 세 종류의 노래는 서로 구별될 수 있는가, 있다면 어떻게 구별하는가?
4. ἐν τῇ χάριτι("은혜/감사로, 은혜/감사를 담아")는 무슨 뜻인가?
5. "너희 마음으로"는 무슨 뜻이며 무엇을 수식하는가?
6. 하나님께 드린 것은 노래인가 아니면 감사인가?

이 몇 가지 문제의 해결책은 다양하게 정리해볼 수 있을 것이다. 하지만 주로 문제가 되는 것은 "시, 찬송, 노래"와 관련된 2번 항목과 4번 항목이다. 4번 항목 같은 경우는 이 문제를 어떻게 이해하느냐에 따라 5번 항

---

60) 참고. Lohse, 150-51.

목과 6번 항목이 결정되기 때문이다. 가장 흔한 본문 배열 형태는 두 가지 인데, 이 두 가지는 그 구조를 나타내보면 가장 잘 파악할 수 있다. 전통적 견해는 이 본문 구조를 다음과 같이 배열한다.[61]

그리스도의 말씀이 너희 가운데 풍성히 거하게 하되,

서로 가르침으로[62]
그리고
권면함으로
모든 지혜로
시들로,
찬송들로,
영적 노래들로
하나님께 노래함으로
너희 마음으로부터
감사를 담아

요 근래 나온 영역(英譯) 성경들과 주석들은 이런 구조를 제시한다.

그리스도의 말씀이 너희 가운데 풍성히 거하게 하되,

너희가 서로 가르칠 때
그리고
권면할 때

---

61) 이것은 내 번역이다. 여기서 **배열**해놓은 구조는 KJV와 NASB가 제시한 것이다.
62) 이 분사에 이런 양식(樣式)의 의미를 부여한 견해를 살펴보려면, Meyer, 448과 O'Brien, 207 도 함께 보라.

모든 지혜로;

또 너희가 노래할 때

시들, 찬송들, 그리고 **영적** 노래들로

하나님께

감사함으로

너희 마음으로(마음 안에서)(NEB, JB가 이러하다)

또는

또 너희가 노래할 때

감사함으로

하나님께

너희 마음으로(마음 안에서)(NRSV, NIV가 이러하다)

이 난제들을 하나씩 살펴보자.

1. 대체로 학자들은 "모든 지혜로"가 "그리스도의 말씀이 너희 가운데 거하게 하라"에 속하는 말이라고[63] 보기보다 뒤따르는 분사들에 속하는 말로 본다. 이렇게 보는 주된 이유는 "너희 가운데"와 "풍성히"가 이미 그 동사(="거하게 하라"—옮긴이)를 따르고 있는데다, 바울이 "풍성히"를 마지막 자리에서 등장시켜 이를 강조하기 때문이다. 이 동사(="거하게 하라")에 전치사구(곧 "모든 지혜로"; 그리스어로 $\dot{\epsilon}\nu$ $\pi\acute{\alpha}\sigma\eta$ $\sigma o\phi\acute{\iota}\alpha$—옮긴이)를 하나 더하는 것은 이 동사에 쓸데없이 너무 무거운 짐을 지우는 일이다. 뿐만 아니라, 1:28을 보면 거기에서도 바로 이 전치사구가 이 두 분사들을 수식한다(즉 $\dot{\epsilon}\nu$ $\pi\acute{\alpha}\sigma\eta$ $\sigma o\phi\acute{\iota}\alpha$라는 전치사구가 $\nu o\upsilon\theta\epsilon\tauο\hat{\upsilon}\nu\tau\epsilon\varsigma$라는 현재분사와 $\delta\iota\delta\acute{\alpha}\sigma\kappa o\nu\tau\epsilon\varsigma$

---

63) 이는 Lightfoot, 224이 선호한다; 참고. Radford, 283. 통설은 Eadie, Meyer, Abbott, Peake, Westcott, Carson, Hendriksen, Lohse, Martin, Vaughan, Schweizer, O'Brien, Bruce, Wright, Harris가 지지한다.

라는 현재분사를 수식한다 – 옮긴이). 더욱이 이 서신에서는 "지혜"라는 말의 의미가 "거함"보다 "가르침과 권면함"을 수식하는 말로 더 잘 어울리는 것 같다. 1:9에서도 그랬지만 여기서도 바울이 생각하는 "지혜"는 **영**의 지혜다. 이 지혜는 반대자들이 주장하는 무익한 철학과 대립한다. 골로새 신자들은 바로 이 지혜로, 이런 **영**의 지혜로 계속하여 서로 가르치고 권면해야 한다.

2. 현대 학자들은 세 종류의 노래(시들, 찬송들, **영**적 노래들)를 배치할 위치와 관련하여 공감대를 형성하고 있지만, 그래도 전통적 견해를 채택하는 게 합당한 이유들이 있다.[64] (a) 앞에서 제시한 에베소서 본문은 이 골로새서 본문과 분명한 평행을 이루며, 두 서신의 지은이도 같다. 따라서 에베소서 본문의 확실성이 이 문제를 해결하는 데 결정적 역할을 해줄 것 같다. 바울은 에베소서 본문에서 그들이 노래함으로 서로 **말해야** 한다고 분명하게 말한다. 바울의 말이 명확하다 보니, 우리는 그 본문의 논리를 이해하려고 머리를 쥐어짤 필요가 없다.[65] 바울의 논리를 뜯어고쳐 다시 정리하려고 하기보다는 어떻게 하여 "하나님께" 올리는 노래가 "서로 가르치는" 수단도 될 수 있는지 이해하려고 노력하는 편이 더 나을지도 모른다.[66] (b) 이 세 종류의 노래를 "노래함"과 연결된 말로 보게 되면, "모든 지혜로"라는 말을 서두의 동사("거하게 하다")와 함께 묶어 볼 경우에 이

---

64) Meyer, 448-49; Lightfoot, 224; Abbott, 290; Peake, 541, Westcott, 158; Robinson, 167; Erdman, 90; Radford, 283; Carson, 90; O'Brien, 208-9도 전통적 견해를 지지한다. 현대 학자들이 공감대를 이룬 내용을 살펴보려면, 다른 이들도 있지만 Delling, *TDNT* 8.498; Hendriksen, 161; Lohse, 151; Vaughan, 216; Schweizer, 210; Bruce, 158; Wright, 149; Harris, 167을 보라. Harris는 특히 시사해주는 것이 있다. 그는 현대 학자들이 취하는 견해에 난점들이 있음을 인정하면서도, 이 견해를 뒷받침할 설득력 있는 논증을 제시하지 않은 채 계속하여 이 견해를 채택하기 때문이다.

65) Hendriksen, 161n138은 Ridderbos의 견해에 동의하며 그의 글을 이렇게 인용한다. "우리는 이렇게 서로 가르치고 권면하는 일이 틀림없이 노래라는 방법을 통해 이루어졌을 것이라는 생각을 상당히 어색하게 여긴다." 이런 말은 다른 몇몇 학자들이 이 점을 논의하며 그저 수면 아래에 숨겨놓았던 속내를 드러내놓고 털어놓은 것이다.

66) 실제로 우리가 잠시 뒤에 언급하겠지만, 찬송들이 구약성경과 바울의 글에서 이렇게 두 가지 차원으로 기능한다는 사실 역시 이런 견해를 **뒷받침하는** 또 하나의 논거다.

동사가 짊어질 부담보다 훨씬 더 큰 부담을 이 "노래함"이라는 분사(그리스어로 ᾄδοντες이며, 이는 "노래하다"를 뜻하는 ᾄδω의 남성 주격 복수 현재분사 능동형이다 – 옮긴이)에 안겨주고 만다. 그렇게 되면 심지어 그리스어 본문으로 살펴볼 때도 완전히 균형을 잃어버린 채 상당히 조잡한 구조 배열이 이루어지고 만다.

> 모든 지혜로
>
> > 서로 가르침과 권면함
>
> 시들, 찬송들, **영**적 노래들로
>
> 감사함으로,
>
> > 노래함
> >
> > > 너희 마음으로
> > >
> > > 하나님께

또 이런 구조 배열은 NRSV와 NIV처럼 어이없는 번역들을 만들어낸다. 이 번역에 따르면 하나님께 올리는 것은 감사가 되는데(설령 감사가 옳다 해도), 그리스어 본문이 하나님께 올리라고 말하고자 하는 것은 노래함이다(뒤의 6번을 보라).[67]

반면 전통적 견해는 본문이 말하는 개념들을 균형이 잘 잡힌 묶음으로 제시한다(바울다운 구조다).[68] 각 개념은 다양한 종류의 노래들을 가진 그

---

67) NRSV, GNB, JB, NIV는 시들, 찬송들, 노래들을 ᾄδω ("노래하다")라는 동사의 목적어로 취하는데, 이는 문법상 아주 잘못이라는 점도 함께 유념해두어야 할 점이다. 이 동사는 늘 목적격을 그 직접목적어로 취하기 때문이다[가령 출 14:32(칠십인경); 계 5:9; 14:3; 15:3을 보라]. 이런 번역은 그냥 "역동적 등가 번역"의 한 형태라고 주장할 수도 있겠으나, 바울이 구사한 이 문장의 균형 잡힌 구조를 놓쳐버린 불필요한 편법일 뿐이나.

68) 실제로 Meyer, 448은 이렇게 주장한다(옳은 주장이다). "각각이라는 말로 시작하는 뒤의 분사절들(ἐν πάσῃ σοφίᾳ…ἐν τῇ χάριτι)은 대칭을 이루는데, 어떤 특별한 이유도 없이 이런 대칭 구조를 무시해서는 안 된다." 엡 5:19에 비춰볼 때, 그리고 노래함이 구약과 초기 교회에서는 하나님을 찬미하는 것이자 가르치는 방편이었다는 사실에 비춰볼 때, 이런 대칭을 무시

리스도인의 예배가 지닌 두 차원(수평 차원과 수직 차원)을 "스윙 컴포넌트" (swing component)로 표현해주며, 이 스윙 컴포넌트는 예배를 이루는 두 부분을 하나로 결합시켜준다. 이 구조를 나타내보면 이러하다.

모든 지혜로
    서로 가르침과 권면함
        시들, 찬송들, 그리고 **영적 노래들**로
은혜로
    노래함
        너희 마음으로
        하나님께

3. 우리가 이미 1:9을 다루며 주장한 것처럼, πνευματικός라는 형용사는, 문맥상 특별히 달리 생각해야 할 강력한 근거들이 없다면, 보통은 **영**을 가리킨다. 대다수 사람들도 인정하듯이, 여기서는 특히 **영**이라는 의미가 두드러진다.[69] 우리는 지금 **영**이 감동케 하여 부르게 하시는 노래들을 다룬다. 고린도전서 14:15-16, 26을 다룰 때 말했듯이, 이것은 "은사 같은 찬송"을 가리킬 가능성이 아주 높다. 즉 회중이 모여 예배할 때에 **영**에 감동되어 자신도 모르는 사이에 터져 나오곤 했던 노래들을 가리킬 가능성이 아주 높다.

따라서 πνευματικός가 이 세 명사들(시들, 찬송들, **영적 노래들**)을 수식할 수도 있지만[70](시들과 찬송들 역시 "**영의**" 노래들일 것이다), 바울은 이 "**영적**"

할 "어떤 특별한 이유"를 만들어내기는 특히 어려운 일이다.

69) 그러나 Erdman, 91을 보라. 그는 πνευματικός가 단지 "세속적"의 반대말인 "경건한"을 뜻할 뿐이라고 생각한다. 참고. Hendriksen, 162; Schweizer, 210; Wright, 145. 그러나 바울이 생각하는 πνευματικός의 반대 의미에 "세속적"이 포함된다 할지라도, 바울은 "세속적"과 대립하는 것을 "경건한"이 아니라 **영**의 활동으로 본다.

70) Lohse, 151이 이렇게 본다; 참고. Martin, 116; O'Brien, 210.

이라는 말을 오로지 "노래들"을 수식하는 말로서 특히 **영**에 감동하여 노래를 부름을 뜻하는 말로 사용하려 했을 가능성이 아주 높다.[71] 결국 이 **영적 노래들**"이라는 말은 이 서신 수신자들이 예배와 연관 지어 생각하지 않았을 가능성이 가장 높은 말 가운데 하나다. 그리스 세계에서 "노래들"이라는 말은 말 그대로 모든 "노래들"을 아우르는 말인 반면, 다른 두 가지(시, 찬송)는 늘 신을 향해 부르는 것을 가리키는 말이기 때문이다.

그러나 이 셋을 놓고 이렇게 말했지만, 우리가 결국 이 세 단어를 확실하게 구별할 수 있을지 의문이 든다. 가령 "시"에는 이제 그리스도인 공동체가 행하는 예배에 흡수된 구약 시편의 시들이 당연히 포함된다. 그러나 실제로 대담하게 이 "시"가 구약의 시편만을 가리킨다고 주장하려 하는 이들이 있다. 요컨대 고린도전서 14:26은 이 "시"라는 말을 (분명) 자신도 몰래 더 자연스럽게 튀어나오는 노래를 뜻하는 말로 사용한다(이 골로새서 본문이 "시"라는 뜻으로 사용한 그리스어도 ψαλμός이며, 개역개정 고전 14:26이 "찬송시"로 번역해놓은 말도 그리스어로 ψαλμός다 – 옮긴이). 마찬가지로 고린도전서 14:15은 이 말의 동족 동사를 **영**에 감동되어 "하나님을 찬미함"을 가리키는 말로 사용한다("찬송하다"를 뜻하는 ψάλλω의 1인칭 단수 미래 능동태 직설법 형태인 ψαλῶ를 사용했다 – 옮긴이). 결국 과거에 이스라엘이 불렀던 찬송을 "시들"(pslams)이라고 불렀던 사실이 신약의 용례를 결정한 것만은 확실하다. 하지만 여기 골로새서 본문에서 바울이 사용한 "시들"이라는 말을 오로지 그런 (찬송)시들만을 가리키는 말로 이해해야 할 이유가 전혀 없다. 물론 이 말이 가리키는 것은 하나님을 찬송할 때 부른 노래다. "찬송"이라는 말도 마찬가지다(그리스어로 "찬송"은 ὕμνος, 그 동족 동사는 ὑμνέω다 – 옮긴이).[72] 그리스 세계에서는 이 말을 오로지 신들이나 영웅들

---

[71] 오늘날 일부 은사구의자들은 이 노래에 방언으로 노래하는 것도 포함된다고 보지만, 의문이 드는 견해다. 알아들을 수 없는 말로 가르치거나 권면하는 사람은 아무도 없기 때문이다. 그러나 Martin, 115을 보라. Martin은 고전 14:26, 엡 5:19, 그리고 이 본문이 말하는 내용에도 불구하고 방언으로 노래하는 것 역시 이 노래함에 포함되었을 가능성을 인정한다.

[72] 신약성경에서는 오직 이곳과 엡 5:19에서만 등장한다. 하지만 이 말의 동족 동사는 4회에 걸

에게 바치는 노래들을 뜻하는 말로 사용했다. 따라서 가령 술집 주인이나 부를 법한 음탕한 노래들에는 이 말을 사용하지 않았을 것이다. 그러므로 "찬송들" 역시 하나님을 노래로 찬미함을 뜻하며, 신약성경의 경우에는 그리스도를 노래로 찬미하는 것도 가리키는 말이다. 요한계시록이 제시하는 증거는 이를 특히 분명하게 보여준다.[73]

4. ἐν τῇ χάριτι라는 말의 의미를 결정하는 일은 더 힘들다. 이 말의 의미가 특히 관사가 있고 없음에 따라 좌우되기 때문이다.[74] 20세기에 나온 영역 성경들과 주석들은 거의 모두 이 말을 "감사함으로"(감사하며; with gratitude)라는 뜻으로 받아들인다. 그러나 우리는 이를 잠시 달리 생각해봐야 한다. 신약성경을 아무리 뒤져봐도 χάρις(χάριτι는 χάρις의 여격이다 — 옮긴이)에 관사가 붙어 있을 때 이 말이 "감사"를 뜻하는 경우가 전혀 없다.[75] 하지만 바울은 은혜를 언급할 때 이 은혜라는 말에 달리 아무런 수식어를 붙이지 않을 경우 종종 이 말에 관사를 붙인다[이 경우에는 관사가 붙은 χάρις가 그 은혜("하나님"의 은혜를 암시한다)를 뜻한다].[76] 그리하여 KJV 본문도 "singing with grace in your hearts"로 번역해놓았다. 크리소스토무스도 마찬가지다. 그는 이 말을 **영**에서 유래한 하나님의 은혜를 가리키는 말로 이해하여, 결국 이 말이 도구의 의미를 지닌 "하나님의 은혜를 통해"(by means of the divine grace)라는 뜻이라고 본다.[77]

처 나타난다(마 26:30; 막 14:26; 행 16:25; 히 2:12).

73) 물론 "찬송"이라는 말 자체는 나타나지 않는다. 이와 관련하여 특히 계 4:11을 보라. 이는 하나님께 드리는 찬송이며 (10절의 — 옮긴이) λέγοντες ("이르되")라는 말로 시작한다. 또 계 5:9 역시 같은 말을 끌어다 쓰지만, "그들이 새 노래를 불러 이르되"라는 말로 시작한다. 아울러 5:12, 13을 보라.

74) 앞의 주51을 보라.

75) 바울 서신의 경우를 보려면, 특히 고전 10:30을 보라.

76) 특히 이 서신 말미에 있는 축도를 보라[4:18; (우리 주 예수 그리스도의) 그 은혜가 너희에게 있을지어다]; 참고. 빌 1:7.

77) 참고. Meyer, 451-52; Eadie, 252; Lightfoot, 225-26; Erdman, 91; Carson, 91; Lohse, 152; Delling, *TDNT* 8.498n65. 이들 가운데 일부는 이를 처격으로 받아들인다. 즉 그들이 "은혜 안에" 서서 하나님께 노래한다는 뜻으로 받아들이는 것이다.

하지만 바울이 이렇게 χάρις에 관사를 붙여놓았는데도 20세기에 나온 거의 모든 영역 성경들은 이 말을 "감사함으로"라고 번역해놓았다. 이렇게 번역한 이유 가운데 하나는 에베소서 5:19-20에 있는 평행 본문 때문이다. 이 에베소서 본문은 하나님께 올리는 감사를 분명하고 확실하게 이야기한다. 이리하여 이 골로새서 본문의 관사에 주목하는 사람들은 이 관사를 앞에 나온 말을 가리키는 대용어(代用語)로 여긴다. 즉 바울이 골로새서 3:15에서 이미 언급하고 17절에서 다시 끄집어내 이야기하는 그 감사를 가리키는 말로 이해하는 것이다.[78]

나는 이 말도 상당히 양면성을 가진 개념으로 본다. 그러나 내 본능은 문법을 따르는 쪽으로 가려 한다. 즉 크리소스토무스처럼 이 말을 우리가 은혜 안에 서서 마음으로부터 우러나오는 그런 노래를 부른다는 뜻으로 받아들이고 싶다. 그렇다면 이 문구는 우리가 노래할 때 하나님을 향하여 가지는 **우리의** 태도에 초점을 맞추는 게 아니라 우리가 우리를 향한 **그분의** 태도를 안다는 데 초점을 맞추는 셈이며, 애초에 우리가 이런 노래를 부르게 된 것도 그런 앎에서 연유한다.[79]

5. 그러나 이것이(곧 처격을 나타내는 "은혜 안에서"—옮긴이) 곧 이 ἐν τῇ χάριτι라는 말의 의미라 할지라도, KJV는 십중팔구 "너희 마음 안에서"(너희 마음으로; 그리스어로 ἐν ταῖς καρδίαις ὑμῶν이다—옮긴이)의 의미를 잘못 이해한 것 같다. KJV 번역자들은 틴들(Tyndale)[4]을 따라 이 문구가 "은혜로"를 수식한다고 이해한 나머지, 이 문구를 처격(處格)으로 만들어 [그리스어 본문의 ἐν (τῇ) χάριτι ᾄδοντες ἐν ταῖς καρδίαις ὑμῶν을—옮긴이] "은혜로 너희 마음 안에서 노래함"(singing with grace in your hearts)으로 번역했다. NRSV와 NIV도 이 번역을 그대로 이어받아 "너희 마음

---

78) 가령 Abbott, 201이 이런 견해를 취한다. 그러나 이는 말이 되지 않는다. 대용어라는 것은 그 본질상 그 앞에 선행(先行) 개념이 아니라 선행 언어가 있어야 하기 때문이다.

79) Lightfoot, 225은 "모든 지혜로"의 자리에 관한 자신의 견해에 발맞추어 이 문구도 앞에 있는 분사들과 함께하는 말로 받아들인다.

안에서 감사함으로"(with gratitude in your hearts)로 번역해놓았다. 그러나 그리스어 본문이 "노래함"이라는 분사로 이 두 문구를 갈라놓았기 때문에 ᾄδοντες가 ἐν (τῇ) χάριτι와 ἐν ταῖς καρδίαις ὑμῶν 사이에 들어 있다—옮긴이], ἐν ταῖς καρδίαις ὑμῶν을 처격으로 보기는 특히 어렵게 되었다[80](특히 이 서신이 연구하게 하려고 기록한 문서가 아니라 읽게 하려고 기록한 글임을 생각하면, 더더욱 그렇다). 이 ἐν ταῖς καρδίαις ὑμῶν이라는 문구는 바로 그 앞에 있는 분사(즉 ᾄδοντες)를 수식하는 말로 보는 것이 자연스럽다. 그렇게 본다면, 이 경우에 이 문구는 십중팔구 처격이 아니다. 비록 그런 노래함이 "너희 마음 안에서" 이루어진다 할지라도, 이 문구는 처격이 아니다. 오히려 에베소서 5:19에 있는 평행 본문이 분명하게 일러주듯이, 이 문구는 무언가를 할 때 지니는 자세나 태도를 뜻한다. 결국 ᾄδοντες ἐν ταῖς καρδίαις ὑμῶν은 "너희 온 마음을 다해 노래함"을 뜻한다.[81]

6. 이러한 내용을 볼 때, 결국 이 문장의 마지막 말인 "하나님께"는 **그 노래함**이 향하는 대상이 되는 분임이 거의 확실하다. NRSV와 NIV가 제시하는 번역문 "with gratitude in your hearts to God"(너희 마음 안에서 감사함으로 하나님께)은 순전히 어불성설(語不成說)이다.[82] 애초에 이런 견해를 내세우는 바람에 "노래함"이라는 분사가 자신을 수식하는 여러 부사어들로 말미암아 과중한 짐을 지게 되었다(이는 필시 잘못된 일이었다). 이를 해결하려고 내놓은 방안 중 하나가 이런 수식 문구 중 몇 가지를 다른 문구

---

80) Radford, 284은 "그리스어는 (이런) 결합(즉 ἐν τῇ χάριτι와 ἐν ταῖς καρδίαις를 결합하여 후자를 전자를 수식하는 말로 보는 것 — 옮긴이)을 금지한다"라고 말한다. 나도 이 말에 동의하고 싶다. 그러나 Wright, 145은 이런 결합에 동의한다.

81) Eadie, 252; Lightfoot, 226; Erdman, 91; Carson, 91; Hendriksen, 161; Martin, 116; O'Brien, 210도 이렇게 생각한다. Meyer, Peake, Radford 등이 표명했던 더 오래된 견해는 이 노래함을 "침묵하며 하나님을 찬미하는 것으로 찬미하는 자의 속사람을 자라가게 함에 속하는 일"(Meyer, 451)로 여겼다. 이는 필시 바울 자신의 생각보다 19세기 서구 문화를 더 많이 반영한 말일 것이다. 홀로 성경을 읽거나 기도할 때도 "큰 소리를 냈던" 문화에서(롬 8:26-27을 다룬 내용을 보라), "침묵하며 노래함"이 있었다고 상상하기는 힘든 일이다.

82) Wright, 144-45은 견해를 달리한다.

들을 수식하는 말로 만드는 것이었다. 더욱이 이 견해는 실제 그리스어 본문의 어순을 진지하게 고려하지 않았다. "하나님께"라는 여격은 "노래함"이라는 분사와 함께 하는 말로 보는 것이 자연스러울 뿐 아니라, **이 문장을 봐도** (ἐν τῇ χάριτι보다 – 옮긴이) **이 분사(ἄδοντες)에 더 가까이 있다**[NA²⁷ 그리스어 본문을 그대로 옮겨보면, ἐν (τῇ) χάριτι ἄδοντες ἐν ταῖς καρδίαις ὑμῶν τῷ θεῷ다-옮긴이]. 때문에 이 여격을 바울이 ἐν τῇ χάριτι를 수식하는 말로 썼을 가능성은 거의 없다[비록 그가 ἐν (τῇ) χάριτι를 "감사함으로"라는 의미로 기록했다 하더라도].

결국 우리는 이 본문이 말하는 예배, 그리고 "**영**에 감동되어 부르는 노래들"이 그 예배에서 하는 역할과 관련하여 다음과 같이 몇 가지 결론을 집약해볼 수 있다.

1. 먼저 우리가 주목할 점은 하나님의 **영**이 계시는 곳에 노래함이 있다는 것이다. 초기 교회를 규정하는 특징이 바로 이 노래함이었다. 세대를 불문하고 **영**으로 말미암아 갱신이 일어날 때면 늘 새로운 찬송(찬송시)이 터져 나왔다. 비록 그런 찬송들이 대부분 영구히 힘을 갖지 못할지라도, 그중 일부는 그런 힘을 갖기도 하여 우리가 계속하여 가르치고 권면하는 보화가 되는 동시에 우리를 끊임없이 성부 하나님과 성자 하나님께 인도하여 성령의 감동으로 말미암아 하나님을 찬미하게 하는 보화가 되기도 한다.

2. 우리가 보는 신약성경 기록에는 그런 시들과 찬송들과 **영**의 노래들의 단편들이 깊이 박혀 있을 가능성이 아주 높다. 예를 들어 요한계시록은 하나님과 어린 양께 부르는 "새 노래들"로 가득하다. 에베소서 5:14과 디모데전서 3:16도 필시 그런 노래들에 해당할 것이다(찾아보라). 그러나 이 서신에게 더 중요한 의미가 있는 것은 대다수 신약학자들이 1:15-18 역시 그런 그리스도 찬송을 반영한 본문으로 여긴다는 사실이다.[83] 만일

---

83) 근래에 나온 N. T. Wright, "Poetry and Theology in Colossians 1.15-20," *NTS* 36 (1990), 444-68을 보라.

이것이 사실이고 또 이를 의심할 이유가 달리 없다면, 이는 또 바울이 왜 이 다양한 종류의 찬송들과 **영**의 노래들을 그들이 "서로 가르치고 권면할 때" 사용할 수단으로 생각했는지 설명해준다 할 것이다. 동시에 이런 노래들은 신앙고백 성격을 띠었고 신학 교훈으로 가득했다. 또 이런 노래들은 초기 그리스도인들이 하나님 및 그분이 보내신 그리스도와 관련하여 지극히 진실하게 믿었던 내용들을 증명해주는 증거이기도 하다.

3. 초기 교회 예배는, 찬송들이 하나님께는 찬송이요 참가자들에게는 가르침이었다는 점에서, 두 개의 차원을 동시에 갖고 있었다. 이런 두 개 차원을 가진 예배의 뒤편에는 구약의 시편이 자리해 있다. 우리는 구약 시편에서 하나님을 2인칭으로 부르며 부르는 찬송들을 아주 많이 발견한다. 또 이런 찬송들 중에는 하나님을 3인칭으로 부르면서 하나님의 위대하심을 높이 찬미하거나 하나님이 당신을 노래하는 이들에게 신실하심을 높이 찬미하는 것들도 있다.[84] 신약성경 기록들이 찬송들을 사용한다는 것은 이런 찬송들이 초기 교회에서 이렇게 두 개 차원의 기능을 행했다는 것을 아주 분명하게 보여주는 증거다. 이 찬송들 가운데 대다수는 그리스도와 관련된 것이며, 그리스도를 예배하거나 하나님의 백성을 계속하여 가르칠 때 사용한 것들이다. 고린도전서 14:15-16, 26은 바울계 공동체들이 "**영**의 노래들"을 이런 식으로도 이해했다는 것을 확실하게 시사한다. 당시에 "마음으로" 노래함(=**영**으로 말미암아 알아들을 수 있는 말로 노래함)은 하나님께 올리는 찬미로 이해했지만, 나머지 사람들은 이 노래함에 아멘으로 응답했다. 또 14:26이 말하는 "시"(개역개정: 찬송시)는 정확히 말해 다른 사람들을 "세워줄" 목적으로 부르는 것이었다. 불행히도 이 시대의 많은 그리

---

84) 이런 찬송은 시편에서 시종일관 나타난다. 가령 시 30편을 보라. 이 시에서는 1-3절에서 하나님을 2인칭으로 부르며 하나님을 찬미한 뒤, 4-5절에서는 "회중"에게 하나님을 노래하라고 독려한다. 이런 독려는 "하나님의 애호하심이 평생 동안 이어진다"는 사실에 근거한다. 이어 다시 6-9절에서는 하나님을 2인칭으로 부른다. 다른 시들도 있지만, 특히 시 32, 66, 104, 116편을 참고하라. 아울러 많은 찬송들이 회중에게 하나님의 성품과 그분의 놀라운 행위에 근거하여 하나님을 찬미하라고 요구한다.

스도인들은 그들이 부르는 노래를 이런 관점에서 생각하지 않는다. 그러다 보니 결국 우리가 노래하는 이유가 지닌 의미심장한 차원들 가운데 하나 (즉 다른 사람들을 세워줌 – 옮긴이)를 놓쳐버린다.

4. 마지막으로 이 본문 자체는 "삼위일체"를 깊이 다루는 본문이 아니지만, 그래도 이 본문은 "삼위일체"와 관련된 본문이다. 그러나 성부가 시작하신 일을 성자가 이루시고 성령이 적용하심을 이야기하는 다양한 구원론 관련 본문들과 달리, 여기서는 그런 순서를 거꾸로 이야기한다. 그리스도가 여전히 중심 역할을 한다. 이 때문에 바울은 골로새 신자들에게 "그리스도의 말씀"이 그들 가운데 풍성히 거하게 하라고 명령한다. 그러나 구원을 적용하시는 바로 그 **영**이 이제는 신자들이 **영**에 감동하여 부르는 노래들, 곧 그리스도를 전하는 메시지를 반영한 노래들을 통해 부르심에 응답하도록 도와주시며 모든 이가 하나님을 찬미하도록 도와주신다.

결론

이 서신에는 우리가 지금까지 살펴본 다른 서신들보다(빌레몬서를 제외하고) **영**을 직접 언급하는 부분들이 훨씬 적다. 하지만 우리가 여기서 발견한 것은 지금까지 다른 서신에서 말하는 것과 정확히 일치한다. 분명 이 서신은 그리스도인의 회심에서 **영**이 하는 역할을 언급하지 않는다. 그러나 이 서신은 **영**을 신자 안에 임재하사 그리스도 안에 있는 삶을 이뤄가게 하시는 분으로 이해한다. **영**은 그리스도인들이 나누는 사랑의 근원이요, 심지어 그들이 한 번도 만나보지 못한 사람에게도 사랑을 베풀게 하시는 근원이시다. 또 **영**은 그들이 하나님의 뜻을 더 온전히 알아가게 해주시는 근원이시다. **영**의 능력은 그들의 삶에 임재하사 현세의 고난을 인내하고 참아내게 하신다. 또 바울의 삶 속에 임재하신 **영**은 탁월한 사역을 이뤄내게 하신 분이었다. 그리고 마지막으로 그들은 특히 **영**에 속한 노래들을 통해 그리스도에 관한 가르침을 서로 주고받으며 하나님께 찬미한다. 이 서신은 **영**의 활동을 다 망라하지는 않는다. 그래도 이 서신은 **영**의 활동을 폭넓게 다루며, 이런 활동들은 우리가 바울 서신 전체에서 발견하는 내용과 완전히 일치한다.

[1] 바울은 고전 5:3에서 "몸으로 떠나 있다"라는 표현을 써서 ἀπὼν τῷ σώματι로 기록해 놓았다. ἀπὼν은 "떠나 있다"를 뜻하는 ἄπειμι의 남성 주격 단수 현재분사 능동태 형태다. 반면 골 2:5에서 "육으로 떠나 있다"라는 표현을 써서 τῇ σαρκὶ ἄπειμι로 기록해놓았다.

[2] 우선 이 10절에서 현재 시제인 분사(ἀνακαινούμενον) 앞에 있는 분사는 ἐνδυσάμενοι인데, 이는 "입다"를 뜻하는 ἐνδύω의 남성 주격 복수 부정과거 분사 중간태 형태다. 또 뒤에 있는 분사는 "창조하다"를 뜻하는 κτίζω의 남성 소유격 단수 부정과거 분사 능동태 형태인 κτίσαντος다.

[3] 즉 "그리스도의 말씀"을 "그리스도를 전하는 말씀"으로 보는 것이 저자인 고든 피의 입장이요, "그리스도가 하신 말씀"으로 보는 것이 반대쪽에 있는 학자들의 입장이다.

[4] 1492-1536. 본디 이름은 William Tyndale이 아니라 William Tyndall이다. 잉글랜드의 성경 번역자요 성경학자다. 그는 히브리어와 그리스어 성경의 상당 부분을 영어로 번역했는데, 이 번역은 이후 영어권 성경 번역에 큰 촉매제가 되었다.

제9장

옥중 서신: 에베소서

주석:[1] T. K. **Abbott** (ICC, 1897); M. **Barth** (AB 34AB, 1974); F. W. **Beare** (IB, 1953); F. F. **Bruce** (NIC, 1984); G. B. **Caird** (NCB, 1976); R. W. **Dale** (1887); J. **Eadie** (1883); G. G. **Findlay** (Expositor's Bible, 1892); J. **Gnilka** (HTK, 1971); W. **Hendriksen** (1967); J. L. **Houlden** (PNTC, 1970); R. C. H. **Lenski** (1937); A. T. **Lincoln** (WBC 42, 1990); J. A. **Mackay** (1952); H. A. W. **Meyer** (MeyerK, 1880); C. L. **Mitton** (NCB, 1973); A. G. **Patzia** (NIBC, 1990); J. A. **Robinson** (^{2}1904); S. D. F. **Salmond** (EGT, 1903); H. **Schlier** (1957); R. **Schnackenburg** (1991; Ger. original 1982); E. F. **Scott** (MNTC, 1930); J. R. W. **Stott** (1979); B. F. **Westcott** (1906); A. S. **Wood** (EBC, 1978).

다른 주요 저작들은 다음과 같이 짧은 제목으로 인용한다.

Arnold, *Ephesians* [=Clinton E. Arnold, *Ephesians: Power and Magic. The Concept of Power in Ephesians in Light of Its Historical*

---

1) 다음 주석은 이 장에서 저자의 성(姓)으로만 언급하겠다.

Setting (SNTSMS 63; Cambridge: University Press, 1989)]; **Chotka**, "Spirit" [=David R. Chotka, "Spirit versus spirit: An Examination of the Nature and Function of the Holy Spirit Aganist the Backdrop of the False Spirit in Ephesians," unpubl. Th.M. thesis (Regent College, 1992)]; Hui, "Concept"[A. W. D. **Hui**, "The Concept of the Holy Spirit in Ephesians and its Relation to the Pneumatologies of Luke and Paul," unpubl. Ph.D. dissertation (University of Aberdeen, 1992)]; **Lemmer**, "Pneumatology"[H. R. Lemmer, "Pneumatology and Eschatology in Ephesians. The Role of the Eschatological Spirit in the Church," unpubl. Ph.D. dissertation (University of South Africa [Pretoria], 1988)].

바울 서신에는 에베소서와 같은 종류의 서신이 에베소서 하나뿐이다. 에베소서는 특정한 그리스도인 공동체에 보낸 서신이 아니며,[2] 서신 수신자들도 바울 사도를 사사로이 알지 못하는 사람들이다(1:15; 3:2; 4:21).[3] 더욱이 에베소서는 몇 군데에서 과장된 문체를 보여준다. 불가능하다 싶을 정도로 긴 문장들을 구사하는가 하면 절들과 문구들을 복잡하게 결합해

---

[2] 영역 성경들과 달리, 원문은 특정한 교회 이름을 전혀 말하지 않는다(P[46] ℵ* B* 6 1739 Origen에는 ἐν Ἐφέσῳ가 빠져 있다). 이는 바울이 거의 3년 동안 섬겼던 교회에 서신을 써 보내면서 마치 일면식도 없는 사람들에게 쓰듯이 써 보냈다는 점을 난제로 여겼던 어느 필사자가 이 말을 삭제해버렸기 때문일 수 있다(1:15; 3:2; 4:21). 하지만 어떤 강력한 "에베소" 전승 때문에(어쩌면 이 서신은 대문자로 끝났을 수도 있지 않을까?) 에베소라는 목적지를 후대에 덧붙여놓았을 가능성이 훨씬 더 크다. 더 충실한 논의를 보려면, Lincoln, 1-4; 그리고 E. Best, "Ephesians i.1," in *Text and Interpretation* (ed. E. Best and R. McL. Wilson; Cambridge: University, 1979), 29-41; idem, "Ephesians i.1 Again," in *Paul and Paulinism: Essays in Honour of C. K. Barrett* (ed. M. D. Hooker and S. G. Wilson; London: SPCK, 1982), 273-79을 보라.

[3] 실제로 이 서신에는 수신자들과 관련하여 이들 가운데 누구를 사사로이 언급하는 대목도 없고 바울과 그들의 관계를 말하는 무문도 전혀 없다. 수신자들과 바울이 사사로이 아는 사이임을 언급하는 내용에 가장 가깝다고 볼 수 있는 부분이 1:15이다. 여기서 바울은 자신이 그리스도를 믿는 그들의 믿음과 신자들을 향한 그들의 사랑을 들었다고 말한다. 이는 바울이 이 서신을 쓸 때 꼭 특정한 그리스도인 공동체는 아니더라도 어떤 사람들을 생각하며 썼다는 것을 시사하는 증거다.

놓았는데, 이런 모습은 다른 바울 서신에서는 찾아볼 수 없다. 이런 요소들 그리고 이 서신과 골로새서의 특별한 관계 때문에[4] 대다수 학자들은 에베소서를 바울이 쓰지 않은 서신으로 본다. 이들은 이 서신이 분명 바울의 사상과 어휘라는 차원을 가졌지만, 이는 바울 사도의 제자로서 바울 다음 대에 살았던 한 "바울계 저자"가 쓴 작품이기 때문이라고 설명하는 것이 가장 적절하다고 본다. 말하자면 그 저자가 바울의 언어와 사상에 완전히 심취해 있었기 때문에 마치 자신이 바울이라도 되는 것처럼 이런 서신을 써낼 수 있었다는 것이다.

그러나 나를 포함한 다른 이들은, 이 서신이 가진 바울다운 특성을 생각할 때, 특히 이 서신의 어휘와 언어와 신학이 지닌 난해함과 미묘함을 생각할 때, 어떤 사람이 다른 사람의 사상을 철저히 흡수하여 이런 식으로 다른 사람의 글을 재생산해냈다고 상상하기 힘들다는 입장이다.[5] 갈라

---

4) 이 문제의 세부 내용을 살펴보려면, Lincoln, xlvii-lviii을 보라. 바울이 이 서신을 썼는가 라는 문제를 모두 살펴보려면, (바울이 쓰지 않았다고 보는 사람): Lincoln lix-lxxiii; C. L. Mitton, *The Epistle to the Ephesian: Its Authorship, Origin, and Purpose* (Oxford: Clarendon, 1951); D. E. Nineham, "The Case Against the Pauline Authorship," in *Studies in Ephesians* (ed. F. L. Cross; London: Mowbray, 1956), 21-35; 그리고 (바울이 썼다고 보는 사람): Barth, 1.36-61; Johnson, *Writings*, 367-80; A. Van Roon, *The Authenticity of Ephesians* (NovTSup 39; Leiden: Brill, 1974)를 보라.

5) 요컨대 이 문제는 증명할 수 없는 것이다. 결국 어느 쪽을 따를지 선택한다 해도 각각 개연성을 근거로 할 수밖에 없다. 즉 (a) 골로새서를 맹종하듯이 사용하면서도 막상 그 서신을 잘 이해하지는 못했던(이는 추정하는 내용이다) 한 바울계 저자가 동시에 다른 서신들에서 나타난 바울의 면모도 흡수할 수 있었으며, 이를 바탕으로 마치 자신이 바울인 것처럼 지극히 교묘하고 사람들이 예상치 못했던 방법들을 사용하여 이런 서신을 만들어냈을 개연성이 있다고 인정하든지, 아니면 (b) 골로새서 집필을 막 끝낸 바울이 골로새서에서 다루었지만 몇 가지 점에서는 골로새서를 넘어서는 주제들을 채용하여 이런 독특한 종류의 서신을 써냈을 수 있으며, 결국은 바울 자신이 다른 서신들에서 볼 수 있는 바울과 몇 가지 점에서 중대한 차이를 보이는 다른 바울로 변모했을 개연성이 있다고 주장하든지, 둘 중 하나를 택할 수밖에 없다. 고대의 어떤 저자가 그런 일을 하는 게 "가능했을지" 아니면 "불가능했을지"를 놓고 각각 주장들을 제시할 때, 주관성이 아주 크게 개입하는 곳이 바로 이곳이다. 나는 바울이라는 저자를 확실히 잘 알고 있던 한 바울계 저자가 자기 관심사를 표명하려면 자신이 바울인 것처럼 가장할 필요가 있음을 발견했다고 상상하기보다 오히려 "바울 자신이 다른 바울로 변모했다"는 견해[견해 (b)]가 더 상상하기 쉬운 역사 시나리오라고 생각한다. 우리가 에베소서를 "바울**과 그의 동역자들**"이 쓴 서신으로 보는 Johnson의 견해[*Writings*, 36(존슨의 강조)]를 제대로 진지

디아서와 로마서[6] 사이에는 (상당한) 차이점들이 있지만, 이는 이들 각 서신의 배경이 된 역사 정황이 여러 모로 달라서 서신을 쓴 계기와 목적이 달랐기 때문이라고 설명하는 것이 가장 적절하듯이, 에베소서와 다른 서신의 차이점도 같은 말로 설명할 수 있다. 사실 바울이 저자임을 의심할 이유들은 상당히 많다. 그럴지라도 나는 이 서신을 아시아 지역 교회들이 돌려가며 읽도록 써 보낸 것으로 이해하면 이 서신을 더 잘 이해할 수 있다고 생각한다.[7] 이 서신에서 바울은 자신이 골로새서에서 제기했던 문제들을 곱씹으며 자신이 사도로서 가진 커다란 관심사를(즉 유대인과 이방인이 그리스도와 **영**에 근거하여 똑같이 하나님의 백성이 되었다는 것을) 재차 이야기한다. 그러나 이 서신 같은 경우에 바울은 그런 것들을 이야기할 때 아시아 신자들이 두려워하거나 적어도 경외하던 "권세들"(세력들)을 배경으로 삼는다.

이 서신의 신학이 철저히 바울다운 특성을 가졌다는 것은 무엇보다 **영**을 이야기하는 내용들에서,[8] 즉 그 내용들의 양(量)[9]과 특별한 용법에

하게 받아들일 경우에는 특히 (b)가 더 낫다고 여길 것이다.

6) 이 두 서신은 필시 거의 같은 시기에 기록되었을 것이다. 나는 지금도 이 두 서신의 관계를 에베소서와 골로새서의 관계에도 유추하는 것이 타당하다고 생각한다. 이렇게 유추해보면, 우리 모든 이가 에베소서와 골로새서의 관계를 잠시 생각해보는 것이 합당한 이유를 틀림없이 얻을 수 있을 것이다. 로마서와 갈라디아서의 차이점들은(거의 극복할 수 없는 차이점도 몇 가지 있지만!), 우리가 설령 갈라디아서는 바울이 실제로 쓴 서신임을 인정한다 하더라도, 에베소서가 바울이 쓴 서신이 아님을 증명하는 데 사용한 방법을 로마서에도 쉽게 적용함으로써 바울이 로마서도 쓰지 않았을 가능성을 증명할 수 있다는 정도의 차이점이다.

7) 이 서신과 관련된 난점 중 하나는 이 서신 가운데 얼마나 많은 부분이 특수한 사례에 해당하는지 결정하는 일이다. Arnold (*Ephesians*)는 이 서신이 어떤 특수한 사례(에베소의 사례)를 다룬 서신이라고 강력히 주장한다. 이 견해를 지지하는 의견이 많다. 하지만 나는 그 시각을 조금 바꿔보고 싶다. 바울이 이런 회중에게 서신을 쓸 때 1:15과 3:1-2에서 구사한 것 같은 언어를 사용할 필요가 있다고 느꼈을 사정을 설명하기가 어렵다. 때문에 한편으로 나는 이 서신을 본디 라오디게아에 보낼 요량으로 썼던 서신(골 4:16)이나 혹은 더 그럴듯하게 아시아 지역 교회들에게 회람용 서신으로 쓴 서신으로 보는 사람들을 지지하고 싶다. 하지만 다른 한편으로 나는 1:15에 근거하여 이 서신이 다루는 상황을 방금 말한 견해를 지지하는 대다수 학자들이 인정하는 것보다 훨씬 더 특수한 사례로 보고 싶다.

8) 이 문제와 관련하여 이제 Hui가 쓴 박사학위 논문을 보라. Hui는 이 에베소서의 성령론과 바울 및 누가복음-사도행전의 성령론을 꼼꼼히 비교한 결과에 근거하여 "에베소서의 성령론

서 확연하게 드러난다. 특별히 πνεῦμα라는 말이 성령을 가리키는 경우도 12회나 된다.[10] 또 한 사례에서는(갈 4:23) 이 말이 필시 성령으로 말미암아 새로워진 인간의 영을 가리킬 것이다. 골로새서처럼 이 서신에서도 πνευματικός라는 말이 2회 등장하는데(1:3; 5:19), 문맥상 이 말은 틀림없이 **영**의 형용사로 봐야 한다. 2:2은 πνεῦμα를 사탄을 가리키는 말로 사용하고, 6:12은 πνευματικός라는 형용사를 사탄에 속한 영의 세력들을 가리키는 말로 사용한다. 이런 용례는 오로지 에베소서에서만 나타나는 것이지만, 그래도 에베소서의 관심사와 철저히 일치한다. 이와 관련하여 우리는 "권세"(세력)라는 언어가 자주 등장하는 점에도 주목해야 한다. 이 언어를 구사한 사례들은 아마도 특별히 "권세들" 및 거짓 "영"과 대립하는 문맥들에서 **영**을 에둘러 언급한 경우들이 많을 것이다(몇몇 경우는 **영**을 완곡하게 표현한 말임이 거의 확실하다).

이 서신은 세 가지 관심사가 지배하며, **영**은 각 관심사에서 중심 역할을 한다. **첫째** 관심사는 바울이 평생 열정을 바친 일이다(즉 이방인 선교다).

을 살펴볼 때, 에베소서는 철저히 그리고 확연하게 바울의 글이다"라고 주장한다("Concept," 412). 참고. Dunn, *Jesus*, 347. Dunn은 에베소서의 성령론을 에베소서가 바울의 저작임을 뒷받침하는 강력한 논거 중 하나로 여긴다. 이 점은 특히 Schnackenburg, 118-19도 인정한 것이며, Schweizer, *TDNT* 6.444-45도 에둘러 인정한 것이다. Schweizer는 "바울의 용법이 에베소서에 와서는 다소 묽어졌다"라고 말한다. 그러나 이어 그는 전혀 바울의 것이 아닌 것을 아무것도 서술하지 않는다! 때문에 우리는 W. Carr가 쓴 글을 읽으며 놀란다[*Angels and Principalities: The Background, Meaning, and Development of the Pauline Phrase* hai archai kai hai exousiai (SNTSMS 42; New York: Cambridge University Press, 1981), 95]. Carr는 "에베소서에는 **영**을 역동적으로 이해한 내용이 거의 없다. 이 서신에서는 **영**을 그리스도인의 체험과 관련지어 이해하기가 힘들다." 이어 Carr는 이 점을 인식하지 못했다는 이유로 Käsemann (195n9)을 비판한다. 하지만 에베소서는 **영**의 능력을 통해 사랑하게 됨(3:17), **영**을 통해 하나님의 임재 안으로 들어감(2:18), **영** 안에서 기도함(6:18) 등을 이야기하는데, 이것들보다 더 "역동성이 넘치는" **영** 이해가 대체 어떤 것이며 이런 것들이 그리스도인의 체험이 아니라면 대체 어떤 것이 그리스도인의 체험인지 의아할 따름이다.

9) 통계치를 보려면, Chotka, "Spirit," 3-4을 보라.

10) 1:13, 17; 2:18, 22; 3:5, 16; 4:3, 4, 30; 5:18; 6:17, 18. "성령"이라는 정식 명칭은 한 번만 등장한다(1:13). 반면 4:30에서는 "하나님의 **거룩한 영**"이라는 복합어가 등장하는데(그리스어로 τὸ πνεῦμα τὸ ἅγιον τοῦ θεοῦ인데, 아주 독특한 표현이다 — 옮긴이), 이 표현은 바울 서신에서 오직 여기에만 있다.

특히 바울은 이 선교를 하나님이 유대인과 이방인을 당신과 화목하게 하심으로 이 둘을 그리스도 안에서 당신이 행하신 구속 사역의 궁극적 표현인 새 ἄνθρωπος(사람)로 만드신 일이라고 말한다. 이 주제는 "하나님이 주신 복"을 이야기한 이 서신 첫머리의 끝부분(1:11-14)에서 처음으로 등장한다. 바울은 이를 2:11-22에서 철저하게 전개하고 3:1-13에서 다시 끄집어내 이야기한다. 각 경우에 **영**이 주된 역할을 한다. 아울러 (유대인과 이방인 사이에 존재하는) **"영**의 통일성"(즉 **영**이 유대인과 이방인을 하나가 되게 하신 것)은 바울이 4-6장에서 권면이라는 방법으로 이야기하는 주제이기도 하다. 따라서 이 주제가 이 서신을 하나로 통합시켜주며, 이런 현상은 4-6장보다 1-3장에서 더 두드러지게 나타난다.[11]

둘째 관심사는 이 서신 전체에서 다양한 방식으로 나타난다. 이 관심사는 그리스도가 교회를 위하여 세력들을 제압하고 거두신 승리와 관련 있다. 이때도 **영**은 바울의 독자들이 그런 승리에 동참토록 하는 데 중대한 역할을 한다. 이 서신에서는 바울이 이 첫 두 가지 관심사를 하나로 결합시키는 방법이 아주 중요하다. 바울은 특히 3장에서 유대인과 이방인이 같은 하나님 백성이라는 사실이 "권세들" 앞에서 드러남으로 말미암아 결국 이 권세들이 지금 그리스도 안에서 패배했다는 것을(그리고 마지막 날에도 패배하리라는 것을) 알게 되리라고 말한다. 이것은 다시 **셋째** 관심사의 배경이 된다. 바울은 이 셋째 관심사를 이 서신의 두 번째 주요 부분(4-6장)에서 이야기하는데, 그 내용은 다음과 같다. 우선 유대인과 이방인은 그들이 "행하는"[12] 길을 통해, 즉 그들이 한 몸을 이룬 관계들 안에서 그리스도의 생명을 삶으로 살아냄으로써 "**영**의 통일성"(4:1-16)을 유지한다. 이렇게 살

---

11) 이것은 통설의 시각은 아니다. 특히 1:11-14과 관련하여 볼 때 그러하다. 이 문제를 살펴보려면, 뒤의 논의 내용과 특히 주37을 보라.

12) 바울이 가장 넓은 의미에서 그리스도인의 행위를 표현하는 말로 즐겨 쓰는 이 동사(περιπατέω; 앞에서 고후 12:18과 갈 5:16을 다룬 내용을 보라)는 2:2, 10에서 처음 등장하며 (이 동사가 이 단락을 "봉투 구조"로 만들어주는 역할을 한다), 4-6장에서는 곳곳에서 등장한다[4:1, 17(2회); 5:2, 8, 15].

아내는 삶에는 그들이 행하는 예배(4:1-5:20)와 그들이 그리스도인으로서 영위하는 가정생활(5:21-6:9)도 포함된다. 바울은 마지막으로 6:10-20에서 이 모든 내용에 초점을 집중한다. 여기서 바울은 유대인과 이방인 신자들에게 그리스도와 **영**이 제공하시는 무기와 갑옷을 갖추고 한 하나님 백성으로서 끊임없이 권세들에 맞서 싸우라고 독려한다.

이 서신이 제시하는 생각의 흐름은 이런 궤도를 따라가는 것 같다. 우리는 아래에서 이 흐름을 간략히 추적해봄으로써 **영**이 이 서신 전체에서 중대한 역할을 한다는 점을 지적해보겠다.

1:3-14은 서신의 첫머리로서 하나님이 그리스도 안에서 행하신 구속과 **영**이라는 선물을 통해 유대인과 이방인 신자들에게 베풀어주신 "복"을 이야기한다. **영**은 하나님이 지금은 물론 앞으로도 영원히 그들의 존재를 인정하시고 보장해주심을 증명해주시는 분이다. 여기서 바울이 강조하는 두 가지 주요 내용이 있다. 첫째, 그리스도를 통해 공급된 **영**의 복들은 하늘의 영역에서는 그 신자들의 것이다. 이 하늘이라는 영역은 그들이 이전에 종살이했던 권세들이 거주하는 곳이기도 하다(3절). 둘째, 이런 복들은 **영**을 통하여 유대인과 이방인에게 똑같이 임하였다. 따라서 이들은 마지막 날 함께 하나님의 영광을 유업으로 받을 것이다(11-14절).

1:15-23은 감사와 기도 보고에 해당한다. 이 본문은 주로 유대인과 이방인 신자들이 그리스도 안에서 현재 가진 위치를 확인하고 긍정할 무대를 마련해주는 역할을 한다. 그리스도는 지금 하나님 오른편에 "앉아" 교회들을 위하여 권세들을 주관하신다. 그리하여 기도 보고(17-19절)는 그리스도가 이런 권세들에게 거두신 승리를 확인해주는 내용으로 발전해간다(20-23절).[13] **영**은 기도 보고의 핵심이다(17절). 아울러 **영**은 신자들에게 하나님과 하나님이 그리스도 안에서 행하신 일을 더 완전하게 이해시켜줄

---

13) 이와 관련하여 엡 1-3장과 살전 1-3장 사이의 유사점들에 주목하는 이들이 있을지도 모르겠다. 이런 유사점 때문인지 실제로 에베소서는 확장된 감사와 기도 보고를 담게 되었으며, 중간에 바울이 감사하는 사실들을 수신자들에게 되새겨주는 내용이 끼어들어 있다.

내용을 계시해주실 분이요, 이제는 그들도 받을 수 있게 된 능력을 드러내 보이실 분이다(19절).

2:1-10은 20-23절로부터 직접 흘러나온다. 이 본문은 독자들에게 그들이 이전에는 권세들의 종이었으나(1-3절) 지금은 그리스도와 함께 하늘의 영역에 "자리해 있다"는 것을 되새겨준다. 그리스도는 하늘에서 보좌에 앉아 권세들을 주장하신다. 이 대목은 이 서신의 주요 단락 중 유일하게 **영**을 언급하지 않는 곳이다.

2:11-22은 다시 이방인과 유대인이 똑같이 하나님의 백성이라는 주제로 되돌아간다. 이들이 한 하나님 백성이 된 것은 먼저 그리스도의 죽음으로 말미암아 이루어진 일이요, 둘째로는 **영**으로 말미암아 이루어진 일이다. 우선 그리스도는 그들 사이를 갈라놓은 장벽들을 허무심으로 그들과 하나님을 화목하게 하시고 그들끼리 서로 화목을 이루게 하셨다. 그리고 **영**은 그들이 한 가족/집안으로서 아버지께 나아갈 수 있게 해주셨으며(18-19절), 그들 안에 들어와 사심으로 그들이 함께 이 땅에서 하나님의 성전이요 하나님이 지금 거하시는 처소 역할을 하게 하신다(20-22절).

3:1-13은 1:20에서 시야에서 놓쳐버린 기도 보고로 다시 돌아간다. 그러나 이번에도 다른 말이 또 끼어든다. 이번에는 하나님의 "비밀"을 선포할 때 바울 자신이 행한 역할을 이야기한다. 바울은 이방인들이 유대인들과 공동 상속인이 됨으로써 유대인과 함께 한 하나님 백성을 이루었다는 사실을 이야기하지만(2-9절), 이번에는 특히 이 사실을 권세들 앞에서 제시한다. 여기서도 **영**이 다시 주된 역할을 한다. 바울과 다른 "사도들 및 선지자들"이 **영**을 통해 이 계시를 알게 되었기 때문이다.

3:14-21은 마지막으로 기도 보고를 끝맺는 부분이다. 그러나 이제는 또 다른 기도 형태를 사용하여 단락을 맺는다. 이 단락은 1-3장에서 다룬 관심사들을 적절히 매듭짓고 이어질 4-6장에서 제시할 권면들을 미리 귀띔한다. 바울은 여기서 자기 독자들에게 "알 수 없는" 그리스도의 사랑을 알아서 하나님 바로 그분의 충만하심으로 가득하라고 촉구한다. 이 기

도는 찬미를 담은 축도로 끝맺는다. 이 축도는 어려워 보이는 일을 완전히 이뤄내실 하나님의 능력을 높이 찬미한다. 이 기도가 이루어질 수 있는 이유는 신자들의 속사람이 **영**의 능력을 통해 강건해지기 때문이다(16절). 아울러 **영**의 능력은 20-21절이 제시하는 축도에서도 핵심 역할을 한다.

4:1-16에서 바울은 그의 세 번째 주요 관심사를 끄집어낸다. 이미 2:18-22에서 언급한 것이지만, 바울은 그들더러 "**영**의 통일성"을 유지하라고 권면한다. 그는 먼저 권면을 제시한 뒤(1-3절), 이어 삼위일체를 토대로 이 권면의 근거를 제시한다(4-6절). 이때 **영**은 한 몸, 한 소망을 유지하는데 핵심 역할을 한다. 이어 바울은 교회가 이렇게 한 몸으로 "자라갈" 수 있도록 그리스도가 교회에 베풀어주신 선물들을 신학 차원에서 성찰한다. 이렇게 주신 선물들 가운데 **영**으로 말하는 사람들인 "선지자들"이 있다(11절).

4:17-6:9에서 바울은 방금 전까지 말한 모든 내용을 그들이 이 세상에서 하나님의 백성으로서 한 몸으로, 한 가족으로 존재한다는 사실에 적용한다. 여기서 언급하는 죄들은 대부분 인간관계의 화합을 파괴하는 것들이다. 이런 죄들을 계속 저지르는 것은 마귀에게 자리를 내어주는 일이요(4:27) 결국 성령을 슬프게 하는 일이다(4:30). 이 대목에서 경첩 역할을 하는 권면은[14] "**영**으로 충만하라"다(5:18).

6:10-20은 그들에게 지금까지 말한 모든 내용을 토대로 그리스도 안에서 이루어진 구속이 제공해준 갑주(13-17a절)와 **영**이 주신 무기들(17b-20절, 하나님의 말씀과 기도)을 동원하여 권세들에 맞서 싸우라고 독려하면서 이 서신을 맺는다.

이처럼 **영**이라는 언어는 바울이 다루는 세 가지 관심 영역 전체에 풍성히 존재한다.[15] 이 본문들과 이 본문들의 더 큰 문맥들을 상세히 살펴보

---

14) 이 권면이 경첩 역할을 하는 이유는 이 권면이 4:17-5:17이 말한 내용의 결론일 뿐 아니라, 이어지는 분사들(19-24절)이 수식하는 동사이기 때문이다. 뒤의 논의를 보라.
15) 이 서신이 제시하는 두 가지 주요 주제를 볼 때, **영**은 이 서신에서 상당한 역할을 한다. 이런

기 전에 두 가지 사항을 미리 말해두는 것이 타당하겠다. 첫째, 우리는 이 서신에서 이 본문들을 읽을 때 이 본문들을 주로 신자 개인에게 하는 말로 읽어내지 않도록 각별히 조심해야 한다. 다른 곳에서도 살펴보았듯이, **영**의 삶은 신자가 개인 차원에서 체험하고 시작하는 것이다. 하지만 이 본문들은 한 몸을 이룬 통일체인 하나님 백성과 관련 있다. 이 점은 특히 서두에서 "하나님이 주신 복"을 말하는 부분과 감사-기도 보고 부분에서 두드러진다. 그러나 이 점은 2장이 강조하는 내용들과 4-6장이 제시하는 권면들에서도 역시 나타난다.

둘째, 바울 서신 어디에서나 볼 수 있듯이, **영**과 그리스도의 부활은 바울 신학의 기본 틀["이미" 그러나 "아직 아니"로서 살아가는 신자의 현존재(現存在)가 가지는 종말론적 본질]을 구성하는 핵심 요소다. 이 기본 틀 안에서 바울이 그리스도인으로서 생각하는 모든 사상이 태어난다. 하나님은 그리스도의 부활과 **영**이라는 선물을 통해 묵묵히 미래를 움직이시며 이 미래가 마지막 완성을 향하여 나아가게 하신다. 신자들은 이미 그리스도 안에서, 그리고 그들끼리 또 그들이 세상과 맺은 관계들 속에서, 미래의 삶을 살아간다. 그리스도 안에서 나타난 하나님의 모양을 본받는 삶을 살아가는 것이다(5:1-2). 이 서신은 바울이 다루는 상황의 특성 때문에 다른 서신들보다 더 많이 "이미"를 강조한다.[16] 그러나 이 서신이 철저하게 "이미"

점을 고려할 때, 사람들이 근래에 와서야 비로소 에베소서의 성령론에 관심을 보이기 시작했다는 점은 특이한 일이다. 사실 Barth가 **영**을 이야기한 본문들을 길게 논의한 몇몇 대목들(1.101-2, 135-44, 2.547-50)과 Bruce가 "the Parousia and the Spirit"(재림과 **영**)을 다룬 유익한 대목(233-35)을 제외하면, **영**이 이 서신이 제시하는 주장에서 행하는 역할을 논한 내용을 찾아보려고 아무리 주석들을 뒤져봐도 헛일일 뿐이다(Westcott, 130-31이 한 쪽을 서술해놓았으나, 너무 짧아서 도움이 되지 않는다). 그러나 이제는 J. Adai, *Der Heilige Geist als Gegenwart Gottes in den einzelen Christen, in der Kirche und in der Welt* (Frankfurt: Peter Lang, 1985); 그리고 Lemmer, Hui, Chotka의 미출간 논문들(주1)을 살펴보라.

16) 이것도 많은 사람들이 에베소서가 바울의 저작임을 부인하게 한 요인이 되었다. 그러나 이것 역시 "독자가 이 서신 전체를 어떻게 읽느냐"에 따라 그가 이 서신의 각 부분을 어떻게 이해하느냐가 결정된다는 것을 분명하게 보여주는 사례다. 이 서신에서 종말론이 말하는 미래의 차원(곧 "아직 아니"—옮긴이)이 줄어들었다는 것은 그렇게 보는 사람의 눈에나 그러한 것이지, 이 서신 자체를 놓고 보면 결코 그렇지 않다.

만을 강조하는 것은 아니다. 바울이 늘 말하듯이, **영**은 현재 종말의 시대를 살아가는 우리의 실존에서 핵심 역할을 한다. **영**은 신자들이 미래에 유업을 받으리라는 것을 증명하고 보장해주는 증인이자 보증인이시다. 이 미래는 이미 그리스도 안에서 시작되었으며 장차 마지막 구속이 이루어질 날에 현실로 이루어질 것이다(4:30).

마지막으로 우리는 이 모든 내용이 아주 철저하게 바울의 색깔을 나타낸다는 점에 주목해야 한다. 설령 바울의 제자가 이 서신을 썼다 할지라도, 그 제자는 말 그대로 "바울의 살 속까지 파고들어가" 살았던 사람이다. 때문에 우리는 바울의 제자가 이 서신을 썼다 해도 이를 바울 사도 자신이 쓴 서신으로 볼 수 있다. 실제로 이 서신의 내용은 바울로부터 직접 흘러나왔을 개연성이 아주 높기 때문이다.

에베소서 1:3-14[17]

이 서신은, 바울이 으레 썼던 "감사" 문언 대신, 유대교 전통이 대대로 이야기해온 하나님이 주신 "복"[18]을 그리스도인에게 맞게 각색한 **복** 문언(복,

---

17) **참고 문헌**: B. **Ahern**, "The Indwelling Spirit, Pledge of Our Inheritance—Eph. 1:14," *CBQ* 9 (1947), 179-89; E. **Best**, "Fashions in Exegesis: Ephesians 1:3," in *Scripture: Meaning and Method* (Festschrift A. T. Hanson; ed. B. P. Thompson; Hull: University Press, 1987), 79-91; D. R. **Denton**, "Inheritance in Paul and Ephesians," *EvQ* 54 (1982), 157-62; P. L. **Hammer**, "A Comparison of κληρονομία in Paul and Ephesians," *JBL* 79 (1960), 267-72; H. R. **Lemmer**, "Reciprocity between Eschatology and Pneuma in Ephesians 1:3-14," *Neot* 21 (1987), 159-82; A. T. **Lincoln**, "A Re-Examination of 'The Heavenlies' in Ephesians," *NTS* 19 (1973), 468-83; J. **McNicol**, "The Spiritual Blessings of the Epistle to the Ephesians," *EvQ* 9 (1937), 64-73; P. T. **O'Brien**, "Ephesians I: An Unusual Introduction to a New Testament Letter," *NTS* 25 (1979), 604-16.
18) 다른 곳들도 있지만, 왕상 8:15-21; 시 68:19-20(칠십인경 67:19-20); 시 72:18-19(칠십인경 71:18-19); 눅 1:68-75을 참고하라. 아울러 쿰란 사본의 찬송들도 참고하라.

berakah; 이 히브리어는 본디 "복, 축복, 다른 이를 축복하며 함께 주는 선물"을 뜻한다. 참고. WGH, 118 – 옮긴이)으로 시작한다. 바울은 하나님이 주신 복을 말하는 이런 표현을 이미 고린도후서에서도 사용한 적이 있다. 바울이 으레 쓰는 감사 문언과 그 단짝인 기도 보고는 15절에서 시작한다.

이런 **복** 문언 자체는 바울 서신이 가진 독특한 요소들 가운데 하나인데,[19] 이 부분을 다룰 때는 우리 자신의 범속한 글이 이 **복** 문언의 장엄함을 대신하지 않도록 너무 많은 말을 삼가야 한다. 그리스어 본문을 보면, 이 **복** 문언 전체는 그 형태에 걸맞게 긴 한 "문장"으로 되어 있다.[20] 이 본문을 하나로 묶어주는 것은 바울이 잇달아 사용하는 관계대명사들인데, 이 관계대명사들은 모두 그리스도를, 그리고 우리가 그리스도를 통해 받은 "복들"을 가리킨다. 이 문언이 이렇게 길어진 것은 이 문언이 가진 유명한 삼위일체 형태가 만들어낸 결과이기도 하다. 이 문언 전체는 하나님이 몸소 베푸신 "복"을 이야기하지만, 이 복이 하나님이 몸소 베푸신 복인 이유는 그것이 하나님이 당신 백성을 위하여 그리스도와 **영**을 통해 이루신 일이기 때문이다. 따라서 이곳 역시 이 서신의 내용을 소개하는 "도입부" 역할을 한다.[21]

그리하여 바울은 하나님이 "그리스도 안에서 베푸신 구원"을 이유로 하나님을 송축한다. 그 구원의 "역사"는 이 문언이 가진 삼위일체 틀을 이해하는 핵심 요소다. 바울은 우선 3-6절에서 하나님이 베푸신 복을 이야

---

19) 이 **복** 문언의 형태와 구조는 이 연구서의 관심 밖이지만, 이 형태와 구조를 널리 살펴보고 참고 문헌까지 다룬 유익한 글을 보려면, Lincoln, 10-19을 보라. 참고. O'Brien, "Ephesians I," 506-9.

20) 이 점도 학자들이 에베소서가 바울이 쓴 것이 아님을 확실하게 보여주는 표지들 가운데 하나로 자주 주장하는 것이다. 그러나 사실 이 경우에 문장 길이는 십중팔구 별 의미를 갖지 못한다. 오직 문제가 되는 것은 바울이 그런 "복" 문언을 만들어낼 수 있었느냐다. 이 **복** 문언이 이렇게 길어진 이유는 오로지 이 **복** 문언 전체가 하나의 복(*berakah*)이라는 요인 때문이다. 이 **복** 문언의 본질상 이 문언을 하나로 결합해주는 것은 여러 관계대명사들이다.

21) 물론 우리는 이 도입부가 이 서신이 말하는 모든 주제를 소개하는 것은 아니라는 O'Brien, "Ephesians I," 512에도 동의해야 한다.

기한다. 하나님은 역사 이전부터 우리가 받은 구원의 원인이시며 우리 구원을 주도하신 분이다. 이어 바울은 7-12절에서 우리 구원을 역사 속에서 이뤄내신 그리스도의 사역을 이야기한다. 그리고 13-14절에서는 성령이 하신 일을 이야기한다. 성령은 이런 구원을 먼저 바울 자신과 유대인 개개인의 역사 속에서 적용하셨고 이제는 바울의 이방인 독자들의 개인사 속에서 적용하신다. 또 성령은 역사가 종점에 이르러 구원이 결국 완성되리라는 것을 보장해주는 보증인 역할을 하신다. 늘 그랬듯이, 그리스도가 모든 것의 중심이시다. "그리스도 안에서" 하나님이 모든 일을 행하셨고 또 행하실 것이다(이를 통해 역사 속에서 일어난 우리 자신의 구원도 이제는 온 우주 차원에서 바라보게 되며, 하나님도 결국 **그리스도 안에서** 온 우주와 당신의 화해를 이루실 것이다). 그러므로 그리스도의 사역은 삼위일체 구조보다 훨씬 더 많이 이 문언 전체를 절대적으로 지배한다. 실제로 이 **복** 문언을 가장 자연스럽게 나누는 방법은 바울이 여러 차례 사용한 "그리스도 안에서/ 그 안에서"라는 말을 따라 나누는 것이다. 이 말은 바울이 "복" 문언을 전개해갈 때 한 주제에서 다음 주제로 넘어가는 다리 역할을 한다.

그리하여 바울은 이렇게 말한다. "그리스도 안에서" 하나님은 사랑으로 "우리"를(유대인과 이방인을 함께) 선택하사 "아들들'로 입양"[22]하셨다. 이는 모두 하나님 자신의 영광을 찬송하게 하려는 목적 때문이었다(4-6절). "그 안에서" 우리는(유대인과 이방인은) 하나님이 베푸신 구속을 깨닫고 그리스도를 통하여 하나님이 장차 땅과 하늘에서 모든 일을 "완성"하시리라는 것을 깨닫는다(7-10절). "그 안에서" 우리 유대인이 먼저 하나님의 구원 계획을 체험했다(11-12절). "또 그 안에서" 너희 이방인이 너희의 구원이라는 좋은 소식을 들었다(13a절). "또 그 안에서" 너희가 그리스도를 믿었고, 지금과 영원히 구속의 완전한 실현을 위하여 성령으로 "인 치심"을 받았다(13b-14절).

---

22) 그리스어로 υἱοθεσία다; 앞의 갈 4:4-6과 롬 8:15에서 이 말을 논한 내용을 보라. 아울러 이렇게 번역한 이유도 그곳을 참고하라.

우리가 지금 관심을 갖는 곳은 **영**을 실제로 언급하는 3절과 13-14절 뿐이다. 우리는 다만 말이 나온 김에 다른 많은 것들의 밑바탕에도 **영**이 자리해 있다는 점만을 이야기해두려 한다. 특히 (a) "'아들들'로 입양됨" 이라는 주제의 배후에도 **영**이 자리해 있다. 갈라디아서 4:5-6과 로마서 8:15-16은 **영**이 우리 마음으로부터 그 아들(하나님의 독생자 예수 그리스 도 ─ 옮긴이)이 쓰신 말인 **"압바, 아버지"**를 외치심으로 우리가 "아들"임을 증명해주실 때 우리가 "'아들들'로 입양되는 일"이 실현된다고 말한다. 또 (b) 이 서신은 "그의 뜻의 비밀을 모든 지혜와 통찰로 우리에게 알려주셨 다"라는 말을 쓰는데, 이 서신은 이 일을 곧장 **영**이 하시는 일로 이야기한 다(1:17; 3:5).

■ 에베소서 1:3

하나님 곧 우리 주 예수 그리스도의 아버지를 송축(頌祝)하리니, 그가 그리스도 안에서 우리에게 하늘들에 속한 모든 **영**의 복으로 복을 주셨다.

복 문언을 시작하는 이 말은 서신 전체의 "부제"(副題, sub-title) 역할을 할 뿐 아니라, 특히 이 **복** 문언의 "주제 문장"[23] 역할을 한다. 이 서신 자체는 (1) 하나님이 (2) 그리스도를 통하여 (3) 우리 구원을 이뤄내셨으며(여기 서는 **복** 문언이 사용하는 문구에 맞추어 "모든 종류의 복"으로 묘사한다), 이 구 원은 (4) **영**의 활동과 직접 관련 있고(따라서 **"영의 복"**이다) (5) 하늘의 영 역에서 일어났다는 것을 이야기한다. 그리스도는 이제 하늘에 앉아 이 서 신의 첫 수신자들이 평생 동안 두려워했던 "권세들"을 다스리신다. 적어도 이렇게 이해하는 것이 이 첫 절에 있는 형용사 πνευματικός를 가장 잘 이 해하는 것이며, 바울 서신 전체가 이 형용사를 사용할 때 염두에 둔 의미

---

23) 참고. Gnilka, 60 ("Themasatz").

와 일치하는 의미인 것 같다.

　바울은 고린도후서 1:3-7의 **복** 문언에서 "위로"라는 말로 언어유희를 구사했는데, 그때와 똑같은 방식으로 여기서도 "복"이라는 말을 활용하여 언어유희를 구사한다. 우리가 "송축"(bless)하는 하나님은 이미 그리스도 안에서 온갖 **영**의 "복"(blessing)으로 우리에게 "복을 주신"(blessed) 바로 그분이다. 우리가 예배할 때 노래하는 것은(5:19-20) 하나님이 이전에 우리에게 베푸신 사랑과 우리를 구원해주신 행위에 근거하여 우리 주를 찬송하고 하나님께 감사하는 것이다. 이와 마찬가지로, 여기서도 우리가 목소리로 하나님을 "송축함"은 그분이 이전에 그리스도를 통하여 우리에게 베풀어주시고 이제는 우리가 **영**을 통해 계속하여 체험하는 구속(救贖)이라는 복에 응답하는 것이다.

　여기서 특별히 주목해야 할 세 가지 문제가 있다. 첫째, πνευματικός의 의미가 문제인데, 이와 관련하여 이 책 제2장에서 논한 내용과 특히 골로새서 1:9을 다룬 부분을 보기 바란다. 다른 곳에서도 그랬듯이, πνευματικός는 **영**(πνεῦμα)의 형용사다.[24] 즉 이 말은 "**영**과 관련된 혹은 **영**에 속한"이라는 뜻이다. 따라서 "πνευματικός 복들"은 "**영**의 복들, 곧 **영**과 관련된 복들"을 뜻한다. 바울이 "**영**"이라는 말의 소유격(=πνεύματος)이 아니라 πνευματικός라는 형용사를 사용했다는 것은 바울이 여기서 복들의 **본질**을 강조하지,[25] 복들의 근원을 강조하는[26] 것이 아님을 일러준다. 그러나 그런 복들이 바로 **영**의 삶과 관련 있다고 말하는 사람에게는 이런 복들의 근원이 **영**이심을 묘사하는 일은 식은 죽 먹기다. 이런 복들의 본질을

---

24) 일부 학자들은(가령 Abbott, 4; Caird, 33) 여기서 이 말이 인간의 πνεῦμα를 가리키는 말의 형용사 역할을 한다고 주장하면서, 속사람과 관련된 복들을 서술해놓았다. 그러나 우리가 아는 이 말의 모든 용례에 비춰볼 때, 이런 주장은 타당하지 않다. 어쨌든 이 말은 고대의 용례를 보면 주로 바울이 구사하는 말이다.

25) 참고. Lincoln, 19-20: "**영**의 임재와 사역에서 비롯된" 복들.

26) **영**과 가지는 관계를 올바로 간파한 대다수 해석자들이 이렇게 주장한다. 가령 Meyer, 34; Eadie, 14; Dale, 28; Findlay, 25; Scott, 139; Schlier, 446; Barth, 1.101-2이 그런 예다. 참고. Lemmer, "Pneumatology," 168-69.

묘사할 요량으로 πνευματικός를 "영적"(개역개정: 신령한)이라 번역하는 것은 도움이 되지 않는다. 사람들은 이 "영적"이라는 말을 거의 언제나 모종의 반대말에 대립하는 말로서 **영**이 아닌 어떤 것으로 이해하기 때문이다. 따라서 사람들은 이 말을 "이 땅의 복들"과 대립하는 "하늘들의 복들"을 가리키는 말로,[27] 또는 "물질"[28]이나 "세속"이나 "세상"과 대립하는 의미의 "영적"이라는 말로 이해한다. 하지만 이런 사람들의 주장과 달리, 이 말은 바울이 이 서신과 다른 모든 곳에서 천명한 것들을[즉 **영**은 하나님이 그리스도의 구속 사역에서 유래한 "복들"을 지금 신앙 공동체에 적용하시는 수단(통로)이시라는 것을] 그 나름대로 압축하여 표현해놓은 것이다.

둘째, "복들"이 아우르는 범위가 본질상 광대하다는 점을(즉 **영**이 모든 복들을 베풀어주신다는 점을) 고려해보면, 내가 방금 말한 내용을 더 확실하게 이해할 수 있다. 영어에서는 "복"이라는 말을 쓰면 그 의미가 모호할 때가 잦지만, 이 말들은 그런 식으로 모호하게 이해해서는 안 된다. 오히려 반대로, 하나님이 그리스도 안에서 우리에게 베풀어주신 "모든 **영**의 복들"은 바로 바울이 (4절에서 시작하는) 이 **복** 문언의 나머지 부분에서 또렷이 천명할 것들을 가리킨다.[29] 즉 바울이 말하는 "모든 **영**의 복들"은 하나님이 사랑 안에서 우리를 택하사 당신 앞에서 흠 없는 이들이 되게 하신 것, 하나님이 당신의 자녀로 입양하시고자 "우리를 몸소 미리 뽑아두신 것"(marked us out for himself),[30] 하나님이 이 목적을 이루시고자 그리스

---

27) 가령 Salmond, 246이 이렇게 이해한다. 그러나 그는 정확히 이런 언어를 사용하지는 않는다.

28) 통설은 여기서 말한 πνευματικός를 "물질"과 대립하는 의미로 이해하여 신 28:1-14이 이스라엘에게 약속하는 "복들"과 늘 대립하는 말로 본다. Robinson, 20; Westcott, 7; Hendriksen, 73; Wood, 27; Stott, 34; Bruce, 253; Patzia, 150이 이 통설을 따른다. 그러나 바울이 **영**과 연관된 복들을 생각하면서 이 복들이 그런 "물질의 복들"과 대립한다고 생각했을지 지극히 의심스럽다.

29) Eadie, 14-15이 인용한 것을 보면, 예전의 몇몇 해석자들은 고전 12:4-11이 말하는 "**영**의 은사들"과 상관관계가 있다고 주장했다. 그러나 이곳에는 언어 면이나 문맥 면에서 그런 주장을 지지하는 근거가 전혀 없다.

30) 이것이 NJB가 5절의 προορίσας ("예정하다"를 뜻하는 προορίζω의 남성 주격 단수 부정과거 분사 능동태 형태다 – 옮긴이)를 잘 이해할 수 있게 번역해놓은 말이다.

도 예수 안에서 우리에게 당신의 은혜를 풍성히 베풀어주신 것, 그리스도의 죽음으로 말미암아 우리가 구속을 받고 역사 속에서 하나님의 자녀로 "입양"을 받게 된 것, 유대인과 이방인이 함께 이런 구속을 받아 한 하나님 백성이 되고 우리가 마지막 날에 받을 유업의 보증금으로서 **영**을 받은 것을 말한다.[31] 하나님이 우리에게 선물로 주신 **영**, 우리 안에 들어와 사시는 **영**이 이 모든 내용, 더 나아가 이보다 더 많은 것을 우리에게 알려주시고 깨닫게 하셨다.

셋째, 이어 우리는 이 서두의 절이 지닌 더 어려운 문제를 다루게 되었다. 이 서신에서만 독특하게 볼 수 있는 전치사구인 "하늘들에"[32]의 의미[1]와 이 전치사구가 차지한 자리를 어떻게 이해할 것인가가 바로 그것이다. 바울 서신이 독특한 언어를 구사하는 사례들이 대부분 그렇듯이, 이 말이 등장한 것은 수신자들이(아시아 지역의 여러 교회들이) 부닥친 역사 상황 때문일 가능성이 아주 높다. 이전에 이들은 마술에, 그리고 당시 사람들이 "하늘의 영역"에 산다고 이해하던 영의 권세들(spirit powers)에 사로잡혀 그들에게 종노릇했다. 이 때문에 이 서신도 사탄을 "공중의 권세를 쥔 제왕"으로 묘사하고(2:2) 우리가 지금 맞서 싸우는 "영의 세력들"이 "하늘들에" 산다고 묘사한다(6:12; 참고. 3:10). 그러나 바울은 으레 그러하듯이 현재 상황을 나타내는 언어를 복음을 섬기는 일을 표현하는 데 가져다 쓴다. 그리하여 그는 그리스도 바로 그분을 이제 교회들을 위하여 모든 영의 권세들을 "주관하시는 머리"로서 "하늘들에" 앉아 계신 분으로 묘사한다(1:20-23). 또 바울은 하나님이 당신의 풍성하신 자비로 우리 모든 이를(유대인과 이방인을 함께) 그리스도와 더불어 "하늘들에" 앉히셨다고 말한다(2:6). 따라서 이것이, 다시 말해 하나님이 그리스도 안에서 **영**을 통해 우

---

31) NJB가 제시한 주(註)를 참고하라. NJB는 이 주에 이 본문이 말하는 이런 여섯 가지 "복들"을 열거해놓았다.

32) 그리스어로 ἐν τοῖς ἐπουρανίοις다(ἐπουρανίοις는 "하늘의"를 뜻하는 ἐπουράνιος의 복수 여격이다 — 옮긴이); 참고. 1:20; 2:6; 3:10; 6:12; 아울러 4:10의 ὁ ἀναβὰς ὑπεράνω πάντων τῶν οὐρανῶν ("모든 하늘들 위로 올라가신 분")도 참고하라.

리에게 베풀어주신 복들이 우리를 위하여 "하늘의 영역에서"(말 그대로 그 영의 권세들이 자리해 있는 바로 그곳에서) 펼쳐진다는 것이 이 **복** 문언 서두에서 바울이 강조하는 점이다.[33] 하나님은 우리를 구속받은 자들이요 입양 받은 자들이요 죄를 사함 받은 자들로서 하늘의 영역에 앉히셨다. 이를 통해 하나님은 당신의 **영**을 통하여 우리를 그리스도 안에서 나타난 당신의 풍성한 은혜를 받아 누릴 자들이자 그런 영의 권세들에 맞선 "싸움"에서 확실히 승리할 자들로 만드셨다.

마지막으로 우리는 이 서두에서 말하는 "복"이 본질상 삼위일체와 관련 있다는 것을 언급해두어야 할 것 같다. 이는 어쩌면 우리가 첫머리에서 이 절이 전체 **복** 문언의 "주제 문장" 역할을 한다는 점을 강조했던 것으로 되돌아가는 것일지도 모르겠다. 바울 서신이 늘 말하듯이, 하나님의 사랑이 구속을 주도하신다. 이어 그리스도의 죽음이 역사 속에서 그 구속을 이루었으며, **영**은 그 구속을 신자와 신앙 공동체의 삶에 적용하신다.

■ 에베소서 1:13-14

[13]그 안에서 너희[34]도 진리의 말씀, 곧 너희의[35] 구원의(=너희가 구원받았다는 ─ 옮긴이) 복음을 듣고, 그 안에서 또 믿어, 너희가 약속의 성령으로 인(印) 치심을

---

33) 따라서 우리가 "하늘들에"를 그 분사(즉 3절의 εὐλογήσας; 이는 "복 주다"를 뜻하는 εὐλογέω 의 남성 주격 단수 부정과거 분사 능동형이다 ─ 옮긴이)를 수식하는 말로 여기든(즉 "하늘들에서 우리에게 복을 주신 분"으로 해석하든), 아니면 더 타당성이 있어 보이는 해석으로서 우리가 제시하는 문구를 수식하는 말로 여기든(즉 "하늘들에 있는 모든 **영**의 복으로"로 해석하든), 의미에 큰 차이가 생기는 것은 아니다. 바울이 강조하는 것은 우리 자신이 하늘의 영역에서 "그리스도 안에" 있을 때에 우리가 이런 복들을 **체험**하는 일이 일어난다는 것이다.

34) 몇몇 사본들(ℵ¹ A K L Ψ pm)은 바울이 이 문맥에서 유대인과 이방인이 한 하나님 백성임을 강조하는 데 관심을 보인다는 것을(뒤의 논의를 보라) 철저히 오해한 나머지, ὑμεῖς ("너희")를 ἡμεῖς ("우리")로 바꾸어 이 본문을 널리 일반인에게 하는 말로 만들어버렸다. 이것은 명백히 원문을 바꾸어놓은 독법이다. 원문은 P⁴⁶ ℵ* B D F G Maj latt sy co가 제시하는 본문이다.

35) 앞의 주를 보라. ὑμεῖς ("너희")를 ἡμεῖς ("우리")로 바꾸어놓은 사본들 가운데 많은 수가 일관성을 유지할 요량으로 여기서도 "너희의"를 "우리의"로 바꿔놓았다.

받았으니, ¹⁴이는[36] 우리 유업의 보증이신즉, 그의 소유를 구속하려 하심이요, 그의 영광을 찬송하게 하려 하심이라.

바울은 4-10절에서 "우리"에게(즉 믿는 모든 이들, 곧 유대인과 이방인에게) 그리스도 안에서 구속을 베푸시고 이 모든 일을 우리에게 알려주신(8-9절, 여기서는 영으로 알려주셨다는 것을 암시한다) 하나님을 "송축"했다. 이제 바울은 하나님이 베푸신 구속을 이유로 "하나님을 송축하며" 이 단락을 맺는다. 구속은 먼저 유대인에게 유업으로 주어졌고(11-12절), 이제는 이 서신의 이방인 수신자들에게도 유업으로 주어졌다!(13-14절)[37] 결국 이 마지막 절에서는 두 가지 주제가 함께 등장하는데, 이 두 주제를 움직이는 동력원이 된 것은 바로 "유업"이라는 개념이다. (1) 이방인과 유대인이 함께 같은 하나님 백성이 된 것은 하나님이 이전에 당신의 옛 백성에게 하신 약속의 성취였다. 또 (2) 구속은 종말의 차원을 가진 사건이다. 즉 유대인과

---

36) Metzger가 지적하듯이(*Textual Commentary*, 601-2), 바울 자신이 여기서 그 선행사인 πνεῦμα (중성 명사다 – 옮긴이)에 맞추어 중성 관계대명사인 ὅ를 썼는지(받아 적게 했는지; P⁴⁶ A B F G L P 6 81 104 365 1175 1739 1881 2495 pm), 아니면 그 술어 명사인 ἀρραβών (보증금)의 영향을 받아 남성 관계대명사인 ὅς를 썼는지(받아 적게 했는지)(א D Ψ Maj) 결정하기 어렵다. 외부 증거는 대체로 중성 관계대명사를 지지한다. 그러나 전사 가능성(transcriptional probability)을 고려하면 중성을 따를 수도 있고 남성을 따를 수도 있다(즉 바울은 본디 중성을 썼거나 남성을 썼을 것이다. 마찬가지로 필사자도 바울만큼 쉽게, 또 바울이 중성을 썼거나 남성을 쓴 것과 같은 이유로, 중성을 남성으로 바꿔놓거나 남성을 중성으로 바꿔놓을 수 있었을 것이다). 어쨌든 W. D. Chamberlain은 *Exegetical Grammar of the New Testament* [New York: Macmillan, 1941 (49)]에서 남성 관계대명사는 바울이 영을 인격체로 이해했다는 것을 암시하는 증거일 수 있다고 주장하는데, 이런 주장은 지지하기 힘들다. 이런 주장을 지지하기 힘들다는 것은, 우리가 중성으로 기록한 사본을 택하든 남성으로 기록한 사본을 택하든, 마찬가지일 것이다.

37) 이런 이해는 이 서신 해석에서 오랜 역사를 갖고 있다. 그런데 근래에 와서 몇몇 해석자들은 이런 이해를 거부했다. 이 해석을 거부한 이들은 보통 에베소서가 바울의 저작이라는 것도 부인한다(가령 Gnilka, Schnackenburg, Lincoln). 이들은 현재 우리가 보는 본문이 그렇게 자세히 유대인과 이방인을 대조하여 언급하지 않는다는 점을 근거로 기존 이해를 거부한다. 하지만 실제로 이 서신에서 오직 이곳만이 그런 언급을 하고 있다면, 과연 그렇게 많은 사람들이 이런 길을(즉 오랜 역사를 가진 기존 이해를 – 옮긴이) 따라왔을지 의문이다. 그러나 이 내용을 2:11-22과 특히 3:6에 비춰 읽어보면, 이 본문이 바울이 이 서신 뒷부분에 가서 더 충실하게 전개할 모티프를 미리 귀띔해주는 전형적 사례라는 것을 알아내기가 어렵지 않다.

이방인이 함께 받을 유업은 이미 일부가 실현되었지만, 마지막 날에 완전히 실현될 것이다.

바울 서신의 다른 곳에서도 그렇듯이, **영**은 여기서 통합되어 나타난 두 주제들에서 핵심 역할을 한다. 하나님은 그들에게 "약속의 성령", 곧 이스라엘에게 약속하셨던 성령을 주셨다. 하나님은 이를 통해 이방인들에게 당신 소유라는 "인장(印章)을 찍으셨다." 하나님은 같은 표지를 사용하셔서 유대인과 이방인이 똑같이 마지막 유업을 받으리라는 것을 보장해주셨다. **영**이 **우리**가(유대인과 이방인이 함께) 받을 유업을 보장해주는 하나님의 $\dot{\alpha}\rho\rho\alpha\beta\dot{\omega}\nu$("보증금")이시기 때문이다. 이처럼 바울은 대명사를 살짝 바꿔, "우리"가(＝유대인이) 유업을 얻었다는 말로부터 "너희"가(＝이방인이) "하나님이 약속하셨던 성령"을 통해 인을 받았다는 말로 옮겨갔다가, 다시 하나님이 **영**을 "우리"가(＝유대인과 이방인이 함께) 마지막 날에 받을 유업을 보장하는 보증금으로 주셨다는 말로 옮겨간다.

영을 말하는 내용은 바울이 이전에 쓴 서신들을 되울려주는 메아리로 가득하다. "인"(印)과 "보증금"을 결합하여 말한 내용은 이미 고린도후서 1:21-22(찾아보라)에서 등장한 것이다. 성령을 이방인도 하나님의 백성 가운데 들어오리라는 "약속"의 성취로 보는 말 역시 갈라디아서 3:14을 되울려준다. 이런 점들과 다른 몇 가지 사항들은 더 설명이 필요하다.

1. **영**을 하나님의 인(印)이라는 이미지로 표현한 것을 살펴보려면, 고린도후서 1:21-22을 다룬 내용을 보기 바란다. 그 본문에서도 그랬지만, 인이라는 은유는 소유권(그리고 인증)을 표현하는 이미지이며, 이 본문 같은 경우는 아주 중요한 소유권을 표현한다. 하나님은 그들에게 당신의 성령을 주심으로써 이 서신의 이방인 수신자들에게 "당신의 소유"임을 나타내는 인장을 찍으시고 마지막 날에 현실로 나타날 당신의 유업을 물려받을 자로 미리 구별하여 정해주셨다. 이전처럼 여기서도 **영** 바로 그분이 그 "인"이요 소유권을 나타내는 표지임은 의심할 여지가 없다.

또 앞서 말한 고린도후서 본문에서도 그랬듯이, 여기 이 문맥에서도 물세례를 전혀 시사하지 않는다.[38] 바울이 "인장을 찍는다"라는 이미지를 본디 물세례를 가리키는 의미를 함축한 것으로 보았음을 증명할 수 없다면(이제 이 시대에는 그런 증명이 불가능하다), 여기에는 세례라는 모티프를 시사하는 것이 전혀 없는 셈이다. 이 서신에서는 더더욱 그러하다. 가령 4:4-6의 삼위일체 문구만 봐도, 바울이 **한 영**과 **한 몸**(=교회)을 짝 지은 반면, "한 믿음" 및 "한 세례"와 "한 주"를 짝 짓기 때문이다. 물론 여기서 강조해둘 점은 바울이, 후대 교회와 달리, 세례가 아니라 **영**을 소유권을 나타내주는 "인"이요 어떤 사람이 하나님의 새 백성에 속해 있음을 증명해주는 주된 증거로 보았다는 점이다.

여기서는 그것을 거의 강조하지 않지만, 그래도 이런 서술 내용은 그들의 회심(회심들)을 가리키는 게 거의 확실하다. 즉 하나님이 성령으로 인장을 찍으셨다는 것은 회심 이후에 **영**을 받은 일을 가리키는 게 아니라,[39]

---

38) Eadie, 66; Abbott, 22 ("여기서 그렇게 아주 모호한 것을 언급한다고 추정할 이유가 없다"); Barth, 1.145-53; Lincoln, 39-40도 같은 견해다; 참고. Dunn, *Baptism*, 160; G. W. H. Lampe, *The Seal of the Spirit: A Study in the Doctrine of Baptism and Confirmation in the New Testament and the Fathers* (2nd ed.; London: SPCK, 1967), 3-18, 64-94. 이런 견해를 가진 게 아닌가 하는 짐작을 불러올 수 있는 세례 관련 책을 집필한 Schnackenburg 조차도 여기가 물세례를 시사한다는 주장에 반대하며 올바른 입장을 취한다. 이들과 다른 견해를 피력하는 이들 중에는 Scott, 148; Gnilka, 85; Patzia, 158-89이 있다. Patzia의 변론은 특히 핵심을 겉도는 말만 하며 이 문맥 및 용법과 아무 상관이 없다.

39) 이와 반대로 가끔씩 그 부정과거 분사(13절의 πιστεύσαντες; 이는 "믿다"를 뜻하는 πιστεύω의 남성 주격 복수 부정과거 분사 능동형이다 — 옮긴이)를 근거로 삼아 "그리스도를 믿음"(회심과 같은 말)이 **영**을 받음보다 앞선다[2]고 주장하는 이들이 있다(가령 Hunter, *Spirit-Baptism*, 46과 Ervin, *Conversion-Initiation*, 122-24이 그런 예다; 참고. Meyer, 61). 그러나 이런 주장은 바울이 의도하지 않은 것을 찾아낸 것이다. 바울이 그 부정과거 분사를 주동사(즉 πιστεύσαντες 뒤에 곧바로 이어지는 동사 ἐσφραγίσθητε — 옮긴이)보다 앞선 것을 표현하는 말로 쓰려 했다는 것은 의심할 필요가 없다(그러나 Dunn, *Baptism*, 158-59; Bruce, 265; Lincoln, 39은 견해를 달리한다). 그러나 이 두 동사(즉 πιστεύσαντες와 ἐσφραγίσθητε — 옮긴이)는 각기 별개이자 따로따로 경험하는 신앙 체험들을 말하는 게 아니다. 다만 "(그리스도를) 믿음"은 논리상 "너희가 인을 받았다"보다 앞서 있을 뿐이다. 바울이 보기에 이 둘은 한 동전의 양면이요 "하나에 다른 하나가 함께 따라오는 상황"(attendant circumstance)을 나타낼 뿐이다. 이 문맥을 살펴보면, 바울이 여기서 서로 별개인 두 체험들을 말하려 한다고 생각할 만한 단서가 전혀 없으며, 이 소소한 문법 사항에도 그런 의도가 전혀 담겨 있지 않다. 실상 바울이 제시하는 주장은 그리스도를 믿는 자들이 된 이 이방인들이 하나님이 약

사람들이 그리스도의 사람이 되는 데 절대 필요한 **영** 받음을 가리키는 말이다. 결국 이 본문이 강조하는 것은 개개인의 회심이 **아니라**, 이 이방인 신자들이 **영**을 받음으로써 새 언약의 유업을 물려받을 자들이 되었으며 마지막 날에 그들이 맞이할 운명도 보장받게 되었다는 사실이다. 따라서 바울 서신에서는 늘 그러했지만, 여기서도 **영**은 그리스도인의 실존에 없어서는 안 될 존재시다. **영**이, 아니 오직 **영**만이, 하나님의 백성을 이 종말의 시대에 하나님 바로 그분의 소유로 구별해주신다.

2. 바울이 **영**을 "약속의 성령"[40]으로 묘사한 것은 갈라디아서 3:14에서 쓴 유사한 표현을 거꾸로 뒤집어 표현한 것이다. 바울은 그 갈라디아서 본문에서 "**영**의 약속"이라는 말을 사용했다. "**영**의 약속"에서 "**영의**"라는 소유격은 **영**이 하나님이 아브라함에게 주셨던 약속의 성취임을 일러주는 말일 가능성이 아주 높다. 마찬가지로 여기서도 바울은 **영**을 하나님이 주셨던 약속의 성취로 본다. 그러나 이제 이 "약속"은 필시 에스겔 36:26-27과 37:14이 말하는 새 언약 시대에 **영**이 오심을 가리키는 말일 것이다. 요엘 2:28-30은 이런 **영**의 오심을 종말론과 관련지어 이해했다. 따라서 이 "약속의"라는 소유격은 형용사의 의미를 가진(어떤 특질을 나타내는) 말로 이해해야 하며, "하나님이 약속하셨던 성령"을 가리킨다. 물론 이 본문에서 중요한 것은 이방인들도 하나님이 이스라엘에게 약속하셨던 새 언약의 필수 요소인 성령을 이 새로운 종말의 시대에 하나님의 소유임을 확인해주는 인(印)으로서 받았다는 사실이다. 바울은 이런 모티프를 2:11-22과 특히 3:6에 가서 훨씬 더 기탄없이 이야기할 것이다.

속하셨던 성령도 받았으며, 이는 곧 이 이방인들 역시 하나님의 소유임을 일러주는 증거라는 사실과 관련 있다. 따라서 개개 그리스도인의 체험과 관련된 주장들은 여기서 바울이 강조하는 사항이 아니다.

40) 특이한 표현과 어순을 담은 τῷ πνεύματι τῆς ἐπαγγελίας τῷ ἁγίῳ [=약속의 **영**으로, 거룩한 (영)으로]는 복 문언 자체에 비추어 가장 잘 설명할 수 있다. 복 문언도 똑같이 엄숙한 문구인 "하나님 곧 우리 주 예수 그리스도의 아버지"로 시작한다. 아울러 이 말은 "약속"과 형용사인 "거룩한"에 강조점을 둔다.

3. **영**을 "보증금"에 은유한 표현을 살펴보려면, 고린도후서 1:21-22과 5:5을 다룬 내용을 읽어보기 바란다. 이 고린도후서 본문들은 **영**이 곧 마지막 날에 신자들이 받을 영광을 지금 보장해주시는 분이라는 개념이 "보증금"이라는 은유에 본디 담겨 있는 것으로 이해했다. 그러나 이제 이 에베소서 본문은 "**우리** 유업의"라는 소유격을 덧붙여 고린도후서에서 말한 내용을 분명하게 이야기한다. 우리는 이미 이 절에서 "너희"가 "우리"로 바뀌는 중대한 변화가 일어난다는 것을 이야기했다. 이런 변화는 바울이 11절에서 "유업을 받다"라는 말을 동사로 사용한 점에 근거한다. 바울은 11절에서 유대인이 그리스도에게 소망을 둔 "첫" 사람들로서 그들의 유업을 받았다고[41] 말한다. 이처럼 바울은 이방인과 유대인을 함께 동일한 유업을 받은 자들로 표현할 때, 그가 3-10절에서 썼던 "우리"(유대인과 이방인을 함께 가리키는 말이다)와 같은 "우리"로 되돌아간다.

바울이 이 구절의 "우리 유업의 보증금"이라는 용례와 11절의 "우리가 유업을 받았다"를 결합했다는 것은 그의 **영** 이해가 "이미 그러나 아직 아니"라는 그의 종말론의 기본 구조를 철두철미하게 반영한다는 것을 일러준다. 우선 하나님의 백성은 이미 그들의 유업을 받았다. "보증금"이신 **영**은 하나님 백성이 예전에 하나님이 약속하신 것을 지금 소유했다는 것을 뜻하기 때문이다. 그런가 하면 **영**은 "보증금"으로서 이미 지금 일부가 실현된 것이 미래에 완전히 이루어지리라는 것도 함께 보장해주신다. 앞에서 말했듯이, 에베소서는 다른 대다수 바울 서신보다 더 많이 "이미"라는 측면을 강조한다(이는 바울 자신의 상황과 거의 혹은 아예 상관이 없고 도리어 그가 지금 다루는 수신자 쪽의 상황과 많이 관련 있다). 이 본문과 4:30은 **영**을 바울이 생각하는 **영**의 종말론적 역할을 늘 완수하는 분으로 철저히 이해

---

41) 적어도 대다수 학자들은 동사 ἐκληρώθημεν (본디 "제비를 뽑아 지명하다"를 뜻하는 κληρόω 의 1인칭 복수 부정과거 수동태 직설법 형태다 — 옮긴이)을 이렇게 이해한다. 13절이 이런 이해를 아주 강력하게 지지해주기 때문이다. 다른 견해, 곧 유대인(또는 그리스도인 전체)을 하나님의 유업으로 보는 견해를 살펴보려면, Robinson, 34; Caird, 41; Stott, 46을 보라.

해야 한다는 것을 일러준다. **영**은 그리스도의 부활과 함께 이미 미래가 움직이기 시작했다는 것을 보여주는 확실한 증거다. 아울러 **영**이 신자들 안에 들어와 계심은 우리가 하나님이 약속하신 모든 것을 유업으로 받을 것을 하나님이 친히 보장해주시는 보증 역할을 한다.

4. 우리는 바로 이런 문맥 속에서 뒤따르는 특이한 문구인 "그의 소유를 구속하려 하심이요"(그리스어로 εἰς ἀπολύτρωσιν τῆς περιποιήσεως다. ἀπολύτρωσιν은 "구속, 해방"을 뜻하는 ἀπολύτρωσις의 단수, 목적격이며, περιποιήσεως는 "저축, 소유"를 뜻하는 περιποίησις의 단수 소유격이다 — 옮긴이)도 이해해야 한다. 이 경우에 εἰς라는 전치사는 하나님이 **영**으로 우리에게 인장을 찍으실 때 가지셨던 목표를 표현한다. 바울은 자기의 이방인 독자들에게 이렇게 말한다. "너희는 (하나님이) 약속하셨던 성령으로 인을 받았으니, 이는 하나님의 소유[42]로서 하나님께 속한 이들이 (마지막에) 구속을 받게 하려 함이라." "구속"은, 이와 짝을 이루는 은유인 "첫 열매"가 등장하는 로마서 8:23처럼, 마지막 날에 있을 구속의 완성을 가리키는 말일 가능성이 아주 높다. 우리에게는 이런 구속이 이미 그리스도를 통하여 현실로 이루어졌다(7절). 결국 이 문구도, "우리 유업의 보증금이신"이라는 말이 그러했던 것처럼, 이 문장이 가진 "이미 그러나 아직 아니"라는 종말론의 시각을 그대로 드러낸다.

이리하여 바울은 이 절로 **복** 문언(3-14절)을 놀라우면서도 장엄하게 끝맺을 뿐 아니라, 삼위 하나님 중 세 번째 분인 하나님의 성령에 초점을 맞춘다. 아울러 그는 하나님이 이 **복** 문언 중 대부분이 하나님을 송축하는 이유로 제시하는 구속을 미래에 확실히 실현해주시겠다고 보장하신 점에 초점을 집중한다. 이 모든 것은 그리스도 안에서 나타났고 **영**으로 말미암

---

42) 그리스어로 περιποίησις다; 참고. 벧전 2:9, 이 구절은 말 3:17을 넌지시 가리킨다. 견해를 달리하는 이들로는 Abbott, 24; Salmond, 269; Schnackenburg, 67이 있다. 이들은 "소유"를 신자들에게 속한 어떤 것을 가리키는 말로 받아들인다. 참고. RSV는 "…our inheritance until we acquire possession of it"으로 번역해놓았으나, NRSV는 이를 바로잡았다.

아 실현된 하나님 바로 그분의 영광을 찬송하는 데 그 목적이 있다.

에베소서 1:15-2:10

앞서 살펴본 **복** 문언(3-14절)은 특히 하나님이 그리스도 안에서 이루신 구속에 초점을 맞추었다. 이 **복** 문언 말미에서는 두 가지 것을 강조했는 데, (a) 이방인도 하나님이 이스라엘에게 약속하셨던 유업에 **영**으로 말미 암아 참여하게 되었다는 것과 (b) 이 유업이 마지막 날에 완성되리라는 것이었다. 이제 바울은 뒤이어 감사와 기도 보고를 제시한다(15-19절). 이 대목은 으레 그렇듯이 다시 신학적 주장들(20-23절)로 발전해간다. 이 신 학적 주장들은 이 서신의 주요 강조점 중 두 번째 것(곧 그리스도가 자기 백 성을 위하여 권세들에게 승리를 거두셨다는 것)에 초점을 맞춘다. 이런 내용은 이어[43] 독자들에게 그들 자신의 과거와 현재를 더 깊이 곱씹어볼 것을 요 구한다. 그들은 과거에 권세들의 제왕에 종노릇하며 "죽음의 길로 행하는" 자들 가운데 있었으나(2:1-3), 이제는 말 그대로 권세들과 타락한 현세(現 世)가 지켜보는 가운데 죽은 자들로부터 일으키심을 받고 그리스도와 더 불어 하늘들에 앉히심을 받았다(4-10절).

그리스어 본문을 보면, 복 문언처럼 감사-기도 보고도 긴 한 문장으로 되어 있다.[44] 이 문장 같은 경우에 바울은 종속절들을 잇달아 사용하여

---

43) 현재 우리가 보는 본문의 장(章) 구분 때문에, 1:20-23과 2:1-10 사이에 아주 긴밀한 연관성 이 있음을 자주 간과하곤 한다. 하지만 이 두 본문은 우리가 지금 논의하는 내용이 지적하는 개념상 연관성뿐 아니라, 문법 면에서도 연관성을 가진다. 이런 경우는 바울 서신에서(그리고 에베소서에서도) 좀체 찾아보기 힘든 경우들 가운데 하나다. 여기 본문에서는 생각의 흐름이 큰 변화를 일으키는데, 이 변화는 병렬 연결어인 καί로 시작한다. 참조: 병렬 나열(parataxis) 은 주요 절들을 종속 접속사가 아니라 "그리고"라는 말을 써서 연결해주는 것과 관련 있거나, 적어도 그리스어에서는, 더 흔히 사용하는 불변화사들(particles, 접속사들)로서 그런 병렬 뉘 앙스를 지닌 것들 가운데 하나와 관련 있다.

이 문장을 하나로 결합해놓았다.[45] 우리 관심사는 17절이 **영**을 언급한 부분이다. 이 부분이 이 기도 전체의 핵심 요소다. 더욱이 우리는 이 서신에서 처음으로 "능력"이라는 말을 풍부하게 만난다. 그중 일부는 십중팔구 **영**을 에둘러 가리키는 말일 것이다. 따라서 이 단락 전체를 대강 살펴보면, 우리 관심사들을 더 커다란 문맥 속에서 다루는 데 도움이 될 것이다.

바울은 먼저 15절에서 자신이 그들과 관련하여 전해들은 내용을 이야기한다. 이어 16절에서는 전형적인 감사 글이 등장한다. 바울 서신에서는 이런 감사가 거의 항상 기도를 담은 말과 결합되어 있다(즉 바울은 기도하며 감사한다). 17-19절은 "곧"(그리스어로 ἵνα — 옮긴이)이라는 말로 시작하며, 실제 기도 보고를 담고 있다. 여기서 바울은 수신자들에게 자신이 그들을 위하여 무엇을 기도하는지 이야기한다(바울은 **영**이 그들에게 하나님을 알려주시고 그리스도 안에서 그들의 소유가 된 풍성한 혜택들을 그들에게 계시해주시길 기도한다). 바울은 마지막으로 "믿는 우리에게" 베푸신 능력이 크시다는 점에 초점을 맞춘다. 이 큰 능력을 증명해주는 증거는 특히 그리스도의 부활(20절)과 그리스도가 지금 "하늘들에서" 모든 영의 권세들보다 훨씬 더 높은 곳에 앉아 그들을 다스리신다는 사실(21절), 그리고 이 모든 일이 그리스도의 백성인 교회를 위하여 이루어졌다는 사실(22-23절)이다.

---

44) 이런 긴 한 문장이 적어도 21절까지 이어진다. 22-23절은 καί로 시작하는 별개 문장을 형성한다. 이 본문 구조를 볼 때, 이 καί 덕분에 2:1에 있는 두 번째 καί가 훨씬 더 두드러져 보인다(앞의 주를 보라). 이 문장 내지 문단이 20절에서 끝나는 것은 문법과 아무 상관이 없고[실제로 20절은 관계대명사로 시작하는 종속절이며, 이 관계대명사의 선행사는 19절의 ἐνέργειαν ("역사하심을"; "활동, 행위, 역사함"을 뜻하는 ἐνέργεια의 단수 목적격이다 — 옮긴이)이다], 다만 이 지점에서 기도 보고가 신학적 주장으로 발전해간다는 것을 인식시켜줄 뿐이다.

45) 바울이 이 감사-기도 보고에서 사용한 몇몇 언어는 — 문법과 문체는 말할 것도 없고 — 우리가 바울 서신의 다른 곳에서 만나는 것과 같지 않다. 하지만 바울은 20절에서 기도 보고로부터 신학적 주장으로 소리 소문 없이 옮겨가는데, 이런 이동 스타일은 바울 사도가 으레 보여주는 것이다. 이 본문 내용에서 새로운 것이 있다면, 그것은 바울이 말할 때 염두에 둔 수신자들의 상황 때문이다(이 점 역시 바울의 글에서 으레 볼 수 있는 것이다).

■ 에베소서 1:17-20

[17]곧[3] 우리 주 예수 그리스도의 하나님, 영광의 아버지께서 지혜와 계시의 **영**을 너희에게 주사 그를 알게 하시고, [18]너희[46] 마음의 눈이 밝아져 너희가 그의 부르심의 소망이 무엇이고 성도들 안에서 그 유업의 풍성함이 무엇이며,[47] [19]그리고 그의 능력의 강력한 역사하심을 따라 믿는 우리에게 베푸신 그의 능력의 지극히 크심이 무엇인지, [20]곧 그가 그리스도를 죽은 자들로부터 일으키시고 그(그리스도)를 하늘들에서 그(하나님)의 오른쪽에 앉히셨을 때 행하신[48] 것을 (알게 되길 간구함이라 – 옮긴이 첨가).

이 기도 보고가 **영**을 언급하는 부분이 가지는 의미를 가장 잘 파악하는 길은 아마도 이 본문의 구조를 분석해보는 방법인 것 같다.

…내 기도에서 언급하노니
　　[17]곧
하나님이　　주사　　너희에게　　**영**을
　　　　　　　　　　　지혜의
　　　　　　　　　　　　　그리고
　　　　　　　　　　　　　계시의

---

46) 더 훌륭한 사본들(P[46] B 6 33 1175 1739 1881 pc)에는 ὑμῶν ("너희의")이 빠져 있다. 이것이 필시 원문일 것이다. 초기 필사자들이 더 고전적 문체에 접근해가는 문법적 "발전"을 이룩한 행위를 했음을 보여주는 확실한 증거가 없기 때문이다. 즉 바울 서신에서는 종종 정관사가 소유격 역할을 하는데, 후대 필사자들은 거기에 대명사를 덧붙임으로써 그 부분의 정관사가 소유격 역할을 한다는 것을 분명히 밝혔다.

47) 후대 필사 전통에서는 세 문구가 한 묶음을 이루는 문구들을 나열할 때 첫 두 문구 사이에 καί를 덧붙이곤 했다. 그러나 모든 초기 사본에서는 이런 καί가 빠져 있다(Jerome과 it[a]만이 예외다). 뒤의 논의를 보라.

48) 그리스어로 ἐνήργησεν이다("일하다, 작동하다, 만들어내다"를 뜻하는 ἐνεργέω의 3인칭 단수 부정과거 능동태 직설법 형태다 – 옮긴이). 이는 19절에서 나온 "역사하심을"(ἐνέργειαν)의 동족 동사다(주44를 보라 – 옮긴이). 이 동사는 영어 번역문을 조잡하게 만들지만, 그래도 이곳에서 영어권 독자들이 19절과 20절의 연관성을 파악하려면 필요한 말인 것 같다.

[1]　　　　　　　　　　너희가 그(하나님)를 알게 하시고

너희 마음의 눈이 (그것을 통해) 밝아져

[18]너희가 알게 되길

[2]　　　　　　(aʹ) 그의 부르심의 소망을

(aʺ) 그 영광의 풍성함을

그의 유업의

모든 성도들 안에서

[19]그리고

(b) 그의 능력의 지극히 크심을

믿는 우리에게 베푸신

역사하심을 따라

강력한

그의 능력의

영은 "주다"라는 동사의 목적어다. 때문에 이 기도에서 **영**이 행하는 핵심 역할을 파악하는 데는 큰 통찰력이 필요치 않다. 바울은 하나님이 그들에게 **영**을 주시기를 기도하는데, 여기서는 이 **영**을 지혜와 계시의 **영**으로 규정한다. 그들은 **영**의 지혜와 계시를 통해 (1) 하나님을 더 완전히 아는 지식[49]을 갖게 될 것이며, **영**이 그들의 마음을 밝혀주심으로 말미암아 그들이 종말에 맞게 될 미래가 확실하다는 사실(2aʹ, aʺ)과 그들이 그런 미래를 기다릴 때 하나님이 그들을 위해 (바로 그 영을 통하여) 베푸시는 능력 (2b)을 이해하게 될 것이다. 하지만 이 본문은 보기만큼 수월하지 않다. 적어도 많은 사람들이 보기에는 그러하다. 따라서 좀더 설명이 필요하다.

1. 이 본문은 **영**의 중심 역할을 간단명료하게 표현하는 것 같다. 이를

---

49) 그리스어로 ἐπίγνωσις다. 이 말은 γνῶσις의 복합어로서 "정확히, 완전히, 철두철미하게 알다"(BAGD)라는 뜻이다; 참고. 고전 13:12. 이 구절에서는 이 말을 하나님이 우리를 아심과 우리가 마지막 날에 하나님을 알게 될 지식을 가리키는 말로 사용한다.

고려할 때, 대다수 영역 성경들[50]과 몇몇 주석들[51]이 여기 본문에 있는 πνεῦμα를 "영"(a spirit)으로 번역하는 것은 좀 놀라운 일이다. 그 이유들은 아마 다음과 같이 설명할 수 있을 것 같다. 우선 πνεῦμα에 관사가 붙어 있지 않다. 또 "지혜의 영"이라는 표현은 유대 민족의 독특한 표현법으로서 단순히 "지혜로운 영(혼)"을 뜻하는 말일 수 있다. 아울러 여기서 강조하는 것은 지혜와 계시이지, πνεῦμα가 아니다. 그러나 이 πνεῦμα를 **영**을 직접 가리키는 말로 인정할 수 있는[52] 이유들이 그렇지 않을 이유들보다 훨씬 더 무게가 있다.

(a) 정관사가 있느냐 없느냐는 바울이 여기서 하나님의 **영**을 말하느냐 아니면 사람의 영을 말하느냐와 아무 상관이 없다. 이 문제를 살펴보려면, 이 책 제2장을 보기 바란다. 이 경우에 관사가 없는 것은 소유격인 두 명사[즉 σοφίας καὶ ἀποκαλύψεως(지혜의 그리고 계시의); σοφίας는 σοφία의 소유격이며, ἀποκαλύψεως는 ἀποκάλυψις의 소유격이다 – 옮긴이)]에도 관사가 붙어 있지 않은 것과 관련이 있다. 바울은 보통 "그 지혜와 그 계시의 그 영"(the Spirit of *the* wisdom and *the* revelation)이라고 쓰거나 "지혜와 계시의 **영**"(Spirit of wisdom and revelation)으로 쓰곤 했다. 둘 다 같은 뜻이다. 즉 바울은 이런 종류의 구조를 가진 문구를 쓸 때면 거의 항상 목적격과 이 목적격을 수식하는 소유격에 관사를 붙이든지, 아니면 그 목적격과 소유격에 모두 관사를 붙이지 않는다. 따라서 로마서 8:14이 관사를 붙이지 않

---

50) 가령 KJV, ASV, RSV, NRSV, JB, NJB, NASB, NAB, NIV[mg], Conybeare가 그러하다. NIV, GNB, Williams는 달리 번역한다; 참고. REB: "the spiritual gifts of wisdom and vision."

51) 가령 Abbott, 28; Westcott, 22; Patzia, 164-65 (불행히도 Westcott가 잘못 제시한 정보를 인용한다); Robinson, 38-39은 관사가 없다는 점을 중시한다["(영에 관사를 붙이지 않은 채) 성령의 어떤 특별한 나타나심이나 성령 수여를 나타낸 경우", 바울은 이를 "인격체이신 성령" 보다 못한 존재로 받아들인다]. 그러나 이는 잘못된 견해다.

52) 대다수 주석들도 **영**으로 본다: Meyer, 69-70; Eadie, 82; Dale, 128; Salmond, 273; Scott, 153 (주저하며 인정한다); Schlier, 78; Hendriksen, 96-97; Caird, 45; Wood, 29; Stott, 54; Schnackenburg, 74; Bruce, 269; Lincoln, 56-57. 이 말을 사람의 영과 하나님의 **영**에 똑같이 적용하는 이들은 Arnold, *Ephesians*, 76; Gnilka, 90; Barth, 1.162이 있다.

은 채 써놓은 πνεύματι θεοῦ를 "하나님의 영(a spirit of God)/또는 어떤 신의 영"으로 이해해서는 안 되는 것처럼, 바울이 여기서 쓴 말도 "지혜의 영"(a spirit of wisdom)으로 이해해서는 안 된다.

(b) 이 문구 자체가 히브리어의 독특한 표현임은 의심할 나위가 없지만, 사람들이 주장해온 종류의 문구는 아니다. 요컨대 이 언어는 이사야 11:2로부터 직접 유래한 것이다.[53] 이사야 11:2을 보면, 메시아 위에 임하신 **영**을 πνεῦμα σοφίας καὶ συνέσεως(="지혜와 이해의 **영**"; 개역개정판은 "지혜와 총명의 **영**")[54]로 더 소상하게 묘사해놓았다.[4] 이것은 바울이 골로새서 1:9에서 사용했던 바로 그 조합이다. 바울이 여기서 "이해" 대신 "계시"를 쓴 이유는 이 기도가 **영**이 지혜를 주신다는 점보다 **영**이 계시자이심을 더 강조하기 때문이다. 이처럼 지혜를 주시는 **영**은 (특히) 하나님과 하나님의 길을 계시해주시는 분이기도 하다. 에베소서에서 이 언어가 가지는 의미를 더 살펴보려면, 3:5을 논의한 내용을 보기 바란다.

(c) 나아가 우리는 현재 이 본문의 강조점이 결국 지혜와 계시임을 인식할 수 있다. 지혜와 계시는 이 서신 수신자들이 하나님을 더 온전히 알고 이를 통해 미래를 향한 그들의 소망과 지금 그들이 능력을 받아 누릴 수 있음을 확신하는 데 필요하다. 하지만 이런 지혜와 계시는 **궁극적** 관심사다. 오히려 이 모든 것의 핵심은 **부차적** 관심사인 동사("주다")의 목적어다(곧 **영** 바로 그분). 계시의 근원이요 능력을 부어주시는 근원이신 **영**을 간과함은 이 서신의 관심사들은 물론이요 여기서 바울이 제시하는 기도를 아주 많이 놓치는 것이다.

(d) 이것이(**영**이 바로 지혜와 계시의 근원이시라는 것이 – 옮긴이) 사실은 바울이 이 문장에서 말하려는 것이다. 이런 논지는 결국 신앙 공동체가 계속 이어가는 삶 속에서 받는 지혜와 계시를 **영**과 분명하게 결합된 것으

---

53) 출 28:3; 31:3; 35:31도 참고하라. 이 구절들을 보면, 문구의 첫 부분에서 지혜의 영(πνεῦμα σοφίας)이라는 말이 등장한다.
54) 이 문구에도 관사가 없다는 점에 주목해야 한다.

로 보는 바울의 이해에서 나온 것이다. 특히 고린도전서를 보면, 바울은 지혜를 **영**의 **은사들**(*charismata*) 가운데 하나로 보며(12:8), **영**을 신자들이 십자가의 미련함 속에 자리한 지혜를 이해할 수 있게 해주는 계시의 수단 (방편)으로 본다(2:10-13). 뿐만 아니라, 바울은 에베소서에서도 **영**을 하나님의 비밀을 계시해주시는 근원이라고 분명하게 말하면서(3:5), 이 서신 수신자들도 이 점을 이해하기를 바란다.

(e) 마지막으로 유념해야 할 것이 있다. 바로 "지혜"와 "계시"를 달리 이해할 경우 결국 "계시"라는 말이 난제로 등장한다는 점이다. "지혜의 영"은 "지혜로운 성향"이나 "지혜로운 영"과 같은 것을 의미하는 말로 이해할 수 있다. 그러나 "계시"를 그런 식으로 말하는 것은 거의 말이 되지 않는다. 그렇다면 "계시의 영"은 무슨 의미라고 말할 수 있을지 궁금해진다.

결국 이 모든 내용을 볼 때, 바울은 지금 여기서 하나님이 그들에게 **영**을 한 번 더 선물로 주시며,[55] 또 **영**이 그들에게 지혜를 공급해주셔서 그 **영**이 하나님과 하나님의 길에 관하여 그들에게 계시해주시는 것을 이해하게 해달라고 기도하는 셈이다. 그렇다면 바울은 지금 이렇게 말하는 셈이다. "나는 기도할 때 너희를 기억하며 하나님이 너희에게 **영**을 주시기를 간구하노니, 이 **영**은 너희를 지혜롭게 하시며 너희에게 하나님을 계시하심으로 너희가 그(하나님)를 알게 하실 분이라." 이 **영**은 18-19절이 표현하는 대로 "그들 마음의 눈을 밝히셔서" 그들로 하여금 하나님이 그들을 위하여 행하신 것들을 이해하게 하실 바로 그 **영**이시다. 물론 바울은 이 서신의 첫 번째 부분에서 하나님이 그들을 위하여 행하셨고 또 지금 행하시는 일들을 남김없이 이야기함으로써 그들이 "계시"를 얻게 할 것이다.

---

55) "대중의" 눈높이에서 이미 **영**의 사람들인 이들이 다시 **영**을 선물로 받은 일을 이해하려면, 뒤에서 5:18을 다룬 내용과 앞에서 살전 4:8 및 갈 3:5를 다룬 내용을 보라. 즉 바울의 기도는 더 **영**을 받게 해달라는 기도가 아니라, 그들이 이미 받아 그들 안에 들어와 사시는 **영**이 그들에게 더 깊은 지혜와 계시를 주시길 기도하는 것이다. 따라서 바울이 강조하는 것은 **영**을 받음 자체가 아니라, 이미 그들 안에 계시는 **영**이 주시는 선물들을 받는 것(어쩌면 그런 선물들을 실현하는 것?)이다.

2. 그들에게 이 기도가 실현되었다는 사실의 뒤편에는 그들이 새롭게 **영**을 "받은" 일이 존재한다. 따라서 이 내용과 관련하여 몇 마디 더 설명이 필요하다. 내가 본문 구조를 분석할 때 지적하려 했듯이, 계시의 내용은 두 가지다. (1) 첫째는 하나님 바로 그분을 더 온전히 아는 지식이다. (2) 이 지식은 그들이 그들 자신의 실존을 하나님이 그들을 위하여 행하신 일에 비추어 더 잘 통찰하는 이해로 발전해간다. 바울은 후자를 세 명사절 형태로 표현한다("…무엇이고,…무엇이며,…무엇인지"). 그러나 우리가 이 세 절 사이의 관계를 어떻게 이해해야 하는가라는 문제에 관한 한, 모든 이가 동의하는 견해가 없다. 물론 바울은 처음으로 훌륭한 영어식 문체(!)를 구사한 사람으로서 그가 열거한 세 명사절 가운데 일부러 오직 두 번째와 세 번째 항목 사이에만 "그리고"를 배치해두었을 가능성이 있다.[56] 둘째 명사절과 셋째 명사절 사이의 "그리고"는 다음 두 가지 가능성 가운데 하나를 가리킬 가능성이 더 높다. 일부 학자들은 둘째와 셋째 명사절을 첫째 명사절을 설명해주는 말로 본다.[57] 구조 분석에서 시사했듯이, 나는 다른 견해를 택한다. 즉 첫 두 명사절이 한 쌍을 이루며, 이 둘이 함께 셋째 명사절과 짝을 이룬다고 보는 것이다. 이 경우에 첫 두 명사절은 서로 동격인 병렬어로서 마지막 때의 일을 이야기하는 동일한 동전의 양면인 반면, 셋째 명사절은 앞의 두 명사절이 말하는 마지막 때의 일을 다시 그들을 위하시는 **영**의 사역과 관련지어 현재 속으로 되돌려놓는다.[58] 여기

---

56) 요컨대 세 가지 혹은 그보다 많은 사항들을 열거할 때, 그리스어 스타일을 따르자면 각 항목 사이에 모두 접속사를 넣거나 아니면 모두 접속사를 넣지 말아야 한다. 이런 스타일은 후대 사본 전승이 (18-19절에서 본디 둘째 항목과 셋째 항목 사이에만 있던 — 옮긴이) καί를 (첫째 항목과 둘째 항목 사이에도 — 옮긴이) 추가한 이유를 설명해준다. 후대 사본 전승은 이 본문을 세 항목을 열거해놓은 것으로 이해했던 것이다(앞의 주47을 보라). 살전 1:5에서 비슷한 현상을 논한 내용을 보라. 반면 이렇게 둘째 항목과 셋째 항목 사이에만 καί를 기록해놓은 것은, 현대의 대다수 해석사들이 생각하는 것처럼(가령 Stott, Schnackenburg, Bruce, Patzia, Lincoln, Arnold) 바울이 일부러 그런 것일 수도 있다.

57) 참고. Schlier, 81-82; Barth, 1.150.

58) 꼭 이런 식으로 표현하지는 않지만, 이런 견해를 가령 Westcott, 24과 Scott, 154에서 발견할 수 있다.

서 확신할 수는 없지만(애초부터 중간에 있는 절을 이해하는데 몇 가지 난제들이 있기 때문이다), 그래도 첫째 절과 마지막 셋째 절이 한편으로는 그들이 마지막 날에 맞게 될 미래를 분명히 지적하면서도 다른 한편으로는 하나님의 능력이 현실로 이루어진다는 것을 일러준다는 점만은 확신할 수 있는 것 같다. 이 두 가지 점은 더 설명이 필요하다.

(a) 첫 쌍(첫째 명사절과 둘째 명사절)이 종말론과 관련지어 제시하는 요지는 방금 전에 **복** 문언에서 강조했던 것을, 즉 **영**의 임재가 그들의 미래를 보장해주시므로 그들의 미래가 확실하다는 것을 다시 이야기한다. 이제 바울은 그 "소망"을 더 깊이 곱씹으면서, **영**이 하나님을 계시해주심으로 그들이 자신들의 소망이 얼마나 확실한지 이해하게 되기를 기도한다.[59] 바울은 이제 이런 강조점을 제시하면서, 그들을 인도하여 그런 소망을 갖게 하시는 하나님의 주도권을 그 근거로 삼는다. 결국 이런 소망은 무엇보다 하나님의 부르심에 그 근거를 둔다. 바울은 대체로 그 부르심이 모든 것을 해결해준다고 본다.[60] 그러나 어떤 의미에서 보면, 그것은 여전히 미래를 그들 자신이 겪은 하나님 체험에 비추어 바라보는 것이다. 즉 그들이 아직 실현되지 않은 어떤 미래에 **소망**을 두는 것은[61] 바로 그들이 하나님이 그들을 당신 백성으로 불러주심을 체험했기 때문이다. 마지막 때의 일을 이야기하는 동전의 또 다른 면은 그 소망을 말 그대로 하나님의 시각에서 바라보는 것이다.[62] 그리하여 바울은 또 하나님이 그들을 위하여 준비해두신 마지막 유업의 영광이 얼마나 장엄한지("풍성한지") 그들이 이해할 수 있게 되길 기도한다. 아니면 오히려 하나님 자신이 "성도들"[63]이 마

---

59) 특히 뒤에서 4:1-4을 보라. 이런 언어 조합은 1절("너희가 부르심을 받은 부르심에 합당하게 행하여")과 4절("한 몸이요 한 **영**이시니, 이와 같이 너희도 너희 부르심의 한 소망 안에서 부르심을 받았느니라")에서 발견할 수 있다.

60) 특히 롬 8:28-30; 고전 1:2, 26과 바울 서신 전체를 다룬 내용을 보라.

61) Lincoln, 59은 여기서 말하는 소망을 "이미"와 "아직 아니"로 이해해야 한다고 주장한다. 그러나 이 문맥에서는 이 소망이라는 말에서 이미 실현된 차원을 발견하기가 힘들다. 반대로 Patzia, 167은 미래를 전혀 언급하지 않는다.

62) Meyer, 74과 다른 학자들은 이를 오히려 소망의 목적을 말한 것으로 본다.

지막 날 하나님의 영광의 처소에서 쉬게 될 때에 실현될 "유업"을 소유하시게 될까?[64] 그 유업이 성도들의 유업이든 아니면 하나님의 유업이든, "소망"에 이어 "유업"을 언급한 것은 필시 그 유업이 미래에 실현될 것을 강조한 것이다. 결국 13-14절에서는 **영**이 마지막 날에 그들이 얻을 구속을 보장하는 하나님의 보증 역할을 했는데, 이제는 바로 그 **영**이 그들에게 이런 소망이 얼마나 확실하며 이런 소망이 마지막 날 실현될 때 얼마나 장엄할 것인지 이해시켜주는 근원 역할을 한다.

(b) 이어 바울은 미래를 깊이 생각하던 그들을(이 서신의 수신자들을 − 옮긴이) 현재를 새롭게 이해하는 길로 이끈다.[65] 이렇게 그들의 생명을 영원히 보장하셨던 바로 그 하나님은 현재 "권세들"과 맞닥뜨린 그들이 제멋대로 행동하게 버려두시지 않았다. 그리하여 바울은 이번에도 **영**으로부터 깨우침을 받은 그들의 마음이 "믿는 **우리**"[66]에게 "지금 하나님이 베푸시는 능력이" 얼마나 "엄청나게 큰지" 이해할 수 있게 해달라고 기도한다. 더

---

63) 이것은 ἐν τοῖς ἁγίοις라는 문구(문자대로 번역하면, "거룩한 자들 가운데서/안에서")에 관한 결정적 이해를 반영한 것이다. 많은 학자들은[가령 Schlier, 84; Gnilka, 91; Schnackenburg, 74; Lincoln, *Paradise*, 144 (그러나 이제는 그가 쓴 주석을 보라)] 이 문구가 천사들을 가리킨다고 본다. 살전 3:13에 있는 기도 그리고 이 본문과 짝을 이루는 골 1:12에서는 천사들을 가리킬 가능성이 아주 높다. 그러나 지금 이 문맥에서는 독자들이 그렇게 이해할 만한 단서가 전혀 없다. 1:1의 용례는 물론이요 13-14절이 하나님의 백성과 그들이 받을 유업을 분명히 언급하는 점에 비춰볼 때, 이 서신의 첫 독자들이 이 말을 천사들을 가리키는 말로 들었으리라는 상상을 하기가 힘들다. 더 상세한 논의는 Lincoln, 59-60을 보라.
64) 물론 이것이 통설은 아니다. 문제는 두 가지다. (a) "유업"은, 다른 두 경우처럼(1:14; 5:5), 하나님의 백성인 그들이 이미 소유한 것이 미래에 완전히 실현될 것을 가리키는가, 아니면 이미 현존하는 어떤 것을 가리키는가가 첫 번째 문제요, (b) "유업"과 "그의"라는 대명사를 결합해 놓은 것은 하나님의 백성인 우리가 지금은 물론 앞으로도 영원히 하나님의 유업이 되리라는 구약의 모티프를 채용한 것인가, 아니면 앞에 나온 "그의 부르심"과 마찬가지로 하나님이 우리에게 공급해주신 우리의 유업을 가리키는가(이렇게 볼 경우에는 하나님이 그 유업을 공급해주셨다는 데 강조점이 있다. 14절에 있는 "우리 유업"과 달리 여기는 "그의 유업"이라고 말하기 때문이다).
65) Meyer, 76과 Schnackenburg, 75-76은 이 수장 역시 수로 미래를 시향한다고 본다. 그러나 그런 주장은 바울이 지금 실제로 말하는 것은 물론이요 이 서신 전체 문맥에도 어긋난다.
66) 바울은 다른 사람들을 상대로 이야기하다가도 바울 자신과 그 다른 사람들에게 공통되는 것을 고찰할 때는 이처럼 1인칭 복수형으로 바꾼다. 이런 전환을 알아보려면, 갈 4:4-7; 롬 8:2-4, 14-17을 다룬 내용을 보라.

욱이 이 능력은 이전에 그리스도 자신이 부활하시고 지금 앉아 계신 하늘 보좌에 앉으실 때 나타났던 능력과 일치한다. 바울 서신을 아무리 뒤져봐도 이곳처럼 능력이라는 용어[67]에 특별히 고도로 집중한 경우가 없다. 이 때문에 결국은 이 능력이 우리가 이 본문에서 **영**과 관련하여 마지막으로 다룰 관심사다.

3. 바울은 여기서 **영**과 δύναμις("능력")를 동일시하지 않는다. 우리도 물론 양자를 동일시하면 안 된다. 그렇긴 해도 바울이 **영**의 임재와 그와 함께 일어나는 하나님 능력의 임재 사이에 지극히 긴밀한 관계가 있다고 본다는 점을 유념해두어야 한다. 우리가 앞서 살펴본 서신들에서 바울은 이런 긴밀한 관계를 **영**과 능력을 조합하여 "**영**의 능력으로"라는 말로 표현했다(가령 롬 15:13). 바울은 이 서신에서도 다음 기도 보고(3:16)에서 그런 긴밀한 관계를 소상히 밝힐 것이다. 바울은 그 기도 보고에서 그들의 속사람이 "하나님의 **영**을 통해 능력으로" 강해지게 해달라고 기도한다. 바울이 여기서 구체적으로 말하지는 않지만, 그래도 그가 말하는 이 용례 뒤편에는 단연코 **영**과 능력을 결합한 조합이 자리해 있는 것으로 이해해야 한다.

그러나 이렇게 말했지만, 우리는 이 경우에 특히 이 기도가 그들이 승리주의에서 말하는 것과 같은 어떤 승리를 체험하게 해달라고 간구하는 것이 아님을 유념해야 한다. 마치 하나님이 **영**의 능력을 통해 그들을 온갖 어려움에서 구해주시고 그들이 눈으로 볼 수 있게 나타난 어떤 것을 통해 "원수들을 격파"할 수 있게 해달라고 간구하는 기도가 아니라는 말이다. 바울은 이런 모든 것들을 다음 기도 보고(3:14-19)와 그 송영(20-21절)에

---

67) 네 용어는 δύναμις (보통 모든 종류의 "능력"을 가리키는 말), ἐνέργεια ("강한 역사"를 가리킴; 참고. 하나님이 행하시는 강한 일을 가리키는 구절은 3:7; 4:16; 골 1:29; 빌 3:21; 그리고 사탄의 역사를 가리키는 구절은 살후 2:9), κράτος ("힘"을 가리키는 추상명사로 하나님을 언급하는 신약의 송영에서 종종 등장한다: 딤전 6:16; 벧전 4:11; 5:11; 유 25절; 계 1:6; 5:13), 그리고 ἰσχύς (하나님이 당신의 "힘"을 나타내신 구체적 사건에서 볼 수 있는 그 힘의 "위력"을 가리킴)다. 바울은 이 네 용어 외에도 여기서 "지극히 크심"이라는 복합어로 시작한다.

서 훨씬 상세하게 이야기한다. 이때 바울은 그들이 그리스도의 내주하심으로 말미암아 "그 속사람이 능력으로 강하여지고", 이를 통해 결국 그들이 (a) 그들을 향한 그리스도의 사랑이 헤아릴 수 없이 크다는 것을 깨달아 (b) "하나님의 모든 풍성하심"으로 가득하게 해달라고 기도한다.[68]

여기서 바울의 관심사는 권세들에게 거두는 자잘한 승리들이 아니라, 독자들이 그리스도 안에 있는 자신들의 자리를 깨닫고 이해하는 것이다. 그리스도는 몸소 그들을 위하여 권세들을 다스릴 권위를 가진 자리를 취하셨다. 하나님이 그리스도 안에서 그들을 위해 행하신 일들은 그들이 그리스도와 더불어 "하늘의 영역에" 앉게 될 때에 현실로 이루어질 것이다. 그 영역에는 지금도 사탄과 권세들이 거주한다. 따라서 이 본문을 바울이 늘 말하는 주제인 "약함 속의 능력(강함)"과 대립하는 것으로 이해해서는 안 된다. 오히려 이 본문 덕분에 우리는 바울이 제시하는 그 방정식에서 "능력"이라는 변이 얼마나 위대한지 더 잘 파악할 수 있다. 그러나 능력을 부어주시는 일은 매일매일 삶 속에서 일어난다. 그렇게 능력을 부어주시는 일이 얼마나 위대한지 이해하려면, 오직 **영**만이 하나님 백성에게 가져다 주실 수 있는 하나님의 계시가 필요하다.

● 에베소서 2:2

너희는 한때 그 가운데서 행하여 이 세상의 시대를 따랐고, 공중의 권세를 잡은 통치자, 곧 지금 불순종의 자녀들 가운데서 역사하는 영의[69] 통치자를 따랐느니라.

---

68) 참고. Bruce, 271.

69) 그리스어로 τοῦ πνεύματος나. 이 소유격은 설명하기가 쉽지 않아서, 우리가 이 문장을 이해하는 데 상당한 스트레스를 안겨준다. 이 말을 "통치자"(τὸν ἄρχοντα; ἄρχοντα는 "통치자"를 뜻하는 ἄρχων의 단수 목적격이다 – 옮긴이)와 동격어로 보고, 아울러 τοῦ πνεύματος라는 소유격을 바로 앞에 있는 두 소유격의 영향을 받은 말로 보는 경우가 대단히 많다. 그러나 많은 사람들이 이 소유격을 아무렇게나 쓴 그리스어로 받아들이는 바람에, 또 앞에 있는 두 단

그리스도는 하나님의 능력으로 죽은 자들로부터 일으키심을 받고(이와 똑같은 일이 이제 하나님의 백성에게 일어날 수 있게 되었다), "당신의 몸인 교회들을 위하여 권세들을 다스리시는 머리로서" 하나님의 오른편에 앉히심을 받아, 하늘의 영역에 굳건히 자리를 잡으셨다. 바울은 이런 그리스도를 생각하면서 자연스레 자기 독자들을 떠올린다. 바울이 지금 말하는 모든 내용은 그의 독자들을 위해 말하는 것이기 때문이다. 그는 이런 말을 하면서, 그들이 이전에 "권세들"과 한통속이었다는 점을 그들에게 되새겨준다. 그들은 "걸어 다니나 죽은 자들" 가운데 있으면서 권세들의 제왕인 사탄 바로 그 자에게 복종했다. 그러나 바울은 여기서 그를 마귀라 부르지 않는다(4:27과 6:11에서는 마귀라고 부른다). 도리어 바울은 그 권세들의 제왕을 일부러 자기 독자들로부터 감정 섞인 반응을 이끌어낼 요량으로 쓴 것처럼 보이는 다양한 말로 묘사한다.

이 본문에는 분명 수많은 난제들이 있다.[70] 그러나 우리가 단지 관심을 갖는 것은 바울이 바울 서신에서 유일하게 사탄을 "영"이라 규정한 곳이 바로 이곳이라는 점이다. 비록 확신할 수는 없지만, 이는 바울이 일부러 패러디한 말로서,[71] 데살로니가후서 2:8-9(찾아보라)에 있는 "불법한 자의 나타남"과 비슷한 말일 가능성이 아주 높다. 결국 하나님 백성이 **영**을 따라 행하듯이, 그리스도 밖에 있는 자들도 바울이 "공중의 권세 잡은 제왕"

어("권세"와 "공중")가 소유격이기에, 사람들은 앞에 있는 두 단어 중 하나가 영과 동격어라고 주장했다(가령 "권세"를 동격어로 주장한 사람은 Meyer, Robinson, Abbott, Lincoln이며, "공중"이 동격어라고 주장한 사람은 Schlier, Caird다). 이것은 선뜻 와 닿는 쉬운 해결책은 아니다. 그러나 "문법에 맞지 않는" 이해가 다른 두 방법보다 이 본문을 훨씬 더 잘 이해한 것이라는 점에서 보면, 방금 말한 해결책도 일리가 있다. 즉 바울이 그런 용어들을 모아 영의 권세들을 주장하는 "제왕"이 활동하는 영역과 그의 본질을 묘사한다고 보면, 그 τοῦ πνεύματος라는 소유격이 어떻게 생겨났는지 쉽게 알 수 있다. 바울은 "그 영"을 아주 인격성이 농후한 용어로 묘사한다(즉 지금 불순종하는 자들 가운데서 역사하는 영으로 묘사한다). 때문에 바울이 마귀들의 두령(頭領)을 묘사하다가 별안간 그 두령의 활동을 인격성과 더 거리가 먼 용어들로 상세히 설명하고 있을 가능성은 낮아 보인다. 대다수 해석자들도 그렇게 생각한다(참고. Arnold, *Ephesians*, 59-62).

70) 앞의 주를 보라.
71) 참고. Chotka, "Spirit," ch. 3.

이라 이름 붙인 "영"을 따라 행하는 셈이다. 이 거짓 "영의" 영역도 역시 하늘들에 있다. 그러나 하나님은 당신의 능력으로 그리스도를 일으키사 권세들 위에 앉히시고 교회를 위하여 그 권세들을 다스리는 머리가 되게 하셨다(1:20-23). 바울은 여기서부터 하나님이 당신 백성도 일으키사 그리스도와 더불어 "하늘들에" 앉히심으로써 그들이 더 이상 "지금 불순종하는 자들 가운데서 역사하는 영"의 노예가 되거나 그 "영"을 두려워하는 일이 없게 하셨다는 것을 줄기차게 강조해나간다.

이곳은 또 이 서신의 주요 단락들 가운데 **영**을 특별히 언급하지 않은 유일한 부분이다(2:1-10). 그러나 우리가 이 패러디에서 **영**을 인식하려고만 한다면, 그리 멀지 않은 곳에서 **영**을 발견할 것이다. "지금 불순종하는 자들 가운데서 역사하는 영"은 하나님이 당신의 지극히 크신 능력으로 죽은 자들 가운데서 일으키신 그리스도와 맞대결을 벌인 적이 많았으며, 이제는 **영**과 맞대결을 벌인다. **영**은 이 시대에 하나님 백성이 그들이 받은 부르심의 소망, 그들이 마지막 날 받을 유업의 실현을 고대하며 미래의 삶을 살아낼 때(9-10절), 이 백성 가운데서 그리고 이 백성을 위하여 하나님이 지금 당신의 능력을 나타내심이다.

● 에베소서 2:3(2:11)

이전에는 우리도 그 가운데서 우리 육의 열망들 속에서 살고, 육과 우리 마음들의 뜻들(원하는 것들)을[72] 행하며, 나머지 인류와 같이 진노의 자녀들이었다.

이곳은 분명 **영**을 언급한 본문은 아니다. 그러나 이 본문을 포함시켜 다루

---

[72] 이것은 단수와 복수를 결합해놓은 경우로서 바울 서신에서도 상당히 특이한 조합 중 하나다 [τὰ θελήματα (복수) τῆς σαρκός (단수) καὶ τῶν διανοιῶν (복수)]. 바울은 이런 말을 하려 했을 가능성이 아주 높다: "육(그리고 우리 마음들)이 원하는 것들을 행하며." 어쨌든 이 표현은 그리스도를 믿기 이전의 우리 상태를 묘사하는 말인 "육"이 철저히 하나님 뜻과 대립하는 그 자신의 "뜻"을 가졌다는 롬 7장의 견해를 반영한 것이다.

는 이유는 "육"을 두 번이나 언급하기 때문이다. 내 관심사는 바울이 여기서 말하는 내용이 바로 로마서 7:5에서도 말하는 내용임을 지적하는 것이다. 바울은 지금 그리스도 안에서 갖게 된 새로운 시각에 비춰보면 1-2절이 묘사하는 이방인의 죄가 바울과 바울의 동족인 유대인의 죄보다 크지 않다는 것을 자신의 이방인 독자들에게 확실히 이해시키는 데 관심을 기울인다. 바울은 이럴 목적으로 로마서 1-7장의 언어와 개념들을 활용한다. 여기서 두 가지 것에 주목할 필요가 있다. 이 둘은 모두 바울이 로마서 7:5에서 이미 말한 것과 일치한다. 첫째, 바울은 "육의 열망들"과 그 뒤에 곧바로 이어지는 "육의 뜻(들)"을 "육체의 욕망들"을 뜻하는 말로 썼을 리가 없다.[73] 앞에서 언급했듯이(주72), 바울이 제시하는 시각은 로마서 7장의 시각이다. 바울은 로마서 7장에서 우리가 그리스도를 믿기 이전에는 "육"이 원하는 것을 따라 살았다고 말한 뒤, 이런 삶은 곧 "육"이 하나님의 마음에 맞서 원하는 것을 따라 살아가는 것이라고 부연한다.[74]

둘째, 바울이 말하는 취지를 볼 때, 그가 하는 말의 밑바탕에는 "육"을 그리스도인의 삶에 속한 게 아니라 우리가 다 같이 타락 상태에 있었을 때 가졌던 "그리스도를 믿기 이전의, 그리스도 밖에 있었을 때의" 시각을 규정하는 말로 이해하는 태도가 깔려 있다. 로마서 7장에서도 말하듯이, 유대인과 이방인은 죄가 거주하는 장소인 육을 통하여 그들에게 똑같이 그리스도가 베푸시는 구속이 필요함을 발견한다.

이와 관련하여 우리는 11절이 이방인과 유대인을 묘사하는 말로 "육 안에"(육으로 보면)라는 말을 사용한다는 점에도 주목해야 한다. "육으로 보면 이방인"이라는 말은 "인류 계통으로 보면", 다시 말해 민족 기원으로 보면 그들이 이방인이라는 뜻이다. 이 용례는 십중팔구 유대인을 "육으로 보면 할례를 받은 자들"이라고 말하는 다음 절에서 나왔을 것이다. 이 용

---

73) BAGD 61 (ἀναστρέφω 2bβ 아래, "=육체의 열망에게 복종하는 노예가 되다").
74) 참고. Arnold, *Ephesians*, 133.

례는 철저히 바울다운 표현이다(참고. 갈 3:3). 이 표현의 기원이 실제로 할례를 받은 "육"에 있지만, 이제 이 표현은 역사 뒤편으로 사라져가는 현세에 속해 있다는 의미를 가졌기 때문이다.[75]

이 서신에는 **영**-육을 직접 대조하는 부분이 없다.[76] 그러나 이 본문은 바울이 이렇게 **영**과 육을 대조하는 시각을 여기서도 절대적 전제로 삼는다는 것을 분명하게 보여준다.

에베소서 2:11-22

또다시 이 서신이 **영**이라는 말을 사용한 사례들은 두 번째 주요 단락(major section)의 마지막 부분에서 등장한다. 바울은 두 번째 주요 단락을 기도 보고에 끼어든 말을 기록해놓은 1:20에서 시작하여 그들이(곧 이 서신의 수신자인 이방인 신자들이) 누구인지 일깨워주는, 다시 말해 그들이(유대인들과 함께) 다 같이 그리스도의 한 몸을 이루는 지체들임을 되새겨주는 말로 마무리했다. 바울은 이 주요 단락의 첫 단락에서(1-10절) 자기 독자들에게 그리스도가 지금 권세들을 주관하시는 권위를 가진 자리에 앉으셨음을 일러주면서, 이를 근거로 그들 역시 그리스도가 그 권세들을 이기고 거두신 부활의 승리에 동참한다는 것을 되새겨주었다. 따라서 바울의 독자들은 이제 더 이상 거짓 "영"에 속한 자들처럼 "행하지"(=살지) 말고(1-3절), 하나님의 화해를 통한 "걸작"인 사람들이 된 자들답게 하나님이 그들을 위해 미리 정해두신 선한 일들을 행하는 길로 나아가야 한다.[77]

---

75) 이것들은 바울이라는 서사에게신 몸에 밴 부제(副題)들이지만, 바울의 이름을 빗자하여 글을 쓴 사람에게는 지극히 생소한 것들이다.

76) 그러나 Robinson, 72과 그를 따르는 Lincoln, 152은 11절의 "육 안에"(육으로 보면)라는 문구와 22절의 **영** 안에서"라는 문구가 11-22절을 "감싸 안았다"라고 말하면서, 이 두 문구가 이방인이 그리스도를 믿기 이전과 이후에 가졌던 두 가지 실존을 나타낸다고 강조한다.

바울은 현재 이 단락에서 이방인인 그들이 유대인과 더불어 한 하나님 백성[한 "몸"(16절); 같은 "시민들"; 하나님 "집안"의 식구들(19절); 하나님의 "성전"으로서 함께 묶인 사람들(21-22절)]이 되었다는 것이 가리키는 의미와 관련지어 그들의 "이전과 이후"라는 주제를 *끄집어낸다*. 우리가 지금 관심을 갖는 곳은 **영**을 특별히 언급하는 18절과 22절, 그리고 선지자들을 언급하는 20절이다. 이 구절들에서는 교회를 가리키는 이런 이미지들이 서로 뒤엉켜 나타난다. 그러나 그곳에 이르면, 우리는 이런 본문들이 더 큰 주장 속에서 어떤 기능을 하는지 알아봐야 한다.

바울은 우선 11-13절에서 "이전과 이후"를 이야기한다. 여기서 바울은 먼저 이방인으로서 그들이 이전에 가졌던 실존("하나님이 없어 소망도 없었다"와 "이스라엘이 받았던 언약들과 약속들에 관한 한, 이스라엘 시민권을 갖지 않은 외인들")을 이야기하고 이어 현재 그리스도 안에 있는 그들의 위치를(이전에는 "멀리 있었으나" 이제는 "가까이 와 있는") 이야기한다. 그런 다음 14-18절에서는 현재 그리스도 안에 있는 그들의 실존이 **어떻게** 이루어진 것이며(십자가를 통해 이루어졌다) **무슨 내용**인지(유대인과 이방인이 화해하여 한 새 인류를 형성하고 "한 몸"을 이루게 되었다) 이야기한다. 바울은 이 단락 마지막 절(18절)에서 **영**의 사역을 소개하면서, 이 **영**이 한 하나님 백성이 된 유대인과 이방인을 하나님의 임재로 데려가실 때 그리스도와 함께 일하신다고 말한다. 바울은 19-22절에서 11-13절에서 사용했던 정치 관

<hr>

77) 나는, 많은 해석자들보다 더 많이, 이 본문에서도 유대인-이방인이라는 초점이 살아 움직이는 것으로 본다. (a) 바울은 롬 1:18-3:20처럼 여기서도 1-2절의 "너희"와 3절의 "우리"라는 말을 써서 유대인과 이방인을 모두 은혜가 필요한 사람들 속에 포함시킨다. (b) 바울은 5절에서 이방인과 유대인을 "그리스도**와 함께**" 살리심을 받은 사람들 속에 포함시켰다. 이제 그는 5절에 이어 특히 6절에서 이방인과 유대인을 "**그리스도 안에서** (나란히) 함께 일으키심을 받아 나란히 함께 앉히심을 받은" 사람들로 묘사한다. 만일 바울이 이어지는 본문에서 이런 내용을 소상하게 말하면서 멀리 있는 자들(이방인들)과 가까이 있는 자들(유대인들)이 함께 "한 **영**을 통해 하나님께 나아갈 권리를" 허락받았다는 것을 이야기하지 않았다면, 나는 방금 전에 말한 것처럼 생각하지 않았을 것이다. 이런 식으로 뒤에 주장할 내용을 "앞서 미리 되울려주는(귀띔해주는)" 방법은 바울의 전형적 스타일이다.

련 이미지들을 다시 활용하여 이 단락을 맺는다. 그러나 동시에 그는 그 이미지를 집안과 관련된 이미지로 살짝 바꾼 뒤, 다시 이를 성전이라는 이미지로 발전시켜간다. 이방인들은 더 이상 "외인들"이 아니다. 반대로 그들은 다 같이 하나님 집안의 식구들이다. 실제로 그들은 이제 하나님이 들어와 사시는 하나님의 성전이다. 결국 이런 이미지들이 모두 뒤죽박죽 엉켜 있긴 해도 바울이 강조하려는 요점들은 분명하고 확실하다. 유대인과 이방인은 **영** 안에서 함께 하나님께(바울이 암시하는 의미는 "하늘의 영역으로") "나아감"(나아갈 권리)을 얻었다. 이제 하나님은 바로 이 **영**을 통해 몸소 그들 가운데(바울이 암시하는 의미는 "땅 위에서") 들어와 사신다. 즉 우리는 하나님이 **영**으로 친히 임재하신 가운데 하나로 통합되었다. 아울러 하나님의 임재는 **영**을 통해 이 땅에 있는 신앙 공동체 안에서 밝히 나타난다.

■ 에베소서 2:17-18

[17]또 그(그리스도)가 오셔서[78] 먼 데 있는 너희와 가까이 있는 그들에게 화평의 좋은 소식을 전하셨으니, [18]이는[79] 그를 통하여 우리 둘이 한 **영** 안에서[80] 아버

---

78) 일부 해석자들은(가령 Meyer, 137-38; Salmond, 297; Abbott, 66) 이 부정과거 분사(ἐλθών; "오다"를 뜻하는 ἔρχομαι의 남성 주격 단수 부정과거 분사 능동형이다 — 옮긴이)를 이유로 여기서 바울이 묘사하는 것이 십자가 사건 이후에 일어난 일임을 강조한다. 이 때문에 이들은 이 "오심"이 가리키는 역사의 순간(가령 **영**의 오심)을 찾아내야 한다는 압박을 느낀다. 바울도 이 오심이 십자가 사건 이후에 일어난 일임을 말하려 한다는 것은 의심할 필요가 없다. 그러나 그가 여기서 말하는 오심은 은유이며, 따라서 어떤 특정한 사건을 가리키지 않는다. 오히려 이 말은 십자가 사건 이후에 자연히 이어진 일, 곧 유대인과 이방인에게 그 사건을 선포한 일을 가리킨다.

79) 그리스어로 ὅτι다. Meyer, 139과 Eadie, 186이 언급하는 예전의 일부 해석자들은 이 ὅτι를 명사절을 이끄는 말로서 "화평"에 내용을 부여하는 말로 여겼다. 이제 현대에는 이런 견해를 지지하는 해석자들을 찾을 수가 없으며, 이전의 그런 견해에 반대하는 이유도 타당하다. 이 절은 앞 절을 증명하는 승거를 제시한다.

80) 그리스어로 ἐν ἑνὶ πνεύματι다. 바울 서신에서 등장하는 이 구조가 늘 그렇듯이, 이것을 도구(중개자)의 의미로 봐야 할지 아니면 처격(장소나 영역)으로 봐야 할지 딱 부러지게 가려낼 수 없다. 뒤에서도 말하겠지만, 이 특별한 표현 형태는 십중팔구 처격이지만 그리 멀지 않은 곳에서 도구의 의미가 따라오는 표현으로 이해해야 할 것이다.

지께 나아감을 얻게 하려 하심이라.

이 본문은 긴 문장(14-16절)의 말미에서 이 문장을 요약하는 말로 등장한다. 바울은 이 긴 문장에서 자신이 13절에서 강조했던 화해를 하나님이 (사람들과 하나님 사이에 그리고 유대인과 이방인 사이에) **어떻게** 이뤄내셨는지 이야기했다("이전에는 '멀리 있었던' 너희를 그리스도 예수 안에서 그리스도의 피를 통해 '가까이' 데려오셨다"). 그리스도는 "십자가를 통해" 이런 일을 행하셨다. 그리스도는 이를 통해 유대인과 이방인 사이에 존재하던 적대감을, 곧 "둘 사이를 갈라놓았던 적대감이라는 장벽을" 허무셨다. 온갖 계명들과 규례들로 가득한 **율법**은 그런 적대감이라는 장벽의 존재를 증명해주는 증거였다. 그리하여 그리스도는 유대인과 이방인을 대신하는 단일한 새 인류를 창조해내셨으며, 이를 통해 화평을 이룩하셨다. 우리가 지금 보는 문장은 13절의 "멀리 있던"과 "가까운"을 14-16절의 "화평"(화목)과 결합하여 이런 결과들을 요약해놓았다. 그리스도가 하신 일로 결국 유대인과 이방인은 함께 "아버지께 나아감"을 얻었다. 바울은 이제 멀리 있던 그들이 "가까이 데려가심을 받았다"라는 말이 무슨 의미인지 말하려 한다. 실제로 18절 서두의 "이는"이라는 말이 시사하듯이, 그들이 **영** 안에서 한 백성으로 하나님께 나아갈 수 있게 되었다는 것은 바울이 17절에서 강조한 내용이 진실임을 증명해준다.

18절과 관련하여 네 가지 문제를 짚어봐야 한다.

1. 이 절은 주어인 "우리 둘이"는 단순히 "우리 둘이 **똑같이**(*alike*) 나아감을 얻었다"[81]라는 의미일 수 있지만, 이 문맥에서는 "우리 둘이 **함께**(*together*) 나아감을 얻었다"라는 의미일 가능성이 더 높다. 본디 "둘이"라는 말은 후자가 제시하는 강조점을 갖지 않는다. 그러나 앞 문장에서도 "둘"이라는 말이 두 번 등장하는데(15, 16절), 이 두 사례가 모두 강조하는

---

81) RSV가 그러하다; 참고. Bruce, 301.

것이 사실은 "함께"다. 그리스도는 "그들 둘(유대인과 이방인)을 하나로" 만
드심으로써 우리의 화평이 되셨으며, 율법을 제거하사 "그 둘을 화해시켜
한 몸이 되게 하심"으로 우리의 화평이 되셨다. 그리하여 이제는 유대인과
이방인이 각각 똑같이 아버지께 나아감을 얻었다. 물론 이것도 진실이며
영광스러운 일이지만, 그러나 이제는 거기서 더 나아가 유대인과 이방인이
단일한 새 인류로서 아버지께 나아감을 얻었다. 이제는 유대인과 이방인
이 함께 한 백성으로서 하나님이 계신 그곳에 서 있으며, 둘을 갈라놓았
던 묵은 구별들은 이제 더 이상 아무 의미가 없다.[82]

17절은 이사야 52:7과 57:19을 분명하게 시사한다. 이사야 52:7은 메시
아를 화평(평화)을 선포하시는 분으로 말하며, 57:19은 평화를 "멀리 있는
이들과 가까이 있는 이들"을 위한 것이라고 말한다. 이를 고려할 때, 바울
은 여기서 "하나님이 약속하셨던 성령"을 이방인까지 그 대상에 포함하는
종말의 약속의 성취로 보는 자신의 이해를 재차 곱씹어보는 것 같다.[83] 만
일 그렇다면, "한 **영** 안에서"는 하나님의 임재로 "다가갈 수 있었던" 장소
인 성전을 대신하는 셈이다.

2. 바로 이 중요한 대목에서 **영**의 사역이 전면에 등장한다. 우선 그리스
도의 죽음은 새 인류, 한 몸, 한 가능성을 만들어냈다. 그리스도는 사이를
갈라놓았던 것을 허무심으로써 이런 일을 이룩하셨다. 그러나 이 "한 몸"
은 그들이 하나님의 한 **영** 안에서 함께 한 백성이 됨으로 말미암아 현실
로 이루어진다.[84] 바울이 이곳에서 쓴 문구는, 일부 영역 성경들과 달리,[85]
또 이 서신의 다른 곳(2:22; 3:5; 5:18; 6:18)에서 등장하는 $\dot{\epsilon}\nu$ $\pi\nu\epsilon\acute{\nu}\mu\alpha\tau\iota$ ("영

---

82) 참고. Findlay, 142: "화해한 자녀들은 서로 손을 잡고 '한 **영**으로 아버지께' 나아간다. 사회의
장벽들, 계급간의 위화감, 가족 내부의 반목, 사람과 사람 사이의 다툼들, 민족들 사이의 반감
은 모두 그리스도의 피라는 닻 앞에서 무너지고 만다."
83) 앞에서 1:13-14을 다룬 내용을 보라; 참고. 갈 3:14과 롬 15:7-13.
84) 이것이 바로 바울이 4:1-4에서 강조하려 하는 점이다. 즉 그들은 **영**의 통일성을 견지해야 한
다. 몸도 하나이요 **영**도 하나이시기 때문이다.
85) 가령 NIV ["access to the Father by the Spirit"(**영**으로 아버지께 다가감)].

안에서/**영**으로")와 달리, 처격일 가능성이 아주 높다. 즉 유대인과 이방인이 "한 **영** 안에서 연합하여"(united in the one Spirit, TCNT) 혹은 "한 **영**을 가진 벗이 되어"(in the fellowship of one Spirit, Conybeare) 함께 아버지께 나아간다. 몇 가지 문제들을 살펴보면, 이런 이해에 도움이 된다.

a. 이것은 이 절에서 "한"이라는 수식어가 등장한 연유를 가장 잘 설명해준다. 이 수식어는 고린도전서 12:8, 13과 빌립보서 1:27(찾아보라; 참고. 뒤의 4:4)[86]에서도 등장한다. 여기 용례는 고린도전서 12:13(찾아보라)과 아주 유사하다. 바울은 이 고린도전서 본문에서 모든 신자들이(유대인과 이방인을 아우르는 말이다!) 한 **영** 안에 "푹 잠겨"(세례를 받아) 한 그리스도의 몸을 이루었다고 말한다. 바울은 유대인과 이방인이 똑같이 한 **영**을 공통으로 체험한 것이 바로 하나님이 그리스도의 몸 안에서 뭔가 새로운 것을 창조해내신 증거로 받아들인다(참고. 15절). 결국 그들을 한 몸으로 만들어주신 한 **영**이 이제는 그 한 몸을 함께 이끌어 아버지가 계신 곳으로 데려가신다. 그들은 **영**이라는 공동 영역 안에서 함께 살아갈 때에 하나님과 함께 거할 수 있는 입장권을 가진다. 인접 문맥의 두 가지 내용이 이 견해를 더 든든히 지지해준다.

b. 어순도 이런 견해를 지지한다. 어순을 보면, "(너희) 둘이"라는 주어에 뒤이어 곧바로 "한 **영** 안에서"가 등장한다. 따라서 여기서 바울이 강조하는 것은 **영**의 활동이 아니라, **영**이 그들이 함께 살아가는 공동 영역이 되신다는 점이다.

c. 바울은 이 문장을 일부러 16절과 평행을 이루게 기록해놓은 것 같다.[87] 그는 이미 16절에서 "그리스도가 십자가를 통해 **그 둘을 한 몸 안에서** 하나님과 화해시키셨다"고 강조했다. 여기서 "한 몸 안에서"라는 평

---

86) Scott, 174는 이것이 "한 영 안에서"(in one spirit)를 의미한다는, 거의 불가능한 견해를 주장한다(영을 "이제는 모든 사람이 가질 수 있게 된 새로운 예배 태도"를 가리키는 말로 본다); 참고. Barth, 1.265-66. 그는 둘 다 인정한다. 이것이 철저히 현대인들이 πνεῦμα라는 말을 사용하는 방법이다. 바울 자신은 이런 방법을 인식하지 못했을 것이다. 이런 문제를 살펴보려면, 빌 1:27을 논한 내용을 보라.

행 문구는 오로지 처격일 수 있을 뿐이다. 바울은 이런 평행 문구를 써서 그들 둘이 한 **영** 안에 있으므로 역시 그들 둘이 한 몸 안에 있다는 것을 말하려 한 것 같다. 그렇다면 우리는 바울이 4:4에서 하는 말, 곧 "몸도 하나이요 **영**도 하나다"라는 말 역시 바로 그런 의미로 이해해야 한다. 한 몸을 가능케 한 것은 그리스도의 죽음이다. 한 몸이 현실로 나타나게 된 것은 그들이 함께 하나님의 **영**을 풍성히 체험하기 때문이다. 그들은 **영** 안에서 함께 살아갈 때 비로소 아버지께 나아감(나아갈 권리)을 얻는다.

3. 바울은 우리가 한 **영** 안에서 한 하나님 백성으로 **하나님이 계신 바로 그곳으로**[88] 나아간다고 강조한다. 우리는 그렇게 이해해야 한다. 이제 여기서는 처격(영역)의 의미가 도구의 의미와 결합한다. "사이를 갈라놓는 적대감이라는 장벽"은 유대인과 이방인을 서로 떼어놓았다. 뿐만 아니라, 우리가 공통으로 가진 타락 상태(1-3절)는 우리와 하나님을 적대자로 갈라놓는 장벽 역할을 했다. 그런 장벽 역시 그리스도 안에서 무너졌다. 이로 말미암아 유대인과 이방인은 이제 함께 하나님께 나아감을 얻었다. 똑같이 죄인이었던 유대인과 이방인은 이제 그리스도 안에서 똑같이 생명을 받고 함께 일으키심을 받아 함께 하늘들에 앉히심을 받았다. 이리하여 우리는 또 다른 "영의 복"을 소유하게 되었다. 그리스도를 통하여 유대인과 이방인이 서로 화해하게 되었을 뿐 아니라, 그리스도를 통하여 유대인과 이방인이 함께 하나님과 화해하게 되었다. 또 우리가 한 **영** 안에서 함께 하나님 바로 그분의 임재 안에 있게 되었다는 것은 결국 하나님이 그 일을 이뤄내셨다는 것을 증언해준다. 그 결과, 한때 죽어 진노에 굴복했던

---

87) 그리하여 두 본문의 구조를 비교해보면 이렇다:

이는 그가 하나님과 화해케 하려 하심이라   우리가 하나님께 나아감을 얻게 하려 하심이라

그 둘을   그 둘을

한 몸 안에서   한 **영** 안에서

십자가를 통하여   그를 통하여

88) 이것이 전치사 πρός가 가진 독특한 의미다. 따라서 "하나님의 임재 안으로 나아감"이라는 번역은 대단히 옳은 번역이다.

이들이 이제는 더 이상 그리하지 않을 뿐 아니라, 실제로 하나님이 계신 바로 그곳으로—그들이 다가갈 수 있는 한 가장 가깝게(!)—"가까이 데려가심을 받게 되었다." 그들은 거기서 바울이 다른 곳에서 **영**의 사역을 이야기하며 강조하던 것을 발견한다. 즉 영원하신 하나님이 바로 하늘에 계신 우리 아버지이시며,[89] 우리가 **영**이 주시는 능력을 힘입어 "**압바**, 아버지"라 부르는 분임을 발견한다.

"나아감"(다가감)이라는 말[90]은 바울이 로마서 5:2에서,[91] 그러니까 이곳과 비슷하게 그리스도의 죽음이 "하나님과 화목"을 이뤄냈다고 말하는 문맥에서 사용하는 말이다. 로마서 본문에서도 그랬지만, 여기서 바울이 사용하는 "나아감"이라는 말의 이미지는 왕 앞에 나아가 간청하는 자의 모습이다. 이 사람은 마땅히 "진노"를 감당해야 하지만(3절), 도리어 자비를 받는다(4절). 뿐만 아니라, 그는 우리 주 예수 그리스도를 통하여 **영**으로 말미암아 얼마든지 자유롭게 왕께 나아갈 수 있게 되었다. 그 왕이 바로 우리 아버지시다. 로마서 본문에서도 볼 수 있었지만, 결국 여기서도 우리는 바울이 제시하는 이미지가 우리가 하나님의 임재 안에 있음(여기와 롬 5:2)으로부터 하나님의 임재가 우리와 함께하심(22절과 롬 5:5)으로 옮겨가는 것을 목격할 수 있다. 또 이 두 경우를 보면, 이런 일이 **영**의 임재에 따른 결과로서 일어난다. 두 본문 사이에 기본적 차이점이 있다면, 바울이 로마서에서는 (유대인과 이방인 똑같이) 신자 개인을 강조하나, 여기서는 신앙 공동체가 한 몸으로 살아가는 삶을(유대인과 이방인이 함께 한 하나님 백성으로 살아가는 삶을) 강조한다는 점을 들 수 있다.

4. 또 이곳은 바울이 "그리스도 안에 있는 구원"을 삼위일체 용어로 전달하는 또 다른 본문이다. 우리는 그리스도의 사역을 통해 그리고 현재 **영**

---

89) 참고. "우리 주 예수 그리스도의 아버지"(1:3), "영광의 아버지"(1:17), 모든 족속이 결국 갖게 될 이름의 근원이신 아버지(3:14-15).
90) 그리스어로 τὴν προσαγωγὴν...πρὸς τὸν πατέρα다.
91) 아울러 롬 3:12도 참고하라.

이 행하시는 사역으로 말미암아 아버지께 나아갈 수 있게 되었다. 바울은
철저히 이렇게 생각한다.

▪ 에베소서 2:19-22

[19]그러므로 너희는(이방인은) 이제 더 이상 외인들과 나그네들이 아니요, 도리어
성도들과 함께 같은 시민이며 하나님 집안의 식구들이니, [20]너희는 사도들과 선
지자들의 터 위에 세우심을 받았고, 예수 그리스도가 몸소 모퉁잇돌이 되셨
으며, [21]그 안에서 모든 건물이[92] 함께 결합하여 주안에서 거룩한 전(殿)이 되어
가고, [22]그 안에서 너희도 **영**으로 하나님의[93] 거하시는 처소가 되도록 함께 지어
져 가느니라.

이 본문은 11-18절이 강조하며 주장한 것들을 이 서신 수신자의 상황에
직접 적용한다. 바울은 12절에서 자신이 구사했던 정치 은유를 다시 끄집
어내 그들이(이방인들이) 더 이상 외인(外人)의 지위에 있지 않다는 것을 강
조한다. 반대로 그들은 이제 그들의 형제자매인 유대인들과 "같은 시민들"
이다. 그러나 으레 그랬듯이 이 은유는 이와 밀접하게 연결된 은유인 그
리스-로마 시대의 집안 은유로 이어진다. 그 결과, 그들은 이제 "성도들과

---

92) 그리스어로 πᾶσα οἰκοδομή다(ℵ* B D F G Ψ Maj도 이렇게 기록해놓았다). 몇몇 사본은 두
   단어 사이에 관사인 ἡ를 집어넣어 바울을 도우려고 시도했다. 그러나 이것은 불필요한 편법
   이며 바울의 의도를 놓친 것이다. 여기서 바울은 여전히 건물이 건축 중인 것으로 본다. 따라
   서 바울이 써놓은 πᾶσα οἰκοδομή는 필시 "건축 중인 건물에서 지금까지 지어진 모든 부분"을
   가리키는 말일 것이다. Abbott, 73-75과 Robinson, 69-71이 제시하는 길고 유익한 논의를
   보라. 이전의 몇몇 해석자들은(가령 Meyer, 146-47) 이 말이 말 그대로 "모든 건물"이라는 의
   미라고 주장했지만, 그런 주장은 바울이 지금 이 문맥에서 강조하는 요점을 놓친 것이다.
93) 오직 Codex B반이 여기서 "그리스도의"(Χριστοῦ)라고 기록해놓았다. 이런 독법은 몇 가지
   점에서 더 어려운 독법인 것 같다. 방금 전에 바울은 그리스도를 그 전(殿)의 "모퉁잇돌"이라
   고 말하기 때문이다. 그러나 그 독특함과 문맥은 이것이 순수한 파격 어법임을 일러준다. 하
   나님의 집안은 이제 "하나님의 전(성전)"이 되었다. 이 일 역시 "주 안에서" **영**으로 말미암아
   이루어진 일이다.

같은 시민들"이자 "하나님 집안의 식구들"이 되었다. 이는 다시 "집" 자체를 건물에 빗댄 은유를 부른다(20절). 그리하여 "하나님의 집안"은 "하나님의 집"[94]으로 바뀐다. 이어 이 은유는 또 다른 건물 이미지인 "전"(성전)이라는 이미지를 만들어낸다(21-22절). 이들은 대부분 전형적 이미지이며 선례가 있는 것들이다. 바울은 속사포를 쏘아대듯 이 이미지로부터 다음 이미지로 옮겨간다(참고. 특히 고후 2:14-17과 3:1-6). 그리고 결국에는 "건물"이라는 이미지로부터 "전"(성전)이라는 이미지로 옮겨간다(고전 3:9-16). **영**은 성전 은유를 이해하는 열쇠다.[95] 실제로 (많은 사람들이 보기에) 이 본문에서 가장 골치 아픈 항목이 "사도들과 선지자들"을 언급한 부분인데, 이 부분은 이와 짝을 이루는 고린도전서 12:27-28의 몸 은유를 반영한다. 이 고린도전서 본문에서 바울은 하나님이 교회 안에 "첫째는 사도들이요 둘째는 선지자들"을 두셨다고 강조한다. 고린도전서 12장의 은유와 3장(10-11절)의 은유 사이에 (분명한) 차이점이 있다면, 바울이 전자에서는 사도들과 선지자들이 건물의 기초 역할을 한다고 말하는 반면, 후자에서는 그리스도가 그 역할을 하신다고 말한다는 점이다. 현재 이 이미지에서는 그리스도가 모퉁잇돌 역할을 하시는데, 이런 은유는 바울 서신의 다른 부분에서는 발견할 수 없다.[96] 따라서 우리는 20절과 22절을 좀더 상세히 살

---

94) 그리스어의 이런 표현은 영어의 "the house of Windsor" 등등 같은 용례와 아주 닮았다.

95) Schnackenburg, 125과 Lincoln, 152은 이를 인정한다.

96) 일부 사람들은 이런 은유의 변화가 바울에서 유래한 것으로 생각하기는 거의 불가능하다고 본다. 특히 그들의 눈에는 이런 은유 변화가 "직무들"을 맡을 카리스마 있는 리더십과 동떨어진 것으로 보이기 때문이다. 그러나 이것은 "보는 사람의 시각"에 따라 좌우되는 문제인 것 같다. 만일 그들이 다른 이유들을 근거로 삼아 바울이 고린도전서를 쓰지 않았다고 확신한다면, 그런 학자들은 마찬가지로 고전 12:28 역시 바울 사도로부터 나올 수 없는 본문이라고 확신할 것이다. 그러나 학자들은 바울이 고린도전서를 썼다고 믿는다. 때문에 그들은 내가 보기에 훨씬 더 난해한 본문인 고전 12:28을 마치 "카리스마 넘치는" 리더십을 자연스럽게 이야기하는 본문인 것처럼 읽어낸다(그럴 개연성도 있지만, 그래도 아주 자연스럽게 이야기한다고 확신할 수는 없다). 실제로 여기서 골치 아픈 문제들은 오로지 이런 것들뿐이다. (1) 바울이 비슷한 은유를 써서 자신이 말하는 요점들을 (이 요점에서 저 요점으로, 또 저 요점에서 다른 요점으로 – 옮긴이) 그처럼 눈에 잘 띄게 옮겨갈 수 있었다고 인정할 것인가? 이 물음에 대한 답은 "물론 인정할 수 있다"이다. (2) "사도들과 선지자들"을 "기초"로 보는 것과

펴봐야 한다. 22절은 **영**을 분명하게 언급하고 20절은 ("선지자들"을 언급하면서) **영**을 전제하기 때문이다.

20절 이 구절은 바울이 이 서신에서 "사도들과 선지자들"을[97] 교회에서 어떤 중요한 역할을 담당하는 이들로 한데 묶어 제시한 세 사례들 가운데 첫 번째다(참고. 3:5과 4:11).[98] 이 사도와 선지자라는 말의 의미를 살펴보려면, 고린도전서 12:28을 다룬 내용을 보기 바란다. 고린도전서 12:28에서도 이와 같은 조합이—역시 놀라운 방식으로—나타난다. 고린도전서에서는 사도와 선지자가 교회를 몸이라는 이미지로 표현한 문맥에서 "교회 안에 자리해" 있다. 그러나 바울은 이들과 교회라는 몸을 실제로 구성하는 어떤 부분을 동일시하는 것을 조심스럽게 피하는데, 이런 태도는 그 주장의 관심사와 일치한다. 그러나 그 본문에서 그들이 "교회를 세워주는" 자들로서 중요한 의미를 가진다는 점은 의심할 수 없다. 거기서도 우리는 선지자라는 사람과 예언(예언함)이라는 기능 사이에 존재하는 긴장(우리 시각에서 볼 때 존재하는 긴장)을 만난다. 그러나 여기 본문에는 그런 긴장이 전혀 존재하지 않는다. 이미지와 문맥이 아주 다르기 때문이다.

물론 바울이 "선지자들"을 (사도들과 함께) 건물의 "기초"로 제시한 것은 놀라운 일이다.[99] 그러나 그렇다고 그들이 그리스도를 대신하지는 않는

엡 3:5에 있는 "거룩한 사도들"이라는 말은 고전 12:28이 말하는 것보다 훨씬 더 중요한 역할을 시사하는 것인가? 이에 대한 대답은 그렇게 보이지 않는다는 것이다(4:12-16은 그들의 기능을 교회 구조 속에 존재하는 "직무들"이 아니라 성도들이 교회를 섬길 수 있도록 준비시키는 이들로 제시하기 때문이다).

97) 그리스어로 τῶν ἀποστόλων καὶ προφητῶν이다. 관사 하나가 명사 둘을 거느리기 때문에, 일부 학자들은 Granville Sharpe의 "규칙"(근래에는 Hui, "Concept," 384-89을 보라)을 따라 바울이 사도들이자 동시에 선지자들인 사람들을 생각하며 이 말을 썼다고 주장했다. 가령 바울이 두 역할을 다 했다는 점은 의심할 여지가 없다(고전 14:37을 보라). 그러나 여기서는 바울이 교회를 세우는 사역으로서 서로 다른 두 종류를 마음에 두고 있었다는 것을 4:11과 고전 12:28이 확실하게 증언해주는 것 같다. 물론 바울은 두 가지 일을 함께 했다.

98) 이전 시대의 많은 해석자들은 이곳을 구약의 선지자들을 가리키는 부분으로 보곤 했다. 그러나 결코 어떤 내용도 그런 견해를 지지하지 않으며, 모든 것이 그런 견해에 반대한다. 예전 주석들이 제시한 논박들을 보라(가령 Meyer, 143-44; Eadie, 193-95).

다. 건축이라는 면에서 볼 때 우리 시각에서는 얼토당토않은 말일 수 있지만, 어쨌든 바울과 그와 같은 시대를 살았던 유대인들은 "모퉁잇돌"[100]을 건물을 구성하는 다른 어떤 요소보다 더 중요한 요소로 여겼다. 결국 "사도들과 선지자들"은 바울이 이전에 제시한 역할로 옮겨간다. 즉 교회를 세울 때 그 위에 교회를 세우는 기초 역할을 하는 게 아니라, 교회가 존속하는 데 중추 역할을 한다. 우리는 이 은유들이 엉뚱한 의미로 변질되지 않도록 특히 조심해야 한다. 이 서신이 제시하는 더 큰 문맥을 살펴보면(3:1-7; 4:11-16), 사도들과 선지자들은 교회라는 유기체 구조를 세울 때 기초가 되는 "직무(직분)들"이 아니라, 고린도전서 12-14장이 말하는 것처럼, 교회 설립에 필요한 사역들이자(따라서 교회의 "중추" 역할을 한다)[101] 이후에도 그 교회가 건강하고 성숙한 신앙 공동체로 자라가는 데 필요한 사역들이라는 것을 확실하고도 분명하게 알 수 있다. 바울이 건물의 "기초"라는 이미지를 사용한 것은 바로 그런 점을 강조한 것이다. 바울은 에베소서 4:11-16에서 이제 몸이라는 이미지를 사용하여 사도들과 선지자들이 행하는 사역들을 더 소상히 이야기한다. 이 문맥을 봐도, 사도들과 선지자

---

99) 적어도 이것이 이 본문에서 분명하게 나타나는 의미인 것 같다. 따라서 그 소유격(=τῶν ἀποστόλων καὶ προφητῶν)은 "성질"을 나타내거나 "동격"(同格)을 나타내는 말로 봐야 한다 (=사도들과 선지자들의 사역으로 이루어진 기초). 이전 해석자들은, "성경의 유비"(analogy of Scripture; 성경의 한 부분을 해석할 때 그곳과 유사한 다른 부분을 유추하여 해석하는 방법을 말한다 – 옮긴이)에 근거하여, 이제는 사도와 선지자가 하는 역할이 그리스도의 역할을 대체했다는 생각을 할 수 없었다(물론 그런 일은 없다. 논의를 보라). 그리하여 그들은 이 소유격이 출처(기원)를 나타낸다고 보았다(=사도들과 선지자들이 놓은 기초); 참고. 가령 Meyer, Eadie, Salmond, NEB. 이런 견해는 매력이 있어 보이지만, 인접한 수식어(즉 그리스도 자신이 모퉁잇돌이시라는 말)에 걸려 넘어지고 만다. 바울은 사람들이 사도들과 선지자들을 자신이 이 이미지(기초)를 써서 의도한 것보다 더 중시하지 못하게 하려고 일부러 그리스도가 모퉁잇돌이시라는 말을 덧붙여놓은 것 같다.

100) 이것이 셈족이 지은 건물의 한 요소요 많은 점에서 기초보다 더 중요한 의미를 가졌던 전통적 모퉁잇돌을 가리키는 말인가, 아니면 "주춧돌"을 가리키는 말인가를 놓고 큰 논쟁이 있다. 이 돌이 "기초"와 가까이 붙어 있다는 점, 그리고 이 말과 사 28:16의 연관성을 고려할 때, 전자가 훨씬 더 타당한 것 같다(Lincoln, 157은 견해를 달리한다).

101) 참고. Bruce, 304. 따라서 이 은유는 바울이 고린도 사람들에게 다음과 같은 말을 하면서(고전 15:11) 전달하려 했던 바로 그것을 의미할 뿐이다: "그러므로 나나 그들(다른 사도들)이나, 나는 이같이 설교하고 너희는 이같이 믿었느니라."

들은 비슷한 기능을 하지만(교회라는 몸이 성숙한 유기체로 자라가도록 돕는다), 역시 "직무"의 의미는 없고 사역이라는 의미만 있을 뿐이다. 따라서 이 본문에서 "사역을 행하는 직무들"이라는 의미를 발견하는 것은 이 본문을 후대의 사실들에 비추어 읽어내는 것이다.[102] 그런 일은 후대 개념인 "직무들"을 사용하여 이전 시대에 존재했던 "선지자 사역"을 "선지자 직무"로 바꿔놓는 중대한 변개 행위다.

21-22절 교회를 신자 안에 들어와 사시는 **영**의 임재가 만들어낸[103] 하나님의 전(성전)이라는 이미지로 표현한 것을 살펴보려면, 고린도전서 3:16-17과 고린도후서 6:16을 다룬 내용을 살펴보기 바란다.[104] 이 문장에서는 두 가지 강조점이 더 나타난다. 첫째, 바울은 이 서신의 수신자들을 "함께 결합하고" "함께 지어져 감으로써"(아직은 분명히 말하지 않지만, "유대인과 함께"라는 의미다) 그런 전으로 "자라갈" 이들로 묘사한다. 따라서 바울이 이 이미지를 통해 강조하는 것은 그가 4:11-16에서 몸이라는 이미지를 통해 강조하는 것과 거의 같다. 4:11-16에서도 그들이 함께 하나님의 백성으로 자라가며 그들이 서로 연합하여 그렇게 자라간다는 것을 강조하기 때문이다. 이런 강조점의 뒤편에는 **영**이 자리해 있다. 이는 앞서 18절이 표현한 내용, 곧 그들이 "한 **영** 안에서" 다 함께 하나님이 계신 곳으로 나아간

---

102) 물론 Schnackenburg, 122-23은 그렇게 읽어낸다. 그는 에베소서를 바울 후대의 저작으로 보기 때문이다. 이처럼 후대에, 그러니까 선지자라는 "직무"가 없던 시절에 사는 사람이 어떻게 자신이 "교회라는 조직체 안에서 보내는 삶"을 시대를 거슬러 올라가 바울 시대에 비추어 읽고 "선지자들"을 "직무들"의 하나로 골라 기록해놓을 수 있는지 분명치 않다. 「디다케」가 충분히 증언하듯이, 후대에는 교회 안에 그런 선지자라는 "직무"가 결코 존재하지 않았기 때문이다.

103) 일부 사람들은 ἐν πνεύματι가 "영적"을 뜻한다고 이해한다[즉 물질의 전(殿) 혹은 말 그대로 예루살렘 성전과 대립하는 영적 전]. 가령 Chrysostom; Robinson, 72; Scott, 179가 그런 예다; 참고. Hendriksen, 144. 그러나 바울의 용례 혹은 이 문맥을 살펴봐도 막연하게나마 그런 견해를 인정할 만한 단서가 전혀 없다. 만일 "대체" 개념을 염두에 둔 것이라면 그런 견해가 나올 수도 있다. 그러나 그렇다 해도 "영적" 성전이 "물질적" 성전을 대체한 게 아니라 **영**의 전인 새 성전이 옛 성전을 대체한 것이다.

104) 아울러 고전 6:19-20을 참고하라. 이 본문에서는 이 이미지를 다시 신자 개인에게 적용한다.

다는 사실이 확증해줄 뿐 아니라, 4:3이 쓴 **"영**의 통일성"(개역개정: 성령이
하나 되게 하신 것)이라는 말이 확증해준다. 바울은 이어 제시할 주장에서
"영의 통일성"을 **영**도 하나요(오직 한 **영**만이 계시니) 몸도 하나라는 말로
상세히 설명한다.

둘째, 또 이곳은 **영**이라는 말이 실제로 등장하는 곳이다. 이 건물과 성
전이라는 이미지는 특히 교회가 "새 전(성전)"이요 하나님이 지금 우리가
사는 이 땅위에서 거하시는 처소라는 것을 강조한다. 여기는 하나님이 임
재하신 곳이다[하나님은 지금 당신 백성 가운데, 특히 그들이 함께 모여 당신을
예배하고 서로 가르침을 주고받을 때 그들 가운데 임재하신다(5:18-20은 이를 일
러준다)].[105] 이것은 고린도전서 3:16이 강조하는 점이기도 하다("너희는 하
나님의 전이니, 하나님의 **영**이 너희 가운데 사시기 때문이라"). 그들은 **영**으로
말미암아 하나님의 거소로 지어져 간다. 이는 곧 하나님이 당신의 **영**으로
그들 가운데 사신다는 뜻이다.[106] 따라서 이곳은 우리가 바울이 구사하는

---

105) 많은 사람들이 이런 견해에 반대한다(가령 Lincoln, 158). 이들은 현재 이 본문이 "보편(우
　　주) 교회"라 불리는 불분명한 실체를 다룬다고 본다. 나는 그런 교회가 존재한다는 것을 부
　　인하지 않는다(요컨대 이 서신이 바울이 필시 몇몇 회중들을 생각하며 썼을 "회람 서신"임
　　을 생각할 때, 보편 교회를 부인한다는 말을 할 수는 없을 것이다). 그러나 바울은 그런 "교
　　회"가 지역 차원에서 나타난다고 본다. 이 서신에서도 마찬가지다. 4:1-6:10이 말하는 **모든**
　　내용은 그런 보편 교회가 지역 차원에서 나타난다는 것을 **전제한다**. 따라서 3:14-21이 "사
　　랑"을 모호하면서도 보편적인 방법으로 표현하듯이, 4-6장도 사랑을 지역 차원에서 진지하
　　게 받아들여야 한다는 바울의 의도를 표현한다. 소위 보편 교회의 경우도 마찬가지다. 보편
　　교회는 지역 차원의 신자들이 "**영**으로 가득하여" **영**의 노래들을 포함한 여러 가지 종류
　　의 노래들을 통해 "서로 가르치고 권면하는" 공동체 형태로 나타난다(5:18-19). 결국 하나
　　님은, Lincoln이 주장하듯이, 하늘에 있는 보편 교회 안에 들어가 사시는 게 아니라 지상에
　　서 사시며, 이 서신을 받은 많은 교회들이 "**영**으로 가득한 채" 예배하러 모일 때마다 그 자
　　리에 들어와 계신다.
106) 결국 어순("하나님이 거하시는 처소가 되게" 다음에 ἐν πνεύματι가 온다)과 다른 곳에서 바
　　울이 구사하는 용례가 이 ἐν πνεύματι라는 문구의 뜻이 "영으로"라는 것을 뒷받침한다(개
　　역개정판은 "성령 안에서"로 번역해놓았다 ― 옮긴이). 물론 우리는 이 어순이 다소 모호하기
　　때문에, "**영** 안에서/**영**으로"가 그 앞에 있는 전치사구(곧 εἰς κατοικητήριον τοῦ θεοῦ="하
　　나님이 거하시는 처소가 되게" ― 옮긴이)를 수식하거나(앞에서 보았던 것처럼) 혹은 그 동사
　　(=하나님이 거하시는 처소가 되게 **영**으로 지어져 가느니라)를 수식한다고(그리스어 본문을
　　보면 동사는 συνοικοδομεῖσθε다. 이는 "…과 함께 짓다"를 뜻하는 συνοικοδομέω의 2인칭 복
　　수 현재 수동태 직설법 형태다 ― 옮긴이) 인정할 수 있다. Meyer, 149-50도 같은 견해다. 그

"내주"라는 말을 어떻게 이해해야 하는지 일러주는 곳이다. 하나님은(또는 그리스도는) **영**으로 신자 개인 안에 그리고 공동체 안에 들어와 사심으로 당신 백성 안에 들어와 사신다. 여기서 하나님의 임재라는 이미지가 마침내 완성된다. 하나님의 임재는 에덴의 동산에서 시작되었다가 거기서 사라졌다. 이 임재는 출애굽기 40장에서는 성막에서, 그리고 열왕기상 8장에서는 성전에서 회복되었다. 하나님은 몸소 우리 가운데 임재하심으로 우리를 당신 백성으로 구별하여 세우셨다. 모세는 이를 두고 "(우리를) 지상에 있는 다른 모든 사람들로부터 구별해주심"(출 33:16)이라고 말했다. 그리하여 우리는 하나님이 계신 곳으로 나아감을 얻었을 뿐 아니라(엡 2:18), 하나님이 몸소 **영**으로 우리가 있는 세상에 임하사 당신 백성이 모인 교회 안에 계시기로 하셨다.

마지막으로 우리는 간략하나마 이곳 역시 삼위일체 본문 가운데 하나라는 것을 언급해두어야겠다. 교회는 주 예수 그리스도를 통해 존재하게 되었다. 또 교회는 그분 안에 살면서 **거룩한** 전(殿)으로 자라간다. 그리하여 결국 교회 자체가 하나님이 당신의 **영**으로 거하시는 곳이 된다.

러나 나는 이렇게 대답한다. (a) ἐν πνεύματι를 동사 뒤에 바로 기록해놓았다면, ἐν πνεύματι가 그 동사를 수식한다는 것을 구문상 확실하게 말할 수 있었을 것이다. 그러나 바울은 실상 그렇게 말하지 않는다. (b) 여기서 바울이 강조하는 것은 그들이 **어떻게** 하여 하나님의 전이 되느냐가 아니라, 하나님의 전이 된다는 것이 **무슨 의미인가다**. 즉 이 마지막 절은 그 의미를 그들이 "구 안에서 기록한 것으로 자라가는" 것이라고 설명한다(Arnold, *Ephesians*, 159과는 반대로). 아울러 우리는 여기서 사용한 ἐν πνεύματι라는 문구(관사가 붙어 있지 않다)가 **영**의 사역을 묘사하는 말로서 얼마나 철저히 바울다운 표현인지(정말 미묘한 표현이다. 위경 기록자에게는 더더욱 그렇게 보였을 것이다) 간파할 수 있다. 바울이 18절에서 사용한 ἐν ἑνὶ πνεύματι라는 문구도 역시 그러하다; 참고. 6:18.

바울은 1:20에서 시작하는 긴 여담을 통해 그리스도가 지금 교회들을 위하여 권세들을 누르시고 승리하셨다고 이야기했다. 이어 그는 교회를 다룬 긴 주장을 통해 유대인과 이방인이 함께 한 하나님 백성이 되었다고 설파했다. 이제 바울은 3:1에 들어와 이전에 그가 했던 기도를 다시 이어갈 것처럼 이야기하더니, 뒤이어 기도 대신 또 다른 긴 글을 써내려간다 (2-13절). 이 글에서 바울은 자신이 앞 내용들에서 다루었던 핵심 문제들 (그리스도가 권세들을 제압하고 승리하셨다는 것 그리고 유대인과 이방인이 그리스도 안에서 한 백성이 되었다는 것)을 그 자신의 사도 사역을 통해 구체적으로 결합한 일을 이야기한다. 따라서 6절과 10절은 이 단락은 물론이요 이 모든 일 속에서 바울 자신이 한 역할을 이야기한 주변의 말까지 아우르는 핵심 내용이다. 실제로 이 본문은 바울 사도가 자신을 사사로이 알지 못하는 교회들에게 그 자신을 알리는 긴 소개문이다. 그러나 이 소개문을 보면, 바울의 관심사(유대인과 이방인)와 그들의 관심사(권세들)가 바울 자신의 사역 속에서 하나로 통합된다. 즉 하나님은 이전에는 감춰놓으셨던 비밀을 당신의 **영**으로 계시하셨다. 바울은 그 비밀의 내용을 6절에서 제시한다. 이어 바울은 이 비밀을 이방인들 가운데서 "전파했다." 그 결과, 이제는 하나가 된 하나님의 백성은, 권세들을 제압하신 하나님의 궁극적 승리를 증명하는 증거로, 그리고 이 백성에게 굴복을 요구하는 권세들의 겁박(劫迫)에 맞선 든든한 보증으로 드러나게 되었다(10절).

따라서 여기서 말하는 내용 중에는 이미 표면에 드러나 있는 모티프들을 채용한 내용이 많다. 여기서 새롭게 말하는 것이 있다면, 바울이 방금 전에 2:1-22에서 제시한 것들을 묘사할 요량으로 "비밀"이라는 말을 쓴 것을 들 수 있는데,[107] 이제는 이 말을 이방인이 유대인과 함께 한 **몸**이 되

---

107) 이 용어는 새로운 게 아니다. 사실 이 말은 신약성경에서 특히 바울이 구사하는 말이며 여

어 하나님이 이전에 이스라엘에게 주셨던 **약속들**에 **참여하고** 이를 통해 **유업을 물려받게** 된 일과 관련지어 사용한다(6절). 바로 이곳에서 **영**이 또 수면 위로 떠오른다(5절). 이미 바울은 이 **영**을 통해 "비밀"이 자신에게 계시되었다는 것(3절)과 다른 사도들과 선지자들에게도 계시되었다는 것을 이야기했다(5절). 이곳은 이 단락에서 유일하게 **영**을 구체적으로 언급한 본문이지만, 7절의 능력이라는 언어도 **영**의 임재를 전제로 한 말이다.[108]

▪ 에베소서 3:3-7

[3]그 비밀이 내게 계시로 알려진 것은 내가 방금 전에 간단히 기록한 것과 같으니, [4]결국 그것을 읽음으로써 너희는 내가 그리스도의 비밀을 통찰한 것을 인식할 수 있을 터인즉, [5]그것이 이전 세대들에서는 사람 부류[109]에게 알려지지 않았으나 이제는 거룩한 사도들[110]과 선지자들에게 **영**으로 알려졌으니, [6]이는 그리스

기서도 철저히 바울다운 방식으로 사용한다(이전에는 하나님 안에 "감춰져" 있었으나 이제는 **영**을 통해 신자들에게 계시된 것을 묘사하는 말로 사용한다; 고전 2:6-16을 다룬 내용을 보라). 따라서 새로운 것은 오직 비밀의 내용뿐이다(즉 이방인이 하나님의 백성 가운데 포함된 것). 그러나 그런 변화(십자가로부터 하나님의 지혜로 바뀐 것)도 바울답지 않은 게 아니다. 요컨대 고린도전서의 용례가 가지는 의미도 철저히 그 문맥에 따라 좌우된다. 앞의 고린도전서의 문맥은 당시 상황에 맞춰 기록한 임기응변 성격이 강하기 때문에 이 문맥을 바울 서신에서 결정적 준거 역할을 하는 것으로 보는 데는 늘 의심이 들 수밖에 없다. 그런데도 학자들이 고린도전서의 용례를, 바울이 이 말과 관련하여 "기록했을 법한" 내용을 판단하는 결정적 준거로 보곤 하는 것은 상당히 흥미로운 일이다. 우리는 바울이 어떻게 이 "비밀"이라는 말을 완전히 별개인 문맥에서 사용할 수 있었는지 알지 못한다(어쩌면 롬 16:25-27 같은 곳도 그 말을 사용한 곳일지 모른다). 그러나 많은 학자들은 역시 여기서 원용한 근거들과 비슷한 근거들을 내세워 롬 16:25-27이 그런 곳임을 부인한다. 하지만 이 본문은 로마서와 아주 잘 어울리는 송영이자, 에베소서보다 앞서 그 말을 사용한 사례로서 이곳의 용례로 이어진다.

108) 어쩌면 6절의 언어 중에도("공동 상속인들, 공동으로 한 몸을 이루는 지체들, 공동으로 약속들에 참여한 자들") **영**의 임재를 전제한 말들이 많다는 것을 덧붙여 말할 수 있을 것 같다. 이 서신은 다른 곳에서 이 모든 일을 특별히 **영**의 시여와 연계한다(1:13-14; 4:3-4), 그러나 이런 문제들과 **영**을 연관 짓는 것은 바울의 당면 관심사가 아니다. 그러기에 나는 다만 그것들을 지적만 해둔다.

109) 이것은 셈어에서 사용하는 말인 "사람들의 아들들"[5]을 그 관용어 자체와 마찬가지로 중성(中性)인 역동적 등가 번역어로 번역해보려고 시도한 것이다.

도 예수로 말미암아 복음을 통하여 이방인들이 (유대인들과) 함께 상속인들이 되고, 함께 그 몸을 이루는 지체들이 되며, (이스라엘에게 주어진) 약속들에 함께 참여한 자들이 됨이요,[111] [7]내가 그의 능력의 역사하심대로 주어진 하나님의 선물을 따라 그것(복음)의 종이 되었노라.

3, 5절 유대교 전승을 보면, "비밀들"은 하나님의 **영**이 선지자들에게 계시해주신다. 이 때문에 바울도 하나님이 지금 드러내시는 "비밀"(이방인이 언약의 약속들에 완전히 그리고 이스라엘과 동등하게 참여함)을 **영**이 자신에게 계시해주셨다고 이해한다. 그러므로 바울이 3절과 5절을 연결해놓은 것은 일부러 한 일이요 중대한 의미를 가진다[아울러 이 두 구절을 연결해놓은 것은 1:17에 있는 기도는 물론이요, 그리스어 본문을 기준으로 할 때 바로 앞 문장에서 특이하게 사도들과 선지자들을 교회의 중추로 언급해놓은 내용(2:20)을 더 깊이 설명하는 데 도움을 준다].

바울은 우선 3절에서 그가 이 계시를 받은 사람 역할을 했다고 말한다. 그러나 이 단락에서 그는 자신을 그들에게 "너희 이방인들을 위하여 그리스도 예수에게 갇힌 자가 된(그리스도 예수의 포로인) 사람"으로 소개한다. 때문에 그는 자신이 3절에서 내건 주장이 정당함을 증명해야 할 압박을 분명하게 느낄 뿐 아니라, 그런 증명을 할 때 자신을 선지자들 가운데 포함시키는 방법을 써야 할 필요성을 분명하게 느낀다. 그리하여 그는 3-5절에서 서로 맞물려있는 세 가지 주장을 제시한다. 그 셋은 이 "비밀"이 바울 자신에게 계시되었다는 것, 그들도 바울이 방금 전에 쓴 내용(필

---

110) B b Ambrosiaster는 이 말을 생략했다. 이는 필시 동사문미(homoeoteleuton) 현상 때문인 것 같다.

111) 괄호안의 말들은 σύν-복합어의 의미를 잘 이해할 수 있게 덧붙여놓은 것들이다. 이런 복합어들은 본질상 이방인들이 이런 사실들을 그들(유대인들) 가운데서 함께 체험한 것을 가리키는 말일 수가 없다. MajT 전승은 αὐτοῦ ("그의")를 첨가해놓았다. 이 바람에 일부 사람들은 바울이 이방인들도 이스라엘에게 주어진 약속에 참여하게 된 것에 분명 관심을 가졌다는 점을 놓치고 만다.

시 2:1-22일 것이다)을 통해 틀림없이 그 비밀을 인식할 수 있으리라는 것, 그리고 바울 자신이 진정으로 정당성을 갖는 것은 그리스도인들이 받는 모든 계시의 근원이신 **영이**[112] 이 비밀을 "거룩한"[113] 사도들과 선지자들"에게 계시해주셨기 때문이라는 것이다. 이제 우리는 바울이 "선지자들"을 여기에 포함시킨 이유를 이해할 수 있다. 사도였던 바울은 특히 이방인들 가운데서 교회들을 **설립할** 책임을 지고 있었다. 아울러 그는 선지자로서 하나님이 이방인들을 위하여 그리스도 안에서 행하신 일들을 통찰할 **이해**를 받았다. 결국 그에게 온 "계시"도 마찬가지였다. 비밀들을 알려주는 계시가 그리스도의 거룩한 사도들과 선지자들에게 주어졌기 때문이다. 바울은 이렇게 에둘러 3인칭을 이용한 주장을 펼침으로써, 비단 그 자신뿐 아니라 훨씬 더 큰 무리가 그 계시를 받았다는 점을 강조함과 동시에 그 무리 가운데 자신도 포함시켜버린다.

이는 뒤집어보면 바울이 왜 사도들과 선지자들을 교회의 중추 사역을

---

112) 일부 학자들은 τοῖς ἁγίοις ἀποστόλοις αὐτοῦ καὶ προφήταις ἐν πνεύματι라는 어순 때문에 ἐν πνεύματι가 오직 "선지자들"만을 수식한다고 주장했다[Eadie, 218-19은 이 주장으로 기울었다가 결국 이 주장을 거부했다; Schlier, 150-51; Schnackenburg, 133-34; 참고. Lincoln, 180. Lincoln은 처음에는 이 견해를 (올바로) 거부했다가 나중에 이 견해를 신뢰하는 쪽으로 돌아섰다]. 이 견해는 지급히 조잡할 뿐 아니라, 3절과 5절의 연관성(결국은 이것이 요점이다)도 놓쳐버린다. 뿐만 아니라, 심지어 이 서신에서 바울이 구사하는 용례조차도 놓쳐버린다. 이렇게 ἐν πνεύματι를 사용한 사례를 살펴보려면, 앞에서 2:18, 22을 다룬 내용을 보라; 바울 서신에서 이 문구를 사용한 사례를 살펴보려면, 이 책 제2장을 보라.

113) 사도들과 선지자들을 묘사하는 말로 이 형용사를 사용한 점, 또 3인칭으로 이들을 묘사한 점은 이 서신이 바울이 쓴 것인지 생각해보게 하는 이유를 제공하는 빌미 중 하나다. 한편으로 보면 이런 말은 누군가가 후대에 과거를 회고하며 쓴 말처럼 들린다. 다른 한편으로 보면 위경 기록자가 어떻게 여기서 이런 실수를 할 수 있었는지, 또 8절에 가서는 어떻게 바울을 모든 성도 중에 가장 작은 자라고 써놓을 수 있었는지 이해하기가 힘들다. 우리는(여기서 "우리"는 바울이 이 서신을 썼다고 보는 입장에 선 사람들이다 — 옮긴이) 적어도 바울 자신이 3절과 달리 5절에서는 마치 제3자인 것 같은 태도를 취한 이유를 설명할 수 있다. 그러나 (어느 위경 기록자가 이 서신을 썼다고 볼 경우에 — 옮긴이) 바울의 이름으로 글을 쓰고 바울의 사상와 그가 구사하는 언어의 모든 미묘한 부분까지 다 포착했던 사람이 왜 "우리 사도들과 선지자들에게"라고 쓰지 않았는지 이해하기가 특히 힘들다. 이 용례 자체는 바울의 유대교 배경을 되비쳐준다; 누가가 눅 1:70과 행 3:21에서 "그의 거룩한 선지자들"이라고 써놓은 사례를 참고하라. 이 내용들은 이 두 저작에서 "셈어 특유의 풍취를 풍기는" 부분이다.

하는 자들로 제시했는지 그 이유를 설명하는 데 도움을 준다(이는 그들이 **영**의 계시에 근거하여 사역을 펼침으로 말미암아, 교회가 이방인들 가운데서 세워지고, 이 교회가 유대인과 이방인을 함께 한 하나님 백성으로 아우르는 곳으로 "지어져 가기" 때문이다). 우리는 이제 바로 이 문맥에서 1:17로 돌아가 그 구절을 더 잘 이해할 수 있게 되며, 특히 바울이 골로새서 1:9에서는 "지혜**와** 통찰의 **영**"이라 표현했다가 에베소서 1:17에서는 "그들이 하나님을 알게 하시는 지혜**와** **계시**의 **영**"으로 표현한 이유를 더 잘 이해할 수 있게 된다. 바울의 독자들도 **영**이 주시는 계시를 통해 하나님 백성 가운데 서 있는 그들의 위치를 이해할 수 있을 것이다.

하나님의 "비밀"을 알려주는 **계시**는 **영을 통해** 온다. 이는 바울이 이미 고린도전서 2:6-12에서 밝힌 내용이다. 다만 고린도전서가 말하는 비밀의 내용이 여기에 와서는 바뀌었는데, 이런 변경은 단지 바울이 서신을 쓸 당시의 역사 정황이 바뀜에 따라 서신과 서신 사이에서 종종 일어나는 변화를 반영한 것일 뿐이다(앞의 주107을 보라). 이 "계시"의 본질과 이 "계시"가 주어진 시기는 그리 확실치 않다. 이 "계시"라는 말이 갈라디아서 1:15-16에서는 바울이 다메섹 도상에서 겪은 근본적 계시 체험을 가리키는 말로 등장한다. 또 갈라디아서 2:2과 고린도전서 14:6, 26, 30(참고. 13:2)에서는 이 말이 특히 그때그때 상황에 맞게 주어진 "계시들"로서 선지자들이 공동체를 위하여 받은 것들을 가리킨다. 그런가 하면 고린도후서 12:1에서는 이 말이 환상 체험들을 가리킨다. 하지만 여기 용례는 이들 가운데 어느 것에도 해당하지 않는 것 같다. 도리어 여기서 말하는 계시는 고린도전서 2:10에서 볼 수 있는 것과 일치한다. 이 고린도전서 본문에서는 계시가 특정한 환상이나 계시 체험 자체가 아니라, **영**을 통해 신앙 공동체에게, 그리고 특히 그 공동체의 사도들과 선지자들에게 임하는 계시를 가리키는 말로서 복음의 본질 전반과 관련 있다. 이는 다시 1:17이 말하는 기도와 일치한다. **영**을 통해 주어지는 이런 종류의 계시 역시 그들의 것이 될 수 있기 때문이다.

7절 바울은 (2절부터 이어지는) 이 긴 문장의 말미에서 그의 사역을 언급하며 골로새서 1:29에서 구사했던 언어와 거의 같은 언어인 "그의 능력의 역사하심대로"를 사용한다. 그 본문(찾아보라)과 마찬가지로 이곳 역시 δύναμις("능력")라는 말을 사용한 곳 중 하나다. 바울이 이와 비슷한 다른 곳에서 보여준 용례 때문에, 사람들은 이곳에서도 이 "능력"이라는 말을 "**영**"과 거의 바꿔 쓸 수 있는 말로 듣고픈(=보고픈 – 옮긴이) 유혹을 받는다. 아니면 적어도 이곳은 우리가 다음 본문(16절)에서 만나게 될 거의 중복에 가까운 말을 되비쳐주는 곳이다. 16절에서 우리는 하나님이 "**영**의 능력을 통해" 그 안에서 역사하신다는 말을 읽기 때문이다. 어쨌든 바울은 이 절에서 자신의 사역을 자신이 어떻게 이해하는가를 다음과 같이 요약하여 들려준다. (a) 바울 자신은 (그리스도의 또는 복음의) 종이다(이렇게 이해해야 한다). (b) 그가 이런 종이 된 것은 "그에게 주어진 은혜"에서 직접 비롯된 결과다. (c) 그의 사역이 효과를 발휘하게 된 것은 성령이 능력을 부어주셨기 때문이다.

<h1 style="text-align:center">에베소서 3:14-21</h1>

바울은 마침내 이 유명한 기도와 축도로 자신이 1:15에서 시작했던 기도 보고를 마무리한다. 그러나 이제 그는 두 번째 기도 보고를 제시한다. 이 기도 보고는 많은 점에서 첫 번째 기도 보고와 연결되어 있지만, 동시에 뒤이어 등장할 내용(4:1-6:20)을 미리 귀띔해준다.[114] 놀라운 것은 바울이 "이런 이유로"(개역개정: 이러므로)라는 말로 시작한 뒤에(참고. 1절) 1:20-3:13의 내용을 거의 언급하지 않는다는 점이다. 그 대신 우리는 바

---

114) 참고. Robinson, 82.

울이 이 서신 서두에서 제시했던 복 문언(1:3-14)과 기도 보고(1:16-19)의 메아리를 듣게 되며, 뒤이어 다룰 내용으로 그리스도 안에서 살아가는 삶이 가지는 윤리의 차원을 살짝이나마 들여다보게 된다. 아울러 이 두 번째 기도 보고에는 이 서신에 깊이 배어 있는 언어가 가득하다. 이 경우에는 특히 "능력을 주신다"라는 언어가 다양하게 등장한다.

바울이 이어서 제시하는 권면들도 논리로 보면 그가 2:1-22에서 제시한 주장을 잇는 것들이기 때문에, 이 기도 보고도 그 주장에서 제시한 내용을 완전히 전제한다고 추정할 수 있다. 실제로 이 기도 보고를 기록하게 된 궁극적 이유도 그 주장의 내용 때문이다.[115] 만일 유대인과 이방인이 하나님이 그리스도의 죽음을 통해 그들에게 증명해 보이셨던 것과 같은 사랑을 그들끼리 서로 행하지 않는다면, 그들이 함께 하나님께 나아가는 것도 그리고 그들이 하나님의 가족이 되고 그들이 지금 하나님이 거하시는 전으로 지어져 가는 것도 아무런 유익이 없다. 따라서 "이런 이유로" 바울은 그가 여기서 기도하는 것처럼 기도하며, 같은 이유로 "모든 성도들과 함께"라는 말을 이 기도 중간에 끼워 넣는다.

이 서신에서 등장하는 이런 부분들이 모두 그러하듯이, 이곳도 그리스어로 한 문장이다. 이 문장이 구사하는 언어는 물론이요 몇몇 수식어들이 행하는 기능을 밝혀내는 일에도 온갖 복잡한 문제들이 가득 도사리고 있다. 우리가 관심을 갖는 문제는 16절이 **영**을 언급하는 내용이며, 또한 이 16절과 내주하시는 그리스도를 언급한 17절의 관계다. 이 문제들을 해결하려면 문단 전체를 간단하게라도 살펴봐야 한다. 이 문단의 기본 부분은 다음과 같이 풀어볼 수 있다.

---

115) 참고. Schlier, 146; Arnold, *Ephesians*, 86; Meyer, 179은 견해를 달리한다. Meyer는 1절과 14절 사이의 연관성을 부인하면서, "그 이유"가 바울이 13절에서 말하는 그의 환난을 가리킨다고 본다. 그러나 이는 타당한 것 같지 않다.

[16]곧 (ἵνα)

(하나님이) 허락하시기를 너희에게

[1a]　너희가　강해지는　것을　　　속사람이

능력으로

그의 **영**을 통해

[1b] [17]그리스도가 사시는 것을　　　너희 마음들 속에

믿음을 통해

사랑 안에서 뿌리가 박히고 터가 굳어져,

그리하여(ἵνα)

[18]너희가 할 수 있기를

[2a] 파악하는 것을　　너비와 길이와 높이와 깊이를

모든 성도들과 함께

[19]그리고

[2b] 아는 것을　　　지식을 능가하는 그리스도의 사랑을

그리하여(ἵνα)

[3] 너희가 가득하여지기를

하나님의 모든 가득하심으로

복잡한 부분들이 있지만, 그래도 생각이 흘러가는 순서는 추적해볼 수 있다.[116] 여기서 바울이 관심을 갖는 것은 (1) 그리스도가 능력을 주시는 하나님의 **영**을 통해 임재하심으로, (2) 그들이 "알 수 없는" 그리스도의 사랑을 알게 됨으로써 (3) 결국 그들이 하나님의 모든 가득하심(충만)으로 가득해지는 것이다. 바울이 서두에서 제시한 **복** 문언의 핵심에는 하나님이 그리스도 안에서 나타내신 사랑의 결과로 말미암아 그들 자신이 구속

---

116) 여기 있는 세 ἵνα절을 모두 평행문으로 보거나 혹은 둘째와 셋째 ἵνα절은 서로 평행이나 첫째 ἵνα절은 별개로 보는 사람들이 제시하는 다른 구조들의 경우에도 이와 같은 말을 할 수 있다.

을 받았다는 사실이 자리해 있었다. 그가 이 기도 보고에 이어 제시할 권면들의 핵심에는 그들 자신이 그렇게 서로 사랑하며 살아가야 한다는 권면이 자리해 있다. 따라서 이 기도는 사랑을 말한 이 두 표현(곧 하나님이 그리스도 안에서 우리에게 보여주신 사랑, 그리고 우리가 그리스도 안에서 서로 상대에게 나타내는 사랑)을 이어주는 역할을 한다. 이로써 우리가 "하나님의 충만"으로 가득해지는 것이다.

이 문단을 맺는 송영(20-21절)은 하나님을 찬송한다. 바울은 방금 전에 하나님의 능력이 온전히 역사함으로 말미암아 하나님의 영광이 (서로 사랑하는 유대인과 이방인으로 이루어진) 교회 안에서 이제와 영원히 나타날 수 있기를 기도했다. 20절과 16절은 분명 연관성을 가진 것 같다. 따라서 이런 연관성을 **영**과 관련지어 살펴볼 필요가 있다.

▪ 에베소서 3:16-17

[16]곧 그의 영광의 풍성함을 따라 그가(하나님이) 너희 속사람이 능력으로 그의 **영**을 통해 강해지게 해주심으로써, [17]그리스도가 믿음을 통해 너희 마음들 속에 들어가 사실 수 있게 해주시길….

이 기도에서 **영**을 언급한 부분은 바울이 나열해놓은 기도 중 첫 단계에서 등장한다. 여기서 바울은 하나님이 능력으로 **영**을 통하여 그들의 속사람을 강하게 해주시길 기도한다. 우리 관심사는 세 가지다. "능력으로"와 "**영**을 통해"의 관계, "속사람"의 뜻, 그리고 이 절과 이 문구들은 그리스도가 그들의 마음에 들어와 사심을 말하는 다음 절과 어떤 관계인가가 바로 그 세 가지다.

1. "능력으로"와 "그의 **영**을 통해"[117]라는 문구는 "강하여지다"라는 부

---

117) 그리스어로 διὰ τοῦ πνεύματος αὐτοῦ다. 이 경우에 αὐτοῦ는 분명 하나님을 가리킨다.

정사[118]의 좌우 양쪽에 자리해 있다. 이 둘 중 둘째 문구가 첫째 문구를 상세히 설명해주거나 첫째 문구에 내용을 부여하는 기능을 한다는 것은 의심할 여지가 없다. 첫째 문구는 하나님이 능력을 부어주심을 강조한다. 그러나 이 경우에 바울은 자기 독자들에게 그렇게 능력을 부어주시는 근원이 누구신지 확실히 이해시킨다(이렇게 능력을 부어주심은 하나님 자신의 **영**을 통해 하시는 일이다). 결국 우리는 여기서도 다시 똑같은 용어 병치(竝置, collocation)[119]를 목격한다. 이 용어 병치는 결국 구약으로부터 유래한 것이요, 신약성경에서는 바울이 특히 누가와 공통으로 갖고 있는 현상이기도 하다.[120] 이렇게 "능력"을 **영**과 관련지어 해석하면, 우리는 바울이 20절은 물론이요 1:19에서도 **영**의 능력을 염두에 둔다는 결론을 내리게 된다. 로마서 15:13(찾아보라)처럼 이 본문도 바울이 "**영**의 능력"을 하나님의 임재를 더 확연하고도 더 비상하게 드러내는 표현 양상들뿐 아니라, (특히) 이 세상에서 하나님의 백성이 되는 데 필요한 능력을 부어주심으로써 결국 하나님 자신의 영광을 진정으로 나타내게 하신 경우들을 가리키는 말로 본다는 것을 보여준다.

2. 이렇게 강하게 해주심은 "속사람에서"[121] 일어나는 일이다. 이 말은 신약성경에서 바울만이 독특하게 구사하는 문구다. 바울은 이 말을 우리

---

118) 그리스어로 κραταιωθῆναι다("강하게 하다"를 뜻하는 κραταιόω의 부정과거 수동태 부정사다 — 옮긴이); 참고. 고전 16:13. 누가는 눅 1:80에서 이 동사와 **영**을 결합하여 세례 요한의 성장을 가리키는 말로 사용한다(참고. 어린 예수의 성장을 묘사한 눅 2:40).

119) 이 문제를 살펴보려면, 살전 1:5; 고전 2:4; 고후 6:6-7; 롬 15:13, 19; 딤후 1:7을 논한 내용을 보라. 이 구절들뿐 아니라 살후 1:11; 고전 4:20; 고후 4:7; 골 1:29에서도 이런 병치 현상이 나타난다. 후자의 구절들에서는 "능력"이라는 말이 **영**을 가리킬 가능성이 아주 높다. 참고. 앞에서 1:19과 3:7을 다룬 내용을 보라.

120) 눅 1:17, 35; 4:14; 행 1:8; 10:38을 보라. 구약을 살펴보려면, 이 책 부록에서 구약의 성령을 다룬 부분을 보라.

121) 그리스어로 εἰς τὸν ἔσω ἄνθρωπον이다. 신약성경에서 이 문구는 오직 바울 서신에서만 나타난다(참고. 고후 4:16; 롬 7:22). 이 말은 골 3:10이 말하는 "새 사람"과 같지 않다(참고. 뒤의 엡 4:24). 골 3:10에서 대조하는 것은 신자가 되기 "전과 후"다. 바울이 쓴 글을 보면, 롬 7:22 같은 곳은 심지어 거듭나지 않은 사람도 **율법**이 선함을 인식할 수 있는 "속사람"을 가졌다고 말한다.

존재의 내면을 가리키는 말로 사용한다. 속사람은 우리 인간 의식이 자리한 곳이자 우리의 도덕적 자아가 자리한 곳이다.[122] 이런 점을 볼 때, 결국 "속사람에서"라는 말은 다른 곳에서 "안에 들어와 사심"(indwelling) 혹은 "마음속에서"라는 말로 등장하는 개념들을 객관적으로 표현한 것이다. "안에 들어와 사심"과 "마음속"이라는 말은 다음 절에서 등장한다. 말하자면 바울은 다른 곳에서 하나님이 당신의 **영**으로 우리 안에 들어와 사신다고 말한 것을 또 다른 문맥에서는 하나님이 당신의 **영**으로 우리 속사람 안에 들어와 사신다고 말할 수 있었던 셈이다. 마찬가지로 바울은 **영**이 "우리 마음속에" 주어졌다고 말하는데(고후 1:22), 여기서도 그와 똑같은 말을 하여, 하나님이 **영**의 능력으로 "우리 속사람"을 강하게 해주시길 기도한다. 이렇게 우리 속사람이 강해짐으로써 이루고자 하는 목표는 단지 인식 차원이나 체험 차원에서 그리스도의 사랑을 아는 것이다.

물론 "속사람"이라는 문구는 다음 절에 있는 짝인 "너희 마음들 속에"와 함께 신자가 개인 차원에서 그리스도와 **영**을 체험하는 것을 가리키는 말이다. 바울은 이 기도 보고의 나머지 부분은 물론이요 이 서신 전체에서 하나님 백성이 이 세상에서 신자 공동체로 존재한다는 점을 강조한다. 사람은 그 공동체 안에 들어가 그 안에서 각 사람이 그리스도의 삶을 본받는 삶을 살아낸다. 따라서 바울은 그들이 모두 이처럼 **영**이 그들의 속사람에 능력을 부어주신다는 것을 알게 되길 기도한다. 그러나 이렇게 **영**이 주시는 능력을 받게 되면, 말 그대로 신자 개인이 "복을 받는" 결과가 벌어지는 게 아니라, 신자들이 **함께** 그리스도의 삶을 살아내는, 다시 말해 유대인과 이방인이 한데 어울려 이루어진 "단일한 그리스도의 몸"이 실제로 살아 움직이는 결과가 나타난다.

3. 이어 우리는 이 절과 다음 절의 관계라는 더 어려운 문제에 부닥친다. 앞에서 내가 이 문단 구조를 분석해놓았지만, 그 분석에도 불구하고

---

122) 참고. Meyer, 178: "그 자체가 윤리적 인격체임을 자각하는 인간의 본질."

이 둘째 절은 십중팔구 첫째 절에 의존하는 절로 이해해야 할 것이다. 그러나 그런 의존 관계를 이해할 때, 둘째 절을 첫째 절의 결과로 보는 식으로 이해해서는 안 된다. 마치 그들이(그들의 속사람이) **영**으로 말미암아 강해져야만 비로소 그리스도가 그들 마음속에 들어와 사실 수 있는 것처럼 이해해서는 안 된다는 말이다.[123] 오히려 이 둘째 절은 첫째 절을 부연/설명하는 절로 이해해야 한다.[124] 이것은 그들의 속사람이 **영**으로 말미암아 강해진다는 말이 곧 그런 식으로 그리스도가 그들 마음 안에 들어와 사신다는 뜻임을 일러준다. 이 모든 일은 믿음을 통해 이루어진다. 결국 이것은 그리스도가 신자 안에, 더 나아가 신앙 공동체 안에 들어와 사시는 방법이 바로 바울이 2:22에서 하나님이 그들 가운데 들어와 사신다고 분명히 말할 때 표현했던 내주 방법과 같음을 뜻한다. 즉 하나님과 그리스도는 모두 **영**으로 들어와 사신다. 이는 바울이 로마서 8:9에서 말한 것과 일치한다.

이곳은 바울이 바울 서신에서 다섯 번째로 그리스도가 신자 안에 들어와 사심을 말한 곳이다.[125] 바울이 "안에 들어와 사심"을 이야기할 때 더 자주 말하는 방법이 "**영**으로"다. 다른 본문들에서도 그랬지만, 바울은 여기서도 그리스도가 **영**으로 신자의 마음속에 들어와 사신다는 말을 하려 했을 가능성이 아주 높다. 갈라디아서 2:20에서도 그랬듯이, 바울이 여기 이 문맥에서 이런 식으로 말하는 이유는 결국 그리스도와 그의 사랑이 신자들 안에 존재함을 강조하려 하기 때문이요, 더 큰 맥락에서 보면 결국 그들을 통하여 모든 하나님 백성 안에 존재한다는 것을 강조하려 하기 때문이다.

---

123) 가령 Eadie, 246-47; Salmond, 314; Wood, 51이 이런 견해를 취하려 한다.
124) Barth, 1.369-70도 같은 견해다; Schnackenburg, 149은 틀린이요, 이 두 절을 평행관계로 보면서 똑같이 "주다"라는 동사에 의존하는 것으로 보는 대다수 사람들을 참고하라(가령 Meyer, 179-80; Abbott, 96; Findlay, 188; Westcott, 151; Hendriksen, 181; Schlier, 169; Gnilka, 184; Mitton, 133; Bruce, 326-27; Lincoln, 206; Arnold, *Ephesians*, 89).
125) 앞에서 갈 2:20과 롬 8:9-10을 다룬 내용을 보라; 참고. 고후 13:5과 골 1:27.

결국 바울은 이 모든 것을 말하고 난 뒤 하나님께 하나님이 당신의 **영**으로 그들의 삶 속에서 **영**의 열매를 만들어주시기를, 다시 말해 그리스도가 그들에게 보여주셨던 바로 그 사랑으로 그들이 서로 사랑하게 해주시길 기도한다. 뿐만 아니라, 이 기도는 그 나름대로 신학적 관심사를, 곧 그리스도인의 윤리는 기본적으로 우리가 "그리스도가 우리 안에서 이루어지게" 함으로써 하나님이 당신 아들 안에서 우리에게 드러내신 하나님의 성품을 그대로 드러내야 한다는 것을 표명한 것이다. 하나님의 모든 충만으로 가득하다는 것은 하나님의 성품이 **영**의 능력을 통해 신자의 삶 속에서 재생산된다는 것을 뜻한다. 이것이 이 기도의 정수(精髓)임은 뒤따르는 송영이 실증해준다. 이 송영에서 바울은 그리스도의 사랑이 "우리 **안에서/가운데서** 역사하시는 능력을 따라" 교회 안에서 나타남이 바로 "우리가 간구하는 것"이라고 말한다. 바울은 이것이 결국 **영**이 능력을 부어주심이라고 본다. 이렇게 능력이 부어지는 가운데, 신자 안에 들어와 사시며 그리스도의 **영**이시기도 한 하나님의 **영**은 우리 삶 속에서 하나님의 성품을 닮은 모습을 다시 만들어내신다. 결국은 이것이 **영**의 모든 열매인 셈이다.

■ 에베소서 3:20-21

[20]이제 우리 안에서/가운데서 역사하시는 능력을 따라, 우리가 간구하거나 생각하는 것들을 훨씬 넘어 행하실 능력을 가지신[126] 분에게, [21]그분에게 교회 안에서 그리고[127] 그리스도 예수 안에서 세세무궁 하도록 영광이 있을지어다. 아멘.

이 송영은 앞에 있는 기도를 뒤따르는 본문이자, 그 기도가 사용한 몇몇

---

126) 그리스어로 τῷ δυναμένῳ다. 보통 이 말은 "…할 수 있는 이"(who is able)로 번역한다. 우리 번역문은 이 기도가 "능력"이라는 용어와 분명한 연관성을 가진 점을 반영한 것이다.

127) 후대 사본 전승은 이 καί를 생략하여 결국 이 본문을 "교회 안에서, 그리스도 예수로 말미암아"로 만들었다. 이는 필시 신학적 정확성에 관심을 기울인 결과일 것이다.

언어를 담고 있다("우리 안에서 역사하시는 능력을 따라"). 물론 이 송영에도 기도라는 말 자체가 들어 있다("우리가 간구하는 것"). 이는 이곳이 보통 송영이 아니라 특히 이 기도에 속하는 것임을 일러준다.[128] "우리 안에서 역사하시는 능력"이라는 말은 바로 바울이 앞 16-17절에서 말했던 것이다. 거기서 바울은 "속사람이 그의 능력으로 **영**을 통해 강해지길" 기도했는데, 이는 "그리스도가 (그리고 그리스도의 사랑이) 믿음을 통해 우리 마음속에 들어와 사시는" 형태를 띠었다.[129] 이런 조합, 16절에서 볼 수 있는 **영**과 능력의 병치("능력으로 **영**을 통해"), 그리고 현재 이 본문에서 볼 수 있는 조합인 "우리 안에서 역사하시는 능력"[130]을 보면서, 우리는 바울이 1:19(찾아보라)에서도 **영**을 마음속에 두었다는 생각을 하게 된다.

만일 16-19절이 강조하는 대상이 그리스도 자신이요 또 **영**이 부어주시는 능력이 교회 안에서 역사하는 방법인 그리스도의 사랑이라면, 여기서 강조하는 것은 하나님이 부어주시는 능력이 모든 일을 이뤄내신다는 것이다. 따라서 이 두 경우(16-19, 20-21절)를 보면, 분명 바울은 지금 우리가 그리스도 안에서 살아가는 삶에서 행하는 모든 일의 중심에 **영**이 자리해 있다고 본다. 이런 견해는 바울이 그가 쓴 모든 서신에서 일관되게 견지하는 입장이다. 그러나 역시 바울 서신에서 일관되게 볼 수 있듯이, **영**은 바울이 실제로 여기서 말한 내용들을 신학 차원에서 이야기할 때에는 전면과 중심에 등장하지 않는다. 분명 **영**은 존재하신다. **영**이 존재하시기에 바

---

128) 가령 Wood, 52-53은 이에 반대한다. Wood는 이 본문을 "에베소서 전반부의 정점"으로 보는데, 어떤 의미에서는 옳은 말이다. 그러나 이 부분을 이 기도의 송영으로 보는 대신 그렇게 본 것이라면, 이런 견해는 너무 많은 것을 놓친 것이다.

129) Findlay, 205도 마찬가지다: "이 능력은 그(바울)가 16절에서 말했던 능력(하나님의 **영**의 능력이 속사람 안에서)과 같은 것이다"; 참고. Salmond, 318; Mitton, 136; Barth, 1.375; Bruce, 320; Lincoln, 205. 겉으로 봐도 이렇게 분명한 연관이 있는데도, 많은 주석(Meyer, Eadie, Abbott, Robinson, Westcott, Scott, Schlier, Hendriksen, Gnilka, Wood, Schnackenburg, Patzia, Arnold)이 이런 연관성을 언급하지 않는 점이 놀라울 뿐이다.

130) 그리스어로 κατὰ τὴν δύναμιν τὴν ἐνεργουμένην ἐν ἡμῖν이다(우리 안에서 역사하시는 능력을 따라); 참고. 1:19 τὸ ὑπερβάλλον μέγεθος τῆς δυνάμεως αὐτοῦ εἰς ἡμᾶς τοὺς πιστεύοντας κατὰ τὴν ἐνέργειαν τοῦ κράτους τῆς ἰσχύος αὐτοῦ.

울도 **영**을 자주 언급한다. 그러나 바울은 사물(모든 일)의 중심을 늘 그리스도 바로 그분 안에서 발견해야 한다고 본다. 하나님이 바로 이 그리스도를 통해 그토록 큰 구원을 이루셨기 때문이요, **영**의 능력으로 말미암아 일상의 차원에서 이루어지는 구원 역시 그리스도를 통해 이루셨기 때문이다.

에베소서 4:1-16

바울은 이 단락 서두에서 제시하는 권면을 통해 사실은 그가 이 서신에서 다룰 세 번째 주요 관심사가 무엇인지 분명하게 밝힌다. 즉 그들이 바울이 앞서 첫 세 장(엡 1-3장)에서 제시했던 그들의 "소명"(그들이 받은 부르심)을 따라 살아가야 한다는 게 바로 그 관심사다. 아울러 이 단락은 바울이 뒤이어 4:17-6:9에서 말하는 내용이 들어설 무대를 마련해준다. 바울은 4:17-6:9에서 그가 서두에서 제시한 권면을 여러 공동체와 가족 관계에서 어떻게 실천해야 하는지 상당히 소상하게 이야기한다.

7-10절은 (겉보기에) 권고하는 내용을 담고 있기 때문에 이 단락의 "논리"가 수월해 보이지 않는다. 하지만 이 본문은 실상 일관성을 유지하며 잘 결합되어 있다. 바울은 우선 그들이 "**영**의 통일성"을 유지함으로써 그들이 받은 부르심에 합당하게 살아야 한다고 권면한다(1, 3절). 여기서 바울은 이런 통일성을 유지하는 데 필요한 미덕들을 제시하면서(2절), 이 통일성의 근거가 삼위일체임을 밝힌다(4-6절). 이어 바울은 이런 통일성을 유지하는 데 필요한 은사들(사역들)을 곱씹어보고(7-11절) 그런 사역들이 행하는 역할을 이 단락 서두에서 제시한 권면에 비추어 곱씹어본다. 즉 바울은 온 몸이 서로 "섬길" 준비를 갖춤으로써 그 몸이 건강한(성숙한) 몸이 되게, 다시 말해 그리스도를 그 머리로 하고 그 몸의 모든 지체가 그

생명력을 머리이신 그분으로부터 얻어 결국 그리스도의 모양에 이르기까
지 자라가는 몸이 되게 해야 한다고 말한다(12-16절).

우리가 관심을 갖는 곳은 **영**을 직접 언급하는 3절과 4-6절, 그리고 선
지자들을 언급하며 적어도 **영**을 전제하는 11절이다.[131]

▪ 에베소서 4:1-6[132]

[1]그러므로 주 안에 갇힌 자인 내가 너희에게 권하노니 너희가 부르심을 받은 부
르심에 합당하게 행하여, [2]모든 겸손과 온유로, 인내로, 사랑 안에서 서로 용납
하고, [3]모든 노력을 기울여 화평의 묶는 줄로 **영**의 통일성을 지키라. [4]한 몸 그리
고 한 **영**(이 있으며), 이와 같이 너희 역시[133] 너희가 받은 부르심의 한 소망 안에
서 부르심을 받았나니, [5]한 주, 한 믿음, 한 세례, [6]한 하나님 곧 만유의 아버지(가
있으니), 그가 만유 위에 그리고 만유를 관통하여 그리고 만유 안에[134] 계시도다.

---

131) 아울러 주목해야 할 것은 몇몇 학자들이[가령 Abbott, 116; Lincoln, *Paradise*, 156-63 (주
석, 243-47); G. B. Caird, "The Descent of Christ in Ephesians 4:7-11," *SE* II (ed. F. L.
Cross; Berlin, 1964), 535-45] 10절이 말하는 그리스도의 내려오심을 오순절에 **영**이라는
선물이 주어진 것을 가리키는 말로 본다는 것이다. 그러나 이 견해는 문맥상 거의 지지를 받
을 수 없다. 이 견해는 시 68편과 오순절의 결합(그러나 이 서신 수신자들이 이런 결합 관
계를 과연 알았을까?) 그리고 바울이 (혹은 바울계 저자가) "**영** 기독론"을 가졌다는 그릇
된 생각(이 **영** 기독론에 대한 반박은 이 책 제13장을 보라)에 근거한 것이다. 물론 이 견해
에 대한 가장 확실한 결정타는 바울 자신이 내려오셨던 그분을 곧 올라가신 분으로 주장한
다는 점이다. 그분은 오직 그리스도일 수밖에 없다. 결국 몇몇 학자들이 주장하는 견해는 **영**
기독론이 없으면 전혀 성립할 수가 없을 뿐 아니라, 애초에 바울 서신에는 그런 기독론이 전
혀 존재하지 않는다.
132) **참고 문헌**: F. **Martin**, "Pauline Trinitarian Formulas and Church Unity," *CBQ* 30 (1968),
199-219; R. R. **Williams**, "Logic *Versus* Experience in the Order of Credal Formulae,"
NTS 1 (1954), 42-44.
133) 초기의 몇몇 사본들(B 323 326 pc lat sy^p sa bo)을 포함한 일부 사본들은 우연한 사고로
그랬는지 아니면 본문의 의미에 불필요하다고 생각하여 그랬는지 이 καί를 생략해버렸다.
134) 서방 전승과 이를 따른 후대의 비잔틴 계열 사본들(D F G Ψ Maj lat sy)은 사람들이 너무
광대한 대상을 가리키는 말로 이해할 수도 있는 것으로부터 바울을 "구출해"내고자 여기에
ἡμῖν을 집어넣었다(="우리 모든 사람 안에"; 즉 NA^{27} 본문 같은 경우는 6절 말미가 ἐν πᾶ
σιν으로 끝나는데, 비잔틴 계열 사본들은 ἐν πᾶσιν ἡμῖν으로 끝난다 — 옮긴이).

서두의 이 권면과 뒤이어 삼위일체를 토대로 제시하는 근거는 이 서신의 나머지 부분(6:9까지 이어지는 부분)을 이끄는 "주제 문장"이다. 즉 이후에 등장하는 모든 권면들은 그들이 받은 부르심에 합당하게 행하여 사랑 안에서 행함으로 몸의 통일성을 유지하라는 이 서두의 권면이 무슨 뜻인지 "설명해주는" 내용으로 이해해야 한다. 동시에 이 권면은 에베소서 1-3장에서 다룬 본질적 문제들을 다시 끄집어내 이야기한다(그들이 받은 부르심, 그들이 서로 사랑하게 해달라는 기도, **영** 안에서 한 몸을 이룬 하나님의 백성, 그리고 이 모든 것의 기초인 삼위일체).

이 권면 자체는 간단명료하다(1절). 이 권면에 이어 네 가지 미덕들(겸손, 온유, 인내, 사랑)을 포함한 세 수식어들이 잇달아 등장하는데(2절), 이 미덕들은 마지막 분사절(3절)[6]이 제시하는 이 권면의 목표를(즉 화평의 묶는 줄로 **영**의 통일성을 지키는 일을) 이루는 데 필요한 것들이다. 이 마지막 절은 바울로 하여금 이 권면의 근거인 삼위일체를 신앙고백 형식으로 천명하게 한다. 이 모든 내용에서 **영**이 중심 역할을 한다는 점은 결코 놓칠 수가 없다. 바울은 여기서 (1) 그들이 통일성을(한 몸을) 유지함이 **영**으로부터 유래한다는 것을 분명하게 이야기한다. 뿐만 아니라, (2) 그가 2-3절에서 열거하는 다섯 미덕 중 네 가지는 이미 그가 갈라디아서 5:22-23에서 **영**의 열매로 제시한 것들이다. 또 바울은 (3) 이어 제시하는 삼위일체 고백에서 **영**에게 가장 높은 자리를 부여한다. 이는 현재 바울의 관심사인 **한 몸**(*one body*)이 그들이 함께 **한 영**(*one Spirit*)을 체험한 데서 비롯된 결과이기 때문이다. 아울러 **영**이 그들의 삶 속에 임재하심은 그들이 가진 **한 소망**(*one hope*)의 근거이기도 하다. 이 문제들을 하나씩 더 정밀하게 살펴볼 필요가 있다.

2절 이 일련의 수식어들은 **영**을 언급하지 않는다. 그래도 우리는 바울이 이 수식어들을 자기 독자들에게 **영**이 하시는 일로 이해시키려 한다는 것을 어렴풋이 느낀다. **영**이 여기서 바울이 촉구하는 통일성을 유지하는 데 핵심 역할을 하기 때문이다. 문법을 놓고 보면, 이 일련의 수식어들은 주동사(즉 "행하다"—옮긴이)를 수식한다. 그러나 본문 취지를 놓고 보면, 이 수식어들은 이 모든 것들이 지향하는 목표인 마지막 분사절과 한 덩어리를 이룬다. 따라서 본문 구조를 분석해보면 다음과 같다.

권면: (너희는 너희가 받은) 부르심에 합당하게 행하여

필요한 미덕들: 모든 겸손[135]

그리고

온유로

인내로

서로 용납하고

사랑 안에서

목표: 모든 노력을 기울여 **영**의 통일성을 유지하라[136]

화평의 묶는 줄로

그들 가운데 겸손과 온유와 인내가 존재할 때에만(이런 미덕들은 자기를 중심으로 삼는 육과 직접 대립하는 것들이다), 그들은 비로소 **영**의 통일성을 유지할 수 있는 어떤 소망을 가질 수 있다. 바울은 인내를 언급하는데, 이는 "사랑 안에서 서로 용납하고"(그리스어로 ἀνεχόμενοι ἀλλήλων ἐν ἀγάπῃ인데, ἀνεχόμενοι는 "참다, 귀를 기울이다"를 뜻하는 ἀνέχω의 남성 주격 복수 현재분사 중간태 형태다—옮긴이)라는 첫 번째 분사절로 곧장 이어지며, 이 분사절은

---

135) 그리스어로 ταπεινοφροσύνης다("겸손"을 뜻하는 ταπεινοφροσύνη의 단수 소유격이다—옮긴이). 현재 이 문장이 말하는 미덕 중 갈 5:22-23이 열거하는 **영**의 열매 목록에서 유일하게 등장하지 않는 것이다. 그러나 특히 이것을 갈라디아서의 목록과 유사한 "**영**의 열매" 목록에 포함시키는 골 3:12과 역시 이것이 신앙 공동체의 화합을 이루는 데 필요한 미덕 역할을 하고 있는 빌 2:3을 보라.

136) 그리스어로 τηρεῖν이다. 이 말은 "지키다"나 (대다수 해석자들이 주장하듯이) "유지하다"라는 뉘앙스를 가질 수 있다. 후자가 더 타당해 보인다. 이 문맥은 단순히 뭔가를 지킨다는 의미보다 더 적극적이고 진취적인 의미를 시사하기 때문이다.

1절에서 제시한 권면의 목표를 천명한 마지막 분사절과 짝을 이룬다. 즉 그들은 그렇게 서로 인내하는 사랑을 통해 **영**의 통일성을 유지하며, 이런 통일성은 **샬롬**(화평, 모두 하나가 됨)이라는 특징을 지닌 공동체 안에서 나타난다.

여기서 주목해야 할 것은 (비록 이 서신 수신자들은 알지 못했겠지만) 이 문장에서 열거하는 다섯 가지 미덕 중 네 가지가 갈라디아서 5:22-23이 **영**의 열매로 아홉 가지를 열거한 목록에서 등장한다는 점이다(온유, 인내, 사랑, 화평).[137] 물론 여기서 강조해둘 것은 그들이 함께 **영**을 체험함으로 말미암아 통일성을 이루었다 할지라도 역시 **영**이 이런 통일성을 유지하는 데 필요한 미덕들을 만들어내실 때에만 비로소 그들이 통일성을 유지해갈 수 있다는 점이다.

"**영**의 통일성"[138](the unity of the Spirit)[139]이라는 문구는 2:18을 곧바로 떠올리게 한다. 거기서 바울은 우리가 모두(유대인과 이방인이) 함께 그리스도를 통해 한 **영** 안에서 하나님께 나아간다고 말한다. 즉 이 말은 실제 차원에서 보면 결국 공동체 내부에서 사람과 사람이 가지는 관계들과 관련된 것이겠지만, 여기서는 무엇보다 두 분류의 사람들이(유대인과 이방인이) "하나가 되어" 단일한 새 인류를 이룬 것을, 곧 단일한 새 하나님 백성을 이룬 것을 가리키는 말이다. "**영**의 통일성"은 신자들이 어떤 감정의 통일이나 비밀스러운 통일을 지향해야 한다는 말이 아니다. 오히려 바울이 지금 말하는 것은 그런 권면 이전에 존재하는 어떤 것이다. 그들이 좋아하든 좋아하지 않든, 그들은 그리스도에게 속한 다른 모든 사람들과 함께 **영**을 풍

---

137) Bruce, 334도 이를 언급한다; 참고. Hemphil, *Gifts*, 164.

138) 그리스어로 ἑνότης다. 이 말은 신약성경에서 이곳과 13절에서만 볼 수 있다.

139) 이전에 일부 학자들은(가령 Calvin, 267-68) 이 문구가 "영의 통일성"(unity of spirit)을, 곧 그들이 한 몸이라는 일종의 **단체정신**(*esprit de corps*)을 뜻한다고 보았다. 반면 다른 학자들은 이 말이 사람의 영(human spirit)을 가리킨다고 이해했다(Robinson, 178과 Westcott, 57-58은 이런 입장으로 기울어 있다). 그러나 문맥과 바울 서신의 (그리고 당시) 용례를 보면, 이런 견해들은 완전히 불가능한 것들이다(특히 뒤에서 빌 1:27을 다룬 내용을 보라).

성하게 체험했다. 이 풍성한 체험 덕분에 그들은 그리스도의 한 몸을 이룬 지체들이 되었다. 그들이 한 몸임은 더 큰 차원에서도 나타나지만, 그들이 속한 지역 공동체(교회)와 그들 자신의 (믿는) 집안들에서 더 피부에 와 닿게 나타난다. 따라서 그들은 마땅히 "**영**의 통일성을 좋아하는" 태도를 견지해가야 하며 이런 통일성을 그들이 살아가는 삶으로 증명해 보여야 한다. 결국 이 모든 것은 더 큰 차원에서 유대인과 이방인의 통일성이 이루어지려면, 무엇보다 먼저 늘 서로 부대끼며 동고동락(同苦同樂)하는 사람들 가운데서 통일이 이루어져야 한다는 것을 강력히 일깨워준다. 그들이 **이제** 그리스도의 한 몸인 **것**은 그들이 **영** 안에서 함께 살아가기 때문이다. 따라서 바울은 그들이 모든 노력을 기울여 함께 **영** 안에서 살아가는 삶의 기초가 되는 이런 통일성을 유지해야 한다고 권면하는 것이다.

바울 서신의 다른 곳에서도 그러하듯이,[140] 그들이 유지하는 "**영**의 통일성"의 본질을 가장 잘 묘사해주는 말은 바로 "화평"이다. 여기서 바울은 이 "화평"을 "화평의 묶는 줄[141]로"(그리스어로 $\dot{\epsilon}\nu$ $\tau\hat{\omega}$ $\sigma\nu\nu\delta\acute{\epsilon}\sigma\mu\omega$ $\tau\hat{\eta}\varsigma$ $\epsilon\dot{\iota}\rho\acute{\eta}\nu\eta\varsigma$ 다 – 옮긴이)[142]라는 말로 표현했다. 이 본문은, 로마서 14:17 및 15:13과 함께, 바울이 **영**의 열매인 "화평"을 내면의 평온을 가리키는 말이 아니라, 그리스도가 우선 하나님과 사람들 사이의 적대 관계에 마침표를 찍으시고 이어 그와 비슷한 사람들 사이의 적대 관계에 마침표를 찍으실 때 반드시

---

140) 앞에서 갈 5:22을 다룬 내용("화평"을 다룬 내용)을 보라; 롬 14:17; 15:13.

141) 그리스어로 $\sigma\acute{\nu}\nu\delta\epsilon\sigma\mu\sigma\varsigma$ 다(본문에서는 이 명사의 여격인 $\sigma\nu\nu\delta\acute{\epsilon}\sigma\mu\omega$ 를 사용했다 – 옮긴이). 이 말은 무언가를 함께 묶어주는 것을 가리킨다. $\tau\hat{\eta}\varsigma$ $\epsilon\dot{\iota}\rho\acute{\eta}\nu\eta\varsigma$ 라는 소유격("화평, 화합"을 뜻하는 $\epsilon\dot{\iota}\rho\acute{\eta}\nu\eta$ 의 소유격이다 – 옮긴이)은 동격어임이 거의 확실하다(="화평이라는 줄", BAGD; 참고. Meyer, 197; Eadie, 271; Salmond, 321; Abbott, 107; Schlier, 185; Hendriksen, 184).

142) 여기 $\dot{\epsilon}\nu$ 을 도구의 의미로 이해해야 하는가(가령 Hendriksen, 184-85; Mitton, 139; Wood, 55; Schnackenburg, 164-65; Stott, 152; Patzia, 230; Lincoln, 237) 아니면 처격으로 이해해야 하는가(가령 Meyer, 197-98; Eadie, 271-72; Salmond, 321; Abbott, 107; Hemphil, *Gifts*, 168)를 둘러싸고 상당한 논쟁이 있다. 바울의 용례 그리고 이 분사들과 그 수식어들의 순서를 볼 때, 후자가 더 낫다. 화평은 통일을 이루는 "수단"이 아니라, 통일을 증명해주는 첫 번째 증거다. 따라서 첫 세 미덕들은 우선 통일을 이루는 데 필요한 **영**의 표현들이요, 사랑은 그 수단이며, 화평은 그 마지막 결과다.

이뤄내셔야 했던 **샬롬**을 가리키는 말로 이해한다는 것을 분명하게 일러 준다. 그리스도는 우리의 **화평이시다.** 그는 둘을 묶어 하나이자 새로운 하나님 백성을 만들어내셨다. 때문에 바울은 이제 그들에게 그들이 "하나인 것"을 유지하라고 촉구한다. 이 하나인 것이 그들을 화평 안에서 함께 묶어주었다. "전쟁은 끝났으니 이제 화평을 지켜가자"는 것이 바울이 강조하는 요지다. 거듭 말하지만, 이런 통일성은 무엇보다 가정과 공동체 관계에서 나타나야 한다. 그러기에 바울은 4:17-6:9에서 대다수 권면을 그리스도가 당신 소유로 삼으신 이들 사이에 그리고 이런 이들 가운데 확실히 세워놓으신 "화평의 끈"을 부숴버리는 다양한 죄들을 멀리하라는 내용으로 기록해놓았다.

4-6절 바울은 서두의 권면에 이어 어떤 접속사와 동사도 사용함이 없이 곧장 모든 그리스도인의 삶에 공통되는 일곱 가지 "하나"(한, ones)를 열거한 목록을 제시한다. 하지만 이 일곱 가지 "하나"를 열거한 목록은 세 개의 기본 덩어리로 되어 있다. 이 목록이 바울 서신에서도 삼위일체를 상당히 확실하면서도 구체적으로 제시해놓은 본문들 가운데 하나라는 것이 드러나기 때문이다.[143] 여기서 독자들이 특히 이 본문의 구조를 살펴보면 바울이 말한 것을 파악하는 데 도움이 될 것이다.

[A]　1　　**한 몸**

　　　　　　그리고

　　2　　**한 영,**

　　　　　　이와 같이 너희 역시 부르심을 받았다

　　3　　　　　너희가 받은 부르심의 **한** 소망 안에서,

---

143) 앞에서 고전 12:4-6; 고후 13:13[14]을 다룬 내용을 보라. 구원론과 관련된 바울의 말들이 삼위일체를 암암리에 혹은 분명하게 전제하는 경우가 대단히 많다는 점을 살펴보려면, 이 책 제3장 주146과 살후 2:13을 다룬 내용을 보라.

[B]　4　**한** 주,

　　　5　**한** 믿음,

　　　6　**한** 세례,

[C]　7　**한** 하나님 곧 만유의 아버지,

　　　　　그는　　　만유 위에

　　　　　　　그리고

　　　　　만유를 관통하여

　　　　　　　그리고

　　　　　만유 안에.

언뜻 보면 이것은 바울이 지금 마치 기독교 초기에 나온 어떤 신앙고백을 인용하는 것 같은 인상을 철저히 풍긴다. 이 본문을 수없이 정독한 학자들 중에도 그렇게 생각하는 이들이 많다.[144] 그러나 고린도후서 13:13[14](찾아보라)에서도 그랬지만 여기서도, 바울이 어떤 "신앙고백 수영장"에 몸을 담갔든지, 실상 이 목록은 현재 문맥(정황)에 맞춰 그 순간에 만들어낸 임기응변의 창작물이다.[145] 이 목록 자체는 이보다 앞서 나왔던 아주 많은 것들이 그 기초로 삼았고 뒤이어 등장할 내용들에서도 기초 역할을 할 삼위일체를 반영한 것이다. 이 목록이 기록 당시 정황에 맞춰 만들어낸 산물임을 증명하게 되면, 자연스레 이 본문 전체를 논하는 결과가 될 것이다.

1. 이 목록이 제시하는 **순서**는 실제 신앙고백이 따르는 순서일 수가 없다. 바울이 기록해놓은 신앙고백과 다른 초기 신앙고백들은 모두 성부, 성

---

144) 이 시대 대다수 학자들이 이렇게 생각한다. Lincoln, 228-29에 있는 논의를 보라. Findlay, 217은 이곳이 "**영적 노래**"라고 주장한다. 다른 견해를 보려면, Barth, 2.462-64을 보라.

145) 여기서 강조해둘 것은 이 본문 내용 뒤에 이 본문보다 앞서 존재한 어떤 신앙고백(신앙고백들)이 자리해 있음을 틀림없이 수 없을뿐더러, 설령 그런 신앙고백이 자리해 있다 해도 이곳이 그 신앙고백을 주장하는 것은 아니라는 점이다(Lincoln은 반대 입장이다). 그런 신앙고백 내용들이 (분명 달리 어떤 방식으로든) 앞서 존재했다는 것은 의심할 필요가 없다. 그러나 현재 이 문언은 지금 이 문맥 속에서 제대로 그 의미가 드러나는 문언으로 볼 수 있으며, 그런 점에서 이런 목적들에 맞게 "만들어낸" 것이다.

자, 성령이라는 순서를 따른다. 현재 이 목록이 따르는 순서가 성령, 성자, 성부 순서를 따르는 고린도전서 12:4-6의 순서와 동일한 점은 주목할 만하다. 고린도전서 12:4-6도 "**모든 사람** 안에서 **모든 것**을 이루시는" 한 하나님을 언급하며 본문을 마쳤다. 이 두 경우에 바울이 **영**을 가장 먼저 언급한 것은 문맥상 이유들 때문이다.[146] 고린도전서에서는 바울의 의도가 신자들이 모인 자리에서 **영**의 나타나심(표현 양상)들을 남용하는 것을 바로잡는 것이었기 때문에 **영**을 가장 먼저 언급했다. 또 여기서는 바울이 방금 그들에게 "화평이라는 줄로 **영**의 통일성을 유지하라"라고 권면했기 때문에 **영**을 가장 먼저 언급한 것이다. 이런 권면을 하게 된 **근거**는 에베소서 2:16, 18이다. 유대인과 이방인은 그리스도를 통해 화해를 이뤄 "한 몸이 되었고"(2:16) "한 **영** 안에서" 아버지께 나아감을 얻었다(2:18).

2. 아울러 인접 문맥은 바울이 이 목록의 첫 두 항목(한 몸과 한 **영**)을 왜 이런 순서로 기록해놓았는지 설명해준다. 바울은 먼저 한 몸을 기록해놓았다. 이는 이 한 몸이 여기서 잇달아 제시한 모든 권면들의 첫 번째 관심사이기 때문이다. 이어 바울은 한 **영**을 기록해놓았다. 이는 인접 문맥(3절) 때문이기도 하지만, 바울 신학에서는 그들이 한 **영** 속에 잠김으로써(한 **영**으로 세례를 받음으로써—옮긴이) 나타나는 직접적 결과가 "한 몸"이기 때문이다(고전 12:13). 따라서 현재 이 문맥에서 이 첫 두 항목은 그리스도 안에 있는 그들이 어떤 사람인지 선언해주는 동시에(그들은 한 몸이다), 그들이 어떻게 하여 그렇게 되었는지 선언해준다(한 **영**으로 그리된 것이다). 동시에 이 문맥은 2:16, 18에 있는 전치사구들의 순서를 그대로 유지한다 [2:16은 ἐν ἑνὶ σώματι("한 몸으로"), 2:18은 ἐν ἑνὶ πνεύματι("한 **영** 안에서")— 옮긴이].

3. 다음 절(그들이 가진 한 소망을 언급한다)은 이 목록이 기록 당시 정황에 따른 창작물이라는 것을 한층 더 분명하게 일러준다. (a) 이 절만 아니

---

146) Williams ("Logic")가 지적하듯이, 그 순서는 신학 논리에 따른 순서가 아니라 **체험**의 순서다.

었으면 "통일을 이루는 데 기초가 될 일곱 가지"가 훌륭한 균형을 이루었을 텐데, 이 절이 이 균형을 무너뜨리기 때문이요, (b) 이 절이 독자들을 2인칭 복수형("너희")으로 부름으로써 주장 형태를 취하기 때문이다. 바울은 먼저 1절에서 독자들에게 그들이 받은 부르심을 되새겨주었다. 이제 바울은 다시 그 부르심을 언급한다. 하지만 이제는 1:13-14에서 처음 언급했던 **영**의 역할에 비추어 그 부르심을 이야기한다. 따라서 그가 여기서 말하는 부르심은 그리스도인이 신학적 의미의 "소명"을 감당하도록 부르심을 받은 것을(즉 그리스도인의 삶을 살아가라는 소명을) 말한다. 그러나 바울은 방금 전에 **영**을 언급했기 때문에(3절), 이제는 그들이 받은 부르심이 마지막 날에 맞게 될 결론을 지적한 절 속에서 이 둘(부르심과 **영**)을 하나로 결합시킨다. 이때 **영**은 그 결론을 증명하고 보장하는 증거이자 보증 역할을 한다. 결국 *그들이* 화평의 줄로 **영**의 통일성을 유지함으로써 그들이 받은 부르심에 합당하게 행해야 할 이유는 그들이(유대인과 이방인이 똑같이) **한 몸**이기 때문이다(2:16). 그들이 **한 몸**이 된 것은 그들이 공통으로 **한 영**을 체험했기 때문이다(1:13-14; 2:18). 이 **한 영**은 그들이 가진 **한 소망**을(1:14), 그들이 받은 부르심이 마지막 날에 맞이하게 될 결과를(1:18) 그들에게 확실히 보장해주시는 역할을 한다.

4. 바울은 "하나"라는 말을 잇달아 제시하며 이 목록을 시작했다. 이 "하나들"은 모두 한 **영**의 사역과 관련 있다. 그러나 바울은 거기서 이야기를 끝낼 수 없었다. 이 모든 일 뒤에는 그들을 위하여 영원한 구원을 이뤄주시고 **한 주**를 통해 그들을 당신 백성으로 삼아주신 **한 하나님**이 계시기 때문이다. 그리하여 바울은 상세한 설명을 덧붙이지 않고 계속하여 자신이 하려는 말을 열거해간다. 그는 이어 (유대인에게나 이방인에게나 똑같이) 오직 "한 주"만이 계신다고 말한다. 그리고 이제 우리는 이 목록이 기록 당시 정황에 맞춰 창조해낸 것이라는 증거를 다시 한 번 보게 된다. 바울은 그리스도의 사역을 상세히 설명하기보다 **영**의 사역을 잠시 이야기한 뒤(한 소망), 곧이어 "한 주"를 말하고 곧바로 "처음 신자가 될 때" 겪는 두 가

지 체험들을 열거한다.[147] 신자들은 이 체험들을 통해 그들의 "한 주"와 연합할 뿐 아니라, "한 몸"과 결합한다. 그리하여 바울은 "한 믿음"[148]과 "한 세례"[149]를 덧붙이는데, 전자는 그리스도를 믿는 믿음으로서 한 몸의 지체가 된 모든 이들이 공유하는 믿음을 가리키며, 후자는 모든 신자가 물세례 때 한 믿음에 보이는 공통된 반응을 가리킨다. 바울 서신과 신약성경 전체에서 볼 수 있는 다른 본문들처럼, 이런 열거 내용은 세례가 그리스도를 믿는 믿음에서 즉각 연유하는(그리고 보편적) 결과임을 일러준다. 바울은 여기까지 이야기한 뒤에야 비로소 만유의 기초이시며 근원이신 "한 하나님"이라는 말로 이 목록을 맺을 수 있었다.

마지막으로 두 가지 관찰 결과를 제시해본다. 첫째, 이것이 여기서 바울이 제시한 문장의 구조와 의도임이 확실한 것 같다. 그래서 바울이 우리가 그리스도인으로서 공유하는 신앙 체험과 삼위 하나님의 각위 사이에 존재하는 것으로 제시해놓은 "연관관계들"을 강조하는 것이 특히 중요하다. 후대 교회는 보통 "소망"과 그리스도를 결합했고 "세례"와 **영**을 결합했다. 그러나 바울은 그리하지 않는다. 적어도 여기서는 그렇다. 물론 소망은 종종 그리스도를 그 "목적"으로 삼기도 한다(살전 1:3이 그 예다). 그러나 바울은 이런 목록에서는 소망을 십중팔구 **영**과 결합한다. 이는 문맥상[150]

---

147) 이는 이전 문헌들이 자주 제기했던 질문, 곧 왜 바울이 여기서 주의 만찬을 언급하지 않는가라는 물음의 답을 가장 잘 설명해준다.

148) 일부 학자들은(가령 Findlay, 223; Westcott, 58-59) "한 믿음"이 대다수 주석가들이 주장하는 것처럼 그리스도를 믿는 믿음(=우리가 믿는 **분**)을 가리키는 게 아니라 믿음의 객관적 내용(=우리가 믿는 **것**)을 가리킨다고 주장했다. 그러나 그 일부 학자들의 견해는 이 본문을 어떤 시각에서 바라보더라도 지지하기가 특히 어려운 것 같다. 그 이유는 이 "한 믿음"과 "한 세례"라는 항목이 "한 주"를 수식하기 때문이요, 두 번째 항목인 "한 세례"는 단지 "한 주"를 향한 응답인 물세례만을 가리킬 수 있기 때문이다. 따라서 "한 믿음"이 믿음의 객관적 내용인 복음을 가리키는 것으로 보게 되면, "한 믿음"과 "한 세례"라는 항목이 "한 주"와 연결되어 있는 열거 순서가 깨질 뿐 아니라, 현재 이 본문의 관심사와 아무 상관이 없는 것을 덧붙이는 셈이 되어버린다. 이런 비판은 이 "한 믿음"이라는 말이 우리가 믿는 분과 우리가 믿는 것을 모두 가리킨다고 보는 이들(가령 Barth, 2.468; Wood, 56)에게도 똑같이 적용된다.

149) 모험심이 더 많은 사람들은 실제로 이것이 "성령 세례"를 가리킨다고 주장했다. 그러나 바울이 제시하는 주장과 그가 여기서 열거하는 순서를 볼 때, 그런 주장은 거의 불가능한 견해다.

이유 때문인데, 이런 문맥상 이유는 바울이 **영**을 주로 종말론적 실재로 이해하는 것과 관련 있다(참고. 1:13-14). 즉 하나님의 "부르심"(1절)을 말하는 문맥에서 "한 **영**"을 언급하면, 이는 분명 **영**과 부르심을 저절로 결합해 버리는 결과를 가져온다. 그들이 받은 부르심은 종말론적 **소망**을 암시하는데, 이 소망을 보장해주시는 분이 바로 **영**이시기 때문이다. 그러나 세례를 언급한 것은 그런 문맥상 이유 때문이 아니다. 또 이 목록은 바울이 세례와 자연스럽게 연관 지어 생각한 짝은 **영**이 아니라 도리어 그리스도였음을 일러준다(롬 6:1-11이 그런 예다). 결국 이 본문은, 일부 사람들이 때때로 주장한 것처럼[151] 세례와 **영**을 결합한 게 아니라, 실상은 정반대 일을 행한 셈이다(즉 소망과 **영**을 결합하고 세례와 그리스도를 결합해놓았다 – 옮긴이). 이는 곧 바울이 **영**과 물세례 사이에 어떤 직접적 관계도 인정하지 않았다는 것을 일러주는 증거다. 사도행전이 이야기하는 바울 자신의 체험에 비춰보면, 그런 관계는 낯선 것이다.[152] 그리스도를 믿게 된 다른 사람들 가운데에서는 그런 관계가 존재할 수도 있고 그렇지 않을 수도 있다(이 문제와 관련하여 사도행전은 다양한 증거를 제시한다). 그러나 바울은 **영**과 물세례 사이에 분명하고도 직접적인 연관성이 없다고 본다. 바울은 물세례를 아주 긴요한 것으로 이해했을 터인데도 이를 그리스도를 믿는 믿음 다음에 적어놓았다. 실제로 **영**을 받는 "순간"은 필시 그들이 가진 "한 믿음"과 더 가까이 연결되어 있을 것이다. 그러나 물세례와 **영**의 연관성은 우리가 바울 서신에서 그 증거를 거의 찾을 수 없거나 아예 찾을 수 없는 사항이다. **영**을 받음과 물세례는 그리스도 안에서 살아가는 삶의 시작 부분에 속해 있으나, 바울 서신에는 이 두 가지 일이 동시에 일어났다고 일러주는 증거가 없다.

---

150) Stott, 159은 "소망"과 "한 주"를 결합하려고 시도한다. 그러나 이런 시도는 이 본문 문맥과 열거 순서는 물론이요, 문법에도 맞지 않는다.

151) 가령 Patzia, 233.

152) 이것이 행 9:17-18의 내러티브가 분명히 밝히는 의미다. 이 본문은 **영**을 받음과 안수를 결합시켜놓았으며, 그 뒤에 세례가 이어진다.

둘째, 고린도전서 12:4-6과 고린도후서 13:13[14]에서도 그러했지만, 바울이 이 본문을 말 그대로 당시 정황에 맞춰 즉시 만들어낸 말로 표현해 놓았다는 점 그리고 하나님의 세 "위격"을 분명하게 묘사해놓았다는 점은 바울이 이런 "삼위일체 신앙"(Trinitarianism)을 얼마나 철저히 전제했는지 일러주는 증거다. 늘 그렇듯이 이것은 "경륜적 삼위일체"다. 즉 삼위일체를 하나님이 우리를 위해 베푸신 구원 행위와 관련지어 표현한 것이다. 더욱이 "한 영"과 "한 주"를 거의 대등하게 결합해놓았다 하여 이것이 한 하나님을 강조한 말을 결코 손상하지 않는다. 우리는 반드시 "거의 대등한"(nearly equal)이라는 말을 써야 한다. 바울 서신이 삼위일체를 이야기하는 부분을 보면, 분명 아들과 **영**이 아버지 "아래에 있음"을 분명하게 의식하기 때문이다. 그러나 바울은 단지 삼위일체이신 실재들을 **강조할** 뿐이다(그 이유는 바울이 자신과 초기 교회가 하나님을 아버지와 아들과 **영**으로 체험한 사실을 토대로 삼위일체이신 실재들을 **전제하기** 때문이다). 한 하나님이 어떻게 셋일 수 있는가 그리고 삼위가 서로 동등하심을 암시하는 말들과 한 위격이 다른 위격들보다 위에 계심을 시사하는 말들이 어떻게 양립할 수 있는가라는 문제는 결국 바울 이후 후대 교회들이 붙들고 씨름할 문제로 남게 되었다. 우리 관심사는 바울이 그런 문제들을 어떻게 생각했는지 밝혀내는 것이 아니라, 단지 이곳과 같은 본문이 그런 것을 분명하게 전제한다는 것을 지적하는 것이다. 우리는 바울이 다른 것을 제시하려 했으리라고 볼 수 없다.

▪ 에베소서 4:11-12

[11]또 그가 어떤 사람들은 사도들로, 어떤 사람들은 선지자들로, 어떤 사람들은 복음 전하는 자들로, 어떤 사람들은 목자들(목사들)과 교사들[153]로 주셨으니,

---

153) "어떤 사람들"은 바울이 반복하는 정관사를 번역한 것이다. "교사들"의 경우에는 이 정관사

¹²이는 성도들을 준비시켜 봉사의 일을 하게 하며, 그리스도의 몸을 세우려 하심이라.

이 유명한 본문은 좀 놀랍게 다가온다. 이런 놀라움은 바로 앞서 등장하는 본문(8-10절)이 우리에게 안겨주는 어려움과 일부 연관되어 있다. 또 이런 놀라움은 이 본문과 7절의 관계 때문이기도 하다. 11절은 7절의 강조점을 가져다가 활용하려는 것처럼 보인다. 그러나 바울은 7절의 강조점을 이곳에서 활용할 때 우리가 7절 문장을 보고 예상할 수 있을 만한 방법과 완전히 다른 방법을 사용한다.

바울은 이 단락(4:1-16)의 모든 내용을 **영**의 통일성을 유지하라는 권면으로 시작했다(이는 그들이 함께 **영**을 체험하고 함께 한 주를 믿으며 함께 세례를 받음으로 말미암아 한 몸을 이루었기 때문이다). 이 모든 일은 한 하나님 곧 만유의 아버지로부터 유래한 일이다. 바울 서신에서 으레 볼 수 있는 것처럼, 바울은 한 몸의 통일성을 강조한 뒤 곧바로 한 몸이 제대로 일하게 하는 (필요한) 다양성을 똑같이 강조한다. 그리하여 로마서 12:3-6과 마찬가지로 7절에서도 하나님이 **우리 각 사람에게** 주신 "은혜"를 강조한다. 이 은혜는 그리스도가 각 사람에게 그 몫대로 나눠주신 것과 일치한다. 우리가 읽어보았던 로마서 본문에 비춰볼 때(참고. 롬 12:6-8), 여기서도 이렇게 다양한 은혜들을 묘사하는 내용이 등장하여 몸의 통일성과 그 통일체 안에서 많은 지체들이 하는 역할을 일러줄 법하다. 그러나 여기서는 그런 일이 벌어지지 않고 대신 7절의 마지막 문구("그리스도의 선물의 분량대로")가 시편 68:18(칠십인경 67:19)에 근거하여 그리스도가 교회에 여러 선물들을 나눠주시는 분임을 증명하는 여담을 이끌어내는 일이 벌어진다. 그러나 바울은 이 서신의 관심사들과 보조를 맞추어 그 본문의 "올라가

가 빠져 있다. 문법상 이는 우리가 마지막 두 항목을 서로 긴밀히 연관된 것으로 이해해야 함을 일러준다. 가능한 해결책을 알아보려면, 뒤의 논의를 보라.

심"이라는 말을 "해석"함으로써 그리스도가 선물들을 주심과 그리스도가 온 우주 차원에서 권세들을 제압하고 거두신 승리를 연계한다.

하지만 우리가 지금 보는 본문에서 바울이 자신이 7절에서 시작했던 내용으로 되돌아가자, 역시 또 중대한 변화가 일어난다. 바울은 "각 사람"을 은사들을 **받은 자**들로 묘사했던 7절과 8-10절을 토대로 이제 몇몇 "은사들" 자체의 **본질**을 일일이 열거하고 아울러 그리스도의 몸을 세움으로써 이 몸이 성숙한 통일체로 자라가게 하는 과정에서 그 은사들이 행하는 기능을 일일이 열거한다. 그리하여 바울은 "은혜가 **우리 각 사람에게 주어진**" 방식들을 열거하는 대신, 은사를 받은 몇몇 사람들을 열거한다. 이런 사람들 자체가 바로 하나님이 교회에 주신 선물들이다. 결국 이렇게 하여 시작할 때는 로마서 12:3-8과 아주 흡사했지만 끝날 때는 오히려 고린도전서 12:28과 더 닮은 본문이 등장한다. 고린도전서 12:28에서도 이곳과 비슷한 이런 "변천"이 일어났다. 그러나 바울은 고린도전서에서는 "각 사람"이 은사를 받았다는 사실을 강조하는 쪽으로 다시 돌아갔지만, 여기서는 이런 사역들이 1-3절이 제시한 명령을 완수할 목적으로 감당하는 역할을 상세히 설명한다. 우리가 지금 보는 본문에서는 "각 사람"으로 돌아가는 일이 12절에서 벌어진다.[154] 여기서 바울이 그가 열거한 사역들이 "준비시킨" "성도들"을 이야기하기 때문이다. 이 사역들은 온 몸에 능력을 불어넣어 성숙하고 건강하고 통일된 몸으로 세워가는 사역을 완수하게 한다.[155]

---

154) Findlay, 223; Salmond, 331도 같은 견해다.

155) 이것은 12절이 제시하는 전치사 순서를 이해한 결과에 근거한 것이다. 즉 사람들을 열거한 뒤에 곧바로 등장하는 전치사 πρός는 마지막 목표 이전 단계의 목적을 표현한 것이요, 이와 짝을 이루며 뒤따르는 εἰς 문구는 마지막 목표, 곧 성도들이 교회라는 몸을 세워가는 사역을 하게 함을 가리킨다. 참고. Findlay, 238; Salmond, 331; Robinson, 182; Westcott, 63; Mitton, 151; Barth 2.478-81 (이런 입장에서 상세한 주장을 제시한다); Stott, 166; Bruce, 349. 이것이 이 전치사들의 자연스러운 의미인 것 같다(참고. Robinson, Westcott, Bruce; Lincoln, 253은 견해를 달리한다); 이 셋(곧 성도를 온전케 함, 봉사의 일을 하게 함, 그리스도의 몸을 세움 – 옮긴이)이 모두 11절이 열거하는 사람들을 수식한다는 점에서, 이 셋이 모두 같은 일이라고 생각할 수 있을 것이다. 견해를 달리하는 이들은 Meyer, 219; Eadie, 358; Abbott, 119; Lincoln, 253 (그의 이견은 이 서신의 저자에 관한 그의 견해와 관련 있다);

이 몸은 그 생명을 그 머리이신 그리스도 예수로부터 끌어온다.

우리가 관심을 갖는 부분은 11절이 "사역들"을 언급한 부분이다. 이곳은 몇 가지 흥미로운 특징을 가졌다. 첫째, 우리는 바울이 은사들이나 사역들 자체가 아니라, 이런저런 모양으로 어떤 **기능을 행하는 사람들**을 열거한 점에 주목한다. 이 본문에 χαρίσματα("은사들")라는 말이 빠져 있음은 주목할 만한 일이다. 그렇다고 그들이 누구인지 통틀어 규정하는 다른 용어(은사들, 사역들, 지도자들, 직무를 맡은 자들 등등)가 존재하는 것도 아니다. 고린도전서 12:28과 에베소서 2:20(3:5)처럼, 그리고 특히 7절과 "성도들을 온전히 준비시키는" 사역들의 기능을 말한 12절에 비춰볼 때, 바울이 여기서 제시한 목록은 직무(직분)가 아니라 기능과 관련 있을 가능성이 아주 높다.[156] 또 이런 종류의 모든 목록이 그러하듯, 여기서 열거한 것들은 당시 정황에 맞춰 기록해놓은 것이요 필시 일부 대표할 만한 것들을 열거해놓은 것이지, 모든 것을 망라하거나 이것들만을 한정하여 기록해놓은 것은 아니다. 어쨌든 이 사람들은 "그리스도가 그들에게 그 몫대로 나눠주신 선물(은사)"(7절)과 일치하는 선물을 받은 사람들로 이해해야 한다. 따라서 그들은 자신들이 받은 선물에 따른 기능을 수행해야만 한다. 놀라운 점은 이 본문이 **영**을 전혀 언급하지 않는다는 것이다. 그러나 이 본문의 뒤편에도 **영**이 존재함을 추정할 수 있다. 바울이 "선지자들"을 언급하기 때문이요, 이 목록이 고린도전서 12:28이 제시하는 목록과 일부 일치하기 때문이다.

E. E. Ellis [*Pauline Theology: Ministry and Society* (Grand Rapids: Eerdmans, 1989), 4n11; 그의 이견은 사역을 바라보는 그의 견해와 관련 있다]다.

156) 그러나 이전의 거의 모든 주석과 근자에 나온 몇몇 주석들은 견해를 달리한다(Lincoln 같은 이들은 "직무와 기능"을 11절의 목록이 모두 가리킨다고 말하곤 한다). 이전의 세계관에서는 "직무"라는 개념이 뿌리 깊게 박혀 있어서, Abbott, 119는 사뭇 대담하게 12절을 이해한 견해(앞의 주 참조)를 거부하고 그 근거를 이렇게 제시했다. "교회 안에서 직무가 문제될 때에는 διακονία가 오로지 직무에 따른 봉사만을 의미할 수 있을 뿐이다. 또 이 διακονία는 성도 전체에게 속하지 않는다." 이것은 바울이 말하는 διακονία를 지극히 왜곡하여 이해한 것 같다.

둘째, 이 목록 자체의 본질이 흥미를 자아낸다. 우리는 이미 "사도들과 선지자들"을 보았으며(2:20; 3:5), 그들이 교회들을 세워가는 데 "중추" 역할을 한다는 점도 보았다. 더욱이 고린도전서 12:28에서도 "사도들, 선지자들, 교사들"이 이곳과 같은 순서로 등장한다. 다만 이 에베소서 본문에서는 바울 서신에 있는 다른 목록에서는 등장하지 않는 두 단어(복음 전하는 자들과 목자들)[7]가 선지자들과 교사들을 떼어놓았다. 교회 안에서 이루어지는 기능에 비춰볼 때, 우리가 이 목록을 어떻게 생각해야 할지 더 논의를 해봐야 한다(물론 일부 학자들은 우리가 지지하는 데이터를 훌쩍 뛰어넘는 추론들을 자신 있게 내놓기도 한다). 가장 개연성이 높은 주장을 제시해보면 이렇다.[157]

(1) 2:20과 3:5에 비춰볼 때, 그리고 바울 자신이 사도와 선지자의 기능을 했다는 사실을 생각할 때, 첫 세 가지(즉 사도, 선지자, 복음 전하는 자—옮긴이)는 초기 교회들을 돌아다니며 일했던 **순회 사역들**을 주로 가리킨다. 물론 선지자들과 복음 전하는 자들은 꼭 순회 사역자들이 아니었을 수도 있다. 순회 사역자들은 복음을 전하고 예언의 말을 통해 교회들을 세워줌으로써 교회들을 설립했다. 바울 서신도 "사도"라는 말을 이렇게 이해한다는 것은 의심할 여지가 없다.[158] 또 순회 사역자인 디모데더러 "복음 전하는 자(전도자)"의 일을 하라고 요구하면서(딤후 4:5) "목자"를 언급하지 않은 점, 누가가 순회 사역자인 빌립을 같은 말로 규정한다는 점을 볼 때, 이 "복음 전하는 자" 역시 순회 사역을 가리키는 말인 것 같다.[159]

고린도전서 12:28과 에베소서 2:20에서도 그랬지만, 더 어려운 말은 "선지자"다. 예언은 분명 교회 전체에 걸쳐 나타났던 현상이요 교회 지도자들이나 예언하는 순회 사역자들에 국한하여 나타났던 현상이 아니기

---

157) 여기서 제시한 견해는 이전에 Meyer, 218; Findlay, 240; Salmond, 330; Robinson, 181; Hendriksen, 196-97이 취했던 것이다.

158) 이 문제를 살펴보려면, 특히 고전 9:1-2; 고후 10:15-18; 롬 15:17-20을 보라.

159) 교회가 후대에 펼친 사역들에 비춰볼 때 애초부터 이런 정의에만 매일 이유는 없다.

때문이다. 여기서도(어쩌면 고전 12:28에서도) 그리 생각해야 할 이유들은 이 서신이 선지자와 "사도"를 교회의 "중추" 사역으로서 긴밀하게 연결해 놓은 점(2:20; 3:5), 그리고 바울이 고린도전서 14:37에서 그 역시 선지자요 또 선지자로 인정받아야 할 사람이라고 주장한다는 점 때문이다. 우리는 바울이 그가 쓴 서신들을 자신이 회중에게 하는 일종의 "예언의 말"로 여겼다고 주장했는데,[160] 이 점 역시 바울이 자신을 선지자로 여겼다는 것을 더 확실하게 뒷받침해주는 것 같다. 만일 그렇다면, 이 목록이 말하는 "선지자"는 데살로니가전서 5:19-22이나 고린도전서 14:1-40이나 로마서 12:6이 말하는 예언처럼 회중이 하는 예언이 아니라 바울과 그의 동역자 같은 사람들이 교회들 가운데서 이런 기능(즉 선지자 기능 — 옮긴이)도 했다는 것을 일러주는 말일 수 있다.

물론 그렇다고 이것이 선지자들이나 복음을 전하는 자들이 특정 지역에 정주하며 사역하지 않았다는 말은 아니다. 예언 같은 경우에는 분명 지역에 정주하며 사역하는 일이 있었기 때문이다. 이 목록이 당시 정황에 맞춰 새로 만들어낸 것임을 고려할 때, 결국 문제가 되는 것은 바울이 이런 목록을 제시하며 가장 먼저 생각한 대상이 어떤 지역 회중이었는가 아니면 더 넓은 의미의 교회였는가 하는 점이다. 여기서 그것을 확실히 알아낼 수는 없다. 나는 바울이 우선 교회(보편적·추상적 의미의 교회 — 옮긴이)를 구성하는 많은 교회들(지역에 자리한 교회들 — 옮긴이)로 이루어진 더 넓은 의미의 교회를 생각하고 있음을 느낀다. 그러나 바로 그런 사실 때문에 바울은 지역 차원의 교회도 심중에 두었을 것이다[그렇다고 어떤 분명한 경계선을 획정하는 것은(즉 바울이 생각한 것이 지역 차원의 교회인지 아니면 더 넓은 의미의 교회인지 밝히는 것은 — 옮긴이) 바울 자신의 강조점을 벗어나는 일이다].

(2) 어쨌든 마지막 두 가지[곧 목자(목사)와 교사 — 옮긴이]는 순회 사역

---

160) 고전 5:3-5; 롬 1:9-15; 골 2:5을 다룬 내용을 보라.

자들이 더 이상 존재하지 않게 되었을 때 지역 차원에서 회중을 이끌었던 지도자들의 본질을 표현한 말임이 거의 확실하다. 이런 점 때문에 바울은 그리스어 본문에서 이 둘을 한 정관사로 묶어놓았을지도 모른다. 바울은 이들을 "직무"가 아니라 기능으로 생각하기 때문이요, 똑같은 사람들이 이 두 기능을 함께 수행하곤 했을 터이기 때문이다. 이런 시각에서 보면 우리 데이터의 다양한 본질을 이해할 수 있긴 하지만, 물론 그런 본질 가운데 증명된 것은 아무것도 없다[다만 14절은 이 모든 사역(목자와 교사의 사역—옮긴이)이 복음을 선포하고 풀어 설명해주는 일과 관련 있었음을 일러주는 것 같다].

마지막으로 문맥과 바울이 다른 곳에서 구사한 용례에 비춰보면, 이 본문도 역시 **영**을 말하는 본문이다. 이 본문이 **은사들**(charismata)을 논하는 본문에 속하는지 여부는 불확실하다. 이 본문과 은사들 사이에 연관성이 있다 해도, 바울이 다른 곳에서 구사한 용례를 통해 에둘러 연관성을 가질 뿐이기 때문이다. 그러나 문맥상 바울이 여기서 말한 **사람들**을 **은사들**로 규정하려 했는가는 확실치 않다(고전 12:28; 롬 12:6-8). 그렇지만 여기서 바울이 기능은 물론이요 사람들 자체도 강조한다고 보는 우리 입장이 옳다면, 여기서 말하는 다양한 기능들을 바울이 분명하게 사용하는 용어와 보조를 맞추어 **은사들**이라고 표현해도 무방할 것이다. 어쨌든 바울은 이 사람들이 하는 기능을 직무라는 관점에서 보지 않고, 다른 사람들이 교회를 섬기는 일을 할 수 있게 교회 안에서 봉사하는 것으로 본다.

에베소서 4:17-6:9

이 대목은 지역 회중들과 가정들이 1-3절이 제시하는 권면들을 어떻게 따라야 하는지 제법 상세하게 설명해놓은 일련의 문단들로 이루어져 있다.

전체 구조만 놓고 보면 정연해 보이지만, 생각의 흐름을 더 세세하게 밝혀 보려는 시도들은 모두 만족스러운 결과를 낳지 못했다. 이 대목은 크게 네 단락으로 나눠볼 수 있다. 이 넷 중 셋은 바울이 반복하여 권면하는 "행하라"(참고. 1절)를 기준으로 구분한 것이다. (1) 4:17-24은 도입부다. 여기서는 바울이 즐겨 쓰는 "이전"과 "이후" 모티프들을 활용하는데, 이번에는 더 이상 이방인들로서 "행하지" 말고(17-19절) "그리스도를 배운" 자들로서 "행하라"(20-24절)라고 말한다. (2) 이어 4:25-32은 다양한 내용들을 부정어와 긍정어("…이 아니라 도리어")를 사용하여 차례차례 이야기하면서, "새" 것은 "옛" 것과 달라야 한다고 말한다. (3) 5:1-14은 이전에 제시했던 권면 시리즈를 계속 이어간다. 그러나 이제는 "사랑으로 행함"으로써 "하나님을 닮아가라"라는 호소를 서두에 내세운다. 하나님은 결국 당신의 사랑을 그리스도가 우리를 위해 당신 자신을 내어주신 사건을 통해 증명해 보이셨다. (4) 이어 5:15-6:9은 그들에게 "지혜롭게 행하라"라고 촉구한다. 바울은 "지혜롭게 행하라"라는 요구를 우선 그들 공동체가 행하는 예배와 관련지어 이야기하고(18-20절) 뒤이어 마지막으로 믿는 가정 안에 존재하는 세 가지 기본 관계들(남편과 아내의 관계, 부모와 자녀의 관계, 주인과 종의 관계)과 관련지어 이야기한다.

몇 가지 문제들을 주목하여 살펴볼 필요가 있다. (1) 비록 간헐적이긴 해도 바울이 몸이라는 이미지를 이 대목 전체에서 줄기차게 사용한다는 것(4:25; 5:30), (2) 바울이 제시하는 기본 권면은 사랑 안에서 행하라는 것인데(5:2, 25, 28), 이는 3:14-21을 떠올리게 한다는 것(참고. 4:2, 15), (3) 여기서 언급하는 죄들은 대부분 사랑과 대립하고 교회라는 몸의 통일성을 무너뜨리는 자기중심주의적 표현이라는 것이 바로 그런 문제들이다. 결국 여기서도 **영**은 간접 경로를 통해 모든 내용 뒤에 자리해 있다. **영**은 몸(교회)과 몸의 통일성을 책임지실 뿐 아니라(2:18, 4:3-4), 사랑 자체도 **영**이 주시는 능력으로 말미암은 것이기 때문이다(3:16). 하지만 우리는 우리가 지금 가진 목적들을 고려하여 다만 πνεῦμα나 πνευματικός라는 말이 등장하는 본문들(4:23, 30; 5:18, 19)만을 꼼꼼히 살펴보려고 한다. 아울러 고대 교회의 일부 사람들이 **영**이 작동하는 본문이라 여겼던 다른 두 본문(5:9, 14)도 함께 살펴보려 한다.

더불어 우리는 한 가지 문제에 더 주목해야 한다. 그건 바로 이 대목 전체가 하나님, 하나님의 성품, 그리고 그분의 성품을 반영하는 그분의 행위에 주로 초점을 맞춘다는 사실이다. 때문에 바울은 이방인들을 "하나님의 생명"에서 떠난 자들이라고 말한다(4:18). 반면 그는 "그리스도를 배운" 사람들을 두고 κατὰ θεόν("하나님을 따라"; NIV, "to be like God", 4:24) 지으심을 받아 "새 사람"을 입었다고 표현한다. 용서하고 사랑 안에서 행하는 사람들은 "하나님을 본받는 자들"이다(4:32-5:2). 우리가 가진 목적들에 비추어볼 때 이런 강조점이 가지는 의미를 잘 표현해놓은 구절이 4:30이다. 첫 번째 금지/권면 묶음의 중간 부분에 자리한 이 구절에서 바울은 "또 **하나님**의 성령을 슬프게 하지 말라"라고 말한다.

■ 에베소서 4:23-24

[23]또 너희 마음의 영/**영**이 새롭게 되고 [24]또 새 사람을 입을지니, 그는(새 사람은) 의와 진리의 거룩함 안에서 하나님을 따라 지으심을 받은 자니라.

대다수 학자들은 여기서 등장하는 πνεῦμα를 두말할 것도 없이 사람의 영을 가리키는 말이라고 본다.[161] 그러나 나는 이곳이 이 서신에서 πνεῦμα의 가장 골치 아픈 용례라고 본다. 우선 "너희 마음(들)의 πνεῦμα"라는 말은 신약성경이나 다른 고대 그리스 문헌을 모조리 뒤져봐도 유사한 용례를 도통 찾을 수 없는 말이다. 더욱이 바울은 "내 마음"으로 기도하는 것

---

161) 나는 NIV가 반영해놓은 입장("in the attitude of your minds": 너희 마음의 태도가)을 지지하는 사람을 하나도 찾지 못하겠다. 이는 당연한 귀결이다. 바울 입장에서 이 본문을 이렇게 읽는 것은 거의 불가능한 일이기 때문이다.

과 "내 **영/영**"으로 기도하는 것을 구별한다(고전 14:15). 이 구절에서 바울은 사람의 영을 성령이 기도하시는 장소로 지목한다. 결국 이것이 속사람을 가리키는 일종의 중복어(重複語)인지는 분명하지 않다. 그러나 대다수 사람들은 그런 중복어라고 생각하는 것 같다.[162] 뿐만 아니라, 이 문구가 사람의 마음을 가리킨다고 볼 경우 그 의미가 정확히 무엇인지도 분명하지 않다. 사람의 마음이 새롭게 되었다는 말이나 사람의 영이 새롭게 되었다는 말은 쉽게 이해할 수 있다. 하지만 "마음의 영"이라는 말은 대체 정확히 무엇을 가리키는 것인가?[163]

그런가 하면 자주 언급하듯이, 23절과 로마서 12:2("다만 마음을 **새롭게 함**[164]으로 변화를 받아") 사이에는 개념상 중대한 일치점이 있다. 따라서 사람들은 이 문구가 "**영**으로 너희 마음들을 새롭게 함을 받으라"[165]라는 말의 줄임말이 아닌가 하고 생각한다. 그렇게 생각할 경우 굉장히 큰 장점들이 있다. 이것은 필시 바울이 로마서 12:2(찾아보라)에서 표명했던 의도를 반영한 본문일 것이다. 어쨌든 이 본문은 바울 자신의 신학적 입장을 되비쳐준다.[166] 이렇게 보게 되면, 이 문구에 달리 어떤 의미를 부여할 방

---

162) 이것이 이전과 오늘날 대다수 사람들이 취하는 견해다. 이런 중복어 사용을 가리키는 전문 용어가 용어법(冗語法, pleonasm)이다(그리하여 NEB도 과연 "너희 마음의 영이"라는 그리스어 본문을 그렇게까지 해석할 수 있을지 의심스러운데도 불구하고 이 문구를 "in mind and spirit"로 번역해놓았다). 그러나 바울의 생각 속에서 "영"과 "마음"이 그렇게 긴밀히 연결되어 있어서 그 둘이 이렇게 "함께 붙어 다닌다"라고 말할 수 있을지 의심스럽다(그러나 고전 2:16을 다룬 내용을 보라). 어쨌든 이 문구와 유사한 사례가 전혀 없다. Robinson, 191은 골 1:22의 "그의 육의 몸"이 유사한 사례라고 주장한다. 그러나 그것은 유사 사례가 아니다. "육의"라는 소유격은 성질을 나타내는 수식어이며, 이 말은 "육으로 구성된 몸"이라는 뜻이기 때문이다. 현재 이 문구가 "마음으로 구성된 영"이라고 주장할 사람은 아무도 없을 것이다.
163) 가장 많은 대답은 "너희 마음을 다스리는 영"(Meyer, 249)이나 "인간의 가장 깊숙한 자아, 내면에 자리해 있는 진정한 자아"(Mitton, 165)다. 그러나 이 본문을 아무리 읽어봐도, 방금 말한 이런 표현들은 이런 개념을 지극히 특이하게 표현하는 방식이다.
164) 물론 여기서는 다른 말이 등장한다는 점에 주목해야 한다. 바울은 롬 12:2에서는 ἀνακαίνωσις를 사용하지만, 여기서는 동사인 ἀνανεόυμαι를 사용하다(정확히 말하면, 롬 12:2에서는 ἀνακαίνωσις의 단수 여격인 ἀνακαινώσει를 사용하고, 여기서는 ἀνανεόομαι의 현재 수동태 부정사인 ἀνανεοῦσθαι를 사용했다 — 옮긴이).
165) 옛적에는 외쿠메니오스(Oecumenius)와 테오필락토스(Theophylact)가, 근래에는 Schlier, 220; Gnilka, 230, Houlden, 319, Schnackenburg, 200이 이런 견해를 주장한다.

법을 찾아보고자 완곡어들을 찾아내야 할 필요성이 사라져버린다. 또 이렇게 해석하면, **영**의 사역에 강조점을 두는 이 서신 전체의 시각과 아주 잘 들어맞는다. 또 이렇게 해석하는 것이 이 본문의 문맥에도 잘 부합하는 것 같다. 3절까지 거슬러 올라가는 더 큰 문맥은 물론이요 인접 문맥에도 잘 부합한다. 이와 같은 내용을 23절의 단짝인 24절에서도 이야기하기 때문이다. 바울이 그들에게 **영**으로 새로워진 마음을 갖고 "새 사람을 입으라"라고 독려하는 것은 같은 사실을 두 가지 방식으로 표현한 것이다. 이는 로마서 12:1-2처럼 그리스도인의 윤리에서 "새로워진 마음"이 하는 역할을 강조하는 것이자, **영**이 주시는 능력으로 그리스도 안에서 살아가는 삶으로부터 유래한 "새 사람"을 강조한 것이다.

그러나 역시 이 견해에도 딴죽을 거는 두 가지 문제가 있다. 하나는 문법 문제요, 다른 하나는 용례(usage) 문제다.

(1) 이 "너희 마음(들)의 영"이라는 문구는 그런 개념(즉 "**영**으로 너희 마음들을 새롭게 함을 받으라"―옮긴이)을 표현하는 방법 치고는 누가 봐도 어색하다. 특히 "마음의"라는 소유격을 붙여놓은 것은 영 어색하다. 하지만 물론 그런 문제는 사방에 깔려 있다.[167] 어쨌든 이 문구가 문법상 이상하긴 하지만, 그래도 이 견해를 반대하는 대다수 사람들이 생각하는 것만큼 심각한 문제는 아닌 것 같다. 만일 지금 바울이 **영**을 이야기하는 것이라면, 이 소유격은 "연약의 영"(=연약함을 일으키는 영, a spirit of infirmity)이나 "온유의 **영**"(=온유라는 열매를 가지는 **영**) 같은 문구에서 소유격이 하는 것과 같은 기능을 하는 셈이다. 물론 이런 유비가 정확하지는 않다. 그러나 이 경우에 바울은 그들에게 "**영**으로 그들의 마음이" 새로워지라고 독려하는데, 이는 곧 너희 마음속에서 역사하시는 **영**으로 말미암아 새로워지라는 뜻이다. 이 견해에 반대하는 주된 견해는 바울이 사실 "마음 안에서"

---

166) 가령 롬 7:6과 딛 3:5을 보라.
167) 대다수 사람들은 이를 용어법(冗語法)으로 보면서도 이 소유격 자체의 본질은 거의 다루지 않는다.

라 말하지 않고 "마음의"라 말한다는 점을 지적한다. 나아가 반대자들은 "하나님의 **영**을 '너희 마음의'라는 말로 묘사했을 리가 만무하다"[168]라는 비판도 덧붙인다. 그러나 이런 비판은 말 그대로 고린도전서 14:14을 진지하게 받아들이지 않은 것이다. 고린도전서 14:14에서도 바울은 성령을 통해 방언으로 기도함을 언급하면서 이와 같은 "줄임말"["내 πνεῦμα(**영** / 영)가 기도한다"]을 사용하기 때문이다. 이 모든 것을 고려할 때, 다음 문제만 아니라면, 나는 별 망설임 없이 이쪽에(즉 이 문구를 "**영**으로 너희 마음들을 새롭게 함을 받으라"의 줄임말로 보는 입장에) 설 것이다.

(2) 그러나 내가 보기에 정말 중요한 문제는 용례 문제다. 바울은 이 서신에서 πνεῦμα와 함께 하면서 πνεῦμα를 수식하거나 또는 πνεῦμα로부터 수식을 받는 명사에 정관사가 붙어 있을 경우에만(1:13; 4:30; 6:17), 혹은 πνεῦμα와 소유대명사를 함께 쓸 경우에만(3:16), πνεῦμα에 정관사를 붙인다. 이는 바울 서신 전체에서 볼 수 있는 용례와 완전히 일치한다.[169] 그 밖에 다른 모든 경우에는, 특히 πνεῦμα를 도구의 의미나 처격(處格)으로 사용할 경우에는, 관사를 붙이지 않고 ἐν πνεύματι라는 말을 표준 문구로 사용한다.[170] 물론 혹자는 이곳을 관사가 붙은 명사 수식어가 πνεῦμα와 함께한 곳이라고 주장할지도 모르겠다(바울이 여기 23절에 기록해놓은 표현은 τῷ πνεύματι τοῦ νοὸς ὑμῶν이다 – 옮긴이). 그러나 그 문구(즉 ἐν πνεύματι – 옮긴이)는 문법과 용례가 잘 합치하는 곳이다. 앞에서 언급했듯이, 설령 우리가 "마음의"라는 소유격을 "**영**으로 마음의"의 줄임말로 인정한다 할지라도, 이 소유격은 더 이상 πνεῦμα를 수식하지 못하는 게 사실이다. 따라서 문법과 용례를 모두 고려해볼 때, 정녕 바울이 말하고자 한 것이 "**영**으로 마음이 새로워짐"이었다면, 그는 분명하게 ἐν πνεύματι τοῦ νοὸς ὑμῶν이라고 말했을 것이다.

---

168) Mitton, 165; 참고. Lincoln, 287, 그리고 그들 앞에 있었던 많은 사람들.
169) 이 책 제2장에 있는 전체 논의를 보라.
170) 2:22; 3:5; 5:18; 6:18을 보라.

결국 어떤 이는 이 문구를 보면서 인간 내면의 삶을 아주 독특하게 표현한 것이라는 생각을 가질 수도 있을 것 같다. 그러나 이 서신의 첫 수신자들이 이런 용례의 세세한 곳까지 간파했으리라고 기대할 수는 없다. 그래서 나는 이 서신의 첫 수신자들이 이 문구를 들었을 때, 직접적이든지 간접적이든지, 그들 자신의 영들 속에서 벌어지는 모든 새롭게 하시는 사역에 아주 가까이 자리해 계신 **영**과 관련지어 들었을 가능성이 아주 높다고 본다. 따라서 이곳이 사람의 영을 우선 언급하는 곳임은 인정하지만, 동시에 이곳은 성령이 그 사람의 영 가까운 곳에서 운행하신다는 것을 기꺼이 인정해야 하는 또 한 가지 사례임이 거의 확실하다. 바울 자신의 신학에 비춰볼 때, 그런 갱신(새롭게 하심)은 실제로 **영**이 하시는 일이기 때문이다.

- **에베소서 4:30**

또 하나님의 성령을 슬프게 하지 말지니,[171] 그 안에서 너희가 구속의 날을 위하여 인(印)치심을 받았느니라.

25절에서 시작하는 권고 시리즈를 보면, 중간에 아주 엄숙한 문장이 두 개 끼어들어 있다. 이 본문은 그중 두 번째 것이다. 첫 번째 것은 "또 마귀에게 자리를 내주지 말라"(27절)인데, 이 권고는 진실을 말하라는 권면(25절)과 분을 냄으로 죄를 짓지 말라는 권면(26절)에 이어 등장한다. 이어 바울은 "옛 사람"과 "새 사람"을 더 자세하게 대비한 두 쌍의 대조 문구를 제시한다. 자기 손으로 일하여 곤궁한 자에게 필요한 것을 공급하는 것과 도둑질을 대비한 것이 첫 번째 대조요(28절), 다른 사람들을 세워주고 다

---

171) P46은 이 μή를 생략했다. 그리하여 이 금지문을 이런 서술문으로 바꿔놓았다. "또 너희는 하나님의 성령을 슬프게 한다." 물론 이것이 "더 어려운" 본문이긴 하다. 그러나 이는 문맥상 아주 의심스럽기 때문에 P46 필사자가 구사한 파격어법(solecism)으로 판단할 수밖에 없다.

급한 처지에 있는 자들에게 도움이 되는 말과 "더러운[172] 말"을 대비한 것이 두 번째 대조다(29절). 우리가 살펴볼 본문은 바로 이 지점에서 등장하는데,[173] 바울은 이 본문에 이어 다른 모든 악과 함께 제거해야 할 다섯 가지 악("악독함, 노함, 분을 냄, 소리 지름, 비방")을 잇달아 제시한다(31절). 그들은 이런 악들을 행하지 말고 하나님이 그리스도를 통해 그들을 용서해주신 것처럼 서로 친절히 대하고 용서해야 한다(32절). 이런 관찰 결과들은 다음과 같이 아주 분명한 틀로 제시해볼 수 있다.

거짓을 말하지 말고,

   도리어 참되게 말하라.

분을 냄으로 죄를 짓지 말고,

   마귀에게 틈을 내주지 말라.

도둑질하지 말고,

   도리어 일하여, 가난한 자들에게 주라.

더러운 것을 말하지 말고,

   도리어 어려운 이들을 세워주는 말을 하며,

   또 하나님의 성령을 슬프게 하지 말라.

모든 악들을 제거하라

   악독, 노함, 분을 냄, 소리 지름, 비방

서로 친절하고 용서하라

   하나님이 그리스도 안에서 너희를 용서하신 것처럼.

굳이 많은 상상력을 동원하지 않더라도 이 모든 내용이 특히 1-16절이 다

---

172) 그리스어로 σαπρός다. 이는 말 그대로 "썩어 문드러진, 부패한"(썩어 없어질 것을 가리킨다)이나 "불건전한, 무너지는"(건물들을 포함하여 썩지 않는 것을 가리킨다)이라는 뜻이다.

173) 영과 말 사이의 긴밀한 관계는 Robinson, 113도 언급했으며, Lincoln, 307-8도 재차 강조했다; 앞에서 4:11을 다룬 내용과 특히 뒤에서 5:18-19를 다룬 내용을 보라.

룬 관심사들, 곧 그들이 한 **영**으로 말미암아 단일한 그리스도의 몸이 되었으니 "이런 **영**의 통일성을 유지해야 한다"는 것을 지향하고 있음은 쉽게 인식할 수 있다. 여기서 묘사하는 죄들은 신앙 공동체 안에 존재하는 여러 관계들을 파괴한다. 마찬가지로 여기서 묘사하는 의(義)도 신앙 공동체 안에서 이루어지는 삶을 전제한다. 그리스도 안에 있는 삶은 "서로" 더불어 살아가는 가운데 하나님의 생명을 살아내는 삶을 뜻한다(32절).

그러나 아울러 우리는 이 권면들이 17-24절로부터 직접 흘러나온 것들임을 주목해야 한다. 바울은 17-24절에서 사람이 "행하는" 두 가지 길을 제시한 뒤, "옛 사람"을 벗어버린다는 이미지와 "그들의 마음이 (영으로 말미암아) 새롭게 되고" 이를 통해 "새 사람"을 입는다는 이미지를 사용하여 그 본문을 끝맺었다. 이 권면들은 사람이 행하는 두 가지 길이 무엇인지 보여주는 구체적 보기들을 제시할 뿐 아니라, 그 길이 각각 어디에서 유래했는지 일러준다. 그리스도의 몸을 갈라놓음으로써 결국 그 몸을 파괴하는 죄들은 사탄으로부터 직접 유래한 것이다. 그런 죄들을 계속 저지르는 것은 **영**을 슬프게 하는 일이다. **영**은 "구속의 날을 위하여 그들에게 인을 찍으신" 분이자, 그들이 통일성을 유지하게 하는 행위의 근원이 되시는 분이다. 물론 이 모든 일에 모범을 보여주신 분은 바로 살아 계신 하나님이시다. 하나님의 성령은 하나님 백성이 당신의 길로 행하지 않을 때 슬퍼하신다. **영**을 말하는 이 본문에는 몇 가지 더 주목하여 살펴볼 사항들이 있다.

1. 바울 서신의 다른 곳과 마찬가지로,[174] 여기서 하는 말들도 구약 본문의 언어를 "되울려준다." 이 본문 같은 경우는 이사야 63:10의 언어를 다시 들려준다.[175] 동시에 이 말들은 그 이사야서 본문(사 63:1-19)이 다루

---

174) 특히 빌 1:19을 논한 내용을 보라; 참고. 롬 2:29.

175) 바울이 기록해놓은 그리스어 본문은 καὶ μὴ λυπεῖτε τὸ πνεῦμα τὸ ἅγιον τοῦ θεοῦ다(λυπεῖτε는 "슬퍼하다, 고통스러워하다, 괴롭히다"를 뜻하는 λυπέω의 2인칭 복수 현재 능동태 명령법이다 – 옮긴이). 칠십인경 사 63:10은 καὶ παρώξυναν τὸ πνεῦμα τὸ ἅγιον αὐτοῦ로 기록해놓았다(παρώξυναν은 "화나게 하다"라는 뜻을 가진 παροξύνω의 3인칭 복수 부정과거 능

는 관심사와 비슷한 관심사들을 보여준다. 즉 이사야 선지자는 홀로 포도 주를 짜내는 틀을 밟으시는 분이 메시아로서 심판을 행하시는 모습을 묘사한 다음, 자신이 받은 예언(oracle)을 이스라엘의 현재 상황에 적용하지만, 이스라엘의 과거 역사에 비추어 적용한다. 10절은 하나님이 출애굽 당시 이스라엘에게 구속의 은혜를 베푸신 일을 묘사한 대목(7-9절)의 말미에서 등장하는데, "그의 성령을 슬프게 함"이라는 말로 이스라엘의 반역을 묘사한다. 이사야 선지자가 "그의 성령"이라는 말을 사용한 것은 이 언어가 광야의 성막에 있던 "하나님이 임재하심"을 가리킨다고 이해했기 때문이다. 그리하여 그는 "그들을 구원한 것은 사자(使者)도 아니요 천사도 아니요 다만 그의 임재로다"(9절)[176]라고 말한다. 이는 출애굽기 33:12-14을 곧장 떠올리게 한다. 이 말에 이어 야웨께 다시 돌아오셔서 당신 백성이 현재 당하는 고통을 살펴달라는 간구가 뒤따른다. 이 부분에서 이

동태 직설법 형태다 — 옮긴이). 여기서 특이하게 **영**의 "완전한 이름"인 성령이 등장하고 이런 어순이 나타난 것은 바울이 칠십인경을 "인용"하기 때문이라고 설명하는 것이 가장 적절하다. 바울이 이와 비슷한 말을 사용한 사례가 단 한 곳 있는데(살전 4:8), 거기서는 αὐτοῦ가 **영**과 "거룩한" 사이에 있다(즉 τὸ πνεῦμα αὐτοῦ τὸ ἅγιον으로 기록해놓았다 — 옮긴이). 언어상 두 가지 차이점을 쉽게 설명할 수 있다. 바울은 αὐτοῦ를 τοῦ θεοῦ로 바꿔놓았다. 이는 바울이 기록해놓은 문장에서는 αὐτοῦ라는 대명사가 가리키는 선행사가 없곤 하기 때문이다(바울은 이렇게 말을 바꾸면서도 칠십인경의 어순은 그대로 지킨다). 또 바울은 παροξύνω의 한 형태를 λυπεῖτε로 바꿔놓았다. 이는 παροξύνω가 "화나게 하다"나 "짜증나게 하다"라는 뜻이기 때문이요, 바울이 וַיְעַצְּבוּ ["아차브"(עצב)라는 히브리어의 강조형(Piel) 3인칭 복수 완료형으로서 "모욕하다, 슬프게 하다"라는 뜻이다. WGH, 609 — 옮긴이]를 "슬퍼하다"라는 뜻으로 이해하기 때문이다(바울이 옳게 이해한 것이다. 사 63:10은 칠십인경이 עצב를 παροξύνω로 번역해놓은 유일한 곳이다).

176) 이것은 칠십인경 본문을 반영해놓은 것이다(참고. NRSV, NAB, JB, NEB). 이는 또 히브리어 본문에 구두점을 찍고 이 본문을 읽어내는 방법들 가운데 하나를 반영한 것이다. 난제는 사 63:9에 있는 בְּכָל־צָרָתָם לֹא צָר다.[8] 칠십인경 역자는 בְּכָל־צָרָתָם을 그 앞줄과 함께하는 말로 여겼는데("그들이 당하는 모든 고난에서 그들의 구주가 되셨다"), 이는 그가 가진 히브리어 본문이 צִיר ("사절, 사자")로 기록되어 있었거나 צָר ("환난, 고난")를 צִיר로 읽었기 때문일 것이다. 바울은 이 경우에 십중팔구 칠십인경 본문을 알고 있었을 것이다 하지만 그가 παροξύνω를 λυπεῖτε로 (적절히) 바꿔놓은 것을 보면, 그가 히브리어 본문도 알았다는 것을 알 수 있다. 어쨌든 바울이 기록해놓은 그리스어 본문은 이사야 선지자가 분명하게 암시하는 출 33장 본문을 보통 영역 성경들이 히브리어 본문을 번역해놓은 것("the angel of his presence saved them," RSV, 참고. NIV, NASB)보다 더 정확하게 반영해놓았다.

선지자는 다시 한 번 출애굽의 영광을 되새긴다. 여기서 재차 선지자는 출애굽기 33:12-14에 비추어 하나님의 임재와 하나님의 성령을 동일시한다.[177]

우리가 이 본문을 곱씹어본 결과들을 종합해보면, 바울이 비록 이사야 63:10을 이런 식으로 "인용"하긴 했지만 그가 반드시 이 이사야서 본문을 모두 고찰한 것은 아니었음을 알 수 있다. 그러나 이런 고찰 결과가 옳다면, 우리 이해에는 상당한 보탬이 될 것이다. 여기 이사야서 본문은 구약 본문 가운데 바울이 그 본문의 언어를 확실히 "되울려주는" 한 곳이다. 여기 본문에서는 하나님의 임재라는 모티프를 특히 하나님의 **영**과 동일시한다. 바울 서신에서도 하나님의 임재와 하나님의 **영**을 동일시하는 것을 확실히 볼 수 있는데, 바울이 사용하는 성전 은유(=하나님이 임재하시는 장소)가 그 증거다. 이제 바울은 하나님이 성전에 임재하심을 **영**이 하나님 백성 안에 그리고 그 백성 가운데 거하신다는 차원에서 이해한다.[178] 따라서 우리는 이 에베소서 본문도 에베소서 2:22에 비추어 들어야 할 것 같다. 2:22은 하나님이 당신의 전(殿)인 교회 안에 거하심을 특히 **영**의 임재와 동일시하기 때문이다. 어쨌든 하나님의 인격적 임재이자 우리에게 능력을 부어주는 임재이신 **영**은 바울 자신이 이 금지 명령문에서 피력하는 관심사들을 우리가 알아들을 수 있게 해주는 실마리시다.

2. 이렇게 이사야 63:10을 되울려주는 이 에베소서 본문은 바울이 그가 쓴 서신에서 유일하게 **하나님의 성령**(the *Holy* Spirit *of God*)[179]이라는 완전한 귀속어(full ascription)를 사용한 곳임을 유념해야 한다. 문맥상 이 용

---

177) 이것이 이 선지자가 하나님의 임재=하나님의 성령이라는 주제를 곱씹어보고 있음을 알려주는 확실한 증거다. 그는 14절에서 "주의 **영**이 그들에게 쉼을 주셨다"라고 말하는데, 이는 출 33:14, 곧 "내 임재가 너희와 함께 할 것이요 내가 너희에게 쉼을 주리라"라는 말을 직접 떠올리게 하는 말이기 때문이다.

178) 고전 3:16-17; 고후 6:16; 엡 2:22을 다룬 내용을 보라.

179) 그리스어로 τὸ πνεῦμα τὸ ἅγιον τοῦ θεοῦ다. 그러나 살전 4;8을 보라. 살전 4:8에서는 이곳과 짝을 이루는 귀속어(ascription)가 등장한다: "그의 성령을 주시는 하나님"(τὸ πνεῦμα αὐτοῦ τὸ ἅγιον).

레는, 이사야 63:10을 "되울려주는" 말이라는 점과 그 효과를 고려할 때, 일부러 쓴 표현임이 거의 확실하다.[180] 바울은 다른 곳에서도 **영**과 하나님의 관계를 강조하길 원하면 간단하게 "하나님의 **영**"이라 말하지만, (가끔씩) 거룩함이라는 측면을 강조하고 싶으면 **영**의 완전한 이름인 "성령"을 사용한다. 바울이 여기서 완전한 귀속어를 사용한 것은 엄숙한 표현 형식으로서 **영**이 윤리에 합당한 삶 속에서 하시는 역할에 특별히 주목하게 하는 말이자, **성령**(*Holy* Spirit)이 바로 **하나님의 영**이시라는 것을 강하게 천명한 것이다. 결국 이 귀속어 자체는 이 단락(4:17-6:9) 도입부의 맺음말(23-24절)을 겨냥하는 셈이다. 거기서 바울은 이 서신 수신자들에게 (영으로) 그들의 마음을 새롭게 하고 진리(복음)에서 유래한 의와 거룩함 안에서 **하나님과 같은 모양으로 지으심을 받은** 새 사람을 입으라고 당부한다. 이 두 측면은(=하나님의 임재이신 **영** 그리고 **영**과 윤리적 삶의 관계는) 더 꼼꼼히 살펴볼 필요가 있다.

3. 우리는 이 단락(4:17-6:9) 도입부에서 이 권고가 특히 하나님을 강조하되, 그분의 성품 및 그 성품을 드러내는 그분의 행위와 관련지어 강조한다고 말했다. 바울은 "새 창조"의 목표를 우리가 에덴동산에서 진창으로 굴러 떨어진 "하나님의 형상"을 회복하여 그 형상으로 다시 지으심을 받는 것이라고 본다. 결국 "하나님의 영광"은 하나님이 우리 사람들과 우리 구원을 위하여 행하신 모든 일의 궁극적 목적이다. 그러나 그런 영광은 단지 하나님이 구속을 통해 베푸신 은혜의 결과로 하나님께 임하는 것만은 아니다. 비록 구속이 하나님의 영광이라는 말을 처음으로 분명하게 표출하는 기준점이긴 해도,[181] 구속만이 하나님의 영광을 드러내는 곳

---

180) 아주 많은 해석자들이 그렇게 생각한다(Meyer, Eadie, Salmond, Bruce); 참고. Lincoln, 307: "거룩함이라는 특징을 지닌 분이요 신자들 안에서 역사하시는 하나님 자신이신 **영**."
181) 특히 에베소서 서두의 복 문언(1:3-14)이 반복하는 문구인 "그의 영광을 찬송함"을 보라. 이 말은 먼저 구속 자체와 관련 있지만, 결국에는 하나님이 유대인과 이방인을 아울러 새 인류를 창조하셨다는 사실과 관련 있다. 이런 반복 문구는 바울 서신 전체에서 반복하여 등장한다(고후 4:4, 6, 15; 롬 15:7; 빌 2:11; 딤전 1:11). 그러나 우리가 하나님의 성품을 따라 살

은 아니다. 우리가 의의 열매를 맺어야 하는 이유도 "하나님의 영광" 때문이다(빌 1:11). 그것이 바로 3:14-21의 기도, 곧 우리가 **영**이 주시는 능력을 받아 그리스도가 우리 안에 들어와 사심으로 우리가 그분의 사랑을 알게 되어 **하나님의 충만하심에 이르기까지 충만해지기를** 간구한 기도가 강조하는 점이다. 따라서 바울이 이런 언어를 사용하는 목적 중에는 하나님 백성이 "하나님을 닮은 모양으로"(like God) 살지 **않는** 것은 곧 **하나님의** 성령을 슬프게 하는 일이라는 점을 강조하려는 것도 들어 있다.

하지만 우리의 당면 관심사에는 비단 윤리 문제(잠시 뒤에 언급할 것이다)뿐 아니라, 인격과 관련된 문제도 포함된다. 이 본문은 다른 많은 본문과 함께 바울이 **영**을 철저히 인격체로 이해했다는 것을 분명하게 일러준다. 바울은 이사야 63:10의 용어를 사용하고 개념상 그와 관련된 맥락을 곱씹어보면서, 독자들에게 하나님의 성령을 **슬프게 하지** 말라고 호소한다.[182] 사람이 슬프게 할 수 있는 것은 오로지 인격체뿐이다. 우리의 그릇된 행실은 하나님, 곧 우리 한 사람 한 사람은 물론이요 한 몸을 이룬 우리 전체 안에 당신의 **영**으로 들어와 사시는 하나님을 슬프게 한다. "영"(spirit)이라는 말은 물론이요 우리가 **영**을 인격체가 아닌 형상들에 빗대어 표현한 말들(바람, 불, 물, 기름)이 가진 불행 중 하나를 발견할 수 있는 지점이 바로 여기다. "영"이라는 말은 인격체의 형상을 나타내지 못하는 경향이 있다. 또 우리가 하나님을 바라볼 때도 그저 초월자 정도로 여겨 우리 일상의 삶으로부터 특히 멀리 떨어져 계신 분으로 치부하는 경우가 종종 있다. 이 때문에 우리는 우리가 지은 죄들을 아무것도 아닌 것처럼 어물쩍 넘겨버리기가 쉽다. 그렇다면 여기 이 본문은 이런 죄들이 하나님을 슬프게 한다는 것을 우리에게 영원히 되새겨주는 본문인 셈이다. 이 권면

아감으로 하나님의 영광을 드러내거나 나타내야 한다는 문구도 반복하여 나타나는 말이다 (고전 10:31; 고후 3:17-18; 빌 1:11).

182) Schlier, 227은 이 언어가 **영**의 임재를 증명해주는 가장 분명한 증거들 가운데 하나인 희락과 첨예한 대조를 이룬다고 말한다.

의 전제가 되는 것이 3:16의 기도다. 거기서 바울은, 우리에게 능력을 주시는 하나님의 임재가 그분의 거룩한 **영**(성령)이라는 인격체로 우리 안에 들어와 사시길 기도하기 때문이다. 따라서 우리의 그릇된 행실은 사탄의 성품을 드러내는 것으로서 우리 자신과 우리가 해를 입힌 사람들을 슬프게 함은 물론이요, 자비를 베푸사 우리 안에 들어와 사시기로 하신 하나님을 슬프게 하는 일이다. 그러므로 **영**의 통일성을 유지함으로써 그들이 받은 부르심에 합당하게 행하라는 요구를 받은 하나님 백성에게 이 엄숙한 말, 곧 "또 **하나님의 성령**을 슬프게 하지 말라", "이스라엘처럼 하나님 바로 그분의 임재, 하나님의 성령을 거부하지 말라"라는 말은 큰 무게를 지닌다. 바로 그 하나님의 성령이 우리 안에 그리고 우리 가운데 들어와 사시는 것이야말로 "구원"의 증거요 그분이 우리에게 "쉼"을 주신다는 증거이기 때문이다.

4. 이는 다시 바울이 그의 시각으로 **영**이 윤리에 합당한 삶 속에서 행하는 역할을 더 상세히 논한 말로 이어진다. 갈라디아서 5:16-6:10과 로마서 8:4, 13-14 같은 본문들은 바울이 **영**을 우리에게 **능력을 주시는** 하나님의 임재요 하나님의 영광을 궁극의 목표로 삼는 윤리적 삶을 가능케 하시는 분으로 이해했다는 것을 보여준다. 바울은 이 서신에서도 이미 3:16에서 이런 시각을 피력했으며, 4:3-4의 뒤편에도 이런 전제가 자리해 있다(그리고 23절에서도, πνεῦμα가 **영**을 가리키는 말이라면, **영**이 전제로 자리해 있는 셈이다). 물론 바울은 지금 이 권면을 금지 명령 형태로 표현해놓았다. 그러나 이 권면은 **영**이 우리가 더 나은 일들(진실하고 덕을 세워주는 말을 함, 절박한 사람들에게 친절과 용서를 베풂)을 행하도록 임재하신 분이기 때문에 슬퍼하신다는 것을 전제한다. 그러나 더 많은 것이 관련 있다. 바울이 **영**의 정식 명칭인 하나님의 **성령**을 강조할 때도 그런 취지를 내비쳤지만, 하나님의 인(印)이라는 **영**의 이미지는 **영** 안에서 살아가는 삶이 가지는 윤리의 차원을 말하는 것이다.

이곳은 바울 서신에서 "인"이라는 이미지가 세 번째로 등장하는 곳이다.[183] 앞에서 보았던 고린도후서 1:21-22과 에베소서 1:13-14에서 "인"이 먼저 가리키는 것은 "소유권"이다. 하나님은 **영**이라는 인장으로 우리가 지금은 물론 앞으로도 영원히 당신 소유임을 나타내는 당신의 신성한 인영(印影)을 우리 삶 속에 남겨놓으셨다.[184] 그러나 이 "인"이라는 이미지에는 본디 "진정성을 인증함"이라는 개념이 들어 있으며, 여기서도 무엇보다 그런 개념을 나타내는 것 같다. 그렇다면 결국 이 이미지가 여기서 강조하는 것은 우리의 종말론적 미래인 셈이다. 하지만 이 문맥에서 바울은 필시 하나님이 우리에게 당신의 성령으로 "인을 찍어" "하나님을 닮은" 길로 행하게 하심으로써 우리가 진정 당신의 소유임을 인증해주셨다고 주장하는 것 같다. 이를 달리 표현하면, 우리가 하나님의 성령이 주시는 능력을 힘입어 하나님의 생명을 삶으로 살아내는 것이 바로 우리 자신이 하나님의 진짜 백성임을 증명해 보이는 길이라는 것이다. 바울 서신에서는 늘 그렇듯이, 오직 **영**만이 신자가 신자임을 확인해주는 표지(신분증)다. 신자의 이런 정체성은 **영**이 우리 안에 들어와 사시면서 우리로 하여금 주의 길을 따라 행하게 하여 새 언약을 온전히 이루심으로 우리 삶 속에서 토라를 대체하시는 바로 그때에 증명된다.

5. 아울러 우리는 이 본문이 가지는 종말론적 차원에도 주목해야 한다. 우리가 이미 바울 서신에서 두루 보았지만, 바울이 **영**을 신학 차원에서 생각할 때 가장 먼저 떠올리는 것이 바로 종말론적 실재라는 점이다. 바울은 **영**을 "약속의 성령"(1:13)이시자 유대인들이 품었던 종말의 소망들을 완전히 이루신 분으로 본다. 우리 삶 속에 **영**이 임재하심으로 우리는 확실한 미래를 보장받게 되었다. 이 때문에 바울은 그들이 하나님의 성령을 슬

---

183) 이 이미지를 논한 내용을 보려면, 고후 1:21-22을 다룬 내용을 보라; 참고. 엡 1:13-14.

184) 내가 이 시대 말로 표현했지만, 그렇다고 바울이 제시하는 중요한 강조점이 흐려지지는 않을 것이다. Robinson, 194도 이를 암시한다. 그는 1:13에서 이 이미지가 이 서신을 받아볼 이방인 수신자들을 하나님이 이스라엘에게 주신 약속들을 공유하는 자들로 인정해주는 기능을 했다고 주장한다. 그들은 이방인들처럼 살아감으로써(4:17) 이렇게 구속의 날을 대비하여 그들에게 인을 찍어놓으신 성령을 슬프게 한다.

프게 하지 말아야 한다고 촉구한다. "그 하나님의 성령으로 말미암아 너희가 **구속의 날을 위하여** 인을 받았기" 때문이다. 이 말은 로마서 8:23을 떠올리게 한다. 거기서 바울은 **영**을 마지막 구속의 첫 열매들이라는 이미지와 우리가 "하나님의 자녀들로 입양" 받았다는 이미지를 동원하여 표현했다. 우리는 바울이 여기서 마지막으로 이런 이미지(곧 인이라는 이미지 —옮긴이)를 덧붙여놓은 이유를 확실히 알지 못한다. 그가 이 서신 수신자들에게 하나님의 인이라는 **영**의 이미지를 사용하여 다시 1:13-14을 되새겨주려고 했기 때문에 자연히 이런 이미지를 계속 쓰게 되었을지도 모른다. 그러나 이 이미지는 비록 **영**의 임재가 미래를 확실히 보장해준다 할지라도 "구속의 날"이 이를 때까지는 **현재 속에서 그 미래를 삶으로 살아내야 한다는 것**을 강조할 목적으로 사용한 것일 수도 있다. 결국 **영**은 우리가 마지막 날 우리의 유업으로서 받기로 약속받은 영광에 이를 때까지 우리가 하나님의 소유요 신자임을 인증해주는 표지이자 하나님의 영광을 위하여 살아갈 능력을 부어주시는 하나님의 임재인 셈이다(롬 8:17).[185]

6. 마지막으로 한마디 덧붙이고자 한다. 이 권면이 "마귀에게 틈을 주지 말라"라는 말로 끝맺는 첫 권면 묶음에 대한 균형 잡힌 응답으로서 등장하는 점은 확실히 우연이 아니다. 특히 이 서신의 기록 목적 중에는 수신자들에게 그리스도가 권세들을 제압하고 승리하셨다는 것을 재차 확신시켜주는 것도 들어 있는데, 이 서신에서는 **영**이 그런 모티프를 이끌어가는 역할도 한다. 따라서 사람이 행하는 두 길을 묘사한 17-24절에 뒤이어 곧바로 등장하는 이 첫 권고 시리즈에는 바울이 **영**과 "마귀"를 대립시켜놓은 것이 잘 어울린다. 공중의 권세를 잡은 제왕인 사탄은(2:2) 사람들을 "이방인"의 길로 이끈다. 바울은 여기서 이런 이방인의 길을 거짓을 말

---

185) 일부 사람들은(가령 Findlay, 316; Barth, 2.550) 여기 본문의 밑바닥에 **영**을 슬프게 하는 자들은 미래를 잃게 될 위험이 있다는 위협이 깔려 있다고 보았다. 그러나 이 문장이 구사하는 이미지나 언어에서는 그런 위협을 찾아내기가 힘들다. 이 문장은 미래가 실재임을 강조하지, 그 미래를 잃어버릴 수도 있음을 강조하는 게 아니다.

함, 분을 냄, 도둑질함, 더러운 말을 씀, 중상하고 비방함, 그리고 이런 부류의 온갖 악행들이라는 말로 묘사해놓았다. 반면 사람들을 하나님의 모양을 그대로 드러내는 하나님의 길로 인도하시는 이가 바로 "하나님의 성령"이시다. 따라서 이 본문 가까운 곳에는 하나님의 **영**과 하나님 백성의 원수인 "거짓 영" 사이의 대립이 자리해 있다.[186]

● 에베소서 5:9

이는 빛[187]의 열매가 모든 선함과 의와 진리에 있기 때문이라.

표준 그리스어 본문(*Textus Receptus*)은 물론이요 KJV에서도 이 본문은 **영**을 말하는 본문이다. 그러나 이 경우에는 무엇이 원문인지 의심할 여지가 거의 없다. 후대 필사자들은 바울이 "**영**의 열매"를 이야기한 갈라디아서 5:22을 유추하여 "빛"을 "**영**"으로 바꾸었다. 갈라디아서가 제시하는 **영**의 열매에는 이 본문이 제시하는 세 가지 중 첫 번째인 선함(양선)이 들어 있다. 결국 이 본문은 우리가 이 에베소서가 말하는 **영**을 이해하는 데 아무런 보탬도 주지 않는다.

● 에베소서 5:14

이는 빛이 모든 것을 볼 수 있게 해주시기 때문이라. 그러므로 그가(그것이) 이르기를 "일어나라, 오 잠자는 자여, 죽은 자들로부터 일어나라, 그러면 그리스도께서 너를 비춰주시리라" 하셨느니라.

---

186) 이 문제를 살펴보려면, Chotka, "Spirit," ch. 7을 보라.

187) 이것이 P⁴⁹ ℵ A B D* F G P 6 33 81 629 1739* 1881 2464 pc latt syᵖ co이 기록해놓은 본문이다. 이 경우에 P⁴⁶이 선도(先導)하고 이를 뒤따른 MajT가 φωτός ("빛"을 뜻하는 φῶς의 단수 소유격이다 – 옮긴이)를 πνεύματος (πνεῦμα의 소유격이다 – 옮긴이)로 바꿔놓은 것은 갈 5:22이 끼친 영향 때문이다.

이 본문은 **영**을 언급하지 않는다. 그러나 내가 이 본문을 포함시킨 것은 몇몇 초기 교부들, 특히 테오도레토스(Theodoret)[9]가 특정한 성경 본문을 분명하게 지시하지 않는 이 인용문을 바울이 "너희 각자가 찬송을 가졌다"라고 말하는 고린도전서 14:26의 한 예로 여겼기 때문이다.[188] 이런 주장은 증명할 수가 없다. 하지만 이런 주장은 초기 교회의 몇몇 사람들이 골로새서 3:16과 에베소서 5:19의 "**영**의 노래들"이라는 말을 어떻게 이해했는지 일러준다. 이들은 "**영**의 노래"를 초기 그리스도인들이 부른 찬송을 표현한 말로 이해했다. 바울이 시편 68:18을 인용한 에베소서 4:8에서 사용한 도입 문구를 보면, 이런 주장이 타당할지도 모른다. 초기 찬송이 도입부에서 사용했던 이런 언어는 이런 찬송을 시편의 시와 같이 **영**에 감동되어 부르는 노래의 범주에 포함시켜준다. 이 모든 주장이 그럴듯해 보이긴 하지만, 시간이 흐른 지금은 이 주장이 옳은지 증명할 수 없다.

▪ 에베소서 5:18-21

[18]또 포도주(술)에 취하지 말지니, 그 안에 방탕이 있음인즉, 도리어 **영**으로 충만하여, [19]서로 시들, 찬송들, **영**의[189] 노래들로 말하고, 너희 마음들로[190] 주께 노

---

188) 그러나 일부 해석자들은 그가(바울이?) 영적 선물이라고 인정받을 만한 찬송을 몇 곡 지었다고 주장했다. 또 이들은 이 거룩한 사도가 고린도 사람들에게 보낸 서신에서 그런 사실을 암시했다고 주장하면서, 그 증거로 "너희 각자가 찬송을 가졌다"라는 본문을 든다(PG, 82.844-45). Barth, 2.574n83과 다른 학자들은 이런 주장이 오리게네스까지 거슬러 올라간다고 주장한다(오리게네스가 *Catenae*에서 그런 주장을 했다고 본다; *Catenae*는 초기 교회 교부들의 성경 주석집이다 — 옮긴이). 그러나 오리게네스는 실제로 이 말을 찬송으로 여기지 않았다. 그는 단지 이렇게 말한다. "그러나 다른 사람은 사도가 참회를 촉구하고자 **영**이 말씀하신 무언가를 제시하고 있다고 말할 것이다."

189) 초기에 나온 몇몇 중요한 사본들에는(P[46] B b d Ambrosiaster) πνευματικαῖς라는 말이 빠져 있다. 온갖 종류의 "노래들"과 **영**에 감동되어 부르는 노래들을 구별하려면, 이 말이 필요한 것 같다(골 3:16을 다룬 내용을 보라, 거기 본문에서는 이 말을 확실하게 사용한다). 때문에 이 말은 모든 필사 전통이 골로새서의 평행 본문을 근거로 후대에 추가했다기보다 동사문미[ηομοεοτελευτον; πνευματικαῖς는 같은 어미를 가진 ᾠδαῖς ("노래"를 뜻하는 ᾠδή의 복수 여격이다 — 옮긴이)에 이어 등장한다] 때문에 후대 필사자가 생략해버렸을 가능성이 더 높아 보인다.

래하며 음악을 만들어내고, [20]범사에 우리 주 예수 그리스도의 이름으로 늘 우리 하나님 곧 아버지께 감사하며, [21]그리스도를 두려워하는 가운데 서로 복종하라.

이 유명한 본문은 바울이 4:17에서 시작했던 긴 권고 단락을 끝맺는 쪽으로 옮겨가게 해주는 다리 역할을 한다. 바울은 앞 내용을 집약한 "그런즉"이라는 말로(15절) 독자들에게 그들이 "어떻게 행해야 할지" 크게 주의를 기울여야 할 마지막 때가 이르렀음을 되새겨준다. 이리할 때에, 그는 4:23에서 다루었던 "새롭게 된 마음"이라는 주제를 가져다가 그들더러 "지혜롭게" 행하고(15절) 하나님의 뜻이 무엇인지 이해하는 사람이 되라고(17절) 독려한다. 바울은 우리가 지금 보는 본문으로 이 권면 시리즈를 끝맺으면서,[191] 그들에게 **영**으로 충만함을 받으라고 촉구한다(18절). 이어 그는 이 명령을 두 방향으로 전개해간다. 첫째, 바울은 그들이 한 몸으로 예배하

---

190) 후대 대다수 사본 전승은 골 3:16을 따라 여기에 ἐν을 덧붙여놓았다. 그러나 원문을 대변하는 본문일 가능성이 아주 높은 P[46] ℵ* B 1739 1881에는 이 말이 없다. 하지만 ἐν이 있든 없든 이 문구가 공적인 자리에서 소리를 내어 노래를 부르는 것이 아니라 "마음속으로" 노래하는 것을 의미할 수는 없다(가령 Salmond, 364; Mitton, 192; Wood, 73도 같은 견해다). 바울이나 초기 그리스도인들이 영위했던 **영** 안의 삶을 그렇게 이해하는 것은 타당성이 떨어지며, 그런 이해는 상상하기도 힘든 일이다. 어떤 이의 마음이 노래한다는 것은 소리를 내지 않고 조용히 노래한다는 말이 아니다! 뿐만 아니라, 첫 분사인 "서로 갖가지 노래들로 말함"은[그리스어로 λαλοῦντες ἑαυτοῖς (ἐν) ψαλμοῖς καὶ ὕμνοις καὶ ᾠδαῖς πνευματικαῖς인데, λαλοῦντες는 "말하다"를 뜻하는 λαλέω의 남성 주격 복수 현재분사 능동형이다 — 옮긴이] 함께 모여 예배하는 공동체를 전제하지, 신자 개인의 사사로운 생활을 전제하는 게 아니다. 더 자세한 것은 골 3:16을 논한 내용을 보라.

191) 대다수 영역(英譯) 성경들과 달리, **영**으로 충만함을 받으라"라는 명령문은 4:25에서 시작한 권면 시리즈의 마지막 권면이다. 사실 우리가 지금 보는 문장은 23절까지 이어진다. 그러나 22절에서 주제가 뚜렷이 바뀌다 보니, 대다수 역본들은 새 문장을 21절의 분사에서 시작한다. 이 역본들은 이를 통해 바울이 실제로 새로운 것을 말하기 시작했다는 것을 독자들이 간파하도록 도와준다. 그러나 이는 뒤집어보면 새 문장을 21절에서 시작함으로써 결국 독자들이 21절이 명령문이 아니라 18절에 의존하는 분사라는 점을 파악하지 못하게 만들어버린다는 뜻이 된다 — 나는 바울이 일부러 21절의 분사를 18절에 의존하는 분사로 기록해놓았다고 주장한다[일부 주석가들은 견해를 달리한다. 이들이 말하는 소위 명령 분사(imperatival participle)라는 것은 일부 사람들이 공언하는 것만큼 확실치 않으며, 이 경우에는 그렇게 볼 필요도 전혀 없다].

려면 **영**으로 충만함을 받아야 한다고 말한다(19-20절). 둘째, 바울은 그들이 믿는 가정 안에 존재하는 몇몇 관계들 속에서 "**영**의 통일성"을 유지하려면 **영**으로 충만함을 받아야 한다고 말한다(21절). 그는 이 둘째 사항을 5:22-6:9에서 자세히 이야기한다.

따라서 18절의 명령문은 4:17에서 시작한 긴 권면 시리즈를 (전체 내용을 집약한 결론으로서) 적절히 끝맺고 바울이 마지막 권면 시리즈를 시작하도록 하는 데 아주 중요한 역할을 한다. 바울은 이 마지막 권면에서 공동체 내부의 관계들 전반으로부터 그리스도인의 가정 내부에 존재하는 아주 구체적인 관계들을 다루는 쪽으로 옮겨간다.

영역 성경들이 자주 간과하는 점은 19-21절 전체가 18절에 있는 주된 명령을 수식하는 일련의 분사들로 이루어져 있다는 점이다. 이 본문의 기본 골격을 밝혀보면, 이런 구조를 제시할 수 있다.

취하지 말라   포도주(술)에
도리어 충만함을 받으라   **영**으로
    서로 말하며
        시들, 찬송들, 그리고 **영**의 노래들로
    주께 노래하고 음악을 올려드리며
        너희 마음들로
    하나님께 감사하며
        범사에
        우리 주 예수 그리스도의 이름으로
    서로 복종하며
        그리스도를 두려워하는 가운데
    아내들은 남편들에게, 등등.

우리가 특히 관심을 갖는 곳은 18절이다. 나아가 우리는 19-20절을 그 짝

이 되는 본문인 골로새서 3:16과 연계하여 간략히 살펴보려 한다. 골로새서 3:16에서는 이 에베소서 본문이 말하는 내용을 이미 상당히 길게 다루었기 때문이다.

18절 이 구절은 어떤 면에서 보면 간단명료한 명령문처럼 보이지만, 우리가 마땅히 심사숙고해봐야 할 정도로 놀라운 특징들을 가졌다. 무엇보다 독자들은 바울이 서두에서 제시하는 금지 명령이 좀 생소할 것이다. 이 금지 명령은 사도행전 2:13에는 존재하지 않으나 8절에서 시작했던 이 앞부분에는 존재하는 내용들을 이해하게 해주는 중요한 실마리다. 이 단락 전체(4:17-5:21)는 4:17-24이 이방인들처럼 살았던 "이전"과 이제는 "그리스도를 배운" 사람들로서 살아가는 "이후"를 대비하며 제시하는 첫 대조 묶음이 결정한 대목임을 되새겨두어야 한다. 4:18은 그리스도 밖에 있는 사람들의 특징을 언급하는데, 그중 하나는 그들의 이해가 "어두워졌다"는 것이다. 5:8은 이 모티프를 다시 가져다 쓴다. 5:8에서 바울은 그 모티프를 다양한 방법으로 표현한다[어둠/빛, 감춰진 것(부끄러운 것)/드러난 것, 잠들어 있음/깨어 있음, 그리고 마지막으로 어리석음/지혜로움(사람이 "이 때"를 어떻게 사용하는가와 관련지어 어리석음과 지혜로움을 이야기한다)]. 이것은 초기 그리스도인들이 공유하던 모티프다. 이 모티프는 바울이 가장 먼저 쓴 서신에서도 나타나며(살전 5:1-11), 그가 로마서 13:11-14에서 제시한 권면에서도 등장한다. 초창기에 이 모티프를 표현해놓은 이 두 곳에서 공통으로 볼 수 있는 주제는 술 취함이라는 주제인데, 이 주제는 우리가 지금 보는 본문에서도 등장한다. 이 술 취함은 "밤"에 행하는 또 한 가지 행동이며, 어둠의 행위들 가운데 하나.

이런 연관성은 술 취함이라는 주제가 여기서 등장하는 연유를 가장 잘 설명해준다.[192] 이전에 이 모티프를 전개했던 다른 본문들은 술 취함이라

___
192) Schnackenburg, 236과 Lincoln, 345-46도 같은 견해다. 이것이 통설은 아니다. 일부 학

는 말과 더 자연스럽게 대조를 이루는 말을 사용했다(절제와 점잖음). 그러나 이런 본문들과 달리 여기서는 술에 취함과 **영**으로 충만함을 대조한다. 더욱이 두 명령문("술 취하지 말라"와 "**영**으로 충만함을 받으라" — 옮긴이)이 취하는 시제를 보면, 전자는 "계속하여 결코 그리하지 말라"를 뜻하고 후자는 "늘 그리하라"를 뜻한다.[10] 바울 서신에서는 늘 그렇듯이, 바울이 강조하는 것은 오로지 "도리어" 절이다.[193] 바울은 지금 그들에게 술 취하지 말라는 말을 하는 게 아니라(이런 것은 이미 그가 그들에게 빛 안에서 행함으로 지혜롭게 행하라고 당부했을 때 능히 짐작할 수 있는 내용이다), 도리어 언제나 **영** 안에서/**영**으로 살아가라고 독려한다. 이 경우에 바울이 "**영**으로 충만한 사람"을 사도행전 2:13이 전하는 것처럼[194] 바라보는 외부인의 눈길을 의식하고 일부러 술 취함과 **영**으로 충만하여짐을 대조한 것인지는 확실치 않다. 우리는 단지 그럴 수도 있다는 가능성만 인정할 수 있을 뿐이다. 그러나 우리는 여기서 이 명령문이 등장하는 문맥이 **영**의 임재가 가지

자들은 고전 11:21과 이 본문의 연관성을 주장했다. 고전 11:21에서는 주의 만찬 자리에서 술 취함을 문제 삼는다고 추정한 까닭이다(하지만 이런 추정은 신뢰할 수 없다). 이 견해는 19세기까지 거슬러 올라가며[de Wette, Koppe, Holzhausen (Meyer, 284가 인용)], 여러 학자들이 다양한 형태로 이 견해를 가져다 썼다(Findlay, Robinson, Gnilka, Houlden; Dunn, *Jesus*). 예배라는 정황이 이런 견해를 지지한다는 주장도 있다. 그러나 사실 **본문에는** 이런 견해를 지지하는 내용이 전혀 없다. 또 실제로 여기서 문제 삼는 것이 주의 만찬 자리에서 술에 취함이라면, 바울의 반응("이는 방탕이다")은 아주 생뚱맞다는 생각이 든다. 더욱이 바울이 친분도 없는 교회들에서 그런 방탕 행위가 저질러지고 있다는 것을 알았다는 게 도무지 믿어지지 않는다.

193) Bruce, 379도 같은 견해다. 해석자들은 이 점을 아주 자주 간과한다.

194) 많은 사람이(가령 Scott, 234) 제안하고 C. Rogers가 상세히 설명했던["The Dionysian Background of Ephesians 5:18," *BSac* 136 (1979), 249-57] 흥미로운 주장도 불확실한 주장이기는 매한가지다. 이들은 바울이 여기서 구사한 대조의 배경을 주신(酒神) 디오니소스 숭배에서 발견할 수 있다고 주장했다. 디오니소스를 숭배하는 제전에서는 아주 많은 포도주를 마신 "예배자"들이 숱한 광란 행위를 저질렀다(그러나 이런 광란 행위를 오로지 포도주 탓으로 돌릴 수 있을지 심히 의문이 든다. 알코올은 자극제가 아니라 진정제 역할을 했기 때문이다. 오히려 그 제전에서는 약물을 사용했을 가능성이 아주 높다. 그 약물은 이미도 환각제 같은 종류였을 것이다. 그들은 이런 약물을 포도주와 섞어 음용함으로써 이에 중독된 사람들이 계속하여 그 제전을 찾아오게 만들었을 것이다! 결국 디오니소스 숭배를 묘사하는 모든 프레스코 벽화들이 환락과 난무를 보여주지만, 이런 행위가 늘 술 취함과 관련된 것은 아니었다).

는 "황홀한" 특성이 아니라, **영**의 임재가 지닌 "충만함"을 강조한다는 점에 무게를 두어야 한다. 아울러 이렇게 **영**으로 충만함을 받으라고 명령하는 것은 그들이 바울이 앞서 제시한 명령문들을 계속하여 삶으로 살아내게 하고 특히 그들의 예배와 그들이 가정에서 함께 살아가는 삶이 하나님의 영광을 찬송하는 것이 되게 하려는데 그 목적이 있음을 새겨두어야 한다. 따라서 이 명령문은 단지 긴 자락의 한 매듭에 불과한 것이 아니라, 오히려 다른 모든 것들을 풀어낼 수 있는 중요한 실마리다.

그러나 더 나아가 바울의 관심사들을 고려할 때, 이 은유가 지닌 풍성함을 결코 놓칠 수 없다. 무엇보다 이 명령문은 갈라디아서 5:16에서 발견할 수 있는 바울의 기본 명령문, 곧 "**영** 안에서/**영**으로 행하라"를 단지 또 다른 방법으로, 더 강력한 은유를 써서 제시한 것이다. 진정 그리스도인다운 행위는 모두 **영**의 사람, 하나님의 **영**으로 가득한 사람이 됨으로 말미암아 나타나는 결과다. 이런 **영**의 사람은 **영**으로 살아가고 **영**으로 행한다. 이 은유가 이런 풍성함을 지니게 된 것은 바울이 **영**으로 충만함과 술에 취함을 대조했기 때문이요, 그가 "가득해지다"(충만해지다)라는 동사를 사용했기 때문이다. 바울이 이런 표현들을 써서 묘사하는 사람은 말 그대로 "**영**에 취한 사람"이 아니다.[195] 그는 마치 **영**에 취하는 것이 무슨 미덕이라도 되는 것처럼 말하지 않는다. 그가 묘사하는 사람(이 경우에는 공동체!)은 그 삶으로 철저히 **영**에게 굴복하여 **영**의 삶과 행실을 아주 극명하게, 마치 폭음한 사람이 그 폭음의 결과가 어떠한가를 명명백백하게 나타내는 것처럼, 보여주는 사람이다.

이 명령문이 실제로 구사하는 표현은 특이하다. 바울은 취기(醉氣)가

---

195) 이것이 내가 속한 오순절 전통이 보통 내놓은 해석이었다. 오순절 전통은 성경 문맥을 고려하지 않고 개인의 사사로운 **영** 체험을 지극히 중시하는 경향이 있었다. 조금 다르긴 하지만 이와 비슷한 견해가 학술 문헌에서도 빈번히 등장한다. 가령 이렇다. Meyer, 285: "바울이 **대조**하는 것은 두 **상태**다 — 즉 만취(滿醉) 상태와 **영**에 감동된 상태를 대조한다"; Findlay, 344: "바울은 에베소의 주정뱅이들을 치료할 길을 성령이 주시는 희락들에서 찾는다." 참고. Salmond, 363; Scott, 234; Mitton, 190; Barth, 2.582.

잔뜩 올라 있는 사람처럼 "**영**이 가득한(또는 **영**에 전념하는) 자가 되라"[196]
라고 말하지 않는다. 도리어 그는 "**영**으로 충만해지라"라고 말한다. 이는
영의 임재로 가득 채움을 받는 데 강조점을 둔 것이다. 바울은 지금 자신
이 3:14-19에서 제시한 기도의 마지막 목적절을 되새겨주고 있을 가능성
이 아주 높다. 거기서 바울은 그들이 **영**이 주시는 능력을 받음으로써 그리
스도가 그들 안에 **영**으로 들어와 사실 때에 그들이 "하나님 바로 그분의
충만함에 이르도록 충만하게" 되기를 기도했었다. 그렇다면 여기는 바울
서신이 제시하는 궁극적 명령인 셈이다. 즉 하나님의 백성은 **영** 바로 그분
의 임재로 충만함을 받음으로써 하나님을 온전히 알게 되어야 하며, 그들
상호간의 관계 그리고 그들 및 하나님 사이의 관계에서도 그들이 살아가
는 방식을 통해 **영**의 임재로 충만한 모습을 드러내야 한다.

따라서 이 본문을 철저히 신자 개인에게 주는 명령으로 이해하면 아주
많은 것을 놓치게 된다는 것을 유념해야 한다. 실제로 그런 일이 아주 빈
번히 일어난다. 사실 이런 요소를 가진 모든 명령이 그렇듯이, 결국 명령
은 오로지 개인만이 응답할 수 있다. 지금 여기 오늘날의 교회에서도 하나
님 백성 개개인이 이 명령을 지극히 진지하게 받아들여야 한다는 점은 두

---

196) 그리스어로 πληροῦσθε ἐν πνεύματι다. 신약성경이 이 πληρόω라는 동사를 수동태로 사용한
사례는 다양하다. 신약성경에서는 오직 바울 서신에서만 "채우는" 내용물이 목적격(골 1:9)
이나 소유격(롬 15:14)이나 여격(롬 1:29) 형태를 취한다. 반대 주장도 있지만. 이 동사는 도
구의 의미를 가진 전치사 ἐν과 함께 나타날 때도 있다(갈 5:14). 이 본문이 지닌 문제 중 하
나는 바울이 "**영**으로"(ἐν πνεύματι)와 대조한 οἴνῳ ["포도주(술)로"; οἶνος의 단수 여격이다
─ 옮긴이]가 전치사 없이 등장한다는 점이다. 반면 ἐν πνεύματι라는 여격은 이 서신에서 볼
수 있는 다른 여격들과 잘 부합하며, "수단"을 가리킬 가능성이 아주 높다. 하지만 혹 누가
"그렇다면 채워지는 '내용물'은 무엇인가?"라고 물을 때, **영**이 곧 그 내용물이라고 보는 것은
단견(短見)에 불과하다. "하나님의 충만하심에 이르기까지 충만함을" 받으라고 말했던 3:19
이 결국은 하나님 바로 그분으로 가득 채움을 받으라는 뜻이듯이, 여기서도 **영**으로 가득 채
움을 받으라는 말은 결국 **영**의 임재로 "가득 채우라"라는 뜻이다. 이전 세대 일부 학자들은
이 표현을 아주 어렵게 여겨 이 말이 "사람이 자신의 영을 가득 채워야 한다"라는 의미라고
주장하려 했다(Abbott, 161-62; Westcott, 81; Lenski, 619; Beare, 714이 그리했다). 그러
나 이 본문의 인접 문맥이나 이 서신 전체의 문맥에서 바울이 구사하는 용례를 아무리 살펴
봐도, 그런 견해는 가능성조차 인정할 수가 없다.

말할 나위가 없다. 그러나 이 본문의 인접 문맥을 보면, 이 명령은 공동체의 삶과 관련 있다. 어쩌면 여기서는 하나님 백성이 공동체 차원에서 하나님의 **영**으로 말미암아 "하나님이(하나님의 임재가 – 옮긴이) 가득한" 사람들이 되어 우리의 예배와 우리의 가정생활로 **영**의 임재를 온전히 증명해 보여야 할 필요가 훨씬 더 클지도 모른다. 다시 말해 하나님 백성은 하나님을 찬송하고 찬미하는 것이자 공동체를 가르치는 방편이 되는 노래와 찬송과 감사로, 그리고 우리 자신을 서로 상대에게 복종시킴으로 **영**의 임재가 충만함을 공동체 차원에서 증명해 보여야 한다. 우리 자신을 서로 상대에 복종시킬 때, 우리 관심사는 "여기서 우두머리가 누구인가"가 아니라, 어떻게 하면 그 가족 안에서 그리스도가 교회를 사랑하사 교회를 위해 자신을 내어주심같이 사랑을 나눌 것인가가 된다.

결국 그렇다면, 바울은 이 서신 수신자인 공동체들에게 하나님의 **영**을 통하여 하나님의 충만함으로 가득 채움을 받으라고 독려하는 셈이요, 그렇게 채움을 받았음을 술에 취하듯 **영**에 취함이 아니라 우리에게 능력 주시는 하나님의 임재를 온전히 증명하는 행위와 예배로 증명해 보일 것을 독려하는 셈이다.

19-20절 **영**으로 가득한 사람의 말은 모든 면에서 술에 만취한 사람의 말과 다르다. 이 분사 묶음의 내용과 의미를 알아보려면, 골로새서 3:16을 충실히 논한 내용을 보기 바란다. 나는 다만 여기서 내가 앞에서 구조 도해(圖解)를 통해 제시하려고 했던 것을 강조할 뿐이다. 즉 여기서 나는 이 분사들과 이 분사들을 수식하는 말들이 골로새서에서는 모호하게 등장했던 이 본문을 명확하고 분명하게 이해할 수 있는 길을 열어준다는 점을 강조할 뿐이다. 전에도 그랬듯이, **영**의 노래들을 포함한 모든 종류의 노래들은 신앙 공동체를 가르치고 하나님을 찬송하며 높이 찬미하는 기능을 한다. 이 본문과 골로새서 본문의 가장 중요한 차이점은 이 본문이 "주께" 노래한다고 말한다는 점이다. 여기서 "주"는 이 서신은 물론이요 바울 서

신 전체에서도 오직 그리스도만을 가리킬 뿐이다.

이곳은 바울 서신에서 그의 의도와 상관없이 "고"(high) 기독론이 수면 위로 떠오른 미묘한 부분 중 하나다. 우리는 신약성경 안팎의 증거를 통해 신자들이 초창기부터 "하나님께 찬송하듯 그리스도께 찬송했다"는 것을 안다.[197] 그렇게 그리스도께 올리는 찬송은 "우리 하나님 곧 아버지"께 드리는 감사와 함께 이루어졌다. 이런 사실은 기독론의 영향을 증대시켜줄 뿐이다. 즉 **영**으로 충만한 신자들은 그리스도께 찬송하면서 동시에 그리스도의 이름으로 "범사"에 하나님께 감사한다. 바울 서신이 늘 말하듯이, 하나님 아버지가 궁극의 근원이시며 만유의 목적이시다. 그러나 우리는 그리스도께 노래하면서 동시에 하나님께 감사한다. 그 이유는 그리스도의 인격(그리스도가 누구신지)과 그리스도의 사역(그리스도가 행하신 일) 때문이다. 또 우리가 이 모든 일을 행하는 것은 우리가 **영**으로 충만하기 때문이다. 따라서 말이 나온 김에 언급해두어야 할 것이 있다. 우리가 감사해야 할 이유인 "범사"가 좋고 나쁨을 떠나 한 사람의 삶 속에서 벌어지는 모든 상황을 가리키는지 의심스럽다는 것이 바로 그것이다. 도리어 "범사"는 하나님이 그리스도 안에서 우리에게 넘치도록 베풀어주신 풍성한 복들을 가리킨다.[198] 결국 이 서신 끝부분에 자리한 이 본문은 이 서신 서두의 **복** 문언이 다루었던 주제들을 가져다 다루는 셈이다.

마지막으로 우리가 주목할 점은 골로새서 3:16처럼 이 본문에서도 미묘하지만 역동적인 삼위일체 사상이 등장한다는 것이다. 이 본문은 철저히 하나님으로 시작하여 하나님으로 끝난다. 우리는 하나님이 그리스도

---

197) 이 말은 소(小) 플리니우스(61-112, 로마의 정치가였다 — 옮긴이)가 자신이 조사한 그리스도 인들을 처리할 지침을 요청하며 황제 하드리아누스(76-138 / 재위 117-138, 소위 오현제 중 하나로 불렸던 로마 황제다 — 옮긴이)에게 보낸 서신(the younger Pliny, 10.96.7)에서 한 말 이다.

198) 참고. Meyer, 288. 내가 이렇게 말했지만, 고난을 당할 때는 감사하지 말아야 한다는 말이 아니다. 반대로 바울은 철두철미하게 고난 중에도 감사해야 한다는 견해를 피력한다. 중요한 것은 우리가 **어떤** **정황 속에서** 감사한다는 게 아니라, 그리스도가 풍성한 복을 베풀어주셨 기 **때문에** 우리가 언제나 어떤 상황에서도 끊임없이 감사한다는 것이다.

안에서 우리를 위해 행하신 "범사"를 두고 하나님께 감사한다. 이 "범사"
는 하나님이 **영**을 통해 우리 삶 속에서 행하신 일들이다. 이제 우리는 **영**
으로 가득하여 방금 말한 것을 거꾸로 이야기한다. 즉 우리는 그리스도를
전하는 메시지로 가득한 찬송들을 그리스도를 향해 부름으로써 서로 가
르침을 주고받는다. 이 찬송에는 범사를 놓고 하나님 아버지께 올리는 감
사가 함께 따른다.

에베소서 6:10-20

고대 수사(修辭)의 본질에 비춰볼 때, 우리가 이 서신의 이 마지막 단락에
들어선다는 것은 십중팔구 바울이 이 서신의 수신자들을 생각하면서 가
장 먼저 염두에 두었을 관심사에 다가가는 것이다. 즉 바울은 이 단락의
내용을 강조의 의미를 지닌 마지막 부분에 배치해두었다. 이는 그가 일부
러 이 정점을 향해 내쳐 달려왔음을 뜻한다. 바울이 이 서신 서두의 **복** 문
언을 시작하는 1:3에서 관심을 가진 것은 "권세들"이었다. 거기서 바울은
영과 결합된 복들이 "하늘들에 있는" 하나님 백성에게 속해 있다고 말했
는데, "하늘들"은 권세들의 거처이기도 했다. 이어 바울은 이 서신 수신자
들이 "하늘들에 있는" 그런 복들을 체험할 수 있는 이유들을 이 서신 전
체에서 다양하게 이야기한다. 그는 그리스도를 교회들을 위하여 권세들
을 제압하고 승리하신 분으로 묘사한다(1:20-23). 또 이전에는 그 권세들
에게 굴복했던 이방인 신자들이 이제는 그리스도의 부활에 동참함으로써
그리스도가 권세들 위에 앉아 계신 바로 그 하늘들에 그리스도와 함께 앉
히심을 받았다고 말한다(2:2-7). 아울러 바울은 이제 하나님이 이방인과
유대인이 하나님의 단일 백성이 되었다는 비밀을 계시해주셨다고 말하면
서, 이 비밀이 교회를 통해 하늘들에 있는 권세들에게도 알려졌다고 말한

다(3:3-12). 또 바울은 그리스도가 내려오셨다가 "모든 하늘들 위로 높이" 올라가셨으며, 이로 말미암아 그리스도가 교회에 서로 섬길 은사들을 나누어주실 권리를 갖게 되셨다고 말한다. 그는 또 무엇보다 이 은사들은 성도들을 준비시켜 어떤 속임수에도 날아가지 않는 자들로 만들도록 주신 것이라고 말한다(4:7-16). 그리고 바울은 서신 수신자들에게 더 이상 이방인들처럼 살지 않음으로써 사탄에게 틈을 만들어주지 말라고 권면한다(4:17, 27).[199]

그러나 바울은 그들에게 그리스도가 권세들을 제압하고 승리하신 사실, 그들도 그 승리로 말미암아 그리스도와 함께 하늘들에 앉히심을 받았다는 사실, 그리고 그들 이방인이 유대인과 함께 하나님이 당신과 화해시키신 새 백성에 포함되었으며 이것이 그리스도가 권세들에게 거두신 승리를 증명하는 증기라는 사실을 재차 확인시켜준다. 이러면서 이런 사실주의의 음조(音調)로 이 서신을 맺는다. 그들이 그리스도 안에서 받은 구속은 **영**의 임재가 증명하는데, 이 구속은 "이미" 그러나 "아직 아니"다. 그리스도가 권세들에게 거둔 승리도 마찬가지다. 그 승리는 "이미"다. 그들이 더 이상 권세들을 두려워하며 살 필요가 없기 때문이다. 그러나 그 승리는 동시에 "아직 아니"다. 따라서 그들은 싸움이 현재진행형임을 인식하고 그리스도와 **영**으로 무장하여 그 권세들에게 맞서야 한다.

결국 이 마지막 권면은 대체로 두 부분으로 되어 있다. 두 부분 중 두 번째 부분은 다시 세 번째 권면으로 발전해간다. 우선 10-12절은 기본 명령(10-11절, 바울은 그들이 그리스도 안에서 능력을 받아야 하며, 하나님의 갑주를 입고 마귀에게 맞서 싸워야 한다고 말한다)과 이런 명령을 내리는 이유(12절, 권세들에 맞선 전쟁이 계속 이어지기 때문이다)를 제시한다. 13-17(18)절은 두 번째 명령을 되풀이한 뒤, 그들이 갖춰야 할 무장의 본질을 일러준다. 이 무장은 권세들의 공격을 이겨낼 그리스도라는 갑옷과 그들을 무찌

---

199) 이 문제를 살펴보려면, Arnold, *Ephesians*를 보라.

를 **영**이라는 무기로 이루어져 있다. 그러나 17절은 "**영**의 검"을 언급하는데, 이는 그들에게 "**영** 안에서(**영**으로) 기도해야 할" 관심을 한층 더 불러일으키려는 목적 때문이다. 바울은 이어 이 점을 18-20절에서 부연한다.[200]

이 서신에서 줄곧 그러하듯이, 여기서도 재차 **영**이 중요한 역할을 한다. 바울은 **영**을 무장을 열거해놓은 은유(17-18절)의 정점에 놓아두었다. 그렇지만 우리는 바울이 12절에서 "영"(spirit)이라는 말도 쓴다는 점에 유의해야 한다. 여기서 바울은 권세들을 "하늘들에 있는 악의 영적 세력들"로 묘사한다.

● 에베소서 6:12

이는 우리[201] 싸움이 혈(血)과 육을 상대함이 아니요, 도리어 통치자들, 권세들, 이 어둠의 세상 통치자들, 하늘들에 있는 악의 영적 세력들을 상대함이기 때문이라.

---

200) 바울이 구사한 그리스어의 의미를 그대로 살려내어 번역하기가 쉽지 않다. 두 가지 이유 때문이다. 문법상, 17절이 새 문장을 시작하는 곳인데, 이 새 문장은 20절까지 이어진다. 그러나 개념상, 무장을 마지막으로 언급한 곳은 17절이다. 이것은 곧 17절에서 새 문장이 시작되어도 이곳이 14-16절을 계속 이어가는 곳임을 의미한다. 비록 여기서는 이 무장을 열거해놓은 은유에 "**영** 안에서(**영**으로) 기도함"을 실제로 포함시켜놓지는 않았지만, 바울은 이것을 권세들에 맞서는 마지막 무기요 가장 중요한 무기로 보려 한다는 주장이 가능할 것도 같다. 나는 그렇게 주장한다.

201) 이것이 ℵ A D² I 0230 Maj A g* vg syʰ co Clement Tertullian Origen이 기록해놓은 본문이다. P⁴⁶ B D* F G Ψ 81 1175 pc it syᵖ Lucifer Ambrosiaster는 ὑμῖν ("너희")으로 기록해놓았다. 이곳은 특히 본문 선택이 어려운 곳이다[UBS³이 {D} 등급을 매겨놓은 것이 그 증거다(UBS⁴는 {B}로 바꿨다); Metzger, *Textual Commentary*, 610에 있는 논의를 참고하라]. 사본의 증거는 분명 "너희"를 지지한다. 전사(轉寫, transcriptional) 증거에 따르면, "너희"나 "우리"나 어느 쪽으로도 볼 수 있다. "너희"가 원문이라면, 필사자는 이 본문의 적용 대상을 널리 모든 신자로 확장해놓은 셈이다. "우리"가 원문이라면, 필사자는 이 본문의 적용 대상을 "우리"라는 사람들로 특별히 한정해놓은 셈이다. 우선 바울은 이런 종류의 이야기를 할 때면 늘 모든 신자를 대상으로 삼는다. 그런가 하면 이 본문 전후의 모든 본문이 2인칭 복수형으로 되어 있기 때문에, 필사자도 문맥에 맞춰 "너희"로 기록해놓았을 수도 있다. 대체로 보아 UBS⁴의 본문이 원문일 개연성이 더 높아 보인다. 필시 일부 초기 필사자들은 바울이 유독 1인칭 복수로 기록해놓은 이 본문을 주위 문맥에 맞춰 2인칭 복수로 바꿔놓았을 것이다.

"권세들"을 묘사해놓은 이곳은 이 서신이 줄곧 사용했던 다양한 용어와 언어들, 곧 (1) 우리가 우리를 해치려 하는 "영적" 존재들을 계속 다루어왔다는 것,[202] (2) 그들은 바울이 빈번히 "하늘들"이라 일컫는 곳에 산다는 것, 그리고 (3) 이것이 이 서신의 주요 관심사라는 것을 확실하게 일깨워주는 용어와 언어들을 한데 모아놓은 곳이다. 이 본문이 사용하는 네 가지 용어 가운데 두 가지는 앞에서 이미 등장했다[ἀρχάς("시초, 통치자"를 뜻하는 ἀρχή의 복수 목적격이다 – 옮긴이)와 ἐξουσίας("선택권, 결정권, 권세"를 뜻하는 ἐξουσία의 복수 목적격이다 – 옮긴이) = "통치자들"과 "권세들"; 1:21과 3:10]. 반면 셋째 항목[κοσμοκράτορας("세상의 통치자"를 뜻하는 κοσμοκράτωρ의 복수 목적격이다 – 옮긴이) = "세상의 통치자들"]은 우리가 아는 문헌에서는 처음 등장하는 말이다. 클린턴 아놀드(Clinton Arnold)는 이 말이 본디 "마술/점성술 전통"에서 나왔지만 바울이 이를 받아들여 복수형으로 만든 뒤에 이어 등장하는 "악한 영들"과 같은 말로 사용했다는 것을 특히 훌륭하게 논증했다.[203] 우리가 관심을 갖는 것은 마지막 용어인 τὰ πνευματικὰ τῆς πονηρίας(= "악의 영적 세력들")다. 이 말은 십중팔구 영적 존재 중 네 번째 범주를 가리키는 말이 아니라, 앞에 나온 것들을 모두 아우르는 말로서 더 폭넓은 개념을 지닌 용어로 이해해야 할 것이다.[204] 따라서 이 용

---

202) 혹자는 앞서 이 말이 등장한 경우들을 볼 때, 바울이 1:21-23의 "권세들"과 2:1-3의 사탄을 나란히 기록해놓음으로써 그런 의미를 강하게 암시한 경우를 제외하면, 이런 "영"을 꼭 우리를 해치려 하는 영으로 생각할 만한 말을 한 곳이 전혀 없다고 주장할지 모르겠다. 하지만 이 본문은 그들이 우리를 해치려 하는 존재들이라는 것을 분명히 일러준다. 따라서 우리는 이 서신의 첫 수신자들은 할 필요가 없었던 일을 해봐야 한다. 즉 이 본문을 마음에 새기고 이 서신을 처음부터 다시 읽어봐야 한다. 첫 수신자들은 그리할 필요가 없었다. 그들은 애초부터 바울이 그들의 상황을 놓고 이야기한다는 것을 알았기 때문이다. Carr (*Angels*, 104-10)는 이런 믿음들이 1세기에는 존재하지 않았다는 근거를 내세워(지지할 수 없는 논거다) 이 본문을 2세기에 끼워 넣은 본문으로 여기고 여기서 제거하려고 한다. 이런 그의 시도는 실망스러운 주장인 것 같다. (복음서와 사도행전이 제시하는 자료늘은 발할 것노 없고) 이 본문을 보면, 그의 주장은 지지할 수가 없다. 이 주장을 논박해놓은 C. E. Arnold, "The Exorcism of Ephesians 6:12 in Recent Research," *JSNT* 30 (1987), 71-87을 보라.

203) Arnold, *Ephesians*, 65-67을 보라. 결국 바울은 이를 통해 이 "세상의 통치자들"을 "무장해제"하여 이들을 자기 독자들에게 아무 의미가 없는 이들로 만들어버린다.

어는 1:21이 제시하는 다른 것들("힘"과 "지배", 그리고 특히 "이름 난 모든 이름"을 말한다. 후자는 필시 마술 전통을 반영하는 말일 것이다. 이런 전통에서는 마술사들이 주문을 욀 때 그들이 상상할 수 있는 모든 "신들"의 이름을 불렀다)도 포함한다.

놀라운 것은 바울이 πνευματικός라는 말을 이런 식으로 사용했다는 점이다. 우리가 다른 곳에서도 보았고 이 책 제2장에서도 주장했듯이, 이 말은 명사인 πνεῦμα로부터 만들어진 형용사다. 바울 서신에서는 이 형용사가 보통 "영에 속한"이나 "영과 관련된"이라는 의미를 가진다. 이곳의 용례는 바울이 앞서 2:2에서 πνεῦμα를 사탄을 가리키는 말로 사용했던 사례에 비추어 가장 잘 설명할 수 있다. 이 형용사는 보통 영이 하나님의 사람들을 세우실 목적으로 하시는 어떤 활동을(참고. 앞 1:3과 5:19) 가리키곤 한다. 마찬가지로 하나님께 맞서는 존재요 하나님 백성이 맞서야 하는 "영"(spirit)은(11절) "공중 권세를 잡은 제왕"이요 따라서 많은 "악의 영적 세력"들 가운데 우두머리다. 이 "영"은 하나님 백성을 찢어놓고 파괴하거나 자신의 노예로 삼는 것을 목표로 삼는다. 결국 이 독특한 용례는 필시 이 서신이 다루는 더 큰 주제인 영의 활동과 관련 있을 것이다. 바울은 이 주제를 다루면서 그리스도와 영이 "거짓 영"과 이 영이 부리는 "악한 영들"을 제압하고 승리하셨다고 말한다. 물론 바울은 "이미 그러나 아직 아니"라는 틀 속에서 신자들이—그리스도가 제공해주시는 갑주와 영이 주시는 무기들을 동원하여—이 "악한 영들"에 맞서 싸워야 한다는 말을 덧붙인다.

우리가 이 본문을 어렵게 여기는 이유는 이 본문을 문맥 속에서 이해하는 문제 때문이 아니라, 이 본문을 오늘 우리가 사는 시대와 조화시켜 이해하려고 하기 때문이다. 그러다 보니, 사람들이 제시하는 해석은 극과 극을 달리는 경향이 있다. 한쪽은 이런 존재들을 "이전 시대의 신화"로 치

---

204) 참고. Arnold, *Ephesians*, 68; Lincoln, 444.

부하여 지금은 존재하지 않는 이들로 무시해버리는가 하면, 다른 한쪽은 이런 존재들이 있다는 것을 인정하는 데서 더 나아가 바울이 이런 존재들에게 부여했던 비중을 훨씬 뛰어넘어 아예 이들을 가장 중요한 존재들로 인정한다. 이런 종류의 문제들에서는 대부분 그런 것처럼, 바울은 "철저한 중도(中道)"를 지킨다. 즉 그런 존재들을 지독히 심각한 존재로 받아들이면서도, 이제는 십자가와 부활을 통해 그들을 제압하신 그리스도의 승리로 말미암아 막판에 몰려 옴짝달싹 못하게 된 원수들로 여긴다(골 2:15; 엡 2:6-7). 우리는 지금 "이미 그러나 아직 아니"라는 실존으로 살아간다. 그러다 보니, 실제로 이런 "악의 영적 세력들"이 존재함을 부인하거나 이들을 단지 "신(神)의 차원과 아무 상관이 없는" 시시한 "세력들"이자 진정한 영적 존재들이 아닌 것들로 이해하는 무모한 일을 감행하는 이들이 있을지도 모르겠다. 그러나 우리는 우리가 이런 존재들에게 매혹당하지 말고 그리스도가 복음을 통해 건네주신 갑주와 **영**이 주신 무기들로 이들에게 맞서 싸워야 한다는 것 역시 이 본문의 요지임을 인식해야 한다. 이제 우리는 이런 갑주와 무기를 살펴보려 한다.

■ 에베소서 6:17-20

[17]또 구원의 투구와 **영**의 검, 곧 하나님의 말씀을 가지라. [18]모든 기도와 간구를 통해 늘 **영** 안에서 기도하고, 또 이 목적을 위하여 모든 성도를 위해 인내하고 기도하며 늘 깨어 있으라. [19]또 나를 위하여 간구할지니, 내가 내 입을 열어 복음의 비밀을 알릴 때에 내게 말씀을 주시기를 간구할지니, [20]이 일을 위하여 내가 사슬에 매인 사신이 되게 하심은 내가 이 일에서 마땅히 할 말을 담대히 하게 하려 하심이니라.

사람들은 이 본문의 핵심인 그리스도인의 갑주(甲冑)라는 이미지(14-17절)에 큰 관심을 보여왔으며, 이 이미지를 다룬 문헌도 상당히 많다.[205] 하지만 우리가 관심을 갖는 것은 다만 이 "영의 전쟁"에서 **영**이 하는 역할을 제시한 17-18절의 마지막 두 항목뿐이다. 주목할 것은 바울이 **영**을 언급하기에 앞서 복음의 다양한 측면을 이야기한다는 점이다. 바울은 이런 측면들을 갑주를 구성하는 것들과 결합해놓았는데, 이것들은 모두 방어용 무장이다. 우리는 이런 표현에 놀랄 필요가 없다. 그리스도가 주시는 능력에 의지하여 "마귀의 간계에 맞서 싸우고"(11절) 마귀의 졸개들과 맞서 싸우라(12절)는 것이 바울이 제시하는 기본 명령이기 때문이다. 그리하여 바울은 자기 독자들에게 "진리"(띠), "의"(흉갑), "화평의 복음"(신발), "믿음"(방패), "구원"(투구)을 사용하라고 요구한다. 바울이 일일이 열거해놓은 복음의 이 다양한 측면들 사이의 관계를 얼마나 중시해야 하며 이렇게 결합시켜놓은 갑주의 부분들을 얼마나 중시해야 할지 확실치 않아 보인다. 이런 무장은 로마 병사가 전투할 때 착용했던 대다수 무장을 떠올리게 하며, 그 갑주를 다른 관점에서 바라본 복음과 결합해준다.

바울이 마지막으로 제시하는 무장은 병사의 무기인 검(칼)이다. 바울은 이 은유를 사용하면서 이 검을 **영**과 (적절히) 결합한 다음, 더 나아가 이 검을 "하나님의 말씀"으로 규정한다. 이 은유에 이어 또 다른 분사절이 이어진다(18절의 첫 절에서 προσευχόμενοι라는 분사를 사용했는데, 이는 "기도하다"를 뜻하는 προσεύχομαι의 남성 주격 복수 현재분사 중간태 형태다 — 옮긴이). 여기서 바울은 기도할 것을 독려하는데, 이번에는 "**영** 안에서 기도하라"라고 촉구한다. 이는 17절과 18절 사이에 아주 긴밀한 관계가 있음을 시사한다. 그러나 바울이 "**영**의 검, 곧 하나님의 말씀"이라는 말로 말하려 하

---

205) 사람들이 관심을 갖는 대상에는 이 본문의 배경도 있다. 이 본문의 배경은 필시 사 11:4-5; 52:7; 59:17에서 발견할 수 있을 것 같다. 그 이유는 특히 바울 서신에 이사야서의 내용이 가득하기 때문이다. 바울은 일찍이 이 이미지를 살전 5:8에서 사용했다. 여기서는 조금 변화가 있는데, 이런 변화가 일어난 것은 데살로니가전서와 에베소서 사이에 존재하는 시간차 때문이요 이 은유가 본질상 풍부한 의미를 함축하기 때문이다. 「지혜서」 5:15-23이 이사야서의 이미지를 사용하고 John Bunyan이 *Pilgrim's Progress* (『천로역정』)과 *The Holy War* (『거룩한 전쟁』)에서 바울이 제시한 이미지를 사용한 사례를 참고하라.

는 것이 무엇인지, 또 이 마지막 절들을 서로 어떻게 연계할 것이며 이 마지막 절들과 이 본문 전체가 제시하는 이미지를 어떻게 연계할 것인가는 결정하기가 더 어려운 문제다.

우선 이 본문에서 우리에게 어려움을 안겨주는 곳은 17절의 첫 부분이다. 바울이 이곳에 이르기까지 제시한 이미지들은(14-16절) 그가 잇달아 제시한 네 분사절을 통해 등장했다. 이 분사절은 모두 이 문장의 첫 말인 명령문 "그런즉 서라"(14절, 그리스어로 στῆτε οὖν이다. στῆτε는 "서다"를 뜻하는 ἵστημι의 2인칭 복수 부정과거 능동태 명령형이다 — 옮긴이)를 수식한다. 이 분사들은 모두 어떤 모습을 나타내며, 결국 이 문장은 "그런 즉 서서, 이런 모습을 하고, 또 이런 모습을 하고 있어라"라는 뜻이 된다. 그러나 바울은 마지막 항목인 "믿음"을 특별하게 언급하면서 이 말 앞에 "이 모든 것 외에"라는 말을 덧붙이고, 이어 이 말을 11절과 결합하여 상세히 설명하면서 원수의 불화살들을 소멸하라는 말을 덧붙인다. 이리하여 갑주의 마지막 구성 부분에 이른 바울은 새 문장을 시작하면서,[206] 갑주의 그 구성 부분(곧 구원이라는 투구 — 옮긴이)을 동사 앞에 배치하고, 이어 그 동사의 두 번째 목적어인 **"영의 검"**을 제시한다. 결국 이 본문은 일련의 절들로 이루어져 있는데, 그 골격을 제시해보면 다음과 같다.

그런즉 서서

    띠를 매고

        진리로

    흉갑을 입고

---

206) 바로 이 점 때문에 본문 구조가 이 지점에서 "멈추고 쉬었을" 가능성이 아주 높아 보인다. 이는 바울이 여기서 세 문장을 시작한 이유를 "문체상 이유" 때문이라고 주장하는 이들(Gnilka, 313; Arnold, *Ephesians*, 106도 Gnilka를 따른다)과 견해를 달리하는 것이다. Robert Wild는 이곳이 신자가 어떤 식으로든 연루되어 있는 복음의 측면들로부터 신자가 "받는" 순수한 선물인 것들로 이야기를 옮겨가는 곳이라고 주장한다["The Warrior and the Prisoner: Some Reflections on Ephesians 6:10-20," CBQ 46 (1984), 284-98 (297)].

의(義)의

신발을 신고

화평의 복음으로

그리고 이 모든 것 외에

방패를 취하고

믿음의

원수의 불을 소멸할

그리고

투구를   받으라

구원의

그리고

검을

영의

곧 하나님의 말씀이니,

모든 기도를 통해

늘 기도하라

영 안에서.

난제는 18절이 말하는 **영** 안에서 기도함이다. 또 **영** 안에서 기도함이 **영**의 검을 말하는 앞 절, 그리고 더 나아가 바울이 앞에서 제시하는 이미지 전체와 어떻게 연관되어 있는가(혹은 연관이 있는가)도 어려운 문제다. 그러나 이런 문제를 다루기에 앞서 우리는 먼저 17절이 제시하는 **영** 문구를 더 소상히 살펴봐야 한다.

17절 바울이 이 서신 수신자들에게 신자가 갖춰야 할 마지막 무장으로서 "**영**의 검"[207]이라는 무기를 취하라고 독려하는 것은 놀라운 일이 아니다. 그들은 그들을 구원한 복음을 입고 원수의 불화살에 맞서 싸워야 할 뿐 아니라, 이 원수들에게 공세를 퍼부어야 한다. 그리고 그것이 바로 신자의 삶 속에서 **영**이 행하는 역할이다[**영**은 그리스도의 것들을 취하여 그것들을 신자에게 알려주실 뿐 아니라, 신자들에게 그것들을 적용하여 신자들이 복음의 빛으로 어둠을 뚫고 나아가게 하신다(바울이 구사한 은유들을 바꿔 표현해보았다)]. 이 경우에 "**영의**"라는 소유격은 출처(="**영**이 주신")[208]나 소유(="**영**에 속한")를 나타낸다.[209] 이 말은 충분히 그 의미가 명확하게 나타나는 것 같다. 난제가 시작되는 곳은 바울이 더 설명하는 말로 붙여놓은 "곧 하나님의 말씀"(이는 곧 하나님의 말씀이라)[210]다.

바울 서신에서는 "하나님의 말씀"이 복음의 메시지를 가리킨다고 볼 수 있다. 바울이 복음의 메시지를 가리키는 말로 보통 이런 언어를 사용하기 때문이다.[211] 그러나 이 경우에 바울은 "메시지"를 가리키는 말로 보통 사용하는 단어(λόγος, *logos*) 대신 ῥῆμα(*rhēma*)라는 말을 쓴다. 이 두 단어는 거의 같은 말로서 종종 서로 바꿔 쓸 수도 있다.[212] 하지만 ῥῆμα는 어

---

207) 그리스어로 μάχαιρα다. 이것은 양쪽에 날을 세운 단검으로서 백병전에 사용했다. 이는 많은 그림들에서 볼 수 있는 무거운 장검인 ῥομφαία와 다르다.

208) 그러나 이것이 출처를 나타낸다 하여, 마치 검이 **영**으로부터 나온 것처럼, "기원"(origin)을 뜻하는 것은 아니다. 다만 이 말은 **영** 때문에 그 검이 효험을 발휘한다는 뜻이다(참고. Schnackenburg, 279; Lincoln, 451).

209) "검"이 곧 "하나님의 말씀"임을 설명해주는 관계대명사절이 뒤따르지 않는다면, 우리는 필시 "**영의**"라는 말을 앞에 있는 세 소유격("의의", "믿음의", "구원의")처럼 동격어로(="**영**을 너희 검으로 취하라"로) 이해했을 것이다. 이전의 일부 해석자들은 이곳의 "**영의**"가 동격어라고 주장했지만, 설득력이 없다.

210) 이 본문에서 어려운 문제 중 하나는 이 관계대명사가 문법상 "**영**"을 선행사로 취하지만, 절의 의미를 놓고 보면 그 선행사가 "검"이 되어야 한다는 사실이다. 이것은 문법에서 말하는 "견인"(牽引, attraction)의 한 예임이 분명하다. 이런 경우에는 관계절이 비단 "검"만이 아니라, 선행사가 속한 문구 전체("**영의 검**")를 수식한다(참고. Lincoln, 451). 결국 이 본문에서는 관계대명사가 바로 앞에 있는 단어인 "**영**"에게 끌려간다[그리스어 본문을 보면, τὴν μάχαιραν τοῦ πνεύματος, ὅ ἐστιν ῥῆμα θεοῦ (**영**의 검을 [가질지니], 곧 하나님의 말씀이라)로 되어 있다   옮긴이].

211) 가령 살전 1:8; 2:13; 살후 3:1; 고전 14:36; 고후 2:17; 4:2; 골 1:25을 보라; 참고. 골 3:16에 있는 "그리스도의 말씀." 반면 살전 4:15에 있는 "주의 말씀"은 십중팔구 예수가 하신 어떤 말씀이나 바울 자신이 주님으로부터 받은 어떤 계시를 가리킬 것이다. 우리는 "하나님의 말씀"을 성경을 가리키는 말로 쓰곤 하지만, 바울은 전혀 그렇게 사용하지 않는다.

떤 시점에 한 말 자체에 강조점을 두는 반면, λόγος는 "메시지"의 내용을 강조하는 경우가 빈번하다. 만일 이런 구분이 여기서도 유효하다면, 바울은 필시 로마서 10:17과 마찬가지로 여전히 복음을 언급하는 셈이다. 그러나 이제는 **영**에 감동되어 실제로 복음의 메시지를 "말로 제시하는 것"에 강조점을 둔다.[213] 이 시대에 더 가까운 말로 표현해보면, 그들에게 **영**의 검을 취하라고 촉구하면서 그 검을 "하나님의 말씀"과 동일시한다고 표현할 수 있겠다. 하지만 바울은 그 "검"을 성경책과 동일시하는 게 아니라, 그리스도를 선포하는 말씀, 곧 우리가 정녕 이 성경이라는 책 속에서 발견할 수 있는 말씀과 동일시한다.

어쨌든 바울이 특히 그들에게 사용하라고 독려하는 유일한 무기는 "하나님으로부터 나온 말씀",[214] 곧 하나님의 **영**이 부어주시는 능력을 힘입어 선포하는 말씀이다. 바울은 "말씀"에 푹 빠지는 것을 단순히 이 시대 일부 은사주의자들이 이야기하는 것처럼 이해하지 않았을 것이다. 말하자면 우리가 마귀에 맞서 말하는 것이 곧 마귀를 격파하는 것이라는 식으로 말하지 않았을 것이라는 말이다. 바울이 가진 목표는 그보다 더 높았다. 하나님은 분명 우리에게 말씀하실 것을 갖고 계신다. 그러나 그 말씀은 사탄을 향해 그때그때 생각나는 대로 하시는 말씀이 아니다. 그렇게 이해하게

---

212) 가령 롬 10:17을 보라. 거기서 바울은 그리스도를 알리는 메시지를 가리키는 말로 ῥῆμα τοῦ Χριστοῦ를 사용한다[실제로 사용한 말은 διὰ ῥήματος Χριστοῦ (그리스도의 말씀으로)다 — 옮긴이]. 물론 여기서도 바울이 ῥῆμα를 골라 쓴 것은 필시 앞에서 "들음"을 강조했기 때문일 것이다. 결국 바울이 강조하는 것은 그리스도를 전하는 메시지를 "말함"이며, 이 메시지는 이를 말하는 대상인 사람들이 "듣는" 것이다. 바울이 ῥῆμα가 등장할 법한 자리에서 λόγος를 사용한 연유를 알아보려면, 앞의 주를 보라.

213) Salmond, 388; Barth 2.771; Lincoln, 451도 같은 견해다. Mitton, 227; Houlden, 339; Patzia, 290은 견해를 달리한다. 이들은 전하는 말씀이 본질상 그때그때 정황에 따라 주어진 말씀임을 강조한다: "하나님의 모든 말씀은 하나님의 **영**으로부터 나온다"(Patzia). 바울은 지금 사람이 영으로 말미암아 하는 모든 말이 하나님의 말씀이라는 말을 하는 게 아니다. 오히려 바울은 이 무기와 다른 길을 통해 우리가 알게 된 어떤 것, 곧 복음의 메시지를 말로 제시함을 동일시한다.

214) 따라서 이 소유격은 주어로 이해하기보다(즉 "하나님이 하시는 말씀"으로 이해하기보다) "출처"(source)를 나타내는 소유격으로 이해해야 한다.

되면, 우리가 사는 이 세상에서 이 본문이 인정한 것보다 훨씬 더 큰 권세를 사탄에게 부여하는 꼴이 된다. 오히려 18-20절이 확인해주듯이, **영**의 검인 "하나님의 말씀"은 어둠의 영역에서 복음을 신실히 선포함으로써 남녀노소가 이를 듣고 사탄의 손아귀로부터 구원을 받게 하는 것을 말한다.[215]

18절 앞에서 언급했듯이, 이 본문은 애초부터 다음 난제들을 안고 있다. (1) 이 분사절과 17절의 관계 및 이 분사절과 14-16절의 관계, (2) "**영** 안에서/**영**으로 기도함"이 정확히 말하고자 하는 것, 그리고 (3) 이 문구와 문장의 나머지 부분(19-20절)의 관계가 바로 그런 난제들이다.

1. 해석자들과 번역자들은 보통 새 명령문을 18절에서 시작한다.[216] 그리하는 이유는 이해할 수 있다. 바울이 실제로 제시한 이미지들, 그중에서도 특히 갑주라는 이미지가 17절을 넘어 이어지는 것처럼 보이지 않기 때문이다. 뿐만 아니라, 19-20절의 내용은 새로운 방향으로 나아가는 것처

---

215) 루터는 이 본문이 말하는 의미를 자신이 지은 위대한 찬송인 *A Mighty Fortress* ("내 주는 강한 성이요")에서 이렇게 살려놓았다.

> And though this world, with devils filled, should threaten to undo us;
> We will not fear, for God has willed his truth to triumph through us.
> The prince of darkness grim, we tremble not for him;
> His rage we can endure; for lo! his doom is sure;
> *One little word shall fell him.*
> *The word above all earthly powers, no thanks to them, abideth;*
> *The Spirit and the gifts are ours,* through him with us sideth.[11]
> 마귀로 가득한 이 세상은 우리를 멸하려 위협하나
> 우리는 두려워하지 않으니, 하나님이 우리를 통해 당신의 진리가 이기길 원하시기 때문이라.
> 어둠의 제왕은 잔인해도, 우리는 그 때문에 떨지 않네.
> 그의 분노도 우리는 견딜 수 있네. 보라! 그의 파멸은 확실하다.
> **우리의 작은 말이 그를 쳐부수리라.**
> **그 말이 지상의 모든 권세보다 위에 있으니, 어느 누구도 그에게 감사하지 않네.**
> **영과 은사들은 우리 것이니, 우리와 함께 하시는 그분을 통해 주어졌다네.**

216) 참고. NIV는 새 명령문을 18절에서 시작하고 새 문단을 19절에서 시작한다. 또 NRSV는 새 명령문과 새 문단을 모두 18절에서 시작한다.

럼 보인다. 즉 19-20절은 18절에서 말한 것을 부연하는 것처럼 보이지만, 전쟁이라는 이미지와 직접 연관은 없는 것으로 보이기 때문이다.

반면 바울이 18절에서도 그 은유(병사가 착용하는 갑주와 무기—옮긴이)를 계속 이어가고 있으며,[217] **"영** 안에서 기도함" 역시 병사의 무장 자체와 연관된 것은 아니지만 그래도 이를 전쟁에서 사용할 또 다른 무기로 이해해야 한다고 생각하는 것이 더 타당한 이유들이 있다. 그 가장 분명한 이유가 두 가지 있다. 첫째, 문장의 문법이 이런 견해를 지지한다. 18절의 분사가 17절의 "받다"라는 동사를 수식해주기 때문이다.[218] 이와 달리 보려면, 확실한 증명력을 갖지 못한 증거의 도움을 받는 문법 사례(분사를 명령문으로 사용한 사례)[219]에 호소해야만 한다. 또 어쨌든 이 분사절이 여기서 명령의 의미를 가지는 것도 오직 이 분사절이 17절의 명령문에 의존하기 때문이다. 따라서 이 분사절이 17절과 연관성을 유지한다는 전제 아래 이 절을 명령문으로 번역한다 할지라도, 이에 불만을 제기할 수는 없다. 둘째, 우리가 문제 삼는 문구("**영** 안에서 기도함")에 이어 등장하는 은유["이 목적을 위하여(즉 늘 **영** 안에서 기도할 목적으로) 인내하고 기도하며 늘 **깨어 있으라**"]는 그리스도인 병사의 이미지를 계속 이어갈 요량으로 쓴 표현임이 거의 확실하다. 뿐만 아니라, 이 두 모티프들은 바울 서신에서 자연스럽게 어울려 다니는 것들이다.[220] 하나님의 말씀을 선포하는 것은 사람들을 향해 말하는 것이다. 기도는 하나님을 향해 말하는 것이다. 또 바울은 일부러 **영**이라는 수단을 동원하여 기도와 말씀 선포를 함께 묶어놓았다. 때문에

---

217) Schnackenburg, 281; Patzia, 290도 같은 견해다. Robinson, 117과 Scott, 254은 더 긴밀한 연관성을 인정하면서, 17절이 말하는 "하나님의 말씀"은 18절이 말하는 "**영** 안에서 기도함"으로 이해하는 것이 가장 타당하다고 주장한다.

218) 개념상 따지자면, 일부 사람들이 주장하는 것처럼[eyer, 341; Salmond, 389; Abbott, 187; Lincoln, 451; Arnold (*Ephesians*, 106)], 이 분사와 그 동사("받다")를 결국 14절의 "서다"라는 동사에 의존하는 것으로 이해해야 한다는 주장이 가능하다 할지라도, 이것은 엄연한 사실이다.

219) 앞의 5:18-21을 다룬 부분에 있는 주191을 보라.

220) 앞에서 고전 11:4-5을 다룬 부분을 보라.

그가 자기 독자들이 "**영** 안에서 기도함"을 그리스도인들이 "권세들"과 맞서 싸울 때 마지막으로 가져야 할 무기로 알아듣기를 바랐다고 믿는 것이 모든 면에서 합당하다. 결국 바울은 그들이 싸움을 계속할 때 "그들을 이끄는 장수"에게 의지할 것을 독려하는 셈이다.

2. 그렇다면 바울이 "**영** 안에서/**영**으로 기도함"이라는 말을 써서 말하고자 하는 것은 무엇인가? 문맥을 고려할 때, 또 바울이 방금 **영**과 복음 선포를 연계하여 말한 점을 고려할 때, 그는 적어도 **영**이 능력을 부어주심과 기도하는 것을 연계하려는 의도를 갖고 있었다고 봄이 합당하다.[221] 바울은 "**영** 안에서/**영**으로 기도함"이라는 문구를 다른 곳과 마찬가지로[특히 고전 14:14-15과 마찬가지로(참고. 롬 8:26-27)] 기도에서 **영**이 특별한 역할을 하는 기도 형태를 특히 가리키는 말로 사용하려 한다. 어느 면에서 보나 그렇게 생각하는 것이 타당하다. 이런 기도 형태는 반드시 그런 것은 아니지만 십중팔구는 방언으로 하는 기도를 가리킬 것이다. 그 고린도 전서 본문에서 바울은 두 가지 기도 형태를 구별한다. 하나는 "마음으로" 하는 기도다. 바울은 공중이 모인 자리에서는 이런 기도를 하려 한다. 다른 하나는 "**영** 안에서/**영**으로" 하는 기도다. 바울은 혼자 하나님 앞에서 행하는 신앙생활에서는 이런 기도를 하려 한다. 오늘날 교회에 속한 대다수 사람들은 이런 기도 생활을 하지 않는다. 때문에 우리 중 일부는 바울이 말하는 기도를 생소하게 여길지도 모른다. 그렇다면 우리는 필시 우리가 영위하는 교회 생활에 비춰 바울의 삶을 읽어내려고 해서는 안 될 것이다. 바울은 이런 종류의 기도를 고린도전서 14:1-5, 14-19에서 이야기한다. 이는 그가 이런 기도 생활을 꾸준히 이어갔으며 고린도 신자들에게도 그와 같이 행하기를 독려했다는 것을 증명해준다. 로마서 8:26-27(찾아보라)도 고린도전서의 이 경우와 같을 가능성이 아주 높다. 만일 바울이 이

---

221) 이전의 일부 해석자들은(Westcott, 97; 더 자세한 명단은 Meyer, 342을 보라) 이것이 사람의 영을 가리킨다고(=단지 입술만으로 하는 게 아니라 중심에서 나온 것이라고) 이해했다. 이것은 바울의 시각이 아니다!

렇게 더 구체적인 "**영** 안에서 기도함"을 염두에 두었다면, 우리는 이런 기도의 본질에 관한 이해를 기꺼이 넓히려고 해야 한다. 이런 기도는 비단 하나님께 비밀을 말하거나, 하나님을 찬송하고 송축하거나, 현재 우리가 약함에 빠져 있을 때 "형언할 수 없는 신음들"을 토해내는 것만을 말함이 아니라, 끊임없는 전투에서 적들을 상대하는 방법이기도 하다.

사람에 따라 이런 입장을 취할 수도 있고 취하지 않을 수도 있다. 그러나 이 본문은 바울이, 오늘날 대다수 신자들과 달리, 기도를 무엇보다 **영**이 주시는 능력을 힘입어 하는 행위로 여겼음을 보여준다. 아울러 이 본문은 **영**이 우리가 계속하여 사탄과 벌이는 "전쟁"에서도 긴요한 역할을 한다고 일러준다. 바울은 그들이 그리스도가 복음을 통해 제공해주시는 갑주를 입는 것뿐 아니라, **영**이 주시는 능력을 힘입어 복음을 선포하고 **영**의 감동으로 기도하여 원수와 맞서 싸우는 일에도 관심을 기울였다. 이 문맥은 투쟁을 이야기하고 "잔인하고 무자비한 어둠의 제왕"에 맞서 싸움을 이야기한다. 오직 "**영** 안에서 기도"할 때에만 이런 투쟁을 감당해낼 수 있다.

하나님 백성이 자기 자신의 힘으로 말하며 때로는 자포자기 상태에서 올리는 연약한 기도도 저 높은 곳에서 들으시는 기도다. 그러나 분명 이런 기도는 "원수가 참패하여 도망가게 만드는" 기도는 아니라는 것을 말해두어야 할 것 같다. 우리는 우리가 마땅히 어떻게 기도해야 하는지도 알지 못한다. 때문에 비록 사람에 따라 "**영** 안에서/**영**으로 기도함"이라는 문구를 달리 이해할 수도 있지만, 그래도 우리는 이런 기도에 더욱더 의지해야 한다. 기도는 단순히 우리가 절박할 때 부르짖는 외침도 아니요, 하늘에 계신 우리 **압바**께 우리가 요구하는 것들을 줄줄이 적어 제시하는 "잡화목록"도 아니다. 기도는 하나님 바로 그분이 하나님의 성령을 통해 감동하심으로 행하는 활동이다. 기도는 하나님이 당신 백성과 함께하심이요, 하나님의 **영**이 몸소 임재하사 능력을 주심으로 나오게 하는 것이다. 이 기도는 하나님의 뜻, 하나님의 길과 일치한다.

3. 그렇다면 문장의 나머지 부분(18b-20절)은 어떻게 이해해야 하는가?

이 부분도 방금 말한 모든 내용과 관련 있는가? 바울은 늘 자신을 위해 기도해달라는 요청으로 그가 쓴 서신을 끝맺곤 한다. 그러나 우리가 지금 보는 문장은 그런 요청을 담고 있으면서도 아주 다른 방향으로 나아간다. 우선 바울은 자신이 앞서 말한 것과 연계하는 내용으로 이 부분을 시작한다. "이 목적을 위하여"라는 말이 그 증거인데, 이는 곧 "그들이 가진 '전쟁' 무기 중 하나인 **영** 안에서 드리는 기도를 하기 위하여"라는 뜻이다. 바울은 그들이 "이 목적을 위하여" 늘 인내하고 기도하며 "깨어 있기"를 원한다. 이 부분과 18a절이 연관성을 가진다는 것은 여기서도 "영의 전쟁"이라는 이미지가 완전히 사라지지 않았음을 뜻한다. 그러나 이 부분이 주로 강조하는 것은 이렇게 인내하며 기도할 때 다음과 같은 두 가지 방향에 초점을 맞추어야 한다는 것이다.

첫째, 바울은 그들이 모든 성도를 위하여 "**영** 안에서 기도하고", 모든 성도들을 위하여 늘 깨어서 꾸준히 기도해주기를 원한다. 문맥상 이곳은 바울이 개개 "병사"(곧 신자 개인─옮긴이)를 신앙 공동체로 되돌려놓는 곳인 것 같다. 이 신앙 공동체는 비단 지역 차원의 공동체뿐 아니라, 더 크게 모든 지역에 있는 성도들의 공동체까지 아우르는 개념이다. 뿐만 아니라, 이런 공동체는 그들이 공동체로 함께 모여 서로 다른 이들을 위해 기도에 몰두함으로 원수와 끊임없이 투쟁할 수 있는 능력을 늘 공급받는 곳이기도 하다. 바울은 이처럼 원수가 실제로 존재하며 그 때문에 그와 같은 신자들이 서로 그들을 위해 "**영** 안에서 기도"해야 한다고 인식한다.

둘째, 바울은 그들이 바울 자신을 위해 "**영** 안에서 기도"해주길 원한다. 특히 비록 그가 지금은 복음으로 말미암아 사슬에 묶여 있으나 복음을 전할 기회를 얻게 되면 복음을 전하는 "사신"으로서 담대히 전할 수 있게 해달라고 기도해주길 원한다. 결국 이 서신의 마지막 말은 복음 전도의 말인 셈이다. 따라서 **영** 안에서 기도하는 것은 하나님 백성이 원수에 맞서 싸우는 일에도 필요하지만, 바울이 담대히 그리스도를 알리는 일에도 필요하다.

이 마지막 말은 지금까지 바울이 말한 모든 것을 통합해준다. **영**은 말씀 선포에 능력을 부어주심으로써 원수에 맞설 무기 역할을 한다. 마찬가지로 "**영** 안에서 기도함" 역시 하나님 백성이 적의 맹공을 이겨내게 하는 동시에, 바울이 복음을 계속하여 전할 수 있게 해준다. 바울은 이 서신을 이 말로 맺음으로써 이 수신자들의 시선을 그들 자신이 지금 벌이는 투쟁으로부터 이 세상이 계속하여 더 복음을 들어야 한다는 쪽으로 옮겨놓는다. 이 세상은 아직도 어둠의 제왕이 좌지우지하기 때문이다. 이런 식으로 **영** 안에서 기도하지 않는 것은 복음 자체를 저버리는 일이라고 주장할 수도 있겠다. 바울은 복음을 모든 것의 목표로 여기기 때문이다.

결론

우리는 앞서 다양한 **영** 본문을 분석해보았다. 이 분석 결과를 보면, **영**이 이 서신은 물론이요 바울의 복음 이해 전반에서 중심 역할을 한다는 것을 인식하지 않으면 에베소서를 읽더라도 자칫 껍데기만 읽어낼 위험성이 있음을 알 수 있다. 소위 주요 서신들, 그중에서도 특히 로마서와 마찬가지로 여기 에베소서에서도 그리스도인의 삶에서 **영**이 인도자 역할을 하지 않는 부분이 전혀 없다. 또 이 서신은 **영**이 행하는 역할을 구석구석 다루고 언급한다. 실제로 바울이 1:3에서 주장하듯이, 하나님이 그리스도 안에서 하늘들에 있는 모든 복을 우리에게 베풀어주신 것도 **영**이 하시는 일과 관련 있다.

바울 서신 전체에서 볼 수 있듯이, **영**은 바울이 그의 신학적 주장과 성찰을 전개하는 종말론의 기본 틀(곧 "이미 그러나 아직 아니"―옮긴이)을 설명해주는 핵심 요소다. **영**은 우선 "약속의 성령"이시다. **영**이 오심은 하나님이 약속하셨던 새 언약의 성취요 미래를 움직이게 한 사건이다. 따라서

영은 신자들에게 그들이 약속받은 유업을 보장해주시는 "보증금" 역할을 할 뿐 아니라, 우리가 구속의 날에 이르기까지 하나님 소유임을 확인해주시는 "인" 역할을 한다(1:13-14; 4:30). **영**은 우리가 하나님 소유임을 알려주는 표지다. 동시에 **영**은 미래가 이미 시작되었으며 이 미래가 확실히 완성되리라는 것을 알려주는 증거이자 보증이다.

영은 우리가 그리스도 안에서 살아가는 삶을 시작할 때(1:13-14)는 물론이요 그 삶을 계속 이어갈 때도 **반드시 체험할 수밖에 없는** 존재다. **영**은 우리에게 능력 주시는 하나님의 임재로서 그리스도인의 윤리는 물론이요(3:16, 20; 4:3-4, 30; 5:18) 신앙 공동체 안에서 함께 살아가는 우리의 삶에서도(2:18, 22; 4:3-4; 5:18-19) 핵심이 되는 존재다. 또 **영**은 그리스도가 몸소 행하신 사역과 더불어 교회를 형성한 원동력이 되었다(4:4). **영**이 신앙 공동체 안에 임재하심은 하나님이 지금 우리가 사는 세상에 계시는 방법이다(2:22). 또 **영**은 신자들이 서로 하나가 되게 하는 촉매제다(4:3-4). 우리가 늘 **영**으로 충만하면, 우리가 행하는 예배는 노래와 찬송이라는 형태를 띨 것이요, 이를 통해 우리는 서로 가르치고 하나님을 찬송하게 된다(5:18-20).

나아가 **영**은 우리가 하나님과 하나님이 이 세상에서 행하시는 모든 일을(1:17-19) 비단 우리가 얻은 구원뿐 아니라 하나님의 계획 속에서 우리가 차지하는 위치 그리고 그분이 "권세들"을 제압하고 거두신 승리와 관련지어(1:17-21) 이해하는 데도 없어서는 안 될 존재다. 실제로 **영**은 우리가 원수와 투쟁하며 복음을 선포할 수 있게 해주심은 물론이요 우리가 서로 다른 이들을 위하여 기도하고 복음이 더 널리 퍼지도록 기도하게 해주심으로써 원수와 계속 싸움을 벌이는 우리에게 능력을 부어주신다(6:17-18).

마지막으로, 늘 그렇듯이, 우리는 **영**을 하나님의 인격적 임재로 이해해야 한다. 우리 속사람이 **영**이 주시는 능력을 받을 때에 우리는 하나님의 충만함에 이르도록 충만함을 얻을 것이요(3:16-19), 하나님의 모양으로 다시 지어져 갈 것이다(4:23-24, 30). 우리가 하나님을 닮지 않는 것은 다름 아닌 하나님 바로 그분의 **영**을 슬프게 하는 일이다(4:30). 결국 이 서신에서 바울은 우리에게 "늘 **영**으로 충만하라"라는 궁극적 명령을 들려준다. 이 **영**이야말로 하나님이 지금 우리가 사는 세상에 현존하시는 방법이다. 우리가 **영**으로 가득할 때, 비로소 우리 예배와 우리 행위도 하나님의 성품을 드러낸다.

바울은 이런 내용을 대부분 분명하게 이야기하며, 그중 일부는 당연한 전제로 이야기한다. 그러나 이 모든 내용은 하나같이 **영**이 그리스도인의 삶에 관한 바울의 이해에서 중심에 자리해 있음을 일러준다.

[1] 바울은 고후 12:2에서 자신이 셋째 하늘에 갔다 왔다고 말한다. 유대교에서는 하늘이 여러 하늘들로 이루어졌다고 이해했는데, 보통 일곱 하늘로 이루어져 있다고 이해했다. 바울이 쓴 셋째 하늘이라는 말은 왕상 8:27에서 유래한 말이다. 바울이 셋째 하늘을 가장 높은 하늘로 여겼는지 확실치 않지만, 그는 여기에 낙원이 있다고 여겼던 것 같다(참고. F. F. Bruce, *I & II Corinthians*, 246-247).

[2] 13절을 보면, "복음을 믿었다"라는 뜻을 가진 πιστεύσαντες가 먼저 나오고, 뒤이어 곧바로 "약속의 성령으로 인(印)을 받았다"(ἐσφραγίσθητε τῷ πνεύματι τῆς ἐπαγγελίας τῷ ἁγίῳ)라는 말이 등장한다. 때문에 순서상 복음을 믿음이 먼저 이루어지고 그 다음에 **영**을 받음이 이루어진다고 보는 것이다. ἐσφραγίσθητε는 "인을 찍다"를 뜻하는 σφραγίζω의 2인칭 복수 부정과거 수동태 직설법 형태다.

[3] 17절 첫머리에 나온 그리스어 hina는 해석이 무척 까다로운 말이다. 고든 피 교수처럼 17-19절을 16절에서 사도가 말한 기도의 내용을 자세히 일러주는 본문으로 보면, hina는 "곧"이라는 말로 번역하는 것이 좋겠다. 옮긴이가 "곧"으로 번역한 것도 그 때문이다. 루터판 독일어 성경은 16b-17절을 "und gedenke euer in meinem Gebet, daß…"로 번역했는데, 이는 문장 구조상 "또 나는 내 기도에서 너희를 기억(언급)하노니, 곧…알게 되길 간구함이라"로 번역할 수도 있고, "또 내가 내 기도에서 너희를 기억(언급)하노니, 이는…알게 하려 함이라"로 번역할 수도 있다. 그러나 루터판 17-20a절(daß…gewirkt hat)은 그 내용으로 볼 때 사도가 기도하며 수신자를 기억하는 목적을 밝힌 것이라기보다 16절에서 언급한 기도의 내용을 상세히 밝힌 것으로 보는 게 나을 것 같다. 반면 hina를 목적절을 이끄는 접속사로 본다면, hina 이하는 "이는…하려 함이라"로 번역하는 것이 좋을 것이다. 불어 성경인 La Sainte Bible은 afin que 구문을 사용하여 이런 태도를 따랐다. 일본성서협회에서 2006년에 펴낸 신공동역 성서는 17절 서두에 "부디, 제발"(どうか)이라는 부사를 쓰고 쉼표를 찍어놓았는데, 기도하는 자의 간절한 심정을 표현함과 동시에 hina를 그 나름대로 번역해보려고 애쓴 것 같다.

[4] 히브리어 본문을 보면, 그리스어 σύνεσις (συνέσεως는 σύνεσις의 소유격이다)에 해당하는 말이 bhīnāh로 기록되어 있는데, 이는 "이해, 지각, 통찰"이라는 뜻이다(WGH, 95).

[5] "사람들의 아들들"은 그리스어로 οἱ υἱοὶ τῶν ἀνθρώπων이다. 칠십인경은 이 말을 창 11:5에서 하나님과 같아지려고 바벨탑을 건설하는 사람들을 가리키는 말로 사용했다. 개역개정판은 물론 공동번역과 새번역도 "사람들"로 번역했지만, BHS가 제시하는 히브리어 본문은 "사람의 아들들"(בְּנֵי הָאָדָם)이다. 여기서 히브리어 "아담"은 인류를 가리키는 집합명사다(WGH, 10).

[6] 바울은 3절 첫머리를 σπουδάζοντες τηρεῖν으로 기록해놓았다. σπουδάζοντες는 "서두르다, …하려고 힘쓰다"를 뜻하는 σπουδάζω의 남성 주격 복수 현재분사 능동형이다. 또 τηρεῖν은 "지키다"를 뜻하는 τηρέω의 현재 능동태 부정사다. 결국 이 두 단어를 함께 해석하면 "힘써 지킴(지키라)"이 된다. 저자가 3절의 분사절을 마지막 분사절이라 말한

것은 그리스어 본문이 3절 끝에 중간 마침표를 찍어놓았기 때문이다.

[7] 그리스어 본문의 ποιμήν은 본디 "목자"를 뜻한다. 개역개정판과 새번역은 이를 "목사"로 번역했으나, 공동번역은 "목자"로 번역했다. 루터판 독일어 성경도 "목자들"을 뜻하는 Hirten으로 번역했으나, La Sainte Bible은 목자와 목사라는 뜻을 겸하여 가진 pasteurs로 번역해놓았다. 일본성서협회에서 펴낸 신공동역 성서는 "목자"(牧者)로 번역해놓았다.

[8] chārātām (צרתם)은 "아이를 낳을 때의 고통"을 뜻하는 히브리어 chārāh에 "그들의"라는 소유격 접미어를 붙인 말이고, chār는 chwr의 kal 분사로서 "함께 묶다"라는 뜻이다. WGH, 678-679, 694-695. 문제는 lo다. 이 말은 영어의 not에 해당하는 말이어서, 이 히브리어 본문을 그대로 번역하면 "그가 산고(産苦)와 같이 격심한 그들의 모든 고통에 (자신을) 함께 묶지 않다(즉 동참하지 않다)"가 되어버리기 때문이다. BHS와 달리 Biblia Hebraica Leningradensia는 이 말에 아예 모음부호를 달아놓지 않았다.

[9] 393-457년경. 초기 기독교 교부이며 시리아 주교를 지냈다. 동방 교회를 이끈 중심 지도자 가운데 한 사람이었다.

[10] "취하지 말라"는 그리스어로 μὴ μεθύσκεσθε이며, "충만해져라"는 πληροῦσθε다. 둘 다 2인칭 복수 현재 수동태 명령법 형태인데, μεθύσκω와 πληρόω가 각각 원형이다. 그리스어에서는 현재 시제가 어떤 행위나 상태가 계속 이어짐을 뜻한다.

[11] 이 곡의 원제는 *Eine feste Burg ist unser Gott* ("우리 하나님은 강한 성이요")인데, 저자인 피 교수가 제시한 가사는 원곡 가사 중 일부를 영어로 옮겨놓은 것이다. 그러나 이탤릭체로 기록해놓은 부분은 독일어 원곡의 가사와 많이 다르다. 특히 이탤릭체로 된 가사 첫째 줄과 셋째 줄이 그러하다. 그 부분의 원곡 가사는 이러하다.

ein Wörtlein kann ihn fällen. /

… ,

er ist bei uns wohl auf dem Plan

mit seinem Geist und Gaben.

작은 말이 그[마귀]를 무너뜨릴 수 있도다. /

… ,

그가 당신의 **영**과 은사들로

정녕 우리 옆에 계신다네(우리와 함께 출전하신다네).

제10장

옥중 서신: 빌립보서

주석:[1] K. **Barth** (1962; Eng. trans. from [6]1947); F. W. **Beare** (HNTC, 1959); F. F. **Bruce** (NIBC, [2]1989); J. **Eadie** (1858); J. **Gnilka** (HTK, [4]1987); G. F. **Hawthorne** (WBC, 1983); W. **Hendriksen** (1962); J. L. **Houlden** (PNTC, 1970); R. **Johnstone** (1875); H. A. A. **Kennedy** (EGT, 1903); H. A. **Kent** (EBC, 1978); J. B. **Lightfoot** (1913; repr. 1953); E. **Lohmeyer** (MeyerK, [8]1930); R. P. **Martin** (NCBC, 1976); H. A. W. **Meyer** (Eng. trans. 1875); J. H. **Michael** (MNTC, 1928); J. A. **Motyer** (BST, 1984); H. C. G. **Moule** (CGT, 1897); J. J. **Müller** (NIC, 1955); P. T. **O'Brien** (NIGNT, 1991); M. **Silva** (WEC, 1988); M. R. **Vincent** (ICC, 1897).

빌립보서는 에베소서와 판이하게 아주 사사로운 서신으로서, 마게도냐(마케도니아)의 첫 그리스도인 공동체에게 보낸 것이다. 그곳 신자들은 그리스도 안에서 바울의 막역한 벗들이 되었다. 이 서신에서는 그들이 서로 나누었던 온정과 사랑이 숨 쉰다. 또 바울이 이야기하는 대다수 내용들을 들

---

1) 다음 주석은 이 장에서 저자의 성(姓)으로만 언급하겠다.

여다보면 그 밑바닥에는 이심전심의 동질감이 흐른다. 바울을 향한 그들의 사랑은 그들이 로마에서 옥고를 치르는[2] 바울에게 에바브로디도를 통하여 선물을 보내게 한 동인(動因)이 되었다. 그러나 (서신을 언뜻 살펴보면)[3] 에바브로디도는 로마로 가던 도중 병을 얻었으며, 이로 말미암아 죽음의 문턱까지 이르렀다(2:30). 그러나 하나님은 그를 살려주셨다. 이제 에바브로디도는 빌립보로 돌아가게 되었고, 이 기회를 빌려 바울은 빌립보 신자들에게 서신을 써 보냈다. 바울은 그들이 보내준 선물에 감사를 표시하고, 자기 근황이 어떠한지 설명했다(복음이 지금도 계속하여 전진하고 있으니 좋고 감사할 따름이다). 또 으레 그렇듯이, 바울은 이 서신을 써 보내는 기회에 그들더러 (하나가 되라고) 권면하고 (유대교로 돌아가려는 이들에게 맞설 것을) 재차 경고한다.[4]

---

2) 물론 이는 지금도 논쟁 중인 문제다. 일부 학자들은 바울이 옥살이를 하는 곳이 에베소라고 생각한다(하지만 당시 에베소에는 황제 근위대가 없었기 때문에, 대다수 학자들은 이 견해를 지지하지 않는다). 가이사랴라고 생각하는 학자들도 있다[바울이 거기서 옥고를 치른 일이 알려져 있고, 누가가 가이사랴에 있었던 헤롯의 궁전(praetorium)[1]을 언급한 사실(행 23:35)을 그 근거로 든다]. 전통적 견해는 로마를 지목한다. 우리가 아는 대로 바울이 로마에서 옥고를 치른 사실(행 27-28장), 로마가 황제 근위대의 본거지였다는 사실(빌 1:13), 그리고 빌립보서가 황제의 집안 식구를 언급한다는 사실(빌 4:22) 때문이다. 이와 달리 생각해야 할 내부 근거들이 전혀 없다(거리 문제를 다룬 뒤의 주3을 보라). 때문에 달리 전통적 견해가 틀렸다고 봐야 할 이유가 없다. 가이사랴를 옹호하는 견해를 살펴보려면, Hawthorne, xxxvii-xliv을 보라; 전통적 견해를 살펴보려면, (근래 나온 책 중) Silva, 5-8과 O'Brien, 19-26을 보라.

3) 이 서신이 로마에서 기록되었다고 볼 경우(앞의 주를 보라) 생길 수 있는 난점들 가운데 하나는 빌립보와 로마 사이의 거리, 그리고 이 서신이 말하는 내용에 비춰볼 때 (여러 사람들이) 두 도시를 오고갔을 여행 횟수다(혹자는 최대 5회까지 주장했지만, 빌립보와 로마 사이의 거리로 보아 너무 많다고 여기는 이가 많다). 가장 훌륭한 해답은 이렇다. 에바브로디도는 로마로 가던 도중 병을 얻었으며, 그와 함께 로마로 가던 사람 중 하나가 고향으로 돌아가 이 소식을 알렸다. 한편 에바브로디도(그리고 아마도 다른 사람들)는 선물(빌립보 사람들이 바울에게 전하도록 맡긴 선물 — 옮긴이)을 갖고 로마로 계속 나아갔다. 당시 상황을 이와 비슷하게 재구성한 내용을 보려면, C. O. Buchanan, "Epaphroditus' Sickness and the Letter to the Philippians," *EvQ* 36 (1964), 157-66을 보라. Buchanan은 여행 횟수를 3회로 줄여 본다[바울이 옥에 갇혔다는 소식이 빌립보에 이르나; 에바브로디도(와 다른 사람들)가 로마로 가나; 에바브로디도가 빌립보로 돌아오다]. 또 바울이 옥에 갇혔다는 소식이 빌립보에 이른 경우도 꼭 누군가가 로마에서 빌립보로 와 전달해주었다고 볼 필요는 없다.

4) 바울은 이전에도 이 문제를 그들에게 이야기한 적이 있다(3:1). 따라서 이 점을 아주 진지하게 받아들여야 한다.

이 서신은 **영**을 자주 언급하지 않는다(단 네 번만 언급한다). 이 서신이 아주 사사로운 서신인 만큼, 충분히 이해할 수 있는 일이다. 이 서신의 주제를 봐도 **영**을 그리 많이 언급할 필요가 없다.[5] 하지만 신화 속에 나오는 미다스(Midas)의 왕[2]처럼, 바울의 손길이 닿는 모든 것은 복음으로 바뀐다. 또 바울은 복음에 **영**의 사역도 포함된다고 본다. 때문에 이렇게 비록 우연히 극히 적은 횟수만 **영**을 언급해도 이 내용들이 **영**의 활동에 관한 바울의 이해에서 없어서는 안 될 몇몇 측면들을 되울려준다는 점은 결코 놀라운 일이 아니다.

영을 언급한 첫 번째 경우에(1:19) 바울은 자신을 위한 그들의 기도가 "예수 그리스도의 **영**"을 새롭게 "공급"해주시는 결과로 이어지길 기대한다. 그 **영**이 바울 자신 안에 효과 있게 임재하시면, 바울이 자유를 얻든 죽임을 당하든, 그리스도가 존귀하게 되실 것이다. 다음으로 **영**이 등장하는 경우들을 보면(1:27; 2:1), 고린도전서 및 에베소서와 마찬가지로, **영** 안에서 살아가는 삶이 신앙 공동체가 하나가 되어야 한다고 호소하게 만드는 근거가 된다. 그리고 마지막 경우를 보면(3:3), 바울은 다시금 **영**을 하나님이 몸소 육과 토라의 유효한 대안으로 제시해주신 것이라고 말한다. 여기서는 바울 서신이 구사하는 대조들 가운데 상당히 특이하면서도 강력한 대

---

5) 그러나 바울 신학에 비춰볼 때, 일부 주석가들이 주장한 것처럼, **영**은 분명 1:11이 말하는 "의의 열매"를 맺게 해주시는 분이자, 2:12-13의 말대로 그들 안에서/그들 가운데서 이루어지는 하나님의 역사하심이 하나님이 기뻐하시는 뜻과 행함으로 이어지게 해주시는 분이다. 아울러 다른 이들은 **영**이 3:15-16의 언어["하나님이 그것을 너희에게 계시해주실 것이다"; "우리가 이미 받은 것에 합당하게 살아가자"(참고. 갈 5:25)] 뒤에도 가까이 자리해 있다고 인식했다. 그러나 나는 이 책의 기본 요소들에 맞추어 이번 장에서는 이 본문들 가운데 어느 것도 살펴보지 않을 것이다. 아울러 이 서신에서는 중요한 "능력" 본문이 있다(3:10, "그의 부활의 능력"). 그러나 그 본문도, 비록 능력을 그리스도의 부활과 결합하여 독특한 언어로 표현해놓긴 했지만, 역시 해당 문맥(특히 11-16절)의 산물일 뿐이다. 뿐만 아니라, 3:10의 능력은 그리스도가 중심이심이 아주 분명하게 드러난다는 점에서 십중팔구 **영**을 환유(換喩)한 말이 아니다. 실제로 이 경우에 **영**이 그 능력이라는 언어의 뒤편에 그렇게 동떨어져 자리해 있는지 의문이 든다. Max Turner는 3:21에서 "**영**이 '만물을 자기에게 복종케 하실 수 있는 능력'의 모습을 하고 등장한다"라고 주장하는데("Significance," 57), 이 주장 역시 의문이 들기는 마찬가지다. 분명 다른 곳에서는 이 언어를 **영**을 가리키는 말로 사용하지 않는다.

조들 가운데 하나가 등장한다.

▪ 빌립보서 1:18c-20

¹⁸더욱이[6] 나는 기뻐하리니, ¹⁹이는[7] 내가 이것이 너희 기도들[8]과 예수 그리스도의 **영**의 공급을 통하여 나를 "구원"[9]에 이르게 할 줄 알기 때문이요, ²⁰내 자신의 간절한 기대와 소망대로, 곧 어떤 점에서도 내가 부끄러움을 겪지 않고, 도리어 반대로 그리스도가, 온 천하가 다 알게, 늘 그랬듯이 지금도, 삶을 통해서든지 죽음을 통해서든지, 내 몸에서 존귀하게 되실 터이기 때문이라.

바울은 지금 자기를 둘러싸고 펼쳐진(그리고 펼쳐지는) 일들을 바라보는 자

---

6) ἀλλά를 이렇게 번역한 연유를 알아보려면, Margaret E. Thrall, *Greek Particles in the New Testament: Linguistic and Exegetical Studies* (Grand Rapids: Eerdmans, 1962), 14; 참고. BAGD. 이 사전은 이 용례를 "의미를 강조하는 용법"(ascensive)이라 말하면서, 간결하게 설명한다[=and not only this (v.18ab) but also; BDAG, 45은 "(not only this), but rather"로 더 간결하게 설명한다 — 옮긴이].

7) P⁴⁶ B 1175 1881 Ambrosiaster는 (γάρ 대신 — 옮긴이) δέ로 기록해놓았다. 물론 이 사본들이 제시하는 이런 조합에 반대하길 주저하는 사람도 있다. 그러나 여기서는 δέ가 후대의 것일 가능성이 아주 높다. 만일 δέ가 원문이라면, 앞에 있는 ἀλλά는 순수한 대조의 의미를 잃어버릴 것으로 보인다. 또 그렇게 된다면 ἀλλὰ καὶ χαρήσομαι (χαρήσομαι는 "기뻐하다"를 뜻하는 χαίρω의 1인칭 단수 미래 수동태 직설법 형태다 — 옮긴이)라는 절은 18절에 속할 것이다[많은 사람들이 그렇게 주장한다(가령 Meyer, 41)]: "그리스도가 전파되니 이를 나는 기뻐하며, 정녕 나는 기뻐하리라. 그러나 나는…아니느라." 어쨌든 γάρ가 더 어려운 독법이며, 따라서 이것이 원문이다. 이는 바울이 여기서 새 절을 시작했다는 뜻으로서, 그가 장차 기뻐하겠다고 말하는 이유들을 제시해준다: "…또 이를 나는 기뻐하노라. 또 뿐만 아니라, 나는 또 기뻐하리니, 이는 내가…알기 때문이라"(참고. Hawthorne, 39; O'Brien, 107).

8) 비록 δεήσεως ("간구, 기도"를 뜻하는 δέησις의 단수 소유격이다 — 옮긴이)가 단수이지만, 이것이 "배분 단수"임이 거의 확실한 것을 올바로 이해한 것이다. 특히 고전 6:19과 갈 6:18을 논한 내용을 보라.

9) 그리스어로 σωτηρία다. 바울 서신의 다른 곳에서는 이 말이 종말론에서 말하는 구원을 가리킨다. 그러나 이 경우에는 그 의미가 복잡하다. 이 절 전체["이것이 나를 σωτηρία (구원)에 이르게 할 것이다"]가 욥 13:16(칠십인경)을 글자 하나도 안 고치고 그대로 "인용했다는 사실 때문이다(빌 1:19은 칠십인경 욥 13:16의 τοῦτό μοι ἀποβήσεται εἰς σωτηρίαν을 그대로 옮겨놓았다 — 옮긴이). 뒤의 논의를 보라.

신의 시각을 사람들과 나눈다.[10] 바울은 방금 자신이 옥에 갇힌 일을 되새겨보고 기쁨의 말로 말을 마쳤다(12-18b절). 이제 바울은 미래로 고개를 돌린다. 이 미래 역시 그에겐 기쁨을 주는 원인이 될 것이다. 사실 그가 앞서 자신의 옥고를 되새겨본 내용은 철두철미하게 그가 치르는 옥고가 복음에 어떤 영향을 미치는지 설명해주는 내용이었다. 이제 바울은 우리가 보는 이 본문을 통해 더 사사로운 문제들로 옮겨가서, 그가 어떻게 지내며 그에게 무슨 일이 일어나고 있는지 이야기한다. 그러나 심지어 여기서도 바울은 여전히 그리스도와 복음에 초점을 맞춘다.

이 설명(19-20절) 자체에는 주해하기 어려운 몇 가지 난점이 있는데,[11] 대다수 난점은 **영** 문구가 수식하는 첫 절["이것이 나를 σωτηρία에(구원에, 죄가 없다고 인정받음에, 옥에서 풀려남에) 이르게 할 것이다"]과 관련 있다. 바울은 지금 감옥에서 풀려나는 것(deliverance)을 말하는 것인가[12] 아니면 다른 의미의 "구원"을 말하는 것인가? 이 절이 **영**과 관련하여 말하는 것을 어떻게 이해할 것인가는 주로 이 문장 전체를 어떻게 이해하는가에 달려 있다. 따라서 우리는 먼저 이 문장 전체를 살펴봐야 한다.

이 본문을 해석하는 열쇠는 문학비평을 주창하는 이들이 "본문들 사이

---

10) 빌립보서 첫 두 장의 구조를 해명하는 열쇠는 바울이 τὰ κατ' ἐμέ (1:12; "내 일들"), τὰ περὶ ὑμῶν (1:27; "너희 일들"), 그리고 2:19, 20, 23의 τὰ περὶ ὑμῶν·τὰ περὶ ἐμέ ("너희 일들"/ "내 일들")를 번갈아 사용한다는 사실에 있는 것 같다. 따라서 전체 구조는 "내 일들"을 설명하는 내용(나와 관련하여 일어난 일들과 일어나는 일들; 1:12-26)으로부터 "너희 일들"을 염려하는 내용(그들이 하나가 되어 복음의 진리를 지키기 위해 끊임없이 분투하는지 염려하는 내용; 1:27-2:18)으로 옮겨갔다가, 마침내 "우리 일들"(지금 에바브로디도가 가고 있다는 것과 나중에 디모데가 가면 너희와 내가 서로 더 친밀한 관계가 되리라는 것; 2:19-30)로 옮겨간다.

11) 이 난제들 중에는 (1) 첫 절의 "이것"은 무엇을 가리키는가, (2) 핵심 단어인 σωτηρία ("구원")는 무슨 뜻인가, 종말론 차원의 구원을 말하는가, 옥에서/죽음으로부터 벗어남을 말하는가, 아니면 "무죄임을 인정받음"에 가까운 의미인가, (3) "너희 기도들과 예수 그리스도의 **영**의 공급을 통하여(**영**이 공급해주시는 것을 통하여)"는 우리가 어떻게 이해해야 하는가, (4) 모든 내용의 핵심으로 보이는 마지막 ὅτι절(즉 20절의 "어떤 점에서도…존귀하게 되실 터이기"—옮긴이)은 어떻게 이해해야 하는가와 같은 문제들이 들어 있다.

12) RSV (그리고 NRSV)가 그런 의미로 번역해놓았다: "this will turn out for my deliverance"(참고. NASB, NIV, NEB, GNB). 근래에는 대다수 학자들이 이 견해를 지지한다는 것을 살펴보려면, Hawthorne, 39-44을 보라.

의 상호 텍스트 관계"(intertextuality, 상호 텍스트성)라 부르는 현상, 곧 이전에 기록되었던 본문의 부분들을 일부러 후대의 본문 속에 심어놓는 현상이다.[13] 바울의 영적 생활(영성)과 신학은 철저히 구약이 제시하는 실체들로 물들어 있다.[14] 따라서 우리는 바울이 대다수 경우에 자신의 주장을 뒷받침하는 근거로 구약 본문을 인용하더라도 놀라지 말아야 하며, 이곳처럼 때로는 특정 구약 본문이나 구약 모티프의 언어와 배경을 빌려오거나 아니면 "그대로 되울려주더라도", 나아가 그것을 바울 자신의 배경에 맞춰 뜯어고친 모습을 발견하더라도 놀라지 말아야 한다. 바울이 이 문장에서 행한 일이 바로 그것인 것 같다. 이 문장은 구약이 말하는 "곤고한 자", 특히 욥과 시편 기자의 상황을 그대로 되울려준다. 이들은 극심한 고통을 겪으면서 하나님께 "구원을/그들이 정당함을 증명해주시길" 간구한다. 결국 첫 절인 "이것이 나를 구원에/죄가 없다고 인정받음에 이르게 할 것이다"[15]라는 말도 실상은 욥기 13:16(칠십인경)의 언어를 글자 하나 고치지 않고 그대로 빌려온 것이다.[16] 또 "부끄러움"과 "존귀함"을 나란히 배치해놓은 둘째 절은 시편 34:3-6이나 35:24-28 같은 본문이 기록해놓은 "곤고한 자"라는 언어를 가져온 것이다.[17] 그러므로 비록 이제는 이것이 바

---

13) 이 문제를 알아보려면, 특히 Richard B. Hays, *Echoes of Scripture in the Letters of Paul* (New Haven: Yale, 1989)을 보라. Hays는 그가 쓴 이 책 첫 장에서(pp. 21-24) 이 본문을 이런 상호 텍스트 관계를 보여주는 사례로 활용한다. 여기서 바울은 예전 본문과 그 본문의 문학 정황을 "되울려줌으로써", 그 정황 중 일부를 자신의 상황으로 옮겨놓는 동시에, 자신과 욥의 처지를 몇 가지 분명한 대조를 통해 비교하는 것 같다. 이 견해를 처음으로 주장한 이는 Michael, 46-48인데, 이 견해는 후대에 더 다듬어지지 않았다.

14) 바울 서신에는 이를 증명해주는 증거가 대단히 많다. 롬 1:2과 딤후 3:16을 논한 내용을 보라. 바울의 신학 전제들과 그의 사상 세계를 좌우한 것은 철두철미하게 구약성경이다.

15) σωτηρία라는 말에는 "하나님 앞에서 구원받음"이라는 보통의 의미도 일부 들어 있다. 그러나 이 경우에는 칠십인경과 마찬가지로 바울이 살아가면서 당한 고난, 그리스도의 복음, 따라서 그리스도 자신이 정당하다는 것을 마지막 날 인정받는다는 특별한 의미가 들어 있다.

16) 해석자들은 종종 이 점을 간파해왔다. 이 경우에는 어떤 도입 문구(가령 "성경에 이르기를")도 없기 때문이다. 그러나 언어 자체가 아주 정확하며 "정황"도 아주 비슷하다. 따라서 바울이 여기서 구사하는 언어를 단순히 우연의 일치로 여기기는 거의 불가능하다.

17) O'Brien, 114도 이를 언급한다. 물론 이 두 번째 경우는 조금 다른 종류를 "되울려주는" 사례다. 이 경우는 바울이 욥기 본문을 "인용"하여 **구약이 반복하는 모티프**를 되울려준 경우보다

울 자신의 문장이요 또 마땅히 지금 이 본문 문맥 속에서 이해해야 할 문장이지만, 그래도 바울이 이런 언어를 선택했다는 것은 자신과 욥[18] 및 시편 기자들의 상황이 어느 정도 비슷하다는 것을 일부러 드러낸 언어 구사로 이해하는 것이 가장 적절하다.

바울이 이렇게 구약 본문을 이중으로 되울려주는 것을 볼 때, 바울이 적어놓은 이 빌립보서 문장 중 19-20a절과 20b절은 모두 바울이 처한 상황과 관련하여 동일한 사실을 이야기하는 것임을 알 수 있다. 따라서 19절을 이해하는 실마리는 20절에 있는 마지막 ὅτι절(즉 20절의 "어떤 점에서도…존귀하게 되실 터이기"–옮긴이)에서 발견할 수 있다. 여기서 바울은 그의 "간절한 기대와 소망"의 내용이 무엇인지 이야기한다.[19] 바울은 분명 자신이 "옥고"에서 벗어나는 일에는 관심이 **없다**. 도리어 그는 그가 지금 부닥친 상황이 어느 쪽으로 결론이 나든지(우리는 다만 뒤에 있는 25-26절을 보고 그가 선한 결말을 기대한다는 것을 알 수 있을 뿐이다), 하나님이 바울 자신을 "구해주시고"[20] 그리스도와 복음이 정당함을 확인해주시리라는 것에만 분명하게 관심을 기울인다. 바울은 시편 기자와 마찬가지로 하나님께 소망을 두지만, 이 소망은 그가 받을 재판에서—그 자신이나 그가 전한

구체성이 떨어진다.

18) 욥 13장은 상당히 신랄한 말이다. 여기서 욥은 자신을 "위로하는 자들"(그러나 위로하는 척하면서 통박하는 자들 – 옮긴이)의 시각을 물리친다. 이들은 지금 욥이 부닥친 상황이 "감춰진 죄"가 가져온 결과라고 주장한다. 욥은 실상을 더 잘 알기에, 자기를 변호하는 주장을 "내 발을 차꼬에 채우시는"(13:27) 하나님께 제기한다. 욥의 소망은 하나님께 있다. 욥은 그 하나님 앞에서 자기가 결백함을 주장하려고 한다. 실제로 하나님 앞에서 이런 일이 밝혀지리라는 소망이 바로 "내 구원일 것이다." 하나님을 모르는 자들은 하나님 앞에 나아가려 하지 않기 때문이다(16절). 욥은 구원을 "나는 내가 정당함을 인정받으리라는 것을 안다"(18절)라는 뜻으로 받아들인다.

19) Hawthorne, 39-43은 견해를 달리한다. 호손은 이 ὅτι를 "내가 안다"라는 동사의 두 번째 목적절로 이해한다("나는…나를 구원에 이르게 할 줄을…내 몸에서 존귀하게 될 줄을 안다"). 이 견해는 이 두 번째 ὅτι절에 상당한 무리를 안겨줌은 물론(앞서는 καί가 없다는 것이 특히 난점이다), 이 책이 지지하는 이 문장 전체의 요지를 놓치는 것 같다.

20) 이는 바울이 욥과 마찬가지로 자신 역시 하늘의 법정에서 자신의 정당성이 인정받으리라고 기대한다는 뜻이다.

복음이—"부끄러움"[21]을 겪지 아니하고 도리어 그가 살든지 죽든지 그의 "몸"[22]에서 그리스도가 존귀하게 되시리라는 소망이다.

결국 바울이 기록해놓은 문장의 구조는 이렇다.

더욱이 나는 기뻐하리니,

　　　이는

　　내가…것을(ὅτι) 알기 때문이요

　　　　　이것이 구원에/죄가 없음을 확인해주는 데 이르게 하리라

　　　　　　나를

　　　　　　너희 기도들

　　　　　　　그리고

　　　　　　영의 공급을 통해

　　　　　　　예수 그리스도의

　　　　내　　간절한 기대

　　　　　　그리고

　　　　　　소망대로

---

21) 이 문구는 특히 구약의 가치관을 되울려주는 말로 이해해야지, 주로 불명예, 망신, 혹은 곤혹 스러움을 "느낌"과 연계하는 서구의 전통적 "수치" 개념으로 이해해서는 안 된다. 구약이 말 하는 부끄러움은, 시편이 거듭 표현하듯이, 어떤 사람과 하나님의 관계와 결합해 있는 경우 가 아주 잦다. 하나님의 의인들 가운데 한 사람이 하나님께 자신을 부끄럽게 하지 말고 자신 의 정당성을 인정해주시라고("구해주시라고") 부르짖을 때는 하나님 자신의 명예가 위태로 운 지경에 빠진 때다. 이런 의인이 부끄러움을 당한다는 것은 곧 하나님께 좋지 않은 일이 벌 어진다는 뜻이다. 따라서 이런 절규는 늘 하나님이 당신을 신뢰하는 자가 정당함을 확인해 주시리라는 신뢰와 소망으로 가득 차 있다. 이런 이해를 잘 보여주는 고전적 사례를 가령 시 25:1-3과 34:4-6에서 발견할 수 있다. 이 문제를 알아보려면, H. C. Kee, "The Linguistic Background of Shame in the New Testament," *On Language, Culture and Religion: In Honor of Eugene A. Nida* (Paris: Mouton, 1974), 133-47, 특히 137-38을 보라.

22) 여기서 바울은 σῶμα를 오직 사람의 몸을 가리키는 말로서 이 문맥에서 띤 의미를 지니는 용 어로 사용한다. 만일 바울이 여기서 오로지 "삶"을 곱씹어보고 그런 의미를 말하고자 했다면, 그는 필시 ("내 삶"이라는 의미를 가진) ψυχή μου를 사용했을 것이다. 그러나 "죽음"이라는 말을 쓰는 바람에 ψυχή라는 말은 부적절한 용어가 되고 말았다. 그 때문에 바울은 "몸"이라 는 말을 삶과 죽음이라는 상황을 표현하기에 알맞은 유일한 단어로 사용한 것이다.

곧(ὅτι)

결코

내가 부끄러움을 당하지 않고,

도리어

온 천하가 다 알게

그리스도가 존귀하게 되실 것이라

내 몸 안에서

늘 그랬듯이

지금도

삶을 통해서든지

죽음을 통해서든지

깊은 생각을 담은 채 이어 등장하는 독백은 바울의 관심사가 "옥에서 풀려나는 것"이 아니라, 12-18절이 일러주는 그대로, 그가 풀려나든 풀려나지 못하든, 그리스도가 영광을 받으시는 것임을 확인해준다. 바울은 그리스도가 영광을 받으시는 일이 자신의 죽음을 통해 일어날 수도 있고 자신의 삶을 통해서도 일어날 수 있다고 본다. 나아가 그는 계속하여 이렇게 말을 이어간다. "사사로이 내 자신을 놓고 볼 때, 내가 선택할 수 있다면, **죽는 쪽**이 더 나으리라. 죽음은 결국 '그리스도를 얻는 것'을 뜻할 터이기 때문이라. 그러나 실상 나는 아무것도 선택할 수 없으며, 너희에게는 (내가 —옮긴이) **살아 있는 쪽**이 더 나으리라. 그것이 너희에겐 성장이요 기쁨을 의미하기 때문이라."

결국 바울이 그들의 기도를 필요로 하고 끊임없이 **영**의 공급을 필요로 하는 것은 "옥에서 풀려나는 것" 때문이 아니라(마치 **영**이 그가 옥에서 풀려나도록 도와주시리라 믿어 **영**의 공급을 필요로 하는 게 아니라는 말이다), "기탄 없는 자세"(openness) 내지 "담대함"[23]을 얻으려 하기 때문이다. 이런 자세는, 바울이 결국 어떤 모양이든(그것이 죽음을 통해서든지 삶을 통해서든지)

정당성을 인정받을 때, 그리스도께 영광이 돌아가도록 만드는 원인이 될 것이다. 따라서 바울이 그가 "지금 당하는 일들"을 곱씹어본 이 두 사사로운 성찰(12-18b, 18c-26절)은 오로지 그의 옥살이가 그리스도와 복음에 미치는 영향에 초점을 맞춘다.

그렇다면 수식 문구인 "너희 기도들과 예수 그리스도의 **영**의 공급을 통하여"는 무슨 뜻인가? 몇 가지 문제를 주목하여 살펴볼 필요가 있다.

1. 첫째, 이 문구는 단일 전치사구다. 이 전치사구는 두 개 명사("기도들"과 "공급")로 이루어져 있으며, 이 두 명사는 한 전치사와 한 정관사의 복합 목적어가 된다.[3] 문법상 이것은 바울이 그들의 기도와 **영**의 공급이 지극히 긴밀한 관계에 있는 것으로 보았다는 뜻이다. 바울은 지금 두 실체("너희 기도들"과 "**영**의 도우심")를 말하는 게 아니라(NIV는 두 실체를 말하는 것으로 본다), 한 실체가 지닌 두 측면을 말하는 것이다. 그들의 기도를 통해, 그리고 그 기도와 더불어 하나님이 특별히 **영**을 공급해주심으로, 그리스도가 바울 자신을 통해 존귀하게 되시기를 원하는 바울의 지극한 기대와 소망이 이루어질 것이다.

2. 더 큰 문제는 ἐπιχορηγία라는 말("공급",[24] 자주 "도움"[25]으로 번역하기

---

23) 그리스어로 παρρησία다. 이는 바울 서신에서도 상당히 어려운 단어 가운데 하나다. 이 단어의 기본 의미는 "아무것도 감추지 않고 아무것도 간과하지 않은 채 말하는 솔직함, 담백함"이다(BAGD). 그러나 이 말은 곧 "온 천하가 다 알게", 곧 "사람들 앞에서 터놓고 말함"이라는 의미로 옮겨간다. 결국 이 말은 "대담한 말"이라는 뉘앙스를 얻었으며, 오직 특권을 가진 자들만이 권세를 가진 자들 앞에서 누릴 수 있는 "자신감/담대함"이라는 뉘앙스를 갖게 되었다. 여기서는 십중팔구 "온 천하가 다 앎", 곧 아주 툭 터놓고 모든 이가 다 알 수 있게 그리스도가 바울이 받을 재판 결과와 상관없이 이 재판을 통해 존귀하게 되시리라는 것을 일러주는 말일 것이다.

24) 문헌을 보면 ἐπιχορηγία라는 복합어가 후한 공급을 의미하는 말인가를 둘러싸고 논란이 있다. Lightfoot, Michael, Beare, Motyer는 후한 공급으로 보나, Vincent는 그렇게 생각하지 않는다. 대다수 학자들은 그럴 가능성을 언급하지 않는다. 이것이 더 어려운 문제인 이유는 이 명사와 이 명사의 동족 동사(즉 ἐπιχορηγέω; 신약성경에서는 5회 등장한다 — 옮긴이)가 현존 문헌에서는 드물게 나타나기 때문이다. 어쨌든 이 말에 "후한"이라는 뜻이 담겨 있지 않다면, 우리가 아는 이 말의 용례들은 모두 "충만한" 또는 "적절한" 공급을 의미하는 셈이다.

25) 가령 NIV, RSV, GNB, JB, NAB, Phillips, Hawthorne을 보라.

도 한다)의 의미 그리고 소유격인 **"영"**이 의미상 목적어인가 아니면 주어인가(=즉 **영**이 공급 대상인가 아니면 공급 주체인가)다. 어떤 면에서 보면, 이 둘은 서로 관련된 문제들이다. 비록 바우어(Bauer) 사전과 근래 나온 많은 주석들은 달리 말하지만, "도움"이라는 의미는 사전에서 이런 의미를 지지할 수 있는 증거를 모을 수 없는, 지어낸 의미인 것 같기 때문이다.[4] 도리어 이 말에서 "도움"이라는 의미를 끄집어낸 것은 **영**을 "공급" 대상이 아니라 주체로 보는 것이 학자들이 대체로 가진 확신이었기 때문이다.[26]

이 명사는 흔한 말은 아니며 신약성경의 다른 곳에서도 에베소서 4:16에서만 나타난다(RSV, "with which it is supplied"). 여기서 마르쿠스 바르트(Markus Barth)는 사전의 의미나 문맥에 비춰볼 때 이 말이 보통 가지는 의미를 선호해야 한다는 것을 설득력 있게 보여주었다.[27] 이 명사는 그 동족 동사인 ἐπιχορηγέω로부터 나온 말인데, 이 동사는 언제나 다만 "공급하다, 무언가를 갖추어주다, 필요한 것을 제공하다"를 의미할 뿐이다. 이 동사에 접두어가 붙어 있지 않은 형태(즉 "무언가를 풍부하게 공급하다"라는 뜻인 χορηγέω; BDAG, 1087 — 옮긴이)는 본디 축제에 필요한 노래꾼들과 춤꾼들을 공급한다는 뜻을 가진 말이었다. 그러나 비록 이 말이 원래 가졌던 특정한 의미를 넘어 다른 의미로 옮겨갔더라도, 이 말은 늘 누군가에게 무언가를 공급하거나 제공한다는 뉘앙스를 그대로 보존했다. 따라서

---

26) 우리는 BAGD와 주석가들[특히 Müller, 58n2와 Hendrksen, 74n50을 보라; 이 둘은 사전(辭典)의 증거를 제시하지도 않은 채 "공급"에서 "도움"으로 옮겨갔다]을 통해 이런 의미 변천을 거의 추적할 수 있다. **영**이 ἐπιχορηγία라는 명사에 내포된 의미상 동사의 주어임을 확신하고, **"영**의 공급을 통하여"라는 번역어에서 목적어를 찾기가 힘들어지자(즉 **영**이 무엇을 공급해주신다는 것인지 밝혀내기가 힘들어지자 — 옮긴이), 이 주석가들은 쉽게 "공급"이라는 의미로부터 "도움"으로 넘어가고 말았다. 혼인 계약들을 기록해놓은 파피루스들을 보면, 남편이 그들의 아내에게 필요한 것들을 "공급할 것을" 약속할 때 이 ἐπιχορηγέω라는 동사를 사용한다. 이 때문에 이런 재정적 의미를 지는 영어 단어 "support"를 이 그리스어 동사의 번역어로 사용하게 되었다(실제로 이것이 BAGD가 제시하는 유일한 의미다). 다음 단계, 곧 "support"로부터 "help"나 "aid"로 넘어가는 것은 그저 자연스럽게 보일 따름이었다[그러나 한 마디 덧붙인다면, 영어(혹은 독일어)에서나 자연스러워 보이는 일이었다]. 그리스어 문헌 자료에는 ἐπιχορηγία나 ἐπιχορηγέω를 "도움"이라는 의미로 사용한 증거가 전혀 없다.

27) 에베소서에 관한 그의 주석 2.448을 보라.

이 ἐπιχορηγέω라는 동사, 그리고 ἐπιχορηγία라는 명사가 내포한 의미상 동사는 분명 타동사로서 공급 주체가 공급해주는 것을 나타내는 목적어를 필요로 하거나 염두에 둔다. 우리는 다만 여기서 영어의 "help"라는 말은 십중팔구 그런 뉘앙스(곧 "공급하다"라는 뉘앙스 — 옮긴이)를 갖지 않으며 "누군가를 돕다"라는 의미일 뿐이라는 것을 지적해두어야겠다. 부유한 자가 가난한 자에게 필요한 것을 공급하거나 남편이 그 아내에게 필요한 것을 공급하기로 약조한다면,[28] 그런 의미의 공급이 공급을 받는 자들에게 도움이 되리라는 것은 부인할 수 없을 것이다. 그러나 이 말의 뉘앙스는 돕는다는 개념이 아니라, "제공"이나 "공급"이라는 개념이다.

설령 바울이 여기서 **영**을 "공급"과 연관 지어 표현하려 한다는 것을 증명할 충분한 증거를 사전에서 찾을 수 없다 해도, 이곳과 거의 동일한 용례로서 동족 동사인 ἐπιχορηγέω를 사용한 갈라디아서 3:5(찾아보라)이 이곳에 있는 ἐπιχορηγία의 의미가 "공급"임을 사실상 보증해준다. 갈라디아서 3:5에서는 그 동사를 쓴 부분이 다만 "하나님이 너희에게 **영**을 공급하신다"만을 의미할 수 있을 뿐이다. 바울은 갈라디아서에서 이미 **영**을 "받은" 신자들에게(2절) 하나님이 기적들을 포함하여 계속 **영**을 "공급하심"이야말로 "**율법**의 일들"이 아무런 의미가 없다는 것을 보여주는 보강 증거라고 주장한다. 마찬가지로 바울이 여기서 생각하는 것은 **영**의 "도우심"이 아니라, **영**이라는 선물, 곧 하나님이 계속하여 공급해주시는 **영** 바로 그분이다.[29]

3. 결국 이것은, 여기 본문에 있는 "**영의**"라는 소유격을 "목적격"으로 이해해야 하는가 혹은 "주격"으로 이해해야 하는가를 놓고 자주 논쟁이 벌어지지만, 이 문제는 ἐπιχορηγία의 의미를 결정하는 일과 거의 무관하

---

28) 이것들이(곧 부자가 빈자에게 그리고 남편이 아내에게 필요한 것을 공급하는 경우 — 옮긴이) 문헌에서 볼 수 있는 이 말의 구체적 용례들이다. 「클레멘스1서」 38:2을 보라; MM, 251이 인용하는 파피루스들을 참고하라.

29) Moffatt의 번역은 그 의미를 이렇게 살려놓았다: "and as I am provided with the Spirit of Jesus Christ"(또 내가 예수 그리스도의 **영**을 공급받는 때).

다는 뜻이다. ἐπιχορηγία라는 명사는 "도움"을 뜻하지 않고 "공급"을 뜻할 뿐이다. 또 이 말 자체가 이미 목적어를(뒤따르는 말이 목적어라는 것을 – 옮긴이) 암시한다. 따라서 이 경우에 **"영의"**라는 소유격은 목적격으로 이해해야 한다.[30] 예수 그리스도의 **영**은 "주어"로서 시련에 봉착한 바울을 도우시는 분이 아니라, 그리스도가 존귀하게 되시도록 하나님이 공급해주시는 "목적어"다.

우리는 자기 개인의 신학 성향 때문에 바울이 생각조차 하지도 않았을 의미를 발명해내지 않도록 유의해야 한다. 우리가 다른 곳에서 말했듯이,[31] 우리는 **영**의 사람이 또 **"영**을 받을" 수 있는가를 놓고 고민하지만,[32] 바울은 우리 같은 고민을 하지 않는다. 그런 언어가 우리 눈에는 말이 안 된다 할지라도, 바울이 보기에는 말이 되는 언어였다. 바울에겐 **영**이 움직이지 않는 분이라는 것은 상상도 할 수 없는 일이었다. 그가 신자들이 **영**을 "받는다"(살전 4:8), 또는 신자들이 **영**을 "공급"받는다(갈 3:5; 이곳), **영**을 불 일 듯 일게 한다(딤후 1:6)고 말할 수 있는 것도 그 때문이다. 바울은 신자 개

---

30) 이런 주장은, 이 소유격을 주격으로 보는 주석가들이 압도적 다수임을 고려할 때, 좀 강하게 보일지도 모르겠다. 그러나 이 경우에는 특히 이 말이 아주 드문 말이라는 점에서 목적격으로 보게 하는 증거가 월등한 것 같다. 그러나 바울 자신이 이 말을 바로 이런 식으로 사용한 사례가 다른 곳에 단 하나 있는데, 그곳에서는 "공급"과 "영"이 함께 등장한다. 이 소유격을 주격이라고 주장하는 사람들은 바울 자신이 제시하는 이 단단한 증거 한 조각을 대단히 건성으로 무시해버리는 경향이 있다(가령 Eadie). 여러 사람들이 있지만 그중에서도 특히 Moule, 23; Michael, 49; Lohmeyer, 52; Bruce, 53; Silva, 79이 이 소유격을 목적격으로 [혹은 비슷한 견해이긴 하지만 그 가능성이 덜한 동격(즉 **영**=공급)으로] 본다(참고. G. P. Wiles, *Prayers*, 280). Lightfoot는 이 소유격이 목적격이자 주격이라고 주장한다(즉 **영**을 선물이자 이 선물을 주시는 분으로 본다).

31) 가령 살전 4:8; 갈 3:5; 엡 5:18을 다룬 내용을 보라.

32) 참고. Meyer, 43은 이에 반대하는 목소리를 낸다. 이 반대 의견은 다른 사람들이 제시하는 반대 의견에서도 드러나지 않는 배경이 되는 것 같다: "이 소유격을 목적어로 보면, 적절치 않은 표현이 될 것이다. 바울은 이미 **영**을 **가졌기** 때문이다"(밑줄은 마이어의 강조). 일부 사람들은 여기의 **영**이 요한이 신자 옆에 와서 도우시는 분으로 말했던 파라클레토스[παράκλητος; 개역개정판은 "보혜사"(保惠師)로 번역해놓았으나, 본디 이 그리스어가 옆에 서서 도와주시는 조언자 등등의 의미를 지닌 점을 생각할 때, 보혜사가 그리 정확한 번역은 아니다. EWNT III, 64-67 – 옮긴이]와 유사한 분이라고 주장했다. 그러나 이곳은 바울을 이해할 때 요한이 별 도움을 주지 못하는 바울 서신만의 독특한 사례다.

인의 삶 속에 혹은 신자 공동체의 삶 속에 들어와 사시는 **영**이 늘 새롭게 주어지고 "공급된다"고 본다. 여기서도 마찬가지다. 바울은 현재 옥살이를 하는 그에게 곧 펼쳐질 사건들을 통해 그리스도가 바울 자신 안에서 존귀하게 되시려면 그 자신이 **영**을 새롭게 공급받아야 한다는 것을 안다.

4. 이 모든 내용을 뒷받침해주는 것이 마지막 문제다. 즉 바울은 여기서 **영**이 "예수 그리스도의 **영**"[33]이심을 확인해준다. 이 특이한 명칭은 여기서 제시하는 문장 전체의 의미는 물론이요, ἐπιχορηγία가 사전이 제시하는 증거에 따르면 "공급"이라는 의미일 수밖에 없음을 아주 강력히 뒷받침해준다.

이 수식어(곧 "예수 그리스도의" – 옮긴이)도 역시 소유격 구조인데, 이번에도 이 소유격은 주격으로 볼 수 있다(즉 그리스도가 보내시는 **영**).[34] 그러나 이 문구와 빌립보시의 기도가 긴밀한 관계를 갖는다는 것은 상당히 다른 의미를 시사한다. 바울이 올리는 기도는 하나님 아버지께 올리는 기도인 경우가 아주 많다. 마찬가지로 이 경우에도 바울이 받은 **영**은 하나님의 아들의 **영**일 수 있다.[35] 그리스도는 이런 식으로 당신의 **영**을 통해 바울 안에 들어와 사신다(갈 2:20). 따라서 이 "예수 그리스도"라는 소유격은 관계나 정체성을 규정하는 말로 이해하는 것이 가장 적절하다. 바울은 **영**을 주로 하나님의 **영**으로 생각한다. 그런데 여기서는 그 **영**을 예수 그리스도의 **영**으로 규정한다. 마지막으로 바울은 도우시는 분으로 **영**을 생각할 때, 이 **영**을 불가피하게 **하나님의 영**이라고 말한다.

그렇다면 바울은 왜 여기서 이런 특이한 수식어를 사용했을까? 그 답은 문맥 속에 있다. 바울이 이런 "설명"을 전개하며 시종일관 관심을 기울인 대상은 그리스도와 복음이었다. 이제 바울은 자신이 받을 "구원/정당

---

33) 사실 바로 이 문구는 바울 서신에서도 오직 여기서만 나타난다. 바울은 다른 두 곳에서 **영**을 "그리스도의 **영**"으로 부른다(갈 4:6; 롬 8:9). 그러나 어떤 경우에도 영을 완전한 이름으로 부르지는 않는다.
34) Eadie, 45; Michael, 49; Kent, 117; O'Brien, 111도 이렇게 본다.
35) 갈 4:6과 아주 흡사하다. 그곳에서 바울은 하나님이 "그의 아들의 **영**"을 보내셨다고 말한다.

성(무죄) 확인"의 내용을 표현한 마지막 절을 미리 귀띔하면서, 바울 자신이 오로지 그리스도 바로 그분의 **영**으로 가득할 경우에만 자신이 살든지 죽든지 그리스도가 영광을 받게 되시리라는 것을 안다.[36] 즉 바울(그리고 따라서 그가 전한 복음)이 부끄러움을 당하지 않게 해주시고 그를 통해 그리스도가 존귀한 분이 되게 해주실 수 있는 이는 오로지 **영**으로[37] 바울 안에 들어와 사시는 그리스도뿐이시다.[38]

따라서 이 문구는 우연히 나온 말이 아니다. 바울이 예수 그리스도의 **영**을 "공급받음"이야말로 그리스도가 모든 면에서 영광을 받으시게 하는 핵심 요인이 되기 때문이다. 예수 그리스도의 **영**은 바울이 재판정에 섰을 때 바울을 통하여 능력 있게 살아 움직이실 것이다. 아울러 우리는 이런 문구 그리고 이 문구와 신앙 공동체가 올리는 기도 사이의 긴밀한 관계를 통해 바울 자신의 영적 삶(영성)이 어떠했으며 그가 **영**이 그런 삶 속에서 하는 역할을 어떻게 이해했는지 알 수 있는 정보를 아주 많이 습득한다. 바울은 그리스도인의 삶을 다른 사람들과 단절한 채 살아가는 삶으로 생각하지 않는다. 바울은 지금 옥에 갇힌 자요 재판을 앞둔 사람일 수 있다. 그러나 빌립보 사람들(그리고 다른 사람들)과 바울은 **영**을 통해 떼려야 뗄 수 없게 결합해 있다. 그 때문에 바울은 그들의 기도 그리고 하나님이 그 아들의 **영**을 은혜 가운데 공급해주심이 곧 하나님이 바울과 바울의 복음 변호를 통해 당신이 거듭 영광을 받으실 목적으로 사용하시는 수단이 되

---

36) 참고. Meyer, 43. 이것이 가령 Eadie가 제시하는 더 신학적인 설명보다 더 나은 견해인 것 같다. 그는 이 소유격이 기원이나 출처를 가리킨다고 보아 높이 올림을 받으신 주님이 **영**을 부어주신다고 주장한다; 참고. Michael, 49.

37) 참고. Barth, 34, "**영**은 인격을 입으신 주님(the Lord in Person)이시다."

38) Hamilton (*Holy Spirit*, 12, 35)은 논거나 사전의 증거도 없이 전혀 타당성이 없는 견해를 제시한다. 즉 그는 바울이 **영**을 하나님이 "죽음에 직면한 그(바울)와 그리스도의 관계가 끊어지지 않도록 그에게 갖춰주신 분"으로 본다고 주장한다(12). Hui ("Concept," 70-71)는 바울이 재판정에 섰을 때 **영**이 도와주실 것이라고 말씀했던 예수의 약속(마 10:20과 평행 본문들)을 곱씹고 있다고 주장한다. 그러나 이 주장도 결국 사전 앞에서 무너지고 만다(그는 ἐπιχορηγία를 "assistance"로 번역하지만, 사전에는 이를 지지하는 증거가 전혀 없다).

리라고 추정한다.

바울 서신에는 영적 삶을 그렇게 이해하는 시각이 전면과 중심에 자리해 있다. 이 책의 앞 장(제9장) 말미에서 언급했지만, 그런 이해는 필시 이 서신보다 불과 몇 달 앞서 써 보냈을 서신(곧 에베소서—옮긴이)이 마지막 부분에서 제시하는 명령문들과 일치한다. "에베소 사람들"이 **늘 영 안에서 기도할 때**(6:18) 그들은 주 바로 그분 안에서 강해질 수 있고(6:10) 바울이 "사슬에 묶인 사신이 되도록 만든 일, 곧 복음의 비밀을 알리는 일을 담대히 행하게"(6:19-20) 도울 수 있을 것이다. 후대 교회는 기도와 **영** 사이에 존재하는 이런 긴요한(그리고 역동성이 넘치는) 관계를 늘 진지하게 받아들이지는 않았다. 그렇다 해도 바울이 이런 관계를 그리스도인의 삶에서 중심에 자리한 것으로 보았다는 점은 의심할 여지가 없다.

■ **빌립보서 1:27**

오직 너희는 그리스도의 복음에 합당한 시민으로 살아감으로써, 내가 가서 너희를 보든지 혹은 너희를 떠나 있든지 너희 상황과 관련한(about your situation)[39] 말을 들을 때, 너희가 한 **영** 안에 견고히 선 채, 복음의 믿음 안에서[40] 한 사람처럼(한 마음으로) 분투한다는 말을 듣게 하라.

---

39) 다소 과장된 이 번역은 번역문 속에 중성 복수 정관사(τά)를 확실히 포함시키려는 시도의 산물이다. 대다수 영역 성경들은 그냥 "너희와 관련한"(about you)으로 번역해놓았다. 그러나 이런 번역은 정확하지 않을뿐더러, 독자들이 이 작은 문구가 1:27-2:18과 1:12-26 및 2:19-30을 연결해주는 구조 표지(structural signal)를 제공한다는 점을 보지 못하게 만들어 버린다. 앞의 주10을 보라.

40) 이 문구는 특히 번역하기 힘들다. 때문에 나는 그리스어 본문을 글자 그대로 옮겨놓았다. 이 말은 "복음을 향한 너희 헌신에서"라는 뜻인가(가능성이 낮은 해석이다), 아니면 "복음 안에 있는 믿음 안에서"라는 뜻인가?(이 경우에 "믿음"이라는 말을 사용한 것이 "바울답지 않다"는 생각이 들지만, 그래도 더 가능성이 높은 해석이다) 참고. 갈 2:5, 14; 골 1:5에 있는 "복음의 진리."

바울은 이 명령문을 사용하여 "내 일들"(12절)로부터 "너희 일들"[41]로 옮겨간다. 이 "너희 일들"이 그가 여기서부터 2:18까지 세세히 다룰 관심사가 될 것이다. 바울은 빌립보 공동체 안에 어떤 불화가 있다는 것을 알았다(분명 에바브로디도로부터 이를 전해 들었을 것이다). 특히 빌립보 교회의 두 지도자인 유오디아와 순두게가 몇 가지 문제들을 놓고 의견 합치를 이루지 못했다는 사실은 그런 불화를 증명해준다. 이 문제는 공동체 내부의 "싸움"이나 "분열" 정도에 이르지는 않았다.[42] 그러나 겉 다르고 속 다른 행동들이 있었고, 자만심과 이기적 야망의 냄새가 풀풀 나는(2:3) "불평과 논쟁"(2:14)이 있었다. 바울은 이런 문제를 초기에 잘라내 버려야 한다고 느낀다. 그렇게 겉 다르고 속 다른 행동은 그리스도와 일치하는 모습이 아닐뿐더러(2:5-11), 이들은 친밀한 벗들이기 때문이다.[43]

그래서 이 서신에서 **영**을 이야기하는 두 본문도 이 단락(1:27-2:18)의 서두 근방에서 등장한다. 이 단락은 그들이 빌립보에서 그들의 본향인 하늘의 "시민들"로서 그 "시민다운" 삶을 살아낼 것을 호소하는 형태를 띤다.[44] **영**을 이야기한 두 본문 중 첫 번째는 사실 **영** 본문임이 그리 뚜렷하게 드

---

41) 앞의 주10을 보라. 12-26절에서는 1인칭 단수 대명사가 주로 등장하지만 이 문장부터 2:18까지 이어지는 본문에서는 줄곧 2인칭 복수가 등장한다는 점이 이 사실을 더 확실하게 증명해준다.

42) 이런 모습은 가령 고린도에서도 볼 수 있다. 이런 사실은 바울이 그들에게 하는 호소들의 종류 그리고 "다툼"과 "분열"이라는 말이 없다는 사실이 증명해준다. 빌립보 교회의 상황을 이렇게 보는 견해를 살펴보려면, Kennedy, 430을 참고하라: "빌립보 교회 안에 심각한 분쟁이 있었다고 추정할 이유가 전혀 없다. 그러나 유오디아와 순두게의 경우는(4:2) 위태로운 흐름을 드러낸다."

43) 바울이 4:1("나의 사랑하고 사모하는 형제자매들, 나의 기쁨이요 나의 왕관")에서 다시 이런 내용을 이야기할 때 애정을 표현하는 말들을 "지나치게 많이 사용함"(우리에게는 그렇게 보일 수 있다)은 이런 이유 때문이다.

44) 명령문인 πολιτεύεσθε ("삶을 살아가다, 처신하다"를 뜻하는 πολιτεύομαι의 2인칭 복수 현재 중간태 명령법 형태다 — 옮긴이)와 이 동사의 동족 명사인 3:20의 πολίτευμα ("국가, 나라"라는 뜻이다 — 옮긴이)는 언어유희다. 이 언어유희는 빌립보 사람들이 로마 시민권자라는 사실과 연관이 있다. 일부 사람들은 빌립보 사람들이 선량한 로마 시민으로 살아가는 것이 바울의 관심사라고 주장하지만, 그렇지 않다. 바울은 그들이 그리스도가 오실 때까지 빌립보에서 계속 살아가는 동안 그들이 진정한 "시민권"을 가진 하늘의 시민답게 살아가느냐에 관심을 가진다. 근래 이 문제를 유익하게 다룬 논의를 보려면, O'Brien, 146-47을 보라.

러나지 않는다. 영역 성경들에서는 특히 그러하다. 문제는 바울이 그들더러 "한 영 안에"(in one spirit; 사람들은 이 말을 "한 사람인 것처럼" 또는 "같은 마음으로"라는 뜻으로 이해한다) 견고히 서 있으라고 격려하는 것인가 아니면 "한 하나님의 **영**" 안에[45] 다 함께 서 있으라고 격려하는 것인가.[46] 대다수 역본들과 주석들은 바울이 말하려 하는 게 전자라고 이해한다. 그리스어 본문을 보면 이 문구 뒤에 곧바로 그 다음 절에서 ἐν ἑνὶ πνεύματι와 평행을 이루는 말 내지 이를 설명해주는 말로 보이는 μιᾷ ψυχῇ["한 혼(정신)/사람"]가 등장한다는 것이 그 첫째 이유요,[47] "한"(one)이라는 수식어는 그들 자신의 "영의" 통일성에 강조점을 두는 것처럼 보인다는 것이 또 다른 이유다.

이것이 널리 지지를 받는 견해다. 그러나 바울의 용례와 관련하여 잠시 생각해봐야 할 문제기 몇 가지 있다:

첫째, 이런 종류의 용어("한 영 안에서", in one spirit)는 우리가 완벽하게 이해할 수 있는 말처럼 보이지만, 그리스어 문헌에서는 이와 유사한 용례를 찾기가 힘들며, 바울 서신과 신약성경의 다른 부분에서는 특히 더 그러하다. 실제로 이 번역이 의미하는 것이 정확히 무엇인지 결정하는 것도 쉽지 않다.[48] 보통 사람들은 이 말이 어떤 태도,[49] 곧 "공동체 정신"

---

45) 내가 주장하는 것처럼 바울이 여기서 성령을 생각하고 있다면, ἐν ἑνὶ πνεύματι는 도구의 의미로서 "한 **영**으로"일 수 있다. 그러나 바울이 다른 곳에서 이 말과 στήκετε ("견고히 서다"를 뜻하는 στήκω의 2인칭 복수 현재 능동태 직설법 형태다 — 옮긴이)를 함께 사용한 사례를 보면, 이 용례가 처격임을 알 수 있다. 특히 4:1을 보라: "ἐν κυρίῳ 견고히 서라"(참고. 살전 3:8; 고전 16:13).

46) 일부 주석가들(가령 Vincent, Michael, Barth, Müller, Houlden, Kent)은 둘 다 주장하면서도, 빌립보 사람들 자신의 "통일된 영"을 주로 강조한다.

47) 가령 Eadie, 72; Meyer, 61; Kent, 118; Bruce, 57 그리고 특히 Hawthorne, 56-57을 보라. Silva, 94과 O'Brien, 150도 이들을 따른다.

48) 그리하여 여러 학자는 이렇게 그 의미를 추상한다. Eadie (72), "한 순수한 영적 감정으로 가득 차서"(pervaded with one genuine spiritual emotion); Meyer (61), "그들의 마음이 품은 확신과 의지와 감정의 완벽한 **일치**"(the perfect *accord* of their minds in conviction, volition, and feeling); Michael (65), "공동체 기질"(the disposition of community); Lohmeyer (75), "빈 틈 하나 없는 내부 단합"(die innere Geschlossenheit); 참고. O'Brien

(community spirit)[50]를 가리키거나 (바울의 용례에 비춰보면 훨씬 더 좋지 않은 말이지만) "같은 마음(생각)"(a common mind)[51]을 가리킨다고 본다. 그러나 바울은 다른 곳에서 πνεῦμα를 결코 사람의 마음을 가리키는 인간론 차원의 용어로 사용하지 않는다.[52] 바울은 πνεῦμα를 "태도"라는 뜻으로 사용할 때면 늘 이 말을 소유격 수식어로 수식하며, 이 수식어를 통해 그가 말하려는 "영"이 무슨 종류인지 소상히 밝힌다(가령 "온유"; 고전 4:21). 바울은 "영"이 **공동체 기질(정신)**을 가리키는 인간론 차원의 **은유**일 수 있음을 전혀 시사하지 않는다. 물론 불어에는 그런 정신을 가리키는 말이 있다(esprit de corps="한 몸이라는 정신"). 그러나 분명 그리스어에는 그런 말이 없었다. 또 바울이 여기서 그런 용례를 창조해낸 것인지도 대단히 의심스럽다.

둘째, 물론 바울이 지금 적어놓은 문장을 보면 ἐν ἑνὶ πνεύματι와 μιᾷ ψυχῇ가 나란히 자리해 있다. 하지만 그런 이유로 이 두 절들이 동의어로서 평행을 이룬다고 주장하거나 μιᾷ ψυχῇ가 ἐν ἑνὶ πνεύματι를 "설명해주는" 말이라고 주장하는 것은 정당성이 없다.[53] 이렇게 두 문구를 나란히 기록해둔 것은 물론 수사 효과를 노린 것이다. 그러나 이렇게 나란히 기록해둔 것과 이 문구들의 의미는 거의 상관이 없다. 달리 말하면, μιᾷ ψυχῇ의 의미가 이렇다 하여 ἐν ἑνὶ πνεύματι의 의미도 꼭 이렇게 봐야 할 이유는 없는 것이다. 오히려 그 반대로 μιᾷ ψυχῇ의 의미가 ἐν ἑνὶ πνεύματι의

---

(150), "한 공통 목적을 품고"(with one common purpose).

49) 참고. Vincent, 33. 그는 여기 있는 πνεύματι의 적절한 의미로 "성향, 경향"(disposition)을 제안한다.

50) 이는 Hawthorne, 56이 쓴 말이다.

51) 참고. Kent, 118.

52) 바울은 이 서신에서 이 점을 강조하려 할 때 φρονεῖν이라는 동사를 사용하며, 고전 1:10에서는 "생각"과 "의견"에 해당하는 단어들을 사용한다. 더욱이 고전 2:10-16에서는 πνεῦμα가 하나님 또는 사람들의 마음을 아신다고 말한다.

53) 이전의 일부 주석가들은(가령 Lightfoot) 이 두 용어를 인간론 차원의 용어로 봄은 물론이요, 이 둘을 구별하여 각각 "더 고상한 삶의 원리"를 가리키는 "영"(정신)과 "애정과 열정 등등이 자리한 혼"을 가리키는 말로 보려 했다(106).

의미를 결정한다고 봐서는 안 될 합당한 이유가 여럿 있다. 실제로 과연 많은 사람들이 "한 πνεῦμα 안에서"를 "한 혼"과 평행을 이루지 않는 말로서 성령을 가리키는 말로 생각하지 않고 성령이 아닌 다른 것을 가리키는 말로 생각했을지 의심스럽다.

셋째, 이 두 문구와 각각의 동사 형태 사이의 관계는 서로 다른 것으로 보인다[즉 ἐν ἑνὶ πνεύματι와 그 동사인 στήκω의 관계는 μιᾷ ψυχῇ와 그 동사인 συναθλέω("싸우다, 경쟁하다")의 관계와 다른 것으로 보인다는 말이다 – 옮긴이). μιᾷ ψυχῇ와 달리 ἐν ἑνὶ πνεύματι는 전치사 ἐν("안에서")을 사용하기 때문이다. 바울이 다른 곳에서 동사 στήκω("견고히 서다")를 ἐν으로 수식한 사례를 보면, ἐν이 들어간 전치사구는 늘 처격으로서 그들이 굳건히 서 있어야 할 영역을 가리킨다.[54] 여기서 ἐν ἑνὶ πνεύματι가 "한 영 안에서"(한 영으로, in one spirit)를 뜻한다면, 이 문구는 처격이 아니라 태도를 가리키는 기능을 하게 된다. 이를 태도로 보는 것이 불가능하지는 않더라도, στήκετε ἐν이라는 조합에 비춰보면 ἐν ἑνὶ πνεύματι가 태도를 가리키는 문구일 그 가능성이 희박하다. 반면 "한 혼"(μιᾷ ψυχῇ)이라는 문구에는 전치사가 붙어 있지 않다. 이 문구는 태도를 나타내는 여격으로서 그들이 "한 사람인 것처럼" 한데 뭉쳐 분투해야 할 자세를 가리키는 말임이 거의 확실하다.

넷째, 이는 앞의 두 가지 점과 관련 있다. 바울은 2:1-4에서 이 호소를 이어가면서, 여기서 사용한 두 단어를 다시 가져다 사용한다. 이때 바울은 우리가 여기서 그의 사용 방식이라고 주장한 방식 그대로 그 두 단어를 사용한다, 그리하여 1절에서는 그들에게 "**영**에 동참하라"라고 호소하며, 2절에서는 그들이 이 문제에서 "한 형제자매라는 정신"을 가져야 한다고

---

54) 그리하여 바울은 4:1에서 이런 요구를 다시 새롭게 제시할 때 그들에게 "주 안에 굳건히 서 있으라"라고 독려한다. 살전 3:8에서도 마찬가지며, 고전 16:13에서는 "믿음 안에 굳건히 서 있으라"라고 독려한다. 이와 비슷하게, 이 본문은 그들더러 "한 **영** 안에" 견고히 서 있으라고 호소한다. 이 **영**은 그들이 모두 그리스도와 연합하여 한 몸이 되게 해주신 분이다. 참고. Motyer, 95. Motyer 역시 이런 용례를 지적한다.

주장한다. 그렇다면, 이 27절의 두 문구 가운데 첫 문구(ἐν ἑνὶ πνεύματι) 가 바울이 구사하는 다른 모든 용례는 물론이요 이 27절을 이어가는 2:1 에서 그 말(곧 **영** – 옮긴이)이 가지는 의미와 다른 의미를 갖는다고 봐야 할 이유가 뭔지 알아내기가 쉽지 않다.

다섯째, 이 문제는 가장 중요한 문제다. 바울은 이와 똑같은 언어(ἐν ἑνὶ πνεύματι, "한 **영** 안에서")를 근래에 쓴 서신(엡 2:18; 참고. 4:4)은 물론이요 고린도전서 12:13에서도 성령을 묘사하는 말로, 그것도 **신자들이 다 함께 한 영을 체험한 것이 교회라는 몸의 통일성을 요구하는 기초임을 강조한 바 로 그 본문들에서** 사용했다. 이런 경우들을 보면 "한 **영** 안에서"가 곧 그 **공동체가 한 몸이라는 정신**(*esprit de corps*)을 가리킨다고 생각하기는 힘들 것이다. 바울은 분명 그들이 그리스도 안에서 하나가 된 것을 **영**이 그들 각자의 삶에 그리고 그들 공동체의 삶 속에 임재하심에서 직접 연유한 결 과로 본다. 이 본문 같은 경우도 마찬가지다.

결국 이 문맥을 살펴보면, 이런 식으로 이 문구를 이해하는 것이 바울 서신에서 볼 수 있는 용례는 물론이요 그가 지금 호소하는 내용과 다른 곳에서 드러나는 그의 신학에 비춰봐도 이 문구를 올바로 이해한 것이다. 지금 바울은 그들에게 반대에 맞서 하나로 뭉치라고 호소한다. 바울이 그 들에게 견고히 서서 통일된 목적을 품고 분투하라고 **두 번이나** 당부한다 할지라도, 그가 그들에게 먼저 "한 **영**" 안에 굳건히 서 있으라고 당부한 뒤 에 곧바로 그 **영**으로 그들을 대적하는 이들에 맞서 "한 사람처럼"(한 마음 으로) 분투하라고 당부하는 경우보다는 그 호소력이 훨씬 떨어질 것이다. 바울의 시각이 철두철미하게 이러할진대, ἐν ἑνὶ πνεύματι가 **그 공동체가 한 몸이라는 정신**(*esprit de corps*) 같은 것을 의미한다고 생각해야 할 이유 가 무엇인지 의아할 따름이다.

특별히 **영**을 교회를 통일시키는 핵심 동인으로 보는 것이 바울의 견해 임을 생각하면, 더더욱 ἐν ἑνὶ πνεύματι는 "한 **영** 안에서"로 봐야 한다. 고 린도전서 12:13이나 에베소서 4:4 같은 본문들도 이 점을 분명하게 이야기하며, 다른 많은 본문들도 이 점을 암시한다. 더욱이 바울은 다음 문단에서(2:1) 그들에게 **영** 안에서 함께 교제하라고 호소하는데, 이때 **영**은 그가 다시금 그들에게 통일성을 당부하는 근거들 가운데 하나가 된다. 바울이 **영**을 "**한 영**"(the *one* Spirit)으로 규정할 수밖에 없다는 것은 그들의 통일성이 유래한 **원천**(*source*)이 어디인지 강조해주는 것이다. 그들은 한 **영** 안에 굳건히 서 있을 때에 비로소 "한 사람"처럼 그들을 대적하는 이들에게 맞서 분투할 소망을 가질 수 있다. 따라서 우리는 바울이 이 문장으로 시작하여 통일성을 당부하는 이 긴 호소에서(1:27-2:18) 이런 말을 첫 호소로 제시한다는 점에 놀라서는 안 된다.

■ 빌립보서 2:1

[1]그러므로 그리스도 안에 어떤 격려가 있다면, 사랑의 어떤 위로가 있다면, **영**의 어떤 위로가 있다면, 어떤 긍휼들이나 불쌍히 여김들이 있다면, [2]내 기쁨을 가득 채울지니, 이는 곧 너희가 같은 마음을 갖고, 같은 사랑을 갖고,….

"그러므로"와 이 문장(1-4절)의 내용은 앞 문단의 주관심사가 빌립보 회중의 통일/화합(하지만 이는 그 회중이 우선 대적들에 맞설 때 가져야 할 관심사였다)이었음을 일러준다. 그리하여 1:27에서 시작한 그 호소는 28절에 들어가 대적들을 언급하더니, 이윽고 고난의 역할을 신학적 관점에서 잠시 성찰하는 내용으로 이어진다. 바울은 이제 이 본문을 통해 다시 그 호소로 돌아간다. 우선 그는 호소의 근거가 되는 네 가지 기초를 제시하는데, 각 항목은 그들이 그리스도 안에서 영위하는 공동생활과 관련 있다.

　하지만 이 다양한 구절들의 의미는 분명하게 밝혀내기가 쉽지 않다. 이 문제를 해결하고 이 절들을 편리하게 언급하려면, 이 본문의 구조를 분석하여 제시해보는 것이 도움이 될 것 같다. 형식상 이 문장은 "조건문"으로서 네 조건절("만일…이라면" 절)과 상세한 설명이 붙어 있는 귀결절("그렇다면" 절)로 이루어져 있다. 결국 이 문장은 네 부분으로 이루어져 있는데, 복합 조건절(1절), 귀결절(2a절), 그 귀결절이 어떻게 "이루어질지" 설명하는 결과절(혹은 명사절; 2b절), 그리고 뒤이어 수식하는 분사들과 명사들을 잇달아 제시하여 상세한 설명을 제시한 대목(2c-4절)이 그 네 부분이다. 그 중 마지막 부분(2c-4절)은 그들이 이뤄야 할 모습들을 이룰 수단을 제시하는데, 이런 모습은 그들을 대적하는 이들의 모습과 대조를 이룬다. 이 마지막 부분은 빌립보의 문제가 무엇인지 확실하게 일러준다("이기적 야망"과 "공허한 자만"). 그러나 애초에 그 형태를 "조건문"으로 보았던 이 문장은 문장이 진전되어감에 따라 "조건"이 사라지고 만다. 그리하여 이 조건절들은 가정(supposition)이 아니라 전제(presupposition)를 표현한다는 게 드러난다.[55] 따라서 이 절들은 "…이 있기 때문에"에 가까운 말로 번역하는 것이 더 낫다. 그렇다면 귀결절도 가정에 따른 "결론"을 표현한다고 보기보다, 형태상 전제들에 근거한 명령문이라고 보는 것이 적절하겠다. 그렇다면 이 본문은 이런 구조가 된다(바울 자신이 쓴 말을 그대로 따라가 보겠다).

그러므로

(조건절)　　　　[1] 만일 어떤 격려가

그리스도 안에

[2] 만일 어떤 위로가

사랑의

[3] 만일 어떤 교제가

영의

[4] 만일 어떤 긍휼들

---

55) 이와 관련하여 J. L. Boyer, "First Class Conditions: What Do They Mean?" *GTJ* 2 (1981), 106, 그리고 BDF §371 (그리고 대다수 주석가들)을 참고하라. 이와 견해를 달리하는 이로 W. Barclay, "Great Themes of the New Testament" *ExpT* 70 (1958-59), 40이 있다. 그는 이 절을 가정으로 본다.

그리고

자비들이

(귀결절) 내 기쁨을 가득 채울지니,

이는 곧

(설명) 너희가 같은 일을 생각함이라

(부연) 같은 사랑을 가짐으로

한 형제자매라는 마음을 가짐으로[56]

한 일을 생각함으로

이기적 야망을 따르지 않고

공허한 자만을 따르지 않고

도리어

겸손함으로

서로 상대를 여김으로

자신보다 더 중요하게

이 본문에서 해석하기 어려운 부분들은 첫째 줄-셋째 줄에 있는 수식어들(그리스도 안에, 사랑의, **영**의)과 관련 있다. 이 수식어들은 다시 우리가 이 본문 전체를 어떻게 이해할 것인가에 영향을 미친다. 바울이 그들이 그리스도인으로서 공통으로 체험한 믿음에 호소한다는 점은 의심할 여지가 없다. 그러나 바울이 말하고자 하는 **관계들**의 본질은 그다지 명확하지 않다. 심지어 첫째 줄부터 셋째 줄이 모두 같은 관계들을 염두에 둔 것인가도 그리 명확하지 않다.[57] 둘째 줄([2])을 예로 들면,[58] 대체로 세 가지 의견

---

56) 그리스어로 σύμψυχοι다(σύμψυχος의 복수형이다 – 옮긴이). "통일된 혼(정신, 마음)"(united souls)이라는 뜻이다(Alford).

57) 이 더 큰 문제를 살펴보고 이 세 줄을 더 상세히 다룬 유익한 논의를 보려면, 이제는 O'Brien, 167-75을 보라.

58) [1]의 의미는 더 복잡하다. παράκλησις라는 말이 상당히 폭넓은 의미를 갖기 때문이요("호소, 권면, 격려, 위로"), 그 수식어가 소유격이 아니라 처격인 ἐν Χριστῷ ("그리스도 안에")이

이 존재한다. 바울이 말하고자 하는 것은 (1) 그들을 향한 그리스도의 사랑으로부터 나온 위로인가, 아니면 (2) 빌립보 사람들이 서로 사랑함에서 나온 위로인가, 아니면 (3) 그들과 바울이 서로 나누는 사랑에서 유래한 위로인가? 우리가 관심을 가지는 셋째 줄([3]) 같은 경우도 바울이 말하려 하는 것은 (1) **영** 바로 그분과 나누는 교제인가,[59] 아니면 (2) 그들이 서로 나누는 교제로서 **영**이 만들어주신 교제인가,[60] 아니면 (3) 그들이 다 함께(그들과 바울이 함께) 나누는 교제, 곧 그들이 **영**을 공통으로 체험함에서 비롯된 교제인가?[61]

이곳은 그 의미를 결정하기가 결코 쉽지 않다. 우리가 지금 보는 절 같은 경우에는 그 의미가 다른 곳에서 바울이 보여주는 용례(고후 13:13[14])[62]는 물론이요, 이 네 조건절 전체와 이 조건절들의 목적을 어떻게 이해할 것인가, 그리고 이 본문이 속한 더 큰 문맥을 어떻게 이해할 것인가와 관련 있기 때문이다. 실제로 이 의미를 결정하기는 아주 어려운 일

기 때문이다. 따라서 사람들은 [1]을 다음과 같이 다양한 의미로 이해해왔다: (1) "만일 그리스도 안에 어떤 위로가 있다면"=만일 너희가 그리스도께서 사랑하시는 공동체임을 되새겨본다면; (2) "만일 그리스도 안에서 어떤 호소가 있다면"=만일 우리가 그리스도 안에서 영위하는 공동생활이 호소를 밑받침하는 어떤 근거들을 제시해준다면; (3) "만일 그리스도 안에 어떤 격려가 있다면"=통일을 이루어야 할 의무가 그들(빌립보 사람들)이 그리스도 안에서 영위하는 공동생활로부터 직접 비롯된 것이라면; (4) "만일 어떤 격려가 **우리를** 그리스도 안에서 하나로 묶어주는 끈에서 나온 것이라면."

59) 이는 **영**에 동참함으로써 **영**의 삶에 동참한다는 뜻이다. 참고. Vincent, 54. 이 문제를 알아보려면, 고후 13:13[14]을 논한 내용을 보라. 거기에서도 그랬지만, 이 견해는 Martin, 87이 Seesemann의 영향을 받아 주장한 견해다(Martin이 쓴 고린도후서 주석과 그가 Beasley-Murray Festschrift에 기고한 글을 참고하라).

60) 다른 이들도 있지만, 특히 Moule, 34; Kennedy, 432; Barclay, "Great Themes," 40; Hawthorne, 66; Motyer, 103이 이런 견해를 주장한다.

61) Beare, 71은 여기서 이 세 가지 의미를 다 취하려 한다. 이전의 많은 주석가들은 이 문구가 **영**을 염두에 둔 것이 아니며, 다만 그들 사이에 존재하는 통일된 감정을 가리킬 뿐이라고 주장했다. 그러나 고후 13:13[14]에 있는 평행 본문과 바울 서신의 용례 그리고 그의 신학 전체는 이미 이런 견해에 조종(弔鐘)을 울렸다.

62) 우리는 이미 이 고린도후서의 축도에 자리한 "성령의 교제"라는 문구가 지닌 난점을 언급했다. 그때 우리가 제시한 해석이 옳다 해도, 즉 이 문구가 **영** 바로 그분에게 동참함과 관련 있다 해도(다시 말해 하나님의 **영**을 통해 하나님의 생명을 서로 나눔과 관련 있다 해도), 여기서도 역시 그 의미가 옳다고 보장할 수는 없다.

이어서, 어떤 견해라도 나름대로 설득력 있는 논거를 제시할 수 있다. 요컨대 우리는 이 주장 전체의 의미를 가장 잘 살려내는 것처럼 보이는 견해를 선호해야 한다. 그렇다면 결국 문제는 이 문맥이 강조하는 것이 무엇인가다. 이 문맥은 (1) 그리스도와 **영**이 그들 가운데서 이전에 은혜를 베푸신 일을 강조하는가,[63] (2) 빌립보 사람들이 그리스도 안에서 지금까지 체험했던 공동생활을 강조하는가,[64] 아니면 (3) 그들과 바울이 함께 그리스도와 하나가 되고 그들과 바울이 공동으로 **영**에 참여함을 강조하는가?[65]

내 신학 성향 때문인지 나는 첫째 견해로 마음이 기운다. 그러나 이 문맥이 분명히 제시하는 관심사를 고려하면 둘째 견해가 타당해 보인다. 하지만 바울이 귀결절에서 제시하는 명령문은 셋째 견해를 따르라고 지시하는 것 같다. 사실 그들이 **영**에 참여함이야말로 통일성을 뒷받침하는 강력한 신학적 근거가 될 것이다. 마찬가지로 1:27이 제시하는 **영** 문구에 관한 우리 이해가 옳다면, 바울은 이미 그들에게 그들이 그리스도 안에서 영위하는 삶과 그들의 통일성을 밑받침하는 공통분모인 한 **영** 안에 견고히 서 있으라고 신신당부한 셈이다. 그렇지만 인접 문맥은 그들이 서로 더불어 (바울과 빌립보 사람들이 함께) 그리스도 안에서 살아갈 것, 그들이 서로 사랑할 것, 그리고 그들이 서로 함께 **영**의 삶에 동참할 것을 호소하는 것 같다. 따라서 비록 그리스도와 **영**의 사역이 이런 호소를 하게 된 궁극의 근거라 할지라도, 이 절들(조건절들)이 표현하는 내용은 그들과 바울의 관계와 관련 있을 가능성이 아주 높다.

다음 세 가지 사항이 이런 쪽으로 보는 입장을 확실하게 뒷받침한다. 첫째, 그들과 바울 사이의 관계는 바울이 이 본문 직전에 1:29-30에서 고난을 이야기한 "여담"의 요점이다. 그들이 지금 싸우고 고난당하는 것은 하나님이 은혜를 베풀어주신 것이다(29절).[66] 뿐만 아니라, 빌립보 사람들

---

63) Beare, O'Brien이 이렇게 주장한다.
64) Lightfoot, Moule, Silva가 이렇게 주장한다.
65) Eadie, Michael, Barth가 이렇게 주장한다.

이 이전에 바울이 치르는 것을 보았고 근자에도 바울이 견뎌내고 있다고 전해 들은 **바로 그** "싸움"에 참여한다면(30절), 바울과 그들은 방금 말한 하나님의 은혜를 함께 누리는 셈이다(즉 싸움과 고난에 함께 참여하는 셈이다ㅡ옮긴이).

둘째, 바울이 1:27에 시작했던 호소를 다시금 새롭게 시작한 이 문장과 29-30절을 "그러므로"라는 말로 연결해놓은 이유는 바로 그런 공통성 때문이다.[67] 결국 바울은 이렇게 말하는 셈이다. "그러므로 우리가 고난과 관련하여 이렇게 하나가 된 까닭에, 우리가 그리스도 안에 있음으로 말미암아 어떤 격려가 있는 것이라면, 우리가 서로 사랑함에서 발견할 수 있는 어떤 위로가 있는 것이라면, 만일 우리가 다 같이 **영**에 참여함이 무언가를 의미하는 것이라면, 만일 어떤 이가 어떤 긍휼이나 불쌍히 여김을 갖게 되었다면, 내 기쁨을 가득 채울지니, 이는 곧…."

셋째, 이는 가장 중요한 점인데, 귀결절의 명령문은 특히 그들이 다 함께 참여함을 강조한다. 바울이 그들이 "**바울 자신의 기쁨**을 가득 채워주길" 바란다. 이 기쁨은 그리스도 안에서 바울이 소유하는 것이지만, 동시에 바울에게는 그들이 곧 기쁨이 된다. 그들이 다 함께 그리스도와 관계(사귐)를 갖기 때문이다(참고. 4:1). 즉 바울은 빌립보 사람들에게 그리스도 안에서 하나가 됨으로써 "그들에게 공통된 구원을 이루어가라"라고 **호소**하지만, 그가 이런 호소를 할 수 있는 **근거**는 그들이 다 함께 그리스도와 **영** 안에서 바울과 관계를 맺고 있기 때문이다.

따라서 이는 "**영의 교제**"가 "**영을**" 나눠받음(공유함)을 가리킨다는 것을 뜻한다. 고린도후서 13:13[14]도 십중팔구 같은 의미였다. 신자는 우선

---

66) 바울이 χαρίζομαι라는 동사("후히 호의를 베풀다")를 골라 쓴 것은 결코 우연이 아니다(실제로 1:29에서는 이 동사의 3인칭 단수 부정과거 수동태 직설법 형태인 ἐχαρίσθη를 썼다ㅡ옮긴이). 그들이 하나님으로부터 "은혜를 받은" 이유는 그리스도를 믿게 하려 하심은 물론이요, "그(그리스도)를 위하여"(ὑπὲρ αὐτοῦ) 고난도 받게 하시려는 목적 때문이다.

67) Eadie, 81은 견해를 달리한다. 이디는 이 문장이 27절로 되돌아가는 것으로 본다; 참고. Kennedy, 432; Vincent, 53 ("분명히!").

영을 통해 하나님과 **영**을 공유하며 뒤이어 신자들끼리 서로 **영**을 공유한다. 신자들은 같은 **영**으로 살아가며 숨쉬기 때문이다. 신자들은 하나님이 그들에게 주신 **영**을 통해 살아가고 숨을 쉰다. 뿐만 아니라, 신자들은 이를 통해 그리스도와 연합하고 또 그리스도 안에서 서로 연합을 이룬다. **영**은 하나님이 지금 그들 가운데서 "당신의 선하시고 기쁜 뜻을 따라 행하게 하실 목적으로"(13절) 행하시는 모든 일을 능력으로 중개하시는 분이다.

결국 이 절들은 그 순서조차도 바울 신학으로 가득 차 있다. 여기서 말하는 모든 내용은 그들이 "그리스도 안에" 있음과 관련 있다. 그리스도 안에서 영위하는 이런 삶의 첫 번째 결과는 서로 사랑함이다. 그래서 바울은 2절에서 처음으로 분사를 사용하여 그들이 "바울의 기쁨을 가득 채워 줄" 수 있는 방법을 설명할 때, 그들이 여러 해 동안 바울과 나누었던 바로 이런 사랑을 그들도 서로 나누는 것을 든다. 그들이 다 함께 그리스도 안으로 인도함을 받아 하나가 되고 그들이 이처럼 그리스도 안에서 서로 사랑하게 된 것은 그들이 다 함께 실제로 **영**의 삶에 참여하는 체험을 공통으로 겪었기 때문이다.[68]

- **빌립보서 3:3**

이는 우리가 진정한 할례파, 곧 하나님의 **영**으로[69] 봉사하고[70] 그리스도 예수를

---

68) Lohmeyer, 82과 그 뒤를 따르는 Motyer, 103은 이 세 줄이 삼위일체 하나님을 숙고한 부분으로서 고후 13:13[14]과 아주 흡사하다고 본다. 그렇다면 그리스도의 "은혜"는 이제 "격려"로 표현할 수 있다. 또 사랑의 위로는 하나님 아버지로부터 나온 것이 되며, 신자들 사이의 사귐은 **영**의 사귐이 된다. 어쩌면 이런 견해가 가능할 수도 있겠지만, 빌립보 사람들이 과연 이런 의미로 생각할 수 있었을지 의문이다.

69) 원문은 οἱ πνεύματι θεοῦ λατρεύοντες ("하나님의 **영**으로 봉사하는 이들"; ℵ* A B C D² F G 1/39 Maj)이거나 οἱ πνεύματι θεῳ λατρεύοντες ["넝으로(in spirit) 하나님께 봉사하는 이늘" (Moffatt); ℵ² D* P Ψ 365 1175 pc lat sy)이거나 οἱ πνεύματι λατρεύοντες ("**영**으로 봉사하는 이들"; P⁴⁶)이다. 보강 증거들과 전사 가능성은 첫 번째 독법을 지지한다[이 문구는 아주 어색해 보이지만, "하나님을 섬김"이라는 개념은 아주 자연스러워 보인다(참고. 롬 1:9). 따라서 필사자들이 일부러 두 번째 독법이나 세 번째 독법으로부터 첫 번째 독법으로 바꿔놓았다

자랑하며 육을 신뢰하지 않는 이들이기 때문이라.

이 서신에서 **영**을 마지막으로 언급하는 곳은 다른 부분들보다 더 어려운 곳 가운데 하나다. 1-2장에서 나타나는 생각의 흐름 구조는 그래도 다른 곳보다 쉽게 추적할 수 있다(앞의 주10을 보라). 그렇다 해도 3장 역시 그러하다는 말은 할 수 없다. 3장 내부의 일관성[71]이나 3장과 그 앞뒤 본문의 관계[72] 때문이다. 그 이유들이 무엇인지 우리 눈에 금방 들어오지는 않지만, 바울은 이 서신에서 빌립보 사람들에게 다시금 유대계 그리스도인 선교사들의 내습(來襲)이 몰고 올 위험들을 경고해두어야겠다고 느낀다.[73] 이 선교사들은 필시 종말에 이르러야 할 목표에 도달하려면 이방인들도

고 상상하기는 힘들다]. 참고. Metzger, *Textual Commentary*, 614. Kennedy, 614은 견해를 달리한다. 그는 이 문구가 σαρκί와 더 훌륭한 평행 관계를 이룬다는 그릇된 생각에 기초하여 여격을 선호한다.

70) 여기서 λατρεύοντες ("섬기다"를 뜻하는 λατρεύω의 남성 주격 복수 현재분사 능동형이다 ─ 옮긴이)를 번역하기가 어려운 이유들을 살펴보려면, 이어지는 논의를 보라.

71) 난제 중 하나는 바울이 3:17-19에서 말하는 "대적들"과 3:2에서 조심하라고 경고하는 이들 사이에 어떤 관련이 있는가다. 이들은 같은 자들인가 아니면 바울이 둘 이상의 전선(戰線)에서 싸움을 벌이고 있는가가 문제다.

72) 앞의 주4에서 주장했듯이, 나는 1절의 τὰ αὐτά ("같은 것들")를 바울이 이전에 그들에게 "육을 훼손하는 자들"을 조심하라고 경고했던 것을 일깨워주는 말로 보아 아주 진지하게 받아들인다. 이 경고가 급작스럽게 등장한 연유는 무엇이며 바울이 왜 "끝으로 주 안에서 기뻐하라"라는 말을 되풀이하는가라는 두 가지 문제가 있는데, 이 두 문제를 해결하려 하면서 이미 바울이 여러 서신을 썼기 때문에 급작스러운 말이 아니라거나 후대에 끼워 넣은 말이라는 식으로 대답하여 문제를 해결하려고 하면 결국 아무것도 해결하지 못한다. 우리가 지금 보는 본문은 이런 난제들을 고스란히 보존하고 있다. 후대에 끼워 넣은 문구로 보는 해결책은 말 그대로 바울이 후대에 이런 경고나 말을 원문에 끼워 넣은 사람보다 더 깔끔한 글 솜씨를 가진 저자, 우리가 어떤 경험적 증거도 없이 그런 사람이었을 것이라고 믿는 바울보다 더 깔끔한 저자일 것으로 전제한 결과물이다. 사람들은 바울이 쓴 몇몇 서신에서 볼 수 있는 비슷한 난제들을 극복할 요량으로 그런 해결책들을 제시한다. 그렇다면 이런 사실은 어쩌면 바울이 우리가 생각하는 것만큼 글 솜씨가 빼어난 저자는 아니었을 가능성이 높다는 것을 우리에게 일러주는 것일지도 모른다(어쩌면 우리가 좋아하는 바울은 우리가 꿈꾸는 더 나은 자아를 반영한 바울이 아닐까?).

73) 심지어 이 문제에도 모든 학자가 동의하지는 않는다. 가령 Hawthorne은 유대인들이 그런 위험을 일으킨 사람들이었다고 강력하게 주장하나, 그의 견해는 소수설이다. 여기서 추정하는 견해를 살펴보려면, O'Brien, 26-35을 보라.

할례를 받아야 한다고 주장한 것 같다. 앞서 두 서신에서도 이런 주장이 등장했는데(갈라디아서와 로마서), 바울은 그렇게 "육을 자랑하는 일"에 맞서는 증거로 **영**을 전면에 내세운다.

이 점과 관련하여 바울이 갈라디아서 3:2-3에서 제시하는 주장이 특히 중요한 의미를 가진다. 바울은 이 갈라디아서 본문에서 "육"을 이곳과 같은 방식으로 사용하여, 우선 할례 때 실제로 "육"을 잘라냄을 가리키는 말로 사용하고, 동시에 그리스도를 믿기 이전의 삶과 그리스도 밖의 삶을 주로 묘사하는 말로 사용한다. 결국 바울은 갈라디아서 본문처럼 여기서도 "**영**"과 "육"을 가는 시대와 오는 시대가 겹치는 이 시대를 살아가는 마지막 때의 두 실존을 묘사하는 말로 나란히 기록해놓았다.[74] 우리는 "**영**을 따라 살아가거나" 아니면 "육을 따라 살아간다." 이 둘은 서로 양립할 수 없는 실존이다. 바울은 **영**을 따라 살다가 다시 육을 따리 시 는 쪽으로 돌아가는 것을 영적 자살로 본다.

이 경우에 놀라운 것은 바울이 이 모든 내용을 말할 때 동원한 수사다. 그는 빌립보 사람들에게 "개들을 조심하라"라고 당부한다. 그는 2절의 세 번째 표현에서 할례와 관련된 놀라운 언어유희를 구사하여 이들을 묘사한다. 바울은 이 대적들이 이방인들도 할례(περιτομή = **둘레를** 잘라내다)를 받아야 한다고 주장함으로써 그들 스스로 κατατομή(절단 내다, 곧 "몸을 훼손하는 이들")가 되었다고 말한다. 바울은 이제 우리가 보는 문장에서 대조를 구사하여 이렇게 말한다. "이는 우리 자신이 할례파들, 곧 하나님의 **영**으로 봉사하는 자들**이기** 때문이라." 이 모든 내용은 바울이 앞서 로마 사람들에게 했던 말을 되울려준다(롬 2:28-29, 찾아보라). 그러나 이 본문에서는 대조가 약간 달라졌다.

여기서 핵심이 되는 말은 λατρεύω라는 단어다. 대다수 영역 성경들은 이 말을 "예배하다"로 번역해놓았는데, 이 경우에 그런 번역은 오해를 불

---

74) 이렇게 "육"과 **영**을 주요한 마지막 때의 실재로 강조한 입장을 보려면, Silva, 170-71을 보라.

러올 수 있다. 유대교 문헌과 기독교 문헌에서는 이 말을 오로지 하나님께 바치는 희생(제사)을 가리키는 말로 사용했으며, 특히 "종교상 의무들, 특히 제의와 관련된 본질을 가지는 의무들을 이행하다"(BAGD)라는 뜻으로 사용했다.[75] 바울은 로마서 1:9에서 자신의 사역 전체를 묘사할 때 이와 똑같은 말을 사용하고, 로마서 12:1에서는 역시 이 말을 써서[그 명사형(λατρεία)을 사용하지만, 역시 종교와 관련된 심상을 표현한 문맥에서 사용한다] 그리스도인의 삶을 "제사의 의미를 가진 것"으로 묘사한다. 따라서 이 동사는 회중이 한데 모인 하나님 백성으로서 행하는 "예배"를 가리키는 게 아니라, 하나님을 섬기는 한 형태로서 하나님께 올리는 제사를 가리킨다. 바울이 여기서 이런 말을 선택하여 받아 적게 한 것은 십중팔구 할례라는 주제에 따른 언어유희 때문일 것이다.[76] 바울은 "살을 잘라내는" 형태로 하나님께 제사를 올림으로써 옛 언약 아래에 있었던 하나님 백성과 같아지기를 거부하고, 도리어 수사를 구사하여 그와 빌립보 사람들[77]이야말로 **참된**(*the*) 할례파라고 역설한다. 그들은 "제사 의식" 형태를 가진 섬김을 **영**의 영역에서 일어나는 섬김으로 바꾸어놓았기 때문이다. 따라서 바울이 지금 이런 말을 하면서 마음으로 생각하는 것은 겉으로 드러나는 제사 의식과 내면에서 벌어지는 "영적"(spiritual)[78] 섬김의 대립 구조가 아

---

75) Barth의 번역은 큰 통찰을 안겨준다(94): "**영**을 통해 신심(信心)이 깊어진 우리"(we who through the Spirit are religious).

76) 참고. Lightfoot, 145. Lightfoot는 여기서 선택한 단어가 칠십인경으로부터 신중하게 빌려온 말일 가능성이 아주 높다고 말한다. 그는 칠십인경이 λατρεύω라는 말을 "이스라엘 민족이 여호와(Jehovah)의 특별한 백성으로서 그분께 올리는 제사를 가리키는 아주 특별한 의미로 사용한 게 틀림없다"고 주장한다.

77) 여기 있는 ἡμεῖς ("우리")의 의미를 놓고 다소 논쟁이 있었다. H. Koester는 이것이 **영**을 통해 받은 바울의 사도직을 그렇지 않은 그의 반대자들의 사도직과 대조하여 가리키는 말이라고 보는데, 흥미로운 견해다. 그러나 이 견해는 이 본문 전체를 독특하게 바라보는 그의 특이한 견해와 관련 있다["The Purpose of the Polemic of a Pauline Fragment (Philippians iii)," *NTS* 8 (1961-62), 317-32]. 이 "우리"라는 말은 바울과 디모데를 가리키는 말도 아니다. 이 문제를 살펴보려면, 특히 D. E. Garland, "The Composition and Unity of Philippians. Some Neglected Literary Factors," *NovT* 27 (1985), 170n100을 보라.

78) 가령 NEB, "we whose worship is spiritual"; 참고. Lightfoot, 145; Beare, 105;

니라, 서로 대립하는 두 가지 실존 방식이다(갈라디아서와 로마서에서도 말했듯이, 바울은 "'육' 안에"라는 말을 하나님께 중심을 두는 삶, 또는 종말의 때를 살아가는 하나님 백성과 대립하는 말로서 피조물에 중심을 두는 삶을 가리키는 말로 이해한다). 하나님의 **영**으로 살아가는 것이 하나님 백성임을 드러내는 증거다. 현세를 살아가는 모든 삶은 이제 하나님의 **영**으로 말미암아 하나님께 올리는 제사가 되고 섬김이 되었다.

πνεύματι라는 여격의 정확한 뉘앙스는 그리 확실치 않다. 일부 사람들은 이를 처격으로 본다.[79] **영**을 "그리스도 예수 안에서 자랑하는" 사람들이 하나님께 모든 제사(섬김)를 올리는 영역으로, 다시 말해 우리가 **영** 안에서 살아가면서 하나님께 합당한 제사를 올리는 영역으로 보는 것이다. 이런 견해를 신학적 입장에서 논박할 수는 없겠지만, 그래도 여기서는 바울의 용례가 뉘앙스를 결정하는 결정적 기준이 될 것 같다. 바울 서신에서 이런 여격이 등장하는 사례들을 보면 대부분 도구의 의미를 갖기 때문에, 이런 여격은 모두 도구의 의미를 가진다는 주장도 가능할 수 있다. 말하자면 우리가 **영**이라는 방법을 통해 이런 제사를 하나님께 올린다고 보는 셈이다.[80] 이 경우는 필시 어떤 일을 "행함"과 관련 있다기보다, 오히려 "육을" 신뢰하는 데서 떠나 단지 **영**으로 살아가고 **영**으로 행하는 것과 관련 있을 것이다.

마지막으로 바울은 **영**을 "하나님의"라는 소유격으로 수식했다(원문은 οἱ πνεύματι θεοῦ λατρεύοντες다 — 옮긴이). 이런 명칭은 바울 서신에서 심심

Hawthorne, 126-27. 이 견해를 요 4:24과 연계하는 경우가 종종 있다. 하지만 이는 바울이 다른 곳에서 설명하는 **영** 안의 삶이 본질상 대단히 철저하고 급진적임을 파악하지 못한 것이다.

79) 가령 NRSV, "who worship in the Spirit of God." 참고. NASB, NAB.

80) Meyer, 199; Vincent, 93; Pinnock, "Concept," 125-26도 같은 견해다. 이들은 πνεύματι라는 여격을 λατρεύοντες라는 분사의 목적어로 보아 "ἡμεῖς…οἱ πνεύματι θεοῦ λατρεύοντες"를 "하나님의 **영**을 섬기는 우리"로 해석하는 것이 "자연스럽다"고 주장한다. 그러나 이어질 논의와 바울이 다른 곳에서 구사하는 용례를 볼 때, 이 여격은 도구의 여격에 더 가까운 의미로 보는 것이 합당하다.

치 않게 등장하기 때문에 여기서는 이 명칭을 중시할 필요는 없을 것 같다[결국 이 하나님의 **영**은 **영**(성령)이시기 때문이다]. 하지만 바울은 이런 구조에서 이런 수식어를 자주 사용하지 않는다.[81] 따라서 이 문구는 얼핏 보기보다 더 많은 것을 강조하는 말일지도 모른다. 사실 이 말은 그들 자신이 할례를 받는 것뿐 아니라 이방인들도 자기들처럼 할례를 받음으로 하나님께 자신을 바쳐야 한다고 독려하는 것(강요하는 것?)을 한 분 하나님께 올리는 제사라고 생각하던 이들에게 맞서 날카롭게 각을 세운 주장일 수 있다. **하나님께** 올리는 진정한 제사는 **하나님의 영**이 만들어내신 것이었다. 신자는 이 하나님의 **영** 안에서 **영**으로 살아감으로 "육"의 시대에 마침표를 찍으신 "그리스도 안에서(그리스도를) 자랑한다."

● 빌립보서 4:23

이 축도 문구["주 예수 그리스도의 은혜가 너희 영(=영들)과 함께 있을지어다"]가 사용한 πνεῦμα의 의미를 살펴보려면, 이와 거의 비슷한 문구인 갈라디아서 6:18의 문구를 다룬 내용을 보기 바란다.

결론

이 짧은 서신이 **영**을 직접 언급한 곳은 단 네 곳뿐이다. 그러나 그곳들은 바울이 그리스도인의 삶과 체험을 이해할 때 **영**을 중심으로 삼는다는 것을 계속하여 보여준다. 그리스도를 믿는 사람들은 이미 동이 튼 다가올 시

---

81) πνεύματι라는 여격을 가진 구조에서 이런 수식어를 쓰는 경우가 드물다는 말이다; 롬 8:9이 유일한 예외다.

대에 속한 하나님 백성이다. 그들은 **영**을 받았고 **영** 안에서 살아가기 때문이다[그 반대편에 있는 이들은 할례를 고집함으로 계속하여 과거에 묻혀("육 안에서") 살아가는 이들이다]. 더욱이 그리스도 안에서 살아가는 삶은 철두철미하게 **영** 안에서 살아가는 삶이다. 따라서 **영**은 그들이 하나가 되어 대적들에게 맞설 때와 그들 자신이 신앙 공동체로 더불어 살아갈 때에 한 몸(통일성)을 이루게 하는 핵심 동인이다. 결국 그들과 바울의 관계도 그러하다. 바울은 그들의 기도대로 하나님이 자신에게 재차 그 아들의 **영**을 공급해주셔서, 그가 받을 재판이 어느 쪽으로 결론이 나든, 그리스도가 바울 자신 안에게 존귀하게 되시기를 소망한다. 이런 말들은 어떤 의미에서는 우연일 수 있다. 그러나 이런 말들이 정작 우연성을 갖는다고 보는 이유는 이 말들이 그리스도인의 삶을 그런 식으로 바라보는 이해가 바울의 체험 속에, 따라서 바울의 생각 속에 얼마나 철저히 스며들어 있는가를 아주 무심결에 드러내어 보여주기 때문이다.

옮긴이 주

[1] 라틴어로 프라이토리움이라 하지만 그리스어에서는 프라이토리온이라 한다. 본디 황제 근위대 사령관의 군막(軍幕)이 있던 곳을 가리키는 말이었으나, 나중에는 로마 정무관인 총독 관저가 있는 곳을 가리키는 말이 되었다(BDAG, 859). 한편 가이사랴는 예수가 태어나실 당시 이 예수를 죽이려했던 헤롯 대왕이 12년에 걸쳐 건설하여 로마에 바친 도시로 유대와 로마를 잇는 중요한 항구였으며, 로마의 신들을 섬기는 신전과 헤롯의 궁궐이 있었다[M. F. Vamosh, *Daily Life at the Time of Jesus* (Herzlia, Israel: Palphot), 89-93].

[2] 희랍 신화에 나오는 탐욕의 화신이다. 디오니소스에게 간청하여 자기 손이 닿는 것은 모두 황금이 되게 해달라고 했으나, 심지어 자기 손이 닿은 딸마저 황금으로 변해버리자, 이를 후회하고 잘못을 뉘우쳤다고 한다.

[3] 그리스어 본문을 보면, διὰ τῆς ὑμῶν δεήσεως καὶ ἐπιχορηγίας τοῦ πνεύματος Ἰησοῦ Χριστοῦ로 기록되어 있다. 전치사는 διά를 가리키며, 정관사는 τῆς를 가리킨다. 두 명사는 δεήσεως와 ἐπιχορηγίας를 가리킨다.

[4] EWNT도 이 ἐπιχορηγία라는 말의 뜻을 "밑에서 떠받침, 뒤에서 도와줌"을 뜻하는 Unterstützung으로 제시한다(EWNT II, 114). 그러나 칠십인경은 「집회서」에서 이 명사의 동족 동사를 "…에게 뭔가를 공급해주다"라는 의미로 사용했다[J. Lust et al., *A Greek-English Lexicon of the Septuagint* I (Stuttgart: Deutsche Bibelgesellschaft, 1992), 178].

목회 서신

주석:[1] H. **Alford** (1865); C. K. **Barrett** (NClarB, 1963); J. H. **Bernard** (1899); N. **Brox** (1969); J. **Calvin** (1548); **D‒C**=M. **Dibelius** and H. **Conzelmann** (Herm, 1972); R. **Earle** [EBC, 1978 (디모데전후서만 들어 있음)]; B. S. **Easton** (1948); C. R. **Erdman** (1923); R. **Falconer** (1937); G. D. **Fee** (NIBC, ^{2}1988); G. D. **Gealy** (IB, 1955); D. **Guthrie** (TNTC, 1957); A. T. **Hanson** (NCB, 1982); W. **Hendriksen** (NTC, 1965); J. L. **Houlden** (PNTC, 1976); R. J. **Karris** (NTM, 1979); J. N. D. **Kelly** (BNTC, 1963); H. A. **Kent** (1958); A. R. C. **Leaney** (TBC, 1960); W. **Lock** (ICC, 1924); H. A. **Moellering** (1970); R. St J. **Parry** (1920); J. D. **Quinn** [AB, 1990 (디도서만 들어 있음)]; W. M. **Ramsay** (in *The Expositor*, 1909‒10); E. F. **Scott** (MNTC, 1936); E. K. **Simpson** (1954); C. **Spicq** (^{4}1969); N. J. D. **White** (EGT, 1910).

다른 주요 저작들은 다음과 같이 짧은 제목으로 인용한다.

---

1) 다음 주석은 이 장에서 저자의 성(姓)으로만 언급하겠다.

Elliott, Text [=J. K. Elliott, *The Greek Text of the Epistles to Timothy and Titus* (SD 36; Salt Lake City: University of Utah Press, 1968)]; **Fowl**, *Story* [=Stephen D. Fowl, *The Story of Christ in the Ethics of Paul: An Analysis of the Function of the Hymnic Material in the Pauline Corpus* (JSNTSS 36; Sheffield: JSOT Press, 1990)]; **Hanson**, *Pastoral Epistles* [=A. T. Hanson, *Studies in the Pastoral Epistles* (London: SPCK, 1968)]; **Knight**, *Sayings* [=George W. Knight III, *The Faithful Sayings in the Pastoral Letters* (Grand Rapids: Baker, 1979)]; **Quinn**, "Spirit"[=Jerome D. Quinn, "The Holy Spirit in the Pastoral Epistles," in *Sin, Salvation, and the Spirit* (ed. D. Durken; Collegeville, Minn.: Liturgical Press, 1979), 345–68]; **Towner**, *Goal* (=Philip H. Towner, *The Goal of Our Instruction: The Structure of Theology and Ethics in the Pastoral Epistles* (JSNTSup 34; Sheffield: JSOT Press, 1989)]; **Wilson**, *Luke* [=Stephen G. Wilson, *Luke and the Pastoral Epistles* (London: SPCK, 1979)].

확실히 이 책에서 가장 논란이 되는 요소는 바울 서신이 말하는 성령을 연구할 때 그 대상에 목회 서신을 포함시킬 것인가 하는 문제다. 그런가 하면 신약 연구에서 이 목회 서신에 들어 있는 바울다운 요소들을 어떻게 볼 것인가라는 문제만큼 전제가 결론에 미치는 영향을 아주 분명하게 보여주는 사례도 없다.[2] 우리가 **영**을 말하는 본문들을 어떻게 다루어야 하

---

2) 우리는 목회 서신에서 다른 서신들보다 훨씬 더 바울다운 요소가 많이 나타난다고 확신하기 때문에, 이 서신들이 결국 바울로부터 나왔으며 후대의 위경 기록자로부터 나온 것이 아니라고 여전히 말할 수 있을 것 같다. 그래서 나는 이 연구서 부제를 "바울이 말하는 성령"이라 붙이지 않고 "바울 서신이 말하는 성령"이라 붙였다(저자 고든 피 교수는, 이 책 서두에서 수상한 것처럼, 목회 서신을 바울이 직접 쓴 서신은 아니지만 바울계 저자가 쓴 것이라고 주장한다. 그러면서 이 서신들이 위경은 아니라고 주장한다. 그러나 그가 이 책에서 목회 서신 부분을 서술해놓은 내용을 보면, 차라리 바울을 이 서신들의 저자로 인정하는 것처럼 보인다. 그것은 그의 말대로 목회 서신 자체가 바울의 색깔을 아주 많이 함축하기 때문일 수도 있고, 바울

는가라는 문제에서도 똑같은 말을 할 수 있다. 만일 이 목회 서신을 1세기 말이나 2세기 초에 지은 위작(僞作)들로 본다면, **영**을 말하는 본문들은 안디옥의 이그나티우스(Ignatius)[1]가 기록했다고 말할 수 있을 것이다.[3] 하지만 이 **영** 본문들을 대체로 바울이 기록한 것으로 본다면, 바로 이 본문들은 바울 서신의 나머지 본문들과 완전히 일치한다고 볼 수 있다. 어쨌든 목회 서신의 신학은, 근자에 타우너(Towner)가 실증해 보인 것처럼(내가 보기에는 공정하고 설득력 있는 증명이다), "사람들이 종종 생각하는 것보다 더 이른 시기의 바울(바울 서신) 신학에 훨씬 더 가깝다."[4]

첫째, 목회 서신에는 **영**을 말하는 본문들이 많지 않다는 데 주목해야 한다.[5] 많지 않은 **영** 본문 가운데에는 디모데 자신이 직접 한 **영** 체험을 언급하는 본문이 가장 많다. 특히 이런 본문은 디모데가 봉사자(사역자)로 "부르심"을 받았음을 말하는 문맥에서 자주 등장한다(딤전 1:18; 4:14; 딤후 1:6-7; 참고. 1:14). 이 본문들은 주해와 관련하여 몇 가지 유명한 난제들을 안고 있다. 그래도 이 본문들은 사역이 은사에 바탕을 둔 것이라고 말한다는 점에서, 다시 말해 **영**을 받음과 **영**이 주시는 능력에 힘입은 것이라고

이 직접 쓰지는 않았으나 결국 바울에게 귀속시킬 수 있다는 그의 말에서 엿볼 수 있듯이, 그의 입장이 애초부터 모호하기 때문일 수도 있다 – 옮긴이).

3) 그 극명한 사례를 보려면, Hanson (26-42, 그리고 그가 쓴 주석 전체)을 보라. Hanson이 제시하는 주장들은 본문 자체가 실제로 말하는 것보다 그가 가진 전제들을 무심결에 드러내는 경우가 훨씬 더 잦다. 이 점에 관한 한, Dunn, *Jesus*, 346-50도 별반 나을 게 없다. 이 문제들을 놓고 보면, Barrett, 71이 더 신중하다: "목회 서신들은 후대의 발전 단계가 지닌 특징을 보여주지만, 그래도 바울의 가르침과 모순되지 않는다." 참고. Quinn, "Spirit," 345.

4) Towner, *Goal*, 256. 이것은 대체로 설득력 있는 연구다. 이 연구는 필시 Towner가 "현대의 목회 서신 해석"이라 부르는 해석이 지닌 일부 불만스러운 요소들을 바로잡는 데 도움을 줄 것이다. 물론 그렇다고 바울이 이 서신들의 저자라는 결론까지 따라 나오는 것은 아니다. 그러나 Towner는 "현대의 해석이 실제 이 목회 서신의 저자가 피력하는 신학적·윤리적 시각을 마주하게 되면, 목회 서신을 바울의 사상으로부터 떼어내기가 그리 쉽지 않을 것"임을 실증했다.

5) 이렇게 **영**을 말하는 본문이 적다는 것을 이유로 목회 서신이 바울로부터 나온(from Paul) 서신이 아니라고 주장하는 이들이 종종 있었다(최근에는 Freed, *Introduction*, 401). 그러나 이것은 침묵을 근거로 내세운 주장(argument from silence)치고는 가장 형편없는 것이다. 이런 주장은 이 목회 서신을 쓰게 된 계기와 목적을 거의 혹은 전혀 고려하지 않는다. 이런 근거들을 내세운다면, **영**을 전혀 언급하지 않는 빌레몬서 또는 목회 서신만큼이나 **영**을 언급하는 빈도가 낮은 빌립보서도 바울이 쓴 게 아니라고 보아야 마땅하다.

말한다는 점에서, 바울의 시각을 철저히 대변한다. 다른 두 본문에서(딤전 3:16; 딛 3:5-6) 바울은 교회의 신앙고백/찬송 전승들을 끄집어내 자기의 주장을 떠받치는 근거로 활용하는데, 그는 자주 이런 일을 행한다. 두 본문 중 한 경우는 예수를 언급하는데, 여기서 말하는 것이 "영"인가 아니면 "영"인가가 특히 민감한 문제로 떠오른다. 다른 한 본문에서는, 바울이 자주 말하듯이, 하나님이 종말의 때에 이루시는 구원을 적용하는 일에서 영이 중심 역할을 한다고 말한다. 마지막으로 바울은 디모데전서 4:1에서 디모데에게 에베소의 현재 상황을 보고 영이 "훗날" 벌어질 일로 미리 일러 주셨던 바로 그 일을 분별해내라고 말한다.

디모데후서에는 영이나 예언을 말하는 본문들 외에도 "능력"을 말하는 본문이 둘 있다(1:8; 3:5). 이 본문들도 간접적이지만 영을 말하는 본문임이 거의 확실하다. 아울러 디모데후서 3:16이 성경은 "하나님의 숨"으로 말미암아 기록되었다고 말하며 사용한 영의 감동이라는 언어도 십중팔구 영을 언급하는 말이다.

따라서 이 마지막 바울 서신들에서 나타나는 것은 다른 바울 서신에서 등장하는 것과 정확히 일치한다. 즉 영은 그리스도인의 회심과 뒤이어 그리스도인으로 살아가는 삶 속에서 긴요한 역할을 한다. 영은 그리스도인의 봉사(사역)에서 핵심 동인이 된다. 또 영을 능력과 관련지어 인식하기도 한다. 아울러 영은 신자 개인이 공동체라는 맥락 속에서 체험하는 은사들을 통해서도 교회 안에 들어와 계신다.[6]

---

6) 목회 서신에 이 외에는 더 이상 영 본문이 없다면, 이는 필시 목회 서신 속에는 바울과 그의 복음에 관한 내용보다 각 서신의 배경이 된 특별한 삶의 정황의 본질을 다룬 내용이 더 많음을 일러주는 증거일 것이다. 디모데는 물론 디도도 실제 삶 속에서 바울 복음의 **내용**을 많이 되풀이할 필요가 없었을 것이다. 때문에 이 경우에 침묵을 근거로 내세운 주장들은 특히 타당성이 빈약하다.

디모데전서

이 서신의 **영** 본문들은 특히 이 서신을 쓰게 된 계기 및 목적과 밀접한 관련이 있다. 나는 이 문제들을 바라보는 내 견해를 내가 쓴 주석 도입부에서 상세히 이야기했다(pp. 5-10). 그래서 여기서는 본질이 되는 내용인 골자만 요약해보겠다.

이전의 견해는 디모데전서를 일종의 "교회 지침서"(church manual)로 여겼다.[7] 이런 견해와 달리, 이 서신을 이해하는 실마리는 바울이 디모데를 에베소에 남겨놓은 이유로 1:3에서 **말하는** 것이 **실제 상황에 근거한** 이유임을 진지하게 받아들이는 것이다. 즉 바울은 디모데를 몇몇 거짓 교사들에 맞서 싸우게 할 목적으로 에베소에 남겨놓았다. 거짓 교사들이 주창한 금욕주의와 **율법**에 근거한 사변들은 온통 공허한 말들로 가득 차 있었으며, 분쟁을 일으키고 많은 사람들을 그릇된 길로 나아가게 만들었다.

증거가 한데 모여 나타나는 몇몇 부분을 보면, 거짓 교사들이 다른 곳에서는 외부인이었지만 이 경우에는 내부인들이며, 실제로 교회 장로들이었음을 알 수 있다. 이는 바울이 여러 해 앞서 이런 일을 예언한 일을 기록해놓은 사도행전 20:17-35과 일치한다.[8] 불과 몇 해 전에 골로새와 라오디게아에서 횡행하던 몇몇 새 사상이 이번에는 번연히 에베소로 침투해

---

7) 이런 견해는 특히 이 서신을 위경으로 보는 사람들 사이에 널리 퍼져 있다. 이들은 목회 서신을 "초기 가톨릭교(공교회)"의 모습을 보여주는 서신으로, 디모데를 "목자의 모범"으로 이해한다. 그러나 이런 견해는 이 본문이 실제로 말하는 내용에 비춰보면 거의 모든 점에서 무너지고 만다. 디모데와 디도는 여전히 순회 사역자였다. 디모데는 "교회 질서를 세우고 있는 게" 아니다(그러나 디도는 교회 질서를 세우는 일을 한다). 이미 장로들이 자리를 잡았기 때문이다. 디모데 서신이 염두에 둔 것은 "목자로서 양을 돌보는 일"이 아니라, 거짓된 가르침을 중단시키는 일이다. 사실 디모데와 디도는 그들이 각기 속한 공동체에서 사도를 대변하는 이들이다. 그들의 자리는 사도의 자리와 달리 영원하지 않다. 만일 "교회 질서"가 위작자의 위작 목적이었다면, 그는 그런 목적도 분명히 드러내지 못한 셈이요, 그런 목적에 비춰봐도 너무 많은 "빈틈"들을 만들어냈다는 점에서 위작자 자신에게도 별반 도움을 주지 못한 셈이다.

8) 내가 내 주석에서 말했듯이(29n16), 이것은 그 말의 내용이 그 사실이 있기 전에 기록되었는지 아니면 있은 뒤에 기록되었는지 판단할 수 있는 중요한 자료다.

들어왔다. 그러나 이번에는 이 사상들이 "공식" 선상을 통해 들어왔다. 그릇된 길로 빠진 이 장로들을 막아야 했다. 바울은 바로 그 일을 하게 하려고 디모데를 에베소에 남겨놓았던 것이다.

디모데전서를 쓴 **목적**은 이런 복잡한 상황으로부터 이끌어낼 수 있다. 이 서신이 무심결에 도처에서 말하는 내용들은 결국 바울이 이 서신을 그 교회 자체를 위해 썼지, 단지 디모데만을 생각하여 쓴 게 아님을 일러준다. 그러나 바울은 이전처럼 교회에게 직접 서신을 써 보내지 않고 디모데를 통하여 교회에게 서신을 보낸다. 이는 **교회 지도자들이 가진 부족한 점들** 때문이었다. 바울이 이런 경로를 거친 이유는 두 가지 이유 때문이었을 것이다. (1) 우선 **디모데를 격려하고자 하는 이유** 때문이다. 디모데는 지금 잘못을 범하는 장로들을 제지해야 하는 지극히 어려운 과업을 수행중이다. 이 장로들은 분쟁을 만들어내고 잘못을 저지르는 이들이었지만, 동시에 분명 상당한 영향력을 가진 이들이기도 했다.[9] 또 (2) 이런 과업을 수행하는 **디모데의 권위를 교회 앞에서 세워주고자 하는 이유** 때문이다. 물론 이와 함께 그 교회가 거짓 교사들/가르침들을 신자들 앞에 밝히 드러내고 바울이 디모데에게 해야 할 일들을 일러주며 제시해준 가르침들을 함께 드러내는 것도 그런 경로를 거친 이유였다.

영을 말하는 본문들은 이 두 가지 관심사, 곧 거짓 가르침들을 제지하는 일(3:16; 4:1)과 거짓 교사들을 제지해야 할 디모데의 과업(1:18; 4:14)과 정확하게 일치한다.

▪ 디모데전서 1:18

아들 디모데야, 내가 네게 이 책임을 맡기노니, 이전에 너와 관련하여[10] 말했던

---

9) "출교(黜敎) 당한" 후메내오(딤전 1:20)가 출교를 당한 지 1년이 넘었는데도 여전히 그 교회 안에서 일한다는 사실(딤후 2:17)은 그가 자기 자리를 쉽게 포기하지 않았다는 것을 일러준다.

10) 그리스어로 ἐπὶ σέ다. 이 ἐπί라는 전치사는 보통 "…과 관련하여"(over)를 뜻한다[그리하여

예언들을 따름으로써, 그것들을 통해 네가 선한 싸움을 계속 행할[11] 수 있게
하라.

바울은 3절부터 디모데가 맡은 책임을 일러주었지만, 이 말로 새롭게 그가
맡긴 책임을 일깨워준다. 이 말은 무엇보다 어긋난 길로 빠진 장로들을 제
지할 과업을 맡은 디모데에게 용기를 북돋아줄 목적으로 쓴 것 같다.[12] 바
울은 이런 목적으로 디모데에게 그가 사역자로 "부르심"을 받았다는 것을
되새겨준다. 디모데는 이 "부르심"을 따라 안수를 받았고, (4:14에 따르면)
영이 그 부르심을 유효하게 해주셨다. 바울은 이렇게 말한다. "이 책임은
여러 해 전에 너를 두고 했던 예언들과 완전히 일치한다."

바울의 의도와 관심사는 분명해 보인다. 그는 디모데에게 "싸움"을 계속
하는 동시에 이런 식으로 그들 가운데 세움 받은 디모데 자신의 "권위"를
그 교회에게 일깨워주라고 촉구한다. 따라서 이것은 디모데가 맡은 책임이
결국 바울이 아니라 **영**으로부터 나온 것임을 되새겨주는 것이다. 더욱이
바울은 디모데에게 **영**의 능력으로(여기서는 "예언들을 통해") 싸우라고 독려

JB도 이렇게 번역해놓았다: "the words once spoken over you by the prophets"(이전에
선지자들이 너와 관련하여 한 말)]. 따라서 이런 말은 본디 디모데를 "두고"(about) 한 말일
것이다(그리하여 GNB NIV NRSV NASB와 대다수 주석들은 about으로 번역해놓았다).

11) 부정과거 시제(א* D* Y 1175 pc)보다 현재 시제(א² A D² F G H Maj)를 선호해야 한다(즉 "싸
움을 행하다, 병역을 수행하다"를 뜻하는 στρατεύομαι의 2인칭 단수 현재 중간태 가정법 형
태인 στρατεύῃ를 그 부정과거 중간태 형태인 στρατεύσῃ보다 더 선호해야 한다는 말이다 — 옮
긴이). 그 이유는 전사(轉寫) 가능성(필사자들은 가정법에서는 부정과거 시제가 더 흔한 것이
라 생각하여 현재 시제 동사를 부정과거 시제로 바꿔 적는 경향이 있었다)과 본문 내부의 요
인(바울은 이야기를 새롭게 시작하기보다 이전부터 해온 이야기를 계속 이어가는 데 관심이
있다) 때문이다. 참고. Elliott, *Text*, 21. 그러나 그는 다른 이유들을 제시한다. 그리스어 현재
시제를 이런 식으로 번역하는 것은(즉 στρατεύῃ ἐν αὐταῖς τὴν καλὴν στρατείαν을 keep on
waging the good warfare로 번역하는 것은 — 옮긴이) 좀 현학적이다. 그러나 이 경우에는
(3절부터 이야기해온) 책임을 다시금 새롭게 되새겨준다는 의미를 제대로 끌어내려면 이렇게
번역하는 것이 적절할 것 같다.
12) 이 점은 곧이어 이 운동 주모자인 후메내오와 알렉산더를 언급한 내용에 비춰보면 더 분명해
진다. 이들은 출교 당했지만, 딤후 2:17은 이 둘 가운데 하나가 출교 당한 뒤에도 교회 안에서
여전히 활동하고 있었다고 일러준다.

한다. 바울은 디모데후서 1:6-8, 14에서 훨씬 더 분명하게 이 싸움을 독려할 것이다.

이 관심사(디모데가 **영**에게 의지하도록 하는 일)는 아주 중요하다. 때문에 바울은 두 서신에서 각각 세 번에 걸쳐(4:14; 딤후 1:6-7을 보라)[13] 디모데에게 그리스도 안에서 살아가는 그의 삶이 **영**에 기원을 두었다는 것과 그의 소명 및 사역을 되새겨준다. 하지만 바울은 이 본문들을 각각 그 인접 문맥에 맞춰 다듬고 고쳤다. 이 바람에 이 본문들 사이에는 우리가 바울이 언급하는 체험(들)의 정확한 본질을 규명하려고 시도하기가 어려울 만큼 여러 차이점들이 존재한다. 그렇긴 하지만, 바울이 이런 모든 내용을 디모데에게 되새겨주는 **이유**는 자명하다. 디모데가 당면 과업을 잘 해내려면 **영**에 의지해야 하기 때문이다. 실제로 디모데후서 1:6-7을 보면, 바울은 디모데에게 그의 출발점을 되새겨주는 것뿐 아니라(물론 이것도 디모데를 격려하는 중요한 일에 필요하다), 디모데가 받은 **영**이라는 선물을 "불 일듯 일어나게" 하는 데도 관심을 가졌음을 알 수 있다. **영**의 내주는 디모데에게 과업을 해낼 수 있는 능력을 가져다주었다.

바울은 여기서 그 체험을 κατὰ τὰς προαγούσας ἐπὶ σὲ προφητείας(말 그대로 옮기면, "이전에 너와 관련하여 말했던 예언들을 따라")[14]라고 묘사한다. 우리는 다른 두 본문을 통해 이 체험이 비단 디모데가 예언들을 통해 사역자로 뽑힘을 받은 일뿐 아니라 그보다 더 많은 일들과 관련 있음을

---

13) 대다수 학자들은 이 세 본문이 필시 디모데의 삶에서 벌어진 같은 사건을 가리킨다고 생각한다. 그러나 딤후 1:6-7(찾아보라)은 달리 생각하는 것이 합당하다. 하지만 이 본문들은 모두 디모데에게 그가 신자가 되고 여러 교회를 순회하며 그리스도를 섬기는 종이 된 것은 그가 받은 **영**에서 비롯되었다는 것을 되새겨준다. 디모데전서의 두 본문은 행 16:1-5이 기록해놓은 것과 똑같은 사건을 말하는 본문일 가능성이 아주 높다. 이 사도행전 본문은 디모데가 루스드라에서 바울 일행에 합류했다고 일러준다. 일부 학자들은(Bernard, 72; Lock, 54) 디모데전서의 이 두 본문이 더 근래에 에베소에서 일어난 사건을 이야기한다고 주장한다. 그러나 그런 견해는 4:14을 교회(특히 성직자) 중심의 시각으로 읽어낸 결과다. 디모데후서는 바울이 특히 디모데의 태생(집안 내력)을 되새겨주는 데 관심을 가졌다는 것을 시사한다(딤후 1:5, 6-7; 3:10-11, 14-16을 보라). Fee, 175-77을 보라.

14) 참고. KJV, "according to the prophecies which went before on thee."

안다. 즉 디모데는 **영**을 통해 바울이 "**네 속에 있는**"이라고 묘사하는 은사를 받는 체험도 했다. 그러나 여기 본문에서는 디모데가 에베소에 있는 것이 이전에 있었던 몇몇 예언들과(즉 **영**이 여러 해 전에 그를 두고 말씀하셨던 것과) **일치하는** 것이라고 말한다. 그러므로 이제 디모데는 그 예언이 현재 그가 벌이는 싸움과 관련된 것으로 이해해야 한다. 따라서 지금 바울이 강조하는 것은 두 가지다. (1) 디모데의 체험은 그가 이 사역을 **시작하던 때까지** 거슬러 올라간다. 그리고 (2) **디모데를** 이 사역을 감당할 자로 분명하게 **뽑아 세우신** 분은 **영 바로 그분**이다. 디모데는 오랫동안 이 사역에 몸담아왔고 이제는 에베소에서 시험을 받는 중이다.

하지만 "이전에 너와 관련하여 말했던"이라는 문구를 조금 달리 이해할 수도 있다. 이 문구의 그리스어 분사는(그리스어 본문은 προάγω의 여성 복수 주격 현재분사 능동형인 προαγούσας를 사용했다 – 옮긴이) 모호하다[15]. 그래서 일부 사람들은 그 예언들이 디모데가 "나아갈 길을 인도해주었다고", 곧 그 예언들이 "디모데를 지목하여 바울에게 인도해주었다고"[16] 주장했다. 그러나 지금은 바울이 이 분사를 시간과 관련된 의미로 사용했음을 보여주는 견고한 증거가 있다.[17] 또 일부 사람들이 주장하듯 바울의 관심사는 디모데를 바울 자신의 진정한 "후계자"로 인정하는 것[18]이 아니라, 오히려 디모데가 그 싸움을 계속 이어가도록 격려하는 것이다. 이것이 다수설이요 선호해야 할 견해다.

---

15) 그리스어로 προάγω다. 이 말은 공간과 관련된 의미로서 "길을 인도하다, 앞서 가다"를 뜻하거나(참고. 5:24, "어떤 이들의 죄는 그들보다 **앞서** 심판으로 **나아간다**") 시간과 관련된 의미로서 "앞서 가다", 곧 "앞서 일어났다"를 뜻한다.

16) 그리하여 NEB는 "which first pointed you out to me"(애초에 너를 지목하여 내게 이끌어준)로 번역했으며, RSV는 "which pointed to you"(너를 지목한)로 번역했다[그러나 NRSV는 여기서 지지하는 견해를 따라 "made earlier about you"(이전에 너를 두고 말했던)로 바꿔놓았다]. Chrysostom, White, Kent, Guthrie가 이런 입장이며, 다른 몇몇 사람들도 같은 견해다(Lock, Scott, Barrett, Kelly, Earle). Bernard, Erdman, Hendriksen은 견해를 달리한다.

17) 가령 히 7:18("전에 있던 규칙들"); 참고. MM에 있는 파피루스의 사례들.

18) 가령 Scott, 16.

이런 말들(예언들 – 옮긴이)은 본질상 그때그때 상황에 맞춰 터져 나오는 말이다.[19] 따라서 언제, 누가, 무엇을(=그 예언들의 내용) 예언했는가라는 문제는 그리 확실치 않다. 우선 언제라는 문제를 살펴보면, 디모데전서와 후서의 취지 그리고 이 세 핵심 본문들의 내용은 디모데가 바울과 합류하기 시작하던 때가 그 예언들이 있었던 때임을 알려준다.[20] 이것이 디모데후서 3:10-11이 분명하게 제시하는 시각이다. 이때를 에베소 장로들이 디모데에게 "안수하여" 사역자로 세운 사건이 있었던 때라고 주장하는 것은 후대의 시각일뿐더러, 바울이 제지하라고 당부한 거짓 교사들이 바로 장로들이었다는 우리 견해가 옳을 경우에는 불가능한 주장이다.

그런 예언을 한 사람은 누구인가? 4:14은 "예언"이라는 단수 명사를 사용했다.[21] 이를 고려할 때, 이 1:18이 복수형을 사용한 것은 의미심장하다("예언"을 뜻하는 προφητεία의 복수 목적격인 προφητείας를 사용했다 – 옮긴이). 아마도 이 "예언들"은 예언이 두 차례 이상 있었음을 일러주는 말로서,[22] 한 번에 여러 예언 행위가 있었음을 시사하는 말일 가능성이 더 높다. 어쩌면 이런 말들이 여러 개 있었다는 것 자체가 예언들을 "분별"하는 한 형태였을지도 모른다. 즉 공동체 내부의 몇몇 사람들이 디모데에게 말(예언)을 했는데, 이때 각자가 한 말은 그 나름대로 다른 이들이 먼저 한 말을 확인하고 뒷받침해주는 말이었다. 어쨌든 칼뱅(Calvin)은 이 "예언들"이라는 복수형이 그 체험(즉 디모데가 자신을 두고 말하는 예언들을 들은 체험 – 옮긴이)을 단지 바울과 디모데 두 사람에게 한정된 좁은 맥락이 아니라 더

---

19) 바울과 디모데는 그 말들을 세세한 구석까지 다 알았다. 때문에 바울은 그 내용을 상세히 설명할 필요가 없고, 다만 디모데에게 그 사건만을 일깨워주기만 하면 되었다. 반면 이 서신을 위경 기록자가 기록했다면 – 자기 자신의 청중들을 생각하여 – 세부 사항까지 다 이야기하려고 했을 것이다.

20) 앞의 주13을 보라.

21) 뒤에서 4:14을 다룬 내용을 보라. 여기서 등장하는 προφητεία는 한 번만 있었던 "예언"을 가리키는 말이 아니라, 예언 현상 자체를 가리키는 말로서 집합명사로 이해해야 하는 말임이 거의 확실하다. BAGD, 3b는 견해를 달리한다.

22) Lock, 18이 이렇게 주장한다. Kelly, 57은 불확실한 태도를 보인다.

넓게 교회 전체를 아우르는 맥락 속에 단단히 심어놓는다고 주장했는데,[23] 옳은 주장인 것 같다.

물론 그 예언들의 내용은 단지 짐작만 할 수 있을 뿐이다. 그러나 이 문맥의 관심사와 4:14에 비춰볼 때, 그 예언들이 그 공동체 안에서 예언의 은사를 받은 이들이 자기 의지와 상관없이 말했던 **영**의 말들이었다는 점만은 아주 분명한 것 같다. 이 말들은 디모데를 하나님이 바울과 함께 이곳저곳을 순회하며 봉사하도록 뽑아 세우신 자로 지명해주었을(또는 확인해주었을) 것이다. 결국 이 본문이 말하는 체험은 바울 자신이 안디옥 교회에서 직접 체험한 일을 묘사해놓은 것이다. 사도행전 13:1-2은 이 체험이 무엇인지 이야기해준다.[24]

마지막으로 바울은 디모데에게 "이런 예언들을 수단으로 삼아"(글자 그대로 번역하면 "그것들 안에서") 고귀한 전쟁을 수행하라고 독려한다. 이 전치사구(그리스어로 ἐν αὐταῖς다 – 옮긴이)는 좀 모호하다. 그러나 이 말은 십중팔구 "그런 예언들의 힘으로 굳게 서서"[25]나 "그런 예언들로부터 끌어낸 용기를 수단 삼아"[26] 같은 의미일 것이다. 어떤 의미이든, 바울은 지금 디모데에게 그가 지금 하는 사역의 기원이 된 여러 해 전의 일들이 **영**이 단번에 행하신 일이었음을 유념하고, 이를 토대로 분명 난관이 따르겠지만(바울이 전쟁이라는 이미지를 공연히 쓴 게 아니다) 그래도 지금 그가 에베소에서 행해야 할 과업을 계속 이어갈 것을 당부한다. 실제로 이전에 있던

---

23) 가령 Guthrie, 67은 견해를 달리한다. 그는 "예언들이 디모데가 사역자로 부르심을 받기 전에 어떤 식으로든 바울에게 디모데에 관한 일을 일러주었다"라고 주장한다. 이런 주장은 예언을 교회 공동체가 한자리에 모였을 때 행하던 일로 본 바울의 이해는 말할 것도 없고, 4:14도 진지하게 받아들이지 않은 것이다.

24) 안디옥 교회에서 "봉사하던" 이들 가운데 일부 사람들은 특히 "선지자들과 교사들"로 불린다. 이 점은 사도행전과 목회 서신 사이의 일치점 가운데 하나이기도 하다. 이 일치점 때문에 Wilson, *Luke*, 58은 목회 서신도 누가가 썼다고 본다.

25) 참고. White, 101, "마치 방어용 갑주처럼 그것들을 입고"; Erdman도 같은 견해다.

26) 참고. RSV, "inspired by them"; Calvin, 201, "디모데는 하나님이 자신을 인정해주셨다는 이 사실에 의지하여."

예언들을 되새겨주는 이런 호소 그리고 그가 받은 은사를 무시하지 말고
(4:14) 도리어 그 은사를 불 일듯 일게 하라는 당부(딤후 1:6-7)를 이해할
때는 요새 쓰는 말로 "영의(영적) 전쟁"이라 부르는 바로 그 맥락 속에서
이해해야 한다. 바울은 4:1-2에서 이를 더 분명하게 밝힌다. 거기서 바울
은 거짓 가르침을 귀신의 가르침이라 부르고 거짓 교사들을 "속이는 영들"
의 영향 아래 있는 자들이라고 말한다. 결국 디모데는 "그것들을 통해"(영
의 예언들을 통해) 사람의 영혼을 파괴하는 원수들에 맞서 계속 전쟁을 펼
쳐야 한다.

말이 나온 김에 한마디만 덧붙이자면, 이런 강조점은 철저히 바울다운
것이다. 계속하여 **영**의 사역에 의지하는 한, 디모데는 에베소에서 맡은 과
업을 이뤄낼 것이다.

■ **디모데전서 3:16**[27]

모든 이가 공통으로 동의하거니와[28] (우리가 강조하는) 경건의 비밀이 실로 크도다.[29]

---

27) **참고 문헌**: Reinhard **Deichgräber**, *Gotteshymnus und Christushymnus in der frühen
Christenheit: Untersuchungen zu Form, Sprache und Stil der frühchristlichen
Hymnen* (Göttingen: Vandenhoeck & Ruprecht, 1967), 133-37; **Fowl**, *Story*, 155-94;
Robert H. **Gundry**, "The Form, Meaning and Background of the Hymn Quoted in
I Timothy 3:16," in *Apostolic History and the Gospel: Biblical and Historical Essays
presented to F. F. Bruce on his 60th Birthday* (ed. W. W. Gasque and R. P. Martin;
Grand Rapids: Eerdmans, 1970), 203-22; W. **Metzger**, *Der Christushymnus 1 Tim. 3,16*
(Stuttgart: Calwer, 1979); E. **Schweizer**, "Two New Testament Creeds Compared," in
Current Issues in New Testament Interpretation: Essays in honor of Otto A. Piper (ed.
W. Klassen and G. Snyder; New York: Harper, 1962), 166-77; D. M. **Stanley**, *Christ's
Resurrection in Pauline Soteriology* (AnBib 13; Rome: Pontifical Biblical Institute,
1961), 236-39; W. **Stenger**, *Der Christushymnus 1 Tim. 3.16: Eine strukturanalysche
Untersuchung* (Frankfurt: Peter Lang, 1977); **Towner**, *Goal*, 87-93.

28) ὁμολογουμένως는 보통 "명백히, 널리 인정하듯이"를 뜻한다. 하지만 이 문맥은, 특히 바울이
4:1을 시작하며 쓴 역접어 δέ에 비춰볼 때, 바울이 이 단어 그룹("고백"이나 "동의")이 내포
하는 더 의미심장한 개념을 마음속에 두었다는 것을 일러준다. 바울은 4:1에서 이 경건의 비
밀과 일치하지 않는 귀신의 가르침을 대립하는 말로 제시한다. 참고. Fowl, *Story*, 183-84.
Fowl은 요세푸스의 *Ant.* 1.180; 2.229을 언급하며, 이 본문에서 이 ὁμολογουμένως라는 말

> 그는 곧[30] 육으로 나타나셨고,
>
> **영**으로 의롭다 하심을 받으시고,
>
> 천사들에게 보이셨고,
>
> 열방 가운데서 전파되셨고,
>
> 세상에서 믿는 분이 되셨고,
>
> 영광 가운데 올림을 받으셨느니라.

신약학계는 여기서 바울[또는 비(非)바울계 저자]이 초기 그리스도인들이 그리스도에게 초점을 맞춰 불렀던 찬송을 인용한다는 데 모두 동의한다. 이렇게 믿는 이유는 대체로 세 가지다. (1) 본문 전체가 리듬이 있고(모든 연이 부정과거 수동태로 시작하고, 3연을 제외한 모든 연을 ἐν이 붙은 여격이 수식한다), (2) 모든 연이 분명한 평행을 이루며, (3) 여섯 개 연이 간결한 형태를 띤 채, 그리스도의 "생애"를 이루는 각각 다른 측면들을 좀 모호하면서도 설명을 덧붙이지 않은 말로 이야기한다는 점이 그 이유다. 설령 이것이 신자들이 불렀던 찬송이 아니라 해도, 이 본문이 신앙고백의 특질을 지닌다는 점은 의심할 여지가 없다. 여기서 바울은 자신의 주장을 강조할 목

이 "모든 이가 공통으로 동의하건대"에 가까운 의미라고 말한다. 이렇게 보는 견해를 Hanson이 주장하는 견해보다 더 선호하는 게 마땅하다. Hanson은 여기서 저자가 철학적 의미를 함축한 "현학적" 문구를 구사할 요량으로 「마카베오4서」에 의존했다고 주장한다(Hanson, *Pastoral Epistles*, 21-28).

29) 이렇게 번역한 이유를 알아보려면, 뒤의 논의를 보라.

30) ὅς (א* A* C* G 33 365 442 2127 syr cop arm goth eth Origen Epiphanius Jerome)가 원문이요, 이 ὅς의 와전(訛傳)인 ὅ (D latt)나 θεός (MajT)가 원문이 아님은 사본 비평에서 사용하는 모든 규준이 확실하게 일러준다. ὅς가 초기의 모든 사본이 따르는 본문이다. 고대에 나온 역본 가운데 "하나님"으로 기록해놓은 본문에서 번역한 역본이 하나도 없다는 사실은 ὅς가 원문임을 확증해준다. 사실 이런 와전은 오직 그리스어 본문에서만, **거룩한 이름**(*nomen sacrum*;[2] ΘΣ)이라는 약어(略語)를 사용한 경우에 일어날 수 있었다(ΘΣ는 하나님을 가리키는 **거룩한 이름**이다 — 옮긴이). 이런 와전은 분명 ΟΣ로부터 ΘΣ로 일어났을 것이다(성경을 기록해놓은 그리스어 사본들은 대문자로, 띄어쓰기와 장절 구분 없이 기록되어 있다 — 옮긴이). ὅ나 θεός는 그 본질상 분명 문법에 맞지 않기 때문이다. 실제로 다른 방향으로 바뀌는 것은 어떤 상황에서도 불가능하다. Fee, "The Majority Text and the Original Text of the New Testament," 116-18을 더 읽어보라.

적으로 교회가 공통으로 고백하던 그리스도를 믿는 신앙을 끄집어내 사용한다.

그러나 뒤이어 학자들 사이에 상당한 이견이 존재하는 세 가지 중요한 문제들이 있다. (1) 이 찬송 전체의 구조와 의미, (2) 첫 두 연의 의미, 그중에서도 특히 우리가 지금 관심을 가진 두 번째 연[ἐδικαιώθη ἐν πνεύματι("영/영 안에서 의롭다 함을 받으시고)]의 의미, 그리고 (3) 이 본문 전체가 바울이 현재 제시하는 주장이 들어 있는 문맥과 어떻게 부합하는가가 그 세 가지 문제다. 이 경우에 이 세 문제들은 서로 철저하게 얽혀 있다. 따라서 우선 세 번째 문제를 살펴보고, 이어 이 문제를 살펴본 결과가 첫 두 문제를 바라보는 우리의 이해에 어떤 영향을 미치는지 살펴보도록 하자.

학자들은 보통 문맥 문제는 무시하거나[31] 아니면 기껏해야 단지 한두 마디 건성으로 이야기하고 넘어가버린다.[32] 이 본문이 이 주장 중간에 바위처럼 버티고 앉아 있는 것처럼 보인다는 게 그 가장 큰 이유다.[33] 그러나

---

31) 가령 Bernard와 Earle이 그렇다. 대다수 학자들은 이 본문을 단지 "경건의 비밀"을 묘사한 본문 정도로 생각하면서, 이 비밀의 진리를 보장하는 보증인이 교회라고 생각한다. Lock, Scott, Guthrie, Hendriksen이 그런 예다. D-C는 이 본문을 "전승이 전하는 개념을 제시할" 목적으로 쓴 것으로서 "과도적" 성격을 지닌 것으로 본다. Kelly, 93은 이를 "그리스도의 비밀을 칭송하는 간략한 여담"이라고 부른다. 그러나 이 학자들은 모두 이 본문을 어떤 구체적 주장을 제시하는 본문으로 보지는 않는다. 이것이 그들의 공통점이다.

32) 가령 Calvin, 232과 Barrett, 57은 이 본문을 3장과 직접 연결지어, "사람이 왜 하나님의 교회 안에서 (가령 그들이 맡은 사역을 행할 때) 올바로 처신해야 하는지 그 이유들을" 제시하는 본문으로 본다(Barrett). 이는 기껏해야 논거가 박약한 주장일 뿐이다. 심지어 이 주장은 14절에 진짜 쉼표가 있다는 점과 4:1의 δέ가 본질상 역접이라는 점도 무시하며, 왜 이 특별한 내용을 여기서 인용해야 했는가라는 문제도 전혀 충실히 다루지 않는다. 이 특별한 내용과 사람이 교회 안에서 올바로 처신해야 하는 이유는 관련이 없는 것으로 보인다는 게 그 이유다. White의 주장은 훨씬 더 설득력이 떨어진다. 그는 "사상의 연관성은 방금 교회에 관하여 말할 때 사용했던 고상한 용어들이 정당함을 증명해야 할 필요가 있는 것 같다는 느낌 속에 존재한다"라고 주장한다(118); 참고. Hanson, 86.

33) 비로 앞 문맥은 여기서 이런 내용이 등장하리라는 것을 우리에게 전혀 귀띔해주지 않았다. 더욱이 바울이 제시하는 주장은 4:1에서 새로 시작하는 것처럼 보일 뿐 아니라, 지금 우리가 선 자리에서 당시 바울이 기록해놓은 본문을 보면, 바울이 제시하는 주장과 3:16 사이에 분명한 개념상 연관이 있다는 점이 즉시 드러나지도 않는다. Scott, 40은 이를 대담하게 이렇게 말한다. "[이 말(16절의 찬송)은] 주장을 제시한 본문을 끝맺고 그 본문에게 품격을 부여하려고, 마치 시의 한 소절을 인용하듯이, 끼워 넣은 것이다."

달리 생각해야 할 이유들이 있다.[34] 그 실마리들은 세 가지를 꼽아볼 수 있다. 첫째, 14절은 그 앞과 뒤를 이어주는 다리 역할을 하면서, 그때까지 바울이 제시한 주장 전체를 끝맺고 이어질 내용을 제시하는 기능을 한다. 따라서 하나님의 집에서 어떻게 행할 것인가에 기울이는 관심은 3장을 가리키는 게 아니라, 거짓 교사들이 행위와 관련하여 야기한 더 큰 관심사들을 가리킨다. 바울이 지금 이런 글을 쓰는 목적은 디모데나 교회 지도자들에게 교회 안에서 어떻게 행해야 하는지 알리려 함이 아니라, 하나님의 모든 백성이 하나님의 집인 신앙 공동체 안에서 어떻게 행해야 하는지 알리려는 것이다.[35] 둘째, 4:1의 δέ("그러나")는 3:16과 정반대 의미를 시사하는 역접어(逆接語)로서, 바울이 그 찬송에서 표현했던 것과 반대되는 내용을 말하려 한다는 것을 일러주는 말로 이해하는 것이 가장 적절하다. 셋째, 바울이 (3:14부터 전개해온) 이 주장을 하나로 묶어주는 것은 그가 εὐσέβεια("경건")[36]에 기울이는 관심이다. 이 찬송은 εὐσέβεια의 내용이 무엇인지 제시할 요량으로 기록해놓은 것이다. 바울은 곧이어 디모데에게 경건을 추구하라고 독려하는데(4:6-10), 이는 거짓 교사들과 그들이 저지른

---

34) 내가 뒤이어 쓸 내용은 Towner, *Goal*, 87-93과 특히 Fowl, *Story*, 174-94이 제시한 통찰에 신세를 진 것이다. 나는 내가 쓴 주석에서 이 문맥과 관련하여 두 가지를 주장했다. 이 문맥은 십중팔구 거짓 교사들이 주장하는 기독론과 반대되는 내용일 것이라는 게 그 하나요, 이 문맥은 4:1-5에서 거짓 가르침을 비판하기 위한 사전 준비라는 것이 다른 하나였다. Fowl과 Towner의 연구는 이런 주장들을 상당히 밀도 있게 제시했다. 나는 여기서 내가 뒤이어 제시할 주해와 관련하여 그들에게 빚을 졌음을 인정한다(물론 나는 몇몇 세부 내용에서는 계속 그들과 다른 입장을 고수한다).

35) 이와 관련하여 Fee, 91, 95을 보라; 참고. Fowl, *Story*, 180-81.

36) 참고. Fowl, *Story*, 183-84; Towner, *Goal*, 88-89. 목회 서신에서 이 말이 가지는 중요성은 의심할 나위가 없다. 바울 서신에서는 이 말이 오직 목회 서신에서만 독특하게 나타난다. 때문에 이 말을 이 서신이 위경임을 알려주는 징표로 보기도 한다. 그러나 반대로 나는 이 말을 사용했다는 사실이 오히려 더 바울답다고 주장했다. 고전 1:18-3:23에서도 그랬듯이, 바울은 자기 대적들이 중요하게 여기는 단어를 가져다가 그 대적들을 공격하는 말로 바꿔 쓰면서, 그 말의 내용을 바울 자신이 주장하는 내용으로 채운다(Fee, 63). 이 경우에 Towner, *Goal*, 147-54은 이 말이 "하나님을 (올바로) 아는 지식에서 생겨나는 삶의 태도(방식)"(149)를 가리킨다고 주장했는데, 설득력 있는 주장이다. 따라서 이 말은 올바른 생각과 올바른 삶을 모두 아우른다. 이는 이 대목의 문맥을 이해하려 할 때 분명 주된 실마리를 제공해준다.

잘못들(4:1-5)에 정면으로 맞서는 것이다. 결국 이것은 16절의 찬송 내용과 4:3-5이 열거하는 거짓 가르침의 내용을 서로 대립하는 내용으로 이해하는 것이 가장 적절할 수 있다는 뜻이다.

그렇다면 이렇게 주장할 수 있다. 바울은 지금 당장 에베소로 돌아갈 수 없다. 그래서 그는 디모데에게 서신을 보내 사람들이 하나님의 집에서 어떻게 살아가야 하는지 알게 하라고 당부한다. 바울의 관심사는 올바른 행위(처신)다. 그러다 보니 그는 에베소 공동체에서 온갖 종류의 "경건치 않음"을 야기한 거짓 가르침들을 주저 없이 곧장 폭로해버린다. 결국 그들은 교회를 진리를 지켜야 할 보증인으로 이해해야 한다. 바울은 이렇게 계속 말을 이어간다. "우리가 다 함께 신앙고백으로 동의하듯이, 우리가 우리의 찬송/신앙고백으로 시인하는 εὐσέβεια(경건)의 비밀이 크도다."

바울은 (지금 우리가 보는 본문에서) "경건"을 올비로 이해하는 데 필요한 몇 가지 내용을 인용한 뒤, 곧바로 대조를 구사하여 에베소의 현 상황을 이야기한다. 이 상황이 바로 **영**이 분명하게 경고하셨던 일이었다. 사실 거짓 가르침은 결국 귀신의 가르침으로서 "속이는 영들"로부터 나온 것이다. 거짓 가르침의 내용은 그리스도인이 가진 피조 세계(창조) 이해와 완전히 다르다. 파울(Fowl)이 주장했듯이, 바울이 4:3에서 알려주고 3-5절에서 반박하는 거짓 가르침은 하나님과 피조 세계를 갈라놓는 것이었다. 그런 거짓 가르침이 품었던 생각은 이 16절의 찬송이 그리스도를 가리키며 주장하는 내용과 정반대였다.[37]

만일 이것이 바울이 제시하는 주장의 흐름을 바로 본 것이라면, 또 이

---

37) 이 점은 또 초기 그리스도인의 신앙고백 문언 중 일부인 이 찬송이 지닌 아주 놀라운 특징을, 곧 이 찬송이 그리스도의 죽음을 언급하지 않는 연유를 설명하는 데 도움을 준다. 일부 학자들은(가령 Stanley, *Resurrection*, 237) 16절이 제시한 이 찬송의 1연을 "그리스도의 죽음이 가진 구속의 성격을 염두에 두고 그 죽음을 넌지시 일러주는 부분으로 이해해야 한다"라고 주장하지만, 거의 설득력이 없다. 그렇게 주장하면 사람들이 찾고 있는 것(곧 그리스도의 죽음을 언급하는 말 — 옮긴이)을 찾는 셈이 되겠지만, 1연의 언어 자체는 애초에 그리스도의 죽음을 언급하는 것 같지 않다.

것이 여기서 바울이 말하는 일들을 정말 제대로 이해한 것이라면, 이는 우리가 이 지점에서 이런 찬송이 등장한 **이유**를 이해하고 이 찬송 서두의 아주 중요한 연들이 지닌 의미를 이해하는 데도 필시 도움을 줄 것이다. 이 찬송의 첫 두 연이 찬송 전체의 초점이며 찬송 전체를 이해하는 실마리라는 데 모든 학자가 동의한다. 아울러 이 첫 두 연은 서로 대조를 이루는 ἐν σαρκί와 ἐν πνεύματι["육"과 "영"(spirit)]를 한 쌍으로 묶어 제시한다. 따라서 이 두 연은 분명 뭔가의 반대명제로서 한 덩어리를 이루는 말로 보아야 한다는 데도 모든 이가 동의한다.

1연은 우리 주님의 성육신을 가리키는 말임이 거의 확실하다. 그렇다면 주님의 성육신을 어떤 식으로 표현한 것이며, 그 강조점은 무엇인가? 바울은 "나타나셨다"[38]라는 말을 사용했다. 그러나 여기서 강조하는 것은 요한복음에서 볼 수 있는 것과 같은 하나님의 자기 현시(顯示; 하나님이 자신을 나타내심)가 아닌 것 같다. 더욱이 이 1연의 언어는 예수의 선재(先在)를 전제하는 것 같지만,[39] 여기서 예수의 선재는 관심사가 아니다. 오히려 2연이 "의로움을 인정받다"라는 언어를 구사하는 점에 비춰볼 때, 이 1연은 적어도 이 문맥 속에서는 그리스도가 "육으로" 현존하셨다는 **사실**을 강조하는 곳일 가능성이 아주 높다. 여기서 "육"이 가리키는 것이 정확히 무엇인지 확실하게 알 수는 없다. "육"의 의미가 그리 확실치 않다는 사실은 다시 2연의 πνεῦμα를 어떻게 이해해야 하는가라는 문제에도 영향을 미친다. 1연의 "육"은 예수의 "몸" 자체를 가리키는가,[40] 아니면 더 넓게 예수의 인성(人性)을 가리키는가?[41]

---

38) 그리스어로 ἐφανερώθη다("계시하다, 알리다"를 뜻하는 φανερόω의 3인칭 단수 부정과거 수동태 직설법 형태다 – 옮긴이); 참고. 딛 1:3; 딤후 1:10. 이 동사는 바울 서신에서 흔히 볼 수 있다.

39) Bernard, 63; Lock, 45 그리고 다른 많은 이도 여기서 예수의 선재는 강조점이 아니라고 본다. 그러나 Dunn, *Christology*, 237은 견해를 달리한다. Dunn은 바울로부터 예수의 선재를 읽어내는 데 결연한 모습을 보인다. 이 때문에 그는 그리스도의 선재를 말하는 본문으로 보기가 대단히 어색한 몇몇 본문들에서도 그리스도의 선재를 읽어낸다.

40) 이는 Gundry, "Form"이 지지한다; 참고. NIV, "He appeared in a body."

만일 "육"이 "몸"과 같다면, 다음 연의 πνεῦμα는 논리상 예수가 사람으로서 가지셨던 영(spirit)을 가리키는 것 같다.[42] 그러나 "육"을 이렇게 바라보는 견해[43]와 이에 상응하여 "영"을 바라보는 견해를 거부해야 할 몇 가지 이유가 있다. 바울 서신 어느 곳에서도 이렇게 "육"(flesh)과 "영"(spirit)을 대조한 사례가 결코 등장하지 않는다는 점도 특히 그 이유 가운데 하나다.[44] "육으로"라는 문구는, 이곳과 비슷한 본문인 로마서 1:3-4과 베드로전서 3:18에 있는 같은 문구들이 의미하는 것처럼, "인간의 영역에서", 곧 "진정한 인간 존재로"를 뜻하는 말일 가능성이 아주 높다. 이 말은 우리 인간의 삶을 경멸할 목적으로 쓴 문구가 아니다. 하지만 이 문구는 실상 우리 인생이 지닌 한계들과 약점들을 나타내는 말이다. 때문에 바울은 이 찬송을 인용할 때 그리스도가 "육"으로 나타나심이 결코 그분의 실존이 불행한 모습으로 나타났다는 의미가 아니라고 주장한다. 오히려 반대로 "그가 육으로 **나타나셨다**"라는 말은 우리 인생이 허다한 약점을 지녔어도 그리스도가 그런 우리 인생에 참여하심으로써 "경건"의 "비밀"을 계시해주셨다는 뜻이다.

"육"을 이렇게 해석한다면, 2연은 하나님이 그리스도의 지상 생애가 의

---

41) 일부 학자들은 이 찬송 전체를 바라보는 견해를 고수하려다가, 결국 이 "육"을 예수의 출생만을 가리킨다고 보거나(Alford) 예수가 십자가형을 당하신 사건만을 가리키는 것으로 본다(Stanley, *Resurrection*). 그러나 이런 견해들은 모두 타당성이 없는 것 같다. Gundry, "Form," 204, 209-10이 제시하는 비판들을 보라.

42) 일부 학자들은(Kent, 146; Simpson, 61; Earle, 370) 이 πνεῦμα가 예수의 신성(神性)을 가리킨다는, 거의 불가능한 견해를 주장한다. Gundry는 이 말이 예수가 인간으로서 가지셨던 영을 가리킨다고 주장한다(참고. Bernard, 63; White, 119; Erdman, 47). 하지만 NIV는 1연을 이런 식으로 이해하면서 ἐν πνεύματι를 도구의 의미로 받아들인다("He appeared in a body, was vindicated by the Spirit"; 참고. Hendriksen, 140; Barrett, 65). 이 견해를 살펴보려면, 뒤의 논의를 보라.

43) 특히 Gundry, "Form"에서 나타나는 영내의 선해가 그런 기부 대상이다. 특히 Fowl, *Story*, 160-62이 제시하는 비판을 보라.

44) 그런 본문으로 볼 수 있을 유일한 본문인 고전 5:5도 십중팔구 그런 본문이 아니다(앞에서 이 본문을 다룬 내용을 보라). 이와 달리 바울은 우리 인간을 구성하는 두 가지 기본 요소를 표현하는 말로 σῶμα와 πνεῦμα ("몸/영")를 사용한다(고전 7:34을 보라).

롭다고(정당하다고) 인정해주셨음[45]을 가리키는 말로 이해하는 것이 가장 적절하다. 그러나 이런 의로움(정당성) 인정을 정확히 어떻게 이해해야 할지는 미지수다. 몇몇 영역 성경들은[46] ἐν πνεύματι를 도구의 의미(즉 "**영**이라는 방법을 통해"라는 의미를 — 옮긴이)를 가진 문구이자 하나님이 예수의 지상 사역 기간이나[47] 그가 부활하실 때에 **영**의 능력을 통하여 당신 아들이 정당함(의로움)을 인정해주신 것을 가리키는 문구로 받아들이면서, **영**을 그리스도가 부활하실 때 중개자 역할을 하신 분이라고 주장한다. 이 견해는 매력이 있을 수도 있으나, 다음 세 가지 이유 때문에 성립할 수 없는 견해다. (1) 이렇게 ἐν πνεύματι를 해석하게 되면, 1연의 "육으로"와 썩 자연스러운 대조가 이루어지지 않는다. (2) 이 견해는 ἐν πνεύματι라는 문구가 예수의 지상 생애를 가리키는 말이라고 주장한다는 점에서 "의롭다 하심을 받다"라는 동사를 곡해한 것 같다.[48] (3) 신약성경에서 하나님이 당신의 **영**의 능력으로 그리스도를 일으키셨다고 분명하게 이야기하는 곳이 전혀 없다.

따라서 "영 안에서"는 "인간의 영역에서"(in the sphere of humanity)의 자연스러운 반대말로 이해하는 것이 가장 좋을 것 같다. 바울이 여기서 제시하는 것은, 학자들이 종종 주장한 것처럼,[49] 두 실존 영역, 곧 자연적

---

45) 바울 서신에서 등장하는 동사 δικαιόω를 이렇게 이해한 것을 살펴보려면, 고전 4:4 그리고 특히 바울이 롬 3:3에서 "하나님이 의롭다고 인정하심"과 관련하여 시 50:6(칠십인경)을 인용한 내용을 보라. 따라서 이 용례가 "결코 바울의 용례가 아니다"라고 역설하는 Quinn의 견해("Spirit," 355; 참고. D-C, 62)는 결코 옳지 않다.

46) 가령 NIV, GNB, JB가 그러하다. 이들은 모두 "by the Spirit"(영으로)라는 형태를 지닌다. RSV, NASB, NAB는 더 모호하게 "in the Spirit"(영 안에서)로 기록해놓았다.

47) 가령 Calvin, 233-34; Alford, 334; Lock, 45-46 (선택 가능한 한 가지 견해로 본다); 참고. Metzger, *Christushymnus*, 83-90. 하지만 Metzger는 이렇게 정당성을 확인해주는 마지막 행위에 부활을 포함시킨다.

48) 즉 신약성경은 다른 어느 곳에서도 그리스도 안에 계신 성령이 곧 그분의 "정당성을 확인해주는 증거"였다고 말하지 않는다. 오히려 **영**은 하나님의 임재와 그리스도가 행사하시는 능력의 원천을 증명해주시는 증거였다(참고. 눅 4:14, 18-21; 5:17; 행 1:2, 그리고 특히 행 10:38).

49) 특히 이와 유사한 벧전 3:18의 대조를 다룬 W. J. Dalton, *Christ's Proclamation to the Spirits: A Study of 1 Peter 3:18-4:6* (Rome: Pontifical Biblical Institute, 1965), 127-32

영역과 초자연적 영역이다.[50] 즉 바울이 제시하는 것은 "두 존재 질서로서, 하나는 약함과 악을 추구하는 성향을 가진 인간 본성을 대변하는 육이요, 다른 하나는 하나님이 인간사 속으로 돌연 뚫고 들어오신 일, 곧 하나님의 **영**이 사람들 가운데 임재하사 그 가운데서 활동하심을 대변하는 영이다."[51] 결국 "영 안에서"는 새로운 "**영적**", 초자연적 실존 영역으로서 그리스도가 당신의 부활을 통해 시작하신 영역을 가리키는 말일 가능성이 아주 높다. 그러나 이런 언어 선택은 결코 우연이 아니다. 어쨌든 이 새 "영역"은 바로 **영**의 영역이다.[52] 그리스도는 "육으로" 계실 때 **영**의 능력으로 일하셨다. 마찬가지로 이제 그리스도는 당신의 부활을 통해 **영적**/초자연적 영역, 곧 **영**의 영역으로 들어가셨다. 이 **영**의 영역은 현재 **영**이라는 선물을 ἀρραβών("보증금")으로 받은 이들이 이르러야 할 마지막 목표다.

이렇게 이해하는 것이 맞는다면, 이 본문이 말하는 **영**을 이해하는 것과 관련하여 두 가지 것을 더 짚어봐야 한다. 첫째, 이곳은 **영**이 새로운 종말의 질서를 구성하는 핵심 요소임을 일러주는 또 한 가지 사례다. 하나님은 그리스도의 죽음과 부활을 통해 바로 그 질서를 시작하시고 **영**을 선물로 주심으로 그 질서를 역사 속에 세우셨다. 뒤이어 등장하는 4:1도 이런 이해를 암시한다. 둘째, 이 본문에서는 그리스도가 잠시 우리 인간의 영역에 계시다가 이 새 영역인 **영**의 영역으로 들어가심으로써 "의로움을 인정받으셨다"라고 말한다. 하지만 이를 그분의 육과 대립하는 의미로 이해해서는 안 된다. 도리어 이는 그리스도가 육으로 나타나셨던 것까지 모두 의

을 보라. 참고. D-C, 62; Towner, *Goal*, 90-92; Fowl, *Story*, 159-64; Schweizer, "Creeds," 169; Quinn, "Spirit," 355. Kelly, 90-91은 다른 견해를 주장한다. 그는 흥미롭게도 "육으로"를 이런 식으로 받아들이면서, "영 안에서"는 예수의 "영적 본질"을 가리키는 말로 봐야 한다고 생각한다.

50) 이와 관련하여 바울이 고전 15:44에서 "자연적" 몸과 "영적"(πνευματικόν) 몸을 대조하는 것을 참고하라.

51) Dalton, *Proclamation*, 127.

52) 참고. Towner, *Goal*, 91. Towner는 **영**을 이 **영적**/초자연적 실존 영역에서 "활동하시는 중개자"라고 말한다.

롭다고 인정받으신 것으로 이해해야 한다. 즉 육을 입고 살아가는 삶을 모멸하지 말아야 한다. 거짓 교사들은 분명 그런 일을 자행했지만, 육과 하나님을 떼어놓는 일을 해서는 안 된다. 결국 바울 신학에서는 **영**과 육의 세계가 대립하지 않는다.[3] 그러나 바울을 반대하는 이들 중에는 **영**과 육을 대립 개념으로 보는 이들이 많았다. 오히려 **영**은 하나님이시기에 피조 질서를 긍정하신다.[53]

마지막으로 이런 점 때문에 이 찬송 전체와 관련하여 몇 마디 해두고자 한다.[54] 물론 지금 말하는 내용은 이 찬송의 첫 두 연을 이해하는 것과 관련하여 방금 전에 내가 주장했던 내용에는 거의 영향을 미치지 않을 것이다. 여기서 유념해 봐야 할 것은 6연이 제기하는 문제다. 이 6연을 보면, 신약성경의 다른 곳에서는 오로지 그리스도의 승천을 가리키는 말로 사용했던 언어(즉 "영광 가운데 올림을 받으셨다" – 옮긴이)가 여기서는 그리스도가 열방 가운데서 전파되셨고 세상에서 믿는 분이 되셨다는 말 **뒤에** 등장한다. 이 6연이 없었다면, 우리는 모두 이 찬송 전체를 연대순으로 사건을 나열해놓은 찬송으로 보았을 것이다.[55]

---

53) 이와 관련하여 특히 고전 6:13-14과 15:35-58에서 제시하는 주장을 참고하라.

54) 이 찬송 해석의 역사를 두루 살펴보고 이 찬송의 구조와 관련하여 학자들이 내놓은 다양한 견해들을 논한 유익한 글을 보려면, Gundry, "Form," 203-9을 보라(그는 2연을 그리스도가 인간으로서 지니신 영이 "그가 부활하시기 전에" 의로움을 인정받은 것을 말한 본문으로 보고, 3연을 벧전 3:19이 말하는 사건, 곧 그리스도가 "옥에 있는 영들", 다시 말해 적대 세력들 앞에 나타나신 일을 말한 본문으로 본다. 그러나 그는 자신의 견해를 지지하는 사람을 분명 하나도 발견하지 못했다; Fowl, *Story*, 165-67이 제시하는 비판을 보라).

55) 이 견해를 매력 있게 제시한 글을 보려면, Lock, 42을 보라. Lock은 이 찬송 전체를 이런 현대시로 바꿔놓았다.

> 육으로 죽을 자들의 눈앞에 나타나시고,
> **영**의 능력으로 계속 의롭다 함을 받으셨으니,
> 천사들이 하늘로부터 그를 지키었도다.
> 그의 사자들이 방방곡곡 뛰어다니고,
> 또 온 세상 사람들이 그를 믿었으니,
> 그가 영광 가운데 높이 오르셨을 때라.
>
> In fresh unveiled to mortal's sight,
> Kept righteous by the Spirit's might,

지금은 대체로 크게 두 가지 견해가 있으며, 각 견해마다 조금씩 다른 변형들이 존재한다. 다수설은 이 찬송이 세 절(strophe)로 되어 있다고 본다. 각 절은 서로 반대되는 명제들끼리 함께 묶어놓았는데, AB / BA / AB 패턴을 띤다. 각 연은 지상의 영역과 하늘의 영역에서 이루어진 예수의 실존(1 / 2연, 땅 / 하늘), 예수 선포(3 / 4연, 하늘 / 땅), 예수 수용(5 / 6연, 땅 / 하늘)을 각각 대조하여 제시한다. 이 구조를 따르게 되면, 2절과 3절의 첫 연(곧 3연과 5연)은 각각 그 앞 절인 1절과 2절의 마지막 연(곧 2연과 4연)과 직접 대응한다. 이 견해를 두고 할 말이 많지만, 무엇보다 이 견해는 4 / 5연이 자연스럽게 평행을 이룬다는 점을 무시하는 경향이 있으며 특히 몇 가지 어색한 "반대 명제들"을 만들어내는 단점이 있다.[56]

또 다른 학설은 이 찬송을 두 절로 보면서 각 절이 3개 연으로 되어 있다고 본다. 각 절의 첫 두 연은 서로 평행을 이루며, 셋째 연은 일종의 "후렴"이다. 그리하여 이 학설은 이 찬송을 **구원사**(*Heilsgeschichte*)를 표현한 찬송으로 보면서, 1절은 그리스도의 지상 생애와 그리스도가 지상에서 그

While angels watched him from the sky;
His heralds sped from shore to shore,
And men believed, the wide world o'er,
When he in glory passed on high.

Alford가 주장했던 이 견해의 이전 형태는 Gundry, "Form," 203-4으로부터 비판을 받았다. 근래 이런 견해(그러나 그 표현이 상당히 다르다)를 옹호한 이가 Barrett (65)다. 그는 6연이 그리스도가 재림 때 거두실 최종 승리를 가리킨다고 보았다. 내가 알기에, 그를 따른 이는 아무도 없었다. Gundry가 제시한 비판을 참고하라(204).

56) 더 상세한 비판을 보려면, Fee, 93-96을 보라. 애초에 1 / 2연이 서로 반대 명제를 제시하며 평행을 이루는 연들이 아닌데도 3 / 4연과 5 / 6연을 서로 반대 명제를 제시하며 평행을 이루는 연들로 보는 이들이 있었을지 심히 의심스럽다. 1 / 2연은 유명하고 자연스러운 묶음을 형성한다. 하지만 3연과 4연의 "천사들"과 "열방들"이 서로 대조를 이룬다고 보는 것은 억지요 부자연스럽다(그리스도인이 남긴 문헌을 모조리 뒤져봐도 이런 대조를 구사한 사례가 없다). 5연의 "세상"과 6연의 "영광"이 서로 반대 명제라고 보는 것도 억지요 어색하다(이 견해를 주장하는 이들은 내부분 "영광 안에서"를 처격으로 여기는데, 그렇게 보면 "세상"과 "영광"을 반대 명제로 보는 것이 더욱 어색해진다). 그러나 "영광 안에서"는 처격 역할을 하지 않는다. 이 말은 "방법"이나 "부대 상황"을 가리키며, 그리스도 승천의 본질을 묘사한다. 그 승천은 "영광 가운데 / 영광과 더불어" 일어난 일이었다. 요컨대 세상과 자연스럽게 대립하는 반대 명제는 진정한 처격은 "하늘로"다.

의로움을 인정받으신 일을(1/2연이 의로움을 인정받으신 일을 말하며, 3연은 그리스도가 현재 높이 올림을 받으신 것을 송축한다고 본다), 2절은 그리스도가 계속하여 세상에서 "의롭다 인정을 받으심"을 송축하는 것으로 본다(4/5연이 그런 내용이며, 6연은 그리스도가 현재 높이 올림을 받으신 것을 거듭 송축하는 곳이라고 본다).[57] 결국 우리 목적에 비춰볼 때, 이 문제와 관련하여 어느 견해를 취하든, 2연-6연이 모두 "육으로 나타나신" 그분의 의로움을 확인해주는 것으로 보인다는 점을 유념해두는 게 중요하다.[58] 그리스도의 의로움은 하나님이 인정하시고(2연과 6연), 천사들 앞에서도 인정된 사실이며(3연), 사람들도 인정하는 것이다(4연과 5연). 결국 그리스도 바로 그분은 피조 세계와 하나님을 갈라놓으려 하면서 귀신의 그릇된 가르침을 설파하는 거짓 교사들에게 하나님이 주신 대답이시다. 이와 관련하여 **영**은 무언가를 말씀하신다. 4:1-2이 말하는 모든 내용이 바로 그 말씀이다.

▪ 디모데전서 4:1-2

[1]그러나 **영**이 분명히 말씀하시기를 훗날 어떤 사람들이 믿음에서 떠나, 속이는 영들과 귀신들의 가르침들에 귀를 기울이리라 하셨으니, [2](그 가르침들은) 거짓들을[59] 말하는 자들의 위선[60]으로 말미암은 것이요, 그 자들의 양심은 화인(火

---

57) 이 견해를 더 철저히 제시하면서 그 이유까지 제시해놓은 글을 보려면, Fee, 93-96을 보라. Lock, 45은 이런 구조를 지지하면서도, 이 찬송 전체를 완전히 다르게 본다.

58) 이 점은 특히 Schweizer, "Creeds," 169-70이 강하게 주장하는 것이다.

59) 형용사를 명사로 사용한 ψευδολόγων ("거짓말 하는"을 뜻하는 ψευδολόγος의 복수 소유격이다 — 옮긴이)은 "거짓말쟁이들"(liars)로 번역하는 경우가 잦다(NIV, NASB, GNB, RSV, NRSV, JB). 하지만 이런 영어 번역은 오해를 낳을 수 있다. "거짓말쟁이"는 사람들을 속이려고 일부러 진실이 아닌 것을 말하는 이들을 가리킨다. 여기서 쓴 말은 복음의 진리와 대립하는 거짓을 말함과 관련 있다. 결국 Weymouth가 올바로 옮겨놓은 셈이다: "거짓으로 가르치는 사람들의 위선을 통해"(through the hypocrisy of men who teach falsely; 참고. NEB, "through the specious falsehoods of men whose...").

60) 이 절에서 ἐν ὑποκρίσει ψευδολόγων이라는 전치사구가 어떤 기능을 하는지 아주 확실치는 않다. 이 전치사구는 동사를 수식하는 말일 수 있다("사람들이 거짓들을 말하는 자들의 위선을 통해…에 귀를 기울임으로써…떨어져 나갈 것이다"). 그러나 이 전치사구는 1절의

印)을 받았느니라.[61]

이 본문은 3:16을 뒤따라 부리나케 등장하면서도 이 구절 첫머리에 있는 δέ를 통해 16절과 대조를 이룬다. 이 본문은 디모데전서가 다루는 문제의 핵심으로 우리를 인도한다. 이제 예수는 "의롭다 인정받으시고" "높이 올림을 받으신" 분으로서 **영**의 영역에 계신다. 바로 그 **영**이 우리에게 "훗날" 벌어질 일을 일러주셨다. **영**이 말씀하시는 것은 훗날 저 반대편에 있는 "영들", 곧 사탄에게 속한 귀신의 세력들로 말미암아 일어난 배교(背教)를 보리라는 것이다. 지금 거짓 교사들은 이 영들로부터 유래한 속임수들과 거짓들을 널리 퍼뜨리고 있다. 따라서 이 본문은 6:3-5과 함께 이 서신에서 거짓 교사들을 가장 강력하게 비판하는 곳이다. 이 거짓 교사들은 단순히 "다른 교리들을 가르치는" 자들로서 "공허한 사변을 조장하고" "논쟁을" 사랑하는 이들이 아니다. 이들은 사탄의 꼭두각시들이며, 그들이 전하는 가르침도 "속이는 영들"에게 현혹당한 것이다.

"**영**이 분명히 말씀하시기를"이라는 말은 그 뜻이 확실치 않다. 우선 바울은 이런 문구를 구약 본문을 가리키는 말로 사용하지 않는다.[62]

διδασκαλία에 담긴 동사 개념을 수식하는 말일 가능성이 더 높다("…을 통해 온 귀신들의 가르침들").

61) 이 분사[그리스어로 κεκαυστηριασμένων이다. 이는 "화인(火印)을 찍다"라는 뜻을 가진 동사 καυστηριάζω의 남성 복수 소유격 완료 분사 수동태 형태다 – 옮긴이]는 "화인이 찍힌"이나 "어떤 이의 낙인(烙印)이 찍혀 있는"이라는 의미일 수 있다. 문맥상 후자의 의미에 더 가까운 것 같다. 문제는 거짓 교사들이 그 양심에 화인을 맞는 바람에 진리와 거짓을 구별할 수 없게 되었다는 것이 아니라(물론 이것도 맞는 말일 수 있다), 그들이 사탄의 소유임을 뜻하는 낙인이 찍힌 채 "속이는 영들"로부터 유래한 가르침들을 가르친다는 점이다. 그들은 진리인 것처럼 가장했으나 사실은 거짓인 것을 가르친다. 이를 통해 그들은 자신들이 사탄에게 속한 자요 사탄의 뜻을 행하는 자들임을 스스로 폭로한다. 참고. Barrett, 67; Fee, 98-99.

62) Kent, 149은 단 7:25과 8:23을 언급하면서, 바울이 어쩌면 "구약 때부터 시작하여 사도 시대까지 **영**이 예인을 틀러주시는 흐름이 계속 이어진다"라는 것을 말하려 했을지도 모른다고 결론짓는다. 그러나 바울이 다른 곳에서 구사하는 용례에 비춰볼 때, 그리고 특히 지금 이 본문의 내용에 비춰볼 때["속이는 영들에게 주목함(귀를 기울임)"], Kent의 말이 옳을 가능성은 지극히 낮다. **영**이 여기서 말씀하시는 것은 단순히 배교가 아니라, 거짓 교사들이 스스로 "속이는 영들과 귀신들의 가르침들"에 넘어감으로써 일어난 배교다. Bernard, 64-65은 바울이

λέγει("**영**이 말씀하시니라"="**영**이 지금 말씀하고 계시니라")는 현재 시제다("말하다"를 뜻하는 λέγω의 3인칭 단수 현재 능동태 직설법 형태다 – 옮긴이). 사람들은 때로 **영**이 지금 바울을 통해 말씀하신다고 주장한다.[63] 그러나 이 말은 예언의 **영**이 바울계 교회들에서 말씀하심을 가리키는 말일 가능성이 더 높다.[64] 그렇다면 **영**이 지금 말씀하시는 것은 바로 그가 이전에 이미 하셨던 말씀,[65] 그중에서도 특히 예수의 가르침을 통해 하셨던 말씀인 셈이다. 디모데후서 3:1-5처럼 여기서도 종말을 이야기하는 묵시에서 보통 볼 수 있는 모티프, 곧 마지막 때가 이르면 악이 강하게 날뛸 것이며,[66] 하나님의 사람들도 일부 믿음에서 "떨어져 나가리라"는 모티프를 다시 한 번 곱씹어보게 된다.[67] 결국 이 경우에 "**영**"은 교회 안에서 이루어진 특정한 예언들이 아니라(물론 그런 예언들도 당연히 포함되겠지만), 오히려 **영**이 예수 때부터 아주 다양한 방법으로 말씀해오셨던 것들을 가리킬 가능성이 아주 높다.[68] 어쨌든 사도행전 20:29-30을 보면, 바울이 이미 몇 해 전에 이런 문제가 생길 줄 알고 이 교회 장로들에게 이런 문제를 직접 이야기하는 내용이 나온다. 따라서 에베소 교회 장로들 중에는 바울이 지금 하는 이 말을 한 번 더 듣는 이들이 많았을 수 있다.

그렇다면 이곳은 (바울이 – 옮긴이) **영**의 임재를 종말의 때에 반드시 일어날 현상으로 이해했음을 일러주는 또 한 가지 사례인 셈이다. "훗날" 속에서 살아간다는 것은 마지막 때가 "임박"했다고 강조하는 게 아니라, **영**

여기서 어떤 외경 속에 들어 있는 "잊혀버린" 예언을 언급하는 것일 수도 있다고 말하면서도, 정작 그 자신은 그럴 가능성을 거부한다.

63) 가령 Calvin, 235-36; White, 120; Hendriksen, 146; Scott, 44은 그들이 추정하는 위경 기록자가 특히 행 20:29-30을 마음에 두고 있었다고 주장한다.

64) Bernard, 65이 이렇게 생각한다; 참고. Lock, 47.

65) 참고. Erdman, 50: "이런 일은 하나님의 영감을 받았던 사람들이 이미 명확하게 예언했다."

66) 가령 살후 2:8-12; 막 13:5-8, 14-23을 보라.

67) 가령 마 24:12; 유 17-18절; 벧후 3:3-7을 보라.

68) 따라서 ῥητῶς는 "알려져 있고 활용할 수 있는 어떤 자료"를 가리키는 게 아니라, 오히려 "분명하게"라는 뜻으로서 "틀림이 없다"라는 의미를 내포한다[참고. Jos. *Ant.* 1.24, "그가 거기서 그가 말하려는 뜻을 ῥητῶς (아주 분명하게) 밝혔다"].

의 임재로 말미암아 실존을 바라보는 이해가 완전히 바뀌었음을 반영한
것이다. 마지막 때는 이미 시작되었다. 신자들은 이미 이 시대에 미래의 하
나님 백성으로 살아간다. 하지만 이미 시작된 미래는 여전히 아직 완성되
지 않은 채로 이 신자들 앞에 자리해 있다. 결국 그리스도인의 실존은 이
미 마지막 때의 **영**이라는 선물이 주어짐으로 시작된 "훗날"에 늘 속해 있
는 셈이다. "**영**이 우리 시대와 관련하여 분명하게 말씀하시는" 것들 가운
데 하나는 일부 사람들이 사탄의 속임수에 넘어가리라는 것이다.[69] 그런
점에서 디모데전서 1:18과 에베소서 6:10-17이 제시하는 전쟁 이미지는
하나님의 **영**을 받은 백성이 지금 참여하는 전투의 본질이 무엇인지 일러
준다 하겠다.

바울은 고린도전서 12:10에서 "πνεύματα(영들을) 분별함"이라는 말을
쓰고, 고린도전서 14:29-32에서는 예언하는 자들의 "영들"이 예언하는 자
들에게 복종하며 그들이 하는 말들은 "분별해야" 한다고 말한다. 이런 말
에 비춰볼 때, "속이는 영들"이 교회 안에서 펼쳐지는 은사 활동을 가리킨
다는 주장[70]은 그럴듯한 주장이다. 그런 은사 활동 가운데에는 반드시 시
험하여 그 정체를 드러내야 할 것들이 있기 때문이다. 하지만 이 문장의
문법과 구조를 보면, "속이는 영들"은 귀신들을 곧바로 가리키는 말이다.[71]
그렇다면 이곳은 바울 서신에서 유일하게 귀신들을 πνεύματα(영들)라 특
정하여 부르는 본문인 셈이다(물론 바울이 "영들을 분별함"을 말하는 고전
12:10도 그런 본문으로 보려 하는 이들이 일부 있으며, 엡 2:2도 사탄을 일컬어

---

69) 바울이 여기서 일부러 진리를 말씀하시는 하나님의 **영**과 사탄으로부터 나온 것들이기에 진
리는 말하지 않고 오로지 거짓과 속임수만 말하는 귀신의 "영들"을 대조한다는 것은 쉽게 파
악할 수 있다. 그러나 대다수 주석가들은 이를 쉬이 간파하지 못한다.

70) 가령 Calvin, 237이 이렇게 주장한다.

71) "귀를(수의를) 기울이다"의 두 목적어는 상호 보주(補足) 관계로서 두 번째 목적어가 첫 번째
목적어를 구체적으로 부연해주는 말일 가능성이 아주 높다. 즉 "속이는 영들, 곧 귀신들의 가
르침들"일 가능성이 아주 높다는 말이다. 이는 곧 2절의 ἐν ὑποκρίσει ψευδολόγων (거짓 가
르침을 말하는 자들의 위선을 통해)에 이르러서야 비로소 거짓 교사들이 시야에 들어온다는
것을 뜻한다. 이렇게 "거짓을 말하는 자들의 위선"을 통해 귀신들의 가르침들이 널리 퍼졌다.

"지금 불순종하는 이들 가운데 역사하는 영"이라고 부른다). 그러나 그렇게 규정하는 말은 고린도전서 10:20-21 같은 본문들에서도 표면에서 그리 멀지 않은 곳에 자리해 있으며(귀신들을 우상들 안에 자리한 실체로 인정한다), 에베소서와 골로새서에서 볼 수 있는 "통치자들과 권세들" 같은 말 속에도 자리해 있다. 바로 이런 이유 때문에, 즉 거짓 교사들과 그들의 가르침들이 결국은 귀신에 속한 것이기 때문에, 바울은 1:18에서 디모데에게 살아 계신 하나님의 **영**으로부터 유래한 예언들을 동원하여 선한 싸움을 계속하라고(=영의 전쟁에 계속 전념하라고) 독려했던 것이다(딤후 1:6-7에서 디모데가 받은 **영**의 "은사를 불 일듯 일어나게 하라"고 독려하는 것도 그 때문이다).

결국 이 목회 서신에서 처음으로 **영**을 분명하게 언급하는 이 본문에는 우리가 앞서 다른 바울 서신들에서 늘 만나곤 했던 것과 철저히 부합하는 신학적 전제들이 가득하다. 예언의 **영**은 지금도 마지막 때를 살아가는 하나님의 공동체가 부닥치는 상황을 놓고 활발하게 말씀하신다. 그가 분명히 하시는 말씀은 이 공동체를 "훗날" 속에 놓아둔다. 이 "훗날"에 속한 하나님의 공동체는 현세의 "통치자들과 권세들"에 맞서 영의 전쟁을 펼쳐간다.

● 디모데전서 4:12

어느 누구도 네 연소(年少)함을 업신여기지 못하게 하고, 도리어 말로, 행동으로, 사랑으로,[72] 믿음으로, 순결함으로 신자들[73]의 모범이 되라.

---

72) 우리가 아는 모든 초기 사본의 증거와 달리, MajT는 "사랑으로" 다음에 ἐν πνεύματι를 포함시켜놓았다. Metzger, *Textual Commentary*, 642은 이런 추가가 "아마도 골 1:8의 영향을 받아" 일어났을 것이라고 주장한다. Bernard, 64은 고전 4:21이 또 다른 출처일 수 있다고 주장하는 반면, White, 126은 고후 6:6을 그 출처로 제시한다. 이런 주장들은 하나같이 확신이 결여되어 있고 타당성이 희박하다(이 두 주장이 내세우는 용례는 여기서 말하는 용례와 상당히 다르다). 이는 전사(轉寫) 가능성이라는 관점에서 보더라도 이 변형이 난제임을 일러주는 것이다. 논의 내용을 보라.

디모데가 모범이 되어야 할 이 미덕 목록이 $\dot{\epsilon}\nu\ \dot{\alpha}\gamma\acute{\alpha}\pi\eta$ 다음에 $\dot{\epsilon}\nu\ \pi\nu\epsilon\acute{\nu}\mu\alpha\tau\iota$ ("in spirit," KJV)를 포함시켜놓은 이 사례는 바울 서신에서도 상당히 복잡한 본문 변형 사례 중 하나다. 우선 신약 본문 전승사를 살펴보면, $\dot{\epsilon}\nu$ $\pi\nu\epsilon\acute{\nu}\mu\alpha\tau\iota$가 들어 있는 본문이 원문이라는 주장을 전혀 할 수 없다.[74] 바울이 이 $\dot{\epsilon}\nu\ \pi\nu\epsilon\acute{\nu}\mu\alpha\tau\iota$를 기록해놓았다면, 모든 사본이 이 문구를 철저히 생략해버리는 바람에 현존하는 초기 사본 중 단 한 조각에서도 이 문구를 발견할 수 없게 된 연유가 무엇인지 설명하기가 거의 불가능하다.[75] 고대 역본에서도 이 문구를 발견할 수 있는 역본은 단 하나도 없다. 이는 곧 이 역본들이—서로 다른 수많은 곳에서 번역되었지만—모두 이런 변형을 알지 못했던 시대에 번역되었다는 것을 뜻한다. 그리스어 사본 가운데 $\dot{\epsilon}\nu\ \pi\nu\epsilon\acute{\nu}\mu\alpha\tau\iota$를 담고 있는 사본으로서 가장 먼저 나온 것은 9세기에 언셜체(uncial)[4]로 기록해놓은 K L P다. 이는 이 문구가 들어 있는 본문이 오로지 실용적 목적으로 그리스 정교회에서만 독특하게 나타났다는 것을 뜻한다.[76]

그런가 하면 무언가가 초기 비잔틴 교회에 속한 누군가를 자극하여 바울이 써놓은 본문 중 바로 이 자리에 "영으로"라는 문구를 집어넣도록 만

---

73) 즉 "추종하는 다른 신자들에게 모범"이 되라는 말이 아니라(물론 그렇게 보는 것도 영 틀린 말은 아니다), 말 그대로 신자들 전체의 모범이 되라는 말이다.

74) 이 문구는 심지어 UBS⁴의 비평 도구에도 들어 있지 않다. 이런 사실은 신약 본문 비평가들이 이 $\dot{\epsilon}\nu\ \pi\nu\epsilon\acute{\nu}\mu\alpha\tau\iota$가 들어 있는 본문을 고려 대상에서 아예 배제해버렸다는 것을 뜻한다. 반면 Elliott, *Text*, 70은 이 문구가 들어 있는 본문이 소위 엄격한 절충주의 입장, 곧 본문 전승의 역사나 여러 사본이 제시하는 본문들 사이의 관계들에 전혀 관심을 기울이지 않는 입장의 파산과 관련하여 무언가를 시사해준다고 주장한다.

75) Elliott, *Text*, 70은 이 문구가 생략된 연유를 ENαγαπηENπνευματιENπιστει에서 볼 수 있듯 이 모든 문구가 같은 말로 시작하기 때문이라고 주장한다. 그런 일이 이전에 한 번이라도 일어났다면, 그가 한 주장을 일부라도 이해할 수 있을 것이다. 그러나 이 경우에 우리는 이런 질문을 하지 않을 수 없다. (1) 이 목록에서 유독 $\dot{\epsilon}\nu$ $\pi\nu\epsilon\acute{\nu}\mu\alpha\tau\iota$만이 빠진 이유는 무엇인가? (2) 서로 다른 수많은 지역에서 그토록 많은 사본들이 등장했는데도 유독 이 말만이 첫 아홉 세기 동안 전혀 나타나지 않았던 이유는 무엇인가?

76) 크리소스토무스(Chrysostom, *Hom. 13 on 1 Tim.*)도 이 문구가 들어 있는 본문을 모른다. 때문에 비잔틴 교회 안에서도 이 문구가 들어 있는 본문은 아무리 빨라도 5세기가 지나서 비로소 나타났을 것이다.

들었을 수 있다는 상상을 하기도 힘든 일이다. 이 문구는 이 본문과 "들어 맞지" 않는 말 같다. 뿐만 아니라, 설령 누군가가 ἐν πνεύματι를 집어넣었다 해도 이 말이 그에게 무슨 의미가 있었을지 도통 짐작이 가지 않는다. 어쨌든 이 문구를 집어넣는 일은 아주 늦은 시기에 일어났을 것이다. 따라서 우리가 이 문구의 의미를 찾으려 한다면, 그리스 정교회의 초기 역사(주후 600-800년) 속에서 찾아내야 할 것이다. 칼뱅은 이 문구 삽입이 "하나님을 향한 뜨거운 열심"의 결과라고 주장하지만, 그보다는 더 일반적인 이유 때문인 것 같다. 특히 이 문구를 집어넣은 사람이 성령을 염두에 두었을지 의심스럽다.

▪ 디모데전서 4:14

네 속에 있는 선물(은사), 곧 장로들(장로회)[77]로부터 안수를 받을 때(=장로들의 손들이 위에 얹어졌을 때), 예언[78]을 통하여 네게 주어진 것을 무시하지 말라.

여기서 바울은 디모데가 사역자로 "부르심"을 받을 때 **영**이 주도하시고 **영**이 이끄셨던 체험을 한 일을 두 번째로 되새겨준다. 이전에도 그랬지만 (1:18), 바울이 디모데에게 되새겨주는 말은 디모데가 신자들에게 모범을 보이고 직접 맞서 싸움으로 거짓 교사들, 곧 바울이 1-2절에서 "속이는 영들"로부터 나온 자들로 묘사했던 자들이 내세우는 "세속의 신화들"(7절)에 맞서 싸워야 한다는 것을 이야기하는 문맥 속에 자리해 있다. 아울러 이전에도 그랬듯이, 지금 이 본문은 디모데전서가 세 당사자를 전제한 기록임을 일러준다. 물론 이런 명령은 디모데에게 준 것이요, 따라서 디모데

---

77) ℵ과 69의 첫 형태는 πρεσβυτέρου ["장로의"(of an elder)]로 되어 있다. 이것들은 필사 과정에서 각기 따로 저지른(그리고 후대 사람들이 바로잡은) 실수를 보여준다.

78) 이것은 "예언으로 하는 말"을 의미할 수 있다(참고. BAGD, NIV, NEB). 그러나 1:18의 복수형에 비춰볼 때, 이 말은 특정한 예언의 내용을 가리킨다기보다 예언 사건 자체를 가리키는 말일 가능성이 더 높다.

를 위한 명령임이 분명하다(즉 디모데에게 용기를 북돋아주고 그가 행동에 나서도록 격려하는 글임이 분명하다). 하지만 11절과 12절에 있는 두 명령문은 이 서신이 디모데의 권위를 에베소 공동체 앞에서 인증해줄 목적으로 쓴 것임을 증명해준다. 이렇게 청중이 둘이라는 점(곧 디모데와 에베소 회중—옮긴이)은 필시 이 문장이 지닌 대다수 특징들을 설명하는 데도 도움을 줄 것이다. 바울은 χάρισμα("은사")가 ἐν σοί("네 속에")[79] 있음을 강조한다(이는 디모데를 격려하기 위한 말이다). 바울은 이 은사가 본질상 **영**이 주신 것이며(διὰ προφητείας, "예언을 통하여"), 장로들이 디모데가 받은 이 은사를 인정/시인했다고[μετὰ ἐπιθέσεως τῶν χειρῶν τοῦ πρεσβυτερίου, "장로들(장로회)로부터 안수를 받을 때"] 강조한다. 바울이 이것들을 강조한 것은 디모데를 권면하고 격려하려는 목적 때문이기도 하지만, 분명 에베소 교회를 염두에 두고 일부러 강조한 것이기도 하다.

따라서 지금 이 문맥 속에 이런 명령문이 들어 있는 **이유**를 밝혀내기는 이 명령문을 구성하는 다양한 부분들이 지닌 정확한 의미를 밝혀내기보다[즉 χάρισμα의 의미는 무엇인가, χάρισμα는 어떻게 하여 "예언을 통해" "디모데 속에" 있게 되었을까, 예언과 안수라는 두 행위는 서로 어떤 관련이 있는가, "장로회"(장로들)는 무엇/누구인가, 그리고 이 본문과 딤전 1:18 및 딤후 1:6-7은 어떻게 조화시켜야 하는가(또는 서로 어떤 관계에 있는 것으로 이해해야 하는가)[80]와 같은 문제들을 풀어내기보다] 더 쉬운 일이다.

바우어(Bauer)는 χάρισμα가 여기서 "직무를 맡는 은사"[81]를 가리킨다고 정의하지만, 우리는 이런 정의가 선입견에 따른 것이요 정당한 근거가

---

79) τοῦ ἐν σοὶ χαρίσματος ("네 속에 있는 은사")는 명사를 수식하는 전치사구를 "관사와 명사 사이에 집어넣은" 어순으로 되어 있다. 이런 어순은 목회 서신에서 종종 등장한다(가령 딤전 3:16; 딤후 2:14; 참고 앞의 고전 6:19). 이런 어순은 강조하는 말로 이해해야 한다.

80) **언제**라는 문제를 살펴보려면, 앞에서 1:18을 다룬 내용을 보다.

81) BAGD, χάρισμα, §2를 보라. H. Conzelmann ("χάρισμά" *TDNT* 9.406)도 이 정의를 그대로 되풀이하며, 디모데전서를 위경으로 보는 연구서들은 으레 이런 의미로 이해한다(가령 D-C, 70; Scott, 51; 참고. Dunn, *Jesus*, 348). 반대 견해를 보려면, R. Y. K. Fung, "Ministry, Community and Spritual Gifts," *EvQ* 56 (1984), 5을 보라.

없다는 것을 간과할 수 있다. 이 서신의 어떤 내용도 χάρισμα를 그런 의미로 보는 견해를 지지하지 않는다.[82] 또 이 본문 자체가 분명히 말하는 내용과 이 본문과 짝을 이루는 디모데후서 1:6-7 역시 그런 견해에 강력히 반대한다. 첫째, 바울은 여기서 디모데에게 그가 받은 χάρισμα를 "무시하지 말라"라고 촉구한다. ἐν σοί("네 속에")라는 말은 빼놓고 χάρισμα 자체만 놓고 보면, 이 "은사"라는 말이 직무를 가리킨다고 보면서, 바울이 지금 디모데에게 그가 맡은 직무를 더 진지하게 받아들이도록 요구한다고 볼 수도 있다. 그러나 그런 해석은 디모데후서 1:6-7의 분명한 의미에 어긋난다. 그 본문에서 바울은 디모데에게 χάρισμα τοῦ θεοῦ("하나님의 은사")를 "불 일듯 일게 하라"라고 요구한다. 여기서 χάρισμα를 "직무"를 가리키는 말로 이해하는 일은 이 용어와 개념의 외연(外延)을 늘릴 수 있을 때까지 최대한 확장하여 해석할 경우에나 가능한 일이다. "직무"를 "불 일듯 일게" 할 수는 없는 일이다.[83] 그건 말이 안 된다.

둘째, 두 본문은 χάρισμα가 "네 속에" 있다는 점을 특히 강하게 역설한다. 이런 언어는 우리가 보통 이해하는 "직무" 개념과 잘 들어맞지 않는다. 직무는 누군가가 **채우도록** 부름을 받은 자리다. 따라서 이는 그 자리를 맡은 자가 드러내는 외형이다. 바울은 지금 이 χάρισμα가 디모데 안에 있다고 말한다. 그러기에 바울은 디모데에게 이것을 "무시하지 말라"라고 명

---

82) 이 서신을 지극히 편향된 시각으로 보는 이들만이 디모데를 에베소에서 "직무를 맡은 자"로 본다. 그러나 그와 달리, 디모데는 바울이 그릇된 길로 나아간 장로들과 그들이 퍼뜨리는 거짓 가르침들을 제지할 목적으로 에베소에 보낸 그의 대리인이었다. 이 서신에는 디모데를 "직무를 맡은 자"로 일러주는 곳이 하나도 없다. 바울과 바울의 동역자들이 늘 그러했듯이, 디모데도 순회 사역자였다. 그러기에 바울은 디모데후서에서 디모데에게 다시 자기에게 오라고 부르며 대신 두기고(Tychicus)를 보낸다고 말하는 것이다(딤후 4:9, 12). 디도가 그레데에서 펼친 사역도 본질상 디모데의 사역과 유사했으며, 분명 순회 사역이었다(딛 3:12). 해석자들은 양다리를 걸쳐서는 안 된다. 만일 목회 서신이 디모데와 디도를 "직무를 맡은 자들"의 모범으로 제시할 목적으로 쓴 위작이라면, 위작자가 그들의 이야기를 이런 식으로 대충대충 적어놓을 수는 없는 일이다.
83) "사도의 직분"도 역시 마찬가지다. 설령 바울이 이해한 그 자신의 소명을 나타내는 말로 "사도의 직분"(apostolic office)이라는 낯선 말을 쓴다 할지라도, "사도의 직분"을 불 일듯 일게 한다는 말은 있을 수가 없다.

령하며 "불 일듯 일게 하라"라고 격려할 수 있는 것이다. 설령 지금 저자가 (그 저자가 바울이든 아니든) 말하는 것이 분명치 않다 할지라도, χάρισμα를 교회 안의 "직무"로 보는 것은 말이 되지 않는다.[84]

그렇다면 이 χάρισμα는 무엇을 가리키는가? 이와 관련하여 당연히 의견 대립이 있으리라는 예상을 할 수 있다. 본문이 이 말의 본질과 관련하여 특별히 아무것도 일러주지 않기 때문이다. 내부 증거에 비춰볼 때, 바울은 십중팔구 디모데가 **영**이라는 선물을 통해 현존하는 사역을 행하도록 특정한 은사를 받은 것을 말하는 것 같다.[85] 따라서 이 은사에는 "공중 앞에서 말씀을 읽고 해석하는 일, 말씀 선포/권면, 그리고 가르침"이 포함되지만, 이것에 국한되지는 않는다. 바울은 앞서 제시한 명령문에서 디모데에게 이 일에 "헌신하라"라고 독려했다. 이 서신이 말하는 더 큰 문맥을 놓고 보면, χάρισμα는 디모데가 에베소에서 펼친 광범위한 사역과 관련 있다. 디모데는 **영**이라는 선물을 통해 바울의 사역과 비슷한 사역을 행할 특별한 은사를 받았다. 바울이 이후에 디모데더러 "우리 안에 사시는 **영**을 통해 받은 거룩한 신임(信任)을 지키라"(딤후 1:14)라고 당부할 수 있는 것도 그런 이유 때문이다.

바울은 지금 이 본문에서 **영**과 은사를 전치사구인 διὰ προφητείας("예언을 통하여")를 통해 결합해놓았다. 문제는 διά와 **영**과 예언의 말들 사이의 관계를 밝혀내는 일이다. 이 은사는 어떻게 하여 "예언을 **통해**"[86] "디모

---

84) Dunn은 "영과 은사는 실상 직무와 의식과 전통에 종속하게 되었다"라고 강변한다(Jesus, 349). 이는 말 그대로 강변이며, 그가 앞서 제시한 몇 가지 강변을 토대로 제시한 주장일 뿐이다. 이 강변들 가운데 어느 것도 성경 본문들 자체와 일치하지 않는 것 같다.

85) 참고. Kelly, 106: "여기서 언급하는 것은 디모데가 받은 성령의 은혜.…은사는…영이 베풀어주신 특별한 선물로서 이를 받은 자가 공동체 안에서 어떤 기능을 수행할 수 있게 해주는 것을 말한다"(고든 피의 강조).

86) διὰ προφητείας는 단수 소유격일 수도 있고 복수 목석격("예언를 때문네")일 수도 있음을 유념해야 한다. Bernard, 72은 "일부 사람들이 이 말을" 후자로 "받아들였다"라고 말한다(그러나 나는 근래에는 이런 사람을 발견하지 못했다). 복수 목적격으로 보면 적절한 의미를 발견하기가 곤란하다. 뿐만 아니라, 이와 짝을 이루는 1:18 본문이 이 말이 "예언을 통하여"라는 뜻임을 확실히 밝혀주는 것 같다.

데 안에" 들어와 있게 되었을까? 가장 좋은 대답은 이 서신이 본질상 어떤 특별한 상황을 전제로 쓴 서신이라는 데서 찾을 수 있다. 바울은 특별한 상황에 대응하는 임기응변 성격이 강한 부분일수록[87] "간결하게" 표현하는 경향이 있다. 그런 부분들은 바울과 그의 독자들이 이미 서로 많은 내용을 알고 있음을 가정하기 때문에 우리 눈에는 다소 어색하게 보이기도 한다. 바울 신학에 따르면, "디모데 안에" 어떤 은사가 있음은 **영**이 그 안에 들어가 사심에서 직접 연유한 결과다(그래서 딤후 1:6-7도 그렇게 말한다. 찾아보라). 결국 예언들은 **영**이 그 공동체 안에서 예언의 은사를 받은 다른 사람들을 통해[88] 하신 말씀이다. 이 예언들은 특정한 상황 속에서 자연스럽게 터져 나오는 말이며, 이 예언을 받는 자(이 경우에는 디모데)를 위하여 그리고 신앙 공동체에 속한 나머지 사람들을 위하여 그런 은사가 그 예언을 받은 자에게 주어졌다는 것을 확인해준다(또는 그런 은사를 그 예언을 받는 자에게 수여한다).[89] 이것은 바울이 이미 1:18에서 묘사했던 모습과 완전히 일치한다. 그러나 여기서 바울이 관심을 갖는 것은 "**네 속에 있는 은사**"와 디모데가 **하나님의** 지명을 받아 이 사역을 맡게 되었다는 점이다. 이 때문에 바울은 그 은사가 "예언을 통하여" 디모데에게 왔다고 말한다. 이 본문이 철저히 바울다운 본문임을 부인할 수가 없다("하나님이 **영**을 통해 은사를 주신다는 점"을 철저히 인정하기 때문이다).[90]

---

87) 앞에서 1:18을 다룬 내용을 보라(특히 주19를 보라). 임기응변 성격이 강한 서신일수록, 즉 특정한 사례를 염두에 둔 서신일수록, 저자 자신과 그 수신자(들)가 피차 알고 있다고 가정하는 부분이 더 많아진다. 바울이 디모데 자신의 영적 내력(신앙 내력)을 구성하는 지극히 중요한 부분을 이야기할 경우에는 디모데에게 따로 설명할 필요가 없었다. 때문에 바울은 세부 사항을 설명하지 않고 단지 그 사건만 되새겨준다. 하지만 바울이 언급하는 사항들은 필시 디모데를 넘어 이 서신을 낭독을 통해 듣게 될 에베소 교회를 염두에 둔 항목들인 것 같다.

88) 이것이 διά를 그 통상 용례를 좇아 2차 중개자를 표현하는 말로 받아들이는 것이다.

89) 우리는 행 13:1-3이 제시하는 내러티브도 이런 식으로 이해해야 한다. 이 내러티브를 보면, 성령이 교회 안의 "선지자들"을 통해 "말씀하심"으로 사울과 바나바를 불러 특정한 임무를 맡기게 하신다. 이것은 그들이 이후에 하나님이 지명하신 선교 과업을 수행할 수 있도록 특별히 "준비시키는 일"이다.

90) 일부 사람들의 강변(가령 Dunn, *Jesus*)에도 불구하고, 이런 "은사 수여"는 후대의 견해가 아니다. 이는 바울 서신의 다른 곳에서 발견할 수 있는 내용과 완전히 일치한다.

그러나 이 문맥에서 바울이 관심을 갖는 것은 **영**이 부여하신 디모데의 사역이 하나님으로부터 유래했다는 점이 아니라, **바로 이런 점을 그 신앙 공동체**(곧 에베소 공동체 — 옮긴이)가 (특히 그 공동체 지도자들이) **완전히 인정했다는 점**이다.[91] 이것은 우리가 그 다음에 등장하는 전치사구인 "장로들로부터 안수를 받을 때"(그리스어로 μετὰ ἐπιθέσεως τῶν χειρῶν τοῦ πρεσβυτερίου다 — 옮긴이)를 어떻게 이해해야 하는지 분명하게 일러준다.[92] 사람들은 보통 이 문구를 도구를 표현하는 문구와 다름없는 것으로(as a quasi-instrumental) 여긴다.[93] 즉 그 은사가 예언의 말과 안수라는 두 가지 도구를 통해 디모데에게 임했다고 보는 것이다. 이는 마치 안수가 디모데에게 은사를 베풀어준 것처럼 말하는 셈이다.[94]

그러나 그와 달리, 우리가 알기에 코이네(Koinē) 그리스어에서는 μετά라는 전치사를 도구의 의미로 사용한 사례가 없다. 오히려 이곳은, 바우어가 올바로 제시한 것처럼,[95] "다른 부대(附帶) 현상"을 표현한 사례다. 안수는 아무것도 베풀어주지 않는다. 사도행전 13:3이 일러주듯이, 안수는 성령이 먼저 행하신 행위에 근거하여 공동체가 안수를 받는 자를 인정하고 그에게 어떤 임무를 맡기는 것이다.[96] 다른 곳이 아니라 여기에 이런 내용

---

91) Scott, 16은 (1:18을 다루면서) "초기 교회에서는 중요한 조치를 취하려면 선지자들의 말을 통해 **영**으로부터 재가(裁可)를 얻은 뒤에야 비로소 그 조치를 취했다"라고 말한다. 그러나 이 말은 그저 델포이(Delphi)의 신탁(神託)을 묘사한 말처럼 들릴 뿐, 초기 교회와 아무 상관이 없는 말이다. 초기 교회에서는 선지자들이 먼저 **영**에게 "물어 그 뜻을 구했다"기보다(그리스의 신탁은 그랬다 — 옮긴이) 오히려 **영**이 먼저 주도하시고 인도하셨다.

92) 물론 딤후 1:6이 바울과 디모데 및 디모데가 받은 은사의 관계와 관련하여 "도구의 의미"가 더 강한 언어를 사용하긴 하지만, 그래도 이곳은 도구의 의미로 이해해서는 안 된다.

93) 가령 GNB, NIV, JB, RSV, NEB를 보라(이들은 그런 의미를 확연히 드러낸다!); 참고. Simpson, 71과 M. J. Harris (*NIDNTT* 3.1182). Harris는 이렇게 보는 것이 정당한 이유를 찾으려고 애쓴다. Grundmann, *TDNT* 7.772n36은 이 본문을 μετά가 σύν과 결합하여 "'…과 함께'라는 뜻을 나타내는" 신약의 다른 본문과 함께 묶어놓았는데, 올바른 견해다.

94) 이 전치사구는 특히 χάρισμα가 어떤 "직부"를 가리킨다고 보는 견해에 영향을 주었다. 이곳을 이미 어떤 직무를 맡은 자들이 누군가에게 직무를 수여한다는 것을 일러주는 "분명한 증거"로 보는 이도 있다. 그러나 그것은 근거 없는 추정이요, 이 본문이 실제로 말하는 것과 부합하지도 않는다.

95) BAGD A.III.2. 대다수 주석들도 같은 견해다. 그러나 대다수 영역 성경들은 반대다.

을 포함한 이유는 지금 이 주장이 본질상 디모데의 권위를 "공인해주는" 성격을 지닌다는 점과 관련 있다(4:6-16). 바울이 이런 일을 되새겨줌으로써 디모데는 당연히 용기를 얻었을 것이다. 그러나 바울은 이를 통해 에베소 교회에게도 디모데가 그들 가운데 있음이—그리고 디모데가 그들 가운데서 잘못을 제지하고 "건전한 교리"를 가르치는 사역을 펼침이—**영**이 주신 은사로 말미암은 것이자 일찍이 그 교회 장로들이 디모데가 받은 은사를 인정한 데 따른 것임을 되새겨준다.

따라서 바울이 이 본문에서 πρεσβυτέριον(장로회)의 단수형을 사용한 사실을 결코 가벼이 여겨서는 안 된다. 이미 말한 이유들에 비춰볼 때, 이 소유격(이 본문이 쓴 πρεσβυτέριον의 단수 소유격인 πρεσβυτερίου — 옮긴이)은 목적을 나타내는 말일 가능성이 전무(全無)하다(즉 디모데를 장로로 만들 목적으로 쓴 말이 아니다).[97] 그렇게 보는 것은 전치사 μετά의 의미를 왜곡하는 것이요 이 본문의 취지를 놓치는 것이다. 신약성경[98]과 신약성경 밖[99]에서 πρεσβυτέριον을 사용한 사례를 보면, 이 말은 장로들로 이루어진 그룹 전체를 가리킨다. 바울계 교회 안에는 이런 장로회가 초창기부터 존재

---

96) 이런 현상의 배경은 십중팔구 유대교 안에서 발견할 수 있을 것 같다. 말하자면 모세가 자신의 진정한 후계자인 여호수아에게 안수한 일을 기록해놓은 기사(민 27:18-23과 신 34:9)로부터 영향을 받은 것으로 볼 수 있는 것이다. 이 두 본문은 우리가 지금 보는 본문 및 딤후 1:6과 다를 게 없는 현상을 담고 있다. 민수기에서는 모세가 여호수아에게 안수한 이유를 하나님이 이미 당신의 **영**을 여호수아에게 주셨기 때문이라고 말하기 때문이다. 그런가 하면 신명기에서는 모세가 안수함으로 "지혜의 영"이 여호수아에게 임했다고 말하기 때문이다. 이는 똑같은 사실을 바라보는 시각과 강조점만 바꾸어 이야기한 것인데, 이와 유사한 시각과 강조점의 변화가 이 본문과 딤후 1:6에서도 나타난다. 이 본문과 디모데후서 본문이 민수기 및 신명기 본문과 다른 점은 전자가 모종의 "승계"를, 즉 바울이 디모데에게 어떤 임무를 넘겨준다는 것을 이야기한다는 점이다. 이 본문과 디모데후서 본문은 디모데의 삶에서 아주 일찍이 일어난 어떤 사건을 분명하게 언급하는데, 바울 사도는 이 사건을 디모데를 격려하고 그의 권위를 인증해주는 방편으로 활용한다.

97) Calvin, 247을 보라. Calvin은 모호하게 말하지만 그래도 결국 이 견해를 지지하는 것 같다. 이 견해는—Calvin과 상관없이—근래 D. Daube, *The New Testament and Rabbinic Judaism* (London: University Press, 1956), 224-46을 통해 되살아났으며, Barrett, 72와 Kelly, 107-8도 이 견해를 채택했다.

98) 눅 22:66; 행 22:5을 보라.

99) BAGD가 열거해놓은 이그나티우스의 많은 글을 보라.

하지는 않았다고 주장하는 것은 지나친 회의론이다.

결국 이 본문은 (1) **영**이 사역의 핵심 동인이라는 것, (2) **영**이 은사라는 방법을 통해 그리고 신앙 공동체라는 맥락 속에서 디모데에게 임하심으로 이런 사역을 행하게 하셨다는 것, (3) 바울계 교회에서는 **영**이 곧 체험과 증언의 대상이 되신 실재이셨다는 것을 강조하는데, 이런 강조점은 더 크게 보아 바울 서신 전체가 말하는 내용과 완전히 부합한다.

마지막으로 유념해둘 것이 있다. 일부 학자들은 바울이 디모데에게 이런 식으로 말한다는 이유로 이 서신 "저자"가 무심결에 자기가 "은사들"이 교회에서 공식 직무를 맡은 자들만의 특별 영역으로 자리매김한 시대에 속한 사람임을 밝히고 있다고 주장한다.[100] 그러나 이런 주장은 아무 근거가 없다. 그런 주장은 그들이 이전부터 주장해온 이 서신 저자의 목적을 그대로 추종하는 것이지만, 그 목적이란 것도 엄밀히 검토해보면 전혀 지지를 받을 수 없다. 또 그런 주장은 침묵을 근거로 내세운 주장치곤 최악인 주장이다.[101] 요컨대 이 본문과 1:18은 "예언들"을 공동체 전체가 은사를 받아 누리는 공동체로부터 나온 것이라고 말하지, 그것들이 직무를 맡은 자들의 특별 영역에 속한다는 암시는 단 하나도 제공하지 않는다.

디도서

디도서는 디모데전서와 후서보다 "교회 지침서"(church manual)라는 이름이 훨씬 더 잘 어울리는 서신이다. 바울이 디모데를 그레데(크레타 섬)에 남겨둔 것은 분명 문제들을 바로잡으려는 목적이었기 때문이다(1:5). 이 교회

---

100) 이것은 특히 학술 문헌에서 보통 볼 수 있는 주장이다. 이런 주장을 강력하게 표현한 글을 보려면, Dunn, *Jesus*, 348-49를 보라.
101) 앞의 주5를 보라.

는 상당히 긴 역사를 지녔던 에베소 교회와 달랐다. 디도는 이 교회에서 미처 마치지 못한 어떤 과업을 조심스럽게 마무리 지어야 했다. 무엇보다 그가 세워야 할 질서는 이 섬에 만연한 유대계 그리스도인들(분명 이들이 저지른 잘못이었을 것이다)의 잘못에 맞설 장로들을 세우는 일이었다.

디도서는 디모데전서보다 훨씬 덜 다급해 보이는 모습을 보여준다. 따라서 이 서신은 필시 디모데전서가 말하는 것과 비슷한 거짓 가르침을 사전에 방지하고자 디모데전서를 기록한 때로부터 상당한 시간이 흐른 뒤에 기록한 것으로 보인다. 그레데에는 에베소에서 벌어진 것과 같은 긴박한 상황이 존재하지 않았다. 때문에 디도서에서는 신자들에게 외부인들이 보는 앞에서 모범이 되는 행위를 행하라고 독려하는 모티프가 두드러지게 나타난다.[102] 바울은 이런 관심사를 이미 디모데전서에서(3:7; 6:1) 내비쳤다. 그러나 이 서신에서는 그런 관심사를 철저히 다룬다. 바울은 (거짓 가르침을) **사전에 막는 일**뿐 아니라 **복음을 전하는 일**(세상이 매력을 느낄 만한 행실을 독려함)에도 관심을 기울인다.

디도서는 분량도 더 작고 목적도 한 가지다. 그래서 실제 복음의 내용이라 할 만한 것도 거의 이야기하지 않는다. 그러나 놀라운 내용을 지닌 두 본문(2:11-14과 3:4-7)은 예외다. 바울은 이 본문들에서 다시 한 번 교회의 신앙고백 전승들에 몸을 담근 채 이 전승들을 고쳐 "선한 일들을 행하라"라는 자신의 호소를 뒷받침할 신학적 근거로 활용한다. 이 둘 가운데 두 번째 본문(3:4-7)은 이 서신에서 유일하게 **영**을 언급하는 본문으로서 더 완벽한 형식을 띤다. 이 두 번째 본문은 첫째, ("선한 일들"이 아니라) 하나님의 자비가 그들이 공통으로 누리는 구원의 기초라는 것, 그리고 둘째로 **사람을 거듭나게 하시는 영의 사역**이 그들에게 유효한 구원을 가져다주는 중개자라는 것을 강조한다. 따라서 비록 이 본문에 주해하기 어려운

---

102) 바울이 자주 선을 행하라거나("선한 일들", 1:8, 16; 2:7, 14; 3:1, 8, 14) 혹은 외부인들이 보기에 모범이 되는 행위를 하라고(2:5, 7, 8, 10, 11; 3:1, 8) 강조하는 점을 주목하라.

내용이 가득하다 해도, 결국 이 본문은 바울 서신에서 발견할 수 있는 또 하나의 신앙고백 문언으로서 구원이 삼위일체 하나님의 행위임을 일러주고 **영**이 신자들의 삶 속에서 "그런 구원을 이뤄내는 데" 긴요한 역할을 한다는 것을 강조하는 곳이다. 그러나 3:4-7을 살펴보기에 앞서 우리가 주목해야 할 또 다른 서신이 있다. 이 본문에서는 바울이 이교도 풍자 시인을 가리키는 말로 "선지자"라는 말을 사용한다.

● 디도서 1:12

그들 가운데 어떤 사람, 곧 그들 자신의 선지자들 가운데 어떤 이가 말하되, "그레데 사람들은 늘 거짓말쟁이요, 악한 짐승이며, 게으른 먹보들이라" 하니.

바울은 그레데의 거짓 교사들이 보여주는 행태가 그레데와 관련하여 익히 알려져 있는 평판과 아주 똑같다고 말한다. 이를 통해 그는 이 거짓 교사들을 반박하는 자신의 주장 방향을 확연히 전환한다. 그레데와 관련된 유명한 평판은 에피메니데스(Epimenides, 주전 600년경)가 쓴 풍자시가 표현한 내용이다.[5] 그러나 이런 방향 전환보다 훨씬 더 우리 시선을 끄는 것은 바울이 에피메니데스를 선지자로 여기려 한다는 점이다. 사실 하나님의 **영**으로 말하는 구약의 선지자들이나 그리스도인 선지자들이 아닌 자를 선지자로 부른 경우는 바울 서신에서 이곳이 유일하다.

바울이 그렇게 부른 이유가 될 만한 것들이 몇 가지 있다. (1) 바울은 여기서 요한복음 11:49-51과 비슷한 무언가를 말하려 했을 가능성이 있다. 이 요한복음 본문을 보면, 가야바를 일부러 그렇게 할 의도가 없었는데도 "예언을" 말한 자로 여긴다.[103] (2) 거짓 교사들이 자신들을 선지자들로 표현했을 수 있다. 그랬다면 바울은 이 말을 그들을 공박하는 무기로

---

103) Barrett, 131도 같은 견해다; 참고. Spicq, 609.

활용한 셈이다.[104] 아니면 (3) 이 용례는 단순히 항간에서 에피메니데스를 일컫던 평판을 가져다 쓴 것일 수 있다. 아무래도 이것이 더 가능성이 높아 보인다. 플라톤도 에피메니데스를 "신(神)의 사람"이라 불렀으며, 아리스토텔레스도 그를 가리켜 "그는 미래에 일어날 일이 아니라 과거에 일어난 일이지만 모호한 일들을 알아맞히곤 했다"[105]라고 말했다. 바울이 보기에는 에피메니데스가 그레데 사람들을 두고 한 말이 거짓 교사들에게는 영락없이 맞는 말이었다. 바울이 에피메니데스의 글을 이 서신의 표제로 받아들인 것도 그런 이유 때문이었다.

따라서 이 용례는 바울이 기독교 신앙 밖에서 일어나는 은사 현상을 어떻게 이해했는지 이야기해주는 사례가 아니다. 심지어 에피메니데스가 말한 사실조차도 바울이 실제로 그를 "선지자"로, 곧 실제로 **영**에 감동된 사람으로 여겼는지 여부와 관련하여 실상은 아무것도 말해주지 않는다. 결국 바울이 아주 강하게 표현해 놓은 "그들 가운데 어떤 사람, 곧 그들 자신의 선지자들 가운데 어떤 이"는 그가 에피메니데스를 원용할 때 그레데 사람들 자신이 믿고 있던 그런 종류의 사람으로서 원용한다는 것을 강조하는 말이다. 우리가 분명히 말할 수 있는 것은 오로지 에피메니데스가 이미 이런 평판을 얻고 있었다는 것, 그리고 바울이 항간에서 보통 일컫는 말로 에피메니데스를 일컬으려 한다는 것뿐이다. 바울이 그리하려는 이유는 에피메니데스가 말한 것이 이 경우에는 실제로 아주 구체적인 진실을 일러주기 때문이다. 결국 이것은 강력한 아이러니다.[106] 그리스도인이 아닌 "선지자"가 그리스도인의 지도자라고 자임(自任)하는 일부 사람들의 진짜 모습을 말해주기 때문이다. 거짓 가르침과 거짓 행실을 일삼는 이런 자들이야말로 진정한 "그레데인들"이요 거짓말쟁이들이다.

---

104) White, 189을 보라.

105) Plato, *Laws* 1.642D; Aristotle, *The Art of Rhetoric* 3.17 (LCL).

106) Quinn, 108-9도 같은 견해다; 참고. Simpson, 100: "그의 눈이 반짝 했다"(with a twinkle in his eye).

- **디도서 3:5-6**[107]

⁵그러나 그의 자비를 따라 우리를 구원하시되, 거듭남의 씻음과 성령의[108] 새롭게 하심을 통해 하셨나니, ⁶그가 예수 그리스도 우리 구주를 통하여 성령을 우리에게 풍성히 부어주셨도다.

앞에서 언급했듯이, 이 주목할 만한 절은 이 서신에 들어 있는 두 개의 커다란 신앙고백 중 하나의 중간 부분에 자리해 있다. 이 본문은 바울 서신에 있는 이런 종류의 본문 가운데 마지막으로 등장하는 본문이며, 여기서도 **영**이 긴요한 역할을 한다.[109] 우선 바울 서신에서 이런 신앙고백을 담아 놓은 부분들은 새로운 단어들이 아주 많이 등장하고 교회의 전승(들)을 가져다가 다시 고쳐 쓴 것처럼 보인다. 그런 신앙고백 부분들이 대개 그렇듯이, 여기서도 늘 이런 신앙고백이 이전에 어떤 역사를 지녔는가가 문제이며, 이 신앙고백이 진정 바울 신학을 반영하는가 여부도 문제가 된다. 그런가 하면 모나 후커(Morna Hooker)가 빌립보서 2:5-11과 관련하여 올바로 주장한 것처럼, "설령 이 신앙고백 내용이 애초에 바울의 입에서 나온 것이 아닐지라도, 바울 자신이 그 고백을 해석하여 바울 나름대로 활용했으리라고 짐작할 수 있다."[110] 이런 부류에 속하는 다른 본문들처럼(가령 살후 2:13; 고전 6:11; 고후 1:21-22; 갈 4:4-6), 여기서도 그리스도인의 회심

---

107) 참고 문헌: **Beasley-Murray**, *Baptism*, 209-16; **Dunn**, *Baptism*, 165-70; **Ervin**, *Conversion-Initiation*, 128-30; **Hunter**, *Spirit-Baptism*, 51-52; **Knight**, *Sayings*, 80-111; **Towner**, *Goal*, 112-18.

108) 몇몇 서방 사본들은(D* F G b Lucifer) 이 절의 복잡한 소유격들이 야기하는 어려움들을 해결해보고자 διά (="성령을 통해 새롭게 하심")를 집어넣었다. 이는 필시 이 문구가 두 부분으로 이루어져 있다고 보았던 아주 이른 시기의 이해를, 다시 말해 한 부분은 세례를 언급하고 다른 한 부분은 **영**을 언급한다고 보았던 이해를("거듭남의 씻음을 통해, 그리고 성령을 통해 새롭게 하심을 통해") 반영한 산물일 것이다.

109) 디모데후서에는 그런 전승들을 담아놓은 부분이 세 곳 더 있다(1:9-10; 2:8, 11-13). 그러나 이곳들의 관심사는 회심이라는 구원 사건이 아니기 때문에 **영**을 언급하지 않는다.

110) Morna D. Hooker, "Philippians 2:6-11," in *Jesus und Paulus: Festschrift für Werner Georg Kümmel zum 70 Geburtstag* (ed. E. E. Ellis and E. Grässer; Göttingen: Vandenhoeck & Ruprecht, 1975), 152.

을 중심 관심사로 다루는 바울의 복음 공식들에서 **영**이 절대 중요한 역할을 행한다는 점을 결코 놓칠 수가 없다.[111]

이 공식에서 **영**이 들어 있는 절의 위치를 파악하려면, 이 공식을 구성하는 부분들의 기능을 명시하며 전체 구조를 풀어 제시해보는 것이 도움이 될 것이다.

<table>
<tr><td></td><td>그러나</td></tr>
<tr><td>언제</td><td>선하심이</td></tr>
<tr><td></td><td>그리고   나타났을 때,</td></tr>
<tr><td></td><td>사랑이 담긴 친절하심이</td></tr>
<tr><td></td><td>하나님 우리 구주의</td></tr>
<tr><td>무엇</td><td>그가 우리를 구원하셨다</td></tr>
<tr><td></td><td>의의 행위들에 근거하지 않고</td></tr>
<tr><td></td><td>우리가 행한</td></tr>
<tr><td>근거</td><td>그러나 그의 자비를 따라</td></tr>
<tr><td>수단</td><td>씻음을 통해</td></tr>
<tr><td></td><td>거듭남의</td></tr>
<tr><td></td><td>그리고</td></tr>
<tr><td></td><td>새롭게 하심의</td></tr>
<tr><td>중개자</td><td>성령을 통해</td></tr>
<tr><td></td><td>그가 풍성하게 부어주신</td></tr>
<tr><td></td><td>우리에게</td></tr>
<tr><td>수단</td><td>예수 그리스도 우리 구주를 통해</td></tr>
</table>

---

111) 이 점은 특히 4절("하나님 우리 구주의 선하심과 사랑이 담긴 친절하심이 나타났을 때")에서 5-6절로 넘어갈 때 일어나는 미묘한 시간의 변화에서 볼 수 있다. 4절은 과거 역사 속에서 그리스도와 관련하여 일어난 사건을 가리키지만, 5-6절은 전체 문장이 "성령으로 씻어주심을 통해"라는 전치사구를 통하여 지금 신자의 삶 속에서 구원이라는 실재를 체험한다는 점에 초점을 맞춘다.

결국

우리를 의롭다 하셨다

중개자	그리스도의 은혜로 말미암아
목표	우리가 상속인들이 될 수 있게

소망을 따라

영생의

여기도 역시 삼위일체 공식이 나타난다. 바울 서신에 등장하는 대다수 신앙고백 부분들이 그러하듯이, 이 부분도 구원이 결국 하나님과 하나님의 자비에 근거한다는 것, 그리스도가 그 구원을 역사 속에서 당신의 은혜로운 행위를 통해 이뤄내셨다는 것, 그리고 성령이 능동적 사역을 통해 그 구원을 신자가 체험하는 구원으로 이뤄내신다는 것을 강조한다. 이곳에서 놀라운 것은[112] **영**이 중심 역할을 한다는 점이다. 그 중심 역할을 얼마나 부각시켜놓았던지, 바울은 **영** 바로 그분을 하나님이 우리 구주이신 예수를 통해 부어주시는 분이라 말하면서도 **영**의 사역을 그리스도의 사역보다 앞세워 말한다. 물론 이런 점을 더 중시할 필요는 없다. 바울이 제시하는 모든 구원론 공식들은 그리스도의 사역에 중심 초점을 맞추기 때문이다.[113] 그러나 이것은 첫째, 하나님의 자비가 구원의 근거라는 것(이 서신이 자주 호소하는 "선한 행위들"을 강조하지 않는다), 그리고 둘째, 우리를 거듭나게 하시고 새롭게 하시는 **영**의 사역이 우리 모든 이가 이전에 행하였던 죄들을 말끔히 씻어내고(3절) 지금 바울이 하나님의 새 백성에게 촉구하는 선한 행위들을 행하는 데 필요한 거듭남을(1-2, 8절) 이뤄내는 데 절대 긴요한 사건이라는 것이 이 본문의 **강조점**임을 일러준다.

그러나 이 본문의 골격을 이렇게 보게 되면, **영**을 말하는 문구들에 들

---

112) 그러나 살후 2:13; 고후 1:21-22을 참고하라.

113) 심지어 **영**을 통한 구원 체험을 그런 체험을 가능케 하신 그리스도의 은혜보다 앞세우는 이곳에서도, 바울은 **영**을 "우리 구주 예수 그리스도를 통해 부어지신" 분이라고 말한다.

어 있는 소유격들[곧 전치사 διά 뒤에 있는 λουτροῦ παλιγγενεσίας(거듭남의 씻음)와 ἀνακαινώσεως πνεύματος ἁγίου(성령의 새롭게 하심) - 옮긴이]이 더욱 더 모호해져 버리는 경향이 있으며(그러다 보니 이 경우에는 그 소유격들의 의미를 추정하게 만드는 결과를 낳곤 한다), 결국 그 때문에 **영**과 이 **영**보다 앞서 등장하는 말들의 관계도 덩달아 더욱 모호해져 버리는 경향이 있다. 여기 본문에는 상당한 문제들이 존재한다. 이 문제들은 한편으로는 이 본문이 **영**이 새롭게 해주시는 사건을 묘사하고자 λουτρόν("씻음")이라는 말을 사용한 것과 관련 있으며, 다른 한편으로는 복잡한 소유격들 그리고 "거듭남"과 "새롭게 하심" 사이에 있는 καί("그리고")의 역할과 관련 있다.[114] 이 문제들은 사실 서로 연관되어 있다. 첫째, λουτρόν을 놓고 이야기할 때, 이 말이 세례를 가리키는 환유(換喩)인가,[115] 아니면 죄 씻음을 비유하는 은유 인가, 그것도 아니면 이 말이 세례와 죄 씻음의 중간에 있는 무언가를 가 리키는 말인가(즉 은유로서 그 말의 표면 아주 가까운 곳에 세례라는 의미가 자리해 있는 말인가)가 문제다. 둘째, "거듭남"과 "새롭게 하심" 사이의 "그 리고"는 구원이 이루어지는 두 방법을 가리키는가("거듭남의 씻음을 통하여 그리고 성령의 새롭게 하심을 통하여"), 아니면 모두 "씻음"의 본질을 묘사하 는 말들이요 성령이 이뤄내시는 일들인 두 동의어를 하나로 묶어주는 것 인가?[116]

첫째, λουτρόν의 의미를 놓고 이야기해보자. 물론 이 말은 특히 어렵고 골치 아픈 문제다. 이 문제는 초기 교회가 세례식 때 거행하는 "씻음"을 언 제부터 그 "씻음" 행위가 가리키는 은유의 차원을 뛰어넘어 일종의 사실

---

114) 물론 여기는 이미 대다수 학자들이 상당한 관심을 기울여온 본문이다. 나도 이런 점에서는 예외가 아니다. 때문에 나는 내가 왜 그런 견해를 주장하는지 그 이유를 타당하게 설명할 수 있기만을 바라고 또 바랄 뿐이다.

115) Bernard, 178처럼 교회 의식을 중시했던 이전 세대의 그리스도인은 이런 견해를 갖다 보니, "'거듭남의 씻음'은 틀림없이 물세례다"라고 말했다.

116) 문법과 관련된 문제들을 도식(圖式)을 써서 특히 유익하게 살펴본 글을 보려면, Quinn, 218-19을 보라.

(실체)을 가리키는 말로 이해하게 되었는가라는 문제, 즉 세례식 때 사용하는 물과 실제로 "죄를 말끔히 씻어냄"과 "인간 내면을 정결케 함"을 언제부터 서로 연관 지어 보기 시작했는가라는 문제와 일부 관련 있다. 바울은 세례라는 말을 빈번히 사용하지 않는다(특히 회심을 다룬 본문들에서는 거의 사용하지 않는다). 또 그는 고린도전서 1:13-17에서 세례와 복음을 전하는 행위를 분명하게 구별하는 태도를 또렷이 표명한다. 이런 점들을 고려할 때, 사도 바울이 세례와 **영**의 사역 또는 세례와 회심 자체를 연관 지어 생각했다고 보기는 힘들다.[117] 내가 앞서 기록해놓은 수백 쪽의 본문이 제시하는 증거만 봐도, 바울이 그리스도인의 회심에서 정말 중요한 것은 **영**의 역사로 보았다는 것을 아주 분명하게 알 수 있으며, 우리가 이미 밝힌 대로, 여기서 빈번히 사람들이 관련 본문으로 언급하곤 하는 세 본문(고전 6:11; 12:13; 고후 1:21)[118]이 과연 세례를 직접 언급하는 본문들인지 심히 의심스럽다는 것도 아주 분명하게 알 수 있다. 따라서 (엡 5:26이 λουτρόν을 사용한 사례를 포함하여) 바울이 제시하는 증거를 살펴볼 때, 바울은 여기서 "씻음"을 "세례"를 상징하는 말로 사용할 의도를 가지지 않았다고 봐야 할 것 같다. 요컨대 바울이 그런 의도를 갖고 있었다면, 그는 얼마든지 "세례"라는 말을 쓸 수 있었기 때문이다.[119]

---

117) Beasley-Murray, *Baptism*은 견해를 달리한다. 그러나 그가 논의한 본문들 가운데 아주 적은 수만 살펴봐도(그리고 그 본문들 가운데 몇몇은 십중팔구 세례를 말하는 본문들이 아니라는 사실만 봐도) 내 견해가 옳음을 증명해주는 증거를 충분히 확보할 수 있다. 뒤의 제14장(성령과 물세례 부분)에서 논의한 내용을 보라.

118) 때로는 다른 본문들도 함께 제시하는 경우가 있다(엡 1:13; 4:5, 30). 그러나 우리가 이미 언급했듯이, 이 본문들이 **영**과 세례를 연계한다고 보는 것은 훨씬 더 어려운 일이다. 그런 연관성은 후대의 증거에 비추어 이 본문들을 읽을 때나 겨우 찾아낼 수 있는 것이지, 바울 자신이 제시하는 증거를 기초로 그런 연관성을 찾아내기는 불가능하다. 이 문제를 모두 살펴보려면, Dunn, *Baptism*을 보라. Kelly, 252는 견해를 달리한다. Kelly가 쓴 주석은 장점이 아주 많다. 하지만 Kelly 자신이 2세기 데이터를 바람직하게 여기고 이 자료들과 친숙하게 지내는 것은 필시 그의 주석이 가진 가장 큰 약점일 것이다. 그는 바울 서신에 비추어 2세기 자료를 읽는 게 아니라, 거꾸로 늘 2세기 자료에 비추어 바울 서신을 읽어내곤 하기 때문이다.

119) 나는 바울이 "세례"라는 말을 얼마든지 활용할 수 있었다는 점을 강조할 수밖에 없다. 설령 바울이 "씻음"을 세례를 가리키는 말로 사용하려 한다 할지라도, 여기서 "씻음"은 우선 은유

그렇다면 이는 이 용례가 은유이며, 이 용례를 ("세례"가 아니라—옮긴이) "씻음"으로 번역해야 한다는 것을 일러주는 셈이다.[120] 즉 바울은 하나님이 우리를 세례를 통해 구원하셨다고 말하는 게 아니라, "성령이 이뤄내시는 **영**적 씻음을 통해" 구원하셨다고 말하는 것이다.[121] 하지만 이 은유의 심상이 하도 풍부하여, 이 은유에서도 그리스도인의 세례라는 개념이 상당히 또렷하게 나타난다는 생각을 떨쳐버리기가 쉽지 않다. 바울이 세례 자체를 거듭남이 일어난 장소로 여겼을지는 의문이다.[122] 바울은 언제나 거듭남을 **영**이 하시는 일로 여긴다. 특히 이 본문의 문법 그리고 바울이 다른 곳에서 하는 말에 비춰볼 때, 바울이 세례를 성령을 받는 장소로 여겼을지는 더더욱 의심스럽다. 바울이 고린도전서 1:14-16에서 부인하는 내용을 2:4-5에 비추어 읽어보면, 그가 설령 세례를 낮춰보는 것은 아니라 할지라도, 세례를 거듭남이 일어나거나 성령을 받는 장소로 여기는 견해를 유지하기는 거의 불가능하다. 세례와 거듭남, 세례와 **영**을 그런 식으로 연계하는 일은 후대 교회에 가서 이루어진 일이다. 후대 교회에서는 **영** 안에서 살아가는 삶의 역동성이 후퇴하고 이에 따라 교회 의식이 더 중요하게 부각되는 경향이 나타났기 때문이다.

이런 점을 볼 때, 두 번째로 우리는 문법 문제를 살펴봐야 한다. 요컨대 이 문제를 요약하자면, 비록 이 본문에서 거듭남과 새로워짐이 긴밀하게 연결되어 있는 것 같지만, 실제로 바울은 이 둘을 한 사건/체험으로 보는가 아니면 두 사건/체험으로 보는가라는 말로 표현할 수 있겠다. 역사의 흐름[123]을 보면 이 본문이 세례와 **영**의 오심이라는 두 사건을 언급한다고

다(즉 은유이지 세례라는 실체를 표현하는 말이 아니라는 것이다—옮긴이). 이 점은 논의 과정에서 아주 빈번히 간과하는 점이다.

120) J. A. Robinson, *Ephesians*, 205-6이 논하는 내용을 참고하라.

121) 참고. Hippolytus, *Dan.* 59: "거듭남의 영적 씻음을(πνευματικοῦ λουτροῦ) 통해 온 자들"; 아울러 Dunn, *Baptism*, 168; Towner, *Goal*, 116도 참고하라.

122) 앞서 살펴본 바울 서신 본문 가운데 이런 추론을 허용한 본문은 단 하나도 없다. "씻음"이 세례와 같다고 주장하는 이들은 이 "씻음"이라는 표현을 훨씬 더 후대 기독교에 비추어 읽어낸다. "씻음"이 아니라 **영**이 거듭남과 새롭게 하심을 이뤄내기 때문이다.

보는 것이 보통이었다.[124] 그러나 그와 달리 생각해야 할 몇 가지 이유가 있다.

(1) 전치사 διά가 이 문구 전체를 이끌지만, 바울은 이 전치사를 한 번만 사용했다. 이는 저자가 여기서 말하는 내용을 한 "사건"으로 보았다는 뜻이다. 물론 그렇다고 한 사건이 두 부분으로 이루어져 있을 가능성을 완전히 배제하는 것은 아니다.[125] 하지만 만일 그렇다면, 바울이 차라리 두 전치사를 썼을 것이라고 생각해볼 수 있다.

(2) παλιγγενεσία와 ἀνακαίνωσις라는 두 명사("거듭남"과 "새롭게 하심")는 분명 동의어로서 둘 다 "새롭게 되는 것"과 관련된 말이다.[126] 만일 바울이 말하려 한 것이 "거듭남의 씻음"과 "성령의 새롭게 하심"이었다면, 이 문구에서는 두 가지 일이 일어난다. 첫째, 방금 말한 두 명사가 서로 분리되어 더 이상 동의어 기능을 하지 못하게 된다. 즉 지금 보는 본문에서는 "거듭남의 씻음"과 "성령의 새롭게 하심"이 서로 평행을 이루는데, "거듭남"과 "새롭게 하심"을 분리하면 이제는 "씻음과 새롭게 하심"이 평행을 이루고 "거듭남과 성령"이 평행을 이루는 말이 되어버린다. 그렇게 되

---

123) 제2차 세계대전을 전후하여 시각(視覺)의 결정적 변화가 일어났음을 볼 수 있다. 근래 나온 연구서들은 거의 모두 여기서 지지하는 입장을 취한다(Beasley-Murray, Dunn, Knight, Hunter, Towner, Quinn).

124) 어떤 사람이 이 두 사건을 어떻게 인식하는가는 그 사람이 속한 교회 정황에 따라 달라진다. 5세기 초만 해도 테오도레토스는 이 두 사건이 세례와 견진(confirmation)을 가리킨다고 주장했다. 그러나 이것이 회심과 성화를 가리킨다고 보는 주장이 더 많았다. 두 번째 복을 말하는 신학 진영에서는 대개 이것이 회심과 "성령 세례"를 가리킨다고 인식한다. Ervin은 아직도 이런 견해를 주장한다(Ervin, *Conversion-Initiation*, 128-30).

125) 가령 Bernard, 178이 이렇게 인식한다.

126) 참고. Beasley-Murray, *Baptism*, "그것들은 똑같은 사실을 상징하는 말임이 아주 확실하다"(210); Dunn, *Baptism*, "그것들은 사실상 같은 말이다"(166). Knight, Towner, 그리고 다른 학자들도 이렇게 본다. 이 두 단어를 다룬 유익한 논의를 보려면, Knight, *Sayings*, 97-102을 보라. 신약성경에서 παλιγγενεσία라는 단어는 여기와 마 19:28에서만 나타난다. 이 단어는 종말론과 관련되어 있다. 마태복음에서 이 말은 마지막 날에 만물이 "거듭나게 될 일"(개역개정: 새로워짐)을 가리킨다. 그러나 고후 5:17에서 볼 수 있듯이, 그런 사상은 바울에게도 낯선 게 아니다. 그리스도의 오심과 영의 오심으로 말미암아 "새 창조", 새 질서가 이루어지기 때문이다. 두 번째 말인 "새롭게 하심", 그리고 바울 서신에서 이 말과 영이 가지는 관계를 알아보려면, 앞서 고후 4:16과 롬 12:2을 다룬 내용을 보라.

면, 둘째, 이제는 전치사 διά의 복합 목적어가 "씻음"과 "새롭게 하심"이 되고, "거듭남"과 "성령"의 두 소유격(그리스어로 παλιγγενεσίας와 πνεύματος ἁγίου다 — 옮긴이)은 서로 완전히 다른 기능을 하게 된다. 즉 첫 번째 경우[=λουτροῦ παλιγγενεσίας(거듭남의 씻음) — 옮긴이]는 뒤의 소유격이 목적어(="거듭남을" 만들어내는 씻음)나 형용사(=거듭남이라는 특성을 지닌 씻음) 역할을 하게 되며, 두 번째 경우[=ἀνακαινώσεως πνεύματος ἁγίου(성령의 새롭게 하심) — 옮긴이]는 뒤의 소유격이 주어 역할을 하게 된다(=성령이 새롭게 하심). 이는 분명 균형이 맞지 않을뿐더러, 일부 사람들이 이 문구에서 발견할 수 있다고 생각하는 "교차대구 구조"도 사라져버린다.

따라서 이 본문은 서로 별개인 두 사건을 말하는 것 같지 않다. 이론이야 어떠하든 실제를 놓고 보면 "씻음과 새롭게 하심"이라는 말은 정확히 같은 뜻이기 때문이다. 따라서 καί는 중언법(重言法, hendiadys)으로 이해하거나(="거듭남의 씻음 곧 성령의 새롭게 하심"이라는 말로 이해하거나),[127] 혹은 두 은유가 같은 실체를 가리키는 것으로 보아 "씻음"이라는 말이 이 문구를 지배한다고 이해해야 한다. 후자일 가능성이 더 높다. 이럴 경우, 두 소유격은 같은 기능을 하여, "씻음"이 거듭남과 새롭게 함을 만들어낸다는 말이 되지 않고, 거듭남과 새롭게 됨이라는 특성을 가진 "씻음"("washing" characterized by regeneration and renewal)이라는 말이 된다.

(3) 그럴 가능성이 아주 높아 보이지만, 만일 이 본문이 구사하는 언어 뒤에 에스겔 36:25-27(칠십인경)의 언어가 자리해 있다면, 이는 방금 말했던 내용을 더 확실하게 뒷받침해주는 증거가 된다. 이 에스겔서 본문을 보면, 야웨가 당신 백성을 "정결한 물"로 "씻어주시겠다"라고 약속하신다. 본문은 곧바로 이 말이 곧 모든 부정(不淨)과 우상숭배로부터 깨끗하게 하시리라는 말임을 밝힌다. 뒤이어 "새 **영**", 곧 하나님 자신의 **영**을 선물로 주시겠다는 약속이 등장한다. 에스겔이 이 말을 하면서 두 사건이나 두 체험

---

127) Beasley-Murray, *Baptism*, 211이 그러하다.

을 염두에 두었다고 보기는 불가능하다. 오히려 여기와 마찬가지로 **영**을 죄를 "씻어내 주시는" 수단으로 본다.

(4) 6절이 보여주듯이, 5-6절 전체는 성령이 하시는 일에 초점을 맞춘다. 바울이 제시하는 문장의 강조점은 분명 "우리에게 풍성히 부어진" **영**에 의존하지,[128] 씻음이라는 은유에 의존하지 않는다. 결국 **영**이 새롭게 하신다. 나아가 바울 신학에서는 이 **영**이 죄들을 씻어내 주시고 신자들의 삶을 새롭게 해주신다고 본다.[129] 뿐만 아니라, 앞에서 말한 대로 이 문장 전체는 본질상 삼위일체를 이야기하는데, 이 점 역시 여기서 말한 초점을 지지해준다.

(5) 마지막으로 "거듭남"과 "새롭게 하심"을 별개 사건으로 보면서 후자를 견진이나 성화나 성령 세례로 보는 사람들은 그들이 내세우는 모든 주장의 근거를 이 문구 내부의 요소들에서 찾는다.[130] 그러나 그런 주장은 말이 되지 않는다. 이 문구 전체는 순전히 구원론과 관련 있으며, 이 문장의 주동사로서 부정과거 시제인 ἔσωσεν("그가 우리를 **구원하셨다**")을 수식한다(ἔσωσεν은 "구해내다"를 뜻하는 σώζω의 3인칭 단수 부정과거 능동태 직설법 형태다 — 옮긴이). 결국 이 διά 문구는 오직 **구원의 수단**을 말하는 문구일 뿐이다. 억지로 이 문구가 그보다 더 많은 것을 말한다고 보는 것은 실제 존재하지도 않는 본문을 읽어내는 것이다.

그렇다면 바울은 여기서 일련의 은유들을 사용하여 성령이 행하시는 유효한 사역을 강조하는 셈이다.[131] 성령은 3절이 말하는, 이전에 지은 죄

---

128) Calvin, 383은 이 οὗ (관계대명사로서 ὅς의 단수 소유격이다 — 옮긴이)가 λουτρόν을 가리키는 것으로 보는 실수를 저질렀다. 이 경우에 이 관계대명사를 끌어당기는 말은 이 관계대명사 바로 앞에 있는 말이다[즉 πνεύματος ἁγίου (성령의)다 — 옮긴이]. 따라서 바로 앞에 있는 틸이 이 관계사의 선행사다.

129) 특히 고전 6:11을 보라.

130) 이와 관련하여 특히 Ervin, *Conversion-Initiation*, 128-29을 보라. Ervin은 이 문구가 실제 신앙고백으로서 본문의 나머지 부분과 별도로 떼어내어 볼 수 있는 부분인 것처럼 다룬다.

131) 따라서 주석들(Bernard, Lock, Kelly와 같은 이들의 주석들)을 폈을 때 이들이 이런 것을

들을 말끔히 씻어주신다. 그런 점에서 이 본문 전체(5-6절)는 3절에 답하는 말이다. 나아가 성령은 신자들의 삶 속에 **영**을 풍성히 부어주셔서 이들이 8절에서 촉구하는 선한 행실을 행할 수 있게 준비시켜주심으로 하나님의 새 백성을 다시 만들어내신다.[132] 그렇게 본다면 GNB가 이 본문의 의미를 올바로 포착한 것 같다. "그가 성령을 통해 우리를 구원하셨나니, 이 성령은 우리를 씻겨주심으로 우리에게 새로 태어남과 새 삶을 주시는 분이라"(he saved us, through the Holy Spirit, who gives us new birth and new life by washing us).

이제 우리가 이 본문에서 알게 된 바울의 성령론과 관련하여 주목해야 할 몇 가지 특징을 살펴볼 필요가 있다.

1. 우리는 이미 이 본문이 삼위일체를 확실하게 암시한다고 말했다. 바울 서신에서는 늘 그러하듯이, "구원하다"라는 동사의 주어는 하나님이시다. 하나님은 그리스도의 사역을 통해 영원한 구원을 베풀어주시며(여기서는 "그분의 은혜로 말미암아 의롭다 하심을 얻었다"라고 표현한다, 7절), **영**을 통해 신자들의 삶 속에서 그 구원을 이뤄주셨다.

2. 또 우리는 이 본문 전체에서 **영**이 없어서는 안 될 중심 역할을 한다고 말했다. 이렇게 **영**을 강조하는 현상은 바울이 신자들의 삶 속에서 구원 사건이 유효하게 이뤄지는 것에 관심을 기울일 때마다 등장하는데, 이 점은 앞서 보았던 본문들과 합치한다.

3. 방금 말한 요점과 일치하는 것이지만, 이 본문 문맥은 여기서 바울이 **영**을 강조하는 이유가 그가 신자들이 이전에 지은 죄들을 다 버리고 이 세상에서 진정으로 그리스도인다운 삶을 살아야 한다는 점에(이 경우에는 그런 삶을 살아감으로써 외부인들도 그런 삶에 영향을 받아야 한다는 점에)

세례의 효과들로 논하면서 **영**은 단지 부속물쯤으로 치부하는 것을 보게 되면, 그저 놀라울 따름이다. 실제로 Lock은 이 본문을 주석하면서 **영**을 아예 언급하지 않는다!

132) Lock, 155은 6절이 오순절이라는 역사적 사건을 가리킨다고 주장한다. 그러나 이는 ἐφ' ἡμᾶς ("우리에게/우리 위에")의 취지를 포함하여 너무 많은 것을 놓친 것이다. 바울은 자신과 자기 독자들 가운데서 하나님의 자비가 실제로 실현되었다는 것을 말하려고 이 말을 쓴 것이다.

관심을 기울이기 때문임을 알려준다. 따라서 바울은 비단 회심 자체뿐만 아니라 그렇게 회심한 사람의 행실에도 관심을 기울인다.

4. 6절의 "부어주셨다"라는 동사(그리스어로 ἐξέχεεν인데, 이는 "붓다"를 뜻하는 ἐκχέω의 3인칭 단수 부정과거 능동태 직설법 형태다 ─ 옮긴이)의 주어 역시 하나님이다. 바울은 대개 **영**을 그리스도가 아니라 하나님이 주신다고 이해한다[어쨌든 **아들**도 함께 **영**을 주시는 분으로 보는 시각(*filioque*)은 바울의 관점이 아니다]. 그러나 이 경우에 하나님은 **영**을 διὰ Ἰησοῦ Χριστοῦ τοῦ σωτῆρος ἡμῶν("우리 구주 예수 그리스도를 통하여") 주셨다. 이것은 실로 새로운 표현이기 때문에 이를 바울이 쓴 서신이 아님을 일러주는 요소라고 주장할 수도 있다. 그러나 이것은 분명 초기 교회가 공통으로 가졌던 이해다. 그리하여 누가도 사도행전 2:33에서 높이 올림을 받으신 주님을 말하면서 "그가 약속하신 성령을 아버지로부터 받아 너희가 보고 듣는 이것을 부어주셨다"라고 말한다. 또 요한도 예수가 보혜사(保惠師, 파라클레토스)를 일러주시는 대목에서 "내가 아버지로부터 너희에게 보낼 이(보혜사)"(요 15:26)[6]라고 말한다. 이 모든 내용은 유대인들이 가졌던 메시아 대망, 곧 메시아를 **영**의 독특한 소유자이시자 **영**을 부어주시는 분으로 보았던 시각과 일치하는 것이요, 요엘 2:28이 제시하는 예언과 일치한다.

5. 마지막으로 우리는 바울이 담대하게 **영**이 풍성하게 부어짐을 강조하는 것을 주목하지 않을 수 없다. 바울은 요엘 2:28-30로부터 "붓다"라는 동사를 가져다쓰면서[7] 이 동사에 πλουσίως("풍성하게")라는 부사를 덧붙인다. 고린도전서 12:13이 구사하는 두 은유("세례"와 "가득 마심")처럼, 그리고 **영**과 능력이 긴밀한 관계를 가졌다고 보는 바울의 이해와 같은 연장선상에서, 바울은 역시 여기서도 **영**이 우리에게 풍성하게 부어진다고 말한다. 당신의 자비에 근거하여 우리를 구원하시는 하나님은 인색함이 없으시다! 바울 서신의 다른 곳에서도 그러하듯이, 이런 언어는 영적 무기력증에 빠진 현재 상태를 그대로 유지하려는 모든 주장을 꺾어버리곤 한다. 하나님은 **영**을 아주 풍성하게 공급해주신다. 바울이 8절에서 내리는 명령

들이 가능한 이유도 그 때문이요, 구원을 얻고자 하나님을 믿는 모든 이에게 그 명령들이 적용되는 이유도 바로 그 때문이다.

디모데후서[133]

앞서 살펴본 디모데전서 및 디도서의 경우와 달리, 바울은 이제 더 이상 자유롭게 복음을 전할 수도 없고 그가 섬기는 교회들을 친히 방문하여 격려할 수도 없는 처지다. 그는 다시 체포되어 옥에 갇혔다. 이번에는 빌립보서에서 말했던 옥살이와 달리 바울에게도 버거운 옥고다. 고난이라는 모티프가 이 서신을 시종일관 지배한다. 바울은 지금 "보통 죄수처럼 사슬에 묶여 있다"(2:9). 오네시보로가 바울을 찾아낼 때까지 찾아다녀야 할 지경이 되었다(1:17). 아시아에서는 변절자들이 생겨났고(1:15) 로마에서도 바울을 저버리는 이들이 생겼다(4:10). 바울은 분명 이 옥살이에서 풀려나

---

133) 이 서신은 특히 목회 서신을 바울의 이름을 빙자한 위경으로 보는 이론들에게 어려움을 안겨준다. 그 이유는 비록 이 디모데후서가 디모데전서가 다룬 문제들을 일부 다루긴 해도, 디모데전서와 디도서를 위경이라 주장하며 내세웠던 이유들이 디모데후서에는 하나도 들어맞지 않기 때문이다. 위경 기록자가 굳이 힘들게 고생해가며 세 서신을 쓴 이유는 무엇이며, 이 서신 같은 경우는 왜 서신을 쓰게 된 계기와 역사 배경이 다른 둘과 철저히 다른지 사람들은 의아해한다. 나아가 만일 디모데를 바울의 복음을 이어가는 모범으로 제시하는 것이 디모데 서신의 기록 목적이었다면, 왜 이 위경 기록자는 이 서신에서 디모데를 에베소를 떠나라는 독촉을 받는 사람으로 제시함으로써 디모데가 에베소 공동체 안에서 목자의 모범 역할을 하는 것을 완전히 무산시켜버리는지 그 이유가 궁금할 따름이다. 그러나 이런 것보다 훨씬 더 어려운 문제는 이 서신에 아주 사사로운(개인의 감정이나 심정을 깊이 토로하는) 내용들이 많다는 점이다. 그런 내용이 어찌나 많던지, "위경"이라는 말도 이 서신에는 아주 점잖은 말일 정도다. 만일 이런 내용이 어쨌든 바울 자신으로부터 나온 게 아니라면, 이는 주제넘은 위조다. 그렇다면 우리는 특별히 위작자가 그렇게 위조했어야 할 적절한 동기를 찾아내야 하는 압력에 시달리게 된다. 신약학계는 디모데전서와 디도서의 경우에도 이런 난제들을 안고 있는데(결국 이 두 서신을 위경으로 보기 때문에 생겨난 난제들이다 — 옮긴이), 만일 우리가 디모데전서와 디도서를 가지지 않았다면, 대다수 신약학자들은 이 디모데후서의 기원을 바울에게 귀속시킬 길을 찾아냈을 것이라고 나는 감히 추측해본다.

리라는 기대를 하지 않는다(4:6-8, 16-18).

형편이 이러한데다 디모데가 에베소에 남겨놓고 온 상황도 바울에게 상당한 근심을 안겨주었다. 이 때문에 바울은 바울 서신 가운데 마지막 서신인 이 서신을 쓰게 되었다. 이 서신을 쓰게 된 당면 목적은 디모데를 자신 옆으로 부르는 것이다. 그러나 변절과 배신과 거짓 교사들이 생겨난 상황을 고려할 때, 이 서신에는 더 큰 목적이 있다. 디모데에게 변함없는 성실(충성)을 요구하는[무엇보다 디모데가 그 자신이 하는 사역에(그럼으로써 그리스도와 복음에도) 성실할 것을 당부하고 뒤이어 그리스도의 성실한 종으로서 복음을 전하는 바울 자신에게도 성실할 것을 당부하는] 것이 그 목적이다. 따라서 이 서신은 아시아에서 벌어진 변절(1:15)과 계속되는 거짓 교사들의 승승장구(2:14-3:9)가 눈앞에서 펼쳐지는 상황을 배경으로 써 보낸 한 편의 긴 호소문이다(1:6-2:13; 3:10-4:15).

이 서신은 **영**을 단 두 번만 언급한다[1:6-7(+8), 14]. 하지만 이 두 본문은 이 서신 서두에 있는 호소의 시작 부분과 끝 부분에서 등장하는데, 이 호소는 이 서신 전체가 들어설 무대를 제공하여 디모데가 이 서신 전체를 읽을 때 이 서신을 이해할 틀을 제공해주는 역할을 한다. 그런 점에서 이 서신은 디모데가 **영** 안에서 새로워지게 하는 것, 그리고 디모데가 **영**의 능력으로 말미암아 고난에 동참케 하고 그에게 맡겨진 일들을 지키게 하는 것을 당면 목표로 삼는다.

■ **디모데후서 1:6-7**

[6]이런 이유로[3-5절] 나는 내 안수함을 통해 네 속에 있는 하나님의 은사를 불일듯 하게 하기 위하여 네게 되새겨주노니, [7]이는 하나님이 우리에게 비겁함의 **영**이 아니라, 능력과 사랑과 건강한 생각의 **영**을 주셨기 때문이니라.

이 말은 감사 부분(3-5절)에서 직접 흘러나온 말로서 이 서신 서두의 호소 부분을 형성함과 동시에 이후에 등장할 모든 호소의 기초가 된다.[134] 감사 부분에는 "기억"하는 말들이 가득하다. 바울은 기도하는 가운데 감사하면서 계속하여 디모데를 **기억한다**(3절). 특히 바울은 디모데의 성실한 믿음(=순전한 믿음)을 **기억하거나**(5절) 혹은 자신과 디모데가 헤어질 때 디모데가 흘렸던 눈물을 **회상한다**(4절). 이처럼 바울은 디모데 및 그의 성실함과 관련하여 애정이 담긴 기억들을 갖고 있다. 때문에 그는 이제 디모데 자신의 마음속에서 **영**의 역사가 불 일듯 일어나게 하고자 자신에게 **떠오르는 기억들을** 사용하여 디모데에게 호소한다. 오직 이런 방법으로 호소해야만 나머지 모든 호소도 제 효과를 발휘할 터이기 때문이다.

그리하여 바울은 자신의 주장을 **호소**로 시작한다("하나님의 은사를 불 일듯 일게 하라"). 뒤이어 그는 이렇게 호소하는 **이유**를 제시한다(이는 하나님이 그에게 비겁함의 **영**이 아니라 능력의 **영**을 주셨기 때문이다). 그런 다음 바울은 **두 번째 호소**를 제시하는데, 이 호소는 첫 번째 호소에 순종하는 것을 전제로 삼는다["그러므로(**영**이 능력을 주셨으므로) 그리스도나 그리스도께 갇힌 자가 된 나를 부끄러워하지 말고, 도리어 너도—하나님의 능력으로(곧 **영**을 통해)—현재의 고난에 동참하라"].

이곳은 바울이 디모데에게 보낸 두 서신에서 세 번째로 그와 디모데가 복음 안에서 동역하기 시작할 무렵에 벌어졌던 이 사건 또는 이와 관련된 사건을 되새겨주는 곳이다(참고. 딤전 1:18; 4:14). 그렇지만 동시에 이곳은 그 다른 두 본문(딤전 1:18 및 4:14)과 관련하여 여러 가지 긴장들을 일으키는 본문이기도 하다. 실제로 목회 서신 가운데 오로지 디모데후서만이 남아 있었다면, 교회가 지금 보는 이 본문을 어떻게 이해했을지 궁금해하는 이들이 있다. 이런 난제들은(긴장들은) 이 본문과 디모데전서 4:14이 언

---

134) 바울이 구사하는 구문과 이 주장이 지닌 더 큰 구조에 비춰보면, 이 점이 아주 분명하게 드러난다. 때문에 1:3-7, 8-14로 문단을 구별하여 제시한 역본들(NIV, RSV, GNB; 참고. White, Hendriksen)을 보면 당황하게 된다. 여기서 지지하는 문단 배열은 NA²⁶의 문단 배열이다(참고. JB, NEB; Bernard, Erdman, Lock, Scott, Kelly, Barrett, Spicq도 이런 배열을 따른다).

어 면에서 놀라운 유사점들을 가지면서도 동시에 역시 놀라운 차이점들을 가졌기 때문에 생겨난 것이다. 우선 이 본문과 디모데전서 4:14은 모두 "네 속에 있는 χάρισμα(은사)"를 이야기하는데, 이는 "안수"와 결합해 있다. 또 이 본문의 "불 일듯 일게 하라"라는 호소도 디모데전서 4:14의 "무시하지 말라"라는 호소와 일치하는 것 같다. 하지만 디모데전서 4:14에서는 안수를 은사가 예언을 통해 임할 때에 장로회가 동시에 하고 있던 부대(附帶) 행위로 묘사하지만, 여기서는 은사가 바울의 안수를 통해 임하였다고 말하면서 장로회나 예언은 일언반구 언급하지 않는다. 더욱이 여기서는 디모데전서 4:14이 "네 속에 있는 χάρισμα"로 묘사했던 것을 "내 안수를 통해 네 속에 있는 **하나님**의 χάρισμα"로 묘사한다.

이런 긴장들은 디모데전서와 디모데후서가 각각 지향하는 독특한 초점과 관련지어 해결하는 것이 보통이다. 디모데전서 4:14의 관심사는 디모데와 교회(곧 에베소 교회—옮긴이)를 위한 것이었다. 하지만 여기서는 관심사가 그들 사이의 사사로운 인간관계로 축소된다. 여기서 예언을 언급하지도 않고 장로회를 생각하지도 않는 이유는 그 때문이다. 이제 이 본문은 오로지 바울에게만 초점을 맞춘다. 물론 바울도 디모데에게 안수한 장로회의 한 구성원이었다. 또 이 본문은 디모데전서 4:14과 달리 안수를 표현하면서 부차적 매개 수단임을 나타내는 언어를 사용한다("내 안수함을 통해"). 이런 언어 때문에 이 본문에서는 (예언과 안수라는) 두 요소가 하나로 겹쳐 보인다. 그러나 디모데전서 4:14에서는 이 두 요소가 서로 긴밀한 관련이 있는 것처럼 보이긴 했어도 결국은 서로 분리된 요소로 등장했다.

이렇게 보는 견해가 거의 통설에 가까운 추정(내지 주장)이다.[135] 그러나 디모데전서 4:14이 묘사해놓은 표현 전체와 이 본문이 실제 구사하는 언어를 살펴보면, 그런 견해가 맞는지 잠시 생각해보지 않을 수 없다. 디모데

---

135) White, 155은 이 견해를 따르지 않는다: "우리에게는 디모데가 단 한 번만 안수를 받았다고 추정할 권리가 없다. 행 9:17과 13:3을 보면 바울도 그의 영적 여정에서 두 번에 걸쳐 그런 안수를 받았다."

전서 4:14과 이 본문 사이에는 실제로 여러 차이점이 존재한다. 그런 점을 고려할 때, 적어도 이 본문이 말하는 안수와 디모데전서 4:14이 말하는 안수는 같지 않다고 볼 수 있다. 사도행전이 제시하는 증거에 비춰보면, 특히 그러하다. 사도행전을 보면, 초기 교회에서는 누군가에게 직무를 맡기거나(ordaining) 임무를 맡기는 경우(commissioning)뿐 아니라 **영**을 받게 할 때에도 안수를 행했다.[136)]

이 본문에서 특히 문제가 되는 것은 χάρισμα의 의미다. 학자들은 보통 이 χάρισμα도 디모데전서 4:14이 말하는 것과 같다고 추정하기 때문에, 이 본문이 말하는 χάρισμα 역시 디모데가 받은 사역의 은사(가장 넓고 가장 타당한 의미에서 사역의 은사를 말하는 것일 수도 있고, 더 좁게 "목자의 직무"[137)]를 가리키는 것일 수도 있다)를 가리킨다고 본다(그러나 "목자의 직무"를 가리킨다고 보는 견해는 여기서 전혀 추천할 만한 견해가 아니다). 하지만 **결국** 바울이 여기서 디모데가 행하는 "사역"을 염두에 두었다 할지라도, 이 본문이 말하는 χάρισμα는 오히려 디모데의 사역에서 근원이 되시는 **영** 바로 그분을 직접 가리킨다고 보는 것이 더 나을 것 같다. 그렇게 생각해야 할 몇 가지 이유가 있다. (1) 디모데전서 4:14과 달리 이 본문에서는 χάρισμα를 더 자세하게 그(디모데) 속에 있는 "**하나님의** 은사"라 부른다. 로마서 6:23에서도 이 "하나님의 은사"라는 말이 영생을 가리키는 말로 등장한다. 그러나 바울은 다른 곳에서 성령을 하나님이 **주셔서** 신자들 **안에** 있게 하신 분이라고 분명하게 말한다(살전 4:8; 고전 6:19; 고후 1:22).

---

136) 안수하여 임무를 맡기는 경우를 보려면, 행 6:6; 13:3을 보라[두 경우에 같은 문구, 곧 προσευξάμενοι ἐπέθηκαν αὐτοῖς τὰς χεῖρας (기도하고 그들에게 안수하니라)라는 말이 등장한다]; **영**을 받게 할 목적으로 안수한 경우를 보려면, 8:17, 18, 19; 9:12, 17; 19:6을 보라; 병 고침을 받게 하려고 안수한 경우를 보려면, 28:8을 보라(9:17도 이에 해당할지 모른다).

137) 이 견해는 적어도 크리소스토무스까지 거슬러 올라간다; 참고. Calvin. 또 이런 견해는 모든 학술 문헌에서 발견할 수 있다. 그러나 Bernard, 109을 보라. Bernard는 설령 디모데의 은사를 목자의 직무로 보는 견해가 옳다 해도 이 χάρισμα는 "디모데가 봉사 기능들을 수행하는 데 적합한 자가 될 수 있게 (하나님으로부터 — 옮긴이) 받은 특별한 은혜"를 가리킨다고 이야기한다. 이게 더 타당한 견해다. 결국 우리가 지금 다루는 것은 직무가 아니라 기능이다.

(2) 같은 맥락에서, 바울은 7절에서 이런 호소를 하는 이유를 제시할 때 "하나님이 우리에게 **영**을 **주셨다**"라고 소상히 말한다. 하나님이 주신 것이 사역의 은사가 아니라 **영**임을 밝힌 것이다. 따라서 이 본문의 주된 초점은 바로 **영**이다. (3) 바울은 이 문장 서두에서 꺼져가는 불을 다시 붙게 한다는 이미지를 사용하는데, 이 이미지 역시 이 본문의 초점이 **영**임을 한층 더 확증해준다. 이곳은 데살로니가전서 5:19과 함께 바울이 성령을 가리키는 이미지로 널리 알려져 있는 불이라는 말을 사용한 곳이다. **영**의 불이 꺼질 수 있다고 한다면(살전 5:19), 이 불을 다시 "일게 하여 붙게" 할 수 있다는 주장도 분명 가능하다.[138] (4) 마지막으로 바울은 6-14절을 한 개의 호소로 묶어 제시한다. 바울은 이 호소의 끝부분인 14절에서 그가 처음에 제시한 초점(우리가 지금 보는 본문)으로 되돌아가, 디모데에게 "**우리 안에 거하시는 성령을 통해**" 그가 맡은 선한 것을 지키리고 독러한다. 이것은 디모데가 받은 사역의 은사를 가리키는 게 아니라, **영**을 가리키는 말이다.[139] 따라서 비록 바울이 복음을 향한 디모데의 성실함에 관심을 가졌다 해도, 그가 지금 초점을 맞추는 것은 디모데에게 능력을 주셔서 그런 성실함을 이뤄내시는 **영**이다.

결국 이 모든 것은, 설령 이 본문이 어떤 식으로든 디모데전서 4:14과 연결되어 있다 하더라도, 바울이 지금 디모데가 사역의 은사를 받은 이야기를 하는 게 아니라는 것을 일러준다. 도리어 바울이 여기서 더 직접 관심을 집중하는 대상은 **영**이라는 선물 자체, 곧 바울이 디모데에게 안수할 때에 처음으로 디모데에게 임했던 바로 그 선물이다. 바울은 지금 바로 이

---

138) 살전 5:19은 예언의 은사를 짓누름으로써 **영**을 소멸케 함을 이야기한다. 여기서는 디모데가 **영**의 도우심을 받아 점점 더 늘어나는 대적들과 고난에 맞서 사역을 펼쳐나갈 때에 **영**이 "불 일듯 일어난다"라고 말한다.

139) 더욱이 바울은 딤전 4:14처럼 6절에서도 그 "은사"가 "디모데 안에" 있다고 말한다. 그러나 7절에서는 그 범위를 확장하여 **영**이 우리에게 주어졌다고 말한다. 바울은 14절에서 이 두 본문이 말한 것을 한데 모아, "**우리 안에 사시는 영**"이라고 더 소상히 밝힌다. 여기서는 분명 **영**에 초점을 맞춘다.

런 결합(곧 안수+영을 받음=옮긴이)을, 곧 디모데가 바울을 통해 **영**을 받은 사실을 되새겨주는 것이다. 바울은 디모데에게 복음에 충성하라고 촉구하려 한다. 복음에 충성하는 일은 그리스도를 위하여 고난에 참여하는 것도 요구할 것이다. 때문에 당장 시급한 일은 디모데가 받은 "사역의 은사"를 자극하는 게 아니라, 디모데가 철저히 성령께 의지하도록 만드는 일이다. 7절이 말하는 것이 바로 그런 내용이다.

이 모든 점을 고려할 때, 아주 많은 학자들이 7절의 πνεῦμα를 성령이 아니라 어떤 성향을 나타내는 "…의 영"(a spirit of)으로 여긴다는 점이 더더욱 놀랍기만 하다.[140] 겉으로 보면 이는 이해할 수 있는 일이다. 특히 "…이 아니라/도리어" 대조의 부정(否定; …이 아니라) 부분을 보면 충분히 이해할 수 있다. 실제로 바울이 오직 이 부정 부분만 이야기했다면, 사람들은 하나같이 바울이 여기서 "두려움의 영", 곧 비겁한 성향(기질)[141]을 이야기한다는 데 동의했을 것이다. 그러나 바울은 지금 비단 그것만을 말하는 게 아니다. 또 이 통설은 바울이 고린도전서 2:12과 로마서 8:15(찾아보라)에서도 이곳과 거의 같은 용례를 구사한다는 점을 진지하게 받아들이지 않는다.[142] 바울은 앞의 두 구절에서 성령을 분명하게 염두에 둔다. 결국 문제를 해결할 열쇠는 바울의 용례에 들어 있다. 바울이 구사하는 οὐ / ἀλλά(…이 아니라/도리어) 대조에서 부정 부분이 강조점인 경우는 거의 없

---

140) 가령 White, 55; Lock, 85-86 (그는 딛 3:5-6을 주석할 때와 마찬가지로 여기 7절을 주석할 때도 성령을 일체 언급하지 않는다; 참고. Simpson, 123-24); Kelly, 150 그리고 다른 학자들이 그런 예다. 영어 역본들도 특히 이런 잘못을 저지른다. 그러나 이 경우에는 그들의 잘못도 변명할 여지가 있다. 바울이 구사하는 그리스어 자체가 역동적 등가 번역이 아니면 영어로 쉽게 옮길 수 없는 그리스어이기 때문이다.

141) 그리스어로 δειλία다. 이는 단순히 소심함을 넘어 더 많은 것을 의미한다. 이 말은 싸움이나 전쟁을 이야기하는 문맥에서 싸우다가 후퇴하는 겁쟁이를 가리키는 말로 빈번히 사용되었다. 「마카베오상」 4:32; 「마카베오하」 3:24; Jos. *Life* 172; *Ag. Ap.* 2.148을 보라.

142) Hanson, 29은 위경 기록자가 롬 8:12-17을 고쳐 이를 딤전 1:6-9의 근거로 활용했으며("이는 분명 로마서 본문에 근거를 두고 있다"), 특히 여기서는 "일부러 바울이 구사한 단어를 토대로 언어유희를 펼쳤다"라고 주장했다. 이 주장보다 더 선입견에 사로잡혀 있고 실제 데이터로부터 동떨어진 주석을 상상하기는 힘들다.

다. 물론 부정 부분도 중요하긴 하다. 그러나 바울은 자신의 관심사를 늘 ἀλλά 문구나 절로 표현한다. 따라서 우리는 "…이 아니라, 도리어"라는 말을 추출해내면, 바울이 말하고자 하는 요점으로 늘 직행할 수 있다. 여기서도 마찬가지다. 즉 "이는 하나님이 우리에게 능력과 사랑과 건강한 생각(마음)의 **영**을 주셨기 때문이니라"가 바울의 강조점이다. 이는 하나님이 우리에게 당신의 **영**을 주심으로써 능력과 사랑과 건전한 사고를 주셨다는 뜻이다. 이 점은 우리가 앞에서 언급했듯이 이 문맥이 확증해주며, 바울 서신이 "능력"과 "사랑"을 **영**이 신자의 삶 속에서 행하시는 활동과 특히 연계한다는 사실도 그 점을 확증해준다. 만일 바울이 다른 곳에서 "건전한 생각"[143]이라는 말을 사용하지 않았다면, 그는 여기서 자신이 갈라디아서 5:23에서 **영**의 열매 중 하나로 제시한 "절제"를 열거했을 것이다.[144]

그러나 바울은 이런 강조점에 이르고자 지금 이 주장에 없어서는 안 될 대조를 먼저 제시한다. 하지만 그는 이때 우리가 그가 구사한 단어들과 어순을 상당히 재치 있게 다루지 않으면 그가 말하고자 하는 의미를 영어로 옮겨내기가 거의 불가능한 표현을 사용한다. 다시 말해 이곳은 소위 축자 번역(literal translation; 단어 하나하나와 구두점까지 그대로 직역하여 옮겨내는 번역 – 옮긴이)을 포기하고 역동적 등가 번역(원문의 내용과 의미를 동등하게 살려내는데 주안점을 두는 번역 – 옮긴이)을 해야만 바울이 그리스어로 말하려는 것을 영어로 살려낼 수 있는 곳이다. 하나님이 주신 것은 **영**이

---

143) 그리스어로 σωφρονισμοῦ다("절제, 신중함"을 뜻하는 σωφρονισμός의 단수 소유격이다 – 옮긴이). 이 말은 바울 서신에서 오직 이 서신에서만 거의 독특하게 나타나는 단어/단어들 가운데 하나다[그러나 롬 12:3과 고후 5:13이 σωφρονέω (생각이나 마음이 건강하다)를 사용한 것을 보라; 특히 고후 5:13 본문은 지금 이 본문의 용례가 철저히 바울답다는 것을 보여준다].

144) 이와 관련하여 롬 12:3을 보라. 바울은 롬 12:3에서 권고의 첫 번째 내용으로 로마 신자들이 분수를 넘어 자신들을 과대평가하지 말고, 도리어 그들이 "냉철한 판단으로 생각해야 한다"(think with sober judgment=NRSV; 그리스어로 εἰς τὸ σωφρονεῖν이다)라고 주장한다. 특히 바울은 자신이 그들더러 "마음을 새롭게 함으로 변화를 받아야 한다"라고 권면했던 2절에 비추어 이런 주장을 펼친다. 바울이 어떻게 여기서 롬 12:2 같은 말을 쓰지 않고 12:3 같은 말을 쓸 수 있었는지 실로 수수께끼다.

다. 이것은 곧 디모데 입장에서는 "비겁함"이 물러가고 "능력과 사랑과 건전한 사고"가 임했다는 뜻이었다. GNB는 바울이 말하려는 것을 다음과 같이 잘 포착해냈다. "이는 하나님이 우리에게 주신 **영**이 우리를 비겁하게 만들지 않고, 도리어 그의 **영**이 우리에게 능력과 사랑과 절제를 가득 채워주시기 때문이니라"(For the Spirit that God has given us does not make us timid; instead, his Spirit fills us with power, love, and self-control). 바로 그렇다.

결국 이런 내용을 보면, 바울이 6절의 "네 속에"로부터 7절의 "우리에게"로 옮겨간 이유는, 종종 학자들이 주장하는 것처럼,[145] 바울 자신과 디모데가 각각 "직무를 맡은 일"을 언급하여 오로지 디모데와 바울이 각각 사역의 은사를 받았다는 점만을 이야기하려 했기 때문이 아니다. 도리어 그 반대로 이런 표현 방식은 바울이 도처에서 제시하는 주장에서 으레 나타나는 방식이다. 바울은 어떤 호소나 권면을 뒷받침할 신학적 근거를 제시할 때면 거의 항상 자신도 포함시킨다(그렇게 함으로써 그 호소나 권면의 대상에 다른 이들도 포함된다는 것을 암시한다).[146] 그렇다고 내가 지금 바울이 오순절을 생각한다는 주장을 하는 것은 아니다. 바울은 지금 그런 생

---

145) Kelly, 145은 이런 견해를 가진 전형적 주장으로 이렇게 말한다. "**주셨다**'라는 부정과거(7절의 ἔδωκεν='주다'를 뜻하는 δίδωμι의 3인칭 단수 부정과거 능동 직설법 형태다 – 옮긴이)는 그가 이전에 언급한 임직 의식을 되새겨주며, 그가 말하는 '**우리**'는 디모데와 그 자신을 가리킨다." 그러나 이 견해는 여기서 주장하는 바울의 용례는 물론이요 14절(찾아보라)에 걸려 무너지고 만다.

146) 이 현상은 바울 서신의 출발점에서 시작하여(살전 1:9-10, "**너희**가 어떻게 우상을 버리고 하나님께 돌아와 임할 진노로부터 **우리**를 구하시는 그의 아들 예수를 기다리는지"; 참고. 4:13-14; 5:5-10) 끝까지 일관되게 계속 나타난다. 그중에서도 특히 고전 5:7-8("**너희**는 새 덩어리가 되기 위하여 묵은 누룩을 내어버리라. 이는 그리스도가 **우리**의 유월절 양으로 희생되셨기 때문이니, 그러므로 **우리**가 이 절기를 지키자"); 15:1-3("**너희**가 믿었고 **너희**가 그 안에 서 있는 복음; 그리스도가 **우리** 죄를 위하여 죽으셨도다"); 고후 5:17-18("누구든지 그리스도 안에 있으면, 보라 새 피조물이라.…모든 것이 **우리**를 당신 자신과 화목하게 하신 하나님으로부터 나왔도다"); 갈 4:6("**너희**가 아들들이므로, 하나님이 그 아들의 **영**을 **우리** 마음에 보내주셨다")을 보라. 바울은 권면이나 신학에서 복음 **체험**으로 화제(話題)를 바꿀 때면 으레 자신을 포함시킨다.

각을 하지 않는다. 오히려 바울은 디모데 자신이 **영**을 받은 일을 생각한다. 그럼으로써 바울 자신이 **영**을 받은 일도 함께 생각하면서, 더 나아가 다른 모든 이도 각각 **영**을 받았다는 것을 암시한다. 물론 바울이 이 문맥에서 그 자신을 포함시킨 것은 특히 주목할 만한 일이다. 뒤이어 바울은 디모데에게 바울 자신이 복음을 위하여 당한 고난을 되새겨주려 하기 때문이다. 바울이 겪은 고난은 7절의 요점을 뒷받침하는 사례요, 결국 그 자신을 그 요점의 본보기로 만들어주는 역할을 한다.

따라서 이 모든 내용은 이 본문이 디모데의 **사역**에 관심을 보이긴 하지만, 그것은 어디까지나 부차적 관심사에 불과하다는 것을 일러준다. 오히려 바울은 그 사역의 **근원**에 초점을 맞춘다. 디모데에게 복음을 향하여 변함없이 충성하라고 독려하려 하기 때문이다. 결국 이 구절들은 바울 서신의 다른 구절들과 더불어 하나님의 선물이신 **영**, 신자 안에 들어와 사시는 **영**, 능력이신 **영**, 그리고 **영**의 열매인 사랑을 강조하는 곳이다.

■ 디모데후서 1:8

그러므로 너는 내가 우리 주의 증언(우리 주를 증언함) 또는 내가 주의 포로가 된 것을 부끄러워하지 말고, 도리어 하나님의 능력을 받아 복음을 위하여 고난에 참여하라.

우리는 이제 이 문장을 구성하는 두 명령문을 통해 이 서신의 중심 요지에 이르렀다. 바울이 호소하는 것은 성실(충성)이다(복음에 성실하고 바울 자신에게 성실하라는 것이다). 문제는 변절이었다. 특히 바울의 옥살이(그가 옥고를 치른 이유는 필시 정치적 이유였을 것이다)와 관련된 고난에 직면하여 일어난 변절이 문제가 되었다. 그리하여 바울은 6절에서 우선 디모데에게 디모데 자신이 **영**을 체험한 일을 되새겨주는데, 이는 바울이 지금 제시하는 호소의 근거 역할을 한다. 바울은 디모데에게 **영**과 비겁함은 아무 상관이 없고, 도리어 이와 같은 시절에 하나님이 부어주시는 능력이 바로 **영**이심을 일깨워준다. 이제 바울은 이렇게 간절히 호소한다. "그러므로 우리 주님에 관한 증언인 복음이나 또는 복음 때문에 주님의 포로가 된 나를 부끄러워하지 말고, 도리어 복음을 위하여 네가 당할 고난을 받아들이라." 바울은 이 호소를 통해 디모데를 다시 6-7절로 데려간다. 거기서 바울은 디모데가 **하나님의 능력으로** 고난에 동참한다고 말했는데, 이는 곧 디모데가 하나님이 주신 **영**으로 말미암아 그런 고난에 동참할 수 있는 능력을 받을 수 있다는 뜻이었다.

물론 바울 서신에서는 δύναμις(능력)가 언제나 성령을 직접(혹은 간접으로라도) 가리키지는 않는다. 그러나 이 경우에는 전체 문맥으로 보아 오히려 에베소서 3:20과 마찬가지로 능력이 성령을 가리킨다고 해석해야 한다.[147] 특히 7절이 **영**과 능력을 결합하여 비겁함과 대조하는 점을 고려하면 더더욱 그렇게 해석해야 한다. 결국 디모데는 그 안에 계시는 **영**이라는 선물을 "불 일듯 일어나게" 해야 한다. 디모데도 **영**의 능력을 통해 "복음을 위하여 그가 감당해야 할 고난을 감당해야" 하기 때문이다. 그런 점에서 이곳은 바울이 신자의 삶 속에서 **영**의 임재와 하나님의 능력의 임재가 아주 긴밀하게 결합해 있는 것으로 보았음을 일러주는 또 하나의 증거다.

▪ 디모데후서 1:14

우리 안에 계시는 성령을 통해 네게 맡겨진 선한 것을 지키라.

---

147) 일부 학자들은(가령 Alford, Kent) κατά [하나님의 능력을 **통해**(능력을 **따라**)]가 9-10절이 이야기하는 "우리의 구원" 속에서 나타난 능력을 말한다고 이해한다. 이것은 문법을 고려하면 가능한 주장이나, 문맥을 고려하면 타당성이 없어 보인다. 오히려 κατά는 "우리가 방금 언급한 하나님의 능력을 따라"라는 뜻이다.

바울은 이 말로 6절에서 시작했던 호소를 마무리한다. 앞에서 언급했듯이, 바울이 디모데와 관련하여 가진 관심사는 세 가지다. 디모데가 변함없이 그리스도에게 충성하도록 하는 것, 바울에게 성실하도록 하는 것, 그리고 이를 통해 디모데 자신의 사역, 곧 그리스도를 위한 사역이자 바울이 돌보고 있는 그의 사역에 성실하도록 하는 것이 그 세 가지다. 바울은 디모데에게 그 속에 있는 은사를 불 일듯 일게 하라고 호소한다. 바울이 이렇게 호소하는 근거는 하나님이 디모데에게 주신 성령이다. 하나님은 이 성령을 주심으로 그에게 능력도 베풀어주셨다. 바울은 9-10절에서 디모데에게 "맡겨진 것", 곧 복음 그 자체를 이야기했다. 이어 바울은 그 자신이 이 복음에 성실했다는 것과 하나님이 그에게 맡기신 것을 몸소 마지막 날까지 지켜주시리라는 것을 디모데에게 다시 한 번 되새겨준다(11-12절). 그런 다음 바울은 13절에서 다시 한 번 디모데에게 되돌아간다(그는 8절에서 디모데를 마지막으로 언급했다). 여기서 바울은 디모데에게 복음의 건강한 가르침을 견실히 지키되, 디모데 안에 들어와 사시는 **영**의 능력으로 그리하라고 당부한다.

이곳은 바울 서신에서 성령을 분명하게 언급하는 마지막 장소다. 일부 학자들은 이 문장이 도통 활력이 없다는 이유로 바울이 쓴 게 아니라고 본다. 바울은 **영**을 훨씬 더 활력이 넘치는 존재로 바라보았다는 게 그들이 말하는 이유다.[148] 그러나 그런 견해는 바울이 애초에 이런 서신을 쓰지 않았을 것이라고 생각하는 선입견에 근거한 것 같다. 이 서신에서 등장하는 역사 상황들을 고려할 때(특히 고달픈 옥살이, 바울이 더 많은 것을 기대한 이들로부터 배신을 당한 일, 그리고 십중팔구 죽음이 확실해 보이는 상황을 고려할 때), 이 사도가 자신과 가장 가깝고 친밀한 동역자에게 할 수 있는 말

---

148) 이와 관련하여 특히 Dunn, *Jesus*, 349을 보라. 그는 이 구절을 두고 "**영**은 과거로부터 전해 내려온 전통 유산을 지켜주시는 능력이 되셨다"라고 말한다. 그러나 이런 견해는 우리 기준으로 볼 때 바울이 말하려 하는 것을 너무 협소하게 "인정한" 견해일 뿐 아니라, 이 호소 전체가 실제 관심을 기울이는 것이 무엇인지 전혀 간파하지 못했음을 무심결에 드러낸다.

이 이런 말이 아니면 달리 어떤 말이겠는가?[149]

어쨌든 "맡겨진 것을 지키다"라는 은유는 "활력을 떨어뜨리려고" 쓴 말이 아니다(어쨌든 이런 서신들에서는 결코 그렇지 않다). 오히려 반대로 이 은유는 실로 바울 자신이 오랜 세월 동안 헌신해왔던 복음을 향해 디모데도 변함없이 충성할 것을 호소한다.[150] 이 문맥에서는 이 "맡겨진 것을 지키다"라는 은유가 분명 이해할 수 있고 강력한 은유다. 이 은유는 고대 세계에 존재했던 진정 신성한 신탁(信託, trust)들 가운데 하나를 가져다 쓴 것이다.[151] 여기서 말하는 "맡겨진 것"은 분명 복음이다. 바울은 9-10절에서 이 복음을 문맥에 어울리는 말로 간략히 요약했다. 그는 그가 고난을 겪는 이때까지 그 복음에 충성해왔다(11-12절). 바로 이 복음에 디모데도 충성해야 한다. 특히 15절이 말하는 변절 사례들과 2:14-3:9이 말하는 거짓 교사들을 생각하면, 더더욱 복음에 성실해야 한다. 따라서 "지키다"라는 말은 그냥 "복음 위에 앉아 있으라"라는 말이 아니다. 도리어 그 말은 디모데 자신이 마땅히 당해야 할 고난을 치르기까지 복음에 변함없이 충성해야 한다는 뜻이다.[152]

---

149) 바울 사도가 이렇게 얼기설기 얽힌 상황 속에서 할 수 있는 일이 한정되어 있다는 것을 애초에 인정하지 않는 것 자체가 그야말로 편견이 아닐까 하는 생각이 든다.

150) 따라서 실제 은유 자체와 상관없이, 이 은유가 호소하는 내용은 바울이 아주 일찍이 표명했고 그가 쓴 서신들에서 줄곧 다양한 방법으로 되풀이했던 관심사, 곧 그의 벗들이라면 "그들이 말이나 서신으로 가르침을 받았던 전승들을 굳게 지켜야 한다"는 것과 전혀 다르지 않다.

151) 이 은유(그리스어로 παραθήκη다)가 처음으로 나타나는 곳은 딤전 6:20-21이다. 물론 딤전 1:18도 παρατίθημι라는 동사를 써서 이것을 암시한다. 이것은 고대 사회에 존재했던 가장 고귀한 의무(채무)들 가운데 하나를 나타내는 말이다. 어떤 사람이 멀리 여행을 떠나면서 귀중한 것(가족이나 재산)을 안전하게 지켜달라고 친구에게 믿고 맡기면, 이런 신탁 관계가 성립했다. 이런 신탁을 받은 사람은 "자신이 맡은 것을 안전하게" 지켜야 하는 신성한 의무를 부담했다(가령 레 6:2, 4을 보라. 칠십인경도 이 구절에서 παραθήκη를 사용한다; 참고. 「토비트」 10:13; 그리고 특히 「마카베오하」 3:15). W. Barclay, "Paul's Certainties, VII. Our Security in God-2 Timothy i.12," *ExpT* 69 (1958), 324-27; 그리고 Lock, 90-92에 있는 유익한 논의들을 참고하라.

152) 따지고 보면 바울은 이미 앞에서 디모데에게 예언의 **영**을 무기삼아 끊임없이 영의 전쟁을 이어가라고 독려했다(딤전 1:18).

결국 이 본문이 말하는 **영**의 역할은 6-7절 및 8절이 말하는 것과 정확히 일치한다. 바울이 디모데에게 요구하는 끊임없는 충성(성실)은, 이 서신의 나머지 부분이 증명하듯이, 결코 정지 상태에 있는 개념이 아니다. 바울은 지금 상당한 고초가 닥쳐도 이런 충성을 견지해야 한다고 디모데를 독려한다. 그런 상황이 닥친다면 디모데는 건전한 교훈(가르침) 패턴을 견지하고자 **영**의 도움을 필요로 할 것이다.

6절처럼, 그리고 바울 서신의 다른 곳과 마찬가지로, 여기서도 강조하는 것은 디모데가 그런 과업을 감당할 수 있게 **영**이 디모데 안에 들어와 사신다는 것이다. 더욱이 7절에서도 그랬지만, 내주하시는 **영**을 언급한 덕분에 바울은 자신의 시각을 넓혀 **"우리 안에 거하시는 영"**이라고 말할 수 있게 되었다. "우리 안에"는 오로지 바울과 디모데만을 가리키고 그들이 받은 사역의 은사만을 가리킨다고 주장하는 이들이 많지만, 이런 주장은 이 본문이 말하는 취지를 아주 많이 놓친 것이다.[153] 여기서 바울이 말하고자 하는 것은 사역이 아니라, **사람들**이다. 이 **사람들**은 분명 사역을 행하는 두 사람(곧 바울과 디모데 ─ 옮긴이)을 가리키지만, 이들 역시 다른 모든 신자들과 함께 **영**이 그 안에 들어와 사시는 사람들이다. 이 두 사람은 오로지 **영**의 능력 안에 있을 때에 그들이 지금 당하는 고초 속에서도 그리스도와 복음을 향한 충성을 계속 견지해갈 수 있다.[154] 디모데후서를 주

---

153) 가령 Lock, 89; Kelly, 167; Hanson, 125이 그러하다[Hanson은 "바울이 사역은 모든 그리스도인의 권리라고 말하는데" 이 저자(디모데후서를 위경으로 보아 이 위경을 쓴 사람을 말한다 ─ 옮긴이)는 "사역을 임직 받은 지체들만이 행하는 봉사로" 보려 한다 하여 이 저자에게 모종의 반감을 드러낸다]. 이런 견해를 지지하는 사람들은 보통 이 본문 전체를 디모데의 "사역"을 다룬 본문으로 보면서, 특히 6-7절을 디모데를 사역자로 세운 "임직"을 말하는 본문이라고 주장한다. 반면 Barrett, 98은 6-7절을 "임직"을 언급하는 본문으로 보면서도 이 본문은 지혜롭게 다루어 이렇게 이야기한다. "'**우리 안에**'를 사역을 가리키는 말로 국한하여 볼 이유가 없다. 성령은 모든 그리스도인 안에 계시며, 그들이 봉사자로서 특별한 책임들을 감당할 수 있게 특별한 도움을 베풀어주신다."

154) 이와 다른 주장을 하는 것은 **영**이 고린도 사람들의 "몸들"에 들어가 거하신다고 호소하는 고전 6:19을 해석하면서 이 본문이 말하는 내주하시는 **영**을 단지 몸의 성화만을 의미하는 말로 축소하여 보는 것과 비슷한 주장을 하는 것이다(이는 분명 말도 안 되는 주장이다).

로 사역을 다룬 서신으로 보는 것은 이 서신이 지닌 아주 많은 것을 놓쳐 버리는 것이다.

● 디모데후서 3:5

경건의 외형(外形)은 가졌으나 경건의 능력은 부인하니.

바울은 이 말로 신자의 지난날을 묘사한 긴 악(惡) 목록을 끝맺는다. 여기서 바울은 거짓 교사들에 직접 초점을 맞춘다. 바울은 이를 통해 에베소의 거짓 교사들도 늘어나는 악 가운데 포함시킨다. 이렇게 늘어만 가는 악은 종말론이 말하는 마지막 날을 앞서 알려주는 선구자다. 앞에서 디모데전서 3:16을 다룰 때 언급했듯이, 디모데전서와 후서가 큰 관심을 기울이는 것은 εὐσέβεια("경건")인데, 이것은 하나님에 관한 올바른 생각과 하나님을 위하여 올바로 살아감과 관련 있다. 거짓 교사들을 고발하는 이 본문은 그들이 εὐσέβεια를 선호했음을 일러준다. 디모데전서 6:5도 이를 분명히 증언한다. 그러나 그들이 말하는 "경건"은 금욕 습관(금욕을 실천하는 행위들)이요 "겉으로 드러나는 형식들(껍데기들)"[155]로서 그리스도인다운 믿음이나 삶의 실체는 전혀 없이 그저 남들에게 보여주기 위한 것들에 불과했다.[156]

이 경우에 거짓 교사들이 부인하는 것은 참된 εὐσέβεια 안에서 발견할 수 있는 "능력"이다. 물론 이런 능력을 부인한다는 말은 단지 "경건이 어떤 결과를 이뤄내는 능력을 가졌음"을 부인한다는 말일 수도 있다.[157] 그렇게 본다면 바울이 여기서 말하는 "능력"은 사람을 거듭나게 하고 **변화시키는**

---

155) 그리스어로 μόρφωσις다. 이 말은 무언가가 지닌 외형을 가리킨다. 필론(Philo, *Plant.* 70)도 이와 비슷하게 "경건과 유사한 외형을 가진"(βτῶν ἐπιμορφαζόντων εὐσέβειαν) 이들을 언급한다.

156) 골 2장이 말하는 거짓 가르침과 아주 비슷하다; 특히 2:20-23을 보라.

157) Guthrie, 158이 그렇게 본다.

(형태를 **바꾸는**; *transform*) 복음의 고유한 능력을 강조함으로써 "외형"과 대립각을 세운 말이 될 것이다. 그렇게 되면 결국 금욕 습관은 경건에 불필요하고 경건과 무관한 것이 된다. 하지만 바울이 여기서 구사하는 대조는 바울이 가령 고린도전서 2:5이나 4:20 같은 곳에서 사용한 대조와 아주 닮았다.[158] 이 고린도전서 본문들을 보면, 우리 εὐσέβεια의 "능력"은 다름 아닌 **영**의 능력이다. 따라서 비록 여기 본문이 **영**을 언급하지는 않았지만(외형과 능력을 대조하기 때문에 **영**을 언급하기가 쉽지는 않다), 이곳도 필시 **영**이 가까이 자리해 있는 또 하나의 "능력" 본문일 것이다.

그렇다면 이곳은 바울이 다시 한 번 **영**을 능력과 관련지어 보는 본문이요, **영**이 신자들의 삶 속에서 단순히 어떤 "외형"으로는 이뤄낼 수 없는 일을 이뤄내시는 것을 바로 능력으로 이해하는 본문인 셈이다. 실제로 순전한 체험을 "형식"으로 **대체**해버린 모든 것들은, 그것이 근본주의를 따르는 율법주의이든 아니면 고교회[8]의 의식지향주의이든 아니면 오순절파가 내거는 열렬한 신앙이든, 우리 삶 속에서 그리스도인의 믿음(순전한 믿음)을 만들어내시는 **영**의 능력을 사실상 부인하는 것이다.

■ 디모데후서 3:16

모든 성경은 하나님이 숨을 불어넣으신 것이요(God-breathed),[159] 가르침에, 책

---

158) White, 171도 같은 견해다.

159) 이 문장의 문법은 확실치 않다. 바울은 "모든 성경은 하나님이 숨을 불어넣으신 것"이라고 말한 것인가 아니면 "하나님이 숨을 불어넣으신 모든 성경은…"이라고 말한 것인가? 전자를 지지하는 입장을 보려면, Hendriksen이나 Kelly, Hanson이 논한 것을 보라. 또 후자를 지지하는 입장을 보려면, Bernard이나 Spicq, Barrett를 보라. 딤전 4:4에 있는 유사한 구조("하나님이 지으신 모든 것이 선하니")와 이 문장이 자리한 문맥(디모데를 지혜롭게 하여 구원에 이르게 할 수 있는 성경이 그런 일을 할 수 있는 이유는 성경이 철저히 하나님이 숨을 불어넣으신 것이기 때문이다)은 여기서 제시한 번역을 지지한다. 지금 이 본문 형태와 다른 본문 형태도 이른 시기까지 거슬러 올라가는데, 이런 이문은 몇몇 옛 라틴어 역본들이 "하나님이 숨을 불어넣으신 것"이라는 말 뒤에 있는 καί를 생략함으로써 만들어낸 것이다.

망에, 바로잡음에, 그리고 의로 훈련시키는 데 유익하니라.

이 본문은 성경이 하나님의 영감으로 기록되었다 말하는 교리가 주된 근거로 제시하는 신약성경의 두 본문 중 한 곳이다.[160] 이 본문에서 바울은 성경이 디모데를 "지혜롭게 하여 구원에 이르게 해줄 것"(15절)이라는 자신의 확신을 뒷받침할 신학적 근거를 제시한다. 성경은 철저히 "하나님이 숨을 불어넣으신 것"이다. 즉 철저히 하나님께 그 기원을 둔다. 우리가 지금 이 본문을 논의하게 된 것은 성경이 신성하며 하나님께 기원을 두었다는 것을 표현한 말인 θεόπνευστος 때문이다.[161] 이 본문은 영감 교리를 상세히 설명하지 않는다. 그러나 바울이 여기서 구사한 말(θεόπνευστος의 πνευστος)과 다른 곳에서 성경(바울 서신에서 바울이 말하는 성경은 지금 우리가 구약성경이라고 부르는 것이다 – 옮긴이)을 대하는 태도를 볼 때,[162] 바울도 유대인들이 유산으로 물려받았던 확신, 곧 하나님이 성경에 당신의 "숨"인 성령을 불어넣으셨다는 확신을 공유했음을 알 수 있다.[163]

유대교가 가졌던 이런 견해 뒤편에는 구약을 (모세를 포함한) "선지자들"이 쓴 기록으로 이해하여 이런 기록들을 선지자들에게 영감을 불어넣은 원천으로 알려져 있던 **영**과 연계하는 태도가 자리해 있다.[164] 베드로후서 2:21은 이런 시각을 반영한 것이다. 물론 바울은 다른 곳에서 이런 특

---

160) 다른 한 본문은 벧후 2:21이다.

161) 모든 사람이 "하나님이 숨을 불어넣으신"이라는 말 뒤에서 **영**을 발견하는 것은 아니다. 가령 Schweizer, *TDNT* 6.653-55을 보라. Schweizer가 여기서 이 문구 뒤에 **영**이 있음을 말하지 않는 것은 그가 "기계적" 영감론을 경멸하기 때문이다. 여기서 주장하는 시각을 살펴보려면, Quinn, "Spirit," 361-62을 보라(참고. Hendriksen, 301-3).

162) 몇 가지 것들이 하나님의 영감을 시사한다. 예를 들어 하나님은 분명 성경 안에서 말씀하신다("하나님이 이르시되"라는 문구를 주목하라); 그러기 때문에 갈 3:8과 3:22에서도 보통 "하나님"이 주어로 등장할 법한 곳에서 "성경"이 문장의 주어 역할을 한다.

163) 따라서 Schweizer가 바울은 "영감 이론을 인정하지 않았다"라고 역설하는 것은 핵심을 완전히 빗나간 것이다(*TDNT* 6.454n7). 구약이 **영**에 감동되었다는 입장을 공통된 입장으로 견지하는 사람들에게 영감 **이론들**이 불필요하다.

164) 이런 태도를 살펴보려면, 행 2:30(시편 속에서 나타난 다윗의 태도); 3:24-25; 13:20을 참고하라.

별한 교리를 강조하지 않는다. 하지만 우리는 그도 역시 **영**이 구약 저자들에게 영감을 불어넣으셨다는 공통된 시각을 공유했으리라고 확신할 수 있다. 바울이 로마서 1:2에서 "하나님이 당신의 선지자들을 통해 미리 성경 속에서 약속하신 것"이라고 말하는 이유도 그런 시각 때문이다. 하나님은 선지자들을 통해 말씀하심으로 "성경"을 만들어내셨다. 바로 이런 견해가 지금 이 본문이 말하는 "하나님이 숨을 불어넣으셨다"라는 문구 뒤에 자리해 있는 것이다.

● 디모데후서 4:22

이 축도("주께서 네 영과 함께 계시고 너희에게 은혜가 있을지어다")[165]가 사용한 πνεῦμα의 쓰임새를 알아보려면, 이와 거의 같은 문구인 갈라디아서 6:18을 논한 내용을 보기 바란다.[166]

결론

바울 서신은 이 목회 서신으로 끝을 맺는다. 우리가 줄곧 말했듯이, 이 서

---

165) 첫 절의 "너"는 단수다. 둘째 절의 "너희"는 복수다. 둘째 절의 복수형을 알아보려면, 몬 25절에 관한 주를 보라. 이렇게 축도를 두 부분으로 나누어 디모데를 위한 축도와 다른 사람들을 위한 축도를 따로 제시한 것은 분명 이 서신에서 마지막으로 볼 수 있는 애정의 흔적이자 이 서신의 진정성을(곧 이 서신이 바울의 저작임을 — 옮긴이) 보여주는 또 한 가지 증거다.

166) 그러나 Quinn, "Spirit," 363을 보라. Quinn은 이 용례를 "목회 서신을 끝내는 마지막 말까지 디모데와 **영**을 계속 연결 지은 것"으로 본다. 그렇다면 디모데를 위한 사도의 마지막 기도는 주께서 "성령의 선물인 디모데 안의 영(spirit)과 계속하여 함께 계시고 지켜주시길" 간구하는 것으로 이해해야 한다. 그러나 이렇게 이해하다 보면, 바울이 다른 곳에서 구사하는 용례는 적절히 참작하지 않은 채 이 축도를 오로지 목회 서신과 관련지어 보기 쉽다. 이런 시각은, 우리가 이미 보여주었듯이, 성령의 활동을 거의 반영하지 않는다.

신들은 이 목회 서신의 배경이 된 특별한 상황들 때문에(이 서신들은 오랜 시간 동역해온 이들과 신뢰하는 동지들에게 써 보낸 것들이지만, 바울과 직접 수신자와 직접 수신자가 자리한 교회라는 세 당사자를 전제한 기록들이다) 성령을 언급하는 빈도가 낮은 경향을 보인다. 그러나 이 서신들에서 등장하는 내용은 바울 서신이 일관되게 기록해온 **영** 안의 삶이 가지는 역동성과 철저히 일치한다.

디도서 3:5-6이 제시하는 전형적 구원론 공식의 핵심에는 **영**이 자리해 있다. 이 **영**은 하나님 백성의 구원 체험에서 핵심 역할을 한다. 하나님은 **영**의 역사를 통하여 이 백성을 구원하셨으며(고전 6:11처럼 여기서도 이를 "씻음"이라는 은유로 표현한다), 그리스도를 통하여 이 백성에게 **영**을 풍성히 부어주셨다.

하지만 **영**은 하나님이 신자들에게 "부어주신" 존재에 그치지 않는다. 그분은 하나님의 인격적 임재("하나님의 $\chi\acute{\alpha}\rho\iota\sigma\mu\alpha$")로서 친히 신자들 안에 들어와 사시게 되었다. 이런 **영**은 하나님 백성에게 현세를 살아갈 능력을 주신다(디모데 같은 경우에는 그를 준비시켜 고초와 고난의 와중에서도 복음을 향해 충성케 하신다). 따라서 **영**은 능력의 원천이요 열매(사랑)의 원천이다. 바울 서신도 이를 시종일관 이야기한다. 그러므로 마지막 배교에 속한 거짓 교사들은 이런 능력을 부인하고 "외형"을 좋아하는 특징을 드러낸다.

나아가 **영**은 언제나 그러셨듯이 지금도 예언의 말을 통해 신앙 공동체 안에 자리해 계신다. **영**은 성경에 숨을 불어 넣어 이 성경에 권위와 유익함을 부여하신다. 이런 **영**이 지금도 계속하여 예언의 말을 통해 말씀하신다. 이런 **영**은 마지막 때의 **영**으로서 귀신들이 거짓 교사들을 앞세워 활동하는 이 시대가 분명 "훗날"(딤전 4:1)임을 "명확하게 일러주신다."

아울러 에베소 공동체라는 신앙 공동체 안에서는 예언의 말과 **영**이라는 선물이 결합하여 디모데에게 사역의 "은사"를 베풀어주었다. 바로 이 은사가 지금 에베소의 어려운 상황 속에서 특별한 시험을 받고 있다. 바울은 디모데에게 여러 해 전 그가 은사를 받았던 일을 되새겨준다. 이를 통해 디모데는 "자신이 받은 은사를 무시하지 않을" 용기를 얻고, 사탄 그리고 그의 졸개들로서 어긋난 길로 나아간 장로들에 맞서 그가 치르는 전쟁을 계속할 용기를 얻었을 것이다.

이 목회 서신이 피력하는 성령론이 앞서 본 다른 몇몇 서신들에서 발견할 수 있는 성령론만큼 완전하지는 않아도, 그 본질만큼은 바울 서신 전체에서 등장하는 **영**에 관한 완전한 이해와 일치한다. 따라서 이 목회 서신이 제시하는 증거도 이어 제시할 신학적 종합(theological synthesis)에 포함시키는 것이 마땅하다.

옮긴이 주

[1] 1세기 중반부터 2세기 초에 걸쳐 활동한 초기 교회 지도자로 안디옥 감독을 지냈다. 사도 요한의 제자로 알려져 있다.

[2] 초기 그리스어 성경들이 본문에서 자주 등장하는 단어(가령 하나님, 예수, 주와 같은 단어들)를 간략히 표기할 목적으로 사용했던 간략한 문자들을 말한다. 그리스어 대문자로 기록했고, 두 글자에서 다섯 글자까지 사용했으며, 글자들 위에는 가로막대를 그었다. 보통 복수형인 Nomina Sacra로 많이 표기한다.

[3] 저자 고든 피 교수는 바울 신학에서는 **영**과 육이 대립하는 게 아니라, **영**이 대변하는 하나님 나라의 가치와 질서 및 이런 가치를 따르는 삶의 방식 그리고 육이 대변하는 현세의 가치와 질서 및 이런 가치를 따르는 삶의 방식이 서로 대립한다고 본다. 이런 이해 때문에 저자는 오순절 신앙을 고백하면서도 세상의 부와 권세를 긍정하는 소위 번영 신학을 거짓 복음이라 말하면서 이런 신학을 추종하는 이 시대 일부 오순절 교파와 은사운동을 변질된 오순절 신학으로 보아 철저히 배격한다.

[4] 3-8세기 사이에 라틴어와 그리스어 문헌 필사자들이 사용했던 글자꼴이다. 8세기 이후에도 성경을 필사하는 경우에 많이 사용했다. 글자꼴이 둥글둥글하여 펜을 떼지 않고 글자를 계속 써나갈 수 있는 장점이 있어 필사자들이 애용했다고 한다.

[5] "크레타 사람은 모두 거짓말쟁이"라는 말은 에피메니데스 역설이라고도 부른다. 에피메니데스 자신이 크레타 출신이었는데, 그의 말대로 크레타 사람이 모두 거짓말쟁이라면 크레타 사람인 그의 말도 거짓말이므로 결국 크레타 사람들은 거짓말쟁이가 아니라는 말이 되어버리기 때문이다.

[6] 원서는 요 14:26로 잘못 표기해놓았다.

[7] 욜 2:28은 BHS 3:1에 해당한다. 이 본문에서 야웨 하나님은 "그 뒤에 내가 내 **영**을 모든 살에게 쏟아붓겠다"라고 말씀하신다. "내가 쏟아붓겠다"에 해당하는 히브리어 동사 eshephōk는 "아낌없이 쏟아붓다"(독일어로 ausgießen)를 뜻하는 동사 shpk의 Kal 미완료 1인칭 단수형이다(WGH, 857-858).

[8] 고교회는 성공회 내부의 한 분파로서 예배 의식의 엄숙함과 신앙의 내실에 합치하는 외형을 되찾는다는 명분 아래 의식에 많은 강조점을 둔다. 때문에 그 반대파인 저교회파보다 가톨릭교회와 더 친밀하게 지내려는 성향을 보인다. 19세기에 영국에서 일어났던 옥스퍼드 운동도 고교회파를 중심으로 한 운동이었다.

제2부
종합

시작할 곳을 찾아서

우리는 지금까지 바울 서신에서 **영**을 직접 말하거나 에둘러 말하는 것으로 보이는 많은 본문들을 살펴보았다. 이제 우리 앞에는 바울 서신이 말하는 성령을 종합하여 제시하는 작업을 시작할 장소를 찾아야 하는 문제가 놓여 있다. 우리가 앞서 살펴본 모든 내용을 어떤 방법을 통해 종합하고 또 일관된 체계로 제시할 것인가? 이 문제는 그 자체만으로도 벅찬 과업이다. 그러나 그보다 훨씬 더 중요한 문제는 실존적 문제다. 이런 내용들이 우리에게 일러주는 것을 찾아내려면 이것들을 어떤 식으로 곱씹어봐야 하는가? 결국 애초에 이 책을 쓰게 된 것도 그런 이유 때문이다. 더욱이 우리가 지닌 문제들은 훨씬 더 복잡하다. 우리 가운데 백지 상태에서(*tabula rasa*) 이런 문제들에 접근하는 이들은 아무도 없기 때문이다. 우리는 개인 차원은 물론이요 공동체 차원에서도 각기 그리스도 체험들, **영** 체험들, 교회 관련 체험들을 갖고 있다. 이런 체험들은 우리가 성경 본문을 어떤 식으로 읽어가야 할지 사전에 결정해줄 뿐 아니라, 이런 본문들을 나름대로 일관되게 생각하는 과업을 어떻게 진행해가야 하는가라는 문제도 좌지우지하곤 한다.

이 책 저자인 나를 비롯하여 이 책을 읽는 대다수 사람들은 **영**의 사역과 관련하여 중립을 지키는 것이 선택이 아닌 시대에 살고 있다. 이렇게 된 근본 이유는, 좋든 싫든 오순절 운동과 은사 운동 때문이다. 현대 교회에서 다시금 새롭게 일어나고 있는 성령 현상과 관련하여 나름대로 견해를 (혹은 좋은 체험이나 좋지 않은 체험을) 가지지 않은 사람은 아무도 없다. 여기서 문제가 되는 것 중 하나는 양극화 문제(즉 어떤 사안을 놓고 견해가 극과 극으로 갈리는 문제─옮긴이)다. 이런 성령 현상을 역사적 기독교의 테두리 안에 포용해보려고 노력하는 사람들보다 이런 현상들을 옹호하거나 배척하려는 이들이 훨씬 더 많다. 역사를 살펴보면, 성령 운동들은 더 전통적인 교회 구조 안에서 빈약한 활동 실적을 갖고 있다. 나는 이런 성령 현상을 옹호하는 쪽이나 배척하는 쪽 모두 잘못이 있다고 생각한다. 개혁자들은 기존 구조들을 불 태워버리고 새롭게 다시 시작하려는 경향이 있다(그리고 그들이 그렇게 할 때, 그들은 오로지 그 다음에 등장하는 성령 운동이 불 태워 없애버릴 일련의 구조를 만든다). 또 구조들에 관심을 가진 이들은 결국 성령 운동들을 가장자리로 밀어내려 한다(혹은 아예 바깥으로 밀어내려 한다). 이렇게 되면, 결국 한편에선 "정통"의 경직 현상이 나타나 **영**을 신앙고백들과 직제 속에 안전하게 가둬놓고 길들이는 일이 벌어지곤 하며, 다른 한편에선 성령 운동들이 억지로(혹은 스스로) 역사적 교회 안에서 증명된 전통(들) 바깥으로 밀려나다 보니, 이런 성령 운동들이 신학 면에서 무모한 일을 저지르곤 하는 일이 빈번히 벌어진다. 결국에는 손가락질과 비난만이 난무하고 성령 운동과 기존 전통(들)을 동시에 포용해보려는 적절한 시도는 찾아볼 수가 없다.

이런 역사 현상은 우리가 이런 **영** 본문들을 논의하기 시작할 때 우리 자신이 출발할 곳을 제공해줄 뿐 아니라, 다행히 바울 서신을 다룰 때도 우리가 출발점을 찾을 수 있게 도와줄 수 있다. 우리가 지닌 난제들은 애초에 바울이 직면했던 긴장들을 되비쳐주기 때문이다. 바울이 직면했던 긴장들은 대부분 그가 살아가면서 삶의 전제로 삼았던 종말론의 기본 틀과 관련 있다. 이런 긴장은 우리가 "이미" 속에서 살아가면서도 동시에 "아직 아니" 속에서 살아가는 데서 일어나는 결과다. 이 "이미 그러나 아직 아니"는 하나님이 종말의 때에 베풀어주신 구원, 곧 그리스도 안에서 그리고 **영** 안에서 이미 현재가 된 구원의 특징이다. 바울은 이런 긴장이 특히 고린도와 같은 공동체에서 두드러지게 나타나는 것을 보았다. 고린도에서는 수없이 많은 "이미"가 등장하여 그 공동체 구성원들의 영성을 자극하는 동력원이 되었다. 결국 그들은 "아직 아니"에는 거의 관심을 보이지 않았다. 현실에서도 "다가올 시대의 능력들"을 표상하는 것들이 **영**의 은사라는 독특한 형태들로 나타난다. 이런 것들과 일상의 삶 속에서 일어나는 평범한 문제들이 **정녕** 조화를 이룰 수 있을까? "표적과 기사"를 받아들이면서도 동시에 고난과 약함을 받아들이는 일이 **정녕** 이루어질 수 있을까? 여기가 바로 우리가 출발할 지점이다. 바울도 그랬지만 우리도 대부분 이런 것들이 모두 동시에 공존하는 실재임을 인정하고 받아들이길 힘들어하기 때문이다.

우리가 한 교회 체험이나 **영** 체험은 좋은 자취를 남기거나 좋지 않은 자취를 남긴다. 이 때문에 우리는 **영**의 삶에 접근할 때도 "이쪽 아니면 저쪽"식으로 다가가는 경향이 있다. 다양한 양상을 띠는 "열심"[enthusiasm; 이를 '광신'(狂信)이라 표현하면 당사자들은 싫어할 것이요 열렬한 믿음이라 표현하면 수긍할 것이다 — 옮긴이] 혹은 표적과 기사를 강조하려 하는 이들도 있겠지만, 반면에 **영**의 열매 혹은 일상의 삶 속에서 보통 볼 수 있는 행위들을 통해 나타난 능력을 강조하려 하는 이들도 있다. 결국 열심과 윤리가 대립하거나 혹은 표적과 기사가 약함 및 고난과 대립하는 양상을 띤다. 앞서 내가 주해한 본문들을 시간을 내어 꼼꼼히 살펴본 사람들은 누구든지, 내가 논한 세부 내용에 동의하느냐 마느냐와 상관없이, 이런 식의 대립 구도로 바울의 성령론을 바라보는 것은 그릇된 이분법에 불과하다는 사실을 분명히 간파할 수 있다.

그러나 "이쪽 아니면 저쪽"(either-or)이 아니라 "이쪽과 저쪽 모두"(both-and)가 바울의 시각임을 인정하는 경우에도 더 강렬한 실존적 문제는 여전히 남아 있다. 우리는 전통 편에 서서 혹은 체험 편에 서서 이쪽을 강조할 수도 있고 저쪽을 강조할 수도 있다. 그러나 어느 편에 서서 어느 쪽을 강조하느냐와 상관없이, 이미 많은 일들이 일어났고 많은 시간이 흘러간 이 시대에도 바울의 시각을 인식함은 물론이요 그 시각을 다시금 인정할 길이 없을까? 적어도 서구 교회에 속한 우리는 원시 교회가 가졌던 "결백함"을 갖고 이런 질문에 다가갈 수 없다. 오랫동안 역사 속에서 교회가 고수해온 "안전한" 접근법과 계몽주의는 그들만의 전성기를 구가했다. 그러나 우리가 아무리 역사의 물줄기를 되돌리려 해도 그렇게 하기는 힘든 일이다. 서구 사람들은, 마치 본능처럼, 하나님의 **영**이든지 혹은 다른 영들이든지 영의 활동을 이야기하면 신경과민이 된다. 이런 활동은 합리성이라는 잣대로 검증할 수 없기 때문에, 우리는 일단 의심부터 하고 본다. 우리가 초기 교회의 체험과 삶을 순수하게 "회복"해보려 해도 갖가지 난관에 부닥치는 이유가 그 때문이다. 그렇지만 이 문제 역시 우리가 결국 다루어야 할 문제이기 때문에 말미에 가서 간략하게 다루도록 하겠다. 그러나 우선 우리는 바울 자신의 체험과 신학을 가능한 한 모두 망라하여 다루어보고 이것들을 기꺼이 받아들이려고 노력해야 한다.

우리는 이를 위해 한 중요한 지점에서 바울의 세계로 들어가보려고 시도할 것이다. 이 지점에서는 바울이 가졌던 전제들이 후대 교회의 전제들과 **철저히 다른** 경향을 띤다. 하지만 이 전제들은 그가 체험하거나 사유했던 모든 것을 이해하는 데 절대 기본이 되는 "신학적" 혹은 체험적 틀이 되는 것들이다. 바울은 하나님이 그리스도의 부활과 뒤이어 베푸신 **영**이라는 선물을 통해 몸소 미래를 확고하게 활동 상태로 만들어놓으심으로써 결국 "현재" 안에 있는 모든 것이 "미래"에 나타날 것으로 말미암아 결정되게 만들어놓으셨다고 본다. 우리는 "신학"(말 그대로 하나님에 관한 교리) 자체가 아니라 여기서 출발할 필요가 있다. 이곳이 바로 **바울**과 초기 교회가 **체험했던 출발점**이기 때문이다. 반대로 그들에겐 하나님에 관한 "교리"가 전제였지만, 그들은 이 교리를 자신들이 그리스도와 **영**을 통해 새롭게 하나님을 체험한 일에 비추어 여러 가지 중요한 방법으로 검증했다. 이 점 역시 우리가 다루어야 한다.

　제1장에서 언급했듯이, 바울 신학의 "중심"은 파악하기 어렵다. 그러나 이 "중심"은 십중팔구 "그리스도 안에 있는 구원" 같은 문구로 가장 잘 걸러낼 수 있지 않을까 한다. "그리스도 안에 있는 구원"을 표현한다면, 그 표현 내용 속에는 (1) 바울의 실존과 사고를 규정하는 종말론의 틀, (2) 그의 그리스도 이해, (3) 그의 구원 이해, (4) 그의 하나님 백성 이해, 곧 종말에 하나님이 그리스도 안에서 베푸시는 구원의 영역 이해 같은 것들이 포함되어야 한다.[1] 이어질 장(章)들은 이런 줄거리를 따라갈 것이며, 각 경우에 바울이 이런 문제들에서 **영**이 하는 역할을 어떻게 인식했는가에 초점을 맞출 것이다(물론 제13장에서는, 거기서 다룰 문제의 본질상, 기독론에 초점을 맞추기보다 더 크게 하나님에 관한 교리라는 문제를 다루도록 하겠다). 그리하면 결국 우리는 바울이 바라본 사물의 체계 안에서는 **영**이 필수불가결한 역할을 했다는 점을 받아들일 수밖에 없을 것이며, 그리스도 안에 있는 우리 자신의 실존과 우리 개인 및 공동체의 삶 속에서 **영**이 하는 역할과 관련하여 더 커다란 질문들을 던지게 될 것이다.

　마지막으로 독자들에게 한마디 더 해두려 한다. 이 연구서가 사용하는 접근방법(이 책 제1장을 보라) 때문에 앞 내용을 일정 부분 되풀이할 수밖에 없다. 때로 독자들은 내가 똑같은 것을 이야기하면서 굳이 새로운 방식으로 말하려 하지 않았다는 것을 알아차릴 것이다. 하지만 이어질 장들에서는 대부분 단지 결론을 제시하는 식으로 이미 논의한 것들을 종합하게 될 것이다. 때문에 나는 독자들이 이 제2부를 읽다가 제1부로 돌아가서 여기(제2부)에서 말하는 내용의 근거가 된 주해를 살펴볼 필요가 있으리라는 점도 강조해둔다. 이 때문에 나는 독자들이 이 제2부와 제1부 주해를

---

1) 참고. Pinnock, "Concept," 3. Pinnock은 정확하게 이 네 테마를 사용하여 바울 신학에서 **영**이라는 개념이 얼마나 광범위하고 중요한 것인지 생생하게 보여준다. 또 Hui, "Concept"를 보라. Hui는 바울과 누가의 성령론을 에베소서의 성령론과 비교하면서 그의 연구를 이렇게 네 범주로 나눈다.

서로 번갈아 참조하게 하려고 상당히 철저하게 노력했다. "(어떤 본문을) 논한 부분을 보라"라는 각주들은 특히 그런 노력의 소산이다. 나는 독자들이 내가 여기서 요약하여 말해놓은 것들을 읽어보기 전에, 혹은 이 요약 내용들과 함께, 내가 앞서 다룬 본문들을 논한 것을 시간을 내어 살펴보리라고 생각한다.

제12장

종말론적 성취인 성령

신약 교회(신약성경이 증언하는 초기 교회 – 옮긴이)와 현대 교회를 가장 멀리 떼어놓는 특징을 하나 든다면, 필시 삶의 모든 것을 철저히 종말론과 관련지어 바라보았던 신약 교회의 시각을 들 수 있겠다. 이 시대 대다수 신자들과 달리, 종말론(마지막 때를 바라보는 독특한 이해)은 초기 신자들의 실존을 모든 면에서 규정하는 조건이었다. 이런 시각을 보여주는 첫 번째 실마리는 예수 자신의 하나님 나라 선포다. 예수가 사역하는 동안 하나님 나라는 이미 현재인 실재였지만, 그래도 그 나라는 여전히 미래의 사건이었다. 하지만 예수와 그들 자신을 바라보던 원시 교회의 시각을 완전히 바꿔놓는 일이 일어났다. 그리스도의 부활과 하나님이 약속하셨던 **영**(마지막 때의 **영**)이 선물로 주어진 사건이 바로 그것이었다. 원시 교회 신자들의 뿌리였던 유대교가 생각한 종말론은 철저히 미래의 일이었다. 유대교는 오실 메시아와 죽은 자들의 부활을 대망했다. 그러나 이와 달리 초기 교회는 미래가 **이미** 움직이기 시작했다는 것을 인식했다. 그리스도의 부활은 종말의 시작과 시대의 전환점을 알리는 표지였다. 하지만 종말은 단지 **시작되었을** 뿐이다. 그들은 여전히 마지막 사건, 곧 메시아 예수의 오심(이제는 재림)을 기다렸다. 예수가 재림하시면 그들도 역시 부활/몸의 변화를 체험하게 될 것이다. 그들은 "두 시대 사이에서" 살아갔다. **이미** 미래는 시작되었다. 그러나 그 미래는 **아직** 완성되지 **않았다.** 신약성경은 그리스도인의 실존 전체를(그리고 신학을) 이런 종말론적 긴장이라는 기본 틀로 바라본다.

바울이 제시하는 틀[1]

종말론을 바라보는 시각이 이렇게 바뀌었고, 바로 그 시각이 바울의 신학적 조망을 결정하는 절대 요인이 되었다. 그 시각이 그리스도, 구원, 교회, 윤리, 현재, 그리고 미래와 관련하여 그가 말하는 내용을 결정했다. 이 점은 바울의 언어와 바울이 그 자신을 표현하는 방법을 결정한 많은 전제들에 고스란히 반영되었다. 바울은 고린도 사람들에게 "우리에게는 시대의 마지막이(말세가) **도래했다**"(고전 10:11)라고 되새겨준다. 그는 또 다른 곳에서 역시 고린도 사람들에게 그리스도의 죽음과 부활이 이미 현세에 종언(終焉)을 선고했으며(고후 5:14-15), 이 시대는 "지나가고 있다"라고 말한다(고전 7:31). 그리스도가 오심으로 새 질서가 시작되었고, 모든 것이 새롭게 되었다(고후 5:17).

따라서 바울은 그리스도 안에 있는 구원을 철저히 마지막 때의 실재라고 본다. 이는 곧 무엇보다도 하나님이 마지막 때에 당신 백성을 구원하시는 일이 그리스도를 통해 이미 이루어졌다는 것을 의미했다. 우리는 모두 미래에 정죄를 가득 받아야 했지만, 이 정죄는 미래로부터 과거로 옮겨져 그리스도가 짊어지셨다(롬 8:1-3). 이렇게 우리는 "구원받았다"(엡 2:8). 그러나 우리의 마지막 구원은 아직 완전히 이루어지지 않았다. 바울이 이 구원을 가리켜 현재도 진행 중인 것("우리는 구원을 받고 있다", 고전 1:18)이

---

1) 이 문제와 관련하여 꼽을 수 있는 고전이 G. Vos, *The Pauline Eschatology* [Princeton: University Press, 1930 (repr. Baker, 1979)], 특히 1-61이다. 이 책은 그 시대보다 여러 해를 앞서나간 저작이다.

자 장차 완성되어야 할 것("우리는 구원을 받을 것이다", 롬 5:9)이라고 말할 수 있는 것도 그 때문이다. "구속"(救贖)은 "이미"(엡 1:7)이자 "아직 아니"(엡 4:30)다. 우리가 받은 "입양"(롬 8:15, 23)과 "의롭다 하심"(=의라는 선물; 롬 5:1과 갈 5:5)도 마찬가지다. 바울은 이렇게 구원을 "이미"이자 "아직 아니"로 이해한다. 이 때문에 그는 결코 승리주의자가 될 수 없었다.[1] 우리는 "이미" 안에 존재하므로, 지금도 그리스도의 부활의 능력을 체험한다. 그러나 동시에 우리는 "아직 아니" 안에 있다. 때문에 우리는 지금도 그리스도의 고난에 동참한다[2] (빌 3:10).

마찬가지로 바울이 교회를 마지막 때의(종말론적) 공동체로 이해하는 것도 그런 본질적 틀 때문이다. 교회라는 공동체의 지체들은 현재를 살아가지만, 이미 그들에게는 영원이라는 인(印)이 찍혀 있다. 우리는 이 땅에서 본향을 떠나 이주해온 사람들로 살아간다. 우리의 진짜 시민권은 하늘에 있다(빌 3:20). 따라서 윤리에 합당한 삶은 삶의 기준이 되는 규칙들로 이루어져 있지 않다. 오히려 우리는 이제 **영**이 주시는 능력을 받아 현세에도 미래의 삶을 살아간다. 이 삶을 규정하는 특징은 바로 하나님 바로 그분이다. 바로 그런 이유 때문에, 예를 들어, 바울은 현재와 미래의 종말론적 실재들을 근거로 삼아 신자들이 현세의 불만거리들을 이방인의 법정에서 판결 받아서는 안 된다고 호소한다(고전 6:1-4). 마지막 때를 살아가는 신자들의 실존 앞에서 그런 불만거리들은 시시한 것들이 되고 만다(신자들이 마지막 날 결국 그들이 심판하게 될 그 사람들에게 지금 심판을 구하는 것이 어처구니없는 일이 되는 것도 신자들이 지금 종말의 실존으로 살아가기 때문이다).[3] 신자들은 장차 임할 삶(생명)을 이미 맛보았다. 또 미래가 마지막에 완전히 실현되리라는 것도 확실하다. 때문에 하나님의 새 백성은 아주 철저하게 "이미" 그러나 "아직 아니"로 살아갈 수가 있다.

---

2) κοινωνία를 이렇게 이해한 것을 살펴보려면, 고후 13:13[14]과 빌 2:1을 다룬 내용을 보라.

3) 이 본문과 바울이 제시한 답변의 전제가 된 종말론의 틀을 충실히 다룬 내용을 보려면, Fee, *1 Corinthians*, 228-48을 보라.

이런 틀이 바울이 모든 것을 바라보는 시각을 철두철미하고 완전하게 규정한다. 때문에 우리가 이 "종합" 부분에서 해야 할 첫 번째 과업은 하나님이 종말에 "그리스도 안에서 이루시는 구원" 속에서 **영**이 행하는 긴요한 역할을 주의하여 살펴보는 것이다. 이어 우리는 이런 **영** 이해가 서로 관련된 바울 신학의 몇몇 핵심 영역에, 특히 바울이 살아가는 동안 열정을 다 쏟아부었던 중심 사안인 **율법**으로부터 자유로운 이방인 선교와 관련된 것들에 어떤 영향을 끼치고 있는지 지적해볼 것이다. 그리함으로써 우리는 종말론적 약속의 실현인 **영**이 어떻게 **율법**을 바라보는 바울의 태도를 바꿔놓았는지, 어떻게 그의 "육" 이해를 결정했는지, 어떻게 그가 현재의 실존이 능력과 약함을 동시에 가진 것임을 받아들일 수 있게 만들었는지 언급해볼 것이다.

▪ 성령의 역할[4]

바울이 이렇게 "변화된 종말론적 시각"을 갖게 된 것은 그가 체험한 두 가지 사실 때문이었다. 그 둘은 모두 바울이 그리스도 안에서 살아가는 삶을 시작한 때에 일어났다. 둘 가운데 하나는 그가 다메섹 도상에서 부활하신 그리스도를 만난 일이요(그는 고린도 사람들에게 "내가 주님을 뵈었다"라고 털어놓는다), 다른 하나는 뒤이어 마지막 때의 **영**을 선물로 받은 일이었다. 바울 자신은 죽은 자들의 부활과 **영**이라는 선물을 시대의 종말을 일러주는 두 가지 주요 사건으로 이해했다. 이제 이 사건이 일어나기 시작했다.

---

4) 이 단락이 근거로 삼은 본문들을 논한 내용을 보려면, 살전 4:8; 살후 1.11, 2.2, 고전 1:4 7; 13:8-13; 고후 3:1-6, 16-18; 4:10-12, 16; 5:5, 16-17; 6:16-7:1; 12:12; 갈 3:3, 14; 5:5-6, 16-18, 21; 6:7-10; 롬 5:1-5; 8:11, 17-30; 15:13; 엡 1:13-14, 17-20; 4:4, 30; 딤전 4:1을 논한 내용을 보라. 아울러 Hamilton, *Holy Spirit*, 17-40; Pinnock, "Concept," 279-301; Hui, "Concept," 151-76을 보라.

첫째, 바울은 죽은 자들의 부활을 하나님의 종말론 달력에서 마지막에 일어날 사건으로 본다. 이 사건은 종말이 완전히 이르렀음을 확실하게 보여주는 증거다.[5] 바울은 그리스도가 죽은 자들 가운데서 일으키심을 받았을 때 이미 그 부활이 일어났다고 본다. 이로 말미암아 죽음은 자신이 종국에 맞게 될 운명을 향해 움직이기 시작했고 우리의 부활도 보장받았다. 그리스도의 부활 덕분에 우리의 부활 역시 반드시 일어날 사건이자 필요한 사건이 되었다. 우리의 부활이 반드시 일어날 사건인 이유는 그리스도의 부활이 앞으로 일어날 전 과정에 시동을 건 첫 열매이기 때문이요, 우리의 부활이 필요한 일인 이유는 죽음이 우리는 물론이요 하나님의 원수이기 때문이며, 우리의 부활이 살아 있는 모든 이에게 생명을 주시는 살아 계신 하나님의 마지막 원수가 끝을 맞았음을 선언하는 것이기 때문이다(고전 15:20-28). 따라서 신자들은 두 부활과 관련하여 "두 시대 사이에서" 살아간다. 우리는 **이미** "그리스도와 함께 일으키심을" 받았다. 이는 우리가 **미래에** 몸으로 부활할 것을 보장해준다(롬 6:4-5; 8:10-11).

둘째, 이는 지금 우리 관심사이기도 하다. 우리는 앞에서 **영**을 줄곧 "마지막 때의(종말론적) **영**"으로 불렀다. 그 이유는 "약속과 성취" 그리고 "이미 그러나 아직 아니"라는 종말론의 차원을 전제하지 않으면 바울 자신이 겪은 **영** 체험도, 그가 이런 체험을 인식한 내용도 이해할 수 없기 때문이다.[6] 바울은 자신이 유대교로부터 물려받은 유산을 통해 **영**이 미래를 향해 주어진 약속 중 일부임을 잘 이해했다. 예레미야와 에스겔은 새 언약

---

5) 바울이 이런 시각을 잃어버리지 않았다는 것을 아주 생생하게 증언해주는 곳이 고전 15:20-28이다. 그리스도가 죽은 신자들을 부활시키는 것은 곧 사망 자체에게 죽음을 선고하시는 것이다. 이를 통해 그리스도는 만물을 만유이시며 만유 안에 계시는 아버지께 돌려드린다. Fee, *1 Corinthians*, 746-60을 보라.

6) 이런 사실을 인식하지 못함은 물론이요, 헬레니즘으로부터 더 많은 영향을 받았다고 보는 경향(부록 주3을 보라)은 E. F. Scott (*Spirit*)가 바울을 다룬 장의 가치를 오히려 완전히 부정하는 것이다. 이런 인식 결핍은 Scott의 경우와 다른 이유로 Horton, *What the Bible Says about the Holy Spirit* 역시 망쳐놓는다. Horton의 책은 신자 개인의 삶 속에서 일하시는 **영**에 거의 전부를 할애한다.

의 약속들을 종말론의 틀 속으로 옮겨놓았으며, 이런 약속들은 이후 유대인들이 요엘 2:28-30에 근거하여 품었던 대망 속에서 철저한 형태로 나타났다. 바울이 그리스도인의 실존을 이해할 때 **영**이 아주 중요한 역할을 하게 된 것도 이런 이유 때문이다. 신자들에게 부어진 **영**이라는 선물은 메시아 시대가 이미 이르렀음을 의미했다. 그런 점에서 **영**은 이런 변화된 시각을 구성하는 중심 요소다.[7] 아울러 **영**은 이 영이 미래가 이미 동텄음을 일러주는 **확실한 증거**이며 미래가 결국 완성될 것을 **절대 보장하는 보증**이라는 바울의 견고한 확신을 이해하는 데 없어서는 안 될 핵심 요소다.

▪ 바울이 사용하는 은유들

이렇게 **영**은 "이미 그러나 아직 아니"라는 바울의 실존 이해 속에서 두 가지 역할을 한다(미래를 증명해주는 증거이자 보장해주는 보증). 바울 서신은 곳곳에서 **영**의 이런 역할을 다양하게 표현해놓았다. 그중에서도 가장 두드러진 표현이 바울이 **영**을 가리키는 말로 독특하게 구사하는 세 은유다[즉 보증금, 첫 열매, 인(印)]. 이 세 이미지는 모두 절묘하게 골라 뽑은 것들이다. 이 은유들은 각기 **영**이 미래에 일어날 실재들을 지금 증명하는 증거이거나 마지막 날에 누리게 될 영광을 보장하는 보증임을 강조하든지, 아니면 이 두 가지를 동시에 강조한다.

1. "보증금"이라는 은유는 세 번 등장한다(고후 1:21-22; 5:5; 엡 1:14). 신약성경에서 이 은유는 오직 바울 서신에서만 나타나며, 바울은 이 말을 오로지 **영**을 가리키는 말로 사용한다. 이 "보증금"이라는 말 자체는 그리

---

7) F. F. Bruce (*Commentary on Galatians*, 232)는 이것을 "**영**에 관한 바울의 가르침 가운데 가장 독특한 특징"이라고 말하는데, 올바른 지적이다. 참고. Hamilton, *Holy Spirit*. Hamilton은 아주 많은 성경 본문들을 적절치 않게 주해해놓았다. 그런데도 바울의 사상에서 중심이 되는 이 차원을 올바로 인식했다.

스의 상거래 파피루스들에서 풍부하게 발견할 수 있는데, 거기에서는 이 말을 대금 총액 중 첫 지불금(따라서 "계약금, 보증금")을 가리키는 전문용어로 사용한다.[8] 결국 이 "보증금"은 계약상 의무를 확증해주고 그 의무의 완전한 이행을 보장한다. 바울이 이 말을 사용한 세 사례를 보면, 이 말은 언제나 현재 우리의 실존이 "이미"**이자** "아직 아니"임을 강조하는 기능을 한다.[9] 에베소서 1:14도 이를 분명하게 표현한다. 여기서는 실제로 하나님이 "약속하신" 성령을 "우리가 받을 유업의 보증"[10]이라고 부른다. 우리는 이 언어가 "이미 그러나 아직 아니"를 전제한다는 것을 놓칠 수 없다. 우선 "약속의 성령"과 "우리가 받을 유업"은 바울이 유대교로부터 물려받았던 종말론 차원의 대망들에서 직접 흘러나온 말들이다. 우리가 받은 **영**은 **약속의 성취**다. 그런가 하면 "성취된 약속"은 **우리가 미래에 받을 유업을 보장해주는 보증**이다. 따라서 **영**은 우리가 지금 살아가는 삶 속에서 하나님이 주신 보증금 역할을 한다. 이 **영**은 미래가 이미 현재 속으로 뚫고 들어왔음을 일러주는 확실한 증거이자, 장차 그 미래가 완전하게 실현되리라는 것을 확실히 담보해주는 보증이다.

2. "보증금"이라는 은유와 마찬가지로, 로마서 8:23이 **영**을 가리킬 때 사용한 "첫 열매"라는 은유도 **영**이 바울의 "변화된 종말론적 시각" 속에서 하는 역할을 표현해주는 데 특히 기여한다. 바울은 이 "첫 열매"라는 은유를 그리스도의 부활이 우리의 부활을 보장하는 보증임을 가리키는 말로 이미 사용했다(고전 15:20, 23). 이 은유는 현재의 실존이 "이미/아직 아니"로서 안고 있는 긴장**과** 우리의 확실한 미래를 보장해주는 보증을 특

---

8) MM, 79을 보라; 고전 1:21-22을 논한 내용을 참고하라.

9) 이런 이유 때문에 NIV는 고후 1:21-22과 5:5에서 $\alpha\rho\rho\alpha\beta\acute{\omega}\nu$을 "장차 임할 일을 보장하는 보증금"(a deposit, guaranteeing what is to come)으로 번역해놓았다. 이는 진정한 "역동적 등가 번역"이다. 물론 "장차 임할 일을 보장하는"이라는 문구는 오로지 이 은유 자체에만 내재되어 있을 뿐이며, 바울이 구사한 문장 자체에서는 나타나지 않는다.

10) 이는 고후 1:22과 5:5이 사용한 "**영**의"라는 소유격이 보증금이라는 말과 같은 말(동격어)이라는 것도 함께 일러주는 것이다. 따라서 "**영**의 보증금"은 "보증금, 곧 **영**"과 같은 말이다. 고후 1:21-22을 논한 내용을 보라.

별한 방법으로 되비쳐준다. 더 큰 문맥인 로마서 8:14-30은 특히 주목할 만하다. 바울은 15-17절에서 두 가지 주제를 천명한다. 우리가 현재 자녀라는 지위에 있다는 것(따라서 우리는 그리스도와 함께 아버지의 영광을 유업으로 받을 공동 상속인이다)과 그 마지막 영광을 기다리는 현재 우리의 실존이 약함과 고난 가운데 있는 실존이라는 것이 그 두 가지인데, 여기서도 바울은 **영**에게 주도적 역할을 부여한다. 바울은 이 두 주제를 18-27절에서도 *끄집어낸다*. 우리는 **영**으로 말미암아 이미 하나님의 자녀로 "입양" 받았다. 그러나 이 "이미"인 것은 동시에 "아직 아니"다. 따라서 우리는 우리에게 **첫 열매** 역할을 해주는 바로 그 **영**으로 말미암아 마지막 날에 우리가 받게 될 입양을 기다린다. 그 입양은 우리 몸의 구속이라는 형태로 나타날 것이다. 이 첫 다발(열매)은 하나님이 우리에게 마지막 날 이루어질 수확을 확약해주시는 담보물이다. 결국 바울이 바울 서신에서 가장 분명하게 자신이 가진 종말론의 기본 틀을 상세히 설명해놓은 본문 중 하나인 이곳에서도 **영**은 현재 우리의 실존 속에서 필수불가결한 역할을 수행하면서, 미래가 이미 임하였으나 아직 완성되지 않았다는 것을 일러주고 보장해주는 증거와 보증 역할을 한다.

3. 셋째 은유인 "인" 역시 **영**을 직접 가리키는 말로서 세 번 등장한다 (고후 1:21-22; 엡 1:13; 4:30). 본디 "인"은 통상 밀랍 위에 찍은 인영(印影)을 가리키는데, 이는 소유권과 진정성을 나타내는 표지로서 소유자를 보호하는 의미를 담고 있었다. "보증금"과 달리 이 "인"이라는 이미지는 본디 종말론과 관련된 의미를 전혀 가지지 않는다. 하지만 바울이 이 말을 **영**을 가리키는 은유로 사용하면서, 종말론과 관련된 의미도 확고하게 함유하게 된다. 에베소서 1:13과 4:30이 확실하게 일러주듯이, "인"은 **영**이다. 하나님은 이 **영**이라는 인을 통해 신자들이 당신 소유임을 표시하시고 천명하셨다. 본래 이 은유는 현재를 강조하거나 미래를 강조할 수 있다. 그리하여 고린도후서 1:21-22을 보면, 고린도 사람들의 삶 속에 주어진 마지막 때의 **영**이라는 선물이 그들을 하나님의 소유로 구별해주고 그들 가운데서

바울이 진정한 사도임을 인정해주는 "인" 역할을 한다. 마찬가지로 에베소서 1:13을 보면, 하나님이 이 서신을 받는 이방인 수신자들에게 성령으로 "인을 찍으심"으로써 그들이 당신 소유임을 나타내신다. 아울러 에베소서 4:30은 이 은유가 마지막 날에 있을 일을 보장하는 보증임을 분명하게 일러준다["그(하나님의 성령)로 말미암아 너희가 **구속의 날을 위하여** 인을 받았다"].

이런 시각은 바울 서신에서 또 다른 다양한 모습으로 등장한다. 하지만 이 은유들은 우리가 바울의 이해 속으로 뚫고 들어갈 때 출발점 역할을 해준다. **영**은 **바울이 유대교 전통으로부터 물려받았던 종말론 차원의 약속들이 성취되었다는 것**을 증명해주시는 증거다. 동시에 **영**은 하나님 백성에게 능력을 베푸시는 하나님의 임재로서, 이 백성이 마지막 날에 있을 완성을 기다리며 현세의 고난을 견디게 해주되, 단지 견디는 차원에서 더 나아가 활기차게[여러분이 원한다면 "그 '영'(spirit)을 다해"로 바꿔 표현할 수도 있겠다] 견디어내도록 해준다. 이는 미래가 우리가 체험한 실재인 **영**만큼이나 확실하기 때문이다. 그러기에 **영**이 신자들의 삶 속에 들어오심이 본질상 역동성과 체험이라는 성격을 지닌다는 점이 중요하다.[11]

■ 성령과 부활

바울의 종말론에서 "아직 아니"를 가장 두드러지게 보여주는 특징은 신자들이 몸으로 부활하는 일이다. 그러나 불행히도 학술 문헌들은 이 몸의 부활이라는 사실 속에서 **영**이 하는 정확한 역할을 다소 혼란스럽게 설명해놓았다. 이런 문헌들은 종종 **영**이 그리스도의 부활에서 중개자 역할을 했다고 가정하면서, 이런 가정을 전제로 **영**이 우리의 부활에서도 중개자

---

11) 뒤의 제14장에서 이 문제를 더 깊이 논한 내용을 보라.

역할을 한다고 주장한다. 이 주장은 본디 신학 차원에서는 아무런 난점이 없다. 그러나 주해 면에서는 상당한 난점들이 있다. 사실 이 문제와 관련하여 바울이 제시하는 입장은 철두철미하게 일관성을 띤다. 바울은 그리스도의 부활은 물론이요 우리의 부활도 분명 하나님이 하신 행위로 표현하면서, 때로는 이런 부활을 하나님의 능력에서 비롯된 일로 이야기한다.[12] **영**은 우리의 부활을 **중개하시는 분**이 아니라 **보장하시는 분**이다. 더욱이 마지막 날에 있을 부활은 무엇보다 종말론이 말하는 **영**의 마지막 임재라는 특징을 지닌 영역에서 일어난다. 때문에 바울은 **영**과 부활할 몸의 본질 사이에 지극히 긴밀한 연관이 있다고 본다. 이 각각의 문제들과 관련하여 몇 마디 덧붙여두고자 한다.

1. **영**을 부활의 중개자로 보는 그릇된 관념은 주로 몇몇 본문을 주해한 결과에 근거를 두고 있지만, 그 주해 결과는 모두 의심스럽다. 이런 본문들 가운데 으뜸이 로마서 8:11이다. 첫째, 이런 견해는 **영이 그리스도의 부활을 중개하셨기** 때문에 우리의 부활도 중개하실 것이라고 주장한다. 둘째, 이 견해는 로마서 8:11의 본문 전승 내력을 볼 때 후대의 본문임이 분명한 것을 원문이라 추정하여[13] 바울이 여기서 "**하나님이** 우리 안에 거하시는 **영을 통해 우리도 일으키시리라**"라고 말하는 것으로 만들어버린다. 그러나 로마서 8:11을 이렇게 이해하는 것이 타당한지 아주 의심스럽다.

a. 그리스도의 부활을 **영**이 하신 일로 이야기하는 주장이 빈번하긴 하지만,[14] 사실 바울 서신의 어떤 본문도 그렇게 이야기하지 않는다. 특히 로마서 8:11은 전혀 그렇게 말하지 않는다. 바울은 "그리스도를 일으키신 **영**이 너희 안에 거하시면"이라고 말하지 않았다. 오히려 그는 "**그리스도를 일으키신 그(하나님)의 영**이 너희 안에 거하시면"이라고 말했다. 바울이 강조

---

12) 살전 1:10; 고전 6:14; 15:15; 고후 4:14; 13:4; 살 1:1; 롬 4:24; 6:4, 8:11, 10:9, 골 2:12, 엡 1:20을 보라; 아울러 그리스도의 부활을 "신성 수동태"로 표현해놓은 본문들을 보라(살전 4:14; 고전 15:12; 고후 5:15; 롬 4:25; 6:9; 7:4; 8:34).

13) 이 문제와 관련하여 특히 롬 8:10-11을 다룬 부분 중 주205와 주231을 보라.

14) 참고 문헌을 살펴보려면, 롬 8:11을 다룬 부분 중 주233을 보라

하고자 하는 것은 **영**, 곧 "**그리스도를 일으키셨던 바로 그 하나님의 영이 우리 안에 거하시면**"이다. 그렇다면 이는 우리 자신의 미래와 관련하여 뭔가 중요한 것을 말하는 것이다[즉 그리스도를 일으키셨던 하나님의 **영**이 우리 삶 속에 임재하심은, 우리가 여전히 죽어야 할 운명이지만, 그래도 이 죽을 몸들 역시 "미래에 생명을 얻으리라는 것"을 보장해주는 것이다(10절)]. 따라서 특히 이 본문은 그리스도의 부활을 **영**이 중개하신 일로 말하지 않을 뿐 아니라, 오히려 그 반대로 바울이 늘 말하듯이 그 부활을 오로지 하나님이 행하신 일로 이야기한다. 그리스도의 부활을 **영**이 중개하셨다고 주장하는 견해가 로마서 8:11을 이처럼 잘못 읽어낸 견해를 뒷받침할 요량으로 열거해놓은 다른 모든 본문도 역시 모두 의심스럽다.[15] 그런 견해를 가장 잘 뒷받침한다고 볼 수 있을 만한 구절이 하나 있다. 고린도전서 6:14이 그것인데, 거기서 바울은 그리스도의 부활과 우리의 부활이 "하나님의 능력을 통해" 이루어졌고 이루어질 것이라고 말한다. 만일 바울이 **영**이 그리스도를 일으키셨다거나 **영**이 우리를 일으키실 것이라고 분명하게 말한 곳이 있다면, 이 본문이 말하는 "능력"은 얼마든지 **영**을 가리키는 말로 볼 수 있을 것이다. 그러나 바울은 어디에서도 그런 말을 하지 않는다. 때문에 고린도전서 6:14이 말하는 "능력"은 추상적 의미에서 하나님의 능력을 가리키는 말이며, 하나님이 죽은 자들을 다시 살리실 때 동원하시는, 그의 존재에 고유한 "힘"을 가리키는 말이다(참고. 엡 1:20).

b. 따라서 부활을, 이 경우에는 **우리의** 부활을 **영**이 하시는 일로 이야기하는 유일한 본문은 앞서 말한 로마서 8:11의 변형된 본문뿐이다. 그러나 이 변형된 본문은 바울이 적어놓은 본문을 분명 훼손한 것으로서, 더 뒤떨어지는 본문 전승의 지지를 받고 **더 쉬운 독법**(*lectio facilior*)을 대변한다. 이 더 쉬운 독법은 일부 사람들이 이 변형된 본문이 원문임을 주장하며 내세웠던 다양한 이유들을 근거로 필사자들이 만들어낸 본문이다. 그

---

15) 고전 6:14; 롬 1:3-4; 6:4; 8:23을 다룬 부분을 보라.

러나 바울 자신은 그가 가진 모든 신학적 시각과 완전히 일치하고 특히 10절의 강조점과 완전히 일치하는 본문을 기록해놓았다. 즉 우리 몸들이 죽을 운명인데도 이 몸들이 생명을 얻으리라는 것을 우리가 확신할 수 있는 이유는 우리 안에 거하시는 **영** 때문이라고 적어놓은 것이다. 따라서 이 문제를 다룬 다른 모든 본문과 마찬가지로 이 본문 역시 **영**을 우리 몸의 부활을 포함하여 우리 미래를 보장해주시는 분이라고 이야기한다. 이것이 바로 고린도후서 5:5이 구사한 "보증금"이라는 은유와 로마서 8:23이 구사한 "첫 열매"라는 은유가 분명하게 시사하는 의미다. 각 경우에 이 은유들은 우리 삶 속에 임재하신 **영**을 상징한다. 이 **영**은 우리가 마지막 날에 "입양, 곧 우리 몸의 구속"을 받으리라는 것을 확실하게 보장해주신다.[16] 따라서 마지막 날 이런 미래가 실현되는데 **영**이 중개자 역할을 하시리라는 것은 부인할 수 없다 할지라도, 바울이 시종일관 강조하는 것은 그것과 다른 점이다. 즉 바울은 (**영**이 중개자이심을 강조하지 않고 — 옮긴이) **영**이 마지막 날에 나타날 일을 포함하여 미래를 증명해주시는 증거요 보장해주시는 보증이심을 강조한다.

2. 그렇다면 우리는 우리가 부활할 때 가질 몸의 본질도 논의하지 않을 수 없다. 바울이 고린도전서 15:44-48에서 우리의 부활한 몸을 "**영**의 몸" (개역개정: 신령한 몸)이라고 줄기차게 부르기 때문이다. 우리가 앞서 이 본문을 주해할 때 말했듯이, 이 말은 이 몸들이 갖게 될 "실질"(substance)을 가리키는 말이 아니다. 여기서 바울은 이 몸들을 현재 우리가 지닌 몸으로서 물질로 이루어져 있는 몸들과 대비하려고 하는 것 같다. 그러나 바울은 현재 우리의 실존과 하늘에 속한 우리의 실존을 대조한다. 미래의 몸은 초자연성을 지니며, 우리가 결국 누리게 될 **영**의 삶에 적합한 몸이다. 이 몸은 현재 우리를 괴롭히는 어떤 약함에도 전혀 방해를 받지 않는다. 바울은, 그 나름대로, 또 고린도에 있던 자신의 반대자들이 구사하던

---

16) Pinnock, "Concept," 288-89 역시 같은 견해다.

언어와 상관없이, 이후에 빌립보서에서 우리 몸이 존재하는 두 가지 양식(樣式, mode)을 "우리의(우리가 현재 가진) 비천한 몸"과 하나님이 이 몸을 변화시켜 갖게 해주실 "그리스도의(그리스도가 현재 가지신) 영광의 몸"의 모양을 가진 몸으로 구별하여 말한다(빌 3:21). "영광의 몸"은 그의 "**영**의 몸"이요, 초자연적 변화를 거쳐 마지막에 완성될 **영**의 영역 속에 존재하게 된 몸이다. 그러므로 "몸의 부활"은 현재의 몸이 "**영**의 몸"이 되는 것과 관련 있다. 이 몸은 철저히 변화되어 장차 이르게 될 삶에 철저히 적응할 터이기 때문이다. **영**의 임재는 바로 이런 일을 보장해주시는 것이다.

이와 관련하여 우리는 마지막으로 바울의 종말론이 그리스로부터 전혀 영향을 받지 않았다는 점을 말해두고자 한다. 헬레니즘의 영향을 받은 종말론에서는 몸을 두 번째 지위로 격하시켰으며, 현재는 경멸하고 억눌러야 할 것이요 미래에 신자들이 참된 영성을 얻게 되면 결국 허물을 벗듯 벗어버리게 될 것으로 보았다. 고린도 사람들은 분명 이런 입장을 취했다. 바울은 그들에게 보낸 서신들 속에서 두 번이나 이런 사상을 공격한다. 고린도 사람들은 **영**을 현재 누리는 황홀경이요 하찮은 몸의 약점들을 초월하는 삶으로 보았으며, 이런 점에서 마지막 날 몸을 지닌 실존으로부터 완전히 해방되리라는 것을 증명해주는 증거로 보았다. 그러나 바울은 **영**을 분명 썩어져 가는 몸을 지닌 채 몸이 지닌 온갖 약점들을 갖고 살아가는 와중에도 삶에 능력을 부어주시는 분으로 이해했다. 그리하여 바울은 고린도후서 5:5에서 그가 고린도전서 15:35-58에서 천명했던 입장을, 다시 말해 **영**의 임재는 이 "썩어져 가는 몸"에 영원이라는 인이 찍혀 있음을 의미한다는 것을 재차 강조한다. 이 몸은 부활할 것이며 지금 영광을 받으신 그리스도의 몸과 같은 모양으로 변화할 것이다. 바울은 하나님이 "이를 위해 우리를 지으셨다"라고 주장한다. 아울러 그는 고린도 사람들이 승리주의에 빠진 시각으로 이해했던 **영**이 이 몸이 장차 "**영**에 속한"(=영광스러운) 미래를 맞으리라는 것을 보장할 목적으로 하나님이 주신 보증 내지 보증금이라고 주장한다.

결국 이 모든 증거를 고려할 때, **영**은 바울과 초기 교회가 지향하던 미래를 알려주는 핵심 요소라고 결론짓는 것이 타당하겠다. 신자들은 **영**의 임재를 통해 장차 임할 삶(생명)을 미리 맛보았고 그 삶이 완성될 지점을 지향하게 되었다. 그러나 비록 달리 시사하는 경우도 종종 있지만, 그래도 바울이 일차로 강조한 것은 **영**이 보장해주시는 확실한 미래, 신자들이 열렬히 기다리는 미래가 아니다. 분명 그런 미래를 강조하는 내용이 늘 있다. 그러나 그 내용의 본질을 살펴보면,[17] 바울이 강조한 것은 미래가 이미 시작되었음을 실증해주시는 **영**이다. 그가 핵심 문제로 여기던 사안[곧 **율법**으로부터 자유로운, 그러나 무법(無法)을 의미하는 게 아닌 이방인 선교]에서는 특히 그러했다. 이제 우리는 이 문제를 다루어보겠다.

성취된 약속인 성령

이방인 선교는 바울이 삶의 열정을 바친 일이었다. 그러나 바울은 이 선교를 단순히 "이방인들을 신자들로 만드는 일"쯤으로 치부하지 않았다. 오히려 그가 열정을 쏟아부은 일은 이방인들을 **율법**으로부터 자유롭고 유대인과 동등한 지위에 있는 하나님의 백성 속에 포함시키는 일이었다. 이를 통해 둘로 갈라진 하나님의 백성이 아니라 유대인과 이방인이 한데 어우러져 이루어진 한 하나님 백성을, "함께 한 목소리로 하나님 곧 우리 주 예수 그리스도의 아버지께 영광을 돌리는"(롬 15:6) 한 하나님 백성을 만들어내는 것이 바울이 평생 열정을 바친 일이었다. 우리는 바울이 갈라디아서 3장에서 제시하는 주장에 근거하여 그가 이방인들이 하나님 백성

---

17) 특히 바울이 쓴 서신들은 특정한 상황을 전제로 쓴 것들이요 단순히 가르침을 제시하기보다 잘못된 것들을 바로잡는 내용을 담고 있는 경우가 훨씬 더 많다는 점을 염두에 두어야 한다.

가운데 포함되는 것을 아브라함 언약(창 12:3)의 성취로 보았음을 안다. 바울은 로마서 15:9-12에서 구약 본문들을 잇달아 인용하면서, 이를 통해 로마서에서 자신이 제시한 주장을 마무리한다. 이 인용문들 역시 그가 이방인들이 하나님 백성 가운데 포함되는 것을 종말론적 성취와 관련지어 이해했음을 보여준다. 그런 점에서 바울이 **영**과 "약속"이라는 말을 동일시한 두 곳이 이방인들을 종말에 이루어질 하나님 백성 속에 포함시킨 문맥 속에 자리해 있다는 것은 놀라운 일이 아니다[갈 3:14(참고. 21-22절); 엡 1:13-14]. 바울이 **영**을 "소망"이라는 말과 직접 결합시킨 두 곳도 역시 비슷한 문맥에서 등장한다(롬 15:13; 엡 4:4).

▪ 성령과 이방인 포용

이와 관련된 핵심 본문은 갈라디아서 3:14이다. **영**의 약속을 아브라함의 복과 동일시하기 때문이다. 물론 아브라함의 복을 언급한 구약 본문에서는 **영**을 일체 언급하지 않는다. "아브라함의 복"은 "약속"이라는 형태로 왔다. 이 때문에 바울은 "약속"이라는 말을 이 주장을 펼치는 내내 아브라함의 복을 가리키는 말로 사용한다. 이 갈라디아서의 주장에서 아주 중요한 것은 하나님이 이방인에게도 약속하셨던 이 복의 성취를 이방인들이 **영**을 살아 있고 역동성이 넘치는 실재로 체험한 사실에서 발견하려 한다는 점이다. 따라서 아브라함의 복은 단순히 "믿음으로 말미암아 의롭다 하심을 얻음"에 그치지 않는다. 오히려 그 복은 유대인과 이방인이 다 같이 누릴 수 있게 된 종말의 삶(생명)을 가리킨다. 그리스도의 죽음은 이 삶을 가져다주었고, **영**의 역동적 사역은 이 삶을 현실로 이루어주었다(이 모든 일은 믿음으로 말미암아 이루어졌다).

마찬가지로 에베소서 1:13-14에서도 바울은 자신의 이방인 독자들에게 하나님이 그들에게도 "약속의 성령"(=이스라엘에게 약속하셨던 성령)을 주심으로써 그들에게도 당신 소유임을 나타내는 인을 찍으셨다고 확실히 일러준다. 하나님은 같은 표지를 사용하셔서 유대인과 이방인이 마지막 날에 똑같이 유업을 받으리라는 것을 보장해주셨다. **영**은 하나님이 **우리가** (유대인과 이방인이 함께) 받을 유업을 보장해주신 "보증금"이기 때문이다. 그리하여 바울은 "우리"(=유대인)가 그 유업을 얻었다고 표현했다가 소리 소문 없이 대명사를 바꾸어 "너희"(=이방인)가 "약속하신 성령"으로 인을 받았다는 말로 옮겨간다. 이를 통해 그는 **영**이 곧 하나님이 "우리"가(= 유대인과 이방인이 함께) 마지막 날 받게 될 유업을 보장해주시는 보증임을 밝힌다. 이것은 종말론의 언어다. **영**이 곧 "성취된 약속"이라는 것은 하나님이 종말에 베푸시는 구원이 이제 이르렀음을 확증해준다. 유대인과 이방인은 그들이 인내하며 고대하던 유업을 함께 받았다. 바울은 다른 곳에서(롬 2:29) "'겉'이 유대인인 자가 유대인이 아니다"라고 말한다. 아울러 그는 진정한 할례란 인체의 살을 잘라내는 것을 말하는 게 아니요, "문자가 아니라 **영**으로 하는 것"이라고 말한다. 바울은 이것 역시 마지막 때 있을 약속의 성취와 관련 있다고 보는데, 이번에는 하나님이 새로운 하나님 백성의 마음에 할례를 베푸시겠다고(히브리어 본문을 그대로 번역하면, "마음을 베시겠다"라고―옮긴이) 약속하셨던 신명기 30:1-6이 이루어진 것으로 본다.

소망이라는 언어도 마찬가지다. 바울이 에베소서 4:1-3에서 관심을 갖는 것은 그의 독자들이 "**영**이 이뤄주신 통일성을(유대인과 이방인이 똑같이 한 하나님 백성이 되게 해주신 것을) 유지하는 것"이다. 이어 바울은 4절에서 한 **영**이 이뤄주신 한 몸이 그들이 받은 부르심의 한 소망 속에서 살아간다고 말한다. 이는 **영**으로 말미암아 이방인도 유대인과 더불어 마지막 날 유업을 물려받을 공동 상속인이 되었기 때문이다(1:13-14). 또 바울은 (로마서 15:12에서―옮긴이) 그리스도가 이사야 11:10의 성취이심을(이제 이방인도 그리스도 안에서 소망을 갖게 되었다고) 언급한 다음, 로마서 15:13에서 그의 독자 중 대다수를 차지하는 이방인들에게 "**영**의 능력으로 말미암아 (이런) 소망이 넘치기를" 기도하며 글을 맺는다. 결국 바울은 **영**을 종말에 이방인도 하나님 백성 가운데 포함되리라는 약속이 지금 이루어질 수 있게 해준 핵심 요인(要因)으로 본다.

▪ 성령과 새 언약

바울은 자신이 과거와 현재를 옛 언약 및 새 언약과 관련지어 대조한 본문들에서 방금 말한 주제를 조금 다른 방식으로 다시 끄집어낸다.[18] 하지만 이제는 이방인이 하나님 백성 안에 포함되었다는 사실 자체가 아니라, **그들이 토라와 아무 상관없이 하나님 백성 안에 포함되었다**는 점을 강조한다. 토라는 옛 언약에서 언약 백성의 "정체성을 나타내는 표지" 역할을 했다. 이제 바울은 갈라디아서에서 오직 **영**만이 새 언약 아래 있는 하나님의 백성을 규정한다고 주장한다. 바울은 토라도 **영**의 감동을 통해 왔다는 점에서 "**영**에 속한 것"으로 여긴다(롬 7:14). 또 토라는 영광과 함께 왔다(고후 3:7). 하지만 옛 언약인 **율법** 언약이 실패한 것은 이 언약에 능력을 주시는 **영**이 함께하시지 **않았기** 때문이다. 실제로 옛 언약은 돌로 된 판들에 기록되었다. 바울은 이를 옛 언약의 "죽음"을 상징하는 것으로, 즉 사람들을 자유롭게 해줄 수 없는 무능력을 표상하는 것으로 받아들인다. 그는 옛 언약이 "문자" 언약(=단순히 순종을 요구하는 성문 법규)으로서 죽음으로 인도하는 것이 되었으며(롬 2:29; 7:6; 고후 3:5-6), 모세의 얼굴을 덮어 시들어가는 영광을 가려주었던 것과 같은 베일이 이제는 낭독되는 옛 언약을 듣고 있는 모든 이들의 마음을 덮고 있다고 말한다(고후 3:14).

이와 달리 새 언약은 생명을 주시는 **영**을 통해 "사람들의 마음판들"에

---

18) 고후 3:1-18; 3:6; 갈 4:23-29; 롬 2:29; 7:6을 논한 내용을 보라. 언약이라는 언어가 **영**과 직접 연계하여 등장하는 곳은 오로지 고후 3장뿐이다. 그러나 이 둘은 갈 4:29에서도 24절을 매개로 삼아 긴밀하게 연결되어 있다. 롬 7:6이 사용한 언어인 "**영**의 새것 / 문자의 옛것"은 옛 언약과 새 언약을 암시한다. 이는 롬 2:29이 신 30:6을 되울려주는 것과 마찬가지다.

기록되었다(고후 3:3). 이제는 "할례" 의식도 "마음에" 이루어진다(롬 2:29). 복음과 복음을 섬기는 사역에는 훨씬 더 크고 훨씬 오래 가는 영광이 함께한다. **영** 바로 그분의 사역이기 때문이다(고후 3:8). 새 언약은 생명을 준다. **영**이 이 언약의 내용을, 다시 말해 그리스도를, 실행해주시기 때문이다. 우리는 **영**으로 말미암아 주의 영광을 본다[그리고 주의 영광으로 변화되어 간다(고후 3:4-18)]. 하나님이 약속하신 새 언약이 옛 언약을 대체했다. **영**이라는 선물은 이를 증명하는 증거다.

물론 이런 시각을 이야기할 때 결코 빠뜨릴 수 없는 사실이 있다. 그건 바로 바울이 **영**이라는 선물을 이전에 에스겔 36:36-37:14에 비추어 읽었던 것처럼 예레미야 31:31-34이 말하는 새 언약의 약속에 비추어 이해했다는 것이다. 새 언약이 주어진 이유는 옛 언약이 진정 의미 있는 의, 곧 순종하는 마음에서 우리나오는 의를 이뤄내는 데 실패했기 때문이다. 옛 언약은—마치 하나님의 백성을 규정하는 표지가 할례와 절기 준수와 음식법이라도 되는 것처럼—주로 준수할 것들로 표현되었다. 구약성경 자체는 하나님이 토라를 주셨던 의도가 당신 백성이 예배하고 살아가는 모습을 통해 당신의 성품이 그대로 드러나게 하는 데 있었기 때문에 **영**의 긴요한 역할이 필요했음을 명명백백하게 일러준다.[19] 하나님이 새 언약의 일부로 약속하셨던 **영**은 옛 언약이 요구했으나 만들어내지는 못했던 의를 이뤄낼 존재였다. 이제는 유대인과 이방인이 함께 마지막 때의 **영**을 체험했다. 그것도 토라와 전혀 상관없이 체험했다. 결국 **영**은 하나님이 약속하셨던 새 언약이 마지막 때에 이루어진 것이다. 이 **영**은 이방인이 토라와 상관없이 하나님의 백성에 포함되었다는 것이 쟁점이 될 때마다 바울이 제시하는 논증에서 아주 중요한 역할을 한다.[20]

---

19) 가령 이런 내용을 담은 수십 개 본문 가운데 가장 강력한 호소를 담은 사 58장을 보라.

20) 고후 3:1-4:6(참고. 11:4); 갈 3:1-4:7; 4:29; 5:1-6, 13-24; 롬 7:4-6; 8:1-30; 빌 3:2-3을 논한 내용을 보라.

성령과 토라

종말의 **영**이라는 선물은 토라를 **대신하는** 새 언약의 요소요 토라의 "의로운 요구"를 이뤄내는 새 언약의 **성취**다. 또 이 **영**은 우리가 바울을 연구할 때 끈질기게 우리를 괴롭히는 또 한 가지 문제를 풀 수 있는 실마리다. "**율법**을 바라보는 바울의 견해를 어떻게 이해해야 하는가?"[21]가 바로 그 문제다. 여기가 우리가 부닥친 주된 난제이자 반대 의견이 줄지어 서 있는 곳 중 하나다. 이 난제는 우리가 바울이 쓴 여러 본문을 읽으며 느끼는 긴장에서 비롯된 것이다. 이 본문들은 한편으로는 **율법**을 마치 끝장난 것처럼 아주 경멸하는 투로 이야기하다가도, 다른 한편으로는 토라를 선한 것이요 "믿음이 확증해주는 것"으로 긍정하기도 한다. 심지어 이렇게 상반된 말들이 동일한 문맥에서 등장하는 경우도 가끔 있다. 다른 곳과 마찬가지로 여기서도 바울 서신에서 볼 수 있는 연속성과 불연속성이 복잡하게 얽혀 있다.

그리하여 바울은 우선 **율법**이 죄를 알려준다거나(롬 3:20; 7:7-12) 혹은 "죄를 불러일으킨다"(7:5)라고 말한다. 실제로 **율법**이 "더하여짐으로써 죄가 늘어났다"(5:20). **율법** 아래 있는 것은 옥에 갇힌 것이요 종살이하는 것이다(갈 3:23; 4:1). 죄가 늘어나자, 이는 정죄로 이어졌다(고후 3:9). 그러나 **율법**은 이런 모습을 보면서도 아무것도 할 수 없었다(롬 7:14-25; 8:3). 이런 이유로 **율법**은 결국 생명이 아니라 죽음을 낳는 것이 되고 말았다(고후 3:6; 갈 2:19; 롬 7:5, 9). 따라서 토라 준수를 장려하는 사람들은 "몸을 상하게 하는 자들"에 속한 이들이다(빌 3:2). 이들은 그리스도의 원수다. 바울은 이들이 제 갈 길로 가서 스스로 자신을 잘라버리길 원한다(갈 5:12).

---

21) "바울과 **율법**"과 관련된 쟁점들과 이를 다룬 논쟁을 소개해주는 유익한 문헌을 보려면, 특히 S. Westerholm, *Israel's Law and the Church's Faith: Paul and his Recent Interpreters*와 F. Thielman, *From Plight to Solution: A Jewish Framework for Understanding Paul's View of the Law in Galatians and Romans* (NovTSup 61; Leiden: Brill, 1989), 특히 제1장과 제2장을 보라.

결국 토라의 시대는 그리스도와 **영**이 오심으로써 막을 내렸다(롬 10:4; 갈 5:18, 23). 이 모든 본문은 분명 불연속성을 강조한다.[22]

그런가 하면 바울은 **율법**을 "거룩하고" "**영**에 속한 것"으로 보면서, **율법**이 요구하는 것들도 "거룩하고 의롭고 선하다"라고 말한다(롬 7:12, 14). 유대인이 가진 한 가지 이점은 그들에게 "하나님이 하신 바로 그 말씀이 맡겨졌다"는 점이다(롬 3:2; 참고. 9:4). 바울은 이 말씀이 여전히 하나님 백성에게 권위를 가진다고 거듭거듭 호소한다. 그리하여 그는 "믿음이 **율법**을 폐하지 않고", 도리어 믿음이 "율법을 굳게 세운다, 다시 말해 든든히 지지해준다"라고 말한다(롬 3:31). 할례가 아무 소용이 없는 것이라면, 그것을 두고 "하나님의 계명"이라 말할 수 없을 것이다(고전 7:19).

그렇다면 우리는 이런 다양성을 어떻게 조화시킬 것인가?[23] 예로부터 이런 다양성을 조화시킬 방도는 줄곧 신학적 차원에서 찾아왔다. 그리하여 하나님과 올바른 관계에 설 수 있는 수단이었던 **율법**이 그 수명을 다하자 그리스도를 믿는 믿음이 이 **율법**을 대신했다고 보아왔다. 이 전통적 견해에도 상당한 진실이 담겨 있기는 하다. 하지만 여러 사람이 보여주었듯이, 이런 견해는 구약을 다소 빈약하게 읽어내는 경향이 있다. 마치 구약 시대에는 "**율법**을 지키는 것"이 하나님의 은총을 얻는 방법**이었던** 것처럼 이야기하기 때문이다.[24] 이런 견해를 살펴본 다른 학자들은 바울이 이해한

---

22) 실제로 바울과 율법을 다룬 많은 문헌은 바울 같은 유대인이 어떻게 하여 토라를 향해 그런 비유대인 같은 정서를 가질 수 있었는지 설명해야 할 필요가 낳은 산물이다.

23) 물론 이런 식으로 질문하는 것은 이 문제들을 조화시킬 수 있다는 가정 아래 하는 것이다. H. Räisänen, *Paul and the Law* (Philadelphia: Fortress, 1986)은 견해를 달리한다.

24) E. P. Sanders는 구약 시대 유대교뿐 아니라 바울 당대의 유대교도 마찬가지였다고 주장했다. 즉 그는 기독교회가 바리새인을 논박한 예수와 바울의 시각으로 당대의 유대교를 바라본 나머지 그 시대 유대교가 내세운 주요 주장을 놓쳐버렸다고 주장했다. 그러나 이 문제는 아직도 결론이 나지 않았다. Sanders와 그 전후의 다른 학자들이 다소 한쪽에 치우친 채 때로는 왜곡된 시각으로 유대교를 바라봄으로써 많은 교정을 필요로 했던 견해를 바로잡아순 것만은 의심할 수가 없다. 그러나 다른 학자들이 지적했듯이, 예수와 바울의 유대교 논박은 진공 상태에서 이루어진 게 아니다. 또 **율법** 지킴을 하나님의 은총을 얻는 방편 혹은 하나님과 인간의 관계를 확보하는(안전하게 유지해가는) 방편으로 이해한 견해도 실상 일부 랍비들 속에서 발견할 수 있다.

율법을 "언약(적) 율법주의"(covenantal nomism)라는 관점에서 이해했다.[25] 이 관점에 따르면, 당대의 많은 유대인들은 **율법**을 유대 민족만이 가진 것이자 그 종교와 관련된 것으로, 이방인들과 구별하여 하나님 백성의 정체성을 규정해주는 표지로 보았다. 이 견해는 "경계를 나타내는 표지"인 **율법**은 끝이 났어도 구약은 계속하여 바울에게 권위를 갖고 있었다고 본다. 다시 말하지만, 이 견해는 **율법**이 당대 유대교에서 차지하는 의미(중요성)를 일부나마 이해하는 데 도움을 준다는 점에서 유익한 점이 있다. 하지만 이 견해가 바울이 전제했던(그리고 빈번히 표현했던) **율법**의 강렬한 종교적 본질을 제대로 다루었는지 의문이 든다.

나는 이 모든 것을 해결할 방안으로 바울의 이해 속에서 **율법**이 차지하는 역할을 더 진지하게 받아들일 것을 제안한다. 요컨대 바울이 이 문제를 주로 다룬 한 서신(갈라디아서)에서 제시하는 주장의 핵심도 "믿음으로 의롭다 하심을 얻음"이 아니라 하나님이 약속하셨던 종말의 **영**을 체험한 일이다. 물론 앞에서 말한 논쟁과 관련하여 볼 때, 이 갈라디아서가 다루는 토라 준수 문제는 (특히 할례와 음식법과 절기 준수라는 형태로) "유대인의 정체성을 규정하는 표지" 역할을 하는 **율법**을 훨씬 더 비중 있게 다룬 것이다. 그러나 갈라디아서에서 바울이 다루는 내용은 분명 그것에 국한되지 않는다. 바울은 "**영**의 인도를 받는 사람들은 토라 아래 있지 않다"(갈 5:18)라고 말한다. 바울은 **영**이 훌륭하게 토라에 마침표를 찍었다고 본다. **영**이 오심으로 말미암아 하나님이 종말에 이루겠다고 말씀하셨던 약속이 이루어졌기 때문이다. 이는 새 언약의 시작과 옛 언약의 종언을 알리는 신호였다. 바울이 그렇게 보는 또 한 가지 이유는 **영**이 토라가 이뤄내

---

25) 이 언어는 Sanders로부터 유래한 것으로서 **율법**을 언약과 관련하여 주어진 선물로 보는 이해를 반영한 것이다. 이 견해는 사람이 **율법**을 지킴으로써 하나님의 은총을 얻으려고 한 게 아니라, 이미 하나님의 은총을 체험했기 때문에 이제는 하나님의 길로 행하고자 노력했다고 본다. 하지만 지금 여기서 서술한 내용은 Dunn으로부터 가져온 것이다. Dunn도 Sanders의 견해를 이런 방향으로 받아들였다. Dunn, *Jesus, Paul and the Law*에 들어 있는 논문들, 특히 제6, 7, 9장을 보라.

지 못했던 의를 충분히 이뤄주시기 때문이다. 즉 **영**은 "**영**으로 행하는 우리 안에서 토라의 의로운 계명이 이루어지게"(롬 8:4) 하신다. 따라서 **모든 형태의 토라 준수**가 끝을 맞았다. 그 토라 준수가 "유대인과 이방인의 경계를 정해주는 표지"이든지, "안식일 준수"든지, 아니면 종교적 차원에서 이해한 다른 어떤 "**율법**의 행위"이든지 상관없었다. 바울은 이 모든 것이 그리스도 예수를 믿는 믿음이 아니라 **율법**을 "행함"에 근거한다고 본다. **영**과 더불어 하나님이 약속하시고 "내가(하나님이) 내 **영**을 네 속에 두어 너희가 내 규례를 따르게 할"(겔 36:27) 새 언약이 도래했다.

따라서 불연속성은 토라 준수의 영역에 존재한다. 토라를 하나님 백성의 정체성을 규정하는 표지로 활용하거나 우리와 하나님의 관계를 규정하는 표지로 활용하는 문제에서는 불연속성이 존재한다. 연속성은 **영**이 하나님 백싱을 하나님의 길로 이끄셔서 무엇보다 토라의 의도를 드러내는 방식으로 살아가게 하심으로(즉 하나님의 이름을 위하는 백성, 하나님을 닮은 성품을 지니고 그들의 행위로 이런 성품을 드러내는 백성을 만들어내심으로) 토라를 "온전히 이루심" 속에 존재한다. 따라서 **율법**을 바라보는 바울의 견해를 이해하는 핵심 열쇠는 마지막 때의 **영**이라는 선물이다.[26] **영**의 열매는 다름이 아니라 **영**이 우리 삶 속에 "하나님의 의"(=하나님의 특성인 의)를 가져다주시는 것이다. 이런 일이 벌어질 때 토라가 이루어진다. 토라는 실제로 어떤 목적을 갖고 있었느냐와 상관없이 폐물이 되어버리지만, 바로 그렇게 폐물이 됨으로써 토라가 이루어지는 것이다. 하지만 구약 이야기의 일부인 토라는 결코 폐물이 되지 않는다. 우리의 이야기도 그런 구약 이야기의 연속이다. 이런 의미에서 이 "두 시대 사이에 있는" 실존이 이어지는 한 토라도 이어질 것이다(그러나 이제는 의를 이루는 수단이나 정체성을 나타내는 수단으로서 존속하는 게 아니라, 우리에게 "하나님의 의"를 일러주는 수단으로서 존속할 것이다). **영**은 지금 우리의 삶 속에서 "하나님의 의"를 이뤄

---

26) 참고. Hamilton, *Holy Spirit*, 30; Pinnock, "Concept," 196.

낸다. 이는 종말론이 말하는 미래가 현재 나타난 것이다.[27]

물론 바울은 현실주의자이기도 하다. 토라가 의도했던 의를 이뤄내심으로 토라를 대체한 **영**이 오신 일은 그 자체가 "이미"이자 "아직 아니"다. 즉 **영**이 오신 것은 하나님의 완전하심이 시작되었다는 뜻이 아니라, "하나님의 감화"가 시작되었다는 뜻이다. 이제 우리의 삶은 먼저 **율법**을 행하도록 영감을 불어넣으시는 분이 인도하신다. 그러나 이것이 곧 하나님의 백성이 "잘못에 사로잡힐" 수 없다는 의미는 아니다(갈 6:1). 이렇게 "두 시대 사이에서" 살아가며 하나님의 "의로운 요구"를 어기는 이들이 존재하는 게 현실이다. 이런 문제를 해결할 길은 하나님의 **영**을 받은 나머지 사람들이 그런 이를 **영**의 온유함으로 회복시켜주는 것이다. 이것은 용서와 은혜(자비)를 뜻한다. 그러나 그렇다고 그가 계속하여 죄 가운데 살아가도록 내버려둔다는 말은 아니다. 그렇게 내버려두는 것은 마치 현세의 삶에서는 실상 **영**만으로는 부족하다는 말과 같을 것이다. 이런 이유 때문에 우리는 이제 **영**과 "육"을 다루게 된다.

육에 맞서는 **영**[28]

마지막 때의 **영**이라는 선물, 특히 "이미"인 현재에 변화된 태도를 갖고 변화된 행위를 행하도록 능력을 부어주시는 **영**은 바울이 구사하는 유명한 대조인 κατὰ σάρκα(*kata sarka*, "육을 따라")와 κατὰ πνεῦμα(*kata pneuma*, "영을 따라")를 이해하는 데 중요한 실마리가 되어준다. 신약학자들이 구사

---

27) 이런 다양한 결론들을 이끌어낸 주해를 보려면, 고후 3:1-8; 3:4-6; 7-11; 갈 3:1-5, 14; 4:4-7, 29; 5:5-6, 13-15, 18, 19-23; 롬 2:29; 7:5-6, 14, 18; 8:1-2, 3-4; 12:1-2; 빌 3:3을 논한 내용을 보라.

28) 고후 5:14-17; 10:2-3; 12:7; 갈 3:3; 4:29; 5:13-6:10; 롬 7:4-6, 14, 18; 8:3-4, 5-8, 12-13; 13:11-14; 빌 3:3을 논한 내용을 보라.

하는 수사를 보면 이 말들이 자주 등장하는 것으로 믿게 되지만, 실상은 그렇게 자주 등장하지 않는다.[29] 하지만 이 문구들은 현재 마지막 때를 살아가는 우리의 실존을 바라보는 바울의 이해의 핵심에 자리한 것을 많이 포착한다. 실제로 "육"이라는 말은 본디 인간론에서 사용하는 용어이지만, 바울은 이 두 문구를 주로 그리고 본질상 종말론과 관련지어 사용한다. 이 문구들은 두 종류의 실존을 묘사한다. 하나는 지나가는 현세에 속하고 이 현세의 제약을 받는다. 다른 하나는 그리스도와 **영**으로 말미암아 종말에 우리가 갖게 된 새 실존을 묘사한다.

바울의 견해에서 근간을 이루는 것은, 토라 준수의 경우와 마찬가지로, 육의 시대가 끝났다는 것이다. 육을 따라 살아가는 것은 우리의 실존이 그리스도 **이전에**, 그리스도 **밖에** 속해 있음을 의미한다. 이 삶은 "**영을** 따라 살아가는" 삶과 철저히 대립한다. 따라서 바울은 항간의 의견과 달리 (그리고 많은 학자들이 주장하는 견해와 달리) **영** 안에서 살아가는 삶을 대개 육이 승리를 거두곤 하는 육과 **영** 사이의 끊임없는 투쟁으로 바라보지 않는다. 사실은 그런 투쟁이 하나님의 많은 선량한 백성이 겪는 체험일 수 있다. 그러나 바울 신학에 따르면, 그들은 그런 실존(즉 육과 **영**이 끊임없이 투쟁하면서 대개 육이 승리를 거두는 실존 – 옮긴이)에서 아무런 위안도 발견하지 못할 수 있다. 그렇다고 바울의 견해가 승리주의를 대변하는 것도 아니다. **영**으로 사는 사람들은 육 안에서 살아가는 옛 삶으로부터 전혀 유혹도 받지 않고 그런 유혹에 굴복하지도 않는다고 보는 것은 바울의 시각이 아니다. **영** 안에서 살아가는 사람들도 그런 유혹을 받고 그런 유혹에 굴복하기도 한다. 그래서 지금도 용서가 존재하는 것이요 은혜로운 회복이 존재하는 것이다. 내가 말하려는 요점은 간단하다. **바울은 어디에서도 영 안에서 살아가는 삶을 육과 끊임없이 투쟁하는 삶으로 묘사하지 않는다.**[30]

---

29) 이 문구들은 대체로 갈 5:13-6:10(참고. 4:29에 있는 유비); 롬 8:3-17; 빌 3:3에서 발견할 수 있다.

30) 갈 5:13-15, 16-17, 19-23, 24-26; 6:7-10; 롬 7:4-6; 8:4, 5-8; 13:11-14; 빌 3:3을 논한 부분

바울은 단순하게 그 문제를 이야기하지 않는다. 바울이 그렇게 말하는 것처럼 보이는 곳들도 그 속내를 살펴보면, 우리가 "이미 그러나 아직 아니"라는 실존으로 살아가는 현재에도 **영으로 충분하다**는 것이 그가 주장하는 요지다. 따라서 바울은 "육을 따라"라는 언어를 지나가는 이전 시대의 시각과 행위를 묘사하는 말로 받아들인다. 육을 따라 사는 사람들은 하나님 나라를 유업으로 받지 못할 것이다(갈 5:21). 반면 우리는 이미 새 시대, **영**으로 족하고 모든 면에서 **영**이 육과 대립하는 시대에 들어섰다.

핵심 본문들(갈 5:17과 롬 7:14-25)을 주해한 결과는 이것이 바울의 시각임을 증명해주며 이 시각을 여기서 되풀이할 필요가 없음을 증명해준다. 오히려 바울이 "육"이라는 말을 어떻게 사용하는지 간단히 살펴본 뒤,[31] 주해 결과로부터 이 문제를 바라보는 바울의 시각을 반영한 증거를 몇 줄 취합하여 제시해보겠다.[32]

■ 바울이 말하는 σάρξ의 뜻[33]

여기서 결국 문제가 되는 것은 두 가지이며, 이 둘은 서로 연관되어 있다. (1) 바울이 σάρξ라는 말을 주로 인간론 용어로 사용하는가 아니면 종말론 용어로 사용하는가, 아니면 인간론과 종말론이 결합된 어떤 의미를 가진 말로 사용하는가가 첫째 문제요, (2) 바울 서신에서는 이 말이 던(Dunn) 의 주장대로 보통 **도덕적** 경멸을 시사하는 의미를 담고 있는 말인가가 둘

을 보라.

31) 이 경우에는 특히 Dunn이 그의 "Jesus-Flesh and Spirit"에서 제시한 분석에 근거하여 살펴보겠다. 요 근래에는 Menzies, *Development*가 Dunn의 견해를 따른다.

32) 이 본문들을 주해할 때 말했듯이, 근래 나와 반대되는 견해를 가장 강력하게 옹호한 인물이 Dunn이었다. 따라서 여기서 내가 말하는 내용 중에는 Dunn의 저작에 대한 답변 형태를 띤 것이 많다.

33) 이 문제를 살펴보려면, E. Schweizer, et al., *TDNT* 7.98-151; A. C. Thiselton, *NIDNTT* 1,671-82을 보라(더 자세한 참고 문헌을 보려면, Thiselton, 682를 보라).

째 문제다.[34]

이 문제를 탐구하기 시작할 장소는 구약성경이다. 바울의 용례가 이 구약 본문에 기원을 두고 있기 때문이다. 히브리어 בָּשָׂר(basar)는 주로 몸의 살을 가리키나, 이런 의미를 참작하여 때로는 몸 자체를 가리키는 말로 사용하기도 한다. 또 몇몇 경우에는 이 말을 인간이 연약하며 피조물이라는 것을 묘사하는 말로 확장하여 사용하기도 하는데, 이럴 경우에는 늘 창조주 하나님과 대비하여 사용한다. 그리하여 모든 생명체, 그중에서도 특히 인간을 가리키는 표현으로 "모든 육"이라는 말을 보통 사용하는데, 이때 "모든 육"은 "모든 피조물"을 의미한다. 시편 기자는 하나님을 향한 자신의 신뢰에 근거하여 "육이 내게 무엇을 할 수 있겠습니까?"(시 56:4)라고 묻는다. 이는 하나님이 자신을 보호해주시는 이상 하찮은 인간이 자신에게 무슨 일을 서시를 수 있겠느냐는 뜻이다(참고. 렘 17:5). 욥은 격심한 고통 속에서 하나님께 이렇게 묻는다. "당신은 육의 눈을 갖고 계십니까? 당신도 사람이 보듯이 보십니까?" 이런 식으로 사용한 "육"은 "중립적" 용어도 아니요, 도덕과 관련된 의미도 함축하지 않는다. 또 이 "육"은 경멸하는 말도 아니다. 도리어 이 말은 피조물로서 인간이 지닌 나약함과 연약함을 표현한다. 히브리인들은 죄가 육 안에 있다는 생각을 하지 못했을 것이다. 그들은 죄가 인간의 "마음"에서 비롯된다고 보았기 때문이다.

바울은 σάρξ를 이 말이 본디 가진 의미, 곧 육신을 가리키는 뜻으로 거의 사용하지 않는다. 그러나 그는 이 말을 확장된 의미로 사용하여 이런저런 식으로 우리의 인성(人性, 우리가 인간이라는 것)을 가리키는 말로 활용한다. 그리하여 그는 "κατὰ σάρκα(육을 따라 난) 이스라엘"(고전 10:18)이라는 말을 쓰거나, 아브라함을 κατὰ σάρκα 우리 조상으로 부르거나(롬 4:1), 예수가 κατὰ σάρκα 다윗의 혈통에서 나셨다고 말하기도 한다(롬 1:3). 이

---

34) Dunn은 사실 고전 10:18에서 σάρξ가 기본적으로 "중립적" 의미를 갖는다고 본다("Jesus," 47). 그러나 실상 그의 논문은 바울 서신에서는 "육"이 늘 경멸하는 의미를 담고 있다는 견해를 밀어붙인다.

말들 가운데 어떤 것도 경멸하거나 폄하하는 말이 아니다. 오히려 이 말들은 "사람의 차원에서 말하면"이라는 뜻이다.[35] 바울은 같은 식으로 현재 인간의 삶을 여전히 "육 안에 있는" 것으로 인식한다(가령 갈 2:20; 고후 10:3). 그러나 여기에는 도덕적 경멸을 표현하려는 의도가 전혀 담겨 있지 않다.[36]

바울은 그가 생각하는 "육"의 독특한 의미를 전제로 κατὰ σάρκα("육을 따른") 삶과 κατὰ πνεῦμα, 곧 **"영**을 따른" 삶이 서로 대립하는 것으로 본다. 이런 독특한 의미는 결국 제2성전 시대로부터 유래한 것이다. 제2성전 시대에는 "육"의 확장된 의미를 훨씬 더 고양된 방식으로 활용하는 경향이 있었다. 그 결과 "육"은 우주론과 인간론에서 말하는 이원론의 한 부분을 이루게 되었다.[37] 그러나 바울은 이런 개념에 자신만이 가진 독특한 인(印)을 찍어놓았다. 이 인은 현재 우리의 삶을 무엇보다 종말론과 관련지어 보는 그의 이해에 근거한다. 하나님은 그리스도와 **영**의 사역을 통해 다가올 시대, 메시아의 시대를 열어놓으셨다. 바울은 이런 사실을 증명하는 주요 증거가 종말의 **영**이라고 본다. 때문에 그는 현재 종말의 실존을 "**영**과 일치하는/**영**을 따르는" 실존으로 쉽게 묘사할 수 있었다. 현재의 실존을 이런 식으로 묘사하는 것과 자연스럽게 대조를 이루는 말이 옛 시대에 속한 삶을 "육과 일치하는" 삶으로 묘사한 말이다. 그러나 이제 육은

---

35) 이것이 이 주제를 다룬 글을 쓴 거의 모든 학자들의 견해다. 분명 이들의 견해가 옳다. Dunn은 이런 말들 역시 도덕적 차원에서 경멸하는 의미를 함께 갖고 있다고 보려 한다("Jesus-Flesh and Spirit," 44-47). 그러나 이런 주장은 데이터에 근거한 주의 깊은 논증이라기보다 자신의 절대 확신이 명령하는 대로 말한 것일 뿐이다. 앞에서 롬 1:3을 논한 내용을 보라. 불행히도 Dunn은 "연약함, 나약함"과 "도덕적 경멸"을 혼동한다. 이런 혼동은 결국 지상에서 사시던 동안의 예수도 경멸의 대상으로 이해하는 결과를 낳았다. 이런 이해는 바울을 이해하는 데에도 영향을 미쳐, Dunn은 인간의 "약함"과 "고난"이 결국 "육"=인생이 가진 "죄"라는 측면에 근거한 것으로 이해한다. 그가 롬 7:14이나 18절 혹은 갈 5:17을 이런 본문들이 자리한 바울 서신 내부의 문맥 속에서 다루는 데 실패한 것은 그의 그런 이해도 한몫 거든 것 같다.
36) 이 경우에도 Dunn, "Jesus," 49은 견해를 달리한다. 그는 이 경우에도 바울이 도덕적 경멸을 표현한다고 주장하지만, 바울 서신의 문맥 자체에서 나온 증거는 전혀 제시하지 못한다.
37) 이 문제를 살펴보려면, Meyer/Schweizer, *TDNT* 7.110-24을 보라.

단순히 창조주 하나님의 반대편에 있는 **피조물**인 인간을 가리키는 말이 아니다. 도리어 육은 **타락**한 채 우리가 상상할 수 있는 모든 면에서 하나님을 철저히 적대시하는 피조물인 인간을 가리킨다. 그 결과 처음에는 순전히 육신을 가리키는 인간론 용어로 출발했던 말이, 이제는 신학적 의미를 더 함축한 인간론 용어로(인간이 "피조물"이기에 연약한 존재임을 의미하는 말로) 발전했다가, 결국 바울에 이르러 철저히 종말론 색채를 띠는 독특한 용어로 발전하게 되었다. 이런 이유로 σάρξ를 "죄로 가득한 본성"(sinful nature)[38]으로 번역하면, 바울이 말하려는 의미를 전달해주지 못한다. 그렇게 번역하면, 바울이 이 말을 주로 종말론 차원에서 기능하는 언어로 본다는 것을 올바로 인식하지 못한 채 그저 인간론 용어로 만들어버리는 경향이 있기 때문이다.

바울이 이 말이 가진 두 가지 기본 의미를 가장 분명하게 활용한 사례는 그가 고린도후서 10:2-4에서 고린도 사람들과 다투는 대목이다. 바울은 "육을 따라 사는 자"라는 비판을 받았다. 이 말에는 도덕적 경멸의 의미가 담겨 있었다. 그러나 바울은 자신이 제시하는 주장을 염두에 두고서 자신이 진정 "육 **안에**" 산다고 인정한다. 이 말은 자신이 "현재 죽을 수밖에 없는 존재로서 갖가지 약점들과 제약들을 안고" 살아간다는 의미다. 그러나 바울은 계속하여 그가 "육을 **따라**" 싸우지 않는다고 주장한다. 만일 두 경우에 모두 "육"이 도덕적 경멸을 표현하는 말이라면 "육을 **따라**" 싸우지 않는다는 주장은 하나마나한 주장임을 지적해두지 않을 수 없다.

여기서 우리가 관심을 갖는 것은 엄밀히 말해 후자의 의미다. "육"이 후자의 의미를 띠게 되면서, 이 "육"이라는 말은 육신과 연관된 관계를 완전히 잃어버리고[39] 철저히 종말론 차원의(그리고 경멸이 담긴) 의미를 가진 말

---

38) NIV는 이 "육"을 도덕적 경멸을 표현하는 의미로 사용할 때에는 빈번히 "sinful nature"로 번역하지만, 일관되게 그리하는 것은 아니다[가령 고전 5:5; 갈 5:13, 16, 17(2회), 19, 24; 6:8; 롬 7:5-8:13; 골 2:11, 13; 엡 2:3을 보라. 그러나 고후 5:16에서는 "worldly point of view"로(참고. 1:12, 17; 10:2), 그리고 빌 3:3-4에서는 "flesh"로 번역해놓았다].

이 되어, 그리스도를 모르기에 하나님의 원수로 살아가는 자들의 시각을 따르는 실존을 묘사하는 말이 되어버렸다. 여기서 우리는 바울이 그런 삶 (즉 "육을 따른" 삶―옮긴이)을 그리스도 **밖에 있는** 자들의 삶을 묘사하는 말로서 신자들이 그리스도 안에 들어와 **영**으로 살아가기 **이전의** 모습을 묘사하는 말로 이해한다는 점을 강조해두고자 한다. 이제 이런 강조점을 실증하는 내용을 살펴보도록 하겠다.

■ 바울의 **영**-**육** 대조

바울은 육을 토라 준수와 마찬가지로 신자의 과거에 속한 것으로 보았다. 이런 그의 시각은 몇 가지 증거를 통해 확인해볼 수 있다.

1. σάρξ를 도덕적 경멸을 표현하는 말로 사용한 첫 사례는 고린도전서 3:1이다. 여기서 바울은 이 말을 사용하여 종말의 실존이 갖는 두 가지 형태를 말한다. 바울이 고린도 사람들을 상대로 문제 삼은 것은 고린도 사람들이 육 안의 삶과 **영** 안의 삶 사이에서 투쟁하는 것이 아니라 그들이 스스로 완전한 **영**의 사람이 되었다고 믿는다는 것이었다(그러나 그들이 바울과 십자가를 전하는 말씀을 대하는 태도는 그렇지 않다는 것을 증명해주었다). 바울이 써놓은 문장에는 역설이 담겨 있다. 이 πνευματικοί(영의 사람들)가 생각하는 것이 그들이 그리스도를 만나기 전에 가졌던 생각과 똑같다는 것이 바로 그것이었다. 이 생각은 지나가는 시대의 지도자들로서 애초에 그리스도를 십자가에 못 박았던 자들이 가진 생각과 똑같았다(2:6-8). 바울이 그들에게 다그치는 것은 하나뿐이다. 새 시대, 곧 **영**의 시대에 들어선 사람들은 지나가는 옛 시대를 따라 생각하는 일을 그만두어야 한다

---

39) 특히 갈 5:13-15, 16-18, 19-21을 논한 내용을 보라. 열다섯 가지 "육의 일들"도 주목해보라. 이 일들 중에는 육신에 자리한 채 육신에서 일어날 수 있는 일이 거의 없다.

는 것이다. 이것은 분명 **종말론과 관련된** 용어이지, **인간론과 관련된** 용어가 아니다. 더욱이 이 말은 **신자가** 두 종류의 실존 사이에서 **벌이는** 어떤 **내면의 투쟁**을 가리키지 않는다. 반대로 이 말은 두 시대가 지닌 본질적 특징들을 묘사한다. 이 두 시대는 현재 우리가 지닌 "이미 그러나 아직 아니"라는 실존 속에서 서로 확고히 대립하며 나란히 존재한다. 둘 중 하나인 "육"은 정죄를 받고 사라져가고 있다. 다른 하나인 **영**은 미래의 확실한 증거이자 보증으로 자리해 있다.

2. 고린도후서가 σάρξ를 경멸하는 의미로 사용한 사례들도 마찬가지다 (1:12, 17; 5:16; 10:2-3; 11:18). κατὰ σάρκα("육을 따라") 생각하거나 계획하거나 "자랑하는" 것은 옛 시대의 가치를 좇아 살아감을 뜻한다. 옛 시대는 이미 그리스도에게 심판 받았고 하나님 백성에게 행사했던 통제권도 잃어버렸다. 따라서 히니님 백성이 그리스도를 만나기 이전에 가졌던 가치들과 일치하는 사고방식으로 돌아가는 것은 현재 존재하는 사실과 철저히 모순되는 것이다. 바울이 5:14-17에서 제시하는 주장은 이 점을 아주 생생하게 드러낸다. 분명 옛 시대는 계속되고 있으며, 그리스도 안에 있지 않은 자들은 여전히 "육을 따라" 생각하고 살아간다. 그러나 이런 식으로 생각하며 살아가는 것은 더 이상 그리스도 안에서 죽음과 부활을 체험한 자들이 선택할 수 있는 길이 아니다. 바울은 16절에서 우리가 "이제부터 어느 누구도, 그중에서도 특히 그리스도는 육의 시각을 따라 볼 수가 없다"라고 말하는데, 여기서 "이제부터"는 14절에서 말한 죽음과 부활 이후를 가리킨다. 우리가 육의 시각으로 볼 수 없는 이유는 이제 우리가 "**영의 시각으로**" 살아가기 때문이다.

더욱이 바울은 16절에서 이 말을 한 다음, 17절에서 "새"와 "옛"이라는 언어를 사용한다. 이 경우에는 이 두 말이 새 질서와 옛 질서를 가리킨다. 바울은 옛 질서가 지나가고 새 "피조물"이 그 자리를 대신했다고 선언한다(이는 비단 신자 개인의 삶 속에서만 일어난 일이 아니라, 하나님이 그리스도와 **영**을 통해 온 세상에서 행하시는 일을 통틀어 가리킨다). 물론 바울은 이 언어를 일찍이 고린도후서 3장에서 두 언약을 묘사하는 말로 사용했다. 거기서 두 언약은 하나님이 이 두 질서 안에서 당신 백성을 향해 취하신 구체적 행동들을 나타내는 말이었다. 이제 옛 언약은 폐물이 되었다. **영**의 언약인 새 언약이 왔기 때문이다.

그리스도의 죽음과 부활 그리고 **영**이라는 선물은 모든 것을 바꿔놓았다. 바울은 이전 질서를 "육"이라는 말로 묘사하는데, 이는 본디 자기중심적이요 피조물을 지향하는 관점을 가졌다. 이런 관점 때문에 고린도 사람들은 바울을 "약한" 자, 따라서 하나님의 사람이 아닌 자로 여겼다. 이는 바울이 이전에 그리스도를 바라보았던 관점과 같은 것이었다. "육"은 사물을 옛 시대의 관점으로 인식한다. 이 옛 시대의 관점에서는 권력과 영향력과 부와 지혜(세상의 지혜)에 가치를 부여하고 이것들을 중시한다(참고. 고전 1:26-31). 그러나 그리스도 안에서 그 모든 것은 지나갔다. 보라, 이제는 새것이 왔고, **영**의 시대가 왔다. **영**의 시대가 임하면서 가치와 중요한 의미를 가지는 것이 완전하고 철저하게 재구성되었다. 이 시대의 패러다임은 십자가다. 능력은 겉으로 나타나는 것들이 아니라 **영**에 있다. **영**은 신자들 안에 들어와 사시면서, 은혜로 "속사람"을 새롭게 하시고(4:16), 우리를 하나님 바로 그분의 모양으로 변화시켜주신다(이 모양은 결국 그리스도가 십자가를 통해 생생히 보여주셨다). 분명 **영**은 κατὰ σάρκα("육을 따라 사는") 삶과 대립한다. 그러나 바울의 주장은 신자의 마음속에서 어떤 내면의 투쟁이 벌어진다는 것을 전혀 시사하지 않는다.

3. 마찬가지로 바울은 이후에 빌립보 사람들더러 할례를 강요하는 이들을 조심하라고 경고한 빌립보서 3:3에서 구사한 대조를 통해 신자들을 "하나님의 **영**으로" 섬기는 이들이요 "육"을 신뢰하지 않는 이들이라고 표현한다. 여기서도 "육"은 할례를 증거로 삼아 자신들만이 하나님과 언약 관계를 맺는 혜택을 받았다고 믿는 자기 확신을 가리키지만, 그래도 바울이 묘사하는 사실들은 본질상 종말론과 관련된 사실들이다. 할례로 돌아가는 것은, 다시 말해 "육을 신뢰하는" 것은 그리스도의 죽음 및 부활과 **영**

이라는 선물로 말미암아 끝난 길로 되돌아가는 것이다.

4. 마지막으로 논쟁의 대상이 되는 본문인 갈라디아서 5:17과 로마서 7:14-23을 보자. 이 본문도 육과 **영**을 대조하는데, 이 대조 역시 본질상 **주로** 종말론의 성격을 띤다. 여기서 유념해야 할 것은 이 대조가 서로 다른 본문이면서도 동일한 당면 문제를 다룬 두 본문의 핵심 부분에서 등장한다는 것이다. 이 본문들이 다루는 당면 문제는 "토라 준수가 그리스도와 **영**의 오심으로 말미암아 과거지사가 되었다면, 이제는 의를 무엇을 통해 확보해야 하는가?"였다. 즉 바울은 자신처럼 토라 준수를 무시하면 틀림없이 방종과 경건치 않음이 일어나리라 생각했던 유대계 그리스도인들의 반대에 맞서(어쩌면 그런 반대를 예상하고) 반론을 펼친다. 실제로 로마서 3:7-8이 분명하게 일러주고 로마서 6:1이 암시하듯이, 바울은 바로 이런 문제로 비판을 빚었다. 따라서 나는 먼저 바울 서신에서는 이런 육-**영** 대조가 "그리스도인으로서 어떻게 살아갈 것인가"라는 문제를 다룬 문맥에서는 결코 등장하지 않는다는 점을 분명히 밝혀둔다. 도리어 이 경우에 이런 대조는 종말의 시대를 살아가는 새로운 **영**의 삶에 들어섰으나 지금도 옛 시대로 돌아가라고, 또 토라를 준수하며 살아가라고 유혹을 받는 사람들에게 바울 자신의 주장을 설파하는 대목에서 등장한다. 바울은 결국 토라를 준수하며 살아가는 삶을 또 다른 형태의 "육을 따라 살아가는" 삶으로 본다.[40] 바울은 이 두 본문에서 새로운 종말의 실존으로 살아가는 삶에는 **영**으로 충분하다고 주장한다. 이런 실존에서는 토라가 더 이상 작동하지 않는다.

그렇다면 이 모든 것을 볼 때, "육을 따라"라는 문구와 "영을 따라"라는 문구는 "육의"(physical) 실존이나 "영의"(spiritual) 실존을 가리키는 말이 아니다. 또 이 문구들은 사람을 위로 끌어올리는 **영**에 맞서 아래로 끌어내리는 "죄로 가득한 본성"을 가리키는 말도 아니다. 도리어 이 말은 "육"

---

40) 특히 갈 3:3을 논한 내용을 보라; 참고. 5:17-18과 빌 3:3-6.

이라는 말로 특징지을 수 있는 세상, 따라서 여전히 옛 가치와 행위가 지배하는 세상에서 신자 안에 들어와 사시는 **영**의 능력으로 말미암아 살아감을 뜻한다. 신자에 관한 한, 그리스도의 죽음과 부활은 "육"에게 사형선고를 내렸다. "육"은 자신이 속한 "옛 시대"와 더불어 사멸의 길을 걷고 있다. "육"은 이제 죽음으로 말미암아 효력을 잃었다. 이것이 로마서 7:4-6이 말하는 의미다. "육"은 그리스도의 죽음과 **영**이라는 선물로 말미암아 완전히 불구가 되었다(바울의 언어를 빌리자면, "죽임을 당했다"). 따라서 바울의 시각에서 보면, 그런 **영**의 사람이 "죄에게 종으로 팔린" 사람처럼 살아간다는 것은, "죄의 법에 사로잡혀" 자기가 원하는 선을 행할 수 없게 된 사람처럼 살아간다는 것은 있을 수 없는 일이다. 로마서 7:14-25이 "나"라는 말과 현재 시제로 말하는 것이 무엇이든, 이 본문에서 묘사하는 것은 결코 **영** 안의 삶일 수 없다. 실제로 바울은 그가 **율법 아래 있는 삶**, 그리스도 안에서 그 두 원수가 죽임을 당하기 **전에** "육을 따라" 살았던 삶을 묘사한다는 것을 소상히 이야기한다.

결국 신자들은 "두 시대 사이에서" 살아간다. 이미 절름발이가 된 **육**은 그리스도가 오시면(재림하시면) 결국 멸망하고 말 것이다. 이미 우리 소유가 된 **영**은 역시 그리스도가 오시면 완전히 실현될 것이다. 옛 시대는 아직 완전히 지나가지 않았다. 이 때문에 우리는 여전히 "**영**으로 행하는" 법과 "**영**을 좇아" 행동하는 법과 "**영**을 위해 씨를 뿌리는" 법을 배워야 한다. 그러나 우리가 그리하는 것은 **영**으로 충분하기 때문이지, 우리가 "육을 따라" 살면서 동시에 "**영**을 따라" 살아가기 때문이 아니다. 바울은 우리가 "육 안에서" 산다는 것을 몸을 지닌 채 살아감으로써 현세에 실재하는 것들에 구속당한다는 의미로 받아들인다. 그러나 우리는 "육을 따라" 행하지 않는다. 그런 삶의 방식은 과거에 속한 것이요, 그렇게 살아가는 사람들은 "(마지막 날에, 종말론이 말하는) 하나님 나라를 유업으로 받지 못할 것이다"(갈 5:21).[41]

성령, 능력, 약함⁴²⁾

종말의 시대를 살아가는 "이미 그러나 아직 아니"라는 현재의 실존은 바울 서신에서 볼 수 있는 마지막 대조들을 이해할 수 있는 중요한 실마리이기도 하다. 이 대조들에서도 종말의 **영**은 주된 역할을 한다. 이 대조들은 후대 신자들에게 때로는 긴장을 가져다주기도 한다. 문제가 되는 것은 우리에게 능력을 주시는 하나님의 임재인 **영**과 바울 서신이 말하는 약함이라는 테마 사이의 관계다. 여기서는 특히 바울 자신이 걸었던 "철저한 중도"(radical middle)를 놓쳐버린 채 바울이 전혀 강조한 적이 없는 이런 측면 혹은 저런 측면을 바울의 강조점이라며 유독 강조하는 잘못을 저지르기 쉽다.

우선 다수가 쉽게 빠지는 잘못된 견해가 있다.⁴³⁾ 이 견해는 교묘한 구석이 있어서 실제 바울의 견해보다 더 바울다운 모습을 띤다. 사실 이 견해는 특히 바울과 조화를 이루기 어려운 패배주의로 기울어 있다. 여기서 문제가 되는 것은 일부 사람들이 "약함" 곧 육 **안의** 삶(life *in* the flesh)이라는 용어와 "육을 **따르는**"(*according to* the flesh) 삶을 같은 말로 혼동하는 경향이 있다는 것이다. 그리하여 바울은 가령 "**영**이 우리의 약함 속에서 우리를 도우신다"라고 말할 때(롬8:26) 이 "약함"을 죄로 가득한 우리 본성을 비롯하여 현재 우리의 실존을 모두 망라하는 말로 받아들인다. 그렇

---

41) 학생들은 종종 이런 시각에 그들이 느끼는 좌절을 표현하곤 한다. 이는 그들이 오랜 세월 동안 교회에서 이와 다른 가르침을 받아온 탓도 있고, 그들 자신이 가진 관심사 탓도 있다. 심지어 이 학생들은 그들 자신이 신자로서 벌이는 투쟁이라는 문제를 바울이 다루지 않았을 수도 있다는 점에 분개한다(그들은 마치 바울이 당연히 그런 문제를 다루었어야 한다고 생각하는 것 같다). 그러나 이런 문제는 우리가 바울이 적어놓은 본문에 **집어넣은** 것이지, 그 본문으로부터 **끄집어낸** 것이 아니다.

42) 살전 1:5-6; 고전 2:4-5; 4:18; 고후 3:1-18; 4:7; 5:5, 13; 6:6-7; 12:1-10, 12; 13:3-4; 롬 8:18-30, 26-27; 15:18-19; 골 1:29; 빌 1:19-20; 딤후 1:6-7, 8, 14을 논한 내용을 보라.

43) 이런 잘못은 **영**이 우리에게 능력 주시는 하나님의 임재이심을 대체로 진지하게 받아들이지 않는 실수에서 비롯된다.

다면 바울이 말하는 "약함 가운데 영광"이라는 말은 그가 실제로 언급하는 여러 가지 몸의 약함과 고난은 물론이요 소위 **영**-육의 투쟁까지 망라하는 말로 보게 된다.[44] 그러나 바울은 결코 그런 방정식을 만들어내지 않는다. 이는 바울이 구사하는 "약함"이라는 용어를 꼼꼼히 연구해보면 분명히 나타난다.[45] 바울은 실제로 이 "약함"이라는 용어를 "육 안의" 삶에, 곧 현재 **영** 안에서 살아가면서도 여전히 고난과 쇠약함이라는 맥락 속에서 살아가는 우리의 삶에 적용한다. 그러나 앞에서 언급했듯이, 육 **안의** 삶은 육을 **따르는** 삶과 같지 않다.

바울은 **영**이 약함 속에 있는 우리에게 능력을 부어주신다고 이해할 때 이 이해 속에 **영**-육의 대립 구도를 포함시키지 않았다. 이를 가장 잘 증명해주는 증거로서 그가 약함 속에서 살아가면서도 그 삶을 대단히 긍정하는 말로 표현하는 점을 들 수 있다. 이런 삶을 어찌나 긍정하는 시선으로 바라보는지, 바울은 이런 약함 속의 삶을 "자랑/영광"의 원인이자 종말에 누리는 기쁨의 원인으로 제시한다. 그가 "육을 따르는" 삶을 기뻐했으리라고 상상할 수는 없는 일이다(실제로 그는 그런 삶을 기뻐하지 않는다). 결국 이런 견해는 "덜 실현된" 종말론의 시각을 대변한다. 이 견해에는 **영**에 관한 말이 많이 들어 있다. 그러나 이 견해는 하나님의 백성을 어쨌든 그 나름대로 "참호 속에서 벌이는 백병전"으로 이끌어가는 경향이 강하다. 그러다 보니 실상 **영**은 이야기하는 시늉만 하고 바울이 **영**을 우리에게 능력 주시는 하나님의 임재로 체험한 사실은 거의 이야기하지 않는다.

그런가 하면 방금 말한 견해의 반대편에는 역시 승리주의를 지향하는 경향들이 일부 강하게 존재한다. 20세기 후반 미국과 같은 문화 속에서는 특히 이런 경향이 강하다. 이런 문화에서는 어떤 종류의 고통도 악으로 여

---

44) 이 견해를 주창하는 대표 주자가 Dunn, *Jesus*, 326-42이다. Dunn이 쓴 이 책은 강력한 요소들과 예리한 통찰이 가득하지만, 이 지점에서는 말 그대로 바울에겐 생소한 혼동을 일으킨다.

45) 이와 관련하여 D. A. Black, *Paul, Apostle of Weakness: Astheneia and Its Cognates in the Pauline Literature* (American Univ. Studies; New York: Peter Lang, 1984)를 보라.

겨 배척하며 고난은 어떤 대가를 치르더라도 피해야 할 것으로 여긴다. 여기서 난제는 인간 내면의 투쟁과 죄를 좇는 인간의 성향을 조화시키는 게 아니다. 문제는 바로 하나님이 약속하셨던ㅡ그리고 사람들이 체험한ㅡ성령의 능력과, 고난 및 고통을 본디 악한 것으로 보는 우리 문화의 시각을 조화시키는 것이다. 고난과 고통이 악에서 유래한 것은 의심할 수가 없다. 그러나 그런 고난과 고통이 우리 자신의 악에서(혹은 일부 사람들이 주장하듯이 믿음 없음에서) 직접 연유한 결과로 보는 시각은 바울이 전혀 말한 적이 없는 것으로서, 의심받아 마땅하고 강력히 거부해야 한다. 이런 시각을 갖게 되면 결국 "지나치게 실현된" 종말론의 시각을 갖게 된다. 말하자면 **영**을 능력 가운데 계신 분으로 보면서 현재 존재하는 약함을 하나님에게 굴욕을 안겨주는 것이라 하여 부인하는 시각인데, 바울은 이런 시각을 가진 적이 없다.

이 견해가 가지는 문제는 바울 서신 안에서 즐겁게 공존하는 몇 가지 사실들을 따로 떼어놓으려는 경향이다.[46] 바울은 하나님의 능력이 아닌 복음, 그리스도의 부활을 통해 나타나고 이제는 **영**의 임재가 증명해주는 능력이 아닌 복음을 알지 못한다. 이 능력에는 교회 안에서 이루어지는 "기적들"이 포함된다(갈 3:5). 그래서 바울은 이런 기적들을 그리스도 안에 있는 구원이 토라 준수가 아니라 믿음에 기초한다는 것을 증명하는 증거로서 생생하게 원용할 수 있었다. 아울러 이 능력에는 그리스도를 유효하게 선포하는 것도 포함되는데, 이 선포에는 그리스도를 선포하는 자 자신이 분명 약함에도 불구하고(고전 2:1-3; 고후 12:7-10) **영**이 사람들을 회심시키심으로써 자신의 능력을 나타내시는 일이 함께 따른다(살전 1:5-6; 고전

---

46) 내가 "즐겁게"라는 말을 쓴 이유는 바울이 "고난을 즐겼기" 때문이 아니라, 그가 고난을 제자도와 관련지어 아주 독특하게 바라보았기 때문이다. 즉 바울은 고난을 그리스도의 길을 따르는 것으로, 곧 당신의 영광에 들어가시기 전에 고난받으시고 그 고난을 통해 하나님 백성을 구속하신 분의 길을 따라가는 것으로 보았다. 때문에 바울은 그리스도를 위하여, 그리하여 교회를 위하여 기꺼이 고난을 받으려 할 뿐 아니라, 이 고난이 그가 그리스도의 제자임을 확증해준다는 점에서 고난을 즐거워한다.

2:4-5). 그러나 많은 사람들, 그중에서도 특히 고린도 사람들은 (그리고 이 시대에 고린도 사람들을 추종하는 무리들은) 후자를(즉 그리스도를 전하는 자가 약한데, 그 약한 자의 선포 속에서 **영**이 능력을 나타내신다는 사실을 ─ 옮긴이) 앞뒤가 맞지 않는 말로 여긴다. 말씀을 전하는 자 자신에게 기적이 전혀 없는데, 어떻게 기적들이 존재할 수 있단 말인가? 육신이 약하고 고난을 당하는 자가 부활의 능력과 **영**의 삶(생명)을 먼저 자신에게 적용하지 못하는데, 어떻게 그런 능력과 삶을 기뻐할 수 있단 말인가? "의원이여, 네 자신부터 치료하라"라는 말은 단지 그리스도에게만 하는 말이 아니었다. 하나님의 능력이 오로지 눈으로 볼 수 있게 비상한 방법으로만 나타날 수 있다고 생각하는 사람들은 늘 이런 결론을 내린다(즉 그들은 사람의 약함과 하나님의 능력은 공존할 수 없다고 결론짓는다 ─ 옮긴이). 이런 사람들은 인간이라는 약한 그릇을 통해 하나님의 은혜와 능력이 나타남으로써 하나님이 더 큰 영광을 받으신다는 생각을 말도 되지 않는 소리로 여긴다. 결국 이렇게 본다면 **영**이라는 원천과 관련하여 아무런 혼란도 존재하지 않을 것이다!(이 견해에서는 **영**이 있는 곳에는 오로지 능력만 있으니, 약함과 능력이 공존하는 혼란 상황은 벌어지지 않으리라는 비꼼이다 ─ 옮긴이)

그렇다면 우선 "능력"이라는 말부터 살펴보자. 우리가 부닥친 문제 역시 일부분 어의(語義)와 관련 있기 때문이다. 바울이 "능력"이라는 말을 어떤 의미로 사용했는지 우리가 늘 확실히 알아낼 수 있는 것은 아니다. 이 말은 **영**의 임재를 눈으로 볼 수 있게 증명해주는 현상들을 빈번히 가리킨다(가령 고전 2:4-5; 갈 3:5; 롬 15:19). 데살로니가전서 5:19-22, 고린도전서 12-14장, 갈라디아서 3:2-5, 로마서 12:6이 제시하는 증거를 보면, 바울계 교회들에서는 **영**의 역동적 임재가 사람들이 모인 자리에서 나타났다는 점에서 이 교회들이 "**영**의 나타나심이 함께하는"(charismatic; 바울은 고린도전서에서 **영**의 나타나심을 "카리스마"로 표현했다. 그래서 여기서는 문맥을 고려하여 charismatic을 이렇게 번역했다 ─ 옮긴이) 교회들이었음을 분명히 알 수 있다.[47] 또 바울은 능력이 곧 신자들이 그리스도의 사랑을 더 위대한 방식으로 깨달으며 삶으로 살아낸다는 뜻이라고 이야기하면서도(엡 3:16-20), 이런 대목에서조차 **영**의 기적 같은 사역을 인정한다. **영**의 이런 사역은 새로워진(renewed) 사람들이 서로 상대에게 행하는 행위가 **증명**해주곤 한다. 후대 교회사 속에 존재했던 신자들과 바울계 교회들의 신자들 사이에 가장 큰 차이점이 있다면 아마도 바울계 교회 신자들이 누렸던 **영** 안의 삶은 이런 역동성과 증거의 차원을 가졌다는 점이 아닐까 한다. 어쨌든 바울계 교회들은 **영**을 **체험했다**. 이들에게 **영**은 단순히 신앙고백으로 동의하는 대상이 아니었다.

그런가 하면 바울은 **영**의 능력과 현재의 약함 사이에 지극히 긴밀한 상관관계가 있다고 생각한다. 바울이 딱 부러지게 말하지는 않지만, 로마서 8:17-27과 고린도후서 12:9 같은 본문들은 바울이 **영**을 고통이나 약함 속에서 능력을 부어주시는 원천으로 본다는 것을 시사해준다. 바울은 "그리스도를 아는 것"이 그의 부활의 능력**은 물론이요** 그의 고난의 교제(또는 그의 고난에 참여함)**도 함께** 의미한다고 본다(빌 3:9-10).[48] 고난은 주님처럼 살아감을, 즉 그분의 본을 따름으로써 "그의 고난에 빠져 있는 것을 채우는 것"(골 1:24)을 뜻한다. 그러나 동시에 바울은 하나님이 **영**을 통해 당신의 능력을 더 확연하게 드러내심으로써 심지어 약함 가운데에서도 이런 능력이 나타나기를 고대한다. 바울은 십자가에 못 박히신 메시아를 전하는 말씀 속에 하나님의 능력이 있다는 것을 하나님이 "증명해주시길" 고대한다. 이런 이유 때문에 바울은 고린도전서 2:3-5에서 그 자신의 약함을 이야기하면서도 동시에 그의 설교와 고린도 사람들의 회심 속에서 **영**의 능력이 나타났다고 주장할 수 있었다. 아울러 그가 데살로니가전

---

47) 이 문제를 살펴보려면, 제15장 결론을 보라; 참고. Dunn, *Jesus*, 260-65.

48) τοῦ γνῶναι αὐτόν 뒤에 나오는 καί…καί는 십중팔구 이렇게 이해해야 할 것이다. 바울이 알기를 원하는 것은 세 가지가 아니라 하나다. 즉 그는 그리스도를 알고 싶어할 뿐이다. 그러나 문맥상 이 말은 그리스도를 두 가지 방법으로, 즉 그리스도의 부활의 능력과 그의 고난의 교제를 통해 아는 것을 의미한다. 그의 고난의 교제는 바울이 12-21절에서 상세히 설명할 어떤 승리주의를 바로잡는 말일 가능성이 아주 높다.

서 1:5-6에서 이 새 신자들에게 그들이 **영**의 능력으로 말미암아 신자들이 되었지만 동시에 그들이 성령의 기쁨이 함께하는 고통 속에 자리해 있음을 되새겨주는 이유도 바로 그런 이유 때문이었다.

이 모든 내용에는 그리스도인의 실존을 본질상 종말론과 관련지어 "이미 그러나 아직 아니"로 바라보는 바울의 이해가 그대로 반영되어 있다. 후대의 많은 그리스도인들은 "이미 그러나 아직 아니"가 낳은 긴장을 조화롭게 해결하지 못하지만, 바울은 해낼 수 있었다. 바울은 약함이 가득한 현재와 영광이 충만한 (가까운) 미래가 단순히 긴장관계에 있다고 생각하지 않았다. 미래는 정녕 현재 속으로 뚫고 들어왔다. **영**이라는 선물이 그 증거였다. 또 **영**은 하나님의 능력의 임재를 의미했다. 따라서 미래가 가진 그런 차원은 이미 현재 속에 이미 들어와 있다. 그런 점에서 현재 당하는 고난은 제자임을 나타내주는 표지다. 제자가 따를 패러다임은 십자가에 못 박히셨던 우리 주님이시다. 그러나 십자가에 못 박히셨던 그분을 죽은 자들 가운데서 일으키셨던 바로 그 능력이 이미 우리의 죽을 몸 안에서도 역사한다.

바울의 이해에서 볼 수 있는 이런 역설은 현대인들에게 아주 많은 난제를 안겨주었다. 우리는 한쪽만 강조하면서 다른 한쪽은 무시하는 경향을 보여왔다. 바울과 신약성경의 다른 저자들은 **영**과 능력을 이렇게 행복한 긴장관계에 있는 것으로 표현해놓았다. 요컨대 바울은 십자가에 못 박히신 그분을 전하는 설교가 이 세상에서 하나님의 능력이 역사하게 만드는 지렛대 받침점 역할을 한다고 본다(고전 1:18-25). 아울러 바울 자신이 약함과 두려움과 떨림이라는 상황에서도 복음을 설교한 것은 고린도 사람들을 회심케 한 능력이 설교자의 지혜나 달변이 아니라 **영**의 역사 속에 자리해 있다는 것을 확인해주었다. 이처럼 바울은 "철저한 중도"를 걸어가려 한다. 그러나 복음주의자들과 오순절주의자들은 이를 자주 간과한 채, 전통적으로 이쪽 아니면 저쪽만을 강조하는 실수를 저질러왔다.

(일찍이) 바울의 동료였는지 아닌지 확실치 않은 히브리서 저자는 이런

역설을 그가 11:32-38에서 제시하는 몇몇 "믿음"[=신실함, 견인(堅忍)]의 본보기들을 통해 조금 다른 식으로 파악하는 것 같다. 어떤 이들은 "믿음 안에" 살면서 큰 기적들이 일어나는 것을 보았다. 그런가 하면 다른 이들은 "믿음 안에" 살면서 고문을 당하고 죽임을 당했다. 그러나 히브리서 저자는 이 모든 이의 믿음을 칭송하며 글을 맺는다. 바울 서신이 말하는 **영**과 능력도 마찬가지다. **영**은 큰 능력의 임재를 뜻한다. 곧 소망이 넘쳐흐르게 하는 능력(롬 15:13), 때로는 표적과 기사가 증명해주는 능력, 그리고 어떤 때는 큰 고통 속에서도 기뻐함이 증명해주는 능력의 임재를 뜻한다. 그러나 **영**은 종말에 마침표를 찍으신 게 아니라, 이제 그 종말이 시작되게 하셨을 뿐이다. 따라서 능력은 현세에 마지막 완성이 이루어짐을 뜻하지 않고, 오히려 그리스도 안에서 성숙해지는 길로 나아가게 한다.

현재 우리가 **영** 안에서 살아가는 삶을 바라보는 바울의 이해를 모두 살펴보면, 때로는 역설 같고 모순으로 보일 수 있다. 그러나 우리가 우선 **영**이 하나님이 주셨던 종말의 약속들의 성취요 우리의 확실한 미래를 보장하는 보증이심을 깨달으면, 바울의 이해를 올바로 들여다볼 수 있는 시각을 가질 수 있다. 우리는 "이미 그러나 아직 아니"다. **영**은 "이미"를 증명해주는 증거요 "아직 아니"를 보장해주는 보증이시다.

옮긴이 주

[1] 승리주의는 현세에 이미 구원이 완료되었다고 생각하여 자신들이 이미 **영**의 세계에 있
다 생각하고 육을 철저히 무시하는 모습을 보여주었다. 고린도 사람들이 그러했다. 그러
나 이런 그릇된 판단은 오히려 육(=하나님 나라의 가치 및 질서와 반대편에 있는 가치
및 질서)을 좇는 방종을 저질러도 전혀 양심에 가책을 느끼지 않는 타락으로 이어졌다.
오늘날 여러 한국 교회의 모습이 이러하다고 본다.

제13장

하나님의 인격적 임재인 성령

바울 서신은 본질상 신학 기록이라기보다 주로 실용적 기록으로서 기여할 때가 많다. 그럴지라도 이 서신에는 우리가 얼마든지 신학이라 묘사할 수 있는 신학적 전제들과 주장들과 성찰들이 가득하다. 이렇게 묘사할 수 있는 내용의 핵심에는 삼위일체의 비밀이 자리해 있다. 하지만 바울 서신은 삼위일체를 전제로 제시하거나 체험한 내용으로서 서술하지, 사유에 근거한 신학 작업의 산물로 기록하지 않는다. 이는 곧 바울이 그의 하나님 체험을 근본적으로 삼위일체 하나님 체험으로 표현한다는 뜻이다. 그러나 바울은 이 체험이 일으키는 신학 문제들을 붙잡고 씨름하지는 않는다. 그래서 학자들 사이에서는 바울이 삼위일체를 주장했다는 것을 부인하고 하나님을 삼위일체로 이해하는 시각을 후대에 속하는 것이라고, 다시 말해 그리스 철학의 영향이 신학 작업을 펼치던 이들을 지배하기 시작하면서 나타난 것이라고 주장하는 것이 통설이 되었다.

여기서 통설이 바울이 삼위일체를 말하는 않는다고 보는 이유 중 하나는 말뜻과 관련 있다. 삼위일체라는 말 자체는 후대에 등장한 언어다. 이 말은 바울 후대에 가서야 하나님이신 세 위격이 한 분 하나님으로 계신다는 것을 알고 있었던 교회가 그 한 분 하나님을 믿는 믿음을 표현하는 말로 자리 잡았다.[1] 그러나 나는 바울이 삼위일체를 말하지 않는다고 보는 견해가 성서학이 초기에 자신을 압제하는 것으로 인식한 교의학으로부터 벗어나려고 투쟁할 때 보였던 반응에서 일부 유래한 측면이 있다고 믿게 되었다. 성서학은 교의학의 압제에서 벗어나는 방편 중 하나로서, 설령 신약성경이 삼위일체 신앙을 되비쳐주고 있다 해도 이는 어디까지나 깊은 성찰이 따르지 않은 초창기 형태일 뿐이며, 그러기에 어쨌든 "신약성경이 말하는 삼위일체는 후대 칼케돈[1]이 말하는 것과 같은 삼위일체 신앙은 아니었다"라고 줄기차게 주장했다. 그러나 이는 너무나 자명해 보이기에 굳이 이것을 이렇게 자주 되풀이할 필요가 있는지 의문이 든다. 결국 우리가 바울이 삼위일체를 말한다고 보기 힘들어하는 것은 우리 자신이 가진 교회 체험과 **영** 체험에서 비롯된 것이 아닌가 하는 의문이 든다. 우리는 **영**을 인격체가 아닌 존재로(하나님의 "영향력"이나 "힘" 정도로) 이해한다. 그래서 **영**을 "직사각형 모양을 한 회색 얼룩"으로 체험한 우리가 실상 이위일체를 믿는 신자가 되는 것은(즉 성부 하나님과 성자 하나님만을 인격체로 믿는 신자가 되는 것은—옮긴이) 그야말로 아차 하면 일어나는 일이다.[2] 나는 하나님 아버지를 믿는다, 나는 하나님의 아들이신 예수 그리스도를 믿는다, 그러나 거룩한 영(Holy *Ghost*)은 어떤 분인지 궁금하다는 게 우리 모습이 아닌가? **영**을 하나님의 유령(specter), 보이지 않고 역동적이라기보다 그냥 활발하게 움직이는 영향력으로서 하나님은 아닌 존재 정도로 여기는 이들이 있을지도 모르겠다.

---

1) 그러나 우리가 쓰는 말인 "인격"(위격, Person)도 온갖 어려움을 일으킨다. 여러 이유가 있지만, 이 말의 어원인 라틴어 단어가 우리가 쓰는 단어가 가진 의미를 다 담아내지 못하는 점도 한 이유다. 가령 우리가 쓰는 말인 "person"은 자기의식(자의식)을 시사한다. 때문에 "three Persons"는 서로 구별되는 "자기의식"의 세 표현을 의미할 수밖에 없다. 그러나 그리스어인 **휘포스타시스**(ὑπόστασις)나 라틴어인 **페르소나**(*persona*)에는 그런 뉘앙스가 들어 있지 않다 (ὑπόστασις 자체는 "실질을 이루는 내용, 본질" 이외에 여러 가지 뜻을 가진다. BDAG, 1040 —옮긴이).

2) 참고. Pinnock ("Concept," 2): "현대 그리스도인들은 대부분 믿음은 삼위일체 신자이나 실제는 이위일체 신자인 것에 만족한다." 그는 A. M. Hunter, *Interpreting Paul's Gospel* (London: SCM, 1954), 112과 F. C. Synge, "The Holy Spirit and the Sacraments," *SJT* 6 (1953), 65도 자신과 대동소이한 말을 했다고 언급한다.

이렇게 바울이 삼위일체를 말한다는 것을 인정하길 주저하면서 바울이 그런 말을 하지 않는다고 빈번히 되풀이하여 주장하다 보면 결국 누워서 침 뱉는 꼴이 되는 문제가 생긴다. 적어도 학계 내부에서는 학자들이 신약성경의 증언을 묘사할 때 이런 종류의 언어(곧 삼위일체—옮긴이)를 사용하길 조심스러워하는 문제가 생기고 만다. 그러나 아무리 반대 의견이 많아도, 삼위일체 신학의 기본 문제들을 붙들고 씨름하지 아니한 채 바울 신학을 살펴본다는 것은 불가능한 일이다. 삼위일체보다 더 나은 용어도 없을 뿐더러, 바울 자신이 유일신론자임을 공언하면서도 그리스도가 선재(先在)하신 하나님의 아들이심을 말하기 때문이고(갈 4:6-7을 다룬 부분을 보라), 바울이 한때 몸담았던 유대교가 오로지 하나님의 행위라고 생각했던 모든 행위를 그리스도에게도 귀속시키기 때문이다. 바울은 분명 자신이 어떻게 그런 일을 할 수 있었는지 우리에게 설명하지 않는다. 그렇다손 쳐도 학자들은 바울 자신을 오해할 수 있는 큰 위험을 무릅쓰면서까지 바울이 그런 일을 했다는 것을 인정하지 않는다. 결국 바울의 글에서도 (그리고 물론 초기 교회가 남긴 나머지 기록들에서도) 삼위일체 신앙의 두 가지 기본 명제를(즉 하나님은 한 분이시라는 것, 그리고 이제는 이 하나님이 서로 구분되시나 오직 한 하나님이신 성부와 성자와 성령으로서 알려지고 체험할 수 있다는 것을) 발견해낼 수 있다.

따라서 우리 견해에 반대하는 의견이 통설을 차지하고, "삼위일체"나 "삼위일체 교리" 같은 말을 교회가 **"어떻게"**라는 존재론 문제들(삼위 하나님이 어떻게 서로 구분되는 삼위이시면서도 한 하나님으로 존재하실 수 있는가를 다루는 문제들을 말한다—옮긴이)을 붙들고 씨름하던 시절에 국한하여 사용한다 하더라도, 우리는 후대 교회가 삼위일체 문제를 붙들고 씨름할 수밖에 없었던 원인을 제공한 사람 중에는 바울 자신도 들어간다는 사실을 부인할 수 없다. 그러므로 비록 바울이 존재론과 관련된 문제들을 직접 이야기하지 않는다 해도, 우리는 그런 문제들을 피할 수 없다.

그러나 이것은 **삼위일체 교리**의 한 측면일 뿐이다. 역사를 살펴보면, 우리가 처음 부닥치는 문제는 하나님의 본질과 관련된 문제이기 때문이다. 이런 문제가 처음 부상하는 이유는 원시 교회가 그리스도를 구주이시자 "주"로 믿었기 때문이다. 요컨대 "주"는 구약에서 하나님을 가리키는 말과 같은 말이다.[2] 따라서 초기 교회가 하나님을 **삼위일체**로 표현하지 않았다면, 결국은 **이위일체**로 표현했을 게 틀림없다. 결국 바울의 하나님 이해를 다루게 되면, 그가 그리스도를 어떤 분으로 믿었는가는 물론이요 그가 **영**을 어떤 분이라고 믿었는가도 문제가 된다. 삼위일체는 삼위 하나님이 한 분으로 계심과 동시에 한 하나님이 성령 하나님을 비롯한 **세** 위격이심을 믿는 그리스도인의 확신을 표현한 것이기 때문이다. 따라서 이번 장에서 제기한 문제들은 바울의 하나님 이해와 관련 있으며, 특히 **영**을 하나님으로 보는 그의 이해와 관련 있다. 바울은 후대에 교회가 하나님을 묘사할 때 사용했던 삼위일체라는 언어를 사용하지 않았다. 그래도 그는 실상 삼위일체 신앙을 가졌는가? 앞서 여러 본문들을 분석해본 결과에서 얻은 증거들은 하나같이 그 물음에 "그렇다"라는 답변만을 제공해준다.[3]

그러나 모든 신약학자가 그렇게 생각하지는 않는다. 그러므로 이번 장에서 나는 단지 데이터를 열거하는 데 그치지 않고 그 데이터가 우리가 방금 주장한 방향을 가리킨다는 것을 주장하는 데도 관심을 기울여보겠다.[4] 따라서 우리가 우선 당면한 문제는 대체로 두 가지다. 첫째, 바울은 성령을 **인격**(*Person*, 위격)으로, 그리고 성부 하나님 및 성자 하나님과 **구분되면서도 이 두 분과 더불어** 한 분 하나님을 이루시는 분으로 여겼는가?

---

3) 이런 결론은 기독교의 **영**에 관한 교리를 다시 생각함으로써 기독교와 유대교 사이를 개선해보려는 Lodahl의 시도[*Shekinah Spirit: Divine Presence in Jewish and Christian Religion* (New York: Paulist, 1992)]와 상당히 첨예하게 대립하는 것이다. 나는 Lodahl에게 공감하면서도 그가 신약 본문을 제대로 읽어냈는지 의문이 든다. 결국 그의 글도 신학이 몰아대는 대로 성경 본문을 읽어낸 또 한 가지 사례로서 그가 만나는 역사 속의 성통주의와 흡사할 뿐이다. 이런 과정에서 정작 바울 서신의 본문들이 다루는 관심사들은 사라져버린 것 같다.

4) Pinnock, "Concept," 116-18도 마찬가지다. Pinnock도 후대에 나타난 삼위일체 신앙 **표현**이 한 분 하나님을 그분이 베푸신 구원 사역 속에서 삼위 하나님으로 만난 일에서 연유했다고 말한다.

둘째, 만일 그렇다면(그리고 본문의 데이터가 모두 그런 방향을 가리킨다면), 우리는 바울의 시각을 어떻게 이해해야 하는가, 다시 말해 우리는 바울의 시각을 어떻게 이해할 수 있을까?

인격인 성령

바울이 **영**에게 기울이는 관심은 주로 체험과 관련 있다. 그래서 그가 **영**과 관련하여 하는 말도 기본적으로 **영**의 **활동**에 한정되어 있다. 그러나 그런 상황은 우리가 바울이 말하는 것을 이해할 수 있게 문을 활짝 열어주기도 한다. 즉 바울은 **영**의 **인격**이라는 문제를 직접 말하지는 않지만 몇 가지 증거들을 취합해보면, 바울이 **영**을 인격으로 이해하되, 성부 및 성자와 친밀한 연합을 이루면서도 이 두 분과 구분되는 분으로 이해했다는 것을 확실히 알 수 있다.

첫째, 바울이 **영**을 **중개**(*agency*)와 관련된 말로[즉 **영**이 **하나님**이 행하시는 활동의 중개자(agent, 행위자, 작인자)이심을 나타내는 말로] 말하는 경우가 아주 빈번하지만 그런 언어가 **영**의 인격성을 가정하지는 않는다는 점을 인식해야 한다. 그렇지만 우리가 이 책 제2장에서 πνεῦμα라는 말을 소유격 및 여격 형태로 사용한 사례들을 대강 살펴본 결과가 보여주듯이, 바울은 이런 중개를 종종 인격체의 행위로 표현한다. 예를 들어 데살로니가 사람들의 회심은 사람을 거룩하게 하시는 **영**의 사역으로 말미암은 것이며 (살후 2:13; 참고. 고전 6:11; 롬 15:16), 그들에게 함께한 기쁨 역시 **영**의 사역이다(살전 1:6; 참고. 롬 15:13). 계시도 **영**을 통해 온다(고전 2:10; 엡 3:5). 아울러 바울의 설교에는 **영**의 능력이 함께 따른다(살전 1:5). 예언과 방언으로 말함은 **영**으로 말함에서 직접 비롯된 것이다(고전 12:3; 14:2, 16). 바울은 로마 사람들에게 **영**으로 죄로 가득한 행실을 죽이라고 촉구한다(롬

8:13). 또 바울은 에베소 사람들이 하나님의 **영**으로 말미암아 강해지길 원한다(엡 3:16). 신자들은 **영**으로 섬기고(빌 3:3) **영**으로 사랑한다(골 1:8). 또 **영**으로 말미암아 인을 받았고(엡 1:13) **영**으로 행하며 **영**으로 살아간다(갈 5:16, 25). 마지막으로 특히 디도서 3:5에서는 신자들이 "하나님이 그들에게 '부어주신' **영**의 씻음을 통해 구원을 받았다"라고 말한다.

우선 마지막 디도서 본문 같은 경우는 "중개"를 인격체와 전혀 무관한 말로 표현한 것일 수 있다. "부어줌"이라는 개념은 인격이라는 개념을 떠올리게 하지 않을 뿐 아니라, **영**으로 "씻음"이라는 이미지 역시 인격체를 연상케 하지 않는다. 반면 방금 앞에서 말한 본문 중 대다수 본문과 다른 본문들을 주의 깊게 살펴보면, 바울이 **영**의 인격성을 암시하거나 전제하며, "부어줌"이라는 말은 순전히 이미지임을 알 수 있다. 고린도전서 6:11 같은 본문은 특히 그렇다. 이 본문에서는 하나님이 "주 예수 그리스도의 이름(권위)"과 "우리 하나님의 **영**"이라는 두 중개자를 통해 "씻겨주시고, 의롭다 하시고, 거룩하게 하신다"라고 말하기 때문이다. 물론 우리가 강조하는 점은 바울이 **영**을 중개와 관련지어 말하는 내용이 그가 도처에서 예수에 관하여(예수의 중개 활동을 — 옮긴이) 이야기한 내용과 평행을 이룬다는 것이다. 이때 그리스도의 "중개 활동"은 오로지 인격체이신 분의 중개일 수밖에 없다. 따라서 바울이 다른 곳에서 직접 하는 말들은 말할 것도 없고 그가 암시하는 것을 봐도, 바울이 **영**의 중개를 그리스도의 중개보다 인격성이 덜한 것으로 본다고 주장하는 것은 아무리 양보하고 양보해도 수긍하기가 어렵다. 뿐만 아니라, 바울이 인격체가 아닌 이미지를 거의 사용하지 않는다는 점 역시 놀라운 일이다. 누가와 달리, 바울은 "**영**으로 가득함(충만함)"에 관하여 말하지 않는다.[5] 바울이 주로 쓰는 언어는 하나님이 "그의 **영**을 너희 안에 주신다"[6]나 우리가 **영**을 "받음" 혹은 "가짐"[7]과

---

5) 하지만 우리가 보통 제시하는 엡 5:18의 번역문(찾아보라), 그리고 영이 결국은 채워주시는 중개자이시자 그 자신이 우리에게 채워지는 "요소"라는 사실을 유념하라.

관련 있다. 이들 가운데 어느 것도 인격성을 암시하지 않는다. 그러나 이 언어들은 **영**을 나타내는 다른 많은 이미지들처럼(바람, 불, 기름, 물) 인격체가 아닌 존재를 암시하는 말은 아니다.

둘째, 어쨌든 **영**의 인격성을 확증해주는 또 한 가지 증거는 **영**이 인격체인 중개자를 필요로 하는 많은 동사의 주어로 등장한다는 사실이다. **영**은 모든 것을 **찾으시고**(고전 2:10), 하나님의 마음을 **아시고**(고전 2:11), 신자들에게 복음의 내용을 **가르치시고**(고전 2:13), 신자들 가운데 혹은 신자들 안에 **사시고**(고전 3:16; 롬 8:11; 딤후 1:14), 모든 것을 **이루신다**(고전 12:11). 또 **영**은 믿는 자들에게 **생명을 주시고**(고후 3:6), 우리 마음속으로부터 **부르짖으시고**(갈 4:6), 우리를 하나님의 길로 **인도하시고**(갈 5:18; 롬 8:14), 우리 자신의 영들과 더불어 **증언하신다**(롬 8:16). 또 **영**은 약함 속에 있는 우리를 **도우시고**(롬 8:26), 우리를 위하여 **중보하시고**(롬 8:26-27), **모든 일을 합하여** 우리에게 결국 선이 되게 **하시고**(롬 8:28), 신자들을 **강하게 하시고**(엡 3:16), 우리 죄로 말미암아 **슬퍼하신다**(엡 4:30). 나아가 **영**이 신자 안에 들어와 사심으로 맺히는 열매는 하나님이 인격체로서 가지시는 속성들이다(갈 5:22-23).

이 본문 중 일부는 확고한 증거가 되는 것 같다. 예를 들어 로마서 8:16은 **영**이 우리가 "'아들들'로 입양"되게 해주신다고 말하면서, **영**이 우리 안에서 "**압바라 외치게**" 하심이 우리가 입양 받은 증거라고 말한다. 이어 바로 이런 이유로 이 **영**이 우리 자신의 영들과 함께 우리가 하나님의 자녀라는 사실을 증언해주시는 **두 번째(필요한) 증인**이 되신다고 말한다. 마찬가지로 로마서 8:26-27에서는 **영**이 우리를 위하여 중보하신다고 말함으로써 그분이 "우리를 아신다는 것"을 암시한다. 그렇지만 우리가 **영**의 중보

---

6) 살전 4:8을 논한 내용을 보라; 참고. 고후 1:22; 5:5; 롬 5:5; 엡 1:17; 딤후 1:7; 참고. 갈 3:5과 빌 1:19의 "**영의 공급**."

7) "받다"라는 표현을 보려면, 고전 2:12; 고후 11:4; 갈 3:2, 14; 롬 8:15을 보라; "갖다"라는 표현을 보려면, 고전 2:16; 7:40; 롬 8:9를 보라.

하심이 유효함을 확신할 수 있는 이유는 "하나님이 **영**의 생각을 아시기" 때문이요, **영**도 역시 "하나님(의 뜻)을 따라" 기도하시기 때문이다. 어쨌든 이것은 **영**이 인격체이심을 표현하는 언어다. 비록 그런 사실을 전제 형태로 표현하긴 하지만, 그래도 **영**을 인격체가 아닌 영향력이나 힘으로 표현하는 말은 아니다. πνεῦμα라는 말은 본디 그 안에 "바람"이라는 이미지를 가졌을 수도 있다. 하지만 바울은 이 말을 표현할 때 "바람" 같은 이미지를 결코 사용하지 않는다.

마지막으로 **영**은 가끔씩 다른 곳에서 아버지(성부)나 아들(성자)이 주어로 등장하는 동사나 그 두 분이 주체임을 암시하는 활동의 주어가 되기도 한다. 그리하여 고린도전서 12:6, 11을 보면, 바울이 잇달아 하나님(성부 하나님임을 암시한다)이 모든 사람 속에서 이 모든 행위를(πάντα ἐν πᾶσιν, 6절) "만들어내신다"(ἐνεργεῖ)라고 말한 뒤, 11절의 비슷한 문장에서는 **영**을 비슷한 목적어(πάντα ταῦτα, "이 모든 것들", 이것은 8-10절이 열거하는 **영**의 많은 나타나심들을 가리킨다)를 가진 같은 동사의 주어로 표현한다. 마찬가지로 바울은 로마서 8:11에서 아버지가 "생명을 주신다"라고 말해놓고, 고린도후서 3:6에서는 **영**이 그런 일을 하신다고 말한다. 또 로마서 8:34에서는 그리스도가 우리를 위하여 "중보하신다"라고 말한 뒤, 몇 구절 앞에서는 (8:26) **영**이 그리하신다고 말한다. 이와 관련된 것으로서 이제 갈라디아서 4:5-6에서는 **영**을 동사의 "목적어"로 표현한다. 바울은 잇달아 쓴 문장에서 "하나님이 그의 아들을 보내셨다"(4절)라고 강조한 뒤, 이어 "하나님이 그의 아들의 **영**을 보내셨다"(참고. 고전 6:11)라고 강조한다. 이런 평행 사례 그리고 아들과 **영**이 하시는 활동들(구속과 신자의 마음속으로부터 부르짖음) 이 인격체의 활동들이라는 사실은 **영**이 인격체이심을 전제한다.

이런 증거만 봐도, 바울이 **영**을 결코 인격체가 아닌 "그것"으로 생각하지 않았다는 주장이 가능하다. 그렇다면 **영**이 "성부 및 성자와 더불어 한 하나님이시면서도 이 두 분과 구분되는 인격"이신가라는 문제에는 뭐라 답할 것인가? 이 문제의 경우에도 데이터는 역사 속의 정통이 주장했던 방향을 가리킨다. 하지만 이 경우에는 그와 다른 생각을 피력한 학자들의 의견이 상당히 많다. 따라서 이제는 이런 데이터를 그런 반대 주장에 비추어 검토해보도록 하겠다.[8]

성령과 하나님

신약학자들이 **영**을 보는 바울의 견해와 관련하여 보여주는 특이점들 가운데 하나는 부활하신 그리스도와 **영**의 관계를 이야기하면서 결국 양자의 구분을 모호하게 만들어버리는 식으로 이야기한다는 점이다. 이런 시각은 바울이 말하는 **영**을 다룬 효시라 할 수 있는 궁켈(H. Gunkel)의 저작[9]까지 거슬러 올라가며, 다른 이들에게 영향을 끼친 아돌프 다이스만(Adolf Deissmann)[10]과 빌헬름 부세트(Wilhelm Bousset)[11]의 저작에서도 힘차게 이어졌다. 이후 이런 시각이 대세가 되어 1923년에는 스코트(E.

---

8) 이어지는 내용 중 일부는 내가 곧 I. Howard Marshall Festschrift에 기고할 글에서 등장한다(내가 기고할 글의 제목은 "Christology and Pneumatology in Romans 8:9-11 — and Elsewhere: Some Reflections on Paul as a Trinitarian"이다).

9) Gunkel은 이 저작을 통해 19세기 자유주의라는 "거인을 쓰러뜨렸다." 19세기 자유주의에서는 **영**을 의식(意識)과 동일시했다. Gunkel이 쓴 *Die Wirkungen des heiligen Geistes nach der populären Anschauung der apostolischen Zeit und der Lehre des Apostels* (Göttingen: Vandenhoeck & Ruprecht, 1888); trans. Roy A. Harrisville and Philip A. Quanbeck II, *The Influence of the Holy Spirit: The Popular View of the Apostolic Age and the Teaching of the Apostle Paul* (Philadelphia: Fortress Press, 1979)을 보라. 거인을 쓰러뜨렸다는 비유는 Harrisville이 써놓은 서문 p. x에 있는 말이다. Gunkel이 이 문제를 논한 내용은 pp. 112-115에 있다. 그가 근거로 삼은 본문들을 그가 다룬 순서대로 제시해보면, 고전 15:45; 6:17; 고후 3:17이다.

10) 특히 *Die neutestamentliche Formel "in Christo Jesus"*를 보라. 영어권 독자들은 *St. Paul: A Study in Social and Religious History*, 123-35에서 그가 주장한 내용을 간결하게 살펴볼 수 있다.

11) *Kyrios Christos*, 154-55과 160-64 (독일어 원서에서는 "바울"을 다룬 4장의 I과 II에 해당하는데, 특히 pp. 110-113에서 그리스도와 **영**을 동일시함과 이에 관한 바울의 견해를 다룬다 — 옮긴이).

F. Scott)가 "바울의 사상을 제시하는 많은 글에서는 바울이 **영**과 그리스도를 동일시한다는 것을 거의 자명한 것처럼 추정하는 게 습관이 되어버렸다"[12]라고 말할 수 있을 정도였다. 제2차 세계대전 이후에는 특히 닐 해밀턴(Neill Q. Hamilton),[13] 잉고 헤르만(Ingo Hermann)[14]이 이런 신학적 시각에 자극을 주었으며, 근래에는 제임스 던(James D. G. Dunn)[15]이 자극을 주었다.

궁켈로부터 던까지 이어지는 이 모든 연구서들이 따라가는(그리고 그들이 영향을 끼친 많은 연구서에서 볼 수 있는)[16] 공통된 흐름은 보통 고린도후서 3:17에서 시작하여[17] 바울 서신의 본문들을 언급한 뒤, 이어 "동일시"(identification),[18] "같게 함"(equation; 궁켈, 던), 또는 "융합하다"(merge; 부

---

12) *The Spirit in the New Testament*, 178. 책의 본질에 맞게 이런 견해를 아무런 근거도 밝히지 않은 채 당연한 것처럼 주장한다.

13) 그가 스위스 바젤(Basel) 대학교에 제출한 박사학위 논문(Oscar Cullmann이 지도함)으로서 책으로 출간된 *The Holy Spirit and Eschatology in Paul*을 보라. Hamilton은 첫 장에서(pp. 3-16) 핵심 본문들(고후 3:17; 고전 12:3; 롬 8:9; 갈 4:6; 빌 1:19; 롬 1:3-4; 고전 15:45)을 분석한 결과를 제시하여(그러나 이 결과는 너무 간결하여 설득력이 없다) "기독론이 성령론의 핵심"임을 증명한다. 우리는 이 연구서의 영향을 이후에 등장하는 거의 모든 문헌에서 발견할 수 있다.

14) *Kyrios und Pneuma: Studien zur Christologie der paulinischen Hauptbriefe*. 이 연구서도 상당한 영향을 끼쳤지만, 실제로 고후 3:17이 기독론과 관련된 무언가를 말한다고 생각하는 사람들 사이에서만 영향을 끼쳤다. Hermann이 제시한 모든 주장은 실제로 그가 확연히 이 본문을 오해한 결과를 근거로 삼기 때문이다.

15) 그는 두 핵심 본문을 다룬 논문에서 이런 시각을 피력한다("Jesus," 40-68과 "I Corinthians 15:45," 127-41). 그는 이후에 이 내용을 *Jesus*, 318-26과 *Christology*, 141-49에 요약해놓았다. Dunn은 특히 고후 3:17을 이 견해의 지지 본문으로 보는 시각에 반대하는 글도 썼다("2 Corinthians III.17"). 이 주제를 다루는 글을 쓴 사람들과 이 다양한 학자들에게 영향을 받은 사람들을 살펴보면, Dunn이 발표한 "2 Corinthians III.17"로 말미암아 Hermann을 따르는 이들과 Dunn을 따르는 이들로 나뉘게 되었음을 알 수 있다.

16) 다른 이들도 있지만 그중에서도 Hendrikus Berkhof, *The Doctrine of the Holy Spirit* (London: Epworth Press, 1964), 21-28; David Hill, *Greek Words and Hebrew Meanings*, 275-83 (물론 Hill은 이런 시각을 상당히 수정하여 제시한다); W. C. Wright, *Use*, 206-59을 보라.

17) 하지만 여기서 Dunn은 분명 예외다. 그는 고전 15:45(찾아보라)에서 논의를 시작한다.

18) 이 말은 분명 지금도 학자들이 쓰는 말이다; 가령 Gunkel, Scott(주저하며 쓴다), Hamilton, Hermann, Berkhof, Hill ("virtual identification")을 보라(Bousset도 이 말을 쓴다 — 옮긴이); 참고. Walter Kasper: "그것이 바로 바울이 실제로 그 둘을 동일시할 수 있는 이유다(고

세트; 독일어 원서에서는 verschmelzen이라는 동사를 사용했다 — 옮긴이)[3] 같은 말을 사용하여 이런 관계를 이야기하는 점이다.[19] 분명 학자들은 이렇게 말하는 경우가 대부분이다. 단지 여기에 바울은 실제로 **영**과 그리스도가 서로 구분됨을 인식했다든지,[20] **영**과 그리스도의 독자성은 "존재론 차원의 것"이라기보다 오히려 "역동적 차원의 것"이라든지,[21] 혹은 양자의 독자성이 그리 완전하지 않아서 하나가 다른 하나 속에 완전히 용해되어버린다든지[22] 같은 적절한 수정을 덧붙일 뿐이다. 그러나 "동일시"가 더 강력

후 3:17)"(*Jesus the Christ*, 256).

19) 이 연구서들 가운데 많은 연구들이 보여주는 공통된 흐름 또 하나는 바울이 쓰는 "그리스도 안에"와 **"영** 안에"라는 문구가 결국은 동일한 문구라고 주장한다는 점이다. 이 견해는 특히 Deissmann (*Formel*)까지 거슬러 올라갈 수 있다. 이런 주장이 제시하는 근거 중 하나는 이 말들이 서로 바꿔 쓸 수 있는 말이라는 점이다; 참고. Bousset (160): "이 두 문구는 아주 완벽하게 일치하여 원하기만 하면 얼마든지 서로 바꿔 쓸 수 있다." 참고. Hill, *Greek Words*, 276. 그러나 이는 상당히 지나친 주장이다. 사실 이 두 문구 사이에는 상당히 중요한 차이점들이 있기 때문이다. 바울은 "그리스도 안에"라고 말할 때면 늘 "안에"(ἐν)라는 전치사를 사용한다. 그러나 **"영** 안에"라고 말할 때는 πνεύματι와 ἐν πνεύματι를 번갈아 사용한다. 이는 πνεύματι와 ἐν πνεύματι를 주로 도구(수단)를 나타내는 의미로 사용한 데 따른 결과다. 반면 바울은 "그리스도 안에"를 주로 처격으로 사용한다. 이 둘의 차이를 실증해주는 곳이 한 문장에서 이 두 문구가 함께 나타나는 롬 9:1이다. 바울은 자신이 진실함을 천명한 주장들에서 "그리스도 예수 안에 있는 진리(그들과 함께 그리스도 예수 안에 있는 이로서)를 말한다." 나아가 그 자신의 양심이 "성령을 통해(성령이 내면에 들려주는 증언을 통해)" 같은 사실을 증언한다고 말한다. 따라서 이 두 문구는 서로 바꿔 쓸 수 있는 말이 아니다. 단 그리스도와 **영**이 행하시는 구원 행위가 겹치는 곳들은 예외다. 가령 고전 1:2에서는 "그리스도 예수 안에서/를 통해 거룩하게 되다"라고 말하는데, 여기서는 그리스도의 구속 행위에 강조점을 둔다. 그런데 롬 15:16에서는 "성령으로 거룩하게 되다"라고 말하는데, 여기서는 **영**이 그리스도가 앞서 행하신 일을 적용하는데 강조점을 둔다. 참고. Deissmann을 더 상세히 비판해놓은 글을 보려면, F. Büchsel, "'In Christus' bei Paulus," *ZNW* 42 (1949), 141-58; F. Neugebauer, "Das paulinische 'in Christ,'" *NTS* 4 (1957/58), 124-38; 그리고 M. Bouttier, *En Christ: Etude d'exégèse et de théologie pauliniennes* (Paris: Presses Universitaires, 1962)를 보라.

20) Scott, 183은 사실 앞에서 언급한 다른 이들과 구별되는 입장을 취한다. 그는 바울이 일부러 **영**과 그리스도를 "동일시"했다고 생각하지 않고, "그 자신의 의지와 상관없이 억지로 그렇게 한 것"이라고 생각하기 때문이다.

21) Hamilton, *Holy Spirit*, 6, 10.

22) 이 견해는 Herman Ridderbos, *Paul: An Outline of His Theology*, 88이 Hermann (*Kyrios und Pneuma*, 123)에 반대하여 제시한 것이다. Ridderbos는 여기 이 책이 주장하는 것과 비슷한 입장을 취하면서도 이 본문들 가운데 일부는 (그리스도와 **영**이 — 옮긴이) "서로 동일한 어떤 관계"(a certain relationship of identity with each other)에 있음을 가리킨다는 것

한 모티프인 것은 확실하다. 그리스도인이 가지는 부활하신 그리스도 체험과 **영** 체험 차원에서는 특히 그러하다. 학자들은 온갖 실제적 목적들을 내세워 이 두 체험이 동일한 것이라고 주장한다.[23]

영과 그리스도의 "구분"보다 "동일함"을 분명히 강조한다는 것은 이런 연구서들을 관통하는 또 하나의 흐름, 곧 바울의 하나님 체험과 이해를 "삼위일체"라는 말로 표현하는 것이 적절하다는 점을 상당히 강하게 부인하는 흐름이 역시 확증해준다. 이 점을 강력하게 표명하는 인물이 헤르만이다. 헤르만은 심지어 바울이 **영**과 그리스도를 동일시하는 것이 하도 철저하여 이제는 어느 누구도 **영**이 그리스도와 구분되는 인격체로서 독자성을 갖는다는 견해를, 다시 말해 전통적 삼위일체 관점에서 말하는 대로 그리스도와 구분되는 독자성을 갖는다는 견해를 더 이상 표명할 수 없다고까지 주장한다.[24] 이견들이 있지만, 해밀턴과 (특히) 던도 이런 헤르만의 입장과 달라 보이지 않는다. 그래서 이들의 견해를 따르면, 실제로 바울 서신을 다루며 삼위일체를 운위(云謂)하는 것은 십중팔구 부적절한 언어를 사용하는 셈이 될 것이다.[25]

을 인정하려 한다[Ridderbos는 고후 3:17; 고전 12:4, 5; 엡 4:4을 "그리스도와 **영**을 서로 동일한 어떤 관계에 놓아둔 본문"(waarin Christus en de Geest in een zekere verhouding van identiteit met elkander geplaatst worden)으로 본다. 책의 화란어판 원서인 *Paulus* (Kampen: J. H. Kok, 1973), 89 ― 옮긴이].

23) 참고. Dunn: "**이제 그리스도를 영(성령)으로서 체험한다면, 이제 영을 그리스도로서 체험하는 것이다**"(던의 강조; *Jesus*, 323).

24) *Kyrios und Pneuma*, 132-36.

25) 때문에 Hamilton (*Holy Spirit*, 3)은 이렇게 말한다: "**영**을 전통적 방식대로 삼위일체 교리의 한 측면으로서 다루려고 시도하는 것은 바울에게는 부적절한 일이 될 것이다. 이것은 바울이 **영**을 성부 및 성자와 구분되는 실체로 본다는 것을 부인하지 않는다. 삼위일체 교리를 촉발시킨 계기가 된 삼위일체 문제는 바울에게 문제가 되지 않는 것이었다." 따라서 "**영**을 신약성경의 전통 안에서 다루는 길은 **영**이라는 존재의 본질에 관한 모든 사변(思辨)을 피하는 것이다." (물론 바울이 그리스도와 관련하여 제시하는 주장들의 경우에도 같은 말을 할 수 있을 것이다. 그렇다면 이것은 우리가 사실상 기독론 논의를 완전히 그만두어야 한다는 뜻이다!) Dunn은 이렇게 말한다("1 Corinthians 15.45," 139): "**바울에게는 내재 기독론**(*Immanent Christology*)**이 성령론이다**(고든 피의 강조); 신자의 체험 속에서는 그리스도와 **영**의 구분이 **없다**(던의 강조). 물론 이것은 바울이 그리스도와 **영**을 구별하지 않는다는 말이 아니다. 그러나 이것은 후대의 삼위일체 교의가 이 지점에서는 바울을 쉽게 지지 근거로 원용할 수 없다

나는 이런 견해를 "특이하다"라고 말했다. 바울 서신이 제공하는 데이터를 올바로 읽어내지 못한 데서 비롯된 견해로 보이기 때문이다. 잠시 멈춰 서서 생각해봐야 할 문제가 세 가지 있다. (1) 바울 서신에 있는 **영** 본문들이 제공하는 데이터는 모두 앞에서 말한 견해(즉 궁켈로부터 던까지 이어지는 견해―옮긴이)와 다른 방향으로 나아간다. (2) 이 견해는 "모호한" 본문들을 읽어낸 결과에 근거한 것이다. 이 본문들 가운데 어느 것도 이 견해가 주장하는 내용들을 증명해주지 못한다. (3) 이는 이 견해들이 이런 문제를 어떻게 탐구해가야 하는가라는 문제와 관련하여 방법론상 상당한 잘못을 저질렀다는 것을 일러준다. 이제 이 문제를 각각 간략하게 살펴보도록 하겠다.

■ 하나님의 **영**인 성령

그리스도의 오심이 바울의 **영** 이해를 항상 규정했다고 말하는 것이 타당하기는 하지만,[26] 그래도 자주 되풀이되는 주장처럼 "우리는 **영**에 관하여 생각할 때 그리스도 중심의 관점을 **엄격히** 따라야 한다"[27]라고 말하는 것은 바울 서신의 데이터와 일치하지 않는 것 같다. 그런 주장은 상당히 지

는 뜻이다." 만일 Dunn이 말하는 "내재 기독론"이 전통적 의미대로 "자신 안에 존재하시는 그리스도"를 가리키는 말이라면, 이런 Dunn의 말은 바울이 말하는 실체들과 너무 동떨어진 말로 보인다.

26) 물론 우리는 이렇게 말해야 한다. 비록 초창기 신자들이 성육신하시고 부활하신 그리스도를 체험한 뒤에 **영**을 **체험**하기는 했어도, 그들의 **영** 이해는 구약과 함께 시작되었으며, 바로 이런 **영** 이해가 그리스도로 말미암아 변화하기 때문이다. 그들의 하나님 이해는 물론이요 메시아가 곧 예수이시라는 것이 가지는 의미에 관한 그들의 이해도 역시 마찬가지였다.

27) 이것은 Berkhof, *Doctrine*, 24이 구사한 언어다(고든 피의 강조). 참고. Marie E. Isaacs, *The Concept of Spirit: A Study of Pneuma in Hellenistic Judaism and its Bearing on the New Testament* (Heythrop Monographs 1; London: Heythrop College, 1976), 124; "모든 신약 저자들은 πνεῦμα가 상징하는 능력과 하나님의 임재가 오로지 그리스도이신 예수에게 그 근거를 둔다고 본다."

나친 말이다. 여기서 나는 이 책 제2장 서두에서 언급했던 통계를 다시 유심히 살펴볼 것을 요구한다. 바울 서신에서 πνεῦμα라는 말은 140회가 넘게 등장하지만, 그 완전한 이름인 성령(Holy Spirit)은 17회 등장하며, "하나님의 **영**/그의 **영**"(the Spirit of God/His Spirit)이라는 말은 16회가, "그리스도의 **영**"(the Spirit of Christ)이나 이와 같은 말은 단지 3회만 등장한다. 이런 통계와 관련하여 몇 가지 관찰 결과를 제시해보겠다.

1. 바울이 성령을 완전한 이름으로 언급할 때는 그가 그리스도를 그 완전한 이름인 우리 주 예수 그리스도라는 말로 언급할 때와 같은 방식으로 언급한다. 또 **영**을 성령이라는 완전한 이름으로 언급한 비율과 그리스도를 완전한 이름으로 언급한 비율 역시 거의 같다. 이렇게 **영**을 가리켜 완전한 이름을 쓴다는 사실 자체는 **바울이 영**을 그리스도와 "같은 분이" 아니라 "구분되는 분으로" **전제한다**는 것을 시사한다.

2. 반대 주장들도 있긴 하지만, 바울은 **영**을 주로 **영**과 하나님[성부 하나님; 그러나 바울은 그 관계에 대해 이런(즉 하나님을 아버지로 보는) 이미지를 사용하지는 않는다]의 관계라는 관점에서 생각한다. 바울이 "그리스도의 **영**"을 이야기하는 경우보다 "하나님의 **영**"을 이야기하는 경우가 더 잦다. 뿐만 아니라, 바울은 사람이 **영**을 받음을 이야기할 때면 늘 동사의 주어로 하나님을 제시한다.[28] 그리하여 그는 하나님이 "그의 아들의 **영**을 우리 마음속에 보내셨다"(갈 4:6)라고 말하거나 그의 **영**을 우리에게 "주신다"라고 말한다(살전 4:8; 고후 1:22; 5:5; 갈 3:5; 롬 5:5; 엡 1:17). 바울이 이런 이해를 갖게 된 결정적 요인은 그의 뿌리인 구약성경임이 확실하다. 구약 본문

---

28) 즉 바울이 **영**을 아들도 보내시는 이로 여겼다는 확고한 증거가 없다. 그렇게 읽을 수 있을 것 같은 유일한 본문들이 "그리스도의 **영**"을 이야기하는 세 본문 중 두 곳이다(롬 8:9과 빌 1:19). Hui, "Concept," 64-67, 69-72도 마찬가지다. 그러나 이 본문들을 주해할 때 언급했듯이, 이것은 "그리스도의"라는 소유격을 십중팔구 잘못 이해한 것이다. 바울은 전혀 "아버지와 함께 아들도 **영**을 보내신다"(*Filioque*)라는 생각을 하지 않는다. 논란의 대상이 되는 두 소유격(롬 8:9은 "그리스도의", 빌 1:19은 "예수 그리스도의" – 옮긴이)은 아들도 **영**을 보내신다는 주장의 근거로 제시할 수 있는 자료가 아니다.

에서는 하나님이 당신의 **영**“으로 채우신다”(출 31:3)라고 말하거나 당신의 **영**을 “부어주신다”(욜 2:28)라고 말한다. 또 “하나님의 **영**”이 사람들에게 임하여 온갖 종류의 비범한(“은사에 의한”) 행위들을 하게 하신다고 말한다 (가령 민 24:2; 삿 3:10).

특히 다음 두 본문은 **영**과 하나님의 관계를 주된 관계이자 전제로 이해했던 바울의 시각을 꿰뚫어볼 수 있는 통찰을 제공한다. 먼저 바울은 고린도전서 2:10-12에서 인간 내면의 의식(지각)이라는 유비(곧 오직 그 사람의 “영”만이 그 사람의 생각을 안다)를 활용하여 오직 **영**만이 하나님의 생각을 아신다고 역설한다. 바울이 이 유비를 활용하면서 관심을 갖는 것은 **영**이 **우리가** 십자가를 하나님의 지혜로 이해하게 해주시는 원천이 된다는 점이다. 하지만 이 유비 자체는 하나님과 **영** 사이에 지극히 긴밀한 관계가 있음을 묘사한다. 오직 **영**만이 “모든 것들을 찾아내시고”, 심지어 “하나님의 깊은 것”까지 헤아리신다. 또 **영**과 하나님 사이의 이런 독특한 관계 때문에, 오직 **영**만이 하나님이 감춰놓으신 지혜를 아시고 계시해주신다 (고전 2:7).

또 바울은 로마서 8:26-27에서도 이와 똑같은 생각을 분명하게 표현한다. 다른 문제들도 있지만, 바울이 여기서 관심을 갖는 것은 우리가 약하여 우리 스스로 우리 뜻을 말할 수 없는 상황에서도 **영**이 어떻게 하여 우리를 위해 적절히 중보해주실 수 있는지 제시하는 일이다. **영**이 효과 있게 중보해주실 수 있는 이유는 바로 우리 마음을 헤아려 아시는 하나님이 마찬가지로 우리를 위하여 중보하시는 “**영**의 생각을 아시기” 때문이다.

여기에는 어떤 비밀이 연루되어 있다. 결국 우리가 다루는 것은 하나님의 비밀들이기 때문이다. 바울이 **영**을 하나님과 구분되는 분으로 본다는 것은 의심할 수 없다. 그러나 동시에 **영**은 보이지 않는 하나님의 인격성의 내적 표현이요, 이 세상에서 하나님이 행하시는 행위를 눈으로 볼 수 있는 현시다. **영**은 진정 활동하시는 하나님이시다. 그러나 **영**은 단순히 하나님의 인격성이 외부로 나타난 작용도 아니요, 하나님에 관한 모든 말이 곧

영에 관한 말인 것은 아니다.

3. 이런 데이터를 고려할 때, 바울이 **영**을 **또한** "그리스도의 **영**"으로도 일컫는 점은 놀라운 일이다. 바울이 이렇게 말한다는 것은 그의 성령론보다 그의 기독론과 관련하여 훨씬 중요한 의미를 갖는 무언가를 일러준다(물론 바울의 성령론에도 중요한 의미를 갖는다). 여기는 바울이 "고(高)기독론"을 가졌다는 것을 일러주는 증거다. 즉 바울은 구약이 하나님의 **영**을 이해하는 시각 속에 푹 잠겨 있었기에, 자신이 그리스도인으로서 한 체험을 토대로 **영**을 그리스도의 **영**이라 말하기는 아주 쉬웠을 것이다.[29]

4. 바울이 **영**을 "하나님의 **영**"이나 "그리스도의 **영**"과 동일시하는 모든 본문을 꼼꼼히 분석해보면, 바울이 **영**을 통해 신자에게 전달되는 하나님의 행위나 그리스도의 행위를 강조하고자 할 때는 습관처럼 "하나님의"나 "그리스도의"라는 소유격을 사용하려 했다는 것을 알 수 있다. 그러기에 교회는 하나님의 전(殿)이다. 이는 하나님의 **영**이 그들 가운데 사시기 때문이요(고전 3:16), 혹은 하나님이 당신의 성령을 당신이 불러 거룩하게 하시는 이들에게 주시기 때문이며(살전 4:8), 여타 이유들 때문이다. 마찬가지로 **영**을 그리스도의 **영**이라 부르는 세 본문을 보면, 바울이 강조하는 것은 어쨌든 그리스도의 사역이다. 갈라디아서 4:6에서는 신자들이 "아들"임을 강조한다. 신자들이 아들임을 증명해주는 증거는 이들이 "하나님의 아들의 **영**"을 받았다는 것이다. 이 **영**을 통해 신자들은 하나님을 부를 때 아들이 쓰는 말을 사용한다. 바울은 로마서 8:9에서 그가 6장에서 말했던 그리스도의 사역과 8장에서 말하는 **영**의 사역을 일부러 결합하려고 하는 것 같다. 이를 통해 그는 **그리스도의 영**이 그들 안에 들어와 사심이 바로 그들이 진실로 하나님의 백성임을 일러주는 증거임을 말하려고 하는 것 같다. 또 바울은 빌립보서 1:19에서 자신이 그리스도의 **영**을 새롭게 공급받아 자신이 시련을 겪을 때에도 자신이 살든지 죽든지 그리스도가 존귀해지시

---

29) 학술 문헌들이 이 점을 거의 강조하지 않는 것은 상당히 흥미로운 점이다.

길 소망한다.

앞에서 빌립보서 1:19을 다룰 때 주장했듯이, 이 모든 내용은 이 소유격들이 주로 관계나 동일시를 나타내는 말임을 일러준다. 즉 바울이 말하는 **영**은 이 **영**과 하나님 또는 그리스도의 관계에 비추어 이해해야 하는 분이다. 각 경우에 "하나님"과 "그리스도"는, 바울이 관계라 일컫는 것에 비춰볼 때, **영**에 "정체성"을 부여해주신다.

5. 마지막으로 바울은 로마서 8:9-11에서 "하나님의 **영**"을 "그리스도의 **영**"과 분명히 확고하게 동일시한다. 반면 바울은 어디에서도(물론 양자를 동일시하는 것처럼 보이는 본문도 조금 있더라도) 부활하신 그리스도와 **영**을 동일시하지 않는다.

■ 그리스도의 **영**인 성령

기독교 신학 전반과 특히 바울 신학을 살펴보면, 그리스도의 오심이 늘 우리의 하나님 이해를 규정하는 특징이 되어왔다. 그리스도의 오심으로 말미암아 초월자이신 온 우주의 하나님을 "우리 주 예수 그리스도의 아버지"(고후 1:3; 엡 1:3; 벧전 1:3)로서 이 세상을 구속하시려고 "당신 아들을 보내신"(갈 4:4-5) 분으로 알게 되었다. 마찬가지로 그리스도의 오심은 우리의 **영** 이해를 늘 규정하는 특징이 되어왔다. 하나님의 **영**은 그리스도의 **영**이기도 하다(갈 4:6; 롬 8:9; 빌 1:19). 그리스도의 **영**은 그리스도가 부활하시고 이어 하나님 오른편에서 권세 있는 자리를 취하신 뒤 그리스도의 사역을 이어가신다. 하나님의 **영**을 받는 것은(고전 2:12) 그리스도의 마음을 갖는 것이다(16절). 따라서 바울은 그리스도가 **영**을 정의하신다고 본다. **영**의 사람들은 하나님의 자녀들이요 하나님의 아들(=예수 그리스도)과 함께 공동 상속인이다(롬 8:14-17). 동시에 이 사람들은 그리스도의 부활의 권능을 알며 그가 당하신 고난의 교제를 안다(빌 3:10). 아울러 그리스도는 진정한 **영**의 행위가 무엇인가를 판단할 때 절대 기준이 되신다(가령 고전 12:3). 따라서 일부 사람들의 주장대로 **영**에 관한 바울의 교리는 그리스도 중심적이라고 말하는 것이 타당하다. 그러나 이는 어디까지나 그리스도와 그분의 사역이 **영**과 **영**이 그리스도인의 삶 속에서 행하시는 사역을 규정한다는 의미에서 그렇다는 말이다.

하지만 그리스도와 **영**의 관계를 그렇게 이해하는 것은 많은 사람들이 아주 자신 있게 말하는 "**영** 기독론"(Spirit Christology)과 큰 차이가 있다. "**영** 기독론"은 주로 세 본문에 근거한다(고전 6:17; 15:45; 고후 3:17-18).[30] **영** 기독론을 주창하는 이들은 바울이 이 세 본문에서 부활하신 주와 **영**을 동일시하는 말을 한다고 이해한다. 그러나 이 본문들이 자리한 문맥을 이해하면 이런 동일시를 인정할 수 없다. 주된 본문인 고린도후서 3:17-18을 보면, 바울이 구사하는 언어가 **영**과 그리스도의 동일성을 암시하는 것 같지만, 사실은 전혀 그렇지 않다. 앞에서 이 본문을 주해할 때 언급했듯이, 바울이 쓴 "주는 **영**이시라"라는 말은 엄격히 말해 앞에 나온 말을 가리키는 말이다. 즉 바로 앞 16절에서 (출 34:34을 넌지시 일러주며) 언급했던 주, 곧 사람들이 **이제** 돌아가는 그분이 **영**이심을 말하는 것이다(이 **영**은 새 언약의 **영**으로서 하나님의 백성에게 자유를 가져다주고 이들을 "주의 영광"으로 변화시켜준다). 고린도전서 6:17과 15:45 같은 경우는 이 본문들이 자리한 문맥이 이 본문들이 구사하는 언어를 지배한다. 이 문맥을 보면, 바울이 이런 용례를 구사하는 이유는 여기서 제시하는 주장이 제시하는 대조들 때문이다. 이 본문들 가운데 어느 것도 **영**의 신학을 제시하거나 **영**과 부활하신 주를 동일시하는 신학을 제시하지 않는다.

반면 바울은 부활하신 그리스도와 **영**이 **서로 분명하게 구분된다**고 생각한다. 모든 종류의 증거가 이를 증명해준다. 뒤에서 언급하는 삼위일체

---

30) 일부 사람들은 롬 1:3-4과 8:9-10도 근거로 주장한다(가령 Hamilton, *Holy Spirit*, 10-15을 보라). 하지만 이 본문들은 **영**과 그리스도의 동일성을 전혀 시사하지 않을 뿐 아니라, 사실은 그 반대 방향을 증명해준다. 이 책 제7장의 논의를 보라.

본문들은 물론이요 (구원론과 상관없는) 다른 종류의 본문들 역시 바울이 부활하신 그리스도의 활동과 **영**의 활동을 따로 떼어 생각했다는 것을 일러준다. 이는 로마서 9:1과 로마서 15:30 같은 여러 본문들의 경우에도 마찬가지다. 로마서 9:1을 보면, "그리스도 안에"와 "**영**으로"라는 공식문구가 한 문장 안에서 서로 다른(그러나 각기 독특한) 기능을 한다(앞의 주19를 보라). 또 로마서 15:30("우리 주 예수 그리스도를 통하여 그리고 **영**의 사랑을 통하여")을 보면 바울이 διά(…를 통하여)를 거듭 사용하는데, 이는 바울의 호소가 근거로 삼는 두 가지를 가리킨다. 첫째 근거는 "우리 주 예수 그리스도를 통하여"다. 이는 "이 서신의 주장이 제시하는 대로 그리스도가 우리 모든 사람을 위해 행하신 일을 근거로"라는 뜻이다. 둘째 근거는 "**영**의 사랑을 통하여"다. 이는 "**영**이 나를 포함하여 모든 성도들을 위해 만들어내신 사랑에 근거하여"라는 뜻이다.

이런 점과 관련하여 그리스도와 **영**이 대동소이해 보이는 본문들만을 생각할 경우에 가장 중요한 의미를 갖는 본문은 아마도 로마서 8:26-27(영이 우리를 위해 중보하신다)과 8:34(그리스도가 우리를 위해 중보하신다)을 결합해서 볼 때가 아닌가 싶다. 겉으로 보면 **영**과 그리스도가 "동일한" 기능을 하신다고 주장할 수도 있다. 그러나 여기서 우리가 얻는 것은 오히려 **영**과 그리스도를 아주 분명하게 "구분"하는 표현이요, 이제 바울이 부활하신 그리스도와 **영**을 동일시하지 않는다는 사실이다. **영**의 역할은 이 땅에서 신자들 안에 들어가 사심으로 그들이 "이미 그러나 아직 아니"라는 현재의 실존이 당면한 약함 속에서도 살아갈 수 있게 도와주시는 것이요 그들을 위하여 중보해주시는 것이다. 부활하신 그리스도는 하늘에서 "하나님 우편에 자리하사 우리를 위해 중보하신다."[31] 특히 로마서 8:34을 보면, 바울이 무언가를 지지하는 주장을 제시하지 않고 오히려 그가 전제하는

---

31) 참고. Arthur W. Wainwright, *The Trinity in the New Testament* (London: SPCK, 1962), 260.

사실을 근거로 무언가를 역설하는데, 이는 바울이 **영**과 부활하신 그리스도를 존재론 차원이나 기능면에서 동일시하는 생각을 가졌을 수 있다는 생각을 아예 하지 못하게 하는 것이다(물론 이것은 이 본문에 바울이 "**영** 기독론"을 가졌음을 일러주는 어떤 증거도 들어 있지 않다는 뜻이다).

하지만 비록 바울이 그리스도와 **영**을 동일시하지 않긴 해도, 그는 **영**과 하나님 사이에 존재하는 것과 같은 긴밀한 관계가 **영**과 그리스도 사이에도 존재한다고 추정한다. 그리하여 때로 그는 이것을 언급하다가도 금세 저것을 언급하는 말로 옮겨간다. 특히 "안에 들어와 사심"(indwelling)이라는 말을 쓸 때가 그러하다(가령 롬 8:9-10을 보면, "그리스도의 **영**을 가지다"라는 말로부터 "그리스도가 너희 안에 계신다"라는 말로 옮겨간다; 참고. 엡 3:16-17). 따라서 바울이 갈라디아서 2:20(찾아보라)에서 그리스도를 그 안에 사시는 분이라고 말한 것은 십중팔구 "그리스도가 **그의 영으로** 내 안에 사신다"라는 뜻임이 분명하다. 이는 곧 그 안에 들어와 사시는 **영**이 그의 삶 속에서 그리스도의 사역을 계속 이어가심을 가리키는 말이다.

이렇게 바울이 언어를 융통성 있게 구사하는 것은 바울이 그리스도와 **영**에 기울이는 관심이 존재론(=그리스도와 **영**이 하나님**이시라는** 특질)보다 구원론(=그리스도와 **영**이 구원에서 하시는 역할)과(그리고 체험과) 관련 있기 때문일 가능성이 아주 높다. 바로 이 중요한 부분에서 우리는 바울이 말하는 삼위일체를 만난다. 이제 이 문제를 다루어보겠다.

▪ 성령과 삼위일체

바울 서신이 "**영** 기독론"을 말한다고 주장하는 이들이 진짜 문제가 되는 이유는 그들의 방법론 때문이다. 이 주장의 공통분모는 이런 주장을 지지하는 자들이 하나같이 주해하기로 악명이 높은 난제들을 지닌 극소수 본문들(그것도 그 의미가 아주 모호한 본문들)을 갖고 주장을 **시작한다**는 점이다. 그들은 이 본문들에 무게를 두고 싶어하지만, 이 본문들이 전혀 비중이 없는 본문이라는 점은 얼마든지 증명할 수 있다. 더욱이 이 본문들은 일부 사람들이 바울을 읽는 사람이면 누구나 분명히 알 수 있는 것처럼 말하며 바울이 주장한다고 말하는 **영** 기독론의 **주된** 근거이자 **유일한** 근거다. 이어 바울이 삼위일체를 말한다고 생각하지 않는 사람들은 삼위일체 본문임이 분명하고 확실한 것들조차 부인하거나 심지어 아예 고려하지 않는 경우도 종종 있다. 결국 이런 학자들은 자신들이 보기에 바울이 몇몇 모호한 본문에서 말하는 내용이라 **추정한** 것에서 출발하여 정작 바울이 다른 곳에서 도저히 오해할 수 없을 정도로 확실하게 말하는 것을 아예 피해버리거나 확신이 없는 태도로 다룬다.[32]

하지만 바울은 다른 곳에서 출발했다. 여기 출발점에 서 있는 바울은 철저한 유일신론자(유대교에서 말하는 유일신론자 − 옮긴이)다. 그러나 그가 다메섹으로 가는 길에 그리스도를 만난 사건 그리고 이후에 성령을 만난 사건은 그의 하나님 이해와 (이제 그리스도인으로서) 그가 가진 실존을 영구히 그리고 철저하게 바꿔놓았다. 바울 신학의 핵심에는 그의 복음이 있다. 그리고 그의 복음은 본질상 **구원론**(하나님이 그리스도의 구속 사역과 이 사역을 적용하시는 **영**의 사역을 통해 당신 이름을 위해 백성을 구원하신 일)이다. 이는 곧 바울이 하나님을, 구원론 차원에서, 아버지로 아들로 성령으로 만났다는 뜻이다. 바울의 신학 언어가 바뀌고 그의 하나님 이해가 바뀐 것은 다 그 때문이다(물론 이런 일은 내재적 삼위일체, 혹은 송영에서 말하는 삼위일체 차원에서 이루어지지 않았다). 이런 사실에 비춰볼 때, 그리고 이런 사실을 지지하는(그리고 삼위일체 언어를 가진) 본문들이 월등히 많음을 고려할 때, 이런 본문들이 방법론상 출발점 역할을 한다고 추정할 수 있

---

32) 그런 점에서 Dunn은 자신이 말한 것과 상충하는 방법론을 동원하여 반대편에 있는 목적을 이루려고 애쓰는 것 같다(*Baptism*, 103-4). 그가 "2 Corinthians III.17," 309에서 Hermann 에게 가하는 비슷한 비판을 참고하라. 그러나 그는 이제 방향을 돌려 그 자신이 고전 15:45과 롬 1:3-4을 주해한 결과를 토대로 삼아 바로 이런 일을 행한다.

다. 아울러 더 모호한 본문들도 이 본문들에 비추어 해석해야지, 거꾸로
이 본문들을 더 모호한 본문들에 비추어 해석해서는 안 된다.

바울의 하나님 이해는 기능상 삼위일체였다. 또 바울은 아버지와 아들
과 **영**의 구분을 당연한 것으로 전제했다.[33] 이런 사실들은 다음 두 본문
묶음으로 증명할 수 있다. 그중 몇몇은 분명하게 삼위일체를 말하는 본문
이며(고후 13:13[14]; 고전 12:4-6; 엡 4:4-6), 구원론을 설파하는 많은 본문
들도 삼위일체를 나타내는 말로 표현되어 있다.

1. 우리가 고린도후서 13:13[14]을 주해하며 언급했듯이, 이 독특한 축
도는 우리에게 바울의 구원론과 그의 신학 자체(곧 그의 하나님 이해)를 이
해할 수 있는 온갖 신학적 실마리를 제공해준다. 이 축도는 당시 특정 상
황에 맞춰 만들어낸 것이다. 이런 사실은 우리가 바울이 말하는 것을 들
을 때 이 축도가 갖는 중요성을 더 부각시켜준다. 바울이 여기 기도에서
말하는 내용은 **철저히 전제로서**[바울이 지지하며 주장하는 어떤 것이 아니라,
그가 그리스도인으로 살아가면서 추정하고 체험한 실재(사실)로서] 등장한다.

첫째, 이 축도는 바울이 열정을 바쳤던 유일한 대상인 복음의 핵심에
자리한 것을 요약해줌과 동시에 그리스도 안에 있는 구원에 초점을 맞춘
다. 이 구원은 유대인과 이방인이 똑같이 믿음으로 받아 누릴 수 있는 것
이다. 바울은 **하나님의 사랑**이 그가 주장하는 구원론의 초석임을 로마서
5:1-11, 8:31-39, 그리고 에베소서 1:3-14 같은 본문들에서 열정을 다하
여 명쾌하게 천명한다. **우리 주 예수 그리스도의 은혜**는 그런 사랑을 구체
적으로 표현해주었다. 즉 하나님은 인류 역사의 한 순간에 그리스도가 당
신이 사랑하시는 자들을 위해 겪으신 고난과 죽음을 통하여 그들에게 구
원을 이뤄주셨다. **성령에 참여한다는 것**은 신자와 신앙 공동체의 삶 속에
서 그런 사랑과 은혜가 계속하여 현실로 이루어짐을 표현한다. *κοινωνία*

---

33) 이 문제 전체, 그리고 특히 삼위일체론자로서 바울을 다룬 글을 보려면, David Ford가 Frances
Young / David Ford, *Meaning*, 255-60에 "What About the Trinity?"라는 제목으로 써놓
은 부분을 보라.

τοῦ ἁγίου πνεύματος(성령의 교제, 고후 13:13; 완전한 명칭을 사용한 점에 주목하길 바란다!)는 살아 계신 하나님이 사람들을 불러 모든 은혜의 하나님이신 당신 자신과 친밀하고 영속(永續)하는 관계(사귐)를 갖게 하시는 방편이다. 또 이 교제로 말미암아 이 사람들은 그 은혜와 구원에 따르는 모든 혜택에 참여하게 되며, 하나님도 당신 자신의 임재(곧 **영**)를 통해 그들 안에 들어가 사심으로써 그들이 마지막 날에 얻게 될 종말의 영광을 보장해 주신다.

둘째, 이 본문(고후 13:13[14])은 우리가 바울 신학 자체, 곧 바울이 하나님 바로 그분을 어떻게 이해했는가를 들여다보게 해주는 입구 역할을 한다. 바울의 신학에 아주 철저한 영향을 미친 것은 그리스도의 죽음과 부활이라는 사실과 마지막 때의 **영**이 선물로 주어졌다는 사실이었다. 그렇다 해도 바울은 이런 문언들이 다룰 것을 요구하는 존재론 차원의 문제들을 붙들고 씨름하지 않았다. 뿐만 아니라, 여기서 그리스도와 **영**이 하나님이시라는 것도 **역설하지 않는다.** 도리어 바울은 여기서 하나님 아버지를 두 번째 자리에 배치해놓은 절을 사용하여 이 (후대의 언어를 쓰자면) **삼위 하나님이 함께 행하신 일로 한 기도 속에서 표현해놓은 행위를** 균등하게 표현한다. 이는 삼위일체라는 말이 가지는 의미(즉 한 하나님이 아버지와 아들과 **영**이라는 삼위로 계신다는 것, 그리고 우리가 그리스도와 **영**을 다루는 것은 곧 아버지를 다룰 때와 똑같이 하나님을 다룬다는 것을 의미한다는 것)를 고려할 때, 바울이 진정 삼위일체 하나님을 믿는 자였음을 일러준다.

따라서 이 축도, 그리고 이 축도가 하나님과 그리스도와 **영**의 구분을 인정한다는 사실은 바울 서신의 다른 모든 곳에서 발견할 수 있는 내용, 곧 "그리스도 안에 있는 구원"이 하나님과 그리스도와 **영**의 협동 사역이라는 것을 간결하게 집약하여 보여주는 것이기도 하다. 이 축도가 긍정하는 이런 내용들은 바울이 부활하신 그리스도와 **영**을 동일시함으로써 결국 바울의 경우에는 "내재 기독론이 성령론이다"라고 할 가능성을 완전히 제거해버린다.

이와 똑같이 삼위일체를 완전하게 시사하는 내용이 고린도전서 12:4-6과 에베소서 4:4-6에서도 나타난다. 바울은 고린도전서 12:4-6에서 고린도 사람들에게 그들의 시야를 넓혀 그들 가운데서 이루어지는 **영**의 나타나심이 아주 다양함을 인정하라고 다그친다(이는 누가 봐도 오로지 방언에만 관심을 쏟는 그들의 태도와 전혀 다른 것이었다). 바울은 에베소서 4:4-6에서 우선 다양성이 하나님의 본질을 반영한다는 점을 언급한 뒤, 때문에 이런 다양성이 그들 가운데서 하나님이 일하심을 보여주는 참된 증거라고 주장한다. 결국 이 모든 주장을 보면, 바울은 삼위일체를 전제한다.

우리는 에베소서 4:4-6에서 고린도후서 13:13[14]과 같은 조합을 발견한다(삼위 하나님이 하시는 행위를 구분하여 신앙고백 형태로 표현해놓았다). 그리스도인이 한 몸인 근거는 한 분 하나님이시다. 한 몸은 한 **영**이 행하시는 일이다(참고. 고전 12:13). 우리는 이 한 **영**으로 말미암아 현재 한 소망 안에서 종말의 실존으로 살아간다. **영**이 "우리가 받을 유업을 보장해주시는 보증금"(엡 1:13-14)이시기 때문이다. 이 모든 일이 우리에게 이루어질 수 있게 된 것은 우리의 한 주님 덕분이다. 이 한 주님 안에서 모든 사람이 "한 믿음"을 가지며, 또 모든 사람이 "한 세례"를 받음으로 그 "한 믿음"을 증언했다. 이 모든 실재의 원천은 한 분 하나님, 곧 "만유 위에 계시고 만유를 관통하여 계시며 만유 안에 계시는" 바로 그분이다.

이 본문의 마지막 문구(엡 4:6, "만유 위에 계시고 만유를 관통하여 계시며 만유 안에 계신다")가 결국 만물을(만물의 과거와 현재와 미래를) 주관하시는 한 분 하나님의 통일성을 거듭 강조하고 **영**과 아들의 사역을 하나님의 사역 아래 포괄해놓은 것이라면, 이 본문 전체는 하나님을 삼위이신 실체로서 **체험할** 수 있다는 확고한 주장을 신앙고백 형태로도 표현해놓은 셈이다. 후대 교회는 바로 이런 체험과 언어를 기초로 삼아 이 모든 내용을 분명한 삼위일체 언어로 표현함으로써 성경에 충실하려는 자세를 유지했다. **영**의 사역을 포함하여 말하는 바울의 문언들 역시 그런 기초의 일부가 되었다.

2. 바울의 복음 이해에는 이런 "구원론 차원의 삼위일체론"이 토대가 된다. 이런 사실은 구원론과 관련된 수많은 본문들이 확증해준다. 이 본문들 역시 구원을 비슷한 삼위일체 언어로 표현해놓았다. 이는 특히 로마서 5:1-8, 고린도후서 3:1-4:6, 갈라디아서 4:4-6이나 에베소서 1:3-14(참고. 딛 3:4-7)처럼 더 크고 명확한 본문들에서도 확인할 수가 있다. 뿐만 아니라, 주로 구원론을 설파하는 다른 많은 본문들의 경우도 마찬가지다. 이런 본문들을 보면, 구원의 근거가 삼위 하나님의 삼중 사역임을 분명하게 또는 암시조로 나타낸다. 이런 취지를 집약하여 표현한 본문이 바로 고린도후서 13:13[14]이다. 그런 본문들을 열거해보면, 이렇다.[34]

데살로니가전서 1:4-5. 여기서는 하나님의 사랑이 성령이 능력을 부어주신 복음(그리스도를 전하는 메시지)을 통해 선택을 현실로 이뤄낸다고 말한다.

데살로니가후서 2:13. 여기서는 하나님의 백성이 "주(主)로부터 (주의 죽음을 통해) 사랑을 받는다"라고 말한다. 하나님이 **영**의 거룩하게 하시는 사역을 통해 그들을 구원받을 자로 택하셨기 때문이다.

고린도전서 1:4-7. 여기서는 하나님의 은혜가 그리스도 예수 안에서 주어졌다고 말한다. 그리스도 예수는 온갖 종류의 **영**의 선물을 주심으로 교회를 풍성하게 하셨다.

고린도전서 2:4-5. 여기서는 십자가에 못 박히신 그리스도를 전한 바울의 설교에(2절) **영**의 능력이 함께했으며, 이를 통해 그들이 하나님을 믿을 수 있게 되었다고 말한다.

고린도전서 2:12. 여기서는 "우리가 하나님으로부터 온 **영**을 받았으며", 이를 통해 하나님이 우리에게 주신 것들(문맥상 십자가를 암시한다)을 알게 되었다고 말한다.

---

34) 이 책이 주해하며 다루었던 관련 본문들을 빠짐없이 열거해놓은 목록을 보려면, 살전 1:4-6을 다룬 부분 중 주39를 보라.

고린도전서 6:11. 여기서는 하나님이 그리스도의 이름으로 **영**을 통해 이루어진 "신성 수동태들"(너희가 씻음을 받고, 의롭다 하심을 받고, 거룩하게 하심을 받았다)의 의미상 주어다.

고린도전서 6:19-20. 여기서는 (그리스도가; 참고. 7:22-23) 신자들을 사심으로써 결국 이들이 **영**을 통해 하나님이 임재하신 전이 되었다고 말한다.

고린도후서 1:21-22. 여기서는 하나님을 그리스도가 이뤄내시는 구원에서 신자들을 "확인해주신" 분으로 묘사한다. 하나님이 "보증금"으로 **영**을 주심이 하나님의 "예"(19-20절)를 증명해주시는 증거다.

갈라디아서 3:1-5. 여기서는 **영**이 십자가에 못 박히신 그리스도(1절, 2:16-21이 다룬 내용을 *끄집어낸 것*)를 신자들에게 전달해주신다고 말한다. 하나님이 그들 가운데 이 **영**을 "주신다"(5절).

로마서 8:3-4. 여기서는 하나님이 당신 아들을 보내셔서 **율법**이 확보하지 못했던 구원을 확보하게 하셨다고 말한다. 또 율법은 행위 면에서 의를 ("행함"을=하나님의 길로 살아감을) 이뤄내지 못했지만, **영**은 이 일을 해내신다고 말한다.

로마서 8:15-17. 여기서는 하나님이 주신 **영**이 우리가 자녀로 "입양" 받아 그리스도와 함께 "공동 상속인"이 되었음을 증명해주시는 증인 역할을 한다고 말한다. 이런 모든 일을 가능케 하신 이가 그리스도시다.

골로새서 3:16. 여기서는 지금까지 말한 모든 것을 역순으로 펼쳐놓는다. 그리스도의 메시지가 "그들 가운데 풍성히 거할 때", 그들은 구원의 근원이신 하나님을 **영**이 영감을 불어넣으신 찬송을 통해 예배한다.

에베소서 1:17. 여기서는 우리 주 예수 그리스도의 하나님이 지혜와 계시의 **영**을 주심으로써 신자들이 그리스도가 그들을 위해 행하신 일을 온전히 알게 하신다고 말한다.

에베소서 2:18. 여기서는 "그리스도를(그리스도의 죽음을) 통해"(14-16절) 유대인과 이방인이 함께 한 **영**으로 말미암아 하나님께 나아갈 수 있게 되었으며, 유대인과 이방인이 똑같이 이 **영**을 받았다고 말한다.

에베소서 2:20-22. 여기서는 그리스도가 하나님이 당신의 **영**으로 거하시는 장소인 새 성전의 "모퉁잇돌"이시라고 말한다.

빌립보서 3:3. 여기서는 신자들이 하나님의 **영**으로 (하나님을; 본문이 암시하는 목적어) 섬김으로써 그리스도 예수의 탁월한 사역을 자랑한다고 말한다.

따라서 이런 데이터를 분석해보면, 결국 바울이 그를 **영** 기독론을 가진 사람으로 여기는 이들이 쓰는 언어나 신학적 주장들을 전혀 인식하지 않았다는 것을 알 수 있다. 바울이 전제하는 것들은 다른 곳에 있다. 즉 그는 이제 한 분 하나님이 아버지와 아들과 **영**이라는 삼위의 협동 사역을 통해 구원을 가져다주신다고 전제한다. 이 삼위 중 누구 혹은 삼위 전체의 사역이 겹치는 부분들을 보면, 바울이 구사하는 언어도 유동성을 띠는 경향이 있음을 알 수 있다(이는 바울이 구원을 한 분 하나님의 행위로 인식하기 때문이다). 바울이 제시하는 삼위일체 전제들과 공식들은 후대에 나온 삼위일체 공식들의 근거가 되긴 하지만, 바울 자신은 이런 전제들과 공식들을 **영**을 하나님이라 부르는 차원까지 발전시켜가지 않으며 이런 전제들과 공식들이 내포하는 존재론적 의미들을 붙들고 씨름하는 차원까지 나아가지도 않는다. 그렇다 해도 바울이 이 삼위를 분명하게 구분하지 않았다거나 우리 모든 이를 위하여 그토록 큰 구원을 이뤄주신 삼위 하나님 각위의 독특한 역할을 분명하게 표현하지 않았다고 볼 증거는 없다.

하나님의 임재인 성령[35]

만일 바울이 구원론 차원에서 하나님을 **체험**한 일이 그의 고유한 삼위일

---

35) 하나님의 임재라는 테마를 성경 신학의 핵심으로 보는 입장을 살펴보려면, Samuel Terrien,

체론을 이해하는 출발점이라면, 특히 그의 **영** 체험은 그가 인격이라는 범주 속에서 **영**을 어떻게 이해했는지 꿰뚫어볼 수 있는 출발점이다. 여기서 실마리가 되는 것은 구약이 제시하는 세 가지 실재들을 함께 결합해놓은 것인데, 이 세 가지는 서로 연관되어 있다. 바울은 이 사실들이 **영**의 오심으로 말미암아 "이루어졌다"고 본다. 그 세 가지는 이렇다. (1) 바울은 **영**과 새 언약을 결합한다. (2) 바울은 "내주"라는 언어를 구사한다. (3) 바울은 **영**을 전(殿, 성전)이라는 이미지와 나란히 배치해놓았다. 결국 바울은 **영**을 인격체로 이해할 뿐 아니라, 하나님이 새 언약과 새롭게 된 성전 모티프들을 "이루심"으로써 하나님이 몸소 이 지구라는 행성 위에 임재하시는 방법으로 본다. 전(殿)은 하나님이 "거하시는" 장소다. **영**은 이제 하나님이 당신의 "성전", 곧 신자 개인과 이 개인이 모인 공동체 안에 "거하시는" 방법이다.

1. 우리는 이미 앞 장에서 **영**이 종말의 때에 새 언약의 성취라는 역할을 한다는 점을 언급했다. 여기서 내 관심사는 특별히 바울이 새 언약 속에서 **영**의 역할을 어떻게 인식하는지 짚어보는 것이다. 바울은 **영**의 이런 역할을 특히 에스겔 36:26-27과 37:14에 비추어 이해했는데, 이는 그 자신의(그리고 다른 이들의) **영** 체험에서 연유한 결과임이 거의 확실하다. 바울은 이 두 본문이 제시하는 모티프들을 결합하여 하나님이 신자 개인과 신앙 공동체의 삶 속에 **영**이 오신 사건을 통해 그 약속이 지닌 세 가지 차원들을 이루셨다고 주장한다. 그 세 차원은 이렇다. (a) 하나님은 당신 백성에게 새 마음을 주실 것이다. 예레미야는 이 마음을 돌로 된 마음을 대신하는 "살로 된 마음"으로 표현했다[렘 31:31-33; 지은이는 예레미야 본문을 표시해놓았으나, 이 표현 자체는 겔 36:26에서 나온 것이다. 거기에서는 하나님이 "돌 마음"(לֵב הָאֶבֶן)을 제거하시고 "살 마음"(לֵב בָּשָׂר)을 주신다고 말한다 —

The Elusive Presence: Toward a New Biblical Theology (San Francisco: Harper, 1978) 를 보라.

옮긴이]. 이런 일이 가능해지는 것은 하나님이 그들에게 "새 영"도 함께 주실 것이기 때문이다(겔 36:26). 바울 서신에서는 이 모티프가 고린도후서 3:1-6에서 나타난다. 거기서 바울은 고린도 사람들을 새 언약을 받은 이들로 이해한다. 그들의 "마음 판에 살아 계신 하나님의 영이" 새 언약을 "새겨 넣으셨기" 때문이다(3절). 바울 자신은 더 이상 "문자"와 상관이 없고 "생명을 주시는" 영과 관련이 있는 새 언약을 섬기는 봉사자다(5-6절). (b) 또 이 "새 영"은 바로 하나님의 영이다. 이 영은 하나님 백성에게 하나님 법을 따를 수 있는 능력을 부어주실 것이다(겔 36:27). 우리가 로마서 8:3-4과 갈라디아서 5:16-25을 논할 때 언급했듯이, 영이 이런 모티프를 이뤄주셨다는 것은 율법 준수를 제거할 경우 "의를 얻을 길은 무엇인가"라는 물음에 바울이 제시한 답변이다. (c) 또 하나님의 영은 하나님이 몸소 임재하심을 뜻한다. 하나님이 "내 영을 너희 안에" 둠으로 말미암아 "너희가 살리라"라고 말씀하시기 때문이다(겔 37:14). 바울은 이 모티프를 고린도후서 3:5-6에서 다시 끄집어낸다. 영은 살아 계신 하나님의 영으로서 하나님의 백성에게 하나님의 본질 중 하나라 할 수 있는 실재를 공급해주신다. 바울은 새 언약을 다룬 문맥에서 "영이 생명을 주신다"라고 말한다.

마찬가지로 데살로니가전서 4:8의 언어는 에스겔 36-37장의 언어를 분명하게 표현한다. 데살로니가 사람들이 거룩함을 거부하는 것은 "너희 속에 그의 성령을 주시는" 하나님을 거부하는 것이다. 영은 거룩하신 하나님이 몸소 당신의 성령으로 임재하심이다. 따라서 그들이 거룩하게 살아가라는 하나님의 요구를 거부하는 것은 바로 하나님의 성령을 거부하는 것이다. 결국 바울은 그리스도가 당신의 죽음과 부활을 통해 하나님의 백성에게 새 언약을 이뤄주셨다고 본다. 그러나 영은 하나님 백성의 삶 속에서 이루어진 실재인 새 언약을 이해하는 실마리다.

2. 이 테마 및 이런 구약 본문들과 긴밀하게 연관되어 있는 것이 바울이 영을 하나님 백성 안에 또는 가운데 "거하시는" 분으로 이야기하는 많은 본문들이다. 이런 사실은 우선 영이 신자의 "마음속에", 혹은 단순하

게 "그들 안에" 있다고 말하는 다양한 본문들에서 발견할 수 있다. 데살로니가전서 4:8, 고린도전서 6:19, 14:24-25, 에베소서 5:18("가득 채움"이라는 이미지를 사용한다)은 **영**이 "너희/우리 안에" 있다고 말한다. 고린도후서 1:22, 3:3, 갈라디아서 4:6, 로마서 2:29, 5:5은 "너희/우리 안에"라는 장소가 "마음"임을 일러준다. 이 말은 다시 고린도전서 3:16, 고린도후서 6:16, 로마서 8:9-11, 에베소서 2:22에서 "안에 거하신다"라는 말로 바뀐다.

이 본문들 가운데 둘(고전 14:24-25과 고후 6:16)은 특히 도움이 되는 본문이다. 여기서 바울이 **하나님이** 당신 백성 가운데 **거하심**을 말하는 구약 본문들을 인용하기 때문이다. 이제 바울은 이 하나님의 거하심을 **영**의 임재로 표현한다. 그리하여 바울은 이방인들이 예언의 **영**을 통해 그들의 마음이 드러남으로 말미암아 살아 계신 하나님께 돌아옴을 이사야 45:14의 언어로 이야기한다("분명 하나님이 **너희 가운데 계신다**"). 마찬가지로 바울은 공동체의 삶 속에 **영**이 임재하심을 말한 고린도전서 3:16을 전제로 성전이라는 이미지를 구사한 고린도후서 6:16에서 하나님이 당신 백성 가운데 계신다고 이해한다. 그는 이런 점을 강조할 때 에스겔 37:27이 사용하는 새 언약 언어("나는 그들 가운데 거할 것이며 그들은 내 백성이 되리라")를 끌어다 쓴다. 이 후자의 본문은 결국 성전이라는 이미지를 통해 "거하심"이라는 언어를 표현한 것을 가리킨다.

3. 우리가 이 책 제1장에서 살펴보았듯이, 바울은 **영**을 하나님이 당신 백성 가운데 임재하심이라는 모티프를 성취케 한 핵심 동인으로 본다. 과거 이스라엘에서는 이런 모티프를 특히 성전과 관련지어 이해했다. 이 이미지는 바울 서신에서 네 번 나타난다. 그중 세 번은 구약의 선례들과 일치한다(고전 3:16; 고후 6:16; 엡 2:22). 이 경우들은 하나님이 성막과 성전이라는 수단을 통해 **당신 백성 가운데** 거하신다고 말한다. 우리 목적에 비추어볼 때 중요한 것은 바울이 새 언약에 근거하여 구성된 **하나님의 백성 가운데 영이 임재하심을** 말하는 문맥에서 이런 이미지와 하나님의 임재라

는 구약의 모티프를 분명하게 사용한다는 점이다. 새 언약에 근거하여 하나님의 백성을 구성하는 일은 그리스도가 이뤄내시고 **영**이 실현하신 일이다. 여기가 살아 계신 하나님이 이제 당신 백성과 함께 계시는 방법을 설명한 곳이다. 바울은 이를 에베소서 2:22에서 아주 분명하게 표현해놓았다. 즉 교회는 주 안에서 세움을 받아 거룩한 전이 되어가며, 다 함께 "하나님의 **영**으로 말미암아 하나님이 거하시는 처소로" 지어져 간다.

따라서 바울이 에베소서 4:30에서 자기 독자들에게 "하나님의 성령을 슬프게 하지 말라"라고 당부하면서 이사야 63:10의 언어를 "인용"하는 것은 상당히 흥미로운 점이다. 이 이사야서 본문은 구약에서도 하나님이 성막과 성전 안에서 이스라엘과 함께 계신다는 하나님의 임재 개념을 "야웨의 성령"과 분명하게 동일시하는 확실한 곳 중 하나이기 때문이다. 이런 동일시가 바울 자신이 내린 금지 명령의 배후에 자리한 전제다. 천사나 사자(使者)가 아니라 하나님이 몸소 당신의 **영**이라는 형태로 함께하신 하나님의 임재는 광야 길을 이스라엘 백성과 함께 여행하셨다. 이제 하나님의 임재는 성령을 통해 당신 백성에게 돌아오셔서 그들 공동체와 그들 개인 안에 들어가 사심으로 그들이 당신의 길을 걸어가게 하신다(바울 서신에서 "**영**으로 인도함을 받는다"라는 개념이 중요한 이유도 이 때문이다).

그렇다면 여기서도 고린도전서 6:19-20이 중요한 의미를 갖는 셈이다. 바울은 이 본문에서 이런 모티프를 **영**이 신자 개인의 삶 속에 임재하심을 구원론과 관련지어 이해하는 자신의 시각에 비추어 표현한다. 그 결과, 하나님은 **영**으로 당신 백성 가운데 "거하실" 뿐 아니라, 당신 백성 개개인의 삶 속에서도 거처를 취하신다. 생명을 주시는 **영**이 그들 각 사람 안에 들어가 사시기 때문이다. 따라서 바울은 **영**을 바로 하나님의 임재가 당신 백성에게, 그러니까 함께 모여 예배하는 공동체뿐 아니라 신자 개인에게도 돌아오신 방법으로 본다.

이처럼 바울은 **영**을 인격체가 아닌 어떤 "위력"이나 "영향력"이나 "힘" 쯤으로 여기지 않는다. **영**은 바로 하나님이 몸소 다시 한 번 당신 백성과 함께하시겠다는 약속의 성취다. 이것은, 이번 장의 관심사인 바울의 하나님 이해와 **영** 이해는 물론이요 다음 두 장이 다루는 관심사, 곧 하나님의 백성이라는 것이 우리 개인과 우리 공동체에게 무엇을 의미하는가라는 문제와 관련지어 볼 때, 상당히 많은 의미를 시사한다. **영**은 하나님이 몸소 인격체로서 우리 삶 속과 우리 가운데 임재하심이다. 이 **영**은 하나님 자신의 이름을 위하여 우리를 의의 길로 인도하시고, "모든 사람 안에서 모든 일을 행하시며", 하나님 백성이 그분의 성품을 드러내지 않음으로 그분의 영광을 나타내지 않을 때 슬퍼하신다.

우리가 진정 바울이 가졌던 이해를 제대로 살려낼 수만 있다면, 우리 같은 후대의 하나님 백성도 이런 사실들을 체험을 통해 다시 한 번 우리 것으로 삼을 수 있을 것이다. 어쩌면 우리가 출발점으로 삼아야 하는 것은 **영**의 사역이 가진 측면들을 묘사하면서 풍성하게 활용하는 비(非)인격적 이미지들(**영**을 인격체가 아닌 존재로 표현하는 이미지들)을 버리고, 바울의 관점에 맞추어 우리의 생각을 개조하는 것일지도, 다시 말해 **영**을 영원하신 하나님의 인격적 임재로 이해하고 체험하는 것일지도 모른다.

[1] 451년에 지금의 터키 칼케돈에서 열린 공의회는 일찍이 니케아(Nicaea, 니카이아) 공의
회(325년)를 통해 처음으로 확립했던 삼위일체 교리가 교회의 정통 교리임을 확인하고
아울러 예수가 참 하나님이시며 참 인간이심을 처음으로 확인했다. 칼케돈 신경은 예수
의 성육신과 두 본성(신성과 인성)을 공표한 교회의 정통 신앙고백으로서 큰 의미를 갖
는다.

[2] 주를 가리키는 그리스어 **퀴리오스**(Kyrios)는 히브리어 "**아도나이**"와 아람어 "**마르야**"
(maryah)에 해당하는 말로서, 바울이 진정한 저자라는 데 논란이 없는 서신이 180회
정도 사용했다. 이를 자세히 설명해놓은 것을 보려면, 래리 허타도, 『주 예수 그리스도』
(서울:새물결플러스, 2010), 208쪽 이하를 보라.

[3] Bouseet가 영과 그리스도의 관계를 바라보는 바울의 시각을 논하면서 결론 삼아 이야
기하는 글귀 한 대목을 인용해본다. "어디에서나 늘 그러지는 않았지만, 바울 서신에서
κύριος와 πνεῦμα라는 두 실체가 융합하기 시작하고 그가 보기에 **영**이 그리스도의 **영**
이 되면서, 결국 그가 ὁ δὲ κύριος τὸ πνεῦμά ἐστιν (주는 **영**이시라)이라고 말하게 된
것(고후 3:17)은 놀라운 일이 아니다"[=Kein Wunder, wenn bei Paulus die beiden
Größen κύριος υνδ πνεῦμα, wenn auch nicht überall und nicht vollständig, zu
verschmelzen beginnen, wenn der Geist ihm der Geist Christi wird, und es
schließlich heißt ὁ δὲ κύριος τὸ πνεῦμά ἐστιν (II Ko. 3.18)]. W. Bousset, *Kyrios
Christos*, 113. 독일어 원서는 성경 구절을 고후 3:18로 잘못 표시해놓았다.

제14장

구원론적 성령

우리는 앞서 두 장(제12장과 제13장)에서 우리의 주 관심사를 다룰 때 바울이 제시하는 체계인 "그리스도 안에 있는 구원" 속에서 **영**이 행하는 중심 역할도 함께 언급했다. 첫째, 구원은 본질상 종말의(eschatological) 실재다. 하나님은 이 실재를 통해 당신이 약속하셨던 종말의 구원을 이루신다. 이 구원은 유대인과 이방인을 모두 포함하는데, 이때 이들에게는 그리스도를 믿는 믿음과 그들이 공통으로 소유한 **영** 체험이 똑같이 종말의 구원에 포함되는 근거가 된다(참고. 고전 12:13). 둘째, 구원은 삼위 하나님의 성품 속에서 그 의미를 발견한다. 즉 구속을 베푸시는 사랑이 우리의 구원을 주도하여 시작하시고(아버지), 이루시며(아들), 우리 안에서 현실로 이루어지게 하신다(**영**). 구원은 **그리스도 안에** 있다. 구원은 그리스도가 당신의 죽음과 부활을 통해 이루신다. 구원은 우리에게 능력 주시는 하나님의 임재인 **성령이** 신자의 삶 속에서 실현하신다. 따라서 **영**의 임재는 구원이 임했다는 증거요 우리가 받을 유업을, 우리가 마지막 날에 그리스도를 통하여 하나님의 영광에 동참하리라는 것을 보장해주는 보증이다.

구원을 이렇게 이해하는 바울의 시각은 그리스도 자신의 사역과 바울 자신이 마지막 때의 **영**을 체험한 것에서 비롯된 것이다. 이런 이해 때문에 다시금 바울이 물려받은 유대교 유산과 바울 사이에는 연속성과 불연속성이 존재한다. 연속성은 하나님이 여전히 "당신 이름을 위하여 백성을 구원하신다"라는 사실에서 발견할 수 있다(참고. 가령 민 6:27; 신 28:10; 삼하 7:23). 이 백성은 하나님이 아브라함에게 주신 약속(창 12:2-3)을 성취하는 백성이다. 불연속성은 개인이라는 요소에서 발견할 수 있다. 즉 하나님 백성은 이제 더 이상 "민족"에 기초하여 구성되지 않고, 도리어 개인이 그리스도 예수를 믿고 **영**이라는 선물을 받음으로 말미암아 하나님 백성이 됨으로써 이루어진다.

그러나 바울은 그의 초점과 관심사가 늘 하나님 백성 전체임을 숨기지 못한다. 구원은 개인 차원에서 시작한다. 하지만 이 구원을 **단지 하나님과 어느 개인 사이의 일대일 관계로 생각해서는 안 된다**. 물론 그런 관계도 구원 개념에 들어간다. 그러나 구원을 받는다는 것은 특히 하나님 백성에 합류한다는 것을 뜻한다. 이런 의미에서 보면, 교회 밖에는 구원이 없다고 말한 키프리아누스의 말이 옳은 셈이다(하나님은 당신 이름을 위하여 **한 백성**을 구원하시지, **어느 유별나고 독특한 무리를 이룬 개인들을** 구원하시는 게 **아니다**). 그렇긴 하지만, "들어감"(getting in)과 "계속 머묾"(staying in)은 개인 차원에서 일어나는 일이다. 따라서 우리가 **영**이 구원에서 하는 역할을 적어도 "들어감"과 관련지어 살펴보려 할 때에는 반드시 이 개인 차원에서 시작해야 한다.[1]

아울러 우리는 바울이 "그리스도 안에 있는 구원"을 "들어감"**과** "계속 머묾"을 **모두** 아우르는 개념으로 본다는 것을 주목해야 한다. 즉 바울은 "구원을 받음"이 그리스도를 믿는 믿음과 관련 있다고 보았는데, 이 믿음은 끊임없이 하나님의 모양으로 변화되어가는 삶을 의미하는 "신실함"[2]도

---

1) 참고. Ewert, *Holy Spirit*, 168. Ewert 역시 개인으로부터 시작하는 것은 데이터를 왜곡할 수 있다는 점에 관심을 모이번서노, 개인을 꼬터라지 않는디면 그것 역시 비울 신하 전체를 애곡하는 일이 되리라는 데 관심을 보인다. 이 점을 파악하지 못한 것이 Horton의 책(*What the Bible Says about the Holy Spirit*)이 가진 여러 약점 중 하나다. 경건주의 전통을 따르는 모든 흐름들은 으레 성경을 마치 주로 신자 개인을 상대로 쓴 책인 것처럼 읽어낸다.
2) 바울은 πίστις라는 한 단어가 이 두 개념(신뢰, 그리고 신뢰를 견지하는 신실함)을 **다** 나타낸다

포함하는 개념이었다. 바울이 아는 구원은 서술문(직설법; 은혜로 말미암아 믿음을 통해 받는 구원)과 명령문(명령법; 여러 관계와 행위 속에서 삶으로 표출하는 믿음)을 모두 아우른다. 따라서 이것은 어느 지점에서 바울 신학이 말하는 윤리를 논의하는 것이 적절한가라는 문제와 관련하여 우리에게 상당한 어려움을 안겨준다. 이런 윤리 문제는 "그리스도 안에 있는 구원"을 논하는 이번 장에 속한 것인가? 이번 장에 속한다면, 윤리에 합당한 삶이 구원이라는 개념에 포함된다는 것을 강조하는 셈이 된다. 아니면 우리는 이런 윤리 문제를 (내가 그렇게 하기로 선택했듯이) 다음 장에서 논할 것인가? 그리한다면, 이는 윤리가—비록 개인 차원에서 실천하는 것이라 할지라도—하나님의 백성으로서 함께 존재하는 것(being the people of God together)과 관련 있음을 강조하는 셈이 된다.

어쨌든 우리가 바울을 올바로 이해하려면 여기서 말하는 내용이 다음 장을 가리키고 있음을 염두에 두어야 한다. 그렇지만 우리는 이번 장의 초점인 구원이 신자 개인의 중심(마음)에서 시작한다는 점을 가벼이 여겨서는 안 된다. 요컨대 이렇게 개인을 강조하는 것은 르네상스와 종교개혁의 산물이 아니다[물론 이 르네상스와 종교개혁이 불행히도 성경에서 벗어나 개인에게 초점을 맞추는 바람에 결국 자아도취(narcissism)가 문화가 되어버리는 결과를 가져온 적도 때때로 있었다]. 개인이라는 존재가 새 자리를 갖게 된 것은 바울 자신이 그 기원이기도 하지만, 종말을 바라보는 그의 변화된 시각에서 생겨난 것이다. 바울은 종말을 바라보는 자신의 시각 속에 유대인과 이방인을 같은 근거들을 토대로 해서 다 포함시킨다. 따라서 이번 장에서는 "그리스도 안에 있는 구원"이 가진 이런 측면에 초점을 맞춰보는 것이 적절하다. 그러나 우리는 문화와 신학을 바라보는 우리 시각이 다 제 나름의 성향을 가졌더라도 방금 말한 이런 내용이 바울이 말하는 전부는 아님을 늘 유념해야 한다.

고 본다. 그리하여 바울은 이 πίστις를 **영**의 열매로 열거할 뿐 아니라(갈 5:22), 하나님이 베풀어주신 구원의 은혜에 우리가 마땅히 보여야 할 응답을 가리키는 말로 사용한다.

성령과 복음을 들음

우리는 우선 바울이 구원에서 **영**이 하는 역할을 이야기한 말들이 주로 체험과 관련 있으며 모두 특정 상황을 전제로 그때그때 사정에 맞춰 한 말들임을 유념해야 한다. 따라서 그가 한 말들은 **구원의 순서**(*ordo salutis*)와 같은 정확한 공식으로 쉽게 표현할 수 없다. 우리가 발견하는 것은 그리스도인의 회심이라는 복합체를 구성하는 몇몇 부분들이다(복음을 들음, 믿음, 회심을 나타내는 다양한 은유들, **영**이라는 선물, 물세례). 아울러 바울이 이것들을 언급할 때 일정한 논리를 따른다는 점을 발견할 수 있다. 그러나 이것을 넘어 말하는 모든 것은 사변의 색채가 더 짙다. 우리가 긴요하게 인식해야 할 것은 **영**이 이 과정 대부분에서 중심 역할을 한다는 점이다(그러나 세례는 예외다). 이는 이해할 수 있는 일이다. 비울은 (분명) 세례를 하나님이 앞서 행하신 행위에 대한 사람의 응답으로 이해하기 때문이다.

바울은 그리스도인의 삶이 복음을 들음으로 시작한다고 본다. 복음을 들음은 믿음에 선행하며(롬 10:14) 믿음과 함께하기도 한다(살전 2:13; 살후 2:13-14; 엡 1:13). 그는 이렇게 묻는다. "그들이 어떻게 들어본 적도 없는 이를 믿을 수 있겠는가? 그들에게 전하는 사람이 없으면 어떻게 그들이 들을 수 있겠는가? 그들이 보내심을 받지 않았으면 어떻게 전할 수 있겠는가?"(롬 10:14-15) "복음을 들음"을 이렇게 보는 견해는 바울 자신이 선교를 화급한 일로 여긴 이유를 일부나마 설명해준다. 따라서 바울이 회심 과정 자체에서 중심 역할을 하는 성령이 여기서도 중심 역할을 한다고 보는 것은 새삼스러운 일이 아니다. 여기에는 두 가지가 관련 있다. 첫째는 복음으로, 복음은 하나님 바로 그분의 말씀이기에(살전 2:13) 듣는 자가 믿어야 하는 진리다(살후 2:13; 딤전 2:4). **영**은 복음을 이런 말씀으로서 계시해준다. 둘째는 설교(전함)와 들음이라는 두 행위인데, 이것들 역시 **영**이 하시는 일이다. 둘째 것부터 이야기해보자.

■ **성령과 선포**[3]

바울은 고린도후서 3:8에서 자신의 사역과 모세의 사역을 대조하면서(그리고 "다른 예수를 전하는 복음 장사꾼들"의 사역과 간접적으로 대조하면서) 자신의 사역을 "**영**의 사역"이라고 부른다. 이는 바울의 사역이 새 언약의 사역으로서, **영**이 능력을 부어주시고 다른 사람들이 **영**을 받게 하는 결과를 가져오는 사역임을 뜻한다. 바울은 이런 사역이 비록 질그릇에 담겨 전달되어도 이 사역에 모세의 사역에 함께했던 영광보다 훨씬 더 큰 영광이 함께한다고 주장한다. 이 문맥에서 "훨씬 더 큰 영광"은 **영**의 사역을 가리킨다. **영**은 우리를 살아 계신 하나님의 임재로 데려가신다. 뿐만 아니라, 사람들이 그리스도 예수의 얼굴에 있는 하나님의 영광을 보지 못하게 함으로써 결국 그의 모양으로 변화하여 가지 못하게 가로막았던 베일을 제거해주신다.

이처럼 바울은 자신의 유효한 사역이, **영**이 하신 일에서 직접 비롯된 결과라고 자주 말한다. **영**이 하시는 일에는 복음의 진리를 확신케 함은 물론이요, 표적과 기사도 포함되어 있었다. 이 모든 것이 결국 변화된 삶을 가져왔다. 실제로 바울 서신이 **영**을 처음으로 언급하면서 이런 사실을 언급한 것은 적절한 일이다(살전 1:5-6). 바울은 이 새로운(그리고 핍박받는) 그리스도인 공동체를 격려하면서 우선 그들에게 그들이 **영**을 체험했던 두 가지 사실을 되새겨준다. 바울이 그들 가운데서 행했던 사역이 그 하나요, 그들의 회심이 가진 본질이 다른 하나였다. 그들이 회심한 것은 오직 바울의 선포 때문만은 아니었다. 그들의 회심에는 "말씀"도 관련 있긴 했지만, 이 회심은 깊은 확신을 포함하여(이 확신은 필시 복음을 전하는 바울에게는 물론이요 이 복음을 들은 이들에게도 있었을 것이다) **영**의 능력이 바울의 선포

---

3) 이 문제를 살펴보려면, 살전 1:4-6; 고전 2:4-5; 고후 6:6-7; 12:12; 롬 15:18-19; 엡 3:3-7을 논한 부분을 보라.

에 함께한 결과였다. 이 첫 사례에서 드러난 "**영**의 능력"에 "표적과 기사"도 함께 따랐는지 확실치 않다(나는 따랐다고 생각한다). 그러나 어쨌든 로마서 15:18-19은 그런 일이 보통 일어나는 사례였음을 일러준다. 데살로니가 사람들이 복음을 받을 때 많은 고초가 따랐지만 동시에 성령이 주시는 기쁨(6절)도 함께했다. 이 기쁨은 **영**이 살아 계시고 참되신 하나님을 알게 된 사람들에게 가져다주시는 기쁨으로서 어떤 제약에도 매이지 않는 것이다(9절).

고린도전서 2:1-5에서도 마찬가지 내용이 나타난다. 이 문단에서 바울은 자신을 비방하는 자들에 맞서 자신이 고린도에서 행한 사역을 변호하면서(참고. 4:1-21; 9:1-27), 그가 처음으로 그 성읍에 이르러 설교했던 일을 끄집어낸다. 그의 설교 내용(1:18-25)**과** 형식에는 설득력 있는 지혜도 없었고 수사도 없었다. 그러나 바울은 자신의 설교가 그런 것들을 갖춘 설교보다 더 효과가 있었다고 주장한다. 바울의 설교에는 **영**의 능력이 더불어 나타났기 때문이다. 이렇게 **영**의 능력이 함께함을 증명해주는 증거가 바로 고린도 사람들 자신이 회심한 일이었다(참고. 고후 3:3). 바울은 이렇게 **영**의 능력이 함께한 것은 그들이 단순히 인간의 지혜가 아니라 "하나님의 능력"을 믿게 하려는 목적 때문이었다고 덧붙인다. 이 본문과 다음 본문은 바울이 그리스도인의 회심을 **영**이 능력을 부어주시는 선포에서 시작되는 것으로 이해했다는 것을 아주 분명하게 일러준다. 복음 선포는 바로 이 **영**으로 말미암아 듣는 자의 마음속에 자리를 잡으며, 이를 통해 [죄는 물론이요(고전 14:24-25이 이를 분명하게 일러준다) 복음의 진리를 확실히 인정케 하는] 확신을 가져다준다.

그러나 **영**이 바울의 설교에서 행한 역할은 바울의 말에 "기름을 부어줌"으로써 복음의 진리 자체를 확신케 하는 것에 국한되지 않았다. 바울은 로마서 15:18-19에서 그의 설교가 예루살렘으로부터 일루리곤에 이르기까지 시종일관 "말과 행위"가 유효하게 결합된 형태로 나타났으며, 이 "말과 행위"는 모두 "**영**의 능력"이 하신 일이었다고 강조한다. 그가 말하는

"말"은 복음 선포임이 확실하다. 아울러 그는 "행위"가 "**영**의 능력을 통해 나타난 표적과 기사"를 가리키는 말이라고 설명한다.

바울은 능력을 보여주는 이 두 가지 것(능력이 함께한 말과 능력이 넘치는 행위)을 종말의 **영**이 행하는 역할을 이해하는 데 전제로 삼고 있다. 즉 여기서 바울은 이런 능력에 **찬성하는** 주장을 하지도 않고, 다른 이가 그런 능력을 근거로 바울 자신의 사역이나 고린도 사람들의 믿음이 진정함을 인정해주는 것도 허락하지 않는다(고후 5:13). 그러나 능력이 그렇게 이중으로 나타나지 않았다면(즉 말과 행위에 함께함으로써 나타나지 않았다면—옮긴이), 바울은 종말의 **영**이 임재하신 것을 이해하지 못했을 것이다. 요컨대 우리는 지금 하나님의 **영**을 다루며, 이 **영**은 우리에게 능력을 주시는 하나님의 임재가 지금 이 종말의 때에 성취된 것이다. 기적 같은 일들이 복음 선포에 함께하지 **않는** 것은 바울에겐 결코 생각할 수 없는 일이었을 것이다. 시간이 흘러 혹자는 **영**이 "말에만 능력을 부어주시거나 행위에만 능력을 부어주신다"라는 생각을 할지 모르나, 바울은 그런 생각을 하지 않았을 것이다. 바울은 **영**의 능력이 "말과 행위" 두 가지에 모두 함께하는 것을 말 그대로 "당연지사"로 받아들인다. 바울이 골로새 사람들에게 자신의 사역 전체를 이야기하면서 자신 있게 "이 목적을 위하여 나도 내 안에서 능력으로 역사하시는 하나님의 일하심을 따라 힘써 수고하노라"(골 1:29)라고 말할 수 있는 것도 바로 그런 이유 때문이다. 바울이 말하는 "능력으로"는 "**영**의 능력으로"라는 뜻이다.

비록 그 증거가 드물긴 하지만, 그래도 바울의 사역은 그가 효과 있는 복음 설교라 이해했던 것을 통틀어 보여주었을 개연성이 아주 높다. 그는 에베소서 수신자들에게 "또 **영**의 검을 취하라"라고 촉구한 뒤, 이 **영**의 검이 "하나님의 말씀"이라고 해석해준다(6:17). 이 문맥에서 "**영**의 검을 취하라"라는 말은 아직도 권세들이 기승을 부리는 세상에서 그리스도에 관한 진리를 선포함을 가리키는 게 거의 확실하다. 그리하여 바울은 그들에게 **영**이 능력을 부어주시는 그리스도 선포에 열심히 참여하라고 당부한다.

마찬가지로 바울이 디모데에게 말하는 세 본문(딤전 1:18; 4:14; 딤후 1:6-7; 참고. 14절) 뒤에도 **영**과 사역의 관계를 이렇게 이해하는 시각이 자리해 있다. 이 세 본문에서 바울은 디모데가 "부르심"을 받아 사역을 시작하게 되었을 때 한 체험을 그에게 되새겨준다. 문맥 때문에 각 본문은 그 체험의 각각 다른 측면을 강조한다. 이 본문들에서는 다음과 같이 몇 가지 사실을 추론해낼 수 있다. (1) 디모데가 받은 선물(χάρισμα, 은사)은 우선 **영**을 가리키지만(딤후 1:6-7), 동시에 이 말은 더 넓게 **영**을 통해 임한 사역의 은사를 가리킨다(딤전 4:14). 따라서 이 체험은 우선 디모데에게(디모데 안에서) 일어난 어떤 일을 가리킨다. 디모데는 **영**이 이끄시고 **영**이 주신 "부르심"을 체험했다. 이 부르심은 그를 구별하여 복음을 섬기는 봉사자로 세우는 것이었다. (2) 하지만 이 체험은 공동체라는 맥락에서 일어났다. 이 "부르심"이 디모데에 관한 그리고 디모데에게 말하는 예언의 말을 통해 왔기 때문이다(딤전 1:18; 4:14). (3) 장로회는 **영**이 앞서 행하신 일에 안수로 응답했다(4:14; 딤후 1:6; 참고. 행 13:1-3에서도 비슷한 순서가 등장한다). 물론 그 은사 자체는 그들의 안수를 통해 온 것이 아니었다. 오히려 그들이 한 행동은 **영**이 앞서 행하시고 예언의 말을 통해 임한 일을 인정하고 확인하는 것이었다. 신자들이 **체험한** 실재인 **영**은 이런 호소들을 분명하게 이해할 수 있는 실마리다.

▪ 계시[4]의 역할

바울은 자신이 전하는 말에 **영**의 능력이 함께하리라고, 또 함께한다고 확

---

4) 이 문제와 관련하여 이 말의 유대교 배경과 바울이 이 말을 사용한 예를 살펴보려면, 특히 Bockmuehl, *Revelation*을 보라. 이 시점에서 내가 관심을 갖는 것은 "계시"다. 이 말이 바울이(그리고 그가 섬긴 교회들이) 복음을 듣고 이해한 것을 가리키기 때문이다. 그러나 "계시"도 그리스도인의 삶의 일부로 보는 것이 바울의 시각인데, 이는 구원을 모든 것을 망라하여 "들

신한다. 이런 확신 속에는 복음의 본질을 이루는 내용이 계시를 통해, 역시 **영**이 행하신 일로 말미암아 자신에게 임했다는 확신도 포함되어 있었다. 고린도전서 2:10-16과 에베소서 3:5-7은 복음을 꿰뚫어보는 바울 자신의 통찰이 **영**의 계시를 통해 왔음을 강조한다.

이 계시는 그때까지 하나님이 감춰두셨던 비밀 두 가지를 알려주었다. 첫째, 고린도전서 2:6-16은 **영**이 이전에 감춰져 있던 것을(그리고 영이 없는 자들에겐 여전히 감춰져 있는 것을) 계시해주셨다고 이해한다. 바울과 바울이 회심시킨 자들은 인간의 생각(지성)이 도저히 깨달을 수 없었던 것을(9절), 다시 말해 하나님이 당신의 지혜로 그리스도를 십자가에 죽게 하심으로써 우리 타락한 족속을 구속하셨다는 것을 오직 **영**을 통해(10절) 이해할 수 있었다. 따라서 바울의 십자가 설교는 "**영**이 가르쳐주신 말씀"과 함께 왔다(13절). 이 설교는 "**영**의 것들을 **영**의 방법으로(=**영**이 **가르쳐주신** 것들을 **영**에 **적합한 언어**로) 설명하는 것"을 포함하고 있었다. 이런 식으로 **영**을 갖는 것은 단지 사람의 판단에 매이지 않고 오히려 그리스도의 마음을 갖는 것을 뜻한다(15-16절; 참고. 고전 7:25, 40).

바울의 주장에서 아주 중요한 것은 이런 계시가 **영**을 받은 사람의 공통 체험이라는 점이다.[5] 바울이 고린도 사람들을 상대로 문제 삼은 것은 그들이 그들 자신을 **영**의 사람으로 여기면서도 십자가를 포기하고 사람의 지혜와 수사를 택한 점이었다. 따라서 **영**은 하나님을 사랑하는 자들에게 이전에는 감춰져 있던 것을 계시해주시는(2:9-10), 다시 말해 하나님이 그리스도 안에서 우리에게 거저 주신 것을 계시해주시는(12절) 긴요한 역할

어감"과 "계속 머묾"을 함께 아우르는 개념으로 보는 그의 견해와 일치한다. 그가 그런 시각을 갖게 된 것은 하나님의 백성이 그들이 윤리에 합당한 삶을 살아가길 원하시는 하나님의 뜻을 **영**으로 분별하게 되기 때문이다. 더 자세한 논의는 뒤의 제15장을 보라.

5) Bockmuehl, *Revelation*, 164-65은 견해를 달리한다. 그는 "우리"를 더 좁게 "사도들"을 가리키는 말로 본다. 나는 이 본문의 목적 중에 변증(변호)도 포함되어 있음을 의심하지 않는다. 그러나 이 경우에 바울이 문제 삼는 것은 고린도 사람들이 **영**을 가졌다면 마땅히 그리스도 안에서 나타나신 하나님이 어떤 분이신지 알았어야 하건만 이를 이해하지 못했다는 것이다(따라서 이 본문 전체에는 강력한 비꼼이 들어 있다). 앞의 제4장에서 논한 내용을 보라.

을 한다.[6] **영**이 계시해주신 것은 은밀한 지혜가 아니라, 복음의 내용인 하나님의 "비밀"이었다. 이런 점에서 **영**이 이를 계시해주어야 할 필요가 상당히 크다. 수천 년의 세월이 흐르는 동안 단지 인간의 지혜로는 꿰뚫어볼 수 없었던 일을 이해하는 데는 **영**을 통한 계시가 필요하기 때문이다. 결국 복음은, 그 가장 중요하고 가장 심오한 부분을 들여다보면, 인간의 지혜와 철저히 대립한다. 복음은 하나님이 십자가에 못 박히신 메시아를 통해 우리 타락한 인류를 구속하셨다고 말하는데, 십자가에 못 박히신 메시아는 그야말로 앞뒤가 안 맞는 말이기 때문이다. 오직 **영**만이 하나님의 생각(마음)을 아신다. 때문에 인간은 이 **영**이 없으면 이런 "감춰진 비밀"을 꿰뚫어볼 수가 없다. 이것이 바로 "눈은 인간의 마음을 보지도 못하고 그 안으로 들어가지도 못했다"라는 말의 의미다. 고린도 사람들 역시 정녕 **영**을 받았다면 **영**을 통해 **영**의 일들을 배울 수 있었기에 이런 비밀을 마땅히 인식했어야 하건만, 그들은 이를 알지 못했다.

둘째, 에베소서 3:2-13은 이 비밀, 곧 하나님이 감추어두셨다가 이제 **영**을 통해 계시해주신 지혜 속에 "이방인들도 이스라엘과 함께 상속인이요, 함께 한 몸을 이루는 지체들이며 그리스도 예수 안에서 주어진 약속에 함께 참여한 자"(6절)라는 사실이 포함되어 있음을 일러준다. 이 말에는 갈라디아서와 로마서가 제시하는 주장에서도 가장 중요한 초점으로 삼는

---

6) 이런 문맥상 요인 때문에 이 본문과 「지혜서」 9:9-17 사이에 언어상 평행관계가 있다는 주장은 거의 성립할 수 없는 주장이다(가령 근래에는 Menzies, *Development*, 303-15 그리고 315nn3, 4에서 인용하는 참고 문헌을 보라; 이 책 부록의 구약과 신약 중간기에 전개된 성령론 부분을 참고하라). 첫째, 이 본문에서 바울이 "지혜"라는 말을 사용한 것은 고린도 사람들의 언어에서 가져온 것이지, 바울 자신의 주장에서 가져온 게 아니다. 또 이 본문이 "지혜"와 "계시" 및 **영**을 결합해놓은 것도 우회적이고 간접적이며 바울 서신에서도 그리 잘 나타나지 않는 표현 방식이다. 따라서 이런 결합을 더 힘차게 주장하는 일에는 좀더 신중할 필요가 있다. 둘째, 이 본문과 「지혜서」 9장 사이에 존재하는 언어상 일치점들 때문에 양 본문이 평행 관계에 있다는 주장이 있으나, 이 두 본문의 의미와 내용을 살펴보면, 양자는 아주 동떨어진 본문들이다. 따라서 이런 주장은 바울이 "(「지혜서」를 — 옮긴이) 알고 (「지혜서」로부터 — 옮긴이) 영향을 받았다"는 주장이라기보다 오히려 자신이 주장하려는 취지에 적합한 정보만을 수집하여 만들어낸 결과물일 뿐이다. 만일 바울이 「지혜서」로부터 **영향을 받았다면**, 이 본문보다 더 견실한 증거를 동원하여 그 사실을 증명해야 할 것이다.

문제가 나타나 있다. 그래서 바울이 여기서 이런 문제들을 "영을 통해" 온 "계시"와 관련지어 이야기한다 해도 놀랍지 않다. 결국 바울은 이런 비밀을 일러주는 계시는 물론이요 실제로 유대인과 이방인이 그리스도 안에서 하나가 되는 것을(1:13-14; 2:18, 22) 모두 영이 하시는 일로 본다. 이런 일 역시 분명 마지막 때의 영만이 주실 수 있는 계시가 필요하다. 계시가 필요한 것은 이방인들이 하나님이 종말에 베풀어주시는 복들을 누리는 이들 가운데 포함되리라는 사실이 아니었다(이런 복들은 모든 이가 공통으로 누리게 될 복이다). 도리어 하나님이 그들을 토라의 구속(拘束)을 받지 않고 유대인들과 같은 근거를 토대로 그런 복을 누리는 이들 가운데 포함하심으로 결국 그리스도 안에서 유대인과 이방인으로 이루어진 단일한 새 인류를 만들어내셨다는 사실이 계시를 필요로 하는 것이었다. 이런 사실은 오로지 영의 계시를 통해, 다시 말해 유대인과 이방인이 공통으로 겪은 영 체험을 통해(고전 12:13), 그리고 그리스도와 영이 하신 일을 인식하고 깨달음으로써(엡 3:5) 이해하게 되었을 것이다.

복음을 들음과 관련하여 계시가 가지는 또 다른 측면이 고린도전서 14:24-25에서 나타난다. 여기서는 계시가 불신자들이 함께 있을 때 신앙 공동체 안에서 나타나는 예언들을 통해 임한다고 말한다. 이 경우에 계시 되는 것은 불신자들의 마음속에 숨어 있는 비밀들이다. 이 불신자들은 이 비밀들이 드러남으로 말미암아 참회하고 회개하기에 이른다. 여기서 우리가 잠시 멈춰 서서 주목해야 할 것이 있다. 이렇게 바울 신학을 살펴보면, 바울이 우리처럼 그 신학 속에서 영이 하는 역할에 초점을 맞추면서도 구원을 필요로 하는 인간의 곤고한 처지는 전혀 언급하지 않는다는 점이 바로 그것이다. 그것은 바울이 사람들의 마음을 "어둡게 하여 하나님의 영광이신 그리스도 바로 그분의 얼굴에 나타난 복음의 빛을 볼 수 없게" 역사하는 존재를 성령이 아니라 악한 영인 사탄 자신으로 보기 때문이다(고후 4:4). 신자들은 그 영광을 볼 수 있다. 영이 그 베일을, 이 경우에는 "눈가리개"를 제거해주시기 때문이다. 현재 이 본문은 적어도 일부나마 영이 그 베일을 어떻게 제거해주시는가를 일러준다(**영**은 불신자들의 마음속으로 뚫고 들어가 그 마음을 온 천하에 드러내는 예언을 통해 그 베일을 제거하신다). 이 경우에 "계시"는 필시 죄로 가득한 불신자들의 본성과 관련 있을 것이다. 이 계시는 다시 불신자들을 이끌어 그리스도 안에서 이루어진 더 큰 "계시"에 귀를 기울이게 한다. 우리는 예언의 **영**을 통해 온 이런 "계시"가 신자들에게 하나님이 그들에게 은총을 베푸시고 그들 가운데 계심을 확실하게 일러주는 표지가 된다는 것을 유념해야 한다(고전 14:22). 이 모든 것이 **영**이 하시는 일이다.

■ 성령과 믿음[7]

영과 믿음의 관계는 바울 서신에서 상당히 복잡한 문제 가운데 하나다. 실제로 이 문제가 어찌나 복잡한지, 우리가 바울이 **영**과 관련하여 한 모든 말을 우리 자신이 이미 가진 범주들 속에 집어넣으려고 시도해봐도, 우리의 이런 시도를 지지해주는 증언은 존재하지 않는다. 우선 갈라디아서 3:2-5을 보면, 바울은 **영**이라는 선물이 "그리스도 예수를 믿는 믿음"의 결과임을 단호하게 주장한다. 이를 어떤 "체계로" 제시한다면, 믿음 자체가 **영**을 받음보다 앞선다고 설명해야 할 것이다. 반면 고린도전서 12:8과 13:2을 보면, "믿음"을 **영**의 여러 나타나심 가운데 하나로 여긴다. 설령 이런 본문들은 여느 믿음과 달리 기적을 동반하는 믿음이라는 비상한 선물을 가리키는 것으로 보아(그렇게 보는 것이 옳다) 여기서 다룰 본문에서 배제해버릴 수 있다 해도, "믿음"을 **영**의 열매라고 말하는 본문은 그렇게 할 수 없다(갈 5:22). 이 갈라디아서 본문이 말하는 믿음은 삶으로 계속 표현하는 믿음으로서 "구원하는 믿음"을 말한다. 또 고린도후서 4:13이 말하

---

7) 고전 12:8; 13:2; 고후 4:13; 갈 3:1-5을 논한 내용을 보라.

는 믿음도 배제할 수가 없다. 이 본문에서 바울은 "시편 기자가 가졌던 것과 똑같이 믿음을 이뤄내는 **영**을 가졌다"라고 말하는데, 이 **영**은 우리를 "믿음"으로 인도하신다.

결국 이런 본문 때문에, 우리는 믿음 자체가 곧 **영**이 이뤄내시는 일이지만, 동시에 이 믿음이 우리를 인도하여 바로 그 믿음을 통해 임하시는 **영**을 받는 체험을 하게 한다고 주장하게 된다. 이런 주장은 우리의 논리 체계에는 잘 들어맞지 않는다. 하지만 **영**은 이렇게 믿음의 원인이자 결과시다. 갈라디아서 5:5도 **영**과 믿음 사이에 존재하는 바로 이런 긴밀한 관계를 전제한다. 이 갈라디아서 본문에서 바울은 **우리가 그들**(유대계 그리스도인인 선동자들)과 달리 "**영**으로, 믿음에 근거하여, 우리가 소망하는 마지막 의를 기다린다"라고 주장한다. 늘 그렇듯이 믿음의 대상은 그리스도다. **영**은 이런 믿음을 변함없이 유지하는 수단이다.

따라서 이 모든 내용은 바울이 복음을 **이해하는 것**과 **설교라는 사건**, 그리고 **믿음으로 인도하는 들음**을 모두 **영**이 하시는 일로 본다는 것을 일러준다. 이런 의미에서 믿음 자체를 **영**이 신자가 되는 사람의 삶 속에서 미리 행하시는 일로 보는 주장도 정당한 주장일 수 있다. "우리가 우리에게 믿음을 불어넣으심으로" 결국 "믿게 하시는 **영**을 똑같이 가졌기" 때문이다(고후 4:13).

성령과 회심

복음을 전하고 듣는 일에 능력을 부어주시고 함께하시는 **영**은 실제 신자의 회심에서도 긴요한 역할을 한다. 여기서 우리 관심사는, 첫째, 이런 우리의 주장이 타당함을 증명하는 것이요, 둘째, 바울이 구사한 은유들을 통해 **영**이 하시는 역할을 살펴보는 것이다.

■ 성령의 긴요한 역할[8]

바울이 이런 언어를 사용하지 않았을 터이지만, 그래도 바울은 그리스도인의 회심이 객관적 차원과 주관적 차원을 가진다고 본다. 우선 그리스도의 죽음과 부활은 믿는 자들에게 영원한 구원을 확보해주었다. 바울은 **역사 속의** 이 객관적 실재를 다양한 은유들을 사용하여 전달한다. 각 은유는 신자와 하나님이 갖게 된 새로운 관계가 지닌 한 중요한 측면을 강조한다(구속, 화목, 씻음, 속죄, 칭의, 입양, 태어남). 회심의 순간에 신자에게는 역사 속의 이 객관적 실재가 개인이 그리스도를 통해 하나님과 가지는 관계와 관련하여 **그의 지위를 규정해주는** 객관적 실재가 된다. 그러나 바울은 이 실재에 분명히 주관적·**체험적 적용도** 함께 따르는 것으로 본다. 이 적용은 신자에게 어떤 철저한 변화를 일으킨다. **영**은 이런 차원의 회심에서도 절대 긴요한 요소다.[9] 이를 다음과 같이 몇 가지로 설명해볼 수 있다.

1. 바울은 말이 나온 김에 하는 말투로 자기 독자들의 회심(들)을 빈번히 되짚어 언급한다. 그럴 때마다 그는 늘 **영**과 관련지어 언급한다. 그리하여 바울은 하나님이 그들에게 당신의 **영**을 주셨다고 말하거나(롬 5:5), 그들에게 **영**으로 기름을 부어주셨다고 말하거나(고후 1:21), 그들에게 당신의 **영**을 후히 부어주셨다고 말하거나(딛 3:6), 그들에게 **영**으로 인을 찍으셨다고 말한다(엡 1:13; 4:30). 또 바울은 이를 뒤집어 신자들이 **영**을 받았다고 말하거나(고전 2:12; 고후 11:4), **영**의 거룩케 하시는 사역을 통해 구원을 받았다고 말하거나(살전 2:13; 롬 15:16), **영**으로 그들의 마음에 할례를 받았다고 말하거나(롬 2:29), 그리스도와 연합함으로써 그와 한 **영**/영이 되었다고 말한다(고전 6:17). 마찬가지로 바울은 신자들이 "그리스도의 이름으로"

---

8) 이를 다룬 본문들은 많고 다양하나, 사명 빌전 1:4, 6; 살후 2:13; 고전 2:6-3:1; 6:11, 19-20; 고후 1:21-22; 3:1-18; 11:4; 13:13[14]; 갈 3:1-5; 4:6; 5:5-6; 5:13-6:10; 롬 5:5; 7:4-6; 8:1-30; 14:16-18; 15:13, 16; 엡 1:13-14; 4:1-6, 30; 빌 3:3; 딛 3:4-7을 논한 내용을 보라.

9) Swete (*Holy Spirit*, 206)는 이런 통찰력 있는 말을 남겼다: "**영**의 사명이 없었으면 아들의 사명도 열매를 맺지 못했을 것이다. 아들의 사명이 없었으면 **영**도 보내심을 받지 않았을 것이다."

"우리 하나님의 **영**"을 통해 "씻음과 거룩케 하심과 의롭다 하심"을 받았다고 말한다(고전 6:11). 또 갈라디아서 4:29에서는 이스마엘과 이삭 비유를 쓰면서, 전자는 "육에서 난" 자를, 후자(=갈라디아 사람들)는 **영**에서 난 자를 가리킨다고 말한다.

2. 몇몇 "회심" 본문을 보면, 바울이 **신자에게 일어난 일을 묘사할 때 영**이 긴요한 역할을 한다(갈 3:2-5; 고전 6:11; 12:13; 엡 1:13-14; 딛 3:5-7). 바울이 호소하는 내용의 본질로 볼 때, 이 본문들 가장 중요한 본문은 갈라디아서 3:2-5이다. 유대계 그리스도인 선동자들은 이방인들도 완전한 하나님의 백성이 되려면 할례를 받아야 한다고 부추겼다. 바울은 이런 이들의 영향에 맞서 우선 갈라디아 사람들 자신이 회심한 일(들)에 호소한다. 이런 회심들은 그들이 체험하고 눈으로 목격한 일이었기 때문이다. 그리하여 바울은 "너희가 구원을 받았느냐, 혹은 의롭다 하심을 받았느냐" 등등과 같이 묻지 않고 도리어 이렇게 묻는다. "너희가 토라를 준수하여 **영**을 받았느냐, 아니면 너희가 들은 것을 믿어 **영**을 받았느냐? 너희가 이토록 어리석으냐? 너희가 **영**으로 시작하여 이제는 '육'으로 마치려고 애쓰느냐?" 바울은 **영**을 그리스도인의 삶을 구성하는 **모든** 영역에서 긴요한 요소로 본다. 때문에 바울의 주장은 처음에 그들 자신이 회심할 때 했던 체험을 **영**과 관련지어 일깨워주는 데 주안점을 둔다. 그는 계속하여 이렇게 말한다. "너희가 이토록 많은 일들을(**영**이 하신 일들을 가리킨다) 헛되이 체험한 것이냐?" 이어 그는 4:5-6에서(참고. 롬 8:15) 다시 이 체험을 언급하면서 이번에는 자녀로 입양 받음이라는 은유를 사용한다. 여기서도 다시금 **영**이 그들이 실제로 한 회심 체험과 관련하여 분명 긴요한 요소로 등장한다. 그들을 하나님의 자녀로 만들어주신 **영**이 하나님을 **압바**라 외쳐 부르심으로 그들이 자녀임을 증언해주시기 때문이다.

디도서 3:4-7 역시 또 다른 면에서 중요한 의미를 갖는다. 바울이 여기서 회심을 분명 신앙고백을 연상시키는 언어로 묘사하기 때문이다. 여기서 두드러진 점은 **영**이 이 공식에서도 긴요한 역할을 한다는 점이다. 심지어 이 경우에는 그리스도의 사역을 앞서 언급하는데도 **영**이 중요한 역할을 한다. 이는 바울이 신자에게 일어난 일에 강조점을 두기 때문이다. 이 신앙고백은 하나님이 씻기시고 새롭게 하시는 **영**의 사역을 통해 그들을 구원하셨다고 말한다. 하나님은 구주이신 그리스도를 통해 이 **영**을 그들에게 풍성히 부어주셨다.

따라서 바울은 그리스도인의 회심에서 무슨 일이 일어나든지 긴요한 것은 **영** 체험이라고 본다. 그런 점에서 현재 이 종말의 시대에 하나님 백성의 정체성을 규정해주는 것은 오직 **영**뿐이시다.

3. 바울은 세 본문에서 신자들과 불신자들을 **영**을 가진 자와 그렇지 않은 자로 정의하여 구별한다(고전 2:6-16; 12:3; 롬 8:9). 이 본문들 가운데 가장 중요한 본문이 고린도전서 2:6-16이다. 여기서 바울은 "육에 속한" 사람과 "영에 속한" 사람이 기본적으로 대조를 이루는 점들을 제시한다. "육에 속한" 사람은 **영**을 갖지 않아서 하나님이 십자가를 통해 하신 일을 이해할 수 없는 사람이다. 반면 신자는 그 반대편에 속하는 사람이다. 마찬가지로 성령이 하게 하시지 않으면 누구든지 그리스도인의 근간이 되는 신앙고백을, 다시 말해 예수를 주(主)로 고백하는 일을 할 수가 없다(고전 12:3). 바울은 마지막으로 그 점을 이렇게 분명하게 표현한다. "누구든지 **영**을 갖지 아니하면 그 사람은 그리스도께 속하지 아니하였느니라"(롬 8:9). 바울은 이전에 세계를 "우리"와 "그들"로, 다시 말해 "유대인"과 "이방인"으로 구분했다. 이제 바울은 세계를 새롭게 그리스도께 속한 자들과 그렇지 않은 자들로 구분한다. 그리스도께 속한 자들의 특징은 **영**을 가졌다는 점이요, 그렇지 않은 자들의 특징은 **영**을 갖지 못했다는 점이다. 어쨌든 종말의 시대에 새롭게 이루어진 하나님 백성은 **영**의 사람들이다. 그들은 생명을 주시는 **영**으로 말미암아 생명을 얻었다(갈 5:25; 고후 3:3, 6). 그들은 **영**으로 행하며 **영**의 인도를 받는다. 따라서 바울은 "구원을 받다"라는 말을 무엇보다 "영을 받다"라는 의미로 이해한다.

바울이 이렇게 회심을 불러일으키는 **영**의 사역을 어떻게 인식했는가는 그가 구원론과 관련하여 구사한 다양한 은유들을 살펴보면 가장 잘 알 수 있다. 우선 바울이 구원론과 관련하여 더 자주 구사한 은유들은 **영**과 연계하여 사용한 경우가 거의 없다. 고린도전서 6:11에서는 의롭다 하심을 얻음과 **영**을 연계한다.[10] 그러나 구속과 속죄와 화목 같은 경우에는 **영**과 연계하지 않는다. 바울이 이렇게 하는 이유는 가까운 곳에서 찾을 수 있다. 이 은유들은 구원이 가진 지위 내지 관계라는 측면을 강조한다. 그 때문에 바울은 오로지 이 은유들을 그리스도가 우리를 위하여 행하신 구원 사역을 가리키는 말로만 사용한 것이다. 반면 신자가 한 구원 **체험**을 강조하는 은유들은 **영**과 관련된 언어로 표현하는 경우가 잦다.

1. **입양.** 이 은유는 갈라디아서 4:4-6에서 처음으로 등장한다. 여기서 바울은 율법 아래에서 살아가는 삶과 믿음의 삶, **영** 안에서 살아가는 삶을 대조한다. 율법 아래에서 살아가는 것은 아직 성년에 이르지 못한 아들의 삶과 같다. 이치를 따지자면 이런 아들도 전 재산을 소유하고 있다고 할 수 있겠으나, 그는 아직 종보다 나을 게 없다. 신자들도 마찬가지다. 신자들은 더 이상 종살이하는 이들이 아니다(바울의 이방인 독자들이 보기에 이 종살이는 "권세들"에, 소위 세상 것들에게 종노릇하는 것이다). 오히려 그들은 완전한 권리를 가진 "아들들"이다. 이들이 아들임을 증명해주는 증거가 바로 그들이 한 **영** 체험, 그중에서도 특히 **영**이 그들 안에서 "**압바**, 아버지"라 외치는 것이다. 결국 우리가 하나님의 "아들들"임을 증명해주는 첫 번째 증거는 **영**이 우리 안에서 아들(the Son)이신 예수가 사용하셨던 바로 그 언어로 부르짖는 것이다. 바울은 로마서에 있는 평행 본문에서 이런 강

---

10) 이는 신자에게 칭의가 적용된 것과 관련된 본문일 가능성이 아주 높다. 참고. 롬 14:17. 그러나 이 본문은 단지 에둘러 연계할 뿐이다(이 책 제7장 주449를 보라).

조점을 더 부각시킨다. 거기서 바울은 우리가 "아들"임을 계속하여 깨닫는 것을 "**영**이 몸소 우리 영들과 함께 우리가 하나님의 자녀임을 증언하시는" 결과라고 말한다. 덧붙여 바울은 "우리가 자녀라면 상속인들이요, 하나님의 상속인 곧 그리스도와 함께 공동 상속인"이라고 말한다.

갈라디아서에서 우리에게 난제들을 안겨주는 본문은 6절이다. 여기서 바울은 새로운 강조점을 제시하면서(4-5절에 이어), 그들이 "아들들"**이기에** 하나님이 당신 아들의 **영**을 그들의 마음속에 보내셨다는 말로 문장을 시작한다. 이 말은 한 사실(아들의 지위라는 객관적 사실)이 다른 사실(영이라는 선물)보다 앞선다는 말처럼 들린다. 그러나 이런 "어색함"은 이 본문을 마치 바울이 개인의 구원을 시간 순으로 제시한 것처럼 읽어낸 결과다. 하지만 5절은 신자 개인의 구원사를 말하는 본문이 결코 아니다. 도리어 바울은 여기서 그리스도의 사역을 역사 속에서 단번에 이루어진 객관적 사역으로 제시한다. 그리스도는 이 사역을 통해 이후 당신을 신뢰할 모든 이들이 "입양"을 받게 해주셨다. 신자 개인의 체험은 역사 면에서 그리스도가 앞서 행하신 일보다 이후에 일어난 일이요 그리스도가 하신 이 일에 근거한다. 따라서 인과관계는 그리스도가 십자가에서 당하신 죽음이 우리에게 제공한 "아들의 지위"와 **영**이 신자의 삶 속에서 실현해주심으로 체험케 해주신 "아들의 지위" 사이에 존재한다. 바울은 사물의 "순서"를 제시하는 일에는 관심이 없다. 이는 갈라디아서 3:2-5과 이 본문의 평행문인 로마서 8:15-17에서 알 수 있다. 먼저 바울은 갈라디아서 3:2-5에서 오직 **영**만을 그들의 회심을 이해할 수 있게 해주는 핵심 요인으로 이야기한다. 그리고 로마서 8:15-17에서는 신자를 하나님의 자녀로 입양시키는 데 기여한 존재로 **영**을 꼽는다. 결국 이 두 본문에서 바울은 신자들에게 그들이 **영**을 받음으로 말미암아 그들이 자녀가 되었으며, 이를 "**압바**"라는 외침이 **증명해준다**는 것을 일깨워주려는 의도를 내비진다.

우리는 갈라디아서 4:6을 논의할 때 지적했던 이 외침의 의미를 아주 쉽게 간과해서는 안 된다. 우리가 하나님의 가족이 되었음을 확실히 일러주는 증거가 이곳이기 때문이다. 우리는 하나님을 가정에서 쓰는 언어로 부른다. 이것은 단지 어린아이가 쓰는 말이 아니다. 셈족 가정에서는 이 말이 나이를 불문하고 모든 자녀가 쓰는 말로서 친밀함과 특별한 관계를 표현하는 것이었다. 이는 "옹알이"에서 시작한 존재가 어른으로 자라가야 함을 나타내는 게 아니라, 도리어 거꾸로 그런 어린아이로 자라가야 함을 나타낸다. 우리가 영원하신 하나님이 사랑하시는 자녀들이라는 것은 "**영**이 우리 마음속에 부어주신"(롬 5:5) 지식이요, 바로 이 **영**을 통해 우리가 평생 하나님을 하늘에 계신 우리 **압바**로, 우리가 모든 일에 의지하는 분으로 부른다는 사실에서 분명하게 드러난다. **영** 체험은 신자를 인도하여 하나님 앞에서 의롭다 하심을 받는 지위를 얻게 할 뿐 아니라, 자녀가 누릴 수 있는 특권(하나님과 나누는 친밀한 인격적 관계와 사귐)을 계속하여 깨닫게 해준다. 바울은 그리스도를 통해 **영**으로 말미암아 "하나님의 임재 안에" 있는 것(고후 2:17; 엡 2:18)을 두려움을 안겨주는 원인이 아니라, 그의 사역이 **영**의 기름 부음을 받았다는 것을 확신시켜주는 원인으로 본다.

2. **씻음/거듭남/생명을 줌**. 이 세 용어는 함께 검토해야 한다. 이들이 같은 본문에서 등장하는 경우가 종종 있기 때문이고, 이 용어들이 불러일으키는 몇 가지 문제들이 함께 논의해야 할 사안이기 때문이다.

a. **영**의 사역을 나타내는 말로서 "씻음"이라는 은유가 처음 등장하는 곳은 고린도전서 6:11이다. 많은 사람들은 여기서 이 말이 세례를 가리킨다고 본다. 특히 이 경우에는 이 말 뒤에 사람들이 세례 문언이라 주장하는 "주 예수 그리스도의 이름으로"라는 문구가 뒤따르기 때문이다. 그러나 이 본문을 주해할 때 지적했듯이, 그렇게 보는 견해는 바울이 다른 곳에서 구사하는 용례와 두 전치사구가 세 동사를 모두 수식하는 이 본문의 구조에 걸려 좌초하고 만다.[11] 물론 이 말이 세례를 암시하는 말일 수도 있

---

11) 즉 "우리 주 예수의 이름으로"와 "우리 하나님의 **영**으로"가 모두 "씻음을 받고, 거룩하게 하심을 받고, 의롭다 하심을 받는다"라는 세 동사를 수식한다.

음은 의심할 필요가 없다. 그러나 문맥상 이 말은 "죄를 말끔히 씻어냄", 특히 방금 전에 9-10절에서 언급했던 죄들을 말끔히 씻어낸다는 은유에 강조점을 둔다. 우리가 강조하는 것은 바울이 **영**을 그런 "씻음"을 행할 수 단으로 분명하게 짚어 이야기한다는 점이다.

이 은유는 아주 어려운 문구인 디도서 3:5의 문구에서도 다시 등장하는데, 이번에는 "거듭남"과 "새롭게 하심"이라는 은유와 함께 나타난다. 바울은 구원의 중심 특징을 말하면서(그의 말을 그대로 옮기면), "하나님이 우리를 거듭남의 씻음과 성령의 새롭게 하심을 통해 구원하셨다"라고 말한다. 이 문구에는 본디 몇 가지 난제가 있다. 하지만 증거는 이 문구를 두 체험을 가리키는 말(즉 거듭남의 씻음과 **영**의 새롭게 하심=세례와 견진, 혹은 회심과 성령 세례)로 보는 해석이 아니라, 한 체험을 가리키는 말(즉 거듭남과 새롭게 하심을 포함하는 씻음을 가리키며, 이 모든 일을 이뤄내시는 이가 **영**이시다)로 보는 해석이 옳다는 것을 아주 강력하게 시사한다.

그러나 이런 견해를 받아들이는 사람들 사이에서도 의견이 갈라져 있다. "씻음"은 물세례를 가리키는가 혹은 더 단순하게 "죄를 씻어냄"을 의미하는가, 또 **영**과 이런 "씻음"은 어떤 관계에 있는가? 다시 말하지만, 이 "씻음"이 십중팔구 "세례"를 암시하는 말일 수 있음은 의심할 필요가 없다. 그러나 바울이 은유를 사용하고 "세례"라는 말을 쓰지 **않는다**는 것은 그가 강조하려 하는 것이 말 그대로 이 은유 자체이지 세례라는 사건이 아님을 뜻한다. 어쨌든 마지막 소유격인 "**영**의"는 모든 것을 이해할 수 있게 해주는 실마리다. 구원을 신자에게 적용하는 일은 세례를 통해 이루어지는 게 아니라(그런 개념은 바울에겐 생소한 것이다; 뒤를 보라), **영**의 사역을 통해 이루어진다. 이 경우에 바울은 이런 **영**의 사역을 "새로 태어남"(참고. 요 3:3)이나 "새로워짐"을 통해 신자의 새로운 삶을 누리게 되는 이미지로 표현했다.

b. "새로 태어남"과 "새로워짐"이라는 두 단어는 바울 서신이 말하는 개념인 **영**을 통해 "거듭남"과 가깝다. 비록 이 은유 자체는 바울 서신에서

빈번히 등장하지 않지만, 이 은유 뒤에 숨은 개념만큼은 철저히 바울의 것이다. 즉 이 은유에는 **영**이 어떤 이에게 생명을 부여해주심으로 비로소 그가 그리스도 안에서 살아가는 삶을 시작하게 되었다는 사고가 깔려 있다. 바울은 이런 "새 삶(생명)"을 "새롭게 함"(새롭게 하심을 입음)으로 달리 묘사한다(참고. 롬 12:2; 골 3:10). 따라서 바울이 그리스도를 믿는 자가 된다는 것을 이해한 내용에서 절대 기본이 되는 것은 단지 어떤 사람이 하나님 앞에서 어떤 새로운 "객관적 지위"를(구속받고, 용서받고, 씻음을 받고, "의롭다 하심을 받은" 지위를) 부여받았다는 것이 아니다. 바울은 "씻음"을 "**영이**" 씻어주심으로 본다. 이 씻음에는 거듭남과 새롭게 하심이 포함된다. 하나님은 **영**을 통해 사람들이 과거에 지은 죄들을 씻어내 주실 뿐 아니라, 그들을 당신 백성으로 변화시켜 "거듭나고 새로워지게" 하심으로 그들이 삶 속에서 하나님의 모양을 나타내게 하신다.

바울은 회심 때 철저한 변화가 일어난다고 이해한다. 이는 회심한 자의 삶 전체가 지향하는 방향이 완전히 바뀌는 것을 의미한다. 삶의 이런 "철저한 변화"는 **영**의 사역과 직접 연결되어 있다. 혹자는 이런 변화를 신학 차원에서 "거듭남"이라 부를지도 모르겠다. 물론 바울은 이런 은유를 전면과 중심에 내세우지 않는다. 바울이 가장 먼저 초점을 맞추는 것은 그리스도의 사역이다. 그래서 바울은 신자에게 일어나는 일을 "죽음"과 "부활"로 표현한다(고후 5:14; 갈 5:24; 롬 6:1-6; 골 2:20-3:4). 이 죽음과 부활이 일어나는 때가 회심을 "생명을 주시는 **영**"이 들어오심으로 체험하는 때다.

c. 구약이 하나님과 관련하여 무엇이라 말하든지, 하나님과 관련된 주된 실재로서 심지어 하나님의 이름으로도 계시해주시는 것은 야웨가 살아 계시고 생명을 주시는 하나님이시라는 것이다. 하나님이 살아 계시고 살아 있는 모든 것에게 생명을 주시는 분이라는 것은 성경에 부합하는 믿음의 절대적 근간이다. 그리스도인의 회심을 바라보는 바울의 이해에서 긴요한 것은 신자가 받는 **영**이 바로 "생명의 **영**"이시라는 점이다(롬 8:2, 6). 이 **영**은 그리스도께 돌아오는 자들에게 "생명을 주신다"(고후 3:6). 바울은

옛것(육, 죄, 토라 준수)이 십자가에 못 박혔다고 본다(갈 5:24). 우리는 그리스도와 함께 일으키심을 받아 "**영**의 새로움" 안에서 살아간다(롬 7:6). 그리스도 안에 있는 사람은 **새 피조물**이다. 옛것[κατὰ σάρκα (육을 따르는) 삶]은 지나갔다. 그리고 새것[κατὰ πνεῦμα (영을 따르는) 삶]이 왔다. 이런 이유 때문에 바울은 그리스도인의 회심에 "삶(생명)의 새로움" 안에서 행하는 것도 포함된다고 본다. 그리하여 바울은 육이 그리스도와 함께 십자가에 못 박혔다고 주장한 다음, "(우리가 그리스도와 더불어 십자가에 못 박힌 뒤에) 우리가 **영**으로 산 것이라면, 바로 그 **영**에 합당하게 행하자"라고 호소한다(갈 5:25). 바울은 생명을 주시는 **영**이 오셨는데도 신자가 생명으로(지금은 물론이요 앞으로도 영원히 누리는 생명으로) 인도함을 받지 못하는 일은 있을 수 없다고 본다. 그러나 그런 생명은 **영**이 주시고 완전히 새로운 하나님의 생명으로 나타날 수밖에 없다.

바울은 그리스도인의 회심을 본질상 **영**의 사역으로 이해한다. 그래서 그의 이해 속에는 "겉만 하얗게 씻음 받은 죄인"이, 즉 어떤 식으로든 "하나님 앞에서 의롭다 하심을 받았으나" 여전히 죄로 가득한 사람이 들어설 자리가 없다. 바울은 그리스도께 나아온다는 말을 오로지 생명을 주시는 **영**이 신자의 삶 속으로 침입해 들어오셨다는 의미로 이해할 뿐이다. 이 **영**은 십자가의 구속 사역을 사람에게 적용하실 뿐 아니라, 그 사람의 "마음을 새롭게 하심"으로 그를 내면으로부터 바꿔놓는다(롬 12:2). 따라서 바울이 "이전" 및 "이후"와 관련하여 구사하는 모든 은유들은 **영**이 가져다주시는 삶의 철저한 변화를 똑같은 방법으로 이야기한다[죽음/삶; 옛 ἄνθρωπος(사람)/새 사람; 어둠/빛; 등등]. 이어 말하는 은유도 이런 삶의 철저한 변화에 초점을 맞춘다.

3. **거룩하게 하심**. 바울은 주로 "거룩하게 하심"(sanctification)이라는 말을 회심을 가리키는 은유로서 사용하지, 회심 **뒤에 이어지는** 은혜의 역사를 가리키는 말로 사용하지 않는다. 이를 가장 분명하게 볼 수 있는 곳이 데살로니가후서 2:13이다. 이 구절에서 바울은 데살로니가 사람들이 한

구원 체험을 "**영**의 거룩하게 하심과 진리를 믿는 믿음이" 이뤄낸 일이라고 이야기한다. 이 은유는 유대인들의 종교 관습으로부터 가져온 것이다. 유대인들은 거룩한 의식들과 집기들을 하나님께 "거룩히 구별하여" 드림으로, 다시 말해 이런 것들을 오로지 하나님의 거룩한 목적들을 위해 따로 떼어놓음으로 거룩하게 하였다. 이와 똑같은 은유를 사용한 사례를 로마서 15:16에서 발견할 수 있는데, 이 경우에는 특히 바울이 사역하는 동안에 이루어진 이방인들의 회심을 가리킨다. 바울은 여기서 로마에 있던 유대계 그리스도인들에게 하나님이 **영**으로 거룩하게 하신 이들을 (할례를 받지 않았다는 이유로) "범속하거나 불결한 자들"이라고 불러서는 안 된다고 당부한다. 이방인들이 **영**을 받은 것은 결국 하나님이 당신 자신을 위하여 유대인과 이방인으로 "거룩하게 하심을 받은 제물"을 만들어내신 행위였다. 반면 고린도 사람들의 회심을 가리키는 말로 이와 똑같은 이미지를 사용한 경우(고전 6:11)는 회심에 거룩하게 하시는 **영**의 사역이 포함된다는 것을, 곧 **영**이 회심한 자들에게는 이전에 몰두했던 것과 같은 행위를 허용하시지 않는다는 것을 강조할 목적으로 쓴 것이다. 바울은 이렇게 역설한다. "너희 중에 이런 자들이 있었으나 너희가 우리 하나님의 **영**으로 거룩하게 하심을 받았느니라."

4. 이런 은유들 외에도 "기름 부음", "인을 찍음", "보증금", "첫 열매" 같은 은유들을 더 들 수 있다(앞의 제12장을 보라). 이를 보면서 이런 확고한 결론들을 끄집어낼 수 있다. (a) 이 아주 다양한 은유들은 본질상 한 은유만으로는 족하지 않다는 것을 시사한다. 그리스도인의 회심에서 **영**이 각 신자에게 적용하시는 그리스도의 사역은 말 그대로 아주 다양한 측면을 갖고 있어서 한 은유만으로 그 모든 면을 포착해낼 수 없다. 바울이 이런 은유들을 골라 쓰는 것은 그 문맥에서 다루는 인간의 상태를 바라보는 바울의 시각과 관련 있는 경우가 대부분이다. 그리하여 **속죄**는 우리 존재가 하나님의 **진노** 아래 놓여 있음을 염두에 두고 쓴 은유다. **구속(속량)**은 우리가 죄에게 **종노릇함**을, **의롭다 하심을 받음**은 우리가 **율법** 앞에서

유죄 선고를 받을 수밖에 **없음**을, **화목**은 우리가 하나님의 **원수임**을, **거룩하게 하심**은 우리가 **거룩하지 않음**을, **씻음**은 우리가 **더러움**을 염두에 둔 은유다. (b) 바울이 사용하는 은유들은 그 대목에서 그가 강조하는 점과 일치하는 경향이 있다. 그리하여 그가 문맥상 강조하는 점은 해당 문맥에서 문제 삼는 것이지, 회심이 일어나는 정확한 시기나 회심할 때 생겨나는 여러 관계들이 아니다. (c) 그리스도인의 회심에서는 반드시 **영**이 그리스도인의 삶 속에 들어오심이 그 회심의 핵심 요소로서 일어난다. 그리스도인의 회심을 나타내는 표현이 아무리 다양해도, 이 **영**의 임재는 유일한 불변 상수다. (d) 바울이 **영**과 물세례가 직접 연관되어 있다고 보았는지 혹은 그의 언어가 회심 이후에 또 다른 **영** 체험이 있음을 암시하는 것인지 대단히 의심스럽다. 이 두 문제들은 우리가 더 상세히 살펴봐야 할 것들이다.

성령과 물세례

초기 교회에서는 물세례가 하나님이 **영**으로 베푸시는 구원 행위에 신자가 보이는 즉각적 반응이었다. 앞에서 논의한 몇몇 본문들은 **영**과 물세례 사이에 긴밀한 관계가 있음을 시사하는 것처럼 보일 수 있다. 그래서 일부 사람들은(특히 기독교 전례 전통 안에 있던 사람들은) **영**이 실제로 세례라는 사건 자체를 통하여 신자에게 임한다고 주장했다. 이들은 신자에게 이렇게 **영**이 임하는 것을 예수가 물세례를 받으실 때 하늘로부터 비둘기가 내려온 사건과 아주 흡사하다고 보면서, 예수의 사례를 후대 그리스도인들

---

12) 오순절주의자들이 이를 신자가 **영**으로 태어난 뒤에 이어지는 성령 세례를 표현하는 패러다임으로 보았다는 것은 흥미로운 일이다.

에게 패러다임이 되는 사건으로 본다.[12] 여기서 중요한 본문들은 고린도전서 6:11, 12:13, 디도서 3:5이지만, 일부 사람들은 갈라디아서 3:28-4:6, 고린도후서 1:21-22이 말하는 "인"이라는 이미지, 그리고 에베소서 1:13-14, 4:30을 추가하려 하기도 한다.[13]

여기서 문제가 되는 것은 방법론(바울의 시각을 어떻게 발견해갈 것인가?)과 교회론(사람들은 성경이 제시하는 데이터보다 자신이 교회에서 한 체험을 토대로 주장하는 경향이 있다)[14]이다. 대체로 세 가지 접근 방법이 있는데, 이 방법들 가운데 어느 것도 편견에서 완전히 자유로운 것은 전혀 없다. 그 세 가지는 이렇다. (1) 본문들 자체를 살펴보는 방법이다. 우리는 앞서 주해할 때 이 방법을 사용했다. (2) 바울이 물세례를 확실하게 이야기하는 본문들을 살펴보면서, 이 본문들을 **영**과 어떤 식으로든 연관된 본문으로 볼 수 있을지 알아보는 방법이다. (3) 회심을 **영**과 관련지어 확실하게 표현한 본문들을 살펴보면서, 이 본문들이 세례도 전제하는 본문들인지 알아보는 방법이다.

1. 우리는 앞서 본문들을 주해한 장들에서 "세례"와 "**영**"이 나란히 등장하는 본문들을 제법 상세하게 검토해보고 바울 서신에서는 물세례와 **영**을 받음 사이에 어떤 직접적 연관도 찾아볼 수 없다는 결론을 내렸다. 이 본문들과 관련하여 몇 가지 관찰 결과를 더 이야기해보는 것이 유익할 것 같다. 첫째, 바울 서신에서 실제로 "세례"와 "**영**"이라는 말이 나란히 등장하는 경우는 단 한 번뿐이다. 고린도전서 12:13이 그곳이다. 다른 본문에서는 은유인 언어가 등장하는데, 이런 언어는 세례를 가리킬 수도 있고 가

---

13) 이어질 내용은 이 책 제1부에서 이 본문들을 주해한 내용을 당연한 것으로 전제하고 이야기한 것들이다.

14) 혹자는 가령 Hoyle (*Holy Spirit*, 32)이 "초기 교회에서는 세례를 받은 뒤에 **보통 영**을 받음이 **뒤따랐다**. 물론 **영**을 받은 뒤에 세례를 받는 예외들도 있었을 수 있다"(고든 피의 강조)라고 말하는 것을 읽고 흥미로워한다. 그는 사도행전에 나타나는 이런 "예외들"을 각주로 표시해놓았다. 그러나 "예외"인 것들이 "규칙"인 것보다 상당히 더 많기 때문에, 예외가 오히려 규칙이 아닌가라는 생각을 할 수도 있을 것 같다.

리키지 않을 수도 있다. 그러나 몇몇 경우처럼 그런 언어가 세례를 가리키는 말처럼 보인다 할지라도, 바울은 세례 자체와 **영**을 받음을 직접 연계하지 않는다. 둘째, 우리는 앞서 바울이 "인"이라는 은유를 세례를 가리키는 말로 이해했을 가능성이 거의 없음을 언급하면서, 그 은유를 세례를 가리키는 말로 볼 수 있는 증거가 당대 언어에 전혀 없다는 점을 근거로 들었다. 바울이 특히 그렇게 이해했을 가능성이 없는 것은 그가 이런 본문들 가운데 한 곳 정도에서 인과 **영**을 거의 동일시하기 때문이다(고후 1:21-22, "하나님이 너희에게 **영**을 주심으로[15] 너희에게 인을 찍으셨다"). 셋째, 이런 본문들 가운데서 유일하게 세례와 **영**의 "연관성"을 인정하는 본문도 개념상 그리할 뿐이다. 즉 세례를 가리키는 은유들과 **영**을 언급하는 말이 우연히 같은 문장에서 등장한 경우일 뿐이다. 여기서는 그 은유와 **영**의 오심을 직접 연계하는 모습을 찾아볼 수 없다. 사실 바울은 그 어디에서도 세례가 **영**을 **받는** 장소라고 강조하는 이들이 가정하는 그런 관계가 세례와 **영** 사이에 존재한다는 표현을 하지 않는다. 실제로 고린도전서 12:13을 제외하면, 바울은 늘 그런 관계를 도구(방법)를 나타내는 관점에서 표현한다. 이 경우에 그는 **영**을 "씻음"이나 "인을 찍음"에 동원되는 도구로 표현한다. 세례와 **영**이 이와 다른 관계에 있음을 주장하려면, 그런 관계를 분명하게 직접 증명해주는 증거가 적어도 하나 정도는 필요할 것 같다.

이런 점을 보면서 세례와 **영**이라는 단어가 실제로 함께 등장하는 유일한 본문과 관련하여 몇 마디 하지 않을 수 없다. 첫째, 우리는 여기서도 바울이 실제로 구사하는 언어가 물세례를 받을 때 **영**을 받음과 관련된 게 아니라, 신자가 "**영 안에서** 세례를 받음"과 관련 있다는 점에 주목해야 한다. 바울의 용례에 비춰볼 때 이 말이 물세례를 나타내는 "은유"라고 주장하기는 힘들다.

---

15) 이것은 이 두 분사를 이어주는 καί를 중언법(重言法, hendiadys)으로 받아들이는 것이다. 이는 어쨌든 이 둘이 동일한 것을 말한다는 것을 의미한다.

둘째, 이 본문을 이 본문이 자리한 문맥 속에서 살펴보면, 그들이 "모두 한 영 ἐν('안에서') 세례를 받아(한 영 안에 '잠겨') 한 몸이 εἰς('되고')…모든 이가 한 영을 가득 마시게 되었느니라"라고 말하는데, 여기서 바울의 관심 사는 사람들이 어떻게 신자들이 되는가를 설명하는 게 **아니라**, 그토록 다양한 사회 배경을 가진 신자들이(유대인, 헬라인, 노예, 자유인) 어떻게 모두 한 그리스도의 몸을 이루는가를 설명하는 것이다. 바울은 이 점을 강조하고자 정교한 셈어의 평행법을 구사하며 두 은유를 활용하여(어떤 것 속에 푹 잠김과 무언가를 가득 마심) 그들이 공통으로 풍성하게 겪었던 **영** 체험을 표현한다. 그들은 필시 회심할 때에 이런 체험을 했을 것이다. 더욱이 바울이 다른 곳에서 구사하는 용례는 ἐν과 εἰς라는 전치사를 각각 처격(**영**은 그 안에 푹 잠기는 "요소"다)과 목표(= 결국 그리함으로써 한 몸을 이룬다)를 나타내는 의미로 번역해야 한다는 것을 강력히 일러준다. 요컨대 바울은 지금 물세례를 전혀 말하지 않는다(물론 이 은유를 물세례를 넌지시 암시하는 말로 인정할 수는 있을지 모르겠다). 그러나 이 본문을 물세례를 언급하는 곳으로 보는 것은 바울이 이 문맥에서 제시하는 해석 기준의 틀(frame of reference)을 벗어나는 것이다. **그들을 한 몸으로 만들어주는 것은 세례가 아니라 영이다**(고린도 사람들 자신도 동의할 터이지만, 바울이 이런 은유를 여기서 처음으로 사용하는 이유도 그런 것 때문이다). 이 문맥에서 결국 바울은 한 몸 안에 **다양성**이 존재해야 함을 주장하는 데 관심을 갖는다. 바울이 이런 목적을 이루려면 그들이 실제로 한 몸이라는 사실, 그리고 그들도 잘 인식했을 터이지만 오직 **영**만이 그들을 한 몸으로 만들어주신다는 사실에 호소할 수밖에 없었다.

그렇다면 결국 바울은 어떤 본문에서도 **영**이라는 선물과 물세례를 결합하지 않는 셈이다. 그는 이 둘을 원인과 결과의 관계로 생각하지도 않고 동시에 이루어지는 체험으로도 생각하지 않는다.

2. 바울이 물세례를 분명하고 확실하게 언급하는 사례들 역시 이 둘의 관계에 관한 이런 주장을 뒷받침한다[고전 1:13-17(참고. 10:2; 15:29); 갈

3:27; 롬 6:3-4; 골 2:12; 엡 4:5]. 이 본문들에서는 두 가지 특징이 두드러진다. 첫째, 바울은 신자와 세례를 연계할 때 늘 **영**이 아니라 그리스도와 관련지어 이야기한다. 특히 두 사례가 유익하다. 바울은 갈라디아서 3:27에서 "그리스도를 입음"이라는 말을 쓴다. 바울 서신에서 이 말은 **영**과 관련지어 쓰는 말이 아니다. 즉 바울은 사람이 세례를 받을 때 그리스도로 옷 입는다고 묘사하지, **영**으로 옷 입는다고 묘사하지 않는다. 더욱이 바울은 에베소서 4:4-6에서 신앙고백 성격이 강하게 배어나오는 말로 그리스도인의 삶이 지닌 다양한 측면들을 일부러 **영** 및 그리스도와 결합한다. 그는 한 몸과 한 소망을 **영**과 결합하고, 믿음과 세례를 그리스도와 결합한다.

둘째, 온갖 부인하는 견해들이 있긴 하지만, 바울은 고린도전서 1:13-17에서 세례를 일부러 복음 선포에 종속시킨다. 그렇다고 이것이 곧 바울이 세례를 평가 절하한다는 의미는 아니다. 다만 바울은 세례가 그리스도를 전하는 것과 같은 비중을 갖는 것을 인정하지 않을 뿐이다. 요컨대 나는 **바울이 바로 이 주장을 통해 영을 받음과 복음 선포를 분명하게 결합하지, 영을 받음과 세례를 결합하는 것은 아님을** 강조해두고자 한다. 바울은 세례를 다른 차원에 서 있는 것으로 생각한다. 분명 그는 세례를 **영**의 오심을 통해 받은 은혜에 대한 응답으로 여기며, **영**의 오심은 복음이 선포될 때 믿음으로 그것을 들음과 연관되어 있다고 본다. 바울이 실제로 고린도 사람들이 세례를 받을 때 **영**이 오셨다고 이해했다면, 그가 그런 식으로 대충대충 세례를 이야기하고 자신이 그들 가운데 오직 두 사람에게만 세례를 베풀었다고(그는 그 외에 한 가정에게 더 세례를 베푼 일을 떠올려야 했다!) 이야기한다는 것은 거의 생각할 수 없는 일이다. 그러나 바울은 2:1-5에서 **바울 자신이** 사역하던 바로 그때에 복음 선포를 통하여 그들에게 **영**이 오셨다고 주장한다. 만일 세례 때 **영**이 오셨다면, 이 말은 참말이 아닐 것이다. 바울은 그들 중 극소수에게만 세례를 베풀었고, 그들 가운데 하나는 세례를 베푼 사실조차 잊어버리고 있었기 때문이다(1:14).

3. 이 마지막 본문은 바울이 **영**을 받음을 회심 때에, 즉 믿음으로 복음

을 들을 때에 일어나는 일로 이해했지, 이후 세례를 받을 때에 일어나는 일로 이해하지 않았다는 것을 확실하게 일러주는 본문 같다. 실제로 **영**이 세례 때 신자들에게 임했다면, 바울이 고린도전서 1:13-2:5과 같은 주장을 할 리가 없다. 우리가 이미 이번 장에서 언급한 대다수 본문도 이를 한 층 더 뒷받침해준다. 그리하여 바울은 가령 갈라디아서 3:2-5에서 **영**을 받음을 갈라디아 사람들이 새로 구성된 하나님 백성에 속해 있음을 확실히 증명해주는 증거라고 말하면서, **영**을 받음을 믿음으로 말미암아 이루어진 일이요 극적이며 생생한 증거가 되는 일이라고 말한다. 이 본문은 바울이 **영**을 받음을 세례 때 일어나는 일로 전제한다는 것을 전혀 시사하지 않는다. 만일 **영**을 받음이 어떤 의식 때 일어나고 단지 그 의식이 한 의식(할례)으로부터 다른 의식(세례)으로 바뀌었을 뿐이라면, 바울이 제시하는 주장은 무의미한 것이 되고 만다. 바울이 그가 회심시킨 이들이 **영**을 받은 일과 자신의 복음 선포를 직접 연계한 몇몇 본문들이 존재하지 않았다면, 바울이 **영**을 받음을 회심 때 이루어진 일로 보았다는 주장은 침묵에 근거한 주장이 되어 언제 결말이 날지 기약할 수 없는 것이 되었을 수도 있다. 바울은 **영**이 그 자신이 복음을 설교하고 그들이 복음을 듣는 상황에서 임하셨다고 본다(살전 1:5; 롬 15:16, 18-19). 바울 자신도 인정하듯이, 그는 실제로 회심자들에게 세례를 베푸는 일에 열중하지 않았다. 따라서 바울 자신이 **영**을 받음을 그들이 물로 세례를 받음에 대한 반응으로 나타난 일로 이해했을 가능성은 거의 없어 보인다. 바울이 보기에는 오히려 정반대였을 것이다(즉 **영**을 받음이 먼저 이루어지고 그에 대한 반응으로 물세례를 받았다고 보는 것이 바울의 시각이었다 — 옮긴이).

물론 그렇다고 누가가 사도행전 19:1-7에서 묘사하는 것과 같은 모습이 바울의 상황에서는 일어나지 않았다는 말은 아니다. 그러나 이 모든 증거를 취합해보면, 바울 서신을 꼼꼼히 읽어볼 경우 물세례와 **영** 사이의 긴밀한 결합을 이끌어낼 수 없다는 것을 알 수 있다. 이 둘을 긴밀히 결합한 것은 후대 교회가 자신의 체험을 토대로 바울의 본문을 읽어낸 결과다.

회심과 성령 세례

전례를 중시하지 않는 진영, 특히 교회사를 통틀어 교회에 그 자취를 남긴 다양한 성령 운동들이 화급한 문제로 여긴 것은 바울도 "성령 세례"라는 언어로 표현하는 것이 적절할 수 있는 회심 이후의 은혜의 역사를 생각했는가라는 문제였다. 분명 일부 학자들은 바울 서신의 일부 본문들을 이런 식으로 해석해왔다(가령 고전 12:13; 갈 4:4-6).[16] 그러나 그 문맥 전체를 살펴보고 얻은 데이터에 비춰보면, 그런 해석은 의심스럽다. 오히려 바울이 그런 체험을 알고 있었는가는 확실치 않으며, 그런 체험을 알고 있었다고 보는 주장 역시 주로 침묵에 근거한 것이다. 두 가지 점을 더 강조해둘 필요가 있다.

첫째, 내가 이 책 제2장과 그 이후에 줄곧 지적해왔듯이, 바울은 **영**과 능력 체험을 분명히 연계한다. 앞서 논의한 내용에서는 신자들이 **영**을 회심 때 체험하되, **역동적**이고 확실히 **눈으로 볼 수 있게** 체험했다는 사실이 분명하게 드러난다. 바울이 갈라디아서 3:2-4과 고린도전서 12:13에서 **영**에, 특히 풍성한 **영** 체험에 호소하여 자신이 말하고자 하는 것들을 강조한 이유도 바로 그 때문이다. 이 점은 갈라디아서 3:5에서 더 확실하게 드러난다. 여기서 바울은 갈라디아 사람들이 기적 같은 행위들을 통해 그들 가운데 역동성 있게 임재하시는 **영**을 계속 체험함을 역설하면서[바울이 사용한 두 현재 시제를 이와 다르게 해석할 수는 없는 일이다("하나님이 너희에게 **영**을 주시고 너희 가운데 기적들을 행하신다"); 그리스어의 현재 시제는 단지 지금 무엇을 하고 있음을 나타내는 데 그치지 않고 어떤 일이 계속하여 이루어진

---

16) 가령 Horton, *What the Bible Says about the Holy Spirit*, 215-17을 보고, 173을 참고하라. 이와 관련하여 가장 야심찬 시도를 한 저작이 Ervin, *Conversion-Initiation*이다. 그러나 이 책이 제시하는 내용은 대부분 독자에게 확신을 심어주는 데 실패했다. 그가 바울이 주장하지 않은 주제를 들고 본문에 뛰어들어 이 주제를 따라 본문들을 "주해했기" 때문이다; H. Hunter (*Spirit-Baptism*)의 주해는 조금 더 낫지만, 그는 더 조심스러워하면서, 바울 서신의 몇몇 본문들이 그렇게 볼 수 있는 여지를 지니고 있을 가능성을 인정하려고 한다.

다는 의미를 지닌다 — 옮긴이], 이런 체험을 갈라디아 사람들이 **율법**과 무관함을 증명해주는 보강 증거로 제시한다. 성령 운동들은 그들이 한 "세례" 체험 속에 그리스도인의 삶이 지닌 이런 차원이 존재함을 재차 강조한다. 이를 통해 그들은 자신들을 **영**과 그리스도인의 삶에 관한 바울의 이해 핵심에 자리한 것을 재차 포착해낸 이들로 여기는 경향이 있다(나는 그들이 옳다고 주장한다). 하지만 그들 역시 그들에게 유리한 시기를 골라 이런 차원을 활용했다(때문에 설득력이 떨어진다).[17]

둘째, 다음 장에서 지적하겠지만, 바울은 **영** 안에서 살아가는 삶을 회심 때 단 한 번 **영**을 체험한 결과로 보지 않는다. **영**은 그리스도인의 삶 전체를 관통하는 핵심이다. 그래서 바울은 **영**이 능력을 부어주시는 일이 더 계속하여 이루어진다는 것을 빈번히 암시한다. 갈라디아서 3:5도 분명 이 점을 말하려 한다. 데살로니가전서 4:8과 에베소서 5:18의 현재 시제 동사들이 더 암시하는 것과 빌립보서 1:19이 제시하는 기도의 결과도 그런 점이다. 바울이 데살로니가전서 4:8에서 맨 먼저 언급하는 것은 분명 그들의 회심이다. 그러나 그 문맥이 제시하는 주장과 동사의 현재 시제("하나님이 너희에게 그의 성령을 **주신다**")는 회심 때 일어난 일이 그들이 불신자로 지냈던 과거에 비추어 거듭 새롭게 그들의 삶에 적용되어야 할 필요가 있음을 시사한다. 이 모든 내용은 한 체험이 양면을 지닌 경우가 아주 많다는 것을 시사한다. 바울은 **영** 안의 삶이 회심 때 시작한다고 본다. 동시에 그는 이런 체험을 역동적이요 늘 새롭게 거듭할 수 있는 것으로 본다.

---

17) 이 문제를 살펴보려면, G. D. Fee, "Baptism in the Holy Spirit: The Issue of Separability and Subsequence," in *Gospel and Spirit* (Peabody, Mass.: Hendrickson, 1991), 105-19 을 보라.

성령 안에서 살아가는 삶

나는 지금까지 반대되는 주장을 해왔지만, 이번 장을 읽는 사람들은 바울이 "그리스도 안에 있는 구원"을 순전히 그리고 단순히 회심과 관련된 것으로 보았다고 믿을 수도 있을 것 같다. 그러나 바울의 시각에서 그런 이해를 더 끄집어내기는 불가능하다. 바울은 "구원을 받는다는 것"(to get saved)이 **영**을 통해 하나님의 백성에 합류함을 뜻한다고 본다. 또 그는 "구원을 받았다는 것"(to be saved)이 "구원받은 사람의 삶을 살아가는 것"을 뜻한다고 본다. **영**을 통한 회심에는 **영** 안에서 행하는 삶, **영**의 인도를 받는 삶, **영**을 위하여 씨를 뿌리는 삶에 헌신하는 것이 함께 따라야 했다. 신자에게 믿음을 갖게 하시는 **영**(고후 4:13)은 신자의 삶 속에서 "믿음"이라는 열매를 만들어내시는 바로 그 **영**이시며, 이제 이 "믿음"은 "하나님의 길로 신실히 행함"을 의미한다. 바울 서신에서는 이것이 주로 윤리에 합당한 삶이라는 영역에서 수면 위로 떠오르는 경향이 있다. 그러나 바울은 이런 믿음이 그보다 훨씬 더 많은 것을 의미한다고 보았다. 우리가 살아가는 새로운 종말의 삶은 모두 **영** 안에서 살아가는 삶이요 **영**으로 살아가는 삶이다. 우리는 윤리에 합당한 삶을 다음 장에서 다룰 것이다. 여기서 내가 관심을 갖는 것은 신자 개인이 계속하여 살아가는 삶의 총체 속에서 **영**이 차지하는 위치를 강조하는 것이다.

교회에서는 하나님의 백성과 개인을 구별하는 이분법이 자주 등장한다. 그러나 바울의 체험과 신학에 비춰보면, 이는 그릇된 이분법이다. 이 점을 지적하는 것도 지금 내 관심사 가운데 하나다. 더욱이 이런 이분법은 때로 한 몸을 이룬 교회의 삶을 빙자하여, 다시 말해 신자 개인은 "교회에 속해 있는" 존재임을 빙자하여 "영성"을 포함한 개인 경건을 배척하는 형태를 띠거나 교회의 공통(획일적─옮긴이) 신앙에 농의하는 형태를 띠기도 한다. 모든 경건주의 운동은 개인과 하나님의 관계가 이런 "교회중심주의"(churchiness) 형태 속에서 실종되어버리거나 이런 형태 속에 흡수되어버리는 경향에 반발하여 등장한 것이다. **영**이 하나님의 백성인 교회 안에서 행하는 역할을 바울이 어떻게 이해했는가는 다음 장에서 다루겠다. 여기서 나는 개인 경건과 영성도 **영** 안에서 살아가는 삶의 일부임을 인정해달라고 호소하고 싶다. 여러분이 원한다면, 이를 바울의 호소라 할 수도 있겠다.

■ 성령의 다른 활동

앞에서 언급했듯이, 어떤 사람이 그리스도인으로서 계속 살아가는 삶을 윤리라는 표제 아래 모두 아우를 수는 없다. 온갖 종류의 다른 행위들 역시 **영**이 하시는 일로 보인다. 이런 행위들은 대부분 신자 개인의 삶에 속한다. 이런 행위들은 "그리스도 안에 있는 구원"을 **영**이 능력을 부어주시는 삶으로 보는 바울의 견해가 얼마나 폭 넓은지 실증해준다.

예를 들어 **영**은 우리가 소망(제13장에서 언급했던 확실한 미래를 향한 소망)을 체험하는 것에도 능력을 부어주신다(갈 5:5; 롬 15:13). 골로새서 1:9은 **영**이 또 마음을 새롭게 하시거나 조명해주심으로 신자들이 하나님이 뜻하시는 것을 이해할 수 있게 해주신다고(참고. 롬 12:1-2) 일러준다. 마찬가지로 바울은 로마서 9:1에서 그가 자신의 동포를 두고 갈망하는 것을 말하고자 할 때 그가 가진 분명한 양심도 그의 삶 속에서 **영**이 행하시는 역사임을 시사한다. 만일 로마서 12:11이 신자의 영(spirit) 안에서 역사하시는 **영**을 언급한 말이라면, **영**은 봉사하고자 하는 열심의 원천이시기도 한 셈이다. 또 바울은 빌립보서 1:19에서 그들의 기도와 "**영**의 공급" 덕택에 그가 복음을 부끄럽게 하지 않고 오로지 그리스도의 영광을 위하여 구원이나 죽음을 체험할 수 있게 되길 기대한다. 더욱이 바울은 사도직과 관련된 이야기를 할 때는 **영**을 중시하지 않지만, 그래도 **영**은 바울이 겪은 "많은 환상들과 계시들"(고후 12:1)을 이해할 수 있게 해주는 실마리다. 다

시 말하지만, 바울은 **영** 안에서 살아가는 삶을 "이것 아니면 저것"의 문제
가 아니라, "이것은 물론 저것도"의 문제로 본다. **영** 안에서 살아가는 삶은
충만하며 폭이 아주 넓다. 실제로 우리가 로마서 8:28을 이해한 내용이 옳
다면, 하나님의 뜻을 따라 우리를 위하여 중보하시는 **영**은 우리 삶 속의
모든 일에서 역사하심으로 하나님이 원하시는 궁극의 선을 이뤄내신다.

이 모든 본문은 우리가 이미 말했던 내용을, 곧 바울은 그리스도 안에
있는 삶을 **영**의 철저한 지배를 받음으로써 **영**이 그 삶에 절대 필요한 요
소로 자리하신 삶으로 본다는 것을 더 확실하게 증명해준다. 더욱이 바울
이 에베소서 5:18에서 공동체에게 내리는 명령("**영**으로 충만하라")과 디모
데후서 1:6-7에서 디모데에게 내리는 개인 차원의 명령("그 은사를 불 일듯
일게 하라")은 **영**의 역사가 삶 속에서 계속 이루어져야 함을 암시한다. **영**
의 임재는 긴요한 문제다. 그러나 **영**이 임재하셨다 하여 저절로 활발하고
열렬한 **영**의 삶이 확보되는 것은 아니다. 바울은 개인과 교회 전체를 향하
여 그 은사를 늘 불 일듯 일게 하라고 권면한다. 물론 공동체 생활, 그중에
서도 특히 예배라는 맥락 속에서 서로 격려하고 자라가는 것도 그런 일을
행하는 방법 중 하나다. 그러나 개인 차원에서 그런 삶을 살아가는 길(방
법)은 기도하는 것이요 우리가 이제는 하나님의 임재 안에서 **영**으로 살아
간다는 것을 깨닫고 아는 것이다. 이 문제와 관련하여 바울 자신이 가장
중요한 증거(모범)가 되어주었다.

■ **성령과 기도**[18]

바울 연구서들에서 볼 수 있는 상당히 특이한 불균형 가운데 하나는 바

---

18) 이 문제를 살펴보려면, 내가 James Houston Festschrift에 기고한 글을 보라("Some
Reflections on Pauline Spirituality," in *Alive to God: Studies in Spirituality*, 96-107). 아
울러 K. Stendahl, "Paul at Prayer"(ch. 7, n. 304)를 보라; 그리고 근래 나온 책을 보려면, D.

울 "사상"의 모든 측면을 탐색하는 연구서들이 수천 가지나 되지만 정작 바울의 기도 생활을 살펴보려고 시도하는 책들은 극소수에 불과하다는 점이다. 실제로 대다수 사람들이 이해하는 바울은 "선교사 바울"이나 "신학자 바울"에 국한되어 있다. 그러나 바울 서신에서 분명히 알 수 있는 것은 그가 "선교사"나 사상가이기 전에 **기도하는 사람**이었다는 점이다. 바울은 평생 기도에 전심전력을 쏟았다. 그리고 바울과 그가 회심시킨 사람들의 관계를 지탱해준 주된 수단 역시 감사와 기도였다. 바울의 개인 신앙생활에서 기도를 제거하는 것은 석유의 중요성을 인식하지 못한 채 휘발유 자동차의 작동 원리를 탐구해보려고 하는 것과 마찬가지일 것이다. 바울은 단지 기도를 믿거나 기도를 소재로 이야기한 사람이 아니었다. 그는 꾸준히 그리고 끊임없이 기도했다. 그리고 같은 일을 그가 섬기는 교회들에도 독려했다(살전 5:16-18). 이런 기도 습관은 분명 그가 그리스도를 알기 이전에 영위했던 삶으로부터 넘겨받은 것이다. 그러나 우리는 여기서 특별히 기도를 바라보는 바울의 시각이 **영**의 오심으로 말미암아 철저히 바뀌었다는 점을 주목해야 한다.

바울계 교회들이 고정된(미리 그 내용과 형식이 정해진) 기도들을 드렸는지 여부는 알 수가 없다. 어쨌든 **영**으로 말미암아 자기도 모르는 사이에 튀어나오는 기도는 이 교회에서 보통 있는 일이 되었다.[19] 그리스도인의 삶이 시작되었음을 알리는 표지는 신자 안에 들어오신 **영**이 하나님을 향하여 **"압바"**라 외치시는 것이다(갈 4:6; 롬 8:15). 바울은 다른 곳에서 "언제나 **영** 안에서/**영**으로 기도하라"라고 독려한다. 이 기도에는 전도를 가능케

A. Carson, *A Call to Spiritual Reformation: Priorities from Paul and His Prayers* (Grand Rapids: Baker, 1992)를 보라.

19) 때때로 일부 학자들은 **영**의 인격성에 반대하거나 혹은 바울이 삼위일체를 주장했다는 견해에 반대하여 당시 사람들이 기도할 때는 아버지와 아들은 불렀어도 **영**은 부르지 않았다고 말했다. 그러나 엄밀히 말해 그런 추론은 옳지 않다. 기도에서 **영**이 하는 역할은 다르다. 그는 하나님으로서 우리를 위해 "기도하시는 분"이다. 우리는 그분을 **통해** 기도하지, 그분**에게** 기도하는 게 아니다.

하는 기도를 포함하여 모든 형태의 기도가 포함된다(엡 6:18). **영**은 특히 기도를 동원하여 "이미 그러나 아직 아니"라는 실존 속에 있는 우리를 도와주신다. 우리는 지금 약함 가운데 있어서 무엇을 기도해야 할지도 모른다. 그래서 **영**이 몸소 "우리가 알아듣지 못할 신음으로" 우리를 위하여 중보하신다(롬 8:26-27). 이는 방언을 가리키는 말일 가능성이 아주 높다.

따라서 기도(와 찬미)는 바울의 방언 이해를 들여다볼 수 있는 가장 좋은 길인 것 같다. 바울은 고린도전서 14장 어디에서도 방언이 사람들에게 하는 말이라고 이야기하지 않는다.[20] 도리어 바울은 세 번에 걸쳐 방언이 하나님께 하는 말이라고 일러준다(14:2, 14-16, 28). 그는 14-16절에서 방언을 "내 **영**/영으로 기도하는 것"이라고 분명하게 이야기한다. 또 2절에서는 그런 기도를 "하나님께 비밀들을 말하는 것"이라고 묘사한다. 바로 이런 이유 때문에 방언을 하는 자의 **마음**은 열매를 맺지 못하고, 사람들이 모여 있는 상황에서는 해석이 없으면 그런 기도를 하지 말아야 한다. 바울 자신도 그 회중에게 이 은사를 소중히 여기라고 담대히 말하면서 자신을 그들 가운데 어떤 사람보다 더 많이 방언으로 기도하는 사람이라고 표현할 정도로 이런 기도에 자주 몰두했다(고전 14:18). 바울은 이런 종류의 기도를 황홀경으로 여기지 않았다. 이런 기도는 **영**이 바울 자신의 마음에 짐을 지우시지 않고 하나님과 대화하시면서 바울의 영을 통해 기도하신다는 것을 의미했다. 바울은 로마서 8:26-27에서 우리가 이런 기도를 할 때는 **영**을 신뢰할 수 있다고 말한다. 그런 기도는 우리가 약함 가운데 있을 때 **영**이 우리를 도와주시는 형태이기 때문이요, 하나님이 **영**의 마음을 아시므로 **영**이 하나님의 뜻을 따라 기도하시기 때문이다.

"**영** 안에서" 기도하는 것(이를 어떻게 이해해야 하느냐를 떠나서) 역시 하나님이 약함이라는 또 다른 영역 속에서 ("통치자들과 권세들"에 맞서 끊임

---

20) 고전 14:5에서 지적했듯이, 이런 점에서 방언 해석은 방언을 사람을 향해 하는 말로 바꾸는 것이 아니라, 2절에서 언급했던 하나님께 말하는 비밀을 해석하는 것이다.

없이 투쟁하며) 살아가는 자신의 백성에게 공급해주시는 것이다. 바울은 신자들에게 적들과 싸울 때 복음이 공급해주시는 방어용 갑주 외에도 그들이 가진 두 가지 "**영**의 무기"를 사용하라고 독려한다. 그 두 가지는 복음의 메시지(적의 영역으로 뚫고 들어가 적에게 사로잡힌 사람들을 구출해내는 무기)와 "**영** 안에서 기도하는 것"이다(엡 6:18-20). 여기서 특히 **영**은 우리의 진정한 벗이요 도움이시다. 우리는 우리가 마땅히 어떻게 기도해야 하는가를 알지 못한다. 바로 그런 이유 때문에 더욱더 "**영** 안에서/**영**으로 기도함"에 힘을 기울여 이런 "영의 전쟁"을 더 효과 있게 치러가야 한다. 따라서 기도는 단지 우리가 절박할 때 부르짖는 말도 아니요 우리가 하늘에 계신 우리 **압바**께 제시하는 요구사항을 나열해놓은 "잡화 목록"도 아니다. 기도는 하나님이 당신의 성령을 통해 하나님이 몸소 영감을 불어넣으신 행위다. 기도는 하나님이 당신 백성과 함께 계심이다. 하나님은 우리에게 능력 주시는 당신의 임재, 곧 하나님의 **영**을 통해 하나님의 뜻과 길에 부합하는 기도를 이끌어내신다.

만일 우리가 그의 "**영성**"이 지닌 이런 차원을 아주 진지하게 받아들이지 않는다면, 바울을 신학자로 이해하는 일은 필시 불가능할 것이다. 기도가 없는 삶은 사실상 무신론자의 삶이다. 바울은 그 자신이 **영** 안에서 살았고 **영**으로 살아간 사람이었다. 때문에 바울은 특히 기도를 **영**의 특별한 자극으로 이해했다. **영**은 바울이 무엇을 기도해야 할지 분명히 알지 못하는 때에도 그를 인도하여 다른 사람들을 위해 기도하게 하시고 "**영** 안에서" 간구하게 하셨다. 바울이 "**영** 안에서 살아가는 삶"을 무엇이라 이해했든지, 그 삶은 기도에 전심전력을 기울이는 삶, 기쁨과 감사가 함께 따르는 삶을 의미했다.

이런 맥락에서 우리는 어쩌면 바울의 **영성**에서 계량하기가 더 힘든 차원들도 포함하여 다루어야 할지 모르겠다. 환상들과 계시들이 차지하는 위치가 바로 그것이다. 우리가 이것들을 아는 이유는 바울이 잠시 고린도 사람들의 영역으로 건너가 그런 체험들과 그의(또는 다른 이들의) 사도직이

가지는 진정성 사이에는 아무 상관이 없다는 것을 그들에게 설득하려 하기 때문이다(고후 12:1-10; 참고. 5:13이 논의하는 내용). 여기서 주목해야 할 것은 (1) 바울이 자신도 그런 체험들을 했다는 것을, 그것도 분명 자주 했다는 것을 분명하게 강조한다는 것이요, (2) 그가 이런 체험들을 사역의 진정성을 증명해주는 가치를 갖는 것으로 인정하지 않는다는 것이다. 따라서 방언의 경우도 그러했지만, **영** 안에서 살아가던 바울의 삶 속에 존재했던 이런 문제들을 우리가 알 수 있는 것은 오로지 고린도 사람들이 이런 것들만을 너무 중시했기 때문이다. 바울은 분명 이런 종류의 **영** 체험들 역시 그와 하나님 사이의 친밀한 사귐에 속한다고 보았다. 그래서 바울은 이런 일들을 자신이 먼저 이야기하지 않는다. 그는 "황홀경"을 오로지 그 자신과 하나님 사이의 문제로 보았다. 바울은 다른 사람들 앞에서는 그저 "온전한 정신을 가진 사람"으로 있길 원했다(고후 5:13).

그러나 교회사에는 이와 다른 모습이 너무나 많다! 사역이나 영성의 진정성을 과시하고자 할 때 개인의 사사로운 **영** 체험을 줄줄이 열거하며 이를 으뜸가는 "증명서"로 제시하는 경우가 비일비재했다. 그러나 바울은 수많은 **영**의 활동이 그가 지목하는 다른 사람들을 하나님이 다루시는 일과 관련 있으며, 늘 그 자신이 약함이라는 상황 속에 있을 때 이루어지곤 했다고 본다(이 책 제12장을 보라). 그리하여 고린도후서 12:1-6과 같은 곳이 자신을 지우고 감추는 용어로 묘사해놓은 요소들은 분명 **영** 안에서 살아가는 바울의 삶이, 하나님의 친밀한 임재 가운데 있던 그의 삶이 지닌 풍성함을 강조하는 요소들이다. 그러나 이런 것들은 너무나 사사로운 것이어서 다른 사람들에게 장려하거나 줄줄이 열거할 일들이 아니었다.

■ 성령의 삶과 하나님의 임재

제13장에서 지적했듯이, **영**이 바울의 이해 속에서 어떤 의미를 지니고 있

었든지, 적어도 **영**은 하나님의 임재를 바라는 열망이 **영**의 오심으로 말미암아 이루어졌음을 의미했다. 구약에서도 그랬지만, 이런 이미지는 무엇보다 하나님의 거소, 곧 하나님의 전(殿)인 교회를 가리키는 말이다. 그러나 특히 바울이 이런 이미지를 (교회 전체는 물론이요— 옮긴이) 신자 개인과 관련지어 이해했다는 것을 일러주는 본문이 둘 있다. 나는 이 두 본문이 바울의 사사로운 신앙생활이 지닌 비밀은 물론이요 그가 그 자신의 사적인 삶 속에서 **영**을 어떻게 이해했는지 그 비밀을 알려준다고 본다. 이 두 경우에 결국 이 본문들은 바깥쪽을 가리킨다. 즉 **영**의 삶이 가진 이런 차원이 이르려 하는 목표는 단순히 사색이 아니라, **영**이 만들어내시는 윤리적 삶이다. 그렇긴 해도 이런 사적인 차원을 무시해버릴 수는 없다.

첫 본문은 고린도전서 6:19-20이다. 여기서 바울은 다른 곳에서 교회 전체를 가리키는 이미지로 사용했던 성전이라는 이미지를 신자 개인의 몸에 다시 적용한다. 이곳은 바울이 이미 구약의 이사야 63:9-14이 성령과 동일시했던 임재라는 모티프가 신자 공동체는 물론이요 신자 개인의 삶 속에서도 이루어진 것으로 이해했음을 보여주는 확실한 증거다. 실제로 새 언약 속에서 하나님의 임재가 처음으로 이루어진 장소는 하나님 백성 안이다. 하나님은 이 백성 안에 임재하사, 그들의 현재 실존을 거룩하게 하시고 그들에게 당신 자신의 영원하심으로 인을 찍으신다.

그러나 바울이 구사하는 이미지가 종종 그러하듯이, 이런 이미지는 융통성이 아주 커서 문맥이 달라지면 완전히 다른 뜻을 나타낸다. 우리가 고린도후서 2:14-4:6을 올바로 이해하는 길 가운데 하나는 바울이 결합해 놓은 이미지인 "성막/성전"과 "임재"라는 길이다. 우선 바울은 2:17에서 자기 사역이 유효함을 (다른 복음을 전하는 말씀 장사꾼들과 대조하여) 주장하면서, 자신이 "하나님의 임재 가운데 살아가는" 사람이라고 주장한다.[21] 그는 이어 3:7에서 이 모티프를 다시 끄집어낸 뒤, 자신의 사역과 모세의

______

21) 이 점과 관련하여 나는 특히 D. A. Renwick, *Paul*에게 빚을 졌다.

사역을 대조하며 이 모티프를 끝까지 이어간다. 결국 이 모티프는 모세가 하나님의 임재**로부터** 나올 때에는 베일을 썼다가 하나님이 임재하신 성막으로 들어갈 때는 "베일을 벗었던" 일을 주석한 내용으로 발전해간다. 신자들은 이제 주께 돌아가는 사람들이다. 주는 곧 주의 **영**으로 그 정체를 나타내시는데, 이 주의 **영**은 현세에 이루어진 하나님의 임재를 이해할 수 있는 실마리다. 우리는 이제 **영**을 통해 베일을 벗음으로써 주의 영광을 본다. 바울이 베일과 **영**으로 언어유희를 구사하면서, 그의 주장도 두드러진 설득력을 갖게 되었다. 이제 임재하신 **영**은 그 베일을 제거하셨다(이 베일은 사람들이 성전 안에 계신 하나님의 임재에 다가가지 못하게 했던 그 베일을 시사하는 말이기도 할 가능성이 아주 높다). 결국 **영**이 오심으로써 우리 얼굴은 물론이요 하나님의 임재에서도 베일이 제거되었다. 그 결과 우리는 이제 하나님의 아들이신 우리 주 예수 그리스도의 얼굴에 나타난 주 바로 그분의 영광을 볼 수 있다.

우리가 이 본문을 주해할 때 지적했듯이, 여기서 바울은 거룩한 곳으로 들어간다. 우리는 이제 **영**의 임재로 말미암아 베일 뒤편에서 하나님의 임재 안에 들어가 그리스도 안에서 나타난 하나님의 영광을 볼 뿐 아니라, 하나님의 모양으로 변화해감으로써 이 영광에서 저 영광에 이른다. 바로 이곳에서 **압바**라는 외침이 찬미와 경배로 발전한다. 바로 이곳에서 하나님의 자녀들은 이전에 그들의 "아버지"였던 자, 곧 여전히 믿지 않는 자의 마음을 가리고 있는 이 세상 신의 모양으로부터 하나님 바로 그분의 모양으로 변화해간다. 이를 통해 하나님의 자녀들인 우리는 "이미 그러나 아직 아니"인 현재 우리의 실존 속에서도 하나님의 이미지를 지니게 된다. 바울은 우리가 살아가는 세상에서 **영**이 하시는 일이 오직 이것뿐이라고 믿지 않는다. 그러나 이 일은 아주 중요하다. 우리가 이 일을 철저히 주목하지 않는다면 바울을 아주 많이 놓치는 셈이다.

이처럼 **영**은 "그리스도 안에 있는 구원"을 시작하실 뿐 아니라, 그리스도인의 삶의 모든 영역, 모든 분야에서 그 사역을 계속 이어가신다. 우리가 이 모든 대목에서 **영**이 하는 중심 역할을 간파하지 못하면 그리스도 안에 있는 바울 자신의 삶은 물론이요 구원을 이해하는 그의 시각도 놓치게 된다.[22]

---

22) 이 점을 알아보려면, 앞의 제1장(주1)에서 인용한 Pinnock과 Neill의 글을 보라.

제15장

성령과 하나님 백성

만일 "그리스도 안의 구원"이 바울 신학의 정수(精髓)라면, 그 신학을 논할 때는 반드시 그가 하나님 백성을 어떻게 이해했는가를 꼼꼼히 살펴봐야 한다. 바울은 이 영역을 구원이 이루어지는 마당으로 보기 때문이다. 앞 장에서 언급했듯이, 바울이 제시하는 새로운 종말론 틀 안에서는 한 개인이 각각 하나님 백성의 한 구성원이 된다. 그러나 구원의 목표는 옛 언약 때와 마찬가지로 늘 변함이 없었다. 즉 "하나님의 이름을 위하는 백성을 만들어내는 것"이 바로 구원의 목표였다. 따라서 이 문제를 놓고 보면 바울과 구약 사이에는 연속성과 불연속성이 존재한다. 연속성은 하나님이 한 백성을 구원하신다는 사실에 존재한다. 불연속성은 이제 하나님 백성이 어떻게 이루어지는가와 관련 있다. 하나님 백성은 분명 지금도 택함과 은혜로 말미암아 이루어진다. 그러나 택함은 이제 그리스도 안에서 일어났으며, 사람들은 **영**을 통해 그리스도와 연합함으로 말미암아 택함을 받았다.

바울은 "하나님의 이름을 위하는 백성"이라는 문제에서는 그가 물려받은 유산과 의견을 같이한다. 이는 무엇보다 바울이, 새롭게 구성된 하나님 백성을 가리키는 말로 구약이 사용한 "백성" 언어를 사용한다는 사실이 확증해준다. 즉 새롭게 구성된 하나님 백성은 하나님의 λαός("백성")요,[1]

하나님의 "성도들"(οἱ ἅγιοι)[2]이다. 그들은 하나님이 "택하신 자들"[3]이기 때문이다. 실제로 "할례도 아니요 무할례도 아닌" 규준에 근거하여 살아가는 사람들은 "하나님의 이스라엘"이다(갈 6:16). 이 문구는 성경 전체를 통틀어 바울 서신에서만 독특하게 나타난다. 그러나 가장 자주 사용하는 명칭은 "교회"(ἐκκλησία)다. 바울은 이 명칭이 무엇보다 그리스 사람들이 말하는 **폴리스**(polis)가 아니라 칠십인경에서 나온 말로 본다. 칠십인경에서는 이 ἐκκλησία라는 말을, "이스라엘 회중"을 가장 빈번히 가리키는 히브리어인 카할(qāhāl)의 번역어로 줄곧 사용한다. 이렇게 바울이 구약의 "백성"이라는 말을 풍부하게 사용한다는 사실은 그가 교회를 하나님의 옛 언약 백성의 연장선상에 있는 존재이자 그 백성의 참된 계승자로 보았다는 것을 분명히 일러준다.

이런 연속성이 지닌 본질적 특징 가운데 하나는 하나님 백성이 지닌 한 몸이라는 본질(공동체성)이다. 하나님은 이스라엘 백성 개개인뿐 아니라 그 백성 전체를 택하시고 이 백성과 언약을 맺으셨다. 이 백성이 하나님의 이름을 지니고 하나님의 목적을 위하여 존재할 이들이었다. 물론 이

---

1) 고후 6:16-18; 딛 2:14을 보라. 그리스 저술가들은 특별히 λαός를 즐겨 쓰지는 않았다. 그러나 칠십인경 역자들은 히브리어 עַם을 번역하면서 그 번역어로 λαός를 골라 썼다. 히브리어 עַם은 구약성경이 이스라엘과 야웨의 특별한 관계를 표현하는 말로 대단히 빈번하게 사용하는 말이다(2,000회가 넘게 사용한다). 칠십인경 역자들이 백성을 가리키는 말로 사람들이 더 흔히 쓰던 ἔθνος가 있었는데도 λαός를 골라 쓴 것은 필시 그리스 저술가들이 전자를 그들 자신이 구별된 백성임을, 곧 히브리 사람들이 עַם이라는 말을 써서 표현한 것과 같은 의미를 지닌 사람들임을 나타내는 말로 사용했기 때문일 것이다. 결국 유대인에게는 ἔθνος가 "이방인"을 의미하는 말이 되었으며, 칠십인경 역자들도 그 말을 그런 뜻으로 사용했다. 이는 곧 이 역자들이 그들 자신을 구별해줄 다른 말을 필요로 했다는 뜻이다.

2) 구약에서 자주 등장하지는 않지만, 이스라엘을 하나님의 "거룩한 백성"이라 부르는 사례는 중요한 언약 본문인 출 19:5-6에서 등장한다. 이후 유대교에서는 이 표현을 메시아의 나라에서 누릴 복들에 참여할 택함 받은 자들을 가리키는 말로 사용했다(단 7:18-27; 「솔로몬의 시편」 17; 쿰란 사본). 바울은 이 말을 주로 새로 만들어진 종말의 하나님 백성을 가리키는 말로 사용한다.

3) 그리스어로 ἐκλεκτός와 그 동족어들이 이에 해당한다; 살전 1:4; 살후 2:13; 골 3:12; 엡 1:4, 11을 보라. 구약과 마찬가지로, 이 말은 하나님이 개인을 선택하심을 가리키는 게 아니라, 하나님이 당신 목적을 위하여 한 백성을 택하심을 가리킨다. 어떤 한 사람이 택함 받은 하나님 백성 속에 편입되어 그 백성에 속할 때 그는 택함 받은 자가 된다.

스라엘 백성은 각자 이스라엘 안에서 자신이 가진 지위를 상실할 수 있었다. 그러나 이들이 그 지위를 상실해도 하나님이 자신의 백성인 그 백성과 관련하여 품으셨던 설계나 목적들에는 아무런 영향이 없었다. 이는 심지어 이스라엘 백성 대다수가 실패한 경우에도 마찬가지였다. 그 경우에는 그 "백성"이 다만 "남은 자들"로 축소되었을 뿐이다. 그 남은 자들은 여전히 이스라엘이었다(곧 하나님이 사랑하시고 택하시고 구속하신 이들이었다).

바울도 철저히 이런 시각을 고수한다. 그러나 동시에 제14장에서 말했던 것처럼, 그리스도의 오심과 종말의 **영**이라는 선물이 하나님 백성을 형성하는 새로운 방식을 아울러 규정해주었다. 이제는 각 사람이 그리스도를 믿고 **영**을 받음으로 그 공동체 안에 들어간다. 이 공동체의 일원이 되었음을 보여주는 표지가 바로 세례다. 하지만 하나님이 그리스도 안에서 행하시는 구원 행위의 목표는 교회 그 자체다. 하나님은 당신 이름을 위하여 한 백성을 택하시고 구원하신다.

아마도 고린도전서의 두 본문이야말로 이를 가장 생생하게 묘사해주는 본문이 아닐까 한다(5:1-13; 6:1-11). 여기서 바울은 특정 개인들이 저지른 상당히 극악한 죄들을 이야기한다. 이 두 경우에 바울이 그가 가진 가장 무시무시한 화력(火力)을 퍼붓는 대상은 신자 개인이 아니라, 신자 개인이 저지른 문제들을 처리하지 못하는 교회다. 바울은 5:1-13에서 죄를 저지른 당사자(바울은 그저 그를 출교시키라고 말할 뿐이다)를 상대로 말하지도 않고 그의 상대방 역시 전혀 언급하지 않는다. 바울은 모든 화력을 교회에 퍼붓는다(한편으로 교회의 오만함을, 다른 한편으로 그 문제를 처리하지 못하는 교회의 모습을 비판한다). 6:1-11에서도 마찬가지다. 이 경우에 드디어 바울은 원고(7-8a절)와 피고(8b-11절)를 언급한다. 그러나 조금 지나 바울은 종말의 때를 살아가는 하나님의 공동체 안에서 이런 일이 일어나게 방치하고 이런 일을 제대로 처리하지 못한 교회를 꾸짖는다. 이 경우들을 보면, 분명 위기에 빠진 것은 교회 자체요 교회가 해야 할 역할이다. 이 교회는 고린도에서 구속받고 구원을 이루어가는 하나님의 대안으로서 역할을 해야 하지만, 그러지 못했다.

하나님이 단순히 신자 개인을 구원하는 차원이 아니라 당신 이름을 위하여 한 백성을 구원하는 데 관심을 갖고 계시다는 점은, 바울의 권고에서 빈번히 사용하는 말인데도 사람들이 빈번히 간과하곤 하는 한 단어가 더 분명하게 증명해준다. ἀλλήλων("서로")이라는 말이 바로 그것이다. **모든 일**은 ἀλλήλων 행해야 한다. 그들은 **서로** 지체가 되었다(롬 12:5; 엡 4:25). 이들은 **서로** 지어져 가야 한다(살전 5:11; 롬 14:19). 또 이들은 **서로** 보살펴야 하고(고전 12:25), **서로** 사랑해야 하고(살전 3:12; 4:9; 살후 1:3; 롬 13:8), **서로** 선을 추구하고(살전 5:15), **서로** 사랑으로 용납해야 하고(엡 4:2), **서로** 짐을 짊어져야 하고(갈 6:2), **서로** 친절하고 긍휼을 베풀며 **서로** 용서해야 한다(엡 4:32; 참고. 골 3:13). 또 이들은 **서로** 복종하고(엡 5:21), **서로** 자신보다 남을 낮게 여기고(빌 2:3; 참고. 롬 12:10), **서로** 사랑으로 헌신해야 하며(롬 12:10), **서로** 조화를 이루어 살아가야 한다(롬 12:16).

결국 하나님은 단지 개인들을 구원하시고 그들을 하늘에 들어갈 자로 준비해놓으신 게 아니다. 오히려 하나님은 당신 이름을 위하여 **한 백성**을 만들어내신다. 하나님은 그 백성 가운데 거하실 수 있고, 이 백성은 그들이 더불어 살아가는 삶 속에서 하나님의 생명과 성품을 다시 만들어낸다. 바울은 철저히 이런 시각으로 구원을 바라본다. 바울의 이런 시각은 **영**을 언급하는 그의 말들에서 가장 분명하게 드러난다. **영**은 하나님의 백성을 형성할 때뿐 아니라 그들이 더불어 살아가고 함께 예배할 때도 분명 긴요한 역할을 한다.

성령과 신앙 공동체

■ 공동체 형성

앞 장에서 나는 개개 그리스도인의 삶이 그들을 변화시키시고 새롭게 하시는 **영**의 역사에 그 기원을 두고 있다고 이야기했다. 이는 신앙 공동체의 경우에도 마찬가지다. 신자 공동체인 하나님 백성이 그런 실존을 갖게 된 것은 그들이 공통으로 풍성한 **영** 체험을 한 덕분이다. 따라서 바울이 고린도전서 12:13에서 대답하는 문제는 사람들이 어떻게 신자가 되는가라는 문제(물론 어떤 의미에서 보면 이 구절은 이 문제에 대답하는 것이기도 하다)가 아니라, 유대인과 이방인, 종과 자유인으로 이루어진 많은 이들이 어떻게 하여 한 그리스도의 몸을 이루게 되었는가라는 문제다. 바울은 이 문제에 **모든 사람**이 똑같은 실재, 곧 **영**에 잠기고 **모든 사람**이 똑같은 실재, 곧 **영**을 가득 마심으로 그리스도 안에서 한 몸을 이루게 되었다고 대답한다. 마찬가지로 바울이 고린도에 갈 때 어떤 추천서도 필요로 하지 않았던 것은 고린도 사람들 자신이 그 안에 **영**이 새겨짐으로 말미암아 그리스도의 서신이 되었기 때문이다(고후 3:1-3).

영이 만들어내시고 형성하신 초기 공동체들은 이리하여 **영**의 교제가 되었다. κοινωνία("교제")라는 개념은 바울 서신에서 널리 사용하는 개념이다. 이 교제는 그리스도를 통해 하나님과 나누는 교제에서 시작한다(고전 1:9). 이 교제는 다시 신자들이 서로 교제를 나누도록 인도한다. 바울은 삼위일체 하나님을 표현한 고린도후서 13:13[14]의 축도에서 κοινωνία를 **영**의 사역을 특징짓는 말로 골라 쓴다. 이 말은 주로 "**영** 자체에 참여함"을 가리킨다. 하지만 이런 참여는 그들 전체에게 공통된 것으로서, **영**이 만들어내시고 유지해주시는 "교제"도 포함한다. 바울은 빌립보서 2:1-4에서도 같은 말을 한다. 바울은 1절에서 통일성과 화합을 당부하면서 그 근거 중 하나로 그들이 공통으로(바울과 빌립보 사람들이 다 함께) **영**에 참여했다는 점을 든다(참고. 1:27, "한 **영** 안에 굳게 서 있으라"). **영**은 사람들이 공유하는 사랑을 만들어내신다. 이런 사랑은 바울이 로마 신자들에게 그들의 기도로 자신을 후원해달라고 호소하는 근거가 되었다(롬 15:30; 참고. 골 1:8).

제12장에서 언급했듯이, 바울은 유대인과 이방인이 함께 하나님의 가족 속에 포함된 일을 새롭게 형성된 이 교제가 지닌 가장 두드러진 특색으로 본다. 하나님은 유대인과 이방인이 각각 이전에 각기 가졌던 편견을 뛰어넘으셨다(엡 2:14-18). 이를 경이롭게 여기는 바울의 심정은 에베소서 전체에서 빛난다. 따라서 1:13-14은 무엇보다 개인의 회심을 다룬 본문이 아니다. 오히려 바울은 여기서 이방인들이("너희도") 그리스도 안에서 유대인과 함께 하나님의 유업을 이을 자로 포함된 사실에 기뻐한다. 이방인들이 포함되었다는 사실은 그들이 하나님이 그 유업을 확증해주는 "인"이자 보장해주는 "보증금"으로 약속하셨던 성령을 받았다는 한 가지 사실이 확인해준다. 2:18도 이 점을 강조한다. 그리스도의 죽음은 유대인과 이방인을 갈라놓았던 것을 무너뜨리심으로써 "한 몸"이 이루어질 수 있는 길을 열어놓으셨다. 마찬가지로 이제 유대인과 이방인은 똑같이 그리스도를 통해 "한 **영** 안에서 아버지께 나아갈 권리를 얻게 되었다." **영**은 유대인과 이방인을 한 몸으로 만들어주셨다(4:4). 그들은 한 **영** 안에서 함께 살아갈 때에 한 백성으로서 하나님의 임재 안으로 들어갈 권리를 함께 소유한다(이제는 성전 이미지를 거꾸로 활용한다).

▪ 바울이 사용하는 이미지들

영이 신앙 공동체를 바라보는 바울의 견해에서 중심을 이룬다는 점은 특히 그가 교회를 가리키는 표현으로 사용한 세 가지 주요 이미지에서 나타난다(가족, 성전, 몸). 그중 첫 두 가지는 구약과 바울 사이의 연속성을 보여준다.

(a) **하나님의 가족인 교회**. 바울 서신에서 이 이미지가 분명하게 나타나는 경우는 두 번뿐이다(엡 2:19; 딤전 3:15; 참고. 고후 6:18). 이 이미지는 바울이 하나님을 아버지로, 신자들을 형제자매로, 그리고 사도 자신을 집안의 청지기로 일컫은 데서 자연스럽게 유래한 결과다. 바울은 이 이미지 자체는 상세하게 설명하지 않는다. 중요한 것은 **영**의 역할이다. **영**은 신자들이 하나님의 가족이 되게 하고 이 신자들이 하나님의 가족이 되었음을 증명해주는 증인이시다. 이 점을 가장 생생히 표현해주는 곳이 평행 본문인 갈라디아서 4:6과 로마서 8:14-17이다. 특히 로마서 본문에서 바울은 **영**을 실제로 "입양의 **영**"(개역개정: 양자의 **영**)으로 규정하는데, 이는 오로지 "신자들이 하나님의 자녀들로 입양되게 하시는 **영**"이라는 의미만을 가질 뿐이다. 그들이 하나님의 자녀가 되었다는 증거는 **영**이 그들을 자극하여 "**압바**, 아버지"라 부르짖게 하신다는 점에서 발견할 수 있다. **압바**라는 외침은 하나님과 그 자녀 사이의 친밀함을 나타낼 뿐 아니라, 특히 이 말이 하나님의 독생자인 분이 사용하신 언어임을 일러준다. 이제는 이 언어가 그 독생자와 "공동 상속인"이 된 이들에게 주어졌다. 바울 서신과 신약성경의 다른 부분은 "성도들"을 가리키는 말로 철두철미하게 ἀδελφοί("형제자매들")라는 말을 사용하는데, 이는 **영**이 이렇게 예수가 사용하신 언어로 하나님을 부르게 하신다는 사실에 근거하여 설명할 수 있다.

(b) **하나님의 성전인 교회**. 바울 서신에서는 이 말을 교회를 가리키는 이미지로 네 번 사용한다.[4) 이 이미지를 알아보려면, 제13장 말미에서 논한 내용을 보기 바란다. 성전이라는 이미지는 특히 **영**에 잘 들어맞는다. 이 이미지가 살아 계신 하나님이 지상에 머무시는 "거소"인 예루살렘 성소(ναός)에서 유래했기 때문이다. 새롭게 이루어진 하나님 백성 가운데 **영**이 계신다는 것은 모인 공동체 가운데 하나님이 당신의 거소를 잡으셨다는 것을 뜻한다.

---

4) 고전 3:16-17; 고후 6:16; 엡 2:19-22; 딤전 3:15-16을 보라.

고린도전서 3장의 용례는 **영**의 역할과 관련하여, 그리고 교회를 "함께 모인 하나님 백성"들로 지칭하는 이미지로서 특히 유익하다. 바울이 이 이미지를 실제로 처음 활용하는 곳은 9절이다["너희(고린도에 있는 교회)는 하나님의 건물이다"]. 그들의 기초(십자가에 못 박히신 그리스도)를 놓은 사람은 바울 사도였다. 그러나 바울이 그 서신을 보낼 때 그 기초 위에 세워진 상부 구조는 기초와 도통 맞지 않는 재료들(나무와 짚, 이는 고린도 사람들이 지금 지혜와 수사에 홀려 있음을 가리킨다)로 건축되어 있었다. 그들은 마땅히 오래갈 견고한 재료들(금과 은과 값비싼 돌＝십자가에 못 박히신 그분의 복음)로 지어야 했다. 이 이미지는 솔로몬 성전 건물로부터 가져온 것이었다(대상 29:2; 대하 3:6). 이어 16절에서 바울은 이런 수사 의문문을 던진다. "너희는 정녕 너희가 어떤 종류의 건물인지 알지 못하느냐? 너희는 고린도에 있는 하나님의 성전이란 말이다!" 그들은 모인 공동체로서 살아 계신 하나님의 한 성전이자, 하나님이 고린도에 제시하신 대안이었다. 그들을 대안으로 만들어준 것은 그들 가운데 **영**이 임재하셨다는 사실이었다.

그러나 고린도 사람들은 하나님의 성전을 부수고 있었다. 그들이 서로 벌이는 싸움 그리고 그들이 지혜에 홀려 있는 것은 곧 **영**을 그들 가운데서 몰아냄을 의미했기 때문이다. 그리하여 바울은 여기서 이렇게 하나님의 전을 무너뜨리는 일을 한 사람들은 하나님이 파괴해버리실 것이라고 가장 강력한 경고를 던진다. 이렇게 교회를 하나님의 성전으로, 그리하여 하나님이 고린도에 주신 대안으로 강조하는 시각은 고린도후서 6:16-7:1이 사용하는 동일한 이미지 뒤편에도 자리해 있다. 고린도 사람들은 고린도의 우상숭배에서 벗어나 그들 자신을 모든 더러움으로부터 정결케 해야 한다. 그들이 고린도에 있는 하나님의 성전, 곧 영원하신 하나님의 거소이기 때문이다. 물론 이것이 바울이 임재라는 모티프를 표현하는 궁극의 형태다.

(c) **그리스도의 몸인 교회.** 이 이미지는 바울 서신에서 몇 차례 등장한다.[5] 바울은 이 이미지를 사용하여 본질상 두 가지 점을, 곧 신앙 공동체는 통

일성과 **함께** 다양성을 가져야 한다는 점을 강조한다. 이 두 가지는 모두 "같은 한 **영**"이 이루시는 일이다(고전 12:11).

첫째, 이 몸이라는 이미지는 하나님 백성의 통일성을 전제하고 주장한다. 이런 통일성은 에베소서 4장이 분명하게 강조하는 점이다. 교회는 유대인과 이방인으로 이뤄져 있지만 한 몸을 이룬다(엡 2:16). 바울이 4:1에서 시작하여 끝까지 이어가는 긴박한 호소는 그들이 "**영**이 그들에게 주신 통일성을 지켜야 한다"라는 것이다(4:3). 바울은 이런 호소의 근거로 삼위 하나님을 제시한다. 바울은 4-6절에서 이를 표현하면서 우선 한 몸과 한 **영**을 가장 긴밀하게 결합한다. 더욱이 그가 25-31절에서 열거한 죄들은 모두 불화가 빚어낸 죄들이다. 그들이 죄에 굴복하는 것은 성령을, 곧 그들을 한 몸으로 만들어주시고 그 안에 계속 머무시면서 그 몸이 완전히 장성하도록 인도하려 하시는 분을 슬프게 하는 것이다. 그러므로 "늘 **영**으로 충만하여"(5:18) 올바른 예배(19-20절)와 올바른 관계들(5:21-6:9)을 확보해야 한다.

고린도전서 12:12-26도 마찬가지다. 바울은 앞서 10:16-17과 11:29에서도 주의 만찬에서 먹는 떡과 관련하여 이 이미지를 사용했는데, 그때는 그들이 통일성을 가져야 한다는 점에 초점을 맞추었다. 이 이미지는 12:12에서 다시 등장하는데, 여기서는 통일성과 다양성에 똑같은 비중을 둔다. 많은 논란의 대상이 되는 13절은 이 지점에서 적절한 역할을 한다. 바울은 동일한 적용 문구("이는 실로")로 시작하는 두 문장을 통해(13절과 14절) 먼저 그들 가운데 많은 사람이(유대인과 이방인, 종과 자유인을 불문하고) 공통으로 **영**을 풍성히 체험함으로써 한 몸을 이루었다고 주장한다(13절). 이

---

5) 고전 10:16-17; 11:29; 12:12-27; 롬 12:4-5; 골 1:18; 3:15; 엡 1:23; 2:16; 4:3-16; 5:23을 보라. 최근에 바울이 구사하는 이 이미지를 논한 글을 보려면, G. L. O. P. Yorke, *The Church as the Body of Christ in the Pauline Corpus*를 보라. 그가 내린 주된 결론은 옳다[하지만 이런 결론에 이르는 과정에서 행한 몇몇 주해는 약점이 있다(참고. Fee, *JBL* 112 [1993], 357-58)]. 바울은 신자들이 결합해 있는 "그리스도의 신비한 몸" 같은 것을 모른다. 오히려 바울이 이 이미지를 사용한 사례들은 모두 은유이며, 사람의 몸을 그 은유의 준거점으로 삼는다.

어 바울은 14절과 그 적용 부분인 15-20절에서 모두 다양성을 강조한다. 그런 다음 두 번째 적용 부분에서(21-26절) 그들 가운데 "분파"가 없어야 한다고 촉구한다. 이는 특히 이 서신 전체에서 언급했던 여러 분파들을 떠올리게 한다. **영**은 그들을 한 몸으로 만들어주셨다. 어쨌든 진정한 **영성**은 그 통일성을 견지할 것이다. 빌립보서에서도 마찬가지다. 당시 빌립보에서는 결국 분열로 이어질 수 있는 말다툼과 가식이 횡행하고 있었다. 이런 상황에서 바울은 특히 그들이 이교도 반대자들에 맞서 벌이는 싸움을 생각하면서 자기 독자들에게 "한 **영** 안에 굳게 서 있으라"(1:27)라고 당부한다. 이런 호소는 그들이(바울과 그들이) 함께 **영**에 참여했다는 사실에 근거한 것이다(2:1).

둘째, **영**은 또 교회가 반드시 가져야 할 건강한 다양성을 유지하게 해주신다. 이것이 고린도전서 12장에서 바울이 제시하는 주장의 기본 관심사다. 고린도 사람들은 완전히 계발된 영성의 증거로 오로지 방언만을 강조했지만, 이는 균형을 잃은 시각이었다. 이 때문에 우선 **신학 차원에서** 이들의 몇 가지 그릇된 점을 바로잡고(12장과 13장) 뒤이어 구체적 남용 사례를 바로잡는 일이 필요했다(14장). 그리하여 12장에 있는 문단들은 (21-26절을 제외하고) 모두 이 주제를(공동체가 세워져 가려면 다양성이 필요하다는 것을) 다룬다. 삼위이신 하나님이 몸소 이러한 통일성 안의 다양성을 모범으로 보여주신다[동시에 통일성 안에 다양성이 존재해야 하는 근거를 제공해주신다(4-6절)]. 특히 **영**은 그들 가운데 통일성 안에 다양성이 존재함을 증명해주시는데, 특별히 **영**이 자신의 임재를 나타내는 많은 것들을 "각 사람에게 나눠주심으로 모든 이에게 유익이 되게 하시는 것"이 그런 예다(7-11절). 한 몸은 오로지 한 지체만으로 이루어질 수 없다(14절). 한 몸이 한 지체만을 가진다면, 그것은 기괴한 괴물일 뿐이다(15-20절). **영**은 그들이 **한 몸**이 되게 하시는 분이지만, 동시에 그 몸에 필요한 **많은 지체들**이 제대로 기능하게 만들어주시는 근거이기도 하다.

에베소서가 제시한 몸이라는 이미지가 통일성에 관심을 보이면서도 무엇보다 교회 내부의 여러 **관계들**에 초점을 맞추었다는 점은 중요한 의미를 갖는다. 하지만 고린도전서 12장은 주로 **예배하러 모인 공동체**인 교회에 초점을 맞춘다. 3:16-17이 사용한 성전이라는 이미지도 마찬가지다. 이렇게 초점이 다른 연유는 각 공동체가 저지른 잘못들이 각기 달랐기 때문이다. 초기 신자들은 "교회"(예배당)라 불리는 건물들을 갖지 않았다. 그들은 "교회에 가지" 않았다. 그들이 교회**였으며**, 정한 시각에 교회**로서** 모였다(고전 11:18). 그들은 하나님의 성전이었고, 그들 안에는 하나님의 **영**이 들어와 사셨다. 그 결과, 그들은 능력이 넘치는 교제를 이루었다. **영의** 나타나심들은 물론이요(고전 12:7), 기적들(갈 3:5)과 예언들(살전 5:19-20; 고전 14:24-25)이 그런 교제를 증명해주는 증거였다(외부인들은 "분명 하나님이 **너희 가운데** 계신다"라고 외쳤다). 이렇게 바울은 모인 공동체를 강조한다. 이런 강조점은 그가 **은사들**(*charismata*)을 이해할 때, 특히 고린도전서 12-14장에서 말하는 은사들을 이해할 때 긴요한 배경이 된다. 그러나 그에 앞서 우리는 앞의 제12장에서 언급했던 문제, 곧 **영** 안에서 살아가는 삶이 지닌 윤리적 차원을 더 세밀하게 살펴봐야 한다.

성령과 그리스도인의 삶

바울은 **영**을 그리스도인의 삶을 시작하게 하는 분으로만 여기지 않는다. 그리스도인의 삶 전체가 **영과** 관련된 문제다. 하나님 나라에서는 비단 의(이 의에는 하나님과 올바른 관계에 서는 것은 물론이요 올바른 삶도 포함된다)뿐만 아니라, 화평과 희락도 **영이** 이뤄내시는 것이다(롬 14:17). 바울은 갈라디아서 3:3에서 (그들의 회심을 다루면서) 이런 수사 의문문을 던진다. "너희가 **영**으로 **시작**했다가 이제 육으로 **마치기를** 소망하느냐?" 그가 기대하는 대답은 "천만에요, 결코 그렇지 않습니다!"이다. 모름지기 사람은 시작과 끝이 같아야 한다. 우리에게 능력을 주시고 (그리스도가 이루신 구원을 — 옮긴이) 적용해주시는 **영**의 역사로 시작했으면, 역시 **영**의 역사로 마쳐야 한다. 따라서 **영**은 회심 그 자체에서도 중심 역할을 하지만, 윤리에 합당한 삶을 포함하여 계속되는 그리스도인의 삶 전체를 바라보는 바울의 이해에서도 중심 역할을 한다.

여기서도 바울은 다시 공동체에 힘껏 강조점을 찍는다. 바울의 관심사는 신자들이 사는 성읍에서 하나님의 백성으로 존재하는 지역 교회다. 그래서 바울이 제시하는 서술문과 명령문은 대부분 교회 전체를 염두에 두고 2인칭 복수형을 사용한다. 하지만 바울은 이런 서술문과 명령문을 표현할 때 그들이 개인 차원에서 체험하고 순종해야 할 일로 표현한다. 가령 한편으로 바울은 에베소서 5:18에서 늘 **영**으로 충만할 것을 명령하는데, 이를 그리스도인의 삶 전반과 관련지어 신자 개인에게 명령하지 않는다. 도리어 바울은 공동체라는 정황을 이야기하면서, 이 정황 속에서 신자들이 다양한 노래들로 **서로 가르쳐야 한다**고 명령한다. 다른 한편으로 이런 본문은 그 본질상 우선 신자 개인에게 적용되며, 만일 그 신자들로 이루어진 공동체가 **영**으로 충만해야 한다면, 이 신자들 역시 그런 권면에 따를 수밖에 없다. 여기서 논의하는 본문들도 대부분 마찬가지다. 제14장에서 언급했듯이, 이런 내용들은 거기서 다루는 내용에 포함시키려면 얼마든지 포함시킬 수 있는 것이었다. 하지만 나는 이런 내용을 여기서 다루는 쪽을 택했다. 비록 이런 것들이 개인 차원에서 따라야 하는 것들이라 할지라도, 바울이 초점을 맞추는 관심사는 신앙 공동체의 삶, 다시 말해 하나님 백성이 그리스도가 이미 심판하시고 역사 뒤편으로 사라져가는 이 세상 속에서 어떻게 살아가야 하는가라는 문제이기 때문이다.

바울이 말하는 윤리 문제는 몇 가지 차원을 가진다. 첫째, 토라를 대하는 바울의 태도와 관련하여 윤리가 어떤 역할을 하는가가 오랫동안 문제였다. 바울은 사람과 하나님의 관계는 "율법의 행위"에 근거하지 않는다고 주장했다. 그런 바울이 갑자기 태도를 바꾸어 그리스도인이 절대로 행해야 할 것과 행하지 말아야 할 것이 있다고 주장한다. 어떻게 이런 일이 있을 수 있는가? 둘째, **영**의 윤리에는 절대 규범이라는 문제가 있다. 이런 **영**의 윤리에서는 **영**이 신앙 공동체를 올바른 관계들과 행위로 인도하신다. 결국 우리는 우선 바울이 절대 규범을 권고하려 한다는 것을 발견한다. 이때 바울은 **영**의 임재를 근거로 제시하지만, 토라에 호소하지는 않는다. 그런가 하면 우리는 바울이 그가 본질이 아니라 여기는 것들에서는 거의 철저하게 융통성을 발휘하는 모습을 발견한다. 이런 윤리를 이해하는 실마리는 신자의(그리고 신앙 공동체의) 삶 속에서 **영**이 하는 역할과 관련하여 바울이 가진 이해다.

우리는 이미 제12장에서 **영**이 모호해 보일 수도 있는 바울의 토라에 대한 태도를 해명해주는 실마리라고 주장했다. 이는 바울의 윤리가 지닌 "문제"의 첫 번째 차원에 대한 대답이기도 하다. 우리는 토라 준수라는 영역에서는 바울과 구약 사이에 불연속성이 존재한다고 주장했다. 즉 그는 토라를 어떤 형태가 되었든 하나님의 백성을 규정하는 표지로 사용하는 것에 반대한다. 바울은 이 문제와 관련하여 단호한 태도를 보이며 이렇게 말한다. "할례나 무할례가 중요한 게 아니다. 중요한 것은 하나님의 계명들을 지키는가다"(고전 7:19). 그렇다면 이것은 할례가 아무런 의미를 갖지 못

---

6) 바울이 말하는 윤리 문제를 다룬 글을 보려면, V. P. Furnish, *Theology and Ethics in Paul*을 보라; 바울이 말하는 윤리 속에서 **영**이 하는 역할을 알아보려면, 특히 Käsemann, *Romans*, 324-25에 있는, 통찰력이 넘치는 두 문단을 보라. 아울러 이 책 제1부에서 살전 4:8; 살후 2:13; 고전 6:19-20; 갈 5:5-6, 13-15, 16-18, 19-23, 24-26; 6:1-3; 롬 6:1-8:39; 7:5-6, 14, 18; 8:1-2, 3-4, 5-8, 12-13; 12:1-2; 13:11-14; 14:16-18; 엡 4:3-4, 30을 논한 부분을 보라.

하는 이상, 이방인에게 이를 강요할 수는 없다는 것을 의미한다. 할례를 강요하는 것은 그것에 종교적 의미를 부여하는 일이 될 것이기 때문이다. 반면 유대인 부모들은 원한다면 그들의 아들들에게 계속 할례를 행해도 된다. 그러나 그들 역시 할례가 하나님 백성 가운데 들어가는 것과 아무 상관이 없다는 것을 이해해야 한다.

하지만 할례가 아무것도 아니라 할지라도, "하나님의 계명들을 지키는 것"은 그렇지 않다. 하나님의 계명들을 지키는 것은 중요한 일이다. 그렇다면 이것은 새로운 형태의 "의의 행위들(일들)"인가? 아니다. 이것은 다만 "의"가 선택이 아니라 필수라는 것을 바울 나름대로 말하는 방식일 뿐이다. 이제 우리는 이 의를 하나님 백성이 태도와 행위로 증명해 보이는 하나님의 성품과 관련지어 생각해야 한다. "의"가 선택이 아니라 필수인 이유는 종말의 **영**이라는 선물 때문이다. 이 **영**은 토라 준수를 폐물로 만드시는 동시에 "토라의 의로운 요구가 이루어질" 수 있게 해주셨다. 즉 **영**은 토라의 목표인 하나님 바로 그분의 의가 하나님 백성 속에서 나타나는 것을 이뤄주실 수 있지만, 정작 토라는 그런 토라의 목표를 이룰 수 없었다. 그러나 바울은 그가 **하나님 및 하나님의 성품과 관련 있다**고 인식한 문제들에서만 일부 도덕 행위들을 절대 규범으로 제시할 뿐이며, 그 밖에 다른 모든 것은 **본질이 아닌 것들**(adiaphora)로 여긴다. 이런 점에서 이런 모든 문제들을 대하는 바울의 태도를 가장 잘 발견할 수 있는 곳이 로마서 14:17이다. 이 구절은 실제와 대단히 밀접한 관련을 지닌 몇몇 윤리 문제들에 바울이 제시한 답변의 핵심부에 있는 신학 명제다. 토라를 준수하는 자와 준수하지 않는 자가 한 하나님 백성으로 살아감으로써 그들이 "함께 한목소리로 하나님 곧 우리 주 예수 그리스도의 아버지께 영광을 돌리는"(롬 15:6) 일이 어떻게 **이루어지는가**? 실제 차원에서는 토라를 준수하는 자들이 그렇지 않은 자들을 비방하지 말아야 하고, 토라를 준수하지 않는 자들이 준수하는 자들을 경멸하지 말아야 한다(14:1-6). 왜 그런가? "이는 하나님 나라가 먹는 것과 마시는 것과 아무 상관이 없고(이는 단지 본질이 아닌 것들일 뿐이다), 도리어 성령이 능력을 부어주시는 의와 희락과 화평과 관련 있기 때문이다." 먹는 것과 마시는 것은 중요하지 않다. 오로지 의와 희락과 화평만이 중요할 뿐이다.

이처럼 **영**은 바울의 윤리에서도 긴요한 역할을 한다. 첫째, 바울은 **"그리스도 안에 있는 구원"이 하나님 백성의 의를 포함하지 않는 경우는 없다**고 본다. 그들은 "의를 행함"으로 구원받은 게 아니다(실제로 바울이 보기에 그런 일은 생각조차 할 수 없는 일이다). 행위의 형태로 나타나는 의는 **영**이 부어주시는 능력의 산물이요, 다만 애초에 하나님 백성의 삶 속에 그리스도의 구원 사역을 적용하셨던 바로 그 **영**이 현실로 이뤄주신 구원의 결과물일 뿐이기 때문이다. 그러나 바로 그런 이유 때문에 윤리에 합당한 삶도 필요하다. "들어감"과 "계속 머묾"이 모두 **영**의 사역이기 때문이요, 바울이 이 둘을 서로 상관없는 별개로 나누어 보지 않기 때문이다. 둘째, **영**은 바울의 윤리에서 본질을 이룬다. **참된 그리스도인의 윤리는 오로지 영이 능력을 부어주심으로 말미암아 이루어지기 때문이다.** 토라 준수가 소용없는 이유도 그 때문이다. 토라 준수는 사람을 "종교성이 많은" 사람으로 만들어줄 수는 있어도 진정 "의로운" 사람으로 만들어주지는 못한다. 바울이 말하는 의는 신자들의 삶 속에서 하나님의 의가 재생산된다는 것을 의미하기 때문이다.

그리스도 안에서 이루어지는 종말론적 구원의 윤리가 새로워진 마음에서 출발하는 이유도 그 때문이다(롬 12:1-2; 참고. 골 1:9; 엡 1:17). 새로워진 마음을 가진 자만이 하나님의 뜻이 무엇인지 분별하여 하나님을 기쁘시게 해드릴 수 있기 때문이다. **영**이 새롭게 해주신 마음은 사람들에게 사랑이 모든 것을 지배하는 법이 되어야 한다는 것을 이해시켜준다. 뿐만 아니라, 그렇게 새롭게 된 마음을 가질 때에 비로소 어떤 사랑이 가장 좋은 사랑인지 분별할 수 있다. 말해야 할 때가 있는가 하면, 침묵해야 할 때가 있다. 또 다른 사람의 짐을 져주어야 할 때가 있는가 하면, 그 사람이 자라갈 수 있게끔 그 짐을 져주는 일을 삼가야 할 때가 있다. 오로지 **영**에 의

지할 때에만 하나님을 기쁘시게 하는 것이 무엇인지 알 수 있다.

이 점과 관련하여 골로새서와 에베소서 본문들이 특히 중요한 의미를 가진다. 골로새에 나타났던 "이단"의 구체적 본질과 형태는 비밀에 싸여 있어서 우리가 잘 알 수 없다. 그러나 그 이단이 다음 두 가지 요소를 가졌다는 점만은 의심할 여지가 없다. (1) 그들은 뭔가 분별이 없고 성급한 것(지혜, 소위 철학, 기타 등등)에 호소했는데, 이는 필시 "환상들"을 근거로 삼았던 것 같다. 그리고 (2) 그들은 어떤 금욕주의적 이상에 근접한 "종교적 의미"를 고집했다("접촉하지 말라, 맛보지 말라, 손을 대지 말라"). 이 서신 서두에서 바울이 제시한 답변은(1:9-11) 골로새 신자들이 **영의 지혜와 통찰을 통해 하나님의 뜻을 아는 지식으로 충만해짐**"으로써 그들이 주를 기쁘시게 할 길로 주께 합당하게 행할 수 있기를(참고. 롬 12:1-2) 기도하는 것이다. 결국 바울은 그리스도인들에게 그들이 따를 "규칙들"을 주는 대신 **영**을 준다. 그리스도인들은 **영**이 주시는 지혜와 통찰을 통해 "규칙들"에 마침표를 찍고 **영**으로 "새롭게 되어 창조주의 모양을 닮아가는"(3:10) 사람들의 삶을 살아가도록 해야 한다. 바울은 이어 이 창조주의 성품을 그가 갈라디아서 5:22-23에서 **영**의 열매로 제시한 것을 연상시키는 언어로 천명한다(12절). 이것은 새로운 형태의 "계시"다. 이 계시는 "환상들" 안에 있지 않다. 또 "지혜의 모양"을 가진 것, 곧 "사람이 그리스도인으로 살아갈 때 지켜야 하는 규칙들"이라는 형태를 띠지도 않는다(2:23). 오히려 그 계시는 **영** 안에 있다. **영**은 윤리에 합당한 삶이 하나님의 성품을 반영한 것이라는 점을 계시해주신다.

그래서 결국 바울은 윤리를 순전히 **신학** 문제로 본다. 모든 것은 하나님, 그리고 하나님이 그리스도와 **영** 안에서 행하신 일과 연관되어 있다. 그러므로 이렇게 말할 수 있다. (1) 그리스도인의 윤리의 **목적**(또는 기초)은 하나님의 영광이다(고전 10:31). (2) 이런 윤리의 **모범**은 그리스도시다(고전 4:16-17; 11:1; 엡 4:20). (3) 이런 윤리의 **원리**는 사랑이다. 오직 사랑만이 하나님의 성품을 되비쳐주기 때문이다.[7] (4) 이런 윤리의 **능력**(원동력)은 **영**

이시다. 그러기에 **영**의 역할이 긴요하다. 하나님의 **영**이 곧 **그리스도의 영**이시다. 또 바울이 **영**의 열매로 처음 언급한 것이 사랑이다. 따라서 **영**은 신자가 윤리에 합당한 행위를 할 능력을 부어주실 뿐 아니라, 신자 안에 들어와 사심으로써 그런 행위의 모범과 원리를 다시 만들어내신다. 이런 문제들과 관련하여 몇 가지 관찰 결과들을 더 살펴볼 필요가 있다.

(a) **영 안에서/영으로 행함.**[8] **영**의 중심 역할을 가장 분명하게 천명한 본문이 갈라디아서 5:13-6:10이다. 여기서 바울은 πνεύματι(“**영** 안에서/**영**으로”)라는 문구가 수식하는 동사들을 잇달아 사용하여 갈라디아 사람들에게 그들을 회심케 하신 바로 그 **영**으로 “마치라”라고 당부한다(3:3). 바울은 그들에게 “**영** 안에서 행하라”라고 명령하면서, **영** 안에서 행하는 사람들은 “육의 욕망을 이루지 아니하리라”라고 약속한다(16절). 이런 사람들은 “**영**의 인도를 받고”, “**영**의 열매”를 통해 그 사실을 증명하며(22-23절), 토라 아래 있지 않다(18, 23절). 그들은 “**영**으로 살아간다”(=생명을 주시는 **영**이 생명으로 인도해주셨다). 그래서 그들은 역시 “**영**을 따라 행할” 수밖에 없다(25절). 마지막으로 오직 이런 식으로 “**영**을 위하여 씨를 뿌리는” 삶들만이 역시 **영**이 주시는 “**영생**을 거둘 것이다”(6:8).

이 본문으로 보아 두 가지 사실을 분명하게 알 수 있다. **영**이 윤리에 합당한 삶을 살게 하는 핵심 동인이라는 것이 그 하나요, 바울이 **영**의 사람들에게 변화된 행위를 보이기를 기대했다는 것이 다른 하나다. “**영**으로 행하라”라는 첫 번째 명령문은 바울의 윤리에서 기본이 되는 명령문이다. 유대교에서는 이 “행하다”(히브리어로 הלך이다. WGH, 180-182을 보라 — 옮긴이)라는 동사를 한 인간의 삶의 방식 전체를 가리키는 말로 널리 사용했다. 바울은 윤리에 합당한 행위를 가리키는 은유로 이 은유를 가장 많이 활용했다(모두 17회 등장한다). 다른 모든 명령문도 이 명령문에서 나온 것이

---

7) 이를 이야기하는 본문들이 많다: 갈 5:13-14; 고전 8:2-3; 13:4-7; 롬 13:8-10; 골 3:14; 엡 5:2, 25.
8) 갈 5:13-6:10; 고후 12:18; 골 1:9-11; 엡 4:1-3을 논한 부분을 보라.

다. 이런 행함이 취하는 첫 번째 형태는 "사랑 안에서 행하라"다(엡 5:2; 참고. 갈 5:6). 이 때문에 바울은 "**영**의 열매"로 사랑을 가장 먼저 언급한다(갈 5:22; 참고. 5:14; 롬 13:8-10).

그러나 바울은 윤리를 단순히 어떤 이상(理想)으로, 여전히 "육을 좇는" 사람들과 달리 진정 "영을 좇는"(spiritual) 사람들만이 실현할 수 있는 것으로 생각하지 않는다. **영**이 바로 이런 새로운 삶을 살아갈 능력을 부어주시기 때문에 바울은 태도와 행위에 적절한 변화가 없이 "의롭다 하심을 받은 죄인들"이 있을 수 있다는 견해를 결코 용납하지 않는다(참고. 고린도전서; 갈 5-6장; 롬 6, 12장; 골 3장; 빌 2-4장). **영** 안에서 살아가고 **영**으로 행하는 사람들이 무력함을 호소한다면, 바울은 이를 이해하지 못했을 것이다. 바울은 윤리적 "완벽주의"라는 것도 몰랐지만, 인간의 마음속에서 벌어지는 내면의 투쟁, 다시 말해 늘 "육"이 더 큰 힘을 지닌 것으로 드러나는 투쟁도 알지 못한다. 바울이 갈라디아서 5:13-6:10에서 제시하는 주장의 요점은 우리가 여전히 육의 시각이 지배력을 가진 이 세상에서 끊임없이 **영**의 사람들로 살아갈 때는 **영**으로 충분하다는 사실과 철저히 관련 있다. 갈라디아서 5:16이 제시하는 명령문의 강조점은 **약속**이다("**영**으로 행하라, 그러면 너희가 육의 욕망을 이루지 아니하리라").

하지만 그렇다고 이것이 승리주의는 아니다. 갈라디아서 5:16을 주해할 때 언급했듯이, 바울이 중요하게 여긴 것은 신자들(3:2, 4)과 공동체의 삶(3:5) 속에서 **역동성 있게 체험한 실재인 영**이었다. 이 문제와 관련하여 바울은 높은 기대치를 갖고 있었다. 바울과 바울이 섬긴 교회들에게 **영**은 단지 믿음의 대상이 아니라, 말 그대로 만질 수 있고 눈으로 볼 수 있는 방식으로 체험한 존재였기 때문이다. 설령 우리의 **영** 체험 수준이 바울보다 더 낮다 할지라도, 우리는 바울을 우리 이미지에 맞게 다시 만들어냄으로써 실제 존재하지도 않았던 바울(**영**에 관한 한, 성경이 증언하는 바울보다 더 낮은 수준의 바울 – 옮긴이)을 보며 위안을 찾으려는 유혹을 물리쳐야 한다. 바울이 제시한 답변은 "**영** 안에서/**영**으로 행하라"였다. 또 바울은 이미 **영**의 "일들을 아주 많이 체험한" 사람들은 그렇게 행할 수 있다고 생각했다. 바울은 **영**으로 행하는 **방법**이 무엇인지 우리에게 일러주지 않는다. 그이유는 바울이 **영** 안에서 살아가는 역동적 삶을 당연히 전제하기 때문이다.

(b) **거룩한 영**.[9] 바울은 늘 "거룩하게 됨"(성화, sanctification)이라는 말을 사용하여 그리스도인의 회심을 나타낸다(앞의 제14장을 보라). 하지만 이런 은유는 그가 회심자들이 저지르는 부적절한 행위들(죄들)에 관심을 가지는 곳에서 등장하는 경향이 있다.[10] 예를 들어 바울은 데살로니가전서 4:3-8에서 이전에 이교도였던 한 무리를 상대로 부도덕한 성생활을 문제 삼는다. 그들은 올바른 궤도에서 벗어난 성생활도 도덕상 하자가 **없는** 것으로 여겼다. 바울은 이 주장을 "이것이 너희를 향한 하나님의 뜻이니, 곧 거룩하게 됨이라"(3절)라는 말로 시작한다. 그리고 이 문제와 관련하여 자신이 제시한 가르침을 거부한 자는 단순히 사람이 말한 것을 거부한 게 아니라, "너희에게 그의 **성령**을 **주시는**(현재 시제다) 하나님 바로 그분을 거부하는 것"이라는 말로 그 주장을 끝맺는다. 이는 바울이 데살로니가후서 2:13에서 그들에게 그들이 회심한 일을 되새겨줄 때 이 은유를 사용한 연유는 물론이요, 고린도전서에서도 이 은유를 거듭 강조하는(고전 1:2, 30; 6:11을 보라) 연유를 설명해준다.

여기서 우리는 초기 교회가 **영**을 구약에서는 거의 등장하지 않는 명칭인[11] 성령으로 일컬은 것이 얼마나 중요한 의미를 지닌 일인지 적어도

---

9) 살전 4:8; 살후 1:11; 2:13; 고전 6:11; 롬 15:16; 엡 4:30과 같은 다양한 본문들을 논한 부분을 보라.

10) 롬 15:16의 경우처럼 바울이 새 언약과 옛 언약이라는 말을 써서 언어유희를 구사하는 경우들은 예외다. 거기서 바울이 강조하는 점은 이전에는 "부정했던" 이방인들이 이제는 **영**으로 말미암아 "거룩하게 된" 것과 관련 있다. 이로 말미암아 이제 그들은 특히 할례나 음식 규례 같은 것을 거부함으로써 의식을 통해 "정결"해지지 않았다는 이유로 유대계 그리스도인들로부터 판단을 받지 않아도 된다.

11) 성령이라는 명칭은 단 두 곳에서 등장하는데, 다윗이 자신이 지은 죄를 놓고 슬퍼하는 대목(시 51:11)과 이사야가 이스라엘의 반역을 되새기는 대목이다(사 63:10). 이 두 본문만으로도 충분히 흥미로운 사례들이다.

일부나마 간파하게 된다. 초기 신자들은 그들 자신을 하나님께 바쳐진 이들로 이해했다. 그러나 이것은 구약이 "거룩히 구별함"이라는 말을 사용했을 때처럼 어떤 의식을 통해 거룩히 구별된 이들이라는 의미가 아니라, 이 세상에서 하나님의 "거룩한" **백성**으로 살아가도록 하나님이 따로 떼어놓으신 이들이라는 의미였다.[12] 데살로니가전서 4:3-8이 강조하는 취지도 그런 것이었다.

바울은 "거룩함", 곧 **성령**으로 행함이라는 말이 두 차원을 가진다고 보았다. 우선 이 말은 어떤 죄들을 (절대) 멀리한다는 의미였다. 그리스도인들은 그리스도 안에서 죄(육)와 율법에 대하여 죽었다. 그러므로 그들은 이제 "**영**의 새로움 안에서" 하나님을 섬겨야 한다(롬 7:6). 그들은 갈라디아서 5:19-21이 "육의 일들"로 묘사한 이전의 삶의 방식을 죽여야 한다(롬 6:1-18; 8:12-13; 골 3:5-11). 우리가 제12장에서 **영**/육을 대비하며 논할 때 언급했듯이, "육"은 무엇보다 인간론 용어가 아니라 종말론 용어로서 그리**스도를 알기 이전의** 삶, 그리스도 **밖에 있는** 삶을 가리키는 말이다. 하나님의 새 백성에게는 이런 삶이 더 이상 선택 사항이 아니다. 그들은 하나님의 **영**이 그들 안에 들어와 사심으로 하나님의 새 백성이 된 자들이기 때문이다. 따라서 바울은 육의 일들을 "죽이는 것"을 **영**이 우리에게 능력을 부어주시는 사역으로 이해한다(롬 8:12-13).

반면 "거룩함"은 (특히) **성령**(**거룩한 영**)이 신자들 **안에** 들어와 사시면서 그들 안에서/가운데서, 특히 그들의 공동체 관계 속에서 그리스도의 생명을 재생산해내심을 의미하는 말이기도 하다. 이와 달리 행하는 것은 그들 가운데 임재하사 그들에게 통일성을 주시고 서로 자라가게 하신 "하나님의 성령을 슬프게 하는" 것이다(엡 4:30). 바울이 하나님의 백성을 가리키는 말로 οἱ ἅγιοι("성도들"=하나님의 **거룩한** 백성)를 가장 많이 사용하는 것도 바로 그런 이유에서다. 그들은 서로 맺은 관계들 속에서 불신자들과 다

---

12) 참고. Wainwright, *Trinity*, 22-23.

른 삶을 산다. 또 어쨌든 그들은 **영**의 사람들이기에 그렇게 살아갈 능력을 받는다.

■ 성령의 열매

바울은 갈라디아서 5:22-23에서 윤리에 합당한 그리스도인의 삶을 "육"의 **일들**과 대조하여 **영**의 **열매**로 분명하게 제시한다. 그러나 이런 열매를 신자의 수동성을 표현한 것으로 이해해서는 안 된다. 실제로 다른 곳에서 볼 수 있는 바울의 윤리는 명령이라는 본질을 띠고 있는데, 이는 그가 말하는 윤리가 수동적 행위가 아니라 오히려 그 반대라는 인상을 남긴다. 바울은 신자들에게 능동적 순종을 요구한다. 그러나 그때에도 기적이라는 요소를 무시해서는 안 된다. 바울이 말하는 회심에는 "믿음의 들음"과 **영**을 받음이 있다. 마찬가지로 바울의 윤리에도 **영**의 **인도를 받아 영** 안에서 **행함**이 있다. 신자들이 **영**의 도우심을 받아 계속 행할 때, **영**은 열매를 만들어내신다.

　"열매"의 본질은 신자 안에서 그리스도의 생명을 재생산해내는 것이다. 이를 몇 가지 증거들이 확증해준다. (1) **영**은 사실 **그리스도의 영**이시다. 이는 특히 윤리에 합당한 신자의 삶을 그리스도 안에서 살아가는 삶이라는 틀 속에 배치해놓은 주장의 중간 부분에서 등장하는 로마서 8:9-11이 강조하는 점이다. (2) 그 열매를 묘사하려고 쓴 많은 말들은 다른 곳에서는 그리스도에게 사용하는 말이다. (3) 바울은 다른 곳에서 윤리에 합당한 행위를 "그리스도를 배움"과 관련지어 이해한다(엡 4:20).

　영의 열매로 열거하는 것들의 본질과 의미를 살펴보려면, 제1부에서 논한 내용을 보기 바란다. 여기서는 갈라디아서 5:22-23이 열거하는 "열매"와 관련하여 네 가지 관찰 결과를 다시 되새겨볼 필요가 있다. 첫째, 이 목록은 모든 것을 망라해놓은 목록이 아니라, 단지 대표적인 것들만을 열거해놓은 것이다. 악들을 열거해놓은 19-21절의 목록도 마찬가지다. 바울은 이 두 목록을 "이런 것들"(τὰ τοιαῦτα)이라는 말로 끝맺는데, 이는 이 악들 및 미덕들과 유사한 것들을 모두 가리키는 말이다. 고린도전서 13:4-7이 사랑을 묘사해놓은 내용과 고린도전서 12:8-10이 제시하는 χαρίσματα(은사들)를 포함하여 이런 목록들은 모두 그때그때 사정에 맞춰 만들어낸 것으로서 그들이 처한 정황에 맞게 만들어낸 것이다. 이것은 **영**의 열매를 완전히 다 논하려면, 가령 골로새서 3:12-13이 더 언급하는 항목들(긍휼, 겸손, 용서)은 물론이요 로마서 12:9-21이 제시하는 구체적 적용 사례들까지 망라하여 다루어야 함을 의미한다. 동시에 이것은 비록 바울이 늘 넓은 범위를 망라하여 자신의 독자들이 그들이 저지른 특정한 죄들도 악이라는 넓은 범주에 비추어 파악하도록 도와주긴 하지만, 그래도 갈라디아서 5:19-23이 제시하는 구체적 악과 "열매"는 대부분 "서로 물어뜯고 집어삼키는"(5:15) 그들의 상황에 맞게 특별히 재단한 것들임을 의미한다. 이것은 "육의 일"로서 **영**으로 행하는 이들은 "이루지" 못할 것들이다. **영**의 열매는 육의 일과 정반대 태도 및 행위를 제공한다.

둘째, 이 "열매"는 폭넓은 범위에 걸쳐 있어서, 모든 태도와 미덕과 행위를 망라한다. "열매"는 신앙 공동체에서 이루어지는 희락과 화평 체험들, 온유함과 오래 참음과 절제 같은 태도들, 사랑과 친절과 양선 같은 행위들, 그리고 이런 체험 및 태도와 어울리는 온갖 행위를 포함한다.

셋째, 이 **영**의 열매 목록에는 그리스도인의 행위를 신앙적 행위 규칙들로 "규율"하려는 어떤 시도도 들어 있지 않다. 진정한 그리스도인의 윤리는 **영** 안에서 행하고 살아감이 만들어내는 것이기 때문에, 거기에는 **율법**이란 게 있을 수 없다(5:23). 진정한 그리스도인의 행위는 행위 규칙으로 "규율"할 수가 없다. 그러나 같은 이유에서 다른 어떤 형태의 토라도 허용되지 않는다. 특히 음식이나 절기 준수나 신앙 관습을 규율하는 토라, 혹은 우리 문화를 놓고 볼 때 의복이나 오락이나 여가 등등과 같은 문제들을 규제하려고 시도하는 토라 같은 것은 허용될 수 없다. 이런 것들은 지혜 있는 모양은 가질지 모르나, 결국 아무런 가치가 없다. 그것들은 단지 "인간의 계명들"이기 때문이다(골 2:20-23). 이런 종류의 "규칙들과 규례들"은 **영** 안에서 살아가는 삶과 정반대쪽에 있는 것들이다. 때문에 바울은 이런 일들과 관련하여 어떤 사람이 다른 사람을 판단하고 이런 판단을 앞세워 (마치 하나님이 진정 관심을 갖고 계신 것은 그런 "규칙"인 것처럼 주장하며) 다른 사람이 **영**의 윤리가 아니라 이런 "규칙"을 따르도록 강제하려고 할 때마다 늘 그런 구속들을 인정하지 않는다. 요컨대 규칙은 **영**이 부어주시는 능력이 없어도 쉽게 규율하고 쉽게 시행할 수 있는 것이다. 반면 그런 "규례들"은 사람과 하나님의 관계에서는 절대 아무런 가치가 없다. 그래서 사람들은 원하기만 하면 (그들의 "신앙 관습"을 "**영**의 열매"로 여기지 않는 한, 또 모든 사람들이 "반드시 따라야 할 사항"으로 여기지 않는 한) 그런 규례들을 시행할 수도 있다. 그러나 바울은 그런 것을 저주받을 일(anathema)로 여긴다.

넷째, 이 논의를 다시 원점으로 돌려보면, **영**의 열매 그리고 바울의 윤리를 구체적으로 밝혀주는 다양한 명령문들은 신자 개인이 아니라 우선 신앙 공동체에 해당하는 내용임을 특히 주목해야 한다. 따라서 으뜸가는 명령인 "**영**으로 행하라"는 신자 개인의 삶과 관련하여 각 개인에게 내린 명령이 아니라 그리스도인 공동체에게 내린 명령이다. 이 공동체 안에서는 지금 일부 사람들이 서로 "물어뜯고 집어삼키면서" 자신들이 그리스도 안에서 누리는 자유를 육을 위한 기회로 활용하고 있다. 따라서 이 본문의 육/**영** 대조는 사람이 자기 내면을 성찰하는 양심과 아무 상관이 없고, 도리어 신자들이 이 타락한 세상에서 하나님의 백성으로 함께 살아가는 법을 배울 때에 신앙 공동체 안에서 나타나는 "사랑과 희락과 화평과 오래 참음과 자비와 양선과 온유"와 철저히 관련 있다. 물론 이런 다양한 태도들과 행위들은 개인 차원에서도 행해야 할 것들이다(**영**으로 행할 의무는 모든 이에게 예외 없이 적용된다). 그렇다 해도 이런 것들은 개인 윤리이기 전에 우선 신앙 공동체의 윤리다.

골로새서 3:16과 에베소서 5:19은 "그리스도의 말씀"과 관련하여 서로 가르치고 권면하는 형태들 가운데 하나로 시와 찬송과 **영**의 노래들을 든다. 이것은 윤리와 예배 사이에 때로 사람들이 이야기하는 것보다 훨씬 더 긴밀한 관계가 있음을 시사한다. 어쨌든 바울은 윤리와 마찬가지로 예배에서도 **영**이 주도적 역할을 한다고 이해했다.

성령과 예배

바울 서신은 본질상 그때그때 상황에 맞춰 써 보낸 서신들이기 때문에, 초기 교회의 예배 모습을 체계 있게 제시하는 내용이 들어 있지 않다. 우리가 바울 서신에서 알 수 있는 내용은 단지 발생한 문제들에 대응하여 바울이 제시한 답변들이기에 단편적이다. 하지만 바울은 신자가 모인 교회를 무엇보다 예배하는 공동체로 본다. 또 초기 교회의 예배를 파악할 수 있는 실마리는 성령의 임재다. 그리하여 바울은 빌립보서 3:3에서 (할례를 통해) "육을 상하게 하는 자들"을 강하게 공격하면서 우선 "하나님의 **영**으로 섬기는/예배하는 우리가 바로 할례파"라고 강조한다. 그들이 하는 예배는 육으로 행하는 종교 의식이지만, **우리**가 행하는 예배는 **영**으로 하는 것이다.

바울은 **영**이 예배를 주도하신다고 본다(특히 고전 14:6, 24, 26을 보라). 뿐만 아니라, 바울은 신자들이 이런 식으로 모여 있을 때 그 자신이 **영**/영으로, 또 "주 예수의 능력"으로 말미암아, 그들 가운데 함께 있는 것으로 이해했다(이는 필시 그가 쓴 서신이 낭독될 때 그가 그들 가운데서 예언하는 소리로 함께한 것을 가리키는 말일 것이다; 고전 5:3-5; 골 2:5). 따라서 비록 바울이 주의 만찬에 **영**이 임재하심을 직접적으로 시사하지는 않지만(고전 10:16-17; 11:17-34), 그래도 우리는 바울이 만찬의 떡을 그리스도의 몸인 교회를 상징하는 것으로 이해했으리라고 추정할 수 있다(10:16-17; 11:29). 그리스도의 몸인 교회는 **영**이 만들어내시는 것이요, 이런 방향으로 인도하는 분도 **영**이시다. 실제로 바울은 주의 만찬에 **영**이 임재하심을 **영**이 "실제로 그들과 함께 있는 것"으로 이해했다고 봐도 아주 그른 말은 아닐 것이다. 고린도전서 10:3-4은 이스라엘이 "**영**의 음식"과 "**영**의 음료"를 가졌다는 유비를 사용하는데, 이 유비는 적어도 그런 추정을 가능케 한다. 어쨌든 바울은 **영**을 그리스도인의 예배를 표현하는 다른 모든 형태들을 주도하시는 분으로 분명하게 언급한다.

■ 예배의 본질

다음 항목에서 논의할 **은사들** 가운데 몇몇은 신자들이 함께 모여 예배하는 정황에 속한 것들이다. 공동체를 향해 하는 말과 관련된 은사들이 특히 그렇다. 바울이 고린도전서 14장에서 바로잡는 것들은 이를 분명하게 일러준다. 이런 은사들 중에는 예언과 가르침과 지식과 계시가 포함된다(6절). 물론 이들 가운데 몇몇은 결국 신자 상호간의 관계에 속한 것으로 정의할 수 있다.

우리가 **활용할 수 있는** 모든 증거들[13]에서 가장 두드러지게 나타나는 사실은 바울계 교회들이 행하는 예배가 본질상 자유롭고 동시에 터뜨리는 말들이 존재하는 예배라는 점이다. 이런 예배를 조화롭게 인도하신 이는 분명 **영** 바로 그분이셨다. 바울은 예배를 다양한 방식으로 그리고 모든 이가 참여할 수 있는 것으로 표현한다(고전 14:26). 바울은 예배 인도자가 있었다는 암시를 일체 하지 않는다. 그러나 그런 인도자를 언급하는 말이

---

13) 내가 "활용할 수 있는 증거"라는 요소를 강조하는 이유는 우리에게 온 것들이 대부분 잘못을 바로잡는 형태를 띠기 때문이다. 우리는 바울계 교회들이 행한 예배의 본질을 광범위하게 모든 것을 망라하여 이야기할 수 있을 정도로 충분한 정보를 알지 못한다.

없다 하여 그런 인도자가 있었을 가능성을 배제해서는 안 된다. 하지만 혼란은 용납되지 않았다. 그들이 예배하는 하나님은 화평의 하나님이시다 (33절). 그들이 행하는 예배 방식과 내용은 하나님의 성품을 그대로 나타내는 것이 되어야 했기 때문에 무질서는 존재할 수 없었다. 모든 사람이 예배에 참여할 수 있었지만(23, 24, 26, 31절), 그래도 참여자들이 따라야 하는 일정한 지침이 있었다. **영**에 감동되어 말하는 자들은 한 번에 두세 사람만이 말할 수 있었다. 또 그들이 말한 뒤에는 반드시 해석과 분별이 따라야 했다. 또 그들은 서로 존중해야 했다. 말하는 자들은 다른 사람들에게 양보해야 했다. "예언하는 자의 **영**/영은 그 예언하는 자에게 복종하기" 때문이다(32절). 따라서 자발성(spontaneity, 자연 발생)이 곧 무질서를 의미하지는 않았다. 도리어 그것은 "화평"을 의미했고, "점잖은 품위와 질서"를 의미했다(이것 역시 **영**이 하시는 일이었다).

만일 우리가 고린도전서 11:4-5을 해석한 내용이 옳다면, 그 본문이 말하는 "기도와 예언"은 한정하는 말이 아니라 대표하는 것들을, 그러니까 이 경우에는 그리스도인의 예배에서 이루어지는 두 가지 기본 행위들을 적시해놓은 말일 뿐이다. 이 두 가지는 사람들이 모여 행하는 예배가 우선 초점을 맞추는 두 가지, 곧 하나님과 신앙 공동체를 가리킨다. 즉 기도(그리고 노래와 방언, 고전 14:2, 15을 보라)는 하나님을 향한 것이다. 아울러 예언은 많은 형태의 말(특히 **영**에 감동되어 하는 말)을 대표하는 것으로서 하나님의 백성을 세워줄 목적으로 그들에게 하는 말이거나(고전 14:3, 16) 외부인들을 회심시킬 목적으로 그들에게 하는 말이다(14:24-25).

참여와 관련하여 주목해야 할 것은 분명 남자들과 여자들이 동등하게 기도와 예언에 참여했다는 사실이다(고전 11:4-5). 모세의 외침("나는 여호와의 모든 백성이 예언하는 자가 되기를 원하고 여호와가 당신의 **영**을 그들 위에 두시기를 원하노라", 민 11:29)이 그리스도인 공동체 안에서 이루어졌다. 이는 고린도전서 14:23과 온전히 일치한다. 이 구절에서 바울은 다소 지나가는 말투로 "모든 사람이 예언하기를 원한다"라고 말한다. 따라서 바울이 고린도전서 11:5-6에서 문제 삼은 것은 여자들이 교회 안에서 기도하고 예언했다는 **사실**이 아니라, 그들이 남자와 비슷한 차림새를 하고 그런 일을 했다는 **사실**이었다. 바울은 이런 사실을 부끄러움의 표현으로 본다. 바울계 교회에서는 여자들이 예배에 온전히 참여할 수 있었다. **영**에 감동되어 하는 말 가운데 사람들이 더 선호하던 예언도 얼마든지 참여할 수 있었다. 이는 바울의 배경인 유대교 규범을 훨씬 뛰어넘는 일이요, 비록 그 수는 많지 않아도 신약성경의 나머지 부분이 제시하는 증거와 완전히 일치한다. 성령은 예배 공동체에서 이루어지는 사역과 관련하여 분명 남녀를 차별하지 않고 이들에게 똑같이 감동을 허락하셨다. 그리스도 예수 안에서는 그런 차별이 무의미하고 종말에 새로이 이루어진 하나님 나라에서는 그런 차별이 더 이상 아무런 종교적 가치를 갖지 못하기 때문이다(갈 3:28).

우리는 앞서 제14장에서 그런 "기도"를 언급했다. 또 "예언"은 뒤에 가서 더 상세히 살펴보려 한다. 그래서 여기서는 바울계 교회에서 노래가 차지했던 위치를 살펴보려 한다. 기도와 마찬가지로 노래도 **영**의 특별한 영역이 되었다(고전 14:14-15, 26; 골 3:16; 엡 5:19). 골로새서와 에베소서가 제시하는 증거는 일부 노래가 사람들이 함께 모인 자리에서 불렸다는 것을 일러준다. 아울러 이런 본문들의 언어는 찬송을 하나님을 찬미하는 목적으로도 불렀지만, 신자들이 모인 자리에서 가르치는 수단으로도 활용했음을 일러준다. 더욱이 고린도전서 14:15은 물론이요 다른 두 본문을 보면, 일부 노래는 "일종의 은사적 찬송"(a kind of charismatic hymnody)[14]으로 부르는 것이 가장 적절할 것 같다. 회중은 이런 찬송으로 동시에 하나님을 찬미했다. 하지만 어떤 것들은 미리 알려지거나 영감이 주어졌을 수도 있다. 고린도전서 14:15, 26은 이런 노래들 가운데 일부는 적어도 "독창곡"이었음을 일러준다.

---

14) 이것은 Dunn, *Jesus*, 238이 구사하는 언어다.

χαρίσματα와 성령[15]

이미 언급했듯이, 공동체가 행하는 예배에는 바울이 χαρίσματα, πνευματικά, 또는 "**영**의 나타나심들(manifestations)"로 다양하게 부르는 특이한 몇몇 현상들이 포함되어 있었다. 이런 현상들은 특히 공동체 안에서 **영**이 행하시는 활동이다. 하지만 이곳은 학자들 가운데서 그리고 교회 안에서 아주 다양한 이해가 존재하는 곳이기도 하다. 이렇게 다양한 이해가 존재하는 주된 이유는 대다수 사람들이 기본적으로 바울이 χαρίσματα를 언급하는 여러 곳에서 가르침을 제시하려 한다고 추정하기 때문이다. 그러나 우리가 실제로 발견하는 것은 그때그때 상황에 맞춰 잘못을 바로잡는 말들이지, 체계가 있거나 모든 것을 망라한 가르침이 아니다. 바울이 사용하는 언어도 난제 중 하나다. 이 문제를 살펴보려는 독자들은 이 책 제2장을 읽어보기 바란다. 여기서 우리가 관심을 갖는 것은 활용 가능한 증거를 모두 활용하여 우리가 할 수 있는 최선을 다해 그 현상을 서술해보는 것이다.

▪ 은사들의 숫자와 다양성

고린도전서 12-14장이 제시하는 여러 목록들과 관련하여 몇 가지 이야기해두어야 할 것이 있다. 첫째, 이 목록들 가운데 어느 것도 모든 것을 망라하여 제시하려 하지 않는다. 바울이 이 목록들을 통해 마치 "**영**의 은사"라 부르는 것이 정당할 만한 모든 것을 제시한다고 생각하면 잘못이다. 이

---

15) 이 책 제2장에서 χάρισμα(τα)를 논한 내용을 보라; 또 고전 1:4-7; 12:1-14:40; 고후 8:8; 11:6; 롬 12:3-8; 엡 4:7-16; 딤전 4:14; 딤후 1:6-7을 논한 내용을 보라. 아울러 바울 서신이 이 말을 사용한 다른 모든 사례들을 주석한 내용을 보라(고전 7:7; 고후 1:11; 롬 1:11; 5:15-16; 6:23; 11:29).

는 이 목록들 가운데 동일한 목록이 하나도 없다는 사실이(심지어 12:30
은 28-29절이 구사하는 수사 의문문을 반복하지만, 이 경우에도 그 내용은 동일
하지 않다) 일부 증명해준다. 따라서 "아홉 가지 **영**의 은사"라는 말은 딱히
증거가 없는 말이다(아울러 바울 자신의 관심사도 아니다).

둘째, 바울이 12:8-10에서 열거하는 항목들은 "**영**의 나타나심들"이라
불린다. 이는 문맥상 "공동체가 함께 모였을 때 **영**이 자신을 나타내시는
다양한 방법들"을 뜻하는 말임이 거의 확실하다. 여기서 바울이 강조하려
는 것은 그런 것들이 다양해야 한다는 점이다. 그가 여기서 제시하는 목
록은 특별히 고린도의 상황에 맞게 다듬어 만들어낸 것이다. 바울이 제시
한 본문의 구조를 보면, 이 목록이 세 부분으로 이루어져 있음을 알 수 있
다(셋째 항목과 여덟째 항목에서는 연결 접속사인 δέ를 생략함은 물론이요, 다
른 항목들과 달리 "다른 사람"이라는 말을 썼다). 첫 두 항목은 고린도에서 귀
히 '여김을 받던 말들이다("지혜"와 "지식"). 바울은 이 둘을 처음에 언급하
여 이것들을 **영**과 복음을 위해 존재하는 실재들로 되찾아오려고 시도하
는 것 같다. 다음 다섯 항목은 방언처럼 특이한 현상이라는 공통점을 가
진다. 바울이 방언과 관련하여 고린도 사람들의 시야를 넓혀줄 요량으로
눈에 더 잘 띄지 않는 현상들을 열거했다면 바라는 성과를 거두지 못했
을 것이다. 요컨대 그는 다양한 은사들이 있음을 잘 알아듣게 이야기한 뒤
에, 문제아인 방언과 이 방언에 반드시 따라다녀야 할 동무인(적어도 공동
체 안에서는 반드시 함께 따라다녀야 한다) 방언 해석을 목록에 집어넣었다.

셋째, 다른 목록들에 있는 항목들을 일정한 범주로 묶어보려는 시도
들은 기껏해야 임시방편일 뿐이다. 로마서 12:6-8과 에베소서 4:11이 열
거하는 항목들까지 망라하면 광범위한 목록을 만들어낼 수 있겠지만(가
령 "동기를 부여하는", "봉사와 관련된" 등등이라는 이름으로), 정작 바울 사도
는 그런 목록을 인정하지 않을 것이며 주해를 해봐도 고작해야 의심스러
운 결과만 낳을 뿐이다. 폭넓은 스펙트럼에 걸쳐 있는 이런 현상들은 고린
도전서 12:4-6이 암시하는 세 가지 자연스러운 표제들(봉사, 기적들, **영**에

감동되어 하는 말들)을 따라 묶어보는 것이 가장 좋다. 아울러 바울 자신은 고린도후서 12:1-6에서 볼 수 있는 것과 같은 환상 체험들을 χαρίσματα 로 일컫지 않는다는 점을 유념해두어야 한다(하지만 이런 환상 체험들도 **영**의 현상들을 논의할 때 포함하는 것이 정당하다). 또 실제로 사람들(가령 사도들, 목자들)을 χαρίσματα라 부르지도 않는다. 에베소서 4:11이 보여주듯이, 분명 그들도 하나님이 교회에 주신 "선물들"이다. 그러나 바울의 용례를 참작할 때, χαρίσματα라 부르는 것이 정당한 대상은 사람들 자신이 아니라, 그들이 하는 봉사들(사역들)이다.

(a) **봉사의 형태들**. 여기에 포함할 수 있는 항목들은 로마서 12:7-8이 열거하는 "섬김", "줌"(베풂), 그리고 "돌봄"(지도자가 하는 일이라는 의미를 가진 돌봄) 그리고 고린도전서 12:28이 열거하는 "도움을 주는 행위들"과 "인도하는 활동들"이다. 이런 것들은 "은사"임을 눈으로 확인하기가 가장 힘든 "선물들"이요, 공동체가 함께 드리는 예배에서도 가장 덜 분명하게 나타나는 것들이다. 이것들은 바울이 늘 관심을 가졌던 교회 내부의 관계들에 속한다. 따라서 이것들을 **영**의 활동이라고 말하는 이유는 이것들이 교회 안에서 볼 수 있는 "**영**의 나타나심들"이기 때문이라기보다 제14장에서 언급했던 광범위한 **영**의 활동에 속하기 때문이다. 이것들을 χαρίσματα를 논의할 때 포함하면 **영**이 베풀어주시는 모든 것을 χαρίσματα로 논의하는 것이 정당해지기야 하겠지만, 이런 범주가 그리 유용하지는 않을 것이다.

(b) **기적에 해당하는 일들**. 여기에는 고린도전서 12:9-10이 제시하는 세 항목, 곧 "믿음"(="산을 옮길" 수 있는 믿음이라는 초자연적 선물; 참고. 13:2), "병 고침의 은사들(χαρίσματα)"(육신의 병을 고침; 28절과 30절도 이를 말한다), "기적들을 행함들"(=병을 고침에 포함되지 않은 다른 모든 현상들)이 포함된다. 둘째와 셋째 항목이 "은사들"과 "행함들"이라는 복수형을 사용한 것은 필시 이 "은사들"이 영속성을 지닌 게 아니라, 병을 고치고 기적을 행한 각 경우가 고유한 "은사"임을 나타내려 했기 때문일 것이다. 이런 현

상들이 바울 사도 자신의 사역에서도 늘 있었던 일임은 고린도후서 12:12 과 로마서 15:18-19이 증명해준다. 또 바울계 교회에서는 이것들을 늘 당연한 일처럼 여기고 기대했다. 이는 갈라디아서 3:5이 증명해준다. 바울은 자신이 "능력들"이라 불렀고 우리가 "기적들"이라 번역하는 이런 **영**의 나타나심들이 포함되지 않는 **영**의 임재를 이야기하면 아마 이해하지 못했을 것이다.

물론 이런 일들이 일어났다고 믿느냐 믿지 않느냐는 십중팔구 그 사람의 세계관이 좌우한다. 소위 계몽주의도 한 시대를 풍미했다. 근대 과학의 발견이 선도한 발전 현상으로부터 도움을 받은 현대인들은 거침없이 오만을 부리면서, 바울과 바울계 교회들을 그들 자신의 세계관에 갇힌 이들로 치부하고(그 사람들은 그런 것들을 믿었던 이들이라고 치부한다), 바울이 말하는 이런 일들을 사실이 아니라며 가볍게 무시해버린다. 가령 불트만 (Bultmann)은 바울과 바울 당대 사람들이 말하는 "삼층천"을 만화 같은 이야기라며 무시해버린다. 불트만과 같은 생각을 가진 사람들이 많다. 이런 세계관이 득세하다 보니, 보수 신학을 견지하는 많은 복음주의자들은 바울이 주장하는 것들을 가볍게 무시해버리는 불트만의 "합리주의"에 격노하면서, 그들 나름대로 고유한 합리주의를 채택하여 오늘날 그들 자신이 몸담은 교회들에서 이런 현상들이 나타나지 않는 이유를 설명한다(이런 복음주의자들은 이런 **영**의 활동을 사도 시대에 국한된 활동으로 본다).

그러나 바울을 변호하려면 바울이 제시하는 주장들과 관련하여 두 가지 문제를 주목할 필요가 있다. 첫째, 바울이 하는 이런 말들은 모두 온전한 정신으로 한 말들이요 사실을 있는 그대로 전한 것으로서 보통 사전 준비 없이 즉석에서 이야기한 것들이다(이런 사건들이 사실인지 조사해보아야 한다는 사람이 있었다면, 바울은 얼마든지 그렇게 하라고 했을 것이다). 이렇게 보는 이유는 아주 간명하다(그리고 신학적이다). 바울은 하나님을 믿고 오로지 하나님을 전능하신 분이라고 생각했던 전통 속에서 태어나 자란 사람이었다. 그런 전통 속에 있던 사람들은 철저하게 하나님을 이신론

(理神論)이 말하는 하나님이 아니라(말하자면 창조 이후에는 우주와 인간사의 운행을 자연 법칙과 인간 이성에 맡겨놓으신 하나님이 아니라―옮긴이), 당신이 지으신 우주와 당신 백성이 행하는 일들에 적극 관심을 보이시는 분으로 보았다. 그런 이들이라 해도 하나님이 성육신을 통해 그리고 이제는 당신의 **영**을 통해 그들과 함께 계시는 길을 택하셔서 오로지 은혜로 그들의 삶에 개입하시리라는 생각은 미처 하지 못했을 것이다. 하나님을 창조주요 온 피조물을 보존해주시는 분으로 믿으면서도 과거와 현재에 기적이 일어났고 일어난다는 것을 인정하길 망설이는 사람들이 자신들을 옹호하는 입장들을 만들어냈지만, 이런 입장들은 신학 면에서 지지하기도 힘든 것들이요 성경의 시각에서도 한참 동떨어진 것들이다.

둘째, 바울이 기적들과 관련하여 주장한 내용들은 뭔가를 증명하려고 시도하는 사람의 말이 아니다. 즉 바울은 기적들을 자신의 복음이나 자신의 사역을 받아들이게 할 근거로 활용하지 않는다. 도리어 그는 그런 것들을 모든 사역의 진정성을 판단할 기준으로 활용하는 데 단호히 반대한다. 바울이 그런 기준으로 원용한 것은 오로지 십자가와 십자가 이후에 있은 부활 그리고 현재 신자들이 받은 선물인 **영**이었다. 때때로 기적을 체험해야 하나님을 믿는 믿음을 살아 있는 믿음으로 유지할 수 있다는 사람들, 그리고 자신들이 전하는 "복음"이 진정함을 증명할 요량으로 기적들을 장려하여 그런 "믿음"을 먹여 살리는 사람들은 바울의 시각에서 보면 말도 안 되는 사람들이다. 바울은 기적들을 기대하고 인정했지만, 요구하지는 않았다. 그는 이 문제와 관련하여 하나님을 시험하기를 거부했다.

(c) **영에 감동되어 하는 말들**. 여기에는 고린도전서 12:8, 10이 말하는 "지혜의 말", "지식의 말", "예언", "**영**/영들을 분별함", "방언", "방언 해석", 14:6이 말하는 "가르침"과 "계시"가 포함되며, (어쩌면) 로마서 12:8이 말하는 "권면"도 포함될 것이다. 아울러 에베소서 5:19이 말하는 "노래"노 포함될 수 있다(참고. 고전 14:26). 이런 항목들 가운데 일부를, 가령 "은사"인 표현과 은사가 아닌 표현으로 구별하는 것처럼(가령 가르침이나 노래),

서로 구별하려는 시도들은 대체로 쓸데없는 일이다.

"지혜의 말"과 "지식"은 고린도의 상황이 만들어낸 언어다. 바울은 "지혜의 말"을 무엇보다 십자가를 전하는 말을 가리키는 것으로 본다(고전 1:18-2:16을 보라; 이런 용어는 다른 곳에서는 전혀 나타나지 않는다). 이것은 **영**이 공동체를 위하여 주시는 지혜를 자기도 모르게 표현하는 말을 뜻할 수도 있지만, 실제 그런지 여부는 알 수가 없다. 반면 고린도전서 13:2은 "지식"과 "비밀들"을 긴밀히 연계한다. 또 다른 곳에서는 지식과 "계시"라는 개념을 긴밀하게 연계한다(13:8-9, 12; 14:6). 마찬가지로 14:6, 그리고 특히 14:25, 26, 30은 예언과 "계시"를 긴밀히 연계한다. 이것들을 각기 다른 독특한 은사로 이해해야 하는가? 아니면 모두 예언의 은사를 표현한 것이나 다만 그 강조점만을 달리했을 뿐이라고 이해해야 하는가? 후자가 더 타당해 보인다. 예언이라는 말이 "비밀들을 계시하는 것"과 더 직설적인 말인 가르침, 위로, 권면(또는 격려) 사이에서 유동하는 말처럼 보이기 때문이다. 어쨌든 바울이 이 모든 주장을 제시하게 된 것은 사람들이 교회 안에서 방언을 해석 없이 사용했기 때문이다. 또 바울은 예언을 **영**에 감동되어 하는 말 가운데 알아들을 수 있는 모든 말의 대표로 사용한다. 그는 교회라는 상황에서는 방언보다 모든 이가 알아들을 수 있는 말을 더 선호해야 한다고 본다.

바울 자신은 고린도전서 14장에서 방언과 예언을 사용하여 알아들을 수 없는 말(따라서 덕을 세우지 못하는 말)과 알아들을 수 있는 말(따라서 덕을 세울 수 있는 말)을 줄기차게 대조한다. 또 우리도 애초부터 이 두 현상에 관심을 가져왔다. 따라서 이 두 χαρίσματα와 관련하여 몇 가지 주장을 더 제시해보기로 하겠다.

바울이 실제로 쓰는 말은 "다른 종류의 말들(방언들)"이다. 고린도전서 12-14장은 바울 자신이 이 현상을 어떻게 이해했는가와 관련하여 우리에게 상당히 많은 정보를 충분하게 일러준다. (1) 어쨌든 방언은 **영**에 감동되어 하는 말이다. 이는 고린도전서 12:7, 11과 14:2이 분명하게 이야기한다. 방언 자체가 이런 본질을 가지기 때문에, 이 시대 교회에서 "방언에 제자리를 찾아주려고" 시도하는 이들은 더 신중하게 말을 꺼낼 필요가 있다(방언에 제자리를 찾아준다는 말은 보통 이런 방언을 모두 제거한다는 것을 의미하기 때문이다). 바울은, 일부 사람들이 주장하듯이, 하나마나한 칭찬으로 방언을 저주하지 않는다. 또 바울은, 고린도 사람들이 방언이라는 은사에 경외심을 품듯이(그리고 오늘날 일부 방언 지지자들도 그러하듯이) 그렇게 경외심을 품지도 않았다. **영**이 능력을 부어주신 모든 활동과 마찬가지로, 바울은 방언을 높이 평가하면서도 **도를 넘어가지 않았다.** (2) 14:27-28은 방언을 공동체에서 어떻게 사용해야 하는지 규율한다. 이런 규칙들은 방언을 말하는 자가 "황홀경" 상태나 "제정신이 아닌 상태"에서 말하는 게 아니었음을 분명하게 일러준다. 실제 모습은 오히려 반대였다. 방언을 말하는 자들은 차례를 따라 말해야 했고, 해석하는 이가 없으면 침묵을 지켜야 했다. 그리하여 방언하는 자의 마음(생각)이 단절되지는 않는다. 그러나 그 마음은 활동하지 않고 있으며, 따라서 열매를 얻지는 못한다. (3) 방언은 본질상 말하는 자(14:14)와 그것을 듣는 다른 사람들(14:16)이 알아들을 수 없는 말이다. 교회에서 방언을 말할 때는 반드시 해석이 따라야 하는 이유가 이 때문이다. (4) 방언은 본디 하나님께 하는 말이다(14:2, 14-15, 28). 따라서 해석된 방언이라도 그것은 다른 사람들에게 하는 말이 아니라 하나님께 말하는 "비밀들"이라고 추정할 수 있겠다. (5) 바울은 방언을 시

---

16) 참고 문헌을 보려면, 이 책 제4장에서 고전 12:8-10을 논한 내용 중 주336을 보라.

사로이 하는 기도를 위해 주어진 선물로서 아주 높이 평가한다(14:4, 5, 15, 17-18; 참고. 롬 8:26-27; 엡 6:18).

바울이 이 방언을 실제 이 땅에서 쓰는 언어로 이해했는지 여부는 확실치 않다. 그러나 모든 증거를 취합해보면 바울은 그렇게 이해하지 않은 것 같다. 그는 분명 해석이 없어도 이런 말을 이해할 수 있는 사람이 있으리라는 생각을 하지 않는다. 14:10-12이 이 땅의 언어를 유추하여 방언을 이야기한다는 것은 방언이 이 땅의 언어가 아님을 암시하는 것이다(무언가를 유추하여 어떤 것을 이야기할 경우, 이 둘은 보통 동일하지 않다). 우리가 바울의 방언 이해를 가장 잘 간파할 수 있는 곳은 그가 이 현상을 "천사들의 말"로 묘사한 고린도전서 13:1이다. 문맥을 살펴볼 때, 이 표현은 사실상 방언을 가리키는 말로 봐야 한다. 더 어려운 문제는 그가 이 말을 "사람들의 말"과 결합해놓은 점이다. 이것은 두 종류의 방언을 가리키는 표현일 가능성이 아주 높다. 사람들의 말은 **영**에 감동되어 하는 말이지만, 말하는 자나 듣는 자들이 알지는 못하는 말이다. 반면 천사들의 말은 **영**에 감동된 말로서 하늘의 방언으로 말하는 것이다. 역사 정황을 대체로 살펴보면, 고린도 사람들이 방언을 천사들의 말로 여겼으며, 이를 통해 이 방언을 자신들이 미래에 하늘에서 얻을 지위를 이미 얻었음을 보여주는 증거로 여겼음을 알 수 있다.

바울은 방언에 대해 상당히 양면성을 띠는 태도를 보여준다. 우선 그는 이 은사를 사람들이 모인 자리에서 사용하는 것과 관련하여 비록 이 은사를 비판하지는 않아도 분명 이 은사를 열심히 장려하지는 않는다. 그는 어쨌든 해석이 없으면 방언을 결코 해서는 안 된다고 말한다. 반면 사사로운 기도 및 말과 관련된 은사로서 이 방언을 이야기할 때는 아주 좋게 이야기한다. 바울은 분명 이 은사를 아주 사사롭고 비밀스러운 성격이 강한 것으로 다룬다. 그러나 이렇게 사사롭고 비밀스러운 것이 사람들이 모인 자리로 들어가는 상황이 벌어지면, 바울은 갑자기 태도를 바꾼다. 방언은 다른 사람들을 든든히 세워주는 능력을 전혀 가지지 않았기 때문이다. 따

라서 여기서도 역시 바울은 공동체가 더불어 살아가는 삶에 중심 초점을 맞춘다.[17]

▪ 예언

모든 $\chi\alpha\rho\acute{\iota}\sigma\mu\alpha\tau\alpha$ 가운데, 바울 서신이 가장 자주 언급하는 것이 예언이다. 데살로니가전서 5:20, 고린도전서 11:4-5, 12:10-14:40, 로마서 12:6, 에베소서 2:20, 3:5, 4:11, 디모데전서 1:18, 4:14은 이것을 분명하게 언급한다. 또 데살로니가후서 2:2이 말하는 **"영을 통해"**(개역개정: **영**으로)와 갈라디아서 2:2이 말하는 "계시를 따라"의 뒤편에도 십중팔구는 이 예언이 자리해 있다. 이것은 이 예언이 바울계 교회들에서 광범위하게 나타났다는 것을 시사한다. 물론 예언은 그리스 세계에도 널리 퍼져 있던 현상이었다. 그러나 바울의 예언 이해를 규정한 것은 철두철미하게 그 자신이 유대교에서 체험한 역사였다. 선지자(예언자)들은 **영**의 감동으로 하나님의 백성에게 말했다. 바울은 그런 "말"을 자발적으로 그리고 알아들을 수 있는 형태로 주어진 메시지로서, 사람들이 모인 자리에서 말로 전달되며, 사람들을 가르쳐 세워주거나 그들을 격려할 목적으로 주어진 말로 본다. 예언들이 자발적인 말이었다는 점은 고린도전서 14:29-32이 제시하는 증거가 확실하게 일러준다. 한 사람이 여전히 "예언하고 있는데도" 다른 사람에게 "계시"가 임한다고 말하기 때문이다. 바울은 분명 예언하는 사람들을 "자기를

---

17) 이 시대 오순절 공동체들과 은사 운동 공동체들 안에서 이루어지는 "방언으로 말함"이 바울계 교회들에서 나타났던 방언과 **같은** 종류인가는 확실치 않다. 그리고 다소 부적절한 질문일 것이다. 진정 말 그대로 양자가 같은 종류인지 알 수 있는 길이 없다. **경험할** 현상이라는 점에서는, 오늘날 오순절 공동체와 은사 운동 공동체의 방언도 바울계 교회의 그것과 비슷하다. 이는 그 방언을 많은 점에서 (바울계 교회들의 그것과 — 옮긴이) 같은 방식으로 기능하는 **영**의 초자연적 활동으로 이해한다는 것을 의미한다. 오늘날 방언을 행하는 말하는 사람들에겐 방언이 바울이 묘사하는 것과 비슷한 가치를 가진다.

통제하는 상태에서" 말하는 사람들로 이해했다(14:29-33을 보라). 물론 "선지자"라 불리는 사람들이 일부 있긴 했다. 그러나 고린도전서 14:24-25, 30-31은 모든 사람이 (적어도 잠재적이나마) 이 은사를 받아 누릴 수 있다는 것을 암시한다.

그러나 예언은 분명 독립된 권위를 가진 것이 아니었다. 데살로니가전서 5:21-22, 그리고 고린도전서 12:10과 14:29이 제시하는 증거를 취합하여 살펴보면, 모든 예언은 **영**으로 충만한 공동체가 "분별해야 했다"는 것을 알 수 있다. 고린도전서 12:10이 "**영**/영들을 분별함"이라는 은사를 기록해놓은 첫 번째 의도도 그 때문임이 거의 확실하다. "분별"이라는 명사의 동족 동사가 14:29에서 나타나는데, 여기서 분별을 예언의 말에 필요한 반응으로 이야기하기 때문이다. 이는 마치 방언에 해석이 필요한 것과 마찬가지다.

예언이 바울계 교회들에서 실제로 어떤 기능을 했는지 확실하게 밝혀내기는 상당히 어렵다. 만일 우리가 갈라디아서 2:2, 디모데전서 1:18(참고. 4:14), 디모데전서 4:14을 주해하며 제시한 견해가 옳다면, **영**은 우선 이 예언을 통해 당신의 종들이 살아가는 삶을 특정한 길로 인도해주셨다. 때로 **영**은 예언을 통해 당신이 능력을 부어주시는 사역을 행할 자들로 그런 종들을 뽑아 세우셨으며(딤전 1:18; 4:14), 때로는 그들에게 예루살렘 선교라는 어려운 사명을 지시하기도 하셨다(갈 2:20). 그런가 하면 **영**은 말세에는 악이 늘어나리라는 예수의 말씀이 확증되고 있다는 것을 예언을 통해 교회에게 되새겨주셨다(딤전 4:1). 이 경우에는 필시 반복하여 되새겨주셨을 것이다. 그러나 주의 날이 이미 임했다는 예언(살후 2:2)처럼 사람들의 이목을 끌었으나 그릇된 예언은 데살로니가에 불안을 안겨주기도 했다. 또 고린도전서 14장에서는 그 공동체가 예언의 **영**을 늘 어떻게 체험했는지 묘사한 내용이 다시금 나타난다. 신자들 같은 경우에는 **영**이 예언을 통해 그들을 격려하시고 가르쳐 세워주셨다. 불신자들 같은 경우에는 **영**이 예언을 통해 그들의 마음을 밝히 드러내어 회개하는 길로 인도하셨다. 이 모든 내용은 "예언"이 널리 표현되고 체험한 현상이었음을 일러준다. 이 현상은 하나님의 백성을 세워줌으로써 그들이 그리스도 안에서 장성한 자가 되도록 하는 것을 그 목표로 삼았다(엡 4:11-16).[18]

근래 이 문제를 다룬 일부 문헌들은 "배경들"과 "권위"라는 문제에 관심을 기울였다. 이 문제는 구약의 선지서들이 영감에 따라 기록된 책이요 정경으로서 권위를 가지는가라는 문제와 관련 있으며, 신약의 다양한 책들 역시 같은 식으로 이해할 수 있는가라는 그 문헌들의 관심사와 관련 있다.[19] 이 문헌들은 바울계 교회들에서 여자들이 예언했다는 사실을 때때로 이 논의와 연계하기도 한다. 이전에 이런 학자들은 교회에서 여자들이 가졌던 "권위"의 범위라는 문제에 몰두하다가 결국 우회로를 발견하게 되었다. 그리하여 그들은 여자들이 예언은 했지만 권위는 갖지 못했다고 말한다.

만일 본문을 다루기 전에 이런 문제들을 먼저 다루게 되면, 어떤 사람이 자신이 찾고자 하는 것을 본문에서 발견해내더라도 놀라운 일은 아니다. 보통 이런 문제를 "우회하는 길"은 (a) 바울이 지금 언급하는 종류의 예언을 "고전적 선지자들"의 예언과 같은 종류가 아니라 가령 사무엘상 10:5-13이나 민수기 11:24-25 같은 본문에서 발견할 수 있는, 더 황홀한 상태에서 내뱉는 예언과 같은 것이라고 주장하든지, 아니면 (b) 사도들과 교사들을 구약의 선지자들과 같은 "권위"를 지닌 반열에 놓으면서도 신약의 예언은 구약의 예언과 완전히 다른 종류라고 주장하는 것이다.

---

18) 바울이 그 자신을 사도이자 선지자로 이해했을 개연성을 살펴보려면, 고전 14:37과 엡 3:5을 논한 부분을 보라. 고전 5:3-4과 골 2:5에 따르면, 바울은 자신이 모인 교회 가운데 **영**으로 함께 있다고 이해했는데, 이는 아마도 자기가 쓴 서신이 낭독될 때 그리하는 것으로 이해한 것 같다. 따라서 바울은 자기가 쓴 서신들이 교회들에서 낭독될 때 예언과 같은 기능을 하는 것으로 이해했을 가능성이 아주 높다.

19) 전형적 사례가 Wayne A. Grudem, *The Gift of Prophecy in the New Testament and Today*다. Grudem의 주 관심사는 예언의 "권위"와 관련 있다. 동시에 그는 교회에서 여자들이 가진 "권위"를 문제 삼는다. 이 책에는 좋은 내용이 많다. 하지만 이런 식으로 문제를 제기하다 보니, 결국 바울의 관심사와 아주 동떨어진 관심사들을 많이 이야기하는 경향이 있다.

그러나 정작 바울은 전혀 관심을 갖지 않았던 요인들이 이런 논의를 지배하는 것 같다. 바울은 예언과 관련하여 "권위" 문제를 제기한 적이 없다. 바울이 예언이라는 현상을 요엘 2:28-30이 약속했던 종말의 **영**이 부어진 증거로 보았음은 의심할 필요가 없다. 어쨌든 예언은 두 시대 사이에서 살아가던 종말의 공동체인 교회를 위해 존재했기 때문이다(고전 13:8-13). 이것은 곧 "정경(正經)의 의식"을 가진(with "canonical consciousness") 사람들이 제기한 문제들이 도리어 바울이 해석 기준으로 삼은 틀을 완전히 벗어나 있다는 것을 일러준다. 아울러 이것은 바울이 "신약의 선지자들(예언하는 자들)"을 분명 구약의 "정당한" 선지자들을 잇는 자들로 보았다는 뜻이기도 하다. 이는 바울이 왜 모든 예언을 "분별"해야 한다고 말했는지 그 이유를 일부나마 설명해준다. 구약에서도 마땅히 예언들을 분별해야 했기 때문이다(신 18:22은 선지자의 말이 참인지 거짓인지 분별할 수 있는 근거를 제시한다 — 옮긴이). 그러나 바울은 구약의 선지자들이 한 예언과 신약의 선지자들이 한 예언이 **본성**상 그 종류가 다르다고 이해했다. 신약의 선지자들은 지금 종말의 실존으로 살아가기 때문이다. "두 시대 사이에 존재하는" 실존으로서 교회를 격려하는 말을 하는 선지자는 고대 이스라엘에 주로 심판의 말을 선포했던 선지자들의 말과 다른 종류의 말을 하는 사람이다. 어쨌든 바울이 말한 "선지자들" 가운데, 현재(즉 바울이 있던 당시 — 옮긴이) **영**에 감동되어 말하는 사람이 아닌 이들만이 바울이 사용한 성경의 일부가 된 예언들을 말한 선지자들(즉 구약의 선지자들 — 옮긴이)이다(롬 1:2; 3:21). 이것은 계속 밀고 나가기에는 빈약한 증거다. 그러나 이는 "권위"와 관련하여 사전에 사변에 근거하여 확보한 것이 아닌 증거로서 우리가 가진 것은 이게 전부다(즉 본문에 들어가기 전에 사색만으로 추론해낸 증거가 아니라 본문을 주해하여 확보한 증거는 이게 전부라는 말이다 — 옮긴이). 바울의 이해를 알아낼 수 있는 실마리는 그가 가진 종말론의 틀과 전제들이다. 바울은 1,900년 이후의 교회에서 살아가는 우리의 실존이 제기한 문제들에는 관심이 없다.

앞서 논의한 내용과 관련된 문제로 χαρίσματα("은사들")가 중단되었는가라는 문제가 있다. 이 문제도 물론 바울이 관심을 가졌던 문제들과 관련된게 아니라, 우리의 교회사가 제기한 문제들과 관련 있다. 그러나 바울은 우리 시대가 제기한 문제와 무관한 방식으로 이 문제를 이야기한다. 그가 제시한 대답이 재차 그가 가진 종말론의 틀 및 전제들과 관련 있음은 놀라운 일이 아니다. 이 경우에 바울이 제시하는 해결책은 χαρίσματα와 관련하여, 특히 고린도 사람들이 방언과 관련하여 가졌던 그릇된 이해를 염두에 둔 것으로 보인다. 바울은 이 문제를 고린도전서 13:8-10에서 이야기하는데, 이 경우에는 고린도 사람들이 지닌 "지나치게 실현된" 종말론에 맞서는 반대 주장의 성격을 띤다. 고린도 사람들은 분명 "이미"를 강조했다. 그러다 보니 그들은 "아직 아니"를 거의 철저하게 부인했다. 그들은 자신들이 이미 부요하고, 완전하며, 통치하기 시작했다고 믿었다(4:8). 그들은 방언을 분명 그들이 목표에 "도달"했음을 일러주는 "표지"로 보았다(참고. 14:20-22). 천사들이 하는 말을 한다는 것은 그들이 이미 **영**의 실존이 누릴 궁극 상태에 참여함을 뜻하는 것이었다. 그리하여 그들은 결국 장래에 있을 몸의 부활도 부인하기에 이른다(15:12).

바울은 이처럼 방언만을 그릇되게 강조하는 그들의 태도에 맞선 주장의 하나로 은사들이 미래에 속한 게 **아니라, 오로지** 현재에 속해 있을 뿐이라고 역설한다. 그들은 이 문제와 관련하여 착각에 빠져 있었다. 아이러니인 것은 그들이 미래 실존의 증거로 여기는 은사들이 정말 미래의 실존을 얻게 되면 사라질 것이라는 점이다(13:8a). χαρίσματα는 "부분"이다(9절), 그것들은 어른과 비교할 때 어린아이들 같은 것들이다(11절). 그것들은 얼굴과 얼굴을 마주하여 보는 것과 비교하면 거울을 들여다보는 것과 같은 것들이다(12절). 그러나 이것이 은사들을 폄하하는 말은 아니다. 오히려 바울은 올바른 종말론 시각(="이미 그러나 아직 아니")을 토대로 은사들에 제자리를 찾아준다. 우리는 여전히 현재 속에 있기 때문에 바울은 고린도전서 14장에서 은사들의 오/남용을 바로잡을 뿐 아니라, 올바른 활용을 당부한다. 현재를 살아가는 우리는 사랑을 추구해야 한다(14:1). 오직 사랑만이 이제와 영원히 존재하기 때문이다(13:13). 그러나 이것은 우리가 이 이미 안에서 **영**의 나타나심들을 열심히 바람으로 공동체를 세워가야 한다는 뜻이기도 하다. 미래의 영광(완전한 것)이 우리를 기다린다.

바울이 제시한 이런 답변에서 그가 자기가 살아 있는 동안이나 세상을 뜬 직후에 χαρίσματα가 그치리라고 예상했다는 결론을 이끌어낼 수는 없는 것 같다. 이 문제에 대한 이 특별한 "대답"은 성경 본문을 읽어낸 결과에 근거한 게 아니라, 오늘날에도 그런 은사들이 "정당한가"라는 더 큰 관심사로부터 끌어낸 것이다. 그러나 이것은 순전히 해석학과 관련된 문제로서 바울은 이해할 수 없었을 문제다. 바울이 제시한 대답은 명쾌하다. "우리가 마지막 완성을 기다리는 한, 당연히 그런 은사들은 계속될 것이다." 이 지점에서 바울 사도가 남긴 발자취를 따르지 않는 답변은 그 어떤 것이든 바울에게 지지를 호소할 수 없을지도 모른다.[20]

▪ 바울계 교회에서 은사가 존재한 범위

바울이 이 모든 항목을 이처럼 사실 그대로 열거할 수 있다는 사실, 특히 그가 고린도전서 12:7-11에서 그리할 수 있다는 사실은 초기 교회의 예배가 이후 교회사의 대부분을 차지한 시대의 예배보다 훨씬 더 "은사 중심적"(charismatic)이었음을 시사한다. 실제로 일부 사람들은 후세의 예배

---

20) 이런 다양한 시도들 가운데 그래도 가장 치밀한 주해에 근거한 것이 R. Gaffin, *Perspectives on Pentecost*다. 이 책은 문제들을 제기하고 이 문제들에 답변할 때 대체로 바울을 지지 증거로 활용하지만, 그가 활용하는 증거는 바울이 전혀 말하지 않는 것들이다. 내가 *Gospel and Spirit*, 75-77에서 제시한 비판을 보라.

에서는 이런 은사들이 나타나지 않은 점에 착안하여, 상당히 특이한 이런 현상들을 대체로 초기 교회에 국한하여 나타난 것으로 보아(그들은 이런 현상들이 고린도 신자들처럼 덜 "성숙한" 신자들에게나 나타나는 현상으로 본다) 더 성숙한 회중들(교회들)에는 이런 현상들이 필요하지 않다고 주장했다. 그렇다면 오직 고린도전서만이 주의 만찬을 언급하는 만큼 다른 바울계 교회들에서는 주의 만찬을 기념하지 않았다는 주장도 나올 법하다.

실제로 바울계 교회들은 **영** 안에서 살아가는 삶이 지닌 가시적 "은사의" 차원을 늘 체험하곤 했다는 것을 보여주는 증거가 상당히 많다. 바울이 그런 증거를 직접 언급한 경우가 극히 드물다는 것(특히 살전 5:19-22; 고전 12-14장)은 역사의 "우연"일 뿐이다. 오직 바울이 문제 삼은 것들은 오/남용과 관련된 문제들이었다. 분명 데살로니가가 안고 있던 문제의 본질은 불확실하다. 일부 사람들이 신자들이 모인 자리에서 예언의 **영**을 "깎아내리고 있었거나", 아니면 바울이 미리 몇 가지 문제들을 예상하고 이것들을 "모든 것을 시험하라"라는 제목으로 한데 묶어 제시하려고 했을 수 있다. 둘 가운데 후자가 더 가능성이 높다. 만일 그렇다면 데살로니가의 문제도 고린도의 문제와 비슷했던 셈이다. 어쨌든 바울이 제시한 답변은 그런 현상들을 제거하지 말고(결국 그런 현상들은 **영**의 나타나심들이기 때문이다) 올바로 사용하도록 독려함으로써 그들의 잘못을 바로잡아주는 것이었다.

다른 곳에서는 바울이 이런 현상들을 사전 준비 없이, 있는 사실 그대로 언급한다는 점이 훨씬 더 두드러지게 나타난다. 가령 바울은 데살로니가후서 2:2에서 어떤 사람이 "주의 날"과 관련하여 그들에게 그릇된 정보를 일러주었음을 자신이 안다고 말한다. 바울이 알지 못한 것은 이 그릇된 정보의 출처였다. 이 정보가 **영을 통해** 왔을 수도 있다("분별되지 않은" 예언이었을 가능성이 아주 높다). 머리쓰개 문제를 다룬 고린도전서 11:2-16에서도 그랬듯이, 바울은 예배를 "기도**와 예언**"으로 부른다. 이 둘은 교회가 하나님과 사람들에게 말씀을 드리고 말하는 주된 방법이었다. 바울은 갈라디아서 3:4에서 그들이 "그런 일들을 아주 많이 체험했다"는 사실에 호소할 수 있었다. 이 체험은 그들이 그리스도를 믿게 되었을 때 체험한 차원을 특정하게 가리킨 것이다. 또 5절에서 바울이 제시한 주장의 요점도 그들이 계속하여 "기적들"을 체험한다는 점에 근거한다. 마지막으로 바울은 디모데의 사역을 이야기할 때도(딤전 1:18; 4:14) 디모데 자신이 받은 은사가 그(에베소) 공동체 안에서 이루어진 예언과 관련 있음을 이야기한다. 바울은 이 경우들 가운데 어디에서도 뭔가를 새삼스럽게 주장하지 않는다. 도리어 그는 그들이 함께 **영** 안에서 살아가는 삶에서 눈으로 볼 수 있게 "은사"가 나타나는 것을 당연한 일로 전제하고, 이 전제를 **토대로** 다른 무언가를 주장한다.

따라서 우리는 모든 증거가 한 방향을 가리킨다는 결론을 내릴 수 있다. 즉 바울과 바울계 교회들은 **영**을 그들이 그리스도인의 삶(삶의 시작부터 끝까지)을 이해하는 데 필요한 절대 요소로 여겼다. 뿐만 아니라, 그들은 무엇보다 이 **영**을 체험하되, 본질상 능력이 넘치고 눈으로 볼 수 있는 방법들을 통해 체험했다. 물론 몇몇 경우에는 이것이 승리주의로[이원론 형태를 띠는(즉 **영**과 이 땅의 실존을 서로 대립하는 것으로 보는) 승리주의로] 이어지기도 했다. 하지만 바울은 이런 체험들을 중요한 부분으로 여겼다. 바울은, 궁켈(Gunkel)이 주장하듯이, **영**을 "윤리의 차원에 묶어두지"(ethicize) 않았다.[21] 바울은 **영**으로 말미암은 윤리적 삶을 **영**이 곧 하나님이 주신 종말론적 약속의 성취라는 그의 이해에서 본질이 되는 부분으로 여겼다. 즉 윤리에 합당한 **영**의 삶은 종말의 약속에 속한 것이요, 바울이 그것을 이야기하기 전에 이미 체험한 것이었다. 바울의 관심사는 잘못을 바로잡아, 그가 섬긴 교회들이 그가 처음부터 가르쳤던 길들을 확실히 따라가도록 만드는 것이었다.[22]

---

21) Hoyle이 주장하듯이(*Holy Spirit*, 34), 바울은 "그리스도인의 모든 종교적·윤리적 삶의 근거를 **영**의 더 조용하고, 지속적이고, 내면적인 역사에 두지" 않았다. 바울은 그런 이원론을 인정하지 않았을 것이다.

그러나 아무리 **영** 안에서 살아가는 삶을 역동성 있게, 눈으로 볼 수 있는 방법들로 능력 있게 체험한다 할지라도 그 삶이 승리주의라는 결과로 당연히 이어지는 것은 아니다. 이는 바울 자신의 삶이 증명한다. 여기서 우리는 두 가지 것을 한데 결합할 수 있을 것이다. 우선 능력을 부어주시는 **영**이다. **영**은 그들 가운데서 눈으로 볼 수 있게 나타나셨으며, 종종 특이한 종류의 은사들과 능력을 부어주심으로 자신을 나타내시곤 했다. 그런가 하면 동시에 바울은 온갖 고난과 약함 가운데서도 **영**이 주시는 기쁨으로 가득 차 있었다. 바울이 빌립보 사람들에게 하는 말은 오늘날도 우리가 경청하고 주목할 가치가 있다. "형제자매들아, 너희는 다른 이들과 함께 나를 본받으라, 그리고 우리가 너희에게 보인 본을 따라 사는 이들을 눈여겨보라"(빌 3:17). 빌립보서 문맥에 비춰보면, 바울이 보인 본에는 "그리스도의 부활의 능력과 그의 고난의 교제"가 들어 있었다. 이 책 제14장에서 언급했듯이, 바울이 본을 보인 **영**의 능력으로 살아가는 삶, **영**의 인도를 받아 살아가는 삶은 특히 광범위하여, 개인의 **영**성은 물론이요 이번 장에서 언급한 공동체 차원의 현상들까지 포함한 것이었다. 따라서 우리가 마지막으로 할 말도 처음에 한 말과 같다. 즉 바울은 **영**을 신자가 체험하는 종말론적 실재로 보았으며, 이 실재를 미래가 이미 이르렀음을 증명해주는 증거이자 미래가 마지막 날에 완성되리라는 것을 보장해주는 보증으로 보았다. 우리는 "이미"이지만 동시에 "아직 아니"다. 우리가 "이미 그러나 아직 아니"로 살아갈 수 있는 유일한 길은 **영**의 능력뿐이다.

---

22) 사람들은 바울이 고전 10:1-6에서 제시하는 경고를 달리 어떻게 설명해야 할지 궁금해한다. 바울은 이 대목에서 **우리 조상들이 모두** 세례를 받아 모세에게 속하였다"라고 주장한다.

제16장

여기서 어디로? 바울의 성령론이 갖는 타당성

앞서 제시한 주해와 신학이 상당히 정확하다면, 바울과 바울계 교회들은 **영** 체험과 **영** 안에서 살아가는 삶을 우리 대다수가 생각하는 것보다 더 철저하게 모든 일의 중심으로 여기는 경우가 대부분이었으며, **영**도 그들이 더 순전하게 체험한 실재였다는 것을 솔직하게 인정해야 한다. 이 마지막 장의 제목은 이렇게 인정한다는 전제 아래 나온 것이다. 그러나 "나는 모른다"라는 대답이 그 질문(이 장의 제목인 "여기서 어디로?"—옮긴이)에 할 수 있는 가장 적절한 답임을 인정하는 것이 또한 올바른 겸손일 것이다. 따라서 나는 "답변들"을 제시하기보다 (1) 바울의 성령론이 지닌 중요한 특징들만을 따로 제시해보고, (2) 이런 문제들과 관련하여 바울과 우리 자신 사이에는 거리가 있는 경우가 빈번함을 지적하며, (3) 이런 거리를 좁힐 수 있는 다리 역할을 할 몇 가지 제안들을 최소한도로 제시함으로써 이 책을 맺을까 한다. 여기서 말하는 내용은 종교개혁이 표방했던 원리, 곧 교회는 늘 그리고 동시에 "개혁되어야 하고 개혁해가야 한다"라는 원리가 본질상 유효하다는 가정 아래서, 그리고 교회의 진정한 "개혁"과 "갱신"의 본질 요소는 스스로 그 삶과 시각이 성경에 더 합당한 존재가 되게 하는 것이라는 가정 아래서 말하는 것임을 유념해두어야 한다.

바울의 관점 : 요약

다음 내용은 **영**과 관련하여 바울이 지닌 견해의 중심에 자리한 것으로 내가 인식하고 있는 것들이다.

1. 우선 가장 분명하게 강조해둘 점은 바울이 그리스도인으로서 겪은 체험과 그의 복음 이해에서 **영이 절대적으로 중요한 역할을 한다**는 점이다. 나는 이를 시종일관 여러 가지 방법으로 반복하여 강조했다. 요컨대 바울 신학에는 **영**이 주도적 역할을 하지 않는 측면이 전혀 없다(적어도 그의 신학의 근간이 되는 영역에서는 그러하다). 바울은 분명 **영**을 그 중심으로 생각하지는 않는다(그에겐 늘 그리고 언제나 그리스도가 중심이다). 그러나 그는 **영**을 중심에 아주 가까이 계신 분으로 보았으며, 진정 모든 그리스도인이 영위하는 삶과 겪는 체험에서 매우 중요한 요소로 보았다. 이런 이유 때문에 우리가 바울 신학을 재고할 때는 **영**이 바울 신학에서 지금까지 우리가 따랐던 경향에서 생각하는 것보다 훨씬 더 긴요한 역할을 한다고 생각해야 한다.

2. **영**의 중심적 역할과 관련하여 핵심적인 것은 바로 철저히 **종말론적인** 바울의 해석 틀이다. 바울은 이 틀 안에서 **영**을 체험하고 이해했다. **영**은 바울이(그리고 다른 이들이) 가진 종말의 대망 속에서 주도적 역할을 했다. 따라서 그리스도의 부활과 하나님이 부어주신 **영**은 바울이 철저히 바뀐 종말론 시각을 갖게 된 주된 원인이 되었다. 우선 **영**의 오심은 구약이 제시한 종말의 약속들을 성취한 일이요, **이미** 미래가 작동하기 시작했다는 것을 확실하게 증명해주는 **증거**였다. 반면 마지막 날에 나타날 종말의 완성은 **아직** 이루어지지 **않았다**. 그래서 **영**은 마지막 영광을 확실히 담보하는 **보증** 역할을 한다. 바울이 그가 체험한 **영** 안의 삶을 강조한 내용을 이해할 때, 그의 생각을 지배한 이런 철저한 종말론적 시각과 분리하여 이해하는 것은 불가능한 일이다.

3. 마찬가지로 바울의 시각에 긴요한 것은, 신자 개인의 삶과 계속 이어

지는 신앙 공동체의 삶 속에서 **영**의 오심이 **역동적으로 체험한 본질**이라는 점이다. 바울은 이런 견해를 철저히 전제한다. 아울러 바울은 이를 주장의 목표가 아니라 주장의 전제로서 빈번히 표현한다. **영**이 곧 신자가 체험하는 실재라는 인식은 고린도 사람들이 **영**의 삶을 남용한 경우는 물론이요 바울이 그 공동체가 영위하던 **영**의 삶을 바로잡아줄 때에도 그 배경이 되었다(고전 12-14장). 아울러 이런 인식은 바울이 데살로니가 사람들에게 그들의 회심 사실을 되새겨줄 때에도 기초가 되었다(살전 1:4-6). 또 이런 인식은 그리스도 안에서 살아가는 삶이 토라와 상관없이 믿음에 근거한다는 것을 보여주는 주된 증거이기도 하다(갈 3:1-5; 4:6-7). 또 이런 인식은 바울이 데살로니가전서 5:19-22에서 제시하는 명령들(분명 잘못을 바로잡는 명령이다)의 전제가 된다(참고. 살후 2:2). 또 이것은 바울 자신이 사도로서 행한 사역을 뒷받침하는 보강 증거 역할을 한다(고전 2:4-5; 고후 12:12; 롬 15:18-19). 이런 인식은 바울이 **영** 안에서 살아가는 삶의 충족성을 주장할 수 있는 근거가 되기도 한다(갈 5:13-6:10). 그리고 이런 인식은 바울이 디모데더러 에베소에서 감당할 사역에 필요한 능력과 용기를 얻을 수 있게 **영**의 삶을 불 일듯 일게 하라고 되새겨줄 때에도 본질이 되는 것이었다(딤전 1:18; 4:14; 딤후 1:6-7). 바울이 **영**의 사역을 분명하게 언급하는 말이나 암시하는 말들은 언제나 **영**을 교회와 신자의 삶에 능력을 부어주시는 실재요 그 삶에서 체험할 수 있는 실재로 전제한다.

4. 바울은 종말의 **영**을 체험하는 것을 **하나님이 몸소** 당신 백성 안에, 당신 백성 가운데 거하시려고 **인격체로서 임재하신 사건**이 다시 일어난 것으로 보았다. 이 사실을 집중하여 증명해주는 몇 가지 사항들 역시 바울이 가진 긴요한 종말론적 틀과 연관되어 있다. **영**은 하나님 백성을 공동체 차원에서는 물론이고 개인 차원에서도 하나님이 친히 이 땅에서 거하시는 장소인 하나님의 성전으로 구별해주신다. 여기서 (a) 구약의 성막과 성전에서 고유하게 볼 수 있는 임재 모티프 자체, (b) 사람들이 주의 **영**과 관련하여 이해했던 임재(사 63:9-14; 시 106:33), 그리고 (c) 예레미야와 에스겔

이 약속했던 새 언약인 **영**의 언약, 곧 **영**이 하나님 백성 안에 들어와 사심으로써 그들이 하나님의 길을 따라 살게 하고 그 길을 따르게 해주시리라던 약속이 한꺼번에 성취되었다. 바울은 이런 주제들이 **영**이라는 선물로 말미암아 이루어졌다고 볼 뿐 아니라, **영**을 하나님의 인격적 임재로 이해한다. 바울이 **영**을 인격체가 아닌 이미지로 언급하기를 기본적으로 꺼리는 이유도 바울이 **영**을 하나님의 인격적 임재로 보기 때문이라고 설명하는 것이 가장 적절하다. 오히려 바울은 늘 **영**의 활동을 인격체의 활동을 나타내는 동사들, 곧 다른 곳에서는 하나님과 그리스도께 사용했던 동사들로 표현한다. 결국 **영**은 "하나님의 성령"이시고 "예수 그리스도의 **영**"이시다(동시에 **영**은 하나님이 지금 당신 백성과 함께, 당신 백성 가운데 계시는 방법이기도 하다).

5. 이런 맥락에서 바울이 가진 **삼위일체적 전제들**이 그의 신학에서 절대 근간을 이룬다는 점을 유념하는 것이 중요하다(물론 바울은 삼위일체라는 말을 쓰지도 않고 이에 주요한 초점을 맞추지도 않는다). 바울이 삼위일체를 논하지 않았는데도 그로 하여금 이를 전제로 삼게 한 것은 다음 네 가지 사실들이다(그가 삼위일체를 전제하게 된 데에는 이 사실들만으로도 충분했다). (a) 하나님은 한 분이시며 인격체시다. (b) **영**은 곧 하나님의 **영**이요 따라서 인격체시다. (c) **영**과 그리스도는 온전히 하나님이시다. (d) 아버지와 그리스도가 서로 구분되시듯이, **영**도 그리스도 및 아버지와 구분되신다. 바울의 구원론을 역동성이 넘치고 탁월한 것으로 만들어준 많은 요인들 뒤에는 바로 이렇게 한 분 하나님을 바라보는 바울의 이해에 "변화"가 있었기 때문이다.

6. 바울은 **영**의 역할을 포함하여 하나님을 이렇게 삼위일체적 관점에서 이해한다. 이런 이해는 바울의 신학 작업(그리스도 안에 있는 **구원**)에서 근간을 이룬다. 구원은 철두철미하게 하나님이 행하시는 일이다. 아버지 하나님이 구원을 주도하고 시작하신다. 구원은 하나님의 영원한 경륜에 속하기 때문이다(고전 2:6-9). 또 이 구원은 하나님께 그 기원을 두고, 하나님을

그 궁극의 목적으로 삼으며, 하나님이 아들과 **영**을 보내심으로 말미암아 이루어지기 시작했다(갈 4:4-7). 아들이신 그리스도는 당신의 죽음과 부활을 통해 하나님 백성에게 종말의 구원을 이뤄주셨다. 이것이 모든 바울 신학의 중심을 이루는 특징이다. 아들이 제공하신 하나님의 사랑을 현실로 이뤄주시고 적용해주시는 일은 오로지 **영**이 하시는 일이다. 이런 이유 때문에 바울은 신자들에게 그들의 회심 체험을 되새겨주거나 그들이 지금 그리스도 안에서 가지는 지위를 일깨워줄 때면 거의 항상 **영**의 활동 그리고/또는 **영**의 임재와 관련짓는다. 이런 의미에서 볼 때, 그리스도 안에 있는 구원은 모두 온전히 삼위일체 하나님이 이루신 구원이다. 또 그리스도 안에 있는 구원은 모두 신자가 삶 속에서 **영**의 오심을 체험함으로 말미암아 이루어지는 구원이다. 하나님은 **영**을 "우리 구주 예수 그리스도를 통하여 우리에게 후히 부어주셨다"(딛 3:6).

7. 이처럼 **영**은 그리스도 안에 있는 구원을 현실로 이루어지게 하는 핵심 역할을 한다. 그러나 바울은 **영**의 주된 역할을 **영**이 그리스도인의 삶이 시작될 때부터 마칠 때까지 **그 삶 전체의 절대 본질을 이루는 구성요소**라는 사실에서 발견한다. **영**은 윤리에 합당한 삶이 가지는 모든 차원에서 (즉 개인 차원, 공동체 차원, 그리고 이 세상 속의 삶이라는 차원에서) 그 삶에 능력을 부어주신다. 바울은 그리스도를 믿는 자들을 무엇보다 "**영**의 사람들"로 본다. 그래서 바울은 이들을 **영**으로 살아가는 사람들, **영**으로 행하는 사람들, **영**의 인도를 받는 사람들, **영**의 열매를 맺는 사람들, **영**을 위하여 씨를 뿌리는 사람들로 다양하게 묘사한다. 마찬가지로 바울은 윤리의 뿌리도 삼위일체 하나님으로 본다. 하나님의 **영**이 신자가 그리스도의 모양을 닮게 하여 하나님의 영광을 드러내게 하신다. 따라서 **영**은 현재 하나님의 생명을 삶으로 살아낼 능력을 부어주시는 하나님의 임재시다. 그러기에 바울은 그리스도인의 삶이 동시에 **거룩한** 삶이 아닌 경우는 있을 수 없다고 본다. 이런 거룩한 삶은 하나님이 당신 백성에게 주시는 성령으로 말미암아 이루어진다(살전 4:8). 동시에, **영** 안에서 살아가는 삶은 현재 신

자가 지닌 종말의 실존이 상상할 수 있는 다른 모든 차원을 아우르는 삶이다. 이런 차원에는 **영**이 주시는 능력을 힘입어 풍성한 소망을 갖는 것, 기쁨 가운데 살아가는 것, 쉬지 않고 기도하는 것, 절제를 실천하는 것, 강건한 양심을 체험하는 것, 하나님의 뜻과 목적을 들여다보는 통찰을 갖는 것, 현재 당하는 온갖 고초와 고난 속에서도 끈질기게 참아내는 것이 포함된다. 신자로 살아간다는 것은 곧 "**영**으로 충만하여 **영** 안에서/**영**으로 살아가는 것"을 뜻한다.

8. 마지막으로 **영**은 모든 진정한 그리스도인의 **영성**을 이뤄내시는 핵심 동인이다. 개인 차원에서 **영**의 삶은 "**영** 안에서 기도함"은 물론이요 마음으로 기도함도 포함한다. 이를 통해 **영**은 신자들이 약할 때에 그들을 위하여 중보하심으로 그들을 도와주실 뿐 아니라, 신자들이 그렇게 기도할 때에 큰 확신을 주신다. 하나님이 **영**의 생각을 아시기 때문이요, **영**이 하나님이 가지신 목적을 따라 신자들을 통해 기도하시기 때문이다. 동시에 **은사들**을 포함하여 **영**의 임재는 신앙 공동체의 지체들이 함께 모여 하나님을 예배할 때 그 공동체가 든든히 서도록 도와준다. 따라서 바울계 교회들에서는 예배가 "은사 중심적"(charismatic)이었다. **영**이 예배 때 나타나는 모든 일에서 핵심 역할을 하기 때문이다. **영**은 그리스도의 몸을 형성하시고 하나님의 성전을 만들어내신다. 이 **영**은 통일성과 다양성을 동시에 지닌 채 임재하심으로 모든 사람이 참여할 수 있게 해주시고 모든 이가 세움을 받게 하신다.

현재의 관점 : 대조

판단하려는 의도는 없지만, 나는 교회가 바울 이후 교회사에서 상당 기간을 내가 방금 요약해놓은 **영**의 삶의 모습과는 좀 거리가 있는 삶을 살아왔다고 본다. 실제로 학계는 **영**을 대체로 구석으로 밀어내왔고 교회는 빈 번히 **영**을 길들이려 했다. 나는 이 책 제1장에서 이런 점을 언급했는데, 무 엇보다 그것이 이 책을 쓰게 된 이유 중 하나였다. 교회가 실제 체험하는 그리스도인의 삶을 보면, 여러 가지 이유로 앞에서 요약한 내용 중 1, 2, 3 번 항목이 시들해졌다. 그 결과, 4, 7, 8번 항목에서 말한 것도 감퇴하는 경 향을 보여주었다. 결국 핵심 항목인 5번 항목과 6번 항목은 그대로 유지되 었지만, 이것들도 체험 차원보다 신학 차원에서 유지되는 모습을 보여주 었다.

예를 들어 시간이 흘러가고 교회가 제도처럼 변해감에 따라(제도가 필 요하긴 하지만 늘 도움이 되는 것만은 아니다), 또 그리스 사상의 형식들이 교 회의 신학 작업에 영향을 끼치면서, 교회는 그 근간을 이루었던 종말론적 시각에서(앞의 2번 항목) 이탈하게 되었다. 이런 시각에서는 **영** 체험이 교 회가 자신을 두 시대 사이에서(이미 시작된 종말과 그리스도의 재림으로 완성 될 종말 사이에서) 살아가는 존재로 이해하는 데 핵심 역할을 했다. 이런 종 말론 시각을 가진 교회는 "이 세상 속에서" 살았지만 항상 그것에 의문을 제기했고, 이 세상의 가치들과 삶의 방식에 좌지우지되지 않음으로써 "이 세상에 속하지" 않았다.

아울러 **영** 안에서 살아가는 삶이 가진 역동적·체험적 본질도 대체로 사라져버렸다(3번 항목). 이런 일이 일어나게 된 데에는 적어도 신약성경 이 전혀 말하지 않는 문제(즉 "신자들의 자녀들이 어떻게 하여 신자들이 되는 가?")를 다룬 결과도 한몫 했다. 역사상 어느 시기가 되자 그리스도인들 가운데에서 어른이 되어 회심함으로 그리스도인이 되기보다 그리스도인 가정에 태어났다는 이유 때문에 그리스도인이 된 이들이 대다수를 차지 하게 되었다. 실제로 후대 신자들은 그들 자신이 겪은 교회 체험과 그들이 신약성경에서 읽고 알게 된 체험 사이에서 많은 긴장을 느꼈는데, 이런 긴 장 역시 이 중요한 요인(즉 그리스도인 가정에 태어났다는 이유만으로 그리스 도인이 된 이들이 대다수라는 사실 – 옮긴이) 때문일 수 있다. 바울이 쓴 모든 서신은 첫 세대 신자들을 상대로 쓴 것이라는 점을 강조해둘 필요가 있다. 그 신자들은 모두(적어도 바울 서신이 **수신자로 지목한** 이들은) 어른이 되어 회심한 자들이었다. 그들의 회심에는 성령이 그들의 삶 속에 오심을 체험한 사건도 포함되어 있었다. 그것이 적어도 바울 서신에서 등장하는 모습이다. 그러나 이런 회심자들의 가정에 자녀들이 태어나고 자라나면서 이렇게 **영**이 함께하심으로 체험을 통해 이루어졌던 회심에는 무슨 일이 벌어지게 되었는가? 어쨌든 후대 교회가 **영** 안에서 살아가는 삶이 가졌던 체험이라는 본질을 잃어버리고 **영**을 대체로 구석으로 밀어내게 된 원인은 십중팔구 이것으로 설명할 수 있을 것 같다. 다시 말하지만 이것은 판단하려고 하는 말이 아니다. 또 나는 언제나 어느 곳에서나 이런 일이 벌어졌다고 주장하는 것도 아니다. 하지만 교회 자신이 후대에 내놓은 "교회사" 연구가 이 세상에서 신앙 공동체가 그리스도의 삶을 자신들의 삶으로 살아낸 **영**의 삶의 역사를 다루기보다 제도의 역사를 다룬 경우가 훨씬 더 많았다는 점은 상당히 흥미로운 일이다.

물론 이런 와중에도 교회가 잃어버리지 않은 것이 있다. **영**에 관한 교리가 바로 그것이다. 더불어 성경대로 **영**을 인격체로 바르게 이해하는 것 역시 사라지지 않았다(4번 항목). 덕분에 **영**이 삼위 하나님 안에서 차지하는 위치를 삼위일체 시각에서 암시한 내용들(5번 항목) 그리고 우리가 하나님의 자녀가 될 때 **영**이 하는 본질적 역할을(6번 항목) 더 형식을 갖춘 신앙고백(신경) 형태로 표현한 것들이 나오게 되었다. **영**을 받음과 물세례를 결합한 것은 이런 발전과 관련 있으며, (십중팔구는) 그리스도인 가정에 태어난 자녀들에게 결국 유아세례를 베풀게 된 일도 역시 이런 발전과 관련 있을 것이다. 이제 **영**을 더 이상 역동적 체험의 대상으로 인식하지 않게 된 것은 어쩔 수 없는 일이 되었다. 하지만 **영**은 여전히 구원 **신학**에서 중심 요소로 남아 있었다.

후대 교회사를 살펴보면 신자 개인이 자주 불안을 느끼고 불행히도 너무 빈번하게 무기력에 빠지는 때가 많았다. 이런 현상 역시 **그리스도인의**

삶을 시작할 때 영의 삶을 역동성 있게 체험하던 일이(7번 항목) 대체로 사라져버린 데서 비롯된 결과라고 설명할 수 있다. 물론 이것은 분명 모든 사람에게 해당하는 말은 아니다. 그러나 교회사 전반에 걸쳐 수도원 운동이 나타나고 다양한 성령 운동들이 출현한 것도 일부나마 그런 현상 때문으로 설명할 수 있다. 바울의 **영**성에서는 "거룩한"과 그 복수 명사형인 "성도들"(거룩한 자들)이 그리스도인이 매일매일 살아가는 삶을 묘사하는 말이었다. 그러나 이제 이 말들은 보통 신자들을 묘사하는 말이 아니라 "특별한" 신자들을(소위 "성자들"을 – 옮긴이) 묘사하는 말이 되어버렸다. **영**성도 마찬가지다(8번 항목). 많은 사람이 자연 발생적으로 행하던 것들이 이제는 소수가 행하는 일이 되어버렸다. **영**으로 하는 기도는 교회 전례(종종 탁월한 전례도 있지만)에 갇혀 고정된 기도가 되어버렸고, 방언은 실상 거의 그쳤으며, 예언도 미리 준비한 설교로 격하되고 말았다.

분명 교회는 그 역사 속에서 다양하고 허다한 "성령 운동들"을 배출해 왔다. 교회는 이들 가운데 일부를 흡수했다. 또 다른 것들은 교회 밖으로 몰아냈으며, 이렇게 밀려난 것들은 늘 이단이 되고 분열을 일으키는 원인이 되었다. 또 다른 것들은 교회 안에서 개혁 운동들로 바뀌었다. 이 운동들 대다수가 가진 공통분모는 이런저런 형태로 **영**의 삶을 다시금 되살려보려 했다는 것이다. 이런 운동들이 성공을 거둘 경우에는 갱신과 복의 원천이 되었다. 그러나 성령 운동들은 제도권 교회들을 긴장시키곤 한다(굳이 부연한다면, 제도권 교회들이 긴장하는 것은 당연히 그럴 만한 이유가 있다. 그 이유 중에는 좋은 것도 있고 나쁜 것도 있다). 결국 이제 우리가 영위하는 교회의 삶 전체를 돌아보면, **영** 안에서 살아가는 삶을 하나님의 영광을 위하여 살아가는 종말의 백성을 만들어내는 실재요 역동적 체험의 대상으로 보았던 바울의 시각은 대체로 그리 주목을 받지 못하는 시시한 것이 되어버렸다.

앞으로 나아갈 길

만일 내가 앞서 바울 이후 시대에 **영**이 교회에서 행하신 일을 묘사한 것이 아주 황량하게 보이거나 모욕처럼 들렸다면, 그것이 내 의도가 아님을 재차 말해두고자 한다. 나는 설령 우리가 시간을 뒤로 돌릴 수 있다 해도 모든 것이 더 나아지리라고는 생각하지 않는다. 나는 시간을 거꾸로 돌릴 수 없다는 것을 알 뿐 아니라, 교회사 안에서도 많은 기쁨을 안겨주는 일들을 발견한다. 신경(信經)들, 전례들, 신학 작업, 제도 안에서 살아가는 삶이 우리와 함께할 뿐 아니라, 나를 포함한 많은 사람들은 이런 것들 역시 후대 교회의 삶 속에서 **영**이 행하신 일로 본다. 따라서 이 연구서가 호소하는 것은 우리가 실제로 "원시 교회"를 회복할 수 있으니 그 방법과 모습이야 어떻든 상관없으니 그 교회를 회복하고 보자는 것이 아니다. 오히려 이 연구서는, 그리스도인의 삶을 본질상 역동성 있게 체험하고 종말론적 지향점을 가진[그러면서도 **교회의 삶**(교회 공동체를 중심에 둔 삶 – 옮긴이) **속에 완전히 녹아든**] **영**의 삶으로 보았던 바울의 시각을 되찾자고 호소하는 책이다.

내 제한된 시각에서 나온 것이긴 하지만, 그런 시각을 "되찾는 일"은 두 가지 차원을 가진다. 첫째, "이미 있는 헛간들을 다 헐어버리고 다른 것들을 새로 짓기"보다 우리가 현재 가진 제도들과 신학들과 전례들 속에 **영**이 생명을 불어넣으시게 하자. 역사를 보면, 성령 운동들, 특히 원시 교회를 회복하자는 "회복주의" 유형의 운동들은 이미 있는 것을 다 헐어버리고 다른 것을 새로 짓자는 행태를 비일비재하게 보여주었다. **영**은 교회 안에서 일어나는 모든 갱신에 새 찬송을 불어넣어주실 뿐 아니라, 이전에 불렀던 찬송들 가운데 가장 훌륭한 곡들에 새로운 활력을 불어넣어 소생시켜주신다. "이 '마른 뼈'들이 살 수 있겠느냐?" 야웨께서 그 선지자(=에스겔)에게 물으셨다. "주께서 아시나이다." 그 선지자가 대답했다. 그런 다음 그는 **영**이 이미 거기 있던 것들에 생명을 불어넣으시는 모습을 보았다(겔

37:1-10을 보라 – 옮긴이). 우리 눈에 보이는 구조들, 전례들, 신학들을 생각해볼 때, 우리가 어떤 식으로든 기적처럼 하나를 이룰 수 있으리라고 믿기에는 이미 너무 많은 시간이 흘러갔고 이미 너무 많은 것이 단단히 굳어져 버렸다. 그러나 인간의 요인이 방해하지 않은 때는, 자주 **영**은 하나님의 백성에게 더 큰 지각을 허락하사 이 백성이 신앙고백의 경계를 뛰어넘어 하나가 되게 해주셨다. 교회는 현재 일정한 형태(들)와 구조들을 갖고 우리와 함께 있다(사실은 우리가 그 교회다). 살아 계신 하나님의 **영**이 교회 위에 새롭게 부어짐으로 이 교회가 그리스도가 다시 오실 때까지 이 세상에서 그 생명을 이어가게 해주시길 기도한다.

둘째, 바울의 시각을 순수하게 되찾는다면, "**영**의 은사들"과 "**영**의 현상들"이 교회 안에서 거드름을 피우다가 결국 교회들을 "은사 중심적"(은사주의적) 교회와 그렇지 않은 교회로 쪼개놓음으로써 **영**을 고립시키는 결과를 초래하지는 않을 것이다. 도리어 바울의 시각을 순수하게 되찾게 되면, 교회는 그 신학은 물론이요 그 삶과 **영**성 면에서도 더 생명력이 넘치는 삼위일체 하나님의 교회가 될 것이다. 이것은 **영**을 높인다는 뜻이 아니라, 하나님을 높인다는 뜻이다. 또 이것은 **영**에게 초점을 맞춘다는 말이 아니라, 십자가에 못 박히셨다가 부활하신, 모든 이의 구주요 주이신 그 아들(the Son, 성자)에게 초점을 맞춘다는 뜻이다. 윤리에 합당한 삶은 협소하게 개인 차원에서 인식하는 삶이나 율법을 따르는 것으로 표현하는 삶이 아니라, 기쁨으로 공동체를 생각하는 삶이요, 현재 세상을 지배하는 삼위일체인 상대주의와 세속주의와 물질만능주의에 단호히 맞서는 삶이다. 이 삼위일체가 끼치는 영향들은 하나같이 인간성을 철저히 짓밟는 것들이다. 이렇게 삼위일체 하나님을 목표로 삼는 윤리가 바울의 윤리일 것이다(바울의 윤리는 **영**이 주시는 능력을 힘입어 그 아들의 형상을 닮아감으로 하나님께 영광을 돌리는 것을 그 목표로 삼는다).

이렇게 역동성 넘치는 **영**의 삶을 되찾게 되면, **은사들**도 갱신되어, 은사들을 가지는 것 자체를 목표로 삼는 게 아니라 은사들을 통해 하나님 백성이 이 세상에서 더불어 살아갈 수 있도록 하나님 백성을 세워주는 것을 목표로 삼게 될 것이다. 이런 갱신에서는 과거에 빈번히 일어났던 일이 일어나서는 안 된다. 즉 특이한 **은사들**을 가졌다는 이유로 이런 은사들을 가진 자를 두려워하여 이런 은사들을 아무런 검증이나 분별도 하지 않은 채 그대로 존속하게 하는 일이 일어나서는 안 된다는 말이다. 모든 형태의 극단주의는 교회 안에서 새롭게 등장하는 **영**의 삶을 향해 두려움을 표명하거나 두려움을 품는 경우가 허다하다. 그러나 그런 극단주의는 결국 실패를 낳을 뿐이다. 첫 바울 서신이 내렸던 이 명령을 새겨들어야 한다(살전 5:19-22). "예언을 멸시하여 **영**을 소멸하지 말라. 그러나 **모든 것을 시험하라**. 또 그리할 때에 선한 것을 단단히 붙들고 모든 형태의 악을 제거하라." "영들을 시험(검증)하지" 않은 결과, 책임과 책무가 사라지는 결과를 낳았다. 이는 다시 유명하다는 일부 사람들의 실패로 이어졌고, 거짓이거나 실현될 수 없는 "예언들"을 받은 자들로 말미암아 사람들이 고통을 겪고 상처를 입는 결과로 이어졌다.

요약하자면, 나 자신은 바울의 시각이 더 훌륭하다고 생각한다. 아울러 나는 그 시각이 우리 자신의 시각이 될 수 있다고 믿는다. 감히 말하거니와, 정녕 우리가 소위 탈기독교, 포스트모던을 표방하는 이 시대에 세상과 뭔가 다른 모습을 갖고자 한다면, 바울의 시각이 우리 자신의 시각이 "되어야 한다." 그러나 이것은 우리가 신학 작업을 할 때 **영**을 시늉으로 이야기하는 일을 그치고 바울 신학에서 **영**이 차지하는 긴요한 역할을 인정해야 한다는 의미다. 동시에 이것은 교회가 신경(信經) 속에 갇혀 있는 **영**을 담대하게 해방하여 그분이 신자와 신앙 공동체가 체험하는 삶 속으로 복귀하실 수 있게 해야 한다는 뜻이다.

이 연구서를 올바로 마무리하는 길은 아마도 기도가 아닐까 한다. 이 경우에는 옛날 사람들이 **영**에 감동되어 올렸던 기도들로부터 도움을 받는 게 좋겠다. 첫 기도는 시편의 기도로서, 이미 하나님을 알고 있는 이들이 하나님을 더(그리고 더 잘) 알기를 갈망하는 마음을 표현한 기도다. 이

기도는 예수가 말씀하신 팔복 중 첫째와 셋째 형태를 띤다("영이 가난한 자는 복이 있나니"; "의에 주리고 목마른 자는 복이 있나니"). 하지만 이 기도는 영혼에서 울려 나오는 뜨거운 언어로 표현되어 있다. 이 영혼은 그 안에 하나님의 형상을 닮은 공간이 있음을 알고, 그 공간을 하나님이 친히 가득 채워주시길 절박하게 간구한다.

> 오 하나님, 당신은 내 하나님이시니,
>   내가 당신을 간절히 찾습니다.
> 내 영혼은 당신을 찾느라 목마르고,
>   내 몸은 당신을 갈망합니다.
> 물이 없어
>   메마르고 황폐한 땅에서(시 63:1).

두 번째 시는 모세의 기도다. 이 연구서에서 줄곧 언급했듯이, **영**을 우리에게 능력 주시는 하나님의 임재로 이해하는 바울의 시각 저변에는 이 기도가 가까이에 자리해 있다. 이 기도에는 하나님이 구속해주셨고 구속해주시는 백성으로서, 이제 묵은 세기(그리고 천년기)를 보내고 새 세기(그리고 새 천년기)를 맞이하는 포스트모던 시대에서 살아가는 교회와 신자를 똑같이 규정하는 특징인 절박한 외침이 들어 있다.

> 만일 당신의 임재가 우리와 함께 가시지 않는다면, 우리를 여기서 올려 보내지 마옵소서. 당신이 우리와 함께 가시지 않는다면, 당신이 당신 백성을 기뻐하신다는 것을 사람들이 어찌 알겠습니까? 그것 말고 또 무엇이 당신 백성을 지상의 다른 모든 민족들과 구별해주겠습니까?(출 33:15-16)

그리고 마지막은 앤드루 리드(Andrew Reed)가 지은 찬송이다. 이 찬송은 개인 차원이긴 하지만, 어쩌면 **영** 안에서 살아가는 삶을 바라는 우리 기도의 본질을 가장 잘 표현하지 않았나 싶다.

온전히 하나님이신 성령이여,
　　이 내 마음에 들어와 거하소서.
　모든 우상의 보좌를 던져버리시고,
　　지존하신 주(主)로 홀로 다스리소서.

아멘 또 아멘.

바울 이전의 성령론

이런 부류의 연구서들은 "원천들"(sources)과 "영향들"을 앞부분에서 다루는 경우가 많다. 그러나 나는 그런 연구서들과 달리 이 문제를 부록에서 다루는 쪽을 택했다(이는 내가 그런 내용이 중요하지 않다고 생각하기 때문이 아니라, 바울 자신이 한 말을 꼼꼼히 살펴본 **뒤에야** 비로소 이 문제를 제대로 다룰 수 있다고 생각했기 때문이다). 그러나 내가 그 문제(원천들과 영향들)를 마지막 장에서 다루었다면, 마치 그 문제가 이 책이 지향하는 목표처럼 되어 진짜 정점(頂點)을 놓쳐버리는 김빠진 일이 되었을 것이다.[2] 그래서 나는 그 문제를 이렇게 부록으로 다루는 쪽을 택했다.

바울은 자신의 **영** 이해가 구약성경에서 직접 유래한 것으로 여겼다. 이는 의심할 여지가 없으며, 바울 서신 곳곳에서 확실하게 나타난다. 구약은 그리스도와 **영**이 대체하신 "언약"을 포함한다. 여기서는 바울이 **영**이라는 선물로 말미암아 "이루어졌다"고 이해했던 "약속들"을 발견할 수 있다. 바

---

1) **참고 문헌**: Michael E. **Lodahl**, *Shekinah Spirit: Divine Presence in Jewish and Christian Religion* (New York: Paulist, 1992); R. P. **Menzies**, *Development*, 52-112; **Pinnock**, "Concept," 13-88; W. C. **Wright**, "Use," 6-169.

2) Hoyle이 하는 일이 바로 이것이다(*Holy Spirit*, 1927). 그의 분명한 관심사는 바울을 지도상에 표시하는 것, 바로 그것뿐이다. 나는 그런 일에는 관심이 없고, 다만 바울과 구약 (그리고 유대교) 사이에 존재하는 연속성과 불연속성에만 관심이 있을 뿐이다.

울은 그가 제일 먼저 쓴 서신에서 칠십인경 에스겔 37:6, 14의 언어를 되울려주며 하나님이 "너희 속에 그의 성령을 주셨다"라고 말한다(살전 4:8). 또 바울은 고린도후서 3장에서 제시한 출애굽기 33-34장 주석에 바로 그 에스겔서 본문을 결합하여, 하나님이 새로 구성하신 백성에게 토라 준수를 요구하는 이들에 맞서, 더 영광스러운 언약(**영**의 언약)이 왔다는 것을 고린도 사람들에게 설득하려고 노력한다. 또 바울은 갈라디아서 3:14에서 **영**이라는 선물이 이방인들 가운데 임한 것을 하나님이 아브라함에게 약속하셨던 복이 이루어졌음을 증명해주는 증거로 본다. 아울러 바울은 로마서 2:29에서 **영**으로 마음에 할례를 받는 것을 신명기 30:1-6의 "성취"로 여긴다. 이런 내용들은 계속하여 열거할 수 있다.

하지만 우리 자신이(특히 이제는 그리스도인들이) 구약을 신약이 증언하는 사건들에 비추어 읽는 것처럼, 바울도 그가 속한 시대의 인물인지라 역시 구약을 그 자신이 몸담았던 역사 정황과 그가 겪은 체험이라는 틀 속에서 읽어냈다. 따라서 이번 장에서 우리가 할 일은 두 가지다. (1) 구약의 **영** 이해, 특히 우리의 바울 이해에 영향을 끼친 구약의 **영** 이해를 대강 살펴보는 것이다. 그리고 (2) 구약과 신약 중간기 유대교에서 일어난 어떤 "발전들"을 간략하게 살펴보는 것이다.[3] 우리 관심사는 바울을 이런 스펙트럼 안에 놓아두는 것이다. 이를 통해 우리는 구약의 견해 자체를 이해할 수 있을 뿐 아니라, 구약 이후에 계속된 유대교 내부에서 **영**을 어떻게 보았는지, 또 이런 견해가 바울에게 우리가 알아낼 수 있을 만한 어떤 영향을 미쳤는지 여부를 밝혀낼 수 있기 때문이다.

먼저 방법론과 관련하여 아주 중요하게 강조해두어야 할 점이 있다. 자신의 실존과 과거를 자신의 체험에 비추어 해석하는 모든 사람의 경우에

---

3) E. F. Scott, *Spirit*, 130은 견해를 달리한다("바울의 사고는 이처럼 헬레니즘에 치우쳐 있다. 우리가 그의 **영** 교리를 이해하려 할 때에는 이 점을 고려해야 한다"). 근래 모든 저자들은 (Pinnock, Wright, *TDNT*, *NIDNTT*, Menzies) 바울이 자신이 체험한 **영**을 하나님의 **영**으로 이해한 것은 오로지 그가 몸담았던 유대교의 해석 틀에 근거한 것이라고 확고하게 판단한다.

서 볼 수 있듯이, 이들의 해석에는 알게 모르게 여러 요인들이 영향을 미친다. 바울에게도 분명 그가 의식한 영향들이 있었다. 정경인 구약, 그리고 그 자신이 부활하신 주님과 종말의 **영**을 체험한 사건이 그런 영향들이었다. 그는 분명 구약을 자신이 주님과 **영**을 체험한 사건에 비추어 해석한다. 물론 그는 이런 식으로 사물을 바라볼 때 "약속"(구약)과 "성취"(그리스도와 **영**)라는 관점에서 바라본다. 우리가 난관에 부닥치는 것은 바울이 의식하지 못한 영향들을 찾아내려고 할 때다. 바울은 그런 영향들을 분명하게 언급하지 않을뿐더러, 그런 영향들이 남긴 언어를 사용하지 않기 때문이다. 하지만 두 가지 "영향들"만큼은 확실해 보인다. (1) 바울 자신도 인정하지만, 그는 "율법으로 치면 바리새인"이었다(빌 3:5). 그가 이 전통 속에서 수월하게 움직였다는 점은 고린도전서 10:4에서 볼 수 있는 바리새파 전통에 관한 그의 지식, 그리고 갈라디아서 4:21-31에서 볼 수 있는 그의 논증 형식이 증명해준다. (2) 또 하나 그에게 확실히 영향을 끼친 것은 유대 "묵시 전승"이다. 바울 같은 경우에는 이 말이 묵시문헌 자체를 가리킨다기보다 오히려 그가 이런 문헌을 만들어낸 이들과 공유했던 종말론적 시각을 가리킨다. 그가 쓴 서신들이 문학적 차원에서 이런 묵시문헌에 분명히 의존하는 모습을 전혀 드러내지 않기 때문이다. 여기서 우리가 관심을 갖는 것은 단 하나다. 이런 자료들이 자신의 종말의 **영** 체험을 바라보는 바울의 **이해**에 영향을 끼쳤음을 증명하는 증거가 실제로 그런 자료들이 표현하는 내용 가운데 들어 있는가?

구약성경이 말하는 성령

맛소라 본문에서는 רוח(*rûaḥ* = "숨, 바람, 영")라는 말이 377회 정도 등장한다.[4] 우리가 관심을 갖는 것은 그중에서 하나님의 **영**을 가리키는 94회 정도다.

구약에서 이 말이 가지는 의미를 밝혀내는 일은 방대하고 복잡한 문제로서, 구약의 각 책에서 나타나는 발전 도식들을 어떻게 이해하느냐라는 문제와 일부 관련 있다.[5] 우리는 지금 그러한 발전 도식들을 어떻게 이해하느냐라는 문제에는 거의 관심이 없다. 구약이 바울에게 어떤 영향을 미쳤든지, 어차피 바울은 이미 모든 다양성과 복잡성이 확고하게 정리된 정경 형태를 지닌 구약성경으로부터 영향을 받았기 때문이다. 따라서 우리 관심사는 일정한 선로(線路)를 따라 이루어진 발전이 아니라, 다양한 방식으로 등장한 **영** 이해다.

구약에서 볼 수 있는 רוח의 다양한 전개 양상은 모두 "움직이는 공기"라는 이 말의 기본 의미 그리고 이런 רוח가 본질상 신비롭고 형체가 없어서 만져볼 수 없으면서도 능력이 넘치는 효험을 지닌다는 두 가지 요인 때문에 나타난 현상으로 볼 수 있다. 이런 다양한 전개 양상은 결국 하나님이 행하시는 신비하고 능력이 넘치는 일들이 지극히 다양한 양상으로 나타나기 때문이라고 봐야 한다. 그렇다면 이런 다양한 전개 양상은 전혀 놀라운 게 아니다. 동시에 이 רוח를 하나님과 긴밀히 결합하게 되면, 어쩔 수 없이 이 רוח를 하나님의 능력 및 하나님의 도덕적 성품과 연계할 수밖에

---

4) 칠십인경은 이 가운데 264회만을 πνεῦμα로 번역한다.

5) **참고 문헌**(선별한 것들이다): C. **Armerding**, "The Holy Spirit in the Old Testament," *BSac* 92 (1935), 277-91, 433-41; F. **Baumgärtel**, W. **Bieder**, E. **Sjöberg**, *TDNT* 6.359-89; C. **Briggs**, "The Use of רוח in the Old Testament," *JBL* 19 (1900), 132-45; R. S. **Cripps**, "The Holy Spirit in the Old Testament," *Th* 24 (1932), 272-80; G. H. **Davies**, "Holy Spirit in the Old Testament," *RevExp* 63 (1966), 129-34; J. **Hehn**, "Zum Problem des Geistes im alten Orient und im Alten Testament," *ZAW* 43 (1925), 13-67; P. **van Imschoot**, "L'Esprit de Jahvé, principé de vie morale dans l'A.T.," *Etl* 16 (1939), 457-67; E. **Kamlah**, *NIDNTT* 3.690-93; R. **Koch**, *Geist und Messias* (Vienna: Herder, 1950); S. **Mowinckel**, "The Spirit and the Word in the Pre-Exilic Reforming Prophets," *JBL* 53 (1934), 199-227; W. R. **Schoemaker**, "The Use of *Ruach* in the Old Testament and in the New Testament," *JBL* 23 (1904), 13-67; N. **Snaith**, *Distinctive Ideas of the Old Testament* (London: Epworth, 1944), ch. 7; P. **Volz**, *Der Geist Gottes und die verwandten Erscheinungen im Alten Testament und im anschliessenden Judentum* (Tübingen: Mohr, 1910); B. B. **Warfield**, "The Spirit of God in the Old Testament," in *Biblical and Theological Studies* (Philadelphia: Presbyterian and Reformed, 1952), 127-56.

없다. 따라서 바울의 용례가 지닌 전제들은 대부분 이미 구약에서도 작동하는 것들이다. 그 전제들 가운데 몇 가지를 여기서 살펴보겠다.

▪ 하나님의 능력인 성령

하나님의 **영**이 지닌 특징으로서 가장 두드러지는 한 가지는 하나님의 능력이다. 하나님의 **영**을 하나님의 능력으로 보는 것은 불가피해 보인다. 하나님 자신이 전능하신 분이기 때문이요, 히브리 사람들 역시 비록 יהוה 자체는 눈으로 볼 수 없었지만 그래도 יהוה가 지닌 그 형언할 수 없는 능력, 곧 그것이 가져다주는 강력한 효과들에 주로 관심을 기울였기 때문이다. 이처럼 사람들은 하나님의 **영**을 눈에 보이지 않으나 지극히 다양한 실체들을 만들어내거나 이뤄내는 능력으로 인식했다. 구약에서는 **영**이 곧 창조주시라는 개념을 완전하게 전개하지는 않는다. 하지만 구약은 **영**을 창조에 관여하신 분이자(시 104:30; 참고. 33:6; 창 1:2), 종말에 땅을 새롭게 하실 분(사 32:15)으로 본다. 하나님의 יהוה는 비천한 인간에게 비범한 능력들을 부어주신다. 때로는 육체의 힘을 부어주시고(삿 14:6: "여호와의 **영**이 삼손에게 능력 있게 임하니라"; 참고. 14:19; 15:14), 때로는 어떤 일을 할 수 있는 공교한 솜씨를 부어주신다(출 31:3-4; 35:31: "내가 브살렐에게 하나님의 **영**을 가득 채워주고, 정교한 설계들을 행할 수 있는 솜씨로 채워주리라"). 또 때로는 통찰과 지혜를 부어주시고(단 5:14), 때로는 황홀경에 빠지게 하신다(삼상 10:10: "또 하나님의 **영**이 그 위에 능력 있게 임하니, 그도 예언하는 자들 가운데 있더라"; 참고. 6절; 민 11:25, 29; 삼상 19:20, 23-24). 마찬가지로 **영**은 그룹들을 움직이시거나(겔 1:12, 20), 에스겔이 그 발로 서게 하시거나(2:2), 그를 들어 올리시거나(3:12; 8:3), 혹은 낚아채어 멀리 데려다 놓으신다(3:14; 참고. 왕상 18:12; 왕하 2:16).

따라서 하나님의 **영**은 하나님의 능력이 효험 있게 역사함을 의미했다.

그러므로 비록 이 두 말(**영**과 능력)이 같은 말은 아니어도 하나(**영**)의 임함은 늘 다른 하나(능력)의 임재를 시사했다고 말하는 것이 십중팔구는 타당할 것이다. 앞서 본문들을 주해할 때 시종일관 언급했듯이, 바울은 **영**을 근본적으로 이렇게 이해하는 입장을 당연한 전제로 삼는다.

▪ 성령과 리더십

구약이 능력을 부어주심을 이야기한 내용을 분류해보면 크게 여러 줄기가 있지만, 그중 하나가 이스라엘 지도자들에게 능력을 부어주신 일들이다. 이런 경우로서 처음 나타나는 사례가 모세(민 11:17)와 여호수아(민 27:18)의 경우다. 또 사사기에서는 이런 사례가 일관되게 나타나는데, 지도자 역할을 할 수 있게 그 원천으로서 여호와의 **영**을 받았다고 분명하게 언급한 이들을 다양하게 볼 수 있다. 그리하여 사사기는 "여호와의 **영**이 (옷니엘에게) 임하매 그가 이스라엘의 사사가 되어 전쟁터로 나갔더라"(3:10)라고 말한다. 아울러 기드온("여호와의 **영**이 기드온에게 임하매 그가 나팔을 불어 아비에셀을 모으고 그를 따르게 하니라", 6:34)과 입다(11:29)와 삼손(14:6, 19; 15:14)의 경우를 참고하기 바란다. 이스라엘의 첫 왕 역시 방금 말한 것과 거의 같은 지도자 역할을 수행할 수 있게 능력을 받았다(삼상 11:6, "사울이 그들의 말을 들을 때 하나님의 **영**이 그에게 능력 있게 임하니라"). 성경은 기름 부음을 받는 다윗에게도 같은 말을 한다(삼상 16:13).

　따라서 구약이 하나님의 메시아인 왕을 무엇보다 야웨의 **영**이 그 위에 임할 이로 규정하는 것은(사 11:2) 놀라운 일이 아니다. 이 모티프는 주의 종(사 42:1-2; 59:21; 61:1)이라는 모티프로 더 완전하게 발전해간다.

　구약이 이런 모티프를 상당히 많이 구사하는 점을 생각할 때, 징직 바울 자신이 그리스도나 그 자신과 관련하여 이런 모티프를 전개하지 않는 점은 상당히 흥미로운 일이다. 바울이 그리스도를 그렇게 언급하지 않았지만, 이는 그리 놀라운 일은 아니다. 바울은 그리스도를 이 땅의 메시아가 아니라 부활하신 주님이라 주로 일컫기 때문이다. 그러나 바울은 자신의 사역을 이야기할 경우, 자신의 사도직이든지 다른 사도들의 사도직이든지, 이 사도직이 **영**으로부터 직접 유래했다는 말을 결코 하지 않는다. 물론 일부 사람들은 바울이 고린도전서 12:27에서 그런 말을 한다고 본다. 이 본문이 χαρίσματα를 논하는 문맥에서 등장하기 때문이다. 그러나 사실 바울은 사도직을 χάρισμα라고 말하지 않는다. 그는 사도들을 "하나님이 교회에 두신 이들"이라고 말한다. 이 현상은 바울이 보기에 헤아릴 수 없는 것들 가운데 하나다.

▪ 성령과 예언

구약은 **영**을 하나님이 부어주시는 능력의 원천으로 본다. 구약은 또 이런 이해와 발맞추어 하나님의 **영**을 특히 널리 **영**에 감동되어 하는 말은 물론이요 특히 예언 활동 뒤에, 그중에서도 특별히 예언의 말 뒤에 자리해 있는 분으로 이해한다. 그리하여 다윗은 "여호와의 **영**이 나를 통해 말씀하셨다"(삼하 23:2)라고 말한다. 아울러 역대상 12:18(아마새의 경우), 역대하 15:1(아사랴의 경우), 20:14(야하시엘의 경우)를 참고하기 바란다.[6] 그러나 구약은 특히 예언의 말을 **영**이 부어주시는 능력의 산물로 인식한다. 이는 이런 예언들이 기록되기 이전에 나온 예언들의 경우에도 마찬가지였다[민 11:25(70인의 장로); 11:26(엘닷과 메닷); 24:2(발람); 삼상 10:10(사울)]. 스가랴서(7:12)에 따르면, 포로기 이전의 선지자들에게도 이는 참이였다("전능

---

6) 욥기에서 엘리후가 한 말을 참고하라(32:8, 18; 33:1-4). 그러나 저자가 이 말을 비꼴 목적으로 써놓은 것인지 아니면 독자들이 이 말을 진지하게 받아들이길 원했는지 여부는 확실치 않다. 어쨌든 이 말들은 **영**에 감동된 말들이 "하나님의 **영**"으로부터 나온 것이라는 이해를 반영한 것이다.

하신 여호와가 당신의 **영**으로 이전에 선지자들을 통하여 보내신 말씀"). 물론 이 선지자들은 그들 자신이 하는 말을 직접 **영**으로부터 나온 말이라고 말하지 않는 경우도 종종 있었다. 그런 점에서 미가 3:8은 분명한 예외다("그러나 나로 말하면, 나는 능력으로, 여호와의 **영**으로 충만하여 야곱에게 그 허물을 이스라엘에게 그 죄를 선포하리라"). 포로기 선지자인 에스겔은 **영**을 철두철미하게 그의 영감의 원천으로 본다(11:5과 곳곳에서).

우리 목적에 비추어볼 때 상당히 흥미로운 것은 모세가 민수기 11:29에서 여호수아의 시기에 답한 말이다. "나는 여호와의 모든 백성이 예언하는 자가 되기를 원하고 여호와가 당신의 **영**을 그들 위에 두시기를 원하노라." 요엘은 이 기도를 종말론의 시각으로 받아들여 하나님이 세우신 메시아의 통치를 처음으로 이렇게 표현했다. "나는 내 **영**을 모든 사람 위에 두리니, 너희 아들들과 딸들이 예언할 것이요,…그날이 오면 내가 무론남녀하고 내 **영**을 내 종들 위에 부어주리라"(2:28-29).

바울은 요엘이 한 예언을 언급하지 않는다. 그러나 "모든 사람이 하나씩 하나씩 차례로 예언할 수 있다"(고전 14:31)라는 그의 예언 이해는 분명 요엘이 말한 약속을 반영한 것이다. 어쨌든 바울은 데살로니가전서 5:19-20과 고린도전서 12:7-11에서 예언의 원천을 분명 **영**이라고 말한다. 바울은 예언을 경멸하는 것을 **영**을 소멸하는 것으로 본다.

■ 성령과 계시[7]

후대에 이르러 **영**을 계시의 원천으로 보는 모티프가 전개되는데, 이 모티프는 하나님의 **영**이 곧 예언의 영감의 원천이라는 모티프와 긴밀하게 연결되어 있다. 제2성전 시대에 이 모티프는 두 방향으로 전개되었는네, 둘 디

---

7) 이 문제를 살펴보려면, 특히 Bockmuehl, *Revelation*, passim을 보라.

구약에 그 뿌리를 두고 있다. 첫째, 이사야 11:2을 보면, 하나님이 메시아 위에 당신의 **영**을 두실 때 그 메시아가 "지혜와 이해의 **영**"을 받는 결과가 나타날 것이라고 말한다. 정경 밖에 있는 지혜문헌, 특히 「집회서」와 「솔로몬의 지혜서」가 이 모티프를 가져다 쓴다. 이 모티프는 바울이 골로새서 1:9과 에베소서 1:17에서 구사하는 용례에 분명 영향을 주었는데, 바울의 경우에는 지혜문헌을 거치지 않고 구약으로부터 직접 영향을 받았다.

둘째, 다니엘서를 보면(4:8, 9, 18; 5:11, 14), 바벨론 사람들이 꿈과 벽에 쓰인 글씨를 해석하는 다니엘의 능력을 그가 "거룩한 신들의 영"을 가져 "통찰과 지식과 탁월한 지혜"(5:14)를 가진 결과라고 말하는 대목이 나온다. 여기서는 분명 묵시 전승과 지혜 전승이 한데 어우러져 있다. **영**이 비밀들을 계시해주신다는 이런 모티프는 특히 묵시문헌과 쿰란 사본이 가져다 사용했다. 바울도 그가 고린도전서 2:9-12에서 주장하는 내용을 볼 때 분명 이런 전통에 속해 있었다. 그러나 이것이 바울 사도를 지배한 모티프는 아니었다. 또 그가 이 모티프를 활용하여 한 일은 모든 "비밀"을 끄집어 내는 일이었다. 하나님은 당신이 "감춰놓으셨던 비밀"을 당신의 **영**을 받은 사람들에게 계시해주셨다. 이 비밀은 하나님의 어리석음 속에서 나타난 "지혜", 곧 십자가에 못 박히신 메시아를 통해 이루신 구원이었다.

▪ 하나님의 임재인 성령

하나님의 임재와 하나님의 **영** 사이에 직접 존재하는 연관성은 특히 시편이 상세하게 이야기한다. 다윗은 시편 51편에 있는 그의 참회 기도에서 이렇게 간구한다. "나를 당신의 임재로부터 쫓아내지 마옵시고, 혹은 나로부터 당신의 성령을 거두지 마소서." 실제로 그 시편 기자는 다른 곳에서 이렇게 여쭌다. "내가 당신의 **영**을 떠나 어디로 갈 수 있겠습니까? 내가 당신의 임재를 벗어나 어디로 도망칠 수 있겠습니까?"(139:7). 그러나 하나님의 임재라는 모티프를 분명하게 **영** 때문이라고 이야기하는 곳은 특히 이사야 63:10-14이다. 이 본문은 바울도 인용한다(엡 4:30). 선지자들은 이 개념을 종말론과 관련지어 가져다 쓴다. 선지자들은 회복을 하나님의 **영**과 관련지어 본다. 이 **영**이 그 민족을 다시 살려주시고(겔 37:14; 참고. 사 34:16), 그 백성의 마음에 거하심으로 예레미야가 말한 새 언약을 이뤄주신다(겔 36:27). 이런 점에서 포로기 이후 선지자인 학개는 출애굽을 회고하면서 현재의 회복을 **영**과 관련지어 이렇게 말한다. "이것은 너희가 애굽에서 나올 때 내가 너희와 언약했던 것이요, 내 **영**이 너희 가운데 머물리라"(2:5). 마찬가지로 스가랴는 하나님이 그들 가운데서 "내 **영**으로" 당신의 목적들을 이루실 것이라고 "전능하신 여호와가 말씀하셨다"라며 스룹바벨을 격려한다(4:6).

이런 언어는 **영**의 인격성을 분명하게 드러내는 언어가 아님을 인정할 수 있다. 하지만 이는 구약과 신약 중간기에 전개된 발전 과정의 시작이다. 이 중간기에는 말, 지혜, 영(spirit) 같은 말을 인격체로 표현하게 된다. 즉 이런 말들을 하나님과 함께 등장시키면서도 하나님과 구분함으로써 이 말들을 개별 인격체로 표현하게 된다. 이미 구약도 **영**이 하나님과 구분되는, 하나님의 중개자이심을 인식했다. 특히 "내가 내 **영**을 그 위에 두리라" 같은 말이 그 증거다. 바울 사도는 이런 풍부한 전승을 물려받은 상속인이었다.

■ **성령과 종말론**

바울의 **영** 이해에 영향을 미친 것 중 가장 쉽게 추적할 수 있는 모티프(이스라엘이 종말에 맞이할 미래를 일러주는 실마리인 **영**)는 지금까지 말한 것 중 많은 것들을 한데 묶어준다. 구약에서는 이 모티프가 몇몇 중요한 곳에서 등장한다. 이사야서에서는 **영**이 종말의 구원을 가져다주시는 메시아 위에 임할 것을 말한다(11:2; 참고. 42:1; 59:21; 61:1). 이사야서가 담고 있는 예언 중에는 (a) **영**이 포로들을 모으시리라는 약속(34:16), (b) **영**이 "위로부터 우리에게 부어짐"으로써 사막이 옥토가 되고 옥토가 숲이 되며(창조 모티프) 이 가운데 정의와 의가 거하게 되리라는 약속(32:15-16), (c) 내가(하나님이) "내 **영**을 너희 자식들에게, 그리고 내 복들을 너희 자손들에게 부어 주리라"라는 약속(44:3)이 더 들어 있다.

에스겔서에서도 하나님 백성 전체는 물론이요 이 백성을 구성하는 개개인에게 임할 종말의 구원은 주요한 모티프다(11:19; 18:31; 36:26-27; 37:1-14). **영**은 구원은 물론 하나님이 그들 가운데 새롭게 임재하시리라는 약속을 이해하게 해주는 실마리다. 마지막으로 요엘 2:28-30은 하나님이 당신의 모든 백성에게 예언을 허락하심으로 이루어질 예언의 갱신을 종말에 하나님 백성이 회복될 일의 일부로 본다.

이런 구약의 테마가 신약의 시각 전체, 특히 바울의 시각을 지배한다. 이 테마는 우리가 이어서 살펴볼 구약과 신약 중간기에도 계속하여 영향을 미쳤다.

구약과 신약의 중간기에 전개된 성령론

제2성전 시대 동안에 하나님의 רוח 개념이 이룩한 발전 가운데 한 가지 가장 두드러진 것은 이 개념에 어떤 발전도 일어나지 않았다는 점을 들 수 있다. 그 주된 이유는 당대 문헌이 **영**을 다른 시대와 비교하여 거의 언급하지 않기 때문이다. 이 시대 문헌들이 대부분 기본적으로 구약이 제시하는 모티프들을 계속하여 반영한다는 점은 놀라운 일이 아니다. 그런 모티프 가운데에서도 가장 두드러진 것이 **영**과 예언의 영감 사이의 관계다.[8] 뒤에서 언급할 「솔로몬의 지혜서」에 있는 세 본문과 이사야 11:2을 언급하는 「집회서」 39:6["위대하신 주님께서 뜻하신다면 그는 깨우침의 영검을 충만히 받을 것이다. 그때 그는 지혜의 말씀을 두루 전할 것이며 주님께 감사 기도를 올릴 것이다"(공동번역 개정판) ─ 옮긴이]을 제외하면, 외경들은 하나님의 **영**을 전혀 시사하지 않는다. 바울보다 조금 앞선 시대 사람인 알렉산드리아 사람 필론이 **영**을 언급하긴 하지만, 그는 대체로 **영**을 예언의 영감이나 은밀한 지혜의 원천으로 국한하여 언급할 뿐이다. 필론은 바울에게 전혀 영향을 미치지 못했다. 오히려 묵시문헌과 특히 쿰란 사본에서 **영**이라는 언어가 훨씬 더 많이 등장한다. 랍비 문헌들은 평가하기가 힘들다. 이들 가운데 **영**을 언급하는 일부 내용은 분명 바울 시대까지 거슬러 올라가는 것이지만, 기록 형태로 **영**을 언급하는 랍비 문헌들은 대다수가 바울보다 훨씬 뒤에 나온 것이기 때문이다.

따라서 우리가 이 대목에서 관심을 갖는 것은 두 가지다. (1) 학자들이 바울의 성령론이 「솔로몬의 지혜서」로부터 영향을 받았다는 주장을 자꾸 되풀이하는데, 이런 주장을 비판하는 것이 그 하나요, (2) 다양한 문헌을 통해 종말의 **영**이라는 모티프를 추적해보는 것이다.

▪ 바울과 「솔로몬의 지혜서」

"비교종교학파"가 신약 연구와 관련하여 남긴 그리 건전하지 못한 유산 가운데 하나는 헬레니즘 시대 문헌과 바울 사이에 존재하는 모든 언어상 일치점들을 개념상 평행 관계로 바꿔버리고, 그들이 보기에 둘 사이에 존재하는 모든 "평행 관계"를 바울이 헬레니즘 시대 문헌으로부터 "영향"을 받았거나 "빌려 쓴 것"으로 결론짓는 경향이었다. 이런 경향을 극명하게

---

8) 이 문제를 살펴보려면, Menzies, *Development*, 52-111을 보라. 그러나 이것은 다소 과장이며, 저자 자신이 내린 결론에 분명 치우쳐 있다.

볼 수 있는 곳이 「솔로몬의 지혜서」가 사도 바울에게, 특히 그의 성령론
에 "영향"을 주었다는 주장이다. 이런 주장은 신약학 연구에서 상당히 오
랜 역사를 가진다.[9] 이런 학자들은 「솔로몬의 지혜서」 9:7-18과 고린도전
서 2:6-16 및 갈라디아서 4:4-6을 근거로 바울의 성령론과 「솔로몬의 지
혜서」 사이에 "평행 관계"가 있다고 주장한다.

첫째, 「솔로몬의 지혜서」에서는 πνεῦμα라는 말이 이런 부류에 속한 대
다수 문헌들보다 더 자주 등장한다(20회). 그러나 이 가운데 하나님의 **영**
을 가리키는 것은 단 서너 번뿐이다.[10] 또 하나님의 **영**을 가리키는 경우에
도 발전된 성령론이라고 부를 만한 내용은 전혀 없다. 실제로 이 「지혜서」
저자는 알렉산드리아와 스토아 사상으로부터 받은 영향을 무심결에 드러
낸다. 그는 이런 것들과 그가 분명 유대교로부터 물려받은 전통을 만족스
럽게 통합하지 못한 것 같다. 그리하여 그는 πνεῦμα를 생명의 원천으로 이
해하면서도, 생명을 불어넣어 생명체로 만들어주는 것을 하나님의 **영**이
아니라 "사람의 영"이라고 말하며, 이 사람의 영도 죽으면 떠나간다고 말한
다(16:14). 그가 사람에 빗댄 지혜도 마찬가지다. 지혜 역시 그 안에 "영"을
가졌다(7:22-23). 요컨대 「지혜서」 저자는 하나님의 **영**을 세 번만 언급한다.

---

9) 특히 Hoyle, *Holy Spirit*, 213-19이 그러하다. Hoyle은 그보다 앞서 나온 J. Weiss, P.
Wendland, P. Feine, Sanday and Headlam, A. Plummer의 저작을 인정한다. 그가 이런
견해를 가진 이들 가운데 포함할 수 있었을 만한 이들이 더 있다[가령 O. Pfleiderer, *Das
Urchristentum* (Berlin: Georg Reimer, 1887), 158-68; H. J. Thackeray, *The Relation of
Paul to Contemporary Jewish Thought* (London: Macmillan, 1900), 78]. Hoyle 이후에 여
러 학자들이 다양한 형태로 이런 견해를 받아들였다. 그런 이들 가운데 일부를 들어보면 이렇
다. G. Kuhn, "Beiträge zur Erklärung des Buches der Weisheit," *ZNW* 28 (1929), 334-41; J.
Fichtner, "Die Stellung der Sapientia Salomonis in der Literatur und Geistgeschichte
ihrer Zeit," *ZNW* 36 (1937), 113-32; H. Conzelmann, "Paulus und die Weisheit," *NTS*
12 (1965/66), 231-44; E. Schweizer, "Zum religionsgeschichtlichen Hintergrund der
'Sendungsformel' Gal 4:4f. Rm 8:3f. Joh 3:16f. I Joh 4:9," 199-210; R. Scroggs, "Paul:
ΣΟΦΟΣ and ΠΝΕΥΜΑΤΙΚΟΣ," 33-55; K. Romaniuk, "Le Livre de la Sagasse dans le
Nouveau Testament," *NTS* 14 (1967/68), 498-514; G. W. E. Nickelsburg, *Jewish Literature
between the Bible and the Mishnah* (Philadelphia: Fortress, 1981), 184-85; Menzies,
Development, 303-15.
10) 1:7; 7:7(?); 9:17; 12:1을 보라.

1:7에서는 "주의 **영**이 세상을 가득 채웠다"라고 말한다. 또 12:1에서는 같은 사상을 범신론에 가까운 말로 표현하면서, "당신의 불멸하는 **영**이 만물 안에 있나이다"라고 말한다. 또 저자는 이와 평행을 이룬다고 볼 수 있는 9:17에서 그가 지혜를 이해하게 된 것을 하나님이 "위로부터 당신의 성령을 보내주셨기" 때문이라고 말한다. 따라서 「솔로몬의 지혜서」가 전개하는 "성령론"을 이야기하는 데에는 상당한 무모함이 필요하다.[11]

바울과 「솔로몬의 지혜서」 사이의 평행 관계를 주장하는 이들은 두 곳에서 그런 관계를 발견할 수 있다고 주장한다. 특히 슈바이처(E. Schweizer)는 지혜(9:10) 및 $\pi\nu\epsilon\hat{u}\mu\alpha$라는 선물(9:17)을 간구하는 내용에서 볼 수 있는 "이중 보냄 공식"(double sending formula)이 바울이 갈라디아서 4:4-6(원서에는 4:5-6로 되어 있으나, 저자인 고든 피의 설명 내용으로 볼 때 4:4-6이 맞다 — 옮긴이)에서 아버지가 당신 아들과 당신 아들의 **영**을 보내심을 말하는 내용과 "평행을 이룬다"고 본다. 슈바이처는 10절에서는 언어상 연관성이 존재한다고 역설한다. 여기서는 솔로몬이 지혜를 "보내달라"라고 기도하면서 $\dot{\epsilon}\xi\alpha\pi\sigma\sigma\tau\acute{\epsilon}\lambda\lambda\omega$라는 동사를 사용하는데, 바울은 이 동사를 구원사와 관련지어 두 차례 사용하면서(갈 4:4, 6에서 사용한다 — 옮긴이) 우선 하나님이 (역사 속에서 적합한 순간에) 그의 아들을 "보내셨음"을 이야기하고 나중에 하나님이 그의 아들의 **영**을 보내신 일을 이야기한다. 그렇다면 슈바이처가 이 「지혜서」 본문에 긴요하다고 말하는 이 "보냄 공식"은 과연 타당한 것일까? 첫째, 사실 「지혜서」 저자는 이중으로 보냄을 이야기하지 않는다. 우선 오로지 동사 활용 면에서 바울과 「지혜서」 사이의 평행 관계를 발견할 수 있는 곳을 보면(실제로 양자가 평행이라고 주장할 수 있는 실마리는 이 "보내다"라는 동사뿐이다), 이 동사가 기도 형태로 등장한다. 다시 말해 지혜를 받음으로써 자신이 지혜롭고 정의롭게 다스릴 수 있게 해

---

11) 가령 Winston이 쓴 주석에서는(AB 43; New York: Dubleday, 1979) 그런 범주를 언급하지 않으며, 주제 색인에서도 **영**이 등장하지 않는다; 그가 *ABD* 6.120-27에 기록해놓은 내용을 참고하라.

달라는 솔로몬의 기도에서 등장한다. 그러나 17절에 가면, "**영**"을 보냄을 과거 시제로, 그것도 다른 동사로 표현해놓았다. 이는 분명 두 번째 "보냄"이 아니라, 지혜를 공급해주시는 하나님의 **영**을 가리키는 말이다. 그 사이에 저자는 하나님이 당신의 **영**을 보내주시지 않았다면 죽을 수밖에 없는 인간들이 결코 가질 수 없을 지혜가 왜 필요한지 그 이유를 상당히 길게 설명한다. 여기서 과연 "이중 보냄 공식"을 발견할 수 있을지, 심지어 슈바이처가 희석하여 흐릿하게 제시한 "전승에서 볼 수 있는 사상 패턴"에서도 그런 공식을 발견할 수 있을지 지극히 의문이 든다. 그는 마치 「지혜서」 저자가 보냄이 이루어진 역사의 순간들을 염두에 둔 것처럼 말하면서 바울 자신도 이런 보냄에 **의존한다**고 말하지만, 이는 심히 의심스럽다. 바울이 「솔로몬의 지혜서」를 "빌려 쓰고" 이로부터 "영향을 받았다"라고 말하려면, 더 견고한 증거가 있어야 한다!

「지혜서」 9:17-18과 고린도전서 2:16 사이에 존재한다는 소위 더 긴밀한 "평행 관계"도 마찬가지다. 이 경우에도 "평행 관계"를 이야기하는 실마리는 기본적으로 언어상 일치점(그것도 일치라고 볼 수 없을 정도로 동떨어진 언어들)이지만, 언어와 개념 면에서 바울이 「지혜서」에 **의존했다**고 보기에는 턱없이 모자란 일치점들이다. 두 본문에 공통으로 존재하는 것은 하나님의 **영**이 곧 지혜의 원천이라는 것이다. 「지혜서」 9:18에서도 "구원"을 가리키는 동사가 등장한다. 때문에 여기서도 바울과 「지혜서」의 연관성을 주장하는 이들은 이 「지혜서」 본문이 바울이 **영**을 구원론과 관련된 실재로 이해하는 바탕이 되었다고 주장한다. 그러나 이런 견해에는 몇 가지 문제점이 있다. 이를 간략하게 제시해본다.

1. 「지혜서」와 고린도전서 2:6-16 사이에 존재한다는 **언어상** 연관성은 너무 멀어서 거의 존재하지 않는 것과 마찬가지다. 반대 주장을 하는 이들도 일부 있지만, 바울은 지혜를 얻는 것을 **영**으로 말미암은 일로 여기지 않는다. 바울은 오히려 이전에 감춰졌던 것이 이제는 계시되었다고 말한다. 두 가지 문제가 긴요하다. 첫째, 지혜는 바울이 구사하는 말이 아니다.

바울이 이 본문에서 지혜라는 말을 쓴 것은 고린도 사람들이 이 말에 홀려 있음을 보고 그들이 쓰던 말을 갖다 쓴 것이지, 그 자신이 유대인들이 사색하던 지혜를 읽고 이를 옮겨놓은 게 아니다. 둘째, 바울은 "지혜"의 내용이 십자가에 못 박히신 메시아를 선포하는 것이라고 역설한다. 이는 **영**을 갖지 않은 사람들에겐 어리석어 보이는 일이었다. 바울이 말하는 지혜와 「지혜서」의 저자가 찬미하는 지혜 사이에는 실로 엄청난 차이가 있다.

2. 반면 바울과 유대교 문헌 사이에는 몇 가지 언어상 연관성이 있음을 밝혀낼 수 있다. 그러나 여기서 말하는 유대교 문헌은 유대 묵시문헌이지, 유대인들이 사색하던 지혜가 아니다. 우리가 이 본문을 주해할 때 지적했듯이, 바울이 이 언어(그리고 개념)를 사용하게 된 "배경"은 다니엘 2:20-23 같은 본문들이다. 설령 **영**이 다니엘서 본문에서 빠져 있다 해도, 나머지 많은 언어가 평행을 이룬다.

3. 우리는 고린도전서 2:6-16이 표현하는 관심사들이 바울의 성령론에서 핵심에 자리한 것이 아님을 유념해야 한다. 이 본문은 뭔가의 핵심을 나타내는 본문이라기보다 바울의 반대자들이 자신이 뭐라도 되는 것처럼 내세울 때 바울이 할 수 있었던 일을 되비쳐주는 본문이다. 이는 바울이 **영**을 "계시"에 없어서는 안 될 존재로 보긴 하지만, 그가 이 **영**이라는 실재를 언급할 때 「지혜서」 9장의 언어가 아니라 이사야 11:2의 언어를 쓴다는 사실이 확증해준다(특히 골 1:9; 엡 1:17을 보라). 이를 제외하면, "지혜"라는 그리스어와 **영** 사이에는 아무 연관이 없다.

4. 그러나 가장 중요한 사실은 바울의 성령론 도식들과 「지혜서」의 성령론 도식들 사이에는 아주 큰 차이가 있다는 점이다. 이렇게 큰 차이가 있는데도 이와 반대되는 확신을 가지는 사람들이 있을 수 있다는 게 도통 이해가 가지 않는다. 바울의 **영** 이해는 그의 **영** 체험으로부터 나온 것이다. 그는 이런 **영** 체험을 그가 가진 종말론의 기본 틀 안에서 이해했다. 바울이 말하는 "성취"도 구약에서 직접 유래한 것이다. 이런 시각은 「지혜서」를 통해 전달받을 수 없는 것이었다. 「지혜서」에는 바울이 종말론을 보

는 시각 같은 시각이 전혀 없을뿐더러 하나님이 약속하신 종말의 **영** 같은 것을 언급하지도 않는다.[12] 그러나 바울의 견해에서는 하나님이 약속하신 종말의 **영** 개념이 중심을 이룬다.

설령 바울이 「지혜서」가 표명하는 기본적 인간론과 몇몇 공통된 요소들을 가진다 해도, 이런 요소는 바울의 성령론에서는 우연히 등장하는 것일 뿐이다. 어쨌든 바울과 「지혜서」는 그 둘이 한 부분을 형성하는 정황에 속해 있을 뿐이다. 결국 우리는 「솔로몬의 지혜서」가 바울에게 "영향"을 끼쳤다고 보는 이런 견해를 잘못이자 그릇된 견해라고 판단하는 것이 안전할 것 같다. 바울은 그가 **영**을 하나님이 (구약에서) 하신 약속들이 종말에 성취된 것으로 체험한 사건으로부터 영향을 받았다. 따라서 진짜 문제가되는 것은 이런 시각이 구약으로부터 직접 유래한 것인가, 또는 이런 시각이 바울이 속해 있던 그 시대의 다른 사람들도 공유한 실재였는가와 같은 문제들이다.

■ **종말의 실재인 성령**

종말의 구원은 바울의 성령론 핵심부에서 아주 분명하게 나타난다. 때문에 바울의 사상에 "영향을 끼친 것들"과 관련하여 실제로 문제가 되는 것은 이 영역에서 찾아야만 한다. 우리는 여기서 이미 몇 가지 판단을, 즉 바울과 이런 부류의 문헌 사이에는 어떤 문학적 평행 관계도 알려져 있지 않다는 판단을, 바울의 성령론이라는 영역에서는 특히 그렇다는 판단을 내릴 수 있었다. "평행"을 이루는 것은 몇 가지 공통된 모티프들과 관심사

---

12) 「지혜서」는 **영**을 이미 주어진 존재로서, **종말의** 실재가 아니라, 솔로몬이 지혜를 받게 해준 배후의 중개자로 묘사한다. 이와 개념상 평행 관계를 이루는 것은 **영**의 통찰을 묵시문헌의 저자들로부터 유래한 것으로 보는 점이다. 실제 저자들은 그들 자신의 이름으로 말하지 않기 (말할 수 없기?) 때문이다.

들이다. 이것은 바울과 이런 저자들이 종말과 관련하여 유대인들이 품고 있던 대망들이라는 공통된 정황 속에서 등장했음을 일러주는 것이요, 비록 이들이 서로 해석은 달리했어도 결국 똑같이 구약에 의존했다는 것을 일러주는 것이기에, 충분히 이해할 수 있는 일이다.

첫째, 바울과 이런 저자들은 야웨를 대변했던 고대의 훌륭한 인물들에게 "영감"을 부어주신 원천이 **영**임을 똑같이 인식한다.[13] 중간기 문헌과 비교해보면, 중간기 문헌에는 **영**이 그 시대 "선지자"를 통하여 말씀하신다는 개념이 두드러지게 빠져 있다. 이것은 "소멸된 **영**"이라 불렀던 전승이 자라가면서 나타난 결과임이 거의 확실하다. 이 전승은 후기에 기록된 구약 책들에서 시작된 것으로 제2성전 시대에 다양한 모습으로 나타난다. 예언의 시대는 예언을 기록하던 선지자들이 그침과 동시에 막을 내리고 마지막 종말의 시대에 가서야 비로소 다시 나타나리라는 게 그 전승의 요지였다. 이런 견해가 스가랴 13:2-3은 물론이요 어쩌면 시편 74:9과 말라기라는 정체불명의 인물의 뒤편에도 자리해 있는 것 같다. 이런 견해가 요세푸스,[14] 「바룩 묵시록」,[15] 랍비 문헌,[16] 그리고 어쩌면 「마카베오상」(4:46; 9:27; 14:41)과 같이 다양한 곳에서 분명하게 그 모습을 나타낸다. 물론 「마카베오상」 같은 경우는 논란이 있다.[17] 초기 교회는 이 견해를 분명하게 전제했다(세례 요한의 등장과 오순절의 경우에서 볼 수 있다; 눅 1:15, 76; 행 2:17을 보라).

---

13) 참고. 「에녹1서」 91:2; 「에스드라2서」 5:22; 14:22; 「이사야의 순교」 1:7; 5:14; 「아브라함의 유언(A)」 4:7; 「바룩 묵시록」 6:3.

14) *Ag. Ap.* 1.41을 보라["아닥사스다(주전 464-424. 페르시아를 통치했던 아르타크세륵세스 1세를 말한다 — 옮긴이) 때로부터 우리 시대에 이르기까지 모든 역사를 기록했지만, 사람들은 이를 그 이전 시대의 기록과 똑같이 신빙할 만한 가치를 지닌 것으로 여기지 않았다. 선지자들이 정확히 이어지지 않았기 때문이다"; LCL, 179].

15) 「바룩 묵시록」 85:3("그리고 선지자들은 잠들었다").

16) 특히 *t. Soṭa* 13.2을 보라("후대 선지자들, 곧 학개와 스가랴와 말라기가 죽었을 때, 성령도 이스라엘에서 마지막을 맞았다"; Neusner의 번역이다). 이것이 아주 오래된 전승, 어쩌면 주후 1세기의 전승을 반영한 것일 수 있음을 설득력 있게 논증한 글을 보려면, Menzies, *Development*, 92-96을 보라.

17) 특히 R. Meyer, *TDNT* 6.816 ("예언"을 다룬 부분)을 보라.

이 모티프의 가장 두드러진 예외가 쿰란 공동체다. 이 공동체에서는 그 공동체에 들어가는 것을 "영이" 함께하시는 일로 이해했는데, 그들은 이 **영**을 "당신의 성령으로 나를 깨끗게 하심으로 당신의 종을 향한 은총을 영원히 이루시고자 당신이 내 안에 두신 분"으로 이해했다[1QH 16.11-12 (Dupont-Sommer)]. 이 공동체는 또 이 **영**을 통해 예배자들이 하나님을 아는 지식을 얻었다고 이해했다(1QH 12.11-12). 그러나 여기서 **영**과 관련된 이런 표현들과 관련하여 주목할 점은 그 공동체가 자신을 주의 날을 기다리는 종말의 사람들로 이해했다는 사실이다.[18]

이 다양한 기록들에서는 특이하게도 "훗날" **영**을 부어주실 것을 대망하는 분명한 표현이 나타나지 않는다. 이런 모티프는 랍비 문헌들에서 줄곧 발견할 수 있다. 그러나 이 모티프와 관련하여 특히 이런 자료들의 저작 연대라는 문제가 민감하게 대두된다. 중요한 예외가 하나 등장하는 곳이 「희년서」 1:22-25이다. 여기서는 저자가 신명기 30장과 예레미야 31장에서 가져온 본문들을 짜깁기한 본문으로 하나님이 모세에게 하시는 말씀을 기록해놓았다. 여기서 미래의 이스라엘을 향한 약속들을 제시하는데, 그중에는 마음에 할례를 베풀어주시리라는 것과 하나님이 그들에게 당신의 성령을 부어주시리라는 약속이 들어 있다. 이 약속이 이루어지길 대망하는 것은 바로 바울이 "성취된 약속"을 이야기할 때 말하는 대망과 정확히 같은 종류다.

하지만 결국 바울의 **영** 이해를 살펴볼 때 그가 제2성전 시대 문헌들로부터 큰 영향을 받았다고 주장하기는 힘든 일이다. 이렇게 말하는 이유는 쉽게 찾을 수 있다. 그의 **영** 이해는 철저히 그와 초기 교회가 **영**을 실현된 현상으로서 역동적이고 눈으로 볼 수 있게 **체험**한 데서 비롯된 결과물이다. 그들은 하나님이 부어주신 **영**을 체험했다. 덕분에 그들은 당대의 기록

---

18) 쿰란에는 רוח 개념을 다룬 문헌이 상당히 많이 있었다. 이제는 이를 널리 살펴보고 분석한 글을 보려면, A. E. Sekki, *The Meaning of rûaḥ at Qumran* (SBLDS 110; Atlanta: Scholars, 1989)을 보라.

들을 참고하지 않고 하나님이 성령을 통해 감동하심으로 기록하게 한 책들을 참고할 수 있었다(딤후 3:16). 바울은 그 책들이 자신과 새롭게 구성된 하나님 백성을 이미 이야기한다는 것을 발견했다. 그 책들에는 종말의 **영**을, 곧 하나님의 비밀을 계시해주시고, 예언을 회복해주시고, 새 언약을 가져다주시며, 하나님 백성이 하나님의 길로 행할 수 있게 해주실 그 **영**을 약속하는 내용이 들어 있었다. 만일 바울이 구원론과 관련하여 **영**이 가진 차원을 구약 본문과 분명하게 연계하지 않는다면, 그것은 그런 이해가 이미 **생명을 주시는 영**이 증명해주시는 새 언약 속에 들어 있기 때문이다. 따라서 바울 같은 경우에는 구약으로부터 신약으로 내려가는 선로가 아니라, 그가 **영**을 우리에게 능력을 부어주시는 하나님의 임재로서 체험한 사건으로부터 구약으로 거슬러 올라가는 선로가 존재하는 셈이다. 바울이 그와 같은 시대 사람들과 공유했던 것은 요한계시록이 말하는 것과 같은 세계관이었다. 이 세계관에서는 **영**이 종말의 때까지 소멸되었다고 보았다. 하나님은 **영**을 바울과 그가 섬긴 교회들에 풍성히 부어주셨다. 바울은 이를 종말이 시작되었다는 증거로 보았다. 결국 바울의 이해는 그 시대 문헌으로부터 영향을 받은 게 아니다. 그는 주로 그가 한 체험 자체로부터 영향을 받았다. 바울은 하나님이 그들에게 주신 성경이야말로 "선례들"을 참고하기에 적절한 곳이라고 보았다. 바울은 아주 다양한 방법으로 베드로가 오순절 설교에서 분명하게 말했던 것["이는 곧 그 선지자(=요엘)를 통하여 말씀하신 것이다"(행 2:16)]을 가정하고 암시한다.

참고 문헌

■ 참고할 만한 주석 목록은 각 장 첫 페이지에서 볼 수 있으며, 저자와 발행연도를 밝혀놓았다.

Achtemeier, P. J. *"Omne verbum sonat*: The New Testament and the Oral Environment of Late Western Antiquity." *JBL* 109 (1990), 3-27.

Adai, J. *Der Heilige Geist als Gegenwart: Gottes in den einzelnen Christen, in der Kirche und in der Welt.* Frankfurt: Peter Lang, 1985.

Agnew, F. H. "The Origin of the NT Apostle-Concept: A Review of Research." *JBL* 105 (1986), 75-96.

Ahern, B. "The Indwelling Spirit, Pledge of Our Inheritance — Eph 1.14." *CBQ* 9 (1947), 179-89.

Althaus, P. "Zur Auslegung von Röm 7:14ff." *TLZ* 77 (1952), 475-80.

________. "'Das ihr nicht tut, was ihr wollt.' zur Auslegung von Gal. 5,17." *TLZ* 76 (1951), 15-18.

Armerding, C. "The Holy Spirit in the Old Testament." *BSac* 92 (1935), 277-91, 433-41.

Arnold, Clinton E. *Ephesians: Power and Magic: The Concept of Power in Ephesians in Light of its Historical Setting.* SNTSMS 63. Cambridge: Cambridge University Press, 1989.

________. "The Exorcism of Ephesians 6:12 in Recent Research." *JSNT* 30 (1987), 71-87.

Aune, David E. *Prophecy in Early Christianity and the Ancient Mediterranean World.* Grand Rapids: Eerdmans, 1983.

Badcock, F. J. "'The Spirit' and Spirit in the New Testament." *ExpT* 45 (1933-34), 218-22.

Baird, W. "Letters of Recommendation: A Study of II Cor. 3:1-3." *JBL* 80 (1961), 166-72.

Baker, D. L. "The Interpretation of 1 Corinthians 12-14." *EvQ* 46 (1974), 224-34.

Banks, R. *Paul's Idea of Community*. Grand Rapids: Eerdmans, 1980. 『바울의 공동체 사상』 (IVP).

Banks, R., and G. Moon. "Speaking in Tongues: A Survey of the New Testament Evidence." *Churchman* 80 (1966), 278-94.

Barclay, John M. G. *Obeying the Truth: A Study of Paul's Ethics in Galatians*. Edinburgh: T. & T. Clark, 1988.

Barclay, William. *Flesh and Spirit: An Examination of Galatians 5.19-23*. Nashville: Abingdon, 1962.

Barr, J. "'Abba, Father' and the Familiarity of Jesus' Speech." *Theology* 91 (1988), 173-79.
__________. "'Abba' isn't 'Daddy.'" *JTS* 39 (1988), 28-47.

Barrett, C. K. *Freedom and Obligation: A Study of the Epistle to the Galatians*. London: SPCK, 1985.

Barth, M. "A Chapter on the Church—The Body of Christ: Interpretation of I Corinthians 12." *Int* 12 (1958), 131-56.

Bartling, W. J. "The Congregation of Christ—A Charismatic Body: An Exegetical Study of 1 Corinthians 12." *CTM* 40 (1969), 67-80.

Bassler, J. M. "1 Cor 12:3—Curse and Confession in Context." *JBL* 101 (1982), 415-18.

Beale, G. K. "The Old Testament Background of Reconciliation in 2 Corinthians 5-7 and its Bearing on the Literary Problem of 2 Corinthians 6.14-7.1." *NTS* 35 (1989), 550-81.

Beare, F. W. "Speaking with Tongues." *JBL* 83 (1964), 229-46.

Beasley-Murray, G. R. *Baptism in the New Testament*. Grand Rapids: Eerdmans, 1962.

Beasley-Murray, P. "Romans 1:3f: An Early Confession of Faith in the Lordship of Jesus." *TynB* 31 (1980), 147-54.

Beekman, John, and John Callow. *Translating the Word of God*. Grand Rapids: Zondervan, 1974.

Beker, J. Christiaan. *Paul the Apostle: The Triumph of God in Life and Thought*. Philadelphia: Fortress, 1980. 『사도 바울』(한국신학연구소).

Belleville, Linda. *Reflections of Glory: Paul's Polemical Use of Moses—Doxa Tradition in 2 Corinthians 3.1-18*. JSNTSup 52. Sheffield: JSOT Press, 1991.

Benoit, P. "'We too groan inwardly as we wait for our bodies to be set free': Romans 8:23." In *Jesus and Gospel*. Translated by B. Weatherhead. London: Darton, Longman & Todd, 1974. 240-50.

Berkhof, Hendrikus. *The Doctrine of the Holy Spirit*. London: Epworth Press, 1964. 『기독교와 성령의 역사』(기독교문화사).

Best, E. "Fashions in Exegesis: Ephesians 1:3." In *Scripture, Meaning and Method*.

Festschrift A. T. Hanson. Edited by B. P. Thompson. Pages 79-91. Hull: Hull University Press, 1987.

________. "The Interpretation of Tongues." *SJT* 28 (1975), 45-62.

Betz, H. D. *Der Apostel Paulus und die sokratische Tradition: Eine exegetische Untersuchung zu seiner Apologia (2 Kor. 10-13)*. BHT 45. Tübingen: J. C. B. Mohr [Paul Siebeck], 1972.

________. "Eine Christus-Aretologie bei Paulus (2 Cor 12,7-10)." *ZTK* 66 (1969), 288-35.

________. "In Defense of the Spirit: Paul's Letter to the Galatians as a Document of Early Christian Apologetics." In *Aspects of Religious Propaganda in Judaism and Early Christianity*. Edited by E. Schüssler Fiorenza, Pages 99-114. Notre Dame: Notre Dame University Press, 1976.

________. "2 Cor. 6:14-7:1: An Ati-Pauline Fragment?" *JBL* 92 (1973), 88-108.

Bieder, W. "Gebetswirklichkeit und Gebetsmöglichkeit bei Paulus: das Beten des Geistes und das Beten im Geist." *TZ* 4 (1948), 22-40.

Binder, H. "Die angebliche Krankheit des Paulus." *TZ* 17 (1961), 319-33.

Bittlinger, A. *Gifts and Graces: A Commentary on 1 Corinthians 12-14*. ET. Grand Rapids: Eerdmans, 1967.

Black, D. A. *Paul, Apostle of Weakness: Astheneia and its Cognates in the Pauline Literature*. New York: Peter Lang, 1984.

Black, Matthew. "The Interpretation of Rom viii 28." In *Neotestamentica et Patristica: Eine Freundesgabe, Herrn Professor Dr. Oscar Cullmann zu seinem 60. Geburtstag überreicht*. Edited by W. C. van Unnik. NovTSup 6. Pages 166-72. Leiden: Brill, 1962.

Blomberg, C. "The Structure of 2 Corinthians 1-7." *Criswell Theological Review* 4 (1989), 3-20.

Bockmuehl, M. *Revelation and Mystery in Ancient Judaism and Pauline Christianity*. WUNT 2/36. Tübingen: J. C. B. Mohr [Paul Siebeck], 1990.

Boismard, M.-E. "Constitué Fils de Dieu (Rom. 1,4)." *RevistB* 60 (1953), 5-17.

Bousset, Wilhelm. *Kyrios Christos*. (Ger. original 1913). Translated by John E. Steely. Nashville: Abingdon, 1970.

Bouttier, M. *En Christ: Etude d'exégèse et de théologie pauliniennes*. Paris: Presses Universitaires, 1962.

Bowker, J. W. "'Merkabah' Visions and the Visions of Paul." *JJS* 16 (1976), 157-73

Branick, V. P. "The Sinful Flesh of the Son of God (Rom. 8:3): A Key Image of Pauline Theology." *CBQ* 47 (1985), 246-62.

Braswell, J. P. "'The Blessing of Abraham' versus 'the Curse of the Law': Another Look at

Gal 3:10-13." *WTJ* 53 (1991), 73-91.

Briggs, C. "The Use of רוח in the Old Testament." *JBL* 19 (1900), 132-45.

Bruce, F. F. "The Curse of the Law." In *Paul and Paulinism*. Edited by M. D. Hooker and S. G. Wilson. Pages 27-36. London: SPCK, 1982.

________. "The Spirit in the Letter to the Galatians." In *Essays on Apostolic Themes: Studies in honor of Howard M. Ervin*. Edited by P. Elbert. Pages 36-48. Peabody, Mass.: Hendrickson, 1985.

Buchanan, C. O. "Epaphroditus' Sickness and the Letter to the Philippians." *EvQ* 36 (1964), 157-66.

Büchsel, F. *Der Geist Gottes im Neuen Testament*. Gütersloh: Bertelsmann, 1926.

________. "'In Christus' bei Paulus." *ZNW* 42 (1949), 141-58.

Bultmann, R. *Faith and Understanding*. ET. New York: Harper, 1969.

________. "Romans 7 and the Anthropology of Paul." In *Existence and Faith* (Ger. original 1932). ET. Pages 173-85. London: Hodder & Stoughton, 1960.

Burgess, S. M., G. M. McGee, and P. Alexander, eds. *Dictionary of Pentecostal and Charismatic Movements*. Grand Rapids: Zondervan, 1988.

Byrne, B. *'Sons of God' — 'Sons of Abraham'*. AnBib 83. Rome: Pontifical Biblical Institute, 1979.

Callan, T. "Prophecy and Ecstasy in Greco-Roman Religion and 1 Corinthians." *NovT* 27 (1985), 125-40.

Cambier, J. "Le critère paulinien de l'apostolat en 2 Cor 12, 6s." *Bib* 43 (1962), 481-518.

Carson, D. A. *A Call to Spiritual Reformation: Priorities from Paul and His Prayers*. Grand Rapids: Baker, 1992.

________. *Showing the Spirit: An Exposition of 1 Corinthians 12-14*. Grand Rapids: Baker, 1987.

________. "'Silent in the Churches': On the Role of Women in 1 Corinthians 14:33b-36." In *Recovering Biblical Manhood and Womanhood: A Response to Evangelical Feminism*. Edited by John Piper and W. E. Grudem. Pages 140-53. Wheaton: Crossway, 1991.

Chevallier, M.-A. *Esprit de Dieu, Paroles d'Hommes*. Neuchâtel: Delachaux and Niestlé, 1966.

Chotka, David R. "Spirit versus spirit: An Examination of the Nature and Function of the Holy Spirit Against the Backdrop of the False Spirit in Ephesians." Th.M. thesis, Regent College, 1992.

Clemens, C. "The 'Speaking with Tongues' of the Early Christians." *ExpT* 10 (1898-99), 344-52.

Collins, R. F. *Studies on the First Letter to the Thessalonians*. BETL 66. Leuven: Leuven University Press, 1984.

Cosgrove, Charles H. *The Cross and the Spirit: A Study in the Argument and Theology of Galatians*. Macon, Ga.: Mercer University Press, 1988.

Cottle, R. E. "All Were Baptized." *JETS* 17 (1974), 75-80.

Cranfield, C. E. B. "The Freedom of the Christian according to Rom 8:2." In *New Testament Christianity for Africa and the World. Festschrift H. Sawyerr*. Edited by M. E. Glaswell and E. W. Fasholé-Luke. Pages 91-98. London: SPCK, 1974.

__________. "μέτρον πίστεως in Romans xii.3." *NTS* 8 (1961-62), 345-51.

Cranford, L. "A New Look at 2 Corinthians 5:1-10." *SWJT* 19 (1971), 95-100.

Cripps, R. S. "The Holy Spirit in the Old Testament." *Th* 24 (1932), 272-80.

Cullmann, O. *Baptism in the New Testament*. ET. London: SCM, 1950.

__________. *The Christology of the New Testament*. ET. London: SCM, 1959. 『신약의 기독론』(나단).

Cuming, G. J. "ἐποτίσθησαν (I Corinthians 12.13)." *NTS* 27 (1981), 283-85.

Currie, S. D. "'Speaking in Tongues': Early Evidence Outside the New Testament Bearing on 'Glossais Lalein.'" *Int* 19 (1965), 174-94.

Cutten, G. B. *Speaking with Tongues*. New Haven: Yale University Press, 1927.

Dahl, N. A. "A Fragment in its Context: 2 Corinthians 6:14-7:1." In *Studies in Paul*. Pages 62-69. Minneapolis: Augsburg, 1972.

Daines, B. "Paul's Use of the Analogy of the Body of Christ—With Special Reference to 1 Corinthians 12." *EvQ* 50 (1978), 71-78.

Dautzenberg, G. *Urchristliche Prophetie*. Stuttgart: Calwer, 1975.

__________. "Zum religionsgeschichtlichen Hintergrund der διακρίσεις πνευμάτων (I Kor. 12.10)." *BZ* 15 (1971), 93-104.

Davidson, R. M. *Typology in Scripture: A Study of hermeneutical τύπος structures*. AUSSDS 2. Berrien Springs, Mich.: Andrews University Press, 1981.

Davies, G. H. "Holy Spirit in the Old Testament." *RevExp* 63 (1966), 129-34.

Deissmann, A. *Die neutestamentliche Formel "in Christo Jesu."* Marburg: N. G. Elwert, 1892.

__________. *St. Paul: A Study in Social and Religious History*. (Ger. original 1911). ET. London: Hodder & Stoughton, 1912.

Denton, D. R. "Inheritance in Paul and Ephesians." *EvQ* 54 (1982), 157-62.

Derrett, J. D. M. "Cursing Jesus (I Cor. xii. 3): The Jews as Religious 'Persecutors.'" *NTS* 21 (1974-75).

Dietzel, A. "Beten im Geist: Eine religiongeschichtliche Parallele aus den Hodajot zum paulinischen Beten in Geist." *TZ* 13 (1957), 12-32.

Dinkler, E. "Die Taufterminologie in 2 Kor. i,21f." In *Neotestamentica et Patristica: Eine Freundesgabe, Herrn Professor Dr. Oscar Cullmann zu seinem 60. Geburtstag überreicht.* Edited by W. C. van Unnik. NovTSup 6. Pages 173-91. Leiden: Brill, 1962.

Dodd, C. H. ""Εννομος Χριστοῦ." In *Studia Paulina in Honorem Johannis de Zwaan Septuagenarii.* Edited by J. N. Sevenster and W. C. van Unnik. Pages 96-110. Haarlem: De Ervem F. Bohn N. V., 1953.

Donaldson, T. L. "The 'Curse of the Law' and the Inclusion of the Gentiles: Galatians 3.13-14." *NTS* 32 (1986), 94-112.

Donfried, K. P., ed. *The Romans Debate.* Rev. and Exp. Peabody, Mass.: Hendrickson, 1991.

Dunn, J. D. G. *Baptism in the Holy Spirit.* SBT 2/15. London: SCM, 1970.

________. *Christology in the Making.* Philadelphia: Westminster, 1980.

________. "I Corinthians 15:45—last Adam, life-giving Spirit." In *Christ and Spirit in the New Testament: Studies in Honour of Charles Francis Digby Moule.* Edited by B. Lindars and S. Smalley. Pages 127-42. Cambridge: Cambridge University Press, 1973.

________. *Jesus and the Spirit.* Philadelphia: Westminster, 1975.

________. "Jesus—Flesh and Spirit: An Exposition of Romans i:3-4." *JTS* 24 (1973), 40-68.

________. "Romans 7:14-25 in the Theology of Paul." In *Essays on Apostolic Themes: Studies in honor of Howard M. Ervin.* Edited by P. Elbert. Pages 49-70. Peabody, Mass.: Hendrickson, 1985.[*ThZ* 31 (1975), 257-73].

________. "2 Corinthians iii.17—'The Lord is the Spirit.'" *JTS* 21 (1970), 309-20.

________. "The Theology of Galatians: The Issue of Covenantal Nomism." In *Jesus, Paul and the Law.* Pages 242-64. Philadelphia: Westminster, 1990.

________. "Works of the Law and the Curse of the Law (Gal. 3.10-14)." *NTS* 31 (1985), 523-42; repr. In *Jesus, Paul and the Law.* Pages 215-41. Philadelphia: Westminster, 1990.

Duprez, Antoine. "Note sur le rôle de l'Esprit—Saint dans la filiation de chrétien, à propos de *Gal.* 4:6." *RSR* 52 (1964), 421-31.

Easley, K. H. "The Pauline Use of *Pneumati* as a Reference to the Spirit of God." *JETS* 27 (1984), 299-313.

Ellis, E. E. *Paul's Use of the Old Testament.* Edinburgh: Oliver & Boyd, 1957.

________. *Pauline Theology: Ministry and Society.* Grand Rapids: Eerdmans, 1989.

________. *Prophecy and Hermeneutic in Early Christianity: New Testament Essays*. Grand Rapids: Eerdmans, 1978.

________. "II Corinthians v.1-10 in Pauline Eschatology." *NTS* 6 (1959-60), 211-24.

Engelsen, N. I. J. "Glossolalia and Other Forms of Inspired Speech According to 1 Corinthians 12-14." Ph.D. diss., Yale University, 1970.

Ervin, H. M. *Conversion — Initiation and the Baptism in the Holy Spirit*. Peabody, Mass.: Hendrickson, 1984.

Evans, C. F. "Romans 12:1-2: The 'True Worship.'" In *Dimensions de la vie chrétienne (Rom 12-13)*. Edited by L. De Lorenzi. Pages 7-33. Rome: Abbaye de S. Paul, 1979.

Ewert, D. *The Holy Spirit in the New Testament*. Harrisburg: Herald, 1983.

Fee, G. D. *Gospel and Spirit: Issues in New Testament Hermeneutics*. Peabody, Mass.: Hendrickson, 1991.

________. "II Corinthians vi.14-vii.1 and Food Offered to Idols." *NTS* 23 (1976-77), 140-61.

________. "Some Reflections on Pauline Spirituality." In *Alive to God: Studies in Spirituality presented to James Houston*. Edited by J. I. Packer and L. Wilkinson. Pages 96-107. Downers Grove: InterVaristy, 1992.

________. "Tongues — Last of the Gifts? Some Exegetical Observations on 1 Corinthians 12-14." *Pneuma* 2 (1980), 3-14.

________. "ΧΑΡΙΣ in II Corinthians i.15: Apostolic Parousia and Paul-Corinth Chronology." *NTS* 24 (1977-78), 533-38.

Fichter, J. "Die Stellung der Sapientia Salomonis in der Literatur und Geistgeschichte ihrer Zeit." *ZNW* 36 (1937), 113-32.

Fitzgerald, John T. *Cracks in an Earthen Vessel: An Examination of the Catalogues of Hardships in the Corinthians Correspondence*. SBLDS 99. Atlanta: Scholars, 1988.

Fitzmyer, J. A. "'Abba and Jesus' Relation to God." In *À cause de l'Evangile: Mélanges offerts à Dom Jacques Dupont*. Edited by R. Gantoy. Pages 16-38. Paris: Cerf, 1985.

________. "Glory Reflected on the Face of Christ (2 Cor. 3:7-4:6) and a Palestinian Jewish Motif." *TS* 42 (1981), 630-44.

________. "Qumran and the Interpolated Paragraph in 2 Cor 6:14-7:1." In *Essays on the Semitic Background of the New Testament*. Pages 205-17. London: Chapman, 1971.

Ford, J. M. "Toward a Theology of 'Speaking in Tongues.'" *TS* 32 (1971), 3-29.

Fowl, Stephen D. *The Story of Christ in the Ethics of Paul: An Analysis of the Function of the Hymnic Material in the Pauline Corpus*. JSNTSup 36. Sheffield: JSOT Press, 1990.

Francis, D. P. "The Holy Spirit: A Statistical Inquiry." *ExpT* 96 (1985), 136-37.

Francis, J. "'As Babes in Christ'—Some Proposals regarding 1 Corinthians 3.1-3." *JSNT* 7 (1980), 41-60.

Fuchs. E. "Der Anteil des Geistes am Glauben des Paulus: Ein Beitrag zum Verständnis von Römer 8." *ZTK* 72 (1975), 293-302.

Fuller, R. H. "Tongues in the New Testament." *ACQ* 3 (1963), 162-68.

Fung, R. Y. K. "The Impotence of the Law: Toward a Fresh Understanding of Romans 7:14-25." In *Scripture, Tradition and Interpretation*. Festschrift E. F. Harrison. Edited by W. W. Gasque and W. S. LaSor. Pages 34-48. Grand Rapids: Eerdmans, 1978.

________. "Ministry, Community and Spiritual Gifts." *EvQ* 56 (1984), 5.

Funk, R. W. "Word and Word in 1 Corinthians 2:6-16." In *Language, Hermeneutic, and Word of God*. Pages 275-305. New York: Harper, 1966.

Furnish, V. P. *Theology and Ethics in Paul*. Nashville: Abingdon, 1968. 『바울의 신학과 윤리』 (대한기독교출판사).

Gaffin, R. *Perspectives on Pentecost*. Philadelphia: Presbyterian and Reformed, 1979. 『성령 은사론』(기독교문서선교회).

Garland, D. E. "The Composition and Unity of Philippians: Some Neglected Literary Factors." *NovT* 27 (1985), 141-73.

________. "The Sufficiency of Paul, Minister of the New Covenant." *Criswell Theological Review* 4 (1989), 21-37.

Garnier, G. G. "The Temple of Asklepius at Corinth and Paul's Theology." *Buried History* 18 (1982), 52-58.

Gärtner, B. E. "The Pauline and Johannine Idea of 'To Know God' Against the Hellenistic Background." *NTS* 14 (1967-68), 215-21.

________. *The Temple and the Community in Qumran and the New Testament*. SNTSMS 1. Cambridge: Cambridge University Press, 1965.

Gaugler, E. "Der Geist und das Gebet der schwachen Gemeinde." *IKZ* 51 (1961), 67-94.

Gee, Donald. *Concerning Spiritual Gifts*. Springfield, Mo.: Gospel Publishing House, n.d.

Gillman, F. M. "Another Look at Romans 8:3: 'In the Likeness of Sinful Flesh.'" *CBQ* 49 (1987), 597-604.

Gillman, J. "A Thematic Comparison: 1 Cor 15:50-57 and 2 Cor 5:1-5." *JBL* 107 (1988), 439-54.

Gnilka, J. "2 Cor 6:14-7:1 in Light of the Qumran Texts and the Testaments of the Twelve Patriarchs." In *Paul and Qumran*. Edited by J. Murphy-O'Conner. Pages 48-68. London: Chapman, 1968.

Goldingay, J. *The Church and the Gifts of the Spirit*. Bramcote, 1972.

Gordon, T. D. "The Problem at Galatia." *Int* 41 (1987), 32-43.

Grant, R. M. "Like Children." *HTR* 39 (1946), 71-73.

Graves, R. W. *Praying in the Spirit*. Old Tappan, N. J.: Chosen, 1987.

Grech, P. "2 Corinthians 3,17 and the Pauline Doctrine of Conversion to the Holy Spirit." *CBQ* 17 (1955), 420-37.

Green, M. *I Believe in the Holy Spirit*. 2d ed. Grand Rapids: Eerdmans, 1985.

Greenwood, D. "The Lord is the Spirit: Some Considerations of 2 Cor 3:17." *CBQ* 34 (1972), 467-72.

Grudem, W. A. "1 Corinthians 14.20-25: Prophecy and Tongues as Signs of God's Attitudes." *WTJ* 41 (1979), 381-96.

________. *The Gift of Prophecy in 1 Corinthians*. Washington: University Press of America, 1982.

Gundry, R. H. "'Ecstatic Utterance'(N.E.B.)?" *JTS* 17 (1966), 299-307.

________. "The Form, Meaning and Background of the Hymn Quoted in I Timothy 3:16." In *Apostolic History and the Gospel: Biblical and Historical Essays presented to F. F. Bruce on his 60th Birthday*. Edited by W. W. Gasque and R. P. Martin, Pages 203-22. Grand Rapids: Eerdmans, 1970.

________. "The Moral Frustration of Paul before His Conversion: Sexual Lust in Romans 7.7-25." In *Pauline Studies*. Edited by D. A. Hagner and M. J. Harris. Pages 228-45. Grand Rapids: Eerdmans, 1980.

________. *SOMA in Biblical Theology with emphasis on Pauline Anthropology*. SNTSMS 29. Cambridge: Cambridge University Press, 1976.

Gunkel, H. *The Influence of the Holy Spirit*. (Ger. original 1888). ET. Philadelphia: Fortress, 1979.

Gunther, J. *Paul's Opponents and their Background*. NovTSup 35. Leiden: Brill, 1973.

Hafemann, S. J. "The Comfort and Power of the Gospel: The Argument of 2 Corinthians 1-3." *RevExp* 86 (1989), 325-44.

________. *Suffering and the Ministry in the Spirit: Paul's Defense of his Ministry in 2 Corinthians 2:14-3:3*. Grand Rapids: Eerdmans, 1990.

Hamilton, N. Q. *The Holy Spirit and Eschatology in Paul*. SJTOP 6. Edinburgh: Oliver & Boyd, 1957.

Hanimann, J. "'Nous avons été abreuvés d'un seul Esprit.' Note sur 1 Cor 12, 13b." *NouvRT* 94 (1972), 400-405.

Hanson, A. T. "The Midrash of II Corinthians 3: A Reconsideration." *JSNT* 9 (1980), 2-28.

Harpur, T. W. "The Gift of Tongues and Interpretation." *CJT* 12 (1966), 164-71.

Harris, M. J. "2 Corinthians 5:1-10: Watershed in Paul's Eschatology?" *TynB* 22 (1971),

33-57.

Harrisville, R. A. "Speaking in Tongues — Proof of Transcendence?" *Dialog* 13 (1974), 11-18.

________. "Speaking in Tongues: A Lexicographical Study." *CBQ* 38 (1976), 35-48.

Hartmann, L. "Some Remarks on 1 Cor. 2:1-5." *SEÅ* 34 (1974), 109-20.

Hays, Richard B. "Christology and Ethics in Galatians: The Law of Christ." *CBQ* 49 (1987), 268-90.

________. *Echoes of Scripture in the Letters of Paul.* New Haven: Yale University Press, 1989.

________. *The Faith of Jesus Christ: An Investigation of the Narrative Substructure of Galatians 3:1-4:11.* SBLDS 56. Chico, Calif.: Scholars, 1983.

Hehn, J. "Zum Problem des Geistes in alten Orient und im Alten Testament." *ZAW* 43 (1925), 13-67.

Hemphill, K. S. *Spiritual Gifts: Empowering the New Testament Church.* Nashville: Broadman, 1988.

Hermann, I. *Kyrios und Pneuma: Studien zur Christologie der paulinischen Hauptbriefe.* Munich: Kösel-Verlag, 1961.

Hettlinger, R. F. "2 Corinthians 5:1-10." *SJT* 10 (1957), 174-94.

Hicking, C. J. A. "The Sequence of Thought in II Corinthians, Chapter Three." *NTS* 21 (1975), 380-95.

Hill, David. *Greek Words and Hebrew Meanings.* SNTSMS. Cambridge: Cambridge University Press, 1967.

________. *New Testament Prophecy.* Atlanta: John Knox, 1979.

________. "Salvation Proclaimed: IV. Galatians 3:10-14." *ExpT* 93 (1982), 196-200.

Hooker, Morna D. "ΠΙΣΤΙΣ ΧΡΙΣΤΟΥ." *NTS* 35 (1989), 321-42.

Horton, S. *What the Bible Says about the Holy Spirit.* Springfield, Mo.: Gospel Publishing House, 1976.

House, H. W. "Tongues and the Mystery Religions of Corinth." *BSac* 140 (1983), 135-50.

Hoyle, R. B. *The Holy Spirit in St. Paul.* London: Hodder & Stoughton, 1928.

Hübner, H. *Law in Paul's Thought.* (Ger. original 1978). Translated by J. C. G. Gerig. Edinburgh: T. & T. Clark, 1984.

Hugedé, N. *La métaphore du miroir dans les Epîtres de Saint Paul aux Corinthiens.* Neuchâtel: Delachaux and Niestlé, 1957.

Hughes, F. W. *Early Christian Rhetoric and 2 Thessalonians.* JSNTSup 30. Sheffield: Academic Press, 1989.

Hui, A. W. D. "The Concept of the Holy Spirit in Ephesians and Its Relation to the

Pneumatologies of Luke and Paul." Ph.D. diss., University of Aberdeen, 1992.

Hunter, A. M. *Interpreting Paul's Gospel*. London: SCM, 1954.

________. *Paul and his Predecessors*. 2d ed. London: SCM, 1961.

Hunter, H. *Spirit-Baptism: A Pentecostal Alternative*. Lanham, Md.: University Press of America, 1983.

Hurd, J. C. *The Origin of 1 Corinthians*. 2d ed. Macon, Ga.: Merser University Press, 1983.

Hurley, J. B. *Men and Women in Biblical Perspective*. Grand Rapids: Zondervan, 1981.

Iber, G. "Zum Verständnis von I Cor. 12:31." *ZNW* 54 (1963), 43-52.

Isaacs, Marie E. *The Concept of Spirit: A Study of Pneuma in Hellenistic Judaism and its Bearing on the New Testament*. Heythrop Monographs 1. London: Heythrop College, 1976.

Jeremias, Joachim. *The Prayers of Jesus*. SBT2/6. London: SCM, 1967.

Jervell, Jacob. "The Signs of an Apostle: Paul's Miracles." In *The Unknown Paul: Essays on Luke-Acts and Early Christian History*. Pages 77-95. Minneapolis: Augsburg, 1984.

Jewett, R. "The Agitators and the Galatian Congregation." *NTS* 17 (1970-71), 198-212.

________. *Paul's Anthropological Terms: A Study of their Use in Conflict Settings*. AGJU 10. Leiden: Brill, 1971.

________. "The Redaction and Use of an Early Christian Confession in Romans 1:3-4." In *The Living Text: Essays in Honor of Ernest W. Saunders*. Edited by D. E. Groh and R. Jewett. Pages 99-122. Lanham, Md.: University Press of America. 1985.

________. *The Thessalonian Correspondence: Pauline Rhetoric and Millenarian Piety*. Philadelphia: Fortress, 1986.

Johanson, B. C. "Tongues, a Sign for Unbelievers? A Structural and Exegetical Study of I Corinthians xiv. 20-25." *NTS* 25 (1979), 180-203.

Johnson, L. T. *The Writings of the New Testament: An Interpretation*. Pages 367-80. Philadelphia: Fortress, 1986. 『최신신약개론』(크리스챤다이제스트).

Jones, F. S. *"Freiheit" in den Briefen des Apostels Paulus*. Göttingen: Vandenhoeck & Ruprecht, 1987.

Jones, W. R. "The Nine Gifts of the Holy Spirit." In *Pentecostal Doctrine*. Edited by P. S. Brewster. Pages 47-61. Greenhurst, 1976.

Kaiser, W. C. "A Neglected Text in Bibliology Discussions: I Corinthians 2:6-16." *WTJ* 43 (1981), 301-19.

Kamlah, E. "Buchstabe und Geist: Die Bedeutung dieser Antithese für die alttestamentliche Exegese des Apostels Paulus." *EvT* 14 (1954), 276-82.

Käsemann, E. "The Cry for Liberty in the Worship of the Church." In *Perspectives on*

Paul. Pages 122-37. London: SCM, 1971.

________. "Die Legitimität des Apostels: Eine Untersuchung zu 2 Korinther 10-13." *ZNW* 51 (1942), 33-71.

________. "The Spirit and the Letter." In *Perspectives on Paul.* Pages 138-66. London: SCM, 1971.

________. "The Theological Problem Presented by the Motif of the Body of Christ." In *Perspectives on Paul.* Pages 102-21. London: SCM, 1971.

________. "Worship in Everyday Life: A Note on Romans 12." In *New Testament Questions of Today.* Pages 188-95. London: SCM, 1969.

Kasper, Walter. *Jesus the Christ.* New York: Paulist, 1976.

Keck, L. E. "The Law of 'The Law of Sin and Death'(Roamns 8:1-4): Reflections on the Spirit and Ethics in Paul." In *The Divine Helmsman: Studies on God's Control of Human Events, presented to Lev. H. Silberman.* Edited by J. L. Crenshaw and S. Sandmel. Pages 41-57. New York: KTAV, 1980.

Kemmler, D. W. *Faith and Human Reason: A Study of Paul's Method of Preaching as Illustrated by 1-2 Thessalonians and Acts 17, 2-4.* NovTSup 40. Leiden: Brill, 1975.

Kendall, E. L. "Speaking with Tongues." *CQR* 168 (1967), 11-19.

Kerr, A. J. "ΑΡΡΑΒΩΝ." *JTS* 39 (1988), 92-97.

Kirk, J. A. "Apostleship since Rengstorf: Towards a Synthesis." *NTS* 21 (1974-75), 249-64.

Knight, George W., III. *The Faithful Sayings in the Pastoral Letters.* Grand Rapids: Baker, 1979.

Koch, R. *Geist und Messias.* Wien: Herder, 1950.

Koenig, J. *Charismata: God's Gifts for God's People.* Philadelphia: Westminster, 1978.

Kramer, W. *Christ, Lord, Son of God.* ET. SBT 50. London: SCM, 1966.

Kümmel, W. G. *Römer 7 und die Bekehrung des Paulus.* Leipzig: Hinrichs, 1929.

Ladd, George E. "The Holy Spirit in Galatians." In *Current Issues in Biblical and Patristic Interpretation.* Festschrift M. C. Tenney. Edited by G. F. Hawthorne. pages 211-16. Grand Rapids: Eerdmans, 1975.

Lambrecht, J. "The Fragment 2 Cor. vi.16-vii.1: A Plea for its authenticity." In *Miscellanea Neotestamentica* II. Edited by T. Baarda, A. F. J. Klijn, and W. C. van Unnik. Leiden: Brill, 1978.

________. "Man before and without Christ: Romans 7 and Pauline Anthropology." *Louvain Studies* 5 (1974), 18-33.

________. "Transformation in 2 Cor. 3,18." *Bib* 64 (1983), 243-54.

Langevin, P.-E. "Une confession prépauliniennes de la 'Seigneurie' du Christ: Exégèse de Romains 1,3-4." In *Le Christ hier, aujourd'hui, et demain.* Edited by R.

Laflamme and M. Gervais. Pages 298-305. Québec: Université Laval, 1976.

Lemmer, H. R. "Pneumatology and Eschatology in Ephesians: The Role of the Eschatological Spirit in the Church." Ph.D. diss., University of South Africa [Pretoria], 1988.

Lenski, R. C. H. *The Interpretation of St. Paul's Epistles to the Galatians, to the Ephesians, and to the Philippians.* Columbus, Ohio: Lutheran Book Concern, 1937.

________. "Reciprocity between Eschatology and Pneuma in Ephesians 1:3-14." *Neot* 21 (1987), 159-82.

Lincoln, A. T. *Paradise Now and Not Yet: Studies in the Role of the Heavenly Dimension in Paul's Thought with Special Reference to his Eschatology.* SNTSMS 43. Cambridge: Cambridge University Press, 1981.

________. "'Paul the Visionary': The Setting and Significance of the Rapture to Paradise in II Corinthians xii. 1-10." *NTS* 25 (1979), 204-20.

________. "A Re-Examination of 'The Heavenlies' in Ephesians." *NTS* 19 (1973), 468-83.

Loane, M. L. *The Hope of Glory: An Exposition of The Eighth Chapter in The Epistle to the Romans.* London: Hodder & Stoughton, 1968.

Lodahl, Michael E. *Shekinah Spirit: Divine Presence in Jewish and Christian Religion.* New York: Paulist, 1992.

Lohse, E. "ὁ νόμος τοῦ πνεύματος τῆς ζωῆς: Exegetische Anmerkungen zu Röm 8:2." In *Die Vielfalt des Neuen Testaments.* Pages 128-36. Göttingen: Vandenhoeck & Ruprecht, 1982.

Lull, David John. *The Spirit in Galatia: Paul's Interpretation of Pneuma as Divine Power.* SBLDS 49. Chico, Calif: Scholars, 1980.

Lutjens, R. "'You Do not Do What You Want': What Does Galatians 5:17 Really Mean?" *Presbyterion* 16 (1990), 103-17.

Lyall, F. "Roman Law in the Writings of Paul—Adoption." *JBL* 88 (1969), 458-66.

Lyonnet, S. "Christian Freedom and the Law of the Spirit According to St. Paul." In *The Christian Lives by the Spirit.* Edited by I. de la Potterie and S. Lyonnet. Translated by J. Morris. Pages 145-74. Staten Island: Alba House, 1971.

MacDonald, W. G. "Glossolalia in the New Testament." *BETS* 7 (1964), 59-68.

MacGorman, J. W. *The Gifts of the Spirit: An Exposition of I Corinthians 12-14.* Nashville: Broadman, 1974.

Maly, M. K. "1 Kor 12,1-3, eine Regel zur Unterscheidung der Geister?" *BZ* 10 (1966), 82-95.

Martin, D. W. "'Spirit' in the Second Chapter of First Corinthians." *CBQ* 5 (1943), 181-95.

Martin, F. "Pauline Trinitarian Formulas and Church Unity." *CBQ* 30 (1968), 199-219.

Martin, I. J. "I Corinthians 13 Interpreted by its Context." *JBR* 18 (1950), 101-5.

________. "Glossolalia in the Apostolic Church." *JBL* 63 (1944), 123-30.

Martin, Ralph P. *The Spirit and the Congregation: Studies in 1 Corinthians 12-15.* Grand Rapids: Eerdmans, 1984.

________. "The Spirit in 2 Corinthians in Light of the 'Fellowship of the Holy Spirit' in 2 Corinthians 13:14." In *Eschatology and the New Testament: Essays in Honor of George Raymond Beasley-Murray.* Edited by W. H. Gloer. Pages 113-28. Peabody, Mass.: Hendrickson, 1988.

________. *Worship in the New Testament.* 2d ed. Grand Rapids: Eerdmans, 1974.

Martyn, J. Louis. "A Law-Observant Mission to Gentiles: The Background of Galatians." *SJT* 38 (1985), 307-24.

________. "Apocalyptic Antinomies in Paul's Letter to the Galatians." *NTS* 31 (1985), 410-24.

________. "Epistemology at the Turn of the Ages: 2 Corinthians 5:16." In *Christian History and Interpretation.* Festschrift John Knox. Edited by W. R. Farmer, C. F. D. Moule, and R. R. Niebuhr. Pages 269-87. Cambridge: Cambridge University Press, 1967.

Matera, Frank. "The Culmination of Paul's Argument to the Galatians: Gal. 5:1-6:17." *JSNT* 32 (1988), 79-91.

Mawhinney, A. "God as Father: Two Popular Theories Reconsidered." *JETS* 31 (1988), 181-89.

McNicol, J. "The Spiritual Blessings of the Epistle to the Ephesians." *EvQ* 9 (1937), 64-73.

McRay, J. R. "*To Teleion* in I Corinthians 13:10." *ResQ* 14 (1971), 168-83.

Menzies, R. P. *The Development of Early Christian Pneumatology with Special Reference to Luke-Acts.* JSNTSup 54. Sheffield: JSOT Press, 1991.

Metzger, B. M. *A Textual Commentary on the Greek New Testament.* London: United Bible Societies, 1971.

Metzger, W. *Der Christushymnus 1 Tim. 3, 16.* Stuttgart: Calwer, 1979.

Miguens, M. "1 Cor. 3:8-13 Reconsidered." *CBQ* 37 (1975), 76-97.

Mills, W. E. *Glossolalia: A Bibliography.* New York: Edwin Mellen, 1985.

________. *The Holy Spirit: A Bibliography.* Peabody, Mass.: Hendrickson, 1988.

Mitton, C. L. "Romans 7 Reconsidered." *ExpT* 65 (1953-54), 78-81, 99-103, 132-35.

Moo, D. J. "Israel and Paul in Romans 7.7-12." *NTS* 32 (1986), 122-35.

Moule, C. F. D. "2 Cor. 3:18b καθάπερ ἀπὸ κυρίου πνεύματος." In *Neues Testament und Geschichte.* Festschrift O. Cullmann. Edited by H. Baltensweiler and B. Reicke. Pages 233-37. Tübingen: J. C. B. Mohr [Paul Siebeck], 1972.

Mowinckel, S. "The Spirit and the Word in the Pre-Exilic Reforming Prophets." *JBL* 53 (1934), 199-227.

Mullins, T. Y. "Paul's Thorn in the Flesh." *JBL* 76 (1957), 299-303.

Murphy-O'Conner, J. "1 Corinthians, V, 3-5." *RB* 84 (1977), 239-45.

________. "PNEUMATIKOI and Judaizers in 2 Cor. 2:14-4:6." *AusBR* 34 (1986), 42-58.

Neugebauer, F. "Das paulinische 'in Christ.'" *NTS* 4 (1957-58), 124-38.

Niederwimmer, K. "Das Gebet des Geistes." *TZ* 20 (1964), 252-65.

Nisbet, P. "The Thorn in the Flesh." *ExpT* 80 (1969-70), 126.

Noth, Martin. "For All Who Rely on Works of the Law are under a Curse." In *The Laws in the Pentateuch and Other Studies*. Pages 118-31. Edinburgh/London: Oliver & Boyd, 1966.

O'Brien, P. T. "Ephesians I: An Unusual Introduction to a New Testament Letter." *NTS* 25 (1979), 604-16.

________. *Introducing Thanksgivings in the Letters of Paul*. NovTSup 49. Leiden: Brill, 1977.

O'Collins, G. G. "Power Made Perfect in Weakness: 2 Cor 12:9-10." *CBQ* 33 (1971), 528-37.

Obeng, E. A. "Abba, Father: The Prayer of the Sons of God." *ExpT* 99 (1988), 363-66.

________. "The Origin of the Spirit Intercession Motif in Romans 8.26." *NTS* 32 (1986), 621-32.

________. "The Spirit Intercession Motif in Paul." *ExpT* 95 (1983-84), 360-64.

Oesterreicher, J. M. "'Abba, Father!' On the Humanity of Jesus." In *The Lord's Prayer and Jewish Liturgy*. Edited by J. J. Petuchowski and M. Brocke. Pages 119-36. New York: Seabury, 1978.

Olford, D. L. "Paul's Use of Cultic Language in Romans: An Exegetical Study of Major Texts in Romans Which Employ Cultic Language in a Non-literal Way." Ph.D. diss., University of Sheffield, 1985.

Osburn, C. D. "The Interpretation of Romans 8:28." *WTJ* 44 (1982), 99-109.

Packer, J. I. "The 'Wretched Man' of Romans 7." *SE* II (1964), 621-27.

Park, D. M. "Paul's ΣΚΟΛΟΨ ΤΗ ΣΑΡΚΙ: Thorn or Stake?" *NovT* 22 (1980), 179-83.

Parratt, J. K. "Romans i.11 and iii.5 — Pauline evidence for the Laying on of Hands?" *ExpT* 79 (1967-68), 151-52.

________. "The Witness of the Holy Spirit. Calvin, the Puritans and St. Paul." *EvQ* 41 (1969), 165.

Pinnock, C. "The Concept of Spirit in the Epistles of Paul." Ph.D. diss., Manchester, 1963.

Plevnik, J. "The Center of Pauline Theology." *CBQ* 61 (1989), 461-78.

Poythress, V. S. "Is Romans 1⟨3-4⟩ a *Pauline* Confession After All?" *ExpT* 87 (1975-76), 180-83.

________. "The Nature of Corinthian Glossolalia: Possible Options." *WTJ* 40 (1977), 130-35.

Price, R. M. "Punished in Paradise: An Exegetical Theory on 2 Corinthians 12:1-10." *JSNT* 7 (1980), 33-40.

Provence, T. E. "'Who is Sufficient for These Things?' An Exegesis of 2 Corinthians ii 15-iii 18." *NovT* 24 (1982), 54-81.

Quinn, Jerome D. "The Holy Spirit in the Pastoral Epistles." In *Sin, Salvation, and the Spirit.* Edited by D. Durken. Pages 345-68. Collegeville, Minn.: Liturgical, 1979.

Räisänen, H. "Das 'Gesetz des Glauben'(Röm 3:27) und das 'Gesetz des Geistes'(Röm 8:2)." *NTS* 26 (1979-80), 101-17.

Rengsberger, D. "2 Corinthians 6:14-7:1—A Fresh Examination." *StBibT* 8 (1978), 25-49.

Renwick, David A. *Paul, The Temple, and the Presence of God.* BJS 224. Atlanta: Scholars, 1991.

Richard, E. "Polemics, Old Testament and Theology—A Study of II Cor. III,1-IV,6." *RB* 88 (1981), 340-67.

Richardson, P. "Letter and Spirit: A Foundation for Hermeneutics." *EvQ* 45 (1973), 208-18.

Richardson, W. "Liturgical Order and Glossolalia in 1 Corinthians 14.26c-33a." *NTS* 32 (1986), 144-53.

Ridderbos, Herman. *Paul: An Outline of His Theology.* Grand Rapids: Eerdmans, 1975. 『바울신학』(개혁주의신행협회).

Riggs, R. *The Spirit Himself.* Springfield, Mo.: Gospel Publishing House, 1949.

Roberts, P. "A Sign—Christian or Pagan?" *ExpT* 90 (1979), 199-203.

Robertson, O. P. "Tongues: Sign of Covenantal Curse and Blessing." *WTJ* 38 (1975), 45-53.

Robinson, D. W. B. "Charismata versus Pneumatika: Paul's Method of Discussion." *RThR* 31 (1972), 49-55.

Robinson, W. C., Jr. "Word and Power." In *Soli Deo Gloria: Essays for W. C. Robinson.* Edited by J. M. Richards. Pages 68-82. Richmond: John Knox, 1968.

Rogers, C. "The Dionysian Background of Ephesians 5:18." *BSac* 136 (1979), 249-57.

Rogers, E. R. "Ἐποτίσθησαν Again." *NTS* 29 (1983), 139-42.

Romaniuk, C. "Le Livre de la Sagesse dans le Nouveau Testament." *NTS* 14 (1967-68), 498-514.

Ross, J. M. "*Panta sunergei*, Rom. VIII.28." *TZ* 34 (1978), 82-85.

Russell, R. "The Idle in 2 Thess 3,6-12: An Eschatological or a Social Problem?" *NTS* 34

(1988), 105-19.

Saake, H. "Paulus als Ekstatiker: Pneumatologische Beobachtungen zu 2 Kor. xii 1-10." *NovT* 15 (1973), 153-60.

Sanders, E. P. *Paul, the Law, and the Jewish People*. Philadelphia: Fortress, 1983. 『바울, 율법, 유대인』(크리스챤다이제스트).

Schatzmann, S. *A Pauline Theology of Charismata*. Peabody, Mass.: Hendrickson, 1987.

Schlier, H. "Eine christologische Credo-Formel der römischen Gemeinde: Zu Röm 1:3f." In *Neues Testament und Geschichte*. Festschrift O. Cullmann. Edited by H. Baltensweiler and B. Reicke. Pages 207-18. Zürich: Theologischer, 1972.

Schnackenburg, R. "Apostles Before and After Paul's Time." In *Apostolic History and the Gospel*. Edited by W. W. Gasque and R. P. Martin. Pages 287-303. Grand Rapids: Eerdmans, 1970.

________. *Baptism in the Thought of St. Paul*. ET. Oxford: Blackwell, 1964.

Schneider, B. "κατὰ πνεῦμα ἀγιωσύνης (Romans 1.4)." *Bib* 48 (1967), 359-87.

Schneider, G. "The Meaning of St. Paul's Antithesis 'The Letter and the Spirit.'" *CBQ* 15 (1953), 163-207.

Schniewind, J. "Das Seufzen des Geistes: Röm 8.26, 27." In *Nachgelassene Reden und Aufsätze*. Pages 81-103. Berlin: Töpelmann, 1952.

Schoemaker, W. R. "The Use of Ruach in the Old Testament and πνεῦμα in the New Testament." *JBL* 23 (1904), 13-67.

Schweitzer, A. *The Mysticism of Paul the Apostle*. London: Black, 1931.

Schweizer, E. "Röm 1:3f. und der Gegensatz von Fleisch und Geist vor und bei Paulus." *EvT* 15 (1955), 563-71.

________. "The New Testament Creeds Compared." In *Current Issues in New Testament Interpretation: Essays in honor of Otto A. Piper*. Edited by W. Klassen and G. Snyder. Pages 166-77. New York: Harper, 1962.

________. "Zum religionsgeschichtlichen Hintergrund der 'Sendungsformel' Gal 4,4f., Rm 8,3f., Joh 3,16f., 1 Joh 4,9." *ZNW* 57 (1966), 199-210.

Scott, C. A. A. *Christianity according to St. Paul*. Cambridge: Cambridge University Press, 1927.

Scott, E. F. *The Spirit in the New Testament*. London: Hodder and Stoughton, 1923.

Scott, James M. *Adoption as Sons of God*. WUNT 2/48. Tübingen: J. C. B. Mohr [Paul Siebeck], 1992.

Scroggs, R. "Paul: ΣΟΦΟΣ and ΠΝΕΥΜΑΤΙΚΟΣ." *NTS* 14 (1967-68), 33-55.

Seesemann, H. *Der Begriff* κοινωνία *im Neuen Testament*. BZNW 14. Giessen: Töpelmann, 1933.

Sekki, A. E. *The Meaning of Ruah at Qumran.* SBLDS 110. Atlanata: Scholars, 1989.

Shelton, James B. *Mighty in Word and Deed: The Role of the Holy Spirit in Luke-Acts.* Peabody, Mass.: Hendrickson, 1991.

Smith, B. L. "Tongues in the New Testament." *Churchman* 87 (1973), 183-88.

Smith, D. M. "Glossolalia and Other Spiritual Gifts in a New Testament Perspective." *Int* 28 (1974), 307-20.

Smith, N. G. "The Thorn that Stayed: An Exposition of 2 Cor 12:7-9." *Int* 13 (1959), 409-16.

Snaith, N. *Distinctive Ideas of the Old Testament.* London: Epworth, 1944.

Snodgrass, K. "Spheres of Influence: A Possible Solution for the Problem of Paul and the Law." *JSNT* 32 (1988), 93-113.

Spicq, C. *Agapé dans le Nouveau Testament.* EB. 3 vols. Paris: Gabalda, 1959.

Spittler, R. P. "The Limits of Ecstasy: An Exegesis of 2 Corinthians 12:1-10." In *Current Issues in Biblical and Patristic Interpretation.* Festschrift M. E. Tenney. Edited by G. F. Hawthorne. Pages 259-66. Grand Rapids: Eerdmans, 1975.

Stadler, K. *Das Werk des Geistes in der Heiligung bei Paulus.* Zürich: Evz-Verlag, 1962.

Stanley, Christopher D. "'Under a Curse': a Fresh Reading of Galatians 3.10-14." *NTS* 36 (1990), 481-511.

Stendahl, K. "The Apostle Paul and Introspective Conscience of West." In *Paul Among Jews and Gentiles and Other Essays.* Pages 78-96. Philadelphia: Fortress, 1976.

————. "Paul at Prayer." In *Meanings: The Bible as Document and as a Guide.* Pages 151-61. Philadelphia: Fortress, 1984.

Stenger, W. *Der Christushymnus 1 Tim. 3.16: Eine strukturanalysche Untersuchung.* Frankfurt: Peter Lang, 1977.

Stockhausen, Carol Kern. *Moses' Veil and the Glory of the New Covenant.* AnBib 116. Rome: Pontifical Biblical Institute, 1989.

Sumney, J. L. *Identifying Paul's Opponents: The Question of Method in 2 Corinthians.* JSNTSup 40. Sheffield: JSOT Press, 1990.

Sweet, J. M. P. "A Sign for Unbelievers: Paul's Attitude to Glossolalia." *NTS* 13 (1967), 240-57.

Swete, H. B. *The Holy Spirit in the New Testament.* London: Macmillan, 1910; repr. ed. Grand Rapids: Baker, 1964.

Swetnam, J. "On Romans 8:23 and the 'Expectation of Sonship.'" *Bib* 48 (1967), 102-8.

Synge, F. C. "The Holy Spirit and the Sacraments." *SJT* 6 (1953), 65-76.

Tabor, J. D. *Things Unutterable: Paul's Ascent to Paradise in its Greco-Roman, Judaic, and Early Christian Contexts.* Lanham, Md.: University Press of America, 1986.

Talbert, C. H. "Paul's Understanding of the Holy Spirit: The Evidence of 1 Corinthians 12-14." In *Perspectives on the New Testament: Essays in Honor of Frank Stagg.* Edited by C. H. Talbert. Pages 95-108. Macon, Ga.: Mercer University Press, 1985.

Thackeray, H. J. *The Relation of Paul to Contemporary Jewish Thought.* London: Macmillan, 1900.

Thiselton, A. C. "The Interpretation of Tongues: A New Suggestion in Light of Greek Usage in Philo and Josephus." *JTS* 30 (1979), 15-36.

Thomas, R. L. "'Tongues…Will Cease.'" *JETS* 17 (1974), 81-89.

Thompson, M. *Clothed with Christ: The Example and Teaching of Jesus in Romans 12.1-15.13.* JSNTSup 59. Sheffield: JSOT Press, 1991.

Thompson, R. W. "How Is the Law Fulfilled in US? An Interpretation of Rom 8:4." *Louvain Studies* 11 (1986), 31-40.

Thornton, T. C. G. "The Meaning of καὶ περὶ ἁμαρτίας in Romans viii.3." *JTS* 22 (1971), 515-17.

Thrall, M. E. "The Problem of II Cor. vi.14-vii.1 in some Recent Discussions." *NTS* 24 (1977-78), 132-48.

Toussaint, S. D. "First Corinthians Thirteen and the Tongues Question." *BSac* 120 (1963), 311-16.

Towner, Phillip H. *The Goal of Our Instruction: The Structure of Theology and Ethics in the Pastoral Epistles.* JSNTSup 34. Sheffield: JSOT Press, 1989.

Tugwell, S. "The Gift of Tongues in the New Testament." *ExpT* 84 (1973), 137-40.

Turner, M. M. B. "The Significance of Spirit Endowment for Paul." *VoxEv* 9 (1975), 58-69.

Turner, N. *Grammatical Insights into the New Testament.* Edinburgh: T. & T. Clark, 1965.

van Imschoot. "L'Esprit de Jahvé, principé de vie morale dans l'A. T." *ETL* 16 (1939), 457-67.

van Stempvoort, P. A. "Eine stylische Lösung eine alten Schwierigkeit in I. Thessalonicher v.23." *NTS* 7 (1961), 262-65.

van Unnik, W. C. "'Den Geist löschet nicht aus'(1 Thessalonicher v 19)." *NovT* 10 (1968), 255-69.

________. "Jesus: Anathema or Kyrios (I Cor. 12:3)." In *Christ and Spirit in the New Testament.* Edited by B. Lindars and S. Smalley. Cambridge: Cambridge University Press, 1973.

________. "With Unveiled Face': An Exegesis of 2 Corinthians iii 12 18." *NovT* 6 (1963), 153-69.

Volf, Judith M. Gundry. *Paul and Perseverance: Staying in and Falling Away.* WUNT 2/37. Tübingen: J. C. B. Mohr [Paul Siebeck], 1990.

Volz, P. *Der Geist Gottes und die verwandten Erscheinungen im Alten Testament und anschliessenden Judentum.* Tübingen: J. C. B. Mohr [Paul Siebeck], 1910.

Wagner, G. "The Tabernacle and Life 'in Christ': Exegesis of 2 Corinthians 5:1-10." *IBS* 3 (1981), 145-65.

Wainwright, Arthur W. *The Trinity in the New Testament.* London: SPCK, 1962.

Walker, D. *The Gift of Tongues.* Edinburgh, 1908.

Walker, W. O. "Why Paul Went to Jerusalem: The Interpretation of Galatians 2:1-5," *CBQ* 54 (1992), 503-10.

Warfield, B. B. "The Spirit of God in the Old Testament." In *Biblical and Theological Studies.* Pages 127-56. Philadelphia: Presbyterian and Reformed, 1952.

Wedderburn, A. J. M. *The Reasons for Romans.* Edinburgh: T. & T. Clark, 1988.

________. "Romans 8:26 —Towards a Theology of Glossolalia." *SJT* 28 (1975), 369-77.

Wenham, David. "The Christian Life: A Life of Tension? A Consideration of the Nature of Christian Experience in Paul." In *Pauline Studies.* Edited by D. H. Hagner and M. J. Harris. Pages 80-94. Grand Rapids: Eerdmans, 1980.

Westerholm, S. *Israel's Law and the Church's Faith: Paul and his Recent Interpreters.* Grand Rapids: Eerdmans, 1988.

________. "'Letter' and 'Spirit': the Foundation of Pauline *Ethics.*" *NTS* 30 (1984), 229-48.

________. "On Fulfilling the Whole Law (Gal 5.14)." *SEÅ* 51-2 (1986-87), 229-37.

Widmann, M. "1 Kor 2:6-16: Ein Einspruch gegen Paulus." *ZNW* 70 (1979), 44-53.

Wilckens, U. *Weisheit und Torheit.* Tübingen: J. C. B. Mohr [Paul Siebeck], 1959.

Wild, Robert. "The Warrior and the Prisoner: Some Reflections on Ephesians 6:10-20." *CBQ* 46 (1984), 284-98.

Wiles, G. P. *Paul's Intercessory Prayers.* SNTSMS 24. Cambridge: Cambridge University Press, 1974.

Wilkinson, T. L. "Tongues and Prophecy in Acts and 1st Corinthians." *VoxR* 31 (1978), 1-20.

Williams, R. R. "Logic Versus Experience in the Order of Credal Formulae." *NTS* 1 (1954), 42-44.

Williams, Sam K. "Justification and the Spirit in Galatians." *JSNT* 29 (1987), 91-100.

________. "Promise in Galatians: A Reading of Paul's Reading of Scripture." *JBL* 107 (1988), 709-20.

Wilson, J. P. "Romans viii.28: Text and Interpretation." *ExpT* 60 (1948-49), 110-11.

Winward, Stephen F. *Fruit of the Spirit.* Grand Rapids: Zondervan, 1963.

Wright, N. T. *The Climax of the Covenant.* Minneapolis: Fortress, 1991.

________. "Reflected Glory: 2 Corinthians 3:18." In *The Glory of Christ in the New*

Testament: Studies in Christology in Memory of George Bradford Caird. Edited by L. D. Hurst and N. T. Wright. Pages 139–50. Oxford: Clarendon, 1987.

Wright, W. C., Jr. "The Use of Pneuma in the Pauline Corpus with Special Attention to the Relationship between Pneuma and the Risen Christ." Ph.D. diss., Fuller Theological Seminary, 1977.

Yorke, G. L. O. R. *The Church as the Body of Christ in the Pauline Corpus: A Reexamination.* Lanham, Md.: University Press of America, 1991.

Young, F., and D. F. Ford. *Meaning and Truth in 2 Corinthians.* Grand Rapids: Eerdmans, 1987.

Ziesler, John A. "The Just Requirement of the Law (Romans 8:4)." *AusBR* 35 (1987), 77–82.

________. *Pauline Christology.* Oxford: Oxford University Press, 1983.

Zmijewski, J. "Kontextbezug und Deutung von 2 Kor 12, 7a: Stilistische und Strukturale Erwägungen zur Lösung eines alten Problems." *BZ* 21 (1977), 265–77.

주제 색인

(■ 상권 페이지는 정자체로, 하권 페이지는 기울임체로 표기함)

라): 120, 129-130, 138-140, 772, 812, *142, 233, 330*

그리스도를 본받음(imitation of Christ): 112; 바울을 본받음(of Paul): 112

그리스도 안에 있음(being in Christ): 52, 248, 264-265, 282, 493, 694, 771, *80, 106, 110-111, 114, 139, 227-230, 429, 509-511;* "그리스도 안에"라는 문구 (formula): *660*

그리스도인의 행위(christian behavior; 또한 '윤리'를 보라): 223-226, 240, 255, 258, 539, 764, 772-774, 790-791, 834-837, 843-844, 848-852, *29-31, 43-45, 70-72, 156-157, 246, 265, 327, 458, 534-536, 568-569, 734*

기도(prayer): 125-127, 154, 284, 452, 459, 462-463, 467-468, *49, 253, 270-271, 280, 283, 286, 299, 316, 356, 375-385, 408-411, 416, 663, 743-744, 769, 775-777;* **영**과 기도(the Spirit and): 417-419, 753-755, *103, 142, 199-220, 224-226, 464, 468, 473-478, 486, 493, 709-716, 769*

기독론(Christology): 52-53, 265, 304, *644-645, 658-659*

기적들(miracles): 45, 107, 110, 193, 691, 719, *283, 292-294, 682;* **영**의 은사(as gift of the Spirit): 322-324, 657-660, 747-749

내주, 그리스도가 안에 들어와 사심(indwelling, Christ): 694, 816, 856, *146, 151-155, 385, 414-416, 661*

내주, **영**이 안에 들어와 사심(indwelling, Spirit): 122, 267-271, 304, 501, 551, 567, 583, 617, 625-628, 673, 689, 693-698, 700-702, 739, 746, 749-751, 758, 783, 791-794, *29, 74, 99, 114-118, 141, 146-151, 168-171, 184, 195, 200, 225, 231, 282, 401-402, 414-416, 446, 609, 660, 668-673, 734*

너희/우리 바꿔 쓰기(you/us interchange): *372, 615, 671*

능력(power): 261, 322, 488, 503, 619, 631, *316, 320, 635;* **영**과 능력(the Spirit and): 45, 80, 94-95, 102, 108, 115, 123, 239, 240-243, 250, 261, 305, 323, 598-600, 615-618, 623, 644, 654, 657-670, 796, *82, 281-283, 286, 292-295, 320-324, 379-387, 409, 412-418, 526, 569-572, 575-580, 585, 588, 635-639, 680-684, 784*

더 심오한 삶 신학(deeper life theology): 201-202, 215, 227, 319

덕을 세움(사람들을 세워줌; edification): 137, 287-289, 307, 325, 354, 359, 372, 388, 392-394, 402-404, 409-415, 417, 429-442, 454-463, 466, 472-477, 479, 501, *210, 743, 750, 753, 775*

두 번째 복 신학(second blessing theology): 128, 227, 341-343, *695, 705-706*

말씀(하나님의)[word(of God)]: 107, 480-481, 541-542, 630, *330-331, 468-471, 680-683*

몸이라는 이미지(body as imagery): 290, 318, 334-348, 354-357, 497-498, 501, *249, 370, 389-394, 398-406, 420, 426-432, 437, 444, 615, 725-727, 769;* 몸의 다양성(diversity of): 308-313,

291, 294-296, 323, 331-332, 404-409, 522, 680, 710-713, 747, 786; 디모데의 사역(Timothy's): 93, 526-531, 548-555, 572-579, 683

방언(tongues): 133, 188, 194, 284-296, 299-300, 307, 317, 321, 327-331, 349ff., 366-386, 388, 393, 402-454, 458-467, 472, 477-482, 485, 502, 510, 518, 616, 718, 207ff., 475, 710-711, 743, 749-752, 757ff., 772

변화(transformation): '거듭남'을 보라.

병 고침의 은사[gift of healing(s)]: 90, 322-323, 658-659, 719

부활, 그리스도의(Christ's resurrection): 261, 293, 304, 399, 486, 490-495, 502, 535, 600, 614, 665-669, 672, 686, 697, 712, 54, 71-72, 75-76, 158-160, 359, 373, 375, 384, 389, 462, 538, 603, 608-610, 630, 637, 670, 689

부활, 신자의(believers' resurrection): 261, 266, 270, 287, 485-498, 604-608, 615, 79, 146-149, 155-158, 196, 205, 225, 603, 608-612, 629

분별(discernment): '예언 분별'을 보라.

불이라는 이미지(fire as imagery): 41, 134, 261, 575, 580

비밀(수수께끼, 신비; mystery): 228, 382-383, 389, 396, 410, 422, 162, 210, 357, 404-407, 537, 656, 684-685

사랑(love): 91, 115, 138, 241-242, 371-389, 393, 398-401, 412, 459, 479, 611, 671-674, 770, 776, 781-786, 799, 811-818, 835, 838, 843-844, 65-68, 235, 264, 269-272, 275, 297-299, 410-412, 507-511; **영**의 열매(as fruit of the Spirit): 241, 622, 780-781, 787, 311-314, 422, 575-579, 588, 660, 733-735

사탄(Satan): 59, 251-253, 652, 820, 354, 385-386, 444, 451, 462-463, 472-478, 543-546, 589; 거짓 "영"(as false "spirit"): 387, 452, 466

삶(생명), **영**과(Life, the Spirit and): 45, 49, 600-603, 645, 653, 666, 696-698, 707-720, 767-770, 778, 792-799, 809-810, 817, 834-835, 841, 47, 69-72, 75-80, 106-116, 130, 139, 163-171, 173-178, 184, 188, 224, 236, 272, 277, 479-480, 670ff., 695-696, 759-768

삼위일체(the Trinity): 74, 115, 169, 206-209, 233, 308, 310-313, 399, 541, 595, 815-816, 63, 225, 229, 286, 294, 299, 345, 358, 361, 367, 370, 403, 419-420, 424-430, 461, 642-645, 662; 바울의 구원론에 나타난 삼위일체(in Pauline soteriology): 114-115, 169, 254-261, 267, 550-551, 670-675, 738-742, 63, 134, 162, 183, 361, 396, 561, 568, 661-668, 767-768

설교(전함; preaching): 501, 679-683, 688; 바울의 설교(Paul's): 106-111, 239, 277, 541, 637, 654, 657, 668, 695-696, 646

성경(Scripture): 37, 602, 688, 703

성령(Holy Spirit): '**영**'을 보라.

성령 세례(Spirit baptism): 48, 340-3, 429, 567, 695, 700-701, 705-706

성례(중심)주의(sacramentalism): 49, 279-283

성적 부도덕(부도덕한 성생활; sexual immorality): 120, 263-267, 806, 267

Abbott, T. K.(애보트) *307, 312, 313, 314, 317, 318, 332, 335, 336, 341, 350, 364, 370, 373, 378, 386, 391, 397, 415, 417, 419, 423, 432, 433, 459, 474*

Achtemeier, P. J.(악트마이어) *24, 208*

Adai, J.(아다이) *359*

Agnew, F. H.(애그뉴) 361

Ahern, B.(에이헌) *360*

Alford, H.(알포드) *507, 520, 538, 541, 580*

Allo, P. E.-B.(알로) 175, 181, 497

Althaus, P.(알트하우스) 783, 796, *85*

Anderson, R. M.(앤더슨) *67*

Arichea, D. C.(애리치어) 682, 767

Armerding, C.(아머딩) *783*

Arnold, C. E.(아놀드) *350, 353, 378, 381, 386, 388, 403, 410, 415, 417, 463, 465, 466, 469, 474*

Aune, D. C.(오니) 157

Aune, D. E.(오니) 175, 236, 300, 302, 303, 324, 473, 692, *256*

Baarda, T.(바르다) 624

Bachmann, P.(바흐만) 284

Badcock, F. J.(배드콕) 59

Bailey, K.(베일리) 256, 257

Baird, W.(베어드) 317, 555

Baker, D. L.(베이커) 289, 297, 370, 371, 406

Baltensweiler, H.(발텐스바일러) 556, *34*

Banks, R.(뱅크스) 293, 328, 358, 451

Barclay, J. M. G.(바클리) 682, 684, 712, 772, 773, 774, 776, 782, 786, 795, 796, 798, 808, 832, 837, 838, 841, 844, 845, 851

Barclay, W.(바클리) 802, 815, 506, 508, *582*

Barnett, P.(바네트) 530, 554, 568, 612

Barr, J.(바) 754, 755, 756

Barrett, C. K.(배러트) 174, 180, 189, 191, 193, 208, 211, 231, 236, 247, 260, 267, 280, 301, 313, 327, 330, 331, 357, 367, 374, 400, 405, 416, 422, 427, 429, 435, 450, 452, 453, 469, 478, 484, 497, 530, 532, 552, 570, 581, 582, 601, 611, 612, 618, 635, 636, 642, 647, 663, 673, 683, 773, 833, 834, 840, *24, 39, 51, 58, 64, 68, 80, 83, 112, 138, 152, 154, 155, 156, 181, 183, 185, 196, 220, 261,*

Crafton, J. A.(크래프턴) 600

Craig, C. T.(크레이그) 174, 181, 242

Cranfield, C. E. B.(크랜필드) 175, 207, 754, *24, 36, 39, 58, 64, 78, 83, 84, 90, 103, 104, 110, 120, 125, 127, 131, 137, 143, 152, 154, 155, 164, 177, 181, 185, 187, 190, 197, 200, 215, 220, 222, 227, 232, 238, 240, 242, 244, 245, 250, 252, 255, 257, 258, 261, 268, 273, 274, 277, 278, 293, 299*

Cranford, L.(크랜포드) 604

Crenshaw, J. L.(크렌쇼) *104*

Cripps, R. S.(크립스) *783*

Cross, F. L.(크로스) *352, 419*

Cullmann, O.(쿨만) 344, 552, 556, 752, *34, 221, 651*

Cuming, G. J.(커밍) 342

Currie, S. D.(커리) 328

Cutten, G. B.(커튼) 328

Dahl, N. A.(달) 624

Daines, B.(데인스) 338

Dale, R. W.(데일) *350, 364, 378*

Dalton, W. J.(달튼) *538*

Danker, F. W.(댕커) 395, 396, 530, 582, 611

Daube, D.(도브) 242, *554*

Dautzenberg, G.(다우첸베르크) 327

Davidson, R. M.(데이빗슨) 281, 282

Davies, G. H.(데이비스) *783*

Davies, W. D.(데이비스) 497

Davis, J. A.(데이비스) 216

de la Potterie, I.(드 라 포터리) *104*

De Lorenzi, L.(데 로렌치) *237*

de Wette, W. M. L.(드 베테) *457*

Deichgräber, R. (다이히그래버) *531*

Deissmann, A.(다이스만) 52, 303, *229, 650, 652*

Delling, G.(델링) 431, *195, 207, 331, 336, 340*

Denney, J.(데니) *24, 78, 91, 106, 110, 112, 185, 204, 221, 232, 273, 277, 293, 297, 299*

Denton, D. R.(덴튼) *360*

Derrett, J. D. M.(데러트) 298, 299, 624

Dibelius, M.(디벨리우스) 160, 280, *307, 520, 533, 538, 539, 549*

Dietzel, A.(디첼) *198*

Dinkler, E.(딩클러) 552, 553

Dobschütz, E. von.(돕쉬츠) 100, 134, 142, 159, 160

Dodd, C. H.(도드) 483, 753, *24, 58, 221, 277*

Donaldson, T. L.(도널드선) 720, 725

Donfried, K. P.(돈프리드) 104, *25*

du Plessis, P. J.(뒤 플레시) 224

Duncan, G. S.(덩컨) 682, 690, 691, 694, 715, 725, 769, 779, 783, 798, 806, 814, 827, 834, 842

Dunn, J. D. G.(던) 33, 48, 88, 94, 109, 110, 123, 127, 149, 183, 192, 255, 259, 260, 264, 280, 286, 311, 315, 319, 321, 323, 327, 330, 338, 339, 342, 344, 345, 357, 363, 364, 365, 366, 410, 413, 415, 418, 422, 423, 425, 431, 433, 449, 468, 491, 492, 494, 495, 523, 547, 554, 555, 581, 582, 592, 634, 647, 650, 673, 684, 692, 693, 695, 709, 720, 741, 750, 753, 754, 755, 757, 784, 790, 796, 830, *24, 34, 36, 38, 40, 41, 45, 66, 68, 76, 81, 83, 84, 85, 86, 89, 90, 91, 94, 106, 109, 110, 112, 122, 133, 134, 137, 138,*

Nida, E. A.(나이다) 682, 767, *108, 307, 491*

Niebuhr, R. R.(니버) 615

Niederwimmer, K.(니더비머) *198, 204*

Nineham, D. E.(나인햄) *352*

Nisbet, P.(니스베트) 641

Norlie, O. M.(놀리) 395

Noth, M.(노트) 720

Nygren, A.(뉘그렌) 380, *24, 149, 264*

O'Collins, G. G.(오콜린스) 641

O'Brien, P. T.(오브라이언) 101, 102, 109, 110, 175, 180, 182, 183, 185, 188, *308, 312, 313, 317, 318, 324, 326, 331, 332, 334, 335, 336, 338, 342, 360, 361, 484, 485, ·487, 489, 497, 500, 501, 507, 509, 512*

Obeng, E. A.(오벵) 752, 754, 755, *198, 211, 213, 215*

Oesterreicher, J. M.(외스터라이허) 754

Olford, D. L.(올포드) *239*

Orr, W. F.(오어) 174, 213

Osburn, C. D.(오스번) 507, *219*

Osei-Bonsu, J.(오세이-봉수) 604

Osiek, C.(오시크) 682

Packer, J. I.(패커) 181, *86, 90, 198*

Paranuk, H. V. D.(패러닉) *272*

Park, D. M.(박) 641

Parker, P.(파커) *173*

Parratt, J. K.(패러트) 717, 748

Parry, R. St J.(패리) 60, 174, 299, 300, 310, 356, 359, 365, 393, 400, 410, 447, 451, 463, 465, *520*

Patzia, A. G.(파치아) 60, *350, 365, 370, 378, 381, 382, 417, 423, 429, 472, 474*

Payne, P. B.(페인) 521

Peake, A. S.(피크) *308, 313, 314, 317, 318, 330, 331, 335, 336, 342*

Pearson, B.(피어슨) 216, 302, 497

Perriman, A. C.(페리먼) 604

Peterson, E.(피터슨) 381, 787, *37*

Petuchowski, J. J.(페투코프스키) 754

Pfleiderer, O.(플라이더러) *792*

Phillips, J. B.(필립스) 318, 447, 524, 715, 839, *190, 493*

Pinnock, C.(피녹) 32, 48, *221, 515, 596, 603, 611, 621, 643, 645, 716, 780, 781*

Piper, J.(파이퍼) 504

Piper, O. A.(파이퍼) *531*

Plevnik, J.(플레브닉) 51, 52

Plummer, A.(플러머) 60, 100, 124, 166, 174, 208, 226, 236, 255, 288, 331, 376, 400, 417, 420, 435, 436, 452, 462, 530, 548, 550, 552, 582, 601, 611, 618, 637, 663, *792*

Pokorný, P.(포코르니) *308, 312, 313, 326*

Poythress, V. S.(포이스레스) 329, *34, 35, 37*

Price, R. M.(프라이스) 641

Prior, D.(프라이어) 174

Provence, T. E.(프로번스) 556

Prümm, K.(프륌) 531

Quanbeck, P. A. II(퀀벡) *650*

Quasten, J.(크바스텐) 381

Quell, G.(크벨) 380

Quinn, J. D.(퀸) *520, 521, 522, 538, 539, 558, 562, 565, 586, 587*

Radford, L. B.(래드포드) *308, 312, 313, 325, 331, 332, 335, 336, 342*

Schoeps, H.-J.(쇱스) 118

Schweitzer, A.(쉬바이처) 52

Schweizer, E.(쉬바이처) 81, 86, 217, 249, 738, *34, 45, 186, 256, 308, 309, 310, 312, 320, 325, 326, 330, 335, 336, 338, 354, 531, 539, 542, 586, 624, 626, 792, 793*

Scott, C. A. A.(스코트) 256

Scott, E. F.(스코트) 48, *350, 364, 370, 378, 381, 394, 401, 417, 457, 458, 474, 520, 528, 533, 544, 549, 553, 572, 604, 651, 781*

Scott, I.(스코트) *651, 652*

Scott, J. M.(스코트) 734, 743, *34, 39, 44, 159, 160, 180, 183, 194*

Scroggs, R.(스크록스) 202, 497, 792

Seesemann, H.(제제만) 673, *508*

Sekki, A. E.(세키) *798*

Selwyn, E. G.(셀윈) 81, 84

Senft, C.(센프트) 174, 231

Sevenster, J. N.(세벤스터) 483

Sharpe, G.(샤프) *399*

Shelton, J. B.(셸턴) 94

Silva, M.(실바) *484, 485, 496, 501, 509, 513*

Simpson, E. K.(심슨) *520, 537, 553, 558, 576*

Sjöberg, E.(쇠베리) *783*

Smalley, S.(스몰리) 301, 491

Smit, J.(스미트) 291

Smith, N. G.(스미스) 641

Smith, B. L.(스미스) 328

Smith, D. M.(스미스) 329

Snaith, N.(스네스) *783*

Snodgrass, K.(스노드그래스) *86, 91, 109*

Snyder, G.(스나이더) *531*

Spicq, C.(스피크) 372, 376, 380, 381, 382, 383, 397, *520, 557, 572, 585*

Spittler, R. P.(스피틀러) 379, 641

Stalder, K.(쉬탈더) 48, *104, 132*

Stanley, C. D.(스탠리) 700, 702, 720, 721, 723, 725, 727

Stanley, D. M.(스탠리) *531, 535, 537*

Stauffer, E.(쉬타우퍼) 380

Steely, J. E.(스틸리) 497, *230*

Stendahl, K.(스텐달) 684, 780, 790, *86, 90, 92, 198, 207, 709*

Stenger, W.(쉬텡어) *531*

Stockhausen, C. K.(스톡하우젠) 556

Stott, J. R. W.(스토트) 682, 691, 717, 721, 753, 796, 812, *350, 365, 372, 378, 381, 423, 429, 432*

Strachan, L. R. M.(스트래헌) 52

Strachan, R. H.(스트래헌) 530, 548, 552, 582, 601, 611, 659

Sumney, J. L.(섬니) 531, 533, 556, 609, 610

Sweet, J. M. P.(스위트) 288, 292, 328, 440, 444, 448

Swete, H. B.(스위트) 48, 50, 142, *42, 57, 689*

Swetnam, J.(스웨트남) *194*

Synge, F. C.(신지) *643*

Tabor, J. D.(테이버) 641, 649

Talbert, C. H.(탈버트) 286, 291, 335, 342, 530

Tasker, R. V. G.(태스커) 530, 554, 582, 611, 663

Terrien, S.(테리언) *668*

Thackeray, H. J.(새커리) 792

Thielman, F.(틸먼) *618*

Thiselton, A. C.(시슬턴) 293, 331, 633, *624*

Thomas, R. L.(토머스) 100, 103, 117, 125,
    166, 390
Thompson, B. P.(톰슨) *360*
Thompson, M.(톰슨) *232, 238, 242, 264,
    265, 268, 272, 273, 274, 277, 278*
Thompson, R. W.(톰슨) *117*
Thornton, L. S.(손튼) 748
Thornton, T. C. G.(손튼) *117*
Thrall, M. E.(스롤) 174, 520, 530, 624, *487*
Toussaint, S. D.(투생) 388
Towner, P. H.(타우너) *521, 522, 531, 534,
    539, 559, 564, 565*
Trilling, W.(트릴링) 100, 148
Tugwell, S.(터그웰) 328
Turner, M.(터너) 284, 492, 495, *75, 159,
    486*
Turner, N.(터너) 59, 60, 788, 798, 854,

Van Roon, A.(반 룬) *352*
Stempvoort, P. A.(판 스템포르트) 144
van Unnik, W. C.(판 위니크) 134, 301, 303,
    483, 552, 556, 592, 624
Vaughan, C.(보건) *308, 312, 313, 325,
    335, 336*
Vermes, G.(베르메쉬) 754, 756
Vincent, M. R.(빈센트) *484, 493, 501, 502,
    508, 510, 515*
Volf, J. M. G.(볼프) 551
Volz, P.(폴츠) *783*
von Campenhausen, H.(폰 캄펜하우젠)
    361
Vos, G.(보스) *601*

Wagner, G.(와그너) 604
Wainwright, A. W.(웨인라이트) *660, 737*
Walker, D.(워커) ⁻293

Walker, W. O.(워커) 691
Walther, J. A.(월터) 174, 213
Wanamaker, C. A.(워너메이커) 100, 102,
    104, 105, 107, 114, 125, 132, 149, 152,
    166, 167
Ward, R. A.(워드) 100
Warfield, B. B.(워필드) 390, *783*
Watts, R.(와츠) 163
Weatherhead, B.(웨더헤드) *194*
Wedderburn, A. J. M.(웨더번) 497, *25, 198,
    212*
Weiss, J.(바이스) 166, 174, 230, 231, 247,
    280, 296, 302, 323, 425, *792*
Wendland, H. D.(벤트란트) 174, 342, 412,
    530, 582, 602, 611
Wendland, P.(벤트란트) *792*
Wenham, D.(웬함) 784, 790, *86*
Westcott, B. F.(웨스트코트) 59, 294, *308,
    312, 313, 324, 326, 327, 336, 350,
    359, 365, 378, 381, 415, 417, 422,
    428, 432, 459, 475*
Westerholm, S.(웨스터홀름) 569, 570, 722,
    782, *54, 618*
White, N. J. D.(화이트) *520, 528, 530, 533,
    537, 544, 546, 558, 572, 573, 576,
    585*
Whiteley, D. E. H.(휘틀리) 100, 107, 110,
    152, 169
Whitton, J.(휘튼) 121
Widmann, M.(비트만) 202
Wilckens, U.(빌켄스) 202, 216, 222
Wild, R.(와일드) *469*
Wiles, G. P.(와일즈) 141, 247, *496*
Wilkinson, L.(윌킨슨) 181, *198*
Wilkinson, T. L.(윌킨슨) 329, 330
Williams, D.(윌리엄스) 428, *220, 378*

구약 성경

창세기

2:7 487, 489, 490, 491, 492, 494, 496
2:24 263
3:16 *191*
9:12 449
12:2-3 *677*
12:3 709, 721, 725, 726, *614*
13:15 730
14:21 491
15장 702
15:6 721
17장 702
17:3 458
17:4-7 709
17:12 709
17:17 458
18:8 393
18:18 684, 721, 726
21:10 762
32:30 397
40:8 215
40:16 215
40:22 215
41:12 215
41:13 215
41:15 215

출애굽기

4:22 743, *179*
7:3 659
7:9 659
11:9-10 659
12:13 449
14:32 *337*
16:4-30 280
16-17장 280
17:1-7 280
19:5-6 *719*
20-24장 43
21:20 241
25-31장 43
28:3 *379*
31:3 79, *319, 379, 656*
32장 43
33장 43, *445*
33-34장 *781*
33:12-14 *445, 446*
33:14 *446*
33:15-16 43, 231, *776*
33:16 *403*
34:1 567
34:4-7 43
34:28-35 561, 577
34:34 563, 577, 578, 580, 587, *659*
34:35 586
35:3 79
35:31 *319, 379*
35:35 *319*
40장 44, *403*
40:35 43

레위기

5:8 *126*
6:2 *582*
6:4 *582*
6:25 *126*
6:30 *126*
7:7 *126*
9:7 *126*
9:10 *126*
9:22 *126*
9:24 458
10:17 *126*
10:19 *126*
14:13 *126*
14:19 *126*
16:25 *126*
18:5 809
26:11-12 624

5:6-8 *65, 66, 376,
380, 816, 67*
5:6-11 *61, 72*
5:9 *106, 602*
5:10-11 *63*
5:11 *106*
5:12 *62, 126, 128,
140, 146, 154*
5:12-21 *55, 62, 69*
5:12-8:39 *29, 62,
226, 233*
5:13 *292*
5:13-14 *79, 81*
5:14 *775*
5:15 *89, 252*
5:15b *69*
5:15-16 *51, 69,
121, 232, 745*
5:16 *89, 121, 252*
5:18 *775, 121*
5:18-21 *671*
5:20 *79, 618*
5:21 *146*
5:24 *775*
6장 *657, 735*
6-8장 *802, 84*
6:1 *61, 62, 69, 80,
137, 219, 631*
6:1-6 *696*
6:1-11 *79, 429*
6:1-14 *73, 144*
6:1-18 *737*
6:1-23 *62, 63, 71,
79, 99, 115*
6:1-7:6 *54, 70, 71,
72, 89, 98, 138,*

246
6:1-8:30 *30*
6:1-8:39 *69, 72,
730*
6:2 *775*
6:2-4 *154*
6:3 *74*
6:3-4 *702*
6:4 *251, 573, 666,
71, 74, 83, 84,
143, 148, 159,
160, 196, 604,
609, 610*
6:4-5 *604*
6:4-14 *147, 148*
6:5-11 *71, 73-74*
6:6 *84, 99, 105,
148*
6:8 *148, 196*
6:9 *666, 609*
6:11 *134, 239*
6:11-19 *238, 239*
6:12 *854, 148*
6:12-14 *71, 73*
6:12-18 *180*
6:12-23 *83, 159*
6:13 *148, 239*
6:13-20 *156*
6:14 *79, 127, 173*
6:14-23 *173*
6:15 *429, 69*
6:15-23 *73, 74*
6:16 *173*
6:16-7:4 *99*
6:17-22 *77*
6:17-23 *106*

6:18 *94*
6:19 *106*
6:21 *106*
6:21-22 *80*
6:22 *398, 94*
6:23 *89, 211, 271,
311, 537, 572,
51, 76, 147, 167,
232, 252, 574,
745*
7장 *571, 117, 141,
388*
7-8장 *49, 618, 712*
7:1 *83, 120*
7:1-3 *77, 80, 83*
7:1-4 *831*
7:1-6 *696, 54, 73,
93, 121*
7:4 *251, 666, 77,
79, 81, 609*
7:4-6 *634, 801,
77, 93, 106, 112,
617, 622, 623,
632, 689*
7:5 *830, 79, 81, 82,
83, 87, 90, 94,
127, 137, 138,
388, 618*
7:5-6 *252, 575, 28,
54, 60, 71, 73,
78, 94, 96, 107,
118, 133, 137,
289, 622, 730*
7:5-25 *106*
7:5-8:13 *627*
7:5-8:17 *226*

7:6 *64, 398, 534,
569, 572, 574,
652, 797, 25, 71,
72, 75, 77, 79,
82, 83, 86, 87,
88, 89, 105, 106,
111, 130, 147,
159, 163, 219,
244, 440, 616,
697, 737*
7:7 *70, 86, 89, 91,
117, 131, 170*
7:7-12 *77, 618*
7:7-24 *123*
7:7-25 *574, 78, 82,
85, 87, 89, 92,
95, 98, 100, 104,
112, 118, 122*
7:8 *86*
7:9 *618*
7:11 *86*
7:12 *571, 574, 86,
88, 120, 121, 132,
619*
7:13 *70, 86, 89,
90, 112, 113, 117*
7:13-15 *149*
7:14 *82, 571, 574,
78, 85, 87, 89,
94, 120, 124,
616, 619, 622,
626, 730*
7:14-20 *93, 125*
7:14-23 *105, 135,
631*
7:14-24 *89, 105,*

*116, 136, 138,
141, 142-143,
144, 152, 163,
166, 167, 294,
650, 658, 671,
738*

8:9-13 *99*

8:9-26 551

8:10 61, *25, 76,
107, 114, 118,
136, 140, 143,
144, 145, 146,
147, 150, 151,
158, 159, 166,
167, 170, 177,
294, 610*

8:10-11 668, *71,
114, 136, 148,
149, 152, 166,
604, 609*

8:11 59, 61, 66,
261, 666, *25, 39,
44, 145, 146, 147,
154, 155, 158,
160, 168, 169,
177, 191, 196,
331, 603, 609,
610, 648, 649*

8:12 *84, 95, 100,
105, 164, 165,
166, 168, 169,
171, 266*

8:12-13 634, *95,
100, 102, 135,
137, 163, 165,
174, 265, 289,*

*301, 622, 730,
737*

8:12-15 *74*

8:12-17 *576*

8:13 70, 638, *25,
71, 76, 95, 96,
134, 168, 170,
172, 173, 266,
647*

8:13b *176*

8:13-14 *449*

8:14 59, 70, *25,
100, 166, 168,
172, 173, 176,
267, 378, 648*

8:14a *175*

8:14b *173, 174, 180*

8:14-15 *339, 747,
658, 724*

8:14-17 *339, 626,
739, 750, 63, 98,
99, 100, 102,
171, 172, 223,
301, 658, 724*

8:14-27 *67*

8:14-30 *607*

8:14b-16 *175*

8:14b-17 *175*

8:15 68, 78, 80,
119, 211, 638,
725, 747, 748,
757, *25, 107,
173, 180, 187,
196, 211, 362,
576, 602, 648,
690, 710*

8:15b *187*

8:15-16 45, 228,
207, 363

8:15-17 115, 745,
*172, 173, 607,
667, 693*

8:16 59, 61, 72, *25,
39, 46, 173, 175,
176, 185, 187,
188, 189, 199,
200, 205, 222,
228, 648*

8:16-17 747, *172*

8:17 748, *101, 102,
174, 176, 180,
189, 190, 196,
219, 220, 223,
224, 451*

8:17c *194, 200*

8:17-27 *637*

8:17-30 *603*

8:18 *190, 194,
200, 207*

8:18-25 *102, 200*

8:18-27 *194, 219,
607*

8:18-30 *44, 99,
100, 102, 144,
148, 174, 189,
190, 633*

8:19 421, *190, 191*

8:19-22 *200*

8:20-21 *190*

8:20-22 *191*

8:22 *176, 191, 206,
212*

8:22-23 *193-194,
206*

8:23 64, 167, 606,
854, *25, 63, 151,
183, 190, 191,
194, 199, 200,
202, 203, 206,
211, 212, 373,
451, 602, 606,
610, 611*

8:23-25 *191, 207*

8:23-27 *282*

8:24 400

8:24-25 *191, 199,
200*

8:25 *190, 200, 208*

8:26 62, 410, 457,
606, *25, 176,
188, 190, 191,
200, 208, 211,
222, 223, 648,
649*

8:26-27 125, *63,
103, 189, 191,
192, 197, 198-
199, 230, 301,
342, 475, 633,
648, 656, 660,
711, 752*

8:27 64, 207, 209,
25

8:28 *176, 219, 222,
223, 273, 648,
709*

8:28-30 774, *98,
102, 192, 220,*

13:1-7 *234*
13:1b-5 *234*
13:3 *273*
13:4 *273*
13:6-7 *234*
13:8 380, *132, 167, 265, 721*
13:8a *234*
13:8-10 786, 815, *85, 131, 234, 235, 237, 247, 264, 275, 734, 735*
13:8b-10 *234*
13:11 102
13:11-14 *170, 171, 234, 235, 237, 265, 266, 289, 456, 622, 623, 730*
13:12-14 *166*
13:13 399, 485, 804
13:14 818, *102*
14:1 *27, 234, 256, 271, 279*
14:1-2 *268*
14:1-4 818
14:1-6 *731*
14:1-12 *269*
14:1-23 826
14:1-15:12 *281*
14:1-15:13 *818, 820, 26, 30, 234, 235, 247, 265, 267, 269, 271*

14:2-3 *269*
14:5-6a *269*
14:6 *275*
14:6b *269*
14:13 *234, 272*
14:13-23 *270, 272*
14:14 *268, 274*
14:15 *264, 265, 272, 275*
14:15-16 *273*
14:16 *272, 273*
14:16-17 *274*
14:16-18 *269, 271, 689, 730*
14:17 59, 70, 114, 125, 240, 241, 279, 475, 809, 818, *25, 30, 63, 132, 140, 235, 261, 268, 271, 272, 273, 274, 281, 301, 312, 322, 423, 692, 728, 731*
14:18 *84, 273*
14:19 406, 820, *234, 278, 282, 721*
14:20 *268, 272, 274*
15:1 *167, 268*
15:1-2 *27*
15:1-6 *270*
15:1-9 *248*
15:2 *273*
15:3 336

15:3-4 196, 204
15:4-5 412
15:5-6 *27, 233*
15:5-7 *268*
15:5-12 *268*
15:5-13 *61*
15:6 *613, 731*
15:7 818, *27, 234, 270, 271, 279, 288, 447*
15:7-9 *233*
15:7-12 *27*
15:7-13 *270, 393*
15:9-12 *614*
15:13 59, 64, 94, 193, 770, 818, *25, 140, 183, 235, 236, 268, 277, 279, 281, 284, 301, 413, 423, 603, 614, 615, 639, 646, 689, 708*
15:14 821, 823, *30, 258, 286, 292, 459*
15:14-33 *29, 47, 61, 284, 292*
15:15 *48, 50, 285, 287*
15:15-16 *285*
15:16 59, 70, 115, 169, 215, 258, *25, 28, 42, 48, 238, 278, 286, 287, 292, 646,*

652, 689, 698, 704, 736
15:17 *292, 294*
15:17-20 *434*
15:17-21 285
15:18 *292*
15:18-19 110, 115, 193, 623, 657, 658, 709, *48, 190-191, 283, 286, 301, 324, 633, 680, 681, 704, 748, 766*
15:18-20 617, 658
15:19 59, 64, 65, 94, 106, 109, 164, 165, 193, 322, *25, 292, 413, 636*
15:21 *292*
15:22 *285*
15:22-27 *286*
15:23 398
15:23-24 *285*
15:23-29 *300*
15:24 *292*
15:25 398
15:25-27 *285*
15:25-29 *49*
15:26-27 *292*
15:27 82, 87, 278, *286, 289, 296*
15:28 549
15:28-29 *286*
15:29 *292*
15:30 64, 115, 623,

290, 366, 369, 372, 377, 402, 462, 472, 479, 815, *215, 250, 398, 727, 728*

12-14장 49, 75, 76, 134, 176, 184, 186, 187, 189, 287, 289, 290, 292, 298, 304, 311, 329, 351, 363, 369, 374, 375, 420, 421, 424, 434, 444, 459, 462, 467, 476, 482, 500, 645, *252, 400, 636, 728, 745, 751, 759, 766*

12-15장 287

12:1 82, 86, 177, 287, 295, 300, 406, 484

12:1-3 288, 294, 298, 304

12:1-14:40 84, 180, 286, 386, *745*

12:2 232, 295, 298, 300, 301, 307, 468, *177*

12:2-3 474

12:3 59, 70, 137, 179, 301, 754, *646, 651, 659, 691*

12:3ff. *51*

12:4 62, 79, 90, 310, 390, 355, *51, 252*

12:4-6 115, 209, 310, 313, 315, 331, 357, *424, 426, 430, 663, 665, 727, 746*

12:4-11 91, 182, 290, 305, 307, 331, 332, 334, 335, 337, 339, 341, 345, 355, 393, *365*

12:4-14 *249*

12:4-26 355

12:4-30 290, 368, 371

12:4-31 *307*

12:5 309

12:6 307, 309, 311, 314, 331, *324, 649*

12:7 64, 90, 138, 182, 307, 309, 311, 314, 315, 316, 329, 331, 363, 373, 377, 420, 718, *51, 728, 751*

12:7-10 *236*

12:7-11 308, 313, 383, 394, 402, 410, 425, 429, *727, 758*

12:8 66, 69, 186, 284, 309, 317, 384, 389, 469, *39, 287, 319, 380, 394, 687, 749*

12:8-9 181, 313, 331

12:8-10 90, 93, 290, 308, 310, 315, 332, 349, 355, 358, 364, 365, 381, 388, 390, 421, 719, 812, 814, *52, 649, 739, 746, 751*

12:8-11 45, 76, 186

12:9 71, 72, 90, 300, 309, 317, 344, 345, 382, 665

12:9-10 360, 365, 369, 659, 719, 747

12:10 59, 76, 135, 136, 288, 309, 311, 317, 326, 327, 364, 366, 369, 378, 407, 409, 414, 428, 463, 465, 466, 468, 469, 473, 658, 804, *253, 256, 258, 545, 749, 754*

12:10-12 691

12:10-14:40 *753*

12:11 62, 182, 307, 309, 310, 314, 315, 321, 329, 331, 333, 345, 367, 765, *324, 648, 649, 726, 751*

12:12 335, 337, 339, 344, 346, 356, *726*

12:12-13 235, 334, 356

12:12-14 290, 334, 335, 347, 348, 389, 605, 758

12:12-26 179, 290, 308, 334, 336, 355, 307, *726*

12:12-27 *726*

12:13 68, 70, 180, 228, 259, 308, 336, 337, 339, 341, 342, 344, 345, 346, 347, 350, 414, 501, 553, *236, 328, 394, 426, 504, 563, 569, 665, 676, 686, 690, 700, 701, 705, 722, 726*

12:14 335, 336, 337, 346, 348, 349, *726, 727*

14:16 70, 330, 430, 432, 434, 436, 453, 640, *743, 751*

14:16-17 418, 427, 428, 430, 431, 439

14:16-19 411

14:17 402, 432, 433, 434, 435, 436, 438

14:17-18 *752*

14:18 288, 292, 393, 407, 411, 416, 419, 427, 430, 437, 438, 439, 443, 479, *210, 711*

14:18-19 288, 289, 352, 363, 403, 413, 417, 418, 426, 436

14:19 407, 418, 419, 430, 431, 438, 444, 450, *208, 209, 210*

14:20 393, 443, 444, 448

14:20-22 *757*

14:20-25 289, 403, 440-441, 136

14:21 353, 442, 445, 446, 447, 449, 491

14:22 288, 407, 441, 442, 447, 448, 449, 451, 453, 485, *687*

14:22-25 514

14:23 288, 289, 407, 433, 434, 442, 447, 449, 451, 452, 453, 455, 460, 462, 463, 465, 470, 474, 640, *215, 743*

14:23-24 326

14:23-25 325, 447, 448, 453, 462

14:24 218, 285, 407, 451, 452, 453, 464, 468, 470, *741, 743*

14:24-25 135, 180, 285, 412, 450, 454, 458, 471, 501, *671, 681, 686, 728, 743, 754*

14:25 *750*

14:26 285, 288, 289, 290, 309, 364, 402, 407, 412, 421, 422, 429, 431, 452, 461, 462, 471, 472, 475, 477, 501, 648, 691, *221, 310, 332, 338, 339, 344, 408, 453, 741,*

742, 743, 744, 749, 750

14:26-29 327

14:26-31 289

14:26-33 180, 459-460, 480, 485, 518, 692, 753

14:26-40 289, 402

14:27 288, 407, 411, 464, 466, 467, 468

14:27-28 329, 330, 427, 460, 461, *751*

14:27-33 452, 421, 422

14:28 410, 414, 464, 466, 467, 510, *198, 208, 209, 210, 711, 751*

14:29 136, 309, 326, 327, 328, 407, 466, 467, 518, *754*

14:29b 520

14:29-30 *256*

14:29-31 326, 461, 464

14:29-32 463, *545, 753*

14:29-33 326, *754*

14:30 422, 463, 510, 691, *408, 750*

14:30-31 470, *754*

14:31 368, 407, 412, 464, 468, 470, 471, *743*

14:32 76, 325, 327, 407, 425, 428, 465, 471, 472, *743*

14:32-33 461

14:33 288, 289, 472, 473, 476, 477, 479, 481, 485, 505, 506, 514, 819, *742*

14:33a 476

14:33b 476

14:34 476, 510, 514, 518

14:34-35 475, 476, 478, 480, 481, 506, 510, 511, 512, 513, 515, 517, 518, 519, 520, 521

14:35 481, 487, 514, 518

14:36 475, 476, 480, 514, 518, *471*

14:36-37 352

14:36-38 288, 460, 485

14:36-39 506

14:36-40 478, 518

14:37 82, 86, 177, 179, 292, 296, 309, 360, 365,

5:12 709, 766, *618*

5:13 124, 380, 737, 758, 773, 777, 778, 781, 783, 784, 786, 792, 804, 816, 817, 838, 843, 847, 849, *84, 299, 627*

5:13-14 787, 815, 844, *734*

5:13-15 711, 776, 777, 779, 780, 784, 785, 792, 800, 843, 846, *28, 128, 235, 622, 623, 628, 730*

5:13-23 384

5:13-24 *78, 617*

5:13-25 226, *133*

5:13-26 767, 776, 778, 779, 835, *327*

5:13-6:1 286

5:13-6:10 124, 686, 687, 689, 690, 694, 709, 710, 711, 729, 734, 762, 764, 765, 767, 771, 772, 773, 778, 779, 781, 783, 786, 823, *28, 235, 622, 623, 689, 734, 735,*

766

5:14 773, 775, 782, 783, 785, 806, 813, 817, 833, 836, 837, 843, 844, 845, *131, 132, 237, 459, 735*

5:15 773, 776, 777, 780, 781, 783, 784, 786, 788, 795, 803, 804, 808, 814, 817, 818, 820, 822, 826, 833, 834, 835, *739*

5:16 71, 73, 80, 634, 664, 686, 773, 774, 776, 778, 779, 783, 784, 785, 796, 797, 798, 800, 801, 803, 805, 807, 826, 832, 833, 835, 836, 841, *133, 355, 458, 627, 647, 734, 735*

5:16-17 786, 794, 799, 800 ,830, 849, *28, 82, 623*

5:16-18 777, 783, *603, 628, 730*

5:16-21 *170*

5:16-24 829

5:16-25 60, 652,

161, 166, 236, 670

5:16-26 777, 782, 847

5:16-6:8 541, 712

5:16-6:10 665, 763, *449*

5:17 62, 66, 686, 773, 775, 776, 777, 782, 783, 784, 785, 788, 793, 798, 800, 803, 805, 809, 833, 841, *96, 624, 626, 627, 631*

5:17b 791

5:17c 779, 792

5:17-18 *87, 631*

5:18 71, 686, 687, 769, 773, 775, 776, 777, 782, 785, 788, 793, 797, 798, 799, 800, 803, 805, 841, *177, 631, 619, 620, 622, 648, 734*

5:19 *627*

5:19-21 777, 779, 783, 786, 789, 799, 805, 829, *267, 628, 737, 739*

5:19-21a 789

5:19-23 777, 802,

803, 829, *622, 623, 730, 739*

5:19-27 807

5:20 627, 821

5:21 240, 803, 804, 847, 848, 850, *603, 624, 632*

5:21-23 203

5:22 301, 380, 475, 622, 623, 686, 771, 780, 821, 844, *678, 687, 735*

5:22-23 787, 805, 810, 829, 833, 834, 841, *648, 733, 734, 738*

5:23 64, 114, 125, 153, 241, 773, 777, 782, 789, 812, 824, 831, 843, 844, *80, 264, 277, 278, 279, 281, 287, 299, 310, 314, 423, 452, 619, 734, 739*

5:23b 775

5:24 252, 634, 652, 687, 776, 777, 789, 805, 808, 826, 832, 833, 834, *81, 118, 170, 627, 696, 697*

5:24-25 695

5:24-26 777, 805,
828, 829, *623,
730*

5:25 71, 73, 686,
687, 779, 793,
841, 851, *114,
486, 647, 691,
697, 734*

5:25b *133*

5:25-26 778, 831,
832, 837

5:26 773, 776, 777,
778, 779, 780,
783, 808, 814,
821, 833, 834,
837, 838, 839,
845

5:26-6:5 818

5:26-6:6 *236*

6:1 71, 78, 79, 80,
81, 82, 86, 242,
523, 524, 779,
780, 792, 814,
824, 837, 839,
622

6:1-2 837

6:1-3 783, 836,
837, 838, *730*

6:1-4 779

6:1-5 773, 838

6:1-6 777, 829, 835

6:1-10 776, 778,
837

6:1-23 *79*

6:2 778, 808, 816,
835, 837, 843,

844, 845, *721*

6:3 825, 835, 837,
845, *131*

6:3-4 778

6:3-5 837

6:4 814, 818, 837

6:4-5 838

6:5 837, 835

6:6 439, 849

6:7 779, 849

6:7-10 778, 779,
827, 838, 846,
603, 623

6:8 66, 67, 69, 686,
687, 778, 846,
847, 851, 852,
849, *164, 171,
627, 734*

6:8-9 844

6:9 778, 847, 851

6:9-10 778, 823,
849, 851

6:10 124, 686, 780,
808, 810, 838,
847

6:11 831

6:12 684, 685, 709

6:12-13 712, 760,
762

6:12-17 557

6:14 830

6:15 802, 831, 834,
276

6:16 38, *719*

6:18 59, 266, 498,
555, 853, *46,*

185, 186, 203,
307, 487, 516,
587

에베소서

1-3장 *355, 356,
357, 418, 420*

1:1 *383*

1:3 82, 87, 115,
127, *354, 356,
363, 367, 396,
462, 466, 478,
658*

1:3-6 *361*

1:3-10 *372*

1:3-14 *356, 360,
410, 447, 663,
666*

1:4 167, *663, 666,
719*

1:4-6 *362*

1:4-10 *368*

1:4-12 87

1:5 *365*

1:7 *373, 602*

1:7-10 *362*

1:7-12 *362*

1:8-9 *368*

1:11 *372, 719*

1:11-12 *362, 368*

1:11-14 *355, 356*

1:13 59, 71, 72,
549, 719, *195,
354, 372, 441,
450, 563, 607,
608, 647, 679,*

689

1:13a *362*

1:13-14 87, 115,
341, 770, *362,
363, 367-368,
368, 383, 393,
405, 427, 429,
450, 451, 479,
603, 614, 615,
665, 686, 689,
690, 700, 723*

1:13b-14 *362*

1:14 550, *195, 383,
427, 605, 606*

1:15 *351, 353, 361,
375, 409*

1:15-19 *374*

1:15-23 *356*

1:15-2:10 *374*

1:16 *375*

1:16-19 *410*

1:17 68, 78, 81,
*319, 354, 356,
363, 375, 396,
406, 408, 648,
655, 667, 732*

1:17-19 *356, 375,
479*

1:17-20 115, *376,
603*

1:17-21 *479*

1:18 854, *427*

1:18-19 *380, 381*

1:19 95, *324, 357,
376, 413, 417*

1:19-20 261, *375*

436, 615, 734
4:1-4 382, 393
4:1-6 419, 689
4:1-16 355, 358, 418, 431, 443
4:1-5:20 356
4:1-6:10 402
4:1-6:20 409
4:2 824, 418, 420, 437, 721
4:2-3 420
4:2-5 399
4:3 64, 495, 820, 354, 402, 418, 419, 420, 426, 427, 440, 726
4:3-4 328, 405, 437, 449, 479, 730
4:3-16 726
4:4 62, 228, 354, 382, 395, 479, 504, 603, 614, 723
4:4-6 115, 313, 358, 370, 418, 419, 424, 663, 665, 703, 726
4:5 119, 563, 702
4:6 665
4:7 431, 432, 433
4:7-10 418
4:7-11 418, 419
4:7-16 463, 745
4:8 453
4:8-10 431, 432

4:10 366, 419
4:11 119, 316, 363, 364, 358, 399, 419, 431, 432, 433, 443, 746, 747, 753
4:11-12 430-431
4:11-13 390
4:11-16 400, 401, 755
4:12 432, 433
4:12-16 399, 419
4:13 422
4:14 436
4:15 437
4:16 384, 494
4:17 355, 450, 454, 455, 463
4:17-19 437
4:17-24 437, 444, 451, 456
4:17-5:17 358
4:17-5:21 456
4:17-6:9 358, 418, 424, 436, 447
4:18 854, 438, 456
4:19-24 358
4:20 733, 738
4:20-24 437
4:21 351
4:23 72, 78, 438, 439, 440, 441, 449, 454
4:23-24 438, 447, 479
4:24 413, 438, 440

4:25 437, 442, 454, 721
4:25-31 726
4:25-32 437
4:26 442
4:27 358, 386, 442, 463
4:28 52, 442
4:29 127, 443
4:30 45, 59, 68, 72, 549, 602, 603, 607, 608, 648, 672, 689, 700, 730, 736, 737, 278, 354, 358, 360, 372, 438, 441, 442, 479, 480, 563
4:31 443
4:31-5:5 804
4:32 443, 444, 721
4:32-5:2 812, 438
5:1-2 376, 359
5:1-14 437
5:2 380, 786, 815, 355, 437, 734, 735
5:3-5 804
5:5 240, 809, 383
5:8 355, 456
5:9 821, 287, 438, 452
5:11 455
5:13 455
5:14 343, 438, 452
5:15 342, 355, 454

5:15-6:9 437
5:17 431, 454
5:18 71, 75, 354, 358, 380, 393, 438, 441, 454, 455, 456, 479, 496, 647, 671, 709, 726, 729
5:18-19 115, 329-330, 402, 443, 479
5:18-20 402, 437, 479
5:18-21 453-454, 474
5:19 83, 86, 87, 431, 854, 329, 337, 339, 342, 354, 438, 453, 466, 741, 744, 749
5:19-20 341, 364, 455, 460, 726
5:19-21 455
5:20 260
5:21 454, 721
5:21-6:9 356, 721
5:22 454
5:22-6:9 455
5:23 454, 726
5:25 437, 734
5:26 258, 563
5:28 437
5:30 437
6:5 854, 41
6:9 420

4:22 *485*

4:23 59, 67, 853, *46, 516*

골로새서

1:4 *313*

1:4-5 399

1:5 *499*

1:6 *311*

1:7-8 *311, 312*

1:8 71, 623, 816, *299, 310, 546, 647, 723*

1:8-9 104

1:9 83, 86, *310, 317, 323, 336, 338, 364, 379, 408, 459, 708, 732*

1:9-11 *733, 734*

1:9-12 *314*

1:9-14 *311*

1:10 128

1:11 46, 95, 261, 821, *310, 320, 324*

1:12 *383*

1:13 240, 241

1:15-18 *332, 343*

1:15-23 *332*

1:18 *726*

1:22 398, *439*

1:24 *323, 324, 637*

1:24-29 *323*

1:24-2:5 *323*

1:25 480, 48, *471*

1:26 167

1:27 694, *415*

1:28 *331, 335*

1:29 95, *310, 323, 384, 409, 413, 633, 682*

2:1-5 *323*

2:5 72, 77, *323, 325, 435, 741, 755*

2:8 *318*

2:11 *627*

2:12 *666, 609, 702*

2:13 *627*

2:15 *467*

2:16-23 826

2:20-23 *584, 740*

2:20-3:4 *696*

2:22 826

2:23 *318, 733*

3장 *735*

3-4장 129

3:1 *196*

3:5 *791, 804, 807*

3:5-8 804

3:5-11 *171, 737*

3:8 398

3:9 *170*

3:10 603, 804, 805, 812, 821, 824, *320, 326, 413, 696, 733*

3:11 345

3:12 93, *330, 421, 719, 733*

3:12-13 *739*

3:12-15 *328, 330*

3:12-17 812

3:12-4:6 820

3:13 *721*

3:14 380, 786, 815, *734*

3:15 *328, 330, 341, 726*

3:16 83, 86, 87, 115, 431, *310, 328, 329, 453, 454, 456, 460, 461, 471, 667, 741, 744*

3:17 260

4:6 *329*

4:11 240

4:12 *320*

4:15 *332*

4:16 *353*

4:18 *340*

데살로니가전서

1-3장 104, *356*

1:2-3 105

1:2-5 188

1:3 399, *311*

1:3-5 103

1:4 105, *719*

1:4-5 112, *292, 719*

1:4-6 102, 115, 550, 595, 666, 680, 689, *766*

1:5 59, 71, 73, 94, 101, 104, 106, 107, 152, 193, 623, 708, *324, 380, 413, 646, 704*

1:5-6 105, 107, 123, 126, 134, 193, 268, 313, *633, 635, 638, 680*

1:6 59, 64, 101, 102, 103, 117, 125, 817, *277, 279, 646, 681*

1:6-7 104

1:6-10 107

1:7 113

1:8 480, *471*

1:9 105, 298, 566, *579, 681*

1:9-10 114, 146, 210, *35, 114, 578*

1:10 666, *609*

2:1 102

2:1-2 113

2:1-12 104, 105, 107, 108

2:2-4 107

2:3 413

2:4 108

2:5 108, *227*

2:7[6] 361

2:8 *52*

2:10 117

2:12 112, 123, 154, 413

2:13 108, 112, 167,

137, 140, 149, 156, 159, 161, 163, 244, 325, 718, *603, 753, 754, 759, 766*
2:3-5 167
2:3-12 157, 158
2:5 133, 158
2:8 59, 163, 164, 388
2:8-9 *386*
2:8-12 *544*
2:9 150, 164, *384*
2:10 168
2:10-12 169
2:11 168
2:12 168
2:13 65, 75, 101, 102, 166-167, 255, 258, 550, *424, 425, 559, 561, 646, 666, 679, 689, 697, 719, 730, 736*
2:13-14 115, 150, 167, *679*
2:13-17 150, 167
2:15 133, 137, 149, 158, 159, 162, 163, 167, 168, *582*
2:16-17 167
2:17 128, *318*
3장 157, 158
3:1 480, *471*
3:1-5 150

3:3 128
3:5 *298*
3:6 257, 260
3:6-15 120, 150, 157
3:6-16 151
3:10 336
3:16 819
3:17 159

디모데전서
1:3 *524, 526*
1:6-7 *583*
1:6-9 *576*
1:9-10 804
1:11 *447*
1:17 432
1:18 135, 326, *522, 525, 525-526, 529, 545, 546, 548, 549, 551, 552, 553, 555, 572, 582, 683, 753, 754, 760, 766*
1:20 *525*
2:4 *679*
2:7 438, *227*
2:9 *199*
2:9-15 521
2:11 472
3장 *533*
3:4-5 *248*
3:7 *556*
3:8 *199, 200*
3:11 *199, 200*

3:14 *533, 534*
3:15 *724*
3:15-16 *724*
3:16 71, 261, 826, *40, 343, 523, 525, 531, 533, 534, 543, 549, 584*
4:1 59, 62, 87, *523, 525, 531, 533, 534, 539, 603, 754*
4:1-2 *531, 542-543, 548*
4:1-5 826, *534, 535*
4:2 *545*
4:3 138, *535*
4:3-5 *535*
4:4 *585*
4:6-10 *534*
4:6-16 *554*
4:7 *548*
4:11 *549*
4:12 *549*
4:14 93, 135, 269, 326, *522, 525, 526, 527, 529, 530, 531, 548, 572, 573, 574, 575, 683, 745, 753, 754, 760, 766*
5:10 128, 365
5:14 782
5:20 455

5:22 155
5:24 *528*
6:1 *556*
6:3-5 *543*
6:5 *584*
6:11 406, 824
6:16 432, *384*
6:20-21 *582*

디모데후서
1:3 *47, 572*
1:3-5 *571*
1:3-7 *572*
1:4 *572*
1:5 *331, 527, 572*
1:6 93, 311, *262, 496, 553, 554, 575, 578, 579, 581, 583, 683*
1:6-7 45, 134, *522, 527, 531, 546, 549, 550, 552, 571, 580, 583, 633, 683, 709, 745, 766*
1:6-8 *527*
1:6-14 *575*
1:6-2:13 *571, 648*
1:7 68, 78, 80, 94, 610, 638, *181, 413, 575, 576, 578, 583, 648*
1:8 95, *523, 579, 581, 583, 633*
1:8-14 *572*
1:9-10 *559, 580,*

581, 582
1:10 *536*
1:11-12 *581, 582*
1:13 *581*
1:14 59, 67, *331,
522, 527, 551,
571, 575, 578,
580, 633, 648*
1:15 *570, 582*
1:17 *570*
2:8 *559*
2:9 *570*
2:11-13 *559*
2:14 *549*
2:14-3:9 *571, 582*
2:17 *525, 526*
2:19 549
2:20-21 348
2:21 128
2:22 406
2:25 824
3:1-5 *544*
3:2-4 804
3:5 *523, 584*
3:6 *177*
3:10-11 *527, 529*
3:10-4:15 *571*
3:14-16 *527*
3:15 *586*
3:16 *33, 489, 523,
585-586*
3:17 128
4:2 455
4:5 *434*
4:6-8 *571*
4:9 *550*

4:10 *570*
4:11 310
4:12 *550*
4:15 *332*
4:16-18 *571*
4:18 128, 240, 432
4:22 59, 67, *853,
46, 587*

디도서
1:3 *536*
1:5 *555*
1:8 *556*
1:9 455
1:12 *557*
1:13 455
1:16 128, *556*
2:2 399
2:5 *556*
2:7 *556*
2:8 *556*
2:10 *556*
2:11 *556*
2:11-14 *556*
2:14 *556, 719*
2:15 455
3:1 128, *556*
3:1-2 *561*
3:2 824
3:3 804, *561, 567,
568*
3:4 *821, 560*
3:4-7 *556, 557,
666, 689, 690*
3:5 59, 65, 257,
603, *244, 327,*

440, 647, 695,
700
3:5-6 *523, 559,
560, 567, 568,
576, 588*
3:5-7 115, 225
3:6 341, 553, *66,
67, 567, 568,
569, 689, 768*
3:7 *568*
3:8 *556, 561, 568,
569*
3:12 *550*
3:14 *556*

빌레몬서
2절 *370*
3절 *370*
9절 398
11절 398
25절 59, 67, *853,
46, 307*

히브리서
2:12 *340*
3장 523
4장 523
6:10-12 399
7:18 *528*
10:22-24 399
11:32-38 *639*
11:35-36 306
13:21 432

야고보서
1:2 114

3:16 474
5:20 579

베드로전서
1:3 *658*
1:3-8 399
1:6 114
1:8 *212*
2:2 240
2:5 240
2:9 *373*
2:24 322
2:25 579
3:18 *537*
3:19 *540*
4:3 804
4:10 88
4:11 432, *384*
5:11 432, *384*

베드로후서
2:21 *589*
3:3-7 *544*

요한일서
2:20 547
2:27 327, 547
4:1 326, 327
5:7 521

유다서
17-18절 *544*
25절 432, *384*

요한계시록
1:6 *384*

4:11 *340*

5:9 *337, 340*

5:12 *340*

5:13 *340, 384*

5:14 432

7:11 458

9:21 804

11:8 218

11:16 458

14:3 *337*

14:4 166

15:3 *337*

18:17 365

21:8 804

22:15 804

22:18-19 303

외경

마카베오상

4:32 *576*

마카베오하

3:15 *582*

3:24 *576*

집회서

23:16 139

25:2 139

토비트서

10:13 *582*

솔로몬의 지혜서

5:5 *179*

5:15-23 *486*

8:8 659

9:71-8 738

9:9-17 *685*

10:16 659

17:16[17] 839

위경

에녹1서

41:1 382

52:2 382

61:5 382

63:3 382

68:5 382

71:4 382

91:13 232

희년서

1:17 232

마카베오3서

4:16 299

솔로몬의 시편

17편 *719*

욥의 유언

48-50장 379

48:3 379

레위의 유언

18:11 *37*

갓의 유언

4:7 *223*

쿰란 사본

1QH

7:6 *37*

7:7 *37*

9:32 *37*

1QS

4:21 37

8:16 37

9:3 37

초기 교회 교부 문헌

바나바 서신

1:4 399

11:8 399

클레멘스1서

38:2 *491*

폴리카르푸스

1:3 *212*

3:2-3 399

디다케

10:3 280

그리스-로마 저자

에픽테투스

1.16.20 *240*

2010년 늦가을에 시작하여 장마가 기세를 떨친 2011년 여름이 되어서야 번역을 마무리했습니다. 겨울의 매서운 추위와 여름의 시작을 알리는 기운 찬 빗물 만큼이나 힘들고 긁은 작업이었습니다. 번역하는 내내 우직하게 성경 본문을 주해해가는 노학자의 성실함과 교회를 염려하는 충심에 고개를 숙이면서 이 버거운 책을 무사히 완역할 수 있게 해달라고 하나님께 기도했던 순간순간이 떠오릅니다. 미력한 수고나마 애썼던 이 역서가 충실한 열매를 맺기만 바랄 뿐입니다.

이 책은 고든 피 교수가 환갑 때 출간한 역작입니다. 우선 바울 서신이 성령을 이야기하는 본문들을 상세히 주해하고 그 결과를 체계 있게 집약해놓은 것이 바로 이 책입니다. 말하자면 이 책은 일정한 교리나 원리를 먼저 제시한 뒤 이를 뒷받침하는 성경 본문들을 나열하는 조직신학 서적들과 달리, 성경 신학이 추구하는 방법론에 충실하게 써나간 책이라고 말할 수 있겠습니다. 따라서 이 책의 서술 패턴은 바울 신학을 주제로 삼은 성경 신학서이지만 서술 패턴은 조직 신학서와 유사한 보른캄이나 리더보스, 브루스, 던, 샌더스, 라이트 등의 바울 신학서와 많이 다릅니다. 때문에 독자들이 이 책을 읽으실 때는 저자 자신이 권하는 방법대로 먼저 제1부 주해를 읽고 이어 제2부 종합 부분을 읽으면서 제1부 주해 부분의 관런 내용을 참조하는 방법으로 읽어나가시는 것이 좋으리라 생각합니다. 집 필 기간만 꼬박 2년이 걸렸다 하고 저자 자신이 이 책을 처음부터 끝까지 다 읽어낼 사람이 있을지 모르겠다는 말로 우려를 표명할 만큼 방대한 책 이긴 합니다만, 그만큼 독서 의지를 불태우며 꼭 읽어봐야 할 책이라는 생 각이 듭니다. 특히 이 시대 한국의 그리스도인들에게는 깊고 크나큰 울림 이 있으리라 확신합니다.

책의 분량과 성격상 이 책의 특징을 딱 집어 요약하기는 힘든 일이지만, 저는 이 책의 특징을 다음 세 가지로 집약하고 싶습니다. 첫째, 이 책은 '철저한 중도(中道)'를 지향(指向)합니다. 이 책은 일정한 교리 내지 원리를 전제로 이 전제에 줄줄이 성경 말씀을 꿰어 맞추는 방법론을 지양(止揚)할 것을 요구합니다. 저자의 말처럼 이런 방법론을 고집하며 성경을 읽게 되 면, 바울이 그때그때 각 교회의 상황에 맞게 전한 말씀들이 가진 융통성 과 다양성과 풍부함을 제대로 읽어낼 수가 없다는 것입니다. 같아 보이는 말이라 할지라도 그 말을 쓰게 된 배경과 상황, 그 말이 자리한 문맥과 말 의 말뜻 등을 모두 고려하여 해석해야만 바로 그곳에서 사도가 하고자(나 아가 삼위 하나님이 하시고자) 하는 말의 올바른 의미를 알아낼 수 있다는 것이 저자의 확신입니다. 이런 확신의 연장선에서 저자는 성령을 이야기할 때 교리만을 중시하는 입장과 체험만을 중시하는 입장이 모두 옳지 않다 는 확신을 피력합니다. 이렇게 한쪽에 치우친 입장을 고집하다 보면, '정경 속의 정경'이 등장할 위험성이 있다는 것입니다. 가령 저자는 체험과 은사 를 주로 강조하는 오순절 진영의 입장에서 고린도전서 12-14장만을 금과 옥조로 여기다 보면, 이와 상충하는 것처럼 보이는 다른 본문들은 그 가 치가 떨어지거나 무시해도 좋은 본문쯤으로 여길 수 있고 성경 본문 사이 에 우열 관계가 있는 것처럼 되어 **영**의 감동으로 기록된 말씀들의 고유한 가치를 훼손할 수 있다고 우려합니다.

둘째, 이 책은 바울 서신이 말하는 성령을 올바로 이해하려면, 그 '통전 성'(通全性)과 '입체성'(立體性)에 주목해야 한다고 주장합니다. 바울 서신이 말하는 주장을 한 평면 위에 나열해놓으면, 어떤 것들은 서로 앞뒤가 맞지 않아 모순으로 보이고 바울이 대체 무슨 말을 하는 것인지 종잡을 수 없는 때가 많습니다. 가령 바울은 구원을 아버지 하나님이 주도하시고 예수 그리스도가 십자가와 부활을 통해 이루셨으며 성령이 우리 삶 속에서 이뤄가시는 일이라고 말하면서도, 우리들에게 구원을 이루어가라고 명령합니다. 삼위 하나님이 구원을 이루신다고 단언하면서 우리에게 구원을 이루어가라고 명령하는 것은 모순처럼 보입니다. 그러나 저자는 이를 통전성과 입체성이라는 관점에서 해석합니다. 구원이 삼위 하나님이 주도하시는 사건임은 분명합니다. 그러나 그것은 분명히 평생을 가야 하는 여정이며, 우리 자신이 성령이 부어주시는 능력을 힘입어 하나님 나라의 가치와 질서에 스스로 순종해야 하는 과정을 내포한 사건입니다. 2차원이라는 평면에서 보면 우리의 순종만 보일 수 있어도, 3차원, 아니 4차원으로 들어가면 성령을 통한 역사를 분명하게 엿볼 수 있습니다. 바울의 시각에서는 "하나님이 그 일을 이루신다"라는 말과 "너희가 하나님께 순종하여 그 일을 행해야 한다"라는 말이 전혀 모순이 아니었습니다. 저자는 독자들 역시 이 점에 주목하여 바울 서신을 읽어줄 것을 신신당부합니다.

셋째, 이 책은 '성령을 매개로 바울이 말하는 신론과 기독론과 구원론과 교회론과 종말론을 모두 아우른 책'입니다. 이것은 저자 자신이 시도한 일이 아니라, 바울 자신이 시도한 일이었습니다. 특히 저자는 바울의 핵심 사상인 '그리스도 안에서 이루어진 구원'과 '이미 그러나 아직 아니'라는 종말론을 성령과 연결하여 치밀하고 일관되게 논리를 전개해갑니다. 무엇보다 저자는 바울이 우리 그리스도인을 이미 구원받은 하나님 백성이자 미래에 완전히 이루어질 역사의 완성과 하나님 나라를 앙망하며 살아가는 실존으로 규정했다고 말합니다. 동시에 저자는 바울이 참 그리스도인의 표지를 성령이 주시는 능력을 힘입어 육의 질서라는 말로 표현되는 이 땅의 가치 및 질서(세속주의, 황금만능주의, 부와 번영과 권세를 추구하는 거짓 복음)와 맞서 싸우면서 **영**의 질서로 표현되는 하나님 나라의 가치 및 질서(그리스도가 일러주신 복음에 합당한 삶)를 좇아 살아가는 사람들로 규정했다고 말합니다. 즉 저자는 바울이 말하는 성령의 능력의 핵심은 이미 구원받은 하나님 백성이 그리스도를 본받아 십자가를 지는 삶을 살아가게 하는 데 있었지, 육의 것을 누리게 하거나 일부 사람들이 오해하는 것처럼 예언이나 방언이나 병 고침 같은 것을 행하게 하는 데 있지 않았다고 논증합니다. 특별히 저자는 마치 이런 예언이나 병 고침 같은 것을 하나님이 자신에게 특별한 은총을 베푸신 것처럼 주장하며 성도들에게 과시하는 수단으로 내세우거나 신자들이 이런 은사가 있는 자들을 추앙하는 행태는, 이런 은사가 오로지 삼위 하나님의 주권과 자유의사에 따라 은혜로 주어진다는 점, 하나님이 원하시면 누구에게나 이런 은사를 주실 수 있다는 점, 이런 은사들은 오로지 그리스도가 그 머리이신 교회에 덕을 세우도록 주신 것이라는 점을 생각할 때, 성경의 가르침과 만인제사장 원리를 설파했던 종교개혁자들의 가르침에 철저히 어긋나는 행태라고 비판합니다.

이 책이 제시하는 바울 서신의 성령론을 생각할 때, 또 방금 말한 이 책의 특징들을 생각해볼 때 한국 교회 일각의 현실은 잘못되어도 한참 잘못되었다는 생각을 떨쳐버릴 수 없습니다. 특히 말씀보다 체험을 우위에 두는 태도, 성령을 빙자하여 부와 권세와 번영의 복음을 좇는 태도, 예언과 방언 같은 은사에 집착하는 태도, 공동체를 생각하기 이전에 개인을 우선시하는 태도 등은 모든 은사를 철저히 말씀에 비추어 검증해보라는 바울 사도의 명령, 이 땅의 것을 좇지 말고 그리스도의 십자가를 따라 그리스도와 함께 누릴 참 영광을 향해 나아가라는 바울 사도의 명령, 참된 성령의 능력은 이 땅에서 하나님 백성답게 살아갈 수 있게 해주시는 것이라고 단언하는 바울 사도의 주장, 그리스도를 머리로 삼아 한 몸을 이뤄가라고 당부했던 바울 사도의 눈물 어린 당부를 모조리 부시하는 것입니다. 그런 한국 교회는 입으로는 하나님을 섬기고 겉으로는 성령이 충만한 것 같으나 실상은 회칠한 무덤이요 바울 사도가 통렬히 비판했던 고린도 교회의 모습과 다를 게 없습니다. 정녕 바울 사도의 주장대로 그런 성령의 능력을 따라 살아가는 사람만이 참 그리스도인이라면, 그런 사람만이 훗날 그리스도와 함께 공동 상속인이 될 사람이라면, 우리 중에 참 그리스도인은 얼마나 되며 그리스도와 함께 공동 상속인이 될 이가 얼마나 있을지 두려운 마음이 듭니다. 저 역시 그런 두려움을 감출 수 없습니다.

더불어 이 책을 통해 한국 교회가 그동안 성령을 논의해왔던 지평이 훨씬 더 넓어지길 간절히 바랍니다. 저자가 제시하는 것처럼 바울 서신의 성령론만 봐도 일부 교회가 마치 성령론의 전부인 것처럼 생각하는 은사는 그다지 큰 비중을 갖지 않는다는 것을 알 수 있습니다. 정말 중요한 것은 이미 구원받은 우리가 미래에 이루어질 역사의 완성을 앙망하는 그리스도인으로서 복음에 합당하게 살아가야 한다는 것입니다. 성령은 이 과정에서 구원을 이뤄주시고 미래에 있을 완성을 보장해주시며 복음에 합당하게 살아갈 수 있도록 능력을 부어주십니다. 이제 우리는 성령과 복음에 합당한 삶을 연계하여 다루어야 하고, 더불어 누가가 사도행전 2장과 4장에서 제시하는 증언대로 로마 시대의 사회 질서를 뛰어넘어 하나님 나라의 공동체 질서(주님이신 예수님의 산상설교가 명령하는 가치 질서)를 성령의 능력을 힘입어 구현했던 역사 사실을 엄중하게 받아들일 때가 되었습니다. 예수님을 믿지 않는다는 이들조차도 역사의 교훈을 토대로 한국 사회의 몰락을 경고하는 밑바탕에는 오직 나와 너만 존재할 뿐 공동체는 사라져버린 암울한 현실이 자리해 있기 때문입니다. 근래 미국의 저명한 신학자 미로슬라브 볼프(Miroslav Volf)는 그의 저서 『공공의 신앙』(*A Public Faith*)에서 출애굽기 32장을 각색하여 하나님의 법이 아니라 황금 송아지를 하나님 백성들에게 가져다주는 이 시대 거짓 선지자들의 모습을 개탄했습니다. 그러면서 그는 주님이 "자기 십자가를 지고 나를 따르라"라고 말씀하셨는데도 이 시대 거짓 선지자들은 이 말씀을 바꿔 하나님이 "네 속에 있는 챔피언을 꺼내주겠다"(I'll bring out the champion in you, 볼프 교수가 인용한 조엘 오스틴의 말입니다)라고 말씀하신다고 하며 거짓을 말한다고 고발

합니다. 오늘 한국 교회도 성령의 능력을 갈구하면서 "자기 십자가를 지고 주를 따를 수 있는" 능력을 구하기는커녕 오직 "내 속에 있는 챔피언을 꺼내주시기"만 비는 것은 아닌지 구슬픈 마음이 듭니다.

의미심장한 울림을 남기는 이 책이 독자들께 많은 사랑을 받기를 간절히 소망합니다. 번역하는 동안 크게 앓기도 하였으나 완역할 수 있어서 기쁩니다. 부족함이 많은 역자인지라 혹여 실수라도 있지 않을지 두려운 마음이 듭니다. 독자 여러분의 너그러우신 이해와 바로잡아주심을 바랍니다. 모자란 사람에게 큰 책을 믿고 맡겨주신 새물결플러스 김요한 목사님과 편집 과정에서 고생하신 정모세 편집장님 그리고 갖가지 도움을 주신 여러 지체들께 이 자리를 빌려 감사 말씀을 드립니다. 이 모든 일에 역사하신 삼위 하나님의 자비와 은혜에 감사하며 옮긴이 말을 마칩니다.

옮긴이 박규태 드림

성령: 하나님의 능력 주시는 임재 (하권)

바울 서신의 성령론

Copyright ⓒ 새물결플러스 2013

1쇄 발행 2013년 11월 18일
5쇄 발행 2021년 4월 23일

지은이　　고든 D. 피
옮긴이　　박규태
펴낸이　　김요한
펴낸곳　　새물결플러스

편　집　　왕희광 정인철 노재현 한바울 정혜인
　　　　　　이형일 나유영 노동래 최호연
디자인　　윤민주 황진주 박인미 이지윤
마케팅　　박성민 이원혁
총　무　　김명화 이성순
영　상　　최정호 곽상원
아카데미　차상희

홈페이지　www.holywaveplus.com
이메일　　hwpbooks@hwpbooks.com
출판등록　2008년 8월 21일 제2008-24호
주　소　　(우) 04118 서울시 마포구 마포대로19길 33
전　화　　02) 2652-3161
팩　스　　02) 2652-3191

ISBN 978-89-94752-56-3 94230 (하권)
ISBN 978-89-94752-54-9 94230 (세트)

책값은 뒤표지에 있습니다.